中研院歷史語言研究所集刊論文類編

思想與文化編

三

中華書局

董其昌〈婉孌草堂圖〉及其革新畫風

石 守 謙

〈婉孌草堂圖〉是董其昌於一五九七年爲陳繼儒之隱居所作的山水。雖然陳爲隱士而董則在朝爲官，但他們的理想在於力求超越世俗價值，而得參悟造化之奧妙。本文試圖說明該作品即爲此共同理想的呈現，而董氏的革新畫風亦由此產生。

董氏雖在朝，卻用心繪事。此時他最關心之問題在於如何瞭解王維的畫風，並掌握其能「參乎造化」的用筆。此工作非僅在於美術史之考索，而實係來自其創作上之需要。董氏因之研究了王維之雪景山水，並在「勢」的觀念引導下，以直皴爲基調，在草堂圖中轉化了古人形象，並將之結構成充滿動力的山水。此山水雖非完全來自實景，但卻是董、陳二人自其中悟得之造化元氣所生成的山水。此圖在風格上的新變，即應由此理解。

一五八六年，松江才子陳繼儒裂其儒冠，隱居於小崑山，象徵性地標誌著一個新的「山人」時代的來臨；十一年後，一五九七年，陳氏在小崑山讀書台構築其婉孌草堂，董其昌訪之，並爲作〈婉孌草堂圖〉立軸（圖１），此則標示著一個全新風格的誕生，開啓了繪畫史上可以稱之爲「董其昌時代」的契機。

「山人」的名號雖然不新，宋時文人社會中已經頗爲流行，但是陳繼儒的選擇「山人」爲其一生的生活歸宿，卻有其特殊值得注意的新意涵。[1] 他生於一五五八年，小董其昌三歲，幼年時即以優秀的才賦爲鄉人所稱道。年二十一爲諸生，長於詩歌文辭，並以才思敏捷，頃刻萬言而有聲於時，得到當時士大夫領袖王錫爵、王世貞等人的推重。據當時的一些資料記載，江南一帶的文士皆爭相與

1　關於陳繼儒之生平，請見陳夢蓮編，〈眉公府君年譜〉，收在陳繼儒，《陳眉公先生文集》（台北，南港，中央研究院傅斯年圖書館藏明刊本），卷首。錢謙益，《列朝詩集小傳》（台北，世界書局，1961），頁637～38。

之爲友，這很可以讓人想像陳繼儒年輕時的聲名。可是，這種聲名並沒有保證他在科舉上的成功。在一五八五年，陳繼儒與他的同鄉好友，當時亦頗享文名的董其昌，雙雙在南京的鄉試中落榜。鄉試的落榜，無疑地是對董、陳兩人聲名的一大諷刺，也給予了這兩位年輕才子無情的衝擊。對於這個衝擊，董其昌顯然沒有認輸，以其耐心，再接再勵，終於在一五八八年得中鄉試，次年得成進士。[2] 陳繼儒的回應則完全不同。科舉的失利雖然沒有摧毀他個人的信心，但似乎以一種啓示的方式讓他覺悟到俗世功名之途的不可捉摸與不堪忍受。他在鄉試後的次年，便寫了一篇公開的告白，聲明將永遠棄絕對科考功名的追求。他在這篇文章中指斥一般人所謂的「進取之路」實在不過是「雞群」「蝸角」之爭，令人生厭，因而決心由之解脫，選擇「讀書談道」的單純生活，來追求「復命歸根」的生命價值。[3] 陳繼儒的選擇「復命歸根」的生命價值，不僅意味著放棄傳統文人經由科舉以求仕進的一般模式，也放棄了傳統儒家學者以經世濟民爲己任的價值堅持，取而代之的則是對個人修養境界的追求，以及對文學藝術成就的鑽研。這種不同於正統的生命關懷，雖然亦早見於古代隱士的身上，甚至亦可求之於稍早的沈周，但確實與明代中期常見的山人行爲舉止有所不同；後者雖然也是不取一般的仕進之途，但總是僕僕游走於貴宦之門，以一種較爲不受官場規範限制的方式，試圖去善盡他們作爲儒者的傳統使命，在嘉靖至萬曆初期的著名山人如謝榛、吳擴、徐渭等人可以說都是這種例子。[4] 可是到了萬曆中期之後，類似陳繼儒的山人行徑則廣爲流行，尤其是江浙地區最爲明顯，其中原因牽涉到當時此地

2 關於董其昌傳記，請見陳繼儒，〈太子太保禮部尚書思白董公暨元配誥封一品夫人龔氏合葬行狀〉，收在董其昌，《容台集》（台北，中央圖書館，1968），卷首。並參見 Nelson I. Wu, "Tung Ch'i-ch'ang (1555-1636): Apathy in Government and Fervor in Art", in Arthur F. Wright and Denis Twitchett eds., *Confucian Personalities* (Stanford, California: Stanford University Press, 1962), pp.260-93。

3 王應奎，《柳南續筆》（筆記小說大觀本，台北，新興書局，1977），卷三，頁10下～11上。

4 謝榛、吳擴、徐渭傳記可見錢謙益，前引書，頁423～24，453～54，560～61。關於明代山人的全盤研究，參見鈴木正，〈明代山人考〉，中山八郎等編，《清水博士追悼紀念·明代史論叢》（東京，大安株式會社，1962），頁357～88。

區的社會經濟狀況，此則非本文所能詳述。[5]

董其昌的具體抉擇雖與陳繼儒不同，但他對人生價值的追求，實際上卻與陳繼儒有出人意料之外的類似。董氏在一五八九年于北京會試，中進士，選爲翰林院庶吉士；一五九二年散館，授翰林院編修，至一五九七年他畫〈婉孌草堂圖〉爲止，他基本上都在翰林院過著清閑的官署生活。即使是他在一五九八年擔任皇長子朱常洛的講官，該工作也沒有激發他經世濟民的大志而兢兢業業地努力從事儒臣的事業，仍然日與陶望齡等同事以談禪爲樂，這如與差不多時候張居正、焦竑等人擔任幼君教席時的戒愼恐懼的嚴肅態度相較，實有莫大的差距。[6] 董其昌此時最大的興趣仍在於對藝術的追求，尤其表現在他對古代名家書畫名跡的搜求及學習之上。他于藝事的熱衷甚至發展到「本末倒置」的程度，即表面上服官，實質上卻以藝事爲其眞標的，服官反不過是爲達到這個標的之手段罷了。

在這一段任職翰林院的時光中，董其昌不僅在北京積極地尋求觀賞、研究書畫名跡的機會，連出使在外，因事離京，亦莫不趁之爭取藝事進境的提昇機會。他曾經在一五九一年護喪歸葬田一儁至福建，歸途中即刻意停留松江數月，大搜元四家墨跡。一五九二年及一五九六年，他爲持朱節使臣，分別至武昌及長沙册封楚王朱華奎與德化王朱常汶、福清王朱常瀓。對董氏來說，這兩次任務亦成爲其自我在藝術追求的最好掩飾；他趁之分別到了當時收藏最富的江浙地區停留了

5　牽涉到蘇州松江地區者，參見宮崎市定，〈明代蘇松地方の士大夫と民衆〉，《アジア史研究》（京都，京都大學東洋史研究會，1964），第四，頁321～60，以及王守稼、繆振鵬、王燮程，〈松江府在明代的歷史地位——明代上海地區研究之一〉，中國地方史志協會編，《中國地方史志論叢》（北京，中華書局，1984），頁189～209。有關經濟發展對風俗之影響，參見陳學文，〈明代中葉民情風尚習俗及一些社會意識的變化〉，《山根教授退休記念・明代史論叢》（東京，汲古書院，1990），頁1207～31。

6　向來學者皆依《明史》的含糊記載，將董其昌任皇長子講官之時間定在1594年，參見張廷玉等撰，《明史》（新點校本，台北，鼎文書局，1979），頁7395。然確切年代實爲1598年，見顧秉謙等撰，《明神宗實錄》（台北，中央研究院歷史語言研究所，1962），頁6031。此年代之使用亦見於李慧聞，〈董其昌政治交遊與藝術活動的關係〉，《朵雲》，1989年4期，頁99。董其昌在北京之禪會活動，見其《容台集》，頁1798～99。關於張居正與萬曆皇帝，參見黃仁宇，《萬曆十五年》（台北，食貨出版社，1985），頁9～43。焦竑則見錢謙益，前引書，頁623。

相當長的時間，在松江向顧正誼等人借畫臨仿，在嘉興觀項元汴家收藏，在杭州觀高深甫收藏，在蘇州則至韓世能家，與陳繼儒同觀法書名畫。在這些以公事爲表，研究訪問參觀爲裡的旅行中，他不僅看到了包括王羲之、顏眞卿在內的晉唐書法名跡，也獲觀郭忠恕摹王維〈輞川圖〉、王詵〈瀛山圖〉、李公麟〈白蓮社圖〉、王蒙〈山水〉等宋元名畫，甚至還自己購得了赫赫有名的黃公望〈富春山居圖卷〉、江參的〈千里江山圖卷〉等。[7] 這些收穫對他形成影響後世最深的「南北宗論」，以及他自己的創作，都具有相當重要的意義。由這一點來說，董其昌幾乎是一個穿著朝服的山人，藉著服官而在追求經國大事之外的個人藝術理想。一般的山人必須在社會上找尋贊持者以遂行其山人生活；陳繼儒在崑山隱居生活的贊助人是如王衡等的松江地區鄉紳，[8] 而董其昌這種「朝服山人」生活的贊助來源，則實是萬曆政府。

〈婉孌草堂圖〉的製作，正是董其昌此期「朝服山人」行爲的最具體呈現。此圖作於一五九七年的舊曆十月，是他從江西南昌回到松江，訪陳繼儒的隱所時所成。這次返鄉距離上次趁到長沙册封吉藩之便回松江還不到一年，而此番表面上的公務則爲奉派到南昌擔任該地鄉試的考官。鄉試固然爲地方大事，但董其昌實際上並沒有因之在南昌停留很久的時間；他在八月抵南昌，大概考完不久，約在九月上旬時即離開該地，而在九月二十一日到達浙江龍游縣的蘭溪，于船上爲李成之〈寒林歸晚圖〉、江參之〈千里江山〉及夏圭的〈錢塘觀潮〉作跋，至九月底到在杭州的高深甫家重觀郭忠恕摹的〈輞川圖〉，並在高氏所藏之開皇刻本〈蘭亭詩序〉上作跋。董氏在高家停了一段時間後，十月初轉回到上海、華亭一帶，而約于十月底訪陳繼儒于小崑山的婉孌草堂，並在松江至少停至十一月中，于長至日（該年之十一月十四日）還第二次題其〈婉孌草堂圖〉。[9] 由時間的長

7 以上諸事參見任道斌，《董其昌系年》（北京，文物出版社，1988），頁24～28，29～30，32～34，42～52。

8 王衡爲王錫爵之子，其傳記可見錢謙益，前引書，頁625。他是陳繼儒在一五八六年決定隱居小崑山時的主要贊持者。見王世貞1586年文，收於孫星衍等纂，《松江府志》（1817年刊本，台北，成文出版社，1970），卷七，頁4上～下。

9 任道斌，前引書，頁50～54。並見鄭威，《董其昌年譜》（上海，上海書畫出版社，1989），頁34～35。

度觀之，他因公務在南昌的時間不會超過四十天，但停留在松江區域卻長至一個半月以上，這段期間他所作的事，除了探親之外，主要還是與公務無關的藝事；他不僅爲陳繼儒作了〈婉孌草堂圖〉，還在此期間搜得了數件名跡，其中又以董源的〈龍宿郊民〉（現藏台北故宮博物院）、李成的〈煙巒蕭寺〉及郭熙的〈溪山秋霽〉（現藏美國Freer Gallery of Art）等北宋作品最爲重要。由此似可清楚地感到藝事在董其昌心中凌駕公務的地位。

此次返鄉的旅途，細察其路線，亦能體會董其昌在藝事追求上的用心。由現存零星的題跋綜合起來，可知他此次返鄉與上回在一五九六年由長沙册封的歸程不同，未取長江的水路，而是由南昌經江西東南的瑞虹、龍津、貴溪、弋陽到廣信府的上饒，再由之經玉山走衢江而至浙江衢州府，經龍游、蘭溪到建德縣富春驛，再走桐江、富春江，經富陽縣而至杭州府，復行運河經嘉興而達松江府。[10] 這個路線其實頗爲曲折，不僅有水路，亦有陸路，途中亦須在不少站驛停下，換接不同的水路，據粗略的估算，由南昌到杭州可能即須二十多天的時間。假使董其昌走另一個路線，即由南昌過鄱陽湖走長江，順流而下至南京，全程雖有約一千兩百里，但要單純得多，舟途亦較快，大約在十日左右即可完成全程。董其昌爲什麼捨後者而取前者呢？其中的一個重要原因恐怕是他想再度到杭州高深甫家重覽郭忠恕的摹王維〈輞川圖〉，或許還盼望有再研究馮開之所藏的傳王維作〈江山雪霽〉卷（現藏日本京都小川廣巳家）的機會。這兩件與王維有關的作品是董其昌此時期探尋王維風格的關鍵資料，前者在他去年道經杭州時已見過一次，而後者則在同時由北京攜來杭州歸還馮開之，結束了他一段幾乎長達一年對該卷的研究。[11] 雖然董其昌對此兩件作品已有某種程度的瞭解，但由於這個時期正是他熱衷探討王維畫風，欲將之置於南宗之祖的時刻，既然再有機會出差南

10 此路線之推測乃根據鶴和堂輯定，《新鐫示我周行》（1727年寶善堂藏板，中央研究院傅斯年圖書館藏），卷一，頁6下～9上。

11 關於董其昌對王維之研究，參見古原宏伸，〈董其昌における王維の概念〉，古原宏伸編，《董其昌の書畫》，《研究篇》（東京，二玄社，1981），頁3～24。Wen Fong, " Rivers and Mountains after Snow (*Chiang-shan hsüeh-chi*) Attributed to Wang Wei (A.D.699-759) ", *Archives of Asian Art,* xxx (1976-77), pp.6-33。

方，豈有隨意放過再予鑒賞機會之理。董氏之所以離南昌後，故意取道杭州而不走便捷的長江水路，可能正是這種藝事追求之用心所致。

一五九七年的舊曆九月底，董其昌如願以償地在杭州看到了郭忠恕摹王維之〈輞川圖〉；但是，此時似乎沒有得到機會再見〈江山雪霽〉圖卷。此中原因，不得而知。不過，這兩卷畫作確實在董氏探索王維畫風，嚐試掌握王維筆墨的努力中，扮演著重要的角色。董氏在一五九五年給馮開之的信函中即表示：王維之風格可見有兩種，一種為「簡淡」者，另一種為「細謹」者；前者脫略皴法，後者則如李思訓。他在此前所見過的王維風格，如項元汴家的〈雪江圖〉及趙令穰所臨的〈林塘消夏〉皆屬前者，但有輪廓而無皴染，而其經常所見之〈輞川圖〉摹本則為後者，係細謹設色，亦無皴染，皆不能完全顯示他心目中王維風格的全貌。[12] 董其昌相信王維應該還有具皴染的一種風格，而這個推斷終於在一五九五年秋天見到馮開之藏的〈江山雪霽〉時得到初步的證實。可是，董其昌並沒有就此而停止他對王維風格的探求。〈江山雪霽〉雖被他訂為王維，但與之比較起來，〈輞川圖〉才眞是當時公認的最重要之王維名跡，眞本雖未傳世，但北宋初郭忠恕的摹本還藏在杭州的高深甫家；董其昌想要將他的發現在〈輞川圖〉上加以印證的迫切心理，足堪想像。他因此在將〈江山雪霽〉送還馮開之時，立即想辦法看到了郭摹的〈輞川圖〉。據董氏在郭忠恕摹本上的題跋，及今日尙可見到的郭忠恕摹本的石刻拓本——此為一六一七年郭世元所摹刻——來看，董其昌應該是把〈輞川圖〉歸為細謹而有皴染的一類風格，而與簡淡無皴染者有別，正能呼應今日在小川家〈江山雪霽〉卷上所能見到的筆墨風格，故而大加讚賞此畫正好符合「雲峰石跡，迥絕天機，筆意縱橫，參乎造化」的傳統評價。[13] 換言

12 見董其昌致馮開之信。《董其昌の書畫》，圖版29。

13 此語最早見於劉昫等撰，《舊唐書》（新點校本，台北，鼎文書局，1981），頁5052。但原分作兩句「筆蹤措思，參于造化」及「雲峰石色，絕跡天機」，至米芾時才將之連成「雲峰石色，絕跡天機，筆思縱横，參于造化」，見米芾，《畫史》，《寶晉英光集·附畫史等四種》（台北，學生書局，1971），頁314。董其昌此語顯然取自米芾《畫史》，並經常使用在其題跋中。如跋〈郭忠恕摹王右丞輞川圖〉，見李日華，《味水軒日記》（嘉業堂叢書本，1863），卷四，頁9上。餘例可見《容台集》，頁2100，2145，2147。

之，董其昌在一五九六年以前追尋王維風格的努力中，雖曾多方透過如趙令穰、趙孟頫等人作品與王維風格的關係，試圖找到一些具體的瞭解，但讓他自覺對王維筆墨皴染的「筆墨」開始有所認識的，基本上即來自〈江山雪霽〉與〈輞川圖〉的郭忠恕摹本這兩件作品。對董其昌來說，解決了歷來對王維風格的迷惑，無疑地是他足以自豪的成就；如果較之典試爲國掄才的公務，其在董氏心中所引發的激情，自要強烈許多。這種心理，實部分地說明了董其昌在一五九七年由南昌返鄉時刻意繞道杭州的原因。

董其昌就王維「筆意」之探討，並非意在解決一個鑑賞課題而已，其更重要的目的乃在於創作上的指引。董其昌對〈江山雪霽〉及〈輞川圖〉摹本的研究，除了確認其風格之外，更要求能以其自身的筆墨來重新掌握，並呈現王維下筆時的原意，以求爲他本人創作時的立足點。正如同一位書家學古代之典範一般，重點並不在求外形上的模仿，形似與否並不重要，眞要用心的卻在於形式之外的「神似」，自己也爲書家的董其昌對王維「筆意」的追求亦是如此，而希望在「得其神」之際，彷彿回到王維落筆之前的狀況，如「前身曾入右丞之室，而親攬其磐礴之致」。[14] 董其昌既然深信王維之畫已得「雲峰石跡，迥絕天機」，而其根本來自於「筆意縱橫，參乎造化」，如果他能經由瞭解王維筆墨的原意，回到王維創作時「解衣盤礴」的原始心理狀態，他便可以自然地進入王維「迥絕天機」的境界，不但成爲王維，甚至超出王維，而與天地造化等同起來。這個創作考慮上的企圖，也就是他之所以將〈江山雪霽〉的借期向馮開之展延到一年之久的根本原因，亦即爲他兩次到杭州求觀〈輞川圖〉郭忠恕摹本的眞正理由。董其昌在第二次看完〈輞川圖〉摹本後三個月所作的〈婉孌草堂圖〉，即首度具體地呈現了他在此實踐的結果。

〈婉孌草堂圖〉上的筆皴確實有比過去所見自宋以下各家皴法更爲簡樸的現象。如以畫面右邊山崖石塊來作例子，可見重複層疊，但少明顯交叉編結的直線皴筆，由岩塊分面邊緣處的密濃，逐漸過渡到較爲疏淡，最後終於消失而成似具強烈反光的空虛邊緣，而隔鄰的另一片岩面則由此未著筆墨的邊緣起，再開始另

14 此爲跋王維〈江山雪霽〉之語，見《董其昌の書畫》，圖版30－2。

一個由濃密轉疏淡的漸層變化。這種變化基本上皆依賴單純的直筆重複運作而成，疊合的時候幾乎只追求平面的效果，其中雖有疏密之分，但卻刻意地避免造成交叉糾結的印象，而後者則是所謂董巨流派的披麻皴所常見的。董巨風格的山水畫風其實正是元代以來文人業餘畫家所熟習的，元末黃公望、吳鎮、倪瓚與王蒙等四人尤其對其推展起過積極的作用，明代沈周，文徵明等重要畫家大部分皆是透過元四家的轉介而得以上接董巨遺風的。[15] 但是，不論是元代或者明代這些董巨風格的擁護者的皴法，都沒有像〈婉孌草堂圖〉上所見的那麼平直，反而是越到後來，尤其是文徵明及其門生、後繼者們，皴法表現得更爲扭曲而複雜。這種現象很清楚地可以由比較文伯仁〈天目山圖〉（1574年，日本私人收藏，圖2）中與〈婉孌草堂圖〉頗爲形似的中景巨石的皴染中得到證實。即使是在一五七〇及八〇年代新興的松江業餘文人畫家的筆下，雖說是企圖超越文徵明以下蘇州風格的影響而直接上溯至元四家風格，其在筆墨上仍不免有此現象。董其昌早年習畫時請益的對象中，顧正誼及莫是龍皆屬於此類，前者的〈溪山秋爽〉（1575年，台北故宮博物院，圖3）及後者的〈仿黃公望山水〉（1581年，Erikson Collection）都是在追求元人風致時仍然流露文徵明影響的例子。[16] 董其昌曾自述自己學畫始於一五七六年二十二歲之時，[17] 類似〈溪山秋爽〉及〈仿黃公望山水〉如此的風格，應該就是他當時所學到的。〈婉孌草堂圖〉與它們在筆墨上的差距，即爲他在此間數年中追求王維「筆意」之結果。

然而，〈婉孌草堂圖〉上的皴法如與〈江山雪霽〉者比較起來也不一樣，顯然董其昌並非忠實地在複製他所認爲的王維筆法。〈江山雪霽〉的岩石畫法亦有強烈的明暗對比，但那是因爲所畫爲雪景而來，故覆雪的光亮面較大，僅在石塊

---

15 沈周例可見1473年作之〈仿董巨山水圖〉（北京故宮博物院）。圖見於《中國美術全集》，繪畫編，7，《明代繪畫》，中（上海，上海人民美術出版社，1988），圖版5。文徵明例可見1555 年作之〈仿董巨山水圖〉（何氏至樂樓藏），見《文人畫粹編》，中國編，4，《沈周・文徵明》（東京，中央公論社，1978），圖版79。

16 參見James Cahill, *Distant Mountains: Chinese Painting of the Late Ming Dynasty 1570-1644* (New York and Tokyo: John Weatherhill, 1982), pp. 84-86, pls.33, 34。

17 《容台集》，頁1894。

下部或分面內側邊緣區留下來的些許空隙來作較深暗的陰影效果（圖 4），這與〈婉孌草堂圖〉上因「有皴」面較廣，墨色較深，遂與「無皴」處形成較強烈的明暗對比，實有明顯的區別。不僅如此，〈江山雪霽〉圖上山石岩塊處的表面除了一些少量的線條勾勒之外，也缺乏可見的如後者的細皴，陰暗處也是由墨染而成，未見如後者由皴筆層疊的現象。但是，兩者在筆墨所成的效果卻有類似之處，都在岩塊簡易的平行重複分面之中，呈現平面的強烈明暗對比。

〈江山雪霽〉向董其昌所呈現的筆墨效果，並不意謂著某種偶然而不易理解的「頓悟」。董其昌雖然對〈江山雪霽〉在王維繪畫中的地位有絕對的肯定，但他對此圖筆墨的理解基本上仍與他在此前對王維風格的研究有承續的關係。值得注意的是：包括〈江山雪霽〉在內，董其昌所賴以研究王維風格的資料，幾乎全是雪景山水。他在〈江山雪霽〉跋中所提到的王維〈雪江圖〉及趙孟頫〈雪圖〉都是他在從事此工作時重要的比較，也都是雪景山水。後來在程季白處收藏的兩件有關作品——傳王維的〈雪溪圖〉及傳徽宗的〈雪江歸棹〉——亦爲雪中之景。前者即滿清皇室舊藏，上有傳宋徽宗題籤者，董其昌曾在一六二一年題跋，云曾見過多次，或許在一五九七年之前已經寓目；後者即現藏北京故宮博物院之本，董其昌評爲可見王維本色，而可與〈江山雪霽〉並稱「雌雄雙劍」。[18] 此卷於程季白入手前係在王世貞家收藏之中，王世貞爲董氏成名之前南方最重要的收藏家之一，雖在政府中歷任要職，但在一五七六至一五八八年間家居距離松江不遠的太倉，與松江地區包括莫是龍、陳繼儒及董其昌在內的青年文士有相當親密的關係，[19] 而此時期又正是董其昌開始學畫、探訪名蹟之時，傳徽宗的〈雪江歸棹〉極可能也是他當時研究王維風格的重要參考資料。除此之外，現存〈小中現大册〉（台北故宮博物院藏）第一開的仿李成山水，旁有董氏一五九八年

18 圖與跋俱見《中國歷代繪畫：故宮博物院藏畫集》（北京，人民美術出版社，1981），頁 84～91，〈附錄〉，頁 13。

19 關於王世貞與其對藝術的贊助活動，見 Louis Yuhas, "Wang Shih-chen as Patron", in Chu-tsing Li ed., *Artists and Patrons: Some Social and Economic Aspects of Chinese Painting* (Seattle: University of Washington Press, 1989), pp.139-53。

跋，云其「古雅簡淡，有摩詰之韻」，[20] 遂確認其與王維之關係；此畫在何時入藏於董氏之手，不得而知，但由其題跋語氣看來，乃非新藏，原來可能在一五九七年，甚至更早之前已經在其家中。這張有王維韻致的李成山水，也是幅雪景。至於董氏學習王維風格另一張重要依據的〈輞川圖〉郭忠恕摹本，雖非雪景，但《畫禪室隨筆》提到郭忠恕之〈輞川招隱圖〉，則又是雪景，應也對其學習王維有所作用，而此圖據云得之於北京，很可能亦是〈婉孌草堂圖〉出現以前的準備功課。[21] 總而言之，董其昌對王維筆墨風格的理解相當偶然地受到雪景山水這個題材的影響，而這個現象即轉而對董其昌自己創作時的筆墨產生了莫大的作用。

〈婉孌草堂圖〉上強烈的明暗對比，實際上即來自與王維有關的諸雪景山水，而其中細緻但平面化的直皴組合，也可由那些雪景山水來加瞭解。〈婉孌草堂圖〉中岩石坡岸上的明暗關係，在延續了雪景上於此的強烈感覺之後，由於畫家本意已與雪景無關，遂將「有皴」面加以延伸，「無皴」面予以縮減。從表面上看，這似乎只是陰暗面的擴大，但由明暗的虛實關係來說，此則是原關係的顚倒。至於直皴組合在〈婉孌草堂圖〉上的運用，亦是如此手法。董氏所見與王維風格有關之雪景山水中，包括〈江山雪霽〉，都是以渲染來製造山與石的陰暗面，而幾乎不用細皴，只是用飽含水分的墨筆，呈現不具筆痕的成面的效果。董其昌在〈婉孌草堂圖〉上所作的則採相反之道，以較乾的線條代替墨染，造成陰暗面上的成面直皴的效果。這種以乾代濕，以線代面的轉換，亦即虛實、陰陽原則的人爲顚覆。他的這種運用虛實原則而作的轉化，很清楚地顯露其本人對結構問題的興趣。他曾在〈戲鴻堂稿自序〉中憶及自己在一五八六年時讀曹洞《語錄》，瞭解到「偏正賓主互換傷觸之旨」，因而得到文章的宗趣，然後即以此證之於「師門議論與先輩手筆」，竟「無不合者」。[22] 這種學文的經驗實可與他後來學古人畫的經驗互相參照。

---

20 《景印明董其昌仿宋元人縮本畫及跋》（台北，國立故宮博物院，1981），頁11。

21 董其昌，《畫禪室隨筆》（藝術叢編本，台北，世界書局，1968），頁53。

22 《容台集》，頁219。

當然，董其昌對王維筆墨風格的轉化，並非意在脫離王維，而卻企圖在轉化之過程中確認並進一步地發揮王維風格的內在筆意。他在學習王維的筆墨之時最關鍵的問題在於如何自那些雪景山水中看起來「無跡可尋」而「迥出天機」的自然渲染之中，發掘其可供師法的規則。故而當董氏在從事以乾代濕、以線代染的轉化工作時，便須就其所呈現各自不同形狀及角度的染面中，去求得某一個共通的用筆原則，希望此原則能一舉解決各皴面的紛歧需求，而呈現其某種理想性，使之足堪與所謂的「天機」互相比擬。要解決這個問題，同時爲一優秀書家的董其昌在書法之實踐上亦有類似之經驗。他在學習王羲之書風時所感慨的「其縱宕用筆處，無跡可尋」，[23] 正是他初見王維〈江山雪霽〉時覺得「所恨古意難復，時流易趨，未能得右丞筆法」的困難。在他學習古代書風的過程中，後來即由米芾處得到「取勢」的觀念，而終於能由之理得王羲之的「筆勢」，自己之書法亦終能達「即右軍父子亦無何奈也」的境界。[24] 書法中的「取勢」亦是他研習畫法的法門。此「勢」由筆墨上來說，亦可如在書法上解爲因筆而生的運動方向。王維畫中的渲染雖無筆跡可見，但其形成仍爲飽含墨水之筆的運動所致。它們雖在雪景中因覆雪狀態不同、山石之位置面向不同，而有不同的面積與方向，因而也就呈現表面不同之「勢」，但在這衆多「勢」的表相中，是否能尋出一個根本的「筆勢」，即墨筆運動的基本規則，便成爲董其昌掌握王維筆墨成功與否的關鍵。董其昌從他所研習的與王維有關之雪景山水中，自認終於找到了潛藏在那看似渾然天成的墨染中之「筆勢」的奧妙，即爲平行而下的「直筆」。這個根本的筆勢乃重在其運動本身的平行性，以及其在畫面各部位單元中的一致性，因此可以被視爲是山水畫法中最單純且飽含最豐富古意的一種筆墨。〈婉孌草堂圖〉上山石陰暗面原來該有的墨染，因之被轉化成這種筆勢的直筆皴面，單純而巧妙地裝飾了其畫上山與石的不同正側面。

董其昌以「直筆」爲王維筆意的判斷，在當時罕見唐畫的狀況中或許無法找到令人信服的證據來自圓其說，但卻讓人驚奇地與今日可見之若干十世紀以前的

23 《畫禪室隨筆》，頁2。

24 同上。

古畫所呈現出來之皴染原型有相合之處。例如古原宏伸曾舉之與〈婉孌草堂圖〉比較的正倉院藏八世紀琵琶上的〈騎象鼓樂〉(圖5)中的山崖，其陰暗處即具此直筆的筆勢。近期所出土的遼墓山水〈深山棋會〉上，山壁的皴擦亦有一致的平行運動方向。[25] 董其昌當年是否有機會看到如此的唐、五代眞蹟，自然很有疑問。但是，他確實有相當多的機會認識到許多以簡單的平行刻畫方式爲基調的帶有古風的作品，而在中國畫史上也確有一種以平行刻畫來作復古風格的傳統，如李公麟的〈龍眠山莊圖卷〉(圖6)[26] 及錢選的青綠山水畫等，董氏亦應十分熟悉。董其昌對這些資料的知識可能在其以直筆爲王維筆意之判斷上起過相當的影響作用。

不論其原因如何，董其昌自從在〈婉孌草堂圖〉上作此判斷之後，終其一生對之一直深信不疑。是故直到一六二一年他作〈王維詩意圖〉(圖7)[27] 時，皴染雖變得稍更疏率，但基本上仍屬直筆之皴，其筆勢基本上同於二十四年前的〈婉孌草堂圖〉。除了王維風格之外，董氏對於其他與王維有關的古代名家風格亦作了相似的處理。十世紀的李成所作的雪圖，自米芾始即認爲師法自王維，〈小中現大册〉中第一開的雪圖即被董氏重訂爲李成，而該開摹本雖出自其後輩畫家王時敏之手，但應有董氏之指授，故畫中陰暗面之皴染，亦作王維的「直筆」(圖8)[28] 除了李成之外，王詵是另位董氏信爲得傳王維畫法的北宋畫家之一，所以董其昌在一六〇五年以己意再創王詵名作〈煙江疊嶂圖卷〉(台北故宮博物院藏)時，於山石的皴擦亦採直而平行的筆勢，其中段雲靄周圍的壁面(圖9)，直皴而成，尤極似〈婉孌草堂圖〉右邊的崖壁。即使是對筆墨運用方

25　對早期這種皴法的討論，參見Wen C. Fong, *Images of the Mind* (Princeton: The Art Museum, Princeton University, 1984), pp.24-25。

26　此圖現知有四本，其中存台北故宮博物院本上即有董其昌題跋。見《故宮書畫錄》(台北，國立故宮博物院，1965)，册四，頁22～23。

27　圖上董氏自題王維〈積雨輞川莊作〉，但其表現實與此詩無關。參見《董其昌の書畫》，《研究篇》，頁240。

28　〈小中現大册〉舊傳爲董其昌所作，實應爲王時敏所摹，此考證可參見徐邦達，《古書畫僞訛考辨》(江蘇古籍出版社，1984)，下卷・文字部分，頁152～54。

式與王維者實有段差距的黃公望風格，亦是如此加以詮釋。由於黃公望乃是董氏理論中南宗體系繼王維、董源之後的樞紐人物，其筆意應亦有上承王維之處才是，因而他便在如〈江山秋霽〉（圖 10，Cleveland Museum of Art）這種仿黃公望風格的山水圖上，以直皴來重新詮釋黃氏的風格，並以爲經此轉化後，不僅可與黃公望並行，且能得到古人的終極韻致，故最後不免志得意滿地要感慨「嘗恨古人不見我也」了。[29] 董其昌的這些工作充分地顯示了他對王維筆意掌握的自信，而此信心亦即意謂著直皴筆墨圖式的理想性。對他來說，這不但可以讓他將南宗體系中諸古代大家之風格一以貫之，還可以爲他自己的創作求取「迥出天機」「參乎造化」的境界。由這個角度觀之，〈婉孌草堂圖〉作爲董氏畫業中首見此「筆意」之作品，自有其重要意義。

自信掌握了理想之「勢」的直皴，也帶給〈婉孌草堂圖〉中諸多取自古人之形象更豐富的活躍生氣。畫面最下方的土坡及小樹林，極像是取自傳董源所作〈龍宿郊民〉（現藏台北故宮博物院，圖 11）的前景，該畫是董其昌在一五九七年返鄉時從上海顧家所購得的。但是在〈婉孌草堂圖〉上由於那些具有清晰運動方向的直皴的作用，不僅使土坡的各面顯得含有飽滿的動能，也使得整個坡面在各單元的連續之中產生斜向的充沛動勢，這與一般僅賴物體外形來營造某種動感，在程度上確實極爲不同。其樹林中各樹的形狀雖有如〈龍宿郊民〉上者，但也由於那種似其山石皴擦的直筆的作用，更富有蒼厚的動態力量，使得幾棵看似安靜的直挺樹幹，本身即產生其後方作扭曲姿態之小樹所不能比擬的內歛動勢。〈婉孌草堂圖〉中段的奇巖則是借自〈江山雪霽〉江邊的巨岩，兩者都有垂直但不規則彎曲外緣的若干塊面的平行結組，也有因形狀方向不同而生的不穩定感。但是，當〈江山雪霽〉利用線條勾勒其岩面的結構，並就不同方向來布列其特殊造型巖塊時，〈婉孌草堂圖〉的中景奇岩則捨棄勾勒的廓線，代之以直皴，而經由直皴虛實變化的連續運作，產生一種與其周圍山巖連成一氣的動勢。這個動勢

---

29 〈江山秋霽〉之討論參見 Wen Fong, *Images of the Mind,* p.171。

又經過其上來自黃公望〈九峰雪霽〉(北京故宮博物院藏)[30] 或傳黃氏所作的〈山居圖〉(南京博物院藏)[31] 的坪頂的中繼,配合坪頂左右礬頭的輕度傾斜,以一個似「S」形的扭轉,到達上方浮出雲上似來自〈輞川圖〉前段的圓峰而停止。[32] 在這個動勢裡,至少牽涉五個不同形狀,不同方向的山體,但在直皴的虛實變化中,卻連續成為一個具有緩慢但充沛內在動力的整體。如此的處理方式,實與畫面右方的崖壁與平台有異曲同工之妙。此高聳入雲的崖壁,其來源已無法完全確定,可能與董氏見過的某些郭忠恕、王詵的畫本有所關連,後二者在董其昌一六〇三年的〈臨郭忠恕粉本〉(Museum of Far Eastern Antiquities, Stockholm)[33] 與一六〇五年的〈煙江疊嶂〉等畫中還有所保存。不過,在此重要的亦非其圖象源自那個古人,而在於其直皴之虛實運用。在畫家有意地安排下,直皴的動勢被匯聚到崖體的三分之一處,不僅可向上下延展,並往左生出有屋舍的平台,以及更遠處向左方大塊延伸而嵌入其中的低平遠山。像這裡所見的形象在外形上並無甚新鮮之處,無論浙派、吳派或新起的松江畫家,多少有過類似的高崖造型,但〈婉孌草堂圖〉的崖壁卻因直皴的作用,而產生似乎隨時要釋放而出的巨大動能。如此的整體效果,甚至在郭忠恕或王詵的作品中亦是未曾經驗過的。

直皴不僅使得〈婉孌草堂圖〉中各部分小單位充滿著動勢,也使其相互結合成左邊前後及右邊的三個大塊。這便是董其昌在《畫旨》中所說:「今人從碎處積為大山,此最是病。古人運大軸,只三四大分合,所以成章。雖其中細碎處甚多,要之取勢為主。」[34] 他所攻擊的有細碎之病的「今人」,無疑地是指的文伯仁、錢穀等文徵明之後的吳派畫家,這可以由一五七四年文伯仁的〈遊天目

30 黃公望〈九峰雪霽〉掛軸傳有數本,其中最佳一本董其昌時藏在南京魏國公家,董其昌對此收藏頗為熟悉,應有機會寓目。此資料出自鄒之麟跋傳黃公望所作另本〈九峰雪霽〉橫卷中,見徐邦達,前引書,頁78,圖19～25。

31 《南京博物院藏畫集》(北京,文物出版社,1966),頁10。

32 可見1617年郭世元依郭忠恕摹本所刻之拓本,拓本曾出版於《文人畫粹編》,中國編,1,《王維》(東京,中央公論社,1975),頁9～19。

33 《董其昌の書畫》,圖5。

34 《容台集》,頁2105～6。

山〉（大阪私人藏）及錢穀差不多同時所作的〈山水〉（台北故宮博物院藏）[35]得到印證。不過，文伯仁及錢穀之由細碎處積成大山的風格，亦自有其理，尤其適合在來自文徵明影響的窄長畫面中營造由下往上婉延而昇的動感。董其昌顯然不滿於吳派晚期的作風，更有意地捨棄了文徵明以來常用的狹長繁密構圖，而將三個大塊分布在一個較寬廣畫面的兩邊，空出中間的部位，畫了曲折向後伸展的河流，而于此曲折之中，三個大塊各形成某些角度不等的三角形，分別自左右兩方交錯地向中央的河谷斜入。如此的構圖模式可以說即是早期的「平遠」，只不過董其昌在此將左右兩邊的交錯形狀作得變化多端，而不似原來那麼單純了。董其昌在一五九七年以前的經驗中，似乎沒有機會瞭解眞正唐代的立軸構圖；他所見的〈江山雪霽〉等作品都是手卷，雖都呈現「三四大分合」，卻非縱向畫面的安排。但是，經由他所收藏的傳董源〈秋山行旅〉、[36]〈龍宿郊民〉（圖11）及李成的〈雪景山水〉（即〈小中現大册〉第一開所摹者），董其昌倒是能夠透過這些五代風格一窺唐代「平遠」及「深遠」構圖的秘密。〈婉孌草堂圖〉中三個大塊的位置亦即由此瞭解而來，其「平遠」構圖的基調也是他話中所說古人構圖的古意。

可是，〈婉孌草堂圖〉平遠構圖所呈現的動勢，畢竟還是與唐或五代者大爲不同，這又是董其昌轉化古代風格的另一個結果。原來如〈龍宿郊民〉構圖左邊之平遠處理的要旨係在透過河谷的曲折，而創造出一個往後延伸的無限空間感。〈婉孌草堂圖〉中的平遠構圖所造成的卻是一個幾乎封閉的自我空間。即使在平遠的構成上，董其昌也改變了原來的主從關係，不把重點置於曲折之河谷，而將之轉至河谷旁的大塊之上，進之利用塊中之勢，將三個大塊聯結一氣。前景的三

35 錢穀此畫見於《故宮名畫》（台北，國立故宮博物院，1968），第七輯，圖22。董其昌對吳派晚期畫風的批評，可見於《容台集》，頁1704，1716，1894，2179等。

36 此畫或即舊藏香港陳仁濤處者。圖版見《中國畫壇的南宗三祖》（香港，統營公司，1955），頁1。〈小中現大〉册中第十開即摹王蒙〈仿董源秋山行旅〉，並在跋中云董源原跡爲其家所藏。但此本是否即爲陳仁濤後來所藏本，仍有疑問，傅申近日指出陳氏藏本實爲張大千僞作。見 Shen C. Y. Fu, *Challenging the Past: The Paintings of Chang Dai-chien* (Seattle and London: University of Washington Press, 1991), p.308。

角形狀大塊實際上包含另一個更小的三角塊體，兩個三角形各自的二斜邊分作虛實互換的變化，而其與中段大塊之連繫即由往左上堆置的岩列斜邊所推動。至於左邊大塊的動勢在到達圓峰之後，並未往更深遠處前進，反而下降而自低平的遠嶺與右方相呼應，而被導回到充滿湧動之勢的崖體中央與祥和安靜的平台。唐代「平遠」構圖經此「勢」的轉化之後，所形成的是一個以畫面爲框圍的獨立力場，在此場中，三個大塊被「用筆」所成之「勢」聯接起來，並使之成爲向畫中迴轉，似乎可以生生不息的自足動態整體。這種畫面動勢實在是前無古人的發明，遂成爲董其昌立軸構圖的一大特色，他後來在一六〇二年的〈葑溼訪古〉（圖 12，台北故宮博物院）、一六二五年的〈仿董源山水圖〉（圖 13，Drenowatz Collection ）及一六二三至二四年成之〈山水高册〉（王季遷藏）[37] 等重要作品中皆一再地顯示了他對此的追求。

畫面動勢歸結點所在的崖邊平台，實際上亦居全畫之正中央，上有受樹掩蔽之草屋數間，此即意指陳繼儒採陸機之詩句爲名而建的居所，董其昌之圖就是在該年舊曆十月訪此草堂後所作者。由畫時的情境推之，此圖應與實地景物有關，故而在上文所述董其昌轉化古代風格而創造出來之山水中，如何陳示其與婉孌草堂周遭景物的關係，遂成爲瞭解此圖乃至整個董其昌山水畫藝術的另一關鍵課題。正如其他與文人有關的史蹟一般，婉孌草堂至今日亦已無蹤跡可尋，甚至連讀書台的確切位置亦不見得可以肯定，幸好對於當日婉孌草堂的大概環境，今天還可以由陳繼儒兒子陳夢蓮的記述中得到一些認識。在〈眉公府君年譜〉中，陳夢蓮描述婉孌草堂是「依崗負壁，構堂五楹」，草堂有柱，柱上有董其昌的題句：「賢者而後樂此，衆人何莫遊斯」，壁上又有「人間紛紛臭如帑，何不登山讀我書」一聯，也是董其昌所題。此外，草堂附近尙有兩個水池，一曰藤蘿池，另曰墨池，流泉一道，名曰白駒泉；所種的植物則有花與竹，面積雖不大，但已足稱幽勝。[38] 陳夢蓮的記述雖然簡略，但提到相當多具體的細節，可供與畫上所見比較。然而，比較結果卻可發現兩者之差異極大。畫上之讀書台既無花無

37 圖見於《董其昌の書畫》，圖版 18。

38 見註 1。

竹，亦無池水，更無五楹的房舍，只有屋旁之峭壁勉強符合「依崗負壁」之說。至於讀書台左方之山體，究竟爲崑山之那個地點，也相當模糊。但如與董氏早一年所作〈燕吳八景〉（上海博物館藏）[39] 中第七開畫陳繼儒在「九峰深處」的居處環境來加比較，〈婉孌草堂圖〉中景的巨岩與坪頂與所謂〈九峰深處〉的中央部位者，仍有一些類似，而它們的左上方也都有一道飛泉，或許即是白駒泉。董氏畫〈九峰深處〉時，陳繼儒尚未建婉孌草堂，故其所畫自非本文所論之草堂，但此頁所屬之册既自題云「燕吳八景」，顯屬明代常見之「紀遊勝景」類圖作，紀實性較高，可視爲董其昌所見陳繼儒居處附近景物的重要參考。由此推之，〈婉孌草堂圖〉所畫之山水不能說與實景毫無關係，不過，由於其形象已經大幅度之轉化，此關係也只能說是隱而未顯。

換句話說，董其昌作〈婉孌草堂圖〉時，確實曾在某種程度上以該地實景爲基礎，但卻不在於就之作外表形似的追求，反而如他對古代風格的態度一樣，作了轉化的處理。這種態度與文人畫傳統中的「山齋圖」可說完全相反。自元代末期以後，文人畫家爲朋友的隱所作圖的情形大盛，至董其昌之時，早已自成體系。[40] 朱德潤的〈秀野軒〉（北京故宮博物院）、趙原的〈合溪草堂〉（上海博物館）、沈貞的〈竹爐山房〉（遼寧省博物館）及文徵明的〈眞賞齋〉（上海博物館）等，[41] 都是這種「山齋圖」，他們基本上都對實景保持了一定的忠實度。董其昌自然不會不知道這個由來已久的傳統。他在〈婉孌草堂圖〉上對實景的轉化，意謂著對此部分的文人畫傳統的刻意逆反。而其一生，大致都堅持著這個態度，如〈容安草堂〉（上海博物館）[42] 等作品皆幾乎見不到任何對實景的

39 《中國古代書畫圖目》，三，（北京，文物出版社，1990），頁243。

40 關於「山齋圖」在元代的情況，參見何惠鑑，〈元代文人畫序說〉，《文人畫粹編》，中國篇，三，《黃公望·倪瓚·吳鎭》（東京，中央公論社，1979），頁112～3。

41 朱德潤畫見《中國美術全集》，繪畫篇5，《元代繪畫》，圖版86；趙原及沈貞畫見《中國美術全集》，繪畫篇6，《明代繪畫》，上，圖版3，78。文徵明畫見《中國古代書畫精品錄》（北京，文物出版社，1984），一，圖版23。

42 此圖作於1604年，容安草堂或爲其友徐道寅之居所。圖見《董其昌畫集》（上海，上海書畫出版社，1989），圖69。

忠實描寫。

然而，如果就此便論斷董其昌之山水畫藝術與外在自然的關係毫不重要，這也是值得商榷的。就〈婉孌草堂圖〉來說，它雖不意在忠實地描繪草堂周遭的風光，但卻是針對該草堂而發，這點是毫無疑問的。畫面上以讀書台及其上草堂爲中心點的處理，讓全幅其他各部分充滿力勢的山體環繞其旁，就顯示著董其昌對婉孌草堂的觀感。他在此所構成的是一個以草堂爲中心的自足世界。草堂雖然靜止不動，但卻似乎統攝著所有山體的生命力，而此生命力的呈現只是純粹的筆墨組合，而無向來所賴以提點的樵夫、行旅、隱士、訪友等人世的活動，甚至沒有可供外界參與其中活動的路徑，而整個畫中山水的動勢又被內收於中，形成一個不假外求，與塵世無關而自具內在生氣的山水世界。這種不假外求的山水意象，實際上恰好呼應著董其昌在草堂壁上爲陳繼儒所題「人間紛紛臭如帑，何不登山讀我書」的詩聯。此詩聯實出自《黃庭內景經》，[43] 其用意本爲拈出草堂主人隱居所標指的境界，重點在於對塵俗價值之超越，而眞的能在精神上與天地之「道」相契合。這實即爲陳繼儒「裂其儒冠」選擇及讀書婉孌草堂行爲的內在精神。由此情境觀之，原來董其昌所畫的只是由草堂的實地景物出發，而將目標指向它的內在精神之結晶——一個超越世俗，而能體認天地造化之生命的理想境地。換句話說，婉孌草堂的外在自然形式，由於陳繼儒的隱居，在董其昌的心目中產生了另一層次的人文意義，此即自然對他所呈現的內在精神，而他的〈婉孌草堂圖〉所要傳達的就是其地山水的這個內在精神，也就是陳繼儒隱居的心靈世界。

如〈婉孌草堂圖〉所示的，山水畫的旨趣在於爲自然山水「傳神」，這是董其昌繪畫理論中的基本信條。「傳神」的要求數見於董氏之論畫文字之中，[44] 其與古人風格、眞實山水之間的關係究竟如何，一直是學者爭論的問題。[45] 董

43 《黃庭內景經》〈隱景章第二十四〉原文云：「何不登山誦我書，鬱鬱窈窈眞人墟，入山何難故躊躇，人間紛紛臭帑如」。見彭文勤等纂輯，《道藏輯要》（1906重刊本，台北，新文豐出版公司，1986），頁2184。

44 如見《容台集》，頁2090，2108，2116，2132，2198。

45 James Cahill, *The Compelling Image* (Cambridge: Harvard University Press, 1982), p.37.

其昌對此之看法，顯然在一五九七年作〈婉孌草堂圖〉時已經成型。他在〈婉孌草堂圖〉中對古代風格所作的轉化，其意亦非作形式上的摹仿，而係純在追求其「筆意」，此即可視爲另一種「傳神」。他這種對古代風格的「傳神」，固然非出自於任何對草堂實景的描繪要求，但在目標上卻仍與傳其山水之神的企圖，兩者是相通相合的。〈婉孌草堂圖〉畫上風格形式基本上指向南宗之祖王維的身上，掌握其「筆意」則意謂著得其「雲峰石跡，迥出天機，筆意縱横，參乎造化」的表現能力。而此處所追求的具有天機、與造化同參的效果，實即他在追求草堂一地景物內在精神的相同實質。換言之，當董其昌在畫上轉化古人風格時，不僅是要作一個歷史性的瞭解而已，更重要的還是在參悟其中所含造化的元始生命。這便是爲什麼他在研究黃公望〈天池石壁〉不得其眞之際，在吳中石壁之下突有所悟之時，會大呼「黃石公」的道理。[46] 他所呼之「黃石公」實意不在指黃公望，而係《史記》之中所記秦漢之際的黃石老人，而此黃石公正是將造化之奧秘傳給張良的神秘媒介；[47] 透過這個媒介的作用，董其昌所體悟到的不僅是他所未曾見過的黃公望〈天池石壁〉眞跡，而且是其背後的精神，以及石壁山水所顯示出來的造化天機。這也是他爲什麼歸結出「畫家以古人爲師，已自上乘，進此當以天地爲師」這個結論的根本理由。

當董其昌登上小崑山的讀書台，造訪陳繼儒的婉孌草堂時，極目四望，他所看到的不僅是他好友超俗的心靈世界而已，也看到了理想山水裡的充沛元氣。在他的〈婉孌草堂圖〉中，他不僅轉化了古代風格，也轉化了實景物象，並不爲著記錄他的遊覽，也不是在摹仿古人，也不爲著發洩他在現實無法實現的隱居夢想，而只是以其筆墨企圖現出一個以造化元氣所生成的山水。這是一個既不爲人，亦不爲己，毫無實利考慮的企圖；〈婉孌草堂圖〉的創作，由這個角度觀之，亦是董其昌這個「朝服山人」超俗之心靈世界的呈現。透過〈婉孌草堂

---

46 《容台集》，頁 2164～65。

47 對「黃石公」，周汝式認爲亦意指黃公望。見 Ju-hsi Chou, " In Quest of the Primordial Line: The Genesis and Content of Tao-chi's *Hua-yu-lu* " , (Ph.D. diss., Princeton University, 1970), p.55.

圖〉，董其昌與陳繼儒這兩個表面行跡大相逕庭的才士，正就一個他們共有的生命理想，互相唱和。

（本文於一九九二年十一月十九日通過刊登）

圖1

圖2

圖3

圖4

圖5

圖6

圖7

圖8

圖9

圖10

圖11

圖 12

圖 13

出自第六十五本第二分(一九九四年六月)

「心即理」說的動搖與明末清初學風之轉變

王汎森

王陽明的「心即理」之說在明代後期信從者極爲廣泛，但他的門人、再傳弟子、或受其影響的理學家中，逐漸有人體會到「心即理」的種種困境。因爲心是善惡交雜的，故良知亦有被朦蔽的可能，因而對以心作爲道德規範之唯一根源的信仰逐漸動搖，補救的學說隨之產生。本文主要討論其中主張讀經書以輔助良知，道德規範的逐漸外在化，以及由理學轉入清代經學、禮學的過程。

明代中期以後，中國思想界的主要論題是王陽明（一四七二～一五二八）提倡的「心即理」，它吸引了大量的信徒。其情況之盛正如《明史・儒林傳》所描述的：「門徒遍天下，流傳逾百年，其教大行。……嘉隆而後，篤信程朱，不遷異說者，無復幾人矣。」[1] 但是逐漸地，即使連部份王門後學也感覺到「心」是善惡交雜的，以善惡交雜的心作爲知識與道德的最高依據，其結果將有如狂人自醫其狂，故以「心」作爲道德與知識最高依據的信心遂逐漸動搖了。不過，這種信心上的動搖是日積月累而不是陡然而生的。

「心即理」之動搖使得對外在於「心」的客觀依據的要求逐漸產生。在成德的過程中，客觀知識或外人的提撕之重要性亦日漸被提出來。譬如，在道德修養上，因爲人們對以善惡交雜的「心」作爲自己道德檢查者的角色感到不安，故轉而依靠外人的批判或援經典相印證。故一方面有經典知識復興的傾向，一方面出

1　《明史》（北京，中華書局，一九七四）卷二八二，頁七二二二。

現省過會之類的組織，這些現象不但出現在王門後學或與王學相關聯者身上，亦出現在一批救正心學流弊人的言論中（不一定是程朱正統派）。但是無論他們的身份如何不同，卻都是針對「心即理」的論題而發，可說是屬於同一脈絡。不過除了出自理學家內在的反省與救正之外，外在環境的刺激也是值得注意的。本文擬先針對思想內部的發展作一分析，至於思想與環境交互作用的情形，當於另文討論。

此處我要先談明代陽明學的特色。關於這個問題，論者多重視陽明及其後學對知識及道德修養所持的態度。就對知識的態度而言，一般認爲王學的主要特色便是擺落知識，具有相當強的反知識色彩。就道德修養而言，則主要強調王學所帶來的解放的現象。[2] 這些無疑是晚明王學很重要的層面。但本文卻想以王門內部及與王學相關的一些思想家爲例，描述他們在晚明趨於重知識及嚴格道德修養的轉向。但這並不是說所有王門後學在晚明都有同樣的轉向，而是想在舊說之外，對前人所較忽略的兩個層面進行比較詳細的探討：第一、雖然陽明提出心即理，教人只要自信其良知，則不必以孔子之是非爲是非，但發展到後來，王學內部中卻不斷有人提出心是無定準之物，如果把是非的標準定在每個人心中，則每個人都可能把自己的意見當作天理，必然會破壞道的統一性。所以，應藉著「質諸先覺，考諸古訓」來印證心中的良知，以古今共循的客觀標準來決定道理的是非。這一類的呼聲在晚明形成一股重視儒經的要求，而這樣的要求與明末清初儒家智識主義之興起顯然有關。[3] 第二、晚明王學中固然有著黃宗羲所形容的「非復名敎所能羈絡」的現象，但也有一部份王學信徒轉向極嚴格的道德主義。不管在知識或道德上的轉向，都與因「心即理」這個命題的動搖而引出來的如何找到

2　蕭公權的看法即是一例。他說陽明後學「蔚爲明代空前之解放思想」，見《中國政治思想史》（台北，中華文化出版社事業委員會，一九五四），册四，頁五六六。本文主要是以部份王門後學與其修正派，以及先受王學影響而最後投向反對陣營的人爲例來說明一代學風之變。但這並不表示整個王門後學都變了。

3　余英時教授的〈從宋明儒學的發展論清代思想史〉及〈清代思想史的一個新解〉兩文，從明清程朱與陸王之交光互影關係以及其他角度去討論清代智識主義的興起，是處理此問題最精之作。見《歷史與思想》（台北，聯經出版公司，一九七六），頁八十七～一五六。

外在「客觀標準」的問題有關。這個知識化及紀律化的轉向在明清之交有愈來愈明顯的傾向，並與當時侈蕩而「非復名教所能羈絡」的學風互相競爭，且最後佔得上風。正因王學是明代中期以后最有勢力之學派，所以藉著對它的探討，足以讓我們一方面注意到晚明思潮向知識化及道德紀律化轉變的一面，另一方面對明代後期王學所造成影響的多面性，有較深一層的了解。

一、陽明良知說的兩個難題

王陽明對朱子思想所進行的革新，內容相當之廣，此處只取與本文特別相關的幾點加以討論。

朱子主張以格物致知作爲正心誠意之前提，把認識外在世界事物的「理」（秩序）作爲倫理本體的「理」（道德）的依據，這主要仍是受了張載的影響。[4] 陽明在十八歲謁見婁諒時始聞朱子格物之學，後來，又遍讀考亭遺書，思諸儒謂衆物有表裡精粗，一草一木皆具至理，乃取竹格之，但仍沈思不得。至廿七歲，此惑仍未解，覺得物理、吾心仍判爲二。[5] 王陽明後來回憶說物理、吾心判若爲二，至少會出現三個問題：第一、「外吾心而求物理」，他舉了一個例子說「如求孝之理於其親之謂也。求孝之理於吾親，則孝之理果在於吾之心邪？抑果在於親之身邪？」。[6] 第二、「遺物理而求吾心」，這個問題具體表現在王陽明格竹時，仍把探索外界誤爲探索自己。[7] 第三、他發現自然與人事並不是連續體，縱使格盡所有草木之理，也格不出仁義禮智來，所以說：「先儒解格物爲格

4 但遠的背景則可追溯到漢儒倫理學從屬宇宙論的影響，故把宇宙論與倫理學溝通起來，把大自然和人類本性等同起來。參見李澤厚《中國古代思想史論》（北京，人民出版社，一九八六），頁二二二、二三二～二三四。

5 錢德洪等《王陽明年譜》廿七歲條，收《王陽明全書》（台北，正中書局，一九五四）册四，頁八十。

6 《傳習錄》（台北，正中書局，一九七五），頁卅七。

7 關於格竹的故事可參《傳習錄》，頁一〇〇。「外吾心而求物理」及「遺物理而求吾心」，見王陽明〈答顧東橋書〉，《傳習錄》頁卅五。

天下之物。天下之物，如何格得？……縱格得草木來，如何反來誠得自家意？」[8] 直到卅七歲謫龍場時陽明忽於中夜悟格物致知之旨，知聖人之道吾性自足，向之求理於外物是錯誤的，故他提出「心即理」，[9] 把「以吾心而求理於事事物物之中」改為「致吾心之良知於事事物物」。[10] 所以過去是以事事物物的理來正人心，現在是以人心之良知去正事事物物，使得一切行為都能符合自己的是非廉恥之心，也就是希望立一個善的動機，使為個人欲望服務的知識與行為轉而服從良知。

由於陽明提出「心即理」，所以他和朱子的各種歧見中，有一個特別值得注意的地方，便是對《大學》「止於至善」的解釋。朱子認為「至善」是「事理當然之極」，[11] 陽明則認為「至善是心之本體」，[12] 所以，王學的道德本體非但不是建立在外在超越的理上，也不是建立在儒家經典的道理格式上，而是直接建築在個體的「本心」中。決定事理的標準不是從外來的，而是在每個人自己的心中，故陽明《傳習錄》卷三〈答羅整庵少宰書〉中曾說

> 「夫學貴得之於心，求諸於心而非也，雖其言之出於孔子，不敢以為是也，……求之於心而是也，雖其言出於庸常，不敢以為非也。」[13]

故他不勸人深談理道，但勸人自見本心，只要信得過自己的良知，便隨順行去。[14] 陽明又說眞己即是心之本體：

> 「這心之本體，便是你的眞己。你若眞要為那爾體殼的己，也須用著這個眞己，便須要常常保護這個眞己的本體，有一毫虧損他，便如刀割，如針刺，忍耐不過，必須去了刀，拔了針，才是有為己之心。」[15]

---

8 《傳習錄》頁九九。

9 同前書，頁二。

10 〈答顧東橋書〉，同前書，頁卅七。

11 朱熹《四書集注》(台北，學海出版社，一九七六)頁一。

12 《傳習錄》頁二。

13 同前書，頁六十二。此外在〈壬午答徐成之〉中他也說：「夫君子之論學，要在得之於心，衆皆以為是，苟求諸心而未會焉，未敢以為是；衆皆以為非，苟求諸心而未會焉，未敢以為非」，收《王陽明全書》册二，頁七五。

14 《傳習錄》，頁五十八。

15 同前書，頁卅。

陽明在死前一個月寫給聶雙江（豹）的信也依然堅持這一點，他說「蓋良知只是一個天理自然明覺發見處，只是一個眞誠惻怛，便是他本體」。[16]

良知旣是天理，則順應作去，沒有一念留滯，不著一分意思，即是至善。如果轉個念頭，不管是刻意要作好或作惡，都已不是至善的本體，就如眼中不但著不得一些塵沙，也著不得金玉屑。[17] 陸王學者認爲：過去程朱主要是從天理的外在規範來約束人心，這種客觀的理決不可能從個人的道德自覺或個體的精神超越中得到，故他們反對把個人的「心」和「理」等同起來。王陽明則主張道德的最高憑藉便在你一己的心中。所以只要依照自己的眞心（本心）去行便是「理」。但是陽明自然也察覺到人們常因私欲或功利之習的薰染而汩沒了本心，所以他說，人的「本初一念」才是眞心，第二念便不再是眞心，而可能是爲私、爲利之心。陽明說：「凡學問之功，一則誠、二則僞」[18] 便是指此。陽明常引孟子的一段衆所周知的話來說明這個觀念。《孟子》〈公孫丑〉篇中說：

> 「今人乍見孺子將入於井，皆有怵惕惻隱之心，非所以內交於孺子之父母也，非所以要譽於鄉黨朋友也。」[19]

乍見孺子入井而皆有惻隱之心，是第一念的眞心，這一念是爲己的，但如果一轉念，想因救此孺子而納交於其父母，或要譽於鄉黨，這一念是爲人的，已經被好名好利的私心所雜了。故理學家常說初念是聖賢，轉念是禽獸，[20] 這也就是說第一念是是非念，第二念是利害念，不能以利害念壓倒是非念，換句話說，一切行爲本身應該就是目的，而不是作爲另一個目的的手段。因爲第二念不是人的「本心」，而是經過安排思索出來的，所以陽明勸人不要「安排思索」，他在《傳習錄》上說：

> 「心之本體，即是天理，有何可思慮得？學者用功，雖千思萬慮，只是要復他本體，不是以私念去安排思索出來。若是安排思索，便是自私用智

16 〈答聶文蔚〉，見《傳習錄》，頁六十九。

17 同前書，頁一〇三。

18 同前書，頁六〇。

19 見《四書集注》，頁四六。

20 如熊十力《明心篇》（台北，學生書局，一九七六），頁一〇二。

矣。」[21]

王陽明爲後學們反覆分析了這一點。他認爲當時的知識份子在極度功利的習俗下大多已經汩失了本性，思想與行爲幾乎完全爲社會的「習」所左右，所作所爲並不忠於自己的「本心」，而是處處用社會的眼光來看自己，從而在自己觀念裡，又在別人眼光中作人們所希望的那個角色，前者是自欺，後者便是「欺人」，這「自欺」與「欺人」是陽明所深入反省的問題，他曾用了戲子唱戲來比喻這種「自欺欺人」的情形，在〈觀傀儡次韻〉詩中說：

「處處相逢是戲場，何須傀儡夜登堂，
繁華過眼三更促，名利牽人一線長，
稚子自應爭詫說，矮人亦復浪悲傷，
本來面目還誰識，且向尊前學楚狂。」[22]

這首詩有承襲蘇東坡之處，但陽明借用來說明他的思想。他的意思是：由於繁華與功利的牽制，使得人們「處處相逢是戲場」，安排思索、作僞於外，[23] 爲了應付他人而違背本心，就像是戲子，即使把一個忠孝節義的人物扮演得維妙維肖，實際上也全是假的——因爲戲子本人實際上不一定是個忠孝節義的人，但他必須隨著角色的不同扮演出來給觀衆看。陽明在《傳習錄》中說「若只是那儀節求得是當，便謂至善，即如今扮戲子扮得許多溫清奉養的儀節是當，亦可謂之至善矣？」[24] 戲子即使把溫清定省扮得絲絲入扣，實際上也不是眞心在溫清定省，故他是以他所不眞正是的情態出現在那裡，他在所有行爲中違離了他的「本來面目」。而「本來面目，即吾聖門所謂良知」，[25] 良知便是至善的本體，所以在陽明的思想中，違離「本來面目」的非眞實之人，即是不善的。這首詩同時也諷刺了劇台下的稚子與矮人。因爲他們無法看到戲台上所演的實況，只是隨著

---

21 《傳習錄》，頁五十九。

22 《王陽明全書》詩錄，卷二，冊二，頁一五五。

23 陽明到處批評這種雕飾作僞之風，如〈寄鄒謙之〉的五封信，《王陽明全書》書錄，卷三，冊二，頁四三～四七。

24 《傳習錄》，頁三。

25 同前書，頁五十五。

個子高的人而轉其情緒，人喜亦喜，人悲亦悲，全非自己親見親聞、實感實聞。因此，不僅扮戲的人在自欺欺人，連觀戲的稚子、矮人也在自欺欺人。

陽明藉這首詩諷勸人們返求良知，也就是返求眞己，退到內心深處，體驗自己眞正的存在，使對我發生的每一件事，都是通過我的眞己而發生的，每一處境都是我的眞實處境。怎樣做到這一點呢？陽明說人的良知是「知是知非」、「常精常明」的，人們只要自「信」其良知，不自欺其良知，那麼自己只要行一不義或違離他的「本來面目」時，良知馬上可以察覺出來。《大學》中的「毋自欺」遂被王陽明特別提出加以闡發，《傳習錄》上說「君子之學以爲己，未嘗虞人之欺己也，恆不自欺其良知而已，未嘗虞人之不信己，恆自信其良知而已」，他人欺己並不那麼値得擔憂，可是如果自欺其良知，問題就比較嚴重了。因爲良知是眞己、是至善的，故只要能自信此良知而不欺它，作一個眞實的自我，便是至善之人。所以，「毋自欺」與「自信其良知」成爲陽明良知說之大關鍵。所以陽明弟子錢德洪說「人要爲惡，只可言自欺，良知本來無惡」。[26]

「自欺其良知」是一件非常複雜的活動。它首先是在自己的良知中了解並肯定著事物的眞象，但卻在語言或行爲上否定它，也就是說，相應於自己對事物眞象之肯定，卻用種種辦法從內在去否定它。接著是內心中否認這種否定，也即是說自己騙了自己，卻又告訴自己，自己沒有騙自己。但陽明《傳習錄》上說：

「良知原是精精明明的」[27]

又說：

「良知只是個是非之心，是非只是個好惡，只好惡就盡了是非，只是非就盡了萬事萬物。」[28]

故自欺其良知，即是自欺良知之精明，也就是自欺良知所知道的眞象。做爲被欺的「良知」，在自己的能力之內是知道事事物物的眞象，而此眞象對於同時做爲

26 《傳習錄》，頁六十一。錢德洪語見《明儒學案》浙中，卷十一，梁啓超在《王陽明知行合一之教》（台北，中華書局，一九七八）中說「致良知功夫全以毋自欺爲關鍵……最好的裁判官不是別人，是自己」，見頁卅一。

27 《傳習錄》，頁九十三。

28 《傳習錄》，頁九十二。

一個被欺騙者的「良知」而言卻又被隱瞞了。而且自己必然非常確切知道事物的眞象，以便縝密地隱藏它。[29]

「欺人」也是一件複雜的活動。所謂「欺人」，意味著欺騙者實際上完全掌握他所隱瞞的事物的眞象，但他故意弄錯眞象，並把它傳播出去。所以「欺人」者必然是在對事物的眞象全然明瞭的狀態下來進行他的欺騙，並且對於他加以改變的事物之眞象，完全的了解。

因此，不管是毋自欺或毋欺人，都有一個前提，那就是良知必須知道所有他加以改變的事物之眞象。假如良知不知道這些眞象，那麼空空說個毋自欺、毋欺人，對道德修養來說便沒有實際的意義了。因爲良知如果不能了解事物的眞象，那麼即使一個人不自欺其良知，他也可能因爲眞正的無知，而對事物作了錯誤的判斷。這好比要求一個人要隨時改過，如果這個人連自己是否錯了，或錯在那裡都不知道，他怎麼改過呢？陽明只說良知是知是非的，並沒有說它天生便能曲盡萬事萬物的眞象，所以，如果只要求一個人眞正忠於自己的良知是不夠的，良知還必須眞知事物的眞象。我們有理由相信陽明也考慮過這個問題，所以他並不反對以知識作爲良知的輔助，但是強調，格物致知與誠意正心的先後順序應該倒過來，務必要心正，也就是動機絕對純潔，一切意念與知識都能依照良知的要求活動，才能接著談格物致知。方向正了，則一切見聞道理知識才是有價值的，方向錯了，則一切見聞道理俱成爲虎作倀，道理愈多，益長奸雄。陽明一再提到的「頭腦」或「主宰」，雖因內容甚爲複雜而不易一語說盡，但其中相當重要的一點是指見聞知識的方向而言。所以他並不是反對格物致知，而是反對不在良知指導下的格物致知，因此，他曾批評朱子說「文公格物之說，只是少頭腦」，[30]「主宰一正，則萬竅於目，自無非禮之視」。[31] 故陽明之所以主張心與理不可判分爲二，主要還是認爲道德與知識應該統一起來，如果不能做到這一步，則

29 此處之分析參考Jean-Paul Sartre, *Being and Nothingness* (New York: Washington Square Press, 1966)，尤其是第二章。

30 《傳習錄》，頁八十二。

31 《傳習錄》，頁九十九。

「分心與理爲二，其流至於伯道之僞而不自知」。[32] 嘉靖四年（一五二五），陽明在〈拔本塞源論〉上，把這一層意思說得更清楚。[33] 他說如果不能從這「本」、「源」，也就是「動機」上痛下功夫破功利之習，「則天下之學聖人者，將日繁日難，斯人淪於禽獸夷狄而猶自以爲聖人之學」。[34] 在他看來，天下並非沒有從事聖人之學者，也不缺少有見聞知識的儒家信徒，問題是他們的動機大多有了問題，所以一切見聞知識多只是爲一己的功利私慾服務，而先王的典章法制，非但不能開出聖世，反足以增長霸者之術。他在〈拔本塞源論〉上說：

> 「斯人淪於禽獸夷狄，而霸術亦有所不能行矣。世之儒者，慨然悲傷，蒐獵先聖王之典章法制，而掇拾修補於煨燼之餘，蓋其爲心，良亦欲以挽回先王之道。聖學既遠，霸術之傳，積漬已深，雖在賢知，皆不免於習染，其所以講明修飾，以求宣暢，光復於世者，僅足以增霸者之藩籬，而聖學之門徑，遂不復可睹，於是乎有訓詁之學，而傳之以爲名，有記誦之學，而言之以爲博，有詞章之學，而侈之以爲麗，若是者，紛紛籍籍，群起角立於天下，又不知其幾家，萬徑千蹊，莫知所適……，日夜遨遊淹息其間，如病狂喪心之人，莫自知其家業之所歸。」[35]

這段沈痛的話指出訓詁、記誦、詞章之學一旦沾染功利的動機，則其學非但無補於聖學之門徑，且徒長霸者之樊籬。故他認爲考求知識的前提必須是良知作得主，惟有良知作得主，則一切知識莫非良知之發用，則知識亦是良知也。如果動機不純潔，則一切知識都轉成權謀機智，成爲維護並擴大小己之私的工具。故即使是同樣一套知識，只要在動機上有一點不同，其結果便有如霄壤之別。陽明說：「爲學須個頭腦工夫，方有著落」，[36] 這是因爲在他看來，如果不能得頭腦，則一切知識恰足以助長魔性。陽明再三提醒人們：良知是天生的，不由見聞而有，只要人自信得及，良知便會自然呈露。如果只是在見聞知識上拼命講求討

32 《傳習錄》，頁一〇一。

33 〈拔本塞源論〉，在〈答顧東橋書〉中，《傳習錄》頁四四～四七。

34 《傳習錄》，頁四十四。

35 《傳習錄》，頁四十六。

36 《傳習錄》，頁二十五。

論，並無助於良知。但這個天生的良知並未具有天下所有的知識，而只是知是知非，決定那些應該，那些不應該，至於每一件物事的細節如何，卻需要許多學問思辨才能知。《傳習錄》上有一段話說：

「夫良知之於節目時變，猶規矩尺度之於方圓長短也，節目時變之不可預定，猶方圓長短之不可勝窮也，故規矩成立，則不可欺以方圓。」[37]

這主要是說良知有如定盤針，但卻不是盤子本身，良知可以判斷知識之是與非，但卻不是掌握了所有的知識。他說：

「並不是本體明後，便於天下物便知得，都做得。天下事物，如名物度數草木鳥獸之類，不勝其煩，聖人雖是本體明了，亦何緣都盡知得？但不必知的，聖人自不消去求知，其所當知的，聖人自能問人，如子入太廟每事問之類。……聖人於禮樂名物，不必盡知，然他知得一個天理，便自有許多節文度數出來，不知能問，亦即是天理節文所在。」[38]

聖人只要知天理，便有許多節文度數出來，而不知能問，即是節文度數中的一個。由此可知陽明雖說「心具衆理」，但在他的思想體系中畢竟還爲講求知識保留了一個位置。

有一次徐愛問：「如事父一事，其間溫清定省之類，有許多節目，不知亦須講求否？」，陽明答說：「良知呈露時自然知孝，自然知溫清定省」，至於要如何溫、如何清，仍須去講求溫與清的方法。[39] 但是，因爲陽明太堅持人心只要純乎天理，便自有許多「節文度數」出來，所以儘管他曾不只一次說到聖人所不知的自會問，卻一再的舉例說明有許多事是無成例可考求的，完全憑乎一己之良知來決斷。他說，「孔子有鄙夫求問，未嘗先有知識以應之」，要是孔子在與鄙夫對談時心中留有知識在，「便是不能竭他的良知」。[40] 舜之不告而娶也是他

37 《傳習錄》，頁四十一。

38 《傳習錄》，頁八〇～八一。清初的李光地便曾說即使良知精明了，仍要求知，否則像晚明心學家「只守一心」，「…到后來做詩出韻、字寫別字，論古將事記錯了，此豈良知中應爾乎？」（見《榕村語錄》卷四，「下論」）

39 《傳習錄》，頁一一。

40 《傳習錄》，頁九十四。

愛舉的例子。他說：

「夫舜之不告而娶，當舜之前已有不告而娶者爲之準則，故舜得以考之何典，問諸何人而爲此邪？抑亦求諸其心一念之良知，權輕重之宜，不得已而爲此邪？武王不葬而興師，豈武之前已有不葬而興師者爲之準則，故武得以考諸何典，問諸何人而爲此邪？抑亦求諸其心一念之良知？……」[41]

由這類例子所反映的是：儘管他並不反知識，可是對他而言，知識卻永遠是第二義的，即使是經書中的知識也不例外。他對六經的態度在〈稽山書院尊經閣記〉中表現得相當清楚。他說：

「六經者，吾心之記籍也，而六經之實，則具于吾心也」

又說：

「世之學者，不知求六經之實于吾心，而徒考索于影響之間，牽制于文義之末」[42]

這兩段話一方面是將六經的價值加以更有力的肯定，認爲它們是人心中所先天固有的，不必經過任何論證便可確立其價值，但其眞正的用意是說，只要心能純乎天理，則自然而然的便蘊含有六經所昭示的道理，不必再去講求討論。本來，經書是每一個時代的讀書人都要讀的，不同的是讀經書的眞正態度，及經書知識在當時主流思想中佔核心或邊陲的位置，以及經書在他們成德過程中所扮角色。即使在明代心學最高張之時，王陽明及其弟子也決不可能不讀經，可是他們對經書研究所抱的態度卻是值得注意的。人們或許以爲，陽明既寫〈五經臆說〉，則仍是鼓勵人研究經書。其實〈五經臆說〉是陽明所不欲刊，且自焚其稿，而爲其學生所綴輯而成的寥寥十三條材料。爲他編輯遺稿的錢德洪說：

「師居龍場，學得所悟，證諸五經，覺先儒訓釋未盡，乃隨所記億（憶），爲之疏解，閱十有九月，五經略遍，命曰億說。既後自覺學益精，工夫益簡易，故不復出以示人。洪嘗乘間以請，師笑曰：付秦火久

41 《傳習錄》，頁四十一～四十二。

42 《王陽明全書》文錄，卷四，冊一，頁二一五。陽明有一次談到秦始皇焚書時說當時如將「其諸反經叛理之說，悉取而焚之，亦正暗合刪述之意」，見《傳習錄》頁七。

矣。洪請問，師曰，只致良知，雖千經萬典，異端曲學，如執權衡，天下輕重莫逃焉，更不必支分句析，以知解接人也。後執師喪，偶於廢稿中得此數條……」[43]

可見陽明自己本不願以〈五經臆說〉示人，而且根本不願留稿。錢德洪將殘餘的十三條錄存，根本違反陽明之教。即使這十三條，也完全可以看出陽明是以自己的意見去解釋經文，決不是虛其心以待經文作爲其指導。而且陽明形諸文字時總是比較謹愼，他私下言談時，對讀書的態度便更坦白直捷了。湛若水便說陽明親自告訴他不必讀書。[44] 所以當陽明在談到是否該「正諸先覺，考諸古訓」的問題時，他也仍是說：

「去人欲、存天理，則自正諸先覺，考諸古訓，自有許多問辨思索存省克治工夫，然不過欲去此心之人欲，存吾心之天理耳，若曰，效先覺之所爲，則只說得學中一件事，亦似專求諸外了。」[45]

人心只要能去人欲、存天理，則自然合乎「先覺」與「古訓」。這與前一段引文一樣，一方面是肯定了「先覺」「古訓」的先驗價值，另方面又認爲不必向書籍文獻上去講求，只消在自己心上作去人欲、存天理的工夫，使心回復到良知的狀態，便自然而然合乎「先覺」與「古訓」了。對於「禮」，他也認爲那是吾心原就森然畢具的，故不必外求。他在〈博約說〉中說：

「天命之性，具于吾心，其渾然全體之中，而條理節目森然畢具，是故謂之天理。天理之條理謂之禮。」[46]

陽明說禮是先天地具于吾心，[47] 所以認爲君子於酬酢變化語默動靜之間，「而求吾其條目焉，非他也，求盡吾心之天理焉耳矣」，[48] 也就是說只須依循自己

43 同前書，頁一二五。

44 志賀一郎《湛甘泉の教育》（東京，風間書房，一九八七），頁一六五，甘泉於〈新泉問辯續錄〉上說「吾元年同方西樵，王改齋過江弔喪，陽明曾親說：『我此學，途中小兒亦行得，不須讀書』。」

45 《傳習錄》，頁廿六。

46 《王陽明全書》文錄，卷二，册一，頁一六四～一六五。

47 同前引。

48 《傳習錄》，頁九。

良知之天理便自然合乎禮，不必再向文獻上去講求。[49]

王門弟子們儘管有種種不同的側重之處，但在這一點上卻大體繼承了他的思想。江右王門的鄒守益（東廓，一四九一～一五七五）說：「果能實見『敬』字面目，則即是性分，即是禮文。又何偏內偏外之患乎？」[50] 楚中王門的蔣信（道林，一四八三～一五五九）也說：「博文約禮，不是兩段工夫……禮是心之本體，文是感通燦爛處。」[51] 王畿（龍溪，一四九七～一五八二）則說，由於佛老之教橫行於中國，故禮法蕩然，所以周濂溪欲復古禮爲教。但是他提醒大家，「執禮」並不需要向文獻考索，因爲「禮非外飾，人心之條理也……」。[52] 由此可見：王門認爲人只要「密察其心之不可欺者」，則酬酢變化語默動靜自然中節合禮。陽明弟子歐陽德（南野，一四九六～一五五四）有一段話最可以代表這種思想。他說：

49 陽明知識的態度是與陸象山有所不同的。熊十力先生曾詳細論及，大意是說象山主張暇時仍應「親書册」，但到了陽明，則以讀書爲害了。熊氏在《陸王哲學發微》（台北，水牛出版社，一九六六。該書題爲胡哲敷著，唐君毅指出是熊十力假其名所刊）上說：「象山論心的作用，是拿事與心兩方面來說的，即是合感性與悟性而成作用的，譬如對一件事的是非曲折，固然要我心——悟性，去辯證，但亦須隨外界事物之是非曲直——感性，然後才能予以辨正。陽明則一切的事，只要求之吾心儘夠了。外界的是非曲直，都存在吾的心中，求之於心，没有不得的理，故儘可不必去管外界如何，心中自然會明白的。」（頁七十五）又說：「象山謂可羞則羞，可惡則惡，宜辭則辭，宜避則避，是注重在可字與宜字上，就是說外界的事物由來，應該羞的才羞，應該惡的才惡，應該辭的就辭，應該避的就避。羞、惡、辭、避，是就自己的本心說，即是就悟性一方面說，可字，宜字，是就外界事物說，即是就感性一方面說。」（頁七十七）此外，熊十力認爲象山認爲心的作用有先後次第，陽明則認爲終始一貫，無先後條目（頁八十一、八十九）。象山認爲不先講明道理再去實行，是「躐等」、「瞎做」（頁九十）。象山說「未嘗學問思辨而曰吾惟篤行而已，是冥行也」，陽明則是說「行而不知是謂冥行，知而不行是謂妄想」，一個是知行一先一後，一個是兩者並列。兩者並列則混學問思辨爲即學即行，而象山是認爲學問思辨屬知，篤行屬行（頁九十七）。而且象山、陽明雖都講磨練，可是象山是以「讀書親師友」爲磨練，陽明則以「事」爲磨練。象山所說的讀書親師友爲的是要博學、審問、慎思、明辨，最後達到聖賢踐履。陽明則認爲讀書只是調攝此心，所以陽明的讀書仍是以心爲主，其功用大致等於靜坐，故與象山有相當大之不同。

50 〈與方時勉〉，見《明儒學案》（台北，河洛出版社，一九七四）江右一，頁五七。

51 《明儒學案》楚中，頁五。

52 〈東遊會語〉，收《王龍溪全集》（道光二年重刻本）卷四，册二，頁七。

「視聽言動喜怒哀樂之類，身之所有，知之所出者也。視聽言動之類，有禮有非禮，有中節有不中節。苟密察其心之不可欺者，則莫不自知之。」[53]

所以，余英時先生說陽明雖然不反知識，可是卻容易造成反知識的影響。在他的許多及門弟子身上我們都可印證這句話。

陽明雖然主張聖人與愚夫愚婦皆有良知，可是他卻有一個但書，認爲上智之人能循其本性，故無有不善，愚夫愚婦的次一念太重，時有小己之欲，乘機竊發，故較不能保住良知，以致無法念念率性、事事率性，因而必須實下「致」的工夫。《傳習錄》上說：

「衆人亦率性也，但率性在聖人分上較多，故率性之謂道，屬聖人事。」[54]

《傳習錄》另有一段話說：

「利根之人，世亦難遇，本體功夫，一悟盡透，此顏子明道所不敢承當，豈可輕易望人。」[55]

陽明的意思是認爲利根人的良知不易被私慾所蒙蔽，可是平常人卻易爲私慾所蔽，故無法「一悟盡透」。不管利根人或鈍根人都應隨時注意自己的良知是否在作主，但是要怎樣才能確知自己的良知本體在作主，而不是執意見以爲良知呢？王陽明對此問題有所答覆：他要人「須從自己心上體認，不假外求始得」，[56] 仍是勸人自信其良知，只要能自信得良知過，便是羲皇上人。[57] 可是人心是最隱微難知的，自己有什麼標準可以判斷所信的是良知還是意見？

陽明雖然主張「心所安處，即是良知」，但是他也強調一定要做自我省察，否則「恐有非所安者」。如果非所安而安，便可能「誤欲作理，認賊作子」。[58]

53 《明儒學案》，江右二，頁八〇～八十一。

54 《傳習錄》，頁八十一。

55 《傳習錄》，頁九十六。

56 《傳習錄》，頁十八。

57 《傳習錄》，頁七十七、九十七、九十四。

58 陳榮捷《王陽明傳習錄詳註集評》（台北，學生書局，一九八三）附《傳習錄拾遺》，頁三九四。

在《傳習錄拾遺》中保留了一段故事，說「一日市中鬨而詬，甲曰『爾無天理』乙曰『爾無天理』。甲曰『爾欺心』乙曰『爾欺心』」陽明評曰「夫夫也，惟知責諸人，不知責諸己故也」。[59] 上面這一則故事中，爭吵的甲乙雙方都自認自己未自欺其心，所以是站在天理一邊，又都認爲對方自欺其心，所以無天理。足見一個人心中到底是良知還是意見在作主，終究是很難判斷的。其實，即使他們自己都眞的未欺其心，但是隨著知識與智慧之高低，對同一件事仍會有不同意見，也很可能要爭吵不休的。在陽明後學中，這兩個問題一再的出現，尤其是在主張即本體即工夫、只要自信得過便是天理的「現成良知」派身上，這兩個問題最爲突顯。像魏良器便曾說「心之所安即理」，[60] 而王畿在〈答退齋林子問〉中也說：

「聖賢之學，惟自信得及，是是非非，不從外來，故自信而是，斷然必行……自信而非，斷然必不行……如此方是毋自欺。」[61]

「心安即理」與「自信而是，斷然必行」可以說是「現成良知」說的主要特徵。

不過陽明門生遍佈各地，他們對於「心安即理」「自信而是，斷然必行」並不完全都同意。依照黃宗羲的分別，主張現成良知的王畿屬於浙中王門，浙中是陽明故鄉，故王畿與陽明相處甚久，牟宗三便認爲他才是得陽明眞旨之人。[62] 但因陽明一生主要事業都在江西，黃宗羲稱這裡的弟子爲江右王門，認爲他們才是王學的眞正繼承者。此間是非，甚難確定。其實，江右王門的羅洪先（念庵，一五〇四～一五六四），聶豹（雙江，一四八七～一五六二）只能算是王陽明的私淑者，因爲他們與陽明本人幾乎沒有接觸。陽明死後，羅、聶二人與王畿在良知的問題上產生了重大的分歧，尤其對「自信而是，斷然必行」起了爭辯。有一次羅洪先與王畿共同出遊時，便對他說：

「吾心之善，吾知之，吾心之惡，吾知之，不可謂非知也。善惡交雜，豈

59 同前書，頁三九五。

60 《明儒學案》江右四，頁六十四。

61 《王龍溪全集》卷四，册二，頁五～六。

62 牟宗三《中國哲學十九講》（台北，學生書局，一九八三），頁四一三。

有爲主於中者乎？中無所主，而謂知本常明，恐未可也，故知善知惡之知，隨出隨泯，特一時之發見焉耳。」[63]

在他看來，由於善惡交雜，良知是否常在心中作主，根本是充滿疑問的。假使良知實際上已經泯沒了，而自己又堅信心中「知本常明」、吾心之惡與吾心之善皆吾自知之，便是相當危險的事。羅洪先與王畿正好分別代表王門中反對現成良知與篤信現成良知的兩個極端。而羅氏之所以要在這一個問題上與王畿爭辯再三，主要就是擔心篤信「自信而是，斷然必行」者，難免要落入以意見爲良知的地步。他在〈與雙江公〉一文中進一步批評王畿說「其諸工夫又卻是無工夫可用，故謂之以良知致良知」。他的意思是王畿既然相信現成良知，便意味著人們不需任何道德修養良知便自呈露，那麼，對王畿而言，所謂致良知不就是一空話嗎？[64] 羅洪先又在給陳九州（明水，一四九四～一五六二）的信上說「今之言良知者，一切以知覺簸弄，終日精神，隨知流轉。……此豈所謂不失赤子之心者乎？……便指一切凡心俱謂是念」。[65] 所謂「指一切凡心俱謂是念」，便是誤以自己的意見爲良知。屬於泰州王學成員的耿定向（天臺，一五二四～一五九六）也說：「口之說話，性也，而商道論學，而或詈訾媟褻，無以別耶？足之運動，性也，而履繩蹈矩，而或跌宕趨蹶，無以別耶？推之食色，性也，而禮食親迎，而或紾臂踰牆，無以別耶？」[66] 這些質疑的箭頭都不約而同地指向「現成良知」的不可靠，並充分顯示出在陽明死後許多王門後學對心安即是良知的說法已逐漸感到不安。因爲在他們看來，一個人心是否安，良知是否呈露，都是他內心中最隱微的事，非常難以判斷的，如果一個人只是自信其良知，便說自己的良知在作主，實有認賊作子之危險，對王門持批判態度的唐伯元（一五四〇～一五九八）便說主張「自信而是，斷然必行」的人是「徒曰致良知，而未識所謂良知

63 《明儒學案》江右三，頁十四。容肇祖指出此段雍正本《念菴文集》亦殘缺不全。見氏著《明代思想史》（台北，開明書店，1978），頁一四一。文淵閣四庫全書本《念菴文集》亦不全，見該書卷五，頁十九～卅八。

64 〈與雙江公〉，《念菴文集》卷三，頁八十六。

65 《念菴文集》，卷三，頁三十二。

66 耿定向《耿天臺先生文集》（萬曆二十六年刊本），卷四，頁十三。

者何狀？幾何不認賊作子也。」[67] 江右劉邦采（師泉）也說：「至論主宰，有從乎意見者，有從乎義理者」，「從乎意見者，執乎己」，[68] 他宣稱「以現在良知爲主，決無入道之期矣」。[69] 由這些散見各處的批評中可以發現：王門後學及其批評者慢慢地覺察到良知與意見之間已經是疆界難明了。

最講現成良知，而又遭到江右王門最多批判的王畿，在七十高齡時因突遭回祿之災而對其一生作過很嚴厲的反省：

> 「平生心熱，牽於多情……自信以爲天下非之而不顧，若無所動於中，自今思之，君子之獨立不懼，與小人之無忌憚，所爭只毫髮間，察諸一念，其機甚微……未可概以人言爲盡非也。」[70]

他特別點出君子之獨立不懼與小人之無忌憚只是一線之隔，其機極微。因而在他回想起來，「自信而是」是否眞的就「是」實很難判定。這樣的反省出自晚年的王畿口中，其意義是特別重大的。

由王畿暮年的自省中可以發現一個人的動機是否做到了完全純潔眞摯，自己是很難判斷的，而一個自認爲眞正做到純潔眞摯的人，所行是否眞正合乎道德的要求，也完全沒有保證。羅洪先對此有精到的觀察。他說：

> 「知縱肆，是良知。知不能，卻常自欺，是瞞良知。自知瞞良知，又是良知……此疾豈他人能醫耶？」[71]

自知瞞了良知，卻又不知不覺地變成了「良知」的一部份，足見良知是會被欺蒙而不自察覺的，本心是不易認識的。所以他在給王畿的一封回信上說：「來教云『學問大要在眞識本心，庶功夫有下落』，此言誠是也。雖然，本心果易識哉？」[72] 他在〈別蔡督學〉這篇文字中，就曾自道要想做到識本心是如何的困難。他說：

---

67 同前書，南中二，頁八十五。

68 同前書，江右四，頁四十六。

69 同前書，江右四，頁四十三。

70 〈自訟長語示兒輩〉，《王龍溪全集》卷十五，册六，頁十七。

71 《明儒學案》江右三，頁十七。

72 〈答陳明水〉，《念菴文集》卷三，頁二十九。

「妄意於此，二十年矣，亦嘗自矢，以爲吾之於世，無所厚取，自欺二字，或者不至如人之甚，而兩年以來，稍加懲艾，則見爲吾之所安而不懼者，正世之所謂大欺，而所指以爲可惡而可恥者，皆吾之處心積慮，陰托之命而恃以終身者也。其使吾之安而不懼者，乃先儒論說之餘，而冒以自足，以知解爲智，意氣爲能，而處心積慮於可恥可惡之物，則知解之所不及，意氣之所不行，覺其缺漏，則蒙以一說，卻其宛轉則加以衆證。先儒論說愈多，而吾之所安日密，如此者不知日凡幾矣。……夫所安者在此，則惟恐人或我窺，所蒙者在彼，則惟恐人不我與。託命既堅，固難於拔除，用力已深，益巧於藏伏，於是毀譽得失之際，始不能不用其情。」[73]

他發現自己廿餘年來「安而不懼」的許多事，其實正是非所安而安的，而且「託命既堅，固難於拔除，用力已深，益巧於藏伏」，又常假託先儒的道理來圓其自欺。羅洪先原是對「以意見爲良知」警惕最深的人，卻發現自己求道的廿幾年中，猶不時自欺其良知而不自知。這一類警懼使他特別注意培養良知的工夫。所以在給尹道輿的一封信中便指出應該「致良知」而不是「依良知」。他說陽明在良知上添一「致」，便是「培養」之意，「至又易致字爲依字，則是只有發用而無生聚矣」。[74] 他說「依良知」者是忘卻陽明龍場一段困厄工夫，而談其晚年之熟化，實有躐等之病，[75] 以致「率意任情，以爲良知」，而於仔細曲盡處，全不照管。在面對這些困境時，一些王門後學（尤其是江右王門）遂發展出補救的辦法，如羅洪先主要是以主靜作爲「致」良知的工夫。[76] 聶豹也說良知現在具足之說只能供上智之人自娛，非中人以下所能及，故他主張在本體上用歸寂工夫，[77] 使意欲寂然不動。季本（彭山，一四八五～一五六三）則標榜「警惕」，鄒守益主張無欲，勸人戒愼恐懼地用功於未發之先及已發之後，以免自私

73 《念菴文集》，卷三，頁卅八～卅九。

74 《念菴文集》，卷三，頁卅五。

75 〈寄謝高泉〉，同前書，卷三，頁六十三。

76 同前書，卷三，頁七十八。

77 容肇祖《明代思想史》，頁一二九、一三三。

用智。[78] 不過，在修養工夫上的警覺並不一定表示他們在對待「知識」的態度上有重大轉變。

二、王學內部對知識態度的轉變

在前一節中，主要討論了陽明以自信其良知及「毋自欺」良知作道德修養的關鍵時所帶來的兩個問題：

第一、陽明說良知也有可能被私慾之詭辯所矇蔽。既然連良知都會被欺，那麼如果一個人自信其良知在作主，而實際上他的良知已被私慾所矇蔽，那麼他的所作所爲怎麼可能合乎道德的要求呢？如果沒有外來的提醒或經書的印證，便可能陷溺而不自知。

第二、必須在良知已經完全了解事物的眞象之後，所謂毋自欺其良知才符合道德的要求，如果良知並不曲盡所有物事的眞象，那麼一個不自欺的人也可能做出無知、違反道德的判斷，所以這裡又涉及是否應有一個知識系統作爲輔助的問題。

其實在陽明的思想系統中這兩個問題都已經被考慮過了。對於第一個問題，他說，雖然良知是聖人與愚夫愚婦所同有的，但此中實際上有著利根人和鈍根人之分。利根人的良知是常精常明的，而鈍根人較易爲私慾所矇蔽，所以要實下「致」的功夫。對於第二個問題，陽明的回答是，並非本體明後對天下事物便全知得，但是其所當知的，聖人自會去問。但是，問題在於有什麼標準可以判分利根人與鈍根人？如果一個鈍根人卻自信爲利根人要怎麼辦呢？陽明說聖人不知自能問人，可是如果他不知而不問，或是自信只要「知得一個天理，便有許多節文度數出來」，要怎麼辦？更何況世間利根人能有幾個？

（一）「心不可謂道」

陽明的一些後學對此問題自然有所反省。他們認爲良知之所以會被矇蔽，主

78 同前書，頁一二四～一二五。

要是因爲不曾痛下「致」良知的功夫，但是在「致」的方法上，意見卻有紛歧。他們大多像前面提到過的羅洪先、鄒守益、聶豹、季本等人，希望藉著各種收斂洗滌的工夫來達到「精察此心之天理」，而較少主張藉著知識上的講習討論來證良知。與陽明同時代的一些學者則一方面反對良知即天理之說，一方面主張不可以把一己之心作爲一切是非的標準，故只是孤制其心還不夠，應該移身向經書取證，以古聖先賢的道理言行爲標準。

年歲長於陽明，而又與陽明反復爭論的程朱健將羅欽順（整菴，一四六五～一五四七）便提出這一點。他在〈答歐陽少司成崇一〉中說：

「致吾心之良知於事事物物，則是道理全在人安排出。」

欽順竭力反對良知即是天理之說，認爲信此說者道理全由人安排出，故有「師心自用」之弊，人們唯有向聖賢經書上求規範才是正途——

「聖賢經書，人心善惡是非之跡固無不紀，然其大要，無非發明天理以垂訓萬世；世之學者，既不得聖賢以爲之師，始之開發聰明，終之磨礱入細，所賴者經書而已，舍是，則貿貿焉。」[79]

天理的唯一標準是在經書上，而不是在每個人心中，故唯有取證於經書才能免於「師心自用」。與陽明同時代的王廷相（子衡，一四七四～一五四四）也同樣指出「性理之難言也，惟大聖上智，會人理達天道，乃可宗而信之」，他的言下之意是：天生便能「會人理達天道」的大聖上智太少，至於常人則決不可專信其心，所以他提出以孔子的言行作爲大家共循的標準，說「故余惟協于仲尼之論者，乃取以爲道」。[80] 晚於陽明的陳建（一四九七～一五六七）響應羅欽順而起，苦心撰成了一部《學蔀通辨》，專門反擊陽明的〈朱子晚年定論〉，書中便特別強調了「心不可謂道，明矣」，心既不可謂道，那麼「心安處即理」及「自信而是，斷然必行」的主張便面臨考驗了，難怪陳建接著主張「以禮制心」[81]

79　收《羅整庵集存稿》（正誼堂全書本）卷一，頁十八～十九。

80　王廷相〈答薛君采論性書〉，收《王廷相哲學選集》（北京，中華書局，一九六五），頁一六二。

81　陳建《學蔀通辨》（台北，廣文書局，一九七一）卷十，頁一七一。

（案：這是《尚書》〈仲虺之誥〉中語）。而唐伯元也不約而同的提出同樣的看法，更值得注意的是，在明末清初之際，顧炎武重新在《日知錄》中強調了兩人的說法。[82]

以上是斷斷續續來自陽明的敵對陣營的挑戰。他們察覺到「心之所安即理」，「自信而是，斷然必行」的不可靠，強調「心不可謂道」，提醒人們道德規範應外在化而儒家經典中的言行道理則是最可靠之保證。

（二）「正諸先覺，考諸古訓」

王門以外的學者所作的批判是始終不斷的，但是當王學如日中天時，它們的影響是很有限的。最值得注意的現象是：王門內部也逐漸因反省而轉向，或與反對陣營的論調合流，它們標誌著晚明思想主流的重大轉向。

本來，陽明弟子歐陽德（一四九六～一五五四）便說「故有昨以爲是，而今覺其非，有己以爲是，而因人覺其爲非，亦有自見未當，必考究講求而後停妥！」[83] 可是他卻沒有說「考究講求」必定是向古書上做功夫。後來萬廷言曾舉顏回爲例說明求知的重要。他說，顏子仗著天資高，「初以爲事物不必留心」，便「要徑約直從形而上處究竟仰鑽」，後來孔子教他一一從事上理會，正是因爲「由博文，方有依據」。[84] 曾在陽明去世後，在朝極力爲他迴護，抗疏桂萼，並以女妻陽明之子的黃綰，後來思想上有相當大的轉變，批評一些不讀書而空談「致良知」的人說：

> 「將古人讀書窮理，禮樂名物，古今事變都不講求，此全非先生（案：指守仁）本旨。」[85]

王門第一代弟子中，大談「讀書窮理」，及「質諸先覺，考諸古訓」的是泰州學派開山學者王艮，他堅持「不執意見，方可入道」，[86] 可是不執意見只是第一

82 《日知錄》（台北，商務印書館，一九六八），頁一〇九～一一〇。
83 《明儒學案》江右二，頁八十二。
84 同前書，江右六，頁九十五。
85 同前書，江右九，頁四十一。
86 《王心齋全集》（和刻影印近世漢籍刊本）〈年譜〉卅九歲條，卷一，頁五。

步功夫，第二步功夫是要多學多識，故他主張以六經四書的知識來印證吾心的良知。[87] 他說陳白沙之所以提倡「若能握其機，何必窺陳編」，不是不要「陳編」，而是要學者「善觀之」，所以從事心性之學的人不應該排斥經書，王陽明曾說過「六經者，吾心之記籍也」，王艮將它解釋爲人們應該學習六經來印證吾心。[88] 王艮提倡道問學來印證良知，在王門第一代弟子中是相當突出的。他又說：「孔子雖天生聖人，亦必學詩學禮學易，逐段研磨，乃得明澈之至」，[89] 故特別強調學詩、學禮、學易並不與良知說相違背。在給錢德洪的一封信上，王艮調和「良知」與「多識」間的關係。他說：

> 「觀諸孔子曰：不學詩，無以言；不學禮，無以立；五十以學易，可無大過，則可見矣。然子貢多學而識之，夫子又以爲非者，何也？說者謂子貢不達其簡易之本，而從事其末，是以支離外求而失之也。故孔子曰：『吾道一以貫之』，一者，良知之本也，簡易之道也，貫者，良知之用也，體用一原也。使其以良知爲之本，而多識前言往行，……則何多識之病乎？」[90]

爲什麼有了良知後還得要進一步「多言識前言往行」呢？那是因爲良知固無不知，然亦有蔽處，[91] 良知既然也有被蒙蔽的時候，人們還有什麼可靠的標準可以測知自己的良知是否在作主呢？王艮說，唯有多識前言往行，也就是把自己的心靈狀態與六經中聖賢的心靈狀態比較之後才能下判斷。他舉出兩個例子說明這一點：子貢欲去告朔之餼羊，被孔子適時阻擋；齊王欲毀明堂，而孟子曰：「王欲行王政，則勿毀之矣」。他說子貢與齊王在作上述兩個錯誤判斷時一定都認爲自己是依照良知在辦事，可是他們的良知都已自蒙蔽而絲毫不知，「若非聖賢救正，不幾於毀先王之道乎？」由於孔孟二聖是道德行爲的最好榜樣，所以他提倡

87 同前書，卷二，頁三。

88 同前書，卷二，頁二～三。

89 同前書，卷二，頁二。

90 同前書，卷五，頁九。

91 同前引。

「故正諸先覺，考諸古訓，多識前言往行而求以明之，此致良知之道也」。[92] 王艮的例子正好告訴我們，早在陽明第一代弟子中，便已出現透過「正諸先覺、考諸古訓」來印證良知的口號了。而且王艮認爲不只是心靈狀態應與六經中的聖賢相印證，連衣服冠飾也應如此，他說孟子講過「言堯之言，行堯之行，而不服堯服可乎？」故他依照古制作了「五常冠，深衣，紳絰，笏板」，[93] 乘車招搖到處講學。當時人見他冠服車駕盡行古制，無不感到驚駭。

王艮也是王門第一代弟子中，最喜言經世致用之道者，尤以〈王道論〉這篇文字最充分表達了他治平天下的理想。而這篇文字實不啻是《周禮》的翻版，尤其是貫串全篇的「鄉三物」即出自《周禮・地官司徒》的「鄉三物教萬民」，至於他倡行的政治組織「比閭族黨州鄉之法」，[94] 也是由《周禮》的五種地方制度而來。王艮之所以在大談經世之際要回過頭到六經中尋找依據，恐怕還是因爲他認識到「良知固無不知，然亦有蔽處」，所以各種政治建制如果不在「先覺」「古訓」上驗證，便有可能重蹈子貢、齊王自信爲良知其實是僞良知的故轍。

王艮在陽明第一代弟子中是個特例，但是他是一個好「奇」之人，衡諸他的一生，他的所作所爲常常是爲了獨出手眼，別具心裁，如穿古衣，戴古冠等，但決不可誇大其在經典復興過程中的意義。在整個王艮的作品中，我們實在看不出他比同門師友更在知識上下功夫。他與同門學友不同之處是其他的人即使警覺到「自信而是，斷然必行」的危險，也多只想在心上用主靜或歸寂的功夫來補救。

然而，主靜或歸寂後，良知之明必然會發露嗎？一個人只是孤制其心，而不作致知的工夫，便可免於以意見爲良知嗎？在十六世紀後半葉不管是江右、浙中、泰州王門的後學弟子中，都曾有人對此產生過疑問。以下將舉鄧元錫、徐用檢、焦竑爲例來說明。

江右王門的鄧元錫（潛谷，一五二八～一五九三）即是感於同時代的許多王門後學所主張的「一覺即無餘蘊」，九思、九容、四教、六藝皆是桎梏之說，故

---

92 同前引。

93 《明儒學案》泰州一，頁六十九，黃宗羲識語。

94 《王心齋全集》，卷四，頁十～十三。

特別起而糾正，說「九思、九容、三省、四勿，皆日用格物之實功，誠致行之，物欲自不得行乎其中，此四科、六藝、五禮、六樂之所以教也」。[95] 他懷疑當時人自稱「覺」是否是眞的「覺」？即使是眞「覺」，難道一覺之後，物欲便不再行乎心中，良知就始終原原本本呈露，言行舉止便能永遠中規中距嗎？由於這兩點懷疑，他提出儒家經典作爲言行之準則。在〈論學書〉中，他又說：

「所業者六經，堯、舜、禹、湯、文、武之所作，周公、仲尼之所述也，所以處者人倫庶物，堯、舜、禹、湯、文、武、周、孔子之所修而明也。」[96]

這一段話原是爲了辨斥佛教而發的，但亦顯示他希望重新提出儒家的「先覺」「古訓」作爲行爲的依據。鄧元錫曾花費極大功夫寫成《五經繹》及《函史》這兩部書。在《函史》書前的〈論史尺牘〉中，有一封萬曆十年（一五八二）所寫的〈謝許敬庵公祖書〉，向許孚遠說明他之所以要寫作這一部書的動機，是因見到他那個時代的心學家「詆修學爲下乘，蔑經典爲贅疣，洸洋恣睢，澒洞莫測，……而其言彌高，其行彌下，其悟彌卓，其欲彌縱，其心彌廣，其識彌陋，浸浸乎王何陸沈之風，如是而束書不觀，亦爲游談無根矣」，在這個心學家「洸洋恣睢」，大多失去行爲標準的時候，他「復取聖賢六經之旨……始知四時五運四德五常，渾淪密察，通一無二，而六經實生成人物之府，彌綸造化之書也」，又「取史傳，歷覽古今興廢善敗之跡」，然後知道「聖賢中正之制，如經川大河，無一日不行乎其間」，所以《函史》這一部類似通史的大書正是以歷史事跡來印證六經道理作爲人倫百行之依據的永恆性。[97] 在他看來，視聽言動的最高準則依然是在六經，「蔑經典爲贅疣者」因爲失去持循的客觀標準必然導致「言彌高」、「行彌下」的結局，故鄧元錫在《函史》的「十測」中自謂「其立言無

95　《明儒學案》，江右九，頁四十四。

96　同前書，江右九，頁五十。

97　鄧元錫《函史》（清順治十二年重刊定本）册一，頁二。余英時先生指出：方以智的《物理小識》屢引鄧氏之說。見《方以智晚節考》（台北，允晨出版公司，一九八六），頁八十五。

不准經質道，究其言之垂，亦無不翼經衛道」。[98] 鄧元錫對經典知識如此重視，難怪晚明陶望齡爲他的《潛學稿》中所寫的序說「明興以來，爲六經之文，自先生始」。[99] 這段話多少說明了鄧元錫提倡以六經作爲行爲依據的主張對明清之際經學興起的影響。浙中王門的徐用檢（魯源，一五二八～一六一一）師事錢德洪（緒山，一四九六～一五七四），是王門二傳弟子。黃宗羲在《明儒學案》上說他「其學不以良知，而以志學」。[100] 其實他並不是不信陽明的良知說，而是認爲單只信良知還不夠，因爲他常有「性囿於質，難使純明」，「人未能純其心，故師心不免僞雜」（詳后引）的憂慮。他對人心難以純明的憂慮，使他不能同意對「自信而是、斷然必行」的主張。在〈蘭遊錄語〉上，徐氏說：

「述學者多喜談存本體，曰：『此體充塞宇宙，如何在方寸中執得此體？』。須常學常思。吾輩尋常間，直須將千古聖人精神都來體會過，堯、舜是如何？文、周、孔、孟是如何？以下儒者是如何？此非較量人物，正是要印證從違。若只在一處摸索測度，如何叫學問思辨？」[101]

人要如何才能確知自己是否爲聖人呢？若只是在自己心中「摸索測度」，是很容易被不純明的僞雜的心所欺騙的，所以他主張把自己的言行和古今聖賢的言行相對照，在古往今來的人物身上「印證從違」：

「君子以復性爲學，則必求其所以爲性，而性困於質，難使純明，故無事不學，學焉又恐就其性之所近，故無學不證諸孔氏。」[102]

但是古往今來的「先覺」「古訓」是非常之多的，人們總傾向於隨其性情，選擇相近的榜樣來合理化自己的所作所爲，心術不正之人便可能專學雜霸之書，所以他不但要人向書本上求知，而且爲了保住外在規範的妥當性，勸人「無學不證諸孔氏」。這個看法在他的〈友聲篇〉中有更進一步的闡發：

---

98 《函史》册一，頁一。

99 此序收《潛學稿》（崇禎年間刊本）書前，無頁碼。

100 《明儒學案》浙中四，頁卅，黃宗羲識語。

101 《明儒學案》浙中四，頁卅八。

102 同前書，浙中四，頁卅五。

「求之於心者，所以求心之聖，求之於聖者，所以求聖之心。人未能純其心，故師心不免於偽雜，聖人先得其心之同然，故盡心必證諸聖人。」[103]

由於人的心不免於偽雜，所以是有偏蔽之病的，唯有聖人得其心之所同然，故人們若欲盡其心，必須「證諸聖人」。不管是「無學不證諸孔氏」或「盡心必證諸聖人」都是轉向六經的重要前提。

泰州學派的焦竑（弱侯，一五四一～一六二〇），年輩稍晚於鄧元錫及徐用檢。他與鄧氏甚相友善，在對六經的態度上也很相像。他說：

「近世談玄課虛，爭自為言，而徐考其行，我之所崇重，經所絀也，我之所簡斥，經之典也，嚮導之謂何，而卒與遺經刺謬，此如法不稟憲令，術不本軒歧，而欲以臆決為功，豈不悖哉！」[104]

焦氏是羅近溪的弟子，可說是王門四傳弟子。羅近溪提倡「不思不慮」，但到了他的弟子焦竑便不如此了，他的《焦氏筆乘續集》中有一則提到：

「人之會道，常於至約，而非博學不能成約。」[105]

他所提倡的「博學」是文獻知識性的「學」，是向經書印證式的「學」。余英時先生指出，焦氏的經學思想顯然受他泰州學派的前輩王艮的影響，[106] 他重視經典的態度，可由一段文字證知：

「蓋經之於學，譬之法家之條例，醫家之難經，字字皆法，言言皆理，有欲益損之而不能者，孔子以絕類離倫之聖，亦不能釋經以言學，他可知已。」[107]

焦竑把經書當作法家之條例與醫家之難經來尊奉，認為經書中的道理「字字皆法，言言皆理」。但是他又認為漢、魏晉、隋、唐的各種經典注疏阻隔了了解六經眞旨之路，說漢儒注經才使經書遭逢空前厄運，故他想超越漢、魏、晉、唐的經典注疏，直接探求經書的原意。焦竑與清代考證學之間的密切關係，近代學者

103 同前書，浙中四，頁卅七。

104 〈鄧潛谷先生經繹序〉，《澹園續集》（金陵叢書乙集）卷一，册一，頁十二。

105 《焦氏筆乘》（台北，商務印書館，一九七一），頁一五四。

106 余英時〈從宋明儒學的發展論清代思想史〉，收《歷史與思想》，頁一一九。

107 《澹園續集》卷一，册一，頁十一。

已有許多討論，故此處不贅。

其實早在十六世紀上半葉，思想界已出現以知識爲良知的一派，認爲致良知的工夫只在致知識上，故而漸有走向道問學的趨勢。如浙中王門的楊豫孫說「知識即性」，認爲「習爲善者固此知識，習爲不善者亦此知識」，北方王門的張后覺（一五〇三～一五八〇）、尤時熙（一五〇三～一五八二）混同良知與知識，張后覺說「良知即知，知即是良，良外無知，知外無良」。此外，像粵中王門的薛侃（？～一五四五），周坦等反對默坐澄心而認爲應該務學，在思想史上都是很值得注意的轉變。[108]

至於前述鄧、徐、焦三人大抵是王門再傳以下的弟子，他們活動的年代大抵在十六世紀的下半葉到十七世紀初，年輩既相近似，又分屬王門最重要的三支——江右（鄧元錫）、浙中（徐用檢）、泰州（焦竑），而同時皆有援六經以證良知的主張。

但是我們千萬不能錯估知識在他們整個成德修養工夫中的位置。對他們來說，尊德性是第一義的，道問學只是爲尊德性服務的，故決不是純粹的「爲知識而知識」。他們三人的趨向雖不足以概括當時的王學的全貌，但此三子以取證經書補救現成良知派的「心安即理」，實與其他人主靜歸寂收攝保任的方法相當不同。不過他們在當時實不乏反對者。江右王門前輩鄒守益（東廓）的兒子鄒善（穎泉）在給徐用檢的一封信上，便激烈反對他「無學不證諸孔氏」的主張。鄒善本人也是極力反對現成良知，主張在「致」字上痛下功夫的人，可是他認爲「致」的功夫並不必然是讀書。他說：

> 「公以求仁爲宗旨，以學爲實功，以孔氏爲正鵠，而謂無事不學，無學不證諸孔氏，第不知無所事事時，何所爲學，而應務酬酢之煩，又不遑一一證諸孔氏，而學之躊躇倉皇，反覺爲適爲固，起念不化，將何以正之？」[109]

108 邱漢生等《宋明理學史》（下）（北京，人民出版社，一九八七），頁七九九、八〇二、八〇四。

109 《明儒學案》江右一，頁七十三。

在他看來，仍應從心的起念處下功夫，若只是在行爲上「一一證諸孔氏」，轉成「躊躇倉皇」了。但無論如何，鄧、徐、焦等人的思想趨向至少說明了以知識爲良知的呼聲不但可能來自程朱陣營（如羅整庵、陳建等）也可能來自王門內部。不但可能是爲了解決義理之爭，也可能是對現成良知說的救正，所以不能輕易將晚明思想家中任何朝經書轉向者皆歸納到程朱派或由王返朱派。

十六世紀後半葉興起的東林學派，對現成良知說的「自信而是、斷然必行」，愈加感到不安。黃宗羲在《明儒學案》中說東林學派的主要源頭之一是江右王門的薛應旂（方山），這個判斷大抵是可靠的。江右王門一向對現成良知說採修正態度，這個態度大抵也被東林所繼承。

東林顧憲成（涇陽，一五五〇～一六一二）之學由《傳習錄》入手，早年曾問學於薛應旂，可說是王門三傳弟子，但後來卻對王學流弊展開激烈的批判。[110] 他在給李材（見羅）的信上說，他覺察到「心是活物，最難把捉」，所以如果以己心的是非作爲一切的標準，便像是「無星之秤，無寸之尺」，必然導致「輕重長短顚倒失錯」的困況。他這一番話與羅欽順一樣，是針對陽明「不以孔子之是非爲是非」而發的。[111] 他認爲惟聖人之心能純乎天理，一般人沒有這個能力：

「今夫人之一心，渾然天理，其是天下之眞是也，其非天下之眞非也，然而能全之者幾何？惟聖人而已矣！自此以下，或偏焉或駁焉，遂乃各是其是，各非其非，欲一一而得其眞，吾見其難也。」[112]

心性有所偏駁之人的「是」與「非」很難是眞是眞非，如果他們相信自己的「是」便是天下的「是」，自己的「非」便是天下之「非」，這是相當危險的。正因爲聖人以下的人心性都常有所偏駁，所以他說：

「學者之去聖人遠矣，其求之或不得宜也，於是正應沈潛玩味，虛衷以俟，質諸先覺，考諸古訓，退而益加培養，洗心宥密，俾其渾然者果無愧

110 參見容肇祖《明代思想史》，頁二八六～二八七。容氏指出東林顧憲成、高攀龍的格物論依然與陽明相近，頁二九四～二九七。

111 顧憲成《涇皋藏稿》（清刊本）卷二，册一，頁十六。

112 同前引。

於聖人。」[113]

顧憲成也贊成以「質諸先覺，考諸古訓」濟現成良知說「無星之秤，無寸之尺」，「顚倒而失錯」之弊。這是陽明第一代弟子王艮便已提出過的口號，現在顧憲成又重新談到。他這種向「先覺」與「古訓」取正的思想，在《小心齋箚記》中的一段文字作了更充分地發揮：

> 「試觀自周而後，爲秦爲漢爲晋爲南北朝爲隋爲唐爲五代爲宋，按其大規模，誰能外禮別有建立？考其細節目，誰能外禮別有商量？至其所謂禮，又誰能外唐虞三代別開一局也？」[114]

王學並不是反對禮，但強調「禮」是天理之條文，故只需返求良知即可得。可是顧憲成卻提出人不能「外唐虞三代別開一局」之說，不再把「禮」的標準放在人的心中，而是要外在化、客觀化，把標準放在唐虞三代之古禮上。六經是記錄唐虞三代的文獻，那麼捨六經又何處推見唐虞三代之禮呢？也難怪顧憲成在〈東林會約〉中特立「尊經」一條，說：

> 「尊經云何？經，常道也，孔子表章六籍，程子表章四書，凡以昭往示來，維世教，覺人心，爲天下留此常道也。……至乃枵腹師心，目空千古，見子路曰『何必讀書，然後爲學』，則亦從而和之，……見象山『六經註我，我註六經』，則亦從而和之，烏虖！審若是，孔子大聖一腔苦心……都付東流也已矣。然則承學將安所持循乎？異端曲說，紛紛藉藉，將安所取正乎。」[115]

顧憲成是針對心學家「六經註我，我註六經」而說這一段話。他不滿於純任其心以致無所持循，所以主張轉向經書去尋求常道。根據高攀龍的〈明故南京光祿寺少卿涇陽顧先生行狀〉中說憲成撰有《還經錄》一卷，但實未刊行，不過我們由書名即可知他的傾向矣。[116] 而其弟顧允成也在談到「任心太過，不無走作」之

113 同前書，頁十七。

114 顧憲成《小心齋箚記》（台北，廣文書局，一九七五）卷十五，頁五。

115 〈東林會約〉，收《東林書院志》（光緒七年重刊本），卷一，頁廿四。

116 《顧端文公遺書》（明崇禎年間刊本》附錄卷一，頁廿四。

後，接著說：「近年識得六經義理親切，句句是開發我道心，句句是喚醒我人心，學問非從此入，斷非眞學問，經濟非從此出，斷非眞經濟」。[117] 由此可見，對「任心太過」深刻的憂慮與轉向六經之間，是有著密切關聯的。高攀龍對六經的態度也與二顧相近似。他說：

「嘗妄以爲今日之學，寧守先儒之說，拘拘爲尋行數墨，而不敢談玄說妙，自陷於不自知之妄作。寧稟前哲之矩，硜硜以爲鄉黨自好，而不敢談圓說玄，自陷於無忌憚之中庸。」[118]

高氏倡「守先儒之說」正好是爲了濟「自陷於不自知之妄件」之窮，足見他和顧憲成擔心信心太過則爲「無星之秤」、顧允成擔憂「任心太過，不無走作」，因而主張返向經書的發展是一樣的。

明末理學大儒劉宗周（蕺山，一五七八～一六〇五），雖是許孚遠（敬菴，一五三五～一六〇四）的學生，但王陽明思想仍是他的主要基石之一。劉氏曾問學於高攀龍，受東林學派重視經書知識的態度影響不小，他在〈證學雜解〉中更坦白了當的宣稱：

「書云：『學於古訓乃有所穫』……故學必以古爲程，以前言往行爲則！」[119]

王陽明責備好讀書者爲「沿門持缽，無異貧兒」，劉宗周的〈讀書說〉卻爲陽明的這八個字竭力開脫。他說陽明的本意「非謂讀書果可廢也」，又說：

「先生（案：指王陽明）又謂博學只是學此理，審問只是問此理，愼思只是思此理，明辨只是辨此理，篤行只是行此理，而曰，心即理也，若是乎，此心此理之難明而必假途於學問思辨，則又將何以學之、問之、思之、辨之、而且行之乎？曰：古人詔我矣！」[120]

---

117 顧允成《小辨齋劄記》中語，見《明儒學案》，東林二，頁四。

118 〈答葉台山〉，在《高子遺書》，卷八上，册五，頁四十。

119 《劉子全書》（台北，華文書局，無出版時間）卷六，册一，頁四二五。

120 同前書，卷八，册一，頁四八八。案：劉宗周〈讀書說〉有二篇。另一篇示其子劉汋。

陽明既說「心即理」，要人學心中這個理，問心中這個理，那麼當此心此理難明之時，如果不靠在知識上作學問思辨的工夫以明之，還向那裡學、向那裡問呢？劉宗周認爲當此心此理難明時應向古人學習，「以前言往行爲則」，故說「古人詔我矣」。譬如「禮樂名物」，當此心此理不明時，因無以定其是非，當此心此理既明之後也不一定能定其是非，是故「必待學而後有以驗其是非之實」。[121]

劉宗周又在〈張愼甫四書解序〉上說：

「夫子以天縱之聖，爲萬世師，而其自道也，一則曰好古，再則曰好古。後儒之言曰，古人往矣，六經註我耳，吾將返而求之吾心，夫吾心未始非聖人之心也，而未嘗學問之心，容有不合於聖人之心者。求心之過，未有不流爲猖狂而賊道者也。」[122]

這段話也是對「六經註我」的一個逆轉。他說以仲尼天縱之資猶一再言好古，平常人固然都有成聖的天賦，但是如果唯心之求而不好古勤學，怎能必保無猖狂賊道之弊？到了劉宗周的學生黃宗羲，也有「奈何今之言心學者，則無事乎讀書窮理」之嘆，[123] 他於康熙初年在鄞縣倡設「講經會」，[124] 恐怕是與這層感慨密切相關的。在他們看來，如果不能以古聖賢的經典來證心，則求心的功夫是沒有任何客觀保證的，極易流而爲「猖狂賊道」而不自知。在完全沒有客觀保證的情況下，不如服從古今共依的經書爲規範。劉宗周又說：「人生而蠢蠢耳」，總是隨人指點而行：

「有人指之曰若何而爲心，又若何而爲心之所以爲心，而吾心恍然，吾心恍以爲是矣……由是而及於天下，其是是而非非也，不亦隨所指而劃然乎？」[125]

人的心到底應該是什麼樣子，幾乎沒有一個客觀標準可循，一般人都是隨人指點，但是許多人的指點往往是不可靠的，惟有記載前言往行的經書是「指點之最

121 〈與王右仲問答〉，收《劉子全書》卷九，册一，頁五三三～五三四。

122 劉宗周《劉蕺山集》（文淵閣四庫全書本）卷九，頁十一。

123 黃宗羲〈留別海昌同學序〉，收《南雷文案》（四部叢刊初編本），卷二，頁十六。

124 謝國楨《黃梨州學譜》（台北，商務印書館，一九七一），頁一〇八。

125 劉宗周〈讀書說示兒〉，《劉子全書》卷八，册一，頁四七三。

眞者」。[126] 尊德性與道問學在劉宗周看來非但不是截然對立，而且是一貫的：

「學問不嫌多，政爲尊德性而多也，夫子語語道問學，卻語語是尊德性。」[127]

劉宗周主張爲了尊德性「學問不嫌多」，與王陽明的「若信得良知，只在良知上用功，雖千經萬典，無不吻合」[128] 相比較——一個說孔子語語道問學正是爲了「尊德性」，一個說只要信得良知就自然而然與千經萬典相吻合，不必添加道問學工夫，二人意態相去眞是不可以道里計。

由劉宗周的弟子張履祥（楊園，一六一一～一六七四）與陳確（乾初，一六〇四～一六七七）的一次對禮制的討論中，益可證知劉宗周所說的「吾將返而求之吾心，夫吾心未始非聖人之心也，而未嘗學問之心，究有不合於聖人之心者」的意義。張履祥先是從學於劉氏，後來傾向朱學，他回憶說，自己早年葬父時，因爲相信禮義自生於心，故一切禮制只要依自己本心之所安做去便自然中節合禮，等到年紀較長後，才發現過去所做多是悖禮的。他在給陳確的信上說：

「於此（案：指葬禮）益信古訓之不可不式，而一心之未可全恃以裁決事物也。當先人入土之日，諸所舉動，此心豈以爲非是而故爲之？但以窮鄉末俗，習聞近說，未知從事博聞約禮之學，徒信禮義之生於心，而不知氣拘物蔽以後之心，所知所覺，已非禮義之本然，據其一時私見，目爲禮義而執持之，孰知所之禮義者，非禮之禮，非義之義。久而漸將有聞，揆以古昔聖賢至當之矩則，已蹈終身之悔恥，而莫可如何。此學於古訓乃有獲之一言，爲百世學者不易之矩法！」[129]

張氏早年因爲「徒信禮義之生於心」，也就是相信人心中「天理之條文」森然畢具，故只要順其良知，則所行無不合乎「禮」，沒想到氣拘物蔽以後之心，已不是眞的良知，而是意見了，故最後乃有「所執之禮義者，非禮之禮，非義之義」

126 同前書，頁四七〇。

127 〈與王右仲問答〉，《劉子全書》卷九，册一，頁五三七。

128 《傳習錄》，頁五十八。

129 張履祥〈答陳乾初書〉，此信收入《陳確集》（北京，中華書局，一九七九），頁五十五。

的恚恨，故他斷然強調人們應當「學於古訓」。張履祥後來之所以背離心學，與這一類經驗恐怕不無關係。陳確給張履祥的回答亦值得注意，他說：

> 「吾兄又云『信心之有弊，如規矩準繩之無失』誠哉是言！第規矩繩墨故去也，大匠用之而成，拙匠用之而敗，則非規矩繩墨之異，而所以用規矩繩墨者之異也。亦所謂『運用之妙，存乎一心』者耶？乃一道著「心」，便以西來直指之說誣之，是使後之學者絕口不敢言心學也，豈通理哉。」[130]

他的意思是規矩繩墨並不是不能有，但是如果只守規矩繩墨，而不在動機上實下功夫，也有可能流於虛僞。他強調自己並不主張廢規矩繩墨，只是希望越程朱而上，直接以孔孟爲準繩：

> 「學何嘗廢準繩，要以孔、孟諸儒，則曲直立見。而吾兄只以雒、閩書爲規矩準繩，安得無蔽乎？」[131]

陳確仍舊是陽明心學的忠實信徒，同時也同意應學古訓，但是他說張履祥所說的「學於古訓」只不過是向程朱學習，其實這樣還不夠，應該向孔、孟的經典尋找依據。陳確力倡恢復古禮，其動機應該從此去理解。

三、「出門不引經傳，何以服人」

顏元（一六三五～一七〇四）雖不能歸入王門後學，但他受陽明思想影響很大，許多言論皆自陽明轉手而來。顏氏早年名其廬曰「思古齋」，後雖改易爲「習齋」，但他終生遵守古禮，又時時以「挽士習，而復孔門之舊」爲倡，以「不法先王」爲苟道。[132] 所以當他談經世時，主要的政治藍圖還是《周禮》「鄉三物」（六德、六行、六藝）。但這位復古主義者卻激烈反對讀古書，說

---

130 陳確〈答張考夫書〉，《陳確集》，頁六〇一。

131 同前書，頁六〇二。

132 轉引自戴望《顏氏學記》（台北，商務印書館，一九七〇），頁九。

「讀書一、二卷亦足，不讀書亦足」。[133] 對於這個問題他的弟子李塨（恕谷，一六五九～一七三三）與他意見相當分歧。李塨說自己多讀書後才發現「思向問禮，未能考古準今，今頗知依據」。顏元聽了很不以爲然，對他說多讀書會「體漸柔」。恕谷答說，以「鄉三物」中的「六藝」來說，就不能全靠自己內心的想像杜撰來定其內容：

「吾人習行六藝必考古準今！當考古而準以今者也。射御書有其髣髴，宜準今而稽之古者也。數本於古，而可參以近日西洋諸法也。且禮云冠昏喪祭，非學習不能熟其儀，非考訂不能得其儀之當，二者兼用者也。宗廟郊社禘祫朝會，則可考究以待君相之求，不便自我定禮以爲習行也。矧今古不同，公西華之禮樂，惟宜學習，何者？三代之禮至周而備，時王之制釐然也，修之家獻之廷，無變易者。然設殷輅周冕舜樂，孔子且以考究爲事實，今世率遵朱子家禮，然多杜撰無憑，行之頂躓，其考議之當急，爲何如哉？」[134]

他說禮樂名物「杜撰無憑」則「行之頂躓」，故談經世致用時不能不談古書，而且還應該超朱子而上。李塨還用了一個不事讀書而專以其心之理臆斷的醫生的故事，來說明讀書的重要：

「錢丙不講學問，不講行，專以明理爲言。年來加以狂怪，將大學、中庸、古文尚書、易繫辭、周禮、儀禮、禮記、春秋三傳，有見者，有未見者，望風而詬曰『我理見以爲如是，雖古聖起，吾不信也，吾信吾理而已矣。』近又移之于醫，自素問以至劉、李之書及諸本草，皆斥爲非，惟取張氏傷寒，尙指其中一半屬僞，而曰『人參不補，不膏不寒，半夏無毒，不必薑制』，遂謀出而行醫。予問之曰：『君曾行醫乎』，曰：『否』，『亦識藥乎』，曰：『否，皆以理斷之耳』，……然則不目見，不身試，何由以理斷之耶？且君以理斷，即當前莫辨也。……君與人爭由，訴訟者

133 《顏習齋先生言行錄》，收《顏李叢書》（台北，廣文書局，一九六五）册一，頁九十七。

134 李塨《恕谷年譜》卷三，收《顏李叢書》册二，頁三八六。

問舊契非君田，問證人亦非君田，觀疆界形跡亦非君田。君曰：『吾心之理固以爲吾田也』，此亦無如之何矣。明理二字，老生長談，然不意其蔽如此。」[135]

錢丙如果即是錢曉城，李塨顯然是想藉他來說明相信「以理斷之」、「心之所安即理」，「自信而是，斷然必行」者之困境，如果不能讀書講求，而只是隨口說「我理見以爲如是，雖古聖起，吾不信也，吾信吾理而已」，則難保自己所信所行不是天理而是意見了。李塨與他的老師顏元在對待知識的態度上是有重大不同的。

由下面這個故事可更清楚地看出，在清初知識界，已經興起徒信良知不足自恃，必須考求經傳才能服人的潮流。當王法乾向顏元請敎應如何嫺習禮樂時，顏元告訴他「略翻經書數本」即足，王法乾聽畢隨即抱怨說：

「出門不引經傳，何以服人。」[136]

不引經傳之所以不能服人，其中有一個原因是：如果每個人都像錢丙一樣，事事以自己心中之理斷之，最後必然找不到一個共通的依據，在這種困境下，取證於古今共依的經傳乃成爲一個大家比較能接受的解決辦法。王法乾的話多少印合了過去東林高攀龍所說的：

「是六經者，天下之法律也。順之則生，逆之則死。」[137]

由顏元與李塨及王法乾之間的問答，已經可以充分看出當時重視經典主義的興起與救正心學的流弊是極有關係的。史家陳垣在《明季滇黔佛教考》上說：

135 李塨〈論學〉卷二，收《顏李叢書》册四，頁一〇〇〇。錢丙可能是錢曉城，本名煌，傳記資料極稀。顏元《習齋記餘》卷三〈寄桐鄉錢生曉城〉中述及一、二。當李塨南遊訪賢之後，曾攜回錢氏著作，包括〈籌邊三略〉、〈讀史危言〉、〈治河一得〉、〈瘳忘贅語〉、〈存學後語〉、〈壁書辯僞〉、〈中庸辯〉、〈孟子疑義〉等。但顏元不同意他花費精力在這等工作上，故在此信中說「故僕謂古來詩、書，不過習行經濟之譜，但得其路徑，眞僞可無問也。即僞亦無妨也。」以上見《顏元集》（北京，中華書局，一九八七），頁四三八～四四一。此外徐世昌《顏李師承記》中亦有一小節提及錢氏，見徐刊《顏李學》（天津，無出版日期）中《顏李師承記》卷五，頁四～七。

136 《顏氏學記》，頁九。

137 〈程朱闕里志序〉，《高子遺書》卷九上，册七，頁九。

「明季心學盛而考證興，宗門昌而義學起，人皆知空言面壁，不立語文，不足以相攝也，故儒釋之學同時丕變，道問學與尊德性並重，相反而實相成焉。」[138]

如果把王法乾的「出門不引經傳，何以服人」與陳垣所說的「人皆知空言面壁，不立語文，不足以相攝」合看，眞有若合符節之妙。由上面所討論的這一長遠發展，不能不使我們回想起明季方以智（密之）在《東西均》中所說的一句話：

「六經既不尊，則師心無忌憚者起矣」[139]

這句話多少也間接暗示了，明末清初六經之所以尊，從某一個方面來說，實與救正部份心學家「師心自用」的餘弊有關，而陳垣的「相反而實相成」一語更可說是對這一個曲折的過程最恰當的描述。

以上討論，主要是想指出晚明理學中，對心即理之命題不滿意乃起而救治的思潮。不管是程朱或陸王，當面對這個困局時卻有相當一致的語言。本來，程朱陣營中人反對心即理，反對不讀書，是相當自然的，但是到后來，王學陣營中人竟也察覺到其思想系統內在的問題，竟然發出與反對陣營相近似的呼聲，這現象顯示了，一方面是代表王學內部中人自覺其本身學說所面臨的重大困境，二方面是兩個陣營終於在此問題上連染成一片。晚明許多由王轉朱（如張履祥），或是溶合二家爲一（如劉宗周）的趨向，實是思潮轉變的一個表徵。他們並未完全突破舊典範，但卻在舊典範之內作片段的修改，越來越多王門或王門修正派對「心」作爲獨一無二的標準感到不安，感到靠不住。儘管他們不曾直接說出否定「心即理」這一命題的話，[140] 但已是處於突破的邊緣了。但是王門諸子的轉向終不應過度誇大，他們在相當程度上仍迴旋在陽明的傳統下。無論他們逐漸重視經典到怎樣的程度，所有的外在知識仍是爲了證內在之良知，使之有客觀標準及最後保證的。所以這個轉向只是在舊的典範下逐漸轉換，並未全然突破舊局。他

138 陳垣《明季滇黔佛教考》，收入《中國佛教之歷史研究》（台北，九思出版社，一九七七），卷二，頁八十六。案：陳垣的分析最早是由余英時先生加以闡發。

139 方以智《東西均》（北京，中華書局，一九六二），頁八十七～八十八。

140 以上只是指陽明學派的人，至於當時居弱勢的反對陣營中，則早有此說，如蔡清早就說過「心不可謂理」了。

們治經的方法與後來清學治經的方法亦有不同。在這個脈絡上比較突出的發展尚俟諸清初。（將在另文繼續討論）

爲了給「良知說」外在的、客觀的保證而終究朝向經典主義的發展，明顯地表現在晚明以來經學與理學相合的呼聲。[141] 他們一方面要不放棄宋明理學以來第一義的道德修養功夫，另方面爲防「師心自用」，故爲此成德功夫尋找一個可靠的、外在的、聖賢所制設之標準。當陽明「心即理」之說泛濫到極致，此客觀依據之要求亦更爲凸出。明末清初求道學於經書之中的議論之流行，也應與理學內部所面臨的困境有所關聯。

本來，「言經」與「言道」之二分是始自宋代理學家。他們認爲漢唐儒者只可言傳經，而宋儒始可言傳道。後來當元修宋史時，將「儒林」與「道學」分開立傳。但是，正如本文所已討論過的，如果把「道」的根據安放在人們一己的心中，而無經典知識的夾輔，便不免令人有「無星之秤，無寸之尺」之嘆。前面既已大致追述王門本身對此問題的反省與救正，此處當再略述王門之外的文士、學者們，要求將「言經」與「言道」再度結合的風氣。歸有光（一五〇五～一五七一）開啓了這個先河。而歸氏主張將講經與講道重新結合的理由，仍然是我們在前面所一再提到過的：唯有經書可以提供一個客觀共認的標準來救正心學所發展出的「師心自用」之弊端；故歸氏說：「凡今世之人，多紛紛然異諸者，皆起於講道也」，而防杜這「紛紛然異諸」的辦法則是將講經與講道重新結合。在文學觀念上承受歸有光極大影響的錢謙益（一五八二～一六六四），也大致承繼了這一觀點。錢謙益說：

> 「漢儒謂之講經，而今世謂之講道，聖人之經，即聖人之道也，離經而講道，則賢者高自標目，務勝前人，而不肖者，汪洋自恣，莫可窮詰。」

而錢氏認爲救正「高自標目，務勝前人」或「汪洋自恣，莫可窮詰」的辦法是重新回到經書，尋求客觀共認之標準，故他說：「欲正人心，必自反經始；誠欲反經，必自正經學始。」以錢氏在明季文壇宗匠般的地位，他的議論影響了不少新

141 何冠彪，〈明末清初思想家對經學與理學之辨析〉，《九州學刊》，三卷二期（一九八九年六月），頁一～卅八。

一代的知識份子，方以智和顧炎武便是同時而興的兩個例子。方以智提到「六經之不尊，則師心自用者起矣」；而與錢謙益有私人交誼的顧炎武，全祖望歸納他經學與理學的觀點爲：

> 「古今安得別有所謂理學者，經學即理學也。自是舍經以言理學者，而邪說以起。」[142]

與上述諸人相近似的言論，在明清之際一時俱起，亦標誌著以「經」和「道」相結合來杜絕「師心自用」或「紛紛然異諸」的新風氣。

總之，明季學士大夫因對「心安即理」、「自信而是，斷然必行」產生疑慮，擔心人們「以意見爲理」、「以師心自用爲理」，在這個情況下，提出以經書作爲外在規範的要求。除是爲了解決義理之爭外，[143] 也是爲了替日常的道德實踐尋找外在共依的規範。

但這尋找外在規範之舉尚可再深入闡明；第一，即使良知隨時呈露作主，也會因爲他個人心理狀態及知識層面等方面的轉變而對事物的見解與主張有所改變。當認識到這一問題時，人們便要求有一個不但客觀共認而且能穩定不變的標準。清初理學名臣李光地（一六四二～一七一八）便認爲「佐證」良知的外在共循規範必須是終極而不隨時間發展而改變的。所以李光地說應該以聖經賢傳上的

---

142 以上引文分見歸有光〈送何氏二子序〉，《震川先生文集》（四部叢刊本），卷九，頁九～十。錢謙益〈新刻十三經注疏序〉，《初學集》（台北，文海，一九八六），頁八五一，及全祖望〈亭林先生神道表〉，《鮚埼亭集》（四部叢刊本），卷十二，頁二下。以上引文中歸有光條及本段中言及言經與言道之分合的論點，取自何冠彪前引文，頁一～三八。

143 此處可以舉一個例子來證明爲了義理之爭而要求「取證於經書」的現象。以對「格物」一詞的解釋爲例，自朱子「格物補傳」以來，訓解之多已至不暇計及的地步，值得注意的是：不僅是程朱、陸王兩陣營之間對「格物」問題有爭論，王門內部對此也爭持不休，而且每個人都相信自己正是秉持著良知在作解釋，在爭執不決的情況下，便有人提出取證於經書的要求。南中王門的唐鶴徵便說：「特格物之說，眞如聚訟，萬事不決，何與？亦未深求之經文耳！」（《明儒學案》南中二，頁八十五）。這一「深求之經文」的要求，在明末清初黃宗羲的身上又出現了。他在討論「格」字到底應循薛甲（畏齋）之說訓爲「感」，還是應依陽明訓爲「正」時，便脫口說了一句話：「何不以他經證之？」（《明儒學案》南中一，頁六十九，黃宗羲識語）

「古人」爲幫襯。《榕村語錄》卷二十四〈下論〉中有一條說：

> 「心雖見得是了，然尚虛在那里，得古人以爲佐證，所見方實。心中雖有所得，然安知不更有一層道理足以奪之，得古人以爲幫襯，所得方安。」[144]

以上是關於一個人良知上的問題。第二，當一個人的行爲牽涉到社會群體時，因爲人心是在腔子裡，所以如何知道某某人的良知是否在呈露作主，而不是作僞於外，又如何知道某某人的良知是否一經呈露之後便能保持不失，都是困擾當時人極大的問題。所以就某人實際表現的行爲來判斷其道德修養的狀態，而不只是猜測其心跡，便成爲不可免的發展了。可以看得見的「禮」遂取代無法目驗的「理」，而禮學的研究乃逐漸興起。第三，即使每個人的良知都呈露作主，而且每個人的行爲都依照其良知的命令而行，也會因其氣質之異而有相當不同的表現。某甲認爲他完全是依照良知行事，某乙也認爲自己是依良知在行事，因爲每個人背後都有良知爲佐助，則更易相持不下，那麼，應該到那裡去尋找一個共認的規範，以免流於意氣之爭？古人的經傳這時便被提出來，故王法乾會對顏元說「出門不引經傳，何以服人」。

以上三個層面說明了明末清初對經書研究重新重視的態度。它與清初智識主義的興起密切相關聯。

但是，如果內心包涵一切義理的理學心性論未變，經典研究恐仍只有附著於心性之學下第二義的作用，此突破實有待於對「心」作爲「理」的最後根據的澈底動搖。但無論如何，明末清初對「心」是否能單獨地肩負道德與知識的標準的普遍懷疑，一方面已經接觸到中國傳統內省式道德修養的極限及其危險性，一方面也預言了清初儒者（像顧炎武）對「心」的不信任，以及「心即理」這個綿延甚久，影響極大的命題的徹底動搖。這個命題的動搖除了可以由當時人的正面主張中看出，也可以由他們之所沉默不言者看出。以劉宗周爲例，邵念魯在閱讀他

144 見〈榕村語錄〉，收《榕村全集》（台北大西洋圖書公司影印一八二二年本），頁二一七六。

作品後得到一個印象說：「蕺山不肯說良知」。[145] 又如稍晚於劉宗周的顧亭林，其文字中「心」「性」二字出現不多，即使出現了，也都是批判性的，故朱一新得出結論說：「亭林不言心性」。[146] 本來「良知」與「心性」都是心學最重要的範疇，可是上述這兩位年代前後相銜的大師竟刻意忽視。本來陽明是說「蓋四書五經不過說這心體」[147]，而現在是不肯談「心」了，則其間差距眞不可以道里計。「心」旣失去作爲知識與道德的最後資源與依據，「心即理」這個命題徹底動搖，知識與道德上的發展都離「心」而轉向「外在化」，而後來清學亦大體沿此方向發展。[148]

小　結

明末清初從理學向經學之過渡，本是思想史中的一個重大問題。這一轉變，牽涉實廣，本文只就其中一個側面，也就是王門心學內部數代之間的傳衍與轉變，來討論這一由理學向經學轉變的過程。本文以探討陽明良知說的幾個內在難題開始。陽明將「道」、「理」的根據置於人們一己的心中，主張「心即理」、「心即是道」，而其弟子中，譬如王畿，便認爲成德的途徑是「自信（良知）而是，斷然必行」。可是因爲人心是無定準之物，而且是善惡交雜的，很快地便有許多人發覺以善惡交雜的心作爲知識與道德的最高依據，殆有如狂人自醫其狂，因爲一個人的良知是否眞在作主，或一個人是否能免於自欺其良知，都是最隱微難知的；而且即使良知呈露，那麼在尙未曲盡事物的眞象之前，一個不自欺其良知的人也仍可能做出無知或違反道德的事。凡此，皆涉及良知是否需一知識系統作爲輔助的問題。在陽明看來，對所謂「上根者」而言，以上難題是不存在的。但問題是，「上根者」是鳳毛麟角般不易得的。對中、下根器之人來說，以上種

145 《邵念魯年譜》（台北，商務印書館，一九七一），頁二二。
146 《無邪堂答問》（台北，世界書局，一九六三）卷二三，頁二七。
147 《傳習錄》，頁十二。
148 譬如清學中「以禮代理」的呼聲。

種困境是日常生活中所顯而易見的。尤其當陽明學廣爲流佈，產生了許多非名教所能羈絡的弟子，而又有大量中、下階層的信徒之後，這類危機便極易暴露了。到了十六世紀後半葉，我們便發現在王門的三個最重要的支派：江右、浙中、泰州王門的幾位代表人物身上，都可以看到轉而向儒經印證其心之從違，或提出「無學不證諸孔氏」的主張。尤其後來的東林學派，對心學的種種困難與流弊便提出許多深刻的批判。他們一方面責備純任本心而行是「無星之秤，無寸之尺」，完全無準據可言，同時也察覺到，即使人人良知呈露作主，也可能因爲「各是其是，各非其非」而紛淆混亂，莫衷一是，故仍然需要一人人共許的外在、客觀共認的標準，而儒經便被一再提出作爲共認的準據。同樣的，在明季清初，許多人也查覺在實際生活中以自己本心爲理，動輒說吾心之理以爲此事應如何，或凡事皆以其一己之理斷之的弊端，因而對客觀共許之外在準則的要求更爲迫切，故而出現了「出門不引經傳，何以服人」這樣的口號來。正因爲上述發展動搖了「心即理」這個命題，人們對「心」是否能單獨肩負知識與道德的標準感到懷疑，對傳統內省論式道德哲學的信心亦漸動搖，以致清初幾位大儒相率以不談心性，或不提良知是先天固有，終導致心性之學的逐漸衰退，並促成由理學向經學的過渡。

（本文於一九九二年十一月十九日通過刊登）

出自第六十五本第二分(一九九四年六月)

解讀清末在臺灣撰作的善書《覺悟選新》

宋 光 宇

在中國的民間信仰裡，「行善」與「乩示」是兩項非常重要的要素，而且這兩項要素又是相互關聯。中國民間對「乩示」寄以絕對的信任，並且透過乩示，來證明自己的行善得到相當的功果，可以得到上天的眷顧和封賜果位。

《覺悟選新》這本善書正可以反映出這種特性。清末時，澎湖馬公的舉人和生員組成「善社」，定期從事扶乩和宣講活動，以教化流俗。在光緒二十九年（1904）將這些乩文集合成書。今天，我們仔細的翻讀這些乩文，可以很清楚的看到，它的內容是在宣揚傳統的倫理道德，把科舉功名當成是最高的價值標準。強調出身貧窮的人要努力於自己的事業，不僅要振興家道，更要教育子弟，若能有子弟得到科舉功名，則這個人就有資格接受上天的封賜，成為「土地」「城隍」之類的神明。

換而言之，一個人存在的價值是在於他能不能振興家業。因此，舉凡可以使家道名聲上升的行為都受到獎勵；凡是會危及家業，使家道衰敗的活動都在禁止之列。賭博、吸食鴉片、械鬥、兄弟鬩牆等都會危害家族的生存，必須禁止。

我們通常都認為，只有受過現代新式教育的知識份子才會從事社會改革工作。其實不然，傳統的讀書人也是積極的在參與社會改革活動，只不過他們是以維護傳統價值和家族地位為職志。

一、前　　言

民國八十年(1991)秋，筆者因執行國科會的「儒宗神教：扶乩活動在台灣」調查計劃〔編號NSC 81-0301-H-001-09〕，前往澎湖，調查當地的有扶乩「作善書」活動的廟宇，在馬公市的一新社，蒐集到《覺悟選新》這部善書。

這部善書的每一篇乩文都有撰作的年月日和時辰。從卷一的各種序言的日期都是在光緒十八年(1892)這個事實看來，我們知道這本善書是在光緒十八年那一年開始編纂的。卷二的第一篇乩文，時間早至清咸豐三年(1853)六月初三日巳時，內容記載澎湖馬公爲何以及如何成立第一個鸞堂「普勸社」。第二篇是由「普勸社」改名爲「一新社」時的作品，時間是清光緒十三年(1887)正月十三日午時。第三篇是光緒十七年(1891)正月十五夜，由玉皇大帝賜號「樂善堂」。第四篇是樂善堂開堂的作品，時爲光緒十七年三月十五日。這四篇可說是有關一新社成立的歷史文獻。台灣其他各地鸞堂所作的善書，在年代上，都沒有比這四篇的年代來得早。

卷一至卷六其他的乩文，都是在光緒十七年至十九年這三年內完成。七、八兩卷是在光緒廿七(1901)至廿九年(1903)完成。台澎地區在光緒廿一年(1895)因甲午戰爭失利而被迫割讓給日本。因此這部善書的成書年代橫跨了清朝及日據時期兩個時段。台灣現在各地鸞堂大都承認澎湖的一新社和《覺悟選新》是全臺灣最早的鸞堂和善書，即所謂「全臺鸞務開基，首著一部善書」。在王世慶[1]和林永根[2]的著述中，就逕自認定這部書是第一本在台灣地區自行撰作的善書。在此之前，流行在台灣的善書，如《太上感應篇》《陰騭文》《白衣大士神咒》等，都是從大陸傳過來的。[3]

這部善書共分匏、土、革、木、石、金、絲、竹等八卷。每卷平均有四十五張摺頁，也就是九十頁左右。第一卷的開頭部份，是「一新社」與「樂善堂」的標記，各有一付對聯。各以「一新」和「樂善」爲聯語的開頭，把設壇立社的宗旨交待清楚。聯語是這樣寫的：

一設鸞堂從此盛傳各地迎聖迎神崇置沙盤木筆

新頒鳳藻藉資普勸群生渡人渡己勤修寶筏慈航

樂得英才雅敎施個個凜遵金科玉律

1 王世慶〈日據初期臺灣之降筆會與戒煙運動〉《臺灣文獻》37(4)：112-113，1986。

2 林永根《鸞門暨台灣聖堂著作之善書經懺考》，台中：聖德雜誌社，1982:33。

3 有關清代臺灣的善書流布情形，請參看鄭喜夫〈清代臺灣善書初探〉《臺灣文獻》33(1)：7-36，1982。

善其明德新民勵年年歌頌舜天堯日

接下去是一新社的舊觀照片以及沿革；關聖帝君和慈濟眞君的神像；三教祖師神位及印信、正主席南天文衡聖帝關牌位與印信、副主席太醫慈濟眞君許牌位與印信、南宮孚佑帝君呂恩主牌位與印信、九天司命眞君張恩主牌位與印信。關聖帝君、孚佑帝君與九天司命眞君合稱「三恩主公」（若加上岳飛和豁落靈官王天君，就成「五恩主公」）。另外有兩幅從事宣講的圖畫。第一幅是一新社從事宣講時的情景，是用四條長凳作支架，上面鋪木版，再搭起一個講臺，講臺的正中央供奉關聖帝君的畫像和神位，前有香爐和一對燭臺。宣講者身穿長袍，坐在左邊的宣講桌後。臺下有八個人在聽講。（見附圖一）第二幅是所謂的「古式宣講臺」，臺子也是用長凳木板搭成，臺上供奉關聖帝君的神位。左邊有宣講桌，桌後有一身穿滿清朝服的人坐在椅子上，照本宣科，臺下的六名聽衆也坐在長凳上，其中一人正在哄小孩。並有一童子在爲聽衆泡茶。不過，這幅宣講圖在對聯、横匾和臺前燈籠方面，卻都改成一新社樂善堂的字樣。（見附圖二）

接著是八卷乩文總目錄。正文一開頭，就由關聖帝君降乩說明撰作這部善書的動機，是由於「自世道澆漓，民風擾攘，敗壞心術者，不可勝數。而余也，亦曾飛鸞佈化，則如《明聖經》《覺世經》《陰騭》《戒淫》諸文，無不時深懲勸，未奈人心披靡，世敎衰頹。古道日非，習俗相尙，以致穹蒼震怒，災害下臨。」因此，要在一新社「再飛鸞警勸，而挽頹風。」「荷列聖選作佳文，新奇可誦，是以舉而勸世，皆望其覺悟自新也。」

這部善書是從光緒十八年開始編纂，到廿九年(1903)三月初一日寫完最後一篇。前後歷時十年之久。五年後，也就是在宣統元年，這部善書重印了一次。這兩次的刊行究竟發行了多少部，目前已經沒有人知道。民國六十七年(1978)正月，澎湖一新社再度印行這部善書。據一新社的執事吳克文先生說，這次刊行一共印了一千部。一部份由捐印者拿去，一部份分送台灣本島各相關的寺廟，剩下的一小部份則放在一新社內供人免費取閱。十多年來，已經送完了。這次調查所看到的本子，是一新社珍藏在佛龕內隱藏在佛像背後的儲藏室中的一部，也是一新社自己唯一保存的一部。徵得一新社吳克文先生的同意，工作人員影印了這部善書。

圖一：一新社的宣講台式樣

資料來源：《覺悟選新》卷一

圖二：所謂「古式宣講台」

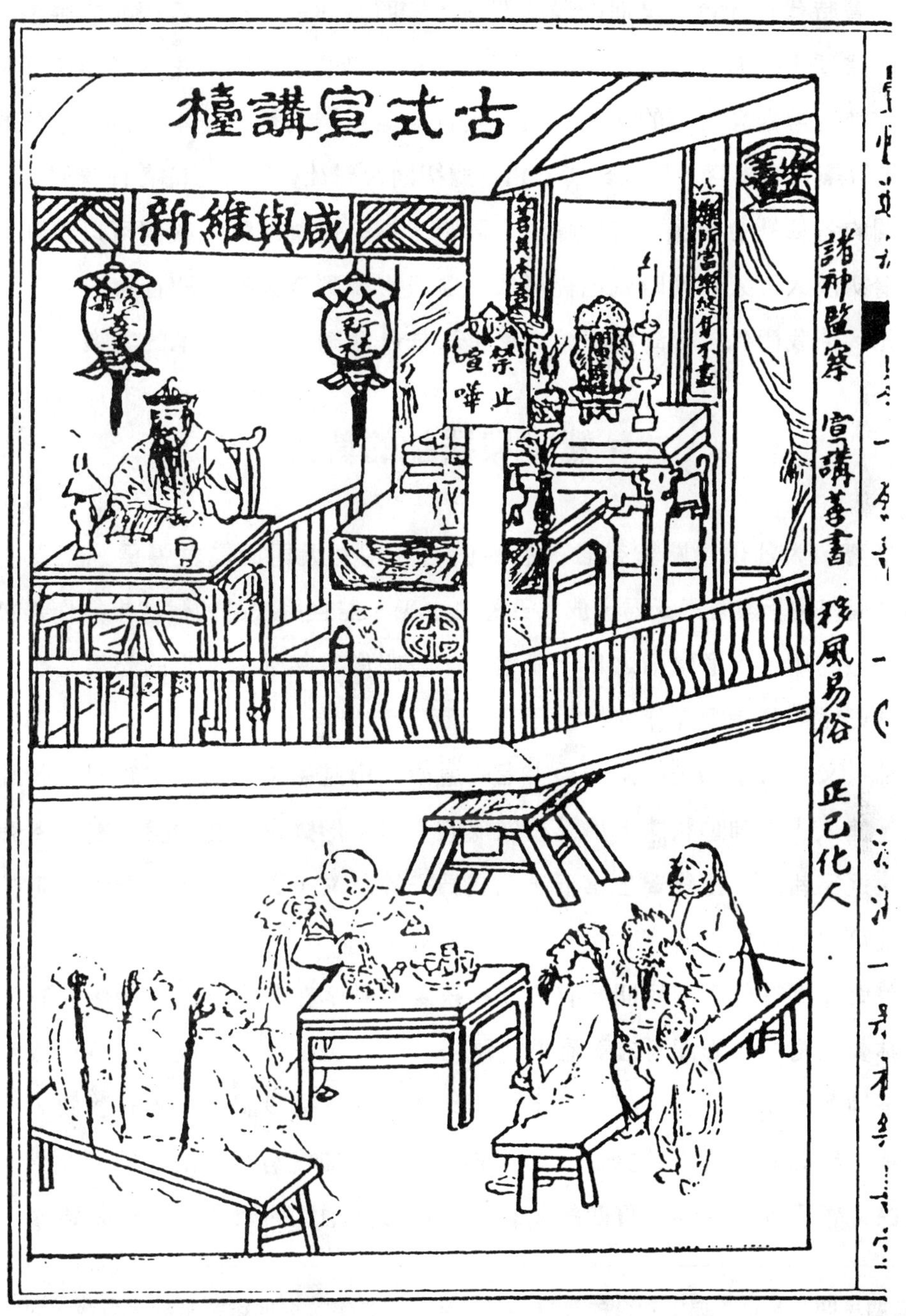

資料來源：《覺悟選新》卷一

顧名思義，善書是以勸人爲善爲主要的功能。但是，所謂的「善惡」，其實是一種隨著時代和社會環境而改變的觀念。按照時間去比排各種相關的善書，就可以看出這種「善惡」觀念的改變。[4] 在這種認識及前提下，逐本解讀各種善書是明瞭這種善惡觀念變遷的必要手段。《覺悟選新》旣是第一本在台灣造作的善書，仔細解讀它的內容，可以對清末和日據初期台灣社會所流行的各種善惡觀念，及其相關的各種社會問題，有所瞭解。同時，透過這層瞭解，我們可以看到某些習俗從清初漢人移入台灣時就已經形成，並且影響到今天的台灣社會。

首先，讓我們先對台灣與澎湖的鸞堂和扶乩活動有一些基本的認識。

二、鸞堂與扶乩的傳入

在臺灣，大凡供奉關聖帝君、慈濟眞君許和九天司命眞君張爲「三恩主」（或加岳飛和豁落靈官王天君，成「五恩主」），並且用扶乩的辦法來撰作善書，或爲人解惑的廟宇，通常稱之爲「鸞堂」，也叫做「善堂」。它的起源迄今不太清楚，需要做一些考證工作。

扶乩，又叫扶鸞，是中國一項古老的道術。由乩手（正鸞生）經過「請鸞」儀式後，進入「失神」狀態，用桃枝做成的「Y」形鸞筆，在沙盤上寫字。旁邊有唱鸞生逐字報出，由錄鸞生寫下，就成爲一篇乩文（鸞文）。累積到一定數量之後，就可以集合成書。

臺灣與澎湖在什麼時候開始有鸞堂和扶鸞活動？在各本方志裡面，只有光緒十八年林豪所寫的《澎湖縣志》卷九〈風俗〉「王醮」一項，提到「各澳皆有王廟，……神各有乩童，或以乩筆指示，比比皆然。」這段記載只告訴我們，在光緒十八年(1892)時，澎湖的扶乩活動已經很普及，並沒有涉及最初的源頭。

根據《覺悟選新》卷二頁四的記載，清代澎湖地區的鸞堂扶乩活動始於咸豐

4 有關民間「善」「惡」觀念的改變，可以參看宋光宇〈從地獄遊記看當前台灣的社會問題〉1982；〈地獄之說與道德思想的研究〉1984；〈從玉歷寶鈔談中國俗民的宗教道德觀念〉1984。

三年（1853）。咸豐三年六月初三日的乩文是這樣寫的：

南天恩主文衡聖帝關公親降　諭

慨自聖王不作，而教化凌夷，世道日衰而人反古。異端蜂起，鄙道德爲迂談。邪說叢生，棄倫常爲瑣事。或父子不親，綱常倒置。或君臣無義，上下相違。或夫妻反目，琴瑟不調。或昆仲鬩牆，友恭不篤。或朋友失信，麗澤莫敦。四維弗講，八字罔遵，種種惡孽，日墜日深，風俗頹敗，無逾於此。以致邇來，水火刀兵，地方未靖，橫災迭起，瘟疫頻行。此皆下民造孽所自召，莫怪天心之不恤我也。幸爾澎湖島，雖蕞爾微區，亦有樂善之儒士，有心世道，欲挽頹風，冀消末劫。僉曰，非藉宣講勸善，無以爲力。故自前年（咸豐元年，1851），邀集地方文人學士，立一社團，稱曰：「普勸社」，採擇口才素裕，品學兼優者爲講生。於晴天月夜，無論市鎮鄉村，均就神廟潔淨之處，周流宣講善書。爲全澎各社，普遍勸化，以冀挽習俗於萬一。庶幾人民共趨正道，互鄉轉爲仁里。誠爲美舉。今（咸豐三年）復崇奉三教祖師於座上，奉聖眞恩主於壇中。初設木筆沙盤，並施金丹寶訓，神人聚會，大道融通。在澎湖扶乩之創始，爲全台鸞務之開基，良有以也。

這段文辭很清楚的告訴我們，在咸豐初年，澎湖地方的文人秀才爲祈禱消彌災患與匡正社會人心，有所謂「宣講善書」的活動。更在咸豐三年農曆六月三日於媽宮（即今之馬公）開立「普勸社」，奉祀南天文衡聖帝（關聖帝君）。並且設有沙盤木筆，從事扶鸞，闡揚教化。

讓我們再看另一條資料，對於一新社神明的來源有所說明。光緒十七年正月十五日夜的乩文云：「澎湖夙有海濱鄒魯之稱。自咸豐三年癸丑，就有開設普勸社，崇奉（關）聖帝、（許）眞君牌位，竭誠宣講善文以勸世。至同治三年甲子(1864)，又得爐下蘇清景從福建省泉州府馬巷廳，恭請余（許眞君）金身一尊來澎開基。」[5] 由此可知，一新社的許眞君像是從泉州馬巷廳「分靈」而來。這種

5　《臺灣總督府公文類纂》元臺北縣，明治三十四年，永久保存第四十六卷，第三門警察，高等警察，降筆會案卷。

分靈的辦法又使得一新社成爲二十世紀臺灣本島各個鸞堂的「源頭」。

民國八十三年五月十一日在田野訪問時，宜蘭縣頭城鎮喚醒堂的副堂主林旺根表示，宜蘭縣頭城鎮喚醒堂和宜蘭市碧霞宮的恩主公神像(關聖帝君)都是在光緒二十年前後，從澎湖一新社「分香」而來。創立者是宜蘭的郊商盧廷翰。[6]練乩則是另外請人。盧廷翰請宜蘭的進士楊士芳來主持這兩個鸞堂的乩務，並且請楊士芳將喚醒堂乩文送到漳州城內南臺廟街多藝坊刻板印行，就是臺灣的第二部善書《渡世慈帆》(光緒二十二年，1896)。林根旺也指出，從喚醒堂分香出去的是台北淡水的行忠堂、台北木柵的指南宮和台北大稻埕的覺修宮。

不過，根據日據初年日本警察的調査，對於這一段歷史的記錄是說：「臺灣本島的鸞堂是同治六、七年(1867, 1868)時，有澎湖許老太者，在廣東學到扶鸞的辦法，回到臺灣澎湖後，在地方上，爲人祈禱治病。至光緒十三、四年(1886，1887)的時候，許老太將此法傳授給宜蘭頭圍街進士楊士芳。並在頭圍創立『喚醒堂』，楊士芳自任堂主，向街民廣傳其法，並祈禱扶鸞施藥方，爲人治病。」[7]

在早期的某些善書裡，偶而也會提到臺灣本島各個鸞堂的相互關係。例如在昭和十六年(1940)，台中州田中的贊天宮所出的一本善書《迷津寶筏》，在它的序言中曾提到：「然神教之設，起自蘭陽新民堂，繼及碧霞宮，次設頭圍喚醒堂，普及淡水行忠堂，繼傳三芝智成堂，爲道化中興之始。於甲寅(民國3年1914)，建堂造書，化及省躬。戊辰(民國17年，1928)開贊修於台北，利南北交通之便。後於石龜溪感化堂而造新書。然欲立一定之法門，及於丙子(民國25年，1936)著《儒門科範》於贊修。以智成爲根據，敕賜『儒宗神教』。」這段記載清楚的說明，宜蘭的碧霞宮和頭城的喚醒堂(都是在清光緒22年，1896)是爲後來台灣各地各個鸞堂的始祖。不過，文中所說的「新民堂」，目前

---

6 有關盧廷翰的事蹟，參看《頭城鎮誌》卷11〈人物志〉的「盧廷翰」(1864-1906)、「盧陳阿定」(盧之妻1877-1947)和「盧纘祥」(孫，1903-1957)。盧纘祥是宜蘭縣的民選第一任縣長(1951-1954)。

7 同註5。

沒有任何具體的資料可資說明，尙待進一步的查證。同時，這段文辭也說明，台灣的鸞堂在日據末期逐漸整合在一起，號稱「儒宗神教」。這個名號成爲現今台灣鸞堂通用的總稱。

綜合以上各項資料，我們可以知道，臺灣各地的鸞堂是以澎湖爲最早。澎湖的扶乩可能有兩個源頭，一個是福建泉州，一個是廣東。後來從澎湖向北傳入宜蘭，成立喚醒堂和碧霞宮。再從喚醒堂以分香的方式分出淡水的行忠堂、木柵指南宮和台北覺修宮，以後再分化成其他各地的鸞堂。在日據末期，出現「儒宗神教」這個稱號。當然，這不是臺灣扶乩活動的唯一來源。王世慶就指出還有「樹杞林街」（今之竹東）也是一個源頭，是樹杞林街保甲局長彭樹滋因要戒除鴉片煙癮，而從廣東請人來敎扶乩戒煙的辦法。[8]

三、澎湖鸞務的發展與宣講活動

根據《覺悟選新》卷一的記載，我們知道，澎湖的扶乩活動始自清咸豐三年。起因是由於澎湖媽宮地方的文人爲了「禱天消災」和「匡正人心」，派人到泉州「公善社」學乩。學成回來，才開始設立「普勸社」。一方面扶乩寫一些勸善文章，另一方面沿用「宣講聖諭」的辦法，普遍勸人行善。到了光緒初年，社員大多凋零，又有中法戰爭之役（光緒 11 年， 1885 ），澎湖成爲交戰之地，以致普

8 王世慶〈日據初期臺灣之降筆會與戒煙運動〉《臺灣文獻》37(4)：112 1986。亦見於公文類纂降筆會案卷，同註4。「光緒二十三年（明治30年，1897年）六月，樹杞林街（今竹東）的保甲局長彭樹滋，原係廣東惠州人士，爲了戒煙乃赴廣東陸豐五雲洞彭廷華的家裡，用扶乩祈禱的辦法，治療鴉片煙癮。戒煙成功後，回到樹杞林街，就把這段經歷告知新竹辨務署參事彭殿華，極力宣揚扶鸞戒煙的成效。於是他們兩人從宜蘭請來吳炳珠到樹杞林舉行祈禱、扶鸞、及戒煙。但因方法不熟而效果有限。至光緒二十四年(1898)十月，新竹辨務署參事彭殿華出資數百圓，從廣東請來五位鸞生，即彭錫亮、彭錦芳、彭藹珍、彭錫慶、彭錫瓊五人來臺。光緒二十五年(1899)二月，在彭殿華的住宅內設立鸞堂，舉行扶鸞戒煙。結果彭殿華及九芎林（今芎林）庄長數十人的鴉片煙癮都告戒除。彭錫亮等人將此法傳授給九芎林的邱潤河、彭阿健，大肚庄的劉家冀、彭阿石等四人，而於光緒二十五年(1899)返回廣東。從此以後，利用扶乩祈禱戒煙的辦法在臺灣到處盛行。」

勸社完全停止活動。[9]

到光緒十三年(1887)，地方生員許棼、黃濟時、林介仁、鄭祖年、郭丕謨、高攀等人鳩資重建普勸社。並取用《尙書・胤征》「舊染汚俗，咸命維新」之意，改「普勸社」爲「一新社」。並於次年向地方官府呈文，請求給與告示，通告澎湖民衆在宣講期間，要踴躍前往聽講，並應遵守秩序。得到官府的許可。這份官府所給的告示是這樣寫的：

即補清軍府署臺南澎湖海防糧捕分府龍　爲出示曉諭事。

本年(光緒十四年戊子，1888)二月二十六日，據生員許棼、黃濟時、林維藩(介仁)、鄭祖年、郭丕謨、高攀等稟稱：「竊我澎各前憲，志在牖民。知有政不可無教，偏隅貴被休風。爰懍遵朝典，朔望宣講上諭之餘，復諭諸士子，設立『普勸社』。勸捐資費，採擇地方公正樂善之人，於晴天月夜，無論市鎭鄉村，均就神廟潔淨之處，周流講解聖諭及善書，以冀挽回習俗於萬一。見夫讀法紀於周官，辰告垂諸風雅，則勸勉之條，誠有司之不可缺者也。不謂乙酉(光緒十一年，1885)春，兵疫後，普勸社規程俱已泯沒，諸講生亦大半淪亡。茲舉遂寢。棼等身列膠庠，頗知見義勇爲，不忍坐視頹廢。乃於去年(光緒十三年丁亥，1887)鳩資重整社中。談用取尙書「舊染汚俗，咸命維新」之意，更「普勸」曰「一新社」。且遴選樂善不倦、兼以口才素裕，可作講生者，如八品頂戴林陞，及童生郭鶚志、許占魁、高昇、陳秉衡等之數人者，俱有心向善，殊堪勝任愉快。庶乎數十年之美舉，得勃然興矣。第思勸善之設，雖云法美意良，而際此地方更張之日，正兵民雜處之時。非懇蒙出示佈告，當宣講日期，或此欲靜而彼欲譁，豈能肅闤衆之觀聽。且諸講生不奉明諭，其何以藉朝庭之力，振威儀而服衆志哉？於是再四思維，措理無術，爰相率聯名，瀝情陳請。伏乞恩准，據稟出示曉諭，以新耳目。一面諭講生等，俾專責成………等情。」據此，除稟批示，併諭飭該講生等知照外，合行出示曉諭。爲此，

9 《覺悟選新》卷1，頁1，1891。

示仰閤澎衿耆士庶人等知悉。爾等須知宣講聖諭，解析善書，均係勸人爲善，有益身家，務須環聚恭聽，謹奉力行，切勿喧嘩吵鬧，致干查究。切切毋違。特示。

光緒十四年三月初六日

從這份告示，我們可以清楚的認識到以下幾件事實。第一、組織善社，辦理宣講活動，是地方上的知識份子的社會教育活動。第二、宣講善書，在某種意義上，是跟宣講「聖諭」等量齊觀，都是爲官方所重視的。光緒十八年(1892)的《澎湖縣志》卷九〈士習〉條就記載澎湖的宣講活動是規規矩矩的在進行，「而澎海一隅，獨能遵地方官示諭，隨在宣講《聖諭廣訓》及《感應篇》《陰騭文》諸書，而弗染異說也」。《感應篇》《陰騭文》都是宋朝以來，流傳最廣的兩本善書。不過根據扶乩和《覺悟選新》等書來看，當時澎湖地方士紳在宣講的時候，不但宣講聖諭，同時也宣講扶乩而成的善書。

光緒十七年(1891)三月十五日地方士紳在一新社成立「樂善堂」，專門用扶乩的辦法來著作善書。同時從事宣講活動。從光緒十七年(1891)至二十九年(1903)所有的乩文集結成《覺悟選新》八卷。是爲最早在臺灣自行撰作的勸善書。以後澎湖及台灣各地起而仿效，紛紛成立各種善堂，扶乩著書。在民國六十七年(1978)版的《覺悟選新》的末尾，附有從光緒十七年(1891)到民國六十六年(1977)澎湖地方各善堂和所著善書一覽表。根據這份一覽表，澎湖地方一共先後有五十間善堂，一共扶乩造作了一百四十二部善書，八部眞經。林永根在他的《善書經懺考》則登錄從清光緒十七年(1891)到民國七十一年(1982)的九十年中，臺灣和澎湖的善堂一共扶乩撰作了五百九十七部善書。可見其盛況於一般。

宣講聖諭是明清兩代官方訂定的社會教育活動。在有清一朝，順治皇帝曾於順治九年(1652)頒布〈六諭臥碑文〉，分行八旗直隸各省。十六年(1659)議准設立鄉約，通令各省地方牧民之官與父老子弟，實行講究。[10] 康熙皇帝在康熙九年(1670)頒布〈聖諭〉十六條。[11] 雍正二年(1723)又頒布《聖諭廣訓》。[12] 由

10 《欽定大清會典事例》卷397，禮部，風俗，講約一，頁1-2。

11 同註10。

12 蔣良騏、王先謙纂修《十二朝東華錄》，雍正朝，卷2，頁11。

於清代歷朝屢屢下旨，要地方官確實推行講解聖諭的工作，可見得這種教化政策在執行上並不十分成功。《欽定州縣事宜》更是明白指出清代縣官如何虛應故事：

朔望之辰，鳴鑼張鼓，前詣城隍廟中。公服端坐，不發一語，視同木偶。而禮生紳士請頌聖諭一遍，講不悉其義，聽不得其詳。官民雜沓，閧然各散。[13]

何耿繩〈學治一得錄〉也提到類似的情形：

常見州縣每於朔望循序宣講，率皆奉行故事，毫無發明。聽者寥寥，亦復置若罔聞。[14]

正由於官府對於「宣講聖諭」流於形式，於是，地方上有心改革社會風氣的士人假借神明，自行組織善堂，以宣講聖諭和善書爲職責，用來彌補地方行政之不足。[15] 戴寶村曾經指出：「聖諭強調和諧、勤儉，端正風俗，但平民生活艱苦，常受剝削，易投向祕密宗教和結社，以求得生活物資和精神寄托。」是爲宣講聖諭執行不力的原因之一。[16] 徵諸澎湖的資料，他的推論是有問題的。實際的情形很可能是地方士人在地方官府的「示諭」之下，自行結社，用因果報應故事來宣講「聖諭」。（詳見後述）

在清代的臺灣，宣講聖諭是一件重要的事情。康熙六十年(1722)朱一貴亂事平定之後，治理臺灣的官員已經注意到應該積極從事社會教化工作。藍鼎元在《與吳觀察論治臺灣事宜》中就說：

宜設立講約，朔望集紳衿耆庶於公所，宣講《聖諭廣訓》萬言書及古今善惡故事，以警迷頑之知覺。臺灣四鎮及淡水等市鎮村莊多人之處，多設講約，無徒視爲具文。[17]

清廷批准這項建議，並著手實行。臺灣的各本方志中都記載了有關宣講聖諭

13 引自《清代掌故綴錄》，蔡申之〈清代州縣故事〉(二)。

14 同註13。

15 陳兆南〈臺灣的善書宣講初探〉中央研究院民族所「本土歷史心理學研究」，頁1-2，1992年2月。

16 戴寶村〈聖諭教條與清代社會〉《師大歷史學報》13:315，1985。

17 藍鼎元〈與吳觀察論治臺書〉《鹿洲文集》，清代。

的事。鄉約宣講因場地不同可分為「在城宣講」和「四鄉宣講」兩種。在城宣講通常是由縣官主持，而四鄉宣講因地方官無暇下鄉而由當地的鄉約組織辦理。詳細記錄宣講內容，以備地方官隨時抽查。清末，中央的權力已衰，地方官主持的宣講活動日漸僵化，反而是地方士人與宗教團體結合之後，卻能持續運作，成為清末宣講的主流。上述澎湖和宜蘭的宣講善書活動就是這股時代潮流的一部份。

在臺灣，民間組織善堂來宣講善書和聖諭，並不是始於光緒二十年前後(1894)，也不是局限於澎湖和宜蘭，而是同光年間普見於臺灣各地的共同現象。在光緒十年(1884)新竹的仕紳顏振昆、吳希增、吳淦秋、鄭守恭、鄭養齋、高士元等人在縣城北門外設立「福長社」，設立宣講臺，經常講演善書。[18] 也有私人支持宣講活動的例子。如：陳祚年《篇竹遺藝》〈養吾陳太夫人節略〉云：

> （陳氏）好覽〈陰騭文〉〈感應篇〉及古今忠孝善惡果報等書，暇則宣講，聽者環堵。[19]

王松《松陽詩話》卷下云：

> 先慈吳太儒人性善，布施奉佛，兼通經史。……又喜讀因果事以勸人，每逢年節朔望，必延明士設壇宣講聖諭、感應篇等。[20]

清代民間的「秘密宗教」，如齋敎先天派，在光緒九年(1883)，其在臺灣的領導人黃玉階就在台北大稻埕成立「普願社」，宣講聖諭。民國元年時，龍華、金幢、和先天三敎派聯合成立「齋心社」，於朔望宣講清朝的聖諭和前賢處世格言。[21]

從事宣講活動，也是有許多規矩有待各方人士遵守。一新社有〈宣講例言〉十六則。〔見附錄一〕這些規則明白的規定，在宣講的時候，要衣冠整齊，講員必需要做事前準備，不可以信口胡謅。只要有三五聽眾，就可以開講，不必等到人多之後。

---

18 《台北市志稿》卷七〈教育志〉頁4。

19 轉引自鄭喜夫〈清代臺灣的善書初探〉《臺灣文獻》33(3):22，1983。

20 同上。

21 《臺灣通志稿》卷二〈人民志宗教篇〉，頁111。

四、善堂的組織和運作

就澎湖來說，善堂是獨立於寺廟之外的一種志願性組織，但是借用某個廟宇作為活動的場所。其任務就是「著善書」（由文乩手在沙盤上寫勸世的文章或詩句）和「濟世」（由武乩童為人解答各種疑難問題）。

一個善堂的成立，基本上有兩種方式。第一種是有人發心要成立一個善堂，出面號召信徒，共同組成。第二種是由別的善堂不斷的出現乩示，要求某個寺廟成立善堂。被指名的這個寺廟經過一番驗証之後，接受這項上天的「派令」，由廟祝或地方上頭面人物出面號召，成立善堂。

一旦善堂成立，它的名稱的順序是：「地名」、「寺廟名」、和「善堂名」。例如：「澎湖縣馬公南甲」是地名，「海靈殿」是廟名，「兼善堂」是善堂名，合起來就成「澎湖縣馬公南甲海靈殿兼善堂」，這是對外用的正式名稱，一般仍是稱作「海靈殿」。也有把前後幾個名字串連起來，一起使用的情形。澎湖的「一新社」就是個例子。光緒十三年(1887)改原先的「普勸社」為「一新社」，光緒十七年(1891)再憑扶乩開號「樂善堂」，於是對外的全名就成了「澎湖一新社樂善堂」。

依據《覺悟選新》上的記載，一新社樂善堂內部各種職位都是用扶乩的辦法派定。光緒十七年(1891)正月十五日派定的職位依序如下：

董事兼堂主	林介仁
知客生	黃濟時
正鸞生	黃逢時　蘇根攀
幫鸞生	蔡徵功　鄭祖儀
副鸞生	吳騰飛　許世忠　蕭鴻禧
唱鸞生	李時霖　王邦樞
錄鸞生	鄭祖揚　郭廷光　楊廷瀾　郭清獻
迎禮生	陳秉昭　吳品分

行禮生	鮑顯星　蘇清景　鄭祖基
謄錄生	紀秉修　林其昌
請鸞生	蘇桂芬　郭丕承
效用生	陳睿明　林懷治　謝鴻恩　郭丕觀　陳步青　洪汝明
督講生	鄭祖基
司講生	蔡徵功
宣講生	李時霖　黃逢時　郭清獻　吳騰飛　郭丕觀　許世忠
助講生	蕭鴻禧　楊廷瀾　黃濟時　鮑顯星　陳睿明　陳步青　林長青　洪汝明　謝鴻恩　郭鶚志　高　昇　許　棼　陳秉衡
救濟部勸捐生	鄭祖年　郭丕謨　陳長澤　蘇清景　吳品分　鄭創垂

根據光緒十四年(1888)申請成立「一新社」宣講活動的呈文，我們知道，林介仁、許棼、黃濟時、鄭祖年、郭丕謨等人的身份是「生員」，郭鶚志、許占魁、高昇、陳秉衡等人是「童生」。另外有「八品頂戴林陞」，不見於一這份神職名單之內。可見，光緒年間澎湖一新社的扶乩活動，在基本性質上，是由地方知識份子所領導的一種社會教育活動。

再從組織和職責方面來說。

目前，在澎湖的各個善堂都以堂主和副堂主做爲中心。堂主總理一堂之鸞務，副堂主輔助。基本的條件是個人在宗教方面的修爲，而不是論財力或輩份。凡是有扶乩的日子，正副堂主必定要到壇，主持儀式。平時則處理一般信衆的事務。堂主和副堂主是整個善堂的表率。「凡事刻苦持艱，清品敦行，如若不遵聖訓，貪功利己，則上界雖有使命，亦不容易相承。」[22] 同時，正副堂主要設法維持「正鸞生」的生計，使正鸞不需要爲生活而奔波。在調查中發現，善堂的停止運作，大都是因爲正鸞生忙著去賺錢養家，不能定時到堂中服務。善堂少了正鸞，就沒了人神溝通的媒介，而且沒人能替代，這個善堂就維持不下去。

22　《鸞堂聖典》，頁5。這是台中聖賢堂在民國七十三年時將台灣各地鸞堂所用的經典和儀式纂成的一本集子。

「正鸞乃天之使者，身任聖職，手掌鸞筆，神靈降而筆飛舞，以無形神力，沙盤浮現有形之字，而度化衆生也。」這是《鸞堂聖典》上對「正鸞」所作的定義。[23] 正鸞不是人人可以充任的。它的選拔是這樣的，通常都是由有心作正鸞的人自由報名，在神壇前宣讀疏文。目前台灣本島通用的疏文是這樣的：

伏　以

聖道恢宏普被大千

神機莫測靈通三界

今據

台北市

中華民國臺灣省　　市　　路　　號　　堂門生

高雄市

住　　市　　路　段　巷　弄　號。

誠惶誠恐。稽首頓首。

儒宗神教法門。叩爲志願正鸞。效勞濟世事。叩拜洪造證明具陳。言念門生　　現庚　歲　年　月　日生。自入鸞以來，深荷　恩師耳提面命。教誨提撕。神光所備。有感於心。玆願訓練正鸞。至於純萃。體聖傳眞。代天宣化。濟世渡人。效勞造功。上拔九玄七祖昇天。下赦夙世今生業障。修養身心。力行神教。以報鴻恩於萬一也。懇望

玉帝至尊　列聖恩主　諸位恩師　准許所請。特授眞傳。降靈光以開竅。匡扶法門。濟物利生。以盡義務。不敢有始無終。欺師背祖。洩露天機。違規背訓。倘有乖違。願受天譴。永墮地獄。誓無退悔也。

謹　　呈

堂　列聖恩主　座前

監壇護法眞君　座前

南天文衡聖帝　座前

23　同上，頁4。

昊天金闕玉皇大天尊　玄靈高上帝　御前

堂　　主　　手印
傳 眞 師　　手印等俯伏叩呈
誓約志願人　　手印

報名之後，隨即展開「練乩」的訓練。通常爲期四十九天，在澎湖則有長達一年者。在這段時間裡面，受訓的乩生每天都要到廟裡練習扶乩，也就是在沙盤上用桃木乩筆畫「8」字，或圓圈。練乩的人最重要的事情就是設法讓自己安靜下來，頭腦中不要有任何雜亂的思想，旁邊有人不斷的唸請鸞咒，幫助他進入安靜，甚至恍惚狀態，直到開始出字爲止。不是每一個志願做正鸞的人都可以練到出字，十個人之中大約只有一兩個人可以練成。而且不是想練就可以報名，一定要在特殊情況下，公開徵求乩手的時候才可以報名。一旦練成，這名乩手就要終生奉獻，爲神明效力，每天晚上都到廟裡扶乩「作善書」，直到神明准他退休爲止。

扶乩時，所有鸞生必需要穿著「禮衣」、「禮鞋」。禮衣以長袍爲主，顏色有淺藍色、白色、米色、褐色等，各堂選定一種爲準。禮鞋則是以黑色平底布鞋爲準。女士們的服裝，在臺灣本島跟男士一樣，在澎湖則是穿黑色類似旗袍的禮服。

善堂一旦成立，就很可能長久持續下去。澎湖由於它是臺灣扶乩活動的發源地之一，另一方面也是由於偏處離島，社會流動性較小、商業氣息較少，善堂的活動可以維持很長的時間。一新社樂善堂已經成立了一百零六年〔清光緒十三年(1887)至民國八十二年(1993)〕。今天廟中的執事多是當年發起人的曾孫輩。另外，像海靈殿兼善堂成立於民國五十八年(1969)。三官殿自新社三善堂目前這一組扶乩人員也已經維持了十七年〔民國六十五年(1976)至八十二年(1993)〕。

善堂也有解體的時候，最常見的解體時機就是乩手過世，後繼乏人；或者是乩手移居外地；或者是乩手忙於自己的事業，沒有時間來爲神服務。

至於善堂的日常運作情形，就調查時所見的情形來說，每天晚上所有的乩手和效勞生(服務執事人員)在七點左右就到廟裡。先是叩頭行禮，諷唸也是用扶乩的辦法所寫成的「大洞眞經」一遍。接下去就由內壇的副乩手們大聲唸〈請鸞咒〉。咒語的內容如下：

謹請本壇諸猛將　列位金剛兩豎尊
鎭天眞武大將軍　五部一切響如雷
普賢眞人大菩薩　三大金剛下玄壇
觀音水火威顯現　四洲九道展神通
東海泰山同下降　硃砂符印攝升堂
金闕帝君五大聲　八大金剛六天王
香山雪山二大聖　金硃銀硃讀書郎
都天元帥統天兵　哪吒殺鬼救萬人
三大尊佛同下降　十二哪吒降道壇
弟子壇前一心專請拜請
拜請本殿(堂)列位神聖來扶乩
神兵火急如律令　急急如律令

通常唸到第三遍的時候，正鸞乩手就已哈欠連連，唸到第五遍、第六遍時，乩手就完全進入昏迷狀態，不自主的突然啓動，開始用桃木做成的鸞筆，在塑膠布做成的墊子上寫字。(以前是用白沙做成沙盤，寫一個字就要推平一次，相當耗費時間，而且桃枝寫字近乎飛舞，白沙四濺，常會傷到兩旁報字者的眼睛，於是近二十多年來，澎湖的各個乩壇大都改用塑膠墊子，不僅免去推平沙盤的麻煩，增快寫字的速度，而且也比較安全)旁邊報字的人要全神貫注，看著鸞筆的飛舞，立即報出字來。另一人則逐字記下。寫完之後，再由堂中文學修養較好的先生再順一遍，改正錯字別字，一篇乩文就此告成。通常堂主或某位學問較好的先生會把當天的乩文對殿前的女衆效勞生宣講一遍。

在清代及日據時代的善堂究竟如何運作，現在已經沒有直接的資料可資說明。不過，在調查時，幾位寺廟的主持都強調，他們完全遵照古制進行。在沒有其它資料可資運用的情形下，我們暫且相信在清代和日據時代，澎湖的善堂就是如此運作。

每個鸞堂都會有堂規來約束堂生的行爲，澎湖一新社有堂規十六條：

一、凡堂生宜敦五倫，行八字（疑是「八德」）。諸惡莫作，衆善奉行。以端一生行誼，方堪垂爲榜樣。

二、凡堂生宜尊五美、屏四惡，誦法是書之外，不可誤染邪教。可將列聖之覺世眞經，感應篇文，時時盥誦，實力奉行。期無負列聖教誡之苦心。其它左道異端，概宜屏絕。

三、凡堂生、執事人等，宜修身檢察，而洋煙（係指鴉片）誤人不淺，犯者須設法急除，方好對神對人，不可仍循舊轍，違者等於不孝。

四、凡堂生賭博宜警省，不可視爲無關。雖輸贏無幾，而傾家最易。切莫謂新正（正月初一）無妨，實爲厲之階也。

五、凡堂內諸執事，在壇前效勞，務必小心虔誠，衣冠潔淨，不可奉行故事，以犯神規。

六、凡堂生所有出言，宜防口過，不得談人閨闈，播弄是非。亦不可輕佻戲謔。蓋戲謔即侮慢之漸也。

七、凡堂生善則相勸，過則相規。務須忠告時聞，不得背後私議。至於外人之過惡，與我無關者，絕口不談可也。

八、凡堂生所犯過失，有人密相告者，應當喜悅。不可諱疾忌醫。但良友相規，亦須於無人之時，剴切密語。不可在人前當面搶白，自己沽直，而使人臉上難堪也。

九、凡堂生務須以和爲貴，不得外托愉容，而心存不滿，使睚疵小過積久而成怨懟。

十、凡堂生宜各勤本業。若無事之時，宜講究善事、善文，不得聚群結黨，妄說非禮之言。

十一、凡酣酒漁色等事，堂中雖無其事，亦須時存警覺，有則改之，無則加勉。

十二、堂內掌賬之人逐月於費用外，尙剩若干文，務須照錄標出，以杜旁議，方能行之久遠。

十三、凡堂生務必長幼有序，尊卑有別，不得以少凌長，亦不得以上傲下。

十四、凡堂中諸費宜節用有度，不得濫費。借爲公款，無妨。

十五、凡社中，堂中有要事，宜公同斟酌，以衷諸一是，不得挾一己之私，偏見自專。

十六、凡社中、堂中辦公人等，宜實心行實事，不得假公行私，因私廢公，尤要持之有恆，不得始勤終惰。

從這十六條堂規來說，基本上，是概括整個在社會上如何爲人處世的基本原則。反過來說，鸞堂也就是訓練及實踐基本社會倫理的地方。直到今天，臺灣本島和澎湖的各個鸞堂還是強調如何眞正的實踐基本社會倫理。

五、成神的條件：有關「善行」的分析

扶乩最大的特色就是在「証明」有「神」的存在，因此，在一般扶乩著作中經常會有神明臨壇，訓誡信徒要如何如何修道，有的時候也會講述他是因爲什麼條件而受封爲神。今天，我們綜合整理這些成神的故事，當可以看出傳統中國社會中普遍流傳的成神的條件，這些條件也可以說是「善行」的最高標準。

《覺悟選新》的內容，自然遵循這個格式。有「行述」二十四則，都是由一些城隍之類的「小神」來講他生前是如何積德行善，死後受封爲神的故事，鼓勵人們起而效法，社會教育意味濃厚，而這些故事正是充份顯示當時台澎社會所流傳的「善行」觀念究竟爲何。

以下，讓我們先來探討清末台灣社會流行的有關「善」的觀念是什麼。

一、宣講事業是代天宣化，累積陰騭的事，上蒼會加恩於從事宣講的人。在他死後，可以受封爲神。

卷一有太醫院慈濟許眞君〈勸捐序文〉云：

竊維世風之日下，異端爭起，而世敎衰微。有心天下者，悲斯人之沉溺，恐流蕩而難返。是以四方勸化，而萬敎甚周。故宣講之普勸，冀移風而易俗。無如人心不古，而風化變更，作惡者過多，爲善者卒鮮。或謗正道爲

訐談，或排眞理爲妄說。是以上干天怒，下犯神訶。致災殃迭降，而民命難逃。故余聞之而不忍者，乃伏乞　天聰，哀求保奏，以頑民固屬無知，而蒼生甚非識理。願以再行宣講，普勸黎民，庶一十見聞，而百千相從。幸得天心大喜，准以降鸞吩示。適有林吳諸君，請余指教，而一時樂聞者三十餘人，喜捐者四十餘士。故講善之事，於此重與；樂善之堂，亦於此而立焉。然所捐公費，僅用月資，不能作長久之計。爰是商余，再行勸捐，庶可湊合。期世之仁人君子，見而助之，俾得集腋成裘，贊勷美舉，以圖此功，功莫大焉。

這段文辭和前言部份所引的關聖帝君的乩文前後相呼應。把當前社會看成是「人心不古，亂相叢生」，必需要有人來撥亂反正。從事宣講正是從事撥亂反正的具體表現，値得嘉獎。這部善書更舉出實証，來証明一生從事這種宣講活動，必定得到上天的眷顧。在卷八末尾，有故去的一新社創始人陳秉昭臨壇述說受封爲神的乩文：

本堂前迎禮生兼董事陳秉昭降（光緒二十八年(1902)壬寅十二月初九戌刻）余客歲杪，蒙白亡神童引至森羅較對，幸生前功過平衡，飭令聚善所候差。嗣後叨蒙關、許二恩主，謂余昔在一新社樂善堂僉事有年，不辭勞瘁。雖無大功可錄，而作事秉公，兼之司禮虔誠，獎賜三十功，敕在聚善所效力，充爲神童。後來若有微功，方調入南天使用。

陳秉昭的故事清楚的反應，甚至是證明，在善堂中虔敬服務，死後可以成神。這對其他社友來說，是莫大的鼓勵。這種現象不僅清代如此，即使在現今的臺灣社會，民間宗教界依舊保持這種觀念，類似的傳說依舊不斷的產生和流傳。這種觀念前人未曾注意。其實，它就是中國人肯從事各種社會教育與救濟活動的基本原動力。在筆者研究一貫道、道院與世界紅卍字會的歷史時，也清楚的看到這個觀念在主導人們的行爲。像紅卍字會崛起於民國初年軍閥混戰之際，以掩埋屍體、撫輯流亡、照顧傷病、救濟水旱災民爲主要事功。信徒憑扶乩而行事，也憑扶乩來證明他們的事功得到上天的肯定。[24]

24　有關紅卍字會的研究報告，目前正在撰寫中。

二、成神的條件不一定要有赫赫之功，只要能夠持久行善、振興家族、教育子孫得到科舉功名等，都有機會受到上天的垂愍而受封爲神。二十四篇「行述」大都在透露這個道理（詳見附錄二）。這二十四篇行述所表現的善行可以歸納成以下十六項，各項出現的頻率依次如下：

1. 子弟入學爲童生，或考取功名…………………………… 16例
2. 父母早死，孤苦零丁，白手成家……………………… 10例
3. 終生行善，戒殺放生，修橋補路……………………… 10例
4. 努力工作，家門昌盛…………………………………… 6例
5. 守節，勤儉持家………………………………………… 5例
6. 救人急難，或者因此而成全婦人名節………………… 5例
7. 忠誠可靠，工作勤奮…………………………………… 4例
8. 求仙學道………………………………………………… 3例
9. 自己因行善而有科舉功名……………………………… 2例
10. 教導子女成人，不涉邪淫……………………………… 2例
11. 修建廟宇………………………………………………… 1例
12. 拒絕女色勾引…………………………………………… 1例
13. 武將整飭軍紀…………………………………………… 1例
14. 審明冤獄………………………………………………… 1例
15. 反對兄弟分家…………………………………………… 1例
16. 周恤鄉里………………………………………………… 1例

（由於每篇行述都涉及多項價值觀念，因此每篇行述作多項歸類）

從這項簡單的統計我們可以看出，在清末的澎湖社會裡，把「有科舉功名」「家業昌盛」以及「終生行善」三項，當成是社會上最重要的價值標準。同時我們也可以從此看到，科舉制度對於中下層社會的影響有多麼深遠。何炳棣在他的大作《明清社會史論》一書，把科舉制度看成是中國人心目中的「成功的階梯」

(ladder of success)。[25] 意思是說，科舉制度在明清兩代成爲人們社會地位上升的主要管道，任何一個要想要功成名就的人都必需要沿著這個「成功的階梯」向上爬升。換句話說，科舉制度成爲社會上品評一個人社會地位高下的基準。當一個人有了科舉功名，不僅自身躋身士林，受到地方鄉里的敬重，同時也提升整個家族的社會聲望和地位。筆者在討論明清家訓時曾經指出，對明清，以至於現代的中國人來說，人生最重要的責任和價值，就是在維護家門於不墜。對於能夠提升家族社會地位的人給與最高的評價；對於那些敗壞家風，羞辱家門，敗盡家產的人，給予最嚴厲的指責。[26] 在《覺悟選新》所舉的二十四個例子中，大多數的例子都在反映這種觀念，不但正面的肯定科舉制度的社會價值，更進一步的指出，凡是能夠辛苦工作，勤儉持家，以致家道豐盈，而且還要能教育兒子讀書，甚至通過科舉考試，死後才能夠受到玉皇大帝的獎賞，受封爲土地、城隍之類的神明。換而言之，要想成神，光靠自己的努力成家和行善積德是不夠的，還要靠兒子、孫子的讀書和科舉功名，才可以達到成神的基本條件。這種觀念透過扶乩和宣講，直接傳播到社會的每一個角落。它的影響是非常的深遠。

同時，這些「行述」也反映出晚清中國人心目中的神明世界，也像人間的官僚組織。城隍、土地之類的「小神」是調來調去的。更有意思的是各廟宇，甚至各個家庭所供奉的神像，都有一個特定的人來擔任神的職務。於是，天上聖母就不一定是我們所熟悉的林默娘，而是其他有名有姓的人。關聖帝君亦復如此。如此一來，中國人的神明世界就變得複雜有趣，而且跟人世息息相通。換而言之，在民間的善書裡面認爲，只有供奉在廟裡的神，才是眞正的大神，其他由私人家裡供奉的「媽祖」「觀音」「關聖帝君」等，都是另有其人來充任，因此，本文都以「小神」對待之。這是要請讀者特別留意的。

---

25 Ho Ping-ti, *The Ladder of Success in Imperial China.* New York: Columbia University Press, 1962.

26 宋光宇〈明清家訓所蘊涵的成就評價與經濟倫理〉《漢學研究》7(1): 195-278，1989。同樣的理論又見於〈重利與顯親── 有關「臺灣經驗」各家理論的檢討和歷史文化論的提出〉《臺灣經驗(一)：歷史經濟篇》:48-57，台北，東大書局，1993。

六、有關「惡行」的分析

澎湖地方由於耕地狹小，雨水不易留存，當地人民從清朝同治年間開始，就東渡到台南府城一帶打工、經商，更有遠到南部屏東山邊墾荒，種植水稻，收成後就運稻米回澎湖，形成季節性的移民。[27] 日本人占領臺灣之後，積極建設高雄港。當時就有大批澎湖人投入建設高雄港的工作，也就定居在高雄市的鹽埕區、鼓山區一帶。[28] 而且，當時臺灣各個河口都形成一個河口港，從臺灣到廈門去的船隻，大都會先到澎湖；回程時也是先到澎湖，再到臺灣各地。[29] 由此可見，在清朝後期和日據時代，澎湖與臺灣之間有相當密切的關係。在這樣的基礎上，以下的各項討論，就把澎湖和臺灣視作一個整體來處理。

仔細分析《覺悟選新》所批判的「惡行」，幾乎都跟上述「振興家族」「維持家財」等觀念有關。凡是會影響到家族，使之衰敗的行為都在批判與禁止之列。由於這部善書是十二年中陸續寫成。在光緒十七、十八年(1891，1892)間，主要的社會問題是「械鬥」、「淫逸」和「賭博」，光緒二十七、二十八年(1902，1903)時所關心的問題是如何戒除鴉片煙癮。分別討論如下：

1、械鬥

這裡所說的「械鬥」，基本上是指「打架」。打架可以是家裡兄弟間的打架，也可以是族與族、村與村、地區對地區的大規模打架。卷二有〈戒兄弟論〉，指的是家中兄弟打架：

> 今夫兄弟者，如枝與葉，如手如足。父母養育之恩，惟伯及叔。家門和順之條，若季與昆。生本同根，何得鬩目牆內。出同一本，奚必鬥忿庭中。

---

27 尹建中〈澎湖人移居臺灣本島的研究〉，頁5-7，臺大考古人類學研究所碩士論文，1969。

28 尹建中，同上，頁7-11。

29 卓克華〈清代臺灣行郊之研究〉，中國文化學院史學研究所碩士論文，1972。宋光宇〈霞海城隍祭典與臺北大稻埕商業發展的關係〉《史語所集刊》62本3分，頁326-331，1993。

卷五有〈戒械鬥文〉，其批判的對象是混合了家族中的兄弟鬩牆和不同群體之間的打架：

> 今夫強弱相爭，由於心中之不忍。干戈相鬥，皆因血氣之方剛，則械鬥起焉。或因家中起忿，骨肉嫉妬之端。牆內爭鳴，手足反操刀之醜。爲一言有隙，遂生殘害之心，結千年而莫解。或遇口舌相乖，遂起刀兵之怨，作兩造之仇讎。無他，皆由不忍以致者焉。……恃強壓弱，任欺凌於白日；以多迫寡，受暴虐而難持。乃含怨莫伸，雖死亦必食其肉，而私仇莫訴。對天之呼泣無門，獨不念陽間枉法，則陰律難逃。何必忿起一朝，雖身亡而不顧。仇生一旦，致含血以噴天。血氣方剛，戒之在鬥。

依臺灣的史書、方志來看，從乾隆到光緒年間，全臺灣各地分類械鬥層出不窮，大規模的械鬥就有二十八次之多，死人無數。[30]

造成械鬥的起因是由於清代臺灣的漢人移民社會是以地緣關係爲主。姚瑩在《東槎紀略》中記道：「臺灣之居民，不以族分，而以府爲氣類；漳人黨漳，泉人黨泉，粵人黨粵，潮雖粵而亦黨漳。」[31] 各籍聚落壁壘分明。一旦有糾紛發生，常聲應氣同。《鳳山縣志》卷七〈風俗志漢俗考〉也說：「自淡水溪以南，則番漢雜居，而客莊尤夥。好事輕生，健訟樂鬥，從來舊矣。」[32] 藍鼎元在〈與吳觀察論治臺事宜書〉中也說：「客莊居民，朋比爲黨。睚眥小故，輒譁然起爭，或毆殺人，匿滅其屍。」[33] 由於風俗如此，勸善書中當然要提倡禁止。

再者，械鬥一起，幾乎是「生靈塗炭」。像咸豐三年(1853)台北艋舺地方的械鬥，三邑人把同安人聚居的地方放火燒個乾淨，迫使同安人北遷大稻埕。[34] 因此，械鬥會直接妨礙到家族的生存和發展，必需禁止。不過，大規模的械鬥都

30 張菼〈清代臺灣分類械鬥頻繁之主因〉《臺灣風物》 24(4)，1974。樊信源〈清代臺灣民間械鬥歷史之研究〉《台灣文獻》 25(4):90，1974。

31 姚瑩《東槎紀略》，清代同治元年。

32 《鳳山縣志》卷七〈風土志・漢俗〉。中國方志叢書，臺灣地區 13，1983:332。

33 藍鼎元〈與吳觀察論治臺書〉《鹿洲文集》，清代。

34 陳培桂《淡水廳志》卷 14，1873。台銀本，1963。王世慶〈海山史話〉《台北文獻》 37:73-74，1973。

發生在台灣本島，澎湖不曾有過。因此，在《覺悟選新》中，只是略略提起，沒有大加發揮。

以上所說的「械鬥」，是見諸記載的大規模打架。在台灣民間最常見的小規模「打架」，是迎神賽會中各軒社之間的「拚鬥」。有所謂「輸人不輸陣」的說法。卷五有池府王爺〈示鄉民文〉，提到這種「拚鬥」情形：

> 且夫邇來之人心不古，而世事多翻變者。或比鄰以相爭，或近鄉以結怨。動輒以迎神相爭較勝，或無故多殺生靈。

這種軒社之間的拚鬥，常會延綿一段很長的時間，怨氣愈結愈深。像是宜蘭、基隆一帶，在清末日據時期的「西皮」與「福祿」兩派的爭鬥，雙方人馬幾乎不能相見，見面就打架。日本警察也莫可奈何。一直到光復以後才慢慢的沉寂下去。

2、賭博

中國人一向認爲「賭」和「嫖」是危害家族生存的兩大禍害。「賭」是會在很短的時間中敗盡家產，其危險性比「嫖」或「吸食鴉片」要來得高。有心救世的人都會呼籲要戒除「吃喝嫖賭」。在《覺悟選新》的〈文昌帝君序〉中就明白的說：

> 無如世道其日衰矣。人心其不古矣。或迷於酒色之場，或沉於煙賭之陣，或昧至道，或入異端。

整部《覺悟選新》有數處提到「戒賭」，如卷二〈戒嫖賭文〉：

> 夫天下所最害者，惟嫖與賭耳。若嫖者，能離人之骨肉；賭者，能分人之田產。……賭之害人也，先則謂新正無妨，數文取樂而不畏，再則慾心日起，反思贏得爲家財。後則一文蕩盡，無奈鬻子而賣妻，樑上君子由斯而作，路旁乞丐爲此而來。

卷二嘉義縣城隍的行述也說他早年狂嫖濫賭，「日則賭館排場，夜則柳巷花街。」以致敗盡家產。卷四有〈戒賭博文〉：

> 自賭博日興，則綱常不振，五倫八字之俗，名教彝倫之內，爲賭博而反惑其眞矣。君賭，則國家必亡；臣賭，則明倫必敗。父賭，則家政日衰；子賭，則人倫日變。夫賭，則不綱；婦賭，則不順。兄好賭，則友愛淪亡；

弟好賭，則悌恭廢墜。朋友好賭，則信心多闕矣。此五倫中最爲害於賭博者焉。至於文士好賭，而學問必疏。農夫好賭，而耕耘必廢。事工好賭，則技藝日挫而惰心生。商賈好賭，則生理日敗而貿易微。此四民中之害於賭博者焉。人何必貪於賭哉。即賭之大略而論之。吁！四人坐場，而當家得利。一來一往之間，則抽分之利，更失其半矣。然又不特此也。賭之贏者，必曰財非我有，號曰盈餘。則邀朋呼友，住處於賭場排館之中，置酒肉而大呼小叫。爲朋友之需財，無論也。及一旦而輸矣，告貸無門，必行典賣。不幸數文又輸一空，小則鼠竊家內之衣裳，大則狗偷世間之財物。變蕩產業，鬻子賣妻。嗚呼！斯時也，眞堪痛心疾首矣。或因新正無妨，憑數文之取樂，竟臉面而莫存。前爲財主富兒，今竟花子乞丐矣。豈無富有千鍾，爲賭博而蕩盡。豈無家資百萬，爲賭博而一空。嗟乎！人何一愚至此，則賭博亦奚所取樂，雖精神不顧，而性命幾於難保矣。人不成人，鬼不成鬼。安閒無事之人，而甘爲貧苦餓殍之輩也哉。噫嘻！人其細思之。

從清朝領有臺灣之後，賭博一直是個社會問題。各本方志都記載，臺灣地方的人們特別喜歡賭博，無論士農工商，販夫走卒，都嗜好此道，經常放手一博。康熙末年，周鍾瑄在《諸羅縣志》中特別指出：「喜博，士農工商卒伍相競一擲。負者束手，勝者亦無贏囊，率入放賭之家。乃有俊少子弟，白面書生，典衣賣履，辱身賤行，流落而不敢歸者。此風漳、泉多有，臺郡特盛。」[35]

乾隆時，朱景英提到賭博的種類有「壓寶」、「壓字」、「漫抓攤」、「簸錢」等。賭博者率用洋錢。賭注甚大，有的時候一次下注就是上千洋元。[36]

到了光緒年間，臺灣各城市的賭博風氣未嘗稍減，而且花樣翻新。《鳳山縣採訪册》錄有光緒二年鳳山知縣所給的〈禁賭博碑〉。碑文中說：

照得閩省（當時臺灣尙屬福建省）賭博之風，甲於他省。有花會、銅寶、

35 周鍾瑄《諸羅縣志》，台銀本，1962:147 。

36 《海東札記》：「無論男女老少，群然好博。有壓寶、壓字、漫抓、簸錢諸戲。洋錢，大者一博動以千數。洋錢，銀錢也。來自咬留吧、呂宋諸國。臺地交易貲費皆用之。」1958:28 。

搖攤、抓攤、車馬砲、擲骰等項，名目繁多。花會則在僻徑山鄉，銅寶、搖攤則在重門邃室，其餘均在城鄉市肆，誘人猜壓。[37]

光緒十七年(1891)，台灣府知府唐贊袞在《臺陽見聞錄》中記道，臺灣地方的人民好賭的情形比全國各個地方都要嚴重。賭博的名堂很多，諸如：寶攤、牌九之類。商人尤其好賭。賭場的規模宏大，有專人服務，更有妓女陪侍。所謂「更有曲房密室，銀燭高燒，豔妓列於前，俊僕隨於後，呼盧喝雉，一擲千金。」[38] 這種豪華情形，即使在今天，也是不多見的。

在清末及日據初期，有「花會」流行。花會，又名「開花會」。每一局設三十八門（見附圖三），各有一花名，每一花名射一動物。主持人稱爲會頭、頭家、或花會頭。賭客稱爲「花客」。開會之前，會頭將繪有花名所射動物之畫懸掛於閣中，屆時花客蝟集，各猜一花名，並下賭注。每日定時開會，將畫軸拉開，猜中者，會頭即按其賭注給三十倍彩金。開會之處必設於「深居密室，門有防捕之線，戶有觀風之人。」[39] 花客都是熟人，可以不請自來。

另一種賭法是預先決定花會的開會時間及地點，由「提封仔」（負責運送賭牌的人）將寫有花名的紙片或木牌，分送給花客。花客依自己的判斷，選定一種花名，寫在紙上，並且加封，連同賭注，一起交給提封仔，轉交會頭。開會之日，會頭事先決定中彩花名，在賭牌的該花名上蓋章。待花客到齊後，順次開封。猜中者，可得賭注的三十倍之彩金。提封仔可得賭注之一成作爲佣金。中彩者須將彩金的百分之五分給提封仔。[40]

據《臺灣新報》的記載，台北地區的花會起自僻處鄉隅的和尙洲（今台北縣蘆洲鄉）。不久，大稻埕也跟進，一八九六年冬，經營花會者已多達十餘家。其中較著名者有合利、元利、聚利、詳記、祥興、祥春、建春等、每天開會兩次，早上九時與晚上八時各有一局。花客趨之若鶩，甚至有數百人。不僅市井小民沉

37 盧德嘉《鳳山縣采訪册》，台銀本，1960:369。

38 唐贊袞《臺陽見聞錄》，1958:145。

39 轉引自吳文星〈日據初期臺灣的「大家樂」── 花會〉《歷史月刊》創刊號，1988:62-64。

40 同上，頁63。

圖三：花會三十八名單圖

<table>
<tr><td rowspan="3">金進春</td><td>帝皇四</td><td rowspan="3">觀音會</td></tr>
<tr><td>朱光明 張三槐 龍江祠 林太平</td></tr>
<tr><td>馬白 子猴 船龍 龍金</td></tr>
<tr><td>姑師一</td><td>將虎五</td><td>元狀四</td></tr>
<tr><td>陳安大</td><td>李漢雲 黃坤山 宋正順 李月寶 王志高</td><td>陳逢春 陳榮生 陳板柱 吳占魁</td></tr>
<tr><td>狸狐</td><td>牛水 虎白 精豬 精兔 精獅</td><td>雀孔 精鵝 螺田 蚣蜈</td></tr>
<tr><td>士道二</td><td>食乞五</td><td>人夫四</td></tr>
<tr><td>周青雲 趙天甲</td><td>張萬金 蘇青元 陳吉品 張元吉 徐元貴</td><td>雙合同 林良玉 馬上招 李明珠</td></tr>
<tr><td>精貓 鶴白</td><td>精蛇 蛛蜘 精羊 精鹿 精蝗</td><td>鵝白 蝶蝴 子燕 魚鯉</td></tr>
<tr><td colspan="2">理生七</td><td>尙和四</td></tr>
<tr><td colspan="2">羅只得 鄭必得 翁有利 張合海 張九官 田福孫 方茂林</td><td>鄭天龍 陳日山 劉井利 張火官</td></tr>
<tr><td colspan="2">貓野 鼠老 精象 雞田 鴉老 狗白 蜂黃</td><td>蝦黃 精雞 魚牛 精蛙</td></tr>
</table>

資料來源：吳文星〈日據初期台灣的大家樂—花會〉《歷史月刊》創刊號p.62. 1988。

迷追逐，街市商賈亦視爲發財捷徑，因而荒廢事業，不知回頭。爲了追求明牌，男女聚集在墳場祈夢，每夜竟有兩、三百人之多。致使墳場「竟成熱鬧之地，況每夜焚化紙錢，好似迎神賽佛。」報導不禁嘆道：「噫！賭之迷人竟至於斯，安得有心世道者起而阻之耶？」[41]

一九〇六年初，日人列舉「臺灣習俗美醜十則」，仍指出：「臺灣賭博，在舊政府時代最爲盛況，今雖禁令森嚴，而花會之風時有所聞，薰心利慾，爭鬥作非，小則耗人錢財，大則釀成匪盜，其爲風俗之害，胥由於此。」[42] 日本殖民政府爲了改善花會，在一九〇一年，有發行彩票的構想，一九〇六年六月十三日正式發行彩票。[43] 成爲東亞最早的公營彩票。

從這些史料記載，我們可以清楚的看到，賭博一直是台灣社會的一大問題。清末時，賭風已經很盛。澎湖的地方士子意欲借用神明的力量，來勸世人戒絕賭博，可惜不成功。日本殖民政府用警察的力量來取締賭博，雖能收一時之效，賭風終究未除，一旦風聲過了，賭博依舊存在。今天，台灣各地流行的「大家樂」「六合彩」等賭法，又很像清朝時的花會。可見賭博這項文化傳統是多麼強韌有力。

3、淫逸

《覺悟選新》中，著墨最多的社會問題，當屬「戒淫」這件事。卷二有溫天君〈戒淫文〉、清風道人〈嘆世歌〉、關太子〈戒嫖賭文〉、和合大仙〈勸世歌〉、九天使者〈戒嫖文〉；卷三有鳳山縣城隍生前審迫媳賣淫的案子、海靈殿蘇府王爺〈勸世文〉、澎湖水仙尊王〈警世文〉、蓮池祖師〈勸世歌〉、壽石巖大士〈戒溺女與賣花〉；卷四有延平府城隍〈戒酒色財氣歌〉、達摩祖師〈警世歌〉、辛天君〈勸世文〉；卷五玄天上帝〈正鄉規文〉；卷六有馬元帥〈淫爲萬惡首文〉；卷七有韓仙翁〈戒酒色財氣歌〉，福德正神講〈姦淫現報案證〉、大魁夫子〈勸士歌〉、朱府王爺〈訓鄉規歌〉；卷八有澎湖城隍〈姦夫淫婦現報案證〉等二十篇乩文與「戒淫」有關，可見這個問題在當時是一個很重要的社會問題。

---

41 同上，頁63。

42 同上，頁64。

43 吳文星〈東亞最早的公營彩票── 臺灣彩票〉《歷史月刊》2:78-81，1988。

仔細分析其中的內容，大致可以歸成三類。第一類是呼朋引伴，流連於秦樓楚館，有十七篇；第二類是逼女（可能爲親生女，也可能爲養女，文中交待不清楚）爲娼，有兩篇；第三類是勾引良家婦女，有兩篇。

在當時人的心目中，認爲嫖妓是會導致「呼朋引伴」，終至耗盡家財。而不是會得性病，危害健康。例如：卷二的關太子〈戒嫖賭文〉提到：

嫖之害人也。閉月羞花之容，而反視若天上降來，人間無有也。始恐親朋知覺，而暗地偷香。繼則請朋邀友，而飲酒吹簫。終則手舞足蹈，而逢人不畏。

同卷有〈戒嫖歌〉，也是傳達同樣的訊息：

人之初，性本善。色竇開，大相懸。飲美酒，吃洋煙。知快樂，費蕩錢。看妓女，似天仙。一日不見如三年。晝夜顚倒顚。一身衣服不計錢，搖搖擺擺醉華筵。家資不計算，我家百萬田。開不了，出大言。妓女煙花，一看大豬來進前，婊頭叫發彩，鴇母喜得錢。時玩樂，日流連，吹簫唱，且免言。邀朋呼友，看戲相牽。家資蕩盡始愧然。

嘉義縣城隍的行述中也說，他年輕時結交朋友，聚賭嫖妓，終將家財耗盡。如上一節所說，明清以降的中國人以「能否振興家門」作爲品評人物高下的標準。在這種條件下，呼朋引伴的到妓院飲酒唱戲，是敗壞門風的行爲。嫖妓也可能導致身體虛弱，於是就要進補。進補的辦法通常是吃雞和吃鱉。這樣子一來，不但犯了殺生的罪孽，也是靡費金錢。卷三水仙尊王〈警世文〉云：

日游乎花街柳巷，夜宿乎楚館秦樓。見美色而關情，視嬌姿而注意。迨至身潰體衰，又思積欲而生，由淫而致。當食鱉以滋陰，宜宰雞以養氣。只知吾體要剛強，不計物命。

這些資料至少說明在清末的臺灣，或者範圍縮小到澎湖，人們對於子弟結黨成群的到妓院飲酒作樂，有一分恐懼之情。造成這種現象的內在原因是擔心這麼作會敗散家產，違背了社會的評價標準。

至於第二類的逼媳婦賣淫事，見於卷三鳳山縣城隍的故事：

忽一日有一奇案，乃姑控媳不孝之事。……其人曰：「實告與君，此吾之妹夫也。彼母極悍，將他逐出。其家中則開賭賣花。吾妹則回家不肯歸。而彼母在家吵嚷，余實難受其鬧，隨即送妹回家。至昨日不知爲何事而控其不孝。……在余度之，昨日必無別事，必有富豪之人到家，而惡姑欲使媳賣花，婦不肯，故有此禍。」

同卷〈戒溺女與賣花論〉中，更明白的說：

世又風俗日衰，淫惡成性。生女而不甘配對，設有無女之家，必四處誘買。每得一女，輒曰：『吾家之升斗可以無患矣。』年未及笄，遂望狂童之入室。歲甫十上，則對煙客以周旋。

這種靠「女兒」賣淫，以謀家計的事情，至少是反映台灣在清代是個人口性別比例不均衡的現象。臺灣原本就是一個移民所組成的社會，願意移民來台灣的人當然是以男性居多數，婦女成爲少數。如何解決男人的性慾問題，就是一個相當棘手的社會問題。在各本台灣志書中，只有唐贊袞的《臺陽見聞錄》中，提到光緒十七年(1891)前後，台南地方有雇用妓女裝扮故事，在迎神賽會時，乘坐用兩根長木上紮椅子的簡單轎子，遊行市區的事情。原文是這樣寫的：

臺南郡城好鬼神。遇有神佛誕期，斂費浪用。當賽會之時，往往招攜妓女，裝扮雜劇，鬥豔爭妍，迎春大典也。而府縣各書差亦或招妓裝劇，騎而前驅，殊不成事體。他如民間出殯，亦喪禮也。正喪主哀痛迫切之時，而親友輒有招妓爲之送殯者。種種冶容誨淫，敗壞風俗。余蒞府任後，即出示嚴禁。如有妓女膽敢裝扮游街者，或經訪聞，或各段籤首指名稟送，立准將該妓女拏辦；其妓館查封，招妓之家分別提究。此風漸息。[44]

這段文辭的主旨是在批評在迎神賽會時，雇用妓女裝扮故事遊街，是不當的行爲。但是，也明確的肯定，在那時候，妓女是很普遍的。

美國人類學家武雅士(Arthur Wolf)於民國五十五年(1966)，在三峽作童養

44 Wolf, Arthur P. and Chieh-shan Huang, *Marriage and Adoption in China, 1845-1945*. Stanford: Stanford University Press, 1980. Wolf, Arthur P., "Adopt a Daughter-in-law, Marry a Sister: A Chinese Solution to the Problem of the Incest Taboo," *American Anthropologist* 70:864-874. Wolf, Margery, *Women and the Family in Rural Taiwan*. Stanford: Stanford University Press, 1972.

媳的調查時，就發現台灣人喜歡把收養的童養媳或養女賣到娼寮。[45]《覺悟選新》的這兩段乩文則說明，在清光緒年間，臺灣已有把「養女」賣入娼寮，或逼養女和媳婦賣淫的事。鄭喜夫曾經指出，在嘉慶年間已經有一位名叫陳崑山的人作戒溺女文，並且廣爲流傳。[46]

至於第三類的勾引良家婦女，歷來都認爲是極不道德的事情，在此就不特別討論了。

當我們把眼光放大，看近四百年來的中國社會史，就會看到，中國社會在明朝萬曆年間，曾經有過一段色情泛濫的時候，一時之間，諸如：《夜未央》《杏花天》《繡榻野史》之類言情小說充斥。同一時段，也出現了很強烈的反色情的力量。這股力量大都是假藉宗教的名義而行。例如：明末袁了凡的《功過格》中的〈修身格．遏邪〉就一再強調「戒淫」的重要性。例如說：

> 終日無淫念功。路遇美色不留盼一次一功，反此者一次二過，動人者加倍。人家婦女可窺不窺、聞人說穢事惕然謹避、不問婦女美醜，俱一次一功。遇美色心不動十功，反此者五過，即時制之可免。至以言色調戲失節者五過，全節者五十過。居家能節慾五日一功。不節慾五日一過。妻妾淫褻非時非地一次三過。不輕置妾三十功。妻已生子復置寵妾一人五十過。當可染境不染良家婦女百功，節婦二百功，妓女二十功，勢不能而止者非功。完一婢女百功，淫一婢女百過，強者加倍。拒一女子私奔，善卻之三百功，能使感悟加二百功，終身不使人知再加二百功。完一婦人節三百功，婦人之節多在可成可敗之間，若有機緣牽引，能善爲勸喻，以曲全之，積福德莫有大於此者。宿娼比頑、染一本淫婦俱二十過。淫一失節婦五十過。欲染良家婦百過，成淫十倍。欲染室女孤寡節婦三百過，成淫十倍。感化一人不淫百功。引人於淫百過。好談淫賭趣一言一過。燒毀淫詞淫說一卷五功，出錢另記。撰脂粉詩詞一篇十過。展轉一淫念一時一過。修合房術三十過，傳以害人一人一過。終身守不二色戒千功。刻淫書千過。喜聽淫聲

45 唐贊袞《臺陽見聞錄》，台銀本，1958:145。

46 鄭喜夫，同註3，頁20。

邪曲一次十過。[47]

在清代，《功過格》是一本家喻戶曉的善書，它所說的「戒淫」觀念隨之流傳在民間。《功過格》有許多不同的版本，唯獨袁了凡所作的《功過格》特別強調戒淫，可見在袁了凡生那個時代（明末清初）中國社會上普遍流傳著一股「淫蕩」的風氣。

同時，從明末清初以來，中國的宗教界一直有一個強調「不近女色」的修行方法。像羅祖教、金幢教、先天道等教派都十分強調「清修」（也就是終生不嫁不娶，但不像和尚尼姑那樣的出家）的重要性。甚至連正常的夫妻在入教之後就要分房。這樣的規定有些矯枉過正，不過也顯示出民間宗教對「淫蕩」「淫逸」行爲的戒愼恐懼。

4 、抽鴉片煙

在乾隆年間，臺灣已經有人吸食鴉片。[48] 到了十九世紀末、二十世紀初，臺灣吸食鴉片的人數大約有十六萬人，佔全部二百六十萬人口的百分之六點五四，是一個相當嚴重的社會問題。[49] 因此，用扶乩的辦法來戒除鴉片煙癮，在臺灣的近代史上是一件大事。

王世慶在〈日據初期臺灣之降筆會與戒煙運動〉一文，曾經詳述關聖帝君扶乩戒鴉片的起源。[50] 認爲是光緒十九年曾從廣東惠州陸豐縣請來乩手，傳授扶乩戒煙的辦法。但由於不熟悉操作的辦法而沒有成功。光緒二十四年(1898)冬，新竹彭殿華又從廣東陸豐縣邀請鸞生彭錫亮等五人來臺，在今之竹東地方，傳授扶乩祈禱戒鴉片煙的辦法。第二年春就盛行於全臺灣和澎湖。

但是，我們在《覺悟選新》裡，看到卷四有孚佑帝君呂純陽降乩寫成的〈戒吃鴉片文〉，時間是光緒十八年(1892)三月十二日。隨後在第五卷又有王禪老祖

47　袁黃（了凡）《功過格》，在有福讀書堂叢書第十七册。明萬曆年間。

48　朱景英《海東札記》，台銀本，1958:29。

49　井出季和太，《臺灣治績志》1937:327-329。並見李騰嶽 1953。

50　王世慶，同註1。

〈戒洋煙歌〉，同年三月廿四日（書中誤作二月二十四日，據前後文的時間改正）。要比王世慶所說的光緒十九年(1893)早一年。不過，大量記載有關戒鴉片的乩文是在卷七，時間是光緒二十七年(1901)。很明顯是受臺灣本島的影響。

王世慶的文章強調扶乩戒鴉片對日本殖民政府財稅收入方面的衝擊。並沒有仔細的介紹究竟爲何要戒煙以及如何用扶乩戒鴉片。

《覺悟選新》有呂純陽的〈戒吃鴉片文〉，明白的指出必需戒除鴉片的理由：

> 夫遭鴆毒者，祇數刻而身亡，或有方堪救。染鴉片煙者，則畢生之氣損，似無法可移矣。……管他日上三竿，旦夕相違，只伴燈明一點，獨不思：此物能燒田萬頃，斯尤善毀業千般。士人貪此者，則廢棄詩書。農家戀此者，則拋荒畎畝。業工犯此者，則疏慵技藝。爲商染此者，則倦怠經營。甚且爲文臣而罹此害，難求衣紫腰金。爲武將而罹此害，焉望封侯掛印。處富厚而罹此害，必至傾家蕩產。當貧窮而罹此害，定遭落魄喪身。眞覺迷途深墮，任喚不回也。迨至囊空金盡，樂極悲生，四壁蕭條，一身狼狽。或無奈何而作穿窬狗盜。或不得已，而爲托缽沿門。斯時也，貽羞宗祖，玷辱家風，致父母之悲傷，累妻孥之哭泣。饑寒疊迫，恥辱交加。

這裡所舉出的理由，完全符合前面我們所提到過的，以能否振興家族作爲評定一個人的成就高下的傳統。當時人們所擔心的，並不是吸食鴉片會殘害身體，而是會妨礙家庭生計，甚至會敗光家產。敗光家產是大不孝，也是有辱門楣的事。

林滿紅在研究中國人的吸食鴉片的習慣時指出，中國人發展出一套獨特的吸食方式，那就是一種呼朋引伴的活動。[51] 一大群人聚在一起，燒一支煙筒，輪流吸食。乾隆三十七年(1772)朱景英在《海東札記》，就描述在臺灣人們吸食鴉片的情形：

> 臺地無賴人多和煙吸之，謂可助精神，徹夜不寐。凡吸，必邀集多人，更番作食，舖席於地，衆偃坐席上，中燃一燈以吸，百餘口至數百口爲

51 林滿紅〈清末社會流行吸食鴉片研究〉，師大歷史所博士論文，1985：495。也可參看劉明修《台灣統治と阿片問題》有關這一時期鴉片問題的討論，1983，東京，山川出版社。

率。[52]

正因爲吸食鴉片是一種集體的行爲，要藉除鴉片，也就需要運用集體的力量。假藉關聖帝君的名義，來勸人戒除鴉片，正是這種集體力量的表現。光緒二十七年(1901)，臺灣本島假借關聖帝君名義來戒除鴉片已經如火如荼，一新社也在五月二十九日依扶乩的辦法公布戒除鴉片條例六條：

一、設置磁缸一大壺，排在壇前。明日卯刻大開木蓋，以便和丹。三日後，准有心者乞求飲用。

二、凡求請之人須在前壇高聲立誓，謂從此心堅意切，改絕鴉片煙，至死不變。若中途異志再吃，願受天誅神譴，如何如何，……由本堂所派執事一名督觀。另一名專責登記其人何社何名，方准其舉筈。

三、凡遇有人來求符沙甘露水者，由本堂另派執事一名，專責分與。依先後次序，不致錯蹤。

四、凡和符水之時，諸生應到齊，跪誦〈普賢尊佛心印經〉七遍，即焚化之。

五、凡戒煙之人，其煙具應同時帶來壇前，立誓後繳交。從此一盡除清，以免日夜觀望，復萌煙癮。其所收煙具，另派兩名執事，負責登記收清。即在壇前公開打碎，使不能再用。另擇日分批送到海邊，盡付汪洋，以杜絕後患。

六、凡經本社立誓戒煙之人，如不終身稟遵，半途廢止，再吃鴉片，而負(關)聖帝之婆心，並諸眞之苦口，即上天不爾諒。神其鑒諸，必應誓誅譴。愼之戒之，勿視爲兒戲也。

《覺悟選新》卷七記載，澎湖各鄉經此辦法而戒掉鴉片煙癮者，數以千計。根據井出季和太的《臺灣治績志》上的記載，到光緒二十七年(1901)七月十八日止，在十六萬一千三百八十七名特准吸食鴉片煙者中，據九月底的調查，戒煙者有三萬七千零七十二人，其中男子三萬四千七百四十七人，女子二千三百二十八人。其中自行戒煙者一千四百七十七人，由扶乩戒煙者高達三萬四千三百七十人。[53] 換而言之，經由扶乩的辦法而戒除鴉片煙者，佔所有戒煙者之百分之九

52 同註48。

53 井出季和太，《臺灣治績志》 1937:327-329。

十二點七；佔全部特准吸食者的百分之二十一點三。由此可見扶乩戒煙運動的效果相當可觀。

日本人佔領臺灣之後，在光緒二十三年(1897)實施鴉片專賣制度。次年，其鴉片收入就有三百四十六萬七千多元，超過預估的三百萬元。是當年田賦收入的三・四倍。到光緒二十六年(1900)鴉片收益是四百二十三萬四千多元，而當年的田賦是九十一萬二千多元。由此可見鴉片收入在臺灣總督府的財政收入之重要性。[54] 二十七年(1901)春，日本殖民政府為了解決財政上的困難，兩次調高鴉片煙的售價，使臺灣同胞大為反感。同時，日人據台之後，各項稅捐雜遝而來，比清朝時期的稅賦重很多。因此，當扶乩戒鴉片煙運動經地方士人提倡後，就各地風起雲湧，含有濃厚的「反日」意味。

戒煙運動的成功，嚴重影響到日本殖民政府的稅收。台南縣在光緒二十七年的地方稅收預算中，鴉片稅額為三萬一千二百七十四元，由於吸食者人數從九百二十四人減少為四百四十一人，稅收正好減少一半。麻豆地方原可徵收鴉片煙稅九百元，在戒煙運動的影響下，只收到三十元。[55] 日本殖民政府在這種財稅威脅下，就大力鎮壓各個地方的扶乩活動。當時的民政長官後藤新平接獲各地有關扶乩戒煙的報告後，鑑於主其事者多為前清的秀才、辨務署的參事、街庄長、保甲局長等地方領袖，下令各地的警察局，以和緩的手段，勸告民衆不要「迷信」，並切實取締扶乩這種「迷信」活動。[56] 於是，這項社會改革運動就被日本殖民政府鎮壓下去。而扶乩也在日據時期變成非法的活動。

5 、迎神賽會與演戲

卷五有玄天上帝的〈正鄉規文〉，提到酬神演戲會引起一些糾紛，應該避免：

> 夫鄉規之壞也，一則恃強毆弱，一則淫風日熾。鄉民多不知體天地好生之德，而以宮中爭彩好勝。獨不思奢華美麗，惹事故而妄費鈔。演戲作醮，

54 王世慶，1986:128。

55 同前註。

56 《臺灣慣習記事》第一卷第十號，頁 86-87。王世慶，1986:128-129。

欲求福而反招禍。噫嘻，鄉規之紊亂，竟莫可勝道也。夫以演唱之事，何不易講檯而宣講。

卷七有朱府王爺的〈訓鄉規歌〉，對於當時橫行鄉里，魚肉鄉民的迌迌人有所批評：

可惡，可惡，眞可惡。可惡民丁心不古。視鄉老無能爲，作閒遊，通社虎。身穿左衽衣褲，相牽手，沿鄉遍社看查某。無廉恥，不忠厚。心愈大，膽愈粗。父母兄弟皆不顧。盜銀錢，飲酒兼嫖賭，不思經營行路，只樂橫行械鬥。……廟中若有慶讚事故，就要鳩資粧藝譜。結隊成群，日夜小叫大呼。吹簫品，打鑼鼓，熱鬧喧天，驚動山神后土。專尙奢華，不愛樸素。

同卷，眞武大帝的〈訓鄉規三字文〉也提到相同的問題：

若廟中　有慶讚　奢華事　要從簡
三七月　二神誕　不必請　子弟班
恐少女　相聚盼　魂欲飛　魄欲散
丁口費　可減刪

清代的臺灣社會，對於迎神賽會和演戲，相當熱衷。每逢神明生日，地方上就有人出面收丁口錢，雇請妓女裝扮歷史故事，坐在「蜈蚣閣」上，遊行社區。同時，也請戲班子在廟前的空地搭臺演戲，一連十天半個月，甚至更久。

臺灣早期的廟宇都是由一群來自同一地區的移民所共同捐資興建的。因此，每當廟宇舉行祭祀的時候，整個移民群的成員都會動員起來，參與全程活動。推舉一些主事的人，稱之爲「頭家」。這些人出錢出力，極力裝飾廟宇，亟盡華麗之能事。當寺廟稍爲有些圮毀，就立即集資重修。在二月初二、中元盂蘭盆會、中秋、過年，以及神誕之時，一定舉行盛大的祭典，有各種鼓樂和迎神賽會活動。[57] 祭祀之後，則一定有大規模的宴客。各家支付這種開銷，動不動就是要花費十多兩金子。[58]

57　陳文達《臺灣縣志》〈輿地志一・風俗〉：「村莊神廟集多人爲首，曰頭家。廟雖小，必極華采；稍圮，則鳩衆重修。歲時伏臘，張燈結采鼓樂，祭畢歡飲，動輒數十緡。雖曰敬神，未免濫費。」台灣文獻叢刊第103種，1960:147。

58　陳文達《臺灣縣志》：「家有喜事及歲時月節，宴客必豐，山珍海錯，價倍內郡。置一席之酒，費錢數千，互相角勝。一宴而不啻中人之產也。」1960:59。

乾隆三十七年(1772)，朱景英記述當時府城的拜拜活動時，特別提到有「迎神賽會」的行爲。他說：「俗喜迎神賽會。如天后誕辰、中元普渡，輒醵金境內，備極鋪排，導從列仗，華侈異常。又出金傭人家垂髫女子，裝扮故事，舁遊市街，謂之『抬閣』，靡靡甚矣。」[59] 前面，在淫逸一項時也曾提到過，光緒十七年(1891)台南知府唐贊衮曾對當時府城流行的「抬閣」風氣，嚴加禁止。

從以上的記述，我們清楚的看到，從康熙到光緒的兩百五十年中，迎神賽會的熱鬧情形，有增無減。我們不知道康熙年間的迎神賽會是否已有「抬閣」之舉，可是在乾隆以後，確實已經存在。其內容是以妓女裝扮故事爲主。兩根長竹竿上放三、四把椅子，椅子上或站或坐化裝了的妓女。由於是長條狀，又有八名轎夫抬著，狀似蜈蚣，因而稱之爲「蜈蚣閣」。這種蜈蚣閣在日據後期蛻變成「花車」，到了最近二十年，又蛻變成「電子花車」。

「抬閣」「看熱鬧」與「看戲」，基本上是相同的一件事。慶讚神誕時一定要演戲，因爲這是當時人們最主要的娛樂。康熙、乾隆時候的戲班子的唱腔，稱之爲「下南腔」。因爲福建人把漳泉二郡稱作「下南」的緣故。潮州移民則喜歡看「潮州戲」。朱景英記載在乾隆三十幾年時，府城地區演唱的戲班有數十種之多。[60]

婦女尤其喜好看戲。平時非常儉省的婦女，到了看戲的時刻，也變得相當慷慨大方。[61] 一地有戲，左右鄰鄉的婦女都會乘坐牛車前來看戲。甚至有遠從數十里外駕牛車來看戲的。這種愛好看戲的婦女必定是濃粧艷抹，打扮一番。她的丈夫親自爲她駕車。[62]

---

59 朱景英《海東札記》，乾隆三十八年(1773)，臺灣文獻叢刊第十九種，1958:28-29。「神祠里巷靡日不演戲，鼓樂喧天，相續於道演唱多土班小部，發聲詰屈不可解，譜以絲竹，別有宮商，名曰『下南腔』。又有潮班，音調排場，亦自殊異。郡中樂部，殆不下數十云。」

60 同註59。

61 《臺灣縣志》：「家有喜，鄉有期會，有公禁，無不先以演戲者；蓋習尚既然也。又婦女所好，有平時慳吝不捨一文，而演戲則傾囊以助者。」1960:59。

62 《諸羅縣志》，「演戲，不問晝夜，附近村莊婦女常駕車往觀，三五群坐車中，環臺之左右。有自數十里者，不艷飾不登車，其夫親爲駕車。」1960:149。

清朝也是一個崇尚禮教的時代。講究女子不可在外拋頭露面。一般良家婦女「應該」耽在家中。臺灣地處荒陲，這種禮教規矩就不是那樣嚴謹。招妓抬閣，基本上是由於妓女是屬公衆的，抬著遊街，可以滿足單身男子的慾望。一般婦女則不是屬於公衆的，就不可以隨便讓別人看。所以，在乩文中，要批評迌迌男子在鄉裡到處偷看良家婦女。也批評這些迌迌人熱衷迎神賽會，讓良家婦女因看戲而外出家門，讓那些無聊男子「魂欲飛，魄欲散」。

在《覺悟選新》這本善書中，還提到不要爲了找尋風水而不葬祖先的棺木（卷四〈戒停柩遲葬文〉）、不要燒紙錢（卷五〈戒世俗謝神論〉）、不要鼓動別人到官府告狀（卷三〈戒唆人爭訟賦〉、卷六〈戒強梁文〉）等事。充份表現當時澎湖的知識份子對當時社會問題的一些看法和意見。

七、結　　語

一般人常以爲扶乩是一件「迷信」的事，連帶的，乩文也是滿紙胡言，不可相信的。當我們單看一段，或一頁，甚至一本乩文時，的確是不容易看懂它究竟在講什麼。惟有當我們把一部用扶乩寫成的善書，擺到成書時的社會結構裡去，才有可能看出一些眉目，然後再抽絲剝繭的找出其中的道理。

這本號稱是臺灣第一本善書的《覺悟選新》，正好由於它的成書背景很清楚，當年著造此書的作者群的孫子、曾孫，仍然在「一新社」中走動。我們可以訪問他們一些往事。透過這些實地調查工作，對當年的著者群有所瞭解。更何況那些著者的照片懸掛在一新社中。他們都穿著滿清的朝服，顯示他們確實是有科舉功名的人。這些線索都讓我們可以大膽的朝著清代知識份子的價値觀這個方向去解讀這本善書。

解讀的結果，清楚的顯示，在清末的澎湖，或者說是台灣社會，是以「能否振興家族的財富與聲望」作爲評價一個人畢生成就的標準。在傳統上，中國人相信人因積善而可以成神。可是這本善書告訴我們，單是行善還不能成神，還需要辛苦工作，振興家道，教育兒孫，使他們能夠通過科舉考試，達到社會評價的最高峰，才可以成爲神。這種觀念根本就是反映當時社會流行的人生最高成就。至於禁制惡行部份，也在宣揚同樣的觀念，強調人不可以做那些足以危害整個家族生存的事，否則就是不孝子孫，要受罰的。

換個角度來說，這種觀念，在基本上，是屬於知識分子的。知識分子又藉著神明的名義和宣講活動，把他們的觀念和評價標準傳給一般民衆。使得一般民衆在不知不覺中接受這套觀念，兩者合而爲一。單從這方面來說，清末的中國社會是個同質的社會。

（本文於一九九四年五月五日通過刊登）

附錄一 《覺悟選新》所載的〈宣講規則〉

一、宣講之期，諸董事、各講生、及有執事效勞之人，務必正衣冠、尊瞻視，使人望而起敬，以立規模。

二、督講之人，務切勸止喧嘩，使聽講者得專所聞，以齊志慮。

三、凡講生及董事之人，平時宜敦品行，使聽講者心悅誠服，不生訾議。

四、凡講生在未講之時，要將所講何書，預先理會，若一登臺上，欲從容開講，句讀明晰，使聽者入耳會心，免得臨時荒唐，以博笑柄。

五、喧講時欲引證旁觀，務要出經入典，不得臆說杜撰，妄談鄙俚，使人厭聞。

六、凡董理宣講諸人，務要各勤本業，照次輪辦，不得於無事之時，在此閒遊而荒於嬉。

七、凡督講之人要靜聽默揣。倘檯上有講錯者，下檯時便當指明，使其日後自知斟酌，不致再錯。

八、凡督講、宣講、助講之人，於開宣之時，宜先漱口、盥手，方可翻閱，不可污褻書卷，致干神譴。

九、凡宣講、助講諸人，於宣講之時，務宜長幼有序，不得亂行非禮，踰階僭越。

十、助講諸人，若自家無事，須於拈香後靜坐恭候，敬聽宣講，使諸善錄篇篇皆熟。

十一、宣講之時或有婦女在旁聽講，凡講至戒淫諸篇，須有嚴正之氣、莊重之色，將顚末略略講通，幸勿道出粗俗醜穢之語，反致不雅。

十二、宣講時所供香花茶果，務須潔淨，不得潦草塞責，以致不恭。

十三、臨講時檯下聽講者，即或未齊，倘有三五群居，亦可先行開講，不必俟侯大衆齊集，以致延緩時刻。

十四、宣講必須擇篇而講，或談因果報應，或說子臣弟友，要使人易曉，不得高談元（玄）妙，使愚蒙莫知所從。

十五、宣講時諸講生應當照次輪講，使勞逸平均。

十六、講生逐期所講何篇，於講畢下檯時，司講之人，務須一一查詢，登錄篇目在簿，來期自當改換別章，免致重覆，使聽者厭常。

附錄二　二十四則神明行述

1. 澎湖城隍：名叫方聯德，江西人。不滿週歲就死父親，母親在求援無門的情況下，將孩子送往育嬰堂，自己上吊自殺。七歲爲寺廟的小差喚。十五歲那年，住持過世，地方紳董認爲他忠厚可靠，就請他作該廟主持。「余是以爲廟祝，日夜誦經禮佛，罔敢懈怠。………所有寺中之費，一年應用之餘，悉行取出，或買物放生，或捐修廟宇，或修橋造路，或捨藥施茶，事事備作，未有難行。行三十餘載，如同一日。」並且，又曾拿錢救一因失物而尋死的婦人。「年至八十五，一旦歸陰，閻君謂我有善可錄，轉奏玉皇，飭我爲浙西嘉興縣六司，後轉陞爲臺（灣）縣城隍，今陞此任，亦歷有五載矣。（卷二，光緒十七年十二月十二日戌刻）
2. 臺灣縣城隍：名叫黃雲飛，浙江山陰人。年輕時曾拒絕女子的勾引，守身不犯淫孽。因而獲得科舉功名，「列中三甲」。但怕爲官因不懂民情而誤判，就辭官回家，出任書院的山長。「立志教學，罔敢懈怠，十餘載而子女長成，余乃在家，教督子弟，無非爲勸孝戒淫諸訓。至於地方有事，罔不出力營謀。養孤寡，施貧窮，凡諸善事，無失一條。行年九十，無病而終。玉旨封爲江西城隍，後轉調此任，歷時五十餘載。」（卷二，光緒十七年十二月十九日亥刻）
3. 嘉義縣城隍：姓名不詳，只說他是明朝正德年間的「士人」。幼年時，完全不知孝順父母。「聚黨呼群，日則賭場排館，夜則柳巷花街，將有數載，家財已破無數。」父母不敢管教，終於敗盡家財，無力殯葬父母。於是痛改前非，不再犯淫孽，拒絕鄰家寡婦的勾引。並且努力向學，在科舉不成的情形下，就在家訓誨子弟，營謀鄉黨公益之事。「立行誓愿，爲善事一百條，日夜累觀功德，不敢稍懈。凡地方有養孤寡、舍孤寡、修橋造路者，罔不出力以爲謀焉。」自己在五十八歲時考取功名，長子也在第二年入泮。死後爲廣東嘉應州城隍百餘年，才改調爲嘉義縣城隍。（卷二，光緒十七年十二月二十二日戌刻）

4. 澎湖武廟關聖帝君劉：浙江桃州府人。在提督任內，「整頓軍伍，軍功項內不敢縻費絲毫帑金，賞罰公平。一生敬天地，禮神明，孝雙親。得奉廉，除家用外，或倡修廟宇，或發給貧困、設義渡以濟人。妻子不著絲羅。卹婢僕，和宗族，愛軍民。色之一途，一生不爲所迷。戒子姪，色不可近，酒不必醉，賭之一事，更加嚴矣。」兒子從軍，做到總兵，兩個女婿，一爲遊擊，一爲守備。死後受封爲澎湖武營武廟關聖帝君之職。（卷二，光緒十七年十二月二十三日辰刻）

5. 澎湖大媽宮天上聖母林：「收妖怪，除魍魎，以謐乃疆。拋瀑施法，而救失水難民。」（卷二，光緒十七年十二月二十四日戌刻）

6. 鳳山縣城隍：名叫周明陽，四川人。從高祖到父親都是書吏。「家嚴而有田千頃。」他的父親在官署中審明婆家逼媳賣淫不成，反控告媳婦不孝的案子，成全媳婦的貞潔。他自己「凡鄉里中有修橋造路，捨粥施飯、矜孤恤寡，給賞貧窮，修廟宇，印經文」等事，統統參加，「行善數十年，未敢怠懈。」兩個兒子入泮遊學。死後先爲南澳城隍，轉爲鳳山城隍。這是兩代行善，方可成神的例子。（卷三，光緒十八年正月十六日亥刻）

7. 彰化縣城隍：也是兩代行善的例子。名叫曹欲修。四川重慶人。他的父親是軍人，在戰亂時，護送一名婦人，使她夫妻相會。他自己也曾出錢救助一名因失錢而尋死的婦人。同時又「招鄉里紳耆，設局施濟，建育嬰堂，恤孤矜寡，戒殺放生。」在全縣募捐放賑的活動中，協助縣裡向地方總督申請，獲得補助。四個兒子之中，前三人都入泮或有科舉功名，幼子繼承家業，從商經營。死後派爲彰化城隍。（卷三，光緒十八年正月十七日戌刻）

8. 澎湖南澳館忠勇侯鄒：名叫鄒乾元，山西華縣人。綢緞舖學徒。有一天，路見有無賴要強奪一家人家的小孩，問明是那家的丈夫賭輸了，賭場要拿他的孩子作抵，於是替人家償還賭債，保全一家性命與子嗣。終生行善，晚年時，「子孫十有多人，生員四，鄉舉一，家門頗振。」（卷三，光緒十八年正月二十日未刻）

9. 澎湖提標館天上聖母：名叫林雪花，福建海澄人。出身貧家。出嫁後，徵得夫家同意，繼續奉養生母。並且勸丈夫放棄屠夫行業。「又食素念經，印送善書，買物放生。」丈夫死後，辛苦撫養子女成人成家。晚年，子孫滿堂，「長孫中壬午之科，外孫亦有一二人登黌門。」（卷三，光緒十八年正月二十一日未刻）

10. 雷音寺採蓮尊者：「余乃漢末一散人，秉性堅剛，不避權貴，每遇不平，輒與相爭。見善人事之如父兄，逢惡黨則惡之若寇讎。」到晚年，碰到仙人，跟他學道。八十五歲時，「棄紅塵而飛升，蒙雷音寺教主提入寺中使喚，纔免輪迴之苦。」（卷四，光緒十八年二月二十日戌刻）

11. 九天姚尊者：廣州人。耕田爲業，不好讀書。事奉父母，「恐娶婦未能孝順而致親憂，故遲遲不娶。」父母過世後，後人指點，終生持齋茹素念佛。七十二歲壽終，爲九天司命眞君收爲部下。（卷四，光緒十八年三月初一日未刻）

12. 澎湖福德祠福德正神：名叫陶德修，山西人。中年以後，積極參與地方公益事業，「雖留一餐之費，亦必檢出施濟貧窮。心存正直之念，克己以待人。」老年時，兒子入泮遊學。八十歲壽終，受封爲澎湖福德祠福德正神。（卷四，光緒十八年三月初四日辰時）

13. 延平府城隍：江南肥州府人士。一生重義疏財，愛兄弟如手足。年輕時，極力反對兄弟分家，不得已分家後，僅守本分，不多爭一文財產。努力耕田，逐漸家道豐盈，見貧窮一定加以周恤，也曾資助一家因貧窮而要新寡的媳婦改嫁的人家，使婆媳兩人都可以生活下去。「行之三十餘年，不敢稍懈。」長子考取科舉，其他兒子也都可以克紹箕裘，繼承父業。先爲土地公，後來才升爲城隍。（卷四，光緒十八年三月初五日戌刻）

14. 嘉應州痧痘聖母：浙江山陰人，李氏。丈夫在參加舉人考試時病逝。在世辛苦守寡，收養一子以續夫家香煙。日夜女紅讓兒子讀書。成爲節孝兩全的模範，子孫也有人入學讀書。（卷四，光緒十八年三月十一日亥刻）

15. 大聖駕前神童：宜蘭人，孤兒，在廟中長大，隨道長修行。曾經救溺水的孩子而拒絕孩子父母的重金酬謝。（卷五，光緒十八年四月初八日子時）

16. 西衛鄉玄天上帝張：名不詳，作「清初時人」，原是屠夫，爲替朋友報仇而殺人，被充軍到外地，途中遇王禪老祖的渡化，出家修行。（卷五，光緒十八年四月十一日申時）

17. 媽宮澄源堂觀音佛祖王：生來苦命，自己從小父母雙亡，成爲童養媳。夫家對她很不好，但是她能「問安視膳，孝道認眞」。後來翁姑雙亡，丈夫也染病身亡。孤苦一人。領養一個男孩來繼承香煙。請師課子，終成爲入泮童生，接著考取舉人。家道因而興盛。（卷八，光緒二十八年十月十九日戌刻）

18. 澎湖城隍廟速報司韓：清初時人。少年時風流不羈，流連花街柳巷。後來改過自新，精研醫術。在瘟疫流行時，會同地方紳耆設局賑濟，救人無數。兒子「少舉孝廉長業醫」，成爲地方上受人敬重的家庭。（卷八，光緒二十八年十月廿三日戌刻）

19. 走堂使者何：清初雲南人，姓何名天德。孤兒出身，受人周濟方才能夠活命。於是投身於恩人家中爲僕，忠謹作事。有一天，主人家遭劫，他在從後門走出去向官府報案時，就被歹徒殺害。上天憐愍他的忠心，派他到雲南鄉間的土地廟爲神。在雲南，大治匪徒，保護地方婦儒，威靈顯赫。於是，「蒙上界遊神代奏蒼穹，謂余靈應昭彰，護國佑民有功，玉帝大喜。客歲，乃陞余到此澎湖一新社爲福德正神之任。」（卷八，光緒二十八年七月初九日戌刻）

20. 蘇家天上聖母：李氏，湖南人。先是在家幫助兄長種田賣菜，使父母得以溫飽。婚後，丈夫在參加舉人考試時病故，遺下一子，辛苦教養成人。「常勤女紅，養子養親。」送兒子去讀書，兒子在十八歲時，考取秀才，「回家謁祖，道旁相與並肩，觀者濟濟，莫不嘖嘖而稱羨焉。」後來，兒子考取舉人，朝廷頒給她貞節牌坊。死後，「閻王起恭起敬，嘉余一生節孝，可甲鄉里。」（卷八，光緒二十八年十一月初六日戌時）

21. 澎湖海壇館天上聖母：名叫王英，山西人。婚後一年，翁姑俱歸，丈夫也染病，三年而亡。帶著兒子回娘家居住，「勤做針黹度世」。兒子成長後，經營生意，逐漸有些資財，方才回夫家居住，爲兒子完婚，接續夫家的香火。「置家業，修屋宇，大振家風。」孫子入學讀書。死後「閻王替余奏獎，一生節孝可嘉。」於是受封爲山東青州天上聖母之職。後轉任澎湖。（卷八，光緒二十八年十一月初九日夜）

22. 澎湖城隍司禮神：姓謝名忠信，福建人。幼年喪父，母親靠女紅賺錢過活。受長，外出爲學徒。誠實可靠，深受東家信任。東家亡故後，代爲掌管生意，並盡心教導東家的孩子學習帳目，等到東家的孩子可以自立時交還店務。回家奉養母親。兒子成長後，送入學堂，考取秀才。平時在家爲鄉人排難解紛，「不時倡作有關地方善事，積有陰功數條。」死後，閻王轉奏，謂余一生孝義兼盡」於是玉帝封他爲澎湖城隍掌理福德司之事務。「至前年，（原來的城隍）陶公陞遷嘉義，余又奉本境主調署是缺。因乙未年地方作亂，余極力保民，再蒙玉帝賞余實任本澎善後街福德祠福德正神之職，兼爲一新社司禮神之任。」（卷八，光緒廿八年十一月十三日夜）

23. 吳家觀音佛祖：清朝嘉慶時人，籍貫雲南，姓呂，名瓊玉。父親是教書先生。十八歲時，父母先後過世。以姊姊身份，負起撫養幼弟的責任。勤作女紅，供給弟弟讀書。後來弟弟考取科舉，獲得功名。等到弟弟成家後，她就出家爲尼，誠心禮佛，終成正果。（卷八，光緒廿八年十一月十六日戌刻）

24. 本堂新任走堂使者：名叫蔣修文，漳浦人。孤兒，在鸞堂中當小差。做事勤快。吃齋放生。十八歲病故。（卷八，光緒廿八年十二月初三日戌刻）

參考書目

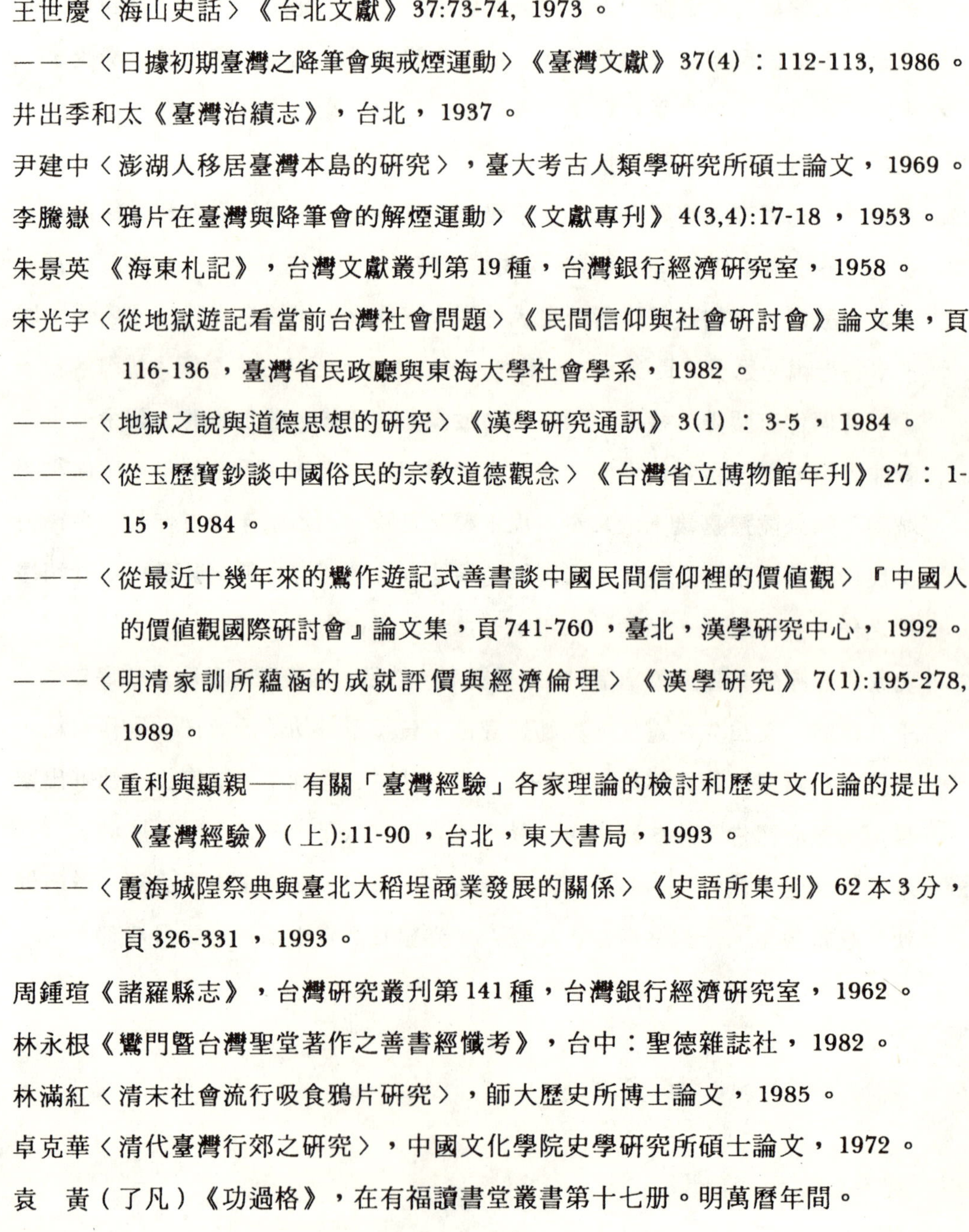

王世慶〈海山史話〉《台北文獻》37:73-74, 1973。

———〈日據初期臺灣之降筆會與戒煙運動〉《臺灣文獻》37(4)：112-113, 1986。

井出季和太《臺灣治績志》，台北，1937。

尹建中〈澎湖人移居臺灣本島的研究〉，臺大考古人類學研究所碩士論文，1969。

李騰嶽〈鴉片在臺灣與降筆會的解煙運動〉《文獻專刊》4(3,4):17-18，1953。

朱景英《海東札記》，台灣文獻叢刊第19種，台灣銀行經濟研究室，1958。

宋光宇〈從地獄遊記看當前台灣社會問題〉《民間信仰與社會研討會》論文集，頁116-136，臺灣省民政廳與東海大學社會學系，1982。

———〈地獄之說與道德思想的研究〉《漢學研究通訊》3(1)：3-5，1984。

———〈從玉歷寶鈔談中國俗民的宗教道德觀念〉《台灣省立博物館年刊》27：1-15，1984。

———〈從最近十幾年來的鸞作遊記式善書談中國民間信仰裡的價值觀〉『中國人的價值觀國際研討會』論文集，頁741-760，臺北，漢學研究中心，1992。

———〈明清家訓所蘊涵的成就評價與經濟倫理〉《漢學研究》7(1):195-278, 1989。

———〈重利與顯親—— 有關「臺灣經驗」各家理論的檢討和歷史文化論的提出〉《臺灣經驗》(上):11-90，台北，東大書局，1993。

———〈霞海城隍祭典與臺北大稻埕商業發展的關係〉《史語所集刊》62本3分，頁326-331，1993。

周鍾瑄《諸羅縣志》，台灣研究叢刊第141種，台灣銀行經濟研究室，1962。

林永根《鸞門暨台灣聖堂著作之善書經懺考》，台中：聖德雜誌社，1982。

林滿紅〈清末社會流行吸食鴉片研究〉，師大歷史所博士論文，1985。

卓克華〈清代臺灣行郊之研究〉，中國文化學院史學研究所碩士論文，1972。

袁　黃(了凡)《功過格》，在有福讀書堂叢書第十七册。明萬曆年間。

吳文星〈日據初期臺灣的「大家樂」——花會〉《歷史月刊》1:62-64,1988。

———〈東亞最早的公營彩票——臺灣彩票〉《歷史月刊》2:78-81, 1988。

姚　瑩《東槎紀略》，清代同治元年，台灣文獻叢刊第七種，台灣銀行經濟研究室，1958。

唐贊袞《臺陽見聞錄》，台灣文獻叢刊第三十種，台灣銀行經濟研究室，1958。

陳文達《鳳山縣志》，中國方志叢書，臺灣地區13, 1983:332,

陳兆南〈臺灣的善書宣講初探〉中央研究院民族所「本土歷史心理學研究」，頁1-20，1992年2月。

陳培桂《淡水廳志》，台灣文獻叢刊第172種，台灣銀行經濟研究室，1963。

張　菼〈清代臺灣分類械鬥頻繁之主因〉《臺灣風物》24(4)，1974。

蔣良騏、王先謙纂修《十二朝東華錄》，雍正朝。

盧德嘉《鳳山縣采訪册》，台灣文獻叢刊第七十種，台灣銀行經濟研究室，1960。

樊信源〈清代臺灣民間械鬥歷史之研究〉《台灣文獻》25(4):90, 1974。

鄭喜夫〈清代臺灣善書初探〉《臺灣文獻》33(1):7-36, 1982。

蔡懋棠〈臺灣現行的善書〉《臺灣風物》26(3), 1976年9月。

———〈臺灣現行的善書（續）〉《臺灣風物》26(4), 1976年12月。

戴寶村〈聖諭教條與清代社會〉《師大歷史學報》13:315, 1985。

藍鼎元〈與吳觀察論治臺書〉《鹿洲文集》，清代。

《台北市志稿》，台北市文獻會，1972。

《欽定大清會典事例》

《臺灣總督府公文類纂》元臺北縣，明治三十四年，永久保存第四十六卷，第三門警察，高等警察，降筆會案卷。

《臺灣通志稿》卷二〈人民志宗教篇〉，台灣省文獻會，1963。

《鸞堂聖典》，台中聖賢堂，1975。

Ho Ping-ti, *The Ladder of Success in Imperial China.* New York: Columbia University Press, 1962.

出自第六十五本第三分(一九九四年九月)

轉輪王觀念與中國中古的佛教政治

康　樂*

本文主要探討在「法輪東轉」之後，中國的君主是如何來利用、擷取佛教的資源。文中特別以轉輪王觀念的演變爲例，説明原先轉輪王觀念中、「一佛一轉輪王」的模式在傳入中國之後，由於傳統政治思想與大乘佛教的影響，逐漸轉變成「轉輪王即佛」的模式。武則天即爲最善於利用佛教資源，並將「轉輪王即佛」的觀念具體落實的第一個君主。

一、前言

西元前二、三世紀之交，楚漢相爭逐漸接近尾聲，而北亞草原也在匈奴冒頓單于的崛起下，逐步邁向歷史上首次的大一統。原先游牧於敦煌、祁連山一帶的月氏人，在此形勢下，遂不斷受到匈奴人的侵襲。到了西元前二世紀中葉，匈奴老上單于對月氏人發動了一次致命的打擊，「殺月氏王，以其頭爲飲器」，月氏再也無力抗拒，「乃遠去，過宛，西擊大夏而臣之，遂都嬀水（阿姆河）北，爲王庭。其餘小眾不能去者，保南山羌，號小月氏」（《史記・大宛列傳》）。有關大月氏人在西域的後續發展，《後漢書・西域傳》裡也有一段簡短的記載，「遷

* 中央研究院歷史語言研究所

於大夏，分其國休密、雙靡、貴霜、肸頓、都密，凡五翕侯。後百餘歲，貴霜翕侯丘就卻攻滅四翕侯，自立為王，國號貴霜。侵安息、取高附地，又滅濮達、罽賓，悉有其國」。[1]

從《史記》、《漢書》下至《魏書》、《北史》，所有附有〈西域傳〉的正史照例都會給大月氏記上一筆。我們曉得，從西漢開始直到隋唐，中國與西域之間的交通基本上還一直保持暢通，史家要搜集大月氏的資料並非那麼困難。因此，有關大月氏人西去之後的情況，中國史籍多少還是會提到一些。其中，《史記》、《漢書》與《後漢書》所保留下來的一些資料自然更是不可或缺的，只是中國的史家對於與本國交涉不多的域外諸國，大致上皆僅抱持「聊備一格」的態度（其中最重要的一個因素當然是因為篇幅的限制），以致於這些記錄不是失之過簡，就是輾轉抄襲，就最起碼的了解而言自然還可聊備一格，想作進一步的探索往往就只能望文興嘆。其實，這也不是域外諸傳才有的現象，正史的其他篇章常常也不免會讓歷史研究者有同樣的感覺。

所幸《貴霜佛教政治傳統與大乘佛教》一書的作者古正美是研究佛學出身，[2]熟悉佛教典籍，碰巧貴霜王朝曾有過一段時期是以佛教治國，這些資料被當時的僧侶記錄在佛經裡，輾轉在魏晉南北朝時傳入中國、譯成中文，從而留存了下來。古氏即以這些資料為基礎，配合上考古發掘的成果、藝術史的研究，深入探索丘就卻(Kujula Kadphises, A.D. 50-78)與迦膩色迦(Kaniska, A.D. 187-212)統治時期、貴霜王朝推展佛教政治的經過。[3]

---

[1] 根據這條材料，學界一般都將貴霜視為大月氏人的後裔，然而日本史學界對此卻有異議，他們認為所謂的「五翕侯」其實是大夏人，因此，貴霜乃大夏人後裔，見桑原秩藏，〈張騫の遠征〉，《東西交通史論叢》（1933）；羽田亨，〈大月氏及び貴霜に就いて〉，《史學雜誌》41.9（1930）：1-30。另見高田修著，高橋宣治、楊美莉譯，《佛像的起源》，193-96。有關貴霜王朝的歷史，可參見高田修前引書，197-240。

[2] 古正美，《貴霜佛教政治傳統與大乘佛教》（台北，1993）。以下簡稱《貴霜佛教》。

[3] 有關大月氏佛教，見羽溪了諦著，賀昌群譯，《西域之佛教》，《現代佛學大系》，49，60-157。

根據古氏的研究，西元一世紀中葉時，丘就卻的貴霜王朝所統治的地區已經包括有今日阿富汗全境及巴基斯坦北部大半，南與印度相鄰，也就在此時，丘就卻皈依佛教，並決定將其國家轉化成一個純正的佛教國度，大乘佛教即因此應運而生（頁4-9）。[4] 為了達成宗教教化的目的，丘就卻除了在都城犍陀越(Gandhavati)設立推行佛教政治的總部「阿育王僧伽藍」、及在各地建立「如來神廟」以作為教化地方的中心外，並在罽賓召集第三次的佛教結集，《道行般若經》、《犍陀國王經》、《佛眞陀羅王經》、《受十善戒經》與《佛說父母恩難報經》等初期大乘作品大概即為此次結集的成果（頁67，171）。在佛教國教化的政策下，全國人民皆須受持「十善戒」，換言之，即成為佛教徒。他們除了必須遵行大乘佛教的戒律，例如守持「八關齋」、孝順父母、供養僧侶等等要求外，其他如寫經、造像、造佛寺、佛塔與佛窟等被視為可以累積佛教**功德**的事業，也在國家的鼓吹下蓬勃發展開來，教化的成果則由中央定期（每五年）派遣「行法官」到全國各地巡視考核（頁324-56）。整個政策的目的，一言以蔽之，乃在於透過大乘佛教的「世俗化」以推動世俗活動的「大乘化」（頁175-6）。原為出世法的佛教至此遂兼具有世間法的性格。

貴霜王朝的佛教事業在丘就卻死後，由於繼位諸王皆篤信印度教而宣告中斷，佛法也開始受到斷斷續續的壓迫，到了二世紀中葉，由於當時的君主胡為色迦（Huviska, c.A.D.130-162）從印度教改信伊朗宗教，佛法乃遭到空前的迫害，佛教徒在此情況下自不得不亡命海外，《貴霜佛教》一書的作者認為，這就是為何此一時期會有大量貴霜僧侶、信徒（如支婁迦讖、支曜、支謙的祖父支法度等人）、以及佛經流入中國的主要因素（頁389-94）。所幸，在胡為色迦大舉滅佛之後沒多久，佛教史上的名王迦膩色迦即統治了貴霜，這也是「後貴霜」紀元的開始（頁400）。

[4] 此處頁碼皆為《貴霜佛教》一書頁碼。

迦膩色迦的佛教政治基本上因襲丘就卻時期所確立下來的傳統，譬如在全國各處立塔寺，作爲推動教化的中心，建在當時首都近郊的即爲著名的「雀離浮圖」與「迦膩色迦寺」（原址在今日巴基斯坦白夏瓦市郊東南約一公里處）。[5] 同時也在罽賓召開佛教經典的結集，由於此次製作以《大般涅槃經》爲中心，古氏即以「大乘涅槃系」來稱呼此一時期的大乘佛教運動。除了《大般涅槃經》外，隨之出世的還有說明佛教轉輪王法的經典如《大薩遮尼乾子所說經》與《大方廣十輪經》，闡釋宣傳「法身供養」與「生身供養」等護法信仰與轉輪王修行的《法華經》、《華嚴經》、《悲華經》、《賢劫經》、《大方等大集經》與《金光明經》等，教化一般信徒所用的《優婆塞戒經》與《維摩詰經》，強調孝行的《睒子菩薩經》與《盂蘭盆經》，以及提倡彌勒佛信仰的《彌勒下生經》。這麼多的作品當然是不可能同時都在罽賓結集時一次完成的，根據古氏的研究，大乘涅槃系的經典製作應該一直延續到西元第三世紀結束爲止（頁543）。與初期大乘運動的經典相較之下，彼此雖皆強調護法信仰的重要性，並致力於調和出世法與世間法，然而大乘涅槃系的經典已進一步使用「一佛一轉輪王」的造經模式來說明護法信仰的內容，彌勒下生的信仰即依此原則創造出來的，這種信仰模式也影響到以後佛窟的開鑿與造像（頁196）。

除了上述的分析討論外，《貴霜佛教》一書的作者還提出一些跟我們以往所了解的頗有牴牾的論點。譬如說，佛教史上著名的護法者阿育王(Asoka)，[6] 一般皆認爲是西元前三世紀印度孔雀王朝的君主，古氏卻認爲他就是貴霜王朝的丘就卻（頁236），而西元前五世紀初的佛滅年代，也因此被延後到西元前68年左右

---

[5] 《洛陽伽藍記》卷五引了不少道榮關於「雀離浮圖」的詳細記載，並稱此塔規模「西域浮圖最爲第一」（5，頁327-8）。

[6] 有關阿育王的事蹟可參見崔連仲，《從佛陀到阿育王》，303-40；另見周祥光譯，《阿育王及其石訓》，7-14。

（頁360-1）。對於這個說法，我們委實很難接受，因爲，撇開對佛經的理解不談，單就歷史證據而言，下述的一些疑點顯然是古氏所難以自圓其說的：

一、不管是從使用的文字，或是石刻上所提到的歷史事實，都可證明阿育王留下來的石刻確爲西元前三世紀的遺物，舉例來說，石刻上所提到的一些國家的君主，如安泰奧卡斯（Antiochus，敘利亞）、達拉馬耶（Tulamaya，即埃及的托勒密二世）、安迪基尼（Amtikini，即馬其頓的安迪俄那）等人，考證結果皆爲西元前三世紀的人物。[7]

二、從石碑上所得知的阿育王的領土遠大於丘就卻的領土：阿育王統治的領土包括絕大部份的印度、巴基斯坦、阿富汗，丘就卻雖然也領有巴基斯坦與阿富汗，卻沒有控制印度——而這卻是阿育王帝國最重要的部份，至少從石刻史料看來是如此。[8]

古氏提到印度史上曾有過三位阿育王，然而她認爲是丘就卻的阿育王，換言之，也就是以佛教護法者自居的阿育王，卻正是在西元前三世紀留下上述大量石刻的這位阿育王，因爲以好幾種文字留存下來的這些石刻，[9] 其目的即在將佛教信仰推廣到整個帝國。古氏在《貴霜佛教》裡所敘述的丘就卻的一些護法措施，例如「行法官」的設置，其實就取材自這些石刻史料，只是她堅持這些史料是西元一世紀時丘就卻所遺留下來的罷了。

除此之外，佛教的宗派問題，例如大乘與小乘的區別，經典的劃分，大眾部、上座部乃至一切有部與大乘、小乘的關係，本書作者也都有自己獨特的見解（頁9, 517）。如果這些論點都能完全成立，那麼現有的佛教史大概就得重新改寫了，

---

[7] A. K. Warder著，王世安譯，《印度佛教史》（上），358-9；《西域之佛教》，45-6；另參見《阿育王及其石訓》，10。

[8] 崔連仲，《從佛陀到阿育王》，319-20。

[9] 《印度佛教史》（上），335-6 提到石刻所使用的文字有三、四種普拉克里特語（Prakrit, 不純粹的梵語），阿拉邁克語（Aramaic, 波斯官方語言）與希臘語。另參見《阿育王及其石訓》，18。

可惜的是，筆者並非這方面的專家，對此無法置喙。下面只能就《貴霜佛教》一書裡所提到的、貴霜王朝的佛教政治——特別是所謂的「轉輪王觀念」——與中國佛教史有關的一些問題提出討論。

二、貴霜佛教與中國佛教

佛教在東漢年間傳入中國，而在魏晉南北朝與隋唐時期大行於世，這已是眾所皆知的事。儘管其間曾歷經北魏太武帝(446)、北周武帝(574)與唐武宗(845)的滅佛，然爲時皆甚短暫，就整個時期而言，佛教無疑還是最有勢力的一種信仰。[10] 而這樣的一種信仰，如我們所知，是以大乘佛教爲其主要內涵的，不管是在義理的發展上、亦或是信仰的實踐上皆如此。實際上，今天大乘佛教的主要傳佈地區也就只剩下中國，以及從中國接受佛教信仰的日本、韓國等地罷了，反而在它的起源地或早期傳佈地區，如今日的巴基斯坦、阿富汗與中亞一帶，回教信仰早已取代了一切。因此，大乘佛教的傳入中國，套句佛家的術語來說，實在也可算是「一大事因緣」了。《貴霜佛教》的作者之所以會從事本書的寫作，主要原因之一也就在於貴霜佛教與中國佛教之間這種特殊的血緣關係。

大乘佛教起源於——或至少說大盛於——貴霜王朝統治和影響所及的領域，換言之，即印度河上游與中亞一帶，這大概已是佛教史學界公認的事實，[11] 而中

10 北魏末年單只中國北方即有寺廟三萬餘、僧尼二百餘萬，而北魏當時人口也不過才五百餘萬户。見湯用彤，《漢魏兩晉南北朝佛教史》，513；北魏人口數見唐長孺，《魏晉南北朝隋唐史三論》，102。

11 沙畹、許地山、呂澂等人皆同意貴霜一帶——或犍陀羅、罽賓，即印度河流域——爲大乘佛教的聖地，只是他們並未特別強調丘就卻的時代。沙畹的說法如下：「印度佛教聖地有二：一在辛頭河(Indus)流域，即烏萇與乾陀羅，一在恆河流域。……觀宋雲行紀，可知流行於乾陀羅與烏萇一帶之佛教，同流行於摩伽陀一帶之佛教，不可相提並論；又可知中印交際，北印度較中印度爲易爲多；並可使吾人了解以辛頭河爲中心之「大乘」說及乾陀羅之藝術，何以在遠東大事發展之理」(〈宋雲行紀箋註〉，《西域南海史地考證譯叢》(六

國之接受佛教，與貴霜王朝及當時的西域有密切的關係，卻也是個不爭的事實。首先是關於佛法東來的傳說，這些傳說本身雖然多半不太可靠，卻也可從中略窺中國佛教與貴霜佛教的密切關係：一、伊存授經之說，《三國志・魏書・烏丸鮮卑東夷傳》裴注引魚豢《魏略・西戎傳》有：「昔漢哀帝元壽元年(2 B.C.)，博士弟子景盧受大月氏王使伊存口授《浮屠經》」的說法。[12] 二、東漢明帝夜夢金人飛行殿庭，遣使西行訪求佛道，使者於大月氏國遇到沙門迦葉摩騰、竺法蘭兩人，並得佛像經卷，於永平十年(A.D. 67)用白馬馱回到洛陽，明帝立白馬寺，是爲佛法入華之始。[13] 我們雖然無法斷定上述這兩種傳說的眞實性如何，不過兩說皆以大月氏爲佛法東傳的主要基地，亦可看出大月氏——也就是當時的貴霜王朝——在中國佛教發展史上所扮演的角色。[14]

其次是中國早期的譯經事業中，月氏與西域的僧人扮演了極端重要的角色，例如安世高、支婁迦讖、支謙、竺法護、鳩摩羅什與曇無讖等人。值得注意的是他們之中的絕大多數都對大乘經典特別感興趣，幾本重要的經典一譯再譯（詳見附表），這點亦可證明貴霜王朝當時確爲大乘佛教的主要基地。至於這些大乘經

編），7-8）。許地山，〈大乘佛教之發展〉，《大乘佛教之發展》，162；呂澂，《印度佛學源流略講》，101。呂澂認爲大乘佛教的來源其實有兩處：「一、南印度大眾系的案達部，偏向哲理的討論；二、北方犍陀羅地區，因受希臘、波斯的影響，偏向多佛（多神）、他力往生、以及造佛像等等。其結合期大約在西元一世紀，尤其是迦膩色迦時」（《印度佛教史略》，93）。木村泰賢也持類似看法：「所以如集合這個說：大乘思想，是從南印與北印兩處所興起的。前者代表空，後者代表有。到兩者合流，大乘運動，已顯著的成爲表面化。……在地理方面考察，如前所述，雖同樣的是大乘佛教，但那起源好像是有二流的。一是專在俗信方面所崇尚的菩薩觀，從此所導出的以佛陀觀爲中心而開展的，主要是以北印度地方爲中心而起的大乘。菩薩及佛陀中心的諸經典，這色彩都很強。以南方爲根據地而起的，以般若爲中心，是專以理念的觀察爲主」（〈龍樹、世親系的大乘佛教〉，《大乘佛教之發展》，307-11）。

12 《三國志》，30，頁859；湯用彤認爲此說頗爲可靠，見《漢魏兩晉南北朝佛教史》，49-51。

13 永平求法一事詳見湯用彤的考證，《漢魏兩晉南北朝佛教史》，16-30。

14 湯用彤，《漢魏兩晉南北朝佛教史》，51。

典是否確如本書作者而言，皆來自貴霜，這點雖然沒有確證，然而我們同樣也找不到否定的證據。而且從貴霜與西域僧人對這些經典的重視程度來看，其可能性還是很大的。[15]

譯者簡歷	重要譯著	備註
支婁迦讖(支讖)。[16]月氏人，東漢桓帝末遊於洛陽，譯經時期約爲西元180年。	《伅眞陀羅王經》,《道行般若經》,《首楞嚴經》，《般舟三昧經》，《華嚴經》，《佛說無量清淨平等覺經》，《阿閦佛國經》，《佛說遺日摩尼寶經》。	《道行般若經》即《摩訶般若波羅蜜經》，支讖所譯僅10卷、30品，故亦稱《小品般若》。《佛說無量清淨平等覺經》即《寶積經》裡的《無量壽如來會》。 大乘空宗(或稱般若學)自此輸入。
支謙(支越)。月氏人，祖父支法度於東漢靈帝時(170-190)率國人數百歸化，居於洛陽。支謙生於中國曾受學於支讖弟子支亮，爲支讖之再傳弟子。譯經時期約爲西元222-52。	《大明度無極經》,《方等泥洹經》,《首楞嚴經》,《維摩詰經》,《太子瑞應本起經》，《佛說阿彌陀三耶三佛薩樓佛檀過度人道經》。	《大明度無極經》乃重譯《道行般若經》。《佛說阿彌陀三耶三佛薩樓佛檀過度人道經》即《佛說無量清淨平等覺經》的重譯本。《首楞嚴經》亦爲重譯。 《太子瑞應本起經》即《修行本起經》。 《方等泥洹經》爲涅槃系經典入華之始。

15 雖然我們還無法肯定這些經典是否的確由丘就卻與迦膩色迦下令結集的，丘就卻的情況由於史料不足，不易判斷，迦膩色迦則很清楚是尊崇一切有部的，他在都城附近建立的雀離佛塔和大寺，根據考古資料，就是獻給一切有部的（《貴霜佛教》，550；呂澂，《印度佛學源流略講》，38），而學者一般都不認爲一切有部屬於大乘，只有《貴霜佛教》的作者如此認爲（頁520-24）。另見《西域之佛教》，119-52。

16 在支讖之前的譯經者尚有來自安息（Parthia, 曾爲貴霜的領地）的安世高與安玄，安世高特專阿毗曇學，其所出經，禪數最悉（湯用彤，頁62），然而他也譯有《寶積經》的《彌勒菩薩問八法會》(《佛說大乘方等要慧經》)；安玄則譯出《郁伽長者會》(即《法鏡經》)，竺法護的《郁迦羅越問菩薩行經》即此書的新譯本，這些可都是大乘經典。參見許地山，〈大乘佛教之發展〉，222，225。

竺法護。西晉時(三世紀末),其先月氏人,本姓爲支,世居敦煌,八歲出家,事外國沙門竺高座,故姓竺。曾隨其師至西域搜尋大乘經典,歸中夏後全心譯經。譯經時期約爲西元266-308。	《法華經》,《勇伏定經》,《光讚般若波羅蜜經》,《方等泥洹經》,《維摩詰經》(刪定),《大哀經》,《賢劫經》,《漸備一切智慧經》,《佛說普門品經》,《文殊師利佛土嚴淨經》,《郁迦羅越問菩薩行經》,《佛說須摩提菩薩經》,《慧上菩薩問大善權經》,《彌勒菩薩所問本願經》。	《光讚般若波羅蜜經》即《道行般若經》的繁本,又稱爲《大品般若》。《勇伏定經》即《首楞嚴經》的重譯本。《漸備一切智慧經》即《華嚴經》裡的《十地品》。
鳩摩羅什。龜茲人,幼年至罽賓沙勒習大乘佛法。西元401年至長安,甚受後秦主姚興敬重。譯經時期約爲西元401-12。	《大品般若》,《小品般若》,《金剛般若經》,《首楞嚴經》,《賢劫經》,《法華經》,《維摩詰經》,《阿彌陀經》,《菩薩藏經》,《大樹緊那羅王所問經》,《善臂菩薩經》,《佛說須摩提菩薩經》。	《大品般若》,《小品般若》,《首楞嚴經》,《賢劫經》,《法華經》,《維摩詰經》,《佛說須摩提菩薩經》皆爲重譯本,《大樹緊那羅王所問經》即《伅眞陀羅王經》。
曇無讖。中印度人(《魏書・釋老志》稱其爲罽賓沙門),曾至罽賓,西元四世紀初至中國河西。譯經時期約爲421-33。	《大般涅槃經》,《金光明經》,《方等大集經》,《方等大雲經》,《菩薩地持經》,《悲華經》。	《大般涅槃經》至此始譯全。

三、原始的轉輪王觀念

接下來要討論的是轉輪王觀念與中國佛教的關係。《貴霜佛教》一書的作者特別強調,轉輪王的觀念是在丘就卻的統治時期樹立起來的,這個觀念與佛教政治、大乘佛教可說是並肩發展的,而丘就卻即是歷史上第一個佛教法王或轉輪王(頁83-87)。中國佛教由於深受貴霜佛教的影響,自然也輸入了此一觀念,魏晉南北朝以及隋唐的一些君主，例如北魏諸帝、梁武帝、隋文帝與武則天等人推廣佛教的一些措施，基本上即遵循此一傳統而來。

其實，古印度的政治傳統裡本來即有轉輪王的觀念。傳說中，誰能統治全印度，「金輪寶」即會出現，它能無堅不摧，無敵不克，擁有「輪寶」的統治者便被稱爲轉輪聖王(cakravartirājan)，[17] 用中國人的觀念來說，就是眞命天子。這裡所說的「金輪」，原文爲cakra，乃戰爭時所用的輪狀武器，印度神話中毘濕奴（Vishnu, 或譯妙毘天，爲印度教三大主神之一）所持的法寶——神盤[18] ——應該就是類似的武器。到了原始佛教經典裡，「輪寶」（或「寶輪」）已轉變成一種具有象徵性意義的信物。《長阿含・轉輪聖王修行經》提到，君主若能奉行「正法」（Dharma, 當然是佛法），則「輪寶」自會顯現空中，以證明其統治之正當性，四方有不服者，「輪寶」即會旋轉而去，君主只要隨之而行即可平定天下(《大正新修大藏經》，1:1，頁39-42）。「輪寶」既被古印度人視爲具有至高神聖權威的信物，後世佛教徒即將佛陀在菩提伽耶(Buddhagayā)的悟道比喻爲掌握「輪寶」——「法輪」，他之入世傳道則被稱爲「轉法輪」。佛教史上著名的「初轉法輪」即是指佛陀在鹿野苑(Sārnāth)的初次說法。

因此，轉輪王觀念絕非大乘佛教的獨家產品，丘就卻也不是佛教史上的第一個轉輪王，就古典與原始佛教的標準而言，西元前三世紀孔雀王朝的阿育王才是第一個符合轉輪王資格的君主。因爲：一、他是進入歷史時期後首度統一全印度的君主；二、他是第一個公開承認自己是佛教徒的君主，雖然對其他的信仰也相當尊重。以此之故，阿育王普遍被後來的印度人與佛教徒承認爲轉輪王，儘管他

[17] 梵文「轉輪王」一詞早期中文皆譯爲「遮迦越羅」（例如《道行般若經》與《佗眞陀羅王經》，見《貴霜佛教》，59），到了《長阿含・轉輪聖王修行經》才用「轉輪聖王」一詞，此經在姚秦弘始年間（399-415）譯出。另見呂澂，《印度佛教史略》，25，《印度佛學源流略講》（頁21）有關於古印度轉輪王傳說的簡介。

[18] 印度神話中，毘濕奴有四隻手，分持神螺、神盤（又稱爲法盤、神輪）、神杵和蓮花。季羨林在《五卷書》裡譯爲神盤，頁88-93。

自己從來也不曾用過此一頭銜。這個特點亦可見之於後世受印度文化影響的君主，例如貴霜王朝的丘就卻與迦膩色迦，他們從來也沒有稱呼過自己爲轉輪王，至少我們沒有任何直接的史料可以證明這一點。此外，他們雖然支持佛教，對於其他宗教信仰也相當重視，迦膩色迦的貨幣上除了佛像，還有婆羅門教、祆教與希臘宗教的神，充分說明了此一事實。[19]

究其實，依照古印度傳統，爲人君者必須尊重宗教，禮敬婆羅門與沙門，君主自命爲某一信仰之正信者與護法者雖亦司空見慣，對其他信仰通常仍保持尊重。這樣的君主對於宗教信仰的內容（教義），其實不見得會有多大的興趣，在乎的是人民的行爲能否符合這些宗教的規範。阿育王在位時，所立的石刻中皆不斷要求其子民遵行「正法」，在全國各地建立寺塔、分藏佛陀的遺物（據說有八萬四千塔），並派遣使者分赴各地（包括鄰近國家）宣揚佛法，最終目的也就是希望其人民的世俗生活能夠佛教化，而無關乎當時佛教各派的教義。[20] 實際上，佛陀一生教誨中最爲根本的一個辭彙，「涅槃」（nirvāna, 人生最後之解脫），在阿育王的石訓中連提都沒有提到，他只說人生行善守戒律的最高目的就在進入「天堂」(svarga)，或在來世獲得幸福。[21]

從以上的敘述看來，印度原有的轉輪王觀念是相當素樸的。然而，隨著佛教本身教義的發展（尤其是大乘佛教的崛起），這樣的一種觀念開始有了變化。首先是轉輪王信物(或說配備)的大量擴充：原先在《長阿含・轉輪聖王修行經》裡提到轉輪王的「法寶」時，除了金輪寶外，還有另外六件，分別是一、白象寶，二、紺馬寶，三、神珠寶，四、玉女寶，五、居士寶，六、主兵寶；[22] 到了《大

---

[19] 《印度佛教史》(上)，480。此外，西元前二世紀曾經統治過印度北部的彌蘭王（希臘人，統治時期爲155-130 B.C.）也採取類似的政策，見前引書，460。

[20] 《印度佛教史》（上），334-71。

[21] 《阿育王及其石訓》，12。

[22] 除了《轉輪聖王修行經》外，《長阿含・遊行經》、《中阿含・大天捺林經》以及《中阿含・大善見王經》皆提到「七寶」，只是對於各「寶」功用的介紹詳略不同。嚴格說來，

薩遮尼乾子所說經》則另外加上七件對個人生活更為實用的器物，一、劍寶，二、皮寶，三、床寶，四、園寶，五、屋舍寶，六、衣寶，七、足所用寶，合稱為「七軟寶」（《大正新修大藏經》，9:272，頁331）。凡是轉輪王所需的一切事物，不管是治國平天下所需，還是日常生活的享受，至此已一應俱全。這倒眞有點像顧頡剛所說的「層累地造成說」——時代愈後，故事愈是複雜。

其次則是轉輪王等級的劃分。前面曾提到過，被視為轉輪王的必備條件之一即為「領四天下」，然而，《轉輪聖王修行經》裡並沒有說明所謂「四天下」究竟指那兒，照經文看來也不過就是「四海之內」罷了（《大正新修大藏經》，1:1，頁40）。只是，隨著地理知識的發達，「四天下」的內容逐漸有所擴充，轉輪王的理論與資格自也不得不稍作調整，以適應新時代的需要。在原先的轉輪王觀念裡，轉輪王只有一種，即擁有「金輪」為信物的眞命天子，然而到了《阿毘曇毘婆沙論》裡，轉輪王已演變成四種：

> 轉輪王，無那羅延力，[23] 隨輪寶德身力及餘寶亦然。若其輪是金，王四天下，其力最勝。若其輪是銀，王三天下，其力轉減。若其輪是銅，王二天下，其力復減。若其輪是鐵，王一天下，其力最劣。(《大正新修大藏經》，28:1546，頁120)

這裡所謂的「天下」——其實也就是當時人的世界觀——在《大唐西域記》裡說得更具體：

> 金輪王乃化被四天下，銀輪王則政隔北拘盧，銅輪王除北拘盧及西瞿陀尼，鐵輪王則唯贍部洲。夫輪王者將即大位，隨福所感，有大輪寶浮空來應，感有金銀銅鐵之異境，乃有四三二一之差，因其先瑞，即以為號。(1，頁35)

除了金輪寶之外，其他六種寶物是否從一開始就是轉輪王的法寶，很值得懷疑。也有可能其他的「六寶」是後人添加的。《修行本起經》裡的七寶排列順序與《轉輪聖王修行經》不太一樣，而且「居士寶」被換成「典寶藏臣」(《大正新修大藏經》，3:184，頁462)。

23 那羅延(Nārāyana)，乃具有大力之印度古神，又作那羅延天，意譯為堅固力士、金剛力士。或謂其為帝釋天之力士，亦被視為毘濕奴之異名。

只不過這麼一來，大概就沒人當得成金輪王了，因為單只瞻部洲（閻浮提）就已經包括了印度、地中海區域、中國與北亞等當時人所知的整個文明世界，[24] 歷史上還沒有那一個君主能辦得到這件事，更別提其他三洲了。

四、轉輪王君主與所謂的「佛教治國」

發展到貴霜時期的轉輪王觀念，所呈現出來的面貌大概即如上述，傳入中國的應該也就是這樣的一套觀念。魏晉南北朝與隋唐時期，崇佛的君主很多，而且除了「三武之禍」外，其他君主對佛教大抵也採取寬容的態度。由於受到佛教經典的影響（《阿育王太子壞目因緣經》早在東漢時即由支讖譯出，西晉安法欽則譯出了《阿育王傳》），[25] 歷代君主崇佛或「護法」的模式大致相去不遠：例如奉行八關齋、興建塔寺、製作佛像、供養僧人、資助翻譯和抄寫佛經等等。虔誠如梁武帝者(502-549)，嚴禁殺生，連宗廟祭祀皆不用牲，數度捨身同泰寺為奴，賴群臣以錢億萬贖回；[26] 或如北朝諸君主，傾國家之力沿山開鑿佛窟，今日號稱為中國佛教藝術寶藏的敦煌、雲岡、龍門、天龍山與麥積山等地的石窟，就是當

---

[24] 《大唐西域記》，1，頁42-3提到瞻部洲有四主，「時無輪王應運，瞻部洲地有四主焉」，即南象主、西寶主、北馬主與東人主。頁44的註釋（一）引迦留陀伽（Kālodaka, 印度人，東晉譯師）譯的《十二遊記》：「閻浮提中有十六大國，八萬四千城，有八國王，四天子。東有晉天子，人民熾盛。南有天竺國天子，土地多名象。西有大秦國天子，土地饒金銀璧玉。西北有月氏天子，土地多好馬」。一般認為南象主指五印度，西寶主泛指波斯、大食以至大秦，北馬主泛指突厥、回紇，東人主則指中國。另參見伯希和著，馮承鈞譯，〈四天子說〉，《西域南海史地考證譯叢》三編。

[25] 湯用彤，《漢魏兩晉南北朝佛教史》，6。

[26] 梁武帝戒殺生，禁斷酒肉，禁著革屣之事，詳見唐・道宣，《廣弘明集・慈濟篇》，卷二十六，〈斷酒肉文〉，〈斷殺絕宗廟犧牲詔〉。宗廟去牲一事曾引起朝野嘩然，以為宗廟不復血食，見《資治通鑑》，148，頁4632。捨身同泰寺為奴之事，詳見《梁書・武帝本紀》。據湯用彤所言，這也是西方印度的傳統。梁武帝信仰佛教的情況，見湯用彤，《漢魏兩晉南北朝佛教史》，474-80。

時這些君主的功德。[27] 更重要的是，不管他們信仰佛教有多麼虔誠，對於其他的宗教基本上仍保持寬容的態度，至少我們看不到如「三武之禍」那麼暴烈的手段。就此而言，中國的轉輪王君主倒的確不愧是阿育王與貴霜諸王的眞正傳人。

接下來我們得檢討一下所謂轉輪王君主以「佛教治國」的說法。儘管《貴霜佛教》一書的作者花了許多篇幅說明丘就卻與迦膩色迦時期以佛教治國的經過，然而，一、貴霜王朝本身並沒有留下什麼文獻資料可以證明此事。二、佛教文獻固然可以作若干補充，只是這些記載通常都出之以寓言或神話的形式，時間、地理位置與人物背景皆相當模糊，就嚴格的史料標準而言還有不少缺陷，這也是爲何《貴霜佛教》的作者要花費如此多的心力去證明，《道行般若經》裡的犍陀越王以及《佅眞陀羅王經》裡的佅眞陀羅王就是丘就卻的緣故（頁45-51）；再說，佛教的這些經典基本上還是一種佈教的手段，記載之中刻意抬高自己的重要性在所難免，作爲一種輔助性的材料自然無可厚非，照單全收則未免風險太大。換言之，以現有資料而言，我們委實很難承認大乘佛教就是當時貴霜王朝唯一的正統思想，這也是目前學界基本的看法。就算是被佛教徒尊爲轉輪王的阿育王，儘管在其石刻中明白承認自己是佛教徒、並極力宣揚佛法，我們也還無法斷定佛教就是當時阿育王帝國唯一的正統信仰，因爲在石刻中也不斷強調要尊敬各個宗教，並要求正法官（Dharma-mahāmatra, 即《貴霜佛教》一書裡的「行法官」）除了照顧佛教僧團的福利外，也必須照顧到婆羅門、正命師(Ājivaka)、耆那教(Jaina)

27 《貴霜佛教》的作者特別強調北涼、北魏開鑿佛窟時所受到的貴霜傳統的影響，這一點雖然沒有太大的疑問，但是來自印度本身的造像、造窟等傳統同樣值得重視。並且我們必須了解，早在貴霜王朝之前，以寶塔、雕刻、繪畫等方式來紀念佛陀、宣揚佛教的作法已非常普遍。參見《印度佛教史》（上），310-1，366；呂澂，《印度佛學源流略講》，37-8。在《佛像的起源》一書裡，高田修強調佛像並非因大乘佛教的崛起而出現的，頁368-92。此外，《貴霜佛教》一書的作者認爲「一佛一轉輪王」的觀念對當時的造像有相當大的影響，亦即造像時採取一佛一轉輪王的模式，涼州及雲岡的造像即有此特徵，詳見該書第7、8兩章。

與其他各個教派的福利；[28] 其實，就連他在石刻中再三叮嚀要求其子民一體遵行的「正法」（聽從父母與長者、誠實、對婆羅門和沙門要慷慨樂施、對一切有情眾生的慈悲——戒殺生等），我們也不能簡單地認爲這就是「佛教治國」，因爲這個「正法」的內容幾乎可說是當時印度各個宗教的共同戒律。[29]

從這個角度來看，《貴霜佛教》一書所提到的、中國的轉輪王君主以佛教治國的說法，或許還有值得商榷的餘地。的確，許多中國君主（或統治階級）都相信，佛教是有益於教化的，佛法可以化民成俗，這是蕭齊時竟陵王蕭子良著《淨住子淨行法門》，而梁武帝著〈淨業賦〉的主要目的。[30] 興建佛寺、雕塑佛像、

---

[28] 參見《阿育王及其石訓》，「天所親王（阿育王自稱）對於各宗教人士，不論其在家或出家，一律尊敬之，並贈予種種禮物，以表欽慕之情。……同時，我人對於各宗各教應持中肯公正之態度。總之，我人不論在任何場所，對於各宗教均當尊敬」（頁32）；「我曾經規定若干正法官應專門負責僧伽事務。若干正法官則負責婆羅門與阿耆毘伽教團（即正命師）事務。又有些正法官則專負責耆那教教務。其餘則負其他各宗各教事務。…正法官不但負責上述各宗各教事務，尚須兼及本文未述之各小宗派」（頁46-7）。

[29] 參見崔連仲，〈阿育王的正法與佛教的關係〉，《從佛陀到阿育王》，327-29。

[30] 湯用彤，《漢魏兩晉南北朝佛教史》，708。佛教倫理自然也有與中國傳統社會倫理相衝突的地方，最爲嚴重的大概就是「出家」的問題：出家即無後，是爲不孝之大者；且出家即擺脫國家賦稅與兵役（勞役）的負擔，對國家財政影響甚大；出家後即爲沙門，而「沙門不敬王者」，是即無君，爲不忠之大者。因此出家一事可說直接抵觸到儒家的基本倫理，歷來反對佛教的言論大致亦集中在此一問題上(《漢魏兩晉南北朝佛教史》,480-2,535-8)。其實，類似的問題早在佛陀的時代即已存在。例如磨揭陀國的士兵不願打仗，遂逃兵加入佛教僧團，頻毗娑羅王爲此提出控訴，佛陀乃規定，凡爲朝廷供職者不得接受入團。另外一個故事則提到，當佛陀回到家鄉時，他的兒子羅睺羅跟隨他出家，他的父親釋迦閱頭檀感傷於子孫的相繼出家，乃要求僧團未得父母允許不得接納子女的入團，佛陀同意，遂將此條列入律文（《印度佛教史》（上），73-5）。

是否有那麼多人想要、或能夠出家，這自然是個值得研究的問題，韋伯就認爲：「小市民與農民對於高貴教養階層的救世論成果是無從下手的。其中尤其是原始佛教的救世論。他們並沒有想要冀求涅槃，也同樣很少想要與梵合一。特別是，他們手頭根本就沒有足以獲取此種救贖目標的手段。事實上，獲得靈知必須要有冥思的空間。然而他們並沒有這種空間，並且一般而言，他們也看不出有何道理要藉著林棲的贖罪僧生活來獲得這種閒暇。」（韋伯著，康樂、簡惠美譯，《印度的宗教：印度教與佛教》，377；有關「出家」在印度

傳佈佛經、供養僧人等等，除了積功德外（有時甚至是爲自己的罪孽尋找解脱之道），[31] 自然也有化民成俗的用意在。而所謂的化民成俗，其實也就是希望被統治者能接受既有的秩序，正如唐代李節在〈錢潭州疏言禪師詣太原求藏經序〉中所說的：

> 夫俗既病矣，人既愁矣，不有釋氏使安其分，勇者將奮而思鬥，知者將靜而思謀，則阡陌之人，皆紛紛而群起矣。（《全唐文》，788）

宗教中扮演的角色，參見杜蒙，〈印度各宗教中的遁世修行〉，《階序人》，451-74）。然而世俗的這些限制對教團的發展而言，還是不免有所妨礙，佛教的解決辦法則是利用「功德」的觀念：對君主宣傳度人爲僧可以積功德，對父母則宣傳子女出家可爲七世父母造功德。隨著佛教信仰的普遍傳播，這種觀念逐漸深入人心，出家的問題遂在世俗社會與佛教教團之間取得某種程度的妥協。

出家的問題在中國引發的爭論，由於佛教信仰的日漸普及，大致也循著此一模式解決；其中比較值得注意的是國家對這個問題所抱持的態度及對策。南北朝君主崇佛者多，經常度人爲僧以積功德，這些都是事實；然而，爲了賦稅與兵役（或勞役）的考量，他們也經常沙汰僧尼、迫令還俗，例如北魏文成帝(452-65)雖復興佛法，但同一詔書中即規定准許出家的人數，「大州五十，小州四十人，其郡遙遠臺者十人」（《魏書・釋老志》，114，頁3036；湯用彤，前引書，513）；孝文帝雖篤信佛教，卻也曾數次下詔沙汰僧尼，太和十六年(492)，特別下詔「四月八日、七月十五日，聽大州度一百人爲僧尼，中州五十人，下州二十人，以爲常準，著於令」（《魏書・釋老志》，114，頁3039）；類似的詔令，孝明帝熙平二年(517)還重申過一次，並明定刑則，「自今有一人私度，皆以違旨論。鄰長爲首，里、黨各相降一等。縣滿十五人，郡滿三十人，州鎮滿三十人，免官，僚吏節級連坐。私度之身，配當州下役」，處罰可説相當嚴重，只是《魏書》接著也説，「時法禁寬褫，不能改肅也」(頁3043)。由於佛教信仰在南北朝時期的深入人心，「出家」一事對儒家根本倫理的衝擊基本上已爲「積功德」的觀念所抵消，儘管如此，這些事例仍可説明當時的政府還是相當顧慮「出家」對財政與賦役的影響。

31 魏晉南北朝之時，暴政頻仍，其君主卻多爲信佛之徒。例如後趙石虎的暴虐史上少有，然而他因佛圖澄之故，奉佛甚謹。蕭齊明帝亦爲虔誠信徒，曾以故宅起湘宮寺，費極奢侈，對群臣自誇功德，虞愿譏之：「陛下起此寺，皆是百姓賣兒貼婦錢……罪高佛圖，有何功德？」（《南齊書》，52，頁916），明帝自以篡奪得帝位，忌憚高、武帝子孫，「延興建武中，凡三誅諸王，每一行事，高宗（明帝）輒先燒香火，嗚咽涕泣，眾以此輒知其夜當相殺戮也」（《南齊書》，40，頁713），我們不曉得此處的「香火」到底是指道教或佛教的儀式（明帝亦信道教），只是，由此亦可看出當時人習慣以宗教儀式作爲一種贖罪的手段，齊明帝比較特別的地方乃在於他居然想出了預先告解的方式。

就此而言，佛教當然有其現實具體的功效，視其爲治國的一種工具自無不可。然而，宗教面對的或所要解決的，基本上還是彼世與超自然的問題。[32] 中古時期的佛教徒，不管是出家的僧尼還是在家的善男信女，他們之所以願意花費巨大的人力與物力來宣揚佛法、從事各項社會慈善事業，主要目的仍在祈求這些「功德」與「福田」能使其家族繼續保持（或改善）此世的命運、以及死後上生於兜率天或西方淨土。[33] 千百年後的今天，我們仍能從無數當時留傳下來的造像銘、供養畫像的題記裡看到這樣的祈求，例如：

> 乃感竭家珍，造茲石塔，飾儀麗暉，以□（釋）永或。愿聖主契齊乾坤，□□（德隆）運表。皇太后、皇太子□□（延祚）無窮。群遼百辟，存亡宗□（親），延沈楚炭。有形未□（亥），菩提是獲。（〈北魏曹天度造千佛石塔〉）[34]

> 敬造石碑像四佛四菩薩。藉此微功，仰願先王妻太妃大將軍令公兄弟等亡□昇天，託生西方無量壽佛國。現在眷屬四大康和，輔相魏朝，永隆不絕。復願所生父母，乃及七世，皆生佛土，體解□道。□□妻子，無□延年，長享福祿，在在處處，□善知識。又使兵□不興，關隴自平，普天豐樂，災害不起，乃至一切有形眾生蠢動之物，皆發菩提道心，□□□佛。（〈張保洛等造像記〉，《金石萃編》，31）

---

[32] 其間當然也有些差別，例如北朝流行的彌勒信仰，照唐長孺的解釋，「可能由於多了個令人神往的儴法聖王的太平治世，人人福壽綿長；又多了彌勒降生，三會說法，同獲善果。卻又因爲多了這些話，便於農民起義利用，犯了封建統治者所忌，以致被禁，造像就轉向往生西方了」（〈北朝的彌勒信仰及其衰落〉，《魏晉南北朝史論拾遺》，201-2）。換言之，由於多了個「地上的天國」，彌勒信仰較易爲農民革命所利用，現實性要較強些，不過這也是相對性的；所謂「地上的天國」，基本上還是屬於超自然的範疇。

[33] 以造像銘爲主要資料，探討中國中古時期北方鄉間佛教傳佈的情形，見劉淑芬，〈五至六世紀華北鄉村的佛教信仰〉，《中央研究院歷史語言研究所集刊》63.3（1993）。至於當時佛教徒的社會慈善事業，見全漢昇，〈中古佛教寺院的慈善事業〉，《佛教經濟研究論集》；另見明郁，〈慈悲喜捨——中古時期佛教徒的社會福利事業〉，《北縣文化》，40，（1994）。

[34] 史樹青，〈北魏曹天度造千佛石塔〉，《文物》1（1980）：70。

為亡父母敬造彌勒像二區，使亡父母託生紫微安樂之處。還願七世父母，師僧眷屬，見在居門，老者延年，少者益壽，使法□□生，一時成佛，咸願如是。(〈劉洛眞造像記〉，《金石萃編》，27)

□釋迦牟尼佛六軀，愿舍賤從良，及女喜和一心供養。[35]

與這種祈願相呼應的則是佛經裡給予信徒的慷慨許諾。例如《金光明經·四天王品》即允諾人君：

世尊，是金光明微妙經典，於未來世在所流布。若國土城邑郡縣村落隨所至處，若諸國王以天律治世，復能恭敬至心聽受是妙經典，幷復尊重供養供給持是經典四部之眾，以是因緣，我等(四天王二十八部諸鬼神等)……亦當護念聽是經典諸國王等及其人民，除其患難悉令安隱，他方怨賊亦使退散。

以是因緣故，此閻浮提安隱豐樂，人民熾盛大地沃壤，陰陽調和時不越序，日月星宿不失常，風雨隨時無諸災橫，人民豐實自足於財心無貪吝，亦無嫉妒等行十善，其人壽終多生天上，天宮充滿增益天眾。

是諸人王，若能至心聽受是經，則為已能供養於我，若供養我則是供養過去未來現在諸佛，若能供養過去未來現在諸佛，則得無量不可思議功德之聚。以是因緣，是諸人王應得擁護，及后妃婇女中宮眷屬諸王子等亦應得護，衰惱消滅快樂熾盛，宮殿堂宇安隱清淨無諸災變。(《大正新修大藏經》，16:663，頁341-2)

〈功德天品〉給說法者(僧尼、法師等)的獎勵是：

爾時功德天白佛言，世尊，是說法者，我當隨其所須之物，衣服飲食臥具醫藥及餘資產，供給是人無所乏少，令心安住晝夜歡樂，正念思惟是經章句分別深義。若有眾生於百千佛所種諸善根，是說法者為是等故，於閻浮提廣宣流布是妙經典令不斷絕，是諸眾生聽是經已，於未來世無量百千那

[35] 敦煌研究院編，《敦煌莫高窟供養人題記》，50；萬庚育，〈珍貴的歷史資料——莫高窟供養人畫像題記〉，《敦煌莫高窟供養人題記》，180，190；吳焯，《佛教東傳與中國佛教藝術》，365。

由他劫，常在天上人中受樂，值遇諸佛，速成阿耨多羅三藐三菩提。(《大正新修大藏經》，16:663，頁345)

對一般人的允諾則還分別照顧到此世與彼世的利益(〈功德天品〉與〈堅牢地神品〉)：

若有人能稱金光明微妙經典，爲我供養諸佛世尊，三稱我名燒香供養。……當知是人即能聚集資財寶物。以是因緣增長地味，地神諸天悉皆歡喜，所種穀米牙莖枝葉果實滋茂，樹神歡喜出生無量種種諸物，我時慈念諸眾生故，多與資生所須之物。(《大正新修大藏經》，16:663，頁345)

爾時佛告地神堅牢，若有眾生，乃至聞是金光明經一句之義，人中命終隨意往生三十三天。地神，若有眾生，爲欲供養是經典故莊嚴屋宅，乃至張懸一幡一蓋及以一衣，欲界六天已有自然七寶宮殿，[36] 是人命終即往生彼。地神，於諸七寶宮殿之中，各各自然有七天女，共相娛樂日夜常受不可思議微妙快樂。(《大正新修大藏經》，16:663，頁346)

因此而有所謂的「護國經典」，其類別則依君主信仰的宗派而有所分別，有時往往會影響到某一經典的流傳。例如唐代宗虔信密宗，對密宗經典自然特別眷顧，大曆十一年(776)甚至規定天下僧尼每天必須誦唸〈佛頂尊勝陀羅尼〉，爲眾生祈福：

天下僧尼令誦佛頂尊勝陀羅尼，限一月日誦令精熟。仍仰每日誦二十一遍。每年至正月一日，遣賀正使，具所誦遍數進來。

[36] 佛教有許多層次的「天」(deva-loka, 提婆)，或許也可解釋爲「境界」。所謂的「欲界六天」(屬於欲界的六種天)依次爲：1.四大王眾天(又稱四天王：持國天、增長天、廣目天、多聞天等及其眷屬之住所)，2.三十三天(又稱忉利天，此天之主稱釋提桓因，即帝釋天)，3.夜摩天(又稱焰摩天、第三焰天)，4.兜率天，5.樂變化天(又稱化樂天)，6.化自在天(又稱第六天、魔天)。前二天位於須彌山之上，故稱地居天；夜摩天以上則住在空中，故稱空居天。在四大王眾天或三十三天中，若因起瞋心或耽迷遊戲之樂，而失正念者，則自天界墮落。

〈佛頂尊勝陀羅尼〉因此而超越了宗派的鴻溝，搖身一變成爲欽定的「標準教科書」。根據大村西崖與劉淑芬的看法，〈佛頂尊勝陀羅尼〉之所以在中唐以後特別流行，大曆十一年的這道詔令可說是極具關鍵性的因素之一。[37]

除此之外，宗教的這種超自然性格也提供給人君一個便利的、獲取正當性的管道。[38] 中國君主（尤其是開國的帝王）習慣利用圖讖，例如劉邦崛起時流傳的「赤帝子」神話以及劉秀稱帝時所製作的「赤伏符」，即是其中較著名的例子。佛教在中古時期既然是一個主要信仰，當時的君主除了利用它來教化人民、吸引佛教徒的向心力之外，自然也會設法利用它來加強自己權位的正當性，尤其是那些帝位得來不太「正當」的君主，例如隋文帝與武則天。

武則天利用佛教的《大雲經》來鞏固帝位、特別是說服世人接受她以女性身分爲帝王一事，日本學者矢吹慶輝在他的《三階教の研究》裡，已特闢〈大雲經と武周革命〉一章詳加討論，[39] 陳寅恪的〈武曌與佛教〉一文也有詳盡分析，只是他們都沒有提到武則天其實也只不過是師法隋文帝的故技罷了。開皇三年(583)，也就是隋文帝代周爲帝的第三年，天竺僧人那連提黎耶舍譯出《德護長者經》，其中有一段相當精彩的「預言」：[40]

（佛說）汝今見此德護(Çrigupta)長者大兒月光童子(Candraprabha Kumāra)不。唯然已見。佛言，此童子者，能令未信眾生令生淨信，未調伏者能令

[37] 代宗的詔令見《代宗朝贈司空大辨正廣智三藏和上表制集》，卷五，〈敕天下僧尼誦尊勝眞言制〉，頁852。有關〈佛頂尊勝陀羅尼〉的流傳，詳見劉淑芬，〈佛頂尊勝陀羅尼經與唐代尊勝經幢的建立——經幢研究之一〉，《中央研究院歷史語言研究所集刊》67.1（1996）。

[38] 「一切正當的政治權力（不管其結構爲何）多少都混合有神權政治或政教合一的要素，因爲任何的卡理斯瑪終究都要求多少有一點巫術起源的痕跡，因而與宗教權力有其親緣關係，結果政治權力中也因而總含帶著某種意味的「神授性」」（韋伯，《支配社會學》，365）。

[39] 矢吹慶輝，《三階教の研究》，685-761；陳寅恪，〈武曌與佛教〉，《金明館叢稿》二編。

[40] 那連提黎耶舍在《續高僧傳卷二・譯經篇二》有傳。

> 調伏，未成熟者能令成熟。……又此童子，我涅槃後，於未來世護持我法，供養如來受持佛法，安置佛法讚嘆佛法，於當來世佛法末時，於閻浮提大隋國內，作大國王名曰大行，能令大隋國內一切眾生，信於佛法種諸善根。……復能受持一切佛法，亦大書寫大乘方廣經典，無量百千億數，處處安置諸佛法藏，名曰法塔。造作無量百千佛像，及造無量百千佛塔。(《大正新修大藏經》，14:545，頁849)

月光童子當於佛法末世於「大隋」作「大國王」，預言的淸楚直接大概可與劉秀的「赤伏符」相媲美了（赤伏符的第一句即「劉秀發兵捕不道」）。[41] 預言說得如此明白，隋文帝當然得努力奉行，總計他在位期間(581-604)，「一百餘州，立舍利塔，度僧尼二十三萬人，立寺三千七百九十二所，寫經四十六藏，一十三萬二千八十六卷，修故經三千八百五十三部，造像十萬六千五百八十軀」。[42] 天下之人，從風而靡，競相景慕，甚至有「民間佛經，多於六經數十百倍」的說法（《隋書》，35，頁1099）。

只是這段依托爲佛說的「預言」卻是經過竄改的，《大藏經》中另有一本《申日經》，實即《德護長者經》的異譯本，根據烈維(Sylvain Lévi)的考訂，應爲西元三世紀的譯本，可能就是竺法護所譯的《月光童子經》，其中關於這段「預言」的記載如下：

> 佛告阿難，我般涅槃千歲已後，經法且欲斷絕，月光童子當出於秦國作聖君，受我經法興隆道化。秦土及諸邊國，鄯善烏長歸茲疏勒大宛于塡，及諸羌虜夷狄，皆當奉佛尊法，普作比丘。其有一切男子女人，聞申日經，前所作犯惡逆者，皆得除盡。（《大正新修大藏經》，14:535，頁819）

---

[41] 月光童子爲中古時期著名的救世主信仰之一（其他還有彌勒佛與道教的李弘）。詳見砂山稔，〈月光童子劉景暉の反亂と首羅比丘經〉，《東方學》51（1976）；E. Zürcher認爲月光童子的信仰實混雜了道教與佛教的思想，詳見"Prince Moonlight, Messianism and Eschatology in Early Medieval Chinese Buddhism", *T'oung Pao*, LXVIII, 1-3(1982); " Eschatology and Messianism in Early Chinese Buddhism", in W. L. Idema ed., *Leyden Studies in Sinology*, (leiden:E. J. Brill, 1981)。

[42] 《法苑珠林》，100，〈興福部第五〉。

那連提黎耶舍修改此段經文，以證明隋文帝的「天命」，其痕跡昭然若揭。其實，不止《德護長者經》裡的那段預言，甚至連此處所引《申日經》裡的這一段，烈維都懷疑可能是西域僞造的。[43] 相形之下，武則天似乎要幸運些，因爲《大雲經》裡本就有「以女身當王國土」的預言，倒省了一道手續。只不過，根據陳寅恪的考證，《大雲經》實際上也並非來自印度，而是西域于闐與遮拘迦一帶的創作。[44]

中古時期君主利用佛教的方式，當然不只上述幾種，然而比較重要的大概也不出這些範疇，如果從這些作爲就引申出所謂的「佛教治國」，似乎有點牽強；因爲諸如法律、典章制度、設官任職等等與實際治國之術有關的領域，就我們所知，始終是牢固地掌握在儒家思想的支配下。

五、轉輪王觀念與中國中古的佛教政治

然而，轉輪王觀念傳入中國之後，在傳統政治思想與大乘佛教的影響下，終究還是發生了若干本質性的轉變——此即「轉輪王即佛」的觀念在中國的出現。我們曉得，不管是在原始佛教或大乘佛教的經典裡，轉輪王與佛都是分別得很清楚的。《長阿含・轉輪聖王修行經》說到未來「有佛出世，名爲彌勒如來。……彼時有王名曰儴伽(Śamkha)，刹利水澆頭種轉輪聖王」（《大正新修大藏經》，1:1，頁41-2）。不過這部原始的經典裡並沒有提到彌勒向儴伽說法。到了大乘系統的《佛說彌勒下生經》，故事就複雜多了。經典裡敘述彌勒自兜率天下生於轉輪王蠰佉（即儴伽）的國都翅頭城，證道後出而說法，情節極類似佛陀的本傳，只是場面要盛大得多，例如描寫蠰佉聽法的經過：

> 是時蠰佉王，聞彌勒已成佛道，便往至佛所欲得聞法。時彌勒佛與王說法，初善中善竟善義理深邃。爾時大王復於異時立太子爲王，……將八萬四千眾往至佛所求作沙門，盡成道果得阿羅漢。(《大正新修大藏經》，14:453，頁422)

---

[43] 烈維著，馮承鈞譯，〈大藏方等部之西域佛教史料〉，《史地叢考》續編，229-30。

[44] 陳寅恪，〈武曌與佛教〉，《金明館叢稿》二編，154-55。

《悲華經》裡寶藏佛(Ratnagarbha)向轉輪王無諍念(Aranemin)的說法亦有類似的場景，只是更爲誇張，而且著重在鋪陳轉輪王如何以財物供養佛（行「財施」）的細節，這部份的寫作或許是爲了給現實世界裡的君王提供一個參考罷（《大正新修大藏經》，3:157:2，頁174-6）。《金光明經》裡也強調當說法之人（法師）來到時：

> 佛告四天王，爾時人王，應著白淨鮮潔之衣，種種瓔絡齊整莊嚴，執持素白微妙上蓋，服飾容儀不失常則，躬出奉迎說法之人。……
>
> 人王……應生恭敬謙下之心，應當莊嚴第一微妙最勝宮宅，種種香汁持用灑地，散種種華敷大法座師子之座，兼以無量珍琦異物而爲校飾。……（人王）當淨洗浴以香塗身，著好淨衣瓔絡自嚴，坐卑小座不自高大，……正念聽受如是妙典。……勸以種種供養之具供養法師。（《大正新修大藏經》，16:663，頁342）[45]

從這些經文裡，我們可以明白看到《貴霜佛教》一書所強調的「一佛一轉輪王」的模式：佛或法師負責說法（法施），轉輪王則負責供養（財施），正如佛教的出家僧尼和在家眾（優婆塞與優婆尼）一樣，一方面負責靈魂的引導，另一方面則提供物質回報，彼此之間的關係是非常清楚的。[46]

「一佛一轉輪王」的模式其實淵源自古印度的傳統。法國人類學者杜蒙(Louis Dumont)在〈古代印度的王權觀念〉一文裡即清楚指出：

> （印度）宗教精神原則與王權原則之間的關係可從一個制度獲得完全的了解，這個制度把此關係具體呈現爲人與人的關係，把抽象的理念相當完整

---

[45] 《道行般若經》也提到犍陀越國，「國中有菩薩。名曇無竭。在眾菩薩中最高尊。有六百八十萬夫人采女共相娛樂。犍陀越國中諸菩薩。常共恭敬曇無竭。爲於國中央施高座。隨次轉下施座。中有黃金座白銀座琉璃座水精座。……座上皆施雜寶交露之蓋。中外周匝皆燒名香。曇無竭菩薩常於高座上。爲諸菩薩說般若波羅蜜」（《大正新修大藏經》，8:224，頁471-2）。

[46] 一直到今天的印度，婆羅門基本上還是滿足於給一些在物質上對他們有利的行動回報以功德上的保證而已，而供奉禮物是此種行動的典型。正如杜蒙說的：「送禮給婆羅門基本上是以物質之物交換精神之物，亦即以物質換取功德」（〈古代印度的王權觀念〉，《階序人》，483）。

的表現出來。國王不只是要雇請婆羅門從事公共祭儀，他還必須與某一個婆羅門建立起固定的、私人的關係，這個婆羅門即是國王的王家祭師(purohita, 字面意思是「在其前面者」)。……它的意思是指一種精神上的代表或前鋒，幾乎是國王的「大我」。眾神拒絕享用沒有王家祭師的國王所獻的祭品。……不僅如此，國王一生中的一切行動也都要依靠他，因爲沒有他就不能成功。……其關係像婚姻一樣緊密。正如《黎俱吠陀》早已說過的：「他富足的住在其宮中，大地供應他各種禮物，人民自然服從他，他是一個婆羅門永遠走在他前面的國王」。俗世的權威之所以獲得保障，是因爲國王以私人身分向化身爲王家祭師的靈性權威表示順從。[47]

上引的《金光明經》裡強調「法師」坐「大法座師子之座」，「人王」則坐「卑小座不自高大」，正是此一制度精神的一脈相承。古印度婆羅門（祭司）之道與刹帝利（君主）之道的階序性區分既如此分明，佛教又不斷強調「法施」與「財施」有如一車之兩輪相輔相成，印度與貴霜的諸轉輪王如阿育王、丘就卻與迦膩色迦等人遵循此一傳統自不足爲奇，換言之，他們既不可能也不會視自己爲佛的，儘管在大乘佛教的思想裡早已提供了「轉輪王即佛」此一觀念發展的契機。[48]

---

47 杜蒙，〈古代印度的王權觀念〉，《階序人》，478。

48 我們曉得，在佛陀的原始教義裡，只有出家才可能得證涅槃，換言之，即成佛，否則佛陀自己就不必出家了。佛陀所說的八正道之一的正思，即指離世出家(naiskramya)、無瞋與不起害心(《印度佛教史（上）》，132)。此外，《雜阿含經》卷33之928，佛陀向優婆塞摩訶男說法，告訴他如果精進修行的話，即可證得須陀洹果(srota-āpanna)、斯陀含果(sakrd-āgāmin)、阿那含果(anāgāmin)，至於阿羅漢果(arhat)則連提都沒提；我們曉得，原始佛教將修行的境界分成四等，即須陀洹、斯陀含、阿那含與阿羅漢果，得證阿羅漢果者已達「自知不受後有」的境界，實際上已與佛陀所證者無異，因此，佛陀不提阿羅漢果的修行，其用意實已相當清楚（《大正新修大藏經》，2:99:33:928，頁236）。

這也是爲何只有出家僧尼才能行「法施」、而在家眾則行「財施」的基本關鍵所在。所謂「一佛一轉輪王」的模式也就是在此基礎上確立起來的。然而，大乘佛教主張眾生皆有佛性，人人皆可成佛，出家與否無關緊要，到了涅槃系甚至認爲即使是極惡之人（所謂「一闡提」）亦可成佛，結果是模糊了出家與在家的區別；其次則是大乘一些經典的推波助瀾，例如《維摩詰經》塑造出維摩詰那樣具有廣大神通、甚至超越佛陀嫡傳弟子的在家居士，結果自然是進一步貶了低出家的價值。這就爲佛與轉輪王的合一暢開了大門。

印度的這種觀念其實是與中國的政治傳統相抵觸的。在傳統中國，最重要的宗教功能均落在君主身上，他本身即是最高祭司長，而那些被稱爲祭司的人只不過是他屬下的儀禮專家罷了。就此而言，「政教合一制(Caesaropapaism)」倒的確是個相當合適的名辭。[49] 政治傳統如此，對宗教自然也會有類似的影響：東漢末張魯以五斗米道崛起，據有漢中，以道教治國，自己則身兼教主（「師君」）與統治者，只不過他並沒有稱帝而一直以鎮民中郎將、漢寧太守的名義統治。[50] 道教的經典裡的確也有「天師」一類的稱號，[51] 碰到篤信道教的君主，「天師」也

然而，由於上述古印度原有的王家祭師的傳統，即使是在大乘佛教流行的地區，譬如說貴霜，「一佛一轉輪王」的模式仍然維持不變，雖然他們基本上也承認轉輪王在未來可以成佛，《悲華經》裡轉輪王無諍念成佛的經過即是一例，只是他也得歷經七年的修行，而且在這七年裡，「心無欲欲，無瞋恚欲，無愚癡欲，無憍慢欲，無國土欲，無兒息欲，無玉女欲，無食飲欲，無衣服欲，無華香欲，無車乘欲，無睡眠欲，無想樂欲，無有我欲，無有他欲。如是七歲，乃至無有一欲之心」，其實也就是出家了（《大正新修大藏經》，3:157，頁176-185）。

49 拜占廷帝國(Byzantine Empire A.D.324-1453)的政教關係通常被西方史學界視爲Caesaropapaism的典型，雖然也有學者認爲稍過誇大了些，參見*The Cambridge Medieval History*(IV): *The Byzantine Empire*(II), pp.12-3,104-6; A. A. Vasiliev, *History of the Byzantine Empire,* vol. 2, pp.148-50. 嚴格說來，拜占廷帝國政教合一的程度還無法與中國相比，因爲它有一個統一的教會和統一的信仰，對於王權有時尚可發揮相當頑強的抗拒力量。中國這種政治秩序與文化、道德秩序基本上一元化的現象，其歷史根源可參見林毓生的*The Crisis of Chinese Conscious-ness*, ch. 2, 及其〈二十世紀中國的反傳統思潮與中式馬列主義及毛澤東的烏托邦主義〉、附錄一："爲何傳統中國的政治秩序與文化、道德秩序，基本上，是一元的？"（《新史學》6.3（1995））。林毓生認爲這一點與中國「普遍王權」的觀念有密切的關聯。

50 張魯的事蹟詳見《三國志・張魯傳》。中國歷史上，大概也只有這個例子稱得上「宗教治國」。A. Seidel也認爲，黃巾起事時，張角不但自認爲具有教主與聖師的權威，並且也宣稱自己具有新皇帝的卡理斯瑪。見Anna K. Seidel, "Image of the Perfect Ruler in Early Taoist Messianism: Lao-Tzu and Li Hung", *History of Religions* 9:2&3, (1969-70), p.221。

51 《太平經・分別貧富法》：「今天師既加恩愛，乃憐帝王在位，用心愁苦，不得天意，爲其每具開說，可以致上皇太平之路」（35，頁33）；「今天師爲王者開闢太平之階路，太平之眞經出，爲王者但當游而無事」（35，頁34）；「今惟天師迺爲帝王解先人流災承負，下制作可以興人君，而悉除天下之災怪變不祥之屬」（65，頁224）。

可以變成「國師」(北魏的寇謙之可說是個典型)。[52] 只是道教在這方面的理論並不都很清楚，譬如說《太平經》裡固然有：「上士爲帝王之師輔」(117，頁665)，「上士學道，輔佐帝王」(癸部，頁728)的說法，但是卻也有「三氣共一，爲神根也。……上士用之以平國」(頁728)等比較含糊的語氣。葛洪在《抱朴子・內篇・釋滯》則直截了當地說：「要道不煩，所爲鮮耳。…長才者兼而修之，何難之有？內寶養生之道，外則和光於世，治身而身長修，治國而國太平。……欲少留則且止而佐時，欲昇騰則凌霄而輕舉者，上士也。……昔黃帝荷四海之任，不妨鼎湖之舉」(8，頁148)，換言之，黃帝已成爲「聖君」與「神仙」合一的典範。[53] 這也是爲何道經在製作其救世主神話時，會明言「眞君」(亦即老君)在未來化身爲「李弘」出世，「王治天下」的緣故。[54]

---

[52] 寇謙之的事蹟詳見《魏書・釋老志》，另外參見陳寅恪，〈崔浩與寇謙之〉，《金明館叢稿》初編；湯一介，《魏晉南北朝時期的道教》，219-61；Richard B. Mather, "K'ou Ch'ien-chih and the Taoist Theocracy at the Northern Wei Court, 425-51", in H. Welch &A. Seidel ed., *Facets of Taoism: Essay in Chinese Religion*, pp.103-22；此外，梁武帝時的道士陶弘景也有「山中宰相」之稱，詳見湯一介，《魏晉南北朝時期的道教》，292-3。A. Seidel認爲「天師」與「國師」有明顯的區分：當世上沒有賢君時，政治-宗教領導者的頭銜即爲天師；當遇到賢君時，這個人物只施展其宗教性權威來協助君主，頭銜則爲國師，Anna K. Seidel, *ibid*, p.234。不過，寇謙之始終是以「天師」之名輔佐太武帝的，而且從註50所引《太平經》的話看來，似乎也沒有這樣的區分，至少並不明顯。

[53] A. Seidel認爲天師與聖君的合一應該是六朝時的發展結果，見A. Seidel, *ibid*, p.230。

[54] 《太上洞淵神咒經・卷一誓魔品》：「道言：眞君者，木子弓口，王治天下，天下大樂。一種九收，人更益壽，三千歲，乃復更易天地，平整日月，光明明於常時。純有先世、今世受經之人來輔眞君」(唐長孺，〈史籍與道經中所見的李弘〉，《魏晉南北朝史論拾遺》，212)。就此而言，北魏太武帝接受寇謙之的建議使用「泰平眞君」的名號，其實也就說明了他自認爲是「眞君」，換言之，即「老君」的轉世，而寇謙之雖爲「天師」，任務卻只是「輔助泰平眞君，繼千載之絕統」(寇謙之對崔浩的話，見《魏書》，35，頁814)。我們當然也不是說，在中國，「君」的地位永遠在「師」之上，西元三世紀初建國於四川的成漢，其開國君主李雄與「天地太師」范長生的關係即相當特殊：

> (李)雄以西山范長生岩居穴處，求道養志，欲迎之爲君而臣之。長生固辭。……范長生自西山乘素輿詣成都，雄迎之于門，執版延坐，拜丞相，尊曰范賢。長生勸雄

在中國這種固有觀念的強烈影響下，無怪乎北魏道武帝時(396-409)，道人統（佛教教團的官方領導人）法果會不顧「沙門不敬王者」的傳統，致拜於道武，他的理由是：道武帝明叡好道，即是當今如來，因此，「我非拜天子，乃是禮佛耳」（《魏書》，114，頁3030-1）。這是「轉輪王即佛」此一觀念的首次見諸記載。到了北魏文成帝時，索性就以塑像或雕像的方式來表達此一觀念。最清楚的當然就是〈釋老志〉記載的、文成帝恢復佛法次年(453)所造的佛像，「詔有司爲石像，令如帝身。既成，顏上足下，各有黑石，冥同帝體上下黑子」；接著就是曇曜負責開鑿的石窟，「曇曜白帝，於京城西武州塞，鑿山石壁，開窟五所，鐫建佛像各一。高者七十尺，次六十尺，彫飾奇偉，冠於一世」（《魏書》，114，頁3036-7）。此即留存至今聞名於世的雲岡五窟，有的學者認爲這些佛像乃是道武以下五個皇帝的模仿像。[55] 這些造像的宣傳意味當然是很濃厚的，不過，我們

稱尊號，雄于是僭即帝位。……加范長生爲天地太師，封西山侯，復其部曲，不預軍征，租稅一入其家（《晉書》，121，頁3036）。

根據唐長孺的研究，李雄之所以對范長生如此禮遇，主要是因爲范長生除了是當地的豪族外，又是四川一帶的宗教（天師道）領袖，李雄之得以立國四川，與范長生的大力支持有密切關係。詳見唐長孺，〈范長生與巴氐據蜀的關係〉，《魏晉南北朝史論叢》續篇，155-62。關於李弘的研究，參見A. Seidel, *ibid*；砂山稔，〈李弘から寇謙之へ——西曆四、五世紀における宗教的反亂と國家宗教〉，《集刊東洋學》26（1971）。此外，雖說李弘屬於道教的救世主神話，我們還是得注意到其傳說中仍含有不少「巫」的色彩，詳見Lin Fu-shih, *Chinese Shamans and Shamanism in the Chiang-nan Area During the Six Dynasties Period (3rd-6th Century A.D.)*, Ph.D Dissertation of Princeton Univ., 1994, pp.203-5。

[55] 五帝指的是道武、明元、太武、景穆（未即位）與文成。最早提出此一看法的學者似乎是范文瀾，「這大概是依據魏開國皇帝的面貌經藝術家加以佛化後得出的形狀。魏文成帝即位，恢復佛教，照自己的身樣造石像。……曇曜造大佛像，模仿皇帝面貌以取寵幸，是很可能的」（范文瀾，《中國通史簡編》第二編修訂本，518，承杜正勝兄提示，謹此致謝）。有關此一問題的討論詳見宿白，〈雲岡石窟分期試論〉，《考古學報》1（1978）：25-6；宮大中，〈龍門石窟藝術試探〉，《文物》1（1980）：7；吳焯，《佛教東傳與中國佛教藝術》，382。古正美則堅持這些佛窟仍是依「一佛一轉輪王」的模式開鑿，詳見《貴霜佛教》，589-99，653-60。

也不能就此認定當時「轉輪王即佛」的觀念已非常普遍，因爲除了上述這些與造像相關的記載外，並沒有其他直接宣揚此一觀念的文獻資料，實際上，這個時期根本就沒有任何一個皇帝公開宣稱自己是轉輪王的。[56] 而且，除了453年文成帝的造像外，北魏此一時期其他的佛像是否眞的是仿照這些皇帝的容貌來造，就連這一點我們恐怕也都還難以完全確定。

要到一代女皇武則天的身上，「轉輪王即佛」的觀念才算有了具體的落實。此外，她也是第一個公開宣稱自己就是轉輪王的君主。唐代皇帝喜歡給自己上尊號，武則天也不例外，首先是在西元693年，也就是登基代唐爲周之後的第三年，她給自己取了一個「金輪聖神皇帝」的尊號，這個尊號越來越長，到了第二年就變成「越古金輪聖神皇帝」，第三年改成「慈氏越古金輪聖神皇帝」，同年又縮短爲「天冊金輪聖神皇帝」。[57] 長短雖然不一，「金輪聖神皇帝」幾字卻是始終不變。而且，儘管依照前述《大唐西域記》的說法，武則天要稱「鐵輪王」其實都還很勉強(因爲她連瞻部洲都無法完全掌握)，她可是老實不客氣的就用了「金輪」一詞。

---

[56] 我們可以相當確定梁武帝有關佛教的一些措施是遵照佛經記載中的轉輪王模式而來，只是他從來也沒有公開宣稱自己是轉輪王，更談不上是佛了。而且這個時期由於彌勒信仰的普及，「一佛一轉輪王」的觀念還是相當流行的，譬如說西元515年，冀州沙門法慶起兵於河北一帶，「說勃海人李歸伯，歸伯合家從之，招率鄉人，推法慶爲主。法慶以歸伯爲十住菩薩、平魔軍司、定漢王，自號「大乘」」(《魏書》，19：1，445)。這裡依稀亦可看出「一佛」(法慶)、「一轉輪王」(李歸伯)的模式。其實，就當時佛教界一般的觀念來看，法果的舉止毋寧可說是個相當特殊的例外，因爲僧尼普遍還是堅持「沙門不敬王者」的傳統，這個爭論從南北朝時期一直延續到隋唐。塚本善隆在《魏書・釋老志》的註釋裡，特別以法果此事爲例，說明當時北朝由於在胡人專制君主的統治下，佛教乃具有強烈的國家性格(即國家支配力強)，這點恰與南朝貴族制社會下的佛教性格形成對比(《魏書釋老志》，177-8)。有關「沙門不敬王者」此一觀念的討論，詳見康樂，〈戒律與王權〉。

[57] 《舊唐書・則天皇后本紀》。

除了宣稱是轉輪王之外，她還更進一步地宣傳自己就是佛。在正式代唐稱帝之前，如眾所知，武則天利用佛教的是《大雲經》：

載初元年(689)，有沙門十人僞撰大雲經，表上之，盛言神皇受命之事。制頒於天下，令諸州各置大雲寺，總度僧千人。（《舊唐書》，6，頁121）

《大雲經》並非僞造，這點陳寅恪已經說過。問題是《大雲經》裡提到的只是「淨光天女」以「女身當王國土」，另外就是無明國的公主「增長」繼位爲王一事，[58] 而不管是「淨光天女」也罷、「增長」也罷，都不是佛。武則天對這點大概是不太滿意的，因此而有薛懷義「言則天是彌勒下生，作閻浮提主」一事。[59] 而695年武則天所用的尊號「慈氏越古金輪聖神皇帝」，的確也把自己當成彌勒佛，因爲「慈氏」即是彌勒佛；其次則是武則天在稱帝那年給自己取的新名字「武曌」，這個「曌」字是她新創制的，其意爲「光明普照」（同「照」字），與華嚴主尊盧舍那佛的「毘盧舍那」(Vairocana)同義，[60] 而《華嚴經》又是武則天最喜好的經典，曾經花了相當大的力氣重譯過。[61] 與這兩件事相對應的還有武則天在稱帝之前所建造的、著名的龍門石窟奉先寺的大盧舍那佛與惠簡洞的彌勒佛，由於形象的女性化，許多學者認爲極可能就是武則天的模擬像。[62] 不管怎麼說，外來的轉輪王觀念、以及中國本土發展出來的「轉輪王即佛」的觀念，終於在武則天身上得到了一個具體且集大成的展現機會。[63]

---

58 陳寅恪，〈武曌與佛教〉，《金明館叢稿二編》，148-9。

59 《舊唐書・薛懷義傳》：「懷義與法明等造大雲經，陳符命，言則天是彌勒下生，作閻浮提主，唐氏合微」（183，頁4742）；《舊唐書・張仁愿傳》中也提到武后時，御史郭霸上表稱「則天是彌勒佛身」（93，頁2981）。不過，唐長孺對武則天自稱彌勒佛一事表示懷疑，〈北朝的彌勒信仰及其衰落〉，《魏晉南北朝史論拾遺》，204-5。

60 《佛學大辭典》，「毘盧舍那」條：「即盧舍那，爲報身佛之稱號，譯曰光明遍照，或單譯遍照」，並引《慧苑音義》：「盧遮那（即盧舍那），云光明照也。言佛於身智以種種光明照眾生也」（頁1597-8）。

61 吳焯，《佛教東傳與中國佛教藝術》，384；《貴霜佛教》，335。

62 宮大中，〈龍門石窟藝術試探〉，《文物》1（1980）：8；吳焯，前引文，384-5。

63 矢吹慶輝與R. W. L. Guisso也注意到武則天的作法其實是違反「一佛一轉輪王」的固有模式，矢吹慶輝，《三階教の研究》，726；R. W. L. Guisso, *Wu Tse-T'ien and the Politics of*

六、結論

本世紀初德國社會學者瑪克斯·韋伯(Max Weber)曾經針對世界各大宗教做過一系列的研究，其中最著名的當然就是《基督新教倫理與資本主義精神》。除此之外，中國的宗教、印度的宗教與古猶太教也都包括在他的《宗教社會學論文集》裡(*Gesammelte Aufsätze zur Religionssoziologie*)。儘管許多中國人自認爲佛教徒，儘管中國至今仍爲世界上最大的佛教國家，韋伯卻用〈儒教與道教〉此一標題來涵蓋中國這一部份，而將〈印度教與佛教〉保留給印度，其中的關鍵就在於，中國的佛教已經脫離原始佛教太遠，從韋伯的觀點來看，根本就不能稱之爲「佛教」。韋伯的觀點是否合理？持此觀點來了解中國的宗教與思想，是否得當？是否會有所扭曲？這些當然都還是可以爭論的問題。然而佛教的東傳及其中國化的過程中所出現的轉折，卻也是個不爭的事實。

本文由此角度出發，檢討佛教東傳之後，中國的君主是如何來擷取佛教的資源，文中特別以轉輪王觀念的演變爲例，說明原先轉輪王觀念中、「一佛一轉輪王」的模式在傳入中國之後，由於傳統政治思想與大乘佛教的影響，逐漸轉變成「轉輪王即佛」的模式。武則天即爲最善於利用佛教資源，並將「轉輪王即佛」的觀念具體落實的第一個君主。

（本文於一九九五年五月四日通過刊登）

Legitimation in T'ang China, p.45。只是他們並沒有深入追索從「一佛一轉輪王」到「轉輪王即佛」的觀念轉變過程。就筆者看來，此一觀念的演變其實（至少）可上溯到北魏，其間除了牽涉到傳統中國王權的觀念外，北亞游牧民族固有宗教及王權的觀念恐怕也有若干影響，這還有待另文討論了。有關武則天利用佛教符讖一事，比較詳盡的研究可見矢吹慶輝，前引書，695-761；R. W. L. Guisso, *ibid*, pp.31-50。

書目

一、基本史料

支婁迦讖譯，《道行般若經》，《大正新修大藏經》，224

王明校釋，《太平經合校》，（北京，1979）

王昶編，《金石萃編》，（台北，石刻史料叢書甲編）

司馬光，《資治通鑑》（點校本）

司馬遷，《史記》（點校本）

玄奘、辯機著，季羡林等校注，《大唐西域記》，（北京，1985）

《全唐文》，嘉慶19年版，（台北，1987）

佛陀耶舍、竺佛念譯，《長阿含・轉輪聖王修行經》，《大正新修大藏經》，1: 6

沈約，《宋書》（點校本）

那連提黎耶舍譯，《德護長者經》，《大正新修大藏經》，545

季羡林譯，《五卷書》，（台北，1983）

竺大力、康孟祥譯，《修行本起經》，《大正新修大藏經》，184

竺法護譯，《佛說申日經》，《大正新修大藏經》，535

竺法護譯，《佛說彌勒下生經》，《大正新修大藏經》，453

姚思廉，《梁書》（點校本）

范曄，《後漢書》（點校本）

浮陀跋摩、道泰譯，《阿毘曇毘婆沙論》，《大正新修大藏經》，1546

陳壽，《三國志》（點校本）

菩提留支譯，《大薩遮尼乾子所說經》，《大正新修大藏經》，272

楊衒之著，范祥雍校釋，《洛陽伽藍記》，（上海，1958）

葛洪著，王明校釋，《抱朴子內篇校釋》，（北京，1988）

道世，《法苑珠林》，（台北，1988）

道宣，《廣弘明集》，（上海古籍，1989）

道宣，《續高僧傳》，（上海古籍，1990）

劉昫，《舊唐書》（點校本）

曇無讖譯，《金光明經》，《大正新修大藏經》，663
曇無讖譯，《悲華經》，《大正新修大藏經》，157
蕭子顯，《南齊書》（點校本）
魏收，《魏書》（點校本）
魏徵，《隋書》（點校本）
求那跋陀羅譯，《雜阿含經》，《大正新修大藏經》，99

二、參考資料(中、日文)

丁福保編，《佛學大辭典》，（台北，1956）
木村泰賢，〈龍樹、世親系的大乘佛教〉，《大乘佛教之發展》，（台北，1979）
古正美，《貴霜佛教政治傳統與大乘佛教》，（台北，1993）
矢吹慶輝，《三階教の研究》，（東京，1927）
史樹青，〈北魏曹天度造千佛石塔〉，《文物》，1980: 1
全漢昇，〈中古佛教寺院的慈善事業〉，《佛教經濟研究論集》，（台北，1977）
羽田亨，〈大月氏及び貴霜に就いて〉，《史學雜誌》，41: 9，（1930）
羽溪了諦著，賀昌群譯，《西域之佛教》，《現代佛學大系》，49，（台北，1984）
伯希和著，馮承鈞譯，〈四天子說〉，《西域南海史地考證譯叢》三編，（台北，1962）
佛光大辭典編修委員會，《佛光大辭典》，（高雄，1988）
吳焯，《佛教東傳與中國佛教藝術》，（杭州，1991）
呂澂，《印度佛教史略》，《現代佛學大系》，23，（台北，1983）
呂澂，《印度佛學源流略講》，《現代佛學大系》，23，（台北，1983）
杜蒙著，王志明譯，《階序人——卡斯特體系及其衍生現象》，（台北，1992）
沙畹著，馮承鈞譯，〈宋雲行紀箋註〉，《西域南海史地考證譯叢》（六編），（台北，1962）
周祥光譯，《阿育王及其石訓》，《現代佛學大系》，23，（台北，1983）
明郁，〈慈悲喜捨——中古時期佛教徒的社會福利事業〉，《北縣文化》，40，（1994）
砂山稔，〈李弘から寇謙之へ——西曆四、五世紀における宗教的反亂と國家宗教〉，《集刊東洋學》，26（1971）
砂山稔，〈月光童子劉景暉の反亂と首羅比丘經〉，《東方學》，51（1976）
范文瀾，《中國通史簡編》第二編(修訂本)，（北京，1965）
韋伯著，康樂、簡惠美譯，《支配社會學》，（台北，1993）

韋伯著，康樂、簡惠美譯，《印度的宗教：印度教與佛教》，（台北，1996）
唐長孺，《魏晉南北朝隋唐史三論》，（武昌，1992）
唐長孺，〈范長生與巴氏據蜀的關係〉，《魏晉南北朝史論叢》續篇，（北京，1959）
唐長孺，〈北朝的彌勒信仰及其衰落〉，《魏晉南北朝史論拾遺》，（北京，1983）
唐長孺，〈史籍與道經中所見的李弘〉，《魏晉南北朝史論拾遺》，（北京，1983）
宮大中，〈龍門石窟藝術試探〉，《文物》，1980: 1
烈維著，馮承鈞譯，〈大藏方等部之西域佛教史料〉，《史地叢考》續編，（台北，1962）
高田修著，高橋宣治、楊美莉譯，《佛像的起源》，（台北，1985）
宿白，〈雲岡石窟分期試論〉，《考古學報》，1978: 1
崔連仲，《從佛陀到阿育王》，（沈陽，1991）
許地山，〈大乘佛教之發展〉，《大乘佛教之發展》，（台北，1979）
陳寅恪，〈崔浩與寇謙之〉，《金明館叢稿》初編，（台北，1981）
陳寅恪，〈武曌與佛教〉，《金明館叢稿》二編，（台北，1981）
敦煌研究院編，《敦煌莫高窟供養人題記》，（北京，1986）
渥德爾(A. K. Warder)著，王世安譯，《印度佛教史》，（台北，1988）
湯一介，《魏晉南北朝時期的道教》，（台北，1991）
湯用彤，《隋唐佛教史稿》，（台北，1983）
湯用彤，《漢魏兩晉南北朝佛教史》，（台北，1987）
萬庚育，〈珍貴的歷史資料——莫高窟供養人畫像題記〉，《敦煌莫高窟供養人題記》，（北京，1986）
塚本善隆譯注，《魏書釋老志》，平凡社東洋文庫本，（東京，1990）
劉淑芬，〈五至六世紀華北鄉村的佛教信仰〉，《中央研究院歷史語言研究所集刊》，63: 3（1992）
劉淑芬，〈佛頂尊勝陀羅尼經與唐代尊勝經幢的建立——經幢研究之一〉，《中央研究院歷史語言研究所集刊》，67: 1（1996）。

三、參考資料(西文)

Ch'en, Kenneth, Buddhism in China: A Historical Survey, (Princeton, 1964)
Guisso, R. W.L., Wu Tse-T'ien and the Politics of Legitimation in T'ang China, (Western Washington Univ., 1978)

Hussey, J. M., ed. The Cambridge Medieval History(IV): The Byzantine Empire(II), (Cambridge, 1978)

Lin Fu-shih, Chinese Shamans and Shamanism in the Chiang-nan Area During the Six Dynasties Period (3rd-6th Century A.D.), Ph.D Dissertation of Princeton Univ., 1994

Mather, Richard B., "K'ou Ch'ien-chih and the Taoist Theocracy at the Northern Wei Court, 425-51", in H. Welch &A. Seidel ed., Facets of Taoism: Essay in Chinese Religion, (New Haven, 1979)

Seidel, Anna K. "Image of the Perfect Ruler in Early Taoist Messianism: Lao-Tzu and Li Hung", History of Religions 9:2&3, (1969-70)

Vasiliev, A. A., History of the Byzantine Empire, (Madison, 1952)

Weber, Max, The Religion of India: The Sociology of Hinduism and Buddhism, (New York, 1958)

Zürcher, E. "Prince Moonlight, Messianism and Eschatology in Early Medieval Chinese Buddhism", T'oung Pao, LXVIII, 1-3(1982)

Zürcher, E. "Eschatology and Messianism in Early Chinese Buddhism", in W. L. Idema ed., Leyden Studies in Sinology, (Leiden:E. J. Brill, 1981)

The Concept of Cakravartirājan and its Influence on Medieval Chinese Kingship

Kang Le

Institute of History and Philology, Academia Sinica

Cakravartirājan is the title given to the ancient India's legendary sage kings, a concept later adapted by Buddhists. After Buddhism's successful conquest of China during the medieval period, Chinese rulers unhesitatedly utilized Buddhism as a resource for claiming legitimacy. The concept of Cakravartirājan was one of their major appeals to this end. By analyzing the transformation of the original Indian model of "one Budda-one Cakravartirā jan" into the Chinese model of "Cakravartirājan is Budda himself", this essay provides a case study for the understanding of the "sinicization" of Buddhism in medieval China.

出自第六十七本第一分(一九九六年三月)

《佛頂尊勝陀羅尼經》與唐代尊勝經幢的建立——經幢研究之一

劉淑芬*

本文爲作者研究經幢的首篇論文。經幢是唐代才出現的一種佛教石刻，其上所刻者大多爲《佛頂尊勝陀羅尼經》，本文主要從有關此一佛經的總總——包括其內容、翻譯和此經東來的傳奇，探討此經流行的原因，以及它如何影響經幢的建立。再次，則從其時的政治和社會，乃至於宗教界的層面，討論此經流傳的因素，而發現此經固然有吸引人之處，但其之所以能夠傳遍唐帝國的城市與鄉村，實有賴唐代宗於大曆十一年令：「天下僧尼每日須誦尊勝陀羅尼咒二十一遍」敕令的推廣。又，此令的頒佈係當時佛教界——特別是密宗的幾位大師推動的結果。綜之，此經的傳遍天下，乃是由於其時宗教、政治、社會諸因素盤結交錯的結果；而經幢則是此經的廣爲流佈的一個具體明證。

一、前言

「經幢」係周刻佛教或道教經文的石柱，通常爲八角形石柱（附圖一），也有少數是六角形，或四方形的石碑，另有極少數作圓柱體。唐朝時佛教徒首先

傅斯年先生百歲誕辰紀念論文

* 中央研究院歷史語言研究所

製作經幢，而絕大多數的佛教經幢所刻都的是《佛頂尊勝陀羅尼經》，[1] 通常稱爲「尊勝陀羅尼幢」、或簡稱爲「尊勝幢」。[2] 在佛教經幢出現之後，道教徒也模仿佛教經幢，製作道教經幢，迄今所知道教經幢所刻者大都是《道德經》。[3] 不過，在數量上佛教經幢是遠遠地超過道教經幢，迄今見之於記載、或存留的道教經幢屈指可數。以經幢建置的歷史而言，唐代是其極盛時期；五代以迄於明代，佛教僧俗信徒仍陸續建造經幢，但無論在質和量方面都無法和唐代相比擬。[4]

無論就佛教史、社會史或藝術史研究而言，經幢都有其獨特的重要性。以佛教史來說，迄今的研究大都從眾多經典的翻譯，來看佛教的發展；至於漢譯經典眞正流傳的情況，由於資料的缺乏，則難以追查。在這方面，經幢提供了一部經典——《佛頂尊勝陀羅尼經》，從漢譯過程，到其流傳——包括在地域上的廣度、以及深入社會各個階層，很完整的一部經典流佈的個案。此外，集佛教資料大成的《大藏經》和史藉中，絕大多數是偏重居住在城市裡上層階級的僧人和俗人的記載，而罕見關於平民和鄉村佛教的資料；[5] 由於建立尊勝經幢者涵括了貴族、官僚和平民百姓，它同時流行於城市和鄉村，所以，經幢上的題

[1] 佛頂尊勝陀羅尼經幢的數量未能正確估算，松本文三郎，《支那佛教遺物》（東京：大鐙閣，1919），六〈石經〉云：「中國經幢無數，其中十之七、八皆是尊勝陀羅尼。」，頁一八四。又，在唐代佛頂尊勝陀羅尼經幢出現以前，北涼石塔在塔身上亦刻有佛經，它是唐代經幢的來源之一，關於這一點及經幢的來源，將另文討論。

[2] 關於尊勝經幢的稱呼有很多種，亦將於另篇詳述。

[3] 現今所知，唯於鄭州開元寺的一所道教經幢（一九七四年移至鄭州市博物館），其上所刻的是《太上洞玄靈寶無量度人上品妙經》。見：趙靈芝、張體義，〈唐會昌六年道教度人經幢〉，《中原文物》1（1995）。

[4] 葉昌熾撰、柯昌泗評，《語石・語石異同評》（北京：中華書局，1994），卷四中有關於經幢的八則記載，其中屢論及此，如談刻經的體例：「五代宋初，風氣日趨於陋。」又：「遼金元幢，（刻咒）有多至十餘種者。其體例益雜，其書亦愈下，然皆在大中以後，若開天盛際，則未聞有此。」

[5] Erik Zürcher, "Perspectives in the Study of Chinese Buddhism," *Journal of the Royal Asiatic Society*, 2 (1982), 161-176.

記，可以補充《大藏經》和史籍中對於鄉村和平民方面記載的不足。[6]

以社會史而言，經幢是研究社會心態史（history of mentalities）一種絕好的資料。[7] 在數以千計被譯成漢文的經典中，僅有少數經典爲多數信徒所敬信而廣爲流傳，而某一部經典之所以廣爲人們崇奉，除了經典本身的內容之外，也必有某些和其時社會相呼應的成份。特別是從五代以後，當時人建立經幢的目的已和唐代有若干質方面的變化，正是觀察社會思潮流變一個很好的例子。

就藝術史而言，在佛教造像之外，經幢是唐代佛教藝術最普遍的形式。經幢從一純粹的宗教物品，而後逐漸變成寺院建築的一部分；以今日看來，經幢不只是一件宗教產品，它更是一種藝術品，經幢上的佛像雕刻，特別是鐫刻其上的經文，都是當時雕刻、書法最出色的表現。唐人書法名家作品流傳至今者極爲稀少，而很多經幢上的經文則是當時書法名家所書寫者。如在浙江杭州市唐龍興寺（今爲祥符寺）開成二年的經幢，以及吳興天寧寺經幢，浙江蕭山縣唐覺苑寺經幢，都是出自當時浙地書法名家胡季良之手。[8]

此外，由於很多經幢是樹立在寺院山門或殿堂之外，它也被近代建築學者視爲寺院建築的一部分；二十世紀以後，中國首先注意到經幢在學術的價值的，正是「營造學社」的建築學者們。

經幢雖然有如是的重要性，然而迄今中外有關經幢的研究、或根據經幢所做的研究卻是寥寥可數。早在清末，葉昌熾對經幢之不受人重視就曾有深刻的感嘆：「碑額誌蓋，尙有知者；幢座像龕，無非叩槃捫燭，金石之學殆絕矣！」[9] 至於長久以來經幢何以不受重視？主要是因爲經幢所刻者幾乎千篇一律皆爲

---

[6] 造像記也是另一項珍貴的資料，參見劉淑芬，〈五至六世紀華北鄉村的佛教信仰〉，《中央研究院歷史語言研究所集刊》63.3（1992）。

[7] 參見Philippe Aries著，〈心態歷史〉，梁其姿譯，《思與言》20.4（1982）。

[8] 《兩浙金石志》（石刻史料新編第一輯第十四册，新文豐出版社），卷二，頁三十七至三十九，〈唐龍興寺經幢〉；卷三，頁一至四，〈唐天寧寺經幢〉、〈唐覺苑寺經幢〉。

[9] 葉昌熾，《緣督廬日記》，（中國史學叢書第五册，台北：文海出版社，1964），記九，辛丑七月廿四日條，25。

《佛頂尊勝陀羅尼經》的緣故，因此，除了書法精湛者之外，顯為人重視。即使研究經幢的學者松本文三郎也作如是說：「儘管佛教經幢數量最多，其內容頗為單調，而且以密教的陀羅尼類占多數，在學術上並無很多的貢獻。又，其規模比較小，不足以聳動人之耳目。」[10] 其實這個看法並不正確，他之所以認為經幢規模小，係將它和石經與摩崖比較的結果。事實上，多數經幢的形體高大，令人印象深刻。至於其內容單調，以密教陀羅尼經典為多，特別是《佛頂尊勝陀羅尼經》佔絕大多數，這牽涉到最初是因為此經的傳入與流行，才有經幢的建立；以及經幢在宗教上的作用之故。事實上，它正蘊含著豐富的宗教史、社會史的意義，值得深入探究。

關於經幢的研究，清末葉昌熾首先致力於蒐羅經幢拓本，而自題其書齋云「五百經幢館」，他所收集的佛教經幢拓片就有六百餘通之多；[11] 而在他金石學的名著《語石》一書中，有八則關於經幢的論述，是他蒐集、研究經幢的心得，極為精簡深闢。繼葉昌熾之後，一九一九年，日人松本文三郎在《支那佛教遺物》一書中，以一章的篇幅討論經幢。一九二〇年代，中國建築學者劉敦楨、梁思成考察古蹟，亦曾留意經幢，並且對少數幾個經幢做過測繪的工作。一直要到五〇年代末期，中國大陸學者杜修均、閻文儒、陳明達才有短文討論經幢。從那以後，迄今也只有考古學者對於新發現的經幢有零星的報告，而未有深入的論述。[12] 相關的研究如此之少，是以今日我們對經幢所知仍然非常有限，有很多問題：如經幢的來源、經幢的形制與變體、經幢的作用、以及經幢的演變等問題，都有待進一步的釐清與探究。

本文首先探討唐代經幢產生的背景。如前所述，經幢上絕大多數鐫刻的都是《佛頂尊勝陀羅尼經》，此經的流行廣布促成了經幢的始創建立；因此，本文從此經的內容、有關此經東來的傳奇，探討其流行的原因，以及它如何影響尊勝

---

[10] 《支那佛教遺物》，185。

[11] 《語石・語石異同評》，卷四，278。

[12] 松本文三郎，《支那佛教遺物》，七〈經幢〉。杜修均，〈經幢初步探討〉，(建築理論及歷史研究室南京分室，油印本，1958)，筆者未見。嚴文儒，〈石幢〉，《文物》8(1959)。陳明達，〈石幢辯〉，《文物》2(1960)。

經幢的建立。其次，在汗牛充棟的漢譯佛教經典中，很少有如《佛頂尊勝陀羅尼經》者，在很短的時期內便迅速傳播開來，尊勝幢的建立遍及唐帝國的城市和鄉村，便是它廣為流佈最顯著的證明之一；本文嘗試就其時的政治、社會，乃至於的佛教界方面來探討這個問題。

二、《佛頂尊勝陀羅尼經》的內容與翻譯

《佛頂尊勝陀羅尼經》今收在《大正新修大藏經》中第十九卷密教部經典之列；就密宗發展的歷史而言，它是屬於早期密教（也稱之為「雜密」）的經典之一。中國密教史可分為三個時期：東晉至盛唐是初期中國密教（三世紀至七世紀），中唐至晚唐（八世紀至九世紀）是中期中國密教，五代、北宋（十世紀）以後是晚期中國密教。[13]《佛頂尊勝陀羅尼經》係初期密教後半期輸入的經典。[14] 此經在傳入中國後，即迅速流傳，在中國密教發展的中期——即唐開元年間以後，更依此經發展出一些破地獄的儀軌，[15] 即所謂的「尊勝法」。雖然如此，此經在盛唐以後的流傳與流行，並不限於密宗一派之內。由於社會和政治上的機緣，此經可以說是超越佛教宗派、普遍地流行於唐帝國廣大地域，[16] 隨著此經的盛行流傳，經幢也隨之廣佈樹立於各地。此經的內容有其特別吸引人處，使它廣受信徒接受；另外，此經部分的經文則直接促成經幢的建立。

---

[13] 賴富本宏，《大乘佛典——中國日本篇，8 中國密教》（東京：中央公論社，1988），307-9。

[14] 同前書，311-12。

[15] 大村西崖，《密教發達志》（台北：華宇出版主，1986），432，436。長部和雄，〈唐代後期胎藏系密教學の二流派と三種悉地法〉，氏著，《唐宋密教史論考》（京都：永田文昌堂，1982）。

[16] 如唐文宗大和六年〈僧先可書幢〉，即是樹立在一位三階教僧人荼毗所。見《金石萃篇》，卷六十六，頁四十一至四十二。關於這一點，將另文討論。

(一)佛頂尊勝陀羅尼經的內容

這部佛經的篇幅並不長，其內容可分為兩部分，一是意譯部分，敘述釋迦牟尼說「佛頂尊勝陀羅尼」的原委，其中極力讚頌稱揚此陀羅尼的威力神效，並且教授持誦此陀羅尼之法。一是音譯部分，則係「尊勝陀羅尼」。以此經最通行的佛陀波利譯本（大・967）而言，經文有二千六百五十五字，「尊勝陀羅尼」僅三百二十六言而已；不過，「尊勝陀羅尼」才是此經最重要的部分。

關於「佛頂尊勝陀羅尼」的由來，是釋迦牟尼為解救善住天子即將面臨短命壽終、受畜身、地獄等苦難而說的。某日夜晚，善住天子在享受和諸天遊園等種種歡娛之後，忽然聽到他即將遭受許多苦難的預告，包括他即將在七天之後壽盡命終，死後的境遇極為悽慘：先是受七返畜生身，和地獄之苦；其後，雖然得以脫離地獄，生為人身，不過，卻是生在貧賤之家，而且一出生就是無眼的殘疾之身。善住天子聽了，大為驚佈，於是向天帝釋求救；然而，天帝釋並無解救之法，乃轉而求助於釋迦牟尼。釋迦牟尼應帝釋之請求，便教以解救之道，即是「佛頂尊勝陀羅尼」。天帝釋將此陀羅尼及其受持之法，傳授善住天子。善住天子依法受持此陀羅尼六日六夜，不僅逃過死難，還得以遠離一切惡道之苦，住菩提道，並獲延年增壽。[17]

在談音譯部分的「尊勝陀羅尼」之前，有先簡述「陀羅尼」的必要。中國的密教源自印度，密教認為身、口、意三密兼修，可以疾速成佛；口密即是指陀羅尼、咒和眞言，早先此三者的起源並不相同，亦各有其含意，但後來則混而為一。在印度以陀羅尼（dharani）出現得最早，其漢譯為「總持」，即精神集中之意；精神集中，乃能增進記憶力，以記憶經文中的文句和內容。據松有長慶的研究，初期大乘佛典中陀羅尼一詞多是憶持、聞持之意；三世紀前後，陀羅尼在憶持、聞持的原意之外，又附加了和咒同一機能的「咒陀羅尼」；其後陀羅尼和咒文結合，而被視為同一物。至於眞言和咒自古就被視為同一詞使用，其實兩者亦非相同。咒（vikyā），漢譯作「明咒」或「咒」，譯作明咒可

[17] 《佛頂尊勝陀羅尼經》（大・967），《大正新修大藏經》，第十九卷，349下-352上。

以說是保有其原意。眞言（mantra），則是對神的贊歌，透過對神的禮讚及對神的感謝，而得到利益，其結果和咒的機能是一致的，自古此二者就沒有眞正的區別。至印度密教發展的中期和後期，則是將陀羅尼、咒、眞言三者等同視之。[18] 中國密教受印度的影響，至唐代時，陀羅尼和咒已混合爲一，唐代的經幢上常稱「佛頂尊勝陀羅尼」爲「佛頂尊勝陀羅尼神咒」。[19]

在佛教發展過程中，陀羅尼的性質也有所轉變，由原來集中精神，憶持佛法的原意，後來附加避除災難的功能，其後更和成佛結合。[20] 六世紀以前，漢譯的初期密教經典，都是祈求現世的利益，而和成佛無關；七世紀中葉，漢譯的密教經典中，則誦陀羅尼和成佛結合而不可分，如印度中期密教的《大日經》、《金剛頂經》，其修法目的已從除災招福的現世利益，演變爲成佛了。[21]「佛頂尊勝陀羅尼」是在七世紀下半葉傳入的，它即具有除災和成佛這兩種功能；不僅可祈求現實的利益，永離病若、延年益壽，並且可免除因業障惡因所招致地獄、畜生、餓鬼惡道的果報，更可得佛授記，盡此生後可往生諸佛國土。《佛頂尊勝陀羅尼經》云：「天帝，若人能須臾讀誦此陀羅尼者，此人所有一切地獄畜生閻王界餓鬼之苦，破壞消滅無有遺餘。諸佛剎土及諸天宮，一切菩薩所住之門，無有障礙，隨意趣入。……天帝，若人須臾得聞此陀羅尼，千劫已來積造惡業重障，應受種種流轉生死，地獄餓鬼畜生閻羅王界阿修羅身，夜叉羅剎鬼神布單那羯吒布單那阿波娑摩囉，蚊虻龜狗蟒蛇一切諸鳥，及諸猛獸一切蠢動含靈，乃至蟻子之身，更不重受。」[22] 善住天子就是持誦尊勝陀羅尼，而得以延命長壽，及免除地獄、畜生等惡道之苦，還得證無上菩提，獲釋迦牟尼之授記。

---

[18] 松有長慶，《密教經典成立史論》（京都：法藏館，1981年二刷），第一節〈陀羅尼の機能〉，83-92。

[19] 《金石萃篇》（石刻史料新編第一輯第一冊，台北：新文豐出版社，1977），卷六十六，頁九，〈張少悌書幢〉。

[20] 《密教經典成立史論》，93-111。

[21] 同前註。

[22] 《大正新修大藏經》，第十九卷，350中-351上。

此經的最大特色之一，是兼濟生靈與亡者，尤其特別強調「尊勝陀羅尼」的破地獄功能。從此經中，釋迦牟尼說「尊勝陀羅尼」的兩個別稱，便可知曉，此經又名爲「淨除一切惡道佛頂尊勝陀羅尼」，和「吉祥能淨一切惡道」，可知此陀羅尼最重要的功能就是淨除一切惡道——包括地獄、畜牲和餓鬼。

> 佛告帝釋言，此咒名淨除一切惡道佛頂尊勝陀羅尼，能除一切罪業等障，能破一切穢惡道苦。天帝，此大陀羅尼八十八殑伽沙俱胝百千諸佛同共宣說，隨喜受持，大日如來智印印之，爲破一切眾生穢惡道苦故，爲一切地獄畜生閻羅王界眾生得解脫故，臨急苦難墮生死海中眾生得解脫故，短命薄福無救護眾生樂造雜染惡業眾生得饒益故。又此陀羅尼於贍部洲住持力故，能令地獄惡道眾生，種種流轉生死，薄福眾生，不信善惡業失正道眾生等，得解脫義故。[23]

佛陀波利譯本志靜的序，曾兩度提到這一點，說此經「廣利群生，拯濟幽冥」、「此經救拔幽顯，最不可思議。」[24] 近人長部和雄的研究，認爲破地獄思想是「尊勝陀羅尼」的特色之一。[25] 破地獄雖然是此陀羅尼最主要的功能，但是它也有祛病、長壽，以及免除一切畜生等惡道的功能；只是，其破地獄功能後來幾乎掩蓋了其他的功能。

唐人特別重視此經的破地獄功能，以及此經初傳入即大受歡迎，都和七世紀以降社會上地獄信仰有密切的關係。七至八世紀時新興的三階教，強調墮落地獄的恐怖，地藏信仰因而疾速發展；雖然三階教後來被政府的彈壓，而不再成爲具有影響力的宗派；不過，地藏信仰和六道輪迴、地獄等連結在一起，卻漸浸透中國社會的各個階層。[26] 加以中唐以後，更興起地獄十王信仰。[27] 在此社

---

[23] 同前書，351上。

[24] 同前書，349中、下。

[25] 長部和雄，《唐代密教史雜考》（日本：神户商科大學，1971），二〈不空以前的密教之一〉，33。

[26] 速水侑，《地藏信仰》（東京：塙書房，1975年一刷，1988年六刷），50。

[27] 澤田瑞穗，《地獄變》（京都：法藏館，1968）。Stephen F. Teiser, "Having Died and Returned to Life: Representations of Hell in Medieval China", *Harvard Journal of Asiatic Studies*, 48. 2 (December, 1988), 433-64. 以中古文學作品研究通俗的地獄信仰。另，

會思潮下，此一宣揚可以淨除地獄等惡道之苦的「尊勝陀羅尼」自然大受歡迎。此經因其所強調破地獄功能和唐代社會上流行的地獄信仰暗和，是它大受歡迎、很快便廣為流佈的重要因素之一；最具體的表現就是「墓幢」的建立——即有很多經幢是為亡過者所建，樹立在墳墓傍側。關於這一點，將於另文再予詳細討論。

研究經幢學者都認為下列一段經文，直接影響經幢的建立：[28]

> 佛告天帝：若人能書寫此陀羅尼，安高幢上，或安高山或安樓上，乃至安置窣堵波中。天帝，若有苾芻、苾芻尼、優婆塞、優婆夷、族姓男、族姓女，於幢等上或見或與相近，其影映身；或風吹陀羅尼上幢等上塵落在身上，天帝，彼諸眾生所有罪業，應墮惡道、地獄、畜生、閻羅王界、餓鬼界、阿修羅身惡道之苦，皆悉不受，亦不為罪垢染污。天帝，此等眾生，為一切諸佛之所授記，皆得不退轉，於阿耨多羅三藐三菩提。[29]

此處提到若有人書寫此陀羅尼，將它置於高處，如高幢、高樓、高山上，或將它置於窣堵波（塔）中，則此人所有罪業惡報皆可消除，不墮地獄等惡道的描述，誠然直接影響了唐人採取將此經鐫在石幢上的方式，而創作了石經幢。不過，我們必須注意：將尊勝陀羅尼書寫於高幢上，這僅是宗教上的祈求方法而已，更重要的是透過此祈求方法，所祈求的是消彌現世的災殃，以及免除地獄等惡道之苦。

又，上文提到尊勝陀羅尼威力最為神妙之處——「塵沾影覆」，是此經最聳動人心之處，也是促使唐人建立經幢的主要原因之一。經文中提及：凡人接近或見到此陀羅尼，甚至只要書寫著此陀羅尼的經幢的影子映到身上，乃至於幢上的灰塵偶然飄落人身上，則此人亦得以淨除一切罪業惡道。很多經幢上的銘記都提及這一點，如唐德宗貞元十二年（七九六），不知名者為其母尼囗操造

Stephen F. Teiser, *The Ghost Festival in Medieval China* (Princeton: Princeton University Press, 1988). 一書中也敘述地獄信仰的興起。關於地獄信仰和經幢流行的關係，將另文詳論。

28 《支那佛教遺物》，238。嚴文儒，〈石幢〉。

29 《佛頂尊勝陀羅尼經》，351中。

尊勝幢記云：

口持之中，佛頂爲勝，標題柱石，則塵飛累遣，影轉殃消。[30]

又，如唐憲宗元和十三年（八一八），尼契義墓幢記云：

每幢影映身，塵流點物，能淨惡道，俾證菩提。[31]

此經另外提及若人於四衢道造窣堵波，於其中安置陀羅尼，合掌恭敬旋繞行道歸依禮拜，則此人爲佛子的持法棟梁；而此窣堵波爲「如來全身舍利窣堵波塔」。[32] 這段描述也影響了後來有人在塔中放置書寫的陀羅尼，例如遼寧朝陽遼代北塔的天宮中供養有經塔，其中放置陀羅尼等經卷。[33]

受持此陀羅尼之法相當簡單，也是此經之所以易爲人所接受另外一個重要的原因。受持此咒之法共分三種：一種是爲短命者所說者，宜洗浴著新衣，於月圓十五日，持齋誦此陀羅尼滿千遍，則不但可增壽，亦可永離病苦，消滅一切業障，不受地獄之苦。而若有病重之人，乃至畜生鳥類聞人誦此陀羅尼，亦得好處，病者離一切病苦，消除其應受之惡道；而畜鳥類聞此，則盡此身之後，便不復受畜生鳥類之身。第二種是：若人已造惡業，而命終墮於地獄等惡道受罪，其親人可取亡者之骨，以土一把誦此陀羅尼二十一遍，以此土散亡者骨上，亡者即可免受諸苦，即得升天。第三種是：若人日日誦此陀羅尼二十一遍，可往生極樂世界；若人時常唸誦，可增壽快樂，此生之後可往生諸佛刹土，常與諸佛俱會一處。其法是：於佛前取淨土，作一四方壇，在壇上種花草，燒香，胡跪，作慕陀羅尼印，誦此陀羅尼一百零八遍。[34]

綜而言之，《佛頂尊勝陀羅尼經》之所以很快能吸引許多信眾，廣受到佛教徒的信奉，和此經的內容兼濟亡者與生靈，特別是破地獄的功能有很大的關

30 《八瓊室金石補正》（石刻史料新編第一輯第七册），卷四十七，頁十，〈爲母尼口操造尊勝幢記〉。

31 同前書，卷四十七，頁十二，〈龍花寺尼韋契義尊勝幢記〉。

32 《佛頂尊勝陀羅尼經》，351中。

33 朝陽北塔考古勘察隊，〈遼寧朝陽北塔天宮地宮清理簡報〉，《文物》7（1992）：6，21-22。

34 《佛頂尊勝陀羅尼經》，351下-352上。

係；此外，此陀羅尼之威力神妙至不可思議的地步，塵沾影覆即可消除一切罪業，免受地獄惡道之苦，也使得此經具有無比的魅力。又，此經傳入之時，恰是地獄信仰流行之時，故此經在符合時代潮流的情況下，短時間內即大爲風行。此外，持誦此陀羅尼的方法簡便，易於信受奉行，也是此經廣受歡迎流傳的另一因素。

（二）《佛頂尊勝陀羅尼經》的翻譯

此經於高宗時傳入中國，終唐之世，此經共有八個譯本（後來由此經發展出來的儀軌不計在內）。關於此經的譯本，日人田中海應、干潟龍祥、月輪賢隆已做詳細的考証和研究；[35] 無庸重覆，此處僅擬簡述此經的譯本，藉以探討前此學者討論此經之各種譯本時未曾討論的問題：即此經何以出現這麼多的譯本？本文認爲這和「陀羅尼」的翻譯問題，以及密宗在中國的發展有關。

唐高宗時，北印度罽賓國沙門佛陀波利齎此經的梵本來到中國，[36] 在唐代此經計有八個漢譯本，簡列如下：

（一）杜行顗譯：《佛頂尊勝陀羅尼經》（大・968）。此經梵本傳來之後，高宗首先令杜行顗和地婆訶羅共譯出此經。

（二）地婆訶羅譯：《佛頂最勝陀羅尼經》（大・969）。

（三）佛陀波利譯：《佛頂尊勝陀羅尼經》（大・967）。高宗將此經梵本，連同杜行顗譯出之本並藏傳於宮中，未予以流傳。佛陀波利乃請求歸還經本流行，高宗留下漢譯本，而將梵本歸還波利，波利於是尋得漢僧順貞共譯出此經。

---

[35] 月輪賢隆，〈佛頂尊勝陀羅尼の研究〉，《六條學報》133；〈鄔瑟抳沙尾惹野陀羅尼に就て〉，《六條學報》145。田中海應，〈尊勝陀羅尼信仰史觀〉，《大正大學學報》15。干潟龍祥，〈佛頂尊勝陀羅尼經諸傳の研究〉，《密教研究》68。

[36] 宿白認爲北周時摩伽陀國僧人闍那耶舍譯的《佛頂咒經幷功能》第一卷，是《佛頂尊勝陀羅尼經》的傳入，似無資料可證實。（宿白，〈敦煌莫高窟密教遺跡札記〉，《文物》9（1989）：45）。《佛頂咒經幷功能》一書僅見於《歷代三寶記》的記載，因其書今已不存（見《密教發達志》，159），無法斷定其和尊勝陀羅尼的關係。

（四）地婆訶羅譯：《最勝佛頂陀羅尼淨除業障經》（大・970）

（五）義淨譯：《佛頂尊勝陀羅尼經》（大・971）

（六）善無畏譯：《尊勝佛頂修瑜珈法儀軌》（大・973）

（七）不空譯：《佛頂尊勝陀羅尼唸誦儀軌》（大・972）

（八）若那譯：《佛頂尊勝陀羅尼別法》（大・974F）[37]

以上諸譯本中，以佛陀波利本最爲通行，流傳最廣。《開元釋教錄》記此譯本云：「比諸眾譯，此最弘布。」[38] 在唐代經幢上所刻者，絕大多數也都是波利本。又，佛陀波利僅譯有此一經，卻在《宋高僧傳》的譯經篇中佔有一席之地，由此亦可見其譯本影響之大。

漢譯經典中不乏同本異譯的例子。同本異譯的佛典中最常見的是二、三譯者，重譯的情況有的是出於皇帝的授命，即所謂的「奉詔譯」；有的則是其所根據的版本和前譯本不同；有的則是出於譯經人意欲重譯之故。另外，有些經典的同本異譯本的數目在八、九種以上者，如不空娟索法、如意輪法的經典、孔雀經、出生無邊門陀羅尼經、佛頂尊勝陀羅尼經等，這是密宗陀羅尼系經典比較常見的現象。對於同本異譯的經典，長部和雄提出一個看法：漢譯經典附有經序者，以及有同本異譯的佛典，是在州縣村邑傳佈的經典，由此之故，這些經序和爲數甚多的異譯本至今尙存，如《佛頂尊勝陀羅尼經》、不空絹索法和如意輪法的經典。[39]

其實，同本異譯的經典、和漢譯經典附有經序者之所以得以存留至今，主要是因它們得以「入藏」（編入《大藏經》）的緣故，而和這些經典是在州縣村邑傳播這一點殆無大的關連。六朝末期梁陳時代，以迄於五代，是欽定《大藏經》的時代，不只梵文經典的翻譯需經皇帝同意，漢譯佛典和中國人所撰寫的經疏也要蒙皇帝認可允許，才能編入佛教經典總集的《大藏經》之列，稱之爲「入藏」，方許流通傳播。由以上所舉的陀羅尼系經典幾乎全在六朝後期以後才

[37] 前五譯譯出的次序依《開元釋教錄》的記載。

[38] 《開元釋教錄》（收入：《大正新修大藏經》，第五十五卷），卷九，565中。

[39] 《唐代密教史雜考》，三、〈不空以前の密教之二〉，37。

譯出的，而《佛頂尊勝陀羅尼經》的諸多譯本則全是在唐代以後譯出的，可知這些經典之得以存留至今，實拜其得以入藏之賜。

陀羅尼系的經典之所以有許多譯本，主要因先前的譯本流傳不廣之故。關於這一點，可從《不空絹索經》兩個譯本的經序中可以看得很清楚。此二經序都明白提到其譯經的動機，是由於先前譯本流傳不廣之故，如北天竺婆羅門李無諂譯的《不空絹索陀羅尼經》（大・1096），於武則天久視元年（七〇〇）譯畢，福壽寺沙門波崙爲其撰序，就中提及他不曾見到隋朝的譯本：「曾聞隋朝所翻別本六十三紙，未嘗見也。」[40] 玄奘譯《不空絹索神咒心經》（大・1094）後序，稱：「然此神典，北印度國沙門闍那崛多，已譯於隋紀，于時寶歷創基，傳匠蓋寡。」[41] 傳匠蓋寡即指師授相承之人甚少，可見其流傳有限。另外一部有很多異譯本的孔雀經，亦復如此。不空譯《讀誦佛母大孔雀明王經前啓請法》（大・982），在其〈佛母大金曜孔雀明王經序〉中也說：「然此支那數朝翻譯，民雖遭難，尙未遍宣。」又稱：「但爲舊經譯文有闕，致使神州多不流布；雖遭厄難，讀誦尙稀。」。[42] 由此可知，這些同本異譯的經典是因前此的譯本流傳不廣的緣故。何以前此的譯本流傳不廣？這和此類陀羅尼系經典的翻譯也有關係。

由於陀羅尼的梵音難以漢譯完全表達，爲了追尋回歸梵音的漢譯，是陀羅尼系經典一譯再譯最基本的原因。經文中陀羅尼的翻譯是採取譯音不譯義的原則，梵音和唐音原有差異，因此欲以漢字傳達梵音，便有其困難性；又因不同譯者有不同的傳達方式，也使得持誦者無所適從，困惑不已。《佛頂尊勝陀羅尼眞言》（大・974E）中〈學唸梵音法〉即指出：

> 夫誦陀羅尼，務存梵音，但取其聲，不取其義。比來多失本音，良由翻譯文字有異，遂使學者多疑不決。[43]

---

[40] 《大正新修大藏經》，第二十卷，409中。

[41] 同前書，第二十卷，406上。

[42] 同前書，第十九卷，415上、中。

[43] 同前書，第十九卷，389中。此本撰者不明，大村西崖認爲此本「是則似數行別法，且附以觀行作法印明，以爲一儀軌，未詳其撰者。」（《密教發達志》，539）。

因「翻譯文字有異，遂使學者多疑不決」，而欲追尋最能回歸梵音的譯本，是新譯本出現主要的原因。菩提流志重譯《不空娟索神變眞言經》（大・1092）中，特別指出前此譯梵文「莎縛訶」一詞，有好幾種不同的譯法，就是一個很好的例子。他列舉幾個譯法都是不切考梵音之譯，因此，他在此譯本中敲定以「莎縛訶」傳譯此一詞：

> 古今共譯莎縛訶字者，皆不切考梵音清濁，致令章異互各不同；或言薩（桑割反）婆（蒱俄反）訶（呼歌反），或言馺（蘇合反）皤（蒱荷反）訶，或言馺摶訶，或言娑（蘇何反）波訶，或言娑婆訶，或言蘇（桑吾反）婆訶，或言沙訶，或言娑訶，或言莎（蘇和反）訶，正切梵音，皆無本旨。此非梵僧傳音不正，斯乃自是執筆之誤。故今剋定借以莎字反爲莎（桑邑反）字，借以縛字反爲縛（無可反）字，借以訶字反爲訶（呼箇反）字者，則得通摸聖者，音旨正矣。所以唐梵教典，無音而不可。凡諸陀羅尼，後皆准此呼之。[44]

何以出現一詞有數種表達方法？一則是因在唐音中找不到可以和梵音相對者，因此譯者只有採取借字、旁加側注的方法，希望藉此可以掌握到正確的梵音；而不同的譯者表達的方式並不一致，或是同音異字、或側注的方式不同。二則是各譯者斷句不同。先就借字而言，陀羅尼中有許多尋常字體左側加一口字者，即是借字，凡這類的字讀時均須彈舌（或稱轉舌）唸出，不空在〈佛母大金曜孔雀明王經序〉後注云：

> 此經須知大例：若是尋常字體傍加口者，即須彈舌道之，但爲此方無字故借音耳。[45]

唐提雲般若等在其所譯的《智矩陀羅尼經》（大・1397）中，更不厭其煩地舉例：

> 囉，依羅字本音而轉舌呼之。咒内有口邊作魯梨履盧邏者，皆倣此。[46]

---

44 《大正新修大藏經》，第二十卷，231中。

45 同前書，第十九卷，415中。

46 同前書，第二十一卷，913下。

梵文漢譯的陀羅尼中多尋常字體加口邊字者，皆須以彈舌音唸出，「彈舌」後來就成了以梵文唸誦的代稱，如唐人李洞〈送三藏歸西天國詩〉云：「十萬里程多少磧，沙中彈舌授降龍。」自注云：「奘公彈舌唸梵語心經，以授流沙之龍。」[47]

側注中有以反切、四聲注音者，也有「二合」、「長聲」、「漫音」、「引」、「重」這樣的字樣，以幫助讀者能更精確地掌握梵音，〈學唸梵音法〉的說明是：

> 今所翻者，稍殊往譯，應合彈紐，具注其側，幸請審看，萬不失一。不應彈紐而彈紐者，是陀羅尼之大病也。若無側注，不假紐聲，但依其文，自當周正。所有口邊字者，皆須彈舌而言之。側注平上去入者，依四聲而紐之。所注二合者，兩字相和，一時急呼，是爲二合也。[48]

《尊勝陀羅尼經》杜行顗譯本，在陀羅尼之後也仔細注明如何讀出其側注之法。[49]

以漢字傳達梵音，即使有注音、側注的輔助，而因唐、梵音的差異，亦難從漢譯掌握陀羅尼的梵音，因此陀羅尼的受持，通常需要僧人的指點傳授。如不空〈佛母大金曜孔雀明王經序〉後附有說明，指示如何讀誦此經，最後仍說「終須師授方能愜當」。[50]〈學唸梵音法〉中也說「如學者於師所授眞言已，應建立道場。……」[51] 可見陀羅尼即便有側注，通常也還要僧人傳授，方能掌握梵音。如《佛頂尊勝陀羅尼經》波利本僧人志靜所撰的序中，即提及他曾從地婆訶羅（日照三藏）學習尊勝陀羅尼：「法師於是口宣梵音，經二七日，句句委授，具足梵音，一無差失。」[52] 學誦此漢譯僅三百二十餘字的陀羅尼，竟要費十四日的功夫，可見對於一個不懂梵音的人，陀羅尼確實不易掌握。又如，唐時日本的留學僧人也是到中國來學習陀羅尼的，日僧圓仁就學了許多眞言

---

[47] 《全唐詩》（下）（上海：古籍出版社，1986年第一版，1989年第五版），1818中。

[48] 同註43。

[49] 《大正新修大藏經》，第十九卷，354上。

[50] 同前註，415中。

[51] 同前註，389中。

[52] 同前註，349下。

法，在他《入唐求法巡禮行記》一書中，也提到其他留學僧來華學習陀羅尼之事：「更有栖靈寺文璨法師，傳聞得眞言法。近者聞導，三論留學僧常曉住彼寺，於璨法師房，受眞言法。」[53]

除了翻譯文字有異（如前引的莎縛訶、或作娑婆訶、或作沙訶等），以及注音的方式不同之外，各譯本的斷句也不一致。如《佛頂尊勝陀羅尼經》的陀羅尼波利本斷爲三十四句，杜行顗譯本斷爲三十五句，地婆訶羅譯《佛頂最勝陀羅尼經》本爲四十八句，另本《最勝佛頂陀羅尼淨除業障咒經》爲三十六句，義淨譯本五十三句。[54] 又，由於陀羅尼需要靠人傳授，各師在傳授過程中，或也作了更動，藤枝晃研究 Stein 蒐集的三十六部《佛頂尊勝陀羅尼》的寫本，清一色全是佛陀波利譯本，但其中陀羅尼便有八種不同的版本，主要是斷句，或是側注不同。[55]

無論如何，不同譯本儘管其翻譯在文字、注音、句讀方面有所差異，其翻譯之動機主要是在追尋更能復原梵音陀羅尼的漢譯。義淨在其所譯《佛頂尊勝陀羅尼經》的陀羅尼下註稱：

> 此咒比多翻譯，傳誦者眾，然於聲韻字體未能盡善，故更重勘梵本，一一詳定。[56]

不空〈佛母大金曜孔雀明王經序〉中也明白地說他譯經的目的是「傳之求代」。[57]

從唐人所建經幢看來，時人對於陀羅尼之漢譯或仍有疑慮，因此有些經幢在漢譯的經文和陀羅尼之外，又刻梵文的陀羅尼。如唐宣宗大中十一年（八五七）天寧寺王讜等所造的兩個經幢，分別刻《佛頂尊勝陀羅尼經》和《大佛頂

---

53 小野勝年，《入唐求法巡禮行記の研究》（京都：法藏館，1964年一刷，1990年重刷），第一卷，323。

54 《大正新修大藏經》，第十九卷，350，352-54，356-59。

55 藤枝晃，〈スタイン蒐集中の『佛頂尊勝陀羅尼』〉，（收入：《神田博士還曆記念書誌學論集》）（東京：平凡社，1957）。

56 《大正新修大藏經》，第十九卷，362下。

57 同註45。

如來密因修證了義諸菩薩萬行楞嚴經》卷七，其造幢記云：「唐言梵語，備載二經。」[58] 又，玄宗天寶元年（七四二）正月一日仲方等所建的經幢，四面各刻梵漢字四行，係僅刻尊勝陀羅尼，漢譯陀羅尼之旁刻梵文陀羅尼。[59]

陀羅尼的漢譯即使旁加側注，對於很多人仍是難以掌握，更何況對於許多不識字者，更無從學習此梵聲咒文，因此唐人有以建造經幢以代替持誦陀羅尼者。由於此經提及凡是書寫此經的經幢之塵沾影覆，皆可免除罪業及墮惡道之苦，所以欲藉此陀羅尼之力者，不一定非持誦此陀羅尼不可，如前面提及王讜所建天寧寺經幢上，其造幢記有云：「口塵四發，毛峯口彼，即是加被，何必張喉，然後爲口，偉哉！有以見陀羅尼之力。」[60]

除了梵音漢譯的問題之外，在佛陀波利之後另有此經的梵本傳來，是造成此經新譯的另一原因。陀羅尼不僅要求回歸梵音，同時也要求陀羅尼的完整，無有脫漏，才具有效力。善無畏譯《尊勝佛頂修瑜珈法軌儀》中，「尊勝佛頂眞言」下註稱：「此陀羅尼本，中天竺國三藏善無畏，將傳此土，凡漢地佛陀波利已來流傳諸本並闕少，是故具本譯出流行如上。」[61] 可知不同的梵本也促成新譯本的出現。

九世紀時武徹著《靈驗佛頂尊勝陀羅尼記》（大・974C）中，記載了三個故事，都是敘述當代人因所持誦的尊勝陀羅尼本「文句脫漏」，故功薄而效應不彰，或是無所徵驗，後來各以不同機緣得到「全本」，立有神效。其中一則如下：

> 開元中，五臺山下，有一精修居士，姓王。有事遠出行，去後父亡，迴來不見，至心誦尊勝陀羅尼數十萬遍，願知見先考所受生善惡業報。精誠懇願，殊無覺知。遂欲出山，見一老人，謂居士曰：「仁者念持，寔爲勤敏，然文句多脫略，我今授示全本文句。」居士拜而受之，乃云「可誦千

[58] 《吳興金石記》（石刻史料新編第一輯第十四册），卷四，頁十九至二十二。

[59] 《八瓊室金石補正》，卷四十七，頁一，〈梵字尊勝幢殘題字〉。

[60] 《吳興金石記》，卷四，頁二十。

[61] 《大正新修大藏經》，第十九卷，373中。

遍」。殆經數日，……見天人數十輩，共圍繞一天仙，……天仙曰：「我是汝父，比年誦持尊勝陀羅尼，吾得爾之福力。然數月已來，福倍於積歲，不知汝更得何本，以至於斯？吾今以汝之力故，獲爲天仙之王，則知汝所持唸，功效不可量也。」言訖上昇，居士歡躍拜送。[62]

另外一則故事，敘述東都洛陽張繹長史入山持誦尊勝陀羅尼，希望得見其亡父母，六年不獲所願，而懷疑此咒不靈驗，遇見一老翁告知：「非是呪無靈驗，亦非君不盡心，斯乃去聖時遙，翻譯多誤，呪詞脫略，遂失其徵。」[63] 並口授呪。長史依老人口訣，持誦六日，即見其亡父母來，告知其已獲升天。這樣的故事不僅可看出時人對追尋完整譯本的需求，同時也可反映新譯本出現的緣由。

由於陀羅尼音聲具有法力，因此追尋完整的梵本譯文，以及最能回歸梵音的漢譯，便造成了此類經典一譯又再譯的情況。

三、尊勝陀羅尼經東來的傳奇

《佛頂尊勝陀羅尼經》的內容對信徒極具吸引力，此外，佛陀波利齎此經東來的傳奇，更給此經平添不少魅力，是促使此經流傳迅速的另一重要原因。關於這一點，以下二事，可資佐證：一、在諸多的譯本中，以波利本最爲流行。迄於八世紀上半葉，即《開元釋教錄》撰寫的時代，此經已有五個譯本，而「比諸眾譯，此最弘布。」至八世紀下半葉，又多出金剛智之譯本，而據當時人武徹記載，仍以此本最爲流行：「昔儀鳳年中，佛陀波利所傳之本，遍天下幡剎，持誦有多矣。」[64] 今所發現敦煌寫本中，絕大多數也是波利本。二、唐代經幢上所刻的幾乎全都是波利的譯本，有很多經幢並且附鐫波利譯本志靜所撰的序，其中即敘述波利攜此經東來傳奇。

[62] 同前書，386上、中。

[63] 同前書，387上。

[64] 同前書，386上。

此經東來以及佛陀波利的傳奇，是在自北朝末年以來逐漸發展的五臺山信仰之背景下展開的。

（一）五臺山的信仰

西晉時，五臺山是道家神仙者流所假託的靈山勝地，其後由於佛教的盛行，至遲到北魏末年時，它已轉化爲文殊菩薩所居住的佛教聖山。[65] 佛教顯密兩教的經典中，都提到了五臺山爲文殊菩薩居住之處；《大方廣佛華嚴經》（簡稱《華嚴經》）是五臺山成爲佛教聖山最主要的依據。東晉恭帝元熙二年（四二〇），佛馱跋陀羅在建康譯出《華嚴經》（大・278），計六十卷，其中〈菩薩住處品第二十七〉云：

> 爾時心王菩薩摩訶薩，復告諸菩薩言：……東北方有菩薩住處，名清涼山，過去諸菩薩常於中住，彼現有菩薩，名文殊師利，有一萬菩薩眷屬，常爲說法。[66]

此處所說的清涼山，就被比附爲五臺山。唐代沙門慧祥所撰《古清涼傳》（大・2098）更引經據典，敘述五臺山的金剛窟是文殊菩薩所居之地。

> 王子燒身寺，東北未詳其遠近里數是中臺，北臺南，東臺西，三山之中央也。徑路深阻，人莫能至，傳聞金剛窟。金剛窟者，三世諸佛供養之具，多藏於此。按祇洹圖云：祇洹内有天樂一部，七寶所成。箋曰，又按靈跡記云，此樂，是楞伽山羅刹鬼王所造，將獻迦葉佛，以爲供養。迦葉佛滅後，文殊師利將往清涼山金剛窟中。釋迦佛出時，却將至祇洹，一十二年，文殊師利還將入清涼山金剛窟内。又有銀箜篌，有銀天人，坐七寶花上，彈此箜篌。又有迦葉佛時金銀紙書大毘奈耶藏，銀紙金書修多羅藏，

---

65 小野勝年、日比野丈夫，《五臺山》（東京：座右寶刊行會，1942），12-21。五臺山簡史另見：Raoul Birnbaum, "The Manifestation of a Monastery: Shen-ying's Experiences on Mount Wu-t'ai in T'ang Context," *Journal of the American Oriental Society*, 106.1 (1986), 119-37.

66 《大正新修大藏經》，第九卷，589下-590上。

佛滅後，文殊並將往清涼山金剛窟中。[67]

最晚到北朝末年時，金剛窟爲文殊菩薩在五臺山住處的說法，已經廣爲流傳了。如前引文所述，金剛窟在王子燒身寺東北，據傳北齊時有一位王子至五臺山求見文殊菩薩，不遂所願，因而燒身供養菩薩，後來即在其燒身處建立「王子燒身寺」。[68] 此寺離金剛窟不遠，殆是王子求見文殊之處，可見他是相信文殊居於金剛窟之說的。其後，金剛窟也不斷成爲和文殊靈跡有關的場景。

北朝末年時，由於五臺山爲文殊菩薩居所之說已經廣爲傳播，在五臺山上便建立許多佛寺，成爲四方信徒前往禮拜朝聖的文殊信仰中心。[69] 北齊時，五臺山有二百所寺院，篤信佛教的北齊皇帝更下令以州縣租稅供養此一佛教聖地：「又割八州之稅，以供山眾衣藥之資焉。」[70] 嚴歸田先生認爲此處所說的八州，當非實數，但由此亦可見僧眾人數之多，以及朝廷對五臺山的重視。[71]

五臺山信仰原以《華嚴經》作爲依據而發展起來的，加上北朝末年有數位僧人在此著經論，及其靈異事蹟，使得五臺山信仰更爲流行。如北魏宣武帝末年，釋靈辨載《華嚴經》入五臺山清涼寺，頂戴行道，祈求文殊菩薩哀護攝受，期望能夠義解開發此經。如是者一年，而忽聞人指示：「汝止行道，思惟此經。」由是豁然大悟，而作《華嚴論》一百卷。靈辨去世之後，孝明帝敕令此論可入一切經藏，上目錄，分布流行，其弟子遂寫此本流布。至唐時，此書盛行於汾晉之地。[72] 又，北齊燒身供養菩薩的第三王子之閹官劉謙之，因爲王

---

67 同前書，第五十一卷，1094下-1095上。

68 同前註，1094下。關於北齊王子燒身之事，以及其侍者宦官劉謙之著《華嚴論》的眞實性，迄今亦難論斷，見《五臺山》一書頁20-21的討論。本文認爲王子燒身之事雖不見於正史的記載，但正史的編纂本來就有其既定的立場，凡宗教的記事幾乎都不包括在內；又，宗室子弟眾多，若非有特出表現者，也不會一一記載。再則，以北齊帝室的篤信與崇奉佛教的情況而言，王子燒身供養，也不是不可能的事。

69 《五臺山》，21。

70 《古清涼傳》，(收入：《大正新修大藏經》，第五十一卷)，1094上。

71 嚴耕望，〈南北朝時代五臺山之佛教〉，《國故新知——中國傳統文化的再詮釋：紀念湯用彤先生誕辰百周年論文集》(北京：北京大學出版社，1993)，255。

72 《華嚴經傳記》(大・2073)，(收入：《大正新修大藏經》，第五十一卷)，157中、下。

子燒身之事所感動，加以深自慨嘆爲刑餘之人，而齎《華嚴經》入山，修道禮懺讀誦二十一日，竟然復得丈夫相。因此，更覃思精研此經，而作《華嚴論》六百卷。劉謙之以此奏聞高祖，高祖敬信：「華嚴一經，於斯轉盛」。[73]《華嚴經》和《華嚴論》的流行，也促使五臺山信仰更加流行。

北朝末年，五臺山已是遠近馳名文殊菩薩的道場，有不少中國各地的僧俗信徒至此朝拜瞻仰；[74] 他們皆希望有幸能見到文殊菩薩，或文殊顯化的一些靈異神跡。從北齊以迄於唐，至五臺山朝聖的僧人見諸於記載者有：北齊定州沙門明勗，北周娑婆寺主之師，唐朝則有釋曇韻、釋昭隱、釋明曜、釋惠藏等。[75]

至五臺山朝聖者，[76] 不僅限於中國的僧人、俗家信徒而已，更有遠從西域、印度來的梵僧，和來自日本的僧人。梵僧從何時開始來華參謁五臺山，並沒有確切的記載，但北朝末年已有梵僧不辭勞苦，或跋涉流沙，或干犯波瀾，至五臺山禮拜文殊菩薩。《華嚴經傳記》云：「自古以來迄乎唐運，西域梵僧，時有不遠數萬里，而就兹頂謁者，及此土道俗，亦塵軌相接。」[77] 另外，《廣清涼傳》也有五百梵僧曾在五臺山玉華寺修行傳說的記載。[78] 迄今所知，曾至五臺山朝聖的梵僧，有唐高宗麟德年間（六六四～六六五）來華的西域梵僧釋迦密多羅：「來儀此土，云向清涼，禮拜文殊師利。」[79] 又，儀鳳年中（六七六～六七九），也有兩位西域梵僧至五臺山：「齎蓮花執香爐，肘膝行步，向山頂禮文殊大聖。」[80] 唐文宗時，中天竺那爛陀寺僧三人來遊五臺，敦煌文

---

[73] 同前書，156下。

[74] 同註69。

[75] 《古清涼傳》，卷下，1096-98。

[76] Birnbaum, "The Manifestation of a Monastery," pp. 119-26. 係敘述僧侶在五臺山的經歷。另，Birnbaum, *Studies on the Mysteries of Manjusri, Society for the Study of Chinese Religions Monograph* 2(1983), pp. 7-25. 除論及僧人在五臺山的經歷之外，並對何以有如此多僧人至五臺山巡禮提出解釋。

[77] 《大正新修大藏經》，第五十一卷，157上。

[78] 《廣清涼傳》（大・2099），《大正新修大藏經》，第五十一卷，110上。

[79] 《古清涼傳》，卷下，1098。

[80] 《大方廣佛華嚴經感應傳》（大・2074），（收入：《大正新修大藏經》，第五十一

書P.3931有〈印度普化大師遊五臺啓文〉。此外，唐時日本頻遣留學僧來華，這些僧人也有至五臺山朝拜者，如圓仁、圓珍、靈仙、慧蓮、宗叡等。[81] 中國僧俗信眾、西域梵僧等至五臺山朝謁者，或有所奇遇，這些靈驗事蹟輾轉相傳，使五臺山信仰日益興盛。《華嚴經傳記》云朝聖者「或遇神僧聖眾，仙閣珍臺，靈光暐曄，妙香芬馥，空鐘自響，寶偈遙聞，倏乎俄頃，抑揚千變，如清涼山記具之。」[82]

由於五臺山的信仰日趨興盛，有許多人親往五臺山朝拜；而因有些人不克親自到五臺山禮拜瞻仰者，遂有「五臺山圖」供養之風的興起。從唐高宗時起，五臺山圖便廣爲流行。《古清涼傳》記高宗時沙門會賾奉命至五臺山檢行聖跡，回京覆命之後，便「又以此山圖爲小帳，述略傳一卷，廣行三輔云」。[83] 事實上，五臺山圖不僅流行於三輔地區，各地的佛寺或供有五臺山圖，或有將五臺山圖繪在寺壁上者，私人的宅院也有供養五臺山圖的。[84] 此一供養五臺山圖的風氣更傳播到鄰邦，穆宗長慶四年（八二四），吐蕃王遣使至唐，求「五臺山圖」。[85] 敦煌莫高窟第9、61、144、159、222、237、361窟都有中晚唐至五代所繪的「五臺山圖」，敦煌遺書中也有「五臺山圖」。[86] 敦煌的「五臺山圖」多爲屏風畫，只有第十世紀時在第61窟西壁所繪的是壁畫。

五臺山圖的內容爲何？敦煌「五臺山圖」在五臺山的地圖上，並繪出其間重要的寺院，以及五臺山的靈異故事，日比野丈夫認爲它可以說是一幅勝蹟遊覽圖和靈異圖。[87] 然而，「五臺山圖」的作用及其繪製的動機還是作爲禮拜供養，兼以感化信徒之用的。唐文宗開成五年，和日本僧人圓仁一起巡行五臺山

卷），175下。

81 嚴耕望，前引文，259。

82 《華嚴經傳記》，157上、中。

83 同註79。

84 《五臺山》，63。

85 《舊唐書》，卷一九六下，〈吐蕃傳〉下。

86 杜斗城，〈敦煌所見《五臺山圖》與《五臺山贊》〉，《敦煌石窟研究國際討論會文集・石窟考古》（遼寧美術出版社，1990）。

87 日比野丈夫，〈敦煌の五臺山圖について〉，《佛教藝術》34（1958）：81。

的中國汾州頭陀僧義圓，便請畫博士畫一幅「五臺山化現圖」，送給圓仁，在他對圓仁的一席話中，清楚地顯示了五臺山圖的兩個作用，即是供養並且用以感化信徒：

> （七月）廿六日。畫化現圖畢。頭陀云：喜遇日本國三藏，同巡臺，同見大聖化現。今畫化現圖一鋪奉上，請將歸日本供養，令觀禮者發心，有緣者同結緣，同生文殊大會中也。[88]

宿白認爲：這些靈異事跡在五臺山圖的作用「並不僅是火熾了圖面，而是負擔著宣傳佛教的任務。」[89] 這個看法是很正確的。如今河北省正定縣唐開元寺三門柱的刻經造像中，就是以五臺山圖配合宣揚《佛頂尊勝陀羅尼經》的，有一柱第二層上所刻的一幅五臺山圖，上有「菩薩口君」、「菩薩口手」的題字，可以推知此圖漫漶部分原來大概是刻有菩薩的靈跡；而此柱的第三層所刻的即爲《佛頂尊勝陀羅尼經》並序。[90]

唐代是五臺山信仰最興盛的時代，[91] 五臺山成爲佛教的聖山，寫於唐文宗開成三年（八三八）的〈潤州句容縣大泉寺新三門記〉說：「今天下學佛道者，多宗旨於五臺，靈聖蹤跡，往往而在，如吾黨之依於丘門也。」[92] 唐代五臺山信仰趨於極盛，乃出於帝王的提倡和密宗的發展的結果。佛陀波利的傳奇正是在唐高宗時代五臺山信仰正趨轉盛時，這個背景下展開的。

（二）佛陀波利的傳奇

唐代佛陀波利齎《佛頂尊勝陀羅尼經》梵本來華，正值篤信佛教的武則天欲以「佛先道後」取代唐初以來「道先佛後」，連帶提倡五臺山信仰之時；由是

---

88 《入唐求法巡禮行記の研究》，第三卷，181-82。

89 宿白，〈敦煌莫高窟中的「五臺山圖」〉，《文物參考資料》2.5（1951）：56。

90 《常山貞石志》（石刻史料新編第一輯第十八册），卷六，〈開元寺三門樓石柱刻經造像並題名〉，頁三十至三十一。

91 《五臺山》，26-67。

92 《金石萃編》，卷一一三，頁十五，〈大唐潤州句容縣大泉寺新三門記幷序〉。

之故，佛陀波利得以其在五臺山的非凡際遇，而使此經在很短的時間內可以漢譯流傳。

唐代凡傳來的梵文經典均須奏請皇帝批准，方可譯成漢文和流傳；其時來華的梵僧所齎帶的梵文經書，也不在少數，佛陀波利得以此經梵本聞見皇帝，實因此經東來和五臺山的關連。肅宗乾元元年（七五八）時，不空奏請搜撿天下梵夾修葺翻譯，可知其時還有許多中、外僧人帶來的梵文經卷，猶未經翻譯，落散在長安、洛陽和諸州縣舍村坊。另外，從不空遺留至今一些奏請皇帝准許翻譯佛典，以及允許新譯經典編入一切經目錄流行，即可見其時梵文經典並非可以隨意自行翻譯流通。[93] 而《佛頂尊勝陀羅尼經》在傳入中國的那一年，就得准以譯成漢文，這不能不歸功於佛陀波利在五臺山的際遇；而其時又正值武則天提倡佛教、復重視五臺山信仰之時。

從五臺山的歷史看來，高宗武后時代是繼北周武帝滅佛之後，五臺山信仰再趨轉盛的一個關鍵。北齊時五臺山信仰已經十分興盛，北齊帝室對五臺山也崇奉備至，然而，北齊後爲北周所滅，至北周武帝毀棄佛法，五臺山當亦在壓抑之列。及至唐代，由於唐高祖將帝室的李姓和道教始祖老子李耼聯宗，因此特別崇奉道教；唐太宗貞觀十一年（六三七），下詔置道教於佛教之上，即所謂「道先佛後」。不過，迄高宗之世，由於皇后武則天篤信佛教，加上她欲利用佛教作爲其稱帝的依據，因此一反唐初以來「道先佛後」的政策，武則天稱帝以後，更於天授二年（六九一），下詔「佛先道後」。[94] 在此情況下，她對北朝末年以來即已興盛的五臺山信仰相當重視，從高宗時代開始，武則天就已經利用帝王之尊來提倡五臺山信仰。

龍朔年間（六六一～六六三），武則天遣長安會昌寺僧人會賾與內侍掌扇張行弘等人往五臺山檢行聖跡。此二人等會同五臺縣令呂玄覽、畫師張公榮等十

---

93 《代宗朝贈司空大辨正廣智三藏和上表制集》（大・2120），（收入：《大正新修大藏經》，第五十二卷），828-29，831，840。

94 陳寅恪，〈武曌與佛教〉，《中央研究院歷史語言研究所集刊》5。鎌田茂雄，《簡明中國佛教史》，鄭彭年譯，（台北：華宇出版社，1988），201-2。Stanley Weinstein, *Buddhism under the T'ang* (Cambridge: Cambridge University Press, 1987), pp. 27-47.

餘人，前往五臺山的中臺，尋訪文殊靈跡，據稱他們曾見到數種異相神跡「目睹佳祥，具已奏聞，深稱聖旨」。[95] 此舉的結果是替五臺山做了大力的宣傳，《古清涼傳》對此事的論述是：

清涼聖跡，益聽京畿；文殊實化，昭揚道路。使悠悠溺喪，識妙物之冥泓；蠢蠢迷津，悟大方之幽致者，國君之力也。非夫道契玄極，影響神交，何能降未常之巨唱，顯難思之勝軌，千載之後，知聖后之所志焉。[96]

至武則天稱帝後，長安二年（七〇二），她又命臣下雕刻其玉像，用以代替她前往五臺山禮拜文殊菩薩，此舉對五臺山信仰同樣具有推波助瀾的效果。此像雕成之後，因爲舉國僧尼奏請乞護送此像至五臺山，武氏不准，所以下令將此像留在太原崇福寺大殿，而另外於五臺山造塔供養文殊菩薩。[97] 《廣清涼傳》認爲，連日理萬機的帝王尚且有心禮敬五臺山的文殊菩薩，凡庶百姓當亦會從風倣效：

是知眞境菩薩所居，帝王日萬機之務，猶造玉身，來禮大聖。矧餘凡庶，豈不從風一遊淨域？累劫殃消；暫陟靈峯，多生障滅者矣。[98]

就是在此一帝室提倡五臺山信仰之時，佛陀波利以其在五臺山的奇遇和《佛頂尊勝陀羅尼經》梵本上達天聽，遂使此經立刻受到皇帝的重視，而得以漢譯。根據志靜的序，波利遠從天竺到五臺山朝拜，希望能見到文殊菩薩；而在山中遇到一位老人，要他回天竺取得《佛頂尊勝陀羅經》至中國流傳，以此作爲指引他見文殊菩薩的交換條件。嗣後，波利遂返回印度，取得此經梵本來華：

佛頂尊勝陀羅尼經者，婆羅門僧佛陀波利，儀鳳元年從西國來至此漢土，到五臺山次，遂五體投地向山頂禮曰，如來滅後眾聖潛靈，唯有大士文殊師利，於此山中汲引蒼生教諸菩薩，波利所恨生逢八難不睹聖容，遠涉流

95 《大正新修大藏經》，第五十一卷，1098中、下。
96 同前註，1098下。
97 《廣清涼傳》，1107中。
98 同前註。

沙故來敬謁，伏乞大慈大悲普覆令見尊儀。言已悲泣雨淚向山頂禮，禮已舉首忽見一老人從山中出來，遂作婆羅門語謂僧曰，法師情存慕道追訪聖蹤，不憚劬勞遠尋遺跡。然漢地眾生多造罪業，出家之輩亦多犯戒律。唯有佛頂尊勝陀羅尼經，能滅眾生一切惡業，未知法師頗將此經來不？僧報曰貧道直來禮謁，不將經來。老人言既不將經來空來何益？縱見文殊亦何得識？師可却向西國取此經將來流傳漢土，即是遍奉眾聖廣利群生，拯濟幽冥報諸佛恩也。師取經來至此，弟子當示師文殊師利菩薩所在。僧聞此語不勝喜躍，遂裁抑悲淚至心敬禮，舉頭之頃忽不見老人。其僧驚愕倍更虔心，繫念傾誠迴還西國，取佛頂尊勝陀羅尼經。至永淳二年迴至西京，具以上事聞奏大帝。……[99]

此經由是因緣，立即獲得皇帝重視。早在波利攜此經來華的二十年前，武則天即已久仰五臺山聖山神跡，而於龍朔年中遣使臣往五臺山訪察聖跡。因此，當佛陀波利以此經由五臺山神人指示取回的經書上聞，她自然會珍視此經，命杜行顗等人譯出此經。不過，此經譯出之後，卻連同梵本一起被留置宮中，未予以流傳。這和波利攜此經來華流傳之目的大相逕庭，後來因波利之懇請，才將梵本歸還波利，並且允許他翻譯流傳。

波利找到中國僧人順貞共同譯出此經，[100] 但是，他的傳奇並未就此劃下休止符，而且在以後的世代裡，更加入新的傳奇故事。波利在譯畢《佛頂尊勝陀羅尼經》之後，便帶著此經的梵本前往五臺山，直到志靜爲此譯本寫序的時候，他仍然停留在那裡：「僧將梵本遂向五臺山，入山於今不出」。[101] 在那以後，他的行蹤便無人知曉，據傳他隱居於五臺山的金剛窟。不過，波利的傳奇並未就此結束，據《宋高僧傳》的記載，唐代宗大曆五年（七七〇），僧人法照曾在五臺山見到佛陀波利。在法照的奇遇中，所見到的佛陀波利是和文殊等眾菩薩在一起的：

[99] 《大正新修大藏經》，第十九卷，349中。

[100] 同前註，349下。

[101] 同前註。

（大曆五年）復至四月八日，於華嚴寺西樓下安止，洎十三日，照與五十餘僧同往金剛窟，到無著見大聖處處（虔）心禮三十五佛名，照禮纔十遍，忽見其處廣博嚴淨瑠璃宮殿，文殊普賢一萬菩薩及佛陀波利居在一處。照見已惟自慶喜，隨眾歸寺。……又更獨詣金剛窟所，願見大聖，三更盡到見梵僧，稱是佛陀波利，引之入聖寺。語在覺救傳。[102]

「語在覺救傳」，覺救當是覺護之誤，佛陀波利的漢名爲覺護；在〈宋高僧傳·佛陀波利傳〉中，確有佛陀波利帶領法照入金剛般若寺較詳細的記載，因和本文的討論關涉不大，故從略。

嗣後，波利的傳說愈演愈神奇，在一個建於代宗大曆六年（七七一）經幢的銘記中，波利則成爲菩薩，名爲「應眞菩薩」：

粵惟尊勝者，佛也；陀羅尼者，法也。敬知佛法高妙，最勝最尊，四生不測其源，三天冈覩其相，勝妙無極，將喻佛頂也。如來爲善住天主所說，……自我法王韜逝，滅跡金河。後有天竺梵僧佛陀波利，是應眞菩薩，傳教東來。至永淳二年，重居唐國，聞奏大帝，天下流傳，標幢相於長衢，操銀鈎於金偈。……[103]

唐文宗開成五年（八四〇），日本僧人圓仁巡禮五臺山，曾至金剛窟瞻仰，同時也記下其時有關波利的傳聞，波利的傳奇愈加具有神話性了。在圓仁的記載裡，言明波利所遇見的老人就是文殊的化身，其後波利取經東回，文殊實踐諾言，接引波利入金剛窟。

（五月）廿三日，……行一里許，到金剛窟，窟在谷邊。西國僧佛陀波利空手來到山門，文殊現老人身，不許入山，更教往西國取佛頂尊勝陀羅尼經。其僧却到西天，取經來到此山。文殊接引，同入此窟。波利纔入，窟門自合。于今不開。[104]

102　《宋高僧傳》（大·2061，收入：《大正新修大藏經》，第五十卷），卷二十一，844下。

103　《金石萃編》，卷六十六，頁十八至十九，〈康玢書經幢〉。

104　《入唐求法巡禮行記の研究》，第三卷，63。

在此傳說中，佛陀波利遇見文殊化身的老人之處，當時便樹立著一所尊勝經幢：

> 昔儀鳳元年，西天梵僧佛陀波利來到此處，雨淚遙禮臺山，感得大聖化爲老人，約令却廻天竺，取佛頂之處。今見建寶幢。幢上著佛頂陀羅尼及序，便題波利遇老人之事。[105]

其後，佛陀波利的傳奇也成爲五臺山、以及和《佛頂尊勝陀羅尼經》有關靈異事跡的一個原型：波利在五臺山所遇見的老人、作爲梵僧的波利，一再出現於以後的靈驗故事中。波利在五臺山見到的老人，被認爲是文殊菩薩的化身。唐代宗時，在五臺山見到文殊菩薩的僧人無著，先是遇見一個老翁，而後老翁更現出文殊的形像「諦觀山翁立處，有白雲冉冉湧起，去地尋常許，變成五色雲霓，上有大聖乘師子，而諸菩薩圍遶，食頃，東方白雲一段漸遮菩薩面，群像與雲偕滅。」[106] 其他和《佛頂尊勝陀羅尼經》有關的靈驗記，也都或有老人，或是胡僧的點化。如唐人武徹的《加句靈驗佛頂尊勝陀羅尼》（大・974C）中，所述的三個故事中便是如此。一則五臺山王居士，遇見一個老人，授他全本的尊勝陀羅尼，書中即稱老人爲「臺山聖公」。二則東都洛陽王少府於夢中有梵僧授其全本的尊勝陀羅尼。三則開元二十六年東都洛陽有張繹長史，遇一老翁傳授他足本的尊勝陀羅尼。[107]

唐代佛陀波利的傳奇也成爲五臺山的靈跡之一，在敦煌第61窟的「五臺山圖」中，他即是以展現靈跡的姿態出現。在此圖中，有兩個畫面就是描繪佛陀波利的奇遇，在此圖的中部，大賢之寺下方，繪有一行腳僧人和一老人對談的場景：僧人著黑色的短袍衣，肩負背包，兩腳著吊腿，顯露于短袍外，腳上著麻鞋，雙手合十，態度恭謹虔誠。老人著白色長袍衣，兩臂屈置於胸前，雙手前舉。兩人中間的榜題書：

> 佛陀波利從罽賓國來尋臺峰，遂見文殊菩薩化老人身，路問其由。

---

105 同前書，第三卷，152，（開成五年七月六日）。

106 《宋高僧傳》，卷二十，837中。

107 《大正新修大藏經》，第十九卷，386-87。

此一畫面北側，復畫一老人同一僧相對狀，其旁榜題云：

佛陀波利見文殊化老人身，問西國之梵。[108]

這兩個畫面都是表現波利遇見文殊的場面。

此外，敦煌遺書中也有描繪文殊和波利傳奇的白描畫。P.4049有白描文殊像，旁邊還畫一梵僧和一老人作對談狀（附圖二），梵僧雙手合十，似在靜聽老人講話，兩人的形像、神情和前述敦煌第61窟壁畫極爲相似，所畫的也就是佛陀波利見文殊化老人身之事。[109]

由上可知，波利傳奇成爲五臺山文殊信仰的靈跡之一，藉著五臺文殊信仰不同的傳播方式，《佛頂尊勝陀羅尼經》也廣爲傳播流行。

五臺山信仰對《佛頂尊勝陀羅尼經》的流佈有極大助力，除此之外，波利譯本志靜的〈序〉對散播波利傳奇和此經的流傳，也有很大的貢獻。雖然《開元釋教錄》早已指出：志靜的〈序〉在時間的敘述上有若干疑點，[110] 但從今日所見唐代經幢所刻者大都是波利本，同時也常兼刻敘述此經東來傳奇的志靜的〈序〉這一點看來，志靜在時間的敘述上不精確，顯然不妨礙此序在傳播波利傳奇、以及幫助《佛頂尊勝陀羅尼經》的流佈中所扮演的重要角色。就此而言，此序在時間上敘述的不精確這一點，實無關緊要。

在數以萬計的佛教典籍中，《佛頂尊勝陀羅尼經》得以脫穎而出，成爲唐代最流行的經典之一，更據以發展出一種新的佛教藝術形式——經幢，這多半要歸因於波利傳奇所發揮的作用。以五臺山信仰爲背景的波利傳奇，出現在武則天有意提高佛教地位的時候，使得此經梵本傳來之初，就受到皇帝的重視，得以漢譯，其後並得以流傳。此經也因波利傳奇和五臺山文殊信仰的關涉，而迅速傳揚。

---

108 趙聲良，〈莫高窟第61窟五臺山圖研究〉，《敦煌研究》4（1993）：97。

109 同前註。

110 《開元釋教錄》（大・2154，收入：《大正新修大藏經》，第五十五卷），卷九，565中。

四、《佛頂尊勝陀羅尼經》的流傳

自高宗時期起，《佛頂尊勝陀羅尼經》即迅速傳播流佈。迄今所知，此經譯出不到十年之時，就已經被選爲石刻佛經的題材之一。武則天如意元年（六九二），史延福在龍門摩崖上鐫刻此經。[111] 而最遲在武則天長安二年（七〇二），就有尊勝經幢的出現。[112] 凡此都是此經廣爲流傳的跡痕。

此經之所以迅速流傳，遍及唐帝國各地區，除了此經內容極具吸引力、佛陀波利傳奇和五臺山信仰的助力之外，也還由於唐代宗於大曆十一年（七七六）所發佈的一道詔令之故，使此經得以深入帝國各僻遠地區。然而，唐代宗此一詔令的背後，其實有密宗幾位大師活動的軌跡；因此，此經的流佈和密宗的發展也有密切的關係。

（一）大曆十一年詔

前面已經提及，由於唐高祖以帝室李姓附會爲道教始祖李聃之後，因此唐朝帝室特別尊崇道教。事實上，唐太宗下詔置道教於佛教之上，「道先佛後」是唐代帝室一貫的態度。雖然在武則天時曾一度改爲「佛先道後」，但到玄宗時代，又復爲「道先佛後」，自此以迄於唐末皆然；[113] 其間儘管有許多皇帝崇奉佛教，但此原則基本上是不變的。

唐玄宗即位後，爲了矯正武則天時代的過於崇信佛教，不僅將「佛先道後」的政策，復改爲「道先佛後」，更特別尊崇道教；他一方面致力於提高道教的地位，一方面則有打壓佛教的措施，這給佛教界帶來一些危機感。玄宗提倡道教的舉措包括：開元十年（七二二），下令兩京和諸州各設立玄元皇帝廟一所，設立「崇玄學」。開元二十年（七三二），更敕令士庶之家必備《老子道

---

[111] 《語石・語石異同評》，273。

[112] 河北獲鹿本願寺建於長安二年的〈尊勝經蜜多心經石幢〉，是迄今所知有紀年最早的經幢，見《常山貞石志》，卷七，頁一至二。

[113] 鎌田茂雄，《簡明中國佛教史》，201-4。

德經》一本，開元二十三年（七三五），玄宗親注《老子》。開元二十六年（七三八），各地設開元觀等。然而，其時佛教信仰十分興盛，就以《佛頂尊勝陀羅尼經》而言，便甚爲流行；今日所見的經幢、經幢的著錄或拓本，即有不少是玄宗開元、天寶時期所建立的。因此，玄宗還曾下令各州仿尊勝經幢，建立道德經幢，以與眾多的佛教經幢相抗衡。[114] 此外，玄宗對佛教也採取較爲嚴厲的措施。如開元二年（七一四），沙汰天下僧尼，以僞妄者還俗者有一萬二千餘人。[115] 開元初年，遣令蕃僧歸國，《宋高僧傳》云：「于時帝留心玄牝，未重空門，所司希旨奏，外國蕃僧遣令歸國，行有日矣。」[116] 不過，由於佛教——特別是密教中某些成分，如雜密的醫學、天文學以及若干高僧的祈禱、咒術，較其時的道士爲優秀，[117] 所以玄宗對於少數僧人如不空、一行等僧人仍然很崇敬。肅宗即位，不空等人仍然繼續受到尊敬歸信。

代宗是一位相當敬信佛教的皇帝，《宋高僧傳》稱「代宗即位，更崇釋氏」，[118] 他尤其特別尊重密宗。[119] 大曆十一年所頒布的一項詔令就是一個最好的例子。此一詔令命天下所有僧尼每天須誦「佛頂尊勝陀羅尼」，於每年正月一日上奏：

> 奉敕語李元琮。天下僧尼令誦佛頂尊勝陀羅尼，限一月日誦令精熟。仍仰每日誦二十一遍。每年至正月一日，遣賀正使，具所誦遍數進來。大曆十一年二月八日內謁者監李憲誠宣。[120]

爲什麼規定僧尼日誦佛頂尊勝咒二十一遍呢？這是因爲《佛頂尊勝陀羅尼經》

---

114 關於這一點，將另文再予以細論。

115 《資治通鑑》（台北：明倫出版社，1972），卷二二一，6695。

116 《宋高僧傳》，卷一，〈唐洛陽廣福寺金剛智傳〉，711下。

117 山崎宏，《隋唐佛教史の研究》（京都：法藏館，1967年一刷，1971年二刷），第十三章〈不空三藏〉，240-42。

118 《宋高僧傳》，卷二，〈唐京師大安國寺子鄰傳〉，722上。

119 Weinstein, *Buddhism under the T'ang*, pp. 77-89. 詳細討論密宗和代宗皇帝的關連，以及代宗何以偏好密宗的原因。

120 《代宗朝贈司空大辨正廣智三藏和上表制集》，卷五，〈敕天下僧尼誦尊勝眞言制〉，852下。

中提到：「佛言若人能日日誦此陀羅尼二十一遍，應消一切世間廣大供養，捨身往生極樂世界。」[121] 的緣故。

此一詔令於二月十七日由中書省發佈，對《佛頂尊勝陀羅尼經》的普及，有很大的助力；同時由於此詔令天下所有寺院僧尼皆須每日唸誦「佛頂尊勝陀羅尼」二十一遍，也使得此經超越了宗派的區分，成爲佛教界中最普遍通行的經典。在此令發佈以前，此經原已相當流行，而佛教信徒也建立了不少尊勝經幢；因而此一詔令的作用，是將此經全面性地推廣及各地寺院，特別是那些位處僻遠地區的寺院僧尼和信徒。大村西崖更認爲：此詔令影響及中唐以後至宋尊勝陀羅尼經幢建立風氣之盛。[122]

晚唐以後，唐王室和顯貴者所支持的純密隨著王室的衰落，也日趨於沒落，五代以後更完全沈寂；[123] 然而屬於早期密教雜密經典，卻融入其他各宗的儀法儀禮之中，又爲民間信仰的咒術禮儀所吸收。[124] 因此，在中國純密發展的過程中扮演一個重要角色的《佛頂尊勝陀羅尼經》，在五代以後，仍然甚爲流行；宋代此經尚且有法天的新譯本。這不得不歸諸於大曆十一年的詔令的推廣，使得此經成爲超越宗派的經典。自宋以迄於明代，佛教徒也從未中斷經幢的建立。

代宗之所以頒此詔令，不僅是出於他個人宗教的虔敬而已，[125] 也是佛教界的努力有以致之；特別是密宗大師不空三朝耕耘的結果。此詔不僅給予於不空一派密宗弟子很大的鼓舞，當時整個佛教界也極爲振奮；此詔甫下，即有兩位佛教僧侶領袖上表謝恩：一是乘如，一是慧朗。乘如致力於爲佛教界爭取法律上的權益，而慧朗則是佛教密宗二祖不空的弟子。

代宗於二月八日發佈此令，十七日中書門下發下敕牒，二月二十二日京師大

121 《大正新修大藏經》，第十九卷，351下。
122 《密教發達志》，727。
123 關於中國密教的衰滅，見《密教發達志》，831；山崎宏，《隋唐佛教史の研究》，249。
124 三崎良周，〈佛頂系の密教〉，144。
125 《密教發達志》，724。代宗曾受普賢法於不空。

安國寺上座內外臨壇大德乘如即上狀謝恩。乘如的狀文中提及他自此令發佈之後「抃躍無任」，又說「凡在緇林，實荷鴻造，不勝仰戴聖恩殊常之至」。[126] 如果了解乘如其人，便知他實係從佛教界的立場，爲佛教界慶幸，亦以此向代宗謝恩。《宋高僧傳》記載了乘如致力於爲佛教界爭取權益的事跡，他曾因僧人亡故後，其資財必須入官之事，援引律令，極力向朝廷爭取，終於爭取到法律上的保障，僧人亡故後，其資財便歸屬於僧眾。就此而言，乘如確實爲佛教界建了一項大功，因此《宋高僧傳》對他的評語是「立功不朽」。[127] 以乘如對佛教界的維護與關懷，不難看出此詔所顯示的意義，非僅是一宗一經之興盛，也有利於佛教整體的發展。

此詔之頒佈和不空的關連，可以從慧朗的上表謝恩尋得蹤跡。慧朗爲自唐玄宗以迄代宗三朝最具影響力的僧人不空的弟子，慧朗之所以上表謝恩，乃因此令和其師不空多年的經營有關。

此詔之頒佈和不空的關連，另外可從法崇撰寫《佛頂尊勝陀羅尼經教跡義記》二卷（大・1803），見其一斑。千福寺僧人法崇曾遊於不空之門，[128] 此《教跡義記》即是《尊勝經》之經疏，今收入《大藏經》經疏部。法崇在此經疏中即明白指出其著書之旨趣，乃是回應代宗令天下僧尼日誦二十一遍尊勝陀羅尼的詔令：

> 惟巨唐大曆十載寶應元聖文武皇帝，宣慈育物，氣穆時和，諷誦眞言，須流國界，故使昏昏迷類，皆蒙金偈之因；蠢蠢凡愚，並獲總持之句。崇才寡識淺，以管窺天，輒翻梵偈之文，以著唐言之釋。……[129]

另外值得一提的是：在此一詔頒布八十餘年之後，日本清和天皇貞觀二年（八六〇）也仿效代宗，下了一道內容完全相同的詔令：

> 貞觀二年四月十九日己亥詔，五畿七道諸國令境內僧尼誦佛頂尊勝陀尼日

---

126 《佛頂尊勝陀羅尼經教跡義記》（大・1803，收入：《大正新修大藏經》，第三十九卷），〈鋟尊勝陀羅尼經疏敘〉，1012中。

127 《宋高僧傳》，卷十五，〈唐京兆安國寺乘如傳〉，801下。

128 《密教發達志》，720-21。

129 《佛頂尊勝陀羅尼經教跡義記》，卷下，1028上。

滿廿一遍，每至年終具錄言上，自今以後，永爲歲事，以爲國祈也。[130]

由上可見，唐代日本模擬中國佛教之徹底。此令也影響及《尊勝陀羅尼經》在日本的流傳，從那以後，以迄於十五世紀，此經在日本持續流傳，皇室尚且供養、讀誦「尊勝陀羅尼」。[131]

（二）《佛頂尊勝陀羅尼經》和密宗的發展

印度密教很早就傳入中國，從二世紀至八世紀，有許多陀羅尼經和咒經被翻譯成漢文，其間來華的印度、西域高僧也多精通咒術者。不過，中國密宗形成宗派則始於八世紀，善無畏、金剛智、不空等人翻譯經典、弘傳密教。後世將前者稱之爲「雜密」，後者爲「純密」。[132]《佛頂尊勝陀羅尼經》是中國密教發展初期所傳入的雜密經典之一，然而，它卻曾在中國密教發展的初期扮演一個重要的角色。

密宗的大師在推廣其教時，曾借助其時已經甚爲流行雜密經典的《佛頂尊勝陀羅尼經》；此外，他們也以五臺山信仰作爲推展其教之助力，而佛陀波利的傳奇已成爲五臺山的靈跡之一，這也使得《佛頂尊勝陀羅尼經》和中國密宗的發展結下了不解之緣。中國密宗的初祖金剛智、二祖不空都曾翻譯《佛頂尊勝陀羅尼經》；又，不空對於推展以五臺山爲中心的文殊信仰不遺餘力：翻譯相關的經典、提高文殊在佛教寺院中的地位，建設五臺山的寺院等。

1．密教祖師和尊勝經

當密宗初祖金剛智、二祖不空，分別於唐玄宗開元初年抵達中國時（金剛智於開元七年、不空於開元八年），《佛頂尊勝陀羅尼經》已有五個譯本，就中以佛陀波利的譯本最爲普及和流行。然而，金剛智、不空也都重譯此經；另一

---

130 田中海應，〈尊勝陀羅尼信仰史觀〉，14。

131 同前文，14-16，（五）尊勝陀羅尼讀誦の史實。

132 松有長慶，《密教經典成立史論》，〈序〉第一節，4 純密と雜密，20-21。

位在密宗發展中的重要僧人善無畏也翻譯此經。此三人以其在密宗發展中居功厥偉，而博得「開元三大士」之稱，三人皆翻譯此經，這不能說僅是一種巧合而已。

中國純密係有嚴密的思想體系和複雜的儀軌，在其推展之初，不易爲一般信徒所理解和實行，故不空等人借重已廣爲流行的《佛頂尊勝陀羅尼經》，以推展其教。三崎良周指出：在純密兩大部經典《大日經》和《金剛頂經》傳譯之後，佛頂系（《佛頂尊勝陀羅尼經》即其中之一）的重新再譯，揉合了胎藏界、金剛界的儀軌，將其變爲純密的形態。[133] 不空所譯《佛頂尊勝陀羅尼唸誦儀軌法》，即是在《佛頂尊勝陀羅尼經》的基礎上，加強八世紀以後所形成的中國密宗所重視的儀軌。原來依佛陀波利所傳入梵本的《佛頂尊勝陀羅尼經》，其持誦方法十分簡便，只須洗浴、穿著新淨的衣裳；即使要作壇也極其簡單：「於其佛前先取淨土，作壇隨其大小，方四角作，以種種草華散於壇上，燒眾名香。右膝胡脆，心常念佛，作慕陀羅尼印，屈其頭指以大母指，押合掌，當其心上，誦此陀羅尼一百八遍訖。」[134] 以此和不空所譯《念誦儀軌》比較，則可知《念誦儀軌》遠較爲複雜，除了設置道場、安本尊之外，另外還須供養九位佛和菩薩，其方位並且有其定制。道場的佈置供養即已相當繁複，而晨時齋時尙須奉獻一定的食物；此外，在作道場、澡浴淨身時，要唸誦各種不同咒語，如作道場時要誦「無能勝眞言」，澡浴時要誦「澡浴眞言」。每日入道場唸誦陀羅尼，亦有一定的時節，至道場唸誦則要禮佛菩薩，懺悔發願，次結各種手印及誦各種眞言，可以說是相當繁複，此處便不一一說明。[135] 善無畏所譯的《尊勝佛頂脩瑜珈法軌儀》（大・973），也和不空《念誦儀軌法》有異曲同工之妙，涉及觀想和更多的手印，其壇曼陀羅益加複雜，整個儀軌也更爲繁複。[136] 關於《佛頂尊勝陀羅尼經》，不空並且著有《佛頂尊勝陀羅尼注

[133] 三崎良周，〈佛頂系の密教〉，118。

[134] 《大正新修大藏經》，第十九卷，351下-352上。

[135] 同前書，364-68。

[136] 同前書，368-83。

義》（大・974D），逐句註譯音譯的陀羅尼的意義，可見他對此經非常的重視。

不空不惟翻譯和注譯此經，還運用他對皇帝的影響力，提高此經的地位。大曆五年（七七〇），不空上疏請在太原大唐興國太崇福寺淨土院灌頂道場處，令僧人長誦「佛頂尊勝陀羅尼」，爲國祈福。[137] 其實，《佛頂尊勝陀羅尼經》並非一部護國的經典，綜觀其內容，僅提及誦此陀羅尼對個人的好處：得免病苦、得消一切罪業、得生天上、乃至於得大涅槃，而無一處提到護佑國家。因此，若非出於不空等人的鼓吹，實難得到帝王如此的重視。由此亦可知，代宗於大曆十一年下詔，令天下僧尼每日須誦「佛頂尊勝陀羅尼」二十一遍，傳不空灌頂位的弟子慧朗上表謝恩，是其來有自的。

關於中國密宗發展初期高僧們的借助於尊勝經，另外可從武徹《加句靈驗佛頂尊勝陀羅尼記》（大・974C，以下簡稱《靈驗記》）一書，可得到進一步的證明。此書中記載多則誦「佛頂尊勝陀羅尼」的靈驗故事，尤其特別強調金剛智譯本咒文完整，故誦之者皆獲得神驗奇效。今本《大藏經》974B《佛頂尊勝陀羅尼》，係梵漢雙書，其中漢文部分是金剛智的譯本，[138] 另外，武徹《靈驗記》後所附的「尊勝陀羅尼」當是出自金剛智的譯本。今本《靈驗記》除了武徹所記敘的事跡之外，還有後人追記的故事。武徹生年約在玄宗迄代宗的時代（其妻於代宗永泰初年辭世），其《靈驗記》中所述記的都是開元、天寶時代的事。《靈驗記》是由三則故事串連起來，以證明金剛智譯本完整及其神靈奇驗，僧人惠琳於唐憲宗元和十四年（八一九）修大藏經目錄時，收未入藏經六百餘卷，就將此靈驗記也納入其中。[139] 今本《靈驗記》在惠琳的附記之後，還有三則靈驗故事，當係後人補入者，其中有一則記穆宗長慶三年（八二三）事，最爲明顯。由於此靈驗記的目的是在宣揚金剛智「佛頂尊勝陀羅尼咒」譯本之完足與靈異神驗，因此後人添加類似的故事，亦是可以理解的。

---

137 《代宗朝贈司空大辯正廣智三藏和上表制集》，卷五，837下-838上。

138 干潟龍祥，〈佛頂尊勝陀羅尼經諸傳の研究〉，63。

139 《加句靈驗佛頂尊勝陀羅尼記》，《大正新修大藏經》，第十九卷，386下。

武徹《靈驗記》主要是爲宣傳金剛智譯本，因此必須貶抑流傳最廣的佛陀波利的譯本。其中兩則故事特別指明佛陀波利本文句脫落，以致持誦者久不獲驗見效，後來得到金剛智譯本，在短時間內即獲靈驗奇效，茲將其中一則故事簡述如下：

洛陽王少府唸誦波利本尊勝陀羅尼數數萬遍，後來夢見一位梵僧，告知其所誦者「本誤文少，而功薄也」，因授其廣本文句。嗣後，王少府突然暴亡，但他因誦尊勝陀羅尼，而得以還陽。[140]

在這二則故事之後，作者將金剛智本和波利本做了一個比較，發現金剛智的譯本比波利本多了九句六十九字：「此即是金剛智三藏梵本譯出者，令勘佛陀波利所傳本，文句大同，多於舊本九句六十九字，餘悉波利。」[141]

今本《靈驗記》中後人增補的故事中，有兩則也是敘述全本的重要性，其中有一則更點明波利本無效驗，簡述如下：

長慶三年，前重天縣尉馬敭秋滿，持誦波利本十五年，夢見一位神人，指示他前往蒲坂景福寺東廊房尋找一持唸僧，請他授予尊勝靈驗之本。馬氏尋得此僧，以其所得的新本「勘舊所持波利本，方知文句脫略」。其後馬氏修行新本，神驗頗異。[142]

很顯然地，武徹的《靈驗記》主要是宣揚金剛智本，唯其如此，所以必須貶抑當時最流行的波利本。值得注意的是，武徹爲唐玄宗迄代宗時代的人，而此時恰是中國密宗發展的初期，密宗大師金剛智、不空等人活躍的時代，由此可見，當時有一些人——包括密宗的僧人和信徒，曾經嘗試要以密宗祖師金剛智的譯本取代早已流行的波利本。不過，從唐人經幢所刻者絕大多數都是波利本，有的並且附刻波利本志靜的序這兩點看來，金剛智和其他的譯本顯然沒有能夠取代波利本。

密宗諸師的譯本未能取代佛陀波利之譯本，究其原因有三：（一）、以五臺

140 同前書，386中。

141 同註139。

142 《加句靈驗佛頂尊勝陀羅尼記》，387上、中。

山信仰做爲背景的波利傳奇，和此經傳來有緊密的關連，因此波利本也被神聖化的緣故。（二）《佛頂尊勝陀羅尼經》的特色之一即在其受持簡單，有立竿見影之效，這同時也是此經之所以流傳迅速最重要的因素；而密宗諸師的譯本所述的持誦方法和儀軌甚爲繁複，除非是宗教專家難以實行，因此不易爲一般的信徒所接受。（三）密宗的秘授傳統，如金剛智本流傳不廣，亦由此之故。武徹《靈驗記》敘述王開士得金剛智授其此經全本：「大師云西國亦希有此本，吾將梵本來，故密授焉。」[143] 又，《宋高僧傳》對金剛智一派的秘授傳統也有一番描述：「（金剛）智所譯總持印契，凡至皆驗，秘密流行爲其最也。兩京稟學濟度殊多，在家出家傳之相繼。」[144]

密宗諸師借重《佛頂尊勝陀羅尼經》以推展其教，雖然其諸譯本未能取代波利譯本，但是因其重視此經，致力於提高此經的地位，特別是透過大曆十一年詔令的宣揚，促成此經更爲廣泛的流行。

2、不空與文殊信仰

由於不空所持的《金剛頂經》中，有云智法界篤信文殊菩薩，是以他自然會重視文殊道場的五臺山，[145] 故他不僅借助與五臺山信仰有關的《佛頂尊勝陀羅尼經》，對發揚文殊信仰也不遺餘力。[146] 其中，不空於大曆四年（七六九）和七年（七七二），兩度奏請代宗下令提高文殊菩薩在天下所有寺院的地位，這一點和大曆十一年令天下僧尼每日必唸誦「佛頂尊勝陀羅尼」，是極爲相似的

143 同前書，386上。

144 《宋高僧傳》，卷一，〈唐洛陽廣福寺金剛智傳〉，712上。

145 山崎宏，《隋唐佛教史の研究》，245。Etienne Lamotte, "Manjusri," *T'oung Pao*, 48 (1960), 1-96. 一文包涵大多數西方學者有關文殊菩薩——包括其和密宗的關連的重要論著。又，Raoul Birnbaum, *Studies on the Mysteries of Manjusri*, pp. 7-38. 則係詳論中國文殊信仰及其和不空、密宗的關係。

146 Chou I-liang (周一良), "Tantrism in China," *Harvard Journal of Asiatic Studies*, 8 (1945), 241-332. 論及密宗的傳入中國，不空等名僧傳記的註解。另，山崎宏，《隋唐佛教史の研究》，五〈不空三藏〉。

做法，其結果是提高了文殊菩薩的地位，使作爲文殊菩薩道場的五臺山臻於全盛。

從代宗永泰二年（七六六），不空奏請以自身衣鉢助修五臺山金閣寺時起，便展開代宗朝以國家力量營造五臺山的寺院。金閣寺的修造，也和神跡有關。玄宗開元二十四年（七三六）時，衢州僧人道義將其到五臺山所見的異相，將之圖畫上奏：「文殊聖跡寺，號金閣院，有十三間居僧眾，云有萬人。臺殿門樓茲金所作。」[147] 其後，澤州僧人道環發心依照道義所描寫的圖，建造金閣寺；永泰二年，不空上奏請捨自己的衣鉢助修金閣寺。次年，即大曆元年（七六七），不空又奏請捨衣鉢，捐助建造玉華寺。[148] 此二事都得到代宗的支持，其結果是以國家的力量建造這兩所佛寺，造寺的工匠都是全國各地所推介而來的巧匠。[149] 大曆二年（七六八），金閣寺落成，據〈舊唐書．王縉傳〉的記敘，金閣寺果然如同道義所描述一般「臺殿門樓，茲金所作」。[150] 此外，不空更翻譯了十部有關文殊的經典，進一步宣揚文殊信仰。[151]

山崎宏認爲：不空對文殊信仰發展是有一番設計的，而逐漸在全國展開。[152] 大曆二年，不空奏請代宗在長安大興善寺內置「大聖文殊鎮護之閣」，及在化度寺置「文殊師利護國萬菩薩堂」。其後，更於大曆四年、大曆七年，兩度奏請代宗以行政的命令，提高文殊菩薩在各寺院中的地位。大曆四年，不空先是奏請在天下寺院食堂中置文殊像，以之爲上座，也就是說以文殊攻佔天下寺院中食堂的上座。原先寺院食堂中係安置十六羅漢之一賓頭盧尊者像，不空請置文殊菩薩像於賓頭盧尊者之上，而以文殊爲上座，並且以此作爲定制：

---

147 《代宗朝贈司空大辯正廣智三藏和上表制集》，卷二，〈請捨衣鉢助僧道環修金閣寺〉，834上。

148 同前書，卷二，〈請捨衣鉢同修聖玉華寺制書一首〉，834中。

149 同前書，卷二，〈請修臺山金閣玉華寺等巧匠放免追呼制一首〉，835上、中。

150 《舊唐書》，卷一一八，〈王縉傳〉：「五臺山有金閣寺，鑄銅爲瓦，塗金於其上，照耀山谷，計錢巨億萬。」

151 Birnbaum, *Studies on the Mysteries of Manjusri*, pp. 32-33. 有關不空的致力傳播文殊信仰。

152 《隋唐佛教史の研究》，245-47。

> 大聖文殊師利菩薩，大乘密教皆周流演，今鎮在臺山，福滋兆庶。……伏望自今已後，令天下食堂中於賓頭盧上，特置文殊師利形像，以爲上座。……仍請永爲恒式。[153]

以文殊取代賓頭盧尊者爲寺院食堂的上座，僅是不空以文殊攻佔天下寺院的先聲；至大曆七年，更奏請在天下所有寺院中各設文殊院，在其內供奉文殊像：

> 中書門下　牒不空三藏
>
> 牒奉勅京城及天下僧尼寺內，各簡一勝處置大聖文殊師利菩薩院，仍各委本州府長官即句當修葺，並素文殊像裝飾綵畫功畢，各畫圖其狀聞奏，不得於寺外別造。牒至准勅故牒
>
> 大曆七年十月十六日牒。[154]

這是透過政府的行政命令，提高文殊菩薩在所有佛教寺院中的地位。[155] 值得注意的是，此令特別指定不准於寺外別造文殊院，這顯然是爲了防止某些寺院的虛應故事——在寺外別選一地置文殊院，爲了能眞正達到提高文殊在各寺中地位而設想的。又，爲了貫徹此一命令，文殊院的修葺、文殊像的彩畫裝飾，都由各州府長官負責，完工之後，並且須以文殊院圖上奏。

在天下所有寺院內設置文殊院，可以說是向唐帝國的佛教信徒宣揚文殊信仰最直接的方法，這和大曆十一年的詔令將《佛頂尊勝陀羅尼經》推廣及天下僧尼，如出一轍。以僧人道義所見五臺山的靈異，建設五臺山的寺院；將文殊信仰普及天下寺院，以及把和五臺山傳奇有關的《佛頂尊勝陀羅尼經》推廣及天下僧尼，凡此皆有助於文殊五臺山信仰的普及化，而使五臺山邁入其全盛盛時代。文殊五臺山信仰的普及興盛，也有助於《佛頂尊勝陀羅尼經》的更廣泛地流傳。

---

153 《代宗朝贈司空大辨正廣智三藏和上表制集》，卷二，〈天下寺食堂中置文殊上座制一首〉，837上、中。

154 同前書，卷三，〈勅置天下文殊師利菩薩院制一首〉，841下。

155 見註151，Weinsten, *Buddhism under the T'ang*, pp. 81-82. 論及代宗下令所有寺院供養崇拜文殊菩薩。

3、《佛頂尊勝陀羅尼經》的流行

關於《佛頂尊勝陀羅尼經》流行的狀況，可從以下的資料，窺其一斑：唐代，除了遍布各地的尊勝經幢，是此經流行最生動有力的見證之外，敦煌遺書中《佛頂尊勝陀羅尼經》的部數，也甚爲可觀。綜合北京圖書館、Stein、Pelliot及其他收藏，共有經105部，陀羅尼10部，另外，《加句靈驗佛頂尊勝陀羅尼》4部。由此可知，此經和《金剛般若波羅蜜經》、《般若波羅蜜多心經》、《法華經》的流布，可相提並論。[156]

五代時，敦煌壁畫中出現了「佛頂尊勝陀羅尼經變」，是此經流行的又一明證。莫高窟第55窟、454窟都有尊勝經變，第55窟係建於公元九六二年前後，是歸義軍節度使曹元忠的功德窟，就中有十六個經變，「尊勝經變」即是其中之一。在此窟中所繪的「尊勝經變」，上部是一天宮圖，其正中繪一須彌山，山體中題「佛頂尊勝陀尼經變」。另外，此圖中有兩則根據經文的榜題；另有一說法圖，其上也有三則榜題。此經變的下方是一說法圖。而在此一經變的兩側繪有狹長的條幅畫，由十二個小畫面組成，各畫面的內容並不連貫，分別描繪《佛頂尊勝陀羅尼經》的片斷情節。第454窟，建造的時間比第55窟較晚十餘年，爲曹元忠之侄，也是歸義軍節度使的曹延恭所建。窟形、壁畫題材與55窟基本相同，其左右側亦有條幅畫十二幅。不過，此經變和55窟有一些不同，相較之下，55窟所繪者比較忠實於《佛頂尊勝陀羅尼經》。[157]

至於此經在宋代普遍流傳的情形，從《東京夢華錄》的一則記載，可知它已成爲中元節必備的物品之一：

> 七月十五中元節，先數日，市井賣冥器、靴鞋、幞頭、帽子、金犀假帶、五彩衣服，以紙糊架子盤遊出賣。潘樓并州東西瓦子，亦如七夕，要鬧處亦賣果食、種生花果之類，及印賣《尊勝》、《目連》經。[158]

156 三崎良周，〈佛頂尊勝陀羅尼經と諸星母陀羅尼經〉，（收入牧田諦亮、福井文雅編，《敦煌講座7・敦煌與中國佛教》）（東京：大東出版社，1984），116。

157 王惠民，〈敦煌佛頂尊勝陀羅尼經變考釋〉，《敦煌研究》1（1991）：8-16。

158 鄧之誠，《東京夢華錄注》（北京：中華書局，1982），卷之八，中元節條，211。並此經和《目連》(即《佛說盂蘭盆經》)經並列，同爲中元節的必備經典，這和此經破地獄的功能有很大的關係。

宋代以後，此經流傳不綴，廣爲人知。迄於明代，仍續有尊勝經幢的建立。清代此經依然非常流行，工部查布在《造像量度經續補》(大・1419)中「佛頂尊勝咒」下注稱：「此咒世人多知之。」[159] 就是因爲此經還很流行，所以清代僧人續法還作了《佛頂尊勝陀羅尼經釋》一卷。又，從有的寺院以「尊勝」爲名，[160] 亦可知此經之風行。

(三)尊勝經幢的建立

經幢完全是因《佛頂尊勝陀羅尼經》的影響，而發展出來佛教藝術的一種形式，關於經幢的形制、來源和它的作用等問題，將以另文詳細探討，此處僅就尊勝經幢對於傳播此經所發揮的功能這一點而論。

尊勝經幢本來是因《佛頂尊勝陀羅尼》經的流行而發展出來的，而它自身後來也成爲傳播此經的一個媒介。尊勝經幢最常放置的地點是寺院、交通要道、信徒的家中、墓側等地，其中置於寺院和交通要道的經幢，對於此經的流傳具有相當大的影響。人們把經幢樹立在交通要衝的目的，除了如《尊勝陀羅尼經》所言，爲的是消除樹幢者的惡業之外，同時也欲藉此經幢感化過往行人，[161] 並且使之同沾此福。唐涇陽縣經幢張鍊所撰的〈尊勝陀羅尼寶幢銘并序〉中，就把這一點說得很清楚：

> 列大乘經文，現彼實相，備陀羅尼教口是虛無。暴慢者聞之肅恭，往來者覩而愕眙，軒騎讀過，歷險無驚，樵夫誦行，履危不懼，猶是水中鱗甲，

見：入矢義高、梅原郁譯注，《東京夢華錄——宋代の社會生活》(東京：岩波書店，1983)，290。

159 《大正新修大藏經》，第二十一卷，951上。

160 盧茂村，〈曹寅尊勝院碑記〉，《文物》7(1984)。

161 佛教碑像有放置於交通要道者，也是爲感化行人。見劉淑芬，〈五至六世紀華北地區鄉村的佛教信仰〉。

遇影而生天，郊外零霧，因風而蕩盡，則知聖教慈力，廣大莫量。……[162]

由於寺院本來就是一個傳佈佛教的場所，樹立在寺院中的經幢也容易爲信徒瞻仰矚目，而有傳播此經的功能；特別是有些置於寺院中經幢製作之目的原是爲了讓人拓搨，廣爲流傳者。唐憲宗元和八年那羅延所建尊勝經幢，上面僅刻有「佛頂尊勝陀羅尼」，其石並不大，爲的是便於拓搨，幢上也明白地說明了樹立此幢的目的：

大唐元和八年癸巳之歲，八月辛巳朔五日乙酉，女弟子郲羅延建尊勝碑，打本散施，同願受持。[163]

關於「打本散施」之句，王昶認爲「打本」是中唐人語，指的是搨本：「今人言碑本有曰搨本，集韻：搨，摹也。〈唐書百官志〉：宏文館校書郎二人，有搨書手、筆匠三人。蓋用紙墨磨古碑帖曰搨，又曰拓本。……臆謂撻可轉上聲，音打，則搨拓亦可轉上聲，音打也。打本是中唐人語，前此未見。」[164] 因此，打本散施即是指以此幢之經文拓搨散發傳佈，可知經幢也以此一方式發揮其傳播尊勝經之功能，毛鳳枝《關中金石文字存逸考》根本就將此經幢著錄爲〈尊勝碑打本〉。[165]

從下列兩個經幢上所題其刻經的版本，可證實上述的經幢中所謂的「打本散施」，確實發揮了它傳播此經的功能。唐僖宗乾符六年（八七九），楊□爲其母所建立的經幢上，有「東都天宮寺沙門歸肇書畢」和「大興善□□□□□本」的字樣，[166] 可知此幢書寫者爲洛陽僧人歸肇，而其所根據的本子爲長安大興善寺的本子，很可能就是大興善寺經幢「打本散施」的拓本。又，唐懿宗咸通七年（八六六）河南縣黃順儀爲其女所造的尊勝陀羅尼經幢上，刻有更直接的

162 《金石萃編》，卷六十七，頁二十四，〈涇陽縣經幢〉。

163 同前書，卷六十六，頁三十三，〈那羅延經幢〉。

164 同前註，頁三十五。

165 《關中金石文字存逸考》（石刻史料新編第二輯第十四册，台北：新文豐出版社），卷二，西安府下，頁二十四。

166 《金石萃編》，卷六十七，頁十八，〈沙門歸肇書幢〉。

證據：「佛頂尊勝陀羅尼，東都福先寺西律院玉石幢本」，[167] 顯然係用福先寺的石幢拓本，以爲刻經之依據。

唐代刻經建碑，打本散施，便利佛典的流傳，也不僅限於《佛頂尊勝陀羅尼經》一經而已。今《大正新修大藏經》所收不空譯《大佛頂如來放光悉怛多鉢怛羅陀羅尼》（大・944A），卷末註明此本係：「大唐青龍寺內供奉沙門曇貞修建眞言碑本，元祿十六年二月六日以淨嚴和上之本再校了。」[168] 又，不空譯《金剛頂瑜珈最勝秘密成佛隨求即得神變加持成就陀羅尼儀軌》（大・1155），卷末云：

> 大唐青龍寺內供奉沙門曇貞修建眞言碑本七十天眞言
>
> 曩莫三曼多　多南唵薩曰縛第婆多南曳繼幾[169]

以上兩個例子都是出於青龍寺，唐代青龍寺是密宗的重要寺院，可見唐代有些經典——特別是密宗陀羅尼系經典，是以刻經建碑，打本散施流傳的。不過，此二經的刻經建碑，其是否具有經幢的形式，則不得而知。中唐以後有少數的尊勝陀羅尼經幢上也兼刻有其他的陀羅尼，或者是其他的經典。

今韓國和日本仍有八世紀中佛經之拓本的遺存，其所刻者也都是陀羅尼系的經典。韓國一所於西元七五一年完工寺院的塔中，藏有佛經之拓本，從其片斷可辨識出其爲《無垢淨光大陀羅尼經》（大・1024）；另外，八世紀時日本聖德太子造了一百萬個小木塔中，各藏有「無垢淨光大陀羅尼」的拓本，今日尙有許多遺存者。[170] 此二者很可能是受唐代和陀羅尼系經典打本散施的影響，關於這一點，還有待進一步的追查。

五、結論

綜合以上的討論，可以得知《佛頂尊勝陀羅尼經》之所以能在卷帙浩翰的佛

---

[167] 《八瓊室金石補正》，卷四十八，頁十三，〈黃順儀尊勝幢記〉。

[168] 《大正新修大藏經》，第十九卷，102下。

[169] 同前書，第二十卷，649中。

[170] Denis Twitchett, *Printing and Publishing in Medieval China* (Cambridge: Cambridge University Press, 1983). pp. 13-15.

經中脫穎而出，成爲唐代最流行的經典之一，是因爲此經的內容極爲吸引人：「佛頂尊勝陀羅尼」之神力廣大，可以拯接幽明，甚至塵沾影覆，都可消除罪業，而得福報；同時，此陀羅尼的受持方法亦很簡便。除此之外，有關此經梵本傳來佛陀波利的傳奇，更給此經披上神異的色彩，也是促成此經廣受信徒崇奉持誦的重要因素。然而，波利傳奇的展開和流傳，乃至於廣爲信徒崇信，則和北朝以來五臺山文殊信仰的流行有關。波利得以所齎之梵本聞見皇帝，也正是因爲這個緣故。然而，此經固然受歡迎，但其流傳遍於天下城市與鄉村，則有賴唐代宗大曆十一年令「天下僧尼每日須誦尊勝陀羅尼二十一遍」之　的推廣；此令的頒布則係佛教界人士——特別是密宗幾位大師推動的結果。由此可見，此經之傳遍天下，乃由於以上包括宗教、社會、政治諸因素盤結交錯的結果。樹立在各地的尊勝經幢則爲此經遍傳唐帝國的城市與鄉村，留下了具體的證明。同時，經幢自身也成傳佈此經的媒體之一。

中國佛教史的研究，向來多偏重於上層階級的研究，包括思想層次上佛經義理，社會上帝王、貴族、官僚和知識份子的佛教信仰，僧人則以少數高僧爲主，或著重政治上帝室和佛教的關係等方面的研究。這些誠然都是重要的問題，不過這種研究走向卻忽略了佔壓倒性多數平民百姓的佛教信仰。前者可以說是佛教思想史、或是政治史之一部分；而後者方是眞正宗教社會史、庶民信仰史的研究，它同時也是社會史、以及非上層階級的佛教思想史，更是社會心態史。如果我們所要研究的歷史，不僅是限於帝王公侯官僚的歷史，那麼，這一部分的歷史無疑地是很重要的一部分。

昔日宗教專家和歷來學者重視很多義理深奧的經典，對於多數的民眾而言，是過於深奧——他們或是沒有意願、也可能是沒有能力去了解；另外，爲宗教專家和學者所重視的一些繁複儀軌，也多使人望而卻步。事實上，無論過去或現在，這些都只是少數置身廟堂——朝廷、寺院和學術殿堂中人所關切的事物，而不是絕大多數人所關切、實踐的宗教。本文所討論的《佛頂尊勝陀羅尼經》正是一個最好的例子，它的內容簡單，沒有義理可言，其陀羅尼受持容易，而使得它成爲唐代最流行的經典之一；八世紀中，密宗的高僧尚且借助其普及性，以推展其教。由此看來，過去中古宗教、社會史的研究所重視者僅係冰山露出水面之一角，忽略了其潛沉水底的絕大部分，而這一部分正是吾輩今後應當努力研探的對象。

（本文於一九九五年九月十四日通過刊登）

Dharani Sutra and the Growth of Dharani Pillars in T'ang China

Liu Shu-fen

Institute of History and Philology, Academia Sinica

This paper represents the preliminary results of an on-going research project about the history and significance of Buddhist *dharani* pillars (*ching-ch'uang* 經幢), a type of Buddhist sculpture highly popular during the T'ang dynasty. This paper treats the *sutra* carved on such pillars, entitled the *Fo-ting tsun-sheng t'o-lo-ni ching* 佛頂尊勝陀羅尼經, describing this *sutra*'s transmission into China, the factors behind its spread, and its influence on *dharani* pillars. Particular attention is devoted to the ways in which political, social and religious factors all played a role in the spread of this *sutra*. The evidence indicates that while this *sutra* exerted a powerful appeal on Buddhist believers, a key factor behind its spread throughout the urban and rural landscape of T'ang China involved an imperial decree issued by the T'ang emperor Tai-tsung (r. 762-779) in 766, ordering all members of the *sangha* to recite the *Fo-ting tsun-sheng t'o-lo-ni ching* a total of 21 times per day. At the same time, the fact that such a decree was issued in the first place may be traced to the efforts of leading Tantric Buddhist masters at the T'ang court at that time. This indicates how the complex interaction between religious, political, and social factors could influence the spread of such an important *sutra* throughout T'ang China.

圖一：鄭州開元寺唐中和五年(885)經幢

圖二：敦煌遺書P.4049騎獅文殊和佛陀波利見文殊菩薩

清初思想趨向與《劉子節要》
——兼論清初蕺山學派的分裂

王汎森*

本文是藉一本並不存在的書《劉子節要》的一些蛛絲螞跡，推測因它引起的思想爭論究竟在清初思想史中有何具體的涵義？希望對於理解劉宗周學說的要旨和清初學風變化的情狀，乃至對理解《劉子全書》編纂的要領，有所幫助。文中指出，清初原有刪改王門後學文獻以求合于復興的朱子學的趨勢，本文爲這學術趨勢提供了一個描述。論文指出時人淡化劉宗周和朱子學說的矛盾的「意」的思想，是代表一種壓抑王學以求合於朱子學復興的傾向，並討論這一趨勢與清代官方意識型態之成立的關係。文中並分析劉門幾派對于劉學宗旨的不同詮釋及其各自用心所在。

關鍵字：清初思想史 《劉子節要》 惲仲昇 官方意識型態

* 中央研究院歷史語言研究所

惲仲昇(1601-1678)是明末理學大儒劉宗周的重要弟子。在劉宗周自殺殉國之後，他的學派內部呈現分化與衝突，故有人說「蕺山身後，弟子爭其宗旨」。[1]黃宗羲自己也說「子劉子既沒，宗旨復裂」。[2]

而惲氏與同門黃宗羲等人在思想上的分歧，更是當時江浙思想界的一件大事。惲氏文集罕見，[3]連他當時最受爭議的《劉子節要》一書也無法尋得，[4]所以當我們讀到一些與這次爭論有關的零星材料時，竟對他們當日爭執的主題感到茫然。

黃宗羲顯然非常看重這次爭論，所以將它寫進《明儒學案》的〈序〉中。他說：

> 歲己酉，毘陵惲仲昇來越，著《劉子節要》。仲昇，先師之高第弟子也，書成，羲送之江干，仲昇執手丁寧曰：今日知先師之學者，惟吾與子兩人，議論不容不歸一，惟於先師言意所在，宜稍爲通融。羲曰：先師所以異於諸儒，正在於意，豈可不爲發明？仲昇欲羲敘其《節要》，羲終不敢。[5]

1 孫靜菴，《明遺民錄》（浙江：浙江古籍出版社，1985），頁93。

2 黄宗羲，《黄宗羲全集》，以下簡稱爲《全集》（浙江：浙江古籍出版社，無出版年代），册十，頁304。

3 師大藏有東北大學寄存之《惲遜庵先生文鈔》，係清末惲氏族孫託繆荃孫代印的，只有薄薄數十頁，内容亦甚貧乏，與本文主題相關之材料極少。

4《劉子節要》一書共十四卷，清代汪憲編《振綺堂書錄》（民國十六年排印本）卷三，頁17說《劉子節要》二册，十四卷。《四庫全書總目提要》（台北：漢京文化事業有限公司，1981）子部、儒家類存目二頁516中錄其每卷目錄：「一、道體，二、論學，三、致知，四、存養，五、克治，六、家道，七、出處，八、治體，九、治法、十、居官處事，十一、教人之法，十二、警戒改過，十三、辨別異端，十四、總論聖賢，每一類爲一卷」。這十四類的安排與名稱顯然依倣朱子的《近思錄》，仔細比對，可以發現兩者只有些許的文字差異，那麼它自然也反映了惲氏本人傾向朱子的態度。值得注意的是，在十七世紀初葉，由《近思錄》之激勵而有一系模仿《近思錄》十四卷模式的輯錄出現，高攀龍的《朱子節要》、江起鵬之《近思補錄》、孫承澤之《學約續編》、劉源淥之《近思續錄》、朱顯祖之《朱子近思錄》、汪佑之《五子近思錄》、張伯行之《續近思錄》、《廣近思錄》等等，見陳榮捷，〈性理精義與十七世紀之程朱學派〉，《朱學論集》（台北：學生書局，1982），頁408-9。我曾到江浙一帶尋訪此書，但此書無法尋得，衷爾鉅的《蕺山學派哲學思想》（濟南：山東教育出版社，1993）中也說無法尋得該書，見頁387。在新出《四庫全書存目叢書》的子部儒家類中亦未見該書。

5 《明儒學案》（北京：中華書局，1985），頁9-10。

從這段話看來，惲、黃二人在己酉，也就是康熙八年(1669)對其師劉宗周思想的詮釋已有異議，而儘管惲氏再三勸說，黃氏皆不爲所動，甚至不願序其書，而整個爭論之所起，是在惲氏所輯《劉子節要》。

惲仲昇希望黃氏序其節要，並說當時通曉其師說的就剩他們兩人，「議論不容不歸一」，則是希望當時正在大力宣傳劉氏學說的黃氏能支持他對劉氏學說之詮釋。惲、黃二人原先並不熟悉。如果不是黃氏當時大加宣揚鼓倡劉氏學說，惲氏或許不會有此舉。而如果不是黃氏堅持自己忠實於劉氏的詮釋，後人寫他時不會用下述這一段話：

> 子劉子夢奠之後，及門之士多歸忠節，海內遂無知其學者。先生於故牘理其緒言，刻之行世，使海內知子劉子之學，與陽明同而異，異而同也。[6]

從《劉子節要》書名及惲仲昇的思想傾向看來，《劉子節要》之體例顯然是模仿惲氏所尊仰的高攀龍所輯之《朱子節要》，而主要目的也是想提供一個簡便的集子，方便天下人了解其師之思想。從黃氏《明儒學案》的序文中所言看來，他與惲仲昇的主要分歧是對《節要》中涉及劉宗周「意」的哲學之詮釋不能同意。

「意」的哲學是劉宗周一生思想重點，它一被提出，爭議紛紜的情形，黃氏在《思舊錄》中寫劉宗周的條下說：

> 先生（劉宗周）以意非心之所發，則無不起而爭之。[7]

不過黃氏本人是贊成「意爲心之所存」之說的，[8] 但是陳確似乎便不談此說，因爲他認爲整個《大學》是有問題的，所以《大學》「誠意」的宗旨也是靠不住的，根本不必再談意爲心之所存或所發了。黃宗羲曾對此作了相當簡要的概括：

> 先儒曰：意爲心之所發，師以爲心之所存。人心徑寸間，空中四達，有太虛之象，虛故生靈，靈生覺，覺有主，是曰意。不然，《大學》以所發先

---

[6] 《全集》，册十，頁609。

[7] 《全集》，册一，頁338。

[8] 《全集》，册十，頁194-5。他並且說這個思想是「唯先師獨透其宗，此意散在語錄中，門弟子知先師之學者甚少，故晦而未彰」。

> 所存，《中庸》以致和爲致中，其病一也。然泰州王棟已言之矣。自身之主宰而言謂之心，自心之主宰而言謂之意，心則虛靈而善變，意有定向而中涵，意是心之主宰，以其寂然不動之處，單單有個不慮而知之靈體，自作主張，自裁生化，故舉而名之曰獨，少間攙以見聞才識之能，情感利害之便，則是有商量倚靠，不得謂之獨矣。若云心之所發，教人審幾於動念之初，念既動矣，誠之奚及？師未嘗見泰州之書，至理所在，不謀而合也。[9]

大學中先誠意後正心，如果照這個順序，那麼何以「先儒」說是在先的「意」反而是在後的「心」所發？這是一個絕大的矛盾，劉氏所以要極力主張意爲心之所存，主要是想防堵意有善有惡，及心爲無善無惡之說。他想從每一方面來論證心是純善無惡的，這是人心的本質，所以人便應該無論如何達到這一人格境界。

意如果是有善有惡，那麼，依劉氏之意，誠意的哲學便大有問題——誠其善的意，可以爲君子，但如誠其惡之意，則豈不是斷然爲小人嗎？他非得做這一個分別是有現實考慮的，一方面是認爲意如爲心之所發，而發生上述問題，則《大學》誠意的思想便大有毛病了。而他在當時便看到許多奉行陽明哲學的人，因爲自信其心，而又以心爲無善無惡，不能貞定人的本質爲善，故常稱心行惡而不能自知。

這一切都是對當時思想界道德相對主義及王學禪學化兩種風氣而來，也都是爲了闡揚他純善的哲學而來，而這正是與他早年參與成立首善書院的宗旨相一貫的。而劉宗周有關「意」的思想則相當程度地解決了這個矛盾。但爲什麼同爲劉門弟子的惲仲昇要黃氏對他們老師「意」的思想「稍爲通融」？究竟要怎樣「通融」？

由於見不到《劉子節要》一書，故我們只能從黃宗羲的一篇〈答惲仲昇論劉子節要書〉來推測。惲氏是將劉宗周思想中有特色的部份故意刪去、稀釋或模糊化，第一個引起黃氏不滿的地方即是劉氏言「意」的部分被惲仲昇刻意淡化掉了。黃宗羲形容說：

---

9 〈先師蕺山先生文集序〉，陳祁乾編，《黃梨洲文集》（北京：中華書局，1959），頁348。

自意爲心之所發之註，爛熟於經生之口耳，其與先儒牴牾者亦在此，因起學者之疑亦在此。先師《存疑雜著》，大概爲此而發，其後伯繩編書，另立〈學言〉一門，總括先師之語，而《存疑》之目隱矣。董標〈心意十問〉，史孝復〈商疑十則〉，皆因學者疑此而辨明之也。今《節要》所載，董、史〈問〉〈答〉，去其根柢而留其枝葉，使學者觀之，茫然不得其歸著之處。猶如水經爲諸水分合而作，而讀者止摘其雋語逸事，於作者之意，亦何當乎。[10]

從這段引文看，首先企圖隱去宗周「意」方面論點的是他的兒子劉汋（伯繩，1613-1664）。接著模糊化這方面論點的是惲氏的《節要》。惲氏書中將〈心意十問〉與〈商疑十則〉這兩份極能闡明「意」之思想的文字「去其根柢而留其枝葉，使學者觀之，茫然不得其歸著之處」。

劉宗周的另一特色是《人譜》，但這也被惲仲昇所淡化了。[11] 黃宗羲在給惲仲昇的信中說：

《人譜》一書，專爲改過而作，其下手功夫，皆有塗轍可循。今《節要》改過門，無一語及之，視之與尋常語錄泛言不異，則亦未見所節之要也。[12]

這一封信，可能是己酉(1669)兩人見面時所寫。他責備惲氏書中未特提《人譜》。在這一方面，劉汋的態度與惲仲昇不同，劉氏死前仍諄諄告誡要門人守住「人譜」改過之學。[13]

---

[10] 〈答惲仲昇論劉子節要書〉，《黃梨洲文集》，頁448。

[11] 惲仲昇的講友張履祥認爲蕺山《人譜》有背於程朱，參謝國楨，《晚明史籍考》（上海：上海古籍出版社，1981），頁518。

[12] 同前書，頁449。

[13] 衷爾鉅，《蕺山學派哲學思想》，頁395。有一種説法認爲惲仲昇後來對黃宗羲的詮釋讓步。《陳確集》的編校者有一條案語，説惲氏「面對意爲心之所存一説心懷疑問。梨洲爲之剖析探究，始爲信服。」（頁125）這一段話沒頭沒尾，且未提出任何根據。此處試勾稽一些史料加以討論。

在黃、惲二人河干握別(1669)五年後，惲仲昇有一封信給梨洲，上面說：

「河干握別，倏已五年…先師《節要》，敝鄉學者亟欲見其書，遂謀付梓，所乏紙價，不能廣爲流通，今卻寄一部…老師之學，同門中惟吾兄能言之，或作序、或書我們不禁好奇：惲氏何以和劉汋一樣急急刪去他們老師一生最重要的哲學主張，而一味求合於「先儒」的「意爲心之所發」？這裡的「先儒」是誰？爲什麼違反「意爲心之所發」即得罪了「先儒」呢？如果不能解決此問題，則無法了解刪去與「先儒」相反對的意見其實正反映了一代學風的變化。

此處之「先儒」可以是朱子，也可以是王陽明。因爲意爲心之所存，非所發的觀點，對朱子與王陽明都不利。王陽明《傳習錄》中有幾處提到心之所發便是意，則朱子「意」爲心之所發之思想基本上是被陽明所繼承的。所以董允璘讀到劉宗周的文章後會寫《劉子質疑》，懷疑劉宗周「意」的哲學傷害了王學的傳統，但是黃宗羲很快地便化解了這個質疑，並使得董氏相信劉、王之學是

後，惟尊意。吾兄所爲狀，欲采入附錄中，並望惠教。《節要》中有可商榷處，更希一一昭示。」（《黃宗羲全集》，册十一，頁395。）

由此信看來，惲氏當時欲在武進流通《節要》，先將付印稿寄黃氏，請他作序或書後，並想將黃氏所爲〈子劉子行狀〉收爲附錄。我們看不出在兩人分手五年之間，惲氏是否對《節要》內容進行改動。不過，如果未曾改動，他應該也會知道，黃氏顯然會和五年前一樣拒絕作序，就不煩再有「或作序，或書後」的請求了。而黃氏〈子劉子行狀〉與惲氏的《節要》及〈行狀〉皆相矛盾，現在希望將黃氏所爲〈行狀〉收爲附錄，不管《節要》內容是否已改，即已多少表示一種新的態度。黃氏顯然未曾作序，不過他的〈子劉子行狀〉應該是被收入《節要》了。在〈南雷詩文集附錄〉中，收有施博給黃的一封信，說：

「昔年惲仲昇兄便道過訪同門張考夫兄，博幸與聞謦咳，且得誦所作先生傳，詳盡有體，正可相與共肩師傳。」（《黃宗羲全集》，册十一，頁394。）

此信中有「先師(劉宗周)歿已三十年」一語，足見應在一六七五年，正是惲氏與黃氏河干握別五年之後一年，當時《節要》當已刊成，書後附黃氏的〈行狀〉，在惲、施見面時，施氏得贈一册。

從以上材料看起來，只能說惲氏將黃氏的〈行狀〉與自己的《節要》並存，並不能證明惲氏後來捐棄自己的說法。《明儒學案》卷六十二〈蕺山學案〉有一段話：

「及《節要》刻成，緘書寄羲，曰：『子知先師之學者，不可不序。嗟呼，羲豈能知先師之學者？…然觀日初〈高劉兩先生正學說〉…以此觀之，日初亦未便知先師之學也。使其知之，則於先師言意所在，迎刃而解矣。此羲不序《節要》之意也，惜當時不及細論，負此良友。」（頁1507-8）

〈蕺山學案〉完成於一六七六以後，此時已過了惲氏將《節要》寄請黃氏作序之時，而《學案》中清楚寫著他仍「不序《節要》。」而兩年後，也就是一六七八，惲氏便死了。

二而一、一而二，不可分割的，董氏甚至以「劉子學者」自名。[14]

但是陽明的全部《傳習錄》中，並無「意爲心之所發」這一句。[15] 不像朱子是在《四書集註》中《大學》的一開始便有此一句，而且幾百年來列爲科舉功令必讀之物。所以當時人認爲劉宗周是傷害了朱學，對於其言意爲心之所存更認爲：

先生篤實類朱文公，而言誠意慎獨與朱不合。[16]

蔣學鏞編的《鄞志稿》也是說：

南雷宗念台劉公之傳，以意爲心之所存，非所發；學者習考亭舊說，多未信。[17]

足見對「意爲心之所存」一語不滿意的是「習考亭舊說」的一般學者，不是陽明學者。劉宗周自已也認爲他「意爲心之所存」的哲學得罪了程朱。一六四三年〈答史子復書〉中說：

意爲心之所發，古來已有是疏，僕何爲獨不然…總之，存發只是一幾，故可以所存該所發，而終不可以所發遺所存。則《大學》誠正一關，終是千古不了之公案，未可便以朱程之言爲定本也。[18]

足見劉宗周也認爲他挑戰的是「以朱程之言爲定本」。外人印象，及作者主觀意圖皆是以程朱爲對象，則其針對性是很清楚的了。

前面已經說過「意爲心之所發」是朱子《四書集註》中一段極重要的文字。在朱子思想系統中「意爲心之所發」一句佔有重要地位。如果說意爲心之所發，則意絕非純善無惡，而是有善有惡。但在劉宗周的系統中，認爲如果主張意有善有惡，則人的虛靈之心便隨善惡流轉而無一至善的主宰。他主張「意」是心之所存，「意」是至善的，而且是心之主宰，是定盤針，人心便不至在善惡之間搖擺了。

---

[14] 《全集》，册十，頁454。董允璘認爲「存固存，而發亦存也」，見蔣學鏞，《鄞志稿》，頁518。

[15] 這是查索九州大學哲學部所編《傳習錄索引》的結果。

[16] 邵廷采，〈明儒劉子蕺山先生傳〉，《思復堂文集》，頁76。

[17] 蔣學鏞，《鄞志稿》（《四明叢書》，第三集），頁518。

[18] 《劉子全書》，頁1412。

朱子強調已發、未發之別，而凡屬已發，即有後天染雜，所以「意爲心之所發」，則「意」爲已發的可有染雜的部份，而理想的狀態只能是愼求未發的中和狀態。劉宗周將之修改成「意爲心之所存」，即是強調即發即存，體用不二，所以他曾與人有如下一段問答：

問：意屬已發，心屬未發否？曰：人心之體，存發一機也。心無存發，意無存發也。蓋此心中一點虛靈不昧之主宰，嘗嘗存，亦嘗嘗發。[19]

由此看來，意之爲心之所發或所存不只是心有無定盤針的問題；主張「意爲心之所存」還是對朱子以來「人自有未發時」之說的批判。朱子認爲已、未發是兩件，而劉宗周認爲「已發」「未發」是一件事，「常以存」、亦「常以發」。將已發、未發合而爲一是劉氏合兩個分開境界爲一個境界的觀點之一環。在董瑒所編劉宗周《年譜》中錄有一段劉汋案《存疑雜著》的話：

先儒言道分析者，至先生悉統而一之。先儒心與性對，先生曰：性者心之性。性與情對，先生曰：情者性之情。心統性情，先生曰：心之性情。分人欲爲人心，天理爲道心，先生曰：心只是人心，道心者人心之所以爲心。分性爲氣質、義理，先生曰：性只有氣質，義理者，氣質之所以爲性。未發爲靜，已發爲動，先生曰：存發只是一機，動靜只是一理。[20]

而劉氏「意」的觀點與此等由二境界歸於一境界有關。劉氏「意」爲善且爲心之所存之說，使得心有一最高的定盤主宰，不再在有善有惡的念起念滅上作攔截工夫，而是直接有一最高的的純善的主宰在，那麼，道心、人心等就不再兩分，而是一個了。

「意爲心之所存」以純善的「意」爲心之定盤針，也直攻良知四句教中的第一句「無善無惡心之體」。明季許多學者大力批評「無善無惡」，認爲應該「首善」（「首善書院」的創立即是一代表）。東林學派倡之尤力，而飽受東林學風薰陶的劉宗周正是以此新觀點來支持他的新哲學主張。他認爲，心是一只

---

[19] 〈答董生心意十問〉，《劉子全書》（台北：華文書局，無出版年代），頁540。相關討論可參考戴君仁，〈心學家論意〉，《大陸雜誌》44：4，頁200-202。

[20] 劉汋，《年譜》，在《劉子全書》，頁3666。

徑寸虛體，如果是無善無惡，則必有惡作，故必須有一定盤針為主於其間。他認為陽明之所以主張有善有惡之「意」，也是因他跳不出朱子的樊籬，被朱子「意為心之所發」一說所限。

由以上可以看出，劉宗周「意」的思想是兼斥朱王的，但是整體來說，與朱子矛盾最大，尤其是在意為心之「所存」或「所發」這一問題上，兩人眞是南轅北轍。所以「意為心之所存」是針對朱子《四書集註》「意為心之所發」一句而發，前面黃宗羲有「先儒之注爛熟於口」一句話，所謂「先儒之註」當然是指《四書集註》，而明末清初人又多以劉氏「意」的哲學為明季王學的代表性主張，所以當有人想將它刪去或淡化時，其實代表一種壓抑由劉宗周所代表的王學，以求合於朱子學復興的傾向。

為什麼要求合於朱子？這一方面是劉門弟子中傾向於嚴明整肅的一派思想興起，另方面是學派外部由王返朱的壓力。[21] 而這兩者又常結合在一起。

劉宗周死後，劉門弟子中有一支傾向於同情或支持朱子學，劉汋、張履祥(1611-1674)等正是這一新趨向的領導者，而惲仲昇是其重要助力。劉伯繩的思想始終傾向紀律化。他所最擔憂的一直是劉門內部中轉向禪學的傾向。故他在作為其父的助教時，便曾刻意引進一批持論比較嚴謹的弟子到劉宗周的身邊。黃嗣艾《南雷學案》說：

> 忠正公（劉宗周）講學越中，一時承風接響者以想像為本體，權謀為作用，忠正公之言，格於浸淫之僻說而不相下。先生憂之曰：此係禪門種草，寧可移植於吾室乎？於是推擇王業洵，王毓蓍，及南雷公等十數人，進之為弟子。[22]

在明亡而劉宗周自殺之後，劉伯繩居小樓二十年，杜絕人事，雖通家故舊亦所竣拒。[23] 這段時間內，黃宗羲並不常與他見面。[24] 但在他杜門幽居的日子中，有幾個人是常相見面的，史孝咸、惲仲昇便是。[25] 由見面與不見面，其實可以

[21] 詳見後面的討論。

[22] 《南雷學案》，《清代傳記叢刊》本（台北：明文書局，無出版年代），頁250。

[23] 同前書，頁251。

[24] 見黃氏〈答劉伯繩問律呂〉，《黃梨洲文集》，頁416-418。

[25] 徐世昌，《清儒學案》（台北：世界書局，1979）卷2，頁67。

看出他當時思想趨向，基本上與惲仲昇爲近，都同情當時學術界由王返朱的空氣，而與自認堅持劉氏之學的黃宗羲疏遠。《明遺民錄》說「念台之子伯繩，輯先人遺書，多折衷于履祥。」[26] 張履祥正是當時劉門弟子中轉向程朱的代表人，而劉汋在編其父文集時，不請教黃宗羲而請教張履祥，那麼他在編輯工作中有迎合朱學的傾向就不足奇了。

劉宗周死後弟子詮釋其宗旨約可分爲三派。第一派是以劉汋、張履祥，吳蕃爲主的傾向程朱派。大概而言，當劉汋還在世時(1613-1664)，[27] 稿子在劉汋手中，所以整個詮釋權握在他的手中。劉汋在一六六四年故逝後，劉宗周著作的詮釋空間才比較開放。也就在這個時候，黃宗羲對劉宗周思想的詮釋開始活躍起來。黃氏幾件與此有關的活動都發生在一六六七、一六六八年，正是劉汋死後。

劉汋對其父著述的整理與詮釋分成兩部分。第一是編遺書。第二是編年譜。此處先談遺書。劉汋似乎極力想做好詮釋其父思想的工作，所以對其遺集「一書再書」。陳確在〈別劉伯繩序〉中說他見劉汋時「問：猶有副乎？曰：有。有草本乎？曰：有。可得而盡觀乎？則皆伯繩之一書再書，而猶皇然若不足者」。[28] 同時劉汋也不隨便讓人看他父親的遺稿，陳確在一封給張履祥談到劉宗周的文稿在陸冰脩手裡時說：

> 所謂陸兄者，其冰脩乎？此兄亦有意先生之學，但浮氣未除耳，絶非世俗比，即曾見此書，亦無煩過慮。[29]

而且當時同門師友也已經注意到劉汋對其父著述之删訂，不是一個人的行爲，而是一群人的工作。黃宗羲爲《劉子全書》作的〈序〉便是這樣說的：

> 先師丁改革之際，其高第弟子如金伯玉，吳磊齋、祁世培、章格庵、葉潤山、彭期生、王玄趾、祝開美一輩，既已身殉國難，梟比凝塵，曩日之旅

---

[26] 孫靜庵，《明遺民錄》，頁17。

[27] 一說劉汋卒於康熙二年(1663)，見《明遺民所知錄》，在謝正光等編，《明遺民錄彙輯》（南京：南京大學出版社，1995），頁1001。一說卒於康熙七年(1668)，見董瑒，〈抄述〉，《劉子全書》，頁1230。不過，黃宗義，〈劉伯繩先生墓誌銘〉已清楚記載其卒年爲甲辰(1664)，見《黃宗義全集》，册十，頁308。

[28] 《陳確集》（北京：中華書局，1979），頁235-6。

[29] 同前書，頁616。

進者，才識爲不當。伯繩輯遺書之時，其言有與雒閩齟齬者，相與移書請刪削之，若惟恐先師失言，爲後來所指摘，嗟乎，多見其不知量也。[30]

劉汋編遺書時最主要的顧問是張履祥，這是有證據可以支持的：

去春歸家錄年譜，秋間錄易抄，今春錄語錄、會語，手抄之後，輒復茫然，眞可謂下愚不移。兄其何以教之乎？諸書原本或在仲木（吳蕃），或在弟處，尚容收集彙送，未敢先寄，以仲木曾有言，欲親送考夫（張履祥）兄一閱故也。年譜亦絕不敢以示人。[31]

易抄、語錄、會語，俱送考夫兄處，未返。確於先生語錄，亦略有參訂，欲私質之吾兄，非面晤不能。[32]

劉汋這一群人刪改劉宗周原稿的情形一定相當嚴重，所以引來陳確的注意。陳確不時與劉氏通音問，對劉汋進行的刪削工作相當注意，曾勸他在作編輯工作時勿傷了劉宗周的原旨。在〈寄張奠夫、劉伯繩兩兄書〉中說：

年譜出繩兄手筆，自另成一書，不妨參以己見，然關係先生學術處亦自宜過愼。至於遺集言理之書，或去或留，正未易言。無論弟之淺學不敢任臆，即如繩兄之家學淵源，表裡洞徹，恐亦遽難裁定…與我見合者留之，不合者去之，然則豈復爲先生之學乎？以繩兄之明睿，萬萬無此慮，而弟猶不敢不緦緦過慮者，只見其不知量耳，而不能自已。[33]

劉汋在康熙三年(1664)死前——「卒之夕，出篋中稿屬諸子曰，大父文千古聖學所寄，勿漫示人，俟可梓行世」。[34] 這段遺囑用意相當奇特。何以一定要「勿漫示人」，要「俟可梓」才行世——可梓時自然是劉汋所整輯刪訂並裝訂成帙的清稿。是不是說如果將劉子原稿及他整理的清稿「漫示人」，那麼刪削之處便無可隱了？[35]

---

30 《劉子全書》，頁5。

31 〈寄劉伯繩書〉，《陳確集》，頁615-6。

32 〈寄劉伯繩世兄書〉，同前書，頁88。

33 同前書，頁77。

34 邵廷采，〈貞孝先生傳〉，《思復堂文集》，頁285。

35 劉汋久不出遺書也不全是爲了秘密刪訂。由於劉氏講學時間甚長，每一時期的弟子皆有記錄。所以久持遺書不刊，可以將每一時期弟子所錄的講義儘可能補齊，故陳確有一封信說：「前得子霖一函，並是開兄侍先生時所手記者，似皆宜登集，兼足以補師集之未備。…刻事誠未易草草，以此益服伯兄久持先生之集非無見也。」（《陳確集》，頁84）。

劉汋作宗周年譜兩卷，這部年譜前後有過幾個名字，先是《劉忠正公年譜》，譜後題「順治八年辛卯夏六月上浣之日不孝汋泣血拜書」，[36] 可見此譜作於一六五一年。此譜後來又題《劉忠介公年譜》，章學誠有序，改題此名是因爲一七七五年雍正謚劉氏爲忠介，足見此本出現在一七七五後。

劉汋於年譜稿完成後，即請吳蕃代爲刪潤。吳氏是幫助劉汋刪定年譜的重要人物，[37] 他與張履祥構成一個詮釋劉宗周思想的核心。此處我們應當看吳氏的思想趨勢，才知劉汋何以找上他。

民國張鈞衡編《適園叢書》時將吳氏《祗欠菴集》兩卷收入。他在書後的跋文中對吳氏作了一番研究，說：

> 癸巳(1653)後，與張先生楊園及從弟志仁講求程朱正學。[38]

這一段概括性的判斷是有所本的。《祗欠菴集》中兩篇哭山陰先生的文字，尤其是〈再告山陰先師文〉，實即朱子晚年定論式文字。吳氏想強調劉宗周「終有合於朱子之學」，[39] 認爲山陰生前最後階段對陽明有疑，實際上已合於朱子，而他自稱「蕃於朱子與先生（劉宗周）之學，殆無閒然矣」。[40] 那麼經過他刪潤之後的年譜內容之傾向可知矣。

詮釋劉氏遺書的第二派是陳確，陳氏思想在劉門子弟中另樹一幟，所以他與劉氏遺書的關係也是非常特別的。陳確是劉宗周最晚的弟子之一，他自言「確之登師門最後」，[41] 又在〈春遊記〉中說「癸未八月始問學山陰」，[42] 癸未是

---

36 謝巍編撰，《中國歷代人物年譜考錄》（北京：中華書局，1992），頁321。

37 《陳確集》「仲木有意任刪潤年譜之事」（頁616）。《陳確集》「歲壬辰(1652)二月，確與澉湖吳蕃同受先生遺集以歸，已而確嘗致書伯繩，謂蕃嘗有意任刪潤年譜之事」（頁396）。《陳確集》：「聞仲木改先生年譜已且及半，弟既未得一見，又不得持奉伯繩，如何！如何！」（頁105）。《陳確集》：「人曰：《忠節先生年譜》是仲木平生一篇絕大文字」（頁322）。

38 《祗欠菴集》（民國適園叢書本），〈跋〉，頁14。

39 同前書，頁9。

40 同前書，卷六，頁10。

41 《陳確集》，頁307。

42 同前書，頁207。

一六四三年，去劉氏殉國不久。他基本上認爲其師花太多時間與《大學》「意」的哲學相纏鬥是不智之舉，因爲《大學》是僞書。

陳確曾在一六五二年與吳蕃同至山陰受劉氏遺集以歸，一六五三年又同往校訂遺書。[43] 這兩次前往，發生的事並不相同，我們在〈別劉伯繩序〉這一篇文字中找到了兩段話。一六五二年那一次「確請奉其副以歸而卒業焉，而徐謀梓于同人，則弗許」。[44] 一六五三年——「越明年，春正月，確又同澉湖吳子以來，…再請其書讀之」。[45]

陳確之所以欲求遺書而讀，是想輯出一些對自己修身養性有用的文字，此爲其《山陰語錄》之緣起。[46] 由於他的思想自成一路，所以黃宗羲與惲仲昇等人爭得津津有味的問題，他都完全不在意。到底應該意爲心之所「存」還是所「發」對他來說並無意義，所以《山陰語錄》中對他老師所矜爲獨到的都「闕然」，因爲他都有所懷疑：

> 或曰：先生言《大學》心、意、知、物，暨《中庸》喜怒哀樂已未發之旨甚詳，而私抄闕然，何也？確蓋有所心疑焉，而未敢筆也。非疑先生之言，疑《學》、《庸》之言也。[47]

他根本認爲要否定《大學》、《中庸》的正當性，所以他老師一生圍繞在這兩部書所創發的種種新觀點，在他看來不值得再討論，陳確〈與劉伯繩書〉中說：

> 弟於先生，無言不悅，惟誠意、已發、未發之說雖極精純，然弟意欲且存而不論，蓋《大學》斷是僞書，而《中庸》所言，尚多出入。[48]

---

43 《陳確集》，頁396「歲壬辰(1652)二月，確與澉湖吳蕃同受先生遺集以歸」。《陳確集》點校者說：癸巳(1653)春，「是年正月，乾初同吳仲木至山陰，校訂《蕺山先生遺書》」（頁308）。

44 《陳確集》，頁236。

45 同前註。這一次發現劉汋「則于年譜節其冗者十三，於遺書汰其言之復者，尋常酬答之無關世教者十二，已盡非昔日之元本矣，猶以爲未也」，（同前引，頁236。）足證當時陳氏已知道劉汋除了去其冗複之外，還想在遺書上有進一步刪改。

46 陳確說：「竊欲妄輯先生語錄，擇其說之最中吾膏肓者，另寫一本，奉爲私書。」（《陳確集》，頁616。）

47 同前書，頁396。

48 同前書，頁471。對劉宗周，陳確獨尊其慎獨思想。（同前書，頁396。）

對劉氏遺書詮釋的第三派是以黃宗羲爲代表的陸王派。劉汋、陳確等人在爲劉宗周著述進行詮釋、整理工作時，黃宗羲還未得到機會接觸比較完整的劉氏遺稿，所以基本上並未介入。黃宗羲曾在一六六六年根據他手上藏有的劉氏文章刊刻過劉子遺集。此書書名不詳，目前也未能尋獲。在這部集子中，黃氏未經呂留良許可，將他列爲校對之一，與黃氏弟子並列，使得呂氏勃然大怒，覺得黃氏有將他視爲弟子之嫌。我們同時也從呂留良的文字中發現，當時已有人批評黃氏所能掌握的劉氏文稿比起劉汋所擁有的非常不完整。[49] 黃宗羲獲得大量劉子遺書，並掌握解釋權，是到一六六八年左右的事，也就是劉汋死後，由他的女婿劉茂林處得到的，他的闖入，引起此下不少波瀾。

黃宗羲與劉宗周的淵源非常深，他的父親黃尊素與劉都是魏忠賢迫害的對象。黃尊素死後，當故鄉的人畏於魏黨權勢而噤若寒蟬，甚至連一個下葬的墓地都出面阻撓時，是劉宗周親往弔祭並以衣袖拭棺這一個舉動將當地一股勢焰壓了下去。[50] 黃氏因父親遺命，侍劉宗周甚早，呆在劉氏身旁亦久。不過正如他後來在回憶文字中所提到的，因爲當時一心在科舉上，所以不曾用心學習劉氏之學，直到明亡，他因爲曾參與抗清活動遭到緝捕，「殭餓深山，盡發藏書而讀之」，[51] 才開始對劉氏學說有較深的體認。不過這只是他自己所藏的部份，並不是比較完整的遺書，否則也就不會有後來在一六六八年左右一再提到

[49] 呂留良〈復姜汝高書〉：「去歲委刻念台先生遺書，其裁訂則太沖任之，而磨對則太沖之門人，此事之功臣也。若弟者，因家中有宋詩之刻，與刻工稍習，太沖令計工之良窳，值之多寡已耳，初未嘗讀其書。今每卷之末必列賤名，于心竊有所未安。嘗讀朱子與張南軒往復論刻書事，一字一句必考存原本，其精慎如此，此所謂校讎之功也。今此書未曾一見原稿，直太沖傳本耳，未知其于原稿無一字一句之誤否？…且中述太沖語云，近日劉氏于廢簏中，又得學言若干，比今刻不止十倍，某雖不知今得之何如，然則所刻之爲人刪定，而非其全體，可知矣。」，《呂晚村文集》（台北：商務印書館，1977），卷二，頁7-8。

依據徐益藩〈黃梨洲呂晚村爭澹生堂書平議〉，《國立中央圖書館館刊》3:1（1947），頁23。此信作於一六六七（丁未）冬，則黃刊劉子文集當在一六六六，因爲書是黃氏與姜希轍、姜汝高合刻的，故呂留良寫信給姜汝高，要求剜去校對之名。

[50] 見黃宗義，《思舊錄》，《黃宗義全集》，冊一（杭州：浙江古籍出版社，1985），頁338。

[51] 〈惲仲昇文集序〉，《黃宗義全集》，冊十，頁4。

的「子劉子遺書以次漸出」——當日受學於黃氏的李鄴嗣在〈黃先生六十序〉中也有這樣一段話：「及子劉子從容盡義，先生日侍其側，年祗三十有五耳。自後晦盲風雨，先生抱蕺山之遺書，伏而不出，更二十餘年，而乃與吾黨二三子重論其學，而子劉子遺書亦以次漸出，使吾道復顯于世，有以待後之學者，是則先生之功，固亦劉門之曾子也」。這證明遺書分成兩次而出。等到一六六八年，基本上所有劉宗周的遺書，包括劉汋刪削過的及劉氏的底稿都在黃宗羲手裡了。所以在《南雷文定》〈附錄〉中，有湯斌給梨洲的一封信，上面說：「戊申(1668)承先生賜〈證人會語〉，又得讀蕺山遺書，知吾道眞傳實在先生」。[52]

此時黃氏大張旗鼓地復興證人講會，特別表顯師門四項學說：「一曰靜存之外無動察，一曰意爲心之所存非所發，一曰已發未發，以表裡對待言，不以前後際言，一曰太極爲萬物總名」，[53] 引起同門學友們的注意，所以惲仲昇才會專程訪他，希望在對老師思想的詮釋上取得一致。

惲仲昇之同情朱子學風也不奇怪。由其孫惲敬所寫〈遜菴先生家傳〉（遜菴爲惲仲昇字）可以看出，他在成爲蕺山弟子前本就是「尤喜宋儒書」的人。[54] 他一生以高攀龍與劉宗周爲明代兩位大儒，並修《東林書院志》，編《劉子節要》之體例又顯然仿自《近思錄》，則他對明季王學的放侈應是深所警惕，並同情於比較嚴整有序的朱子學。

前面大略討論了劉門內部轉向朱子學的傾向，接著談當時外在世界由王返朱的壓力，這可以分爲兩種。一種是官方的態度、一種是學術界返向朱學的傾向及對王學強烈的抨擊。此處先述官方態度之轉變。順治十六(1659)年，也就是惲仲昇著《劉子節要》前十年，順治帝便依楊雍建言，下令將民間有違朱子功令的《四書諸家辨》、《四書大全辨》等書毀板，裨能「廣先賢傳注，不爲異說所奪」。[55] 而康熙正式以「御纂」名義下令編朱熹理學精義爲《朱子全書》雖是康熙四十年以後的事，但是，他很早就受熊賜履等人影響而親近朱子學說。

---

[52] 《南雷文定》〈附錄〉頁7，收在《梨洲遺著彙刊》（台北：隆言出版社，1969）。

[53] 黃炳垕，《黃宗羲年譜》（北京：中華書局，1993），頁34。

[54] 《碑傳集》，《清代傳記叢刊》本（台北：明文書局，無出版年代），卷一百二十七，頁29。

[55] 《世祖實錄》（台北：華文書局，1964），卷一二九，頁1531。

早在康熙十八年，他便與朝臣中王守仁學說的信奉者崔蔚林有過激烈爭論。崔蔚林與張沐、耿介等是當時思想界少數竭力撐持王學的大將。對此，清季李慈銘曾有中肯的觀察：

> 南方之學，經孝感、平湖二先生提倡，專以尊朱黜異爲第一義，顧應之者多場屋科舉之士，於說書評尾之外，茫然無睹也。北方風氣樸質，士以和平篤實爲務，奉夏峰爲歸宿。而先生（崔蔚林）與潛庵（湯斌）、起庵（張沐）、逸庵（耿介）諸公，群以躬行相飭厲，當世亦拱手宗仰，孰得孰失，必有能辨之者。[56]

崔蔚林與康熙帝的爭論代表當時固守王學者與官方意識形態之衝突。崔氏主張「格物是格物之本，乃窮吾心之理也」，並質疑「朱子解物作天下之事物，未免太泛，于聖學不切」。當康熙提出說「朱子解意字亦不差」時，崔提出異議說「朱子以意爲心之所發，有善有惡。臣以意爲心之大神明、大主宰、至善無惡。」崔氏所表彰的，其實不是王陽明的意見，而是劉宗周「意」爲純善無惡及「意爲心之所存」的思想，而康熙所主的正是正統朱子學的觀點。十天之後，康熙反駁崔說「天命謂性，性即是理。人性本善，但意是心之所發，有善有惡，若不用存誠工夫，豈能一蹴而至。」數年後，崔蔚林被以言不顧行，居鄉頗招物議，斥爲「所謂道學未必是實」。在他疏請告病還鄉時，康熙還向近臣說他是「直省極惡之人」、「焉有道學之人而妄行興訟者乎」？[57] 崔蔚林之丟官，實與他和皇帝之間對「意」的爭論分不開。連皇帝都與大臣爭「意是心之所發」？或意是「大神明」「大主宰」？足證這是當時知識界熱門的問題，而且是當時各種朱、王之爭的要點。

至於學術界的壓力，尤以東林爲其代表。顧憲成在東林書院明定「恪遵洛閩」「以朱爲宗」。高攀龍晚年歸里，輯成《朱子節要》，以宣傳朱學爲己任。在顧憲成影響下，東林成員錢一本、孫慎行、史孟麟等都排王而立朱，他

---

[56] 《越縵堂讀書記》，（台北：世界書局，1975），頁433。

[57] 以上爭論原載《康熙起居注》，十八年十月十六日、二十六日，二十一年六月二日，二十三年二月三日，轉引自陳祖武，《清初學術思辨錄》（北京：中國社會科學出版社，1992），頁39-40。

們主張性即理，反對心即理，主張以性善爲宗，反對無善無惡之旨，提倡工夫論，反對現成良知說。[58] 其中高攀龍在明季思想界影響力甚大，而且正是惲仲升所最心儀的學者。

在清初，對王學形成最大壓力的是陸隴其。陸氏以近乎傳敎士的熱誠攻擊王陽明學，並極力想將明之覆亡歸罪於陽明學中人。在這一番掃蕩中，陸氏刻意把晚明王學後勁劉宗周拉進來。而他又刻意訴諸新朝大僚中傾向於朱子學的人，並隨時向他們推薦兩部反王學最力的專著：陳建的《學蔀通辨》、張烈的《王學質疑》。陸隴其對朱學並無任何特別的闡發，不過因他極力鼓倡亦步亦趨地追隨朱子學眞面目，所以自然會因劉宗周與朱子相違異而不滿。他的尊朱言論隨處可見，如《三魚堂文集》卷五〈答秦定叟書〉：

> 今日起敝扶衰，惟在力尊紫陽。[59]

又說宗朱子即是正學，不宗朱子即非正學：

> 愚嘗謂今之論學者無他，亦宗朱子而已。宗朱子者為正學，不宗朱子者，即非正學…今有不宗朱子之學者亦當絕其道勿使並進。[60]

他並且認爲朱子與陽明學是處於此消則彼長的關係：

> 必尊朱子而黜陽明，然后是非明而學術一，人心可正，風俗可醇，陽明之學不熄，則朱子之學不尊。[61]

而且他認爲明的興與衰，與程朱、陸王的起伏密切相關，故在〈周永瞻先生四書斷序〉上說：

> 明之所以盛者，程朱之學行也，其所以衰者，程朱之學廢也。[62]

他對王學的肅清活動，還擴及到許多其實已對王陽明學說採取修正或批評態度的人，譬如高攀龍與劉宗周。[63] 只因爲他們仍受王學的重大影響，又是明季思

---

58 以上參考了葛榮晉，〈東林學派和晚明朱學的復興〉，《書目季刊》22：4，頁41-52。

59 《三魚堂文集》，《陸子全書》本，卷五，頁21a。

60 《三魚堂外集》，《陸子全書》本，卷四〈策・經學〉，頁4b-5a。

61 《三魚堂文集》，卷五〈上湯潛庵先生書〉，頁4a-b。

62 《三魚堂文集》，卷八，頁4b。

63 陳榮捷說「隴其不僅攻擊王學，即諸儒思想，依違兩可于朱王之間，亦不肯假借。其時黃宗羲之學盛于南，孫奇逢之學盛于北，李顒之學盛于西，隴其皆不以為然」，見《朱學論集》（台北：學生書局，1982），頁392-393。

想界的領袖，便招致陸氏的激烈攻擊。其中尤以劉宗周爲主要目標。玆先引《三魚堂日記》中數條爲證。戊午年(1678)八月間，陸氏開始讀劉氏的〈學言〉，便處處不滿。後來又引宋崑友的話說蕺山之學太「僻」，只因「念台年少登科無人敢駁他，故至於此。」陸氏《文集》中甚至說：

> …學術之害，其端甚微，爲禍最烈…當今之世，有能眞實爲陽明之學者，其賢於庸惡隨劣之徒，相去不萬萬耶？何爲其議之也。至於陽明之後，如梁谿、蕺山，皆一代端人正士，而其學亦有不可解者，名爲救陽明之失，而實不能脫陽明之範圍，其於朱子家法，亦盡破壞，每讀其書，未嘗不重其人而疑其學。[64]

這裡陸隴其說高攀龍、劉宗周名爲救陽明之失，其實不能脫陽明之範圍，尤其是破壞朱子家法，使他大爲不滿。在清初如想立朱子學爲正統，主要的清除對象不是王陽明，而是高攀龍、孫奇逢、李顒、劉宗周、黃宗羲等人，尤其是高攀龍與劉宗周。

在明清嬗代之際，蕺山一派獨盛。而在陸隴其之前，王學早被攻擊得體無完膚，應撝謙的《性理大中》將王陽明一生行跡逐細批評。孫承澤更引陽明同時代人之說，責王氏一生皆是「作用」，也就是多機權而無大本大源。連劉門弟子張履祥也說《傳習錄》一整本是「驕」、「吝」二字的表現。但是，攻擊劉宗周則是一件新工作。一方面是因爲劉氏一派獨盛，另一方面是：劉氏其實已是王學轉向的代表性人物，這個時候左派王學狂放之風早已不存在，劉氏身上表現的是艱苦修養的功夫，所以攻擊他即代表不但是對王學，同時也是對王學修正派的徹底肅清。[65] 而攻擊高攀龍則是對東林一派的整肅。東林顧憲成、高攀龍爲批評王學之代表，一提性善，以破無善，一倡格物，以救空知。[66] 其中尤以高攀龍在清初思想界最有地位。[67] 但是在純正朱子學者看來，他們仍未眞正脫離陽明矩矱。

---

64 《三魚堂文集》，卷八，頁4b。

65 當時也有人反對陸隴其對高攀龍、劉宗周的攻擊，湯斌及彭定求皆曾遺書爭之，見彭紹升，〈故四川道監察御史陸清獻公事狀〉，《二林居集》（光緒七年刊本）卷十五，頁16a。

66 《清學案小識》（台北：商務印書館，1975），頁91。

67 譬如刁包（用六居士），便是因爲篤好高氏之書而「遂置主奉之，偶有過舉，必展謁悔謝，曰：某不肖，甚愧吾父師，不可爲子，不可爲人」。《明遺民錄》，頁15。

陸隴其闢陽明申朱子最重要的兩件著作是〈學術辨〉及〈與湯公潛庵（斌）書〉。而在給湯斌的信（寫於康熙二十二年〔1683〕）中他說：

> 蓋天下有興起之師，廉頑立懦，能拔人心於陷溺之中。成德之師，切磨琢磋，能造人才於精粹之地。使以興起之師，而遂奉爲成德之師，則偏僻固滯，其弊有不可勝言者。故如梁谿、蕺山，以之興起人心則有餘，以之成就人材則不足，其學亦恐不可盡宗也。[68]

陸氏認爲高、劉二人可以爲興起人心之師，但非成德之師。在高、劉二人中，陸氏專門攻擊劉宗周的言論較多。如康熙十七年(1678)，左峴對陸隴其說及江浙一帶學者，皆宗山陰（劉宗周），陸隴其除嘉許左氏雖是鄞人，而能「不惑於山陰蕺山一派，可敬也」，並且說：

> 自羅整庵痛言象山、陽明之後，如高景逸、劉念台，皆不敢復指心爲性，但心性之辨雖明，亦不過謂心爲氣而性爲理，心之中有性，而性非即心云爾，其欲專守乎心，以籠罩夫理則一也。特陽明則視理在心外，高、劉則視理在心內，高則以靜坐爲主，劉則以慎獨爲主…。

又說：

> 山陰之學，其病只在不知朱子所謂「析之極其精，合之盡其大」二語，故朱子分八條目，而山陰則以誠意爲了義，曰「致知致此也，格物格此也」。朱子以主敬置八條目之外，而山陰則以誠意當主敬。[69]

高、劉二氏被處處「求合於朱子」的惲仲昇推崇爲「正學」，但卻被陸隴其一概否定，此間曲折只有從一個長程思想發展角度才能了解。對惲仲昇來說，高、劉代表一種轉向；但在陸隴其這位純粹朱子學的捍衛者來說，他們是轉步矣，但尚未移身。陸氏在《日記》中，又處處將對黃宗羲的不滿與對劉宗周的批評連結起來。如：

> 閱黃太沖文，知山陰之學，其病只在不知。[70]

---

68 《陸稼書先生年譜卷上》，在《陸隴其年譜》（北京：中華書局，1993），頁99。

69 《陸稼書先生年譜卷上》，同前書，頁58。

70 《三魚堂日記》（台北：商務印書館，1971），頁66。

又說他閱讀黃氏的《明儒學案》六卷，「而議論不無偏僻，蓋以蕺山一家之言，而斷諸儒之同異，自然如此。」並說「太沖尊之（劉宗周）太過，所以多費周旋。」依《年譜》，這段話是康熙二十年(1681)對仇滄柱所說的。[71]

陸氏還針對黃宗羲作了很多批評：

> 閱孫徵君年譜。歎近年來南方有一黃梨洲，北方有一孫鍾元，皆是君子，然天下學者，多被他教得不清楚。[72]

依《年譜》知這是陸氏在康熙二十六年(1687)的意見。他並且舉黃氏在家鄉「不滿于眾口」進行人身攻擊。黃氏是與陸隴其同時代，而獨領江浙一帶學壇風騷的王學代表，所以陸氏以他爲箭靶不是沒有理由的。

在討論過陸隴其對王、劉、黃之學的攻擊之後，我們回過頭來檢討乾隆年間《國初人傳》一書對於王、朱學術之更迭的觀察是否正確。《國初人傳》其書不傳，其作者亦不詳，照李慈銘說，應該是作於乾隆中葉。由於他是乾隆時人，故他的觀察有一些値得商榷之處。此處將作一些辨證。李慈銘在讀過《國初人傳》後，說其論學「頗左右于陽明蕺山」。[73] 該書在〈劉伯繩先生傳論〉上說：

> 蕺山之學，大約圭臬文成，而時有匡拂，具補偏救弊苦心。至考亭一脈，要未嘗規規也。堅守《集註》者，如孫退谷、陸稼書嫌其不合，即以張弧文成者，集矢蕺山，持鋒甚厲。先生乃不能自信，陰加竄易，附合考亭，日初仲昇助之，黃梨洲稱爲三家村學究定王會圖，諒哉。[74]

作者認爲孫承澤（1592-1676或1593-1675）、陸隴其以朱子學爲宗旨，攻劉宗周，引起劉汋及劉氏門人的恐慌，所以決定將劉氏文集中有違朱子的部份刪去。

梁啓超曾在《近三百年學術史》中說孫承澤是明清之交排陸王派的「頭一個領袖」。[75] 孫承澤著作有百種之多，可是與思想有關者多極難得。中央圖書館

[71] 《陸稼書先生年譜》卷上，在《陸隴其年譜》，頁82。
[72] 《三魚堂日記》，頁115。
[73] 《越縵堂讀書記》，頁429。
[74] 同前書，頁429。
[75] 梁啓超，《中國近三百年學術史》（台北：中華書局，1975），頁104。

藏有兩種：《宋五先生學約》十四卷（共二冊，係清康熙間北京孫氏清稿本）及《考正晚年定論》（一冊，鈔本）。前者是一部選集，他自道「余閉戶十四年以來，無日不讀五先生之全書，而於《近思錄》、《節要》（案：高攀龍，《朱子節要》）二書尤未暫時釋手，雖間讀呂仲木先生五子之《抄釋》，張南軒先生二程夫子之《粹言》，丘文莊《朱子學的》等編，然未及如《近思》、《節要》二編之書專且久也。今行年七十有四，恐一旦風燭，迺合二編稍加裒益，爲《學約》一書」。[76]

至於《考正晚年定論》，其宗旨在該書的「序」中已表達得相當清楚。他說「考正者，考正其（王陽明）謬也」。「如謬以朱子爲支離，如晚悔——則是吾夫子所謂好古敏求，多聞多見，博文約禮，刪述《學》《易》俱早年之支離，必如無言、無知，無能爲晚年自悔之定論也。」他又從心術上批陽明說「繼津王大司馬則嘗言之矣。繼津嘉靖中爲紹興司理，備知陽明立身居家無實學，智術籠罩，每曰，此君只是作用。」「陽明有何不得已？甚哉！無所不用其作用也。學問而至於作用，陸子靜狂率尚不屑爲，而宗子靜者肆然以爲得計乎」。[77]這兩部文字一推闡北宋思想，一打擊王陽明，而且下筆極不客氣。[78]

當時與孫承澤相應和者有魏象樞，葉方藹，熊賜履，張幹臣。但他們常聚在一起倡朱攻王的時間是康熙十七年(1678)前後。[79] 當時《劉子節要》早已撰成，劉伯繩也已謝世。所以《國初人傳》中說孫承澤「以張弧文成者，集矢蕺山」以致劉伯繩、惲仲昇「不能自信」，乃對劉宗周的文集「陰加竄易」，是不可能的。孫承澤兩份最有影響力的文字，《宋五先生學約》，作於1666年、《考正晚年定論》，作於1673年，[80] 這些文章雖出現較早，也不太可能影響到劉伯繩的編輯工作，及惲氏的《劉子節要》。

---

76 《國立中央圖書館善本序跋集錄》，（台北：中央圖書館，1993），子部一，頁209。

77 同前書，頁207-208。

78 討論孫承澤思想的文字極少見，閻崇年有〈清代史壇大家孫承澤述論〉，在《燕步集》（北京：燕山出版社，1989），頁179-198。

79 《陸稼書先生年譜》，在《陸隴其年譜》，頁50-75。

80 以上參見王崇簡，〈光祿大夫太子太保都察院右都御史吏部左侍郎孫承澤行狀〉，《碑傳集》卷十，頁14。

至於陸隴其，則不但年輩晚於劉、惲二人將近二、三十年，而且當他思想成熟時，早已過了劉子文集之纂輯及《劉子節要》編定的時間了。雖然說陸氏從束髮受書，即知崇尙朱子，並深惡講學家之背《四書集注》，[81] 但他堅定反王學是在四十歲左右(1670)的事。據私淑他的吳光酉所輯《陸稼書先生年譜定本》記載，直到四十歲左右，陸氏還在朱、王之間徘徊，到四十三、四歲時因結識呂留良，受張履祥、呂留良之影響，才堅定對朱子學的信仰。這可以從他康熙二十二年祭奠呂留良的文字看出——「某不敏，四十以前，以嘗反復程朱之書，粗知其梗概，繼而縱觀諸家語錄，糠粃雜陳，珷玞並列，反生淆惑，壬子、癸丑，始遇先生，從容指示，我志始堅，不可復變」。[82] 那麼，他堅定排王之時，劉汋早已死了，而《劉子節要》也早已刊出，而他最早最重要的釐清學脈文字，如〈學術辨〉上中下三篇，作於一六七八年，正是惲仲昇的死年，則劉、惲更不可能受其影響了。

孫承澤年輩較陸隴其爲高，但是兩人爲了反王尊朱而聲氣相求，《國初人傳》的作者說「詆蕺山者，肇端於宛平孫承澤，前此未有也，而平湖繼之。承澤行徑不足道，平湖集中載有〈上孫退谷先生書〉，尊之何啻碩儒魁德，豈喜其意見之同，忘其律身之汙乎？」[83] 今本陸隴其文集中並無〈上孫退谷先生書〉，或許在原刊本中有這封信，而《國初人傳》的作者讀過它。俟考。[84]

劉門後學向朱子學的轉向，不但反映在惲仲昇所編的《劉子節要》，也反映在編纂劉宗周文集時的去捨上，不但發生在劉宗周兒子這一輩，也發生在他的孫子輩身上。劉宗周的孫子刪節其祖父著作的情形，《國初人傳》中〈黃梨洲先生傳論〉描寫道：

---

81 《陸稼書先生年譜》卷上，在《陸隴其年譜》，頁30。

82 《陸稼書先生年譜》，卷上，同前書，頁95。

83 《越縵堂讀書記》，頁429。

84 關於陸隴其文集，雷夢水說：「陸隴其所著《三魚堂文集》以康熙間嘉會堂原刊初印本爲最善。后印本因爲文字獄的關係已刪掉〈答呂年黨〉、〈與呂年黨及附答〉、〈祭呂晚村先生文〉等篇。」見傅振倫，〈鄧師之誠先生行誼〉，《鄧之誠先生學術紀念文集》（北京：北京大學出版社，1991），頁37。

蕺山遺書，皆嗣君伯繩所綴輯，於蕺山之言有與洛閩齟齬者，輒加竄改，而其孫子之又甚之。予嘗親見藏稿本，三人之手跡劃然，則伯繩父子不得爲無過矣。先生（指黃宗羲）謂昔之人不敢以熸火之光，雜於太陽，今之人乃欲以天漢之水，就其蹄涔，不亦異乎？[85]

據該作者的報導，他親見劉伯繩父子兩代陸續刪改劉宗周遺著以求合於朱子學說的原跡。由「而其孫子之又甚之」一句，正見劉汋之子比其父更爲激進，刪竄得更厲害。此處的子之是一個錯誤，應該是子志，即劉士林。雖然他們刪改的原稿已不得而見，但我們從另一條線索多少可以證實此說。

我很懷疑：世傳劉伯繩死後，他所著劉宗周年譜有改本之事也與劉士林有關。章學誠在《章學誠遺書》中的〈劉忠介公年譜敘〉中說「惟年譜草稿，成於先生之子劉伯繩，閱世既久，子孫自爲書，詳略異同，未能劃一」。[86] 弟子董瑒在編《劉子全書》後於卷首〈抄述〉部份中也說他見過兩種年譜，是不懂得劉氏「意」之哲學的人所爲。他說在劉汋歿後

錄得譜稿二本，一曰《先君子蕺山先生年譜》，中多竄抹，傳自學人不會誠意宗旨者爲之，至不可認。一曰《劉忠正公年譜》，與前本大同小異。[87]

董、章兩人都在說年譜方面改竄之事。但董瑒年代較早，他明白指出劉伯繩死後，出現兩種年譜，而且內容基本上相近，其中一本名爲《先君子蕺山先生年譜》，是劉汋所編，而另一本題《劉忠正公年譜》者，只是對前者稍加改變，故說是「大同小異」。至於章學誠所說的「閱世既久，子孫自爲書」，顯然他還見過另一本《劉忠介公年譜》，在原稿上有子孫自改的痕跡。劉汋並無兄弟，所以對於年譜的種種刪改也只可能出自其子孫之手。

劉汋的兒子共有四人，劉茂林（子本）、劉士林（子志）、劉長林、劉道林，而長子劉茂林是黃宗羲的次女婿。因爲他是宗周長孫，故能擁有劉氏遺稿，而黃宗羲是從他手中取得原稿重新編定劉子全書。劉士林是另一位對其祖父思想感到興趣的人。至於劉長林與劉道林，則沒有任何相關文字留下來。我

85 此傳不得見，轉引自李慈銘，《越縵堂讀書記》，頁432。
86 章學誠，《章學誠遺書》（北京：文物出版社，1985），頁207。
87 《劉子全書》，頁123。

們有理由猜測，劉茂林兄弟對於其祖父思想之詮釋，至少應有兩種不同的意見：一是遵循黃宗羲的途轍，劉茂林即是。《清史列傳》中說他「幼侍宗周，聞愼獨之旨，既長，移居證人書院，靜驗獨體，闡用絕學，與外父黃宗羲復興證人社，講學不輟」。[88] 因爲他思想本來就與黃氏相近，後來又作了他的女婿，所以他會同意將劉宗周遺稿拿出來交給黃宗羲。另一派則反對黃宗羲的詮釋，劉士林即是。他的思想和父親劉汋較爲相近，所以其父所整編的劉宗周遺書便交給他收存。[89]《劉忠正公年譜》或許即出自他的手筆。劉茂林與劉士林思想相左，關係也不睦，《陳確集》中有一封在劉汋初喪時寫給張履祥的信間接說明了他們兄弟之不合：

> 子本兄弟間既翕與否，念之痛心。[90]

而他在給劉茂林的〈與劉子本書〉中也表示：

> 前辱手書，知友於之情，未甚和協。[91]

在這封信中，他又說：「祖父相承道統擔子，在子本一人身上」，[92] 足見他認爲劉茂林應該是劉宗周思想的傳承者。

劉士林卒年不詳，其生年應爲一六三九，我們知道一七〇九年時他還健在，如果說受陸隴其的影響而改竄劉宗周文字，也應該是劉士林這一輩，而不是劉汋及惲仲昇。劉士林是否改年譜一事，目前只能推測，不過，他爲其祖所寫的〈行實〉（〈先大父榮祿大夫太子太保都察院左都御史念台府君行實〉）確實將其祖思想中「意」與《人譜》兩部份盡行省略。《行實》被收入《劉子全書》的《遺編》中，通讀一遍，我們確實可以了然於他是如何地省略其祖父明顯與朱子思想相違的部份。《行實》對這些問題通篇不著一字，使得讀者並不覺劉宗周有這方面的思想。[93]

---

88 《清史列傳》（上海：中華書局，1928）卷六十六，頁11。

89 《劉子全書》，〈抄述〉，頁91。

90 《陳確集》，頁131。

91 同前書，頁134。

92 同前書，頁134。

93 《劉子全書及遺編》（京都：中文出版社，1981），頁1299-1325。此文年代不可考。

早在陸隴其以傳教士般的熱誠四處宣揚反王學的主義時，他便察覺當時有一修改王學以求合乎程朱的風潮了。《三魚堂日記》中有一條說：

> 昔之爲王學者，樂其病，今之爲王學者，掩其病。[94]

他所描述的是一種自覺、或不自覺地修改作品以求合於當時思想界主要趨勢的舉動。但是堅守劉氏之學的人，對這種作法並不滿意，在劉伯繩、惲仲昇歿後，黃宗羲與董瑒、姜希轍三人重加編纂。黃氏的〈先師蕺山先生文集序〉中說：

> 王顓庵先生視學兩浙，以天下不得睹先師之大全爲恨，捐俸刻之，浙東門人之在者，羲與董瑒、姜希轍三人耳，於是依伯繩原本，取其家藏底草，逐一校勘，有數本不同者，必以手蹟爲據，不敢不愼也。[95]

黃氏等依劉宗周原稿，將劉伯繩等所刪改部份補正回去，而董瑒是實際負責的人。[96] 董瑒認爲應該以劉宗周原稿爲準，他並且認爲黃宗羲眞正能傳其師之原旨。[97] 至於王顓庵是指王掞，江南太倉人，康熙庚戌進士，錢大昕《潛研堂文

---

94 《三魚堂日記》，頁127。

95 《黃梨洲文集》，頁348-349。

96 邵廷采〈東池董無休先生傳〉：「既國變，遂棄舉子業，斷髮假緇衣歸錄蕺山《劉子全書》，誠其子學在居敬，能守《曲禮》，由是而之程朱之門不遠矣。」；「作《記日書》念過，與《人譜》一編表裡。自蕺山完節後，證人之會不舉者二十年，先生謂道不可一日不明，後生生今日，不幸失先民餘教，出處輕而議論薄，由學會之廢也。善繼述蕺山志事者，亟舉學會，後請蕺山高第弟子張奠夫、徐澤蘊、趙禹功諸前輩集古小學，數揚程朱王劉家法，于是餘姚黃梨洲、晦木，華亭蔣大鴻，蕭山毛西河，皆挈其弟子自遠而至。」；「康熙甲寅(1674)避寇入郡，始謁先生，詔以既宗蕺山之人，不可不知蕺山之學，後數年負笈，喜讀《全書》，見其楷書詳註，條分眉列，惟恐有失師門之眞，其莊愼如此」（《思復堂文集》，台北：華世書局，1977，頁354-356）。

97 董瑒是支持黃宗羲，並認爲只有黃氏能傳其師之原旨的。他說梨洲黃氏有《劉子學案》之刻。他作序，序曰：「先師劉子，自崇禎丙子(1636)在京日始訂誠意之旨以示人，謂意者心之所存，戊寅(1638)瑞生侍師，親承音旨，時聞者謂與朱子王子不符，起而爭之，其問答之語，往復之書，備載《全書》，瑞生心識是說，未敢有所可否，一時門人後學，亦未有會之者。先師沒後，梨洲黃子特闡其義，見於序牘，余亦不敢出一詞以應，逮先師辭世三十八年，得一菴王氏棟《遺集》，內有〈會語〉及〈誠意問答〉…不知前此已有不謀而同焉…而學者顧無眞詣，援而他附，黃子於生平所得，合之《全書》，精討而約收之，總以標挈斯旨，此眞先師不絕之微言也。」（《劉子全書》，〈抄述〉，頁155-7。）同文中又說：「黃子之有功於師門也，蓋不在勉齋下矣！世有願學先師者，其於此考衷焉。」（頁158）

集》、袁枚《小倉山房詩文集》、王昶《春融堂集》中都有他的傳。他們都提到他曾視學兩浙，錢大昕的〈文淵閣大學士兼禮部尚書王公掞傳〉中還稱道說他因在浙江取士公允，而有「窮通翁」之美稱。不過，以上傳文皆未提到他視學浙江的確切年代。但黃炳垕所寫《黃梨洲先生年譜》康熙二十六年(1687)條下則有「王顓庵督學刊《子劉子文集》」。[98] 當時劉伯繩已卒甚久，故黃氏三人才可將他家家藏的稿子取來逐一校勘，重新補入。黃炳垕在《年譜》上說：

> 公取家藏底草與伯繩先生原本公次女婿茂林，念台先生冢孫也，逐一校勘，必以手蹟爲據。[99]

當時黃氏已七十八歲，編校劉宗周文集，算是晚年最重要的事業之一。這個新編本是對劉汋本的一次大反攻，除了言「意」等哲學上的論辯外，對劉宗周一生事蹟的詮述也不放過。據親見「錄本」的董瑒說，劉汋之「錄本」原有惲仲昇所撰的劉子行狀，董氏在編全書時，卻易之以黃宗羲的一篇〈子劉子行狀〉，[100] 這自然是有特殊用意的。因爲惲氏所撰的行狀並不忠於劉氏的意之哲學，而黃宗羲的〈子劉子行狀〉中對劉宗周「意」的哲學作了非常忠實的闡發。全祖望〈題惲氏劉忠正公行實後〉說：「〈行實〉一篇最詳盡，惟言意爲心之所存，則遜庵有不盡守師說者，故黎洲別撰〈行狀〉一篇」。[101]

即使連劉汋所作年譜，董氏也「以忠正譜爲正，而註以先君子譜之不同者，間有一、二隱而未揭，散而無紀者，小爲訂之，亦即伯繩氏未發之意也」。[102] 所謂「隱而未揭，散而無紀」者，主要的一個便是「意」方面的哲學。我們已不能得《先君子譜》及《忠正譜》兩種年譜合併而觀之，不過根據看過它們的董瑒的評斷：是「不善會誠宗旨者所爲」，我們可以推斷，〈年譜〉中是模糊、或竟不談「意」方面的哲學。在〈年譜〉崇禎九年條下，這樣的形跡尤其明顯。董氏在〈抄述〉中說：

---

[98] 黃炳垕，《黃宗羲年譜》，頁45。
[99] 同前引。
[100] 〈抄述〉，《劉子全書》，頁121。
[101] 全祖望，《結埼亭集》（台北：華世書局，1977），外編，卷三十，頁1083。
[102] 〈抄述〉，《劉子全書》，頁124。

崇禎丙子(1636)在京日，始訂「誠意」之旨以示人。[103]

可是《劉子全書》中的〈年譜〉崇禎九年丙子條下卻將劉子「意」方面的哲學闡發得相當清楚，[104] 此應即「小為訂之」的部份了。

董氏在編書時，極為小心，而且顯然處處想昭信於天下讀者，所以他對劉氏遺稿情形提供了一篇極為清楚的第一手報導，現在讀來，幾乎便是一篇手稿狀況的報告。他處處談到「錄本」——即劉汋所編定本，及他所編本子之間取捨的不同，以及「錄本」與「底本」——即劉宗周之原稿本之間的出入。這些出入有些在後人看來極為細瑣，可是在當時卻關涉到劉蕺山學派內部的爭論。

由這篇報導中，可以略知劉汋如何刪去其父誠意的宗旨。董瑒在〈抄述〉——也就是校訂文稿的記錄中，做了一些比較。如說：

(〈學言〉)底本五百七十餘條，而錄本缺二百餘條。底本於錄本未收者，額誌以硃，是分識之，將並存之也。而錄本以「只此一心」條為冠，此心論也。[105]

又說：

如子以意為心之所存，其論似刱，當時學者如董標，史孝復輩驚為異說。然朱子嘗有「意是情專所主時」語，敬齋胡氏亦云「心有專主之謂意」，《大學》解以為心之所發，恐未然，特語焉不詳，瑞生守其說不敢以告人。距子辭世三十八年，得泰州王氏門人王一菴先生棟遺集二册讀之，內有〈會語〉及〈誠意問答〉，所言與子恰合。子曰：「意者心之所以為心也，止言心只是虛體耳，著個意字，方見下了定盤鍼，有子午可指。然定盤鍼與盤子終是兩物，意之與心，只是虛體中一點精神，仍只是一個心…。[106]

又說：

…今為更正，而照底本補存九十二條，訂十二條…，並證以一菴氏之說，

[103] 同前書，頁155。
[104] 同前書，頁3607。
[105] 同前書，頁98。
[106] 同前書，頁99。

使知意之所存一語標揭尼山秘旨，於二千一百餘年之後，又有遙相契合者，非爲異説，子之苦心，庶不終晦…。[107]

由以上幾條可見董氏在校勘時，把原先被竄改的部分再度改回來。[108]

現在行世的董瑒所編《劉子全書》本，即是就王掞所資助，黃、姜、董三人所編的四十卷本加以重訂後的本子，不過重訂的時間已不可考。一般認爲，它比王掞刻本更加詳愼，這個訂本應是在清代文網已開始之時，故凡提及明末清初史事者，多予刪削。[109]

値得注意的是：刪改文獻以求合於新復興的朱子學，不只發生在對劉宗周思想系統的詮釋與取捨上。張履祥輯劉宗周修正陽明的話爲《劉子粹言》，這是由王轉朱之第一步，而張伯行更把陸世儀（桴亭，1611-1672）這位王學修正派的《思辨錄》「刪訂一番，必須與程朱相合的話始行錄入」，則是更進一步了。[110]

以上論述大致可分成兩部份。第一是《劉子節要》的編集工作所反映的思想史意義。第二是劉汋及他的子輩就劉氏遺集及年譜所作的改削所反映的意義。我反駁了乾隆中期無名氏《國初人傳》中的推斷，在作了若干釐清之後，我們應說，發生在惲、劉二人身上的，代表劉門內部當時之分化（也就是王門之分化）），可以約略分成五派。第一是自認忠實於蕺山之學的黃宗羲一派。第二是走入狂禪一派。第三即是惲、劉所代表的修正派。第四是張履祥所代表的由王

107 同前書，頁103-104。

108 「如答董生心意十問之第四條底云：心不可以已發言，而《大學》之言心也則近之。上既有已發字，故下但言近之。且近之字法甚活，而改之則云『多從已發』，重出而又死煞矣。」（同前書，頁147）

「又云正之爲義如云方方正正有倫有脊，與中字不同。中以心言，正以事言也。借中字以通解正字、心字，對事字非對意字也，而改之則云與誠字不同。誠以體言，正以用言，故正心先誠意，由末以之本也…」（同前書，頁148）。

他又說：「憶子辭世後，有持子書欲爲更定句字者，商於埽雲徐氏。埽雲曰：『如此則是君之書，非先生之書矣。』」（同前書，頁148-149）。

109 詹海雲，《劉蕺山的生平及其學術思想》（台灣大學中國文學研究所碩士論文，1979），頁231。

110 梁啓超，《中國近三百年學術史》，頁99。

返朱派。第五是陳確，他根本不認爲以上諸派所爭的問題有任何意義。第三、四是比較相近的兩派。而由蕺山的兒子帶頭將他們老師最大的思想創獲刪除，以求合於朱子學，最值得注意。這一派受晚明東林顧、高之學影響甚大，能欣賞朱子學，不過思想底子仍不出王學範圍。他們與孫奇逢、李顒等相近，雖然修正了王學，但並不斷然主張朱子學獨一無二的排他性地位。一直要到蕺山另一弟子張履祥，才於數次轉變之後，決定獨宗朱子。

清代士人攻擊朱子的風氣甚盛，[111] 這一方面討論者已多。本文想指出的是在惲、劉二人之後，學界有兩種發展，第一、是激烈攻擊王陽明及劉宗周的文字大量出現，而反王學的人集結在一起，既有皇帝的支持，又有科考宗朱注的幫助，他們四處與人爭論，務必要使反朱子學的人放棄原有的觀點，同時，對朱子學直接孔孟正統地位作了最突出的宣揚，將之推尊爲獨一無二的、具有排他性的聖道代表。在樹立朱子排他性地位與澈底打垮王學的過程中，他們對王學修正派，或依違兩可，主張調停朱王的人，發動激烈的攻勢，所以一批在清初極有勢力的思想家都遭池魚之殃，這是孫承澤與陸隴其的貢獻。他們辭鋒極厲，幾乎不容對方有反駁的餘地。第二，思想之外還挾功名之誘惑，而當時幾位尊朱的思想家又是有名的治臣，所以朱子學興起，非常之快。理學大儒中只有孫奇逢、崔蔚林、湯斌、耿介、張沐、彭昫庵等人還爲王學說話，但聲光已淡。到了康熙十八年，康熙皇帝與崔蔚林的一次公開辯論之後，這一派的力量被官方重挫。這時對劉宗周批評得相當厲害，可能逼使劉氏後代改削劉氏文集，及劉汋所編的劉子年譜，刪去「蕺山之言有與洛閩齟齬者」，以合時風眾勢。清代統治者在經過多年的搖擺之後，決定以朱子作爲官方意識形態的根據，康熙帝對王學陣營的敵對態度，一次比一次堅決，對朱子的崇信，也愈來愈具有排他性。這一發展過程，其實是與思想界一步一步肅清王學並凸出朱子排他性地位的趨勢平行發展。由此可略窺清代官方意識形態成立的大概。

（本文於一九九七年二月二十七日通過刊登）

---

[111] 何佑森，〈近三百年朱子學的反對學派〉，《幼師學誌》16：4（1981.12），頁25-35。

引用書目

一、文獻史料

《世祖實錄》，台北：華文書局，1964。
《南雷學案》，《清代傳記叢刊》本，台北：明文書局，無出版年代。
《國立中央圖書館善本書序跋集錄》，台北：中央圖書館，1993。
《清史列傳》，上海：中華書局，1928。
《碑傳集》，《清代傳記叢刊》本，台北：明文書局，無出版年代。
《劉子全書及遺編》，京都：中文出版社，1981。
九州學哲學部編，《傳習錄索引》。
吳光酉等，《陸隴其年譜》，北京：中華書局，1993。
全祖望，《鮚埼亭集》，台北：華世書局，1977。
汪憲編，《振綺堂書錄》，民國十六年排印本。
李慈銘，《越縵堂讀書記》，台北：世界書局，1975。
李鄴嗣，《杲堂詩文集》，杭州：浙江古籍出版社，1988。
呂留良，《呂晚村文集》，台北：商務印書館，1977。
吳　蕃，《祗欠菴集》，民國適園叢書本。
邵廷采，《思復堂文集》，台北：華世書局，1977。
衷爾鉅，《蕺山學派哲學思想》，濟南：山東教育出版社，1993。
紀昀等編，《四庫全書總目提要》，台北：漢京文化事業有限公司，1981。
孫靜菴，《明遺民錄》，浙江：浙江古籍出版社，1985。
徐世昌，《清儒學案》，台北：世界書局，1979。
章學誠，《章學誠遺書》，北京：文物出版社，1985。
陳祄乾編，《黃梨洲文集》，北京：中華書局，1959。
陳　確，《陳確集》，北京：中華書局，1979。
陸隴其，《三魚堂文集》，《陸子全書本》。
陸隴其，《三魚堂日記》，台北：商務印書館，1971。
陸隴其，《三魚堂外集》，《陸子全書本》。
黃宗羲，《明儒學案》，北京：中華書局，1985。
黃宗羲，《黃宗羲全集》，浙江：浙江古籍出版社，1985-1994。

黃宗羲，《梨洲遺著彙刊》，台北：隆言出版社，1969。
黃炳垕，《黃宗羲年譜》，北京：中華書局，1993。
彭紹升，《二林居集》，光緒七年刊本。
劉宗周，《劉子全書》，台北：華文書局，無出版年代。
蔣學鏞，《鄞志稿》，四明叢書，第三集。
謝國楨，《晚明史籍考》，上海：上海古藉出版社，1981。

二、近人著作

何佑森，〈近三百年朱子學的反對學派〉，《幼獅學誌》16：4（1981，12）。
徐益藩，〈黃梨洲呂晚村爭澹生堂書平議〉，《國立中央圖書館館刊》3：1（1947）。
梁啓超，《中國近三百年學術史》，台北：中華書局，1975。
陳祖武，《清代學術思辨錄》，北京：中國社會科學出版社，1992。
陳榮捷，《朱學論集》，台北：學生書局，1982。
傅振倫，〈鄧師之誠先生行誼〉，收入《鄧之誠先生學術記念文集》，北京：北京大學出版社，1991。
葛榮晉，〈東林學派和晚明朱學的復興〉，《書目季刊》22：4。
詹海雲，《劉蕺山的生平及其學術思想》，國立台灣大學中國文學研究所碩士論文，1979。
閻崇年，〈清代史壇大家孫承澤述論〉，收入氏著《燕步集》，北京：燕山出版社，1989。
謝巍編撰，《中國歷代人物年譜考錄》，北京：中華書局，1992。
戴君仁，〈心學家論意〉，《大陸雜誌》44：4。

New Intellectual Trend in the Early Ch'ing Period and the Compilation Project of *Liu-tzu-chieh-yao*

Wang Fan-sen

Institute of History and Philology, Academia Sinica

While reading the preface of *Ming-ju-hsüeh-an*, many people will soon be baffled by a paragraph describing a serious quarrel between Huang Tzung-hsi and his friend Yün Chung-sheng about a book compiled by Yün entitled, *Liu-Tzu chieh-yao*. The book is, in fact, not extant. However, this article try to demonstrate, that the appearance of this text reflects a major transition in the intellectual world of the early Ch'ing period.

出自第六十八本第二分(一九九七年六月)

經幢的形制、性質和來源——經幢研究之二

劉淑芬[*]

本文是筆者第二篇有關經幢的論文，主要包括兩個部分：一是詳細而精確地描述經幢這種石刻，二是探討經幢的性質。首先，分別從經幢的外形、上面所鐫刻的佛經與文字、樹立的地點以及它的變體等方面，逐一詳述，以建構經幢具體而完整的圖像。次則，先前有學者以為經幢是刻經的一種，本文則辨明經幢不是刻經，而另外採取多方面的証據，証明經幢的性質是塔—— 一種法身塔。更確實地說，經幢是揉合了刻經和塔所衍生出來一種特殊的塔。

關鍵詞：唐代 佛教 經幢 塔

[*] 中央研究院歷史語言研究所

一、前言

關於經幢——從唐代才開始發展出來一種新的佛教石刻，筆者已經發表〈佛頂尊勝陀羅尼經與唐代尊勝經幢的建立——經幢研究之一〉一文，[1] 探討它產生的背景和其流行的原因。然而，由於迄今還沒有人對經幢做過全面性的研究，因此仍然有很多人不清楚經幢到底是何物事。本文主要的目的是要釐清「經幢」是什麼？首先就它的外形、結構、上面鐫刻的文字、樹立的地點和經幢的變體等方面，描繪出經幢具體清晰的圖像；並且，更進一步探討它的性質和來源。

本文據以研究的資料，主要是收集自金石著錄、考古報告。有關經幢研究，經幢的實物本身自然是最直接、最好的資料；不過，由於歲月湮遠，有雨侵風蝕自然因素的磨損，更有唐武宗毀佛、後周世宗滅法政治力量的破壞，以及後代民間的摧殘等人爲的因素，至今尙存的經幢已經很有限了，其數量和原先的數目差距甚爲懸殊。因此，現存於各大圖書館的經幢拓本，以及金石著錄中經幢上鐫刻的文字，就成爲重要的資料。關於金石著錄上的經幢文字，因爲著錄者命名的標準不同，有的以建幢者做爲標題，有的以書幢人爲題，有的則是以經幢所在地爲名；因此，同一所經幢在不同的金石書籍中，可能有相異的名稱。這一點是不可不辨明的。

二、經幢的形制

本節意圖描繪出經幢這種石刻的具體輪廓，先從經幢的定義、它各種不同的名稱來談，再從它的高度、結構與外觀三方面，建構一個清晰的圖像。

(一)什麼是經幢

經幢是唐代才出現的一種多面體的佛教石刻，其上大都刻《佛頂尊勝陀羅尼經》，後來道教也模仿此一形式，所以也有刻道教經典者。這種石刻以棱形

[1] 劉淑芬，〈佛頂尊勝陀羅尼經與唐代尊勝經幢的建立——經幢研究之一〉，《中央研究院歷史語言研究所集刊》67.1(1996)：145-193。

石柱居絕大多數；就中又以八角形棱柱爲最多，也有少數是六面或四面體。另外，極少數則作十六面體，如在今河北邢台開元寺有唐代所建的十六面殘幢；[2]也有少數作圓形石柱體，今所知僅有陝西禮泉縣趙村唐代的鼓形經幢，以及洛陽龍門文物保管所藏唐宣宗大中四年(850)東都聖善寺志行僧懷則尊勝幢。[3]

唐代人心目中的經幢，是指刻有「陀羅尼」的石刻，稱爲「石幢」。唐宣宗大中十三年(859)，蔣復等人在今江蘇省松江縣所建立的經幢上，就開宗明義地說：「夫石幢者，鐫寫陀羅尼眞言，即西國惠人心傳秘密也。」[4]唐代經幢上的造幢記中，稱「石幢」的例子很多，此處僅舉數例說明，如唐玄宗開元十二年(724)，安衆寺僧智空所造的經幢（在今河北元氏縣）上，即稱「敬造石幢一所」。[5]開元十六年(728)，隴州汧源縣（今陝西隴縣）丞楊淡所造的經幢上稱「敬造佛頂尊勝陀羅尼石幢」；代宗大曆十三年（778），□震所建的經幢上也刻有「佛頂尊勝陀羅尼石幢讚幷序」。[6]

石經幢是因爲《佛頂尊勝陀羅尼經》的流行而發展出來的，因此早期的經幢所刻的都是此經，稱之爲「佛頂尊勝陀羅尼石幢」，簡稱「尊勝陀羅尼經幢」，[7]或稱「尊勝幢」，[8]或「陀羅尼幢」、「陀羅尼石幢」，[9]或「勝

[2] 劉慧達，〈河北邢台地上文物調查記〉，《文物》5（1963）：62-63。

[3] 張崇德，〈禮泉趙村鎮唐代鼓形經幢〉，《考古與文物》2（1984）；張乃翥，〈龍門藏幢讀跋兩題〉，《敦煌研究》2（1989）。

[4] 上海圖書館資料室編，《上海碑刻資料選輯》（上海人民出版社，1980），51，〈松江唐經幢記〉。

[5] 《常山貞石志》（石刻史料新編第一輯第十八册，台北：新文豐出版社，1977），卷八，頁二十，〈佛頂尊勝陀羅尼經幢〉；《八瓊室金石補正》（石刻史料新編第一輯第七册），卷四十六，頁二十五，〈安衆寺僧智空尊勝幢題字〉。

[6] 《金石萃編》（石刻史料新編第一輯第二册），卷六十六，頁三，〈開元寺經幢〉；卷六十六，頁二十，〈□震經幢〉。

[7] 《八瓊室金石補正》，卷四十六，頁二十八，〈陳□生尊勝幢記〉(713-741)。

[8] 《金石萃編》，卷六十六，頁四，〈杜敏序銘幢〉(739)；同前書，卷六十七，頁十一，〈雙讚經幢〉(861)中有「尊勝幢讚」二則；同前書，卷六十七，頁十二，〈劉氏經幢〉(861)；同前書，卷六十七，頁十六，〈李端符經幢〉(876)。

[9] 《金石萃編》，卷六十六，頁七，〈興聖寺經幢〉(746)；《八瓊室金石補正》，卷四十七，頁八，〈西明寺智明尊勝幢記〉(778)；《常山貞石志》，卷十，頁二十九、三十一，〈尊勝陀羅尼眞言幢〉(886)。

幢」，[10] 也有逕稱爲「石幢」，或「石幢子」者。[11] 後來，少數的經幢改刻其他的佛經，也稱「石幢」，如在陝西西安終南山，唐文宗大和六年(832)眞空寺所建的經幢，上刻「大佛頂陀羅尼」，其上的紀文則作「大唐眞空寺奉爲國及法界眾生敬修大佛頂陀羅尼石幢紀」。[12]

唐代經幢上的銘記，多稱經幢爲「石幢」，這種稱呼可能是有意將它和絲織幢做一區別。先前已發展出來的絲織幢，作平面的長條形，可書寫的面積很小，所書寫的是佛名和咒語。經幢則是多面體，可書寫的面積頗大，上面可刻二千六百五十五言《佛頂尊勝陀羅尼經》（大・967）的全文；很多經幢還另外附刻唐僧志靜所撰的〈經序〉。無論從質地、形體或所書寫的文字來說，石經幢和絲織幢都有相當大的差異，唐人或許因此直稱「石幢」，以有別於絲織幢。近代陝西人以經幢的的質材和形狀，叫它「石柱」；又因它多是八面體，所以俗稱「八楞碑」。[13] 這兩個稱呼其實和唐代時人對經幢的體認十分相近。

關於佛頂尊勝陀羅尼經幢，另有好幾種不同的稱呼，分述如下：

由於唐人認爲尊勝幢的威力神效至不可思議的地步，故稱之爲「寶幢」，如開元二十三年(735)，今山東巨野縣有東萬、西萬、北萬三村父老十二人「敬造寶幢一所」。[14] 也有稱爲「佛頂尊勝寶幢」者，如唐咸通十年(866)，張珂所

---

[10] 〈唐東都聖善寺志行僧懷則于龍門廢天竺寺東北原勸先修塋一所敬造尊勝經幢塔幷記〉：「雕琢勝幢，方旌不朽。」，見：張乃翥，〈龍門藏幢讀跋兩題〉，28。唐長安龍花寺尼韋契義囑門人爲其營葬云：「但營小冢，傍植勝幢。」（《八瓊室金石補正》，卷四十七，頁十二，〈龍花寺尼韋契義尊勝幢記〉）。又，河北保定城北韓庄出土的西夏文石幢，一號幢的幢額係以西夏文大號楷書「相胜幢」，見鄭紹宗、王靜如，〈保定出土明代西夏文石幢〉，《考古學報》1（1977）：146。

[11] 《金石萃編》，卷六十七，頁五，〈元政經幢〉(840)。

[12] 同前書，卷六十六，頁四十三。

[13] 葉昌熾撰、柯昌泗評，《語石・語石異同評》（北京：中華書局，1994），卷四，經幢條，269。

[14] 《八瓊室金石補正》，卷四十六，頁二十六，〈三村父老尊勝幢記〉(735)；又例，《山右石刻叢編》（石刻史料新編第一輯第二十冊），卷七，頁十三至十四，〈楊□仙造陀羅尼幢〉(753)；以及《金石萃編》，卷六十六，頁三十七，〈湛大師經幢〉(825)；《兩浙金石志》（石刻史料新編第一輯第十四冊，台北：新文豐出版社，1977），卷三，頁四十五，〈唐惠力寺經幢〉(874)。

建的經幢上即稱「今創造佛頂尊勝寶幢一所，經教具明，存歿獲益。」[15] 而佛教徒爲建造經幢而組織的信仰團體「邑會」，就叫做「尊勝寶幢□會」。[16]

又，因爲眞言、咒和陀羅尼原來是指不同的東西，後來則漸混而爲一；[17] 所以也有稱「佛頂尊勝陀羅尼經幢」爲「尊勝眞言石幢」、「尊勝眞言幢」，[18] 或作「佛頂尊勝陀羅尼眞言幢」。[19]

由於《佛頂尊勝陀羅尼經》上說：「尊勝陀羅尼」有「塵沾影覆」的功效，所以尊勝幢又稱爲「影幢」。所謂的「塵沾影覆」，即經上所說：如果有人能書寫此陀羅尼，將它安置在高幢上，或高山、或樓上，或塔中，人若於上述處所見到此陀羅尼，或者與之相近；甚至只要其影映身，或者風吹陀羅尼幢上的灰塵落在身上，則此人所有的罪業皆可消除，而爲諸佛所授記，皆得不退轉於阿耨多羅三藐三菩提。[20] 如唐肅宗上元二年(760)僧志遠爲其亡父母所造的墓幢，稱「措葬於影幢之側」。[21]

此外，因有很多的尊勝幢是樹立在墳墓之側，爲追薦亡者而建的，故有「尊勝陀羅尼功德幢」之稱，如宋仁宗慶曆八年(1048)張昭範爲其父在洛陽縣金谷鄉所樹立的墓幢。[22]

（二）高度、結構與外觀

關於經幢的高度、結構與外觀，是了解經幢很重要的一部分。不過，由於

[15] 《山左金石志》（石刻史料新編第一輯第十九冊），卷十三，頁二十一，〈張珂尊勝經石幢〉。

[16] 《八瓊室金石補正》，卷四十八，頁二十二，〈陳宗可等尊勝幢讚〉(878)。

[17] 松有長慶，《密教經典成立史論》（京都：法藏館，1981二刷），第一節〈陀羅尼の機能〉，83-92。

[18] 《八瓊室金石補正》，卷四十七，頁二十六，〈李潛尊勝幢記〉(844)；同前書，卷四十八，頁五，〈宏農楊公尊勝幢讚〉(854)。

[19] 《八瓊室金石補正》，卷四十八，頁一，〈衙內指揮□張尊勝幢記〉(847)。

[20] 《佛頂尊勝陀羅尼經》，收入《大正新修大藏經》，第十九卷，351中。并見：劉淑芬，前引文，153-154。

[21] 《八瓊室金石補正》，卷四十七，頁六，〈僧志遠造幢記〉。

[22] 同前書，卷八十二，頁三十四，〈張昭範尊勝幢序〉。

經幢的性質其實是塔（見下文的討論），因此經幢高度的實測、經幢的結構與作法，乃至於經幢細部的裝飾，都是屬於建築專業的範圍。早先，建築學者劉敦楨、梁思成等人曾留意過經幢，也對少數幾個做過簡短的描述與測繪，可惜未能做進一步的研究。今筆者特別將近年來蒐羅到經幢的圖片（有些經幢今或已不存在了），作成本文的附錄，（見附錄：經幢圖）提供日後建築學者作經幢形制研究之用。

1、高度

關於經幢確實高度，本文僅能根據近代少數的調查和考古發掘報告來談。雖然筆者收集的經幢有二百餘種，但多係見於金石著錄者。金石著錄或有經幢高度的記載，大都是指拓本的長度，究竟不是實測的結果，故難以作爲依據。今將有經過實測的經幢，列爲一表，以供參考。（見：表一〈實測經幢高度表〉）

表一：實測經幢高度表

序號	幢名	造幢年代	幢高	備註	出處
1	永昌元年八月幢	唐武則天永昌元年(689)	1.36米	下半截殘缺	陝西省文物管理委員會，〈陝西所見的唐代經幢〉，《文物》8（1959）
2	開元十三年幢	唐玄宗開元十三年(725)	1.85米	幢下半截殘缺	〈陝西所見的唐代經幢〉
3	河北石家莊天護陀羅尼經幢	開元十五年(727)	4.7米	幢頂已殘	〈第四批全國重點文物保護單位石窟及石刻綜述〉，《文物》5（1997）
4	楊淡及夫人楊氏造幢	開元十六年(728)	2.1米		〈陝西所見的唐代經幢〉
5	開元十七年幢	開元十七年(729)	0.95米	缺幢座	〈陝西所見的唐代經幢〉

6	河南沁陽王范村興隆寺經幢	開元十八年(730)	4.10米	缺幢頂寶珠	〈佛頂尊勝陀羅尼造像經幢〉，《中原文物》1（1993）
7	開元二十八年二月十五日幢	開元二十八年(740)	1.76米	缺幢頂和座	〈陝西所見的唐代經幢〉；李美霞，〈臨潼縣博物館藏北周造像座、唐代造像與經幢〉，《文博》2（1992）
8	天寶十四年二月幢	唐玄宗天寶十四年(755)	1.4米	幢下半截殘缺	〈陝西所見的唐代經幢〉
9	寶應二年十二月幢	唐代宗寶應二年(762)	1.5米	下半殘截	〈陝西所見的唐代經幢〉
10	龍門東都弘聖寺故臨壇大德眞堅幢	唐德宗興元元年(784)	1.48米	缺幢蓋、基座	張乃翥，〈龍門藏幢讀跋兩題〉，《敦煌研究》2（1993）
11	僧貞行、尼了性等造幢	唐德宗貞元五年(789)	4米		〈陝西所見的唐代經幢〉
12	普賢寺幢	貞元五年	2.657米		〈陝西所見的唐代經幢〉
13	貞元年二十一年幢	貞元二十一年(805)	1.78米		〈陝西所見的唐代經幢〉
14	銅川長慶元年幢	唐穆宗長慶元年(821)	3.64米		〈陝西所見的唐代經幢〉
15	比丘秀通及合村老長幼邑人影幢	唐文宗大和二年(828)	1.73米	缺幢頂	〈臨潼縣博物館藏北周造像座、唐代造像與經幢〉
16	河北邢臺天寧寺唐陀羅尼幢	太和六年至九年間(832-835)	約4.5米		劉慧達，〈河北邢台地上文物調查記〉，《文物》5（1963）
17	高克從墓經幢	唐宣宗大中二年(848)	1.61米		〈陝西所見的唐代經幢〉
18	富平縣宣宗大中四年幢	大中四年(850)	1.7米		〈陝西所見的唐代經幢〉

19	大中五年幢	大中五年(851)	1.51米	缺幢頂和座	〈陝西所見的唐代經幢〉
20	大中六年幢	大中六年(852)	1.6米	缺幢頂	〈陝西所見的唐代經幢〉
21	元陵寺幢	大中九年(855)	1.5米		〈陝西所見的唐代經幢〉
22	五臺山大中十一年幢	大中十一年(859)	3.24米		梁思成，〈記五台山佛光寺的建築〉，《文物參考資料》5、6（1953）
23	上海松江唐陀羅尼經幢	大中十三年(859)	9.3米	缺幢頂上的寶蓋和寶頂	安奇，〈上海松江唐陀羅尼經幢〉，《文物》1（1987）
24	道增等建幢	唐懿宗咸通九年(868)	2.4米		〈陝西所見的唐代經幢〉
25	浙江石硤惠力寺經幢	咸通十五年(874)	4.98米	幢頂缺寶珠	陳從周，〈硤石惠力寺唐咸通經幢〉，《文物參考資料》5、6（1953）
26	五臺山佛光寺乾符四年幢	唐僖宗乾符四年(877)	4.90米		〈記五台山佛光寺的建築〉
27	鄭州開元寺經幢	唐僖宗中和五年(885)	5米餘		鄭州市博物館，〈鄭州開元寺宋代塔基清理簡報〉，《中原文物》1（1983）
28	善寧寺幢	唐代	約3.5米		〈陝西所見的唐代經幢〉
29	臥牛寺幢	唐代	3米		〈陝西所見的唐代經幢〉
30	河北邢臺開元寺「唐十六面殘幢」	晚唐以前	5.76米		〈河北邢台地上文物調查記〉
31	唐濟寺石鼓形經幢	唐代	2.14米		張崇德，〈禮泉趙村鎮唐代鼓形經幢〉，《考古與文物》2（1984）

32	山西廣濟寺經幢	唐代	約4米		祁英濤等，〈兩年來山西新發現的古建築〉，《文物參考資料》11（1954）
33	山西晉城壽寺經幢	唐代	4米餘		古代建築修整所，〈晉東南潞安、平順、高平和晉城四縣的古建築（續）〉，《文物參考資料》4（1958）
34	邢州開元寺陀羅尼幢	後梁	7米餘	幢頂殘缺	〈河北邢台地上文物調查記〉
35	臨安海會寺經幢	吳越錢鏐寶大元年(924)	12.10米		陳從周，〈浙江古建築調查記略〉，《文物》7（1963）
36	北京房山北鄭村遼塔經幢	遼穆宗應曆五年(955)	3.125米		齊心、劉精義，〈北京房山縣北鄭村遼塔清理記〉，《考古》2（1980）
37	四川大足石窟北山第260窟經幢	後蜀孟昶廣政十八年(955)	1.05米		四川省社會科學院，《大足石刻研究》（四川省社會科學院出版社，1985）
38	四川安岳臥佛院51號龕經幢	後蜀廣政二十四年(961)	1.5米		彭家勝，〈四川安岳臥佛院調查〉，《文物》2（1988）
39	廣東東莞南漢大寶五年經幢	南漢大寶五年(962)	3.97米	缺塔刹	楊豪，〈東莞北宋「象塔」發掘記〉，《文物》6（1982）
40	河北鼓山常樂寺西幢	宋太祖建隆三年(962)	4.9米	似缺幢頂寶珠	邯鄲市文物保管所、峰峰礦區文物保管所，〈河北邯鄲鼓山常樂寺遺址清理簡報〉，《文物》10（1982）
41	杭州梵天寺經幢	宋太祖乾德三年(965)	15.67米		〈浙江古建築調查記略〉

42	河北鼓山常樂寺東幢	乾德三年	4.7米	似缺幢頂寶珠	〈河北邯鄲鼓山常樂寺遺址清理簡報〉
43	河南郾城彼岸寺石幢	宋眞宗景德年間(1004-1007)	12.18米		曹桂岑,〈郾城縣彼岸寺石幢〉,《中原文物》4(1983)
44	順義縣遼淨光舍利塔基經幢	遼聖宗開泰二年(1013)	1.09米		北京市文物工作隊,〈順義縣遼淨光舍利塔基清理報〉,《文物》8(1964)
45	河北豐潤車軸山遼代經幢	遼興宗重熙元年至十一年間建(1032-1042)	4.40米		宋煥居,〈豐潤車軸山的文物〉,《文物》1(1965)
46	河北趙縣陀羅尼幢	宋仁宗景祐五年(1038)	約18米		高英民,〈趙縣陀羅尼經幢〉,《文物天地》6(1982)
47	遼寧朝陽北塔地宮經幢	遼興宗重熙十三年(1044)	5.27米		朝陽北塔考古勘察隊,〈遼寧朝陽北塔天宮地宮清理簡報〉,《文物》7(1992)
48	河南迎福寺雙石幢	宋仁宗皇祐三年(1051)	近5米		楊煥成,〈豫北石塔紀略〉,《文物》5(1983)
49	金華市萬佛塔基經幢	宋仁宗嘉佑七年(1062)	1.47米		浙江省文物管理委員會,〈金華萬佛塔塔基清理簡報〉,《文物參考資料》5(1957)
50	雪山寺殘幢	宋神宗熙寧二年(1069)	68厘米		李銀德,〈徐州雪山寺北宋窖藏紀年文物〉,《文物》3(1990)
51	內蒙古后昭廟佛殿後側經幢	遼天祚帝乾統九年(1109)	1.8米		李逸友,〈內蒙古巴林左旗前后昭廟的遼代石窟〉,《文物》12(1961)
52	內蒙古后昭廟佛殿前經幢	遼代	1.52米		同上

53	林縣金代石幢	金世宗大定十八年(1178)	4.10米		楊天吉、張增午，〈林縣新發現一座金代石塔〉，《中原文物》1（1989）
54	喀左　杖子村金大定二十五年墓幢	大定二十五年(1185)	70厘米		傅宗德，〈喀左　杖子村出土金大定二十五年墓幢〉，《遼海文物學刊》1（1992）
55	大理國彥賨、趙興明爲亡母造尊勝幢	大理段國智元亨十一年(1195)	1.01米		孫太初，〈大理國彥賨趙興明爲亡母造尊勝幢跋〉，《考古》6（1963）
56	西昌近郊元代經幢		1.33米		唐亮，〈西昌新發現元代經幢〉，《四川文物》4（1992）
57	四川西昌元代梵文經幢		0.52米		黃承宗，〈西昌發現元代梵文石碑〉，《文物》2（1987）
58	河北保定韓庄大寺西夏文經幢，1號幢	明孝宗弘治十五年(1502)	2.63米		鄭紹宗、王靜如，〈保定出土明代西夏文石幢〉，《考古學報》1（1977）
59	河北保定韓庄大寺西夏文經幢，2號幢	弘治十五年	2.28米		同上

經幢的高度和它的結構、形制有密切的關係。據建築學者初步的觀察，唐代經幢剛出現時，結構簡單，一般均爲單層，裝飾亦少，高度大都在2、3米以下；中唐以後，特別是宣宗大中年間以後，經幢逐漸採取多層的結構，裝飾也益趨複雜；下施須彌座，上加華蓋，裝飾日趨華麗，高度多達4、5米。五代以後，華蓋增至數層，高度也相對地增大。至北宋時，經幢規模愈趨高大。[23] 以上是就一般的情況而論，但也有少數例外者，如表一所示，唐代也有少數經幢

[23] 同濟大學建筑系建築歷史教研組調查、劉從周執筆，〈硤石惠力寺的唐咸通經幢〉，《文物參考資料》5、6（1953）：156。安奇，〈上海松江唐陀羅尼經幢〉，《文物》1（1987）：78。

的高度在10米以上，如上海松江陀羅尼經幢殘高9.3米，若連同殘缺部分計算，估計應當在10米以上。一般來說，五代以後經幢的形體愈顯高大，如五代臨安海會寺經幢高達12.1米，宋乾德三年(965)建的梵天寺經幢通高15.67米，景德年間(1004-1007)建的彼岸寺石幢高12.18米，景祐五年(1038)建的河北趙縣陀羅尼幢更高達18米。不過，時代愈晚，墓幢相對地增加，而墓幢的高度一般都在2米以下。

2、經幢的結構

由下至上，經幢一般可分爲幢座、幢身和幢頂三部分。（附圖一、二）經幢通常是由數個石塊組成的，這幾個石塊如何連結在一起？又如何使這些一公尺以上至數公尺高的石塊，可以穩固地樹立在地面上？

關於經幢的結構與作法，可能有好幾種方式，迄今所知者僅有以下兩種：

一是榫接法。根據對廣東東莞南漢大寶五年(960)經幢的發掘報告，此一經幢現高3.75米，從幢座（包括底座、二層須彌座、座蓋）、幢身、幢頂（包括幢身上蓋、石鼓墊、四角形佛塔等），一共由十段石塊組成。石塊之間都敷有石灰粘料，只有幢身的上、下端各鑿有陽榫，套接上、下蓋所鑿的陰榫；又，爲了保持建築的垂直平衡，部分層次間還加墊了銅錢。至於如何將經幢固定樹立在某一個定點，則是先用匾長形的石板做一八角形的石廓，（附圖三）然後在此石廓的外緣，以扁長形石板砌結臺階四級。在石廓的內部中央，平塡五塊石條板，板的周圍夯塡泥土，而在其上砌結經幢（幢座、幢身和幢頂）。[24]

另外一種則非採榫接法者。如原在江蘇無錫惠山寺兩所經幢（今置於錫惠公園之內），1989年和1990年無錫市文管會兩度委託南京博物院，予以全面的修復和加固。此二幢一是建於唐僖宗乾符二年(876)的陀羅尼經幢，一是建於宋神宗熙寧三年(1070)普利院大白傘蓋神咒幢，二幢都是由青石構件相疊而成的。在修復以前，兩幢各有三級埋在土中，存於地面上的有十六級，以露出地表的高度計，唐幢高5.16米，宋幢高5.20米。在修復的過程中，發現此二幢每級都是以整塊石刻雕琢而成，疊合之處未見有榫鉚結構，[25] 這點和南漢大寶五年經幢的做法，有很大的不同。

---

[24] 楊豪，〈東莞北宋「象塔」發掘記〉，《文物》6（1982）：64。

[25] 于軍、陶保成、周健林，〈修復惠山寺石經幢技術報告〉，《東南文化》1（1991）：265-266。

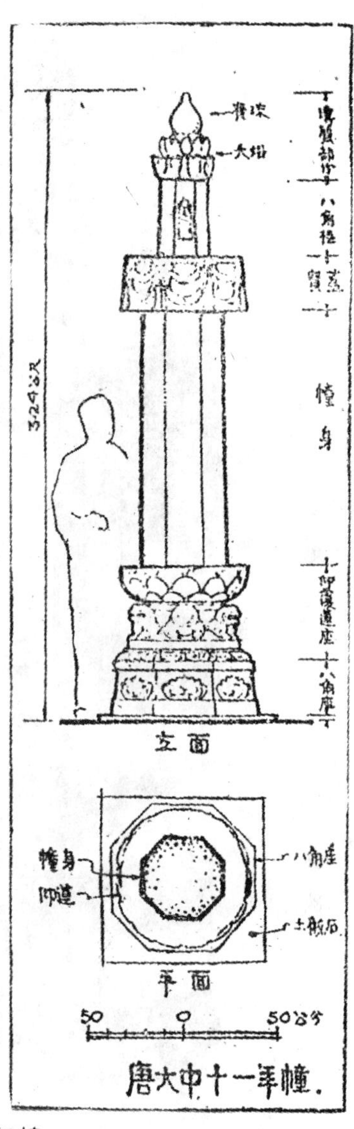

附圖一：左/大中十一年幢

唐宣宗大中十一年(857)，山西五臺山佛光寺大殿前。高3.24米

（劉致平，《中國建築類型及結構》，北京：中國建築工程出版社，1957，圖142）

右/大中十一年幢測繪圖

（梁思成，〈記五臺山佛光寺的建築〉，《文物參考資料》5.6（1953）：111）

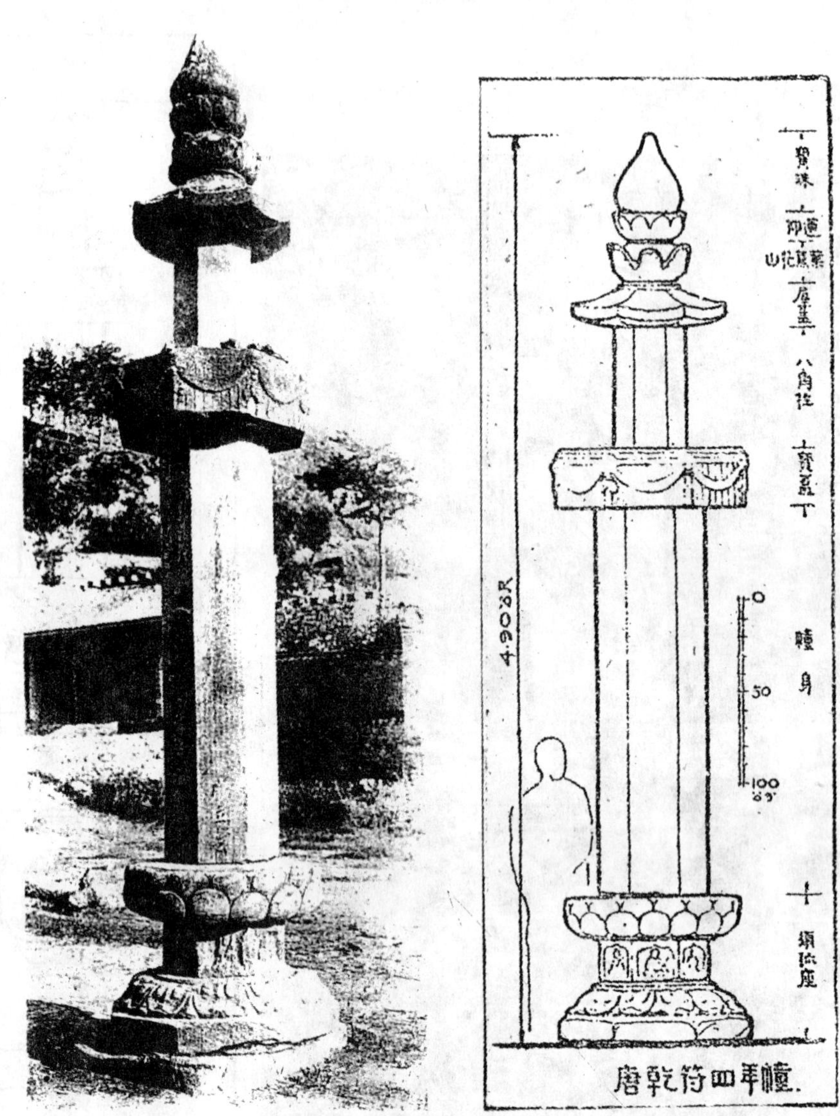

附圖二：左/乾符四年幢

唐僖宗乾符四年(877)，山西五臺山佛光寺文殊殿前，高4.9米

(《中國文化史蹟·第一卷》，圖版第一〇七(1)6)

右/乾符四年幢測繪圖

(梁思成，〈記五臺山佛光寺的建築〉，112)

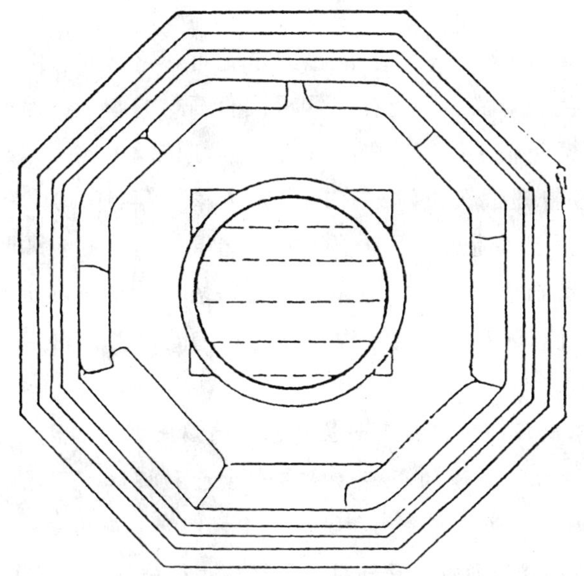

附圖三：南漢大寶五年(952)「象塔」石幢的八角形石廓

（楊豪，〈東莞北宋「象塔」發掘記〉，《文物》6（1982）：63）

有些經幢形體高大，其實等於是塔，也有可能以塔的建築結構來處理了。陳從周在《中國古代建築技術史》一書說：

在構造上，經幢和唐末五代出現的疊石建造的石塔，是同一做法的，在施工中已經應用了絞車之類的起重工具，膠結方法則開始在石縫間灌鐵水。[26]

關於經幢的結構和作法，還有待建築學者進一步的研究。

從現存造幢記看來，可知有些經幢的固定工作並不是做得很好，所以過了一段時間便傾倒了，而須重新樹立。如建於天寶七載(748)的開元寺經幢，四年之後便傾倒了：「天寶七載二月建造此幢，□□十一載十二月，其幢遂向□南傾倒，眾共修復，幷□□列名如左，駱齊休題。」[27] 經幢因此而重修或移建的例子，也不在少數。

從經幢的題記和實物，可知有些石經幢原是施有彩繪，並有部分帖金；完工時還懸掛著五顏六色的絲幡，因此在外觀上沒有石材的厚重冰冷的感覺，而是彩繪繽紛，相當亮麗莊嚴。如唐安隱寺（在今浙江杭縣）經幢，建於唐宣宗大中十四年(860)，後曾經數次重建，在宋眞宗天禧二年(1018)重建的題記中有：「右街圓鑒大師紹因、清辯大師居亮、賜紫善慶、僧慶餘、願昭，各施伍佰文，入緣買彩色，嚴飾寶幢。」[28] 金華市萬佛塔塔基的地宮內出土的一座經幢，是宋仁宗嘉佑七年(1062)建立的，也是施有彩繪的，考古報告是這樣敘述的：

經幢是用紅砂石制成的，幢身表面呈黑色。須彌座上的水紋塗有石綠，雲紋塗有石綠及桃紅，覆蓮的花瓣邊緣勾有金色和桃紅。下檐檐口施以金色。仰蓮的花瓣邊緣也勾有金色和桃紅。上檐四脊，亦施金色。寶珠下是仰蓮，每瓣蓮花的邊緣勾有金色和桃紅。寶珠上塗桃紅色。但大都剝落。[29]

---

[26] 中國科學院自然科學史研究所主編，《中國古代建築技術史》（北京：科學出版社，1985）第七章，〈石結構建築技術〉，第二節，石結構建築（執筆者陳從周），232。

[27] 《金石萃編》，卷六十六，頁八，〈開元寺經幢〉。

[28] 《兩浙金石志》，卷三，頁二十八—二十九，〈唐安隱寺經幢〉。

[29] 浙江省文物管理委員會，〈金華市萬佛塔塔基清理簡報〉，《文物參考資料》5（1957）：42。

由於經幢上刻有佛像，並施彩繪，因此在造幢的工匠中，就有專稱爲「畫人」者。如浙江吳興縣唐天寧寺山門後牆東首，唐武宗會昌元年(841)姚仲文等人所建的經幢上，有「繪畫人魚簡」的題名；在江蘇吳縣洞庭山包山寺會昌年間造的西幢，上面也有「畫人甘貞」的題名。[30] 又，咸通四年(863)王剬和其妻、母在福建龍游共建的尊勝經幢，上有「畫人邵琮、陳謍、黃照、林造」的題名。[31] 《江蘇省通志稿》認爲包山寺兩幢的相輪下刻佛像，故有「畫人」這種工匠的題名。[32]

經幢上的帖金，不只爲的是莊嚴經幢，更重要的是佛教徒藉此表達對佛菩薩，和佛經咒文的尊敬貴重。浙江金華法隆寺唐宣宗大中十一年(857)幢上，有「劉四娘捨金釧一隻，重一兩，帖咒及佛字。」[33] 又，上海松江經幢題名中有「沈璠捨金帖幢上世尊佛菩薩字取足」。[34] 經幢上帖金可能僅限於佛像、經咒以及佛、菩薩等名號的字句。因爲帖金的緣故，在造幢的工匠中有一種工匠叫做「帖金字人」，如浙江吳興唐東林山祇園寺經幢上有「帖金字人□愛捨手□□」的題名。[35]

以時代風尙而言，經幢上的帖金彩繪並不是獨特的。北朝和唐代的石刻造像就有這樣的例子，如現藏甘肅省博物館隋代李阿昌造像碑，就遺留明顯施彩繪的痕跡。又，一九五九年在西安市郊唐長樂坊大安國寺故址，出土了十尊貼金畫彩的石刻佛像。[36] 既然經幢上飾有佛像，自然會採用同一時代石刻佛像貼金彩繪的裝飾。

---

30 《兩浙金石志》，卷三，頁一，〈唐天寧寺經幢〉；《江蘇金石志》（石刻史料新編第一輯第十三册），金石六，頁二，〈會昌造經幢〉。

31 《八瓊室金石補正》，卷四十八，〈王剬尊勝幢題名〉；《閩中金石志》（石刻史料析編第一輯第十七册），卷二，頁三，〈咸通塔佛頂尊勝陀羅尼經〉。

32 《江蘇金石志》，金石六，頁二，〈會昌造經幢〉。

33 同前書，卷三，頁二十六，〈唐法隆寺經幢〉。

34 同註4。

35 《兩浙金石志》，卷三，頁十七，〈唐東林山祇園寺經幢〉。

36 程學華，〈唐貼金畫彩石刻造像〉，《文物》7（1961）。

有些經幢在完工之時，還繫有信徒所捐獻長條綵色絲絹所製的「幡」。唐玄宗開元年間(713-741)陳留生所建的尊勝幢，於後梁末帝乾化五年(915)重立時，題名中就有：「弟子王□□…亡過父母，遂施幡兩道，每道卌九人（文），今得圓就…」。[37] 至於裝飾在經幢上的幡是什麼樣子呢？由於經幢的性質是塔（詳下文），因此它和懸掛在塔上的幡應當是相同的，在敦煌發現數量頗多第八至第十世紀的絲幡，極可能就是用來裝飾佛塔之用的。[38] 1988至1992年間，在內蒙古巴林右旗遼代慶州白塔的塔刹出土的109座法舍利塔，則都還懸有塔幡。[39]（附圖四）由此多少也可以推想經幢懸掛絲幡作爲裝飾的樣子。另外，有的經幢的幢頂上並且有相輪和寶珠作爲裝飾，也有些幢身上飾有銅鐸。

三、經幢上鐫刻的文字

經幢上鐫刻的文字主要是佛經，另外還有造幢記、造幢者的題名，少數的經幢也有額題。造幢記——包括序、銘和讚，主要是敘述造幢緣起，其中多是讚嘆《佛頂尊勝陀羅尼經》的威力神效，有的也兼述此經東來的傳奇。造幢者題名通常刻於幢座。茲分述如下：

（一）佛經

經幢剛開始出現時，所刻的是《佛頂尊勝陀羅尼經》，稱爲「尊勝經幢」。隨著時間的流轉，尊勝經幢後來出現了一些變化：有的尊經幢上也兼刻其他陀羅尼，少數的經幢則改刻其他的佛經，分敘如下。

---

37 《八瓊室金石補正》，卷四十六，頁二十九，〈陳留生尊勝幢記〉。

38 Robert Jera-Bezard, Monique Maillard著，耿昇譯，〈敦煌幡幢的原形與裝潢〉，收於《法國學者敦煌學論文選萃》（北京：中華書局，1993），605。

39 德新、張漢君、韓信仁，〈內蒙古巴林右旗慶州白塔發現遼代佛教文物〉，《文物》12（1994）：6，8，25。

附圖四：遼慶州白塔塔剎出土懸有絲幡的法舍利塔

（《文物》12（1994）：封面）

1、《佛頂尊勝陀羅尼經》

(1)僅刻《尊勝經》者

經幢是因《佛頂尊勝陀羅尼經》的傳來和流行，才發展出來的一種石刻的新形式，因此，絕大多數的經幢所刻的便是此經。唐代，此經有很多的譯本，其中以攜帶此經梵本來華的罽賓僧人佛陀波利之譯本（大・967）最爲流行，[40] 經幢上也多採取這個版本。刻波利本的尊勝經幢上，也常附刻了此譯本的〈經序〉。從宋代開始，有的尊勝經幢上並且刻有「尊勝陀羅尼」的「啓請」和「跋尾」。

唐代此經有八個譯本，佛陀波利的譯本雖然不是此經最早的譯本，但卻是最爲流行的本子。這是由於佛陀波利在將此經梵本攜來的前後，涉及五臺山和文殊菩薩的靈異事跡，因此佛陀波利和其譯本也被神聖化了的緣故。[41] 唐代僧人志靜爲此譯本所撰寫的〈經序〉，敘述了此經東來的經過和佛陀波利的傳奇。佛陀波利的傳奇促進了此譯本的流傳，唐文宗開成四年(839)，王劉趙珍等於今日山西晉城縣所建立的陀羅尼石幢讚文中，就把這一點說得很清楚：

> 是佛陀波利問大聖於五臺，遠陟流沙，賫神咒於七載。佛頂尊經者，金果宣□，以重譯爲五部之眞宗，千佛之上道。…[42]

唐代的經幢上所刻的幾乎全是波利本，只有少數是刻其他的譯本。一是不空的譯本，那羅延於唐憲宗元和八年(813)所建的經幢，所刻的即是不空的譯本。入宋以後，刻不空本的經幢略有增加，如在今福建泉州市的承天寺陀羅尼經幢(991)、水陸寺陀羅尼經幢(1008)、承天寺陀羅尼經幢(1025)，和南安縣的桃源宮尊勝陀羅尼經幢(1025)。又如，今北京市遼代行滿寺尼惠照建的陀羅尼經幢(1075)、戒壇寺陀羅尼經幢(1077)、大憫忠寺慈智大德經幢(1099)。[43]

---

40 《大正新修大藏經》的編號，第267號。以下皆以（大・）代表此編號。

41 〈佛頂尊勝陀羅尼經與唐代尊勝經幢建立——經幢研究之一〉，162-173。

42 《山右石刻叢編》，卷九，頁二十五，〈王劉趙珍等造陀羅尼經幢〉。

43 《金石萃編》，卷六十六，頁三十三，〈那羅延經幢〉。《閩中金石志》，卷三，頁十五至十七，〈承天寺陀羅尼經幢〉；卷三，頁十七至十九，〈水陸寺陀羅尼經幢〉；卷三，頁二十四至二十五，〈承天寺陀羅尼經幢〉；卷三，頁二十五，〈桃源宮尊勝陀羅另外，有極少數的經幢所刻的是其他的譯本，如《加句靈驗佛頂尊勝陀羅尼》（大・974C），如唐懿宗咸通十一年(870)，在今山東壽光縣寧國寺山門內所建的經幢、後唐閔帝應順元年(934)樞密使朱宏昭爲清河郡夫人張氏所造的尊勝幢。[44] 另外，少數的經幢上刻的是義淨的譯本（大・971），如唐中宗景龍四年(710)在河北正定縣舍利寺內所建、宋仁宗熙甯五年(1072)重修的經幢。[45]

從第十世紀後半葉開始，有的經幢上開始出現「陀羅尼啓請」。「啓請」是密宗在經典或陀羅尼讀誦之前奉請的啓白，如不空所譯的《佛母大金曜孔雀明王經》（大・982），在經文之前有「讀誦佛母大孔雀明王經前啓請法」。善無畏譯的《尊勝佛頂脩瑜珈法軌儀》（大・973）的序品中，有七言的偈語，和經幢上「陀羅尼啓請」很相似。[46] 今見於經幢上的「佛頂尊勝陀羅尼啓請」，都是作七言的長偈，並不見於諸譯本中；它並且有不同的版本，可能是後來陸續發展出來的儀軌。

經幢上所見的「陀羅尼啓請」，具有相當高的價值。今《大正新修大藏經》中，並沒有任何啓請文；《敦煌遺書總目索引》中，《佛頂尊勝陀羅尼經》有118種，其中經有98本，啓請文僅2本。[47] 今筆者所知，鐫刻在經幢上的「尊勝陀羅尼啓請」，就有7種版本，可以補充這方面的資料。另外，在經幢上也有「大悲陀羅尼啓請」和「大佛頂陀羅尼啓請」，這些啓請文均不見於他處，故彌足珍貴。以下逐一介紹這幾種啓請文：

尼經幢〉。《金石萃編》（石刻史料新編，第一輯第四册），卷一五三，頁十二至十三，〈行滿寺尼惠照建陀羅尼幢并記〉；卷一五三，頁十五，〈京西戒壇寺陀羅尼幢幷記〉；卷一五三，頁三十二至三十三，〈慈悲菴大德幢記〉。

44 《壽光金石志》（石刻史料新編第三輯第二十七册），卷十三，頁二十，〈唐佛頂尊勝陀羅尼經幢〉；《八瓊室金石補正》，卷七十九，頁二十八至二十九，〈樞密使朱宏昭尊勝幢記〉。

45 《常山貞石志》，卷十二，頁七，〈佛頂尊勝陀羅尼經殘幢〉。

46 《大正新修大藏經》，第十九卷，415中、下至416上、368中。

47 《敦煌遺書總目索引》（北京：商務印書館，1962），199，〈斯坦因劫經錄〉4378；322，〈敦煌遺書散錄〉0465。

宋太祖開寶四年(971)，宏正大師遺界記石幢上的「佛頂尊勝眞言啓請」作：

稽首皈命十方佛，眞如滄海甘露門。

三賢十聖應眞僧，願賜威神加念力。

希有摠持秘密教，能發圓明廣大心。

我今隨分略稱揚，迴施法界諸含識。

佛說是陀羅尼法，即說咒曰：[48]

宋太宗雍熙四年(987)，李恕為自己預建的墓幢，上面亦刻有「尊勝陀羅尼啓請」，但其文則和前文不同：

奉請尊勝三千主，慈悲廣大金色身。

潤澤眾生法雨霑，大布慈雲多覆護。

拔斷迷津三業障，垂形六道除諸苦。

非論七返及阿鼻，五逆罪報消無數。

諸天華雨遍虛空，頂上毫舒千佛主。

光明宛轉透三千，閻魔王界停酸楚。

若能一念至皈心，八方聖眾皆來助。

日持二十一遍終，福流沙界超凡路。

□□□□七返罪，能為天宮救善住。

我今諷念佛眞言，一心皈依尊勝主。[49]

另外一種「尊勝陀羅尼啓請」，作：

□□殿上尊勝王，為滅七返傍生難。

故出寶手摩我頂，□□□持妙章句。

---

[48] 《益都金石記》（石刻史料新編第一輯第二十冊），卷二，頁三十，〈宋宏正大師遺界記石幢〉。

[49] 同前書，卷二，頁三十二，〈宋李恕尊勝石幢〉；《益都縣圖志》（石刻史料新編第三輯第二十七冊），卷二十七，金石中，頁五十六，〈李恕經幢〉。又，宋眞宗大中祥符元年(1008)，僧人元紹等在今福建泉州市水陸寺所樹立的經幢，上面所刻的啓請也是此種版本，見：《閩中金石略》，卷三，頁十七，〈水陸寺陀羅尼幢〉。

九十九億如來傳，佛勑帝釋憍尸□。

□□天子常持誦，得免豬猶蟒虵身。

當來成佛證無□，同登蓮花清淨海。[50]

另外，由於「尊勝陀羅尼」有不同的譯本，不空譯的「加句靈驗佛頂尊勝陀羅尼」的啓請文，和上述三種又不同。宋眞宗天禧三年(1021)，張供辰爲其亡父母在今山東昌樂縣所建之墓幢上的「加句本」啓請爲：

稽首寶身金色主，白毫光相摠持主，

恒沙諸佛共宣揚，無量如來同讚説。……[51]

因其文頗長，此處就不錄其全文。「加句本」的啓請文，又有另外三種版本，一作：

稽首千葉蓮華座，摩尼殿上尊勝王，

廣長舌相遍三千，□□□德皆圓滿，

灌頂聞持妙章句，九千九億世尊宣。……[52]

大英博物館藏斯坦因所獲敦煌文書編號S. 4378 V/2，有「佛頂尊勝加句靈驗陀羅尼啓請」文，和此本相同。[53]

另一「加句本啓請」作：

稽首千葉蓮華藏，金剛座上尊勝王。

□滅七返□生難，灌頂揔持妙章句。

八十萬億如來傳，願舒金手摩我頂。

流通變化濟生靈，故我一心常讚誦。[54]

---

50 《關中金石略》，卷三，頁十六，〈承天寺陁羅尼經幢〉（宋淳化二年）。

51 《昌樂金石續志》（石刻史料新編第三輯第二十册），卷十七，頁十四，〈尊勝經幢〉。

52 《關中金石略》，卷三，頁二十四，〈承天寺陀羅尼經幢〉（宋仁宗天聖三年，1025）。另，卷三，頁二十五，〈桃源宮尊勝陀羅尼經幢〉；《滿洲金石志》（石刻史料新編第一輯第二十三册），卷二，頁四十八，〈惠能建陀羅尼經幢〉（遼代），亦同。

53 中國社會科學院歷史研究所、中國敦煌吐魯番學會敦煌古文獻編輯委員會、英國國家圖書館、倫敦大學亞非學院編，《英藏敦煌文獻》，第六册，（四川人民出版社，1992），53。

54 《益都金石記》，卷三，頁九，〈宋比邱奉□尊勝經幢〉；卷三，頁八至九，〈宋僧文緒陁羅尼石幢〉中的啓請有缺文，但和此同。

此外，如建於宋神宗元豐七年(1084)的青州報恩寺尼智清靈骨記石幢，上面所刻的是加句靈驗佛頂尊勝陀羅尼，其啓請則作：

稽首三身調御主，歸依四果大聲聞，

他方此界眾如來，三賢十聖諸菩薩，

瑜珈五部加持主，九十九億世尊宣。

誦者希消七返身，聞者願滅三生業。……[55]

不僅「尊勝陀羅尼」有啓請，刻有其他的陀羅尼的經幢也有附刻啓請者，如「大悲陀羅尼啓請」、「大佛頂陀羅尼啓請」。[56] 可惜金石著錄中，並未錄其文，大英博物館所藏敦煌文書編號S. 4378 V/1，上面書有「大悲啓請」文，作：

仰啓月輪觀自在，廣大圓滿紫金身，

千臂恆伸現世間，千眼光明常遍照。

一千二百眞言契，能滿眾生所願心，……[57]

宋代以後，有的尊勝經幢在尊勝咒之後，還刻有「跋尾」，如前述「加句本」的跋尾作：

佛頂尊勝陀羅尼，八十八殑迦沙俱眡，百千如來同宣說，若有善男子善女□□□□□□□□□受胞胎之身蓮花化生，若有鬼神聞此陀羅尼，悉發菩提，離解脱□□□□□□□，加句靈驗佛頂尊勝陀羅尼。[58]

(2)附刻他經的尊勝經幢

後來，在《尊勝經》之外，也有並刻他經者，這些佛經計有：

〔1〕**《般若波羅蜜多心經》**（大・251）：如吳興天寧寺山門外東首唐武宗會昌三年(843)陳榮所建的經幢，上爲《尊勝經》并序，下截刻《心經》。[59]

---

[55] 同前書，卷三，頁一，〈宋智清靈骨記石幢〉。

[56] 《益都縣圖志》，卷二十七，〈李恕經幢〉；《閬中金石略》，卷三，頁十三至十四，〈招慶禪院大佛頂陀羅尼幢記〉。

[57] 《英藏敦煌文獻》，第六册，52。

[58] 《昌樂縣續志》，卷十七，頁十五，〈尊勝經幢〉。又，宋徽宗政和元年宋僧文緒陀羅尼石幢上的跋尾亦同，見《益都金石記》，卷三，頁九。

[59] 《八瓊室金石補正》，卷四十七，頁二十四至二十六，〈陳榮尊勝幢記〉。

又如唐憲宗元和四年(809)僧人惟新等人所建的經幢、金完顏亮天德二年(1150)長秋鐵佛院（在今益都縣）爲僧人慧興所建的塔幢皆然。[60]

又，有經幢在「尊勝咒」之外，並刻「般若波羅蜜多」——即《般若波羅蜜多心經》中的咒：「揭帝揭帝，波羅揭帝，波羅僧揭帝，菩提薩婆訶。」如宋孝宗淳熙十四年(1187)，平江府崑山縣崇顯教院的僧人所建的經幢即是一例，其造幢記中甚至稱此幢爲「摩訶揭帝寶幢」。[61]

〔2〕**《佛說阿彌陀經》**（大・336）：這和《尊勝經》特別強調拯濟幽冥有關，亡者多希望能往生阿彌陀佛的淨土，故附刻此經。如比邱宗肇於唐昭宗大順口年(890-891)，爲當院亡過先師和尚所建的經幢，經幢的八面中，第一至第六面刻《尊勝經》並序，第七、八面則刻《阿彌陀經》。[62]

〔3〕**《六門陀羅尼經》**（大・1360）：玄宗開元十六年(728)，隴州汧源縣丞楊淡造的經幢，除《尊勝經》之外，又刻《佛說六門陀羅尼經》。[63]

〔4〕**《妙法蓮華經》**（大・262）：宣宗大中八年(854)，侯刺史等人在今浙江鄞縣所樹立的幢上，除刻《佛頂尊勝陀羅尼經》幷序之外，又鐫刻《妙法蓮華經》的一部分。[64]

（3）在尊勝經咒之外，並刻他咒者

最普遍的是刻《大悲咒》，也有刻他咒者；也有在《尊勝經》、咒之外，兼刻好幾種咒，甚至有多達十幾種者。分述如下：

〔1〕**大悲咒：**尊勝經幢兼刻他咒者，以刻《大悲咒》——即《千手千眼觀世音菩薩廣大圓滿無礙大悲心陀羅尼》（大・1064）爲最多。《千手千眼觀世

---

[60] 《金石萃編》，卷六十六，頁三十一至三十二，〈僧惟新等經幢〉。同前書，卷二十七，頁八十二，〈廣化寺尼慧興塔記〉，此標目有誤，因此幢的造幢記云：「益都府長秋鐵佛院，建佛頂陀羅尼塔記：歿故比丘僧慧興，姓郭氏，泗州長山縣人也，於臨淄縣廣化院出家。」可知慧興是僧人，而非尼師。

[61] 《江蘇金石志》，金石十三，頁十八，〈摩訶揭帝寶幢〉。

[62] 《金石萃編》，卷六十七，頁十八至十九，〈比邱宗肇經幢〉；《關中金石文字存逸考》（《石刻史料新編》第二輯第十四册），卷四，長安縣下，頁三十一。

[63] 《金石萃編》，卷六十六，頁二至三，〈開元寺經幢〉。

[64] 《八瓊室金石補正》，卷四十八，頁四，〈侯刺史等經幢題名〉。

音菩薩廣大圓滿無礙大悲心陀羅尼經》（大・1060）中稱：「若聞此陀羅尼名字者，尚滅無量劫生死重罪。」又說此陀羅尼又名「滅惡趣陀羅尼」、「破惡業障陀羅尼」。[65] 宋代李恕所建經幢上，便說明了何以將「尊勝咒」、「大悲咒」並刻的原因：

蓋聞懷罪集福，莫急於尊勝陀羅尼、大悲心眞言。[66]

有的是刻《尊勝經》並序之外，兼刻「大悲咒」者。如唐懿宗咸通十年(869)，沈仕達等人在吳興天寧寺所建的經幢。[67] 也有的經幢僅刻〈尊勝咒〉，並刻〈大悲咒〉；時代愈晚，這種情形就更普遍。如唐文宗大和三年(829)有「徐智端刻字」的題記的經幢，曹勝彥於咸通六年(865)在今河南許昌□興寺所建的經幢，建於唐咸通十三年(872)的本覺寺經幢，後梁末帝貞明三年(917)鄭義在龍興寺（位於今河南許昌）新羅漢堂所建的經幢，後晉高祖天福三年(938)花敬遷所建的經幢，宋仁宗嘉祐七年(1062)張師皋建的墓幢。[68]

有些經幢在〈尊勝咒〉、〈大悲咒〉之外，還刻有《心經》。如：宋太祖開寶七年（974），華州別駕杜承訓爲其父母所造的墓幢；宋雍熙四年(987)李恕所建的經幢。[69]

由於尊勝經幢上以並刻「大悲咒」者爲多，因此出現「尊勝大悲陀羅尼幢」這樣的名稱。咸通九年(868)，薛籌爲其母追福所造的經幢，其上除了「尊勝陀羅尼」之外，又刻「破地獄眞言」、「解喉眞言」、「解怨結眞言」、「大悲心陀羅尼」，而題云：「大唐咸通九年歲次戊子，孤子薛籌奉爲先妣清河

---

[65] 《大正新修大藏經》，第二十卷，109中、110上。

[66] 《益都縣圖志》，卷二十七，金石中，頁五十七，〈李恕經幢〉。

[67] 《兩浙金石志》，卷三，頁四十至四十一，〈唐天寧寺經幢〉。

[68] 《金石萃編》，卷六十六，頁三十八，〈徐智端刻幢〉。《八瓊室金石補正》，卷四十八，頁十三，〈曹彥詞尊勝大悲幢記〉。《兩浙金石志》，卷三，頁四十五，〈唐本覺寺經幢〉。《八瓊室金石補正》卷七十九，頁一，〈龍興寺鄭義尊勝等經幢記〉；卷八十，頁四至五，〈花敬遷尊勝幢題名〉；卷八十二，頁三十四至五，〈張師皋大悲尊勝幢記〉。

[69] 《八瓊室金石補正》，卷八十二，頁二十六至七，〈華州別駕杜承訓尊勝幢記〉。《益都縣圖志》，卷二十七，頁五十六至五十七，〈李恕經幢〉。

縣君崔氏小祥追福，敬造佛頂尊勝大悲幢子。」[70] 又如後唐明宗天成三年(928)，常庭訓爲其亡妻所造的經幢，並刻「尊勝陀羅尼」和「大悲心陀羅尼」，其記云「夫常庭訓伏爲先亡妻孫氏發願造尊勝大悲幢子壹所。」[71] 又，宋太祖建隆元年(960)，劉氏爲亡夫造的經幢記，即稱其所造的是「大悲尊勝□（陀）羅尼幢一所」。[72] 宋眞宗景德二年(1005)，郭重顯爲其母所造的墓幢，上題：「奉爲考妣二靈，特就墳所，於東南隅建尊勝大悲經幢一所」，讚云：「故鐫尊勝，特寫大悲」。[73] 又例，建於遼道宗壽昌五年(1099)僧人慈智大德的墓幢，題稱「故慈智大德佛頂尊勝大悲陀羅尼幢」。[74]

〔2〕**「佛說大佛頂陀羅尼」**（大・944）：五代後周世宗顯德五年(958)，許氏在江蘇吳縣虎丘建的經幢，除了《佛頂尊勝陀羅尼經》之外，另刻「佛說大佛頂陀羅尼」。[75]

〔3〕**「佛說隨求即得大自在陀羅尼神咒」**（大・1154）：如宋仁宗景祐五年(1038)，王德成等人在河北趙縣所立的四所經幢，上有《尊勝經》，也有「隨求即得大自在陀羅尼」。[76]

〔4〕**也有在尊勝經咒之外，兼刻好幾種咒者**

最普遍的情形是兼刻三、四種陀羅尼，如龍門東都聖善寺僧懷則尊勝幢，上面另刻《佛頂尊勝陀羅尼》、《心中心眞言》、《廣大寶樓閣善住秘密陀羅尼》、《大輪金剛陀羅尼》四部密教經咒。[77] 又例，宋徽宗大觀二年(1110)在山東益都縣爲僧人奉俊所建的經幢，另刻「陀羅尼滅罪眞言」、「生天眞言」、「往生眞言」，「寶樓閣眞言」、「安土地眞言」。[78]

---

[70] 《八瓊室金石補正》，卷四十八，頁十四，〈薛籌尊勝幢記〉。
[71] 同前書，卷七十九，頁二十七，〈常庭訓尊勝大悲幢記〉。
[72] 同前書，卷八十二，頁一，〈劉氏爲夫造尊勝幢記〉。
[73] 同前書，卷八十二，頁二十九至三十，〈郭重顯等尊勝大悲幢讚〉。
[74] 《金石萃編》，卷一五二，頁三十三，〈慈悲菴大德幢記〉。
[75] 《金石萃編》，卷一百一十一，頁六，〈虎丘陀羅尼經幢〉。
[76] 《八瓊室金石補正》，卷八十二，頁三十三，〈趙州王德成等尊勝經四幢題名〉。
[77] 張乃翥，〈龍門藏幢讀跋兩題〉，27。
[78] 《益都縣圖志》，卷二十七，金石中，頁七十六至七十七，〈僧奉俊尊勝經幢〉。

也有多至七、八種，甚至有多達十幾種者。如建於唐僖宗乾符六年(879)的牛頭寺經幢，除了「尊勝咒」之外，另刻有八種眞言：「聖千手千眼觀世音自在菩薩摩訶薩廣大圓滿无障礙大悲心陀羅尼眞言」、「阿閦如來根本滅惡趣陀羅尼」、「淨口業眞言」、「地藏菩薩破地獄眞言」、「普賢菩薩滅罪眞言」、「解多生冤結眞言」、「文殊五髻眞言」、「吉祥眞言」。[79] 吳興天寧寺唐大中二年(848)，在「佛頂尊勝陀羅尼」之外，另刻十種眞言：「千手千眼觀世音菩薩廣大圓滿無礙大悲心陀羅尼」、「千手千眼觀世音陁羅尼根本大身咒」、「大佛頂放光悉怛多鉢怛羅大心眞言」、「無量壽如來十甘露眞言」、「如意輪根本眞言」、「清淨法身毗盧遮那佛化身五部道場主大輪金剛三昧耶眞言」、「寶樓閣陁羅尼」、「大悲心中心眞言」、「文殊咒」、「往生咒」。[80] 天寧寺唐咸通十一年(870)趙匡符所建的經幢，刻《尊勝經》之外，並刻眞言十三種：「大輪金剛眞言」、「千手千眼觀世音菩薩廣大圓滿無㝵大悲心陁羅尼神咒」、「金剛眞言——一名般若無盡藏陀羅尼」、「觀音文持」、「大悲心經眞言」、「七佛俱胝佛母心陀羅尼」、「歡喜眞言」、「龍樹菩薩化身一切法施陁羅尼」、「□王心中眞言」、「天廚陁羅尼」、「淨□咒」、「淨身眞言」、「淨房室眞言」。[81]

這些眞言大都和破地獄思想有關，以咸通九年(868)薛籌所建的經幢特為明顯，其上除刻「尊勝陀羅尼」、「大悲咒」之外，又刻「破地獄眞言」、「解喉眞言」、「解怨結眞言」等。[82] 這和《尊勝經》的破地獄思想有關，將另文討論。

2、非刻《尊勝經》者

有些經幢上所刻的並非《尊勝經》，而是其他的佛經，這類的經幢也因其所刻的經，而被定以他名，如「心經幢」等，有以下數種：

---

[79] 《金石萃編》，卷六十七，頁十七，〈牛頭寺經幢〉。

[80] 《兩浙金石志》，卷三，頁十一至十四，〈唐天寧寺經幢〉。

[81] 《八瓊室金石補正》，卷四十八，頁十七至十八，〈唐天寧寺經幢〉。

[82] 同前書，卷四十八，頁十四，〈薛籌尊勝幢記〉。

（1）「心經幢」：如開元二十八年(740)，在江蘇江陰所建的的一所經幢，上面僅刻《般若波羅蜜多心經》；以及宋太祖乾德四年(966)，在河北元氏縣開化寺西禪堂所樹立的經幢。[83]

（2）「金剛經幢」：經幢上僅刻《金剛般若波羅蜜多經》（大・235），稱爲「金剛經幢」。如唐昭宗天復三年(907)，李宗大在今山西晉城建造寶林寺（至金朝時改爲今名「廣福寺」），並樹立一所經幢，上面所刻的就是《金剛經》，其額即題作「金剛般若波羅密經幢」。[84] 又，如天寶七載(748)吏曹王漳源等數十人，於長安城南所樹的經幢；唐文宗開成元年(836)澤州刺史皇甫曙在今山西晉城所建的經幢；宋太祖開寶八年(957)，留仙村（在今山東昌樂縣）佛教信徒所建立的經幢。[85]

（3）「大悲陀羅尼幢」：刻有《千手千眼觀世音菩薩廣大圓滿無礙大悲心陀羅尼》的經幢，稱「大悲陀羅尼幢」或「大悲幢子」。如唐敬宗寶曆二年(826)，同經略副使將□郎前守辰州都督府醫博士何宥則敬爲亡兄所造的經幢，上即題「造此大悲陁羅尼幢」。[86] 吳越寶大元年(924)，國王錢鏐在今浙江臨安縣海會寺（其時名爲竹林寺）前，建立的兩所經幢之一就是「大悲陀羅尼幢」。[87] 金朝王𦙶超在今熱河朝陽爲其父母所建的經幢，上題「大悲心陀羅尼梵眞言寶塔」。[88] 有的「大悲幢」上，也兼刻其他的陀羅尼，如在北京一所建於遼道宗大康三年(1077)的經幢，上面除刻「大悲心密言」之外，並刻「佛說寶篋印眞言」。[89]

---

[83] 同前書，卷四十六，頁二十七至二十八，〈陳氏心經幢〉。《常山貞石志》，卷十一，頁十，〈開化寺心經幢〉。

[84] 《山右石刻叢編》，卷九，頁四十四至四十五，〈廣福寺經幢〉。

[85] 《金石萃編》，卷八十八，頁一至二，〈金剛經殘石幢〉；並見《八瓊室金石補正》，卷四十七，頁二至三，〈李家村金經殘幢記〉；卷四十七，頁十四，〈澤州刺史皇甫曙金經幢記〉。《昌樂縣志》，卷十七，頁七至十二，〈金剛經幢〉。

[86] 《金石萃編》，卷六十六，頁三十八，〈鐵塔寺幢〉；《八瓊室金石補正》卷四十七，頁十三，作〈何宥則大悲幢記〉，似較妥當，在廣州光孝寺。

[87] 《兩浙金石志》，卷四，頁三十至三十一，〈吳越海會寺經幢〉。

[88] 《滿洲金石志》，卷三，頁二十四，〈陀羅尼眞言幢〉。

[89] 《金石萃編》，卷一五三，頁十五，〈京西戒壇寺陀羅尼幢幷記〉。

(4)「大佛頂陀羅尼石幢」：造幢記上所見，刻有以下兩部佛經的經幢，都稱爲「大佛頂陀羅尼石幢」。一是如唐文宗大和六年(832)，長安城南終南山眞空寺寺主法峻所建立的一所經幢，上刻的是《一切如來白傘蓋大佛頂陁羅咒》，其造幢記即作「大唐眞空寺奉爲國及法界衆生敬修大佛頂陁羅尼石幢紀」。[90] 另一是如唐宣宗大中十一年(857)，王讜等爲其母沈夫人在吳興天寧寺大殿外所建的兩所經幢，東幢刻的是《尊勝經》，西幢刻的是唐般剌蜜帝譯的《大佛頂如來密因修證了義諸菩薩萬行首楞嚴經》（大·945）卷七，其上幷有「大佛頂及□□□□□□銘幷序」，當係作「大佛頂及尊勝陀羅尼幢銘幷序」。[91] 因此，有些金石著錄的經幢，其造幢記雖然作「大佛頂陀羅尼幢」，但著錄者並未記下其所刻的是那一種佛經，我們就不知其所刻的是上述兩部佛經中的那一種，抑或是他種以「大佛頂」爲名的佛經。如唐末江蘇信士東莞戚 繼之所樹立的經幢，上有「造大佛頂陁羅尼幢序」；[92] 以及宋太祖乾德三年(965)，吳越國王錢鏐在西湖梵天寺所建兩所經幢之中，左幢即是「大佛頂陀羅尼經幢」；錢鏐於宋太祖開寶二年(969)，在西湖雲林寺門外建兩所經幢，其左幢也是刻「大佛頂陀羅尼」；[93] 宋太宗淳化元年(990)建於泉州宋招慶禪院的經幢，也是一所「大佛頂陀羅尼幢」，[94] 便不知其所刻確實爲何種大佛頂經典。

此外，如吳興天寧寺千佛閣前，有唐代咸通四年(863)仰君儒等人所建的經幢，上刻《大佛頂□利明志怛多般怛羅頡㗚陁邪陁羅尼神咒》。[95]

---

[90] 同前書，卷六十六，頁四十三，〈眞空寺經幢〉。

[91] 《兩浙金石志》，卷三，頁二十一至二十二，〈唐天寧寺經幢〉（即位於大殿西首之經幢），「大佛頂及□□□□□□銘幷序」云：「琅琊王讜，字達夫，探至聖之元言，得秘密之妙理，以大佛頂及尊勝爲衆福之王，懇立二幢，祈報所怙。」另，卷三，頁二十三，〈唐天寧寺經幢〉，即東首幢，其上所刻的是《佛頂尊勝陀羅尼經》幷序。

[92] 《江蘇金石志》，金石七，頁六至七，〈泰州殘經幢〉。

[93] 《兩浙金石志》，卷五，頁二，〈宋梵天寺經幢二〉；卷五，頁三至四，〈宋雲林寺經塔二〉。

[94] 《閩中金石志》，卷三，頁十四至十五，〈招慶禪院大佛頂陀羅尼幢記〉。

[95] 《兩浙金石志》，卷三，頁三十五，〈唐天寧寺經幢〉；《八瓊室金石補正》，卷四十八，頁八，〈仰君儒陀羅尼幢記〉。

（5）「大白傘蓋神咒幢」：江蘇無錫市惠山寺（宋時名爲普利院）山門外，有宋熙寧三年(1070)所建的一座經幢，上刻「大白傘蓋神咒」。[96]

（6）「大隨求即得大自在陀羅尼神尼經幢」：前述吳越錢鏐在梵天寺和雲林寺各建經幢，此二寺之右幢，都是刻唐寶思惟譯的《大隨求即得大自在陀羅尼神咒經》（大・1154）。

（7）「佛說上生、下生經幢」：今山西晉城元泉寺，有後晉出帝天福十二年(947)僧人智辨等人所建立的經幢，上刻《佛說觀彌勒菩薩上生兜率天經》（大・452），幢額即題作「佛說上生經幢」。[97] 有的經幢也兼刻《上生經》和《下生經》者，如後周世宗顯德二年(955)，今山東淄博市淄川龍興寺的信徒組織「禮佛會」，他們在此寺所建立的一所經幢，其上即刻有《彌勒上生經》和《彌勒下生經》。[98]

（8）「大孔雀明王經幢」：在今江蘇常州市的太平興國寺（後改稱太平寺），寺前有一對宋代經幢，東幢上所刻的是不空譯《佛母大孔雀明王經》（大・982）。[99]

（9）「觀音經幢」：上述太平興國寺一對宋幢中，西幢刻的是《觀音經》——即《妙法蓮華經》（大・262）第七〈觀世音菩薩普門品〉。[100]

（10）「施燈功德經幢」：陝西西安香積寺有天寶十三載(754)所建的一所經幢，上刻《佛說施燈功德經》（大・702），經幢上即書有「香積寺施燈功德經幢」。[101]

（11）「无垢淨光大陀羅尼法舍利經幢」：遼寧朝陽東塔的塔基中，出土了一座遼聖宗開泰六年(1071)再建的經幢，其上所刻的是《無垢淨光大陀羅尼經》（大・1024）。[102]

---

96 《江蘇金石志》，金石九，頁十三至十四，〈普利院大白傘蓋神咒幢〉。

97 《山右石刻叢編》，卷十，頁二十七，〈智辨造佛說上生經幢〉。

98 《山左金石志》，卷十四，頁十八至十九，〈龍興寺經幢〉。由於《下生經》有好幾個譯本，此經幢因未交代，不知是何本。

99 《江蘇金石志》，金石八，頁一，〈宋太平興國寺東幢〉。

100 同前書，金石八，頁一至二，〈太平興國寺西幢〉。

101 《金石萃編》，卷八十九，頁二十六，〈香積寺經幢〉。

102 張洪波、林象賢，〈朝陽三塔考〉，《北方文物》2（1992）：48。

(12)「守護國界主陀羅尼經幢」：吳越寶大元年，國王錢鏐在浙江臨安縣海會寺前所建的一對經幢中，一爲大悲陀羅尼幢，另一則刻《佛說守護國界主陀羅尼經》（大・997），其造幢記云「特于殿前建立千手千眼大悲眞言經及守護國界主陁羅尼經兩幢」。[103]

3、諸陀羅尼

「陀羅尼幢」是指刻「尊勝咒」之外各種陀羅尼、眞言的石幢。迄今所知，這類的經幢全是金朝治下所刻的。如在北京慈悲菴金太宗天會九年(1131)所建的石幢，其上僅刻「觀音菩薩甘露陁羅尼」、「智炬如來心破地獄陁羅尼」和「淨法界陁羅尼」。[104] 今河北涿縣金熙宗天眷二年(1139)，涿州司候司□內□□人□□壽爲其父所建的墓幢，上刻「智炬如來心地獄眞言」、「文殊師利寶藏陁羅尼」、「生天眞言」、「普賢菩薩滅罪眞言」、「往生淨土眞言」。[105] 又例，金章宗明昌七年(1196)有「太平院沙門」題名的經幢，上刻「佛母准提神咒」、「熾盛光佛消災吉祥陁羅尼」、「延壽眞言」、「破地獄眞言」、「文殊五髻眞言」、「僧伽吒密語」、「滿願眞言」。[106]

這種陀羅尼幢所刻的「陀羅尼」之功能，都是和破地獄有關；因此，這類陀羅尼石幢大部分應該都是墓幢。關於墓幢，筆者將另以專文討論。

(二) 道教經典

尊勝經幢流行之後，道教徒也仿照佛教石經幢，在石幢上刻道教經典，即是「道教經幢」。迄今所知的道教經幢，刻有以下兩種經典：

---

103 《兩浙金石志》，卷四，頁三十，〈吳越海會寺經幢〉。
104 《金石萃編》，卷一五四，頁一，〈慈悲菴石幢〉。
105 《八瓊室金石補正》，卷一二三，頁三，〈□壽造眞言幢〉。
106 《金石萃編》，卷一五七，頁二十，〈太平院石幢〉。

1、「道德經幢」：

唐玄宗時，開始在石幢上刻《道德經》，是爲「道德經幢」，迄今這類經幢遺存甚少。不過，從開元二十七年(739)在河北邢臺龍興觀所建的道德經幢上的銘記，可知玄宗曾下令在各州建立道德經幢：

> 玄元皇帝道德經注御注，右撿校道門威儀龍興觀道士司馬秀奏：望□兩京及天下應修官齋等，州取尊法物，各于本州一大觀，造石臺刊勒，及令天下諸觀幷令開講。[107]

道德經幢的形制和佛教經幢相同，多係八角石柱，以龍興觀道德經幢而言，共分幢座、幢身和寶蓋三部分，現高5米餘。

2、「太上洞玄靈寶無量度人上品妙經幢」：

在今鄭州市開元寺內有建於唐武宗會昌六年(846)的道教經幢，八棱，無頂無座，高1.46米。石幢的各面刻滿經文，每面頂上有兩個大字，連讀即爲「太上洞玄靈寶無量度人上品妙經」。[108]

（三）非漢字的經幢

少數經幢上所刻的文字不是漢字，這些非漢字的文字包括梵文和西夏文兩種。

1、梵字經幢：

在經幢上刻有梵文的經幢，即「梵字經幢」，有兩種形式：一種是經文、造幢記以漢文書寫，僅有陀羅尼部分是採取一行梵文，一行漢譯「梵漢對照」的形式。另一種則是僅以梵文書寫陀羅尼部分。爲何出現梵字經幢？這是因爲經幢上所刻的絕大多數都是密敎陀羅尼的經典，而在佛經的翻譯中，陀羅尼是

---

107 〈河北邢臺地上文物調查記〉，《文物》5（1963）：66。

108 鄭州市博物館，〈鄭州開元寺宋代塔基清理簡報〉，《中原文物》1（1983）：75。

所謂的「五不翻」之一，不作意譯，只有音譯。由於以漢文難以百分之百地對應梵音，因此出現了以梵文書寫陀羅尼部分的經幢。[109]

唐代就已經出現「梵漢對照」形式的經幢，如天寶元年(742)所建的一所尊勝經幢，其上刻「佛頂尊勝陀羅尼」，就是在梵字旁譯漢文的。[110] 不過，唐朝的梵字經幢還是比較少見的，到了遼金時期，梵字經幢才大爲流行，葉昌熾云：「余著錄遼幢五十餘通，皆其時拓本也，其中多唐梵兩體。」至於其格式則是：

> 遼金梵字幢，大都題字年月眞書。而咒梵書，亦有梵文一行，眞書釋文一行。書唐一人，書梵一人。[111]

關於遼金的梵字經幢很多，在此僅舉四例：遼寧朝陽北塔地宮遼代經幢，幢身刻有唐、梵「佛頂尊勝陀羅尼」。[112] 又如前述北京慈悲菴金天會九年陀羅尼幢，四面各鏤佛像，一隅漫漶，其三隅刻咒文「皆用西域梵書，而標以漢字。」[113] 又例，喀左頋杖子村金大定二十五年(1185)墓幢，八面，第四面是題名及一眞言，第五面至第八面是漢、梵眞言，第五面是「破無間地獄眞言」，第八面是「金剛頂三界眞言」。[114] 又，金朝王肩超在今熱河朝陽爲其父母所建的經幢，上即題「大悲心陀羅尼梵眞言寶塔」，其「大悲咒」係以梵文書寫的。[115]

何以遼金時代出現大量的梵文經幢，從現存的造幢記看來，可能和其時流行的佛教有關。如遼天祚帝乾統六年所建的一所經幢上所述：

> 佛言有十三大罪，無懺悔者，有無動如來陀羅尼，一切極重大罪，並能消滅。若有人發大菩提心，依梵字本書於石塔幢子上，忽有覩此陀羅尼字生敬信心，所有如上十惡等罪，悉皆消滅。何況一日誦一遍，其人增無量福德，速成無上菩提也。大遼燕京涿州城北天王臺比丘尼悟理□記。[116]

---

[109] 〈佛頂尊勝陀羅尼經與唐代尊勝經幢的建立——經幢研究之一〉，157-161。

[110] 《八瓊室金石補正》，卷四十七，頁一，〈梵字尊勝幢殘題〉。

[111] 《語石・語石異同評》，50，508。

[112] 朝陽北塔考古勘查隊，〈遼寧朝陽北塔天宮地宮清理簡報〉，《文物》7（1992）：21-22。

[113] 《金石萃編》，卷一五四，頁一，〈慈悲菴石幢〉。

[114] 傅宗德，〈喀左頋杖子村出土金大定二十五年墓幢〉，《遼海文物學刊》1（1992）：67。

[115] 《滿洲金石志》，卷三，頁二十四，〈陀羅尼眞言幢〉。

[116] 向南，《遼代石刻文編》（河北教育出版社，1995），天祚編，557，〈沙門即空造陀羅尼經幢記〉。

2、**西夏文經幢**

至於西夏文經幢，未有見於著錄者，惟近年在河北保定韓庄「大寺」（或稱「西寺」）發現西夏文經幢二所，八面，當地又稱爲「八棱碑」。1號幢通高2.63米，2號幢通高2.28米；兩幢幢身八面都刻楷書西夏文《尊勝陀羅尼經》，幢文首末夾以漢字年號和刻工姓名。兩幢的第一面頂端橫刻三個西夏文大字「相胜幢」；依西夏文文法，應譯「胜相幢」。胜相是佛教用語，意譯爲胜相的幢。又，兩幢皆有造幢文，也是以西夏文撰寫的。[117]

（四） 非佛經的文字

經幢上非佛經文字的包括：額題、造幢記和造幢者的題名，分述如下：

1、**額題：**有些經幢有額題，包括以下諸種形式

唐開元九年(721)，山東靈巖山系陽村長者等人所建的經幢，額題作「佛頂尊勝陁羅尼寶幢」。[118] 又例，浙江吳興東林山祇園寺東首的唐代經幢，額題「佛頂尊勝陁羅尼救危濟難妙法寶之幢」。[119] 唐文宗開成二年(837)，在今浙江杭縣龍興寺（後改稱祥符寺）內樹立的經幢，其額題篆書作：「佛頂尊勝陀羅尼微妙救危濟難之寶幢」。[120] 又，姚仲文等人於會昌元年(841)在吳興天寧寺山門後牆東首建的經幢，其額題篆書作「佛頂尊勝陁羅尼妙法增壽益福之寶幢」。[121] 宋代在今河北鞏縣寶安寺所樹立的經幢，其上額題作「佛頂尊勝經幢」。[122]

---

117 鄭紹宗、王靜如，〈保定出土明代西夏文石幢〉，《考古學報》1（1977）。史金波、白濱，〈明代西夏文經卷和石幢初探〉，同前。

118 《金石萃編》，卷六十六，頁一，〈系陽村經幢〉。

119 《兩浙金石志》，卷三，頁十七至十八，〈唐東林山祇園寺經幢〉。

120 同前書，卷二，頁三十九，〈唐龍興寺經幢〉。

121 同前書，卷三，頁二，〈唐天寧寺經幢〉。

122 《八瓊室金石補正》，卷八十二，頁三十八，〈寶安寺尊勝幢〉。

有的經幢則沿襲著北魏以來造像的風氣，在其造幢記中多有祝國之語，如「上爲帝主化隆」、「上爲國王帝主」、「上爲皇帝陛下」等；甚至更進一步地將其作爲額題的內容，如唐僖宗天啓二年(886)，在河北行唐縣封崇寺所建的陀羅尼幢，額題作「大唐行唐縣奉爲國太夫人相公文武官寮敬造佛頂尊勝陁羅尼幢」二十七字。[123] 額題作祝國之語，可能遷涉到玄宗開元以後的佛、道教之間的競爭，將於另文中詳論。

2、**造幢記、序和頌：**

很多經幢在經文之外，另有造幢記，或爲「序」、或爲「頌」，在此簡稱爲「造幢記」。造幢記有的僅簡短地記載造幢者及造幢年月，有的則較詳細，除讚揚《佛頂尊勝陀羅尼經》的神妙威力之外，並述造幢緣起；這類的經幢通常有撰文者、書寫者和鐫刻者的署名。

3、**造幢者題名：**

經幢上大都有造幢者姓名的記錄，如係個人或少數人所建造者，多附記於造幢記之中，或銘讚之後；如係多數人（有多至數百人共同建造者）共同集資建造的，則通常鐫於臺座；有的題名並附記各人所捨錢物的名目和數目。然而，造幢者題名的部分卻常爲拓碑者所忽略，甚爲可惜。葉昌熾指出這是因爲造幢者題名多題於幢座，而拓工多不拓搨這一部分文字的緣故：「其他唐人所建，而宋元人續題於座者尙不少。無如拓工惜紙，皆以經文爲限，下截有字亦視若罔覩。其能拓幢座者，蓋十不得一矣。」[124] 這一部分的文字正可以提供我們研究當時社會史絕好的資料。

---

[123] 《常山貞石志》，卷十，頁二十九，〈封崇寺陀羅尼經幢〉。

[124] 《語石·語言異同評》，270。

四、樹立經幢的地點

由於《佛頂尊勝陀羅尼經》的流行，持誦「尊勝咒」者很多，並且出現了像武徹《加句靈驗佛頂尊勝陀羅尼記》（大・974C）這樣的著作，爲此經作宣傳。[125]《尊勝經》的流行，直接促成尊勝經幢的建造。山西臨邑縣唐大中十四年(860)彌陀寺經幢，鄉貢進士張挾所寫的「尊勝陀羅寶幢記」上，就說：

> 持念之士，靈驗尤多，人受七寶之身，宜將百福裝飾。此方信士，心契佛乘，雖造有爲，常修梵行，知寶幢之絕，想茫滅身心，覺金字之真言，離諸纏縛，以是不踰數月，功德爰成。[126]

因此，唐代以後，隨著《尊勝經》的流行，經幢所在皆是，廣佈於城市與鄉村。

（一）經幢樹立的處所

經幢樹立的地點，有以下幾處：寺院、交通頻繁的通衢大道、墓傍或墓中、塔側、以及爽塏之地、個人家中等，而以樹立在寺院領域內和墓側者爲最多。

1、寺院

有很多的經幢係樹立在寺院山門之前，或是在殿堂前的庭院之中。（附圖五）依據《佛頂尊勝陀羅尼經》，建立經幢的地點應是在高處：「佛告天帝，若人能書寫此陀羅尼，安高幢上，或安高山，或安樓上，乃至安窣堵波中。」[127]然而，從開始建立石幢之始，寺院就是最主要的地點，這可能和建立經幢時需要僧人的指導——包括經咒版本的選定、建造過程中所舉行的儀式、完工時的慶讚的齋會，以及有些經幢是由佛教徒組織「邑會」所建造的有關。

---

125 〈佛頂尊勝陀羅尼經與唐代尊勝經幢的建立〉，180-182。

126 《臨邑金石志》（石刻史料新編第三輯第二十六册），卷十四，頁三，〈彌陀寺經幢〉。

127 《大正新修大藏經》，第十九卷，頁三五一中。

附圖五：定林寺經幢

宋初，山西高平縣定林寺雷音殿前
（中國美術全集編輯委員會編，《中國美術全集·建築藝術編4宗教藝術》，
北京：中國建築工業出版社，1988，圖版四十七）

唐代開始建立經幢之初，寺院就是經幢主要樹立的地點之一，五代前蜀高祖武成二年(909)，節度使王宗侶在慧義寺（位於今河北臨漳縣西南）羅漢院樹立的經幢上，由大德僧傳光所撰寫的造幢記即說明了這一點：

龍庭翻譯，鳳詔施□，使佛刹僧□，或高樓絶頂，相看俯近，影拂塵沾，皆令樹立經幢。[128]

選擇寺院作爲樹立經幢的地點的原因之一，係因建立經幢須僧人指點的緣故。唐代在今陝西涇陽縣所建的一所經幢上，有進士張鍊所撰的「尊勝陁羅尼寶幢銘」中，就提及此幢的建造是靠僧人的指導，方得以建立：

於戲！□□者多，利□者少，曷此耆幼，殊能達之？曰有衆善寺大德沙門齊秀，漢皇胄緒，當代名僧，衆皆揖之，邀其集事。又高行僧元朗，以律傳聖教，文接儒流，端居招提，與秀同舍，雖不在位，而能一心。懿哉二公，更著能事。[129]

佛教邑會所建立的經幢爲數不少，茲舉數例：唐僖宗乾符五年(878)，今河南許昌有一批佛教徒，尊禮高僧，結「尊勝會」，建造經幢：

…爰有清信士陳宗可等，惟久親善道，早悟佛乘，…故孜孜金地，稽首高僧，披露至誠，欲結尊勝寶幢□會，…遂以藏鏹金地，買石他山，名募良工，精心磐礪，未踰數旬，琢磨當就，□鐫既罷，樹立俄成。[130]

後周太祖廣順三年(935)，一個名爲「羅漢邑」的邑衆們在今河南修武縣，建立了一所經幢。又，前述今山東淄博市淄川龍興寺，有後周世宗顯德二年(955)所建的「上、下生經幢」，就是一個叫做「禮佛會」的邑會所建立的。[131]宋太祖建隆四年(963)，今河北元氏縣「十王邑」等邑衆共建的一尊勝經幢，便是樹立在寺院的中庭。[132] 又例，今山西五寨縣有遼道宗大康五年(1079)經幢，

---

128 《八瓊室金石補正》，卷八十一，頁二十四，〈慧義寺節度使王宗□尊勝幢記〉。

129 《金石萃編》，卷六十七，頁二十四至二十五，〈涇陽縣經幢〉。

130 《八瓊室金石補正》，卷四十八，頁二十一至二十三，〈陳宗可等尊勝幢讚〉。

131 《金石萃編》，卷一百一十一，頁五，〈羅漢□陁羅尼幢〉；《山左金石志》，卷十四，頁十八至十九，〈龍興寺經幢〉。

132 《八瓊室金石補正》，卷八十二，頁一至二十三，〈元氏邑衆尊勝幢讚〉。

係由「佛頂邑」、「螺鈸邑」等邑眾捐建的。[133]

樹立在寺院的經幢，或建於山門前，或樹立在某一殿堂前，其地點的選擇或係請教寺院僧人；或係出於自身的選擇，後者同時也是和寺院僧人商量的結果。唐宣宗大中十一年(857)，王讜兄弟在江蘇吳興開元寺（後來移到龍興寺）所建的經幢，就是一例：「將期經久，須擇勝處，繇若□種，必求厚地，□得其所為益多，乃謀於老宿，□在精舍，…以大中十一年歲在丁丑四月二十七日，立於開元尊像殿前。」。[134]

另外，浙江秀水縣本覺寺（唐時名永安禪院）唐咸通十年(869)經幢，則是造幢人依其亡父遺言，選擇在永安禪院前建立。[135]

將經幢樹立在寺院的目的，是為了要莊嚴寺院。如吳興縣天寧寺山門後牆范陽湯君等人所建立的經幢則是「鎮于蓮宮」。[136]

由於在寺院樹立經幢非常普遍，有的寺院內甚至有好幾所經幢。如浙江吳興縣東林山祇園寺就曾經有四所經幢，到清代猶存其二。[137] 吳興天寧寺甚至有十二所經幢，分別樹立在寺院山門及各殿之前後。[138]

唐代以後，經幢也變成寺院景觀的一部分；而唐五代以後，經幢似乎取代原先在佛寺正殿前所樹立的一對幡竿的地位。蕭默研究莫高窟壁畫中的佛寺，而得到以下的結論：「晚唐至宋壁畫中的大寺，多見在正殿庭院左右立二幡竿，竿首作龍頭形，多銜一巨幡。」[139] 唐代許多寺院殿堂前，多樹有一對經幢，因此造幢者建造一對經幢，置於寺院的例子，也還不少，如西湖雲林寺、

---

133 《山右石刻叢編》，卷十八，頁二十七至二十八，〈武州經幢〉。

134 《兩浙金石志》，卷三，頁二十一，〈唐天寧寺經幢〉，此二幢原置於開元寺，後移龍興寺，龍興寺即今天寧寺。

135 同前書，卷三，頁四十，〈唐本覺寺經幢〉。

136 《八瓊室金石補正》，卷四十七，頁二十九，〈范陽湯君尊勝幢銘〉。

137 《兩浙金石志》，卷三，頁十九，〈唐東林山祇園寺經幢〉。

138 同前書，卷三，頁十九。又，同書，卷三，頁三：「按：竹垞收集天寧寺經幢，凡得八種；今何氏夢華親至寺中搜訪，較竹垞所得，又多四種」故天寧寺共有經幢十二所。

139 蕭默，〈莫高窟壁畫中的佛寺〉，收入敦煌文物研究所，《中國石窟・敦煌莫高窟 4》（北京：文物出版社、平凡社，1987），187。

梵天寺東西二幢。有些樹立在寺院前成對經幢並不是同時建立的，而是先有人樹立一所，其後另有他人再立一所經幢。如在無錫惠山寺山門外的一對經幢，一是唐乾符年間所樹立的，一幢則是宋神宗熙甯三年(1070)建立的。[140]

幢在古印度的含義之一，是做爲寺塔的目標，印度古代雕刻窣堵波上樹幡，後來則是在佛殿前樹幢，而在其上掛幡；[141] 唐以後在寺院前樹立經幢的目的，也和此相近，爲的是莊嚴寺院。唐宣宗大中十一年，王讜等爲其母沈夫人在吳興天寧寺建立了兩所經幢，其造幢記中便稱：「二幢既就，工□□功，壯我釋門。」[142] 到了五代，寺院建立落成了，也還要經幢來相襯，前述慧義寺羅漢院經幢上，即有「念以華構雖成，高幢未立」之語。[143]

2、立於通衢

由於《佛頂尊勝陀羅尼經》中提及，此「陀羅尼」有「塵沾影覆」的威力神效，可以消除人們的業障；因此，造幢者也常在通衢大道上樹立經幢，希望惠及眾多的過往行人。唐代宗大曆六年(771)，黎城縣尉曹秀臻爲其亡女修慈寺尼惠寂所建的經幢銘中，就提及此經東來之後流傳天下：「標幢相於長衢，操銀鉤於金偈。拂塵影者，滅罪恒砂，況乎受持鐫題書寫。」此一經幢原先是樹立在黎城縣西北堯山鄉，後來遷移至六井古社壇之東「左臨大路，敬崇畢矣。」[144] 唐文宗大和六年(834)，義成軍節度使田伾爲尚書所立的經幢，就是建在通衢大道上，希望能惠及百靈，其序云：

> …遂咸議佛經有尊勝陁羅尼者，功德宏廓，道義幽□，而能普濟生靈，博救品物，陰影纔及，莫大罪銷；飛塵略沾，福履將至。欲以命工刻石，當道建幢，冀得惠風接吹，白日迴照，輕飄遠景，長及百靈。[145]

---

[140] 《江蘇金石志》，卷九，頁十三至十四，〈普利院大白傘蓋神咒幢〉。

[141] 《支那佛教遺物》，229。

[142] 《兩浙金石志》，卷三，頁二十一至二十二，〈唐天寧寺經幢〉。

[143] 《八瓊室金石補正》，卷八十一，頁二十四至二十五，〈慧義寺節度使王宗□尊勝幢記〉。

[144] 《金石萃編》，卷六十六，頁十九，〈康玢書經幢〉。

[145] 同前書，卷六十六，頁四十五，〈田伾等經幢〉。

唐僖宗光啓二年(886)，張宏建等人在今河北行唐縣所建立的陀羅尼經幢，也是「立於康衢之內」。[146] 又，今日在上海松江的陀羅尼經幢，根據其造幢記所云，其原先也是「立於通衢」的。[147] 這和北朝時有些佛教徒所建立的佛像石碑，係置於交通頻繁之地，一則供來往信徒禮敬，二則也爲了能感化過路行人，[148] 有異曲同工之妙。

3、墓傍或墓中

樹立在墳墓之前的經幢，稱爲「墓幢」或「墳幢」。

由於《尊勝陀羅尼經》特別強調是拯濟幽冥，和破地獄的功能，[149] 從唐代開始，就有許多經幢是建在墳墓之傍的，希望藉著幢影覆被，可以解救亡者地獄之苦。另外，也有經幢是置於墳墓之中的，一九五四年在西安東郊高樓村發掘唐代高克從墓，在墓道中就發現一所高1.61米的尊勝經幢。[150] 在埋葬僧人遺骨之處所建的經幢，稱爲「塔幢」。塔幢和墓幢都是始建於唐代，而大盛於遼金。在經幢的製作上，時代愈晚，墓幢的比例愈高。

4、佛塔之內或佛塔之側

置於佛塔內的經幢，有放在塔的地宮中、或塔身者。如北京市房山縣北鄭村遼塔的塔身中，在地宮的蓋板上原來矗立著一所高3.125米的尊勝經幢；遼寧朝陽北塔地宮中也有一所高5.26米的經幢。[151] （附圖六）經幢置於佛塔的作用，或如五代吳越國乙未歲(935)吳保容等人在天竺寺所建的經幢上的「尊勝陀羅尼石幢記」上所說：

---

146 《常山貞石志》，卷十，頁三十一，〈封崇寺陀羅尼經幢〉。

147 同註4。

148 劉淑芬，〈五至六世紀華北鄉村的教信仰〉，《中央研究院歷史語言研究所集刊》63.3（1993）：505。

149 〈佛頂尊勝陀羅尼經和唐代經幢的建立〉，152-153。

150 陝西省文物管理委員會，〈陝西所見的唐代經幢〉，《文物》8（1959）：26。

151 齊心、劉精義，〈北京市房山縣北鄭村遼塔清理記〉，《考古》2（1980）：150-152。〈遼寧朝陽北塔天宮地宮清理簡報〉，《文物》7（1992）：21-22。

附圖六：朝陽北塔地宮經幢

遼興宗重熙十三年(1044)，遼寧朝陽北塔地宮出土，高5.27米
（遼陽北塔考古勘查隊，〈遼寧朝陽北塔天宮地宮清理簡報〉，
《文物》7（1992）：17，圖三十六）

> 尊勝陀羅尼者，…或置麗譙之內，或安窣堵之中，或勒在幢間，或表之山上，風觸而輕塵及物，尚落罪花；日臨而清影到身，猶凋業蔓。[152]

也有在佛塔之傍樹立經幢者，如建於宋太祖乾德三年(965)的杭州梵天寺經幢；又如遼聖宗統和十年(992)，齊諷等在北京所建的經幢，就是「鄰窣覩波之勝地，建以石幢。」[153] 另外，有的香幢則是置於塔前，如遼道宗咸雍九年(1073)，今河北淶水縣水東村邑眾傅逐秀等人，在修復古塔之後，再建造香幢一所。[154]

在塔前所建的經幢，或有為了與佛塔相稱，而影響及經幢的高度。陳從周指出：梵天寺塔的高度是宋代浙尺370尺，故其寺前的經幢必與塔層相稱，因此梵天寺經幢高15.67米，是有其理由的。[155] 這個看法對於我們了解有那些形體高大的經幢，有相當的幫助。

5、石窟內

石窟皆以造像為主，然而五代四川的石窟中，出現了「經幢龕」，即所開鑿的龕窟中僅樹立一所經幢，取代了造像。如大足縣北山佛灣編號250、260、262、269、271號龕都是「經幢龕」，今惟260號龕是完整的，其餘三龕均有殘損。260號龕係建於後蜀孟昶廣政十八年(955)，龕高1.18米，寬0.7米，深0.25米，龕中為一八面形經幢；經幢通高1.05米，幢身每面寬0.07米，刻《佛頂尊勝陀羅尼經》。250、262、269、271號龕均為殘幢龕，但271號龕猶可辨認出其是「尊勝幢」。[156] 另外，279、281號龕內也各有一經幢龕，279號龕建於後蜀廣政十八年，龕內又開有兩龕，中為主像龕，作「東方藥師淨土變相」，右為經幢龕，內為一八面柱的「尊勝幢」。281號龕建於後蜀廣政十七年(954)，龕內也開

---

152 《兩浙金石志》，卷？，頁三十八，〈吳越天寧寺經幢〉。

153 《遼代石刻文編》，98，〈齊諷等建陀羅尼經幢記〉。

154 同前書，364，〈水東村傅逐秀等造香幢記〉。

155 陳從周，〈浙江古建築調查記略〉，《文物》7（1963）：11。

156 四川省社會科學院、大足縣政協、大足縣文物保管所、大足石刻研究會，《大足石刻內容總錄》（四川省社會科學院出版社，1985），106-108。

了兩龕，右爲主像龕，亦作「東方藥師淨土變相」；中爲經幢龕，內有一八面柱尊勝經幢。[157]

另外，四川安岳縣臥佛院摩崖造像中，也有「經幢龕」，編號52號龕高1.5米，其內有後蜀廣政二十四年(961)王彥昭所建的經幢一所。[158]

四川石窟中出現了經幢龕，不僅反映了五代時期此一地區密宗的流行的事實；它同時也顯示了經幢的流行及其變化。[159]

6、其他

〔1〕**立於爽塏之地**，如唐宣宗大中二年(848)，于惟則在今西安市所建的經幢，便是「願存之豈爽」，而樹立在「京兆府興平縣東北隅」。[160] 又如，懿宗咸通六年(865)，吳郡朱氏兄弟所建的經幢，即是「安於勝地」。[161]

〔2〕**建於官署之內**，如在今鄭州開元寺塔基中，有唐僖宗中和五年(885)所建「尊勝幢」，原先係置於市曹院內，至後唐明宗天成三年(928)，才移至開元寺，幢上銘文云：

> 伏以此尊勝幢，本在市曹院内，去年廢毀之時，遂即召集眾人，移于寺中建立，至天成三年歲次戊午五月乙巳朔十八日重修建訖。[162]

〔3〕**置於家中供養**。經幢也有置於家中供養者，最具體的一個例子便是九〇年代在洛陽東都履道坊白居易(772-846)故居，出土了兩件殘經幢。這兩件經幢中，其一作六面體，上刻陀羅尼經文，並且有「開國男白居易造此佛頂尊勝大悲」等字。另一經幢殘片上，則有「唐大和九年…心陀羅尼」等字。[163] 由前者

---

[157] 同前書，111-114。

[158] 彭家勝，〈四川安岳臥佛院調查〉，《文物》8（1988）：3。

[159] 黎方根、王熙祥，〈大足北山佛灣石窟的分期〉，《文物》8（1988）：40。

[160] 《金石萃編》，卷六十七，頁七至八，〈于惟則經幢〉。

[161] 《八瓊室金石補正》，卷四十八，頁十一，〈吳郡朱氏造幢記〉；《江蘇省通志稿》，金石六，頁二十六，〈朱氏造幢記〉。

[162] 〈鄭州開元寺宋代塔基清理簡報〉，75。

[163] 中國社會科學院考古研究所洛陽唐城隊，〈洛陽唐東都履道坊白居易故居發掘簡報〉，《考古》8（1994）：698-699。

的文字可知此是白居易所建造的經幢，其上並刻《佛頂尊勝陀羅尼經》和《大悲心陀羅尼》；而後者云大和九年(835)造，所刻者是「大悲心陀羅尼」，因此，這兩件經幢殘片，有可能是屬於同一所經幢。又例，玄宗天寶十一載(752)，曹文玉所建立的燈幢便是：「焚香設齋，慶讚圍遶，安置於當家佛堂門口建立。」[164]

另外，值得一提的是：日本和韓國也有石幢。東亞諸國中，受中國文化——中古時期尤以佛教文化影響特為顯著的韓國和日本，也都有石幢的建立。九世紀以後，日本清和天皇仿照唐代宗大曆十一年詔令，也發佈了一道詔令，命五畿七道諸國境內僧尼每日誦「佛頂尊勝陀羅尼」廿一遍，而使得《佛頂尊勝陀羅尼經》在日本大為流行，一直到十五世紀時，仍然不衰。[165] 唐帝國內石經幢的流行，也影響及日本，日本也有石幢的建立。今日本尚遺存有十一世紀迄十五世紀時所建的石幢多件，或作八面石柱體，或作六面石柱體，如香川縣長尾寺經幢有二經幢，都是鎌倉時代所建造的，一幢建於弘安六年(1283)，一幢建於弘安九年(1286)。岡山縣臍帶寺石幢，也是建於鎌倉時代的嘉元四年(1306)；長野縣的六地藏幢，則係建於室町時代的永享十二年(1440)。[166]

韓國也有石經幢的建立，據《朝鮮金石總覽》的記載，共有六所：慶州柏粟寺經幢、龍州大佛頂陀羅尼幢、海州大佛頂陀羅尼幢、開城大佛頂 陀羅尼幢、平壤大佛頂陀羅尼幢、平康潢平寺陀羅尼幢；[167] 其中，慶州柏粟寺經幢並非陀羅尼經幢。目前在韓國尚存經幢四座，其中黃海道海州郡的經幢，高4.46米。[168]

---

164 《八瓊室金石補正》，卷四十七，頁四，〈曹文玉尊勝幢銘〉。

165 〈佛頂尊勝陀羅尼經和尊勝經幢的建立〉，177-178。

166 石田茂作監修，《佛古教考古學講座・第三卷塔・塔婆》（東京：雄山閣出版株式會社，1984）一一、石幢，125-126；前久夫編，《佛教堂塔事典》（東京美術，1979一刷，1992七刷），112-113。

167 松本文三郎，〈朝鮮の幢に就いて〉，收入：羽田亨編，《內藤博士還曆祝賀支那學論叢》（東京：弘文堂，1926），10-12。

168 Lee Hua Shen,《朝鮮建築史》I（韓國：圖書出版社，1993），348-351。

（二）經幢的現狀

我們必須注意的一個事實是，迄今我們所知道的經幢——包括仍然存留的經幢，及見諸於著錄的經幢，可能僅是過去許多世代所建造經幢的一小部分而已，它和原有數目殆有極大的差距，不知僅是其中的千百分之一而已。舉一個例子來說，1947年四川邛崍縣糨江水漲，城西北角臨城約半里的河岸被水沖毀，在那裡出土許多唐代的石刻，其中經幢便約有三、四十種，有的高達3.3米，有的不到30厘米。[169] 又，如1958年陝西省文物管理委員會普查境內經幢，共查獲登記了142座，初步能確定年代者之中，有唐幢82座，宋幢8座，金幢3座，元幢8座，明幢6座，清幢5座，時代不明者30座。[170] 就這兩個例子來說，其數目就很可觀，因此，我們可以推知原有經幢數目應該是頗爲鉅大，惟今日難以做確切的估量。

唐代由於《佛頂尊勝陀羅尼經》的流傳和風行，佛教徒開始建立石經幢，其風甚爲熾盛，致使經幢「遍於十三道，弧稜相望」。唐以後，以迄於元、明，佛教徒仍繼續建立經幢，惟不如唐代之盛。經歷這麼長久世代中所建立經幢的總數，應該是十分可觀的。不過，因爲其後歷經各種天災、人禍，而導致大量經幢的毀損，迄今所存完整的經幢已經極爲有限。以下兩本金石著錄對此情況有簡單而生動的敘述，《金石文字記》云：「尊勝陀羅尼石幢，天下多有。」石幢遺物各地均有，但多是殘缺不完整者，正如《石墨鐫華》所形容：「關中石幢無數，或埋或斷，或移作他用，深爲可恨！」[171]

種種自然和人爲因素對經幢所造成重大的破壞中，以唐武宗會昌毀法時期的影響最大。圓仁《入唐求法巡禮行記》描述武宗滅法時：「諸道天下佛堂院等不知其數，天下尊勝石幢、僧墓塔等，有勅皆令毀拆。」[172] 無數的經幢幾乎

---

169 鄧佐平，〈四川邛崍縣出土的唐燈台及其他〉，《考古通訊》5（1957）：62-63。

170 〈陝西所見的唐代經幢〉，29。

171 《金石文字記》（石刻史料新編第一輯第十二冊），卷四，頁七，〈崇仁寺陀羅尼石幢條〉。《石墨鐫華》（石刻史料新編第一輯第二十五冊），卷四，頁十五，〈唐尊勝陀羅尼經石幢十一〉條。

172 小野勝年，《入唐求法巡禮行記の研究》（京都：法藏館，1969），第四卷，71，會昌四年七月十五日條。

都在那時被毀壞了，宣宗即位後，恢復佛法，一部分被破壞的經幢得以被修復。如祇園寺兩所經幢的銘記中，就清楚地敘述了其所經歷會昌毀廢和重建的經過，其一云：「唐會昌五年廢毀，大中五年五月廿一日奉勅重建立。」[173]

及至近代，有一些經幢也在文化大革命(1966-1976)中，遭受破壞，如河南禹州市城內原有一座五代石幢，雕有精美的建築圖像，便是在文革時被打毀的。[174] 另外，有些經幢是長久以來陸陸續續地被平民百姓所破壞，有移作他用者，或作牆，或作臺階。如精嚴寺一所經幢（無年代）係三面嵌入寺牆，連氈拓都很難。[175] 又，劉敦楨調查陝西河南古建築時，發現孟縣附近藥師村大明院大殿前的兩座唐代經幢，「雕琢工精，洵罕睹之珍品也。惜近歲爲人拆毀，或充階前踏步，或散置殿內，極足惋惜。」[176]

導致經幢毀損的因素中，也有經幢本身結構的因素，有些經幢在樹立不數十年之後，便漸行傾倒；再加以長年累月風侵雨蝕的銷磨，以致於有些經幢上的字跡漸漸模糊消磨，如山陰唐戒珠寺經幢建於會昌五年，至宋代已有磨損，高翥〈遊戒珠寺〉詩云：「欹斜竹屋羲之宅，磨滅經幢率府碑。」[177] 另外，也有爲雷電所襲擊者，如施昱所建的祇園寺斷幢。[178]

現存的經幢大多是矗立在寺院的舊址，或者是在寺院的廢墟上被發現的；有的則尚待發掘，如在唐墓中發現的經幢，以及佛塔地宮或天宮中發現的經幢。我們期待來有更多經幢的出土。

---

173 鄭芷《畦湖錄》跋天寧寺經幢云：「唐書會昌五年詔大除佛寺，凡堂閣寺宇關於佛祠者，掊滅無遺，分遣御史發視之，州縣祇畏，至於碑幢銘鏤贊述之類，亦多毀瘞。不及三年，盡皆重樹矣。」（《兩浙金石記》，卷三，頁七）不過，及至五代，有些在會昌中被破壞的經幢，依然尚未重立，可知並不如鄭芷所云「不及三年，盡皆重樹矣。」

174 楊煥成，〈河南古建築概述〉，《中原文物》3（1989）：61。

175 《兩浙金石志》，卷三，頁三十八，〈唐精嚴寺經幢〉。

176 南京工學院建築研究所編，《劉敦楨文集三》（北京：中國建築工藝出版社，1987），151。

177 《兩浙金石志》，卷二，頁四十三，〈戒珠寺經幢〉。

178 《吳興金石記》，卷五，頁十五，〈唐祇園寺經幢〉。

五、石幢的變體

由於石幢的風行，而有仿石經幢的形式製作的燈幢、香幢，還有以木製、陶製以及木胎夾紵所製的經幢。另外，就石幢鐫刻的內容而言，也出現了和宗教無關的記事幢。

（一）燈幢

仿經幢形制的燈臺，亦即燈臺而兼具經幢功能者，稱之爲「燈幢」。如唐代一所有「吏部常選司馬霜纂文」題名的殘燈幢，其銘記就說明了以經幢的形式製作燈臺，不但可以有照明之功能，又藉著尊勝幢的威力，還可以達到滅罪的功效：「…尊勝經咒，伏願燈光照灼，除黑暗之疑；幢影參差，滅恒沙劫罪。」[179]

燈幢上通常刻「尊勝咒」，建於天寶七載(748)，其上有「張少悌書」的一所經幢，僅刻尊勝咒，造幢者題名之首者爲「燈臺主中散大夫守內侍上柱國賜紫金魚袋太原縣開國男王尚客」，當係一所燈幢。[180] 又，如曹文玉於天寶十一載(752)所造之燈幢，上刻〈佛頂尊勝陁羅尼咒〉，並「□燈臺銘」。[181]

有的燈幢也兼刻《佛說施燈功德經》，如一所建於唐肅宗乾元二年(759)的石燈臺，形爲八面體，上刻《佛說施燈功德經》及「佛頂尊勝陁羅尼咒」。[182] 唐長安青龍寺遺址出土唐文宗大和五年(831)杜文秀所建的一所燈幢，此燈幢殘缺不全，出土的殘段爲燈幢中部立柱的一部分，上端燈室和下部基座已失，燈台殘段殘高57厘米，爲八角形，仿若經幢，其上刻有經文，前半擇錄《佛說施燈功德經》，後半爲不空譯《佛頂尊勝陀羅尼念誦儀軌法》本的陀羅尼。[183]

---

179 《金石萃編》，卷六十六，頁八，〈司馬霜殘幢〉。此幢年月僅存歲次丁亥十二月己巳朔廿八日建，《萃編》定爲天寶六年。

180 同前書，卷六十六，頁九至十，〈張少悌書幢〉。

181 《八瓊室金石補正》，卷四十七，頁四，〈曹文玉尊勝幢銘〉。

182 《金石萃編》，卷六十六：頁十五至十六，〈石燈臺經咒幢〉。

183 中國社會科學院考古所唐城隊，〈唐長安青龍寺遺址〉，《考古學報》2（1989）：258-260。

有的燈幢僅採石幢之形，並未刻有經咒，天寶十一載(752)趙永安等人在河南元氏縣開化寺所造的石燈臺，八面，有經幢之形，上刻「燈臺頌」和施主題名，並未刻任何經咒。[184]

（二）香幢

一如燈幢，「香幢」是香爐而兼具經幢功能者，上刻「尊勝咒」，或兼刻「大悲咒」，也有僅刻《金剛經》者。唐宣宗大中十四年(860)，彭城郡清信弟子劉方佐在山東臨邑彌陀寺所建的一香幢，上有「尊勝陁羅尼寶幢記」，可知其刻有「尊勝經」。[185] 又，唐懿宗咸通六年(865)，曹彥詞在今河南許昌□興寺西禪院內，建僧伽和尚靈塔一所，並造一石香幢，以充供養，上面除了「尊勝陁羅尼」外，還刻了「大悲心陁羅尼」。[186] 五代後晉出帝開運二年(945)，黎陽縣（今河南浚縣東北）一名佛教徒郭昌嗣在大伾山下院內建立香幢一所。[187] 宋英宗治平四年(1067)，今山東臨邑縣一所名叫「惠日院」的佛寺信徒所組織的邑會，建立一座香幢，上面刻《金剛經》，而題稱「金剛經香幢」。[188] 遼道宗咸雍九年(1073)，河北涞水縣一個以傅逐秀等人所組成的佛教邑會，也建造了一所香幢。[189]

（三）非石材的經幢

經幢創建之初，係以石材建造，故名「石幢」；但隨著石幢的流行，也出現了其他非石材的經幢，包括鐵幢、陶幢、木經幢和木胎夾紵所製成的「珍珠舍利幢」。

---

184 《常山貞石志》，卷九，頁二十九至三十二，〈石燈臺頌并題名〉。

185 《臨邑金石志》，卷十四，頁四，〈彌陀寺經幢〉。

186 《八瓊室金石補正》，卷四十八，頁十三，〈曹彥詞尊勝大悲幢記〉。

187 《濬縣金石錄》（石刻史料新編第二輯第十四册），卷上，頁二十三，〈石晉香幢〉。

188 《臨邑金石志》，卷十四，頁十一，〈慧日院經幢〉。

189 《遼代石刻文編》，道宗編上，頁三六四，〈水東村傅逐秀等造香幢記〉。

1、鐵幢

天寶四載(745)，王襲綱等人在今四川閬中縣所造的八面鐵幢，形如石幢，其上刻《佛頂尊勝陀羅尼經》，並有「右南部縣王襲綱及妻嚴十五，與諸施主奉爲開元天寶聖文神武皇帝陛下及法界蒼生，敬造此塔，萬代供養。」的銘記。雖然銘記稱此爲塔，但它實際上是一所經幢，《八瓊室金石補正》引劉喜海《三巴耆古志》：「右塔鎔鐵鑄成，形如石幢，文刻佛頂尊勝陀羅尼經，亦石幢所刻之經也。」故將之著錄爲〈王襲綱鐵塔尊勝幢記〉。[190]

2、陶幢

北京市房山縣北鄭村遼塔出土一所陶幢，係後唐明宗長興三年(932)所造的。此幢由基座、幢身、幢頂組成，通高1.875米，平面爲圓形，座高31厘米，頂高60厘米，直徑62厘米。幢身陰刻楷書漢字經文四種：《佛頂尊勝陁羅尼神咒》、《高王觀世音經》（大・2898）一卷、《續命經》一卷、《燒香眞言》。此幢題記云：「長興三年五月十五日造尊勝陀羅尼幢，奉爲皇帝萬歲□□，法界一切有情，同占此福，功德主弟子劉儒。」[191] 可知這所陶幢係一所「尊勝陀羅尼幢」。（附圖七）

3、木經幢

雲南大理崇聖寺三塔主塔塔頂的基座內，存有兩個木質經幢，其一爲八角形，用整段圓木雕成，高1.5米，底徑26厘米。幢身塗紅褐色漆，通體朱書梵文，內藏金、銀、水晶佛像，塔模、寫經等物。另一所經幢爲四方形，高77厘米，底徑17厘米。[192] 就圖片上所示，後者比較像是經塔，而非經幢。

---

190 《八瓊室金石補正》，卷四十七，頁一至二，〈王襲綱鐵塔尊勝幢記〉。

191 〈北京市房山縣北鄭村遼塔清理記〉，152。

192 雲南省文物工作隊，〈大理崇聖寺三塔主塔的實測和清理〉，《考古學報》2（1981）：251-252。

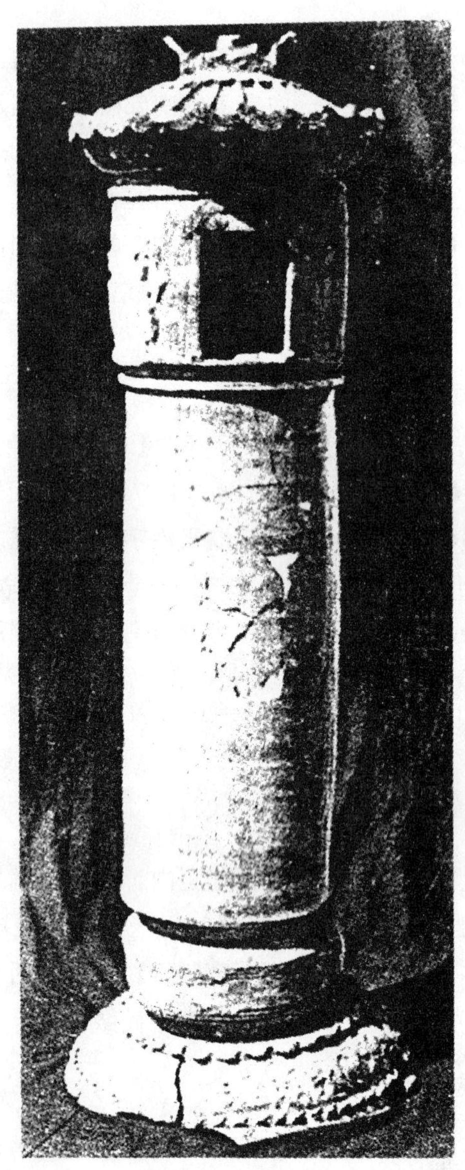

附圖七：陶幢

後唐明宗長興三年(932)，北鄭村遼塔出土，通高1.875米

（齊心、劉精義，〈北京市房山縣北鄭村遼塔清理記〉，《考古》2（1980）：圖版七之5）

4、珍珠舍利寶幢

蘇州市瑞光寺塔的第三層塔心的窖穴內，發現一座眞珠舍利寶幢，通高1.226米，由須彌座、經幢和刹等主要部分構成，基本上都是木胎夾紵、朱漆描金或漆雕。須彌座分底座、須彌山兩部分；底座呈八角形，其第二層束腰上覆以八角形平板，平板上置須彌山。須彌山分大海和寶山兩部分，寶山中心立一「八角形經幢」。幢內置折疊的經咒護輪兩張等物，一張爲漢字，一張爲梵文，兩者皆是《大隨求陀羅尼經》經咒。[193]

（四） 記事幢

採取經幢形式的記事幢，可分爲和佛教有關的記事幢，和佛教無關的記事幢兩種。

和佛教有關的記事幢，因所記之事和佛教有關，如八關齋、建寺、造橋等，故其性質去經幢不遠。如建於唐代宗大曆七年(772)〈八關齋報德記幢〉，是宋州郡守僚吏等人爲節度使田神功所作的八關齋會，由顏眞卿撰文記其事並書，鐫在石幢上。因它和佛教有關，所以在會昌法難中，也難逃毀廢的命運；後來在宣宗復興佛法以後，大中五年(851)宋州刺史崔倬重刻。[194] 又如，後唐末帝清泰元年(934)，平盧軍節度同經略副使張行久之女等人，爲實踐其父創修佛院的志願，在今山東益都縣建一佛院，並造佛、佛弟子和菩薩像，此一建佛院的碑文即採取石幢的形式，高僅尺餘，八面刻。[195] 另，遼天祚帝乾統(1102)二年，新城縣王仲遠等人施地予寺院，建幢以記其事，其上遍刻尊勝經、施地四至和施地者的姓名。[196] 此一施地記幢，性質亦近於前述的建寺幢。

---

[193] 蘇州市文管會、蘇州博物館，〈蘇州市瑞光寺塔發現一批五代、北宋文物〉，《文物》11（1979）：21-24。

[194] 《金石萃編》，卷九十八，頁一至五，〈八關齋會報德記〉。

[195] 《益都金石記》，卷二，頁二十至二十一，〈後唐張行佛院記石幢〉。

[196] 《遼代石刻文編》，天祚篇，頁五二六，〈施地幢記〉。

又，唐武宗會昌三年(843)，在浙江上虞所建的〈五大夫新橋記〉石幢，此橋係大雲寺僧常雅募化建成的，和佛教亦有關，因此在會昌法難期間，此一記事之幢也在毀廢之列，後來於宣宗大中四年(850)年再建。[197]

由於受到唐代經幢流行的影響，有些和佛教無關的記事幢，也採取經幢的形制。如唐開元十一年(723)的〈襄州刺史遺愛幢〉、憲宗元和十二年(817)所建的〈使院新修石幢記〉等幢。[198] 這類和佛教記事無關的的記事幢，其性質和經幢相去甚遠，就不是本文討論的範圍了。

六、經幢的性質

由於迄今尚未有人對於經幢做過全面性的研究，經幢的性質究竟是什麼？學者有不同的意見。多數的學者認為它是刻經中的一種，也有建築學者認為它是宗教建築中的紀念性建築，[199] 不過，這些看法都只是從經幢的質材及其外形而論，並沒有深入地探討這個問題。

本文認為經幢是一種宗教的產物，有其宗教上的意義，因此首先必須從宗教的角度來探究這個問題；再者，造幢者心目中的經幢是什麼？也是一個重要的關鍵。本節就這兩個角度，從佛教經典、經幢內部所埋藏的舍利、經幢上的造幢記等方面考證，確認了經幢的本質是塔——它是一種融合了刻經與造像，並有宗教作用特殊的塔。

(一)經幢不是純粹的刻經

在進入本文「經幢的性質是塔」的論證之前，有必要對多數人認為經幢是刻經這個說法，做一番檢討。

---

197 《八瓊室金石補正》，卷七十三，頁三十一至三十三，〈五大夫新橋記〉。

198 同前書，卷五十二，頁十五至十七，〈襄州刺史遺愛幢〉；《金石萃編》，卷一百七，頁一至三，〈使院石幢記〉。

199 建築學者梁思成認為：「唐宋經幢遍布南北，雖非真正建築物，亦為富于建築意味之紀念建築。」(清華大學建築系編，《梁思成文集三》(北京，建築工藝出版社)，162)

最早提出「經幢是刻經」這個看法的學者是葉昌熾，《語石》卷四：「刻經有三：其一摩厓，其一經碑，其一即經幢也。」[200] 松本文三郎亦沿襲著他的看法，以佛教石經的材料分類，認爲經幢是佛教石經之一。[201] 從葉氏《緣督廬日記》，可知他是佛教徒，因此他未曾從宗教的層次加以考慮，而單純地將經幢認爲是一種刻經，實爲可惜。不過，葉氏大都從蒐集經幢拓本方面著手，而極少接觸到經幢的實物，這可能是他不易發現它和刻經其實大不相同的重要原因。其後，建築學者、考古學者如劉致平、白化文、丁明夷、邢軍、高英民等，也多認爲經幢是刻經。[202]

本文以爲：雖然經幢上主要鐫刻的是佛經，但不能單純地視它爲石經中的刻經，有以下三個理由：第一，雖然部分的摩崖刻經和刻經的碑版上也兼刻有佛像，但是經幢有一定而特殊的形制。經幢絕大多數是八角形的，幢頂上部都刻有佛像或佛龕，因此也得到一個俗稱——「八佛頭」。會昌年間（841-845），范陽湯君在吳興天寧寺所建立經幢上的銘記中，就把經幢既是刻經，也含有佛像雕刻這一點特性點出來：

以言以像兮，聖無不通；塵劫有盡兮，鎮于蓮宮。[203]

第二，經幢的起源和《佛頂尊勝陀羅尼經》有密切的關係，絕大多數經幢所刻的也是此經，這一點和摩崖、碑版刻經的多樣性也大不相同。因此，不宜將它視爲一般石經。

第三，就經幢上的文字而言，它雖刻的是佛經，但經幢的意義和一般刻經不同；刻經的目的僅是爲傳之久遠這個用意，而經幢則還有其他宗教上的功能和用途。關於這一點將以另文討論。

---

200 《語石·語石異同評》，285。

201 松本文三郎，《支那佛教遺物》（東京，大鐙閣，1919），六〈石經〉，181-182。

202 建築學者劉致平認爲經幢和碑、碣一樣，同屬石刻之類。（劉致平，《中國建築類型及結構》（北京：建築工程出版社，1957），44）白化文認爲它是漢化佛教一種最重要的刻石，「不可誤認之爲塔」。（《佛光的折射》（香港：中華書局，1988），168-169）丁明夷、邢軍認爲經幢是一種佛教石刻。（《佛教藝術百問》（高雄，佛光出版社，1991），205）高英民認爲它是石柱刻經中的一種。（高英民，〈趙縣陀羅尼經幢〉，《文物天地》6（1982）：39）。

203 《兩浙金石志》，卷三，頁五十六，〈唐天寧寺經幢〉。

基於上述三個理由，不宜將經幢歸屬於刻經類。

此外，把經幢認爲是刻經的觀點，主要是從其質材和所刻的文字而言，而未曾考慮它的實體。從經幢的實體而言，梁思成認爲它是一種宗教的紀念建築：「唐宋經幢遍布南北，雖非眞正建築物，亦爲富于建築意味之紀念建築。」然而，他對經幢應如何界定，則甚爲模糊不清的，他以爲湖北當陽玉泉寺鐵塔「雖名爲塔，實則鐵鑄之幢耳。」又說：「宋代建造經幢之風甚盛，蓋以鐫刻佛經爲主之小型塔也。」[204] 像他這樣以爲某些塔是經幢，有些經幢又係塔的模稜兩可之中，其實已經認定就建築學而言，塔、幢是同一類。

(二)經幢是塔的一種

本文首先從宗教的層面做爲出發點，再次扒梳造幢記的原始資料，另外，更從經幢的結構、裝飾等不同層面考量，有很充分的理由，把經幢的性質界定爲「塔」的一種。茲分述如下：

1、根據佛經所述，經幢的性質即是法舍利塔

佛塔分兩種，一是生身舍利塔，一是法舍利塔，而經幢即是屬於法舍利塔。所謂的法舍利塔，是指在塔中放置佛經者；其法源自印度，印度係以香末爲泥，作高五、六寸的小窣堵波，以書寫的經文置其中，稱之爲「法舍利」。若其數漸積多，則建大窣堵波，總聚其中，以修供養，即法舍利窣堵波（法舍利塔）。[205] 經幢係以刊刻《佛頂尊勝陀羅尼經》爲主題，自然也屬於法舍利塔；又，《佛頂尊勝陀羅尼經》也說造窣堵波，在其中安置「尊勝陀羅尼」，此即爲「如來全身舍利窣堵波塔」：

佛告天帝：「…大帝，何況更以多諸供具華鬘、塗香末香、幢幡蓋等衣

---

204 同註199。

205 唐・玄奘、辯機撰、季羡林校注，《大唐西域記校注》（北京：中華書局，1990二版），卷九，摩揭陀國下，712。

服、瓔珞，作諸莊嚴，於四衢道造窣堵波，安置陀羅尼，合掌恭敬旋繞，行道歸依禮拜。天帝，彼人能如是供養者，名摩訶薩埵，眞是佛子持法棟梁，又是如來全身舍利窣堵波塔。[206]

另外，從有些經幢上刻有「如來法身偈」這一點上，亦可證明經幢爲法舍利塔。如唐武宗會昌二年(842)，在今吳縣洞庭山包山寺僧人文鑒所建的東幢上，便刻有「如來法身偈」。[207]「如來法身偈」出於《佛說造塔功德經》（大・699）：

爾時世尊告觀世音菩薩言：「善男子，若此現在諸天眾等，及未來世一切眾生，隨所在方未有塔處，能於其中建立之者，…於彼塔內藏掩如來，所有舍利髮牙髭爪，下至一分；或置如來所有法藏十二部經，下至於一四句偈，其人功德如彼梵天，命終之後生於梵世，…」爾時觀世音菩薩復白佛言：「世尊，如向所說，安置舍利及以法藏，我已受持，不審如來四句之義，唯願爲我分別演說。」爾時世尊說是偈言：

諸法因緣生，我說是因緣；

因緣盡故滅，我作如是說。

善男子，如是偈名佛法身，汝當書寫置彼塔內。[208]

由此可知，經幢是塔。

又，《像量度經續補》（大・1419）八〈裝藏略〉，也提及佛頂尊勝咒是法舍利：

顯密兩教，俱有裝藏之說，而悉言用舍利。中具兩種，或曰四種。法身舍利作第一，生身舍利次之，故西土風俗，多用法身舍利，即五部大陀囉尼以爲上首，一切經咒文辭是也。五大陀囉尼者，一佛頂尊勝咒（此咒世人多知之），二…五、十二因緣咒也。…[209]

---

206 《大正新修大藏經》，第十九卷，351中。

207 《江蘇金石志》，金石六，頁一，〈僧文鑒等造陀羅尼經幢〉。

208 《大正新修大藏經》，第十六卷，801、上、中。

209 同前書，第二十一卷，951上。

所謂的十二因緣咒是：「諸法從緣起，如來說是因；彼法因緣盡，是大沙門所說。」許多佛塔的塔身，或是地宮中的舍利棺中，也都刻有十二因緣咒。[210] 由此可知，《尊勝經》或咒是法身舍利，因此尊勝經幢自然是法舍利塔。

2、塔係埋藏舍利之所，有些經幢中也埋有舍利

有些經幢中也埋藏舍利，這和《造塔功德經》所云塔內裝有舍利及法藏之說吻合，經幢的性質爲塔，昭然明矣。在此僅舉經幢內裝有舍利者數例：

唐代的經幢中便已埋藏有舍利，今所知紀年最早者，是浙江杭州龍興寺經幢，它原係鄭徹於唐文宗開成二年(837)所建立的，其後在宣宗大中五年(851)曾重修一次，而於後梁末帝梁乾化五年(915)再度重修，這一次重修的題記中云：

> 梁乾化五年五月八日，頭陁僧處道重修建，內有舍利五十四顆，琉璃瓶盛。[211]

王昶認爲幢內舍利是此次重修時才放進去的：「至梁乾化五年，則逾歲久遠，當因傾圮重修矣。此次始以琉璃瓶盛舍利五十四顆，是全幢拆修矣。」[212] 王昶之說是否眞確，無法判斷；不過，也有可能是後梁時拆修此幢，發現其中藏有舍利，故附筆記之。以下是一個未經重修整治的經幢，在建幢之初，便藏有舍利：僧文鑒等人在吳縣洞庭山包山寺前所建的經幢上，不但鐫刻了「如來法身偈」，並且註明「內有舍利二七粒」。[213] 又，浙江吳興縣東林山祗園寺西首，會昌年間所建立的經幢上有「舍利幢人名女（下缺）」；另外，此寺東首的經幢上也有「舍利（下缺）福普…」的字樣，[214] 可知此二幢當是埋有舍利的。

---

[210] 如薊縣觀音寺白塔，第一層爲塔之主要層，八角之東西南北四正面，皆爲門形，其四斜面則浮起如碑形，每面大書「十二因緣咒」。（梁思成，〈薊縣觀音寺白塔記〉，《中國營造學社彙刊》3.2：96-97。

[211] 《金石萃編》，卷六十七，頁一至三，〈龍興寺經幢〉。

[212] 同前註，頁三至四。

[213] 同註207。

[214] 《兩浙金石志》，卷三，頁十七；頁十八，〈唐東林山祗園寺經幢〉。

有些經幢中所埋藏的舍利子，則確係在後來重修時放入的，如在浙江杭縣臨平鎮安隱寺的唐代經幢，初建於唐宣宗大中十四年(860)，至宋太祖乾德五年(967)時重修，迄眞宗天禧二年(1018)二度重修，到了宋高宗紹興三十年(1160)第三次重修。在第二、三次重修時，都埋藏了舍利，乾德五年重修時的題記云：

> 重立寶幢年月，原此寶幢始自鉅唐大中十四年歲次庚辰正月二十有七日，眾緣於臨平市西長樂鄉界永興院前建立。洎乾德五年…今安平院住持沙門瑞明，與闔院徒眾，發心施長財，移于舊基東二十步，添續層□，載崇樹之，葬古佛舍利□顆于龍柱海山之下。俾其境域民安，邇遐寧謐，無疊介祉，盡祝鴻圖。[215]

又，修幢者的題名中有：「勸緣郡城祥符寺寶塔功德主內殿賜紫文定，郡城臨壇賜紫紹澄，僧思忠，臨平都酒務金□□，已上同施珍財，嚴護舍利，葬此幢下。」迄宋高紹興三十年，此幢三度重修時的修幢者題名中，有「紹興庚辰四月初二日重立，…弟子姜宥瓊，妻張六娘…，各與家眷□□，請到佛牙舍利，入□□緣，永充供養。」[216]

宋遼金時期，也續有在經幢內埋藏舍利者。如1963年在河北省順義縣遼代淨光舍利塔塔基出土的經幢，係造於遼聖宗開泰二年(1013)，從其上的題記可知此幢內確藏有舍利：

> 定光佛舍利五尊，單灰舍利十尊，螺髻舍利四尊，…順州管內都細講法華上主經沙門惠貞、…邑人曹貞…施舍利銀盒…維開泰二年歲次癸丑四月壬戌朔二十二日未丙時葬。[217]

又，金代固安嚴村寶嚴寺眾僧及信徒，爲了埋藏其所發現的「士誨幢佛牙眞舍利」，專門修建了舍利地宮，可見士誨幢中是藏有佛牙舍利的。[218] 另外，如前述蘇州市瑞光寺塔內所發現的眞珠舍利寶幢，其中的八角形經幢內置一乳青色料質葫蘆形小瓶，藏有舍利九粒。

---

215 同前書，卷三，頁二十八至二十九，〈唐安隱寺經幢〉。

216 同前註，頁二十九。

217 北京市文物工作隊，〈順義縣遼淨光舍利塔基清理簡報〉，《文物》8（1964）：50。

218 河北省文物研究所、河北大學歷史系、固安縣文物保管所，〈河北固安于沿村金寶嚴寺塔基地宮出土文物〉，《文物》4（1993）：2-5。

舍利有的是埋在經幢的基座中，有如埋藏在塔的地宮；有的則是安置在經幢上，有如置於佛塔的天宮。如北宋皇祐三年(1050)，在河南省濬縣城西巨橋村南迎福寺，建立一對經幢，幢身上刻《佛頂尊勝陀羅經》，經文後的題記云：「大宋通利軍囗橋勅賜迎福之院…建聳勝幢子兩座，上安舍利，時皇祐辛卯八月己卯三十日。」[219] 可見此幢舍利是藏在天宮的位置的。

由於有些經幢中埋藏了舍利，故有「舍利幢」之稱。如在江蘇吳興東林山祇園寺的東幢，不知何時所建，從題記中僅知此幢在會昌五年(845)曾遭廢毀，而於大中五年重立。幢下截捨錢姓名題名中，有「舍利…法華會同…千人至於（下缺）…今東林舍利寶幢之首…」，自題爲「舍利寶幢」；又，其西幢下截捨錢者的題名中，也有「舍利幢人名…」之詞。[220]

從唐代開始就有爲埋葬僧人舍利而建立的經幢，即所謂的「塔幢」，也叫做「舍利陀羅尼幢」或「舍利經幢」。如在河北保定宋代清公大師舍利陀羅尼經幢，在八面幢身的第一面題「特□□講經論賜紫清公大師建舍利陁羅尼經幢」二十四字。[221] 又，金大定二十年(1180)，在河北正定府城爲埋葬廣惠大師所建的經幢，其額題即作：「大金國河北西路眞定府都僧錄改授廣惠大師舍利經幢銘」。[222]

此外，從遼寧朝陽北塔地宮出土遼代經幢幢座上的圖像，也可看出經幢的屬性是塔。此經幢第三節幢座刻有「八大靈塔、七佛名」圖，第四節幢座則有「八國諸王分舍利」圖。[223]

3、從造幢記、銘或序中，有直稱經幢爲塔者，也有以塔比賦經幢者

早自唐玄宗時代所建的經幢上，即直稱經幢爲「塔」。王襲綱等人在今四川閬中所建的鐵幢，平面作八角形，幢身遍刻《尊勝經》，其題記中即稱「敬

---

[219] 楊煥成，〈豫北石塔紀略〉，《文物》5（1983）：73-74。

[220] 《兩浙金石志》，卷三，頁十七至十八，〈唐東林山祇園寺經幢〉。

[221] 《常山貞石志》，卷十三，頁六，〈清公大師舍利陀羅尼經幢〉。

[222] 同前書，卷十四，頁十，〈龍興寺陀羅尼經幢幷廣惠大師銘〉。

[223] 〈遼寧朝陽北塔天宮地宮清理簡報〉，《文物》7（1992）：21-22。

造此塔，萬代供養」。[224]

又例，在今江蘇吳縣包山顯慶禪院，有唐會昌年間(841-845)所造的一對經幢，於宋開禧元年(1205)重修時，其上的銘記即稱此爲「塔」：「包山顯慶禪□一建山前二石塔□□丈」；而在如偈式的讚文中，也以《法華經》中〈見寶塔品〉的典故，來鋪敘形容此二經幢：

南無如來大塔廟，從地涌出實難思。…

多寶如來弘立法，分半座與釋迦□。

演說無量甚深義，妙益法界諸有情。

我此石塔雖曰微，功德殊妙亦若是。

我今廣結眾人緣，命工復樹此二塔。…[225]

五代吳高祖天祐十二年乙亥歲(915)，杜氏在今山東益都縣東嶽廟建立的經幢，於蒙古太宗九年丁酉年(1237)重建時，即題作：「歲次丁酉仲秋上旬七日，本府東嶽府君經幢塔壹座」。[226] 又如，今錦州朝陽縣城金代王肖超所建的經幢上，其造幢記云「王肖超建石塔一座」。[227] 在今浙江杭縣臨平鎮安隱寺前唐大中十四年(860)所建的經幢，在宋天禧二年(1018)移建的題記中，有「勸緣郡城祥符寺寶塔功德主內殿賜紫文定」的題名。[228]

有的造幢記中，則將塔與經幢比賦對稱。如唐文宗開成四年(839)，在今山西晉城縣有居士王劉、趙珍等人所造的經幢，其讚序中云：

層幢迴聳，霑澤者銷殃；石塔岧嶤，□塵者滅罪。[229]

以塔、幢相擬比附。又例，宋太祖開寶七年(974)，王□等人重修今山西聞喜縣

224 《八瓊室金石補正》，卷四十七，頁一，〈王襲綱鐵塔尊勝幢〉。又，頁五，〈門徒惠玉等尊勝幢記〉，係天寶十二載(753)，門徒惠玉等爲其師所造者，其題記中稱：「門徒惠玉、元□、先□等爲□□道法師，建此石□（浮）圖一所。」不過，此拓本僅見末一面，無法確定其爲經幢，抑或是塔而幷刻《尊勝陀羅尼經》。

225 《江蘇金石志》，金石六，頁三，〈會昌造經幢〉。

226 《益都金石記》，卷二，頁十九至二十，〈唐東嶽廟尊勝經幢〉。

227 《滿洲金石志》，卷三，頁二十四至二十五，〈陀羅尼真言幢〉。

228 《兩浙金石志》，卷三，頁二十九，〈唐安隱寺經幢〉。

229 《山右石刻叢編》，卷九，頁十五，〈王劉趙珍等造陀羅尼經幢〉。

東鎮唐興寺（宋淳化中改名保甯禪院）經幢的題記云：

> 有邑首弟子王□等，…乃見併來寺院，□故石幢經言之破傷□露，佛像之隳殘土沒，於是一人啓口，眾願隨從。重修窣堵波形，刻就陀羅尼咒。[230]

從「重修窣堵波形，刻就陀羅尼咒」之句，可見他們認爲經幢的外形是塔。

在今遼寧遼陽縣附近出土的一所「爲龍頭山燃身僧惠能建立」的經幢，其上即題「佛頂尊勝陀羅尼幢塔」，[231] 則將幢、塔連稱。又如，前面提及王肖超所建的八面經幢，其上即題云：「大悲心陀羅尼梵眞言寶塔」，[232] 更直稱經幢爲塔。

4、就經幢建築的結構而言，它和塔非常類似

以結構而言，塔的結構主要可分爲地宮、塔基、塔身和塔刹四個部分。[233]（附圖八）經幢的結構大致可分爲幢座、幢身、幢頂三部分，而沒有地官；不過，有些經幢在幢基下也埋有舍利。塔身是塔的主體，塔身內部分爲實心和中空兩種，塔身中空的，一般是能登臨的。經幢的幢身是實體的，有若實心的塔。至於幢頂上通常有仰蓮和寶珠，（見附圖一、二）此二者也是塔刹的質素，幢頂和塔刹亦是相類。因此，我們可以說：塔與經幢基本上有相同的構造，前述宋人視唐興寺經幢，就以爲它是「窣堵波形」。

以細部而言，塔是有銅鐸以爲裝飾，經幢亦然。雖然經幢上的銅鐸今都已不存，但我們仍能從某些造幢記中，尋到經幢上銅鐸的一些蛛絲馬跡。如宋太祖淳化元年(990)，劉熙與其弟劉闔在泉州招慶禪院大殿前，建立的經幢「幢高二十五尺，下列神儀，上嚴聖像，風搖鐸韻，和淸梵以虛徐；日映珠光，對玉毫而熠燿。」[234] 又如在今日泉州宋水陸寺廢址上，有大中祥符元年(1008)時，

---

[230] 同前書，卷十一，頁十一至十二，〈保甯寺禪院經幢〉。

[231] 《滿洲金石志》，卷二，頁四十八，〈惠能建陀羅尼經幢〉。

[232] 同前書，卷三，頁二十四，〈陀羅尼眞言幢〉。

[233] 羅哲文，《中國古塔》（北京：文物出版社，1983），44。

[234] 《閩中金石略》，卷三，頁十二，〈招慶禪院大佛頂陀羅尼幢記〉。

以僧人元紹爲首的一個佛教徒邑會所造的的經幢，其造幢記中對此幢的形容，就提及了銅鐸：「□鐸丁鐺，髣髴鈞天之樂；層簷高下，依稀善法之堂。」，而題名者中也有「曾□捨鐸」。[235] 另外，在福建泉州西門外，唐大中八年(854)所建的經幢上，有捨鐸者的題名：「楊少珍、楊御、楊少瓊，已上爲考妣各捨鐸一□。陳遇、陳二娘、陳三娘、楊十二娘，已上各捨鐸一口。」[236] 可知此幢原是飾有銅鐸的。又，前面提及西湖天竺寺門吳越時所造的一對經幢，造幢者題名中有「隨使當直廂虞候將作院副將夏承裕捨銅鐸幷火珠」，可見此幢亦有銅鐸作爲裝飾。[237]

此外，相輪是佛塔剎中的一個構件，有些現存的經幢在幢頂部分便仍保有相輪；而在造幢記或題名中，也有這方面的資料。如河北獲鹿本願寺唐開元九年(721)僧人智秀所建造的尊勝幢，便有「相輪主」的題名。[238] 又如宋仁宗景祐五年王德成等人所建的經幢上，有「大宋趙州南關□□人等特建幢子相輪記」。[239]

經幢的計量單位，是另一個例證，可以說明經幢的性質是塔。經幢和塔的計量單位是一樣的，唐、五代的造幢記中幾乎都稱「造石幢一所」，或「經幢一所」。而當時稱塔亦以「所」計，如唐中宗景龍三年(709)鄧村所建佛塔的造塔記，就稱「敬造五級石塔一所」。[240] 又，浙江蕭山祇園寺後周世宗顯德五年(958)所造的舍利塔銘亦云：「弟子夏承原幷妻林一娘闔家眷屬，捨淨財鑄眞身舍利塔兩所」。[241] 及至宋代的經幢，才以「座」或「坐」，代替「所」，而其時塔亦多改稱「座」了。

---

235 同前書，卷三，頁十八，〈水陸寺陀羅尼經幢〉。

236 同前書，卷一，頁六至八，〈尊勝陀羅尼經幢〉。

237 《兩浙金石志》，卷四，頁三十八至三十九。

238 《八瓊室金石補正》，卷四十六，頁二十一，〈本願寺僧智秀尊勝幢記〉。

239 同前書，卷八十二，頁三十二，〈趙州王德成等尊勝經四幢題名〉。

240 《益都縣圖志》，卷二十七，頁四，〈鄧村造塔記〉。

241 《兩浙金石志》，卷四，頁二十八，〈後周舍利塔銘〉。

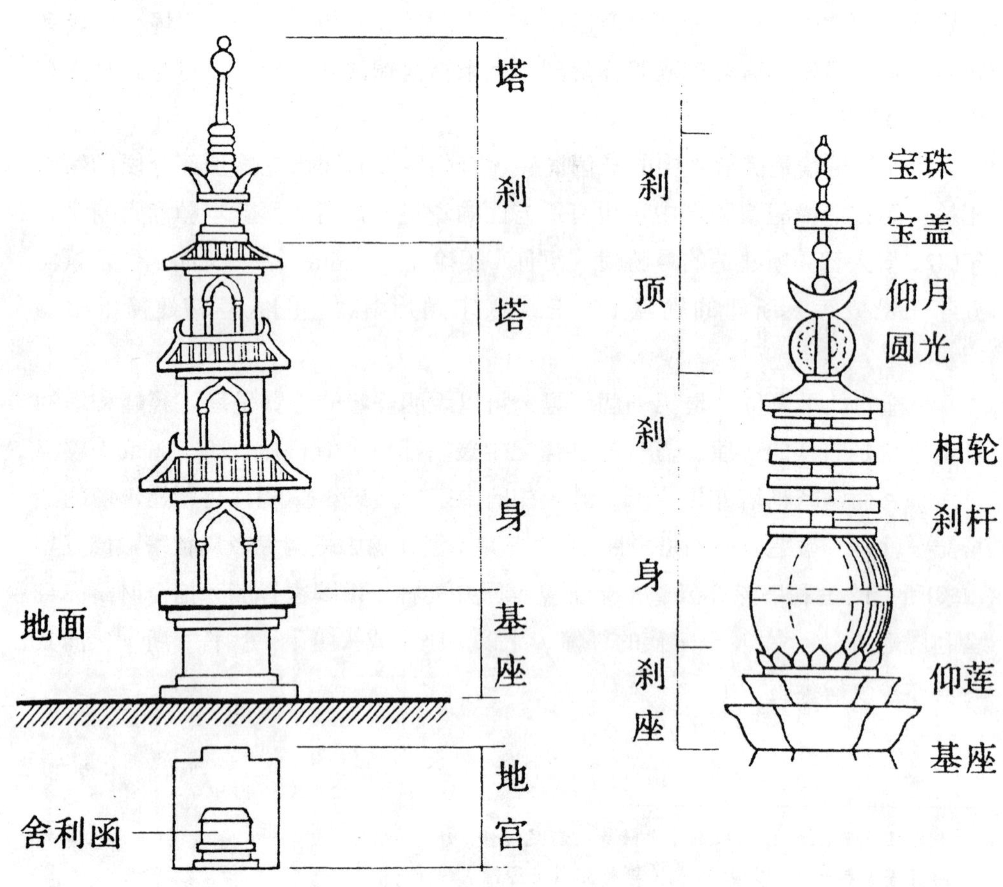

附圖八：1. 塔的主要結構示意圖　2. 塔刹結構示意圖

（羅哲文，《中國古塔》，北京：文物出版社，1983，頁45）

5、民間約定俗成的看法，常把經幢稱之爲「塔」

前述唐天寶四年(745)的鐵幢，不僅其題記中稱此爲塔，其俗稱亦爲「鐵塔」，而不云「鐵幢」；又如昆明市地藏庵經幢，幢身表面遍刻梵經，俗稱爲「梵字塔」。[242] 另例，河北豐潤車軸山壽峰寺有一遼代石經幢，《豐潤縣志》上根本就將它和遼代所建的磚塔，一概都稱之爲塔，所以說有二塔：「壽峰寺在縣南二十里車軸山，有無量閣一，塔二，宋崇熙間建。」不過根據此石經幢的形制和鐫刻其上的造幢記，可知此確是一尊勝經幢，然而，當地人卻俗稱之爲「石塔」。[243]

正因爲經幢的性質是塔，所以經幢俗稱爲塔；而早自唐幢中就有「幢塔」的連稱。如在洛陽龍門建於大中四年(850)僧懷則尊勝幢上，題云：「唐東都聖善寺志行僧懷則于龍門廢天竺寺東北原劉先修塋一所，敬造尊勝幢塔並記」。[244] 就是將「幢塔」連稱。又例，唐東嶽廟五代時建的尊勝經幢，於元代重建時的題記云：「歲次丁酉仲秋上旬七日，本府東嶽府君經幢塔壹座」。[245]

近代建築學者因爲不了解經幢的本質是塔這一點，所以在研究塔和經幢時，便有許多疑惑。如劉敦楨對唐天寶四年的鐵幢，在其題記中稱之爲塔這一點，感到迷惑：「豈唐時塔幢不分耶？頗費索解。」[246] 又，梁思成研究塔時，以爲某些塔其實是經幢；但看宋代的經幢時，又認爲經幢是一種小型的塔。浙江杭縣閘口白塔，爲宋初所建，八角九層，高11.43米，在其須彌座的束腰部分和第二層四隅面，刻滿《佛頂尊勝陀羅尼經》。梁思成研究此塔，認爲：「嚴格地說，白塔實是一座仿木構塔形式的經幢，與其稱之爲一座建築物，不如稱之爲一件雕刻品，或是一件模型。」又，他認爲湖北當陽玉泉寺鐵塔（宋仁宗嘉祐六年，1061建）：「雖名爲塔，實則鐵鑄之幢耳。」[247] 然而，當他反過來

---

242 《劉敦楨文集（三）》，286，417。

243 宋煥居，〈豐潤車軸山壽峰寺〉，《文物參考資料》3（1958）：52；宋煥居，〈豐潤車軸山的文物〉，《文物》1（1965）：63。

244 〈龍門藏幢讀跋兩題〉，28。

245 《益都金石記》，卷二，頁十八至二十，〈唐東嶽廟尊勝經幢〉。

246 《劉敦楨文集（三）》，286。

247 梁思成，〈浙江杭縣閘口白塔及靈隱寺雙石塔〉，《梁思成文集（二）》（北京：中國建築工業出版社，1984），136-138，162。

看經幢時，又認爲經幢是塔：「宋代建造經幢之風甚盛，蓋以鐫刻佛經爲主之小型塔也。」這種迷惑實來自於他們弄不淸楚經幢的本質是法身塔，塔、幢其實是可以互通的。

研究經幢的學者葉昌熾也弄不淸楚經幢的性質是塔，所以認爲盛唐以後經幢取代了北魏以來石浮圖（石塔）的制作，《語石》卷四云：

> 一曰浮圖，華言塔也。然石刻中自有石浮圖一種，…濫觴於魏。孳乳於隋，至開元、天寶閒而極盛，然自此戛然竟止。乾元後，遂無著錄。竊嘗論之：蓋與經幢遞爲盛衰，遞爲終始。經幢萌芽於唐初，開元之際，益加崇飾，觚棱鬱起，雕造精嚴。[248]

由於了解經幢的性質是塔，對於以上的論述，我們可以作以下的詮釋：經幢的建造，在開元天寶時期達到顚峰，而石浮圖（塔）剛好在此時戛然竟止，這是因爲石塔是被塔的新形式——經幢取代了的緣故。

綜上所述，前此許多學者認爲經幢是刻經的一種的說法，應予以修正。經幢的性質是塔，它是在唐代所發展出來一種雜揉了刻經、造像，並且有宗教上作用特殊的塔。

七、經幢的來源

關於經幢的來源，學者有不同的意見，可以歸納爲下列四種看法：（1）多數學者認爲它是由絲織的幡演變而來的。（2）由絲織的幢演變而來的，持此說者僅王惠民一人而已。（3）北涼石塔，史岩很早便提出此說，但未爲人重視。

前文已提及，「石幢」之稱是有意和絲織的幢、幡作一區別，在此就沒有必要再討論其和絲織幢、幡的關係。又，本文認爲經幢的性質是塔，因此，在追尋其來源時便從這方面去考慮，而認爲經幢的來源之一是北涼石塔；另外，它的形制也和北朝迄唐以來建築上所流行的八角柱有關。

---

248 《語石・語石異同評》，268。

(一)北涼石塔

塔和經幢的關係，在今西湖天竺寺門前吳越時佛弟子吳保容、吳鐔等人所建造的一對經幢上，就說得很清楚：「夫立幢之垂範，乃造塔之濫觴。」此造幢記係由光文大德賜紫沙門彙征所撰，僧人對經幢的認知，應是可信。[249] 北涼石塔是迄今所知中國佛塔最早的形式，[250] 同時，在外形上經幢和北涼石塔也有類似之處，因此，本文認爲北涼石塔是經幢的重要來源之一。

早在一九五六年，史岩便提出經幢可能是由北涼石塔演變而來的看法，他說：

> 經塔（指北涼石塔）共五體，體積極小，形制近後世的石經幢。經幢的樣式，可能就是由此經塔演變而成的。

又說：

> 經塔本身便是一種藝術，它在建築史上提供了經幢和佛塔的原始樣式。[251]

可惜他僅以此短短數言道出，未加以深論，遂不爲人所重視。

迄今所發現的北涼石塔共有十二座，有關的研究報告亦不少，[252] 今取其大要，略述如下：石塔出土地集中在甘肅酒泉、敦煌，和新疆的吐魯番，其製作的年代都是在北涼時期(397-439)；就中有六座有明確紀年的塔，最早的是敦煌口吉德塔和酒泉的馬德惠塔，都是在公元426年製造的；最晚的一件是酒泉程段兒塔，係作於公元436年。這些石塔的造型和細部的裝飾大致相同，都是由八角形塔基、圓柱形塔身、覆缽形塔肩、塔頸、相輪、和塔蓋六部分組成。塔基下多有榫頭，可知下面應還有塔座。石塔的高度，一般都在40厘米左右，最小的

---

249 《兩浙金石志》，卷四，頁三十七，〈吳越天竺寺經幢二〉。

250 羅哲文，《中國古塔》，26。李力，〈北涼石塔〉，《文物天地》2（1992）：24。

251 史岩，〈酒泉文殊山的石窟寺院遺跡〉，《文物參考資料》7（1956）：56，59。

252 關於北涼石塔，已有多位學者提出報導和研究論文，覺明居士，〈記敦煌出土六朝婆羅謎字因緣經經幢殘石〉，《現代佛學》1（1963）。王毅，〈北涼石塔〉，《文物資料叢刊》，第一輯。宿白，〈涼州石窟遺跡和涼州模式〉，《考古學報》4（1986）。殷光明，〈敦煌市博物館藏三件北涼石塔〉，《文物》11（1991）。李力，〈北涼石塔〉，《文物天地》2（1992）。古正美，〈再談宿白的涼州模式〉，《敦煌石窟研究國際討論會論文集・石窟考古》（遼寧美術出版社，1990）。殷光明，〈關于北涼石塔的幾個問題——與古正美先生商榷〉，《敦煌學輯刊》1（1993）。

吐魯番小石塔高27.7厘米，最高的是敦煌岷州廟石塔，塔頂以下殘缺，殘高96厘米。圓柱體的塔身上，刻佛經和造塔銘記。覆缽形塔肩開八個圓拱形小龕，龕內分別雕七佛和一菩薩。其上爲七重相輪，相輪的高度約爲全塔的三分之一。相輪之上，爲圓形的塔蓋。（附圖九）

圓柱體的塔身上刻的佛經，大皆都是同一部佛經《佛說十二因緣經》。雖然前此有學者認爲其上所刻的經文是東晉瞿曇僧伽提婆所譯的《增一阿含經》卷四十二〈結禁品〉，但相較之下，仍有相當大的出入。吐魯番出土的「宋慶及妻張氏所造塔」（現藏柏林國家博物館），其所刻經文前即刻有《佛說十二因緣經》的經名，可知其他北涼石塔所刻的也應是此經。不過，北涼石塔所根據的《佛說十二因緣經》可能已經佚失了。[253]

在性質上、外形上，經幢和北涼石塔都很相近。北涼石塔圓形塔基部分刻經文，所以當是法舍利塔；[254] 前面已經論及經幢的性質也是法舍利塔。北涼石塔八角形的塔基，以及圓形塔身上刻佛經、覆缽形塔肩鑿八龕刻佛像等方面，都和經幢很相似；因此，早先發現北涼石塔的殘塔，因爲看不出塔的樣子，所以發表時，都將它稱之爲「幢」（經幢）。[255]

從北涼石塔到唐代經幢，其間相差二百餘年，兩者之間傳承的直接證據，迄今發現尚少，但也有少許的蛛絲馬跡可尋。如北周時出現的八面石塔，現藏於大阪藤田美術館一座北周八面石柱造像，實際上是一座八面形的石塔，[256]（附圖十）和北涼石塔非常相類。又，1987年在許昌市出土的北周塔式千佛幢，爲八角八面形，幢身上、下各有一凸出平面的圓形插榫，可見原來是有幢頂和幢座的。[257]

---

[253] 朱雷，〈出土石刻及文書中北涼沮渠氏不見于史籍的年號〉收入：文化部文物局古文獻研究室編，《出土文獻研究》（北京：文物出版社，1985）。並見李力，〈北涼石塔〉，殷光明，〈關于北涼石塔的幾個問題——與古正美先生商榷〉。

[254] 李玉珉，〈中國早期佛塔溯源〉，《故宮學術季刊》6.3（1989）：87-88。

[255] 王毅，〈北涼石塔〉。

[256] 松原三郎，《增訂中國佛教雕刻史研究》（東京：吉川弘文館，1966），九〈四面像の一考察〉，166-167，圖見頁169，189。

[257] 黄留春，〈許昌北周塔式千佛幢〉，《中原文物》3（1994）：82。

附圖九：北涼石塔

John P. O'Neill and M.E.O. Laing, eds., *Along the Ancient Silk Route. Central Asian Art from the West Berlin State Museums*, (New York: The Metropolitan Museum of Art, 1982), p. 65.

附圖十：北周八面石柱

（松原三郎，《增訂中國佛教雕刻史研究》，東京：吉川弘文館，1966，頁189）

由此看來，四世紀以後，北涼石塔這個傳統似乎未曾完全斷絕，因而唐代開始建立的經幢，以類似北涼石塔的形貌出現，也不是很突兀的。另外，我們還可以從一些經幢上的銘刻與裝飾去尋找兩者之間關連的蛛絲馬跡，如前述天竺寺造幢記云：「立幢之垂範，乃造塔之濫觴」，即是其中一例。

另外，關於北涼石塔塔肩所鑿八龕佛像，所刻的是過去七佛和彌勒佛，[258]經幢上部八面刻鑿有小龕，各刻有一個佛像，在旁邊皆未標明係何佛，但蘇州市瑞光寺塔的第三層塔心的窖穴內，發現一座宋代的眞珠舍利寶幢，由須彌座、經幢和刹等主要部分構成，此八角形經幢的幢身八面依次雕刻正、草、篆、隸等字體的佛名：「南無摩訶般若波羅密、南無過去毗婆尸佛、南無尸棄佛、南無毗舍浮佛、南無拘留孫佛、南無拘那舍牟尼佛、南無迦葉佛、南無釋迦牟尼佛。」[259] 此外，遼寧朝陽北塔地宮出土的遼代經幢，第三節幢座刻有「八大靈塔、七佛名」圖，第二節幢座刻「過去七佛圖」。[260] 由此似乎也看出經幢和北涼石塔的傳承關係。

北涼石塔下部八面形基柱塔上，有八身供養天人像，與八卦符號相結合，可能是表示方位。[261] 在內蒙古巴林左旗前后昭廟佛殿左側前，有石幢一座，幢身上部爲浮雕佛弟子及菩薩像，幢身的下部每面各有銘文一行：「佛頂尊勝陀羅尼幢、南方光明電王設羝嚕、圓滿報身盧舍那佛、西方光明電王名主多□、清淨法身毗盧遮那佛、北方光明電王名蘇多末尼、千百億化身釋迦牟尼佛、東方光明電王名阿揭多。」東、西、南、北四光明電王，典出義淨譯《金光明最勝王經》卷七，似乎也有顯示方位之意。[262]

關於北涼石塔和經幢之關連，期待日後能有更多的發現。

---

258 見註252，諸文中古除了古正美之外，其他諸學者都認爲是七佛一菩薩；因石塔上有七佛的殘題名，故古說不確。

259 〈蘇州市瑞光寺塔發現一批五代、北宋文物〉，21-24。

260 〈遼寧朝陽北塔天宮地宮清理簡報〉，《文物》7（1992）：21-22。

261 殷光明，〈關于北涼石塔的幾個問題——與古正美先生商榷〉，70。

262 李逸友，〈內蒙古巴林左旗前后昭廟的遼代石窟〉，《文物》12（1961）：23。

(二)八角形石柱

陳從周在《中國古代建築技術史》一書中，便指出唐代經幢是從南北朝石柱發展而來的：

> 南北朝的石構建築又有了新發展，就是石柱的建立。如南京附近南朝的石柱、河北定興縣北齊石柱，都是代表之作。……唐代經幢就是從南北朝的石柱發展而來的。[263]

雖然他沒有作進一步的闡釋，不過，從北涼石塔八角形的塔基、圓柱體的塔身，到幢座、幢身皆爲八角形的經幢，其間的轉折演變，當非突然；而唐代以前建築上所流行的八角柱，爲此間的轉變提供了一個線索，而最具體的一個實物就是定興北齊石柱。(附圖十一)

經幢的外形是石柱體，在一所建立於唐德宗貞元十二年(796)的經幢上的題記，也將經幢的實體稱爲石柱：「□持之中，佛頂爲勝；標題柱石，則塵飛累遣，影轉殃銷。」[264]

唐代以前，八角柱是中國建築流行的題材之一，[265] 北齊石柱並非等邊的八角柱，其四隅的寬度約僅有四正面的二分之一弱；而上、下的寬度又不完全一致，上部直徑略小，其收分比例，每高一米，約收2.5厘米。[266] 這種不等邊的八角柱也見於漢、北魏、北齊的遺物中，如肥城孝堂山郭巨祠、和雲崗、天龍山諸石窟中都有不等邊八角形柱子。唐代的經幢也並非都是等邊的八角形體，有一些經幢即是非等邊的八角柱，如唐本願寺僧智秀等造尊勝經幢，據《常山貞石志》記其「第一、三、五、七面，每面廣八寸四分，餘廣六寸。」[267]

---

263 《中國古代建築技術史》，232。

264 《八瓊室金石補正》，卷四十七，頁十，〈爲母尼□操造尊勝幢記〉。

265 梁思成，〈我們所知道的唐代佛寺與宮殿〉《中國營造學社彙刊》3.1(1932)。

266 劉敦楨，〈定興北齊石柱〉，收入《劉敦楨文集(二)》(中國建築工藝出版社，1982)，61。關於定興北齊石柱，參見：劉淑芬，〈北齊標異鄉義慈惠石柱——中古佛教社會救濟事業的個案研究〉，《新史學》5.4(1994)。

267 《常山貞石志》，卷八，頁八，〈本願寺佛頂尊勝陀羅尼經幢〉。

附圖十一：定興北齊石柱

（中國建築科學研究所編，《中國古建築》，三聯書店香港分店，1982，頁54）

就建築學而言，經幢也和北齊石柱有相類之處，建築學者楊廷寶在他敘述鄭州開元寺唐中和五年幢時，就指出了這一點：

> 幢頂亦八角形，簷下轉角鋪作用簡單華栱，跳出甚遠，承托撩簷枋，但年久剝蝕，形體欠整。椽子雙重，俱平行排列而無翼角斜椽，與北齊石柱屋頂作法相倣。[268]

除了定興北齊石柱之外，河北邯鄲市鼓山南響堂山石窟第1、2、3、7窟的廊柱，是小八角、蓮瓣束腰石柱，柱頭作火焰寶珠形（圖十二），[269] 其柱頭的裝飾有如經幢的幢頂，此一形制可以說是更接近於其後不久出現的經幢。

一個時代的建築必受時代風格的影響，如唐代亭閣式的塔，有方形，還有六角形及八角形。[270] 雖然經幢絕大多數是八角形，但也有少數是六角形者。唐代還有一些圓塔的發現，[271] 唐代也有極少數圓柱體的鼓形經幢，即是明證。另外，由於八角柱從很早就是印度建築的要素，[272] 中國的八角柱是否受印度影響，還有待進一步探討。松本文三郎認爲唐代開始製作尊勝經幢時，當時印度的最多是支提塔前的石幢，這種石幢多作八角形，也有四角、十六角形的，唐人遂以此爲範本。[273] 關於此說，由於沒有直接的証據，還有待進一步的探討。同時，唐代以前八角柱在中國的流行，是否也是受印度的影響，亦有待討論。

八、結語

本文是筆者有關經幢研究的第二篇論文。此篇首先全面性地敘述經幢這種石刻，從其外形、經幢上所刻的佛經與文字，經幢樹立的地點、經幢的變體等，逐一詳述，建構出經幢具體而完整的圖像。

---

268 楊廷寶，〈汴鄭古建築遊覽紀錄〉，《中國營造學社彙刊》6.3：14。

269 孟繁興，〈南響堂山石窟清理記〉，《文物》5（1992）：17-18。

270 李玉珉，〈中國早期佛塔溯源〉，90；羅哲文，〈古塔摭談〉，《文物》3（1982）：50；徐華璫，《中國古塔》（北京，輕工業出版社，1986），34-36。

271 張馭雲，〈山西羊頭山的魏晉石塔〉，《文物》3（1982）：39-41。

272 山木智教，〈印度建築における柱の發展〉，《密教文化》，第二十三號。

273 松本文三郎，〈朝鮮の幢に就いて，收入：羽田亨編，《內藤博士還曆祝賀支那學論叢》（東京，弘文堂書房，1926），7。

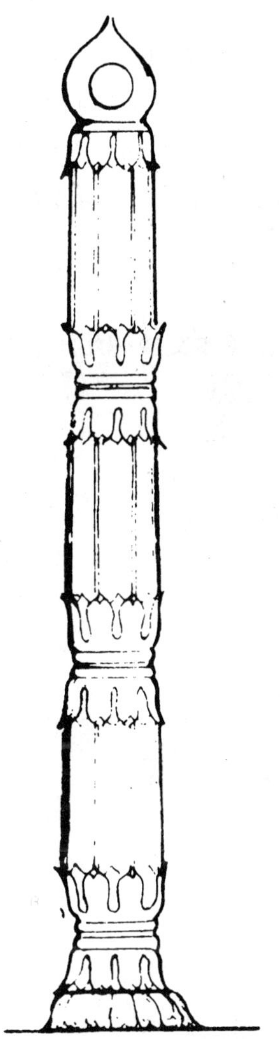

附圖十二：南響堂石窟蓮花八角柱

（孟繁興，〈南響堂石窟清理記〉，《文物》5（1992）：18，圖三）

次則，探討經幢的性質，這是本文主要的論証。經幢並不等同於刻經，本文從從五個不同的角度，採取多方面的証據，而証明經幢的性質是塔——法身塔：一、根據佛經的內容所述，經幢是一種法舍利塔；二、佛塔是埋藏舍利的處所，而有些經幢內也埋有舍利，所以經幢是塔。三、從經幢上的銘記，有的直稱經幢爲塔，有的以塔比賦經幢，可知造幢者認爲經幢的屬性是塔。四、經幢的結構也和塔相類。五、近代民間約定俗成的看法，常以經幢爲塔。總之，經幢實際上是一種特殊的塔，一種揉合刻經和塔的產物。至於它的來源，則和北涼石塔、以及北朝迄唐期間建築上流行的八角柱有關。

（本文於一九九七年五月二十九日通過刊登）

參考書目

一、史料

《八瓊室金石補正》（石刻史料新編第一輯第七冊，台北，新文豐出版社，1977）。
《大唐西域記校注》（唐・玄奘、辯機撰、季羨林校注，北京：中華書局，1990二版）。
《山右石刻叢編》（石刻史料新編第一輯第二十冊）。
《山左金石志》（石刻史料新編第一輯第十九冊）。
《石墨鐫華》（石刻史料新編第一輯第二十五冊）。
《江蘇金石志》（石刻史料新編第一輯第十三冊）。
《吳興金石記》（石刻史料新編第一輯第十四冊）。
《佛頂尊勝陀羅尼經》（大・967），收入《大正新修大藏經》，第十九卷。
《佛說造塔功德經》（大・699），收入《大正新修大藏經》，第十六卷。
《金石文字記》（石刻史料新編第一輯第十二冊）。
《金石萃編》（石刻史料新編第一輯第二冊）。
《兩浙金石志》（石刻史料新編第一輯第十四冊）。
《昌樂金石續志》（石刻史料新編第三輯第二十冊）。
《益都金石記》（石刻史料新編第一輯第二十冊）。
《益都縣圖志》（石刻史料新編第三輯第二十七冊）。
《造像量度經續補》（大・1419），收入《大正新修大藏經》，第二十一卷。
《常山貞石志》（石刻史料新編第一輯第十八冊）。
《語石・語石異同評》（清・葉昌熾撰、柯昌泗評，北京：中華書局，1994）。
《閩中金石志》（石刻史料新編第一輯第十七冊）。
《閩中金石略》（石刻史料新編第一輯第十七冊）。
《滿洲金石志》（石刻史料新編第一輯第二十三冊）。
《壽光金石志》（石刻史料新編第三輯第二十七冊）。
《濬縣金石錄》（石刻史料新編第二輯第十四冊）。
《關中金石文字存逸考》（石刻史料新編第二輯第十四卷）。
《臨邑金石志》（石刻史料新編第三輯第二十六冊）。

二、專書

丁明夷、邢軍，《佛教藝術百問》，高雄：佛光出版社，1991。

上海圖書館資料室編，《上海碑刻資料選輯》，上海人民出版社，1980。

山西雲岡石窟文物保管所，《華嚴寺》，北京：文物出版社，1980。

中央人民政府文化部文物局出版，《雁北文物勘查團報告》，1951。

中國美術全集編輯委員會，《中國美術全集・建築藝術 4 宗教藝術編》，北京：中國建築工業出版社，1988。

中國社會科學院歷史研究所、中國敦煌吐魯番學會敦煌古文獻編輯委員會、英國國家圖書館、倫敦大學亞非學院編，《英藏敦煌文獻》，第六冊，四川人民出版社，1992。

中國科學院自然科學史研究所主編，《中國古代建築技術史》，北京：科學出版社，1985。

中國建築科學研究所編，《中國古建築》，三聯書店香港分店，1982。

四川省社會科學院、大足縣政協、大足縣文物保管所、大足石刻研究會，《大足石刻研究》，四川省社會科學院出版社，1985。

白文明，《中國古建築美術博覽》，遼寧美術出版社，1992。

白化文，《佛光的折射》，香港：中華書局，1988。

向　南，《遼代石刻文編》，河北教育出版社，1995。

李玉明主編，《山西古建築通覽》，山西人民出版社，1986。

南京工學院建築研究所編，《劉敦楨文集（一）（二）（三）》，北京：建築工藝出版社，1982-1987。

孫波、林鐸，《中國古塔》，北京：華藝出版社，1990。

徐華璫，《中國古塔》，北京，輕工業出版社，1986。

清華大學建築系編，《梁思成文集（一）（二）（三）（四）》，北京：中國建築工藝出版社，1982-1986。

商務印書館編，《敦煌遺書總目索引》，北京：中華書局，1962。

劉致平，《中國建築類型及結構》，北京：建築工程出版社，1957。

魏克晶，《營造集》，天津：楊柳青畫社，1993。

羅哲文，《中國古塔》，北京：文物出版社，1983。

小野勝年，《入唐求法巡禮行記の研究》，京都：法藏館，1969。

石田茂作監修，《佛古教考古學講座・第三卷塔・塔婆》，東京：雄山閣出版株式會社，1984。

伊東忠太，《支那建築裝飾》，東京：東方文化學院，1944。

松本文三郎，《支那佛教遺物》，東京：大鐙閣，1919。

松有長慶，《密教經典成立史論》，京都：法藏館，1981二刷。

松原三郎，《增訂中國佛教雕刻史研究》，東京，吉川弘文館，1966。

前久夫編，《佛教堂塔事典》，東京美術，1979一刷，1992七刷。

常盤大定、關野貞，《中國文化史蹟》，京都：法藏館，1975-1976。

塚本靖等，《世界建築集成・支那建築》，東京：建築學會，1929。

關野貞、竹島卓一，《遼金時代の建築と其佛像》，東方文化學院東京研究所，1935。

Lee, Hua Shen.《朝鮮建築史》I，韓國：圖書出版社，1993。

O'Neill, John P. and M.E.O. Laing, eds. *Along the Ancient Silk Route. Central Asian Art from the West Berlin State Museums*. New York: The Metropolitan Museum of Art, 1982.

三、論文

于軍、陶保成、周健林，〈修復惠山寺石經幢技術報告〉，《東南文化》1（1991）。

王　毅，〈北涼石塔〉，《文物資料叢刊》，第一輯。

中國社會科學院考古所研究所唐城隊，〈唐長安青龍寺遺址〉，《考古學報》2（1989）。

中國社會科學院考古所研究所唐城隊，〈洛陽唐東都履道坊白居易故居發掘簡報〉，《考古》8（1994）。

史金波、白濱，〈明代西夏文經卷和石幢初探〉，《考古學報》1（1977）。

史　岩，〈酒泉文殊山的石窟寺院遺跡〉，《文物參考資料》7（1956）。

古正美，〈再談宿白的涼州模式〉，《敦煌石窟研究國際討論會論文集・石窟考古》（遼寧美術出版社，1990）。

古代建築修整所，〈晉東南潞安、平順、高平和晉城四縣的古建築（續）〉，《文物參考資料》4（1958）。

北京市文物工作隊，〈順義縣遼淨光舍利塔基清理簡報〉，《文物》8（1964）。

同濟大學建筑系建築歷史教研組調查、劉從周執筆，〈硤石惠力寺的唐咸通經幢〉，《文物參考資料》5、6（1953）。

朱　雷，〈出土石刻及文書中北涼沮渠氏不見于史籍的年號〉，收入：文化部文物局古文獻研究室編，《出土文獻研究》，北京：文物出版社，1985。

安　奇，〈上海松江唐陀羅尼經幢〉，《文物》1（1987）。
李　力，〈北涼石塔〉，《文物天地》2（1992）。
李玉珉，〈中國早期佛塔溯源〉，《故宮學術季刊》6.3（1989）。
李美霞，〈臨潼縣博物館藏北周造像座、唐代造像與經幢〉，《文博》2（1992）。
李逸友，〈內蒙古巴林左旗前后昭廟的遼代石窟〉，《文物》12（1961）。
宋煥居，〈豐潤車軸山壽峰寺〉，《文物參考資料》3（1958）。
宋煥居，〈豐潤車軸山的文物〉，《文物》1（1965）。
杜偉生，〈北圖所藏經幢拓本〉，《文獻》3（1988）。
河北省文物研究所、河北大學歷史系、固安縣文物保管所，〈河北固安于沿村金寶嚴寺塔基地宮出土文物〉，《文物》4（1993）。
祈英濤等，〈兩年來山西新發現的古建築〉，《文物參考資料》11（1954）。
孟繁興，〈南響堂山石窟清理記〉，《文物》5（1992）。
邯鄲市文物保管所、峰峰礦區文物保管所，〈河北邯鄲鼓山常樂寺遺址清理簡報〉，《文物》10（1982）。
高英民，〈趙縣陀羅尼經幢〉，《文物天地》6（1982）。
梁思成，〈薊縣觀音寺白塔記〉，《中國營造學社彙刊》3.2。
梁思成，〈我們所知道的唐代佛寺與宮殿〉《中國營造學社彙刊》3.1（1932）。
梁思成，〈記五台山佛光寺的建築〉，《文物參考資料》5.6（1953）
梁思成，〈浙江杭縣閘口白塔及靈隱寺雙石塔〉，《梁思成文集（二）》，北京：中國建築工業出版社，1984。
浙江省文物管理委員會，〈金華市萬佛塔塔基清理簡報〉，《文物參考資料》5（1957）。
陝西省文物管理委員會，〈陝西所見的唐代經幢〉，《文物》8（1959）。
耿昇譯，Robert Jera-Bezard, Monique Maillard著，〈敦煌幡幢的原形與裝潢〉，收於《法國學者敦煌學論文選萃》，北京：中華書局，1993。
孫太初，〈大理國彥賁趙興明爲亡母造尊勝經幢〉，《考古》6（1963）。
唐　亮，〈西昌新發現元代經幢〉，《四川文物》4（1992）。
宿　白，〈涼州石窟遺跡和涼州模式〉，《考古學報》4（1986）。
黃承宗，〈西昌新發現元代梵文石碑〉，《文物》2（1987）。
黃留春，〈許昌北周塔式千佛幢〉，《中原文物》3（1994）。
曹桂岑，〈郾城彼岸寺石幢〉，《中原文物》4（1983）。
陳從周，〈硤石惠力寺唐咸通經幢〉，《文物參考資料》5、6（1953）。

陳從周，〈浙江古建築調查記略〉，《文物》7（1963）。
彭家勝，〈四川安岳臥佛院調查〉，《文物》8（1988）。
張乃翥，〈龍門藏幢讀跋兩題〉，《敦煌研究》2（1989）。
張洪波、林象賢，〈朝陽三塔考〉，《北方文物》2（1992）。
張崇德，〈禮泉趙村鎮唐代鼓形經幢〉，《考古與文物》2（1984）。
張馭雲，〈山西羊頭山的魏晉石塔〉，《文物》3（1982）。
程學華，〈唐貼金畫彩石刻造像〉，《文物》7（1961）。
雲南省文物工作隊，〈大理崇聖寺三塔主塔的實測和清理〉，《考古學報》2（1981）。
朝陽北塔考古勘查隊，〈遼寧朝陽北塔天宮地宮清理簡報〉，《文物》7（1992）。
傅崇德，〈喀左頤杖子村出土金大定二十五年墓幢〉，《遼海文物學刊》1（1992）。
楊天吉、張增午，〈林縣新發現一座金代石塔〉，《中原文物》1（1989）。
楊廷寶，〈汴鄭古建築遊覽紀錄〉，《中國營造學社彙刊》6、3。
楊　豪，〈東莞北宋「象塔」發掘記〉，《文物》6（1982）。
楊煥成，〈河南古建築概述〉，《中原文物》3（1989）。
楊煥成，〈豫北石塔紀略〉，《文物》5（1983）。
齊心，劉精義，〈北京市房山縣北鄭村遼塔清理記〉，《考古》2（1980）。
殷光明，〈敦煌市博物館藏三件北涼石塔〉，《文物》11（1991）。
殷光明，〈關于北涼石塔的幾個問題——與古正美先生商榷〉，《敦煌學輯刊》1（1993）。
齊心、劉精義，〈北京市房山縣北鄭村遼塔清理記〉，《考古》2（1980）。
黎方根、王熙祥，〈大足北山佛灣石窟的分期〉，《文物》8（1988）。
鄧佐平，〈四川邛崍縣出土的唐燈台及其他〉，《考古通訊》5（1957）。
劉敦楨，〈定興北齊石柱〉，《劉敦楨文集（二）》，中國建築工藝出版社，1982。
劉淑芬，〈五至六世紀華北鄉村的教信仰〉，《中央研究院歷史語言研究所集刊》63.3（1993）。
劉淑芬，《北齊標異鄉義慈惠石柱——中古佛教社會救濟事業的個案研究〉，《新史學》5、4（1994）。
劉淑芬，〈佛頂尊勝陀羅尼經與唐代尊勝經幢的建立——經幢研究之一〉，《中央研究院歷史語言研究所集刊》67.1（1996）。

劉慧達，〈河北邢台地上文物調查記〉，《文物》5（1963）。
德新、張漢君、韓信仁，〈內蒙古巴林右旗慶州白塔發現遼代佛教文物〉，《文物》12。
鄭紹宗、王靜如，〈保定出土明代西夏文石幢〉，《考古學報》1（1977）。
蕭　默，〈莫高窟壁畫中的佛寺〉，收入敦煌文物研究所，《中國石窟・敦煌莫高窟4》，北京：文物出版社、平凡社，1987。
鄭州市博物館，〈鄭州開元寺宋代塔基清理簡報〉，《中原文物》1（1983）。
閻文儒，〈石幢〉，《文物》8（1959）。
蘇州市文管會、蘇州博物館，〈蘇州市瑞光寺塔發現一批五代、北宋文物〉，《文物》11（1979）。
羅哲文，〈古塔摭談〉，《文物》3（1982）。
覺明居士，〈記敦煌出土六朝婆羅謎字因緣經經幢殘石〉，《現代佛學》1（1963）。
山木智敎，〈印度建築における柱の發展〉，《密教文化》，第二十三號。
松本文三郎，〈朝鮮の幢に就いて〉，收入羽田亨編，《內藤博士還曆祝賀支那學論叢》，東京：弘文堂書房，1926。

The Form, Nature, and Origins of Dharani Pillars Studies on Dharani Pillars, Part II

Liu Shu-fen

Institute of History and Philology, Academia Sinica

This paper represents the second in a series of studies about Buddhist *dharani* pillars (*ching-ch'uang* 經幢) in T'ang China. Such pillars derived from the stone stupas of the Northern Liang, as well as the octagonal pillars of the medieval era. The paper is divided into two parts. Part I provides a detailed description of the main iconographic characteristics of these monuments, particularly their shape, their location, and the Buddhist *sutras*, *dharani*, and other texts which were carved on them. Variations and transformations of *dharani* pillars are also discussed. Part II explores the nature of these monuments. While traditional scholarship has claimed that *dharani* pillars represented a type of "inscribed scripture" *(k'o-ching* 刻經), I argue that this was not the case. Instead, I use a variety of sources to show that such pillars were in fact a type of stupa in which Buddhist texts could be placed (*fa-shen t'a* 法身塔). I therefore conclude that *dharani* pillars combine characteristics of inscribed scriptures and stupas to form a new type of stupa which appeared in medieval China.

Key Words: T'ang dynasty, Buddhism, dharani pillars, stupas

附錄：經幢圖

圖一：龍興寺經幢

唐玄宗開元九年(721)，山東淄博市淄川龍興寺後
（常盤大定、關野貞，《中國文化史蹟·第七卷》，京都：法藏館，1975-1976，圖版第一一三(2)）

圖二：開元十六年幢

唐玄宗開元十六年(728)，陝西省隴縣，高2.1米

（陝西省文管會，〈陝西所見的唐代經幢〉，《文物》8（1959）：30.）

圖三：原起寺經幢

唐玄宗天寶五年(747)，山西潞城，高2.64米
（中國美術全集編輯委員會，《中國美術全集·建築藝術 4 宗教藝術編》，
北京：中國建築工業出版社，1988，圖版十九）

圖四：敬母寺經幢

唐德宗貞元五年(789)，陝西省蒲城敬母寺，現高4米，下部埋在土中
(〈陝西所見的唐代經幢〉，30)

圖五：長慶元年幢

唐穆宗長慶元年(821)，陝西省銅川縣黃堡鎮新村附近，現高3.64米，
幢身下部理在土中（〈陝西所見的唐代經幢〉，30）

圖六：光孝寺大悲幢

唐敬宗寶曆二年(826)，廣東省廣州光孝寺(《中國文化史蹟·第三卷》，圖版第十五(2))

圖七：天寧寺經幢

唐文宗大和六年至九年(832-835)，河北邢臺天寧寺山門前，高約4.5米
（劉慧達，〈河北邢臺地上文物調查記〉，《文物》5（1963）：封三圖4）

圖八：東都弘聖寺故臨壇大德眞堅經幢

唐宣宗大中四年(850)，洛陽龍門，殘高1.48米
（張乃翥，〈龍門藏幢讀跋兩題〉，《敦煌研究》2（1989）：27）

圖九：松江經幢

唐宣宗大中十三年(859)，上海松江縣，高9.3米
(《中國美術全集・建築藝術編》，圖版三十二)

圖十：牛頭寺經幢

唐僖宗乾符年間(874-879)，陝西省西安市外（《中國文化史蹟·第九卷》，圖版第四十七(1)）

圖十一：安國寺經幢

唐懿宗咸通六年(865)，浙江省海寧鹽官
（陳從周，〈浙江古建築調查記略〉，《文物》7（1963）：12）

圖十二：開元寺經幢

唐僖宗中和五年(885)，河南鄭州市開元寺(《中國文化史蹟·第五卷》，圖版第四十一(1))

圖十三：封崇寺經幢

唐僖宗光啓二年(886)，河北行唐縣封崇寺毗盧殿前右方
（《中國文化史蹟·第八卷》，圖版一〇二(2)）

圖十四：思陽嶺經幢

唐代，山西省五臺縣東北思陽嶺（《中國文化史蹟·第一卷》，圖版一〇七(2)）

圖十五：臥牛寺經幢

唐代，陝西省乾縣石庄村臥牛寺內，高3米（〈陝西所見的唐代經幢〉，30）

圖十六：白臺寺經幢

唐代，山西新絳縣光馬村白臺寺
(李玉明主編，《山西古建築通覽》，山西人民出版社，1986，頁245)

圖十七：惠果寺西幢

唐代，陝西省涇陽縣惠果寺佛殿後方（《中國文化史蹟·第九卷》，圖版第八十七(1)）

圖十八：惠果寺東幢

唐代，陝西省涇陽縣惠果寺佛殿後方（《中國文化史蹟・第九卷》，圖版第八十六(1)）

圖十九：惠果寺東幢細部

幢身上有一方形臺石，上刻釋迦遊四門（《中國文化史蹟·第九卷》，圖版第八十六(2)）

圖二十：普照寺經幢

唐代（幢身係唐代所建，經後世修補），山東淄博市淄川普照寺
（《中國文化史蹟・第七卷》，圖版第一〇八）

圖二十一：開元寺經幢

唐代，廣東潮州開元寺天王殿前（《中國文化史蹟·第三卷》，圖版第六十一）

圖二十二：開元寺經幢

唐代，廣東廣州開元寺大雄寶殿前右方（《中國文化史蹟·第三卷》，圖版第六十五(1)）

圖二十三：開元寺經幢

唐代，廣東廣州開元寺大雄寶殿前左方（《中國文化史蹟·第三卷》，圖版第六十五(2)）

圖二十四：封崇寺經幢

晚唐，河北行唐縣封崇寺門前右方(《中國文化史蹟・第八卷》，圖版第一〇二(1))

圖二十五：開元寺經幢

唐末，河北省邢臺開元寺（《中國文化史蹟・第八卷》，圖版第一〇一(1)）

圖二十六：廣濟寺經幢

唐末，山西五臺縣廣濟寺，通高4米（祈英濤、杜仙洲、陳明達，〈兩年來山西省發現的古建築〉，《文物參考資料》11（1954）：圖版十五）

圖二十七：海會寺經幢

吳越保大元年(924)，浙江省臨安海會寺，高12.10米（〈浙江古建築調查記略〉，11）

圖二十八：下天竺寺經幢

後唐廢帝清泰二年(935)，浙江省杭州法鏡寺門外（《中國文化史蹟・第六卷》，圖版第四十）

圖二十九：定慧寺經幢

後晉重立，浙江省杭州虎跑寺（伊東忠太，《支那建築裝飾》，東京：東方文化學院，1944，第二卷，圖版四十之3）

圖三十：冥福寺經幢

後晉，山東泰安冥福寺佛殿前兩對經幢中前列右方和後列右方的兩所經幢
（《中國文化史蹟·第十一卷》，圖版第六十(1)）

圖三十一：冥福寺經幢

後晉，山東泰安縣冥福寺佛殿兩對經幢中後列左方的經幢
（《中國文化史蹟·第十一卷》，圖版第五十九(1)）

圖三十二：冥福寺經幢

後晉，山東泰安縣冥福寺佛殿兩對經幢中後列左方經幢之細部

(《中國文化史蹟·第十一卷》，圖版第五十八)

圖三十三：冥福寺經幢

後晉，山東泰安縣冥福寺佛殿兩對經幢中前列左方
(《中國文化史蹟·第十一卷》，圖版第五十九(2))

圖三十四：蒿里山經幢

後晉出帝天福九年(944)，山東泰安蒿里山上（塚本靖等，《世界建築集成支那建築下卷》，東京：建築學會，1929，圖版第一二七：二四四圖）

圖三十五：常文友鐫幢

遼穆宗應曆五年(956)，北京市房山縣北鄭村遼塔出土，通高3.125米
（齊心、劉精義，〈北京市房山縣北鄭村遼塔清理記〉，《考古》2（1980）：圖版柒之3）

圖三十六：常樂寺西幢

宋太祖建隆三年(962)，河北邯鄲鼓山常樂寺大殿前西側，通高4.9米
（邯鄲市文物保管所、峰峰礦區文物保管所，〈河北鼓山常樂寺遺址清理簡報〉
《文物》10（1982）：30，圖九）

圖三十七：常樂寺東幢

宋太祖乾德三年(965)，河北邯鄲鼓山常樂寺大殿前東側，通高4.7米

（《中國文化史蹟·第八卷》，圖版第八十九(1)）

圖三十八：梵天寺經幢

宋太祖乾德三年(965)，浙江省杭州梵天寺，高15.67米（《支那建築裝飾》，卷二，圖版四之3）

圖三十九：靈隱寺經幢

宋太祖開寶二年(969)，浙江省杭州靈隱寺天王殿前右方經幢
（《支那建築裝飾》，第二卷，圖版第四之1）

圖四十：靈隱寺經幢

宋太祖開寶二年(969)，浙江省杭州靈隱寺天王殿前左方經幢
(《中國文化史蹟·第四卷》，圖版第三十五(2))

圖四十一：彼岸寺石幢

宋眞宗景德年間(1004-1007)，河南鄾城縣彼岸寺，高12.18米
（曹桂岑，〈鄾城縣彼岸寺石幢〉，《中原文物》4（1983）：25）

圖四十二：尊勝寺經幢

宋眞宗大中祥符二年（1009），山西五臺縣西峡村尊勝寺（《山西古建築通覽》，94）

圖四十三：桃源宮經幢

宋仁宗天聖三年(1025)，福建南安豐州桃源宮內
（孫波、林鋒主編，《中國古塔》，北京：華藝出版社，1990，頁147）

圖四十四：寶坻石經幢

遼聖宗年間(983-1031)，天津市寶坻縣，通高11.4米
（魏克晶，《營造集》，天津：楊柳青畫社，1993，頁69）

圖四十五：延慶寺經幢

宋仁宗景祐二年(1035)，山西五臺縣延慶寺，高7米（〈兩年來山西省發現的古建築〉，圖版十）

圖四十六：趙縣陀羅尼經幢

宋仁宗景祐五年(1038)，河北趙縣，高約18米（《中國文化史蹟·第八卷》，圖版第七十八）

圖四十七：淨土寺經幢

遼興宗重熙九年(1040)，山西省應縣淨土寺

（中央人民政府文化部文物局出版，《雁北文物勘查團報告》，1951，頁168，圖版VI：2）

圖四十八：壽峰寺經幢

遼興宗重熙年間(1032-1042)，河北豐潤縣車軸山壽峰寺，現高4.40米（《文物》1（1965）：63）

圖四十九：迎福寺石幢（二所）

宋仁宗皇祐三年(1051)，河南浚縣迎福寺，高近5米
（楊煥成，〈豫北石塔紀略〉，《文物》5（1983）：77，圖十二）

圖五十：嘉祐七年經幢

宋仁宗嘉祐七年(1062)，金華市萬佛塔塔基地宮出土，高1.47米（浙江省文物管理委員會，〈金華市萬佛塔塔基清理簡報〉，《文物參考資料》5（1957）：44，圖七）

圖五十一：華嚴寺經幢

遼道宗壽昌元年(1095)，山西大同市華嚴寺
（山西雲崗石窟文物保管所，《華嚴寺》，北京：文物出版社，1980，頁21）

圖五十二：開元寺經幢

宋代，河北省順德縣開元寺（《中國文化史蹟·第八卷》，圖版第一〇一(1)）

圖五十三：龍興寺西幢

宋代，山東淄博市淄川龍興寺前庭右方（《中國文化史蹟·第七卷》，圖版第一一二）

圖五十四：大定四年殘幢

金世宗大定四年(1164)，山西省應縣佛宮寺北院（《雁北文物勘查團報告》，頁167，圖版V：2）

圖五十五：龍興寺經幢

金世宗大定二十年(1180)，河北正定縣龍興寺東方（《中國文化史蹟·第八卷》，圖版第九十四）

圖五十六：龍興寺經幢細部

（《中國文化史蹟·第八卷》，圖版第九十五(1)）

圖五十七：龍興寺東幢

金朝，山東淄博市淄川龍興寺前庭左方（《中國文化史蹟・第七卷》，圖版第一一三(1)）

圖五十八：大准提陀羅尼幢

金朝，日本京都市藤井有鄰館

（關野貞、竹島卓一，《遼金時代の建築と其佛像》，東方文化學院東京研究所，1935，頁123）

圖五十九：佛頂尊勝陀羅尼幢

日本兵庫縣村山長舉氏邸（《遼金時代の建築と其佛像》，119）

圖六十：西夏文經幢一號幢復原圖

明孝宗弘治十四年(1501)，河北保定城北韓庄出土，通高2.63米
（鄭紹宗、王靜如，〈保定出土明代西夏文石幢〉，《考古學報》1（1977）：133）

清初的講經會

王汎森*

本文是對清初浙江甬上地區講經會之形成、思想脈絡、進行方式、會友、治學風格以及其影響所做的研究。本文認爲該會之形成與明代後期道德價值的混亂失序、社會政治上的頹敗，以及異族入侵的壓力、改朝換代後對社會政治問題上的反省等都有關。本文花了相當篇幅討論，何以在劉宗周及黃宗羲心學傳統力量最大的地方反而產生了講經團體。本文同時也描述了講經會前後幾個時期，以及它如何由寧波地區的一個經學團體擴大影響力到北京、並透過北京的講會影響了聚集京師的官員及士人。最後，本文也討論該會與清學興起的關係。

關鍵詞：講經會 劉宗周 黃宗羲 清代思想史

* 中央研究院歷史語言研究所

明代後期文人結社的內涵及意義異常的豐富，目前爲止，仍待深入研究。本文討論清初浙東的「講經會」，第一、探討爲何一個以研究經書爲目標的團體竟出現在江浙一個心學最爲發達，劉宗周、黃宗羲思想影響力最大的地區。兩者之間的傳承關係是否代表著明季道學的修正運動與經學研究之興起有著密切關係？原先認爲上述兩種學風是互相排斥的觀點，是否需要重作解釋？劉宗周的思想原先都被認爲是心學走上絕路的象徵，何以在這個地方卻有了新的發展？而講經會與清代學術的關係也是值得評估的，究竟在何種程度上它可以被視爲經典考證學的前驅？在何種程度上它仍是宋明理學典範的延續？同時我們也要問，這種講經團體究竟只是浙江甬上地區獨特的產物，還是也可以見於當時中國其他地區？如果也可以見諸其他地區，那麼爲何這些講經社團同時並起？它們與明季風靡一時的應社、復社有何關聯？此外，在這篇文章中還想問：萬斯同與講經會的關係究竟如何？一般觀念中萬斯同的主要貢獻是爲纂修明史奠下一個堅實的根基。可是我們又從當時人的評價中得知，他們認爲萬氏透過甬上與在北京的講經會，對新一代知識份子產生巨大的影響。那麼，我們是否應在史學之外，也從經學影響的層面上去看萬氏？

誠如前面說過的，講經會與清代學術之間的關係是本文所欲加以討論的。在討論清代學術興起時，似應有幾個前提。第一、它是連續變化的結果，不只丟棄舊典範，建立新典範兩個階段而已。如果說清代考據學興起是一個革命，那麼它不是在一次改變中形成的。我們所熟悉的考證學是一個長期革命的結果，而清初講經會所代表的是初期的一個階段。他們在整體的大立場上標定了一個方向，但等這門學問成熟時，後來者又會覺得在細節上，他們不夠嚴密，有疏陋之處。

第二、在研究新典範的形成時，內部解釋與外部解釋並不互相排斥。誠如孔恩(Thomas Kuhn)所說的，在典範更迭之時，外在的文化及社會等各方面的環境具有非常關鍵性的影響，可是一旦典範確立，進入常規運作時，由專業學者所組成的次文化群形成，問題和答案，讀者和作者，評判標準與程序，都在這個次文化群中，那麼內在的邏輯就變得很重要了。[1] 這個研究所探討的正是一種新

---

[1] Thomas Kuhn, "History of Science"及"The Relation between History and History of Science"二文，在氏之*The Essential Tension* (Chicago: Chicago Univ. Press, 1977)。又可參見吳以義，《庫恩》（台北：東大出版公司，1996），頁172。

學風的初始階段，所以要觀察當時在什麼樣的社會文化環境中形成了考經論史的基本方向。也就是說考證學的「先行結構」(pre-structure)是如何產生的？那一代士大夫被什麼所吸引？學問方向的形成有時候並不直接受某種專門學術的影響，而與文化、政治有關。這裡我想先談晚明文人最爲熱心的結社活動，以及當時領導性社團的文化主張。

一、明末清初社集中轉向經史之學的傾向

我們不可以忽略晚明社事對清學開山祖師的影響。顧炎武、黃宗羲、閻若璩等早年都是黨社人物，黃宗羲更是整天東奔西跑，參加浙江地區最有名氣的一些社集。當時最有力量的復社及它的一些次級團體有一股轉向古代的趨勢。而且他們與明代兩次文學復古不同，他們偏重的是經學。應社又稱「五經應社」，「復社」則是「興復古學」的意思。在陶冶新一代讀書人的思想趨向上，聲勢煊赫的文社風氣起過相當大的作用。

明季出現的讀經或讀史的團體，它們大多有幾個目的。第一是反對當時空疏佚蕩的學風及文風。第二是反對嘉靖、隆慶以來古文的剽竊之習。第三是針對當時內外的危機，想以儒家經典重建社會秩序。第四是想以儒家注疏的傳統取代當時流行的以佛家思想對儒經進行的詮釋。當時的經史社團，也常與經世濟民的關懷相聯，表現出回到經、史與現實經世濟民的密切關係。[2]

黃宗羲在〈萬祖繩墓誌銘〉中有一段話說：

> 君（萬斯年）從錢忠介公學爲制義，是時僞子之後，黠者返之於經，然而鈔撮經語，仍不異於僞子，君獨本之《大全》而紆洄以出之。[3]

---

[2] 「經社」一名並不必然是研讀儒家經典，也有可能是講佛經的團體，如明代李士龍（字一山），便曾立經社以講佛經。見李士龍，《畫家知希錄》（在《清代傳記叢刊》，冊八十一），卷六，頁158。但此處所舉的，都是講五經的團體。

[3] 沈善洪等編，《黃宗義全集》（以下簡稱《全集》，浙江：古籍出版社，1993），冊十，頁473。

這一段話用來寫萬斯年，也不斷出現在黃氏的各種文字中，應略加疏釋。明代前後七子的古文運動，他們標榜「文必秦漢，詩必盛唐」。後來艾千子出而反對，主張由歐陽修、曾鞏入手，[4] 把文章寫得清楚，不要用支離的文句和煩瑣的典故。[5] 而張溥又出而反對艾氏，並惋惜何、李倡導古文時，只講文章，不曾勸人讀經。張溥主張復興古經，並大量抄撮經語。[6]

張溥摹倣六經讖緯的文字，一般人反而讀不懂了，跟前後七子的摹古相差不遠，這也就是爲什麼黃宗羲說他所引領的文風是「鈔撮經語，仍不異於僞子」。但張溥尊經復古的基本方向對當時士人有絕大影響。他發起復社時，有非常明顯的道德及政治上的理由。他在宗旨上淸淸楚楚地表明想復興經術，並以此作爲治平天下之基礎：

> 自世教衰，士子不通經術，但剽耳繪目，幾倖弋獲于有司，登明堂不能致君，長郡邑不知澤民，人材日下，吏治日偷，皆由于此。溥不度德、不量力，期與四方多士，共興復古學，將使異日者務爲有用，因名曰復社。[7]

在當時無數的文人結社中，這是一篇相當指導性的綱領。

復社是繼承了應社「尊經復古」的宗旨的傳統而又有所改變。應社已規定每

---

[4] 〈思舊錄〉，同前書，册一，頁359。

[5] 謝國楨，《明清黨社運動考》（台北：漢苑出版公司，1975），頁124。

[6] 譬如張氏的〈房稿表經序〉中有這樣一段文字：

「經之爲重于天下，不待今日而明之也…今則經文忽彰，而聖人作焉，治氣之感，證效不惑，顧念向時之言有其預者，未嘗不相對以怡也。然而人之爲言，命意在彼，則盡于彼，命意在此，則盡于此。以今日而言經，所謂在此者也，言經而底于爲人，所謂盡此者也。試以經質之于人，觀乎字形，不離三才，則知其無邪矣。觀其擬言，不踰五倫，則知其近人矣。故予嘗謂使今日有武健之子，日取五經，摹而書之，左右周接，無非鉅人之名，大雅之字，趨而之善也疾焉。矧相漸於意，尤有神明者哉。然則爲之若是其易，而人與文俱難之何也？蓋其始病于作法之異，而其既危于疑人之甚，則言有不能入者焉。抑知善無不可爲，經無不可學，即人之好名者，而實其所用，慕君子而從之，初而事其話言，久之而其行是焉，又久之而性情無非是焉。若夫學者之通經，繇奇以反平，因辭以達本，其道亦猶是也。」張溥，《七錄齋集》（台北：偉文出版公司，1977），卷二，〈房稿表經序〉，頁341，343-344。

[7] 陸世儀，《復社紀略》（《明代傳記叢刊》，第七册），卷一，頁554。

經立一社，這開啓了後來講經團體中「分曹治經」的傳統。他們提倡一人專治一經，然後集會討論，既分工合作，又相互貫通，譬如楊彝、顧夢麟主詩經，楊廷樞、錢旃主書經，張采、王啓業主禮經，張溥、朱瑰攻易經，周銓、周鐘主攻春秋。應社的活動也不忘提倡「遵遺經，砭俗學」，如崇禎元年(1628)利用士子參加會試的機會，在北京召開的「成均大會」便提出這一個主張。張溥則感嘆天下士人爲了應付考試只「習一經而舍其四經，忘遠圖而守近意，亦足已矣。即一經之說而多有未舉，將若之何」，[8] 他自然也不滿意於每經立一社的五經應社。他曾想編三部經解，自周迄唐爲《古解》，宋元爲《通解》，明朝的爲《國朝經解》。他對經書與科舉之學的主張，基本上主導了後來對此問題的論述：

> 經學之不明，講說害之也。予心惻焉，意欲廢講說而專存經解…夫注傳之學盛于漢，注疏之學盛于唐，南宋以后，道學盛興，注疏稍屈，成弘以來，學者尊尚大全兼通，注疏等爲閑書。久而講說滋煩，人便剿記淪棄，大全亦復不論，是故道隆而隆，道活而活。[9]

明末清初讀書、談經或讀史的社團逐漸出現，原因雖還不能完全確定，不過必與前述風氣有關。

郭紹虞在〈明代的文人集團〉中說明人結社在「洪武以後、景泰以前只是興趣的結合，不管是窗下切磋用以攻文也好，或是林下逍遙用以娛老也好，總之既無黨同伐異之見，更不論及國事。這是第一期，而以後各期中仍沿續著這種情形。天順以後，萬曆以前，派別漸滋，門戶亦立，於是始成爲主張的結合」。[10] 在各種因主張而結合的社團中，以讀書、談經、或讀史爲社名的團體，是明季以前所極罕見的；它們在明季大量出現，是一個全新的文化現象，

---

8 《七錄齋集》，卷五〈易文觀通序〉，頁303。

9 同前書，古文近稿，卷二，〈《五經注疏大全》合纂序〉。案：以上關於張溥及復社，參考了張顯清，〈張溥與復古學，務爲有用的經世思想〉，在陳鼓應等編，《明清實學簡史》（北京：社會科學文獻出版社，1994），頁414-419。

10 郭紹虞，《照隅室古典文學論集》（上海：上海古籍出版社，1983），上編，頁531。

尤其是相對於王學不重讀書的風氣，更是如此。[11] 分析這些社團的名字，有兩個重點：第一，是強調讀書。有的是一開始便以讀書爲名，有的是逐漸修改其名字，最後才強調讀書。第二是強調讀經或讀史。而且讀經、讀史，又都與經濟有關。以下便是我對這些同時而起的社團的一些探討。

當時有一些受應社、復社影響的社團進行了研治經學的活動，如淮安閻修齡、靳應升所創之望社，以作詩和研究三禮之學爲其宗旨，清初考證學開山的閻若璩即其成員。[12] 浙江龍山也有「經社」。全祖望在〈錢蟄菴徵君述〉中提到錢光繡前前後後參加的許多社團中，其中有一個即是龍山的「經社」。[13]

以「昌古」「讀書」作爲名稱的社團亦以次漸起。江南著名藏書家丁雄飛與千頃堂主人黃虞稷結的古歡社，專以考據爲樂。山陰祁承㸁組「合轍社」，專治經學。[14] 餘姚諸士奇與諸來聘、符士龍、諸如錦、魏涝、周肇脩等在崇禎七、八年(1634-1635)間與里人合組的「昌古社」，[15] 其內容不得而詳，只知其「效雲間幾社之文」，[16] 則知它基本上是受幾社之影響，但特別重視經、史，而且重視「佐王之學」。[17] 昌古社在當時餘姚「以熟爛時文骫骳場屋」的風氣中是頗特殊的。黃宗羲在〈兩異人傳〉描寫昌古社的領袖諸士奇在兩京既覆之

---

[11] 參見郭紹虞的〈明代文人結社年表〉及〈明代的文人集團〉，乃至於最近出版的一些研究古代中國之「社」與「會」的書籍，如陳寶良，《中國的社與會》（杭州：浙江人民出版社，1996），所羅列的社團名字。在明季以前，都不曾大量出現過這一類名字，而這些名字皆代表其社團的一種主張，那麼它們不可能不含藏重要的訊息。案，陳寶良的書在這方面提供了許多寶貴的材料。

[12] 謝國楨，《明清黨社運動考》，頁165：「陳碧涵先生爲望社名諸生，專精《三禮》之學，淮士治《禮經》者皆從之游。」

[13] 是時社會方殷，四方豪傑俱遊江浙間，因盡交天下諸名士。先生年甫及冠也，而宿老俱重之。硤中則有澹鳴社、萍社、彝社、吳中有遙通社，杭之湖上有介社，海昌有觀社，禾中有廣敬社，語溪有澄社，龍山有經社，先生皆預焉。全祖望，《鮚埼亭集》（台北：華世出版社，1977）外編，頁797。

[14] 謝國楨，《明季黨社運動考》，頁181。

[15] 黃宗羲，〈敬槐諸君墓誌銘〉，《全集》，冊十，頁397。

[16] 黃宗羲，〈兩異人傳〉，同前書，冊十一，頁53。

[17] 〈諸碩庵六十壽序〉，同前書，冊十一，頁65。

後，棄諸生，「載《十三經》、《二十一史》，入海爲賈」。[18] 有意思的是諸士奇即使想入海爲賈，船中載的竟是《十三經》、《二十一史》。

當時許多地方有讀書社的組織，而與黃宗羲關係密切的是杭州孤山的讀書社。在崇禎六、七年(1633-1634)間杭州有所謂讀書社之立，「以文章風節相期許，如張秀初（歧然）之力學、江道闇（浩）之潔淨、虞大赤（宗玫）、仲皜（宗瑤）之孝友、馮儼公（悰）之深沈、鄭玄子之卓犖，而前此小築社之聞子將（啓祥）、嚴印持（調御）亦合併其間。是時四方社事最盛，然其人物，固未之或先也」。[19] 這個會主要是張歧然開始的，社員多是他過去的學生，且「幾盡一鄉之善」。[20] 照黃宗羲的說法，讀書社社員後多爲禪門網羅而去，不過，當該社盛時，其治學風格中有一路是提倡訓詁考據。[21] 黃氏又在〈高古處府君墓表〉中說「武林讀書社，多通經學古之士，如張秀初、江道闇、鄭玄子、虞大赤、仲皜」，「君（高克臨）讀書橫山，與密友孫武書之所考索者，皆經生之不講者也」。[22] 以讀書社爲名的，還有丁奇遇等人的讀書社。丁奇遇在〈讀書

---

18 同前書，冊十一，頁53。案：諸士奇後來至日本，二十年不返。嘗有人以爲他是朱舜水，也有人反對。主張他是朱舜水者甚多，如顧廷龍，他在跋〈兩異人傳〉的手稿時便引湯壽潛《舜水遺書》〈序〉中所說的「太沖記兩異人，甚至諱朱作諸」，見《學術集林》（上海：遠東出版社，1995），卷五，頁1-4。我個人認爲諸士奇不是朱舜水，因爲黃宗羲沒有必要諱其名。

19 〈鄭玄子先生述〉，同前書，冊十，頁566-567。又可參〈鄭元澄墓誌銘〉，同前書，冊十，頁477-8。〈查逸遠墓誌銘〉，同前書，冊十，頁366。

20 黃宗羲還說：「其後交道益廣，東浙則陸文虎、萬履安，禾中則薄子珏、魏子一，江上則沈眉生、沈崑銅、梅朗三、趙雪度、吳次尾，江右則舒芑孫、劉孝則，蜀中則劉墨僊」。〈張仁菴先生墓誌銘〉，同前書，冊十，頁443。

21 黃宗羲說「仁菴之讀書，繭絲牛毛，訪覈異同。余時讀《十三經注疏》，刻意於名物象數，江道闇以爲不急，曰：注《爾雅》者必非磊落人。獨仁菴與余同志，余疏《漢書·地理志》，仁菴亦疏《左氏地理》，余著《律呂數義》，仁菴與薄子珏、魏子一，取餘杭竹管肉好均者，截爲十二律及四清聲，吹之以定黃鐘。又倣區田之法，試之於山中。仁菴之篤於好古如此。其於《易》、《詩》、《春秋》，皆有論著，不尚雷同，凡先舊諸家，盤滯之處，顯發開張，使昭然可了，即遊方外，尚窮《六經》…」。〈張仁菴先生墓誌銘〉，同前書，冊十，頁444。

22 同前書，冊十，頁265。

社約〉中解釋：「社曷不以文名而以讀書命，子輿氏所稱文會，正讀書也。今人止以操觚爲會，是猶獵社田而忘簡賦，食社飯而忘粢盛，本之不治，其能興乎？」故其社約是「一定讀書之志，二嚴讀書之功，三徵讀書之言，四治讀書之心。」[23] 明亡之後還有陸世儀等人的「水村讀書社」。[24]

讀書社之外，還有徵書社，《呂晚邨文集》卷七〈孫子度墓誌銘〉：「崇禎十一年(1638)戊寅，余兄季臣會南浙十餘郡爲澄社，雜沓千餘人中，重志節，能文章，好古負奇者僅得數人焉，孫君子度其一也，越三年(1641)，子度擇同邑十餘人爲徵書社」。[25]

另外一些社團則直接標明讀經或讀史。在討論讀經社團興起前，有必要將明代科考的內容稍爲說明一下。明代科考，基本上以四書爲主，五經很少人過問，本經也只需習一種經即可，而且到後來，在所習的一部本經中還刪去一些篇章不考，顧炎武《日知錄》卷十九〈擬題〉中有如下描述：

> 予聞昔年五經之中，惟《春秋》止記題目，然亦兼讀四傳。又聞嘉靖以前，學臣命《禮記》題，有出〈喪服〉以試士子之能記否者。百年以來，〈喪服〉等篇皆刪去不讀，今則並〈檀弓〉不讀矣。《書》則刪去〈五子之歌〉、〈湯誓〉、〈盤庚〉、〈西伯戡黎〉、〈微子〉、〈金縢〉、〈顧命〉、〈康王之誥〉、〈文侯之命〉等篇不讀，《詩》則刪去淫風、

---

23 轉引自郭紹虞，〈明代的文人集團〉，《照隅室古典文學論集》，上編，頁599。

24 陸世儀在〈水村讀書社約序〉中說：「既壯，有志於聖人之學，應務之暇，博覽先儒語錄，竊見有宋諸大儒德業並隆，人己同治，或聚良友於山水之鄉，或即所居爲鄉約之會，優焉、游焉。蓋無往而不得所爲三代也。歎曰：『用世避世之道，其舉在茲乎。治亂世也，而所以爲治亂者人之心也。人心不治，雖全盛，吾憂其不免焉。不然，一國之人心不亡，則一國之福未艾也，一方之人心不亡，則一方之福未艾也，雖有兵革，不入善人之鄉，吾爲天道信之。用是又與同志數人相約爲講學之會，一意讀書，自丁丑迄今蓋七、八年於茲矣。…石隱曰：『講學之實可以避世，講學之名不可以避世，請易之以讀書，可乎？』予曰：『唯唯』」。陸世儀，《陸子遺書》（光緒乙亥刊本），卷三，頁7b-9a。丁丑是崇禎十年(1637)，寫此〈會約〉時應該是1644-5之間，此時國家剛亡，所以語氣間頗多曖昧之處。

25 呂留良，《呂晚邨文集》（台北：商務印書館，1977），卷七，頁6。

> 變雅不讀，《易》則刪去〈訟〉、〈否〉、〈剝〉、〈遯〉、〈明夷〉、〈睽〉、〈蹇〉、〈困〉、〈旅〉等卦不讀，止記其可以出題之篇及此數十題之文而已。[26]

因爲向例只習一經，所以當福建顏茂猷以文兼五經而蒙皇帝詔特賜進士，以其名別爲一行，刻於試錄第一名之前時，成爲前所未有的特例，而且也造成了一些影響，「五經中式者，自此接跡矣！」[27] 如陳瑚《陳確庵文集》卷六〈毗陵蔡仲全先生小傳〉：「十七、八，見閩中顏茂猷以五經中式，遂奮然欲效之，力通五經」。[28] 看起來這在當時是一件相當震動人心的事。顏茂猷以五經中試是在崇禎七年(1634)，他的舉動是否影響到講經團體，尙待研究。不過，我所見到的幾個講經社，仍是以「分曹治之」的方式研經，所謂「分曹治之」，即是每一經有一班人研治之意。譬如錢謙益〈常熟縣教諭武進白君遺愛記〉中提到的「五經社」即「分曹治經」：

> 萬曆癸丑(1613)，毗陵白君紹光以進士乙榜署常熟學教諭，疏穢訂頑，緝文厲行，立五經社，分曹課試，四方名士，翕然來從。[29]

白紹光是唐荆川之外孫，錢氏認爲他是推本唐荆川之學以敎邑之子弟，據錢氏說，他們所想發揚的荆川之學的特色便是「緐經術以達于世務」。[30]

在陝西則有左懋第(1601-1645)於崇禎四年(1631)左右在韓城知縣任上，與當地士人組成的尊經社。[31] 依照他的〈重修文昌祠碑記〉所載：「余與韓諸生爲

---

26 《原抄本日知錄》（台北：唯一書業中心，1975），頁476-477。

27 顏茂猷以五經中式事，見酒井忠夫，〈顏茂猷の思想について〉，在《鎌田博士還暦記念歷史學論叢》（東京：鎌田先生還暦記念會，1969），頁261。顏氏後來成爲功過格有力的提倡者。另外謝正光、范金民編，《明遺民錄彙輯》（南京：南京大學出版社，1995），頁1207譚貞良條，記譚氏崇禎癸未年以五經中式，死前囑其子曰：「我死，題墓石曰：明『五經進士譚某之墓』。」

28 《陳確菴文稿》，卷六，頁23b。陳瑚又說「庚子(1660)徒步三百里訪予於婁，婁中諸賢與仲全接席者無不咋舌稱嘆，仲全歸，益以絶學自任，其族人請公進士聚友數十人從之講五經同異，仲全南面踞高座，言如河漢，聽者俱屏息」（卷六，頁24a-b）。

29 錢謙益，《初學集》（台北：文海出版社，1968），頁1120。

30 同前引。

31 依《明史》卷二百七十五左懋第本傳，左氏崇禎四年(1631)進士，授韓城知縣。

尊經之約，五經應制科者居一，外必業一經，月朔核之，一經通，復進一經，期三年，五經俱乃已，二年以來，通三經者彬彬矣。」[32] 在〈尊經社序〉中，左懋第又說「夫聖人之道備于六經…而後之學者，守一經以為足，與讀諸經而不返於躬行者，皆無以觀乎文之大全者也」。[33] 韓城地在西北，而已濡染當時江南社集尊經之風氣，而他們與五經應社分曹治經的方式已經不同，更像是後來甬上的講經會，以人人皆能通習五經為目標。

江西瑞金的楊以任也幾乎在同時，於南京組了一個五經社。我們從他生平所組過的幾個社團的名字可以看出其關懷之轉變。他早年是與同邑朱敬之、謝士芳、謝子起、楊汝基等結社論文。《啓禎野乘》說：「自江右以至吳楚燕齊，無不嚮風，所謂赤水六雋是也」。[34] 但是後來國家動亂，閩廣寇起，楊氏與其兄集父老豪右為文告城隍，激以大義，傾囊守城。寇至，則斬其渠帥，焚其營壘而重挫之。可見他是一個留心經世實務人的。他與鄭鄤見面，鄭氏說：「余猶記與公坐談，先掃去時事不可為一語，凡公于經世，皆有實著，此其一班也。辛未(1631)第南宮，遂來白下，以造就人才為任，立五經社，經濟社，以射禮久廢，又立緯社，有蘇湖之風」。[35] 楊以任組五經社，經濟社，又組緯社以練習弓箭，足證研讀經書與其現實應世之關係。[36]

在山東，有張爾岐(1612-1677)的「經學社」。張氏以《儀禮鄭注句讀》聞名，顧炎武聞張氏與人談《儀禮》，指畫古代宮制、禮儀，談鄉射、大射、鄉飲酒、燕禮、歌樂、飲饌等事，「衝口啓肊，而辭罔不順」，顧炎武大為驚異，遂與訂交。[37] 這是因為張氏治禮的風格表現了一種與明人不同的地方，即

[32] 《左忠貞公集》(乾坤正氣集本)，卷四，頁4b。

[33] 前引書，卷三，頁2b。

[34] 鄒漪，《啓禎野乘》(民國二十五年故宮圖書館校印)，頁271-272。

[35] 《峚陽全集》(民國二十一年刊本)，卷十二，頁7b-8a。

[36] 當然也有例外的，如涂仲倩等人組成之五笥社，《瑤光閣全集》(嘉慶乙亥年刊本)，卷十有一篇〈摩虹草序〉說「仲倩湛於經術，不屑為流俗之譚，程古立言，情深韻遠，余嘗從五笥社內望見諸君子之文章，包山而帶海者，其形文也，鏗金而戛玉者，其聲文也，窮理而盡性者，其情文也…」(頁7a)，看不出有任何應世的色彩。

[37] 徐世昌，《清儒學案》(台北：世界書局，1979)，卷十六，頁1。

不講「旨」、「義」，而是在對禮經的名物度數作細部的歷史還原。張氏組有「經學社」（年代不詳）。他在〈經學社疏〉中說「大人之學首先格物，格物莫切於窮經」。[38] 但因為一般人只以科舉為念，故雖「託業於詩書」，卻並未想好好地了解六經。他說「然當勢窮理極之會，必有力挽之人。凡此含知負覺之身，誰無斯道之責？每中夜而撫心，敢抗聲於吾黨：各蠲舊累，力振前偷。業不計其生熟，經不限乎大小，分曹而治，計月為程，循環紬繹，浸灌優游，務取益於身心，不旁參以功利…顧茲暮景，尚希少進，共厲交修，是賴同人。倘獲麗澤之資，願載前茅而導，擬於冬至之次日，汎掃荒齋，申明約束。程課章條，具之別議」。[39] 此處提到「經不限乎大小，分曹而治，計月為程，循環紬繹」似乎表示，除了每人專治的一經之外，還期待能與他人共同參詳其他的經書。

除了講經團體外，明季以來亦興起了一些讀史社。明季山陰大藏書家、淡生堂主人祁承㸁(1565-1628)創有「讀史社」。譚昌言(1571-1625)也組有「讀史社」。[40] 而錢謙益為諸生時的好友崑山王志堅(1576-1633)，也結有「讀史社」。錢氏說他「深鄙嘉、隆之剽賊塗塈者，以為俗學。」後來在南京的車駕司時，乃邀諸同舍郎為「讀史社」，「九日誦讀，一日講貫，移日分夜，矻矻如諸生時。少閒，借金陵焦氏藏書，繕寫勘讎，盈箱堆几」。[41]「而其讀書，最為有法，先經而後史，先史而後子集。其讀經，先箋疏而後辨論；讀史，先證據而後發明…」。[42]

《千頃堂書目》作者黃虞稷(1629-1691)，康熙十八年(1679)舉博學鴻辭，後荐修明史，召入史館，食七品俸，分纂列傳及藝文志，後來參與徐乾學的一統志局。黃氏家藏八萬卷，與江左諸名士約為「經史會」。[43] 黃氏重經史態度甚至還促成清初一種重印古書的運動，最後落實為《通志堂經解》的刊刻（詳後）。

[38] 張爾岐，《蒿菴集・蒿菴集捃逸・蒿菴閒話》（濟南：齊魯書社，1991），頁142。

[39] 同前書，頁142-143。

[40] 朱彝尊，《靜志居詩話》（北京：人民文學出版社，1990），卷十六，頁493。

[41] 錢謙益，《初學集》，頁1351。

[42] 同前書，頁1352。

[43] 《清儒學案》，卷三十三，頁27。

五經社之類名稱的使用與流行，本身即意謂著一種由四書爲中心的觀點轉移到以五經爲中心的趨勢。基本上也是從關心自身的修心養性到關心治平天下以及社群的規範和秩序的轉變。所以它們之中有許多雖然仍因襲文社或理學講會的某些形式，甚至脫離不了準備科考的性質，但其內容已有所轉變。

可惜這些社團都沒有充份的史料可以作深入的分析。不過，從它們治經的內容似可以分成兩類（或是兩個階段）。一種是仍以某人專研某經爲主，一種是五經兼治。此外，這些講經、講史的團體，逐步脫離了文社的性質，目標放在經濟社會上。在這個時期人們的政治哲學是認爲經史才是理想的政治藍圖的根源，所以眼光是放在古代，而不是現代。顧炎武把「六經之旨」與「當世之務」視爲一體，[44] 黃宗羲說「經、史、才之藪澤也。」[45] 陸世儀則說「天下不可不以三代治也。」[46] 萬斯同則一再說：「師古」。[47] 這是當時許多人共同的想法，所以我們一再地看到他們想致力「經濟」，致力「佐王之學」，以經術來經世的想法。對他們來說，一群人在一起研究經史，是爲了研究治國平天下的方策。

深受在這一波經史社團影響的黃宗羲是本文章的主角。黃氏在明季黨社中這一股廣讀經史的風氣下成長，早年在參加武林讀書社時期便開始讀《十三經》及《二十一史》，甚至讀各種星曆算術之書。[48] 這使他後來深研劉宗周思想，並復興證人講會時，能用自己的學術素養去重新詮釋老師的思想，使其學說得到新的生命，也使得他與劉子其他門生，如主持山陰證人書院的張奠夫，風格大不相同，而甬上證人書院也在此思想領導下，很快地由證人會改爲五經會，或講經會。

---

44 〈與人書三〉，《顧亭林詩文集》（北京：中華書局，1959），頁91。

45 〈蔣萬爲墓誌銘〉，《全集》，冊十，頁479。

46 《治鄉三約》，在《陸子遺書》（光緒刊本），〈自序〉，頁1。

47 如〈與從子貞一書〉，《石園文集》，卷七，頁8。

48 他回憶其弟黃宗會（澤望）說他自己初讀十三經正是在武林讀書社時：
「余初讀《十三經》，字比句櫛，《三禮》之升降拜跪，宮室器服之微細，《三傳》之同異，義例、氏族，時日之襍亂，鉤稽考索，亦謂不遺餘力，然終不及澤望之精。冥搜博覽，天官、地誌、金石、算數、卦影、革軌、藝術、雜學，蓋無勿與予同者。」
見〈前鄉進士澤望黃君壙誌〉，《全集》，冊十，頁293。

二、如何克服道德相對主義：劉宗周與「越中舊說」之對抗

影響甬上講經會形成的一個重要因素是劉宗周的思想。劉氏的思想體系極爲繁博，但與講經會之形成比較有關係的有下列幾點：第一，他極力辯駁晚明心學中識認本體的一派，並極度強調工夫，使得成聖不再是「想像本體」那種恍兮惚兮，無從下手，不可捉摸，又無從保證的事。這一思路影響了黃宗羲，所以黃氏在《明儒學案》的一篇序中會說「心無本體，工夫所至即其本體」。第二，是將心提到前所未有的高度，心外無物，心涵一切山河大地。但是又顚倒「心即理」爲「理即心」。同時又將「意」提高到淩駕宋明理學系統中一切層分縷析的範疇之上，使得所有宋明理學中爭論得津津有味的層分縷析失去意義，而心遂能直接認識外在世界，不必再在內在心性的種種繁瑣的分別上打轉。第三，他的兩篇〈讀書說〉，使得他思想中「心」與「六經」的關係與王陽明思想中「心」與「六經」的關係，出現一個逆轉。心不再優先於六經，心的內容反而是應該由六經所決定。而這幾點又都是劉氏在和當時浙中禪學化王學長期搏鬥後產生的結果。所以此處先述當時浙中兩派思想之歧異與對抗。

當時浙中思想空氣中佔主流地位的是王學禪學化的一路，浙中王學從王畿下來，以周汝登、陶石簣及陶石梁兄弟，以及陶氏的一批學生爲代表，他們有意識地謹守浙中王門之傳統，並認爲這才是王門的眞傳。尤其是在受到東林的攻擊之後，對於他們的正統性特別敏感。[49]

而劉宗周正是受東林學派影響，從外面回到浙中的學者，他所帶回來的思想氣質正好處處與當地浙中王學傳統相矛盾。當時人屢有拿「越中之舊說」與劉氏學說相對照，即是在指這兩種思想間之對立。[50]

---

[49] 發生在1598-1605年的幾件事可以說明之：一五九八年顧憲成與管志道辨無善無惡；一五九九年周汝登、陶望齡共祭陽明祠，務相發明守仁遺教；一六〇一年周汝登與友生五十餘人，宴於天泉橋，並語及昔年陽明與門人證道之事；一六〇五年周汝登著《聖學宗傳》，陶望齡序之。以上見麥仲貴，《明清儒學家著述生卒年表》（台北：學生書局，1980），頁230-237。

[50] 如黃宗羲銘劉汋時說「而山陰愼獨宗旨，暴白於天下，不爲越中之舊說所亂者，先生有摧陷廓清之功焉」，見氏著，〈劉伯繩先生墓誌銘〉，《全集》，冊十，頁306。

爲什麼劉宗周一派對「越中舊說」會如此敵視？主要是當時禪學勢力極大，而越中王門又是禪學化最厲害的地方，黃宗羲在〈朝議大夫奉敕提督山東學政布政司右參議兼按察司僉事清谿錢先生墓誌銘〉中這樣觀察：

崇禎間士大夫之言學者尚廣大，多以宗門爲入處。[51]

又說浙中王門的幾個代表人物與禪家的關係是「如肉受串」「同其義味」：

萬曆間，儒者講席遍天下，釋氏亦遂有紫柏、憨山，因緣而起。至於密雲、澹然，則周海門、陶石簣爲之推波助瀾，而儒釋幾如肉受串，處處同其義味矣。[52]

並說：「石梁陶文覺公之學盛行姚中，沈求如、史子虛，其高弟也，顧頗參以禪悟」。[53] 黃宗羲對此當然是極爲不滿的，一再抱怨「禪門之草，植於吾庭」。後來，連明顯屬於「越中舊說」這派後嗣的邵廷采也這樣說：

啓禎之際，（陶石梁）與蕺山劉子分席而講，悅禪者皆從陶。[54]

「舊說」與新說的爭執，當以劉宗周與陶石梁之間的爭執爲最。後人讀黃宗羲等人的記載，很容易產生誤解，以爲劉氏講學在前，而陶石梁的門徒隨而干擾之。其實浙中本來盛行的便是周海門以下的禪學化王學，至於劉宗周，則屬於另一路。他既與東林顧憲成、高攀龍同講學於首善書院，提倡名節，倡有善無惡，又問學於許孚遠敬庵，而許氏正是與周海門反覆爭辯「九諦九解」的人，[55] 一個講「有」，一個講「無」，論點針鋒相對。

劉氏回到浙中與陶石梁聯講，其實是闖入敵人的大本營。浙中陶望齡兄弟，除了以講學而名重當時外，同時也是餘姚顯紳。但是劉宗周這時也有不能小看的經歷，他當時五十四歲，甫從京兆府尹卸任，任上治績可觀，京師百姓呼之

[51] 《全集》，冊十，頁341-342。

[52] 同前書，冊十，頁443。

[53] 孫靜庵，《明遺民錄》（浙江：浙江古籍出版社，1985），頁65。

[54] 〈明儒劉子蕺山先生傳〉，在《思復堂文集》（台北：華世出版社，1977），頁102-103。邵氏甚至說陶望齡自己承認是深受禪學影響，「（陶望齡）其學與海門同時，嘗言吾自悅禪，從此得力，何能顧人非議耶？」同前書，頁102。

[55] 關於這個爭論，參《明儒學案》（北京：中華書局，1985），卷三十六，頁854-868。

爲「劉順天」。他在一六三一年二、三月間遇陶奭齡，謀會同志而講學，以「衍文成公良知一脈」，[56] 陶奭齡欣然贊成，遂在紀念陶望齡的陶文簡公祠、即石簣書院聯講，與會者有兩百餘人。聯講是在陶氏的大本營上進行的，但是從一開始，劉、陶二人便對許多問題有了歧見，尤其是重躬行或致知之爭（案，此處所謂致知是指心體的解悟）。到了這一年十一月，兩人有關工夫與本體的爭論正式開始，而且纏鬥甚久，這是劉、陶兩派第一個重大歧異。劉氏主張：「學者只有工夫可說，其本體處直是著不得一語，才著一語，便是工夫邊事，然言工夫而本體在其中矣。大抵學者肯用工夫處，即是本體流露處，其善用工夫處，即是本體正當處，若工夫之外，別有本體可以兩相湊泊，則亦外物而非道矣」。[57] 而陶石梁在會講中卻總令學者自識本體，主張「識得本體，則工夫在其中，若不識本體，說恁工夫」。劉宗周反駁說「但既識本體，即須認定本體用工夫，工夫愈精密，則本體愈昭愈熒，今謂既識後遂一無事事，可以縱橫自如，六通無礙，勢必猖狂縱恣，流爲無忌憚之歸而後已」。[58] 爭論一直持續到隔年(1632)，宗旨既不相合，講會遂告分裂，擁陶奭齡的王朝式、秦宏祐等奉陶氏，集同志數十人另外在白馬巖居。過了不久，劉宗周也離開陶石簣祠，另會於古小學及陽明祠。

不過此後兩派人士仍續有往來，恐怕還常在一起講學，劉宗周甚至勸擁護他的學生莫存芥蒂，並曾主動荐舉陶氏，在陶氏死後，劉氏率門下士哭，且私謚之。儘管如此，他與陶氏或其學生（如秦宏祐）的爭論不曾斷過，一直要到明亡劉宗周自殺爲止。[59] 譬如一六三二年，劉氏與秦宏祐討論「九諦九解」之爭論，同年八月，秦宏祐記劉、陶二人會講語錄時說「陶先生言識認本體，識認即工夫」，劉宗周卻說「識認終屬想像邊事，即偶有所得，亦一時恍惚之見，不可便以爲了徹也。且本體只在日用常行之中，若舍日用常行，以爲別有一

[56] 姚名達，《劉宗周年譜》（上海：商務印書館，1934），頁174-175。

[57] 同前書，頁186。

[58] 同前書，頁189-190。

[59] 如《證人社語鈔》〈序〉中，劉陶兩人所寫的序中便對識認本體一事互別苗頭，劉氏質問陶氏「便欲識認個什麼」。見《劉子全書及遺編》（京都：中文出版社，1981），頁966。

物，可以兩相湊泊，無乃索吾道於虛無影響之間乎」。[60] 就在陶、劉的這一次爭論後，劉宗周著手著《證人小譜》，後改名《人譜》。這場爭論與《證人小譜》的成書相聯是有深意的。劉宗周既然攻擊陶氏「索吾道於虛無影響之間」，那麼，到底應該「索吾道」於何處呢？如何在日用常行間求本體呢？《人譜》中所揭示的改過之法是一條路，另一條路是讀聖賢的經書。

除了本體與工夫之爭論外，陶石梁一派「借路蔥嶺」之事也是劉宗周這一派所極力反對的第二個主題。一六三二年，劉宗周爲陶氏的《今是堂文集》作序，說「或疑先生學近禪，先生固不諱禪也」。[61] 一六三五年，劉宗周答陶氏書中說「顧天下談新建之學者，未有不借路蔥嶺」，「高明之士，談性宗而忽彝倫；卑暗之士，樂猖狂而惡名檢」。[62] 一六三八年十一月，在答王朝式書中他還責備陶氏門人說「諸君子言禪言，行禪行，律禪律，遊禪遊，何以道學爲哉」。[63]

陶、劉兩派的第三個差異是：石梁一路，強調的是個人的證悟，周海門說「自心缺陷，世界缺陷；自心滿足，世界滿足。不干世界事」。[64] 而蕺山一路，尤其是黃宗羲，受到現實社會政治的刺激，強調的是社會的事，故對「知」及格物的「物」字有不同的解釋。黃宗羲說：「家國天下，固物也，吾知亦有離于家國天下之時？」[65] 而且認爲應該讀經，不再侷限在個人道德修養的關懷，而是強調社會性、政治性的關懷。何以爲了治平天下，必須讀經？首先，爲了維持社群中的禮教秩序，經書提供了人人共遵的常道。關於這一點，黃宗羲的後人黃嗣艾有這樣一段概括性的觀察：

---

[60] 《劉子全書》（台北：華文書局，無出版年代），卷十三，頁79。

[61] 劉宗周，〈今是堂文集序〉，同前書，卷二十一，頁1600。

[62] 〈與石梁二〉，《劉子全書及遺編》，卷五，頁1014。

[63] 劉宗周學生中有十七位不信禪者，包括王業洵、王毓蓍、張應鰲、黃宗羲等，上書劉氏，請別爲講會，而先生拒絕之。但隔年，沈國模、管宗聖、史孝咸、史孝復等創半霖義學於餘姚，是爲姚江書院之濫殤，從此一在紹興，一在餘姚，兩派的距離更形遙遠了。〈與王金如三〉，《劉子全書》，卷十九，頁1368。

[64] 《明儒學案》，卷三十六，頁856。

[65] 〈答萬充宗論格物書〉，《全集》，冊十，頁194。

公既閱桑海，趨變博觀，晚年誨後進年少，輒專以讀書爲第一義，謂學者不窮究經術，則幾無立身餘地，身之不守，國遑恤歟？蓋勘透理路，事無小大，乃有把握。素中國行乎中國，素夷狄行乎夷狄，古來相傳禮教兩字，就是當路之準的…然則興亡之樞機，允在禮教之隆替，既認得此癥結，豈復容自作聰明。彼從政作制，胥有因革，若言立國大原，殆捨禮教外無一是處。[66]

足見重建可以眾人共遵的道德行爲標準，也就是所謂「禮教」，是黃氏提倡讀書講經的一個重要理由。

爲了治平天下不能只有原理而無內容，而要有內容，則必須攻習詩書禮樂。這是當時許多人共同的想法。如與黃宗羲年輩相近的太倉陸世儀在《思辨錄》中有這樣一段話：

後世但有大學之道，無大學之法，故成就人才難。何謂大學之法，詩書禮樂是也。[67]

如只有大學之道，則只有原理，而沒有內容。他們認爲僅治理學，不通經史，是空有原理，不足以應付現實，不是有用的道學。從發起講經會諸子的變化也可以看出由原理轉向實質的痕跡。以萬氏兄弟爲主的一批青年，在經黃宗羲轉手得聞蕺山劉氏證人之學(1667)時，原先所讀的是程頤《定性書》、朱熹《中和說》、周敦頤《通書》、張載《西銘》等，也即是蕺山所輯《先儒粹言》，這是原理的部份。但接著他們便「改證人之會爲五經講會」，要講內容及方法。他們之所以專意蒐討六經，是因黃宗羲教人必先通經，嘗曰：「故受業者必先窮經，經術所以經世，方不爲迂儒之學。」[68] 又說：「人不通經，則立身不能爲君子，不通經，則立言不能爲大家。」[69]「迂儒」、「不能爲大家」，都是指空有原理，沒有實質的人說的。關於這一點，當時人還有如下的觀察。全祖望《鮚埼亭集外編》卷十六〈甬上證人書院記〉：

---

66 黃嗣艾，〈南雷公本傳〉，同前書，冊十二，頁100。

67 《思辨錄輯要》（光緒三年江蘇書局刊本），卷二十，頁1a。

68 全祖望，〈梨洲先生神道碑文〉，《鮚埼亭集》，卷十，頁136。

69 李鄴嗣，〈送萬充宗授經西陵序〉，《杲堂詩文集》，頁448。

> 先生（黃宗羲）始謂，學必原本於經術，而後不爲蹈虛，必證明於史籍，而後足以應務，元元本本，可據可依。[70]

其中「蹈虛」或不足以「應務」，也都是指只空談原理，而沒有內容或方法。《黃氏續錄·失餘稿》中說：

> 府君（黃宗羲）謂學問必以六經爲根柢，空腹游談，終無捞摸，於是甬上有講經會。[71]

除了原理，還要有內容，才能應務，這個教訓也深深銘刻在講經會的弟子中，鄭梁〈書讀書雜記稿前〉（己未），反駁陽明對讀書的鄙視。他引述陽明的話：

> 陽明先生曰讀書只要曉得，如何要記得，曉得已落第二義，只要明得自家本體。[72]

可是鄭梁認爲，如果不曉得、不記得，自家本體裏面是空空洞洞的：

> 暇時合眼一思，胸中了無一字，何況千百年帝王賢聖謨訓功烈，禮樂文章，海闊山崇，豈能言其崖略。因思聖門身通六藝之學，決不如此。陽明謂如何要記得，亦是一時口快，非篤論也。[73]

除了經書之外，黃宗羲還極力主張鑽研其他各種學問來充實自己。萬經〈寒村七十壽序〉中說丁未、戊申(1667、1668)之間，他目睹講經會的情況是，「維時經學、史學以及天文、地理、六書、九章、至遠西測量推步之學，爭各磨勵，奮氣怒生，皆卓然有以自見」。[74] 他們認爲依照其師「一本萬殊」的原理，本來就應該開展各種學術。所以當萬斯同轉向專治史學時，他在一封給同學的信中說「誠留意於此，不但可以通史，並一代之制度，一朝之建置，名公卿之嘉

---

70 《鮚埼亭集》，外編，頁88。

71 《黃氏續錄》（道光四年刊本），書藏餘姚黃梨洲文獻館，未能借讀。轉引自陳訓慈、方祖猷，《萬斯同年譜》，頁880。

72 《寒村文選》（清乾隆二老閣刊本），卷一，頁35。

73 同前引。

74 在萬經，《寒村七十祝辭》（康熙五十六年二老閣刊本），原書不得見。轉引自陳訓慈、方祖猷，《萬斯同年譜》，頁88。

謨嘉猷，與夫賢士大夫之所經營樹立，莫不概見於斯，又可以備他日經濟之用」。[75] 爲了避免只懂理學的一些空泛原則而流爲「陋」而無用，萬斯同認爲應該專力史學，探討歷史上的制度、建制，與嘉謨嘉猷以備他日經濟之用。

陶、劉思想上的第四種歧異是陶派步趨禪學化的心學，認爲心的最理想狀態是「空」，但劉、黃認爲心的理想狀態是儒家道德傳統作爲內容的。以「空」作爲最高境界是當時流行的看法。管志道說「空」是孔子學說的大本，[76] 即是一例，不管他們實際行爲上如何，既講「空」，則在理論上，一切人倫庶物之理，皆足以爲我之障，都應該蔑棄之。反對他們的人則認爲儒家的理想境界應該是「實」——實之以仁義禮智，實之以六經中正之道理。劉宗周批評道：

> 佛氏止言一心，心外無法，萬法歸空，依空立世界，何等說得高妙？乃其教門則忍情割愛、逃親棄君…則佛氏之言心，可謂喪心之極。[77]

兩派思想的第五個分歧是「改過」思想。「改過」是明季思想之大題目。即使在這個問題上，兩派也有分歧。晚明功過格極爲流行，它雖然有濃厚的功利思想，可是畢竟讓從事者有確切明白可循的方法。功過格在浙中王學圈中相當流行，故後人有云：

> 文成之學，至海門、石梁，直以蓮池放生，雲谷功過格爲聖學筌蹄，而諸先生皆爲所魅，不能覺也，二史爲尤甚。[78]

不但是「二史」史孝咸、史孝復爲功過格所「魅」。石梁門人秦宏祐也仿功過格而作遷改格，劉宗周因而作《人譜》以對抗之，認爲在修養過程中只有過，沒有功可言，斤斤計算功過，是功利之心。因爲人人天生便是一個聖人，所以道德修養過程中，應該注意的是如何儘可能地把過錯消除掉。而且，改過之事不能等過錯已經造成再去記錄、反省，理想上應該是在意念尚未發動之先，便先貞定純善的「意」，使惡的念頭不致發生，否則只是皮面補綴的工夫。

---

75 〈寄范筆山書〉，萬斯同，《石園文集》，（民國四明叢書第四集），卷七，頁5。

76 管志道，〈奉復天台耿先生筆示排異學書〉，在《惕若齋集》（萬曆二十四年序刊本），卷一，頁9b。

77 《全集》，冊一，頁322。

78 李慈銘，《越縵堂讀書記》（台北：世界書局，1975），頁430。

以上五點是當時劉宗周一派與陶石梁一派爭執的論題。陶、劉二派的爭執非常激烈，有彼消我長，彼長則我消之勢，後來的人也能充份了解劉子的證人社與周海門一派的緊張關係。全祖望的〈蕺山瞻雲樓上有大士焉駴而去之〉詩云：

安得證人昌墜緒，海門弟子息猰猲。[79]

即是一證。[80]

其實除了上述的種種思想差異之外，陶、劉二派還牽涉到政治鬥爭。在魏忠賢垮臺之後，浙東不少魏黨餘孽回到當地，卻依然作威作福。他們對黃宗羲之父黃尊素的墓地及祠堂萬般阻擾，黃宗羲認爲這是因「浙中之爲禪學者，以爲忠義、名節，無關於理學」，所以對於閹黨格外巴結，對於忠臣橫加打擊。[81]這一段觀察基本上並未摻雜黃宗羲個人的意見。當時遠在北方的刁包便覺察到閹黨的支持者利用周汝登《聖學宗傳》打擊東林志士的情形。他在〈與王燕山宗伯書〉中說：

梁溪（高攀龍）倡道于璫禍方烈之日，一時言官群起而攻之，而學道者公然以周海門《聖學》一書遞相唱和，蓋淪肌而洽髓也。[82]

遠在湖南的王夫之也有類似的觀察，他在《張子正蒙注》的〈序論〉上說王學末流是「爲刑戮之民，爲閹賊之黨，皆爭附焉，以充其無善無惡，圓融理事之狂妄，流害以相激而相成」。[83] 刁、王二人，一在河北，一在湖南山區，得到的印象如此相近，那麼當時禪化的王學與東林反閹黨運動之爭是相當清楚的。黃宗羲的好友高斗魁的一段觀察說明了某些閹黨與浙中王學互相倚附以致於當地氣節風俗敗壞，而黃宗羲、萬泰、劉瑞當等人與之相抗的情形。高斗魁並無文集傳世，在稀見的《濠梁萬氏宗譜》中收有他的一篇〈悔庵萬先生行狀〉說：

---

79 《鮚埼亭集》，頁1578。

80 全祖望更注意到劉宗周講學的解吟軒後來爲比丘尼所居。（見全氏，〈朱綿之解吟軒當蕺山之左念台先生主講地也今爲比邱所居〉詩，同前書，頁1579）。足見作爲寧波當地人的他始終視這兩者爲互相對立的陣營。

81 《全集》，冊一，〈子劉子行狀〉，頁260。

82 刁包，《用六集》（清刊本），卷一，頁12-13。

83 《張子正蒙注》（台北：廣文書局，1970），頁8-9。

時瑞敍方熾，鄉里縉紳多附之者，先生與文虎極口詆之，恥不與交。四明僻處海濱，聞見固陋，前輩鮮知崇尚氣節，支派相承，訟習莫解，海內砥飭名行之士視四明爲異域，而不之齒。先生慨然思一雪其恥以移易人心爲己責，與慈溪劉瑞當、姚江黃太沖先生兄弟激揚風節，扶掖後進，孑孑乎其如恐不勝也。[84]

足見黃宗羲與其好友們在當地形成了一個維持道德氣節的圈子，與附和閹黨的士大夫相抗。這種態度一直到黃氏子弟陳錫嘏也沒改變過。在罕見的陳氏《兼山堂集》中便有這樣一段話：

釋氏欲舉天地人物彝倫日用而悉空之，以自私其所爲虛靈圓覺者，至於彌近理而大亂眞，要皆不忠不恕爲之者。[85]

黃氏本人在《思舊錄》中則明白說出袒護閹黨的是沈國模、管宗聖、史孝咸等禪化王學的學人：

先生（劉宗周）於余有罔極之恩。余邑多逆黨，敗而歸家，其氣勢不少減，邑人從而化之，故于葬地祠屋，皆出而阻撓。其時，吾邑有沈國模、管宗聖、史孝咸，爲密雲悟幅巾弟子，皆以學鳴，每至越中講席，其議論多袒黨逆之人，先生正色以格之，謂當事曰：「不佞白安先生之未亡友也，苟有相齧者，請以螳臂當之矣。」戊辰(1688)冬，先生來弔，褰幃以袖拂其棺塵，慟哭而去。[86]

但是黃宗羲在寫這些文字時，顯然仍有所忌諱，所以他並不明白指出究竟是那些人出面阻撓其父黃尊素的葬地祠屋。所幸他的七世孫黃炳垕在黃宗羲年譜中指出是一位蔣姓的大官。案《啓禎兩朝剝復錄》上說：

原任太常寺卿蔣一驄，內有通天之孫杰，則呼吸何患于不靈；外有納賂之逆崔，則夤緣奚拒而不入。平生只一巧字，孫冢宰之評語最眞；數歲慣走權門，舊選司之金錢得力。同鄉劉宗周，正人也，惟恐其出而阻之，名曰

[84] 萬斯大輯、萬經增輯，《濠梁萬氏宗譜》（清乾隆三十七年刊本），無頁碼。

[85] 《兼山堂集》（清康熙刊本），卷一，〈一貫忠恕說〉，頁17。

[86] 《思舊錄》，在《全集》，冊一，頁338。

> 蔽賢者不祥；移宮一案，何罪乎，疏請榜示以爲誡。誰是欺天下而背主，蓋既爲崔魏之官，自應爲詖邪之事。[87]

黃宗羲說禪學化王學認爲「忠義、名節，無關於理學」，在政治上採取權宜主義，所以在魏忠賢的問題上，沈國模、管忠聖、史孝咸「其議論多祖黨逆之人」。而劉宗周「正色以格之」，特意在崇禎元年(1628)弔唁黃尊素時，「褰幃以袖拂其棺塵，慟哭而去」，[88] 以表達他的態度。其實禪學化的王學者在立身處世上亦多有嚴正剛方者，但因爲他們的思想中未替忠義名節安排任何位置，所以易於被利用來作違犯名節忠義之事。在現實上曾受閹黨欺壓的劉宗周、黃宗羲特別留心在理學思想中爲名節忠義安排一個地位，而且也要在人心中築起一道看得見的堤防，讓求心性之學的人知道在行爲上要能持循忠義名節才是達道，否則，即使悟得本體，在行爲上不能持忠義、名節，仍是枉然。劉、黃的著作中遂刻意要談名節。劉宗周《會語》說：

> 先生謂祝淵曰：人生末後一著，極是要緊，儘有平日高談性命，臨歧往往失之。其受病有二：一是僞學，飾名欺世，原無必爲聖賢之志，利害當前，全體盡露。又有一種是禪學，禪家以無善無惡爲宗旨，凡綱常名教，忠孝節義，都屬善一邊，指爲事障、理障，一切掃除，而歸之空。[89]

《會語》中另有一則，記「有友問：三代之下，惟恐不好名，名字恐未可抹壞。王金如云：這是先儒有激之言，若論一名字，貽禍不是小小。」[90] 王金如即王朝式，是陶奭齡的門人，他認爲名是理障。但不好名，就不受名節之拘束，這是劉、黃所反對的。

劉宗周與黃宗羲強調工夫，強調禮教名節，強調有用之學，他們逐漸覺得不能不在思想體系中爲六經三史安排一個位子。

---

[87] 吳應箕纂，《啓禎兩朝剝復錄》(貴池先哲遺書本)，卷八，頁1b。

[88] 姚名達，《劉宗周年譜》，頁129，崇禎元年條：「九月，先生聞奄黨正法，黨禍已解，遂裹糧渡錢塘，徧弔死難諸友之喪。無錫則高攀龍，蘇州則周順昌，江陰則繆昌期、李應昇，桐城則左光斗，吳江則周宗建，餘姚則黃尊素，或登堂就位而哭，或拜哭於墓門，其道遠者如楊漣、周起元，並遣使弔之。」

[89] 《明儒學案》，卷六十二，頁1546。

[90] 同前書，卷六十二，頁1540。

（一）劉宗周的新心學運動

劉宗周思想影響甬上講經會的實況，不能純從劉氏思想來看，而應從甬上弟子們對他的學說所留下的印象來判斷。李鄴嗣在〈原旨書後〉中有這樣一段觀察：

> 子劉子之書，功在萬世者，在壹其學于心也…但由正心以前，誠意以愼心之動，致知以廓心之明，二者而已，是皆壹之于心也。孟子亦曰：求心之外，無他學問焉。然則天下至精至微至一至中之道，誠無有尚于心者也。及戰國以來，學術不壹，而人始紛紛言性。不知性者心之所生也，非離心而二之也。今乃使方寸之宮，而名號譸起，諸儒日聚議其中，今日而舉一性焉，明日而舉一理焉、一氣焉，翻使心失其官，以讓爲冥漠之舍，其離析已甚。而胡廣、楊榮輩，復揭揭然耑其所集之書曰「性理」，而天下益共讙言性矣。某固心疑之，第未敢倡其說也。適者子劉子之書既已大出，而黃梨洲先生更以《原旨》一編相授，得伏而讀之，始若渙然釋然，悅于中心，至忘寢食，因爲刻之塾中，以公于吾黨，使後來學人惟反求于吾心，各有其至微至精至一至中者在，而不煩冥求諸不可聞之性，然後天下之學，始得盡歸于壹矣。斯其功在萬世者夫。[91]

當時劉門弟子，及講經會諸子所接受到的印象都是，劉氏提倡「壹其學于心」，而且認爲劉氏的心學思想很新鮮。他的弟子陳確說：

> 先生每云：無心外之性，無心外之理，無心外之學，而歸其功於愼獨，可謂破末學之藩蘺，造羲、姚之堂奧矣。[92]

又說：

> 惟當反求諸心，即山陰先生「無心外之性」之旨也….以見所謂天、命、性，皆不越吾身吾心之外，學者毋徒馳騖于荒忽不可知之域。[93]

---

91 〈原旨書後〉，見《杲堂詩文集》（浙江：浙江古籍出版社，1988），頁499。

92 〈與劉伯繩書〉，《陳確集》（北京：中華書局，1979），頁576。

93 〈與張考夫書〉，同前書，頁584。

「壹其學于心」的思想，看起來殊無異於陽明等人，但對當時思想界卻有肅清作用。第一，是將天、命、性等，全部交歸心來管，由心來決定它們的內容，所以不必在天、命、性上探求以致「馳騖於荒忽不可知之域」。

劉宗周反對將「心」作爲求學的目標的話隨處皆是，如子劉子《學言》中說：

> 吾人有生以後，此心隨物而逐，一向放失在外，不知主人翁在何處。一旦反求，欲從腔子內覓歸根，又是將心覓心。惟有一敬爲探存之法，隨處流行，隨處靜定，無有動靜顯微前後巨細之歧，是千聖相傳心法也。[94]

黃宗羲也贊同這一個論點，在〈孟子師說〉中說：

> 千古性學不明，只是將做一好題目看，故或拘於一處，或限於一時。

> 朱子以未發言性，仍是逃空墮幻之見，性者生而有之之理，無處無之。如心能思，心之性也；耳能聽，耳之性也；目能視，目之性也。[95]

他又引其師的話：

> 識得夫子言性處，方可與盡性，後人皆以性求性，妄意有一物可指，終失面目。[96]

至於將「心即理」倒轉爲「理即心」，也有一個發展的過程，高攀龍已經發過「理即是心」之類的言論了。高氏在給劉宗周的一封信上說：

> 理者心也，窮之者亦心也，但未窮之心，不可謂理，未窮之理，不可謂心。[97]

> 今人說著物，便以爲外物。不知不窮其理，物是外物，物窮其理，理即是心。[98]

> 心即理，理即心，理散見于六經間，聞見狹而心亦狹，非細事也。[99]

> 格物窮理，皆所以致其良知。[100]

---

94 《子劉子學言》，《全集》，册一，頁264。

95 〈孟子師說〉，同前書，册一，頁78。

96 同前引。

97 〈復念台二〉，《高子遺書》（康熙二十九年刊本），卷八上，頁27。

98 〈語〉，同前書，卷一，頁3。

99 〈與子往〉二，同前書，卷八上，頁53-54。

100 〈與涇陽論知本〉，同前書，卷八，頁14。

正因爲心是認識天地萬物的，所以「心體」即是天地萬物，不是別有一物。「心體」只在日用常行，不是別有一物。求心體正是要求諸日用常行及天地萬物，而不是渺茫恍惚，無可捉摸之處。劉子這一類的話甚多，茲引數則如下：

> 一心也，統而言之，則曰心，析而言之，則曰天下、國、家、身、心、意、知、物。惟心精之合意、知、物；粗之合天下、國、家與身；而後成其爲心，若單言心，則心亦一物而已。[101]
>
> 心以物爲體，離物無知，今欲離物以求知，是程朱所謂反鏡索照也，然則物有時而離心乎？曰：無時非物。心在外乎？曰：惟心無外。[102]
>
> 只此一心…陰陽之爲易，政事之爲書，性情之爲詩，刑賞之爲春秋，節文之爲禮，升降之爲皇帝王伯，皆是也。只此一心，散爲萬化，萬化復歸一心。…[103]
>
> 心無體，以意爲體，意無體，以知爲體，知無體，以物爲體。[104]

這些話明顯地爲讀經及外求諸天地萬物的知識安排了位置。此外，他也將他的觀點與佛學作一比較，說：

> 釋氏之學本心，吾儒之學亦本心。但吾儒自心而推之意與知，其工夫實地卻在格物，所以心與天通。釋氏言心便言覺，合下遺卻意。無意則無知，無知則無物，其所謂覺，亦只是虛空圓寂之覺，與吾儒盡物之心不同。[105]

劉氏說過「天者，萬物之總名」，[106] 那麼此處所謂「心與天通」其實即是心與萬物通。

那麼我們也可以了解爲何黃宗羲「盈天地皆心也」這樣看來極端唯心的思想，竟會發展成爲研究經書、天文曆象、文學辭章、溝渠水利之學？何以極端唯心的思維之中又透露出唯物的傾向？心學與經學，原是看來完全矛盾的東西，何以會有邏輯的關聯？心學之後何以接著便是實學？《明儒學案・序》說：

---

101 〈子劉子學言〉，《全集》，册一，頁286。

102 〈子劉子學言〉，同前書，頁278。

103 〈子劉子學言〉，同前書，頁263。

104 〈子劉子學言〉，同前書，頁288。

105 〈子劉子學言〉，同前書，頁265。

106 〈子劉子學言〉，同前書，頁304。

盈天地皆心也，變化不測，不能不萬殊。[107]

又說：

窮理者，窮此心之萬殊，非窮萬物之萬殊也。[108]

因爲心是認識萬物的主體，而不是被認識的對象，所以這兩段看似唯心色彩極爲濃厚的話，其實飽含玄機。劉、黃皆將「心即理」轉換爲「理即心」。而這一個轉換也必須等到將心的內容看成是萬殊，而非一成不變，才有可能。否則是萬理應從屬於心，而不是心從屬於萬理。誰主誰客極爲關鍵。如果說「心即理」是唯心主義，那麼「理即心」就幾乎是相反的東西了。

（二）劉宗周、黃宗羲對經學的新看法

從蕺山「理即心」的學說，發展出他的前後兩篇〈讀書說〉。第一篇作於一六二七年，是爲了給他兒子劉汋讀的，第二篇則作於一六三二年。這兩篇提倡讀書的文字，並不是爲讀書而讀書，而是爲了明心而讀書，也就是後來黃宗羲的「以書明心」。所以他們並未完全脫離心學的矩矱。他們爲讀經書所找到的理論依據是因爲聖賢之心即吾心，所以欲明白自己的心，便要了解聖賢的心，而學者如果想窺見聖賢之心，則捨四書五經無由。

首先應該談陽明心學體系中，經書與心體的關係。陽明的經學與心學觀點，以〈稽山書院尊經閣記〉爲主。他說：

六經非他，吾心之常道也。[109]

陽明又說：

是常道也，以言其陰陽消息之行焉，則謂之《易》；以言其紀綱政事之施焉，則謂之《書》；以言其歌詠性情之發焉，則謂之《詩》；以言其條理節文之著焉，則謂之《禮》；以言其欣喜和平之生焉，則謂之《樂》；以言其誠僞邪正之辨焉，則謂之《春秋》。[110]

---

107 《明儒學案》，頁9。
108 同前引。
109 《王陽明全集》（上海：上海古籍出版社，1992），頁254。
110 同前書，頁254。

劉宗周在〈讀書說示兒〉中將上述的命題作了相當巧妙的轉換。這是一篇相當重要的文字，所以我將大段徵引：

> 人生蠢蠢耳，此心熒然喜而笑、怒而啼，惟有此甘食悅色之性耳。迨夫習於言而言，習於服室居處而服室居處，而後儼然命之人，則其習於學而學，亦猶是也。人生而有不識父母者，邂逅於逆旅，亦逆旅而過之。一旦有人指之曰：此爾父母也，爾即子也，則過而相持，悲喜交集，恨相見之晚也。吾有吾心也，而不自知也，有人指之曰：若何而爲心，又若何而爲心之所以爲心，而吾心恍然，吾心恍以爲是矣…由是而及於天下，其是是而非非也，不亦隨所指而劃然乎？夫書者指點之最眞者也。前言可聞也，往行可見也，多聞，擇其善者而從之，多見而識之，所以牖吾心也。先之以小學以立其基，進之《大學》以提其綱，次《中庸》以究其蘊，次《論語》以踐其實，終之《孟子》以約其旨，而所謂恍然於心者隨在而有以得之矣。於是乎讀《易》而得吾心之陰陽焉，讀《詩》而得吾心之性情焉，讀《書》而得吾心之政事焉，讀《禮》而得吾心之節文焉，讀《春秋》而得吾心之名分焉。又讀《四子》以沿其流，讀《綱目》以盡其變，而吾之心無不自得焉。其餘諸子百家泛涉焉，異端曲學誅斥之可也。於是乎博學以先之，審問以合之，愼思以入之，明辨以晰之，篤行以體之。審之性情隱微之地，致之家國天下之遠，通之天地萬物之大，而讀書之能事畢矣，儒者之學盡於此矣。故曰讀書，儒者之業也。自後世有不善讀書者，專以記誦辭章爲學，而失之以口耳，且以爲濟惡之具。有之於是，有志之士始去，而超然即心證聖，以聞見爲第二義，而佛老之徒益從而昌熾其說，其究至於猖狂自恣以亂天下。[111]

後面這幾句話完全是針對陽明而說的。陽明〈大學問〉中激烈批判專以記誦辭章爲學，甚至以之爲「濟惡之具」的人，而劉宗周雖然並不反對陽明的話，但是他也指出陽明之說本身就是「猖狂自恣以亂天下」的開始，尤其是「即心證聖」一語。那麼依劉宗周的意思，應該用什麼來「證聖」呢？——六經。應該

[111] 《劉子全書》，頁472-474。

「讀《易》而得吾心之陰陽，讀《詩》而得吾心之性情，讀《書》而得吾心之政事，讀《禮》而得吾心之節文」，這正好是陽明讀書觀的大逆轉。陽明說「六經者，吾心之記籍也」，「禮」，只是「吾心之條理處」，吾心處於優先的地位。現在卻反逆過來，心的內容還得要等六經來證定與規範。

陽明認爲「尊吾心之常道，即所以尊經」，故說：

> 君子之於六經也，求之吾心之陰陽消息而時行焉，所以尊《易》也；求之吾心紀綱政事而時施焉，所以尊《書》也；求之吾心之歌詠性情而時發焉，所以尊《詩》也；求之吾心之條理節文而時著焉，所以尊《禮》也；求之吾心之欣喜和平而時生焉，所以尊《樂》也；求之吾心之誠僞邪正而時辨焉，所以尊《春秋》也。[112]

這一段話劉宗周也常援用，不過他反過來認爲尊經即是尊吾心之常道，而不是尊吾心之常道即尊經，在這關鍵之處劉宗周與陽明有極大不同。他是主張要讀《易》才能得吾心之陰陽，讀《詩》才能得吾心之性情，讀《書》才能得吾心之政事，讀《禮》才能得吾心之節文，讀《春秋》才能得吾心之名分。陽明主張人心中有自家無盡藏，故反求諸心即可得經，但劉宗周認爲心與常道的關係是像從小失散的兒女與父母之關係，即使在路上遇見了也認不得，必須有人從旁指點，而指點的人即是「六經」。

六經是看得見的，寫得淸淸楚楚的。遵照六經，則什麼該做與什麼不該做都比較確定，可是如果一切以心來判斷，就捉摸不定了。劉宗周在〈讀書記〉中又舉張居正奪情事爲例說：

> 余嘗從陽明子之學，至拔本塞源論，乃以博古今事變爲亂天下之本。信有然乎，充其說必束書不觀而後可。夫人心不敢爲惡，猶博此舊冊子作尺寸之堤，若又束之高閣，則狂瀾何所不至。舊偶閱一書，江陵欲奪情，盡指言者爲宋人爛頭巾語，此事惟王新建足以知之。夫江陵欲奪情，不管新建不新建，何至以新建之賢而動爲亂臣賊子所藉口，則亦良知之說有以啓之。[113]

---

[112] 《王陽明全集》，頁255。

[113] 《劉子全書》，頁478。

這一段引文中「猶博此舊冊子作尺寸之堤」一語特別值得注意。「舊冊子」之所以能作尺寸之隄，是因它不是可以任心稱意去發揮的東西，它寫得清楚而不能變更，像成文憲法般。而張居正之認爲「奪情」一事只有王陽明能同意，便是因爲如果照心即理的道理，人應隨著境遇之不同而變，只要心之所安，便可以做了。張居正是否眞說過這樣的話，還待考證。要緊的是劉宗周認爲陽明的話可以被如此利用，而且曾經被如此利用。依劉氏的意思，爲了挽救這一弊病，必須提出一套確定可見而客觀共認的知識系統來規範心的內容。心原來是裁決者，現在反而在相當程度上是被裁決者。

如果照著這一思路，則閱讀及詮釋經書的方式及態度也要大加改變：要一反明代理學家拿經來發揮哲學，或拿經來講自己一套義理的方式，把經變成比義理哲學更優位的東西，由它來決定心的內容，不是由心決定它的內容，所以客觀地了解聖人原來的意思變成是了解聖賢之心——也就是我之本心的不二法門了。劉宗周並未說出這一層，不過，「以書明心」的路子基本上已經定下來。

劉宗周在另一篇〈讀書說〉中又說：

> 學者誠於靜坐得力時，徐取古人書讀之，便覺古人眞在目前，一切引翼提撕匡救之法，皆能一一得之於我，而其爲讀書之益，有不待言者矣。昔賢詩云：萬徑千蹊吾道害，四書六籍聖賢心。學者欲窺聖賢之心，遵吾道之正，舍四書六籍無由。夫聖賢之心即吾心也，善讀書者第求之吾心而已矣。舍吾心而求聖賢之心，即千言萬語無有是處。陽明先生不喜人讀書，令學者直證本心，正爲不善讀書者舍吾心而求聖賢之心，一似沿門持鉢，無異貧兒，非謂讀書果可廢也。先生又謂博學只是學此理，審問只是問此理，愼思只是思此理，明辨只是辨此理，篤行只是行此理，而曰心即理也。若是乎此心此理之難明，而必假途於學問思辨，則又將何以學之問之思之辨之而且行之乎？曰古人詔我矣。讀書一事，非其導師乎，即世有不善讀書者舍吾心而求聖賢之心，一似沿門持鉢，苟持鉢而有得也，亦何惜不爲貧兒。昔人云，士大夫三日不讀書即覺面目可憎，語言無味，彼求之聞見者猶然，況有進於此者乎？惟爲舉業而讀書不免病道，然有志之士卒不能舍此以用世，何可廢也，吾更惡夫業舉子而不讀書者。[114]

[114] 〈讀書說〉，同前書，頁487-488。

此段引文中有極可注意之處，他一方面並不完全脫離王陽明心學的傳統，可是又處處在與他爭持。陽明認爲世間有不善讀書者「舍吾心而求聖賢之心」，並譏之爲「沿門托鉢效貧兒」，劉宗周反駁說，如果是這樣而有所得，「亦何惜爲貧兒」。他甚至說士大夫之「求之於聞見者」還覺得三日不讀書則面目可憎，那麼求道者怎能不更汲汲講求聞見之知？

劉宗周雖然指出了讀六經以明心的路，可是甬上證人講會的弟子們之所以走上「講經」一路，主要是透過黃宗羲的詮釋與發揮。

黃氏當時所發揮的議論，我們必須從參與講會的弟子們的記錄中推測，才算得其情實，不應由黃氏一般的哲學理論中去看。前面已經引用過黃百家《黃氏續錄・失餘稿》中說的一段話：「府君謂學問不以六經爲根柢，空腹游談，終無撈摸」。百家是當日參與講會的人，他的記錄定是當日親聞之辭，所謂「必以六經爲根柢」，否則「終無撈摸」，可以解釋作，如果只是談心，是恍恍然空空洞洞的，沒有準則也沒有內容。另一位講經會弟子李鄴嗣在《杲堂文鈔》卷三的〈送范國雯北行序〉中說：

> 先生嘗嘆末世經學不明，以致人心日晦，從此文章事業俱不能一歸於正。[115]

這幾句話可以解釋爲因爲人們不能以六經明心，每個人任心以爲理，以致道德紛歧，價值混亂，故「從此文章事業不能一歸於正」。後來的全祖望在記甬上的證人書院時，作了非常有名的歸納：

> 不知自明中葉以後，講學之風，已爲極敝，高談性命，直入禪障，束書不觀…先生始謂學必原本於經術，而後不爲蹈虛；必證明於史籍，而後足以應務，元元本本，可據可依，前此講堂錮疾，爲之一變。[116]

全氏又在〈梨洲先生神道碑〉中歸納出黃宗羲是主張「讀書不多，無以證斯理之變化」——

> 公謂明人講學，襲語錄之糟粕，不以《六經》爲根柢，束書而從事於游談，故受業者必先窮經，經術所以經世，方不爲迂儒之學，故兼令讀史。

115 《杲堂詩文集》，頁445。

116 〈甬上證人書院記〉，《結埼亭集》，外編，頁880。

又謂讀書不多，無以證斯理之變化，多而不求於心，則爲俗學。故凡受公之教者，不墜講學之流弊。[117]

他們認爲，理是在人心中，可是它並沒有形跡，空空蕩蕩，如果不讀書，無從證知其內容。就好像劉宗周所說的，一個幼年與父母失散的人，在路上見了也互不認識，一定要到別人指證時，才知道是自己的父母。過去以心證聖，是行不通的，應該要用書來明心。

以禮學爲例，在心學的理論系統中，聖人是可以即吾心之義理發而爲合乎聖人經典上所記之禮的。但問題出在我們不是聖人，一般人不一定能做到這一步，所以必須倒過來做，先明儀文才能得其義理。黃宗羲門生萬斯大說了幾句看似平淡，其實很有深意的話：

在聖人即吾心之義理，而漸著之爲儀文；在後人必通達其儀文，而後得明其義理。[118]

所以他們講三禮之學時強調《儀禮》。[119]

（三）何以「聖人必可學而至」

黃宗羲在《明儒學案》的〈姚江學案〉中曾說「自姚江指點良知，人人現在一反觀而自得，便人人有個作聖之路」。不過一反觀而自得其本體畢竟是非常主觀而沒有保證的事，即使得到，不一定眞實，即使眞實，不一定能保持勿失。明儒楊愼的批評說道學、心學「使人領會于渺茫恍惚之間，而無可捉摸，以求所謂禪悟，此其賊道喪心已甚。」[120] 劉、黃二人，則想將之從渺茫悠忽、無可捉摸之境拉下來，用最普通可行的方法去舖設這一個「作聖之路」。

117 同前書，卷十，頁136。

118 萬斯大，〈與陳令升書〉，在《儀禮商》（《經學五書》本）〈附錄〉，頁99-100。轉引自小野和子，〈清初の講經會について〉，《東方學報》36（1964），頁65。案，小野和子這篇文章是關於此會很重要的前驅之作。

119 萬斯大說「故讀《禮記》而不知《儀禮》，是無根之木，無源之水也」。同前引。

120 〈道學〉，《楊升庵文集》（明萬曆十年刊本），卷七十五，頁15。

當時甬上這一批年輕人在初見到由黃氏轉手的劉宗周著作時，第一個反應是非常樂觀地認爲成聖是一件可能做到的事，而且有方法、有步驟，很容易下手。他們的樂觀情緒有以下諸例，鄭梁〈生朝自述〉：

> 天幸丁未(1667)夏，遇師甬江滸，得聞蕺山傳，不覺志氣鼓，愼獨談何易，讀書勇可賈。[121]

又〈上黃先生書〉：

> 去年五月十三、四，獲見先生於鄞郊，…始翻焉知聖學之必可爲。[122]

陳錫嘏〈陳母謝太君六十壽序〉說：

> 一時不下十餘人…而皆以爲聖人必可學而至。[123]

本來聖人是否可學而至是中國思想史上的大問題。[124] 在這裏，他們的樂觀氣氛有其背景，即劉宗周所許諾的，人人可以成爲聖人，而且不必像浙中王門那樣懸空講本體，求證悟，才能成聖。成爲聖人的方法很容易，一是改過，一是讀書。

劉氏的改過思想，使得接觸到他的學說之人馬上相信上聖可達。黃百家〈《人譜》補圖序〉中說宋子瑜對他說「今世學者多用空言，蕺山《人譜》最爲切實，若能循此而行，聖域眞不難到」，百家同時又說：「…《人譜》一書，其有途轍可循，不患不至上達」。[125] 我們應注意其中「途轍可循」、「不患不至上達」「聖域眞不難到」三語，因爲遵循《人譜》就像會計師記賬一般，內

[121] 《寒村詩文選・五丁詩稿》，卷一，轉引自陳訓慈、方祖猷，《萬斯同年譜》，頁80。

[122] 鄭梁，〈上黃先生書〉，轉引自同前書，頁79。

[123] 《兼山堂集》，卷四，頁14。

[124] 參見湯用彤，〈謝靈運辯宗論書後〉，在《魏晉玄學論稿》（北京：人民出版社，1957），頁112-119。

[125] 黃百家，《學箕初稿》（四部叢刊本），卷一，頁12。但是陳錫嘏後來卻著有《彙纂功過格》，似乎後來覺得劉子《人譜》的辦法仍不似功過格般簡便易行。陳錫嘏之《彙纂功過格》係一八二八年刊本。陳氏《兼山堂集》中並未言及他曾著有此書。此書現存日本，見Cynthia J. Brokaw, *The Ledger of Merit and Demrit* (Princeton: Princeton Univ. Press, 1991), pp. 178-183, 184, 186, 191, 192-200, 208-214。陳氏並非特例，山陰張際辰後來也有相似的發展，嘉慶《山陰縣志》卷十六，頁3「際辰習聞證人之學…既嘗受《人譜》於師，後復悟講學主修不主驗，乃盟諸神祇，力行所謂《太微功過格》者，意主於修省，無邀福想…」。

在世界成德轉化的情況，完全可以從簿記中一覽無疑，但它與功過格不同，只記過不記功，故只要在日用常行中消除過錯，便是工夫、便是本體呈現、便可成聖人，此之謂「有途轍可尋」也。另外一種工夫便是讀書。劉氏的兩篇〈讀書說〉及〈證學雜解〉皆將讀書與成聖的關聯說得相當清楚。總之，劉氏的《人譜》與〈讀書說〉及〈證學雜解〉都有步驟、有方法，只要能刻刻改過，刻刻不放過，只要能勇於讀書，即可成爲聖人。比較起來，這是對當時浙東思想界以求悟本體爲達於上聖的思想空氣的革命。黃宗羲則突出「讀書」而少談「改過」。他的文章談改過的不多，一再強調的都是以六經爲作聖根柢，在黃氏看來，要想「撈摸」到「本體」，最重要的工作便是讀書了。在他的影響下，浙江甬上出現了「講經會」。

三、甬上講經會之形成與進行

講經會弟子中以關於萬斯同的史料爲最多，我們便以他作爲個案，分析講經會逐步形成的過程。大抵萬氏爲學經歷即是與他相友善的一批甬上青年如何一步步走向講經會之歷程。他們的第一個階段是與「共郡中故家子弟二十九人爲文會」，[126] 這一段時間的風格是「相聚劇談史書治亂古文歌辭，視世路賄利之事如土芥」。[127] 這已是順治十三年(1656)的事，雖距清廷禁社(1660)還有四年，但因文網日嚴，其父深以結社爲禁忌，故在《祖訓錄》中訓示說：

> 讀書人不知古今，與聾瞶等耳。會考立社，但須集同志十許人，以《四書》爲面會，以《經》爲窗會。聞汝等聚集多人，如同鬧市，此無益有損，萬萬不宜。[128]

一六六〇年，清廷禁社，過了三年(1663)，季野參與的文會亦罷散，隔年(1664)，他常與澹園社成員陳赤衷、陳錫嘏、陳自舜、董允瑫、董允璘、范光陽

---

[126] 陳訓慈、方祖猷，《萬斯同年譜》，頁53。

[127] 同前註。

[128] 同前書，頁55-56。

等相過從，[129] 接著萬斯同等人，在一六六五年組策論之會，會中骨幹主要便是上述諸人再加王文三、錢魯恭、張九英、張士塤。此會「煮酒論文、詩歌唱和，赫然以爲不可一世」。[130] 由文會到策論之會，標誌著他們治平天下之志的萌興。也就在一六六五年春天，甬上的萬斯大、萬斯同、陳錫嘏、陳赤衷、董允瑫、董道權、董允璘、仇兆鰲等二十餘人，到餘姚向黄宗羲問學。[131]

一六六六年，萬斯同被一個重大的問題困擾著──即修己與治人是否互相矛盾。在《石園文集》卷七有〈與從子貞一書〉中說：

> 歷觀載籍以來，未有若是其憔悴者也。使有爲聖賢之學，而抱萬物一體之懷者，豈能一日而安居於此。夫天心之仁愛久矣，奚至於今而獨不然？良由今之儒者皆爲自私之學，而無克當天心者耳。吾竊不自揆，常欲講求經世之學，苦無與我同志者…夫吾之所爲經世者，非因時補救如今所謂經濟云爾也。將盡取古今經國之大猷，而一一詳究其始末，斟酌其確當，定爲一代之規模，使今日坐而言者，他日可以作而行耳。若謂儒者自有切身之學，而經濟非所務，彼將以治國平天下之業非聖賢學問中事哉！…吾竊怪今之學者，其下者既溺志於詩文，而不知經濟爲何事；其稍知振拔者，則以古文爲極軌，而未嘗以天下爲念；其爲聖賢之學者，又往往疏於經世，見以爲粗跡而不欲爲。於是學術與經濟遂判然分爲兩途，而天下始無眞儒矣，而天下始無善治矣。[132]

這一個重大的困惑後來逐漸被黄宗羲所轉手的蕺山理學所解決（詳後）。

萬氏等人的第三階段開始於兩年後(1667)的正月，也就是斯同三十歲時，他們由策論轉向理學的追求，與里中前述諸人，再加上其他共二十六人，至餘姚黄竹浦，正式執贄於黄宗羲。[133] 甬上年輕士人之所以受教於餘姚黄宗羲，除了地緣接近外，這個教育圈的形成與明季東林黨也有關。黄宗羲的父親黄尊素早

---

[129] 同前書，頁68。

[130] 同前書，頁71-72。

[131] 黄炳垕，《黄宗羲年譜》，頁33。

[132] 萬斯同，《石園文集》，卷七，頁7-9。

[133] 陳訓慈、方祖猷，《萬斯同年譜》，頁77。

年從師於甬上，且曾客於當地大族董氏。後來還與此地陸文虎、萬泰相友善，並同游劉宗周之門。而且他們都是支持東林反閹黨的同志。萬、陸既歿，黃宗羲還有二、三故人在甬上，故常乘小舟循甬江到甬上。所以萬、董兩家子弟領著里中後起諸賢向黃氏請業，也不是全無淵源可言。[134]

黃宗羲於一六六八年前來甬上，[135] 五個月後，他們決定改策論之會爲證人之會，由名稱的改變可見他們開始以劉宗周的後學自居。這時所研讀的都是理學書籍，尤其是劉宗周的文字。[136]

萬氏與友人的第四個階段發生在同年(1668)，他們改稱證人之會爲五經講會。[137] 由他們當時之文字可看出從證人到講經有一脈相承之跡。譬如李鄴嗣便說：「既在梨洲黃先生門，得讀蕺山遺書，始渙然冰釋，爲大道不遠，惟當返而求諸六經…立爲講經之社」。[138] 隔年(1668)，黃宗羲在講經會的骨幹上創甬上證人書院。

（一）講經會與證人會的重疊與思想承襲之跡

細察證人會與講經會之間，有一段模糊的重疊地帶。一般提及兩個社名時，也都語帶含糊，似乎有一段時間這兩個會是一個會，這兩個名字也可能同時並用。這一段模糊重疊之跡說明當時理學的發展與經學之間的沿承關係，不是截然兩個對立面。

劉宗周思想隨著黃宗羲第一次系統地被介紹到甬上。劉宗周在世及死後不久，主要是以節義而聞名，一般士大夫學者對他在思想史上的地位並無確定的了解。邵廷采在〈答蠡吾李恕谷書〉中，便將這一實況點出：

---

[134] 以上參李鄴嗣，〈黃母葉淑人六十壽序〉，《杲堂詩文集》，頁625。

[135] 黃宗羲黃竹浦老門口，正是三江——甬江、郯溪、姚江交會處。由鄭梁的「遇師甬東滸」詩句看來，黃氏是循甬江而來的。

[136] 《杲堂詩文集》，同前書，頁80。

[137] 同前書，頁83。

[138] 〈陳太母謝太夫人七十壽讌序〉，同前書，頁627。

孔孟以後集諸儒大成無粹于此，特全書未經刊布，世多傳其節義，至其爲承千聖絶學，尚罕有知之者，向讀孫徵君《理學正傳》一編，寫蕺山才百餘字。[139]

而一般也都承認發揚劉子思想，並將它介紹到甬上來，是黃宗羲絕大的功勞。

黃宗羲與劉子遺書之關係值得細加釐清。黃氏早年受父命從學於劉宗周，但是誠如黃氏所自言的，他雖久侍劉氏，[140] 但當時只留心科舉時文，四處參加文社，後來又致力於抗清，東奔西走，根本不曾仔細體會劉氏之思想。其子黃百家也說黃氏「顧是時，心力旁溢，既業制舉，復騁詩文。就試南都，凡一時四方知名之士無不交，遠近時文詩賦之會無不赴；選文統於東浙，就盟會於三吳，故雖得子劉子以爲之師，嘗自謂『先師夢奠以前，痛掌血痕，不沾牛革』」。[141]

他開始用心體會劉氏遺書是奉其母避居山中時，「大啓蕺山書，深研默究，以爲世知蕺山之忠清節義而已，未知其學也」。[142] 其子黃百家也說，在「奉王母避之山中」之時，黃氏才「大發篋衍，默體遍勘，始悟師門之學，爲集儒先之大成」。[143] 黃氏避居四明山，居處甚多，不過此時應是在化安山，也就是黃尊素墓旁的丙舍。[144] 不久後因爲山兵起，才又遷入餘姚城中。奉母山居在順治三年(1646)，離開時是順治六年(1649)。李鄴嗣在〈黃先生六十序〉中說：「先生抱蕺山之遺書，伏而不出，更二十餘年，而乃與吾黨二、三子重論其學」，[145] 大抵年代是符合的。黃氏在摩挲蕺山遺書二十多年後，才於丁未年(1667)與姜希轍在紹興復興證人講會，開始系統講述蕺山之學。[146]

劉宗周的遺著原先是在其獨子劉汋手中，黃宗羲並未能窺其全豹。這時候因爲劉汋死去，黃宗羲得以透過他的女婿[147] ——劉汋的長子劉茂林，取得原先掌

---

[139] 《思復堂文集》，卷七，頁619。

[140] 《全集》，册十，頁639。

[141] 同前書，册十一，頁422。

[142] 同前書，册十二，頁62。

[143] 同前書，册十一，頁422。

[144] 同前書，册十一，頁26。

[145] 同前書，册十二，頁207。

[146] 〈董吳仲墓誌銘〉，《全集》，册十，頁453。

[147] 黃尊素因批評閹黨被逮時，劉宗周曾餞別他，並約爲婚姻，故後來劉氏長孫劉茂林娶黃宗羲之女。

握在劉汋手上最完整的劉氏遺稿。甬上講經會的弟子便記載，一六六七年是劉子遺書由黃宗羲大量發露並帶到甬上的時侯。

> 始從黃先生所，得讀子劉子遺書。[148]
>
> 而子劉子之遺書，亦以次漸出。[149]
>
> 上溯蕺山，以爲絶學宜傳。[150]

甬上講經會是黃宗羲意外的收穫，[151] 因爲他的講學事業原先是在紹興。黃氏在〈姜定菴先生小傳〉中說：

> 先生歸爲鄉邦領袖，越中喪亂之後，人不説學。先生承二、三老友讀書談道，重舉證人社會。每遇三之日，先生入講堂，釋菜先師，士子之有志者，雲委景從，始知場屋之外，大有事業。[152]

紹興是劉宗周故鄉，有不少舊日弟子在此，黃宗羲顯然不能太自由地闡發他自己的想法。紹興講會材料不多，看來是以「讀書談道」爲主，但並未特別標舉講經。劉宗周臨死前曾將講會付託給他的大弟子張奠夫，後來黃氏也將紹興證人講會交給張氏，這裡的講會辦得不太有起色，所以黃宗羲形容該會「五年汶汶」。[153] 甬上的講經會就不同了，甬上所傳的蕺山思想是經黃氏詮釋發揮過的，黃氏所倡的窮經讀史，旁及文學、曆算、地理，皆是劉子思想中所未觸及或未充份發揮的內容。甬上的年青人在聽了黃氏所傳的蕺山之學後，確立了以讀經爲通向「大道」之路。李鄴嗣在《杲堂文續鈔》中說：

> 既在梨洲黃先生門，得讀蕺山遺書，始渙然冰釋，爲大道不遠，惟當返而求諸六經。[154]

---

148 李鄴嗣，〈黃母葉淑人六十壽序〉，《杲堂詩文集》，頁625。

149 李鄴嗣，〈黃先生六十壽序〉，同前書，頁435。

150 李鄴嗣，〈送萬季野授經會稽序〉，同前書，頁450。

151 黃宗羲，〈壽徐掖青六十序〉，《全集》，册十一，頁63，「時余四方之交遊方息，其所以慰寂寥者，賴有甬上也」。

152 同前書，册十，頁609。

153 〈壽張奠夫八十序〉，同前書，册十，頁655。

154 〈陳太母謝太夫人七十壽讌序〉，在《杲堂詩文集》，頁627。

(二)講經會之進行

提議創辦講經會的人是陳赤衷。他從一六六五年起便向黃宗羲問學。黃氏後來在回憶陳氏所創講經會時曾認爲講會可以彌補科舉學校養成人才之不足:

> 制科盛而人才絀,於是當世君子,立講會以通其變,其興起人才,學校反有所不逮。[155]

黃氏又說士之爲經義而立社者,有幾社、讀書社等,並將甬上講經會列入這一波經學社團的潮流中,但又強調它與幾社、讀書社、復社不同:

> 逮陽明之徒,講會且遍天下,其衰也,猶吳有東林,越有證人,古今人才,大略多出於是。然士子之爲經義者,亦依倣之而立社,余自涉事至今,目之所睹,其最著者,雲間之幾社,有才如何剛、陳子龍、徐孚遠,而不能充其所至。武林之讀書社,徒爲釋氏之所網羅。婁東之復社,徒爲姦相之所訾謷。此無他,本領脆薄,學術龐雜,終不能有所成就。丁未(1667)、戊申間(1668),甬上陳夔猷創爲講經會,搜故家經學之書,與同志討論得失。[156]

我推測黃宗羲之所以批評幾社、讀書社、復社「本領脆薄,學術龐雜」,是因爲它沒有理論背景;但講經會不一樣,他們有整套劉宗周思想作爲基礎,所以不致爲釋氏所網羅。

講經會主要是講經書,但也攻習古文詞。講經的辦法是一部經沿一部經講,每月聚講兩次。當講論某經時,全體會友都攻習這一部經典,最後當然是期望能盡通所有經書。故他們與五經應社以來「分曹而治」或明代科舉之只治一經不同。他們先從《易經》開始,設主講,「每講一經,必盡搜郡中藏書之家,先儒注說數十種,參伍而觀,以自然的當不可移易者爲主。而又積思自悟,發先儒之所未發者,嘗十之二、三焉」。[157] 足見他們不但在所有儘可能找到的先

---

155 〈陳夔獻墓誌銘〉,《全集》,册十,頁439。

156 同前文,同前書,册十,頁439-440。黃氏說:陳赤衷之所以獨特,是因爲他對科舉,對佛法都看破了,故說「夔獻以學問之道,非場屋所可究竟,乃入天井山,與苦節名僧,屢淹星鳥,砉然冰解,歸而返求之六經,近理亂眞之說,始不足以惑之。」(頁441)

157 〈陳夔獻偶刻詩文序〉,同前書,册十,頁28。

儒注疏中，擇取最「自然的當不可易」之說外，還有十之二、三是自己研探的心得。講經會（或稱五經會）前後共持續八年之久，「自《大易》至《春秋》以次畢講」。[158] 後來因為幾位核心會友中舉，而萬斯同又應聘赴北京修史而罷。

講經會進行的程序大致是這樣的：他們先從黃宗羲所授說經諸書，各研其義，然後集講。每次講會，一天的行程是：「先期於某家，是日晨而往，摳衣登堂，各執經以次造席。先取所講覆誦畢，司講者抗首而論。坐上各取諸家同異相辯析，各擇所安。日午進食，羹二器，不設酒，飯畢，續講所乙處，盡日乃罷。諸家子弟自十歲以上俱得侍聽。揖讓雍容…。」[159] 黃宗羲並不常住甬上，可是如有疑問，可以等他到時，「則從執經而問焉」。

以講禮經為例，他們是「大略合之以《三禮》，廣之以注疏，參之以黃東發、吳草廬、郝京山諸先生書，而裁以己意，必使義通。中有漢儒語雜見經文，則毅然斷之，務合于聖人之道。至專經治舉業家聞之，率其生平誦解所不及，茫然不知所說為何經也。諸賢各相詰難，俱在言論，而充宗（萬斯大）獨盡載之筆疏。凡諸家之說，各有所長，則分記之，吾黨所說，有足補諸家所不足，則附記之」。所謂「中有漢儒語雜見經文，則毅然斷之」，也就是說他們只取《易》、《書》、《詩》、《春秋》及《左》、《國》、《公》、《穀》，此外，如汲冢竹書之類，「非古而託之於古，附會多而確據少，置而不道」。[160] 足見他們有相當嚴格的斷代及文獻批判觀念，將年代可疑的古文獻盡行剔除。

講經會的會友還在所規定的幾部經書之外發展自己的興趣。如陳赤衷也集講《資治通鑑》，[161] 而萬斯同很快地轉向明史。

除了講六經、探求百家之學之外，他們特意標榜氣節，所以說：

> 今海內皆知甬上，精綜六籍，翱翔百氏，危儒行，標清議，一切誇誕骪骳之習擊去之。[162]

---

[158] 李鄴嗣，〈陳太母謝太夫人七十壽讌序〉，見《杲堂詩文集》，頁627。

[159] 李鄴嗣，〈送范國雯北行序〉，同前書，頁445。

[160] 萬斯大，《學禮質疑》〈自序〉，《經學五書》，總頁3。

[161] 李鄴嗣，〈陳太母謝太夫人七十壽讌序〉，《杲堂詩文集》，頁628說「集諸生闡春秋義兼司馬公鑑本」。

[162] 黃宗羲，〈陳夔獻五十壽序〉，《全集》，冊十，頁661。

參與講會諸人其實已形成一個生活社群，婚喪之事互相扶持。[163]

關於講經會的參與者，始終沒有一個確定的數目，也始終沒有一份令人滿意的名單，有說是二、三十人，有說是四十餘人，但有時也出現百餘人的說法。依我的推測，這幾個數目字分別代表幾種意義。三十幾人應該是指黃氏的學生。四十幾人，可能還包括講經會友攜其子弟前來旁聽，也就是漢代所謂的「門生」。至於百餘人，可能是活動進行得最盛時參與的聽眾。

有關講經會友的材料，多寡至爲懸殊，譬如萬斯大與萬斯同，因爲是清學在經、史兩方面相當重要的開山人物，所以有關他們的傳記資料相當之多。至於其他人物，則可以分成兩群。曾經獲得一定科名的，通常有墓誌銘留下，至於一些地區性知識分子，相關史料就很少了。講經會的會友名單，依我目前考證所得如下：萬斯同、萬斯大、萬斯選、萬斯備、陳赤衷、陳錫嘏、李文胤、陳自舜、范光陽、董允瑫、董允珂、董允瑋、董允璘、鄭梁、仇兆鰲、錢魯恭、張九英、張士培、張士塤、張汝翼、張九林、李開、王之坪、董允霦、萬言、董道權、董孫符、董胡駿、董元晉、陳汝咸、陳汝登、董雱、萬經、范廷諤、張錫璜、張錫璁、張錫錕、陸鋆。講經會友基本上包括兩個世代：他們或係黃宗羲的門生，或係門生的子弟。主要出自甬上的幾個大家族，如萬氏、董氏、張氏、范氏。大部份會友的事蹟非常隱晦，我在全祖望的《續甬上耆舊詩》中發現其中多人的小傳，由於內容比較零碎，所以另作一表，放在本文的〈附錄〉中。

此外，還有仇雲蛟、陳和中等人一時無法考得其生平。毛文強、顏曰彬亦爲講經會初期弟子，但是潘平格來到甬上挑戰證人之學時，二人被潘氏所吸引，從此成爲潘氏弟子，而且是潘氏學說最主要的捍衛者。[164] 講經會友中爲黃宗羲

[163] 譬如說：「康熙庚戌(1700)五月十五日，鄞縣高鼓峰卒於家。同邑友李文胤、陳赤衷、萬斯選、范光陽、董允瑫、萬斯大、董道權、陳紫芝、陳錫嘏、陳自舜、董允瑋、董允璘、萬斯同、萬言、王之坪、張九英、錢魯恭等既各爲文奠之矣。六月二十有二日，慈谿馮政、鄭梁來吊，同人復相與會哭，而因屬梁以公奠之文。」鄭梁，〈祭高鼓峰文〉，《見黃稿》（收在《寒村文選》），卷一，頁42。

[164] 見潘平格，《求仁錄輯要》，四庫全書存目叢書子部類（台北：莊嚴出版社，1996），頁562，563，687。

所推許者十六、七人。所習範圍包括《易》、《書》、《詩》、《禮》、《春秋》，未畢《春秋》而止。會友中以萬氏兄弟及董氏兄弟爲著。當時萬斯同雖年少，卻已爲學友所推崇。一六六九年，也就是講經會開始一、兩年後，萬斯同發生一個變化，他因授經姜希轍家而得觀大批明代史料，乃開始轉向明史學，準備以史學備他日經濟之用。

如果從全祖望《續甬上耆舊詩》的記載看來，講經會友中留有文集的並不少，但是可能多未刊刻，所以除了萬氏兄弟之著作及陳錫嘏的《兼山堂集》，范光陽的《雙雲堂文稿》之外，在經過多方尋找之後，仍無所得。

從講經會友的履歷中可以看出：講經會不能解釋爲是改朝換代或排斥科舉的產物。[165] 講經會大部份的會友仍追求科舉功名，而且希望以功名來證明講經是正確的路子。黃百家在一篇文章中便得意地說：

> 丙午(1666)之荐，陳子非園雋，己酉(1669)，董子在中，鄭子禹梅雋，今年(1675)，國雯與陳子介眉、仇子滄柱復雋，而介眉爲荐首，萬子貞一亦舉副荐，于是向之笑者，始訝然疑，向之疑者，亦稍稍信，以爲古學之士，非惟不妨于進取，或反有助于進取矣。[166]

在他們身上，充份體現了「遺民不世襲」的事實。他們沒有老師黃宗羲早年那種華夷緊張或是否該仕新朝的問題。相反的，如何在清朝追求功名，是大部份人共同的關懷。

康熙十一年(1672)，萬言、王文三、張梅先、黃百家等應試省城，而董允璘又於去年死去，講經會開始中衰。[167] 康熙十四年(1675)，陳錫嘏、范光陽、仇兆鰲皆中鄉舉，陳錫嘏爲榜首，萬言爲副榜。張士塤至京候補行人，萬斯大在杭州，張九英卒，甬上證人講經會諸子或散或卒，講經會遂罷。[168]

---

165 講經會的人非但不放棄科舉，像黃宗義還要透過選《浙東文統》一書來和思想對立的陶石簣、石梁兄弟相抗。參見黄炳垕，《黄宗義年譜》，頁18。

166 《學箕初稿》，頁9。

167 陳訓慈、方祖猷，《萬斯同年譜》，頁110。

168 同前書，頁117。

(三)講經會對當時學風之刺激

我們要評估甬上講經會所產生的震動前，必須先了解當時的讀書風氣。第一、以四書爲主，而且連朱子的集注也都不太讀，承學風極敝之後，有「矜《集注》爲秘錄」之情形。[169] 第二、即使讀經書，也只讀應付科舉考試的一經。即使是一經，也不讀《五經大全》中的注，能讀《五經大全》中一、兩行小注，便可以高談調論了。李鄴嗣說：「學者治一經四書外，即能作制義，中甲乙科。」[170] 萬言也在〈鄭禹梅制義序〉中說：

> 而又無識等輩，粗涉《大全》小注一、二行，便欲高談性命，偶記伊雒弟子一、二氏，便欲遠附支流。[171]

應試士子與講學家一樣，摘索不出一卷之外，自一經四書以外都不讀，而且相戒不應該讀，甚至認爲讀本經以外的經書有害於科舉考試。李鄴嗣說：

> 自海內不尚古學，學者治一經四書外，即能作制義、中甲乙科，後生有竊看《左氏傳》、《太史公書》，父兄輒動色相戒，以爲有害，遂使舉俗盡若避世中人，初不知曾有漢晉，…凡今日擁蓋食粱肉，炤耀里門，俱治一經四書人也。[172]

科考須嚴守功令，所以讀書人不敢越出有司之尺度，不敢超出官方所頒傳注說話：

> 科舉之學，限以一先生之言…信傳過於信經，所謂有司之尺度也…數百年以來，推明其義者，《大全》以外，蔡虛齋之《蒙引》，陳紫峰之《淺說》，林次崖之《存疑》，其書獨傳，以其牛毛繭絲，於朱子之所有者無餘蘊，所無者無儳入也。[173]
>
> 自科舉之學興，以一先生之言爲標準，毫秒摘抉，於其所不必疑者而疑之，而大經大法，反置之而不道。[174]

---

169 黃宗羲，〈陳夔獻五十壽序〉，《全集》，冊十，頁661。
170 〈戒菴先生藏銘〉，《杲堂詩文集》，頁512。
171 《管村文鈔》，卷一，頁43。
172 李鄴嗣，〈戒菴先生生藏銘〉，《杲堂詩文集》，頁512。
173 〈顧麟士先生墓誌銘〉，《全集》，冊十，頁416-7。
174 〈萬充宗墓誌銘〉，同前書，冊十，頁405。

今日科舉之法，所以破壞天下之人才，唯恐不力。經、史，才之藪澤也，片語不得攙入，限於一先生之言，非是則爲離經畔道，而古今之書，無所用之。言之合於道者，一言不爲不足，千言不爲有餘，限之以七義，徒欲以荒速困之，不使其才得見也…三年之中，一歲一科，士子僕僕以揣摩主文之意旨，讀書更在何日？[175]

《五經大全》久爲學者所詬病，認爲它將古注全行刊落。但是在晚明「講堂極敝」之後，即使能讀《五經大全》也是大不容易了。黃宗羲在〈萬祖繩七十壽序〉中便稱贊萬祖繩能讀《大全》，是「當時未之或先」的例子。[176]

和上述學風相比，講經會的治學風格——每讀一經必儘可能求古今各種注疏彙而觀之，以求「立一闋之平」，是相當獨特的。首先，講經會對不少會友本身的治學態度產生了深刻的影響。如鄭梁，他說自己原先不但不認爲六經是道，而且直以爲是「糟粕」，是「糠粃」。鄭梁在〈環村詩文偶刻序〉中說：

環村子之志於道也，寂乎其無聞，茫乎其無見，闃乎其無可言，浩浩落落乎其中，如有所得。其視六經，直糟粕而糠粃之也。[177]

又說他自己最早因受心學的影響，故認爲六經非道之所在（「始以爲六經非道也。」）[178] 他既想聞道，可是又不知從何處下手，最後是講經會終止了他的徬徨：

已聞梨洲先生之教而變焉，講《易》、講《詩》、講《三禮》、講《尚書》、《春秋》、《通鑑》，窮一經，綜萬事，彙眾說，質一心。[179]

蔣學鏞在《鄞志稿》中也說范光陽的改變：

自言文體凡三變，少之時驅策六朝，爲應世之文；壯之時，考辨典故，爲用世之文；及從梨洲先生游，始知撥華存實…[180]

---

175 〈蔣萬爲墓誌銘〉，同前書，冊十，頁479-480。

176 黃宗羲說：「壬申(1632)之冬，余始交文虎、履安兩先生，是時祖繩年十六，讀書西皋，蓋所謂翠竹碧梧鸞鵠停峙者也。從錢忠介學制藝，稱爲高第弟子。場屋氣習，不用力古作，而更竄易於時文。不訂經史本處，而求故事於時文。祖繩求理於《大全》，求法於大家，原原本本，當時未之或先也。」同前書，冊十，頁672。

177 《寒村文選》（清刊本），《五丁集》，卷一，頁29。

178 同前文，頁31。

179 《寒村文選》，《五丁集》，卷一，頁29。

180 蔣學鏞，《鄞志稿》，頁523。

當時人認爲講經會所提倡的治學風格是「聞所未聞」，萬言在〈與諸同學論爲尙書疑義書〉中說：

自家叔輩與諸君設爲講經之會，言時客袁州，聞之亟歸，共業《毛詩》、《戴記》，追隨朔望，遂得聞所未聞。[181]

李鄴嗣在〈送萬充宗授經西陵序〉中也說講經會的治經風格是「率其生平誦解所不及」：

至專經治舉業家聞之，率其生平誦解所不及，茫然不知所說爲何經也。[182]

也有的說是「絕學初興」，「驚世駭俗」。[183] 當時人也敏感到，黃梨洲及他所領導的講經會是能使「五經復興」的關鍵。李鄴嗣的《杲堂詩文集》中說：

蓋五經復興，盡在黃氏矣。[184]

李鄴嗣在〈與萬貞一書〉中又說：

而先生因授諸生以所傳蕺山愼獨之學，發古今說經諸書爲世所未傳者，點定西漢、唐、宋及先輩大家文鈔，不煩探索而坐辯千載，是非較然明白…使五經季興，復續文章之統，此眞今日事也。[185]

而黃宗羲本人在〈董吳仲墓誌銘〉中也說：

甬上講學之事，數百年所創見。[186]

在當時風氣下，以經史古文教館的人是很不受歡迎的。萬言記自己的經驗說：

近世父兄師友之教，惟以時藝速化爲工，謂經史古文之書可以束而不觀。而家大人立教之法，務使之研窮乎經旨，綜核乎史要，沈醉乎古文諸家之言，而後發爲藝詞，可望其聲價之俱茂焉。然一時場屋虛聲之士，從之者如水赴壑，而吾父子書笈所至，講坐殊落落。[187]

---

181 《管邨文鈔》，卷一，頁1。

182 《杲堂詩文集》，頁448。

183 孫靜菴，《明遺民錄》，頁215。

184 〈寄黃晦木先生書〉，《杲堂詩文集》，頁468。

185 同前書，頁653-654。

186 《全集》，册十，頁453。

187 〈朱天木壽序〉，《管邨文鈔》，卷一，頁61。

所以當張梅先在講章制藝之外，還收藏經史之書時，便是當地前所未見之創舉了：

> 士大夫仕官未成，而架有十三經、二十一史、《通典》、《通志》、《通考》諸編及唐、宋大家文集，實自張君始。乘未選之暇，發而讀之，與余輩從事講經之會，彼此辯難，務得其解而後止。[188]

當時有不少人認爲這種學問風格不利場屋。萬言說：

> 不意悠悠之口，遂以余輩欲立異同，笑訕沓興，有爲余輩惜者，曰凡人之爲理學爲詩文者，類不利于場屋，諸子信多才，又何樂而爲此？其與余輩仇者，則曰，豈惟不利于場屋，行將寒餓之莫救，趑趄以終其身，正復不足恤也，雖吾黨之素稱傑然者，往往因而疑之。[189]

所以科舉與講經之間存在緊張關係，在記述甬上講經會時，常可見到一段這樣的話，「其有奮心篤志，窮經學古者，鄉里之人群轟然而笑之，而古學與時文不啻冰炭矣。」當講會開始時，「其鄉之士莫不竊竊然曰：是殆不欲以進取爲事者乎？殆將爲蓬藁之老生以終者乎？是殆將與博奕好飲，不顧父母之養者同爲臧穀之亡年乎？」[190] 由於甬上當地舊派人士對講經會相當敵視，陳赤衷起了很大的護法功用，甚至準備以打鬥來解決。許多人的文字中不約而同地提到這一點，黃宗羲說：

> 方會之初立，聞見之徒，更口靳故，鴟鼓害翼，犬呀毒啄，會者不懈益虔。里中有以罵坐自喜，勝流多爲所絀，間出違言，夔獻大聲叱之，揎袖將搏，其人沮喪避去。故凡僻經怪説撼其會人者，夔獻必析義秋毫，憖痛以折其角。蓋未幾而同學益進，不啻山鳴而鼓應也。向之靳故者，皆巇舌嗟嘆。[191]

---

188 萬言，〈雪汀詩鈔序〉，同前書，卷三，頁40。

189 萬言，〈鄭禹梅制義序〉，同前書，卷一，頁43。

190 黃百家，〈范國雯制義稿序〉，《學箕初稿》，卷一，頁9-10。

191 〈陳夔獻五十壽序〉，《全集》，冊十，頁661。此外，甬上地區的一些家長們認爲他們的年輕子弟和黃宗義、李鄴嗣這一類遺民來往，是有害前程的事：

若余輩山林失職之人，更斥爲不祥，禁勿與通名紙。一時後輩，見里中諸君子師事姚江、過余門，輒背笑曰：此數人尚圖進取，何至與廢人周旋？（〈徐遂生六十序〉，《杲堂詩文集》，頁456-457。）

四、甬上講經會之特色

講經會的風格同時也是對舊講會的一種革新。明儒講會的一般風格可以拿劉宗周的證人會的講學記錄爲例。證人會每次開會，是由與會者舉四書或經書中的一章，然後由老師說明，再由會友輪流發揮其旨，所舉的題目及所發揮的內容，大致就圍繞著修身問題上轉。[192] 這與禪宗舉公案的方式相當近似。講經會的進行方式顯然不同，所要討論的文本由偏重四書轉向五經。除了修身之外，討論更多的是古代歷史、禮樂制度及治國平天下之道，所以範圍寬闊許多。討論的重點也不再是如何向著修身的方向去體悟，而是了解經文在古代的眞正意義是什麼，制度的眞實情況是什麼，最後才引向自身的實踐。所以由一個講會之微的變化，可以看出一代風氣之變。

劉宗周證人社的講會留有相當完整的開會記錄，有時候連一些很小的細節也寫進去。而黃梨洲指導的講經會雖無記錄，但是萬斯同所主導的甬上講會，卻留有一份《講經口授》。[193] 只要比較一下證人會與講經會的主題與內容，便可了然在幾十年間，即使同一學派的內部，所重視、所探討的主題已經有了革命性的變化。心性方面的問題逐步被拋棄，而禮樂兵農成爲後來人最重要的關懷。

(一) 刻意講求名物度數及文獻之可靠性

從一些蛛絲馬跡中可以看出，當時講會中人已相當刻意地將「合理」與「事實」分開，也就是將以理推測的和實測的作風相對比，如黃百家的〈哀張梅先辭〉中描述他們第一次見面時之情景：

> 猶憶余之見梅先在丁未(1667)，是時余讀書甬上，梅先過訪萬子季野，意氣軒翥，余在座，梅先初不相識，視之蔑如也，有頃抗聲問季野春王正

192 參考《劉子全書及遺編》，頁966-980，是證人社十一次講會的記錄。

193 萬氏在北京時期的講會，有溫睿臨隨場記錄，可惜不得見。參李塨《恕谷後集》(叢書集成初編本)卷六〈萬季野小傳〉，頁71。

月，文定之冠夏時，此不易之論矣。何以必欲謂之改月旼時乎？余曰：此不可以懸虛臆斷也。梅先始愕然問余于季野，季野爲道余姓，梅先曰：此得非即黄先生之世兄主一乎。季野曰然，因始向余致寒溫，且問何以爲斷始不懸虛，余曰：此必明于曆始知之。蓋吾家大人有〈春秋日食曆〉，推之于改月時者，無不吻合，而推之夏時，則不啻河漢也，至于諸經之證佐，則篁墩諸人固又辨之詳矣。當是時，梅先爲學鋭甚，其自許亦甚高，因數至余家質疑于家大人。[194]

張梅先與黃百家偶然見面論經的丁未年，正是講經會醞釀之時。張氏聽了黃百家對其父經學的描述後，對自己原來那種純粹從文辭表面去推理的作法感到不足，並開始對黃氏的經學感興趣，而「數至余家質疑于家大人」。曆法本來就是黃氏的專長，而且黃氏研究經書的辦法是把經的全體當作整個的問題進行研究，這與張梅先原先所熟悉的風格相當不同。

講會治經的風格是刻意講求名物度數，並講究文獻可靠性。黃宗羲早年在武林讀書社已經培養出此一風格了：

余時讀《十三經注疏》，刻意於名物象數。[195]

在講經會中，人們對經文字句異同的校勘工作甚爲講究，《鄞志稿》中說「同學爲講經會，于字句間多異同」，但會友董允璘並不能同意，認爲「學當鞭逼近裏，從得力處做工夫，區區訓詁，同亦可，異亦可」。[196] 其實「紛然於字句異同之間」正是他們與明代經學風氣大不相同之處。我們當然不敢說明代經學中無人從事這類工作，不過，大體而言，他們主要是藉經學談理學。立足於哲學，而假途於經典，只要義理講得通，並不太講客觀文獻的精確性。劉師培《經學教科書》〈序例〉中說，「宋明說經之書，喜有空理，不遵古訓」，[197] 大抵是正確的評估。相對於這樣的風格，則「紛然於字句異同之間」便是相當新的作風了。

---

194 《學箕初稿》，卷一，頁24。

195 黃宗羲，〈張仁菴先生墓誌銘〉，《全集》，冊十，頁444。

196 蔣學鏞，《鄞志稿》，頁518。

197 《劉申叔先生遺書》（台北：京華出版公司，無出版年代），頁2353。

由於經比心優先，心從屬於經，而非經從屬於心，所以如何求得經的眞正意義成爲首要課題。因此經被客體化，成爲被研究的問題，而不是講哲學的津筏。持這個態度的人，首先是將經當成一個整體，研治一經，或任何一段經文，都不是孤立地看，探究經的義理時也必須放在整體中，不能隨意抽取一段經文，如同禪宗舉公案般孤立地發揮。[198] 這種將經當作整體的問題研究之精神，在黃梨洲爲萬斯大寫的墓誌銘中有恰當的描述。萬斯大是講經會中治經最有成績的人：

> 充宗生逢喪亂，不爲科舉之學，湛思諸經，以爲非通諸經，不能通一經，…充宗會通各經，證墜緝缺，聚訟之議，渙然冰泮，奉正朔以批閏位，百註遂無堅城，而老生猶欲以一卷之見，申其後息之難，宜乎如腐朽之受利刃也。[199]

値得注意的是，顧炎武等人也是這樣說的，如他講到治《易經》時說：

> 是故盡天下之書，皆可以注《易》，而盡天下注《易》之書，不能以盡《易》…，《詩》、《書》、執禮之文，無一而非《易》也，下至《春秋》二百四十二年之行事，秦漢以下史書，百代陳亡之跡，有一不該于《易》者乎？[200]

（二）「發古今說經之書爲世所未傳者」

講經會的會友盡可能地「發古今說經諸書爲世所未傳者」，黃宗羲說：

> 於是爲講經會，窮搜宋、元來之傳註，得百數十家，分頭誦習。[201]

---

198 張岱《四書遇》便是像解公案般解四書。張岱，《四書遇》（杭州：浙江古籍出版社，1985）。張岱在《四書遇》的〈序〉中表達了對古來注釋的不滿，認爲它們限制了對經文的發揮。「六經四子自有注腳而十去其五、六矣，自有詮解而去其八、九矣。故先輩有言，六經有解不如無解，完完全全幾句好白文，卻被訓詁講章說得零星破碎」，見頁1。馬一浮說，「明人說經，大似禪宗舉公案，張宗子（岱）亦同此血脈」。（馬一浮，〈四書遇題記〉，同前書，無頁碼）。

199 〈萬充宗墓誌銘〉，《全集》，册十，頁405-406。

200 〈與友人論易書〉，《顧亭林詩文集》（北京：中華書局，1959），頁42-43。

201 〈陳夔獻五十壽序〉，《全集》，册十，頁661。

似乎講經會的主要特色便是「窮搜宋、元來之傳註。」陳錫嘏也是這樣主張的。黃氏在爲〈翰林院編修怡庭陳君墓誌銘〉上說：

先是甬上有講經之會。君與其友陳赤衷等數十人，盡發郡中經學之書，穿求崖穴，以立一闋之平。[202]

這也是萬斯大的風格：

季野第六兄充宗，博通經學，每讀一經，輒盡集古今先儒諸說經家。間有得自梨洲黃先生，多世所未傳，充宗錄其言尤精者，率蚊腳細書，歲積至十餘卷。[203]

更是萬斯同的風格。李鄴嗣〈送萬季野北上序〉說：

余家苦無書，季野遍從里中大家借得異本，數童子往來道中。一時諸君欲叩經史疑義則造季野，欲論古文詞則造余。[204]

李鄴嗣又說他們的工作特質是：

發古今說經諸書爲世所未傳者，點定西漢、唐、宋及先輩大家文鈔，不煩探索，而坐辯千載，是非較然明白。[205]

以《易經》爲例，在講會一開始時是從易卦著手的，[206] 而他們當時搜集各種易註以供參考的情形，可以從《昭代名人尺牘》中萬斯同致董道權的一封信看出。信上說：

數日不見，甚思一晤…易書必須借弟一看，多多益善。[207]

這些經學活動的意義，必須放在明代心學盛行、蔑視經典的脈絡下看，才能得其正解。前面已經提到過，心學家對待經典有兩種特色，第一是純從心的理解出發解經。第二是以禪理解經。錢謙益在〈賴古堂文選序〉中批評明代經學：

---

[202] 同前書，册十，頁433。

[203] 李鄴嗣，〈歷代史表序〉，《杲堂詩文集》，頁406。

[204] 同前書，頁642。

[205] 〈與萬貞一書〉，同前書，頁653。

[206] 依鄭梁在〈記南凡先生遺事〉中所追述的：「丁未(1667)，余隨同志會講鄞城，每會講易卦若干」，《寒村文選》，卷一，頁4。

[207] 《昭代名人尺牘》，卷十一，〈萬處士斯同〉，轉引陳訓慈、方祖猷，《萬斯同年譜》，頁92。

以臆見考詩書，以杜撰竄三傳，鑿空瞥說。[208]

也就是說一切全憑心的理解，而不管客觀訓詁的紀律，錢氏用「臆見」、「杜撰」、「鑿空瞥說」，都是相當重的話。當時人說經，基本上強調的是在電光石火般一閃中悟出某種妙解，而不是忠於古人心思的訓解。經書的文本只是「學」的過程物，而不是「學」的目標，張岱《四書遇》，或馮夢龍《麟經指月》等書都是好例子。即使到了清初，李光地這樣嚴肅的理學家也還沾染明季遺習，動輒用解公案來比喻解經書。[209]

明儒解經的另一特色是大量以禪理來解經。譬如寇愼的《四書酌言》釋《論語・公冶長篇》的「弗如也；吾與汝弗如也」兩句爲「盡奪前塵，忽渡彼岸」，解《論語》〈八佾篇〉的「始可與言詩已矣」一句爲「入無上妙明」，解《論語》〈爲政篇〉的「知之爲知之，不知爲不知，是知也」爲「知原在知不知外理會，其他學問不過此知中之法塵。此處掃除，乃爲逕機，又扭來補綴」。[210] 類似這種解經著作，數量相當之多。[211]

在上述的風氣下，解釋經典最重要的根據是心的理解，如果違背心之理，經典的文本是可以懷疑的，所以「非章句化」本身，帶來了「心」與「文獻」之間的緊張關係，是文獻來牽就心或心來牽就文獻？而明季經學，尤其是晚明王學禪學化，顯然是心的權威壓過文獻，那麼恢復宋、元以來，甚至更早的古注疏運動，以及儘可能恢復原始儒家學說作爲詮釋經書的根據，並以之取代佛學的詮釋，在當時是很新的嘗試。提倡讀經，並提倡將古注疏帶到詮釋的中心位置，一方面是追尋儒家經典中的理想世界，另方面是對浮泛發揮，或是相對色彩過於濃厚的詮釋風氣，立一個限制。

---

208 《牧齋有學集》(四部叢刊本)，卷十七，頁155。

209 李光地，《榕村語錄・榕村續語錄》(北京：中華書局，1995)，卷一，〈經書總論〉，頁2說「四書中公案有極難解處。」

210 轉引自何耿鏞，《經學簡史》(福州：廈門大學出版社，1993)，頁215。

211 如荒木見悟，〈四書湖南講〉，《明代思想研究》(東京：創文社，1972)，頁292-328。

（三）宋元注疏的復興

講經團體基本上還針對當時另一種學風，即奉功令傳注爲不刊之則。顧起元《嬾眞草堂集》〈文部〉卷十四〈金陵社草序〉中有一段話：

> 嘉隆之際，談藝者遵傳注爲法，令士曾不得爲國初之文，旁搜古注疏及《大全》所載諸儒之言，況敢遠及諸子史百家之瑰琦者，采其精而用之，以當張皇斧藻之盛乎？[212]

所謂「遵傳注爲法」是指遵《四書集註》或《五經大全》，也即是黃梨洲所說的：

> 於朱子之所有者無餘蘊，所無者無攙入。[213]

《五經大全》基本上是在宋、元注疏中選取一些作爲定論，如果奉行《大全》和《集註》，其實是奉官定的詮釋系統於一尊。

明代後期有一股恢復古注疏的運動，想打破這個局面。楊愼認爲應復漢、唐的注釋，並菲薄宋代的解經之書是「議論」，反對「近世學者往往舍傳注疏釋便讀宋儒之議論，蓋不知議論之學自傳注疏釋出，特更作正大高明之論爾」。[214] 他並舉了不少例子說明古注之所以「不可輕易」的理由。[215]

楊愼的態度是比較特殊的。在心學大盛之後，一般論者並不一定主張非回到古注不可，他們甚至也不認爲非廣搜宋元注疏不可，而是認爲在一般人連《五經大全》及《四書集註》都不讀時，只要能恢復《大全》或《集註》以取代異端的解經就夠了。[216] 如呂留良在《呂晚邨文集》卷一〈答葉靜遠書〉分析理學惑亂之局的源頭時說：

---

212 顧起元，《嬾眞草堂集》（台北：文海出版社，1970），頁2554。

213 〈顧麟士先生墓誌銘〉，《全集》，冊十，頁417。

214 《楊升庵文集》，卷七十五〈劉靜修論學〉，頁13。

215 如「不日成之」一語，「古注，不設期日也。今注，不終日也。愚案：不設期日，既見文王之信，亦于事理爲協，若曰不終日，豈爲一日可成一臺者？此古注所以不可輕易也。」同前書，卷四十二〈不日成之〉條，頁26。

216 清初葉夢珠，《閱世編》（台北：木鐸出版社，1982），頁183中說，當晚明「子史佛經，盡入聖賢口吻」時，「六經四子，任意詮解，周、程、朱註，束之高閣。」

其原，則從輕看經義，不信章句傳註焉始。[217]

他主張牢守《集註》就可以了。清初朱學復興健將陸隴其《三魚堂外集》卷四的〈道統〉篇中說嘉靖、隆慶以來「異端紛出，持身者流入於魏晉，講學者迷溺於佛老，以方正爲迂闊，以傳注爲塵隔」，並認爲這種學風的直接後果是「教弛俗敗，而宗社隨之」。[218]「以方正爲迂闊」則「持身者流入於魏晉」，以「傳注爲塵隔」則「講學者迷溺於佛老」，他想要根絕以佛老詮釋儒經之風，故到處宣揚要一字一句地牢守住《四書集註》。

講經會友們既不像楊愼那樣高遠，也不像呂、陸那樣保守。他們當時想到的，是怎樣先廣搜宋、元註疏，把它們與《大全》、《集註》等書放在一起看，然後選取可從的，以「立一閧之平」，也就是「廣以注釋，參以宋元明諸家之書，而裁以己意」。他們要廣泛地、跨時代地搜集各種經注，從各種說法中裁定一種較爲適恰的解釋，以免被《四書集註》、《五經大全》中「一先生之說」所拘束，他們要：

足破從來訓詁。[219]

破壞訓詁陋。[220]

而一般形容黃宗羲及講經會弟子中對經學最有研究的萬斯大時，也是強調他們這一個特點。全祖望〈跋黃梨洲孟子解〉：

梨洲於書無所不通，而解經尤能闢前輩傳注之訛…。[221]

鄭梁〈萬允誠詩稿序〉：

充宗埋首六經，破從來傳註訓詁之陋。[222]

如何破傳註之陋呢？萬斯大有一套辦法：

---

217 《呂晚邨文集》，頁76。

218 《陸子全書》(光緒十六年刊本)，《三魚堂外集》，卷四，頁5。

219 《寒村詩文選》卷一〈怡庭陳先生傳〉，轉引自陳訓慈、方祖猷《萬斯同年譜》，頁91。

220 黃宗羲，《南雷詩曆》，卷二〈寄陳介眉兼懷萬貞一〉，《全集》，冊十一，頁282。

221 《鮚埼亭集》，外編，頁1041。

222 《五丁集》，在《寒村文選》，卷一，頁32。

以爲非通諸經，不能通一經，非悟傳、註之失，則不能通經，非以經釋經，則亦無由悟傳、註之失。何謂通諸經以通一經？經義錯互，有此略而彼詳者，有此同而彼異者，因詳以求其略，因異以求其同，學者所當致思者也。何謂悟傳、注之失？學者入傳註之重圍，其於經也無庸致思，經既不思，則傳、註無失矣，若之何而悟之？[223]

他們不是乾嘉考證學正盛時期的學者，他們所面對的是一個一切以官方功令爲依據的時代。顧炎武在《日知錄》〈五經四書大全〉條中抱怨那一個時代是：「一時人士盡棄宋、元以來所傳之實學。」[224] 他們極力想衝破「傳、註之重圍」，而不再以官方欽定的註解爲圭臬，以便得到客觀的正解。羅聚宋元各種注疏是破傳註重圍的第一步，而第二步便是在廣泛比較之後，裁定一種較合理客觀的註解。

相對而言，宋元註疏要比明人的經解高明。宋儒解經也有種種問題，譬如朱熹解經好以理度之，有時將認爲不合理的刪除或加以合理的解釋，[225] 或是違背古代的本義，而以理學的體系隨意掉換，[226] 而遭清儒之譏刺，但是一般而言，比起明季儒者，宋元經學家要更忠於事實。而宋儒的學問其實是清學的重要前驅。持此說之人甚多，譬如傅斯年說：「清代樸學家之最大貢獻，語學耳(兼訓詁音聲)，至于經學中之大題，每得自宋儒」，[227] 近人張舜徽也有如下之觀察：

…大抵清儒治學，名雖鄙薄宋人，實則多所勦裝，戴東原說《詩》即多本

223 黃宗羲，〈萬充宗墓誌銘〉，《全集》，冊十，頁405-406。

224 顧炎武，《日知錄》，頁525-526。

225 譬如春秋夾谷之會，孔子曾令斬優倡侏儒，照《穀梁》及《史記》，還有將其人「手足異處」「異門而出」，先儒多疑此，而朱熹將這故事中「萊兵劫魯侯，優施舞幕下」這一節刪去，令宋代以後讀《春秋左氏傳》時，竟不再見此節，而明清考據家似亦認爲合理，並不加以駁詰。以上見李璜，《法國漢學論集》（香港：珠海書院，1975），頁96-97中述法國漢學家葛蘭言(Marcel Granet)對此的研究。

226 戴望，《顏氏學記》（台北：商務印書館，1970），頁67「孔子討陳恆，而料其民不予，會夾谷而卻萊兵、反汶田，聖人之智勇也。乃宋儒僅以明理解智，去私解勇，其氣運之阨哉？」

227 傅斯年，《性命古訓辨證》，在《傅斯年全集》（台北：聯經出版公司，1980），頁727。

朱傳，其明徵也。他如段若膺注《說文》，多陰本小徐繫傳之言，掠爲己有…況有清一代樸學，實兩宋諸儒導夫先路。[228]

近人汪辟疆也有清學出於宋學之說。[229] 他主張在清儒考證學的正統尚未確立之前，有過一段不成熟的時期，是以宋元經學爲主：

大抵康、雍之間，學術漸趨正軌，而明季餘習尚未湔除，故治經主宋、元，語史喜明季…其時叢書著聞於時者，如張潮《昭代叢書》、納蘭成德之《通志堂經解》。[230]

《通志堂經解》是當時流行之書這一觀察，相當有意思。《通志堂經解》所收的正是宋元注疏，其中有不少是講經會友們所特別推重的書。

在當時，許多宋元注疏雖然保存在某些藏書樓中，但因爲它們不是學者普遍使用的書，所以大部份未曾印刷通行。當它們再度成爲學者關心的重點時，人們便用種種辦法借、鈔。我們不敢說所有「鈔書會」，或流通古書的約定，[231] 都有相同的思想動機，不過在黃宗羲及講經會諸子身上倒是表現得相當清楚。以黃宗羲爲例，當時人對他印象最深的事，除了「授諸生以所傳蕺山慎獨之學」外，便是「發古今說經諸書，爲世所未傳者」，[232] 又如萬斯同，人們說他「徧從里中大家借得異本，數童子往來道中」，[233] 黃宗羲說到萬斯年時說「余於經史詩文，多所鈔節，君必借之手錄，至於等身，未見之書，余或失其原本，反從君處鈔之」。[234] 談到張士塤時，則說「里中有講經會…同邑范氏多藏書，余偕同學借抄，日計君所手抄，過於傭書者；君不特抄之，而且發之爲詩…」。[235]

---

228 張舜徽，《清人筆記條辨》（北京：中華書局，1986），頁394，又參同書，頁391。

229 見汪辟疆，《汪辟疆文集》（上海：上海古籍出版社，1988），頁749-750。

230 汪辟疆，《目錄學研究》（台北：文史哲出版社，1983），頁99。

231 如丁雄飛的〈古歡社約〉，在嚴靈峰編，《書目類編》（台北：成文出版社，1978），頁39-40。又如曹溶，〈流通古書約〉，同前書，頁35-36。

232 李鄴嗣，〈與萬貞一書〉，《杲堂詩文集》，頁653。案此信亦附在《管邨文鈔》，册首〈序〉，頁2。

233 陳訓慈、方祖猷，《萬斯同年譜》，頁114。

234 《全集》，册十，頁473。

235 同前書，册十，頁388。

《清稗類鈔》中說「梨洲晚年益好聚書，所鈔者爲天一閣范氏、叢桂堂。」[236]寧波天一閣在經典興起的過程中有相當顯著的地位。天一閣自范欽以來照例不許外人登閣，但是黃宗羲及李鄴嗣、全祖望等卻是例外。而黃氏及其弟子破例登閣之年恰巧也正是講經會進行得很熱烈的時候。[237]

黃宗羲和他的弟子們在搜集宋元經注的過程中，也有一些不愉快的插曲。黃宗羲急買山陰祁氏澹生堂的藏書，特別看重的就是宋元經註，尤其是衛湜《禮記集說》。當時他的學生萬斯大正在排纂《禮記注疏》，黃氏乃刻意爲他搜集：

> 吾鄉萬先生充宗湛於經學，《六經》自箋疏而下皆有排纂，《三禮》爲最富，三經之書，其成帙不一種，《禮記》爲最富。方崑山《通志堂經解》之未刻也，櫟齋之本，世間流傳頗少，先生求之不可得。會姚江黃徵君，自山陰祁氏書閣見之，遽售以歸，踔急足告先生，而中途爲書賈竊去。先生曰，以吾所見，未必較櫟齋爲少。乃自注疏，曁陳馬方陸而下，錯陳而貫穿之，豪鈔摘抉，裒然成編，俄而或以其本至，取而讎之，則凡櫟齋之所有者，無不在，後乎此者，倍之…。[238]

而這一次買書過程中的意外事件，所謂有書「而中途爲書賈竊去」者，即衛湜《禮記集說》及王禹偁《東都事略》。黃宗羲認爲是呂留良中途差人偷走，引起黃、呂二人終生的爭隙。[239]

---

236 徐珂，《清稗類鈔選》（北京：書目文獻出版社，1984），頁94。

237 范光燮准許他們登閣之事，見蔣學鏞，《鄞志稿》，頁455。亦見駱兆平，《天一閣叢談》（北京：中華書局，1993），頁81。

238 全祖望，〈禮記輯註序〉，《結埼亭集》，外編，頁968。

239 黃宗羲與呂留良爲了購買澹生堂遺書而起鬩之一事，已有不少討論，可是似乎未曾有人留意過，他們所爭的書在當時思想史中有何意義？黃宗羲在當時以拼命購書有名，當桑海之交，許多故家大族的藏書大量散出，他每天派遣僕人四處訪購，傍晚再回到住所清理。這種收書行爲其實是智識主義興起的象徵。在先前心學盛行之時，不需如此搜書，尤其是沈浸禪學之人，更視書爲土苴。最直接的例子便是澹生堂藏書之所以散出，即因它的主人參禪學佛。呂留良在買得澹生堂藏書三千餘本示其子呂無黨時的詩「阿翁銘識墨猶新，大擔論觔換直銀，說與癡兒休笑倒，難尋幾世好書人。宣綾包角藏經箋，不抵當時出現了一些鈔書團體，[240] 這似乎反映一個事實：因爲心學風氣籠罩太久，許多舊書並未印行，故極不易得，而需以鈔寫方式獲取。這個現象提醒我們，他們是在與一個斷絕的傳統重新接上線。宋、元經疏後來被大量重印，也必須在這一思想動機下去理解。講經會友們在描述當時宋、元注疏日漸出版的現象時，常用過去渴求而未得，現在終於可以到手那樣急切的口氣。萬言的一段話可以爲例：

> 宋、元來經學未見之書，吳中成刻已久，余方將求之以歸，與諸子辨論商榷，所得當有異於前日者。[241]

又如全祖望把「今秋從書賈得吳草廬《春秋纂言》」，[242] 當作一件大事在記，可見這些書之稀貴不流通了。

值得進一步注意的是，《通志堂經解》的刊印過程也與這一波搜求宋、元經疏的風氣有關。一般認爲《千頃堂書目》的作者黃虞稷是最早提出這一構想的人，而黃氏也正是「經史會」的發起人，該會之宗旨活動不得而詳，或許他也

當時裝釘錢，豈是父書渠不惜，只緣參透達摩禪」，最後兩句即是說澹生堂繼承人信禪，任令僧人賣其藏書之事。

而這次買書行動中，黃宗羲在〈天一閣藏書記〉中自記所得爲「經學近百種，稗官百十册，而宋元文集已無存者。途中又爲書賈竊去衛湜《禮記集說》、《東都事略》。」(《全集》，册十，頁113)經學近百種特別值得注意，而引起兩人衝突的衛湜《禮記集說》則與黎洲思想有關。全謝山爲萬公擇的《禮記輯注》寫〈序〉時也曾提起。見《結埼亭集》，外編，卷二十三，頁968。

黃、呂二人衝突之後，呂氏在各種詩文信札中攻擊黃氏，其刻毒程度，令人咋舌，而絕交之後，呂留良與萬公擇及黎洲之弟黃晦木，感情仍相當不錯。晚邨可能將衛湜《禮記集說》借與或錄副本給萬公擇。而我們應當注意的是，萬公擇之輯《禮記注疏》，其實即是黃氏講經會宗旨下之工作，甚至是黃氏原本爲各經作輯注的計劃之一，後來由萬氏接手。

240 關於清初鈔書與學風之關係，錢穆，《中國近三百年學術史》(台北：商務印書館，1968)有不少例證，如頁144，157。

241 萬言，〈登高什序〉，《管邨文鈔》，卷三，頁43。值得注意的是此序作於一六九三年，而徐刻《通志堂經解》編書時間應爲一六七三到一六八〇。但可能一直到納蘭性德死(1685)後才刊刻。

242 〈奉九沙先生論刻《南雷全集》書〉，《結埼亭集》外編，頁1336。

是因窮搜宋元經注之書的經驗，才發起這樣一個出版計劃。《昭代叢書》中有黃氏的《徵刻唐宋秘本書目》，列黃虞稷與周在浚兩家家藏罕傳本一百多種，希望有力量的人，能各刊刻一、兩種或數種以廣流通。贊成他們的有紀映鐘、錢陸燦、朱彝尊、魏禧、汪楫五人，他們聯名公佈了一份〈徵刻唐宋秘本書啓〉，張芳寫了一篇〈徵刻唐宋秘本書論略〉，曹溶作了〈流通古書約〉，倪燦和周銘合寫了〈徵刻唐宋秘本藏書例〉，後來受他們影響的徐乾學爲納蘭性德編刻《通志堂經解》時，將上述啓事中所列的二十二種經部的書都刊刻了。[243]

最後，在討論講經會的特色時，不能忘了躬行劉蕺山的道德哲學是他們一開始便立下的主要目標。鄭梁在〈祭高鼓峰文〉中說他們這一批會友向梨洲學習是「總期師法姚江以顯蕺山之道於將矇」。[244]《人譜》一書尤其爲許多人所奉行。在《寒村文選》的〈還望雲圖詩序〉（戊申）中，鄭梁還說：

> 余方讀子劉子《人譜》，知書畫古玩好之亦同於希名競利。[245]

戊申是一六六八年，也正是講經會進行之年，鄭氏當時因爲讀《人譜》而心中產生了變化，開始覺得書畫古玩之好是壞習慣。由此一例，可以看出他們注重道德修養的情形。他們也認爲外在的誦讀最後要與內在的心性合一，而不可以見外而遺內，所以經席辯論也是爲了身心性命。這也是爲什麼萬言在多年後回憶說：

> 怡庭展册之際，迴思已往之年，事事皆成陳跡。而惟姚江請業，經席辯論之時爲有益於身心性命焉，則所以獨擅其千古者，當必有在矣。[246]

不過後來講經的份量大大超過了身心性命，許多人可能忘了讀經是爲了明心，所以我們一再看到會友之間互相警告的話。萬公擇說「吾黨今日講經之會已稱極盛，但尚須語語驗之躬行。」[247] 也有人警覺到講經會友們在經典文獻中櫛比

---

243 以上見王重民，〈千頃堂書目考〉，《中國目錄學史論叢》（北京：中華書局，1984），頁188-190。

244 《寒村詩文選》，卷一，頁42。

245 同前書，卷一，頁20。

246 萬言，〈八景詩序〉，《管邨文鈔》，卷二，頁52。

247 李鄴嗣，〈送萬公擇授經石門序〉，《杲堂詩文集》，頁446-447。

字求，恐怕會忘了體驗於身心的要務。[248] 但從萬斯同及萬斯大後來的發展可以看出，「以書明心」，合「內」「外」的理想逐漸遺落了。萬斯同後來所欣賞的，都是擺落心性之談，實講禮樂制度的思想家，他本人也不再談什麼心性問題了，「外」與「內」不再合一，而清學中講考據而抹煞心性的風格已然成形了。

講經會友不但窮經讀史，事實上也旁及文學、曆算、地理，這是黃宗羲「一本萬殊」思想所決定的。[249] 當時講經會子弟們想分別繼承其師之學，所以常選擇專攻其中一門。[250] 萬斯同決心發揚其師的史學。他在〈寄范筆山書〉中說「吾輩既及姚江之門，當分任吾師之學，今同志之中，固有不專於古文而講求經學者，將來諸經之學，不患乎無傳人。惟史學，則願與吾兄分任之」。[251] 萬斯大則發揚其師之經學。他們兩人也是一般都承認的，開啓清初學風的關鍵性人物。

萬斯大有《經學五書》，內容相當繁複，這五部書是講經會的直接產品。由於甬上講經會並未留下任何記錄，所以從這幾部經學著作可以間接推測經會的內容，像《學禮質疑》，即是參與講會的一項成果。萬斯大的〈學禮質疑序〉中是這樣描述該書的：「自丁未(1667)學禮以來，心有所疑，取其大者條而說之，而質之吾師梨洲先生者也」。[252] 李鄴嗣也在〈答溧陽周二安書〉說，「即如足下所見萬充宗《學禮質疑》，謂以其讀《禮》所疑質諸黃先生也，足下既已見甬上經學一派矣」。[253]方祖猷先生已撰有專文，將《經學五書》作過分析，此處不贅。[254]

黃宗羲在講經會中原有一套「大修群經」的計劃，但沒有任何的成果。後來賴著萬斯大將《春秋》的部份繼續下去。《鮚埼亭集》外編有一篇文章說：

---

[248] 蔣學鏞，《鄞志稿》，頁518董允璘的批評。

[249] 黃宗羲有關一本萬殊的思想主要見於《明儒學案》〈序〉、《孟子師說》的〈題辭〉，及〈移史館論不宜立理學傳書〉中。可參李明友，《一本萬殊》（北京：人民出版社，1994），第六章。

[250] 萬經，〈寒村七十壽序〉，轉引自陳訓慈、方祖猷，《萬斯同年譜》，頁88-89。

[251] 《石園文集》，卷七，頁5。

[252] 萬斯大，《經學五書》（台北：廣文書局，1977），頁21。

[253] 《杲堂詩文集》，頁658。

[254] 方祖猷，〈萬斯大的經學及其歷史地位〉，在《萬斯同評傳》（南京大學出版社，1996），頁323-382。

> 《春秋》筆削之旨，如高山深谷，不易窺探，故有爲三傳之所不得，而啖趙見之者；有爲啖趙之所不得，而宋元諸家迭相詰難而見之者。甚矣夫會通之難也。往者，姚江黄徵君，以經學大師，倡教浙東西之間，嘗欲推廣房審權，曾稑、衛湜諸君之緒，大修群經，而首從事於《春秋》，先令其徒薈萃大略，輯爲叢目，只篇首春王正月一條，草卷至五大册，猶未定，徵君笑曰，得無爲秦延君之説《尚書》乎，度難以成編而止。萬充宗先生者，徵君之高弟也，不以爲然，退而獨任其事，取其重複者去之，繁蕪者删之，分別門户，芋區而瓜疇，輯成二百四十卷，一夕，爲大火所燼。[255]

光是從「只篇首春王正月一條，草卷至五大冊，猶未定」一語，可見它是彙集古今多少注疏而成。但是這部大書後來被大火燒了。

萬斯同在史學上貢獻很大，尤其是爲明史奠基之功，最爲顯著。事實上，當一個朝代初亡，關於這個朝代史實的內容、輕重、主要節目、史料分辨、史事考訂等，都是啓榛莽闢蠶叢的難事，在這個時候搭起大架構，是一件極困難的工作，所以萬氏花費很大的工夫在這上面。但是這一部份的工作並未及身完成。萬斯同在甬上及北京，特別是在北京之講會，幾乎全以史學爲主，尤其是想以史學來定一代長治久安之大經大法，這基本上是推展其師黃宗羲所謂不學史無以應務的思路。

五、五次講經會

（一）從甬上講經會到北京講會

事實上講經會前後共有五次，主持人也有不同。第一次是甬上講會，前後共持續約八年，從一六六八到一六七五，這個階段主要是由黃宗羲指導。第一期講會因同志星散，作官的作官，早逝的早逝，有些則以教塾維生，最後則是因爲陳錫嘏到北京作官而告終。第二次講會是始於一六七八年秋天，由陳錫嘏重

255 〈春秋輯傳序〉，《結埼亭集》，外編，卷二十三，頁968-969。

舉的第二次甬上講經會。當時自北京告假回到故鄉的陳錫嘏覺得他有義務在家鄉振講經會。[256] 可惜陳氏《兼山堂集》中，並未提及這期講會的情況。[257]

一六九〇年，鄭梁曾在北京約萬斯同重回甬上再舉講會，但未成功。萬氏雖未能南回甬上重開講會，但是同年便接受昔日講經會友仇兆鰲與大明一統志局的同仁之邀，開始了北京講會。

在北京講會中，萬氏從田賦、兵制、選舉、樂律、郊禘、廟制、輿地、官制等方面進行講論，每月三次，聽者常數十百人。《石園文集》卷首有楊無咎的〈萬季野先生墓誌銘〉說：

> 季野志在國史，而其有功於後學，則講會之力爲多。…其北遊也，則月凡三舉，益以田賦、兵制、選舉、樂律、郊禘、廟制、輿地、官制諸論說，凡宜因宜革，皆勒成典，則實史事之權衡也。朝而設席，向晚而退，如歲寒書室、梅花堂、浙江江南會館，皆其講經史處也。[258]

十天一舉的講會可能是利用官員旬休的那一天進行的。[259] 講學之地有歲寒書屋、梅花堂及浙江江南會館等，講會是從早到晚進行的。當時的人在回憶他的貢獻時說，萬斯同雖然爲修《明史》花了幾十年的時間，但若論及他對後學的啓迪，在北京所辦的講會要遠遠超過修《明史》。講會的內容以探討古往今來

---

[256] 黃宗羲在〈翰林院編修怡庭陳君墓誌銘〉中說「自君出，而諸子亦散，至是復集，甬中多志行之士，由此會爲之砥礪耳」。《全集》，冊十，頁433。

[257] 而陳氏本人後來也不能牢守蕺山之教，除了爲劉宗周最爲反對的功過格作了進一步的編輯工作之外，在格物的問題上，走向朱子的老路，見〈翰林院編修怡庭陳君墓誌銘〉，「君從事於格物致知之學，於人情事勢物理上工夫不敢放過」，同前書，冊十，頁433。又「凡君之所以病，病之所以不起者，雖其天性，亦其爲學有以致之也。夫格物者，格其皆備之物，則沓來之物，不足以掩湛定之知，而百官萬務，行所無事。若待夫物來而後格之，一物有一物之理，未免於安排思索，物理、吾心，終判爲二，故陽明學之而致病，君學之而致死，皆爲格物之說所誤也」，同前書，冊十，頁434。

[258] 楊旡咎，〈萬季野先生墓誌銘〉，在《石園文集》卷首，頁3。參考陳訓慈、方祖猷《萬斯同年譜》，頁171。

[259] 楊聯陞先生認爲自唐至元的旬休或旬假制度，在明清時代被削減，甚至完全廢去，見楊聯陞，〈帝制中國的作息時間表〉，《國史探微》（台北：聯經出版公司，1983），頁63。但是如無旬休，何以京官可以在每月十、二十及最末一日前來講會，俟考。

的禮樂制度爲主，所以用今天的話說就是中國制度史的講授，並期望從中得出各種制度之優劣，何者當採，何者當捨，與黃宗羲寫的《明夷待訪錄》甚爲相近。北京講會是由仇兆鰲發動的，可惜的是，在寧波天一閣所藏的仇氏《尙友堂自編年譜》中，只有康熙二十九年(1690)條提到他與一統志局中同仁邀請萬斯同舉講會之事，而別無其他材料。[260]

萬氏北京講會中，與會者的身份與甬上的兩次講會大有不同。它是以京師的公卿大夫及舉子爲主，不再侷限於浙東士子。萬氏在北京講會中，結識了胡渭、閻若璩、李塨、王源等一批來自各地，在思想界頗爲活躍的士人。

在康熙三十年(1691)秋天到達北京的方苞便深受萬斯同的影響而暫輟他拿手的古文之學轉研經義。《方苞集》卷十二有〈梅徵君墓表〉一篇說梅文鼎的曆算之學，好者甚稀，但萬斯同的經史講會則車水馬龍：

> 季野承念台劉公之學，自少以明史自任，而兼辨古禮儀節，士之欲以學古自鳴及爲科舉之學者皆輳焉，旬講月會，從者數十百人。[261]

由前面這段引文看來，除了制度史外，古禮儀節也是萬氏的重要講題。大概從康熙三十四年(1695)起，他的講會由溫睿臨進行記錄，《歷代紀元彙考》卷首陳正心〈序〉中說萬氏：

> 奮袖抗談，問難蜂起，應之如響，溫子從旁記其語，歸而考證諸書爲文，其詞今所著《講會錄》是也。[262]

由這一段記錄足見北京的講會仍與甬上講經會一樣，不只是一人演說，主講者和與會者也進行公開辯論。可惜溫睿臨的《講會錄》已經不存，無以窺見講會之詳。錢名世與溫睿臨是萬氏這個時期的兩個記錄員，錢名世記其明史方面的見解，而溫睿臨記其講會中的談辯。溫氏後來輯《南疆逸史》也是受萬氏影響。[263]

在北京講會進行了八年之後(1698)，萬氏乘回鄉之機，在甬上重開第四次講經會。這次講會前後只持續了數月，便因萬氏回北京而罷。可喜的是，這九回

---

260 仇兆鰲，《尙友堂自編年譜》（寧波天一閣藏抄本），無頁次。

261 《方苞集》（上海：古籍出版社，1989），頁335。

262 轉引自陳訓慈、方祖猷，《萬斯同年譜》，頁185。

263 溫睿臨，《南疆逸史》（香港：崇文書局，1971）〈凡例〉，頁3。

講會的記錄《講經口授》的抄本被保留在浙江圖書館。[264] 浙圖的《講經口授》，可能是一個乾隆年間的傳鈔本，[265] 其中有一些地方仍生動地記載了萬氏當時的口語。

第一會是□月□日，講田賦。

第二會是三月十九日，再講田賦。

第三會是三月二十九日，復講田賦。

第四會是四月初九日，講兵制。

第五會是四月十九日，再講兵制。

第六會是四月二十九日，復講兵制。

第七—十回講會缺。

第十一會是六月廿九日，講宮廟祭祀。

第十二會是七月初八日，講廟祀。

第十三會缺。

第十四會是七月二十四日，講律呂。

這些講會基本上都是制度沿革史的講述。雖然他基本上不講經，不過必然仍以講經會爲名，否則記錄的名稱就不會是《講經口授》了。從這份記錄看來，

[264] 在浙江圖書館所藏這份《講經口授》的抄本前，有伏跗室主人馮貞群的一段跋文，認爲這是萬氏北京講會的記錄，鈔者是温睿臨。方祖猷先生認爲這應該是錯的（《萬斯同年譜》，頁195），方先生的證據是《口授》的目次與張錫璁前引詩中所記康熙三十七年(1698)萬氏在甬上講會的內容相符。我個人贊同方先生的判斷，並認爲還有幾個證據可以支持這個論斷。

首先是《口授》中記第三講是三月十九日（第一講日期空著，應是三月九日），而最後第十四講是七月二十四日。萬氏在是年春天南歸，則三月九日起講甚爲合理。他在這年秋天偕錢名世北上，則七月底罷講也合理。第二，《講經口授》中一再特別強調歷史上鄞、明州、寧波的史事，其中有一條，談明代衛所時，特地「附說」明代寧波府的四個衛，從《口授》的語氣看來，是離題發揮的。他很明顯地是針對甬上的聽眾而發，如果是北京的講會，聽眾來自全國各地，便不會如此強調本鄉的史事了。第三、《講經口授》應是張錫璁所記的，否則他在〈贈萬季野先生北上四十二韻〉上不會説「執卷隨人叩，載筆獨予許」。我因爲方祖猷先生的幫助而得讀《口授》，附此致謝。

[265] 此鈔本中凡遇「弘」字皆缺筆，故可能是乾隆的鈔本。

除了《明史》以外，他對從古以來的歷史都非常精熟，對於經部之書亦極嫻悉。在講授過程中，他自然而然地將相當的注意力放在檢討明亡的原因上面，並常徵引《明實錄》來談明代史事。

在講演中，萬氏主要是就制度演變之大段落處作客觀的講述，很少下個人的意見，不過，整體而言，也有一些個人的分析在裡面，此處我僅舉田賦及兵制兩個講題爲例作一介紹。[266] 萬氏講田賦時，有幾個重點，首先是討論三十稅一的理想爲何不能維持，且一步一步地變化。接著討論徵銀的沿起，以及徵銀對國家的禍害。除外他也討論明末三餉徵收之過程及對百姓造成的負擔。他總結明亡之因爲用銀及重賦，說：「從古無徵銀者，至明而徵銀。從古民間無用銀者，至明而用銀。從古加賦無如此之重者，至明而極重。生民之苦極矣，國欲不亡得乎」。[267] 萬氏主張禁止百姓用銀，違者處死。萬氏反對用銀徵銀的態度與當時一大批知識份子相同。[268]

此外，在談田賦時，他評論了王安石改革，說「行青苗之罪小，而廢三倉之罪大」。他也評論了一條鞭法，說自一條鞭之法行，先前的僱役遂歸正賦，「其餘零星雜徭皆役貧苦小民，此役法之不得其平也」。[269] 他並針對蘇松田賦之重，作了歷史的考察，指出蘇松重賦由於官田，對於官田形成的幾次原因作了清楚的剖析。[270]

---

266 陳訓慈、方祖猷，《萬斯同評傳》，頁122-137。

267 《講經口授》，頁15。

268 如顧炎武的〈錢糧論〉上，《顧亭林詩文集》，頁17-19。

269 《講經口授》，頁17。

270 此處即詳引這段文字以明《講經口授》之一斑：

「蘇松田賦之重，由於官田。官田之所以多者，其一、由宋賈似道因國用不足，制爲關子，倣交子會子之制，以鬻民田。其時兩浙江西皆行，而平江即蘇州獨多。時包恢知平江府最酷，制炮烙之刑，勒民鬻田，故其田入官者獨多，此官田之一也。其二、元時封大功臣大十人謂之十投下。元世祖既定天下，以江南田賜大功臣，故蘇松之田皆屬十投下，十投下各令其家臣收租。又多買民田爲己田，亦名曰達魯花赤，此官田之二也。其三、張士誠割據揚州，蘇、松、杭、嘉、湖、紹等處，其宗族親戚盡買蘇松之田，及明太祖滅士誠後，其田盡入於官，此官田之三也。其四、明太祖初年，以此田賜功臣爲莊田，及功臣誅戮後，并其自置田盡入於官，此官田之四也。其五、蘇松豪強兼并之患最在談蘇松重賦之後，萬氏並特談明初寧波一府糧米十七萬石，此外別無徵收，至正統後，僅鄞一邑便有折色七萬餘石，其糧數之重一至於此。他之所以特提鄞縣徵賦之重，想必與講會聽眾是鄞地士大夫有關。

接著再以萬氏講兵制爲例。他主要是以政府是否需耗費大量金錢養兵來判斷一代兵制的良窳。他說：「自漢至隋唐，天子俱無養兵之費，養兵自宋始，故國貧而民賦重」。[271] 他也感嘆唐代兵制之逐步變壞，引歐陽修的話說，「唐文三變，每變而上；唐兵三變，每變而下」。他與明末清初許多士大夫一樣皆主張封建，而且是從養兵方面去看這個問題的。他認爲在封建制下，封君必然盡一切力量去經營自己的小封國，故能充份足其兵食：

> 唐封建之制，自春秋戰國以及唐藩鎮割據，皆各君其國，各子其民，欲以自強，無不盡地力，以足其兵食。一歸郡縣，則土地荒蕪而兵力衰矣。[272]

萬氏在講演中強調，宋代「朝廷多養兵之費而不得其用」。[273] 不過，他認爲宋召募之制雖多養兵之費，卻也還有一些優點：

> 然召募之制，朝廷雖多養兵之費，而民間晏然，否則，如唐府兵之制，雖其法最善，而一人爲兵，則六家盡受其累，倘有缺少，又須補足，父母妻子皆愁苦太息，是以唐時塞上從軍之曲，最爲傷情。[274]

多，明太祖起家寒微，深恨豪強之家，即位後，籍沒沈萬三、倪雲林等田，盡入於官，此官田之五也。有此五者，蘇松強半皆官田矣。又加以太祖惡吳民爲張氏堅守，故其田賦斂仍張苛政之舊，不與減租，建文欲減而未行，永樂以建文變法，興靖難師，故即位後不變祖制。洪熙有輕賦意，而在位日淺，及宣德時屢詔輕蘇松重賦，而户部不行，五年(1430)，有詔切責户部，令其舉行，時各省有按布而無巡撫，江南係留都，幷布按無有，止有知府，得以自專，時特命六臣巡撫天下，而南直得周忱，蘇州知府況鍾，相與減蘇州之糧額。先時有二百七十萬餘石，減去七十萬石，時民田之糧，每畝僅三四升，官田自三斗以至二石不等。況、鍾減賦，官田止於三斗，此雖周、況二公奉行之善，而實由宣宗之德音也。周忱之後忱爲巡撫二十三年，相繼爲巡撫者鄒來學、李秉、崔恭皆名臣，漸均官田之最重者，加於民田之最輕者。至嘉靖年間，巡撫歐陽鐸、知府王儀盡均官、民田之糧，時宰相顧鼎臣在朝，常曰此法一行，吾家驟增糧千石，然豈可以我一人而廢永遠之利，故其法得行。」同前書，頁17-19。

271 同前書，頁23。

272 同前書，頁30。

273 同前書，頁32。

274 同前書，頁33。

萬氏甚至認爲處在宋代，輸歲幣給敵國也不失爲一個可行辦法，因「歲幣所費無幾，邊防得以休息者寔賴其力，觀明季之兵餉則可見矣」。[275] 足見他最關心的還不一定是國家尊嚴，而是民間是否「晏然」，及百姓是否「愁苦太息」。萬氏在討論兵制時，仍將相當多注意力放在明代。他比較明代的衛所制與唐府兵制，說衛所制即府兵制，「其異者，唐府兵派於民間，每六家出一人。明衛軍則世爲之，而復屯種。唐十六衛調於各府，明五府出於召募」。[276]

在甬上的講會中，他除了縱論賦役、兵制外，還談官制、選舉、禮樂、曆法、明史等，並強調苛稅及科舉是古今兩大弊端。《續甬上耆舊詩》卷一百十二〈張太學錫聰・贈萬季野先生北上四十二韻〉對當時的演講做了精要的歸納：

> 昔日談經會，都講先生主。秋郊送別來，廿年雲散聚。今歲暮春歸，兩度見鄉土。講堂得重開，生徒喜欲舞。首論賦役法，則壤溯神禹。井田不可復，限田亦虛語。惟有租庸調，唐制頗近古。兩稅一條鞭，救患患仍巨。次論古兵制，田賦寓卒伍。漢唐調發多，府兵法可祖。宋乃專召募，遂受養兵苦。明世軍民分，北都勞禦侮。季年成土崩，加餉禍由部。繼及選舉條，賓興德行取。用吏昉秦政，設科起漢武。中正法久弛，諸科弊難杜。下逮王氏學，至今流毒蠱。前代惟制科，庶幾得人普。終乃禮與樂，津津聽揮麈。郊社與禘祫，群疑融水乳。律呂通曆法，妙理入淵府。燈火有餘閒，繪圖紀寰宇。蛟川十日遊，官制詳縷縷。《明史》及東林，約略傾端緒。腹笥便便盈，三篋何足數！執卷隨人叩，載筆獨予許。中有兩要言，可作《三通》補。白金供正賦，貪風成蛇虎。治道不若古，大半由阿堵。科目取人才，登進雜枯窳。假令孔孟生，豈由場屋舉！二者利名根，斬斷須利斧。奇快論不刊，鞠峷氣暫吐。倘得此言行，如暮日重午。敢云即至道，齊變乃可魯。空抱王佐才，誰識名世轉。史館羈淵雲，筆墨日纂組。…[277]

---

[275] 同前書，頁33-34。

[276] 同前書，頁37。

[277] 《續甬上耆舊詩》，卷二十一，頁21。

萬斯同於一六九八年秋天重回北京。兩年後(1700)再度在仇兆鰲的鼓倡下，舉行第五次講經會。北京講會不斷地有新的會友加入，尤其是在康熙三十九年(1700)十月，朝廷平三藩之亂後，因爲天子獎勵學習，故講會中翰林、部郎及一般士人四、五十人環坐聽講，而且講會的準備工作皆由顯官供張，[278] 在京師引起莫大的轟動。當時會友李塨記萬氏講說時，「不繙書，每會講一事，口如瓶注，滔睿臨札記。何代，何地，何人，年月日事起迄，毫釐不失也」。[279]

我們大致歸納北京講會的主題如下：

田賦

兵制

選舉

樂律

郊禘

廟制

輿地

官制

禮樂源流

典章沿革

國書曆象

河渠邊務

三代及元明制度

地理

河渠

倉庫

政刑

上面這一張表只是就當時人的零星記載歸納而成，有的只是概略的名字，有

278 陳訓慈、方祖猷，《萬斯同年譜》，頁208。

279 《恕谷後集》，卷六，〈萬季野小傳〉，頁71。

的則是相當確定的主題。其中有些與萬氏回甬上舉行的第四次講會主題相類似，有些是隨著北京講會的持續進行，又陸續開闢的新主題。從講會的題目看來，心性探索或「以書明心」這一類主張已經不見了。這時他欣賞胡渭、李塨等人對心性及形上之學的攻擊，並反對過去宋明理學對「格物」的「物」字之解釋太過偏向內在的探索。此時他同意顏元、李塨之以「鄉三物」解「格物」的「物」字。[280] 而所謂的「鄉三物」——「六德」、「六行」、「六藝」全是與治平天下有關的實務。

（二）影響

一六六八年，講經會正在甬上展開時，聲勢一定不小，以致當時正在外地的萬言聞訊趕回參加，高旦中還覺得未能參與是一大遺憾。該會在浙東一地有相當大的影響，陳錫嘏《兼山堂集》〈陳母謝太夫人六十壽序〉中說：「浙東學風一變」。[281] 黃宗羲也在〈陳夔獻五十壽序〉中說講經會「不及十年而能轉浙河東黃茅白葦之風，概使之通經學古」。[282] 即以個別會友的成就而言，像萬斯大，陳錫嘏便說：「海內名士如豫章彭躬菴，吳郡顧景范皆嘆經學不如充宗」。[283]

在甬上講經會影響下也出現了仿行的講經團體。譬如陳錫嘏的學生顧在瞻在山陽所舉行的：

> 陳介眉教授里中，書舍至不能容。其時顧在瞻來學，介眉稱其為後來之秀，…未幾，返於淮海。歲辛酉(1681)，萬公擇自淮歸，言在瞻倡率其里人為經史之學，不殊甬上。[284]

所謂「率其里人為經史之學，不殊甬上」，應即是模仿甬上講經會的一種組

---

280 萬斯同，〈大學辨業序〉，《石園文集》，卷七，頁12-13。

281 陳錫嘏，《兼山堂集》，卷四，頁14a。

282 《全集》，冊十，頁662。

283 《兼山堂集》，卷四，頁5a。

284 黃宗羲，〈顧君榮生六十壽序〉，《全集》，冊十，頁673。

織。而顧在瞻當日受學於陳錫嘏時，陳氏再三叮囑他的正是劉宗周以經明心的思想。《兼山堂集》中的〈與門人顧在瞻書〉云：

> 蓋博文約禮二者不可缺一，陽明子又從而合之，博文是約禮工夫，則爲學之功，其不可不從事於讀書窮理也明矣。夫必博學而後可以審問、愼思、明辨，必多聞見而後可以闕疑闕殆，則讀書窮理其不可保殘守缺，孤陋寡聞，妄言內求之功，希心頓悟之學也明矣。[285]

陳錫嘏又說：

> 文以載道，求道者不得不取證於文，顏子親見聖人，尚口口說博我以文，而孔子之贊回也，亦曰擇乎中庸，則以天命之性，雖不待外求，而要不可不辨別眾理以求其至善之所在，況我等去聖千載，苟欲證明其心，舍昔人閱歷有得之言，其亦從何而入手。讀書之法，六經其淵源也，次而及於先儒之語錄文章，足以發明義理，又次而及於歷代之正史，足以開通聞見。[286]

這一段文字強調因爲我們去聖人千載，如果想「證明其心」必須讀經書、正史等。他又說：

> 夫吾心之理誠未有出於孔孟所言之外也，然恐生之所見爲孔孟者未必得孔孟之微言精義，而欲專求之於一心，幾何而不流於扣盤捫燭之誚耶？夫先儒之論誠不能無支離，然此是彼非，必參稽博考而後可以歸於一。[287]

因爲我們心中之理不可能出於孔孟所言之外，所以要求我們心中之理反而需要把孔孟之言弄清楚才行。陳氏又說：

> 故我見不足恃，必考之於先儒。先儒一人之言不足恃，必博考之於諸儒，諸儒之言不足恃，必返證之於吾心，如此乃謂之心得。猶未已也，義理無窮，進一步更有一步，做得到方見得到。[288]

陳錫嘏強調「我見不足恃，必考之於先儒」，但是這樣還不夠，應該要「博考之於諸儒才行。」最後，他強調非讀經讀史不可：

---

[285] 《兼山堂集》，卷四，頁12a。

[286] 同前書，頁12b。

[287] 同前書，頁13a-b。

[288] 同前書，頁13b。

讀書之法，經固爲主，而史其佐之，不可偏廢者也。從來無不讀書、不窮理、不博古通今之聖賢也。書之所在，學之所在也。[289]

雖然黃宗羲曾說甬上講經會這一批弟子是他最得意最有收穫的門生，可是我們仍不可將眼光侷限於該處。在甬上講經之後，他曾講學海昌，受到海寧知縣許三禮的欣賞，曾命當地士大夫聚會聽黃氏講學。黃氏在海昌講學時，「每拈《四書》或《五經》作講義，令司講宣讀，讀畢，辨難風起。」[290] 海昌的學生也曾模仿甬上講經會的規模立「經會」。因爲材料甚少，我們只就當時隨父在海昌的黃百家《學箕初稿》中的記載窺其內容。百家在〈贈陳子文北上序〉中說：

去年春，家大人講學海昌，得同志者十餘人，而陳子文抗心問學，以爲文章不本之經術，則學王、李者爲勦，學歐、曾者爲僞。學問不本之經術，非矜《集注》爲秘經，則援作用爲軒傳，于是將與同志創爲經會，以崇實學。[291]

他們「創爲經會」之後實際如何進行，並無進一步史料。黃百家只說首事的陳子文是「慕戢山之源流，務經術爲宗旨」。而當陳氏北行時，行囊中所帶的書是《儀禮》與《周禮》注疏。黃百家期望他到北京時能與甬上講經會友陳錫嘏討論經書，尤其是《三禮》之學。[292]

---

289 同前書，頁15a。

290 黃炳垕，《黃宗羲年譜》，康熙十六年(1677)條，頁40。

291 黃百家，《學箕初稿》，卷二，頁1。

292 「顧子文窮經文之志未嘗稍懈，檢其行囊，累累則《儀禮》與《周禮》之注疏也，其言曰，今人講《禮》往往窒礙，則以不熟讀《儀禮》與《周禮》故也，舟中清寂，余將以三千里程畢此願力」。黃氏又說，「余友陳介眉，縱橫經庫，酉戌(1681-1682)之間，課業至《三禮》，余嘗聆其辯論，通貫詳贍，今在中秘，子文于舟中有所悟而獨得者，有所疑而未釋者，試與討論焉，必能有以相賞而相晰也。」（同前書，卷二，頁2。）乾隆年間有一位不知名的作者寫《國初人傳》，以後來人的眼光對甬上講經會的影響有如下評價：「有云自先生（黃梨洲）倡甬上講經之會，天下始蔚然向風，皆知崇本經術，究聖人之本旨」（李慈銘，《越縵堂讀書記》，頁432）。又，《李塨年譜》（北京：中華，1988），頁98記康熙四十二年(1703)毛奇齡欲舉講學會說群經，或許也受一時風氣之影響。

萬斯同北京講經會的會友名單無法建立，所以其影響不易評估。不過，從方苞前後的轉變可以看出一二。全祖望的〈前侍郎桐城方公神道碑銘〉對方氏與北京講會的關係有這樣一段描述：

> 公少而讀書，能見其大，及游京師，吾鄉萬徵君季野最奇之，因告之曰：勿讀無益之書，勿爲無益之文。公終身誦以爲名言，自是一意窮經，其于通志堂徐氏所雕九經，凡三度芟薙之，取其粹言…諸經之中，尤精者爲《三禮》，晚年七治《儀禮》。[293]

全氏所記，三讀《通志堂經解》一節甚確，但治《儀禮》次數似有誤。據方氏〈答陳榕門書〉，是「弟雖衰病，九治《儀禮》」，[294] 方氏在信中也不時與人談《三禮》，[295] 且屢屢道及自己全力治經的情形。[296] 而方氏治經專力於《通志堂經解》，一方面可證明清初學者專力宋、元經學著作的情形，同時也與萬斯同所傳甬上講經會重視宋、元注疏的學風有關。

結論

本文是對清初講經會之形成背景、思想脈絡、進行方式、會友、治學風格及影響所做的研究。

本文認爲甬上講經會的形成，是兩大思潮交叉而成。而這兩個思潮的形成與明代後期道德價值的混亂失序、社會政治的頹敗及異族入侵的壓力都有密切的關聯。首先是晚明文人社集轉向經史實學的傾向。文人及文社在知識界轉向經史的運動上扮演了鼓動風潮的角色，定下了新一代士人關心的大方向，方向既

---

293 《鮚埼亭集》，頁203-204。

294 《方望溪遺集》（安徽：黃山書社，1990），頁64，吳孟復序云其「十治儀禮」（頁1）。

295 如〈與沈立書〉，「仆病且衰，《三禮》未盡之緒，于賢者重有望焉」，同前書，頁33。

296 如〈與閻撫趙仁圃書〉，「自分此生恐無緣更畢志于經學」（同前書，頁38）。〈與黃培山書〉，「告歸五年，求一好經書識名義者，與之共學，竟未見其人」（同前書，頁65）。他後來想爲平生最爲親密的友人建一「敦崇堂」，所謂「敦崇堂四友」，其中李塨、王源即北京講會時之友。（〈與黃培山書〉，同前書，頁65。）

定，深入的研究與枝節問題的精細化，則是後來的事。這些提倡轉向古學的文人，對經史並未有嚴謹精密的研究，但是受他們影響的下一輩，則陸續出現了一批清學的前驅者，黃宗羲、顧炎武、閻若璩都是。本文也花了相當大的篇幅析述劉宗周如何一步一步走向強調讀書的重要性，而且最要緊的是讀書成爲他改造心學的一個關鍵。本文描述了劉宗周與「越中舊說」的對抗，及他的工夫觀如何一步步的激烈化，到最後則認爲工夫愈昭熒則本體益顯豁，甚至於本體由工夫所決定，而工夫即是讀書和改過；一個是讀經書，一個是照《人譜》計算過錯，它們都是平易可行的辦法。本文同時也將這兩派思想的對立與當時的政治鬥爭，尤其是東林與魏黨在浙東一地的傾軋，劉宗周與黃宗羲認爲浙中禪學化的王學間接提供了閹黨理論武器，使得他們認爲名節與道德規範必須在心學體系中有堅確的地位，促使他們對陽明以來的心學進行改造，欲引六經作爲心之隄防。但劉宗周基本上還在心學的矩矱中，故他本人一生並未在經史之學上有突出的表現。但是他開啓的，以讀書、改過這兩件人們可以掌握的工夫，作爲達到聖人境界的方法，便將當時追求本體之學，從浙中王學的憑空識認本體拉下來，與後來的讀書運動相契合。所以他的思想經過黃宗羲的詮釋後，甬上的一批士人會興奮地覺得「聖人必可學而至」，並說「慎獨談何易，讀書勇可賈」，以讀書、尤其是讀經書作爲成聖的一條重要途徑。由於甬上講經會基本上由上述兩條脈絡交織而成，所以它的特色是一方面奮厲讀書，一方面也講修身。他們所期望的境界不是爲讀書而讀書，而是黃宗羲所強調的「以書明心」，內外合一，期望心中本有的與聖賢書中所有的能相湊泊。

本文的第二個部份是析述講經會的會友，以及他們所呈現出的學術特色。由於講經會大部份的會友並不具全國性知名度，且多無著作留傳下來，[297] 所以本文只能儘可能勾稽他們的事蹟，而尚無法對他們的生平及著作進行深入的分析。但是有幾個特色是值得注意的：他們多是當地縉紳家之子弟，晚明以來講會聽眾中常常發現的商人或農人，在這裡並不存在。他們是「遺民不世襲」的

[297] 全祖望，《續甬上耆舊詩》中往往在講經會會友的名下註該人所著書稿的名字，以明他取裁的來源，但是這些書稿率多不存。

最好體現者，他們竭誠效忠新朝，僅管他們斥責當時時文科舉的弊病，卻仍積極參與科舉，甚至刻意要以考場上的勝利來證明講經的成果。

本文中也將講經會的治學特色加以介紹，他們的主要貢獻有三：第一是恢復經書的地位。第二復興宋、元注疏，以破除朱子功令之學對經義的獨佔。第三，在對經書之態度上，反對把經作爲心之解悟的津筏，而是把經書作爲研究的客體，從事精密客觀的研究。研究經書的目標不是爲了開發心中的義理，而是想好好地了解古代聖賢和禮樂制度。

最值得注意的是他們重新接續了宋、元注疏之傳統。這個傳統基本上因爲幾個原因而斷絕了。第一是明代考試由《五經大全》及《四書集註》支配的學風，對《四書》、《五經》的詮釋是定於一尊的。而後來心學盛行之時，士子索性連《大全》與《集註》都擺落不讀，甚至以禪佛思想直接解釋經書。講經會一方面打破了《大全》、《集註》一元之說對《四書》、《五經》詮釋的壟斷，並在各種詮釋間衡量揀擇，選取一個最爲合乎經書原意的解釋；同時，這些經學活動的最高目標，是想斷絕佛老思想對儒家陣地的侵佔。心原本是「空中四達」（劉宗周語[298]）之物，如果沒有一套思想加以充實、貞定，則空中四達至虛至靈的心可以被任何義理所盤據。晚明清初思想家多認爲劉宗周的最大貢獻是「絕蔥嶺之傳」，這與他純善無惡的「意」的哲學，及將六經重新在心學系統中定位有關。

清儒考證之學的最先源頭便是宋、元經學注疏。這與講經會所代表的一代治學風氣有密切的關係，《通志堂經解》的刊刻便是這一風潮下的產物。不過，由於他們眞正想了解的，不是宋、元儒的註釋，而是經書中的義理，所以很快地便發現宋、元儒的注疏尙有不足。從清初以來，註經的風氣便如拾級而上，越翻越高，由宋元而魏晉隋唐，而兩漢，而先秦。

講經會當然不只帶起一個廣泛的風氣而已。在講經治學氣氛下培養出來的萬斯同與萬斯大，便是兩位對清代學術有重大開山之功的學者。萬斯同在史學及禮學方面的開山工作，及萬斯大在經學（尤其是《三禮》）方面對十八世紀漢

[298] 黃宗羲，〈先師蕺山先生文集序〉，《全集》，冊十，頁51中對其師劉宗周思想之敘述。

學的前導之功，前人已有恰當的評價。[299] 在萬斯同與萬斯大的經學著作中，我們已經可以看到清代考據學的規模，及戴震、阮元訓詁注疏之學的嚆矢了。

甬上講經會的後續活動也是本文所特別注意的。本文敘述了在第一次講經會持續七、八年而中歇之後，陳錫嘏曾一度由北京回到故鄉主持第二次講經會，萬斯同在北京受仇兆鰲鼓勵而舉行的第三次講會，萬斯同回到甬上的第四次講會，以及萬氏回到北京後，持續多年的北京講會。這些講會之間也有變化的痕跡。大抵到了萬斯同手裡，講會的內容已由經轉史，所以有人甚至稱之為「講史會」。[300] 甬上講經會中經學與修身兼重，最後以內外合一為最高理想的宗旨，也漸漸起了變化。萬斯同本人始終留意修身，可是，他的講學內容中心性之學的成份愈來愈淡，甚至於不提，而完全關注於治國平天下的事業。這種現象也突顯出清學發展的一個特色，即心性之學的內在之路逐步結束，而對外在禮樂制度的探討逐步興起。

至於講經會的影響，也不應以黃宗羲所指導的甬上講經會為限。從第二次到第五次講會，都對江南及北京知識界產生影響，可惜我們並沒有較豐富的資料加以評估。整體而言，這五次講經會有兩方面的影響：第一、在道德修養方面，甬上及其附近地區興起了一股砥礪志行的風氣，黃嗣艾在《南雷學案》中不無誇張地說「至是南中多志行之士，由斯會（講經會）砥礪之耳」。[301] 第二，在經學典範的開啓方面，不只是「不及十年，而能轉浙河東黃茅白葦之風，概使通經學古。」乾隆年間的一位士人甚至認為「天下始蔚然向風，皆知崇本經術」。從甬上講經會到萬斯同在北京的講會，前後斷續進行近三十年，對浙東及來自全國各地的士子、京官之影響，更值得將來進一步評估。

（本文於一九九七年二月二十七日通過刊登）

299 如梁啓超，《中國近三百年學術史》、侯外廬，《中國思想通史》第五卷，第二編第十章。

300 見吳榮光，《初月樓聞見錄》(台北：商務印書館，1976)，卷四，頁4。

301 《南雷學案》，頁457。

附錄：甬上講經會的會友

甬上講經會的會友顯晦不一，此處擬大致勾稽他們的生平。除了仇雲蛟、陳和中等人一時無法考得其事跡，而毛文強、顏曰彬後來已轉向潘平格，故未予列入外，對其餘諸人，皆作一簡短的描述，爲了整齊起見，此處儘量引用全祖望《續甬上耆舊詩》中的材料：

萬斯同，字季野，號石園，萬泰第八子。及梨洲之門，得聞蕺山之學，博通經史，尤熟明代掌故，撰明開國以後至唐桂功臣將相內外諸大臣年表，荐博學鴻儒，力辭。以布衣參史局，不署銜、不食俸。《明史稿》五百卷皆出其手。萬氏當時年紀雖輕，但已是講會中的靈魂人物。不過他後來轉向史學，兄萬斯大則專力經學。他們一史一經，充份追隨其師黃宗羲的不以六經，則爲蹈虛；不以史學，則不足以應務的思想。不過萬斯同早年在講經會中培養的經學根柢後來也曾得到發揮，而爲時人所重。《新世說》說「萬季野初至京，時議意其專長在史，及徐尚書乾學居憂，請公纂《讀禮通考》，自國卹及家禮，十三經之箋疏，二十一史之志傳，漢唐宋諸儒之文集說部，無或遺者，又以其餘爲《喪禮辨疑》四卷，《廟制折衷》二卷，乃知公故深於經術者」。[302] 萬氏的著作有《歷代史表》、《紀元彙考》、《廟制圖考》、《儒林宗派》、《石經考》、《周正彙考》、《宰輔彙考》、《宋季忠義錄》、《六陵遺事》、《庚申君遺事》、《群書辯疑》、《書學彙編》、《崑當河源考》、《河渠考》、《石園詩文集》。

萬斯大，字充宗，號跛翁，萬泰之第六子。專治經學，尤精《春秋》、《三禮》，著有《經學五書》、《學春秋隨筆》、《學禮質疑》、《儀禮商》、《禮記偶箋》、《周官辨非》。又輯《春秋》三百四十卷，燬於火，晚年復輯，絕筆於昭公。其說《春秋》，不似元明學者之專注意於書法義例，而是以禮制爲基礎，故別開生面。其禮學著作排纂說禮之言，持論精覈，多發明前人所未發。爲人剛毅，嘗遊武林之玉龍山，見張縉彥神主，擊碎之，觀者咸辟易。（案：張縉紳曾在明清政權更迭之時出賣抗清義士。）

---

[302] 易宗夔，《新世說》（清代傳記叢刊本），頁252。

萬斯選，字公擇，萬泰之第五子。劉宗周死難之後，其遺書由萬公擇爲之收藏，全祖望稱之爲子劉子功臣。李鄴嗣云「粹然有得，造次儒者，吾不如公擇」。年六十卒，黃宗羲認爲甬上從遊弟子中，能振蕺山之絕學者，惟有萬斯選一人耳。[303]

萬斯備，字允誠，一字又庵，萬泰第七子也。「亂後隱居不試，婿於李氏，婦翁杲堂先生愛之…杲堂又稱其五律搜索意匠，一字一句，無不雕磨，且自以爲不如…先生書法極工，兼精篆刻…所著有《深省堂集》。」[304]

陳赤衷，字夔獻，曾入天井山向苦節名僧問道，對於釋氏名理有深入的了解，然而終感不滿足，遂「歸而返求之六經，近理亂眞之說始不足以惑之」。[305]講經會之名爲陳氏所取，[306]他同時也是講經會最重要的護法——「方會之初立，聞見之徒，更口靳故，鴟鼓害翼，尤呀毒啄，會者不懈益虔。里中有以罵坐自喜，勝流多爲所絀，間出違言，夔獻大聲叱之。揎袖將搏，其人沮喪避去。故凡僻經怪說撼其會人者，夔獻必析義秋毫，愍痛以折其角。蓋未幾而同學益進，不啻山鳴谷應也。」[307]

陳錫嘏，字介眉，號怡庭，是甬上講經會創始者之一。「先是甬上有講經之會，先生與陳赤衷等數十人，盡發郡中經學書籍，穿求崖穴，冀平一闃。自先生出而諸子亦散。至是南中多志行之士，由斯會砥礪之耳。」[308]陳氏雖是講經會的核心，但論格物與其師黃宗羲不合。陳氏於康熙乙卯(1675)年舉浙省榜首，隔年登進士第，改庶吉士，曾奉命纂修《皇輿表》、《鑒古輯覽》。陳氏後來由北京告假回甬上，重理講經會，卒於康熙丁卯(1687)年。

李文胤，「字鄴嗣…別號杲堂…直兵革之際，睚眦觸死，儀部（案：李文胤

303 〈萬公擇墓誌銘〉，《全集》，冊十，頁504。

304 全祖望，《續甬上耆舊詩》（民國四明文獻社刊本），卷七十七，頁3b-4a。

305 全祖望，同前書，卷九十八，頁2。

306 同前書，卷九十八，頁1。

307 〈陳夔獻五十壽序〉，《全集》，冊十，頁661。

308 黃炳垕，《南雷學案》（清代傳記叢刊本），頁457。黃宗羲撰有墓銘。鄭梁，《安膚集》卷一有行狀，書未見。

之父李棡，崇禎年間曾官禮部儀制司主事）下者獄，先生亦驅至定海，縛馬廄中七十日，事得解。…遂絕意人世。…集甬上耆舊詩。」[309]

陳自舜，「字小同，其年稍晚出，甚媿其父（案：其父爲御史陳朝輔，乃閹黨之一員）之所爲，以是頗不欲人稱爲公子。梨洲先生講學甬上，小同從之。終日輯晵經學，兀兀不休。其人強毅方嚴，於名敎所在，持之甚篤…一日，梨洲座上，或言天啓時某官以某物贈奄，即御史所爲也，小同爲之數日不食。喜購書，其儲藏爲范氏天一閣之亞。」[310]

范光陽，「字國雯，學者稱爲筆山先生。康熙戊辰(1688)進士，以庶常改戶兵二部曹，出知延平府。先生與慈水鄭丈寒村（案：鄭梁）最善，同遊梨洲之門，砥礪甚篤。寒村先得售，隨從稍盛，先生以書戒之，其古道如此。又曰，吾黨當自期以振古之豪傑，不徒語言文字間…先生不欲以文名，然梨洲甚稱先生之文，其詩亦淡雅，間涉道學語，要不墮横浦偈頌一派也。」[311]

董允瑫，董天鑒之長子。康熙己酉(1669)，舉於解試，因得交京師公卿，深爲葉方藹所欣賞，葉氏因董允瑫而知其師黃宗羲，故薦黃氏爲博學鴻儒，康熙己未(1679)年卒。全祖望說：「予觀先生所取舍亦與梨洲有不同者，梨洲於鄧豁渠、顏山農、林三敎輩，雖不甚許，然皆有取於其言，先生則力斥之，以爲無忌憚之尤，蓋梨洲意在博采其長，而先生防其流弊。」[312]

董允珂，董天鑒之次子，「字二嘉，一字莪山，…徵君(董天鑒)四子，（董）在中（允瑫）最英厲刻苦，（董）吳仲（允璘）亦負異才，而莪山和平大雅，介於其間，孝弟之行，克相埒之，所著有《莪山集》。」[313]

---

309 黃宗羲，〈李杲堂先生墓誌銘〉，《全集》，册十，頁399-400。李氏乃講經會核心人物，但與黃宗羲在師友之間，其《杲堂詩文集》頗能傳當日講經會之實況。

310 〈七賢傳〉，《結埼亭集》，外編，頁821。鄭梁《寒村息尚編》卷四應有其墓誌銘，但書未見。

311 《續甬上耆舊詩》，卷九十六，頁9b-10a。朱汝珍輯，《詞林輯略》（清代傳記叢刊本），頁61。范氏係會元，著有《雙雲堂文稿》，《詩稿》。鄭梁《寒村息尚編》卷四有其墓銘，書未見。

312 同前書，卷九十五，頁1。

313 同前書，卷九十八，頁4a。

董允璋，董天鑒之三子，事跡不詳。

董允璘，董天鑒之四子，其學從陽明入手，後讀劉宗周《學言》而疑之，乃有《劉子質疑》之作，但經黃宗羲解釋後，自署「蕺山學者」。全祖望說：「梨洲述其師說，以意爲心之所存，世多未達，先生爲釋之曰，存固存而發亦存也，問者始釋然。先生在講社，梨洲倚爲禦侮之友。有挾異說以至者，先生必敵之。梨洲歎曰，使吾惡言不入於耳者，吳仲之力。先生見社中諸子紛然於字句同異間，笑曰，學者但當鞭辟近裏以上聖賢之路…若字句之間，不過口頭上見解，非正學也。」[314]

鄭梁，「字禹梅，慈谿人，康熙戊辰(1688)進士，選庶吉士，改戶部主事，升郎中，出知高州府，有政聲。嘗學於南雷，聞蕺山緒論，工文藝，南雷序其稿云：禹梅深於經術，而取材於諸子百家仁義之言，質而不枯，博而不雜，如水之舒爲淪漣，折爲波濤，皆有自然之妙。」[315]

仇兆鰲，「字滄柱，鄞縣人，康熙乙丑(1685)進士。廷試策問官方及海禁，先生言：官方有保舉徇私之弊，開海宜捐利以與民，讀卷官楊雍建大稱賞之，改庶吉士，授編修，預修《一統志》，復預修《明史》，直南書房，後乞假歸。」[316] 仇氏以批選科舉時文聞名，陸隴其譏其講學則從黎洲，講舉業則宗朱。仇氏另以《杜詩詳註》一書而有名於天下。

錢魯恭，「字漢臣，一字果齋，知臨江府(錢)若賡曾孫也。學於梨洲之門，梨洲嘗語人曰，漢臣學三年可以大成，不幸年二十七而卒。」[317]

張九英，「字梅先（先一作仙），邢部郎（張）翼之子也。諸生，負奇氣，婦翁爲棲霞令陳治官，梅先視之蔑如，酒後謂曰，莫道先生爲泰山，吾以爲冰山耳。棲霞失色，然愛其才更甚。同社萬季野最博學，梅先不爲之下，季野嘗示以詩，曰弱筆奄奄耳，而季野心折之愈甚…梅先學於梨洲之門最淺，乙卯(1675)覆舟姚江而沒。」[318]

---

314 同前書，卷九十七，頁19。

315 徐世昌，《清儒學案小傳》，總頁117。案：鄭梁傳記甚多，此不備載。

316 同前書，卷四，頁568。

317 《續甬上耆舊詩》，卷九十九，頁11b。

318 同前書，卷九十八，頁9b。

張士培，「字天因，梨洲先生之高弟也。其父（張）遐勳曾參豫冰槎幕府事，傾家輸餉，先生與有力焉。已而事敗，新朝進士范某搆釁欲害先生之父，幾被五君子之難，及先生兄弟出補諸生，而又多方以滅其跡，遂得免。先生屢試不售，因佐父貨殖，不數年，三致千金，則其才可知矣。有別業在西郊，曰墨莊，即梨洲講學之所，其詩與弟雪汀齊名，隨作隨棄，故無足本。」[319]

張士塤，「字心友，一字雪汀，康熙甲辰(1664)進士，將任司理，値汰冗，改選大行，尋卒，年僅三十有七。梨洲黃先生銘其墓且序其詩，稱其恂恂孝友，銳志實學，才諝敏達，一惟經世是圖，手錄經史子集幾至等身…」[320]

張汝翼，「字旦復，一字學齋。」[321]「少善讀書，母葉氏授以《大學衍義》，由是有志於聖賢之學，孝友益著，稱名諸生，南雷之甬上，遂請業焉。講經之會諸人談鋒起，徐以一言折之，聞者皆意愜，南雷每稱之曰：張旦復篤行君子也。」[322]

張九林，「字璧薦。」[323]

李開，「字錫袞，一字子實，訓導（李）如玉子也，粹然長者，以副車貢太學。」[324]

王之坪，「字文三，一字忝堂，知縣（王）之坊弟也。」[325]

董允霖，「字扉雲，一字梨山，諸生（董）應遵孫也。…以明經知臨漳縣，所著有《笨言》。萬編修九沙（經）曰，扉雲生平重然諾，愼取予，性亢直而不詭於道，眞可訂久要者。」[326]

萬言，萬斯年之子，字貞一，號管村。自言：「余少習舉業，弱冠出與郡中

319 同前書，卷九十七，頁9b。

320 同前書，卷九十七，頁10a。李放纂《皇清書史》（清代傳記叢刊本），頁485云張士塤「善書，喜購古碑名跡」。另黃宗羲撰有張氏之墓誌銘。

321 同前書，卷九十八，頁2a。

322 徐世昌，《清儒學案小傳》，卷四，頁568。

323 《續甬上耆舊詩》，卷九十八，頁11a。

324 同前書，卷九十八，頁10a。

325 同前書，卷九十八，頁9a。鄭梁《寒村息尚編》卷一有其墓銘，書未見。

326 同前書，卷一一一，頁3b-4a。

諸大家子爲文會，于時會者城南沈氏四人、城東李氏九人、月湖徐氏二人、比閭黃氏五人、其他高氏、葛氏、傅氏、水氏、陳氏各一人，及家叔充宗、允誠、季野，凡二十九輩，皆年少勤學，更十日或十五日一會，會試二義，必劇飲盡歡而散，郡中傳爲盛事，即他邑多聞而效之者。」[327] 但他當時已不滿于只是作文會飲，故接著又說：「余獨念吾輩相慕而友，豈僅以文字爲事。固宜敦氣誼，重然諾，如古書傳中所稱始爲無負，察其可語于斯者，因以告之，其人多心喜余言…」，後來文會因主要成員李重明卒而罷。[328] 「稍長學舉業，初治《周易》，繼治《禮記》，既復治《尚書》，顧其解皆講章訓詁，雖習其說，意殊未愜。嘗欲旁求諸家解經之書而貫通之，自家叔輩與諸君設爲講經之會，言時客袁州，聞之亟歸，共業《毛詩》、《戴記》，追隨朔望，遂得聞所未聞。」[329] 萬言後於康熙十八年(1679)以副貢召修明史，授翰林院纂修官，旋改授編修，成《崇禎長編》百餘卷，列傳若干卷，復出爲五河知縣。

董道權，「字泰雄，一字巽子，號缶堂，浙江鄞縣人，有《缶堂炳燭》，《墨傭諸集》。先生既以詩名，尤以孝著，其沒也，同人私謚爲貞孝先生，好交方外，掛履洗鉢，有巽子詩便增顏色。」[330]

董孫符，「字漢竹，一字桃江，（董）道權長子也。董氏自明季顯，次公戶部稱北董，別以天鑑戶部爲西董。及兩家子弟在證人講社，亦以西董北董別之。桃江稱北董，而天鑑長孫旦菴稱西董，於通家兄弟中二人最長，各有詩名。」[331]

董胡駿，「字周池，一字南田，諸生（董）道權次子也…顧舌耕者四十年，而晚歲卒以貧死，圖書散失，少弟孫簫收其遺詩。」[332]

---

327 萬言，〈李重明墓誌〉，在《管邨文鈔》（四明叢書第二集），卷一，頁35。

328 同前引。

329 萬言，〈與諸同學論尚書疑義書〉，同前書，卷一，頁1。

330 張維屏，《國朝詩人徵略初編》（清代傳記叢刊本），頁254。案：董氏另有《缶堂説詩》，鄭梁《安庸集》卷一有其傳，書未見，黃宗義撰有董氏之墓誌銘。

331 《續甬上耆舊詩》，卷一〇九，頁11。

332 同前書，卷一〇九，頁15b。

董元晉，「字靖之，一字旦菴，舉人（董）允瑫長子也。」[333]「梨洲先生爲證人之集，其高座皆得攜其子弟聽講，或有以生徒來者，所謂受業者，爲弟子受業於弟子者爲門生也，其中有聲於時者自董太學元晉而下復有文學（董孫符）兄弟…」。[334]

陳汝咸，「字莘學，一字悔廬，翰林（陳）錫嘏子也。大理（汝咸）少隨父講學於證人社中，心領神會，多所自得，梨洲嘗謂門人曰，此程門之楊迪、朱門之蔡沈也…尤得力於慎獨之旨，驗其功於修己治人之間…曰，梨洲黃子之教人頗泛濫諸家，然其意在乎博學詳說，以集其成，而究其歸於蕺山慎獨之旨，乍聽之似駁而實未嘗不純。」[335] 陳氏於星緯律歷方輿之說，無所不究。[336] 李光地曾欲羅致於門下，爲陳氏所拒，「方公謝安溪之學，或疑其以師傳之異，不肯苟爲授受。及當湖陸清獻公稼書所著出，公亟喜而梓之，當湖亦與梨洲有異同者，乃知公之非墨守也。」[337]

陳汝登，陳汝咸之弟，「南雷公講學甬上，諸高弟各率其子姓來聽，先生因編有《證人講義》。後聽於萬季野之門，又續編有《證人講義》。」[338]

董雰，「字山雲，一字復齋，諸生（董）應遴孫也。由太學生知房縣，累官知永易府致仕。」[339]「少從萬徵君季野遊，得聞證人之教。」[340] 同時亦參與講經會。

萬經，萬斯大之子，字授一，號九沙，「少從諸父讀書，南雷黃子方移證人書院於鄞，申明蕺山之學，公擇先生兄弟最稱高座，公劒負侍於席末，預聞格物傳心之教。」[341]「增補充宗先生《禮記集解》，又數萬言。《春秋》定、哀

333 同前書，卷一〇九，頁1。
334 同前書，卷一〇九，頁1。
335 同前書，卷一一〇，頁1。
336 全祖望，〈大理悔廬陳公神道碑銘〉，《鮚埼亭集》，頁191。
337 同前書，頁196。
338 黃炳垕，《南雷學案》，頁502。
339 《續甬上耆舊詩》，卷一一〇，頁8。
340 同前書，卷一一〇，頁9。
341 同前書，卷一一一，頁1。

二公未畢，又續纂數萬言。少嘗取從兄《尚書說》輯成一編，至是又整頓之，以成萬氏經學。從兄《明史舉要》未畢，續纂二十餘卷，又重修季野先生《列代紀年》，以成萬氏史學。」[342] 自著有《分隸偶存》。

范廷諤，「字質夫，一字訥齋，知延平府（范）光陽長子也，少有幹略，以管、樂自命，延平案牘多出其手。後知泰寧縣，稱能吏。泰寧有畫網巾先生墓…訥齋以其地窪溼，改葬之城東，建忠義亭，且立碣書，論者以爲不愧姚江黃氏之傳…其在講社中，別成一格，所謂不羈之才也。」[343]

張錫璜，「字志呂，一字渙谿，大行（張）士壎長子也…其於講社，得聞證人之教，而能致力於淡泊寧靜者至深也。」[344] 有〈送萬季野北上〉詩，描述萬氏重回甬上所聞講經會之實況。

張錫璁，「字豈羅，一字韞山，大行（張）士壎之次子也…蓋梨洲黃氏再傳高弟，能以善人之資成君子之養者也。」[345] 有〈贈別萬季野先生北上四十二韻〉，述萬氏重回甬上所開講經會之題目及內容甚富。

張錫錕，「字有斯，一字過雲，又自號四青山人，諸生（張）天因之子也。所著有《綦猗閣集》，梨洲先生序其詩又誌其墓。」[346]

陸鋆，「字軫侯，一字雙水，工詩。」[347]

---

342 同前書，卷一一一，頁2。

343 同前書，卷一一一，頁26。鄧之誠，《清詩紀事初編》（北京：中華書局，1965），頁855云「范氏師事鄭梁學詩文。後遊食四方，晚始以捐納知縣，選授福建會寧知縣，康熙五十八年卒于官，年六十六。撰有《訥齋詩稿》八卷，《邊防要略》、《海防議》、《律例箋註》，今不傳。」

344 《續甬上耆舊詩》，卷一一二，頁1。

345 同前書，卷一一二，頁20。

346 同前書，卷一一二，頁27a。

347 同前書，卷一〇〇，頁1a。

引用書目

文獻史料

刁 包,《用六集》(清刊本)。
仇兆鰲,《尚友堂自編年譜》(寧波天一閣藏抄本)。
方 苞,《方苞集》,上海:古籍出版社,1989。
方 苞,《方望溪遺集》,安徽:黃山書社,1990。
王夫之,《張子正蒙注》,台北:廣文書局,1970。
王陽明,《王陽明全集》,上海:上海古籍出版社,1992。
左懋第,《左忠貞公集》(乾坤正氣集本)。
全祖望,《鮚埼亭集》,台北:華世出版社,1977。
全祖望,《續甬上耆舊詩》(民國四明文獻社刊本)。
朱汝珍輯,《詞林輯略》,清代傳記叢刊本,台北:明文書局,無出版年代。
朱彝尊,《靜志居詩話》,北京:人民文學出版社,1990。
吳榮光,《初月樓聞見錄》,台北:商務印書館,1976。
吳應箕纂,《啓禎兩朝剝復錄》(貴池先哲遺書本)。
呂留良,《呂晚邨文集》,台北:商務印書館,1977。
李士龍,《畫家知希錄》,清代傳記叢刊本,台北:明文書局,無出版年代。
李光地,《榕村語錄‧榕村續語錄》,北京:中華書局,1995。
李放纂,《皇清書史》,清代傳記叢刊本,台北:明文書局,無出版年代。
李慈銘,《越縵堂讀書記》,台北:世界書局,1975。
李 塨,《恕谷後集》(叢書集成初編本)。
李鄴嗣,《杲堂詩文集》,浙江:浙江古籍出版社,1988。
沈善洪等編,《黃宗羲全集》,浙江:古籍出版社,1993。
易宗夔,《新世說》,清代傳記叢刊本,台北:明文書局,無出版年代。
邵廷采,《思復堂文集》,台北:華世出版社,1977。
范光陽,《雙雲堂文稿》(清刊本)。
徐世昌,《清儒學案》,台北:世界書局,1979。
徐世昌,《清儒學案小傳》,清代傳記叢刊本,台北:明文書局,無出版年代。
徐 珂,《清稗類鈔選》,北京:書目文獻出版社,1984。

高攀龍，《高子遺書》（康熙二十九年刊本）。
張廷玉，《明史》，北京：中華書局，1974。
張　岱，《四書遇》，浙江：浙江古籍出版社，1985。
張　溥，《七錄齋集》，台北：偉文出版公司，1977。
張爾歧，《蒿菴集．蒿菴集捃逸．蒿菴閒話》，濟南：齊魯書社，1991。
張維屏，《國朝詩人徵略初編》，清代傳記叢刊本，台北：明文書局，無出版年代。
陳　瑚，《陳確菴文稿》（清刊本）。
陳　確，《陳確集》，北京：中華書局，1979。
陳錫嘏，《兼山堂集》（清康熙刊本）。
陸世儀，《思辯錄輯要》（光緒三年江蘇書局刊本）。
陸世儀，《陸子遺書》（光緒乙亥刊本）。
陸世儀，《復社紀略》，明代傳記叢刊本，台北：明文書局，無出版年代。
馮　樞，《李塨年譜》，北京：中華書局，1988。
黃百家，《學箕初稿》（四部叢刊本）。
黃宗羲，《明儒學案》，北京：中華書局，1985。
黃炳垕，《南雷學案》，清代傳記叢刊本，台北：明文書局，無出版年代。
黃端伯，《瑤光閣全集》（嘉慶乙亥年刊本）。
楊　愼，《楊升庵文集》（明萬曆十年刊本）。
溫睿臨，《南疆逸史》，香港：崇文書局，1971。
萬　言，《管邨文鈔》（四明叢書本）。
萬斯大輯、萬經增輯，《濠梁萬氏宗譜》（清乾隆三十七年刊本）。
萬斯同，《石園文集》，（民國四明叢書第四集）。
萬斯同，《講經口授》（浙江圖書館藏抄本）。
葉夢珠，《閱世編》，台北：木鐸出版社，1982。
鄒　漪，《啓禎野乘》（民國二十五年故宮圖書館校印）。
管志道，《惕若齋集》（萬曆二十四年序刊本）。
劉宗周，《劉子全書》，台北：華文書局，無出版年代。
劉宗周，《劉子全書及遺編》，京都：中文出版社，1981。
劉師培，《劉申叔先生遺書》，台北：京華出版公司，無出版年代。
潘平格，《求仁錄輯要》，四庫全書存目叢書子部類，台南：莊嚴出版社，1996。
蔣學鏞，《鄞志稿》（四明叢書本）。
鄭　梁，《寒村文選》（清乾隆二老閣刊本）。

鄭　嫚，《峚陽全集》（民國二十一年刊本）。
錢謙益，《牧齋有學集》（四部叢刊本）。
錢謙益，《初學集》，台北：文海出版社，1968。
戴　望，《顏氏學記》，台北：商務印書館，1970。
謝正光、范金民編，《明遺民錄彙輯》，南京：南京大學出版社，1995。
顧炎武，《原抄本日知錄》，台北：唯一書業中心，1975。
顧炎武，《顧亭林詩文集》，北京：中華書局，1959。
顧起元，《嬾眞草堂集》，台北：文海出版社，1970。

近人著作（中、日文）

小野和子，〈清初の講經會について〉，《東方學報》36（1964），頁633-661。
方祖猷，《萬斯同評傳》，南京大學出版社，1996。
王重民，《中國目錄學史論叢》，北京：中華書局，1984。
何耿鏞，《經學簡史》，福州：廈門大學出版社，1993。
吳以義，《庫恩》，台北：東大出版公司，1996。
李明友，《一本萬殊》，北京：人民出版社，1994。
李　璜，《法國漢學論集》，香港：珠海書院，1975。
汪辟彊，《目錄學研究》，台北：文史哲出版社，1983。
汪辟疆，《汪辟疆文集》，上海：上海古籍出版社，1988。
姚名達，《劉宗周年譜》，上海：商務印書館，1934。
孫靜庵，《明遺民錄》，浙江：浙江古籍出版社，1985。
荒木見悟，《明代思想研究》，東京：創文社，1972。
酒井忠夫，〈顏茂猷の思想について〉，在《鎌田博士還曆記念歷史學論叢》，東京：鎌田先生還曆記念會，1969。
張舜徽，《清人筆記條辨》，北京：中華書局，1986。
張顯淸，〈張溥興復古學，務為有用的經世思想〉，在陳鼓應等編，《明清實學簡史》，北京：社會科學文獻出版社，1994。
梁啓超，《中國近三百年學術史》，台北：中華書局，1956。
郭紹虞，《照隅室古典文學論集》，上海：上海古籍出版社，1983。
陳寶良，《中國的社與會》，杭州：浙江人民出版社，1996。
麥仲貴，《明清儒學家著述生卒年表》，台北：學生書局，1980。
傅斯年，《性命古訓辨證》，在《傅斯年全集》，台北：聯經出版公司，1980。

湯用彤，〈謝靈運辯宗論書後〉，《魏晉玄學論稿》，北京：人民出版社，1957。
楊聯陞，〈帝制中國的作息時間表〉，《國史探微》，台北：聯經出版公司，1983。
萬斯大，《經學五書》，台北：廣文書局，1977。
鄧之誠，《清詩紀事初編》，北京：中華書局，1965。
錢　穆，《中國近三百年學術史》，台北：商務印書館，1968。
駱兆平，《天一閣叢談》，北京：中華書局，1993。
謝國楨，《明清黨社運動考》，台北：漢苑出版公司，1975。
嚴靈峰編，《書目類編》，台北：成文出版社，1978。
顧廷龍，〈跋〈兩異人傳〉〉，《學術集林》，上海：遠東出版社，1995。

近人著作（英文）

Brokaw, Cynthia J. *The Ledger of Merit and Demrit*. Princeton: Princeton Univ. Press, 1991.
Kuhn, Thomas. *The Essential Tension.* Chicago: Chicago Univ. Press, 1977.

"The Classics Discussion Society" of the Early Ch'ing

Wang Fan-sen

Institute of History and Philology, Academia Sinica

In this research project, I studied "The Classics Discussion Society" (*Chiang-ching hui*) of the early Ch'ing period, I reconstructed the organization, communication patterns, publishing, and other activities of this organization. Special attention has also been paid to topics such as: How could a group devoted to the study of the classics grew up in the area where Liu-Tsung-chou's and Huang Tsung-hsi's tradition was most prosperous? How did the members of this group became the progenitors of Ch'ing scholarship? I believe that this studying contributes to a better understanding of the transition from Ming learning-of-mind (*Hsin-Hsüeh*) to the Ch'ing evidential research style of learning.

Key Words: The Classics Discussion Society, Liu Tsung-chou, Ch'ing intellectual history

思想史中的杜甫*

陳弱水**

本文透過杜甫傳世詩文，廣泛考察其思想的特色，目的在指出，子美不僅爲文學史之巨人，在思想史上也有突破的意義。以往常有一種看法，認爲杜甫代表的是一個崇高但典型的傳統文人心靈，這是他的詩何以受到高度評價的重要原因。本文提出一個歷史的觀點，論證杜甫在他自己的時代，思想其實屬於較新的形態，屬於唐宋之際思想巨變的開端部分。個人希望，本研究能對中晚唐思想演變的過程與特性之抉發，有所助益。

全文共分五節。第一節通過杜詩中「致君堯舜上，再使風俗淳」意念的分析，説明子美政治社會觀的若干特質。第二節概述杜甫心靈中的釋道成分。第三節析論儒家價值在杜甫生命所發生的具體作用，並指出他的思想迥異於傳統中古心靈的所在。第四節比較杜甫及其友朋的思想，希望具體展現子美心靈在他的時代屬於特殊形態的事實。最後一節推測，杜甫詩作在唐代最具思想影響力的部分，可能是其中的胡人形象，此節並作簡單的總結。

關鍵詞：杜甫 唐代思想史 中唐儒家復興

* 本文初稿發表於清華大學中文系舉辦的第一屆中國古典文學國際研討會——先秦至南宋（一九九七年四月十九、二十日），特別受益於陳文華、柯慶明教授之評論，茲後新稿又得到兩位審查人的指正。謹此一併致謝。

** 中央研究院歷史語言研究所

杜甫（子美，712-770）是古今公認的中國歷史上最偉大的詩人之一，歷來對其生平與詩作的探討，可謂不計其數。子美不僅爲文學史之巨人，在思想史上也有重要的意義。關於杜甫的思想和人生態度，過去學者已頗有論略。筆者個人於詩學全無造詣，惟十餘年來以研究唐史之因緣，稍事接觸唐人詩文。本文試圖從思想史的角度，論述杜甫心靈的若干特質及其歷史意義。本文但思立己，不求破人，古人與當代文學研究者的見解發明，於個人考論有助益者，盡力汲引。杜詩的光芒，照耀千古，斯篇之作，非敢附杜甫研究之驥尾，實盼能對中唐思想演變之理解，微有供獻。

杜甫不是思想家。在傳世的作品中，他既沒有對自己關心的問題提出體系的看法，也幾乎不曾宣揚任何原則或觀念。然而，子美的著作，特別是詩，還是很能引起思想史家的興趣。從他的詩作所流露的意態，我們不但能看到時代典型思想的倒影，也察覺出一些特殊的、新生的因子。這些新因子一方面代表了杜甫個人對時代變局的反應，另方面則也是新興思潮的一部分。本文的主旨，除了在分析杜甫思想的重要成分，特別希望能揭示它與整體文化環境的關係。

在進入論文主題之前，需要先作一個方法論的說明。杜甫傳世的作品絕大多數都是詩，以詩爲素材進行思想史的研討，是性質相當特殊的工作。現在想對這個特殊的性質，簡單表示個人看法。首先，詩是藝術作品，詩人的思想和價值觀只是詩人創作元素的一部分，這些元素與創作是否成功，關係應當甚爲間接。詩人把創作素材藝術化的過程，才是決定作品素質的關鍵。本文討論的是杜甫的思想，這個討論與他詩作的藝術評價，可以說是不相干。筆者探究杜甫的思想和價值觀，並非因爲他是偉大的詩人，而是從歷史的眼光看來，他的心靈確實有重要的意義。其次，由於思想只是藝術創作的原料，詩人思想最清楚的顯露，經常是在語言比較簡單或形式比較直接的作品。有些作品因爲結構緊密、語言張力大，反而很難顯現清楚的思想方向。本文考察杜甫的思想，取證以明確爲優先考慮，某些在文學研究上無足輕重的作品或詩句，可能因此受到特別的注意。這一點也進一步說明，本文的性質與文學評論有深刻的差別，但在增進對作家的了解上，或許還能對文學研究有所助益。

以下探討杜甫的思想，將分五節進行。在討論個別問題時，會兼顧杜甫思想發展的說明，以期對其人的心靈能有動態的掌握。

一、「致君堯舜上，再使風俗淳」

古今評論杜詩的人，一般都以爲杜甫思想屬於儒家。近來有學者強調，道家和佛教對子美也有很深的影響。[1] 這個論點雖然有堅強的根據，大體可以成立，但就思想方向而言，杜甫詩文給讀者最深的印象無疑還是其中的儒家情懷。對於杜甫思想中儒、釋、道成分的關係，下文會有討論。現在要對杜甫儒家心靈的性質作一個初步的分析。

杜甫儒家心靈最突出的特色，就是他對君國社稷的關心。概略地說，這個特色屬於儒家思想的政治方面。這一點可說是古今無異詞，現在舉兩個例子。蘇軾曾說：「古今詩人眾矣，而杜子美爲首，豈非以其流落饑寒，終身不用，而一飯未嘗忘君也歟？」[2] 南宋的黃淮則稱子美，「忠君愛國之意，常拳拳於聲嗟氣歎之中。」[3] 歷來言及杜甫淑世精神的人，很喜歡引用〈奉贈韋左丞丈二十二韻〉中的句子：「自謂頗挺出，立登要路津。致君堯舜上，再使風俗淳」。（〔清〕仇兆鰲《杜詩詳註》卷一，本文引杜詩均據此書，後文不再說明。又，重要的引文註明卷數，其餘只標詩題，讀者可用不同的版本檢索。）詩題中的韋左丞即韋濟，曾任尚書左丞。這是子美早期的詩，約作於天寶七、八載(748-7)，也是現存杜詩中最早明確表達人生抱負的一首。[4] 個人以爲，「致君堯舜上，再使風俗淳」的句子確實很能表現杜甫政治社會觀的要點。橫亙杜甫一生，這個觀點一直沒有改變。然而，以筆者個人所知，此課題似乎還沒有得到充分的說明。以下就略陳己見。

中國舊詩通常兩句構成一個意義單位，以連讀爲原則。「致君堯舜上，再使風俗淳」也是如此。這兩句白話可譯成：「要使我的君主像堯舜一樣，使社

---

1 例見郭沫若，〈杜甫的宗教信仰〉，收在郭沫若，《李白與杜甫》（北京：人民文學出版社，1971），頁181-195；金啓華，〈論杜甫的思想〉，收在金啓華，《杜甫詩論叢》（上海古籍出版社，1985），頁120-130。

2 孔凡禮點校，《蘇軾文集》（北京：中華書局，1986），卷十，〈王定國詩集敘〉，頁318。

3 轉引自〔清〕仇兆鰲，《杜詩詳註》（北京：中華書局，1979；台北：里仁書局1980年景印），〈附編・諸家論杜〉，頁2319-2320。仇書未註出處，且此書引文有時不準確，黃淮原文或與此處所引有出入。

4 南宋的黃鶴推斷此詩作於天寶七載。見《杜詩詳註》，卷一，頁73。韋濟任尚書左丞約在天寶七載秋冬，此詩也有可能寫於八載。參見嚴耕望，《唐僕尚丞郎表》（台北：中央研究院歷史語言研究所，1956），卷二，頁46。

會風俗再度〔如堯舜時般〕淳樸」。但從思想分析的角度而言，這兩句詩代表的意念不完全相同，還是可以分開討論。現在就嘗試這麼做。

「致君堯舜上」是表達杜甫欲求仕進、輔佐君王的意思。如果孤立來看，這句話在杜甫生命中的涵義很難斷定。它可能是個人重大關懷的流露，也可能只是爲求高官（韋濟）引薦所說的門面話。統合杜甫所有作品而觀，則古今論者都同意，安史亂後的杜甫，忠君之念縈懷至深，已到了造次顛沛必於是的地步。至於亂前的杜甫，雖然不致如安史亂起初期，整個心思都被國家社稷的災難所佔據，但對朝政確有真誠的憂念。[5]「致君堯舜上」很難說只是爲功利的意圖而寫出的。

關於杜甫的君國之思在他個人生命與唐代思想史上的意義，下文將有專門的討論。這裡只想表達幾點簡單的看法。首先，在杜甫詩文中，「致君堯舜上」不是孤立的句子，其他作品也頗有直用類似語言的例子，這個現象相當清楚地顯示，「致君」是杜甫深層的、一貫的人生理想。子美〈贈比部蕭郎中十兄〉有句：「致君時已晚，懷古意空存」，文字雖然比較抽象，意涵和「致君堯舜上，再使風俗淳」可以互訓。〈贈比部蕭郎中十兄〉約與〈奉贈韋左丞丈二十二韻〉寫於同時。[6] 肅宗乾元元年(758)，杜甫在華州（今陝西華縣）爲當地的進士考試出策問題，題目中有這樣的語句：「雖遭明主，必致之於堯舜；……驅蒼生於仁壽之域，反淳樸於羲皇之上。」[7] 這些話可說是「致君堯舜上」句的散文解說。杜甫晚年的詩作中也有意旨全同的，如：「致君唐虞際，淳樸憶大庭」（〈同元使君春陵行〉）；「死爲星辰多不滅，致君堯舜焉肯朽」（〈可歎〉）。關於子美的「致君」理想，最值得注意的作品是〈暮秋枉裴道州手札率爾遣興寄遞呈蘇渙侍御〉。這首詩顯然寫於大曆四年(769)，當時杜甫在潭州（今湖南長沙），五十八歲（舊式算法）。在詩的末尾，子美告訴道州刺史裴虯和蘇渙，他年紀已老，無能用世，但盼裴、蘇兩人能夠效命朝

[5] 杜甫著名的針砭時事之作，如〈兵車行〉、〈麗人行〉，都寫於亂前。〈同諸公登慈恩寺塔〉亦顯憂世之心。〈自京赴奉先縣詠懷五百字〉作時，安史亂已起，但子美尚不知。關於這個課題的討論，可參看詹鍈，〈從杜甫詩文中看他中年的思想發展過程〉，《文史哲》1962.6：69-70。

[6] 關於此詩的寫作時間，參考《杜詩詳註》，卷一，頁66；聞一多（匡齋），〈少陵先生年譜會箋〉，收在由毓森等，《杜甫和他的詩》（台北：學生書局，1971），下册，頁69-70。

[7] 杜甫，〈乾元元年華州試進士策五首〉，收在《杜詩詳註》，卷二五，頁2204。

廷。[8] 詩是這樣結束的：「附書與裴因示蘇，此生已愧須人扶。致君堯舜付公等，早據要路思捐軀。」（卷二三）後兩句文字完全是「立登要路津」、「致君堯舜上」的融化再現，不同的是，在〈奉贈韋左丞丈〉，杜甫表達的是自我期許，在潭州，他則把這項使命傳遞給後輩。藉著使命的交付，子美也對自己早歲的詩句作了最莊嚴的詮釋。總結來說，從「致君」一詞在詩文中的屢次出現，從杜甫晚年對這個意念的嚴肅肯定，我們可以判斷，即使在〈奉贈韋左丞丈〉，「致君堯舜上」也不是虛飾之言。

另外一個要提出的看法是，在現存的杜詩中，〈奉贈韋左丞丈〉雖然屬於早期的作品，杜甫寫此詩時事實上已三十七、八歲，人生的基本價值觀應當已經堅定樹立。杜甫曾自言，他四十歲以前的詩文，「約千有餘篇」，[9] 可惜這段時期的作品絕大多數都已喪逸。今天所謂的杜甫早期詩篇，其實都是中年以後所寫。用來了解杜甫的整體思想，證據力還是很強。

再者，從杜甫的詩文，我們雖然可以判斷，他早歲即有政治理想主義的色彩，但子美年輕時多事干謁，屢求仕進，或許利祿之心並不淺。在一首給「四兄」（很可能是堂哥）的詩，杜甫寫道：「與兄行年校一歲，賢者是兄愚者弟。兄將富貴等浮雲，弟竊功名好權勢。」（卷十四〈狂歌行贈四兄〉）杜甫在詩中為了突顯四兄淡泊名利的心志，說自己是「竊功名好權勢」，可能貶抑過當。但這首是兄弟間的贈詩，子美應該不會無中生有，完全虛稱自己的性情。簡言之，前文討論杜甫「致君堯舜上」的一貫理想，是為了呈顯子美思想與人格的一個重要方面，並非否定杜甫有曾經熱中功名的可能性。

在思想定位上，杜甫「致君堯舜上」的懷抱明確屬於儒家的範疇。儒家是一個複雜的價值組合，但它有一些根本的特質，其中一個就是強調士人對社會現實生活的責任。入仕忠君、拯濟黎元幾乎成了儒者的天職。孔子說：「鳥獸不可與同群，吾非斯人之徒與而誰與？」子路曰：「君子之仕也，行其義也。」（《論語・微子》）都是這個觀點的最初宣示。個人與社會的關係後來也成為儒家和道家爭論最激烈的一點。無疑地，杜甫致君輔時的願望屬於儒家最正宗的血脈。

---

[8] 關於裴道州為裴虬的認定，見郁賢皓，《唐刺史考》（南京：江蘇古籍出版社，1987），第四冊，頁2176。

[9] 杜甫，〈進鵰賦表〉，收在《杜詩詳註》，卷二四，頁2172。

現在轉到「再使風俗淳」的問題。這個句子表達的是杜甫的具體政治理想，「致君堯舜」所要達成的目標。和「致君堯舜上」一樣，「再使風俗淳」不是子美的偶然興到之言，這個意念在杜詩不斷出現，次數比「致君堯舜上」還多。可以不誇張地說，「風俗淳樸」是杜甫最明確的理想社會圖像。現在先舉幾個例子，以見一斑。〈上韋左相二十韻〉：「廟堂知至理，風俗盡還淳」；〈寄彭州高使君適虢州岑長史參〉：「舊官寧改漢，淳俗本歸唐」；[10]〈五盤〉：「喜見淳樸俗，坦然心神舒」；〈鄭典設自施州歸〉：「聽子話此邦，令我心悅懌。其俗則淳樸，不知有主客」；〈夔府書懷四十韻〉：「賞月延秋桂，傾陽逐露葵。大庭終反樸，京觀且僵尸」。前文也引過以下的句子：「驅蒼生於仁壽之域，反淳樸於羲皇之上」；「致君唐虞際，淳樸憶大庭」。此外，〈送長孫九侍御赴武威判官〉有言：「此行收遺甿，風俗方再造」，參照前引諸句，子美期盼再造的應該也是淳樸的風習。

在杜甫作品中，「風俗淳樸」指的大約就是百姓生活安樂、心地素樸的境地。這是一個簡單容易理解的想法，但此意念的性質是什麼，則需要一些討論。先從歷史淵源談起。仔細區分，杜甫「風俗淳樸」的理想包含了兩個因子，一是風俗重造，一是淳樸。前者是儒家強調的觀念。儒家論政，除了生活安定、民用充足，自始即關心人民行爲的改善。《論語・子路》有一段記載，明白表露了孔子的這個態度：

> 子適衛，冉有僕。子曰：「庶矣哉！」冉有曰：「既庶矣，又何加焉？」曰：「富之。」曰：「既富矣，又何加焉？」曰：「教之。」

孔子說的「教之」，後代儒者常稱爲「移風易俗」或「化民成俗」（《禮記・學記》）。以下是幾則有關的言論。《荀子・儒效》：「儒者在本朝則美政，在下位則美俗」；賈誼上漢文帝疏有言：「夫移風易俗，使天下同心而鄉道，類非俗吏之所能爲也」；[11]《孝經・廣要道》：「移風易俗，莫善於樂」。杜甫以風俗復古爲重大關懷，顯然是這個傳統的延續。

至於「淳樸」的理想，則與儒家和道家思想都有淵源。道家的淳樸思想起於《老子》。此書對文明——包括物質文明、制度文明、教化文明——表現很深的敵意，認爲這種體制所鼓勵的欲望與分別心是混亂的來源，理想的人間景況

---

[10] 此處的「唐」可能是雙關語，明指李唐，暗喻唐堯。

[11] 《漢書》（北京：中華書局，1962），卷四八，頁2245。

是「見素抱樸，少私寡欲」（十九章）、「其政悶悶，其民淳淳」（五十八章）。《莊子》外篇爲《老子》描繪的素樸世界增加了歷史的向度。〈胠篋〉篇把《老子》中「鄰國相望，雞犬之聲相聞」的美景放在遠古容成氏、大庭氏、赫胥氏等時代。〈馬蹄〉則曰：

> 夫至德之世，同與禽獸居，族與萬物並，惡乎知君子小人哉！同乎無知，其德不離；同乎無欲，是謂素樸；素樸而民性得矣。

破壞純樸至德之世的，是古代聖人：「虞氏招仁義以撓天下」、「自三代以下者，天下何其囂囂也」（〈駢拇〉）；「黃帝始以仁義攖人之心」、「及三王而天下大駭」（〈在宥〉）。老莊對仁義禮樂的否定，對太古素樸的嚮往，影響很大，成爲道家政治社會思想的一大特色。《文子・道原》：「古者三皇，得道之統，……以撫四方，……已雕已琢，還復於樸」；《淮南子・齊俗訓》：「仁義立而道德遷矣，禮樂飾而純樸散矣」；東晉鮑敬言說，古代道德衰微以後，「去宗日遠，背朴彌增」。[12] 都是這方面的表現。

儒家崇敬古代聖人，但也以風俗淳厚爲治世理想。《論語・學而》有曾子之言：「愼終追遠，民德歸厚矣。」《荀子・彊國》記載荀子入秦，觀察到「其百姓樸，其聲樂不流汙，其服不佻」，稱他們作「古之民」，認爲這是秦國的優點。《春秋繁露・王道》描繪三王五帝至治之世，「民情至樸而不文」。王符《潛夫論・德化》：「世之善否，俗之薄厚，皆在於君。」由以上引文可見，儒家追求風俗淳樸，主要是針對澆薄浮華而發，和道家反禮樂仁義的立場有所不同。在唐代前半葉的政治文件中，這樣的觀念也經常出現，現在舉兩個例子。唐太宗〈勞鄧州刺史陳君賓詔〉：「變澆薄之風，敦仁慈之俗」；唐中宗〈遣十使巡察風俗制〉：「淳化日消，澆風歲長，……逶迆陵頹，莫能振理。」。[13]

需要特別提出，儒家移風易俗的理想，除了在除澆風、歸淳厚，還講求倫理教化，希望人民能夠知禮義、講孝悌。後者似乎更爲古代儒家所強調。孔子論政，即以「道之以德，齊之以禮」爲鵠的。（《論語・學而》）《論語・先進》記錄冉有評估自己從政能力的話：「方六七十，如五六十，求也爲之，比及三年，可使足民。如其禮樂，以俟君子」，他所根據的也是教化政治的標準。《禮

12 葛洪，《抱朴子》（台北：世界書局，1978；新編諸子集成本），〈外篇・詰鮑〉，頁190。

13 分見《全唐文》（台北：大通書局景印，1979），卷九、十六。

記・學記》對這個理想有更直接的表達：「道德仁義，非禮不成；教訓正俗，非禮不備。」儒家的教化思想，亦頗見諸中古文字。例如，南北朝時期的著作《劉子》〈風俗〉篇云：「明王之化，當移風使之雅，易俗使之正」。[14] 隋唐之際名儒李百藥(565-648)〈贊道賦〉有言：「昔三王之教子，……乃先之以禮樂。樂以移風易俗，禮以安上化人。」[15] 王維(701-761)〈兵部起請露布文〉曰：「國家非徒疆理其地，臣妾其人，思欲一車書，混聲教，變毒螫之俗，爲禮義之鄉。」[16]

綜上而言，移風易俗是儒家重大的政治社會目標，民風淳樸則爲儒家、道家的共同理想，但兩者的內涵頗有不同。依此，從歷史源流的角度看來，「再使風俗淳」是一個儒道夾雜的觀念。中國自漢代以後，儒道趨於混合，中古時代也大體如此。以初唐而言，士人在政治思想上同時接受儒道價值的，不在少數。傅奕〈請廢佛法表〉有這樣的陳述：「布李老無爲之風，而民自化；執孔子愛敬之禮，而天下孝慈」。[17] 陳子昂〈諫政理書〉論當前政治的目標，既說「調元氣之綱，返淳和之治」，又言「調元氣，睦人倫；躋俗仁壽，興風禮讓」，並不區分儒、道。[18] 杜甫「再使風俗淳」的意念同時包含儒道因子，在時代的文化環境中，可說相當典型。在釐清「風俗淳」觀念的歷史淵源後，接下來要檢視這個想法在杜甫著作中的涵義，以期對他的政治社會觀有比較確切的認識。

杜甫「再使風俗淳」的期望代表的是怎樣的具體觀點？大概言之，這個期望立足於儒家移風易俗的傳統，但摻有很深的道家理想，尤其稍遠於儒家「作之君，作之師」的思想。以下要對這個判斷作幾點說明。首先，在前引有關「風俗淳」的文字中，除了堯舜，杜甫還把這種生活狀態與其他兩個古代君王連在一起。這兩位是大庭氏和伏羲氏：「淳樸憶大庭」、「反淳樸於羲皇之上」。在道家思想中，他們存在於太古文明未啓、人心無邪的時代。《莊子・胠篋》：

14 王叔岷，《劉子集證》（台北：中央研究院歷史語言研究所，1992年景印），卷九，頁89。

15 《全唐文》，卷一四二。

16 王維著，趙殿成箋注，《王右丞集箋注》（中華書局香港分局，1972），卷十八。

17 《全唐文》，卷一三三；道宣，《廣弘明集》，卷十一，《大正新脩大藏經》（以下簡稱《大正藏》），卷五十二，頁160下。

18 《全唐文》，卷二一三。

昔者容成氏、大庭氏、……伏羲氏……，當是時也，民結繩而用之，甘其食，美其服，樂其俗，安其居，鄰國相望，雞狗之音相聞，民至老死不相往來。若此之時，則至治已。

這是大庭、羲皇之治形象的主要文獻來源。從杜甫引用大庭、伏羲的名字，可知他所說的「風俗淳樸」含有道家的意味。在杜詩中，反俗太古的觀念可能以〈夔府書懷四十韻〉所表達者最爲顯豁：「賞月延秋桂，傾陽逐露葵。大庭終反樸，京觀且僵尸。」（卷十六）這是一首藝術性很高的詩，現在只能對引句作極簡單的解釋。這兩聯描寫子美在羈身夔州的一個夜晚，心中關於時局發展的思緒。首句是寫景。次句訴忠君之情，太陽代表君主，自己擬爲葵葉，意思同於〈自京赴奉先縣詠懷五百字〉的名句「葵藿傾太陽，物性固難奪」（卷四）。[19] 下聯呈現子美心目中華夏回復平靖後的整體圖像。「京觀且僵尸」典出《左傳・宣公十二年》夏六月丙辰條，指叛臣遭受誅戮。[20] 「大庭終反樸」則是那個時候的社會景況。在這首詩中，杜甫把他心中一個最深切的想望，用「大庭反樸」一言以蔽之，可見道家的素樸思想對他影響之深。

其次，杜甫有兩首詩相當明確地透露了道家的世界觀。第一首是〈劍門〉（卷九），其中有句：

三皇五帝前，雞犬各相放。後王尚柔遠，職貢道已喪。至今〔有版本作「令」〕英雄人，高視見霸王。幷吞與割據，極力不相讓。

這首詩的主題是蜀地。引句說，蜀地最美好的日子是在三皇五帝不通中國之時，當時雞犬相放，萬事和樂，一旦臣服於中土，「道」就喪失了，以後則禍亂相循。[21] 另一首詩則強烈質疑文明的價值：

榮名忽中人，世亂如蟣蝨。古者三皇前，滿腹志願畢。胡爲有結繩，陷此膠與漆。禍首燧人氏，厲階董狐筆。（卷二十〈寫懷二首〉）

---

[19] 這個比喻典出曹植〈求通親親表〉：「葵藿之傾葉，太陽雖不爲之迴光，然終向之者，誠也」。見丁晏纂，葉菊生校訂，《曹集銓評》（北京：文學古籍刊行社，1957），頁112。

[20] 「京觀」指打敗叛軍後，聚敵人屍首封土所成的高丘。關於這一行事比較詳細的解釋，見楊伯峻，《春秋左傳注》（北京：中華書局，1990年第二版），第二冊，頁744-746。

[21] 緊接本文引句之後，杜甫寫道：「吾將罪眞宰，意欲剷疊嶂。恐此復偶然，臨風默惆悵」。前兩句想像能夠剷除環繞蜀地的山嶺，便利處理割據的局面。依個人的看法，這個要求大一統的想法，並不是對小國寡民少私寡欲理想的否定。這只是顯示，杜甫了解「雞犬各相放」的景況不可能重現於他所身處的唐代。子美對夷平蜀道究竟是否有助於長治久安，終究是有懷疑的。因此他以「恐此復偶然，臨風默惆悵」結束此詩。

這幾句表現了對文明的整體批評，矛頭尤其指向名聲褒貶的觀念（「榮名忽中人」、「厲階董狐筆」）。在中古時代，「名教」正好是儒家的代名詞。綜合而言，杜甫這兩首詩的理路很接近《老子》的「大道廢，有仁義」（十八章）、「夫禮者，忠信之薄而亂之首」（三十八章）。雖然上引兩詩只佔子美傳世作品的極小部分，但配合前面的分析，我們說杜甫的政治社會理想具有相當的道家成分，當非嚮壁虛造。

根據以上的討論，前引杜甫有關「風俗淳」的詩句可粗分成兩類。一類道家的色彩較重。除了直接指稱伏羲、大庭氏的句子，「聽子話此邦，令我心悅懌。其俗則淳樸，不知有主客」也可歸於此。另一類則明顯運用了儒家移風易俗的語言，如「廟堂知至理，風俗盡還淳」，「舊官寧改漢，淳俗本歸唐」，「此行收遺甿，風俗方再造」。

再者，杜甫雖然有強烈的移風易俗理想，似乎並不特別重視禮樂教化的問題。子美詩文中表達憂君國、哀生民的語句可說不計其數。其中涉及人民教化者，則幾乎絕無僅有。唯一碰得上邊的，也許是〈橋陵詩三十韻因呈縣內諸官〉中的「孝理敦國政，神凝推道經」。（卷三）這首詩寫於安史亂前，上引之聯爲對玄宗皇帝相當形式化的稱讚，對杜甫的思想，恐怕反映有限。由於題旨的限制，這裡不宜深論子美具體的政治觀念。簡單地說，從詩作看來，子美心目中的理想時局有以下三個要素：和平無戰亂、人民經濟生活順利、賦役輕且平均。現在舉幾個表現這些想法的例證：「思見農器陳，何當甲兵休」（〈晦日尋崔戢李封〉）；「安得壯士挽天河，淨洗甲兵長不用」（〈洗兵行〉）；「倘思未朽骨，復覩耕桑民」（〈別蔡十四著作〉）；「眾寮宜潔白，萬役但平均」（〈送陵州路使君之任〉）；「誰能叩君門，下令減征賦」（〈宿花石戍〉）。杜甫論政強調休兵薄斂，顯然與安史亂後的時代環境有關，但由他關心民生而竟不論教化，似仍可反證其社會理想主於淳樸的特性。[22]

---

[22] 陳文華教授曾對作者的這個看法表示不同意見，以下略作引述和說明，供讀者參考。陳教授對作者的論點舉了兩個反證。一是〈憶昔二首〉描寫「開元全盛日」爲「百餘年間未災變，叔孫禮樂蕭何律」，一是〈自京赴奉先縣詠懷五百字〉句「許身一何愚，竊比稷與契」。按，前例並沒有明確的禮樂教化的意思。「蕭何律」無論，叔孫通制作的只是朝儀，此句所指恐怕主要是政治秩序穩定。至於「竊比稷與契」，陳教授引「契爲司徒，教民五倫」之說，以爲此句顯示杜甫有教化的理想。個人的看法是，老杜自比稷、契，表達了輔佐君主的志向，但此句實未涉及具體的政治觀念。

最後，目前進行的討論是由「致君堯舜上，再使風俗淳」句引起的，因此必須對堯舜之治在杜甫心中的可能涵義有所說明。在古代經典與文獻裡，堯舜有兩個形象。一是勤於政事，導民歸正。《大學》曰：「堯舜率天下以仁，而民從之」。曹植〈漢二祖優劣論〉稱漢光武帝：「敦睦九族，有唐虞之稱；高尚純朴，有羲皇之素」，明確把堯舜與伏羲作對照。[23] 堯舜的另一個形象則是淸靜無爲。《論語・衛靈公》記孔子言：「無爲而治者，其舜也與！夫何爲哉？恭己正南面而已矣。」《周易・繫辭下》：「黃帝堯舜垂衣裳而天下治。」從本文對杜甫政治思想的探討看來，他心目中的堯舜大概不是汲汲以禮樂化人的。至於堯舜的後一形象，至少依照道家的理路，和「風俗淳」的境地是可以相容的——無爲而治就是不以文明戕害人性，風俗自然淳樸。

本節分析了杜甫詩文中「致君堯舜上，再使風俗淳」的主題，結論是，「致君堯舜上」屬於儒家最典型的理想，「再使風俗淳」則在儒家移風易俗的語言上，多少寄託了道家的價值與嚮往。這個結論顯示，在人生抱負的意義上，杜甫有強烈的儒家傾向，就政治思想的實質內容而言，則是儒、道糅合。古今論者似乎一致認爲杜甫的政治思想屬於儒家，看來這個說法還是有斟酌分疏的餘地。

最後有兩點補充說明。第一，本文不是要作翻案文章，這裡並非在爲杜甫的心靈下定論。就人格整體而言，杜甫的道家傾向並不特別強烈，但依個人的考察，他的政治社會觀顯然頗有老莊遺緒。其次，談及政治的目的時，重風俗純樸而輕禮樂教化，在中唐以前是普遍的現象。例如，歐陽詢〈藝文類聚序〉曰：「皇帝〔指高祖〕命代膺期，撫玆寶運，移澆風於季俗，反淳化於區中」。[24] 楊炯〈盂蘭盆賦〉讚頌武曌：「唯寂唯靜，無營無欲，壽命如天，德音如玉。任賢相，惇風俗；遠佞人，措刑獄；……鼓天地之化淳，作皇王之軌躅。」[25] 杜甫的朋友高適(704?-765)描繪大唐帝國的盛況：「梯航萬里，爭飲淳和之風；臣妾四夷，盡歸仁壽之域」。[26] 就與時代的關係而言，子美的政治社會觀屬於常態，而非例外。

---

[23] 曹植文見丁晏纂，葉菊生校訂，《曹集銓評》，頁153。又，《孟子・滕文公上》第四章對堯舜教化人民的功績特別有發揮。

[24] 《全唐文》，卷一四六。

[25] 徐明霞點校，《楊炯集・盧照鄰集》（北京：中華書局，1980），《楊炯集》，頁17。

[26] 高適，〈爲東平薛太守進王氏瑞詩表〉，收在劉開揚，《高適詩集編年箋註》（台北：漢京文化事業有限公司景印，1983），頁385。

二、杜甫心靈中的釋道成分

前文對杜甫的濟世抱負和政治觀念作了扼要的討論，現在要開始說明子美思想的整體性質及其歷史意義。本節考察這個問題，先從南北朝隋唐思想的一般背景出發，然後再分析杜甫心靈中的釋道成分。

任何時代的思想都是非常複雜的，要作簡單的綜述，不但不容易，而且極可能引起誤解。但爲了設法闡釋杜甫心靈的歷史意義，這裡還是要勉強爲之。南北朝隋唐是儒、釋、道思想都興盛的時代，要了解這些時代的思想大勢，探究三教關係是一條關鍵的路徑。筆者過去曾提出一個說法。從東晉南北朝到唐代中葉，中國知識階層的思想有一個相當明顯的基調。這個基調在東晉(317-420)以後逐漸成型，一直要到八、九世紀之交，才受到以韓愈爲首的少數文人的直接挑戰，但終李唐一代，還是最普遍的人生觀。這個心態，用最簡單的話來表示，可名之爲「外儒內佛」與「外儒內道」。根據這個觀點，儒、釋、道三教在性質上可分成兩類。儒家自成一類，功能是在爲人類生活的外在行爲與群體秩序提供規範。更具體地說，在當時的看法裡，儒家主要是指有關家庭生活與社會政治的一套價值體系。另一方面，佛教和道家（包括道教與老莊道家）則爲安頓個人身心、探索宇宙終極問題的資源。根據中古一般的觀念，這兩組價值體系（儒爲一組，道、佛爲一組）并非對立的敵體，兩者的關係是相輔相成的。在理想上，一個士人應以儒道齊家、處世。在個人和宗教生活上，他或可傾向道教，或可傾向佛教，或可佛道兼修。道士與佛教僧侶一般也都承認儒家價值在家庭與社會生活中的主導地位。[27] 三教的關係並不只是並立或混雜，也有許多衝突，特別是在佛教與本土的儒家、道教之間，但以上所述應能代表南北朝中期以後的典型現象。

筆者過去提出的是一個相當簡化的說法，有些缺漏，這裡並不宜詳細檢討。現在只想對從前的說法提出若干補充，使唐代思想背景的介紹更精確些。第一個補充是概念性的。個人仍然認爲，「外儒內道」、「外儒內佛」是最能涵括南北朝隋唐思想一般情態的概念，但要特別說明，在中國中古的語言裡，除了「內心」，「內」還有根本、奧祕的意思。這是佛教傳來以前就有的觀

[27] 參考陳弱水，〈柳宗元與中唐儒家復興〉，《新史學》5.1（1994）：26-39；Jo-shui Chen, *Liu Tsung-yüan and Intellectual Change in T'ang China, 773-819* (Cambridge University Press, 1992), pp. 13-24.

念。在漢代，讖緯星占養生之學都可叫「內學」，編撰於漢代的《列仙傳》〈關令尹〉即說尹喜「善內學，常服精華」。（南朝宋裴駰《史記集解》引作「善內學星宿」。）[28] 文籍中討論世界本質、修道等問題的部分也可稱爲「內篇」，《莊子》、《抱朴子》都是如此。《淮南子》則原名《內書》。[29]「內」代表根本、奧祕，「外」當然就指表象了。中古許多人以爲佛教、道家探索宇宙的本體，儒家則關心現象。這種看法也可包含在「外儒內道」、「外儒內佛」的概念裡。除了內外之分，儒家與佛、道還有一個重要的區別，就是佛、道自認追求超越的存在境界，這個境界可稱爲「道」、「方外」或「出世間」，儒教的生活則爲世俗、「塵網」、「區中」。[30]

以上所說是關於三教關係或性質的一般看法，但個別的思想信仰系統對此問題還是常有特定的態度。現在稍作說明。在中古各思想傳統中，佛教對三教關係的態度最爲清楚。基本上，佛徒以爲，佛教是內教，其他所有的流派都是外教，儒家則爲外教之首。北周道安的〈二教論〉是對這個立場最有統系的論述，此文的結論是：「釋典茫茫該羅二諦，儒宗硌硌總括九流」。[31] 唐初的王勃(650-676?)在〈四分律宗記序〉記一位索律師自幼即傾心佛法，「糠秕禮樂，錙銖名教；以堯舜爲塵勞，以周孔爲桎梏」。[32] 這幾句話生動地點出了佛教的基本看法。

大體而言，道教一向支持儒家的政治觀念與家庭倫理，[33] 對內外之分不太強調，但這個觀點還是存在。譬如，葛洪《抱朴子・明本》明確表示：「道者，儒之本也；儒者，道之末也。」[34] 大約成書於武則天時代的《道教義樞》〈序〉云：「悠悠之徒，未能窮源討本。所以好儒術者，但習典墳，……至於道經幽秘，罕有研尋。」又說：

---

28 王叔岷，《列仙傳校箋》（台北：中央研究院歷史語言研究所，1995），頁21。關於讖緯被稱作「內學」之事，參考鍾肇鵬，《讖緯論略》（瀋陽：遼寧教育出版社，1991），頁29，32。

29 劉文典，《淮南鴻烈集解》（台北：文史哲出版社景印，1992），〈莊〔逵吉〕序〉。

30 有關的例子，可參考つださうきち（津田左右吉），〈唐詩にあらはれてゐる佛教と道教〉，《東洋思想研究》4（1950）：3-5，24-26；陳弱水，〈柳宗元與中唐儒家復興〉，頁30。

31 道宣，《廣弘明集》（大正藏第五十二卷），卷八，頁137-143。

32 王勃著，蔣清翊註，《王子安集注》（上海古籍出版社，1995），卷九，頁284。

33 關於這個立場的概述，可以參考卿希泰主編，《道教與中國傳統文化》（福州：福建人民出版社，1990），第五章（曾召南執筆）。

34 葛洪，《抱朴子》，〈內篇・明本〉，頁41。

儒書道教，事或相通，了義玄章，理歸其一。能知其本，則彼我俱忘；但識其末，則是非斯起。[35]

這些話雖然說道、儒根本相通，但這個本源必須要透過道教才能得到了解。以上是從本、末之別來區分道、儒。南北朝中晚期以後，主要受到佛教的衝擊，特重身體修煉的道教也開始強調心性修養，成書於北周之前的《升玄內教經》就從這個觀點稱道教爲「內教」。經云：「所謂內教者，真一妙術，發自內心，行善得道，非從外來。」[36] 北周編的道教類書《無上秘要》〈修學品〉引《洞真太上隱書經》曰：「夫仙者心學，心誠則成仙。道者內求，內密則道來。真者修寂，洞靜則合真。」[37] 隋唐以下，道教心性思想就更發達了。[38]

從南北朝到初唐，道家思想很盛，對士人影響尤其大，但並沒有自成宗派。整個中古時代流行的本末或本跡之分，最主要的源頭就是魏晉玄學，基本上是道家傳統的產物。在人生觀方面，中古道家思想有兩條支脈。一條對文明取否定的態度，在生活上追求隱居，在行爲上放逸禮法，可說屬於嵇康「思長林而志在豐草」（〈與山巨源絕交書〉）的流派。持這種態度的人強調方外、方內的差別。另一支脈則不避世俗，主張在名教功利場中忘機齊物，「無心以順有」，郭象是這一哲學最重要的表達者。[39] 這種思想強調心跡分離，可說是道家中的「心學」、「內教」。在唐代前半葉，這兩種人生觀都不罕見，初唐著名文學家、王勃的叔祖王績(590?-644)是前者的一個突出代表，王維則明顯反映了後者。[40]

對於三教關係，儒家的觀點是什麼？嚴格來說，並沒有這個觀點。除了少數特別服膺道家文明觀的人，中古時代絕大多數的士人都相信儒家價值是政治、家庭生活的最高指導原則，至於他們個人的人生哲學與信仰爲何，則各有

---

[35] 孟安排，《道教義樞》，《正統道藏》（台北：新文豐出版有限公司景印，1977），第四十一冊，頁765。

[36] 敦煌寫本伯二四四五號，轉引自盧國龍，《中國重玄學》（北京：人民中國出版社，1993），頁92。

[37] 《無上秘要》，《正統道藏》，第四十二冊，卷四十二，頁381。

[38] 參考卿希泰主編，《中國道教史》，第二卷（成都：四川人民出版社，1992），頁187-189，217-253。

[39] 引文出自郭慶藩輯，《莊子集釋》（台北：河洛出版社景印，1974），卷三上，〈大宗師〉，頁268郭象注。

[40] 兩人的思想，後文都略有觸及。

選擇。即使在儒家認同感特深的人當中，也很難找到在人生問題上全面依從儒家的。現在就以王通(584?-617)爲例，略加討論。

在南北朝到初唐的著名知識分子中，論儒家使命感之深厚，很難看到能與王通相比的。王通在隋末隱居河汾，招納門徒，續六經，以孔子自況。他講學所在的白牛溪甚至被人稱爲「王孔子之溪」。[41] 關於王通的思想，最可靠的材料是《中說》。王通宣揚儒教，以復王道、致太平爲主要關懷，很少涉及內心修爲。但《中說》有關董常的描述很值得注意。此書是模仿《論語》之作，在其中，不但王通被比成孔子，他最看重的一位弟子董常也以顏淵的面貌出現。和顏回一樣，董常以德行見稱，而且不幸早死。（其實王通自己才活到顏淵的年歲。）以下是《中說》幾段關於董常的資料：

> 或曰：董常何人也？子曰：其動也權，其靜也至，其顏氏之流乎！
>
> 子曰：常也，其殆坐忘乎！靜不證理而足用焉，思則或妙。
>
> 子謂程元曰：汝與董常何如？元曰：不敢企常。常也遺道德，元也志仁義。（以上皆出自〈天地篇〉）
>
> 董常曰：樂天知命吾何憂，窮理盡性吾何疑。（〈問易篇〉）[42]

很明顯地，這裡顯示的是一個道家化的顏淵。由此看來，王通對內心修養的看法有著濃厚的道家色彩。

以上是對中古知識階層流行人生觀的一個概略說明。杜甫成長於開元盛世，在大曆亂局中逝世，一生都處在「外儒內佛」與「外儒內道」心態盛行的時代，我們要了解他的思想的特質與歷史意義，也必須從其心靈中的儒、釋、道成分和相互關係入手。

杜甫思想中儒、釋、道的因子都有，但其相互關係頗有異於傳統「外儒內佛」、「外儒內道」格局之處，在中唐思想的脈絡裡，可說代表一種新的趨向。杜甫對神仙道教、道家、佛教的理想都有嚮往，是學者已經指出的。現在要對這個問題先作大體的勾勒，以利闡述杜甫思想的整體圖象。子美心靈中的道佛成分大體上可分爲四個方面。它們是：道教求長生的思想，隱逸思想，詩酒放達不拘禮法的人生態度，以及佛教信仰。

---

41 王績著，韓理洲校點，《王無功文集》（上海古籍出版社，1987），〈北山賦〉，頁5。

42 以上引文依序見王通，《文中子中說》（上海古籍出版社景印浙江書局本，1989），頁7，10，10，21。

就現有資料所見，在子美心靈的道佛成分中，對神仙長生的追求最爲短暫。關於這方面的活動，他有一項廣爲人知的事蹟，即天寶三載(744)到五載的梁宋齊魯之游，當時子美三十多歲。這場遊歷最初是和李白(701-762)、高適同行，求長生成仙之方是一個主要的目的，所以約寫於天寶三載的〈贈李白〉有句云：「亦有梁宋遊，方期拾瑤草」。（卷一）在這兩年間，杜甫曾往王屋山拜謁道士華蓋君，然其人已逝，只見到他的弟子，杜甫雖竟夜伏於石閣之下，恍惚間似見仙人騎鶴下凡，但終歸徒然。後來又到魯地師事鍊師董奉先。[43] 在此東游之後，子美似乎未再有求仙訪道之舉。他晚年雖曾寫詩追憶天寶年間的求道生涯，有功願未畢的惋惜，但也說「道意久衰薄」（〈昔遊〉）。[44] 總之，杜甫的道教信仰主要是中年以前的事，我們對他的早歲生活了解不多，也許除了東游之舉，還有其他的崇道活動，但這是無從猜測的。

杜詩雖然以表達憂君哀民的情感著稱於世，遯世幽棲、自適塵外的主題也經常出現。隱逸的意念在子美的早期詩作已經存在。自乾元二年(759)八月，杜甫棄官離華州往秦隴，開始長期的浪遊生涯後，更有大量的作品描寫這方面的嚮往與生活。一個明顯的例證是，子美在詩中多次自比爲東漢末的傳奇隱士龐德公（或稱龐公）。德公爲襄陽人，與諸葛亮、龐統、司馬德操等名士交好，荊州刺史劉表數請入仕，拒不就。[45] 這一類的詩句如：「龐公任本性，攜子臥蒼苔」（〈昔遊〉）；「龐公隱時盡室去，武陵春樹他人迷」（〈寄從孫崇簡〉）；「龐公竟獨往，尙子終罕遇」（〈雨〉）。對於自己的出處，甚至還說過這樣強烈的話：「黃綺終辭漢，巢由不見堯」。（〈朝雨〉）杜甫晚年隱逸的現實生活當然主要是時局所造成，但他自安於此的想法並不能只看作是用世之志受挫的反應，他的性格中似乎真有超脫世情、靜居獨往的一面。且聽夫子自道：「漸喜交遊絕，幽居不用名」（〈遣意〉）；「畏人成小築，褊性合幽棲」（〈畏人〉）；「平生江海心，宿昔具扁舟」（〈破船〉）。他還有詩

---

[43] 關於杜甫天寶初年東游之事，參見聞一多（匡齋），〈少陵先生年譜會箋〉，頁59-65；陳貽焮，《杜甫評傳》上卷（上海古籍出版社，1982），頁83-97，104-110。

[44] 參見《杜詩詳註》，卷二十，〈昔遊〉；卷二十一，〈憶惜行〉。郭沫若，〈杜甫的宗教信仰〉認爲子美有很深的道教信仰。鍾來茵批駁此說，見〈再論杜甫與道教〉，《首都師範大學學報》1995.3：46-53。個人較同意鍾說。

[45] 龐德公的事跡見《後漢書》（北京中華書局本，1965），卷八三，頁2776-2777；《三國志》（北京中華書局本，1959），卷三七，頁953-954。

句：「喧靜不同科，出處各天機」（〈甘林〉），自歸於「靜」的一類。對自己的隱逸觀念和傾向，杜甫似乎未曾提出明顯的哲學辯解，我們雖不便強作解人，也許還是可以作一個不算大膽的猜測：杜甫相信個人自足、無待外物的價值，也以爲自己具有實踐此價值的秉性。從中國傳統思想的流脈看來，這無疑屬於道家的理想。[46]

除了龐德公，杜甫還常自比爲另一位道家型人物阮籍。子美對嗣宗產生認同感，大概基於兩個原因。一是阮籍不受禮法拘束的意態，頗近於自己的疏放任真、詩酒曠達。他曾經直接以此點自擬嗣宗：「謝安不倦登臨費，阮籍焉知禮法疏」（〈奉酬嚴公寄題野亭之作〉）。又有句云：「甫也南北人…久遭詩酒污」（〈謁文公上方〉）；「禮樂攻吾短，山林引興長」（〈秋野五首〉）；「我生性放誕，雅欲逃自然」（〈寄題江外草堂〉）。從其他相關資料判斷，這些描寫近於實錄，不類自謙。[47] 此外，杜甫一生好酒，以爲此杯中物可助其稍解塵網的羈絆，得一時之解脫：「飲酣視八極，俗物多茫茫」（〈壯遊〉）。這也是魏晉以來道家者流的想法。[48]

杜甫另一個自比阮籍的理由是，安史亂起後，他長期漂泊，家國個人之命運，俱可哀傷，因此常懷深切的痛苦，有阮籍窮途而哭的感受。以下的詩句，都是例證：「窮途阮籍幾時醒」（〈即事〉）；「茫然阮籍途，更灑楊朱泣」（〈早發射洪縣南途中作〉）；「寇盜狂歌外，形骸痛飲中。……此身醒復醉，不擬窮途哭」（〈陪章留後侍御宴南樓〉）。杜甫痛苦的具體原因或許與阮籍不同，痛感則有可相通之處——至少子美自己認爲如此。在杜甫對阮籍產生認同感的兩項理由中，前一個可說也是道家的性質；後一個則似爲偏向儒家的情感。

---

46 關於杜甫隱逸自適思想一個相當全面而有見解的討論，見藍旭，〈論杜甫詩中的自適主題〉，《文學遺產》1995.5：54-63。關於杜甫自比龐德公，除了詩作，還可參考散文〈秋述〉（《杜詩詳註》卷二十五）。

47 與杜甫同時的作家任華有詩贈杜甫，稱其「郎官叢裡作狂歌，丞相閣中常醉臥」（北京中華書局1960年版《全唐詩》，卷二六一，頁2903〈寄杜拾遺〉）。《舊唐書》（北京中華書局本，1975）卷一九〇下〈杜甫傳〉說子美：「縱酒嘯詠」、「蕩無拘檢」；《新唐書》（北京中華書局本，1975）卷二〇一則云：「曠放不自檢」。

48 例見劉伶〈酒德頌〉，收在蕭統，《文選》（台北：文津出版社景印，1987），卷四七，頁2098-2099；王績著，韓理洲校點，《王無功文集》，〈醉鄉記〉，頁181-182。王績的崇酒事蹟，又可見呂才，〈王無功文集序〉，收在《王無功文集》，頁1-5。《世說新語・任誕》亦多載名士好酒事。

杜甫很早就和佛僧有交往，但他對佛教的宗教興趣，依現存詩作判斷，大約要到寶應元年(762)居梓州以後才明確起來。當時他五十一歲。子美對佛法的鍾情雖似開始甚晚，他顯然產生了真切的熱誠，忻忻然有皈依之心。關於杜甫佛教信仰的表白，最值得重視的作品是〈秋日夔府詠懷奉寄鄭監李賓客一百韻〉（卷十九）。這首詩大約寫於大曆二年(767)，距他逝世才三年。全詩共二百句、一千字，是杜甫最長的一首詩。其中自敘生平心跡，談創作，傷世變，議國是，憂生民，細膩感人。後段寫及當前心志時，筆鋒一轉，云：

> 身許雙峰寺，門求七祖禪。落帆追宿昔，衣褐向眞詮。……本自依迦葉，何曾藉偓佺。……晚聞多妙教，卒踐塞前愆。顧愷丹青列，頭陀琬琰鐫。……勇猛爲心極，清羸任體孱。……

「晚聞多妙教，卒踐塞前愆」、「勇猛爲心極，清羸任體孱」，都是幡然向道、堅定求法的意思。「本自依迦葉，何曾藉偓佺」句甚至明講，道不如佛。（偓佺爲《列仙傳》中的採藥父）杜詩中類似的表達至少還有兩例。一是〈謁文公上方〉：「甫也南北人…久遭詩酒污，……願聞第一義，迴向心地初」。（卷十一）另一則是前文已引，強烈批評文明的〈寫懷二首〉，在「榮名忽中人，世亂如蟣蝨」等句後，子美的結論是：「終然契真如，得匪金仙術？」杜甫用老莊道家的理路否定文明，但他個人超越文明價值的答案卻是「金仙術」——佛法。

杜甫的佛教興趣有幾點值得注意之處。第一，他特別推崇禪宗，但追隨的宗派爲何，則是杜甫研究上的一重公案。子美曾明確地說：「瀟灑共安禪」（〈陪李王蘇李四使君登惠義寺〉）；「余亦師粲可，身猶縛禪寂」（〈夜聽許十一誦詩愛而有作〉）；[49]「身許雙峰寺，門求七祖禪」（前引〈秋日夔府詠懷〉）。「粲可」分別指禪宗二祖慧可，三祖僧粲。「雙峰寺」指四祖道信、五祖弘忍，因爲兩人都駐蘄州（今湖北蘄春）雙峰山東山寺。至於「七祖」爲誰，則頗有爭議。錢謙益(1582-1664)注杜詩，引王維〈六祖能禪師碑銘〉，兼據《宋高僧傳・慧能傳》載房琯(697-763)爲神會作〈六葉圖序〉，首肯南宗譜系，斷定子美歸心南宗。他並推測當時神會已被弟子推爲七祖，「門求七祖

---

[49] 此詩杜集宋刊本即編於第二卷，蓋以爲安史亂前所作，黃鶴更直言寫於天寶十四載，不知何據，暫不從。參見《新刊校定集注杜詩》（北京中華書局景印〔宋〕郭知達集九家注杜詩南宋寶應元年曾噩刊本，1982），卷二，頁28b-31b；〔宋〕徐居仁編，黃鶴補注，《集千家注分類杜工部詩》（台北：大通書局景印〔元〕葉氏廣勤堂本，1974），卷十六，頁991。

禪」乃是子美不贊成在這個問題上再起紛擾，應在私門之內求禪宗心法。[50] 牧齋此說卓有精識，這裡只能探討少數要點。

王維、房琯都是杜甫的年長朋友，房琯和他關係尤其深。杜甫既與好友皆爲禪宗信徒，王、房又宗主南宗，錢謙益認爲杜甫屬於同一立場，是很合情理的推斷。至於牧齋揣想中土南宗在杜甫生時已推神會爲七祖，尤爲妙悟。據傳統史料，北宗普寂在玄宗開元年間(713-741)已被廣泛尊爲禪宗七祖，神會七祖之稱要到貞元十二年(796)，才由德宗皇帝所敕定，依此，杜甫所指的「七祖」只能是普寂，他所歸心的是北宗，而非南宗。[51] 不過，神會的塔銘已於一九八三年十二月在洛陽出土，全名是〈大唐東都荷澤寺歿故第七祖國師大德於龍門寶應寺龍首腹建身塔銘并序〉，明尊神會爲七祖。據該文，神會於乾元元年(758)在荊州逝世，遺身於永泰元年(765)遷往洛陽入塔。[52] 入塔的時間約在〈夔府詠懷〉寫作前兩年，七祖之號想必出現更早，或於神會去世後即有。這個塔銘證實了杜甫生時神會已有七祖的名號，顯示錢謙益對禪宗傳法問題的底蘊有極深的體會。牧齋的子美歸心南宗之說，也因此得到堅強的支持。然而，就目前所有資料的整體看來，筆者個人的想法是，杜甫歸心南宗的可能性相當高，但證據仍稍嫌間接，似乎還不到定論的程度。杜甫、房琯的關係雖深，親朋之間宗教信仰有別，並不是罕見的事。以王維而論，他以慧能爲六祖，弟弟王縉撰〈東京大敬愛寺大證禪師碑〉，則推北宗爲正統，並且明白說自己浸潤普寂門下。[53] 以此例彼，杜甫的禪學歸趨是否一定和房琯相同，還是不能無疑。[54]

---

[50] 錢謙益，《錢注杜詩》（北京：中華書局，1958，據康熙六年靜思堂本排印），卷十五，頁521-522。

[51] 關於依此理路所作的詳細論辨，可見陳允吉，〈略辨杜甫的禪學信仰〉，收在氏著，《唐音佛教辨思錄》（上海古籍出版社，1988），頁94-100。

[52] 關於神會塔銘的內容與出土的相關訊息，見溫玉成，〈記新出土的荷澤大師神會塔銘〉，《世界宗教研究》1984.2：78-79；洛陽市文物工作隊，〈洛陽唐神會和尚身塔塔基清理〉，《文物》1992.3：64-67，75。塔銘題目中「龍首腹」三字，溫文作「龍崗腹」，不知何者爲是，今暫依《文物》上的正式簡報。又，前註所引陳允吉文原發表於一九八三年四月（《唐代文學論叢》第二期），作者未見新出土塔銘，又不取錢謙益說，所以關於七祖問題的論說是錯誤的。不過，該文係針對郭沫若的杜甫崇南宗說而發。郭說相當粗略，又未考慮錢牧齋的論點，並不足取。見郭沫若，〈杜甫的宗教信仰〉，在氏著，《李白與杜甫》，頁295-301。

[53] 王縉，〈東京大敬愛寺大證禪師碑〉，《全唐文》，卷三七〇。

[54] 本文原稿關於杜甫禪學信仰的討論，有武斷之語，承一位審查人指出，并提示修改途徑，特此致謝。

另外值得提出的是，杜甫自己表示，他對佛教產生熱情，是因爲它能從根本處安頓心靈。前文已引：「願聞第一義，迴向心地初」、「勇猛爲心極，清羸任體孱」。另一個明確的例子是，子美曾經寫詩這樣稱讚他一位信佛的僕人：

汝性不茹葷，清靜僕夫內。秉心識本源，於事少凝滯。……（卷十五〈信行遠修水筒〉）

這不是泛泛的讚美，杜甫對這位僕人確乎有著真誠的敬意。連一個沒有知識的役夫皈依釋教，都能使心地清靜，超脫物象，晚年的杜甫恐怕真的相信佛法有不可思議的大力量。

再者，杜甫對佛法的嚮往似乎已經超過思想興趣的層面，而有相當程度的信仰。他有一首詩具體記錄了聽經的經驗：「……重聞西方止觀經，老身古寺風泠泠。妻兒待米且歸去，他日杖藜來細聽。」（卷十九〈別李秘書始興寺所居〉）但子美文人生活的積習已深，恐怕很難從事比較深刻的信徒生活。他曾描述一位佛徒朋友：「絕葷終不改，勸酒欲無辭。」（〈隨章留後新亭會送諸君〉）這種無肉不酒的日子，杜甫大概不能過吧！[55]

總結以上的討論，我們可以得到一個認識：杜甫的心靈與思想中有相當多的道佛成分，佛教和隱逸思想對他影響尤深。然而，比起子美詩中所表現的儒家情懷，他的佛道觀念恐怕都是次要的。以下就要申論這個看法。

三、儒家價值與生命意義

杜甫的詩文清楚地顯示，他的中心關懷在於實踐儒家理想。這雖然是一個普遍的看法，但要了解此關懷的性質與歷史意義，還是需要一些仔細的分析。這個問題可分兩個方面來說明。首先，儒者是杜甫最基本的整體自我認同，是他爲自己的人生所作的最重要定位。從「外儒內佛」、「外儒內道」的觀念來衡量，杜甫最關注的問題屬於「外」的一面——如國家的秩序、人民的幸福，「內學」或「內教」是其次的。再者，杜甫的儒家認同具有深刻的精神內涵，換

[55] 杜甫與佛教關係的概述，可參看呂澂，〈杜甫的佛教信仰〉，《哲學研究》1978.6：41-43；王熙元，〈杜甫與禪學之因緣——兼論其思想歸趨〉，《中國學術年刊》1（1976）：181-197；趙玉娟，〈從杜甫的詩看杜甫與佛教之關係〉，《杜甫研究學刊》1993.4：41-48。呂澂認爲杜甫晚年轉依淨土信仰，雖然證據不足，可能性是有的。

言之，即使從安心立命的觀點看來，子美的儒家成分還是比釋道爲高，是他人生意義的根本基石。在這一點上，杜甫的心靈結構在思想史上特別具有突破的意義。現在就先從後一問題談起。

前文引過蘇軾一段有名的論杜甫的話：「古今詩人眾矣，而杜子美爲首，豈非以其流落饑寒，終身不用，而一飯未嘗忘君也歟？」這個說法很有代表性，可以反映古今許多人對杜甫的理解。這段話包涵了兩項對杜甫心靈的認識。第一，君主是子美的主要關懷。第二，在性質上，這是一種極深的關懷，一種對生命的全幅滲透；用孔子的話，可說是「造次必於是，顛沛必於是」，用孟子的話，可說是「見於面，盎於背」（〈盡心上〉），用現代的觀念來講，則是宗教性的關懷。

對第一項認識，有人批評太過偏狹，認爲杜甫關心人民遠甚於關心君主。[56]這個批評有些道理，但筆者以爲，比較持平的看法是，杜甫對君主、人民都關心。在他心目中，君主與社稷禍福幾乎是一體的，對於他的忠君之心，我們不妨說，這是一種君國之思。杜甫的詩作中涉及君國安危、民生憂患的，數量之大，古今罕有。現在舉出幾個君主、人民兩者并念的例子，以支持我對這個爭議應該不大的問題的看法：

> 雖乏諫諍姿，恐君有遺失。……揮涕戀行在，道途猶恍惚。乾坤含瘡痍，憂虞何時畢。（卷五〈北征〉）
>
> 大軍載草草，凋瘵滿膏肓。……上感九廟焚，下憫萬民瘡。（卷十六〈壯遊〉）
>
> 四序嬰我懷，群盜久相踵。黎民困逆節，天子渴垂拱。（卷十八〈晚登瀼上堂〉）

需要指出，杜甫的儒家關懷雖然不限於君主，但範圍也不太廣。仁義之類的抽象原則，或如孝道禮法的家庭倫理問題，他顯然沒有特別的興趣。我們可以相當確定地說，就對象下定義，子美的儒家關懷基本上屬於政治的、人道的關懷。

現在談蘇軾的第二個看法。關於杜甫儒家關懷的深度以及在個人生命上的意義，筆者的判斷是，這是一種非功利的、根本的、宗教性的關懷。雖然過去少有人使用這種概念解釋杜詩，其實已是普遍隱涵的看法，蘇軾的話也有此意味。我以爲杜甫的儒家關懷幾乎具有宗教的性質，在本文論述上有重大關係，

---

[56] 康伊，〈杜甫君臣觀新探〉，《草堂》1986.2：47-52。

因此還是必須作幾點探討。杜甫儒家關懷的性質與深度，可以從他詩作中的某些表達獲得直接的觀察。譬如，〈自京赴奉先縣詠懷五百字〉(卷四)云：

> 許身一何愚，竊比稷與契。……窮年憂黎元，歎息腸內熱。……終愧巢與由，未能易其節。……朱門酒肉臭，路有凍死骨。榮枯咫尺異，惆悵難再述。……老妻寄異縣，十口隔風雪。誰能久不顧？庶往共饑渴。入門聞號咷，幼子餓已卒。……默思失業徒，因念遠戍卒。憂端齊終南，澒洞不可掇。

此詩先說自己早有輔佐君王之志，現實下人民卻苦難深重，他的心情是「歎息腸內熱」、「惆悵難再述」。回到奉先家中，發現自己的幼子竟已饑餓致死。但杜甫很快就超越個人家庭悲劇的情緒，念及普天下窮民的苦難，他的哀傷不可遏抑，「憂端齊終南，澒洞不可掇」。

相對於此處討論的課題，這一段詩句有兩點特別可注意之處。首先，杜甫在自己兒子死亡的時刻，還憂念一般人民的苦難，可見這個關心根植於生命的深層。由於體會到災難與痛苦的普遍性，杜甫沒有把幼子之死當作襲擊個人的偶發厄運，而是將其視爲一場大規模災難的部分，他的關注的焦點在於廣大災難的本身，而非關乎個人的部分。子美的社會關懷可能也因此幫助他克服了親子死亡的哀傷。雖然詩中沒有提及，失子的痛苦只能加深他對百姓君國的獻身之感。在以家庭關懷爲先的中國社會，這種心緒應是相當罕見。其次，杜甫的憂傷是巨大的，接近到無限的程度。這似乎意謂，他對人民福祉的關心也是無涯無邊的。羅曼羅蘭曾把宗教情感說成是一種無限的、「海洋般的」(oceanic)的感覺。這個描述顯然只觸及宗教心理的一個特徵，遠不足以見其全豹，但由此還是可以看出，杜甫的社會關懷與宗教情感有相似之處。[57]

另外一首直接表達這種性質的情感的作品是著名的〈茅屋爲秋風所破歌〉。這首詩先寫自己茅屋的屋頂如何被狂風吹走，到了夜間又有雨，一家人狼狽不堪。這時文路突然一轉，完全離開個人的災情，寫道：

---

[57] 羅曼羅蘭的看法首先表達於他在一九二七年底給佛洛伊德的一封信。見Sigmund Freud, *Civilization and Its Discontents*, tr. James Strachey (New York: W. W. Norton & Company, 1961), 11-12。德國神學家Rudolf Otto(1869-1937)從基督教的觀點，對宗教情感的性質——特別是信仰者與「神聖」(the holy)的關係——有系統的分析。見Rudolf Otto, *The Idea of Holy*, tr. John Harvey (second edition, Oxford University Press, 1950).

> 安得廣廈千百間，大庇天下寒士俱歡顏，風雨不動安如山。嗚呼！何時眼前突兀見此屋，吾廬獨破受凍死亦足。（卷十）

杜甫「突兀見此屋」，實在是突兀的筆法，突兀的想像，跟一般人的心思很不同。但我們沒有理由懷疑，杜甫在矯情故弄玄虛。他應該就是時時以集體禍福爲念的人。

杜詩表現子美對國事民生刻骨憂念的還有很多，這裡再舉幾個例子，讓我們對他的情感的深度與純度有更直接的觀察：「至今大河北，化作虎與豺。浩蕩想幽薊，王師安在哉」（〈夏日歎〉）；「幽燕唯鳥去，商洛少人行。……霜天到宮闕，戀主寸心明」（〈柳司馬至〉）；「老病南征日，君恩北忘心。百年歌自苦，未見有知音」（〈南征〉）；「瞑色延山徑，高齋次水門。……不眠憂戰伐，無力正乾坤」（〈宿江邊閣〉）。[58]

現在談另一篇作品：〈送韋諷上閬州錄事參軍〉。這是送別詩，一個再普通不過的題材。但杜甫一起始就寫國步艱難的情況，告訴韋諷任新職後應如何力行改革，有所作爲，詩是這樣結束的：

> ……當令豪奪吏，自此無顏色。必若救瘡痍，先應除蝥賊。揮淚臨大江，高天意悽惻。行行樹佳政，慰我深相憶。（卷十三）

這實在是驚人的筆調。在送行詩中，子美一直避開兩人的友情，離別之意，只談「公事」，到最後才說，你要把公事辦好，才能讓我對你的思念得到安慰。這個說法幾乎意謂著，友情的價值——至少杜、韋友情的價值——不是獨立的，它是以韋諷能否盡心濟民爲條件。如果韋諷不能行善政，恐怕杜甫對他的私人情感也就消解了。這個解釋或許稍嫌主觀，但個人認爲，此詩的確表現了子美以國計民生爲最高價值的深層心緒。

子美在送別詩中勸告他人努力服務君國，還有其他的例子。譬如，〈別蔡十四著作〉：「我衰不足道，但願子意陳。稍令社稷安，自契魚水親。我雖消渴甚，敢忘帝力勤？尙思未朽骨，復覩耕桑民。」（卷十四）這裡的「魚水親」指君臣之義，用的是劉備和諸葛亮的典故，劉備說：「孤之有孔明，猶魚之有水也。」[59]〈湘江宴餞裴二端公赴道州〉則請裴虯到任後，「上請減兵

---

[58] 另一首細膩傳達子美繫心國事之情的是卷六〈春宿左省〉。分析見葉嘉瑩，〈論杜甫七律之演進及其承先啓後之成就〉，收在氏著《迦陵論詩叢稿》（北京中華書局，1984），頁76。

[59] 《三國志》，卷三五，頁913。

甲，下請安井田」（卷二十二）。杜甫這些「殺風景」的話，都是他心思常在君國不能自已的明證。[60]

上引詩篇中，〈湘江宴餞裴二端公赴道州〉的寫作時間甚晚，可能在大曆四年(769)，即杜甫逝世前一年。這個事實可以帶引我們注意到另一個有重要意義的現象。這就是子美晚年雖身處南方，隱逸幽居，遠離政治中心，心思仍不離朝政民生。他在大曆二年以後，曾經寫出這樣的句子：「有客歸三峽，相過問兩京」（〈柳司馬至〉）；「西江使船至，時復問京華」（〈溪上〉）；「寒空見鴛鷺，迴首憶朝班」（〈自瀼西荊扉且移居東屯茅屋〉）；「楚雨石苔滋，京華消息遲」（〈雨四首〉）；「報主身已老，入朝病見妨」（〈入衡州〉）。當代杜詩專家蕭滌非曾說杜甫是「不管窮達，都要兼善天下」，「不管在位不在位，都要謀其政」，很適合用以表達上引詩句的涵義。[61] 換個講法，我們可以說，這些詩句顯示，杜甫的政治社會關懷處在他生命存在意義的核心，完全獨立於個人的出處仕隱，獨立於外在環境與個人責任。在這一點上，他的心靈有突破傳統中古思想之處。

蕭滌非「不管窮達，都要兼善天下」的說法，當然是針對「窮則獨善其身，達則兼善天下」的話而發的。[62] 後句原出《孟子・盡心下》，可以──也經常被──用來指示傳統中國一個普遍的心態：士人入仕，就以儒術濟世，在野則全身保真，以道家精神自守。近代流行著一個關於中國人心理的概括描述：「中國人得意的時候是儒家，失意的時候是道家」，表達的也是同樣的認識。[63]

---

[60] 在送別詩中勸勉友人戮力奉公的，也有他例，如岑參的〈冬宵家會餞李郎司兵赴同州〉。不過，如杜甫〈送韋諷上閬州錄事參軍〉幾乎通篇不及私情者，尚未他見。岑詩見陳鐵民、侯忠義，《岑參集校注》（台北：漢京文化事業有限公司，1985年景印），卷四，頁273。

[61] 蕭滌非，〈人民詩人杜甫〉，中華書局編，《杜甫研究論文集》，三輯（北京：中華書局，1963），頁97。按，此文原刊載於《詩刊》1962.2（當年三月出版）。同年四月十八日，馮至在《人民日報》發表〈紀念偉大的詩人杜甫〉，表達完全相同的意見，不知是否爲巧合。馮文現收入《杜甫研究論文集》三輯，頁5-17。同樣的語句又出現在游國恩、王起、蕭滌非、季鎮淮、費振剛主編，《中國文學史》，第二冊（北京：人民文學出版社，1963），頁85。

[62] 蕭滌非說杜甫「不管窮達，都要兼善天下」的思想是對儒家的批判。他以爲「窮則獨善其身，達則兼善天下」語出《孟子》，就代表儒家思想，恐怕是缺乏歷史的觀點，不可從。

[63] 這個描述甚至遠播異域。見森三樹三郎，《上古より漢代に至る性命觀の展開──人性論と運命觀の歴史》（東京：創文社，1971），頁201，328。

以上幾句話透露出的一個看法是，傳統中國士人的儒、道信念和個人的境遇是高度相關的，出則爲儒，處則爲道。這種性質的信仰就難免有些工具性，和個人生存意義的連結有時並不深刻。

本文並不想檢討上述說法在整個中國歷史上的有效性，但要指出，在儒、道、佛思想都盛行的唐代前半葉，士人入仕言儒，在野則歸宗佛、道，是普遍的現象，如杜甫般退隱後仍時刻以君國蒼生爲念的，非常罕見。現在就舉幾個比較典型的例子，以與杜甫的心態作對照。前文提過的王績有一段話，明白說儒教是經國濟世之必需，只有工具性的價值，當官的人要研究了解，但對在野或致仕的人，就無所用了：

> 昔者，吾家三兄，命世特起，光宅一德，續明六經。吾嘗好其遺書，以爲匡世之要略盡矣！然嶧陽之桐，必俟伯牙；烏號之弓，必資由基。苟非其人，道不虛行。吾自揆審矣，必不能自致台輔，恭宣大道。夫不涉江漢，何用方舟？不思雲霄，何事羽翮？故頃以來，都復散棄。雖周孔制述，未嘗復窺，何況百家悠悠哉？[64]

這段話提及的吾家三兄就是隋末大儒王通。王績雖然佩服先兄的著作，但以爲這些著作和周孔遺書一樣，只是提供給掌政者用的，跟辭官後的他沒什麼關係：「不涉江漢，何用方舟？不思雲霄，何事羽翮？」。王績早歲曾有用世之心，晚年純爲道流，但他在前引文字所表達的觀點，並不算極端。現在介紹一段思想與王績差別很大的人討論出處問題的文字。一位在中宗朝(705-709)曾任職大理丞的王志愔說：

> 夫君子百行之基，出處二途而已。出則策名委質，行直道以事人，……諤諤其節，思爲社稷之臣；蹇蹇匪躬，願參柱石之任。處則高謝公卿，孝友揚名，是亦爲政。煙霞尚志，其用永貞。[65]

這基本上是從儒家價值出發的觀點，在傳世的初唐文字中並不多見。值得注意的是，在理想中，一個儒者在野時所該做的，也僅止於「孝友揚名」，無與乎君國大計、生人憂患。至於「煙霞尚志」，指的大約就是吟詠山水，怡情忘世，乃至煉丹採藥之類的事。

唐代前半葉，儒風不振，一般知識分子儒家意識薄弱，經常明白把入仕講

64 韓理洲校點，《王無功文集》，〈答程道士書〉，頁159。

65 《舊唐書》，卷一〇〇，頁3122。

成是利祿之途，沒有特別高尚的目的。譬如，初唐四傑之一的駱賓王曾說自己年輕時，「將欲優游三樂，負杖以終年；棲遲一丘，鳴絃而卒歲。」後來發生了變化：

> 諒以糟糠不贍，甘旨之養屢空；箪笥無資，朝夕之歡寧展。是以祈安陽之捧檄，擬毛義之清塵；思魯國之執鞭，蹈孔丘之餘志。

這是說，他本來有箕山之志，純粹爲了養親才任官。[66] 與杜甫同時代的著名道士吳筠(?-778)則自述：「予四十年方遂一第，既知命寡，遂慕尋真。」[67] 以上所引的語句，姑不論在原文中確實的用意與涵義，的確明白表達了以儒術爲名利工具的態度。吳筠的說法甚至意味著，養真求道也是工具性的——是對世俗生活失敗的補救措施。

相對於以上介紹的意態，杜詩一再表露的，是完全相反的價值觀。杜甫憂國憂民之心，世所習知。以上所論，是企圖根據子美詩作直接表達的情感，說明其儒家關懷的性質。筆者的基本論點是，杜甫儒家心靈關心的雖然是遙遠或抽象的外在對象，如君主、社稷、人民，但對他個人具有根本性的存在意義。可以說，這個關懷是他生命價值的重要來源。

現在轉到有關杜甫儒家關懷的另一問題，就是他的儒者認同感。前文曾經藉杜甫以龐德公、阮籍自比之事，討論子美的道家傾向。在杜詩呈現的諸多自我形象中，出現最頻繁的其實是一個抽象的比擬——「儒」或「腐儒」。這顯然也是杜甫心目中最核心的自我形象。[68] 杜詩中的「儒」大約有三個涵義。第一是文人、學者，這是與軍人、武將相對的意思。其次是指通經學文章，對蒼生國家有責任感的人。「儒」的第三個涵義則具有華夏正統的意味，指古聖賢傳統的承載者。在杜詩中，這三個意思區隔并不明顯，一個「儒」字常有兩個涵義，有時甚至三種意思都兼攝。

先說文士義的「儒」。以下是幾個比較明顯的例子，如：「傷哉文儒士，憤激馳林丘。中原正格鬥，後會何緣由」（〈送韋十六評事充同谷防禦判

---

[66] 引文見〔清〕陳熙晉箋注，《駱臨海集箋注》（上海古籍出版社，1985），卷八，〈上瑕丘韋明府啓〉，頁270。另外參考駱詩〈久戍邊城有懷京邑〉：「弱齡小山志，寧期大丈夫。」（《駱臨海集箋注》，卷四，頁129）

[67] 吳筠，〈玄綱論後序〉，收在《全唐文》，卷九二五。

[68] 關於杜甫儒家意識與杜詩中儒者形象的通論，可參看黃得時，〈杜甫詩中的儒家思想〉，《孔孟學報》10（1965）：197-220。

官〉）；「兵戈猶在眼，儒術豈謀身」（〈獨酌成詩〉）；「天下尚未寧，健兒勝腐儒。飄飄風塵際，何地置老夫」（〈草堂〉）。杜甫作品中純粹文士意味的「儒」字很少，絕大多數都兼有第二項涵義——即具有社會關懷、國家責任的文臣。如上引的「傷哉文儒士，憤激馳林丘」句，從「憤激馳林丘」，我們就知道，儒生的心正爲國家的危難而澎湃著。這個意思的「儒」在杜詩出現最多，明確者如：「儒衣山鳥怪，漢節野童看」（〈送楊六判官使西蕃〉）；「腐儒衰晚謬通籍，退食遲迴違寸心。袞職曾無一字補，許身愧比雙南金」（〈題省中壁〉）；「稷契易爲力，犬戎何足吞。儒生老無成，臣子憂四藩」（〈客居〉）；「臥疾淹爲客，蒙恩早廁儒」（〈大曆三年春白帝城放船出瞿唐峽〉）。

值得注意的是，子美在提及自己的儒者身分時，有時會強調他是來自儒學世家。這樣的詩句如：「法自儒家有，心從弱歲疲」（〈偶題〉）；「家聲同令聞，時論以儒稱」（〈寄劉峽州伯華使君四十韻〉）。[69] 杜甫以家世業儒標榜，除了他的家族的確世代爲士流外，更重要的是，這個家庭出了兩個重要的歷史人物：杜甫的十三代祖杜預和祖父杜審言。子美曾稱其家祖先「奉儒守官，未墜素業」，又說祖父審言「修文於中宗之朝，高視於藏書之府，故天下學士到於今而師之」。[70] 子美不但以自己的家庭傳統爲傲，還期盼這個傳統能延續下去。他的一首示子詩有這樣的句子：「應須飽經術，已似愛文章。十五男兒志，三千弟子行。曾參與游夏，達者得升堂。」（卷二十一〈又示宗武〉，宗武爲子美次子）在杜甫的定義裡，經學與文章都是儒術，杜預是經學大家，杜審言爲名詩人，兩人帶給杜甫同樣的榮耀。子美心目中的「儒」雖然和南宋以後的觀念不甚相同，他確實具有深刻真摯的儒者意識。我們不可能說，這個意識主要是由家世背景激發所致，但家世背景無疑爲這個意識增加了深度和切身感。

---

69 「法自儒家有，心從弱歲疲」句似乎有歧義，既是說自家有作詩的傳統，也是講儒家本有文章規法。此外，〈贈虞十五司馬〉「交態知浮俗，儒流不異門」的「門」，指的也是「家門」。見《杜詩詳註》，卷十，頁850。

70 〈進鵰賦表〉，《杜詩詳註》，卷二十四，頁2172。今存杜文中又有祭拜杜預的〈祭遠祖當陽君文〉（《杜詩詳註》卷二十五）。祭杜預文寫於開元二十九年(741)，〈進鵰賦表〉則約作於天寶十三載(754)。

杜甫詩文中「儒」的第三個涵義是華夏文化正統的承載者。這個意思在子美作品出現不多，但相當明確。前引〈又示宗武〉云：「十五男兒志，三千弟子行。曾參與游夏，達者得升堂」，已期許其子學行應如孔門弟子。子美以「孔門」來界定儒者的直接表現見於〈題衡山縣文宣王廟新學堂呈陸宰〉（卷二十三）：

> 嗚呼已十年，儒服蔽於地。征夫不遑息，學者淪素志。……周室宜中興，孔門未應棄。是以資雅才，煥然立新意。衡山雖小邑，首唱恢大義。

這首詩明確顯露，杜甫認爲孔門是華夏文化的正統，現實世界中的儒者是這個傳統的繼承者，這個學術正統與唐室政治正統都受到安史之亂的破壞。衡山小縣新修學堂，乃當時賢俊力謀撥亂反正的一個表徵。

杜詩中明白把儒術和周孔之道劃上等號的只有前引的這首。但子美還有一些句子，把自己的行爲、思想與古聖賢相比。譬如，杜甫極重視君臣之義，一次稱此爲「聖賢古法則，付與後世傳」（〈杜鵑〉）。又曾將自己的詩篇比爲「斯文憂患餘」，作詩猶如「聖哲垂彖繫」。（〈宿鑿石浦〉）。〈秋興八首〉之三追念舊事則云：「匡衡抗疏功名薄，劉向傳經心事違」。「匡衡抗疏」肯定指子美至德二載(757)疏救房琯事。「劉向傳經」具體何謂，較不明確，但將欲作之事寓爲「傳經」，自然是有嚴肅的歷史文化意義。[71] 此外，〈過津口〉一詩見魚困密網，因而感傷世情，嘆時無君子，結句云：「聖賢兩寂寞，眇眇獨開襟」，這是對往古聖賢的追念與欽服。以上詩句雖無「儒」字，表達的皆爲儒家情懷，也可以證明杜甫的儒家觀有正統的意味。儒家爲周孔聖人之遺緒，是古代中國共同接受的觀念，杜甫的看法當然沒有任何特殊之處。這裡要特爲指出的是，杜甫對這個觀念有明確的意識，而且——更重要地——自認屬於此正統。當代學者鄧小軍以〈題衡山縣文宣王廟新學堂呈陸宰〉爲主要依據，主張杜甫爲孤明先發，首倡復興儒學，開韓愈之先聲。[72] 按，子美詩文明確表達儒家正統意識的很少，更談不上提倡，鄧氏的論點根據不足，恐怕不易成立。但子美以一介文士，不僅自視爲儒，且有自居於儒統的想法，則有重要的歷史意義。

---

[71] 關於〈秋興〉此聯的解釋，參考葉嘉瑩，《秋興八首集說》（上海古籍出版社，1988），頁190-206。

[72] 鄧小軍，《唐代文學的文化精神》（台北：文津出版社，1993），頁282-292。

在杜甫爲儒者的自我形象所作的種種描繪中，最突出的用語大概就是「腐儒」了。現在要對這個意象略作探討，以求更深入了解杜甫的儒者認同感。「腐儒」一詞，在今存杜詩共出現五次。它們是：「腐儒衰晚謬通籍，退食遲迴違寸心」（〈題省中壁〉）；「竟日淹留佳客坐，百年粗糲腐儒餐」（〈賓至〉）；「天下尙未寧，健兒勝腐儒。飄飄風塵際，何地置老夫」（〈草堂〉）；「萬里皇華使，爲僚記腐儒」（〈寄韋有夏郎中〉）；「江漢思歸客，乾坤一腐儒」（〈江漢〉）。「腐儒」是戰國末期以後就流行的詞語，意思是腐朽無用的儒生，劉邦說「爲天下安用腐儒」，就是一例。[73] 這也是杜甫所用的表面意思。我們可以推測，他自謙爲「腐儒」，是因爲既堅持爲「儒」，又無法爲世事盡力之故。

但儒生也以迂闊不切實際著稱，「腐儒」因之也可有「迂儒」的意味。《後漢書・李固傳》記李固爲梁冀所害後，弟子郭亮前往收屍，官府不准，仍哭泣守喪不去。一位亭長因而罵之曰：「卿曹何等腐生，公犯詔書，干犯有司乎？」[74] 這裡所說的「腐生」，除了「無用」，恐怕還有「迂闊不通」的意思。「迂闊不通」是負面的說法，換個角度來講，就是堅守原則，不隨世事搖擺。杜詩中的「腐儒」，顯然也有這個涵義。最明顯的例子是「江漢思歸客，乾坤一腐儒」，後句寫的是子美一人獨立天地間的景象。這個「腐儒」的「腐」當然不是「腐朽無能」的意思，這樣的儒生是不值得如此描繪的。這個儒者也許外表衰朽，但決然是內守道則，能夠俯仰天地無愧。此外，「腐儒衰晚謬通籍，退食遲迴違寸心」（〈題省中壁〉）寫於乾元元年(758)，子美時任門下省左拾遺。句中的腐儒杜甫因爲無法盡言官的職責，而有違心之感。這個「心」當然是有原則、希望能守官不墜的心，此處的「腐」則應也有迂直的意思。

儒者是杜詩中所呈現的最主要自我形象。從以上關於杜甫儒者觀念的討論，我們得知，他所謂的「儒」有文人、文士的意思，但最核心的涵義則是關心民生、以身許國的讀書人。這個形象和詩文其他方面所流露的君國之思完全相符。杜詩中的「儒」也稍有正統、宗派的意味，子美偶爾亦以繼承古聖賢教

---

[73] 劉邦之語見《史記》（北京：中華書局，1959），卷九十一，頁2603；《漢書》，卷三十四，頁1886。依個人查考所得，在今存文獻中，「腐儒」一詞最早見於《荀子・非相》。

[74] 《後漢書》，卷六三，頁2088。

法自況自勵。我們有理由相信，杜詩中的「儒」，特別是「腐儒」，是杜甫有意用來涵括自己生命本質的詞語。縱然仕途失意，久經浪遊，他對這個定位仍然極有信心。「江漢思歸客，乾坤一腐儒」，可說是給自己下的晚年定論。

從表面看來，子美既有深厚的儒者意識，又具佛、道思想，好像他的心靈還屬於南北朝以來典型的「外儒內道」、「外儒內佛」形態。但這種看法是不準確的，杜甫的心靈已經在兩個重要的地方脫離了這個格局。首先，杜甫爲個人生命所作的最重要定位是儒者，換言之，他雖浸潤於中古文化的各個思潮，但明顯是以儒爲重，佛、道爲輕。在中唐以前，這樣明確、強烈的儒者認同感，甚爲少見。除了隋朝的王通，武曌玄宗時名臣姚崇是另外一個例子。[75]

子美心靈最關鍵的突破傳統之處是在另外一點，即他的儒者意識具有強烈的生命存在意義。我們可以毫不猶豫地使用當代基督教神學家田立克(Paul Tillich)的概念，把杜甫對君國人民的關心稱爲他的終極關懷(ultimate concern) ——宗教性的關懷。更進一步說，子美儒家思想的內容完全是舊式的，其範圍不出君主、社稷、人民等課題，都是具體的「外在」事物。但杜甫對這些「外物」的關心，在他的內在生命中取得了主導的地位，成爲人生意義的根本基盤。這樣的儒家心靈，顯然具有深刻的精神成分。總括本文對杜甫心靈的理解，我們可以說，在認識的層面，子美還是以爲儒家的功能在安排集體生活，道家思想可使人不爲物拘，佛教信仰則能令人心地清靜。「外教」、「內教」的區分在他的心中還是相當明顯。然而，杜甫雖然對佛教境界和道家理想有所嚮往，在情感與人生意義的層面，某些儒家價值對杜甫的重要性實則遠超過這兩個「內教」，因此，對子美而言，儒家雖然仍屬「外教」，在他的內在生命中卻擔任了核心的角色。

自安史之亂前後，中國士人思想逐漸發生了一個重要的變化，這是一個多方面的變化，或可稱之爲「儒家復興」。儒家復興趨向的一個主要表徵是，許多文士開始以儒家價值的實踐作爲人生的首要目標。杜甫是這個轉變最早也最明顯的代表。從這個觀點看來，子美雖然很少提倡儒家思想，無疑可被視爲中唐儒家復興的先驅人物。

---

[75] 參見《全唐文》卷二〇六的姚崇著作。

四、杜甫與其友朋思想之比較

接下來還要考察兩個問題，以期更清楚地揭示杜甫在思想史上的地位。首先，我想大略探討杜甫與其若干交遊思想之異同。前文在闡述子美與唐代思想環境的關係時，是以他的心靈和中古一般流行的「外儒內道」、「外儒內佛」心態作對照，這個比較可能有些抽象，不足以令人心服。現在希望藉杜甫與其友朋的比較，使論證更為具體。

就今存文獻所見，杜甫一生的交遊很多，但這些朋友大部分沒有著作流傳，留下的生平資料也很少，不足以論斷其人的心態。現在只能就有資料可依的少數人作討論。由於題旨與篇幅所限，這個討論也將是概略的。現在要比較杜甫與以下諸人的思想：孟浩然(689-740)、王維、房琯、楊綰(?-777)、高適、岑參(715?-770)、李白、孔巢父(?-784)、元結（次山，719-772）、王季友、張彪、蘇源明(?-764)、賈至(718-772)、薛據、裴迪、崔尙。其中蘇源明和崔尙也只能略知事蹟。[76]

以思想形態為依據，以上諸人可粗分為四類。第一類是有濃厚的佛教、道教或道家傾向，顯然掩蓋其儒家意識者。這類人包括孟浩然、王維、李白、岑參、張彪、裴迪等。孟浩然、王維、李白、岑參都是著名詩人，一般比較熟悉前三者的思想。孟浩然佛道兼修，一生隱居的時間居多，只到過長安一次，用世之心不深。他的詩〈還山貽湛法師〉：「幼聞無生理，常欲觀此身。心跡罕兼遂，崎嶇多在塵。晚途歸舊壑，偶與支公鄰。導以微妙法，結為清靜因。……」〈仲夏歸漢南園寄京邑耆舊〉：「嘗讀高士傳，最嘉陶徵君。日耽田園趣，自謂羲皇人。」[77] 能大體代表他的價值觀。王維奉佛，據《舊唐書》本傳言，「退朝之後，焚香獨坐，以禪誦為事。妻亡不再娶，三十年孤居一室，屏絕塵累。」[78] 摩詰在宗教上皈依釋氏，人生觀則有強烈的道家色彩。他這方面思想的最大特色是，主張心跡分離，認為只要心靈超俗出塵，可隨遇而安，世務不足以為累，廟堂無異於山林。從歷史源流的觀點看來，這可說是郭

76 杜甫交遊的一個簡表，可見李書萍，〈杜甫交游名氏錄〉，收在李書萍編著，《杜甫年譜新編》（台北：西南書局景印，1975），頁25-35。

77 兩詩分見李懷福、李延夫主編，《孟浩然詩集評注》（武漢：長江文藝出版社，1992），頁33，96。

78 《舊唐書》，卷一九〇下，頁5052。

象「無心順有」、「游外冥內」哲學的表現。[79] 就後世名聲而論，李白是僅次於杜甫的唐代大詩人，有關的研究很多。太白既有道教求仙、道家出世的追求，也有儒家兼濟的懷抱，這些因子中，哪一方面對他比較重要，是引起很多爭論的問題。筆者的判斷是，從性向上說，他是一個浪漫的自我主義者，這跟古代與中古儒家思想的特質，有很大距離。[80]

岑參雖然以邊塞詩聞名，他的作品主要以寫景取勝，現實意識並不強烈。他終生嚮往山水自適的個人生活，在人生觀上，是道家型的人物，對佛法也深有愛好，只有在安史之亂初起時，稍具因時局而激發的治世心。[81] 現在舉出岑參寫於人生不同時期的詩句若干，以見其心境之一斑。〈自潘陵尖還少室居止秋夕憑眺〉：「久與人群疏，轉愛丘壑中。心淡水木會，興幽魚鳥通。……況本無宦情，誓將依道風」；〈初授官題高冠草堂〉：「三十始一命，宦情都欲闌。自憐無舊業，不敢恥微官。……只緣五斗米，孤負一漁竿」；〈潼關使院懷王七季友〉：「無心顧微祿，有意在獨往。不負林中期，終當出塵網」；〈寄青城龍溪奐道人〉：「久欲謝微祿，誓將歸大乘。願聞開士說，庶以心相應」。[82]

張彪爲元結所編的《篋中集》作者之一，此集常被認爲是代表中唐古拙寫實詩風的先聲，但據傳世文獻所見，張彪實爲道家者流。他志在輕舉，精方術，計有功《唐詩紀事》稱他爲「潁洛間靜者」。[83] 裴迪是王維幽居輞川別墅時的道友，關於他的資料存留很少，但由他與王維的關係，以及今存少數詩作

[79] 王維這方面的想法，可見王維著，趙殿成箋注，《王右丞集箋注》，卷十八，〈與魏居士書〉；卷十九，〈暮春太師左右丞相諸公于韋氏逍遙谷讌集序〉、〈洛陽鄭少府與兩省遺補宴韋司户南亭序〉、〈薦福寺光師房花藥詩序〉等文。陳貽焮稱此爲「圓通哲學」，見〈王維的政治生活和他的思想〉，收在陳貽焮，《唐詩論叢》（長沙：湖南人民出版社，1980），頁125。

[80] 關於李白思想的研究，以下是幾種可以代表不同觀點的著作：李長之，《道教徒的詩人李白及其痛苦》（台北：長安出版社景印，1975）；王運熙，〈李白的生平與思想〉，收在氏著，《李白研究》（北京：作家出版社，1962），頁1-51；馬先堯，〈關於李白思想的一些問題〉，收在中國語文學社編，《唐詩研究論文集》，第二集（香港，1969），頁21-31；楊勝寬，〈李白的人生態度〉，收在李白研究學會編，《李白研究論叢》，第二輯（成都：巴蜀書社，1990），頁69-73。

[81] 參考陳鐵民、侯忠義，《岑參集校注》，卷三，〈行軍二首〉，頁189-191。

[82] 同上，頁3-4，52，254，334。

[83] 關於張彪的生平事蹟，參考孫望，〈篋中集作者事輯〉，《金陵學報》8.1/2（1938）：27-29。

所見，思想應屬道佛型無疑。[84] 除了以上諸人，杜甫有一交遊崔尙寫有〈唐天台山新桐柏觀頌并序〉，是爲著名道士司馬承禎所作，或許與道教圈有淵源。[85]

杜甫交遊中的第二類人有房琯、楊綰、高適、孔巢父、王季友、薛據。這幾個人的特色是，他們或有強烈的用世之心，或有明顯的儒者意識，但佛、道傾向也很濃厚，缺乏整體的儒家認同感，精神生活的支柱以釋道爲主，算是標準的「外儒內佛」、「外儒內道」型人物。房琯是安史亂後的名相，在儒士間甚有清譽。但他對佛教和道家思想極爲傾心。《舊唐書》說他任宰相時，「高談虛論，說釋氏因果、老子虛無而已」。[86] 楊綰是八世紀中著名的提倡儒術、抨擊科舉文化的代表人物，曾上疏要求廢進士、明經、道舉，改以德行經義取士，得到很大的回響。但在哲學思想和宗教生活上，他則宗主釋道二教，「雅尙玄言」，《舊唐書》並說他曾著〈王開先生傳〉以見意，可惜此文已不傳。[87] 高適在他的詩文中，很少表露思想傾向。大概而言，也屬於廣義的「外儒內道」型人物。他早歲和中年的詩經常流露對現實政治社會的關心，安史亂後，作品對亂世的情態反而少有反映。此外，他中年以前也一直懷有對隱居自適生活的嚮往，但似乎沒有堅決的追求。他顯然也無佛教或道教信仰。綜合而言，高適的詩文沒有表現特別明顯的信念，他的思想比較清楚的特色是早歲的現實關懷，但晚年宦途顯達後，這個性格反而模糊了起來。[88]

孔巢父早年曾與李白、韓準等人隱居徂徠山（在今山東泰安），號稱「竹溪六逸」，也同道士吳筠唱和交遊。杜甫天寶中贈詩巢父有句：「巢父掉頭不肯住，東將入海隨煙霧」，「自是君身有仙骨，世人那得知其故」（〈送孔巢父謝病歸游江東兼呈李白〉），他的道家和道教傾向十分明顯。但巢父在安史

---

84 傅璇琮主編，《唐才子傳校箋》，第一冊（北京：中華書局，1987），頁300-302；《全唐詩》，卷一二九，頁1311-1315。

85 《全唐文》，卷三〇四。

86 《舊唐書》，卷一一一，頁3323。另參《新唐書》，卷一三九，頁4628。杜甫〈祭故相國清河房公文〉說房琯任相時，「公實匡救，忘餐奮發。累抗直詞，空聞泣血」。（《杜詩詳註》卷二五）《唐書》所言，未必得實。但他傾心佛、道，應該是沒有疑問的。

87 見《舊唐書》，卷一一九，頁3429-3437；趙貞信，《封氏聞見記校注》（台北：世界書局景印，1984），頁16。引文見《舊唐書》，頁3437。

88 高適的政治社會關懷，可例見劉開揚，《高適詩集編年箋註》，頁53（〈淇上酬薛三據兼寄郭少府微〉），頁56-57（〈苦雨寄房四昆季〉），頁154（〈東平路中遇大水〉）。他的道隱情懷，可見同書，頁122（〈同群公秋登琴臺〉），頁223（〈答侯少府〉），頁230（〈封丘縣〉），頁359（〈東征賦〉）。

亂後，盡力國事，德宗奉天之難後，爲朝廷所遣，與反叛的藩鎭田悅、李懷光等周旋，企圖動之以君臣大義，最後被李懷光的軍士所殺，成爲中唐一位代表性的忠烈人物。[89]

王季友也是《篋中集》作者之一，杜甫說他「丈夫正色動引經，……孝經一通看在手」（〈可歎〉），但季友另一位好友岑參則記載他自比爲漢代傳說成仙的梅福，與岑參有方外之約。[90] 看來也是儒道兼修的人物。薛據是一位活躍於八世紀中葉的文人，從他的詩作看來，「外儒內道」的傾向非常明顯。他的詩〈初去郡齋書懷〉起首寫道：「肅徒辭汝潁，懷古獨淒然。尙想文王化，猶思巢父賢。時移多譏巧，大道竟誰傳。」這裡說周文王和隱者巢父的作爲都合於大道，顯示薛據兼懷儒道理想。這個判斷可以在別的作品中得到印證。〈古興〉云：「丈夫須兼濟，豈能樂一身」；〈出青門往南山下別業〉則曰：「弱年好棲隱，鍊藥在巖窟。……末路期赤松，斯言庶不伐」。[91]

在杜甫的友朋中，元結最具個人特色，也許自成一類。在中唐文壇，元結以關心民瘼、倡導文章復古著稱，思想和歷史地位有與杜甫接近的地方。子美讀了他描寫安史亂後民生情景的〈舂陵行〉、〈賊退後示官吏作〉二詩後，非常感動，曾特別和以〈同元使君舂陵行〉。[92] 然而，無論在人生觀或政治哲學上，元結都帶有非常濃厚的道家色彩，使他的心靈呈現一種奇異的樣態。次山傳世的作品很多，思想意味也相當強，這裡無法細論。簡單地說，元結的思想雖爲儒、道混合，卻不能說是「外儒內道」，因爲他的政治社會論述對儒教頗有非議之處。杜甫的人生觀和政治思想也有道家色彩，但在強度上，兩人完全無法相提並論，元結更沒有整體性的儒家認同感。李商隱(812-858)在爲元結文集所寫的後序中，提到有「論者」「曰次山不師孔氏爲非」。[93] 義山所說的

[89] 孔巢父的事蹟見《舊唐書》，卷一五四，頁4095-4096；卷一九〇下，頁5053；卷一九二，頁5129-5130。

[90] 參考孫望，〈篋中集作者事輯〉，頁44-53；陳鐵民、侯忠義，《岑參集校注》，卷三，〈喜華陰王少府使到南池宴集〉，〈潼關使院懷王七季友〉。

[91] 以上引詩皆見《全唐詩》卷二五三。薛據生平事蹟可參考傅璇琮主編，《唐才子傳校箋》，第一册，頁305-311。

[92] 《杜詩詳註》，卷十九。

[93] 李商隱，《樊南文集》（上海：上海古籍出版社，1988），卷七，〈容州經略使元結文集後序〉，頁434。關於元結的思想，可參考李建崑，《元次山之生平及其文學》（台北：商務印書館，1986），頁18-28；湯擎民，〈元結和他的作品〉，收在人民文學出版社編輯部編，《唐詩研究論文集》（北京：人民文學出版社，1959），頁198-223。

「論者」大概是同時或稍前的人，可見在儒家復興潮流已盛的九世紀中，元結已有了異端的形象。

賈至代表另一類型。他具有強烈的儒家意識、現實關懷，也是古文運動的先驅。年紀稍幼於賈至的另一古文名家獨孤及在〈祭賈尚書文〉中對他的思想性格有很精要的描述：

> 追念夙昔，嘗陪討論。綜覈微言，揭厲孔門。匪究枝葉，必探本根。高論拔俗，精義入神。誓將以儒，訓齊斯民。文章陵夷，鄭聲奪倫。兄於其中，振三代風。復雕爲朴，正始是崇。學者歸仁，如川朝宗。[94]

很明顯地，和杜甫一樣，賈至也是以儒家價值爲其基本關懷的。他高唱儒道復振，影響一代之文士，更是子美所未嘗從事的。[95] 又，《大唐傳載》記有賈至「平生毀佛」的傳說，此說如果屬實，並不一定是他的崇儒態度所導致。賈至崇信道教，好煉丹長生之術，並撰有《老子》注兩種，道教徒則爲中古時代反佛的最主要動力。[96]

最後要提一下蘇源明。源明約長杜甫十餘歲，爲天寶年前後之一文壇領袖，與中唐儒家復興的初期關係人物如元德秀、元結、李華等交好，杜甫〈八哀詩〉稱其爲「醇儒」。但他的整體思想傾向究竟如何，以文章散逸，亦不可得而知。[97]

在以上討論的杜甫交遊之中，佔最大多數的是兩類士人：道、佛型以及標準的「外儒內道」、「外儒內佛」型。像子美一般，以儒家價值爲個人生命主要導向的，可能只有賈至一個。此外，元結對社會民生的強烈關懷也有與杜甫相似的地方。杜甫與其友朋心態的大略比較，可以進一步支持本文的論點：在八世紀中葉，杜甫的思想屬於比較少數而新的一種形態，他內在生命的儒者認同感尤其突出。他是屬於中唐思想中變動的一面。

---

94 《全唐文》，卷三九三。

95 賈至的生平資料，可見傅璇琮，《唐代詩人叢考》（北京：中華書局，1980），〈賈至考〉，頁171-191；傅璇琮主編，《唐才子傳校箋》，第一册，頁480-492。

96 賈至與佛、道的關係，參考《大唐傳載》，收在《叢書集成新編》（台北：新文豐出版公司），第八十七册，頁300；賈至，〈送李兵曹往江外序〉，《全唐文》，卷三六八。有關賈至注解《老子》的資料，見杜光庭，〈道德眞經廣聖義序〉，《道藏》（文物出版社，上海書店，天津古籍出版社，1988），第十四册。

97 以上敘述，參考《新唐書》，卷二〇二，頁5771-5773；《杜詩詳註》卷十六，〈八哀詩〉。

五、餘論

最後要討論一個特定的課題，即杜詩中的胡人形象以及對胡人的態度。安史之亂爆發後，唐帝國由繁華的局面陷入長久的戰亂，士人受到空前的衝擊。他們對亂事的一個重要看法是，這是非我族類的胡人所造成的，唐人的夷夏觀念開始產生了重大的轉變，由初唐華夷一家的風氣，終於轉至晚唐政治領導者與士人嚴防胡人的態度。[98] 在安史亂後初期所寫的作品中，嚴責胡人的文字已頗普遍，「狂虜」、「逆胡」之類的字眼經常出現。[99] 但就個人所知，這方面描寫最鮮明、敵視態度最決絕的，非杜甫莫屬。他對胡人、胡亂的描寫，可能是他詩作中最有思想影響力的一個方面。

杜詩關於胡亂的文字極多，其中有許多驚人的意象，讀了有時真令人感到，他好像已經捕捉到混亂與災難的最終來源。這樣的詩句如：「胡塵踰太行，雜種抵京室」（〈留花門〉）；「胡星一彗孛，黔首遂拘攣」（秋日夔府詠懷奉寄鄭監李賓客〉）；「華夷相混合，宇宙一羶腥」（〈秦州見敕目薛三璩……兼述索居凡三十韻〉）；「神堯舊天下，會見出腥臊」（〈避地〉）；「羯胡腥四海，回首一茫茫」（〈送靈州李判官〉）；「鄉關胡騎滿，宇宙蜀城偏」（〈得廣州張判官書使還以詩代意〉）；「往者胡星孛，恭惟漢網疏。風塵相澒洞，天地一丘墟」（〈秋日荊南送石首薛明府……作三十韻〉）。杜甫個人曾身陷安史治下的長安，見到「黃昏胡騎塵滿城」的景象（〈哀江頭〉），也曾目睹安史部眾大破房琯軍後的歡慶場面，作了如下的描寫：「群胡歸來雪洗箭，仍唱夷歌飲都市」（〈悲陳陶〉）。這些語句都生動地傳達了神州國京被野蠻人所佔據的意象。安史亂後，子美最深切的願望是唐室中興，民生重歸安泰。在他看來，這項工作的基本內容就是掃除羶腥、一洗胡塵。子美在〈北征〉中這樣表達他的願望：「禍轉亡胡歲，勢成擒胡月。胡命其能久？皇綱未宜絕」。

---

[98] 參考傅樂成，〈唐代夷夏觀念之演變〉，收在氏著，《漢唐史論集》（台北：聯經出版事業公司，1977），頁209-226；陳寅恪，〈論韓愈〉，收在《陳寅恪先生文集》第一冊（台北：里仁書局景印，1981），《金明館叢稿初編》，頁293-294。

[99] 這裡舉兩個例子。李華〈故中岳越禪師塔記〉：「狂虜逆天，兩京淪翳」（《全唐文》卷三一六）；王維〈謝御書集賢院額表〉：「逆胡凶頑，不識經籍」（王維著，趙殿成箋注，《王右丞集箋注》，卷十六，頁298)。

在杜甫的時代，和他的胡人觀形成最鮮明對照的，就是元結。就社會關懷的深切程度而言，在並世重要文人中，杜甫和元結可說最為相似。可怪的是，在次山為數不少的傳世作品中，竟無任何「胡」或「虜」字，[100] 這在安史亂後關心國事的作家中，顯得十分特殊。個人推測，可能的原因是，元結姓「元」，是拓跋氏的後裔，對夷夏問題敏感。元結言不及胡虜，是一個極端，杜甫則處於另一極端。

杜甫逝世後不久，他的詩就受到廣泛的讚頌，讀者甚多。然而，現存唐人對子美的評論，幾乎完全集中在寫作藝術的方面，我們無法得知他的作品是否有任何思想影響。[101] 過去對於杜甫的研究，似乎少有論及他詩中的胡人形象，筆者拈出此一公案，並猜測其可能的影響，希望供學者進一步參究。

現在要為本文作總結。以往常有一種看法，就是認為杜甫代表的是一個崇高但典型的傳統文人心靈，這是他的詩何以受到高度評價的一個重要原因。本文提出一個歷史的觀點，論證杜甫並不是簡單地反映了「典型」的傳統士人心靈，在他自己的時代，他的思想其實屬於較新的形態，屬於一個重大思潮變化的開端部分。但到了後代——南宋以後——這個新趨向的確成為典型了。[102]

（本文於一九九七年十二月二十七日通過刊登）

附記：

本文屬稿期間，母親一度舊病復發，猶記高適與岑參詩即閱讀於陪侍之際。校對期間，母親又罹新疾，遽然棄世。故此文之撰作，實與母親在世間之最後苦難相始終。今略誌此事，以釋悲悼之情。

[100] 元結著，孫望校，《元次山集》（北京：中華書局，1960）。

[101] 參看華文軒編，《古典文學研究資料彙編・杜甫卷》（北京：中華書局，1965），第一冊，頁1-44。杜甫在唐代雖頗有知音，整體來說，當時對杜詩的評價，遠不如宋人高。見包根弟，〈論杜甫在唐代詩壇之地位〉，《輔仁學誌》（文學院之部）17（1988）：103-109。

[102] 此點前人已有見。明人陸時雍《詩鏡總論》云：「宋人抑太白而尊少陵，謂是道學作用」，轉引自裴斐，〈唐宋杜學四大觀點述評〉，《杜甫研究學刊》1990.4：10。

引用書目

一、傳統文獻

《三國志》，北京：中華書局，1959。

《大唐傳載》，收在《叢書集成新編》，第八十七冊，台北：新文豐出版有限公司景印，1985。

《元次山集》，元結著，孫望校，北京：中華書局，1960。

《王子安集注》，王勃著，蔣清翊註，上海：上海古籍出版社，1995。

《王右丞集箋注》，王維著，趙殿成箋注，中華書局香港分局，1972。

《王無功文集》，王績著，韓理洲校點，上海：上海古籍出版社，1987。

〈王無功文集序〉，收在《王無功文集》，呂才，上海：上海古籍出版社，1987。

《文中子中說》，王通，上海：上海古籍出版社景印浙江書局本，1989。

《史記》，北京：中華書局，1959。

《全唐文》，台北：大通書局景印，1979。

《全唐詩》，北京：中華書局，1960。

《列仙傳校箋》，王叔岷，台北：中央研究院歷史語言研究所，1995。

《杜詩詳註》，仇兆鰲，北京：中華書局，1979；台北：里仁書局景印，1980。

《岑參集校注》，陳鐵民、侯忠義，台北：漢京文化事業有限公司景印，1985。

《孟浩然詩集評注》，李懷福、李延夫主編，武漢：長江文藝出版社，1992。

《抱朴子》（新編諸子集成本），葛洪，台北：世界書局，1978。

《春秋左傳注》，楊伯峻，北京：中華書局，1990年第二版。

《封氏聞見記校注》，趙貞信，台北：世界書局景印，1984。

《後漢書》，北京：中華書局，1965。

〈酒德頌〉，收在蕭統，《文選》，劉伶，台北：文津出版社景印，1987。

《高適詩集編年箋註》，劉開揚，台北：漢京文化事業有限公司景印，1983。

《莊子集釋》，郭慶藩輯，台北：河洛出版社景印，1974。

《淮南鴻烈集解》，劉文典，台北：文史哲出版社景印，1992。

《曹集銓評》，丁晏纂，葉菊生校訂，北京：文學古籍刊行社，1957。

《集千家注分類杜工部詩》，〔宋〕徐居仁編，黃鶴補注，台北：大通書局景印〔元〕葉氏廣奏堂本，1974。

《無上秘要》，《正統道藏》，第四十二冊，台北：新文豐出版有限公司景印，1977。

《新刊校定集注杜詩》，北京中華書局景印〔宋〕郭知遠集九家注杜詩南宋寶應元年曾噩刊本，1982。

《新唐書》，北京：中華書局，1975。

《楊炯集・盧照鄰集》，徐明霞點校，北京：中華書局，1980。

《道教義樞》，《正統道藏》，孟安排，第四十一冊，台北：新文豐出版有限公司景印，1977。

〈道德真經廣聖義序〉，《道藏》，杜光庭，第十四冊（文物出版社，上海書店，天津古籍出版社，1988）。

《漢書》，北京：中華書局，1962。

《劉子集證》，王叔岷，台北：中央研究院歷史語言研究所景印，1992。

《廣弘明集》，《大正新脩大藏經》，道宣，卷五十二。

《樊南文集》，李商隱，上海：上海古籍出版社，1988。

《錢注杜詩》，錢謙益，北京：中華書局，1958（據康熙六年靜思堂本排印）。

《駱臨海集箋注》，陳熙晉箋注，上海：上海古籍出版社，1985。

《舊唐書》，北京：中華書局，1975。

《蘇軾文集》，孔凡禮點校，北京：中華書局，1986。

二、近人論著

王運熙

1962 〈李白的生平與思想〉，收在王運熙，《李白研究》，北京：作家出版社。

王熙元

1976 〈杜甫與禪學之因緣——兼論其思想歸趨〉，《中國學術年刊》1976.1。

包根弟

1988 〈論杜甫在唐代詩壇之地位〉，《輔仁學誌》（文學院之部）17。

呂　澂

1978 〈杜甫的佛教信仰〉，《哲學研究》1978.6。

李長之

1975 《道教徒的詩人李白及其痛苦》，台北：長安出版社景印。

李建崑

1986 《元次山之生平及其文學》，台北：商務印書館。

李書萍

1975 〈杜甫交游名氏錄〉，收在李書萍編著，《杜甫年譜新編》，台北：西南書局景印。

金啓華
1985 〈論杜甫的思想〉，收在金啓華，《杜甫詩論叢》，上海：上海古籍出版社。
郁賢皓
1987 《唐刺史考》，第四冊，南京：江蘇古籍出版社。
卿希泰主編
1992 《中國道教史》，第二卷，成都：四川人民出版社。
卿希泰主編
1990 《道教與中國傳統文化》，第五章（曾召南執筆），福州：福建人民出版社。
孫　望
1938 〈篋中集作者事輯〉，《金陵學報》8.1/2。
馬先堯
1969 〈關於李白思想的一些問題〉，收在中國語文學社編，《唐詩研究論文集》，第二集（香港）。
康　伊
1986 〈杜甫君臣觀新探〉，《草堂》1986.2。
郭沫若
1971 〈杜甫的宗教信仰〉，收在郭沫若，《李白與杜甫》，北京：人民文學出版社。
溫玉成
1984 〈記新出土的荷澤大師神會塔銘〉，《世界宗教研究》1984.2。
陳允吉
1988 〈略辨杜甫的禪學信仰〉，收在陳允吉，《唐音佛教辨思錄》，上海古籍出版社。
陳寅恪
1981 〈論韓愈〉，收在《金明館叢稿初編》，《陳寅恪先生文集》第一冊，台北：里仁書局景印。
陳貽焮
1982 《杜甫評傳》上卷，上海：上海古籍出版社。
陳貽焮
1980 〈王維的政治生活和他的思想〉，收在陳貽焮，《唐詩論叢》，長沙：湖南人民出版社。
陳弱水
1994 〈柳宗元與中唐儒家復興〉，《新史學》5.1。
傅樂成
1977 〈唐代夷夏觀念之演變〉，收在傅樂成，《漢唐史論集》，台北：聯經出版事業公司。

傅璇琮

1980 《唐代詩人叢考》，北京：中華書局。

傅璇琮主編

1987 《唐才子傳校箋》，第一冊，北京：中華書局。

森三樹三郎

1971 《上古より漢代に至る性命觀の展開——人性論と運命觀の歷史》，東京：創文社。

游國恩、王起、蕭滌非、季鎮淮、費振剛主編

1963 《中國文學史》，第二冊，北京：人民文學出版社。

湯擎民

1959 〈元結和他的作品〉，收在人民文學出版社編輯部編，《唐詩研究論文集》，北京：人民文學出版社。

華文軒編

1965 《古典文學研究資料彙編・杜甫卷》，第一冊，北京：中華書局。

馮　至

1963 〈紀念偉大的詩人杜甫〉，收在中華書局編，《杜甫研究論文集》，三輯，北京：中華書局。

黃得時

1965 〈杜甫詩中的儒家思想〉，《孔孟學報》10。

楊勝寬

1990 〈李白的人生態度〉，收在李白研究學會編，《李白研究論叢》，第二輯，成都：巴蜀書社。

葉嘉瑩

1988 《秋興八首集說》，上海：上海古籍出版社。

葉嘉瑩

1984 〈論杜甫七律之演進及其承先啓後之成就〉，收在葉嘉瑩，《迦陵論詩叢稿》，北京：中華書局。

詹　鍈

1962 〈從杜甫詩文中看他中年的思想發展過程〉，《文史哲》1962.6。

聞一多（匡齋）

1971 〈少陵先生年譜會箋〉，收在由毓淼等，《杜甫和他的詩》，下冊，台北：學生書局。

裴　斐

1990 〈唐宋杜學四大觀點述評〉，《杜甫研究學刊》1990.4。

趙玉娟

1993 〈從杜甫的詩看杜甫與佛教之關係〉，《杜甫研究學刊》1993.4。

鄧小軍

1993 《唐代文學的文化精神》，台北：文津出版社。

盧國龍

1993 《中國重玄學》，北京：人民中國出版社。

蕭滌非

1963 〈人民詩人杜甫〉，收在中華書局編，《杜甫研究論文集》，三輯，北京：中華書局。

鍾來茵

1995 〈再論杜甫與道教〉，《首都師範大學學報》1995.3：46-53。

鍾肇鵬

1991 《讖緯論略》，瀋陽：遼寧教育出版社。

藍　旭

1995 〈論杜甫詩中的自適主題〉，《文學遺產》1995.5：54-63。

嚴耕望

1956 《唐僕尚丞郎表》，台北：中央研究院歷史語言研究所。

つださうきち（津田左右吉）

1950 〈唐詩にあらはれてゐる佛教と道教〉，《東洋思想研究》4。

Chen, Jo-shui.

1992 *Liu Tsung-yüan and Intellectual Change in T'ang China, 773-819.* Cambridge University Press.

Freud, Sigmund.

1961 *Civilization and Its Discontents.* tr. James Strachey. New York: W. W. Norton & Company.

Otto, Rudolf.

1950 *The Idea of Holy.* tr. John Harvey. Second edition, Oxford University Press.

Tu Fu in Intellectual History

Jo-shui Chen

Institute of History and Philology, Academia Sinica

This paper examines the thought and mindset of Tu Fu (712-770). The aim is to illustrate that Tu Fu was not only a giant figure in China's poetic tradition, but held values of enormous significance in intellectual history. A common view among critical studies of Tu Fu's work holds that he embodies both the most honorable and most typical elements of traditional Chinese literati culture, and for this reason, his poetry has received consistently high praise. This paper argues from a historical point of view that, in his own times, Tu Fu's mindset actually belonged to a relatively new model. He was a participant of an emerging trend in the mid-eighth century that led, eventually, to the great T'ang-Sung intellectual change. The author hopes that this paper may contribute to a deepened understanding of the process and features of the transition in question.

This paper is divided into five sections. The first discusses Tu Fu's socio-political views through an analysis of a recurrent theme in Tu's poems. The second gives a general description of the Buddhist and Taoist ingredients in Tu's thought. The third section explains the impact of Confucian values on Tu's internal life, pointing out the differences between Tu's thought and the traditional medieval mentality. The fourth compares Tu's ideas with those of his companions, showing clearly that, within the contemporary intellectual context, Tu was an atypical element. The final section conjectures that the most influential intellectual aspect of Tu's poems may be his image of the non-Chinese "barbarian." A concise conclusion is also given.

Keywords: Tu Fu, T'ang intellectual history, the Confucian revival in the mid- and late T'ang

試論《太平經》的主旨與性質*

林富士**

近代學者對於《太平經》一書的性質只有相當粗略的討論。他們大多將這本書視爲宗教經典，認爲這是道教最早的一部作品。但也有少數學者特別強調其政治性格，認爲《太平經》的作者是爲了政治上的目的而撰述這本書。無論如何，他們大多只根據史書的記載，很少充分利用《太平經》的內容加以析論。因此，本文企圖從書中的內容推斷作者的身分、作者的撰述動機和全書的主要內容，然後藉以判斷這本書的性質。

而無論是根據《太平經》殘留的內容本身，或是從歷代文獻對於《太平經》的描述來看，這本書的主旨是在於陳述「治國」和「治身」之道。這種「身國並治」的主張也正是漢代的主流思潮。

此外，我們知道，在《太平經》的形成和流傳過程中，最具關鍵性的人物應該是在書文中頻頻出現的「天師」和「六眞人」。而如果只就「天師」的企圖和立場來說，《太平經》的確可以說是一部經世濟民的「政治性」作品。但是，這部書的傳佈的確和道教的發展息息相關，書中的許多觀念和主張，也和六朝道教中許多道派的道法非常接近，因此，仍不妨將之納入道教的經典之列。

總而言之，將宗教與政治緊密結合，將治國之道和養生之法合而爲一，不僅是《太平經》的特色，也是中國道教的傳統。

關鍵詞：太平經 道教 政治 治身 治國

---

* 本文初稿草創於1987年，完成於1988年，係筆者任職於中央研究院歷史語言研究所之後的第一篇論文。二稿修訂、完成於1997年春天，並於私立中國文化大學主辦，「史學、社會與變遷」學術研討會（台北：國立師範大學，1997年5月2日至4日）上宣讀，會中蒙評論人李豐楙教授惠賜寶貴意見，無限感激，三稿完成於1997年立冬之日。投稿本所《集刊》之後，蒙二位隱名之審查人細心校閱，並賜珍貴修改意見，特此申謝。四稿修改完成於1998年1月小寒之日。一稿之成，更歷十載。謹以此稿，獻給居滿七十周年的史語所和我敬愛的師長和同仁。

** 中央研究院歷史語言研究所

壹、引言

道教基本上是由道士、經典、儀式（方術）和信仰所構成，一般的道教研究者也大多由這四方面入手，而其中又以道教經典的研究最爲根本，因爲，無論是要研究人物或是儀式和信仰，基本上都必須依據經典的記載。[1]

在數量龐大的道教經典之中，最能引起近代學者興趣的經典之一便是《太平經》。這部書收在明英宗正統九年（西元1444年）刊行的《道藏》「太平部」中，[2] 全書已殘缺不全，[3] 而且久爲道教中人所忽視，[4] 但是，自從日本學者小柳司氣太於1930年考定其書即後漢時代道教的最初經典《太平清領書》之後，[5] 便不斷有學者對該書所蘊含的諸種問題加以探討，在六十餘年之間(1930-1997)，便

[1] 有關道教研究之概況，參見Anna Seidel, "Chronicle of Taoist Studies in the West 1950-1990," *Cahiers d'Extrême-Asie* 5 (1989-1990), pp. 223-347；柳存仁，〈民國以來之道教史研究〉，原載國立台灣大學歷史系編，《民國以來之國史研究的回顧與展望研討會論文集》（台北：國立台灣大學出版組，1992），頁1519-1546，收入氏著，《和風堂新文集》下册（台北：新文豐出版公司，1997），頁571-620；李豐楙，〈當前《道藏》研究的成果及其展望〉，收入中央研究院中國文哲研究所籌備處編，《中國文哲研究的回顧與展望論文集》（台北：中央研究院中國文哲研究所籌備處，1992），頁541-572；陳耀庭，〈國際道教研究概況〉，收入卿希泰編，《中國道教・四》（上海：知識出版社，1994），頁323-339；林富士，〈台灣地區的「道教研究」概述(1945-1995)〉，東海大學歷史系、新史學雜誌社主辦，「五十年來台灣的歷史學研究之回顧」研討會（台中：東海大學，1995年4月21-23日）；林富士，〈法國的「道教研究」概述(1950-1994)〉，收入戴仁(Jean-Pierre Drège)主編，《五十年來法國的中國研究》(*Cinquante ans d'études chinoises en France*)（北京：中國社會科學院出版，排印中）。

[2] 《正統道藏》（台北：新文豐出版公司，1988年，再版），第41册，外、受、傅、訓、入字號，頁1-443。其中外字號10卷係《太平經鈔》被誤編爲本經者。

[3] 根據學者利用敦煌寫本《太平經》總目和今《道藏》本比勘的結果，可知原書乃分成甲、乙、丙、丁、戊、己、庚、辛、壬、癸十部，每部17卷，共170卷，366篇，而今本則僅殘存57卷，126篇。有關此一問題，詳見吉岡義豐，〈敦煌本《太平經》について〉，原載《東洋文化研究所紀要》22（1961），收入氏著，《道教と佛教・第二》（東京：豐島書房，1970），頁11-114；王明，〈太平經目錄考〉，原載《文史》第4輯（1965），收入氏著，《道家與道教思想研究》（北京：中國社會科學出版社，1984），頁215-237。楠山春樹，〈太平經類〉，收入講座敦煌編輯委員會編，《敦煌と中國道教》（東京：大東出版社，1983），頁119-135。

[4] 參見湯用彤，〈讀《太平經》書所見〉，原載《國學季刊》5.1（1935），收入湯一介編選，《湯用彤選集》（天津：天津人民出版社，1995），頁183-212。

[5] 詳見小柳司氣太，〈後漢書襄楷傳の太平清領書について〉，收入《桑原博士還曆記念支那學論叢》（京都：弘文堂，1930），頁141-171。

有一百篇左右的相關論文發表。[6] 這不僅說明《太平經》具有相當重要的研究價值，[7] 而且也說明這本書似乎還有一些研究課題有待探討。

在這六十多年來的《太平經》研究之中，學者所探索的課題主要可以分成下列五項。[8] 第一是《太平經》的文獻考訂、作者和其著作時代。第二是關於《太平經》一書的性質。第三是對於《太平經》的內容和思想所做的分析。[9] 第四是《太平經》和道教太平道、五斗米道（天師道）以及上淸經派（茅山宗）在思想和教法上的關係。第五則是《太平經》和其他典籍（如：《老子》、《易經》、《說文解字》、《墨子》、《抱朴子》、《太平洞極經》）以及佛教的關係。

這五項課題，其實是互爲聯結的。可惜的是，極少學者能以一種整體性、綜合性的角度和研究方法處理這本書，因此，有關《太平經》的研究成果，在數量上雖然顯得非常豐碩，但大多數的作品，在課題的選擇上或過於細碎，或流於重複抄襲，在論斷上則往往過於粗率、片面，使讀者無法具體掌握《太平經》整體面貌，以及《太平經》在中國道教或思想、文化史上的地位。故而，未來的《太平經》研究，應該要以更具整體性和綜合性的視野，結合更細密和精詳的析論方法，充分利用前人的研究成果，詳人所略，略人所詳，有系統的探索上述五項課題。

---

[6] 詳見本文附錄一：「《太平經》研究文獻目錄(1930-1997)」。

[7] 多數學者認定《太平經》基本上乃是東漢時代的舊籍，因此，就漢史研究的角度來說，這本書幾乎可說是新發現的舊史料，其內容應該有助於瞭解漢代民間社會的許多習尚和觀念，可以增補傳統史書最爲疏略的地方。此外，若就中國宗教史（尤其是道教史）的立場來說，《太平經》更具有不可或缺的價值，因爲，唯有透過這本書，才能更清楚地瞭解東漢末年宗教教團的種種行事，並能釐清一些道教基本性格和教義的源頭。而這些重要價值，在學者六十多年來的努力之下，也逐漸顯現。

[8] 有關《太平經》研究之概況，參見B. J. Mansvelt Beck, "The Date of the Taiping Jing," *T'oung Pao* 66.4/5 (1980): 149-182；蜂屋邦夫，〈《太平經》における言辭文書——共、集、通の思想——〉，《東洋文化研究所紀要》92（1983）：35-81（頁61-63）；李豐楙，〈當前《道藏》研究的成果及其展望〉（1992），頁560-568；王平，《《太平經》研究》（台北：文津出版社，1995），頁1-8；黎志添，〈試評中國學者關於《太平經》的研究〉，《中國文化研究所學報》N.S. 5（1996）：297-318；本文附錄一：「《太平經》研究文獻目錄(1930-1997)」。

[9] 對於《太平經》的內容和思想所做的分析，有的是綜合性的敘述，有的是分析其文體和語詞，有的則只針對某一種觀念詳加解析，如：守一、元氣、承負、疾病、醫學、音樂、三合、還神、太平、經濟等。

而在所有課題之中，有關《太平經》的文獻考訂、作者和著作時代，雖然最具關鍵性，但因最爲複雜，而且相關的著作也非常多，[10] 所以不妨留待最後處理。至於《太平經》的性質這個課題，學者的討論顯得相當疏略，但事實上卻是《太平經》研究之中非常根本的課題。因此，本文擬從《太平經》所陳述的撰述主旨和歷代文獻對於《太平經》主旨的敘述這二方面，重新論述《太平經》的性質。不過，在討論之前，擬對於學界既有的看法略做檢討。

貳、近代學者對於《太平經》性質之討論

一般來說，研究《太平經》的學者大多將這本書視爲宗教（道教）經典，即認爲全書主旨在於闡明特有的宗教信仰。但也有少數學者特別強調其政治性格，認爲《太平經》的作者是爲了政治上的目的而撰述這本書。這兩種看法都各有所據，各有所見，但也都有值得商榷的地方。

---

[10] 有關《太平經》的著作時代，學者大致有三種看法：一是認爲今本即是漢時舊作（其中又可分爲兩派，一派認爲出自一人之手，另一派認爲非一時一人之作）；二是認爲其內容大體應爲漢時之作，然今本之面貌乃經南朝梁、陳時上清經派的道士編修而成；三是認爲係陳時道士之作品，與漢代的《太平經》無多大關聯（按：持第三種意見者，似乎只有福井康順一人）。詳細討論，參見小柳司氣太，〈後漢書襄楷傳の太平清領書について〉；湯用彤，〈讀《太平經》書所見〉；福井康順，〈《太平經》の一考察〉，《東洋史會紀要》1（1936）、〈《太平經》の一考察——特に干吉の師承と其の佛教的緣故について——（再論）〉，《東洋史會紀要》2（1937），收入氏著，《道教の基礎的研究》（東京：書籍文物流通會，1952初版，1958再版），頁214-255；大淵忍爾，〈《太平經》の來歷について〉，《東洋學報》27.2（1940）：100-124；熊德基，〈《太平經》的作者和思想及其與黄巾和天師道的關係〉，《歷史研究》1962.4：8-25；吉岡義豐，〈《太平經》成立の問題について〉，《結城教授頌壽記念佛教思想史論集》（東京：大藏出版，1964），頁341-358；Barbara Kandel, "Taiping Jing. The Origin and Transmission of the 'Scripture on General Welfare': The History of an Unofficial Text," *Mitteilungen der Deutschen Gesellschaft für Natur-und Volkerkunde Ostasiens* 75 (1979)；B. J. Mansvelt Beck, "The Date of the Taiping Jing," pp. 149-182；王明，〈《太平經》的成書時代和作者〉，原載《世界宗教研究》1982.1，收入氏著，《道家和道教思想研究》，頁183-200；楠山春樹，〈太平經類〉；Jens Østergård Petersen, "The Early Traditions Relating to the Han Dynasty Transmission of the *Taiping jing*, Part 1," *Acta Orientalia* 50 (1989): 133-171; "The Early Traditions Relating to the Han Dynasty Transmission of the *Taiping jing*, Part 2," *Acta Orientalia* 51 (1990): 173-216；蘇抱陽，〈《太平經》成書的幾個問題〉，《世界宗教研究》1992.4：14-21；王平，《《太平經》研究》，頁9-20。

一、《太平經》是道教經典？

主張《太平經》是東漢作品的學者，大多認爲這是道教最早的一部作品，而其論據主要有二：一爲范曄《後漢書》曾說「太平道」的首領張角擁有這部經書（《太平清領書》）；二爲《太平經》的思想和「太平道」、「五斗米道」（「天師道」）的道法之間有許多近似的地方。[11]

這個看法雖然有其道理，但是，可被質疑的地方也有不少。第一，范曄《後漢書》中有關《太平經》（《太平清領書》）的記載，已有學者懷疑其可信的程度，[12] 同時，也有學者指出「太平道」的道法其實和《太平經》的主張有許多互相違牾之處。[13] 第二，即使張角果真擁有這部書，或「太平道」的道法和《太平經》的主張有相似之處，「太平道」能否算是「道教」，仍有待辯解。[14] 第三，就組織和教義的延續性來說，「五斗米道」（「天師道」）或可說是最早的道教組織，而其教義和行事也確實和《太平經》的思想有近似之

---

[11] 詳見小柳司氣太，〈後漢書襄楷傳の太平清領書について〉；湯用彤，〈讀《太平經》書所見〉；饒宗頤，〈《想爾注》與《太平經》〉，收入氏著，《老子想爾注校證》（上海：上海古籍出版社，1991），頁88-91；王明，〈《太平經》的成書時代和作者〉；熊德基，〈《太平經》的作者和思想及其與黄巾和天師道的關係〉；Max Kaltenmark, "The ldeology of the *T'ai-P'ing ching*," in H. Welch & A. Seidel, eds., *Facets of Taoism* (New Haven and London: Yale Univercity Press, 1979), pp. 19-45；卿希泰，〈《太平清領書》的出現及其意義〉，收載氏著，《中國道教思想史綱・第一卷・漢魏兩晉南北朝時期》（四川：人民出版社，1980），頁63-134；金春峰，〈《太平經》的思想特點及其與道教的關係〉，收入氏著，《漢代思想史》（重慶：中國社會科學出版社，1987），頁526-558；湯一介，〈《太平經》——道教產生的思想準備〉，收入氏著，《魏晉南北朝時期的道教》（台北：東大圖書公司，1988），頁19-76；龔鵬程，〈受天神書以與太平——《太平經》釋義〉，收載氏著，《道教新論》（台北：臺灣學生書局，1991），頁79-262；王平，《《太平經》研究》，頁9-20。

[12] 參見Jens Østergård Petersen, "The Early Traditions Relating to the Han Dynasty Transmission of the *Taiping jing*, Part 1," pp. 133-151.

[13] 參見戎笙，〈試論《太平經》〉，《歷史研究》1959.11：47-59；熊德基，〈《太平經》的作者和思想及其與黄巾和天師道的關係〉。

[14] 有關「道教」的定義及其所引起的爭議，參見N. Sivin, "On the Word 'Taoist' as a Source of Perplexity with Special Reference to the Relations of Science and Religion in Traditional China," *History of Religions* 17.3/4 (1978): 303-330；酒井忠夫、福井文雅，〈道教とは何か〉，收載福井康順等監修，《道教・第一卷・道教とは何か》（東京：平河出版社，1983），頁5-29。

處，但是，並無明確的證據可以證明「五斗米道」曾以《太平經》為其主要經典或曾撰述這部書，更何況既有的證據都指出「五斗米道」係以《老子》為其主要經典，而《老子》的時代當早於《太平經》。

因此，似乎不宜逕稱《太平經》為一道教經典，[15] 至少不能算是道教最早的經典。不過，若從道教思想史的角度來說，則這部書中的許多觀念和主張，確實為後來的道教所承繼和闡發，其中比較重要的有「上章」、「首過」、「守一」、「思神」、「身中神」、「承負」等。

二、《太平經》是政治作品？

有一些學者雖然也承認《太平經》是一部道教經典，但在研究上卻特別強調其政治性格，不過，在觀點上並不一致，主要的爭議則是集中在《太平經》的「階級屬性」及其和「農民革命」的關係。[16] 有的學者認為《太平經》是中國「第一部農民革命的理論著作」，[17] 但也有學者主張《太平經》是一部「反革命」的作品，書中的政治立場傾向於維護舊有的「封建」體制和統治階級的利益，且和「太平道」的主張有相當大的差異。[18] 不過，晚近的學者則大多採取比較持平的立場，他們一方面不否定《太平經》具有一定程度的「革命性」和「進步性」（或所謂的「烏托邦」的思想），另一方面則又認為《太平經》

---

[15] 事實上，已有學者指出，《太平經》的思想來源駁雜不一，有墨家，有神仙，有陰陽術數，有讖緯，有道家，有儒家。甚至有人認為其思想主軸仍是以儒家為宗；參見大淵忍爾，〈《太平經》の思想について〉，《東洋學報》28.4（1941）：145-168；王明，〈從《墨子》到《太平經》的思想演變〉，《光明日報》，1961年12月1日（1961），收入氏著，《道家和道教思想研究》，頁99-107；高橋忠彥，〈《太平經》の思想構造〉，《東洋文化研究所紀要》95（1984）：295-336；〈《太平經》の思想の社會的側面〉，《東洋文化研究所紀要》100（1986）：249-284。

[16] 參見王平，《《太平經》研究》，頁2-3。

[17] 詳見侯外廬，〈中國封建社會前後期的農民戰爭及其綱領口號的發展〉，《歷史研究》1959.4：45-59；楊寬，〈論《太平經》——我國第一部農民革命的理論著作〉，《學術月刊》1959.9：26-34；喻松青，〈《太平經》和黃巾的關係——和熊德基同志商榷〉，《新建設》1963.2：75-81；孫達人，〈《太平清領書》和太平道〉，收入《中國農民戰爭史論叢・第二輯》（河南：人民出版社，1980），頁112-137。

[18] 詳見戎笙，〈試論《太平經》〉；熊德基，〈《太平經》的作者和思想及其與黃巾和天師道的關係〉。

主要還是代表了「封建」統治階級的利益，並指出《太平經》和「太平道」的主張有其相同之處也有其對立之處。[19]

然而，無論其觀點如何，其主要論據仍是范曄《後漢書》有關張角擁有《太平清領書》的記載，以及對於《太平經》和「太平道」、「五斗米道」（「天師道」）的道法所做的比較，而其基本的假設都是《太平經》係成書於「太平道」和「五斗米道」起事之前，即東漢靈帝中平元年（西元184年）之前。[20]

總而言之，學者在討論《太平經》的性質之時，大多無法暫時將這本書和「太平道」、「五斗米道」分開來看，也不曾單就《太平經》的內文加以分析。其實，倘若《太平經》果真是漢代或六朝時期的作品，那麼，以當時人的著書習慣來說，或許會在書中透露撰述的目的、全書的卷帙篇章、主要內容和結構，有時甚至還會交待作者的身世和撰述過程。因此，若要討論《太平經》的性質，首要工作應該是從書中的內容找出作者、作者的撰述動機和全書的主要內容，如此才能比較真確的判斷這本書的性質。

參、《太平經》殘存文字中所見之作者與撰述主旨

一般來說，兩漢與六朝時期的著作，作者大多是在全書最後的「序」文中交待全書的旨趣和主要內容，有時甚至還會介紹自己的身世和全書的撰述過程，[21] 可惜的是，目前的《太平經》已殘缺不全，內容僅及原書的三分之

---

[19] 詳見卿希泰，〈試論《太平經》的烏托邦思想〉，《社會科學研究》1980.2；卿希泰，〈《太平經》中反映農民願望的思想不能抹殺〉，《社會科學研究》1981.5，卿氏二文收入氏著，《道教文化新探》（成都：四川人民出版社，1988），頁99-109、110-118；馮達文，〈《太平經》剖析——兼談《太平經》與東漢末年農民起義的若干思想聯繫〉，《中山大學學報》1980.3：1-12；李養正，〈論《太平經》的人民性〉，《中國哲學史研究》1985.2：68-74；朱伯昆，〈張角與《太平經》〉，《中國哲學》（北京：三聯書店）9（1980）：169-190；劉琳，〈試論《太平經》的政治傾向——兼與卿希泰同志商榷——〉，《社會科學研究》1981.12：90-94；劉琳，〈再談《太平經》的政治傾向——答卿希泰同志——〉，《社會科學研究》1982.2：101-104；鍾肇鵬，〈論《太平經》與太平道〉，《文史哲》1981.2：79-85。

[20] 有關「太平道」的研究及相關書目，參見福井重雅，《古代中國の反亂》（東京：教育社，1982），頁27-138、197-224、234-239。

[21] 像《史記》、《漢書》、《論衡》、《淮南子》、《風俗通義》、《抱朴子》、《真誥》、《顏氏家訓》等，都有此情形。

一，[22] 全書最後的癸部更是隻字不存，雖然唐末道士閭丘方遠所抄輯的《太平經鈔》自甲至癸十部俱全，但甲部的內部事實上並非抄自《太平經》，而癸部的內容卻是抄自《太平經》的甲部。[23] 因此，即使《太平經》也有一篇「序」文，目前也無法知道其內容。幸運的是，書中仍有不少段落隱約的透露了我們所需的訊息。

一、《太平經》的撰述者

首先，根據《太平經》的內容來看，在這本書的形成和流傳過程中，最具關鍵性的人物應該是在書文中頻頻出現的「天師」和「六真人」。

根據學者的分析，《太平經》中至少有三種截然不同的文體：一爲「說教體」，以散文和四言韻語爲主，文中偶見「真人」、「大神」、「天君」，卻絕無「天師」；二爲「會話體」（或稱之爲「對話體」），是「真人」、「大神」（或「神人」）與「天君」相互之間的對話，也絕無「天師」；三爲「問答體」，是「真人」與「天師」之間的問答記錄，每篇都是有頭有尾的完整文字，而其中絕無「天君」。除此之外，還有一些「複文」、「圖」和相關的文字說明。其中，「問答體」大約佔全書篇幅的三分之二。根據這種文體上的差異，學者大多認爲，《太平經》應該不是出自一時一人之手，三種文體的內容彼此之間有一些歧異，也有一脈相承之處。或認爲「說教體」最古，「會話體」次之，「問答體」最爲晚出。[24] 或認爲「會話體」最古，「說教體」次之，「問答體」最爲晚出。[25] 總之，《太平經》的主體應該是「問答體」的部分，全書甚至就是由這個部分的作者集結而成，而其作者應該就是進行一問一

---

[22] 同注3。

[23] 參見王明，〈論《太平經鈔》甲部之僞〉，《中央研究院歷史語言研究所集刊》18（1948）；王明，〈《太平經》目錄考〉，《文史》4（1965），二文收入氏著，《道家和道教思想研究》，頁201-214、215-237；吉岡義豐，《道教と佛教・第二》，第一篇，〈敦煌本《太平經》と佛教〉，頁7-161（頁125）。

[24] 詳見熊德基，〈《太平經》的作者和思想及其與黃巾和天師道的關係〉，頁8-15。按：熊德基將《太平經》的文體分爲「散文體」、「對話體」和「問答體」，但「散文體」之中其實有不少韻文，而「對話體」一詞則又和「問答體」意思太接近，因此，本文在文體的分類上，基本上是襲用日本學者高橋忠彥所使用的「說教體」（熊德基名之爲「散文體」）、「會話體」（熊德基名之爲「對話體」）和「問答體」。

[25] 詳見高橋忠彥，〈《太平經》の思想構造〉，頁295-336。

答的「天師」和「真人」，至於「說教體」和「會話體」的作者則較不明確（詳下文）。

無論如何，「天師」和「真人」的身分以及彼此之間的關係，在《太平經》中頗有一些蛛絲馬跡可供查考。例如，丙部卷四六便載：

> （眞人：）「天師將去，無有還期，願復啓問一兩結疑。」（天師：）「行，今疾言之，吾發已有日矣，所問何等事也？」（眞人：）「願啓問明師前所賜弟子道書，欲言甚不謙大不事，今不問入，猶終古不知之乎？」（天師：）：「行勿諱。」（眞人：）「今唯明師開示弟子。」（天師：）「諾。」（眞人：）「今師前後所與弟子道書，其價直多少？」[26]

由此可知，「天師」曾傳授給「真人」一批「道書」，且曾相處了一段時間，後來天師已準備離開真人到別的地方去，真人於是把握最後的機會，詢問天師有關那一批「道書」真正的價值所在。而更值得注意的是，「天師」似乎一直在各處游走，尋找可以接受其「道書」和道法的弟子，例如，丙部卷四七便載道：

> （天師：）「行，子已覺矣。〔未〕（本）覺眞人之時，不欲與眞人語言也。見子惓惓，日致善也，故與子深語，道天地之意，解帝王之所愁苦，百姓之冤結，萬物之失理耳。今既爲子陳法言義，無所復惜也，子但努力記之。」（眞人：）「唯唯。」（天師：）「吾向睹幾何弟子，但不可與語，故不與研究竟語也；故吾之道未嘗傳出也，子知之耶？」[27]

由此可知，在和真人相遇以前，天師也曾碰過許多「弟子」，但因不合天師之意，因此天師不曾和他們深談，也不曾將其「道」（道法、道書）傳出去。後來，和真人相遇，一開始，天師也不願意將「道」傳給真人，但經過一陣子的觀察，天師覺得真人求道之心非常誠摯，且德行日善，於是，開始向真人解說其道法（或許同時授給真人若干道書）。但天師似乎不願久留一地，因此，不久之後便交給真人一份「斷訣之文」（可能是閱讀道書、修習道法的一些「要

---

26 王明，《太平經合校》（北京：中華書局，1960），丙部，卷四六，〈道無價卻夷狄法〉，頁126。案：本文所引《太平經》文字之卷次篇名，除特別注明外，大致皆依王明合校本，唯王氏之標點有不少可議之處，故本文並不盡從。

27 同上，丙部，卷四七，〈上善臣子弟子爲君父師得仙方訣〉，頁137-138。案：引文第一行原作「本覺眞人之時」，但從上下文的語義判斷，或許當作「未覺眞人之時」。此承審查人提示，在此特申謝意。

訣」，也許就是庚部卷一〇八中所載的〈要訣十九條〉），要真人自行研究、修練，但或許是因爲道書的內容過於艱澀，「斷訣之文」也過於簡略，真人又不斷請求天師多做解說，因此，天師便決定多留一段時間，親自向真人詳盡解說其道法。[28] 不過，最後天師還是離開了真人，到別處去尋覓其他可以傳道的信徒，例如，丁部卷六八便載云：

> 吾將遠去有所之，當復有可授，不可得常安坐，守諸弟子也。六人自詳讀吾書，從上到下，爲有結不解〔予〕（子）意者，考源古文以明之。[29]

至於天師傳授道法的方式，通常是將一些「道書」授予真人，令其帶回自己的住處研讀、精思、修行，之後，真人再前往天師之處提出其疑問或心得，請教於天師。[30] 有時候，則是由天師主動發問，測試真人對於其道書和道法的理解程度，並且要求真人努力奉行其教誨。[31] 而真人對於天師的道書和道法有時也會提出相當直接而尖銳的反駁和質疑，甚至因而激怒天師、遭致譴責或禁止其「窮問」，[32] 不過，天師有時也會提示真人如何研讀其所傳授的道書，[33]

---

28 例如，〈作來善宅法〉載天師之言云：「眞人前，子前問事之時，吾欲去久矣。故中與子斷訣之文，見子惓惓，……故吾爲子更止留，悉究竟説之也。」；王明，《太平經合校》，己部，卷八八，頁334。

29 同上，丁部，卷六八，〈戒六子訣〉，頁259。案：引文第二行原作「爲有結不解子意者」，但從上下文的語義判斷，或許當作「爲有結不解予意者」。此承審查人提示，在此特申謝意。

30 例如，〈案書明刑德法〉載云：「眞人純謹敬拜，『純今所問，必且爲過責甚深，吾歸思師書言，悉是也，無以易之也。但小子愚且蒙，悃悒不知明師皇天神人於何取是法象？』……」；〈三合相通訣〉載眞人純之言云：「朝學暮歸，常居靜處，思其要意，不敢有懈也。今天師書辭常有上皇太平氣且至，今是何謂爲上？……」；〈去邪文飛明古訣〉載「六端眞人純」之問語云：「雖所問上下眾多，豈可重聞乎？」而「上皇神人」（天師）的答語中則云：「子詳思吾書上下之辭」，又云：「誠得歸便處，日夜惟思，得傳而記之」。王明，《太平經合校》，丙部，卷四四，頁104；卷四八，頁146；卷五十，頁168-169。凡此都可説明，眞人曾在其住處研讀天師所傳的道書，而後才到天師之處「問道」。

31 詳見王明，《太平經合校》，丙部，卷四九，〈急學眞法〉，頁157-167；丁部，卷六七，〈六罪十治訣〉，頁241-257。

32 同上，丙部，卷四五，〈起土出書訣〉，頁112-125；丁部，卷六六，〈三五優劣訣〉，頁239；庚部，卷一一九，〈三者爲一家陽火數五訣〉，頁680。

33 例如，〈不用大言無效訣〉載天師之言云：「誦讀吾書，惟思其上下意，以類相從，更以相證明，以相足也。迺且大解，知吾道所指趣也。」；王明，《太平經合校》，戊部，卷七二，頁299。

或是批判、品評流傳於世的各種書文，[34] 或是談論當時的政治社會情勢和天災人禍。[35]

至於接受天師之道書和道法的真人，主要有六人，[36] 有時又稱之爲「六方真人」[37] 或「六端真人」，[38] 而「六方真人」或許是指上行「玄真」、下行「順真」、東方「初真」、南方「太真」、西方「少真」、北方「幽真」，[39] 其中，只知爲首的一位真人名叫「純」，其餘五人的姓名則不清楚。這六位真人似乎是避世隱居的修道人，天師曾在言談之中稱之爲「去世之人」、「已去世俗」，[40] 而他們在向天師學道之前，似乎曾有過其他師父，例如，真人在說明「三行不順善之子」（「不孝」、「不順」、「不忠」）時，便是引述其「先師」之說而引起天師的興趣。[41] 這六位真人在學道之時，常常是群居在一起，共同研讀、討論、修習天師所傳授的道書和道法，並一起前往天師之處問道，例如，己部卷八六便載云：

> 六方眞人俱謹再拜，「前得天師教人集共上書嚴勑，歸各分處，結胸心思其意，七日七夜，六眞人三集議，俱有不解。三集露議者，三睹天流星變光。……」……（六方眞人）：「愚生六人，七日七夜，共念此行書事，三集議，三睹流星，以爲天告人教勑，使人問也。又六人俱食氣，俱咽不

[34] 同上，丙部，卷五一，〈校文邪正法〉，頁187-192。

[35] 同上，丁部，卷五三，〈分別四治法〉，頁195-201。

[36] 同上，丙部，卷四六，〈道無價卻夷狄法〉，頁129；丁部，卷六八，〈戒六子訣〉，頁258；己部，卷八六，〈來善集三道文書訣〉，頁312-329；己部，卷九三，〈國不可勝數訣〉，頁394-395。

[37] 同上，丁部，卷六五，〈斷金兵法〉，頁224；己部，卷八六，〈來善集三道文書訣〉，頁312。

[38] 同上，卷五十，丙部，〈去邪文飛明古訣〉載云：「六端眞人純稽首再拜謹具……」（頁168），依此，則六端眞人乃純的稱號，但這段文字在「純」字之後有可能脫落了「等」字，因「純」字在其他段落出現時都只稱「眞人純」，而「六方眞人純等」的詞語則不罕見。

[39] 同上，丁部，卷六八，〈戒六子訣〉，頁259。

[40] 同上，丙部，卷四七，〈上善臣子弟子爲君父師得仙方訣〉，頁141；丁部，卷六七，〈六罪十治訣〉，頁255。

[41] 同上，己部，卷九六，〈六極六竟孝順忠訣〉，頁405-407。除此之外，眞人純也曾提到他自己「初少以來，事師問事，無能悉解之者」，而天師卻能解除他所有的困惑和疑問，可見在這之前，眞人純曾經奉事其他師父；詳見王明，《太平經合校》，丁部，卷五三，〈分別四治法〉，頁195。

下通，氣逆而更上。當此之時，耳目爲之眩瞑無睹，俱怪而相從議之，不知其爲何等大駭驚怖，唯天師爲愚生說之。」[42]

由此可知，六位真人都各有其居處，但應非常鄰近，因此能常常聚在一起討論天師的道法，而他們的修行之一便是文中所提到的「食氣」。不過，他們有時候也會單獨向天師問道（其中最頻繁的也就是真人純），而面對不同的真人提出相同的問題時，天師的回答也不盡相同。[43]

總之，《太平經》中「問答體」的內容，主要都是天師和真人討論道法的記錄，[44] 而他們的討論大多是針對天師傳給真人的道書的內容而發。很幸運的是，我們不僅可以知道這些道書的主要內容，而且有一部分似乎還存留在今本的《太平經》中。

二、《太平經》的撰述目的與主要內容

本文在上一小節中曾提到，天師在傳授給真人若干道法和道書之後不久，由於想要到其他地方傳教，因此便交給真人一份相當簡要的「斷訣之文」，指引真人自行研究道書、修習道法，而這一份「斷訣之文」很有可能便是庚部卷一〇八中所載的〈要訣十九條〉，其內容爲：

（一）其爲道者，取訣於入室外內批之。滿日數，開户入視之，於其內自批者，勿入視也，其內不自批者，即樂人入視之也。開户入視，欲出者便出之。

（二）其三道行書者，悉取訣於集議，以爲天信，即其之人上建也。

（三）其正神靈者，取訣於洞明萬萬人也，以爲天信矣。

（四）其凡文欲正之者，取訣於拘校，以爲天信。

（五）其欲樂知吾道書信者，取訣於瞀疾行之，且與天響相應。善者日興，惡者日消，以爲天信。

---

42 同上，己部，卷八六，〈來善集三道文書訣〉，頁312-316。

43 例如，同樣是回答有關「上皇太平氣」的定義，天師給眞人純和另一位眞人（自稱「大暗愚」、「冥冥之生」）的答案便有不少差異；詳見王明，《太平經合校》，丙部，卷四八，〈三合相通訣〉，頁146；丁部，卷六六，〈三五優劣訣〉，頁234-240。

44 基本上都是由眞人筆記；詳見王明，《太平經合校》，丙部，卷四七，〈上善臣子弟子爲君父師得仙方訣〉，頁132。

（六）其欲署置得善人者，取訣於九人。

（七）其問入室成與未者，取訣於洞明白也。形無彰蔽，以爲天信。

（八）其欲知身成道而不死者，取訣於身已成神也，即度世矣，以爲天信。

（九）其欲洽洞知吾書文意者，從上到下盡讀之，且自昭然心大解，無復疑也。一得其意，不能復去也。

（十）其欲效吾書，視其眞與僞者，以治日向太平，以爲天信。

（十一）其欲知壽可得與不者，取訣於太平之後也。如未太平，先人流災爲害，難以效命，以爲天信矣。

（十二）太陽欲知太平者，取訣於由斷金也。

（十三）水與火欲厭絶姦臣訞不得作者，取訣於由斷金衰市酒也。

（十四）欲得天道大興法者，取訣於拘校衆文與凡人訣辭也。

（十五）欲得良藥者，取訣於拘校凡方文而效之也。

（十六）欲得疾太平者，取訣於悉出眞文而絶去邪僞文也。

（十七）欲樂思人不復殺傷女者，取訣於各居其處，隨其力衣食，勿使還愁苦父母而反逆也。

（十八）欲除疾病而大開道者，取訣於丹書呑字也。

（十九）欲知集行書訣也，如其文而重丁寧，善約束之。行之一日，消百害猾人心，一旦轉而都正也，以爲天信。[45]

「取訣」或許便是「斷訣」，而這十九條的內容雖然是在指示信徒閱讀道書（第九、十九條）、修習道法（第一、三條）、運用道法（第二、四、六、十二、十三、十四、十五、十六、十七、十八條）、檢驗道書之靈效和自己道行高下（第五、七、八、十、十一條）的「要訣」，但也間接透露了其「道法」的內容主要包括：一、「入室」修行之法，這似乎是指在靜室中「首過」、「存思」而言；二、醫藥治病之法；三爲得壽之法；四爲不死度世之法；五爲致太平之法，具體的措施則有「集議」、「署置得善人」、「由斷金」、「衰市酒」、「悉出真文而絶去邪僞文」、「不復殺傷女」。值得注意的是，上述這些「道法」在「問答體」的部分幾乎都有相當詳細的解說，而且和不少「說教體」的內容密切相關，因此，這十九條「要訣」或許便是天師所傳「道書」的提綱。

---

[45] 同上，庚部，卷一〇八，〈要訣十九條〉，頁510-512。

不過，這十九條「要訣」似乎過於簡略，再加上真人誠懇求教，因此，天師並沒有立刻離去，反而繼續停留了一段時間，和真人一起討論道書中的要義，而有一次，天師便和真人談到其道書的主要內容分類和安排的順序，例如，己部卷九六的〈六極六竟孝順忠訣〉便載：

> (天師：)「眞人前，子共記吾辭，受天道文比久，豈得其大部界分盡邪？吾道有幾部？以何爲極？以何爲大究竟哉？」(眞人：)「文中有道，六極六竟。愚生今説，不知以何爲六極六竟。」。……(天師：)「六眞人安坐，爲子分別其部署。凡有六屬一大集。……」[46]

緊接著（連同次篇〈守一入室知神戒〉）便是天師爲真人解說其書六屬（六部界）和一大集的內容，由於全文過於冗長，而且有許多段落文意極爲模糊，因此不一一具引，下文僅條理其要旨述之。

天師自謂，其所傳道書的第一部界，主要是在陳述「守一之道」。其文云：

> 夫守一之道，……上賢明力爲之，可得度世；中賢力爲之，可爲帝王良輔善吏；小人力爲之，不知喜怒，天下無怨咎也。此者，是吾書上首一部大界也。[47]

第二部界是關於閱讀道書的方法，以及依照道書修行之後的功效，也就是所謂的「守道、入室」。其文云：

> 其二部界者，……讀吾書道文，合於古今，以類相從，都得其要意，上賢明翕然喜之，不能自禁止爲善也，乃上到於敢入茆室，堅守之不失，必得度世而去也，……其神乃助天地，復還助帝王化惡，恩下及草木小微，莫不被蒙其德化者。是故古者賢明德師，乃能助帝王致太平者，皆得此人也。……中賢力共讀吾文書，……其賢才者，乃可上爲帝王良輔善吏，助德君化惡。……其百姓俱共讀吾道文，……無復知爲凶惡者也。……如三人大賢中賢下賢及百姓俱爲之占，天地之惡氣畢去矣，無復承負之厄會也，善乃合陰陽，天地和氣瑞應畢出，遊於帝王之都，是皇天后土洽悅喜之證也。[48]

第三部界則述「守神」或「守神道」的方法和功能，而「守神」基本上是「守一」、「守道」、「入室」修行的後續行爲。其文云：

---

[46] 同上，己部，卷九六，〈六極六竟孝順忠訣〉，頁405-408。

[47] 同上，己部，卷九六，〈守一入室知神戒〉，頁409-410。

[48] 同上，頁411-412。

其三部界者，夫人得道者必多見神能使之。……故守一然後且具知善惡過失處，然後能守道，入茆室精修，然後能守神，故第三也。……如大賢中賢下賢及百姓，俱守神道而爲之，則天地四時之神悉興，邪自消亡矣。……如此則天下地上，四方六屬六親之神，悉悅喜大興助人爲吉，以解邪害。上爲帝王除災病，中爲賢者除疾，下爲百姓除惡氣，令奸鬼物不得行也。[49]

第四部界是在闡明如何拘校「正文、正辭」，以及「行正文正辭正言」的功效。其文云：

夫賢明爲上德君拘校上古中古下古文書之屬，以類相從，更相證明，道一旦而正，與日月無異。復大集聚大賢中賢下賢乃及人民男女口辭訣事，以類相從，還以相證明，書文且大合，……如此則天地人情悉在，萬二千物亦然，故德君當努力用之。……故德君盡以正辭，而天地開闢以來承負之災厄悉除，無復災害。……夫正文正辭，乃爲天地人萬物之正本根也。是故上古大聖賢案正文正辭而行者，天地爲其正，三光爲其正，四時五行乃爲其正，人民凡物爲其正。……人民爲其行〔正〕（政）言正文正辭，乃無復相憎惡者，則怨咎爲其絕，天下凡善悉出，凡邪惡悉藏，德君但當垂拱而自治，何有危亡之憂？此即吾正文正辭爲善根之明證效也。[50]

第五部界是在指示德君應根據「正文正辭」，「仕臣九人」（九等人）以治理天下。其文云：

上德之君得吾文天法，象以仕臣，上至神人，下至小微賤，凡此九人。神、眞、仙、道、聖、賢、凡民、奴、婢，此九人有眞信忠誠，有善眞道，樂來爲德君輔者，悉問其能而仕之，愼無署非其職也，亦無逆去之也。……但因據而任之，而各問其所能長，則無所不治矣。[51]

第六部界則是論「治民除害之術」，也就是其獨特的「三道行書」。其文云：

大德上君已仕臣各得其人，合於天心，則當知治民除害之術。夫四遠伏匿，甚難知也，夫下愚之人，各取自利，反共欺其上，……天明知下古人且愚，難治正，（故）故爲其出券文，名爲天書也。書之爲法，著也，明也。……故文書者，天下人所當共讀也，不爲一人單孤生也。……故教其

49 同上，頁412-413。

50 同上，頁415-416。

51 同上，頁417。

三道行書，大小、賢不肖、男女，共爲之參錯，共議是與非，皆令得其實核口口，乃可上也。中一人欲欺，輒記之，如是則天地病已除，帝王無承負之〔責〕（貴）矣。……故天尤急此三道行書，慎無復廢，故災不去也。[52]

至於所謂的「一大集」，則在說明其書「不敢容單言孤辭也，故教真人拘校上古中古下古文以相明，拘校天下凡人之辭以相證盟，然後天地之間可正，陰陽之間無病也。」[53] 而這六大部界和一大集在其道書中的次序安排及意義，天師也有所陳明，其言曰：

此本守一專善，得其意，故得入道，故次之以道文也。爲道乃到于入室、入眞道，而入室必知神，故次之以神戒也。得守一、得道、得神，必上能爲帝王德君良臣。臣者，必當助帝王德君，共安天地六方八洞，得其意，乃國可長安也。欲安之，必當正文正辭正言，故以拘校文辭，得以大正，必當群賢上士出，共輔帝王，爲其聰明股肱，故次之以仕臣九人。九人各得其所，當共安天地，天下并力同心爲一也。必常相與常通語言、相報善惡，故次之以三道行書也。人已都知守一，已入道，已入神，已入正文，以尊卑仕臣，各得其處也。已行文書，并力六事，已究竟，都天下共一心，無敢復相憎惡者，皆相愛利，若同父母而生，故德君深得天心，樂乎無事也。以爲道恐有遺失，使天地文不畢備，故復次之以大集之難，以解其疑。[54]

若以天師所陳述「六大部界」[55] 及「一大集」的內容和「要訣十九條」相較，便可發現，二者只有繁簡之別。由此也可以知道，天師傳給真人的道書，在內容方面，乃是先言「治身」之道，一方面以除疾治病、延命長壽、度世成仙，另一方面，精研「治身」之道自然能盡除天地萬物之一切災厄，而使天下太平。其次則論具體的「治國」之道，以除各種災禍而致太平。

總之，就天師之自剖而言，其書之主旨似乎不外「治身」與「治國」之道，而治身又爲治國之本，例如，丙部卷三七便載云：

---

52 同上，頁419-421。

53 同上，頁421。

54 同上，頁421-422。

55 有關《太平經》的「部界」之說，參見高橋忠彥，〈《太平經》の思想構造〉。

（眞人：）「請問此書文，其凡大要，都爲何等事生？爲何職出哉？」（天師：）「……此其大要之爲解天地開闢已來帝王人民承負生，爲此事出也。」（眞人：）「今迺爲此事出，何反皆先道養性乎哉？」……（天師：）「……然，凡人所以有過責者，皆由不能善自養，悉失其綱紀，故有承負之責也。……今先王爲治，不得天地心意，……天大怒不悅喜，故病災萬端，後在位者復承負之，……故此書直爲是出也。……古者大賢人，本皆知自養之道，故得治意，少承負之失也。其後世學人之師，皆多絶匿其眞要道之文，以浮華傳學，違失天道之要意，令後世日浮淺，不能善自養自愛，爲此積久，因離道遠，……故生承負之災。」[56]

由文中「真人」和「天師」之對話也可以知道，撰述和傳授道書的主要目的是爲了解除帝王和人民的「承負」之災，[57] 而「養性（生）」之術則爲其書之首重者。由此可見，這些道書的性質，就其解人民之災而言，基本上是一「養性」（「治身」）之書，就其解帝王之災而言，則爲「治國」之書，而「治身」（自養）之道亦即「治國」（養人）之道。[58] 此外，丁部卷六八也載有天師講述其道書（道法）要義的一段文字，其文云：

吾將去有期，戒六子一言。夫道迺洞，無上無下，無表無裏，守其和氣，名爲神；子近求則大得，遠求則失矣。故古君王善爲政者，以腹中始起，眞能用道，治自得矣。……子六人連日問吾書，道雖分別異趣，當共一

---

[56] 王明，《太平經合校》，丙部，卷三七，〈試文書大信法〉，頁54-55。

[57] 「承負」是《太平經》中相當重要的一個觀念，本文於此無法詳論。有關此一觀念之初步研究，參見大淵忍爾，〈《太平經》の思想について〉，頁145-168；高橋忠彥，〈《太平經》の思想の社會的側面〉，頁249-284；陳靜，〈《太平經》中的承負報應思想〉，《世界宗教研究》2（1986）：35-39；神塚淑子，〈《太平經》の承負と太平の理論について〉，《名古屋大學教養部紀要A》（人文科學・社會科學）32（1988）：41-75；邢義田，〈《太平經》對善惡報應的再肯定——承負說〉，《國文天地》8.3（1992）：12-16；劉昭瑞，〈「承負說」緣起論〉，《世界宗教研究》1995.4：100-107。

[58] 《太平經合校》，丙部，卷三七，〈試文書大信法〉中天師云：「人能深自養，迺能養人。夫人能深自愛，迺能愛人」（頁56），此乃在解答眞人前所問「（書中）何反皆先道養性」（頁54）一事。由此可知，天師係視治身爲治國的基礎和要道，有關此點，從其書中「守一」的思想中亦可見其梗概。有關《太平經》之「守一」思想，參見吉岡義豐，〈《太平經》の守一思想〉，收載《山崎先生退官記念東洋史學論集》（東京：山崎先生退官記念會，1967），頁491-500；吉岡義豐，〈《太平經》の守一思想と佛教〉，收入氏著，《道教と佛教・第三》（東京：國書刊行會，1976），頁315-351。此外，《太平經合校》，丙部，卷三九，〈解師策書訣〉，頁63-70，所言亦可與此相印證。

事，然〔后〕（舌）能六極周，王道備，解説萬物，各有異意。天地得以大安，君王得以無事。吾書乃知神心，洞六極八方，自降而來伏，皆懷善心，無惡意。其要結近居内，比若萬物，心在裏，枝居外。夫内興盛，則其外興，内衰則其外衰。故古者皇道帝王聖人，欲正洞極六遠八方，反先正内，以内正外，萬萬相應，億億不脱也。……故古者大聖教人深思遠慮，閉其九户，休其四肢，使其渾沌，比若環無端，如胞中之子而無職事也，迺能得其理。吾之道悉以是爲大要，故還使務各守其根也。[59]

由此可知，其「道」（道書）的主旨乃在於闡述「正內」、「守根」之道，而以此道自能治身，並能治國平天下。而天師對於這批道書的功效也是充滿信心，例如，丙部卷四六便載云：

（眞人：）「今師前後所與弟子道書，其價直多少？」……（天師：）「今吾所與子道畢具，迺能使帝王深得天地之歡心，天下之群臣徧説，跂行動搖之屬莫不忻喜，夷狄卻降，瑞應悉出，災害畢除，國家延命，人民老壽，審能好善，案行吾書，唯思得其要意，莫不響應，比若重規合矩，無有脱者也。」[60]

由此可知，道書的價值（功能）在於能夠除去一切災害而使天下太平，國家長治久安，人民老壽，是「治國」（致太平）之書，也是「治身」（令人民老壽）之書。而天師也說：

賢明欲樂活者，可學吾文，思其意，入室成道，可得活。賢柔欲樂輔帝王治，象吾文爲之，可以致太平。欲樂居家治生畜財者，思吾文，可竟其天年而終死。故各得其所願，無大自冤者也。故太平之氣得來前也。[61]

---

59 《太平經合校》，丁部，卷六八，〈戒六子訣〉，頁258-259。這種「内以治身，外以治國」的「守根（本）」、「正内」的觀念，尚可見於其書戊部，卷七十，〈學者得失訣〉，頁276-280；己部，卷九一，〈拘校三古文法〉，頁348-364。此外，有關《太平經》中「内學」和「外學」的觀念，參見高橋忠彦，〈《太平經》の思想構造〉，頁295-336。

60 《太平經合校》，丙部，卷四六，〈道無價卻夷狄法〉，頁126-127。

61 同上，己部，卷九八，〈包天裏地守氣不絶訣〉，頁451。類似的記載，尚可見於辛部，卷一三〇，〈象文行増算決〉，頁695。案：王明合校本辛部全佚，乃依《太平經鈔》補成，未分卷，亦無篇題，此篇篇題乃依其内容和順序，根據敦煌寫本《太平經》總目考定。至於敦煌寫本《太平經》總目之内容，詳見大淵忍爾，《敦煌道經・圖錄編》（東京：福武書店，1979），頁703-712。有關敦煌本《太平經》的研究，參見吉岡義豐，〈敦煌本《太平經》について〉；王明，〈太平經目錄考〉；楠山春樹，〈太平經類〉。

從《太平經》的殘留文字之中，不僅可以知道天師傳授給真人的道書之主要內容和旨趣，也約略可以知道這批道書的數量和大致的模樣。例如，天師至少曾兩度提到，「道」乃「大同而小異」，「分」（「化」）爲「萬一千五百二十字」，而觀其前後文，又都在談論「此書」（「吾書」），[62] 因此，天師所傳之書就字數而言，或許有11520字。此外，這批道書的文字似乎是以「丹青」書寫。[63] 而今本《太平經》（《太平經鈔》）中的「說教體」部分，有一些篇章應該就是天師所提到的「道書」，其中，最爲明確的是丙部卷三八所載的〈師策文〉，其全文爲：

> 師曰：「吾字十一明爲止，丙午丁巳爲祖始。四口治事萬物理，子巾用角治其右，潛龍勿用坎爲紀。人得見之樂長久，居天地間活而已。治百萬人仙可待，善治病者勿欺紿。樂莫樂乎長安市，使人壽若西王母，比若四時周反始，九十字策傳方士。」[64]

這「九十字」（其實連同「師曰」二字共有九十三字）的〈師策文〉，看來極爲難懂，而事實上，當年真人接到這篇道書時也不得其解，丙部卷三九便載真人之言云：

> 天師前所與愚昧不達之生策書凡九十字。謹歸思於幽室，閒處連日時，質性頑頓，晝夜念之，不敢懈怠，精極心竭，周徧不得其意，今唯天師幸哀不達之生，願爲其具解說之，使可萬萬世貫結而不忘。[65]

緊接著的記載，便是天師爲真人逐字逐句解說這九十字策意涵的內容。[66] 而在談論道法時，天師也曾引用過〈師策文〉（或作〈天策文〉）中的文句（「丙午丁巳爲祖始」）。[67] 由此可知，〈師策文〉應該是天師所傳的道書之一。

其次，丙部卷五十所載的「諸樂古文是非訣」（以散文爲主，間有七言韻文），[68] 似乎也是天師的道書之一，因爲，天師在和真人談論如何考校其文書大意時，曾說：

---

[62] 詳見《太平經合校》，丙部，卷四七，〈上善臣子弟子爲君父師得仙方訣〉，頁142；丁部，卷六八，〈戒六子訣〉，頁259-260。

[63] 同上，丁部，卷六十，〈書用丹青決〉，頁219-220。案：這一篇在今本《太平經》中並無卷次及篇題，此係據其內容，對照敦煌本的《太平經》目錄而補。

[64] 同上，丙部，卷三八，〈師策文〉，頁62。

[65] 同上，丙部，卷三九，〈解師策書訣〉，頁63。

[66] 同上，頁63-70。

[67] 同上，庚部，卷一一九，〈三者爲一家陽火數五訣〉，頁679。

[68] 同上，丙部，卷五十，〈諸樂古文是非訣〉，頁183-186。

吾書不云乎：「以一況十，十況百，百況千，千況萬，萬況億。」正此也。[69]

而這段文字正是出自〈諸樂古文是非訣〉。[70]

除此之外，若是根據〈要訣十九條〉所描述的道書內容來看，則天師所傳的道書可能還包括：乙部卷十八的〈合陰陽順道法〉、卷十九的〈令人自知法〉、卷二一的〈脩一卻邪法〉、卷二二的〈以樂卻災法〉、卷二六的〈調神靈法〉、卷二七的〈守一明法〉、卷三十的〈名爲神訣書〉、卷三二的〈安樂王者法〉、卷三三的〈懸象還神法〉、卷三四的〈解承負法〉，[71] 丙部卷五十的〈丹明耀禦邪訣〉、〈草木方訣〉、〈生物方訣〉、〈灸刺訣〉、〈神祝文訣〉，[72] 丁部卷五二的〈胞胎陰陽規矩正行消惡圖〉，[73] 丁部卷五五的〈知盛衰還年壽法〉，[74] 丁部卷五七的〈禁酒法〉，[75] 戊部卷七八的〈入室存思圖訣〉，[76] 己部卷八九的〈八卦還精念文〉，[77] 己部卷一〇〇的〈東壁圖〉（「善圖象」）、己部卷一〇一的〈西壁圖〉（「惡圖象」）、庚部卷一〇三的

---

69 同上，丙部，卷五一，〈校文邪正法〉，頁192。

70 同上，丙部，卷五十，〈諸樂古文是非訣〉，頁184。

71 同上，乙部，卷十八，〈合陰陽順道法〉，頁11；卷十九，〈令人自知法〉，頁11-12；卷二一，〈脩一卻邪法〉，頁12-13；卷二二，〈以樂卻災法〉，頁13-15；卷二六，〈調神靈法〉，頁15；卷二七，〈守一明法〉，頁15-16；卷三十，〈名爲神訣書〉，頁17-18；卷三二，〈安樂王者法〉，頁20-21；卷三三，〈懸象還神法〉，頁21-22；卷三四，〈解承負法〉，頁22-24。案：這十篇主要和「守一、守道、思神」等治身之道以及「去災厄、解承負」的治國之道有關，在今本《太平經》中或無卷次或缺篇題，此係據其內容，對照敦煌本的《太平經》目錄而補。

72 同上，〈丹明耀禦邪訣〉，頁172；〈草木方訣〉，頁172-173；〈生物方訣〉，頁173-174；〈灸刺訣〉，頁179-181；〈神祝文訣〉，頁181-182。案：這五篇都與醫藥、疾病有關。

73 同上，丁部，卷五二，〈胞胎陰陽規矩正行消惡圖〉，頁193-194。案：這一篇係論「瞑目內視，與神通靈」的修練之法，原本應該附有「圖」，但今本已無，因此，篇題或許應依敦煌本的《太平經》目錄，改做〈胞胎陰陽圖訣〉。

74 同上，丁部，卷五五，〈知盛衰還年壽法〉，頁209-211。案：這一篇主要和「知壽命」有關。

75 同上，丁部，卷五七，〈禁酒法〉，頁214-215。案：這一篇主要和「禁酒」有關，在今本《太平經》中並無卷次及篇題，此係據其內容，對照敦煌本的《太平經》目錄而補。

76 同上，戊部，卷七八，〈入室存思圖訣〉，頁309-310。案：這一篇在今本《太平經》中並無卷次及篇題，此係據其內容，對照敦煌本的《太平經》目錄而補，主要係論「入室存思」之法，原本應附有圖。

77 同上，己部，卷八九，〈八卦還精念文〉，頁338-339。案：這一篇主要係論「存思、守道」之法。

〈虛旡無爲自然圖道畢成誡〉，[78] 庚部卷一〇四的〈興上除害複文〉、卷一〇五的〈令尊者無憂複文〉、卷一〇六的〈德行吉昌複文〉、卷一〇七的〈神祐複文〉，[79] 庚部卷一一四的〈某訣〉、〈見誡不觸惡訣〉、〈不可不祠訣〉、〈大壽誡〉、〈病歸天有費訣〉、〈不承天書言病當解謫誡〉等。[80]

至於這一些道書的作者，已難考定，不過，有一些應該是出自天師之師或前人之手，[81] 另有一些則可能是出自天師之手，因爲，在「問答體」中，常見天師說「吾書」云云，而天師在解釋〈師策文〉中的「師曰：吾字十一明爲止」時也說：

> 師者，正謂皇天神人師也。曰者，辭也，吾迺上辭於天，親見遣，而下爲帝王萬民具陳，解億萬世諸承負之責也。吾者，我也，我者，即天所急使神人也。……字者，言吾今陳列天書累積之字也。[82]

由這段文字也可知道，天師自認爲是受「天」派遣，帶著一批「天書」（道書）到人間，要爲天下「解承負」。而他所以要將這一些道書傳給真人，則是因爲自己是「去世之人」，希望真人代其返回人世，尋覓適當的人選，令其流佈道書，以拯救世人、解除災厄，其言云：

> 故吾急傳天語，……今吾已去世，不可妄得還見於民間，故傳書付眞人，眞人反得，已去世俗，不可復得爲民間之師。故使眞人求索良民而通者付之，〔令〕（今）趨使往付歸有德之君也，敢不往付留難者坐之也，何其

---

[78] 同上，己部，卷一〇〇，〈東壁圖〉，頁455-456；卷一〇一，〈西壁圖〉，頁457-458；庚部卷一〇三的〈虛旡無爲自然圖道畢成誡〉，頁469-472。案：這三篇和「入室、思神」之法有關，原本都應有圖，現僅存第三篇之圖。而根據己部卷一〇二〈神人自序出書圖服色訣〉的內容來看，天師傳授給真人的道書中，確應包括一些圖（頁460），因此，今本《太平經》中的圖和圖訣，極有可能都是天師所傳的道書之一。

[79] 同上，庚部，卷一〇四，〈興上除害複文〉，頁473-482；卷一〇五，〈令尊者無憂複文〉，頁483-491；卷一〇六，〈德行吉昌複文〉，頁492-500；卷一〇七的〈神祐複文〉，頁501-509。案：這四篇其實都是「複文」，應該就是早期的「符書」；參見湯用彤，〈讀《太平經》書所見〉。

[80] 同上，庚部，卷一一四，〈某訣〉，頁591-594；〈見誡不觸惡訣〉，頁599-603；〈不可不祠訣〉，頁603-606；〈大壽誡〉，頁615-619；〈病歸天有費訣〉，頁619-621；〈不承天書言病當解謫誡〉，頁621-624。案：這六篇大致都和「解除疾病」有關。

[81] 天師雖然自稱係「以天爲師」，但也承認自己「始學之時，同問於師，非一人也」，因此，天師早年應該曾拜師學道；詳見《太平經合校》，丙部，卷三九，〈解師策書訣〉，頁70。

[82] 同上，頁64。

重也？今天當以解病而安帝王，令道德君明示眾賢，以化民間，各自思過，以解先人承負之謫，使凡人各自爲身計，勿令懈忽，迺後天且大喜，治立平矣。[83]

由此可見，天師所要傳授的真正對象其實是帝王，但礙於身分，因此先傳給同是「去世者」的真人，希望藉此輾轉交付帝王之手，再透過帝王，讓所有臣民都能奉行道法。[84] 不過，天師也屢屢警告真人，不可隱匿不傳，也不可妄傳其道書、道法，而真人對於可以傳授的對象也有所質疑。[85] 有趣的是，天師的道書似乎曾獻給帝王，但不曾被受理，例如，庚部卷一一二便載云：

書當未用，帝王未信也。佞者在側，書不見理也。災害并生，民何所止？太平之書，三甲子乃復見理，不如十諫令知耳。[86]

不過，這段文字乃是出自「說教體」，因此，獻書者也有可能不是天師本人而是天師之師。

總之，今本《太平經》的內容雖然有文體上的差異，各種文體的作者可能也不一樣（詳下文），但是，其撰述的目的和主要旨趣卻是相當一貫的，因此，全書應該在天師與真人的「問答」記錄完成之後不久便已編成，若非出自天師之手，便是出自真人（六真人合編或真人純主編）或真人的傳人之手。不過，從書中之若干痕跡、敦煌本《太平經》之目錄，以及其他文獻的記載來看，這部書在六朝之時曾經散佚；後來可能經過南朝末年的茅山道士重新整理、編輯，並加入前後二篇「序文」。因此，十部一七〇卷三六六篇的結構，乃至書名「太平經」及若干篇章或段落（應只限於說教體和會話體），都有可能是出自六朝道士之手。[87] 不過，全書主旨始終有其一致性，這從歷代文獻對於《太平經》主旨的陳述之中，可以獲得印證。

---

83 同上，丁部，卷六七，〈六罪十治訣〉，頁255。

84 天師類似的言談尚可見於《太平經合校》，丙部，卷四四，〈案書明刑德法〉，頁109-111；丙部，卷四七，〈上善臣子弟子爲君父師得仙方訣〉，頁141-142；丁部，卷六七，〈六罪十治訣〉，頁256-257；己部，卷一〇二，〈位次傳文閉絕卽病訣〉，頁461-462。

85 同上，丙部，卷四六，〈道無價卻夷狄法〉，頁129-130；己部，卷九二，〈洞極上平氣無蟲重複字訣〉，頁380-381；卷九四-九五，〈闕題〉，頁403-404；卷九七，〈妒道不傳處士助化訣〉，頁429-434。

86 同上，庚部，卷一一二，〈不忘誡長得福訣〉，頁582-583。

87 參見吉岡義豐，〈敦煌本《太平經》について〉；楠山春樹，〈太平經類〉；李剛，〈也論《太平經鈔》甲部及其與道教上清派之關係〉，收入陳鼓應編，《道家文化研究》4（上海：上海古籍出版社，1994），頁284-299。

肆、歷代文獻對《太平經》主旨之陳述

歷代文獻中，最早述及《太平經》之性質者，首推晉代葛洪（西元283?-363年）的《神仙傳》，其書卷十〈宮嵩傳〉云：

> 宮嵩（案：即宮崇）者，琅琊人也，有文才，著書百餘卷，師事仙人于吉。漢元帝時，嵩隨吉於曲陽泉上，遇天仙授吉青縑朱字《太平經》十部。吉行之得道，以付嵩，後上此書。書多論陰陽否泰災眚之事。有天道、地道、人道。云治國者用之，可以長生，此其旨也。[88]

唐代王懸河《三洞珠囊》卷一〈救導品〉引《神仙傳》文亦云：

> 干君者，北海人也，病癩數十年，百藥不能愈。見市中一賣藥公姓帛名和，往問之，公言：「卿病可護，……」乃以素書二卷授干君。誡之曰：「卿得此書，不但愈病而已，當得長生。」……公又曰：「卿歸更寫此書使成百五十卷。」干君思得其意，內以治身養性，外以消災救病，無不差愈。[89]

此外，後唐王松年《仙苑編珠》卷中引《神仙傳》也有類似的說法，其文云：

> 于吉，北海人也。患癩瘡數年，百葯不愈。見市中有賣葯公，姓帛名和，因往告之。乃授以素書二卷。謂曰：「此書不但愈疾，當得長生。」吉受之，乃《太平經》也。行之疾愈。乃於上虞釣臺鄉高峰之上，演此經成一百七十卷。[90]

從以上三段《神仙傳》的文字中，可以知道，在傳說中，《太平經》是由帛和傳干吉（或于吉），再傳宮嵩（或作宮崇），[91] 而其書基本上乃是一「治病」、「長生」之書，而又兼及「救災」、「治國」之術。

---

[88] 葛洪，《神仙傳》，收入王謨輯，《增訂漢魏叢書》（台北：大化書局，1983），第2冊，頁1574。案：南宋陳葆光《三洞群仙錄》卷三引《抱朴子》云：「宮嵩，有文才，數百歲，色如童子。遇仙人干吉，得其書，多論陰陽否泰之事，有天道焉，有地道焉，有人道焉。治國者用之以致太平，治身者用之以保長生，此其道也」（《正統道藏》，第54冊，筵字號，頁14上），其內容與此相類，文末云「治國者用之以致太平，治身者用之以保長生」更與本文所論之「身國並治」相符，唯不見於今本《抱朴子》。此條材料承審查人賜告，無限感謝。

[89] 王懸河，《三洞珠囊》，收入《正統道藏》，第42冊，懷字號，頁7上-7下。案：類似的內容亦可見於南宋陳葆光《三洞群仙錄》卷三引《神仙傳》，詳見《正統道藏》，第54冊，筵字號，頁19上。

[90] 王松年，《仙苑編珠》，收入《正統道藏》，第18冊，惟字號，卷中，頁13下-14上。

[91] 干吉在文獻上又作于吉、千室、干室，宮嵩或作宮崇，究竟何者為正，很難判定，學者的意見也莫衷一是，故本文不敢妄斷，引用文獻，一仍其舊，唯行文時，暫從福井康順之說，寫作干吉、宮崇。福井康順之說，詳見氏著，《道教の基礎的研究》，第2章，〈太平道〉，頁62-71。

其次述及《太平經》之性質者，應是南朝宋范曄的《後漢書》。其書曾引襄楷於後漢桓帝延熹九年（西元166年）所上之疏文言：

> 臣前上琅邪宮崇受干吉神書，不合明聽。……前者宮崇所獻神書，專以奉天地、順五行爲本，亦有興國廣嗣之術。其文易曉，參同經典，而順帝不行，故國胤不興，孝沖、孝質頻世短祚。[92]

此外，其書又云：

> 初，順帝時，琅邪宮崇詣闕，上其師干吉於曲陽泉水上所得神書百七十卷，皆縹白素、朱介、青首、朱目，號《太平清領書》。其言以陰陽五行爲家，而多巫覡雜語，有司奏崇所上妖妄不經，迺收藏之，後張角頗有其書焉。[93]

文中所謂的「神書」、「太平淸領書」，據唐代李賢之說，即「今（唐）道家《太平經》」，[94] 而據學者考證，今本《太平經》應和唐本無異。[95] 若此說不誤，則據襄楷和范曄的說法，《太平經》的主旨在於闡述「治國」（興國）、「治身」（病）之道。[96]

再其次，則是成於隋代的〈太平經複文序〉，[97] 其文云：

---

[92] 范曄，《後漢書》，新校本（北京：中華書局，1965），卷三十下，〈郎顗襄楷列傳〉，頁1080-1081。

[93] 同上，頁1084。

[94] 同上，頁1080，注文。

[95] 詳見小柳司氣太，〈後漢書襄楷傳の太平清領書について〉；湯用彤，〈讀《太平經》書所見〉。

[96] 襄楷雖僅言其書有「興國廣嗣」之術，而未及「治病」「治身」之術，然就其言沖帝、質帝之「頻世短祚」來看，此書似含所謂的「長生」之道，而且，襄楷所以上書，乃是因桓帝時「宦官專朝，政刑暴亂，又比失皇子，災異尤數」（見《後漢書》，頁1076），而所謂「災異」，就其疏文來看，主要是指「疾疫」（癘疫）（見《後漢書》，頁1078，1080），因此，襄楷再次進呈《太平清領書》，其目的即希望帝王能行其道，以治國，兼以治身療病，由此亦可知其書之性質。至於范曄所說的「其言以陰陽五行爲家，而多巫覡雜語」二語，據李賢注引《太平經》文來看，前者其實是指「治國平天下之道」，後者則指以咒術「除災治疾」而言（見《後漢書》，頁1084-1085，注文）。因此，根據襄楷和范曄的描述，《太平經》一書之主要內容，亦不離「治國」、「治身」之道。有關此一文獻之析論，參見湯用彤，〈讀《太平經》書所見〉。

[97] 文中有「爰自南朝湮沒，中國復興，法教雖存，罕有行者」諸語，故學者一般將之斷爲隋代作品（詳見吉岡義豐，《道教と佛教·第二》，頁113，注72），不過，這篇序文（收入《正統道藏》，第41册，入字號）以及相關的一些文獻，例如在《正統道藏》中緊接著序文之後出現的《太平經聖君祕旨》（第41册，入字號），似乎都強烈暗示，《太

> 皇天金闕後聖太平帝君，……作《太平複文》，先傳上相青童君，傳上宰西城王君，王君傳弟子帛和，帛和傳弟子干吉。干君初得惡疾，殆將不救，詣帛和求醫。帛君告曰：「吾傳汝《太平本文》，可因易爲一百七十卷，編成三百六十章，普傳於天下，授有德之君，致太平，不但疾愈，兼而度世。」干吉授教，究極精義，敷演成教。[98]

依此，則《太平經》乃爲「致太平」、「治疾、度世」之書，其主旨亦不外「治國」與「治身」二義。

又其次，唐代釋玄嶷《甄正論》卷下亦謂：

> 有《太平經》百八十卷，是蜀人于吉所造。此人善避形跡，不甚苦錄佛經。多說帝王理國之法，陰陽生化等事，皆編甲子，爲其部帙。[99]

此雖僅言其爲「治國」之書，然帝王「理國之法」中，「治身」乃其首務要法，且二者在《太平經》的理論中彼此互通，因此，其說法其實和前引諸書並無不同。

又其次，宋代賈善翔《猶龍傳》卷四〈授干吉《太平經》〉亦云：

> 其要曰：且人之生也，天付之以神，地付之以精，中付之以炁。人能保精愛神護炁，內則致身長生，外則致國太平。[100]

由此可見，其所知之《太平經》是一內以「治身」（長生），外以「治國」（太平）之書。

綜合以上所述來看，自後漢襄楷、晉代葛洪、南朝宋范曄、隋唐之道士僧侶，以至宋代賈善翔，無論其對《太平經》之認識，是由於親見，或是由於傳聞所知，其所述《太平經》一書之性質和主旨，可說相當一致，和今本《太平經》殘留文字所顯示的也很接近。

平經》、《太平經複文》、《太平經聖君祕旨》等書的出現或流傳，應與六朝的上清經派有密切的關係。有關這個課題，我將另文處理。初步的研究，參見李剛，〈也論《太平經鈔》甲部及其與道教上清派之關係〉，頁284-299；前田繁樹，〈再出本《太平經》について〉，收入道教文化研究會編，《道教文化への展望》（東京：平河出版社，1993），頁153-179。

[98] 見王明，《太平經合校》，「附錄」，頁744。

[99] 見高楠順次郎、渡邊海旭編，《大正新脩大藏經》（東京：大正一切經刊行會，1924-1934），第52册，no. 2112，頁569下。

[100] 賈善翔，《猶龍傳》，收入《正統道藏》，第30册，敬字號，頁17下-18上。

伍、結論

經由上述的考察，可以知道，今本《太平經》的內容大致可以分爲「會話體」、「說教體」和「問答體」三大部分，此外還有若干圖、複文以及相關的文字說明。其中，「問答體」主要是天師和真人的對談記錄，而對談的內容又可分成三類：一是討論天師所授的道書的內容；二是談論一些「道法」，其內容有時和天師所授的道書並無關聯；三是談論時事，記錄者則是真人。因此，「問答體」應該算是天師和真人的集體創作。[101] 而「說教體」的內容，至少有一部應該就是天師授予真人的道書，作者則似乎包括天師之師和天師本人，而有些篇章似乎是由天師口授，真人筆錄而成。[102] 「會話體」的部分，則可能是天師之師的作品，也可能是真人「先師」的作品。[103]

至於將這些內容匯聚成書者，若非出自天師之手，便是出自真人（六真人合編或真人純主編）或真人的傳人之手。不過，這部書在後來可能經過南朝末年的茅山道士重新加以整理、編輯，並加入前後二篇「序文」。因此，以「太平經」爲書名，以十部一七〇卷三六六篇爲其結構，[104] 乃至其中的若干篇章或段落（應只限於說教體和會話體），都有可能是出自六朝道士之手。不過，這部書雖由不同的文體所構成，且作者和編者可能不只一人，但仍有一通貫全書的主旨，亦即如書中所說的：「天教吾具出此文，以解除天地陰陽帝王人民萬物之病也」，[105] 其具體內容則包括「治身」之道和「治國」之道，而兩者又互有關連。歷代文獻對於《太平經》主旨的陳述，也與此相同。[106] 由此也可以間

---

101 其中像〈眞券訣〉的內容，便是由天師和眞人所共同完成；詳見《太平經合校》，丙部，卷三九，〈眞券訣〉，頁71。

102 同上，庚部，卷一一四，〈不承天書言病當解謫誡〉，頁624。

103 這個部分的思想內涵，和「問答體」相去較遠而較接近「說教體」，但整體來說，三者仍有一脈相承之處；參見高橋忠彥，〈《太平經》の思想構造〉。因此，有可能是天師將其師之作品傳給眞人而編入《太平經》中，但也有可能是眞人將其「先師」的作品和天師所傳的道書，連同「問答」的記錄編在一起。

104 詳見《太平經合校》，壬部，不分卷，〈闕題〉，頁708-709；癸部（案：此據《太平經鈔》補，據敦煌本《太平經》目錄，此應爲甲部），不分卷，〈闕題〉，頁718。

105 同上，辛部，不分卷，〈闕題〉，頁694。

106 許多傳統文獻其實都已指出《太平經》的主旨在於「內以治身長生，外以治國太平」（詳見王明，〈《太平經》著錄考〉，收入《太平經合校》，頁747-751），但是，這種陳述都只是一種「斷語」，欠缺詳細的論證過程。而近代學者之中，雖然也有人（如王

接證明，自東漢以迄宋代，《太平經》的主要內容應該沒有太大的增減或變異。

雖然《太平經》的主要內容和撰述旨趣已可大致釐清，但這本書的性質仍然不易斷定。就天師的企圖和立場來說，《太平經》的基本功用，至少就其說教體的部分和天師對其所做的詮釋而言，的確是一部經世濟民的「政治性」作品。因爲，儘管其中有不少有關「治身」的醫療、養生和神仙之說，[107] 也屢屢述說神仙和鬼神的世界，但是，其終極關懷仍然在於「治國」平天下，所有的「治身」之術也都是爲了「治國」的目的，而且，這些方術和道書都是要獻給帝王，做爲「資治」之用。就這一點來說，《太平經》很難說是一部道教的經典，因爲，絕大多數的道教經典，其撰述的基本目的都是爲了供道士和一般道徒修道、行儀之用，或是爲了宣揚、闡述道教的信仰爲主。至少，很難證明這是道教的「第一部」經典（無論是其所創或援用），因爲，從天師和真人的對話之中，我們知道，他們並未形成一個「組織」，也不曾計畫要成立一個宗教性的組織，雖然天師似乎正在進行宣揚其理念的工作，也到處積極物色可以接受其理念的弟子，但其根本目的並不是爲了創立一個有組織的宗教，相反的，他仍將改革社會、消弭災厄的最終希望寄託在帝王身上，所有的教化世人的工作，也是要透過政治的組織和運作來進行。因此，除非能證明書中的天師或真人就是張陵或張魯，否則，將《太平經》視爲道教的「第一部」經典恐怕不恰當。

平）能掌握《太平經》「治身」與「治國」的旨趣而剖析全書的思想，但其根據主要還是傳統文獻的著錄和一些「外緣性」的材料。本文對於《太平經》主旨的分析，所獲得的結論雖然和前人並無不同，但在論證的過程中，主要是以「內證」爲主，也就是讓《太平經》原文的「作者」（或「編者」）自己陳述其撰述的主旨和目的。透過這種分析，不僅讓我們更能清楚的掌握《太平經》一書的內容綱要，還有助於我們評斷這部書的性質（詳下文），而若能以此爲基礎，結合一些「外緣性」的材料，或許還有助於推斷這部書的「作者」和「編者」的身分。不過，限於篇幅，有關「作者」和「編者」的問題，本人將另文討論。

107 《太平經》的「治身」之道加以細分的話，又可分爲「除疾」、「長壽」、「成仙」三個層次，這從書庚部卷一〇八〈要訣十九條〉中分別有「度世」、「得壽」、「除疾（得藥）」之訣，便可獲得證明，其次，丙部卷四九〈急學眞法〉亦云：「上士忿然惡死樂生，往學仙，勤能得壽耳，……中士有志，疾其先人夭死，忿然往求道學壽，勤而竟其天年耳，……其次疾病多而不能常平平，忿然往學，可以止之者」；詳見《太平經合校》，頁161，511-512。

不過，純粹根據天師的動機就將今本《太平經》視爲一部「政治性」的著作，似乎也不妥當。因爲，將所有文體的篇章匯聚一起、編輯成書的，不一定是天師，其編輯的目的可能也和天師不盡相同。天師的原始目的是爲了將「天書」（「道書」；「本文」）獻給帝王，做爲「治國」之用，其中似乎並不包括「問答體」的部分。因此，將「問答體」也一起匯編時，編者的企圖恐怕已不是純粹爲了獻給帝王之用，而是希望更多的人可以閱讀並接受其道法，其實，這和天師的原始目的也不衝突，因爲，他也希望真人能代其傳給適當的弟子，再由接受道法和道書的弟子傳給帝王，而最終的目的仍希望天下所有的人都能奉行其道法。就此而言，編輯這部書的人（倘若不是天師），是有可能企圖藉著《太平經》創建一個新的宗教和信仰，或以這部書作爲其宗教組織的基本經典。因此，若說《太平經》是一部「宗教性」的作品也無不可。更何況，許多的傳說都指出，這部書的傳佈和道教的發展息息相關，書中的許多觀念和主張，也的確和道教中許多道派（如天師道、葛家道、上清經派）的道法非常接近。總之，《太平經》即使不能說是道教最早的一部經典，也不能說是道教所創的一部宗教典籍，但是，這部書確實從六朝起便被道教徒所接受，並深深影響到道教信仰的發展，因此，仍不妨將之納入道教的經典之列。

無論如何，想要充分理解這部書的特質，以及道教信仰的思想源流，還是必須透過漢代政治、社會、思想、文化和宗教的脈絡加以觀察。以這部書的主旨來說，《太平經》主張「治身」與「治國」並重，並以「治身」爲「治國」之基礎，雖然自成一套有系統的說法，但是，這部書不僅強烈主張「集成」，書中許多說法其實也正是「集成」之說。[108] 其「身國並治」的觀念，基本上也仍未脫離漢人的思想範疇和思惟方式。換句話說，「身國並治」的觀念其實是漢代的主流思潮，而這種思潮可以從四方面得到驗證。

第一，漢代流行「黃老」。西漢初年風行的「黃老」（「黃老言」），主要是「清靜無爲」的「治國」之術，東漢中晚期的「黃老」（「黃老道」）則以養生、神仙爲號召。不過，「治身」與「治國」在「黃老」的傳統中雖然或隱或顯，卻始終不離。[109]

---

[108] 詳見林富士，〈試論《太平經》的疾病觀念〉，《中央研究院歷史語言研究所集刊》62.2（1993）：225-263(244-250)。

[109] 有關漢代「黃老」的內涵，參見蒙文通，〈黃老考〉，《靈巖學報》1（1946）：4-13；鍾肇鵬，〈論黃老之學〉，《世界宗教研究》1981.2：75-98；張維華，〈釋「黃老」之

第二，漢代流行「神仙」之說。「仙說」之內容雖有變遷，但是，在兩漢時期，多數仙說的內容似乎都以「黃帝」爲要角，而在傳說中，黃帝的「登仙」和「封禪」互相結合。人君「治國平天下」，天下平而後「封禪」，「封禪」而後「登仙」，似乎變成一貫之道。[110] 就此而言，「治國」之道亦即「治身」之道。

第三，漢代流行「災異」之說。在漢人的觀念裡，自然界的種種災變、異象，社會人群之間的各種衝突、災難，以及個人的所有病痛、苦難，幾乎都可以歸咎於「政治」之惡。[111] 因此，君王與人民、社會與自然的「健康」都繫於良善的「政治」環境。因此，對於所有社會成員來說，「治國」與「治身」之間實有密不可分的關係。

第四，漢代流行「天人相應」之說，人身之「小宇宙」與天地之「大宇宙」同氣而生，萬事萬物同在網絡之中，同類相感相應。[112] 而漢人更常以「身」與「國」互譬，以「治身」（治病、治疾）和「治國」之道相喻。例如董仲舒《春秋繁露》、[113] 王充《論衡》、[114] 王符《潛夫論》、[115] 崔寔《政

稱〉，《文史哲》1981.4：13-24，38；曾資生，〈兩漢的黄老思想〉，《東方雜誌》41.5（1945）：23-27。

110 有關漢代的神仙信仰以及黄帝在「仙話」中的地位，參見張維華，〈釋「黄老」之稱〉；福永光司，〈封禪説の形成——封禪説と神僊説〉，《東方宗教》1.6（1975）：28-57；福永光司，〈封禪説の形成（續）〉，《東方宗教》1.7（1975）：45-63；大淵忍爾，〈初期の僊説について〉，《東方宗教》1.2（1975）：23-43；宮川尚志，《中國宗教史研究・第一》（京都：同朋社，1983），頁1-92。

111 有關漢代災異思想的研究頗多，在此無法一一列舉，一般性的介紹，見郭湛波，《中國中古思想史》（香港：龍門書店，1967），頁95-136，167-187。

112 有關漢代「天人感應」的思想，參見徐復觀，《兩漢思想史》卷二（台北：台灣學生書局，1976），頁1-83，295-438。

113 詳見董仲舒，《春秋繁露》，凌曙注（台北：台灣商務印書館，1979年翻印），卷七，〈通國身〉，頁104-105；卷十七，〈天地之行〉，頁272-273。

114 詳見王充，《論衡》，四部備要本（台北：台灣中華書局，1981年翻印），卷二，〈命義〉，4上-4下；卷五，〈異虛〉，頁1下；卷十二，〈程材〉，頁2上；卷十二，〈量知〉，頁9下；卷十四，〈譴告〉，頁7下-8上；卷二五，〈解除〉；頁6下；卷二七，〈定賢〉，頁3上-3下。

115 詳見王符，《潛夫論》，四部備要本（台北：台灣中華書局，1981年翻印），卷二，〈思賢〉，頁12上-14上；卷四，〈述赦〉，頁6上-6下。

論》、[116] 仲長統《昌言》、[117] 《黃帝內經・靈樞》、[118] 《黃帝內經・素問》[119] 等，都有類似的論述。這種論述對於《太平經》建構「身國並治」的觀念，應有前導的作用。

總而言之，在《太平經》的義理之中，「治國」即「治身」，「治身」即「治國」，而這種觀念其實是從漢代的主流思潮脫胎而來。[120] 根據這樣的理念，「成仙」的企圖和「政治興趣」之間，似乎不會有所衝突，事實上，若依《太平經》的理論，兩者還必須同時進行，相輔相成。而在道教的歷史上，我們的確也可以看到，有部分的道教徒，確將其個人的「成仙」願望寄託於整體宇宙的和諧及人類社會的「太平」之上，因此，積極參與政治，改良「政治環境」（自己爲王或輔助帝王）乃成「登仙」之要徑，而治國平天下的方法則又與個人的治身長生之道（清虛、無爲、守一等）無異。[121]

（本文於一九九八年二月二十日通過刊登）

---

[116] 詳見崔寔，《政論》，收入嚴可均輯，《全後漢文》（京都：中文出版社，1981），卷四六，頁723。

[117] 詳見仲長統，《昌言》，收入嚴可均輯，《全後漢文》，卷八九，頁952-953。

[118] 詳見牛兵占等編，《中醫經典通釋・黃帝內經》（石家莊：河北科學技術出版社，1994），〈師傳〉，頁85。

[119] 詳見郭靄春主編，《黃帝內經素問校注》（北京：人民衛生出版社，1992），卷四，〈移精變氣論〉，頁186；卷十九，〈天元紀大論〉，頁816-817。有關《黃帝內經》「身國並治」的觀念，參見金仕起，〈論病及國，原診知政——古代的醫經、緯書與儒說〉，中央研究院歷史語言研究所主辦，「醫療與中國社會」國際研討會（台北：中央研究院，1997年6月26日至28日）論文。

[120] 事實上，已有若干學者透過思想內涵的分析，指出《太平經》和《黃帝內經》、漢代讖緯思想（主要是其災異和「太平」思想）、「天人感應」與陰陽五行的觀念、以及神仙信仰之間的密切關聯，其中也大多涉及「身國並治」的課題。詳見金棹，〈東漢道教的救世學説與醫學〉，《世界宗教研究》1989.1：106-118；安居香山著，楊曾文譯，〈道教的形成和讖緯思想〉，《世界宗教研究》1987.3：24-27；神塚淑子，〈《太平經》の承負と太平の理論について〉，頁66-69；劉鋒，《道教的起源與形成》（台北：文津出版社，1984），頁73-88；劉九生，〈黃巾口號之謎〉，《陝西師大學報》1985.2：3-20；李剛，《漢代道教哲學》（成都：巴蜀書社，1995），頁55-196；王平，《《太平經》研究》，頁21-38；Yü Ying-shih, "Life and immortality in Han China," *Harvard Journal of Asiatic Studies*, 25 (1964-1965), pp. 80-122。

[121] 有關道教徒與政治的關係，詳見林富士，〈台灣地區的「道教研究」概述(1945-1995)〉；林富士，〈法國的「道教研究」概述(1950-1994)〉。

附錄：《太平經》研究文獻目錄（1930-1997）

說明：本目錄大致依出版時間之先後編排，唯將同一作者集中處理（亦按其時間之先後次序）。此外，爲便於讀者查索，茲將期刊之出版地點和出版單位注明於目錄之前（按期刊名稱之筆畫次序）。

《人民日報》，北京：人民日報社。
《上饒師專學報》，上饒：上饒師專學報編輯部。
《大陸雜誌》，台北：大陸雜誌社。
《中山大學學報》，廣州：中山大學學報編輯部。
《中央研究院歷史語言研究所集刊》，臺北：中央研究院歷史語言研究所。
《中國文化月刊》，臺中：東海大學中國文化月刊社。
《中國文化研究所學報》，香港：香港中文大學中國文化研究所。
《中國文化研究集刊》，上海：復旦大學出版社。
《中國哲學史研究》，北京：中國社會科學出版社。
《中國學術年刊》，台北：國立臺灣師範大學國文研究所畢業同學會。
《文史》，北京：中華書局。
《文史知識》，北京：中華書局。
《文史哲》，濟南：山東人民出版社。
《文物》，北京：文物出版社。
《日本中國學會報》，東京：日本中國學會。
《世界宗教研究》，北京：中國社會科學出版社。
《史原》，台北：國立台灣大學歷史學研究所。
《史學雜誌》，東京：東京大學文學部內史學會。
《四川大學學報》，成都：四川大學學報編輯部。
《四川師院學報》，成都：四川師範學院學報編輯部。
《光明日報》，北京：光明日報社。
《名古屋大學教養部紀要A》，名古屋：名古屋大學。
《江西師院學報》，南昌：江西師院學報編輯部。
《江西師範大學學報》，南昌：江西師範大學學報編輯部。
《宗教學研究》，成都：四川大學出版社。
《東方宗教》，町田：日本道教學會。
《東方學》，東京：東方學會。
《東洋文化研究所紀要》東京：東京大學東洋文化研究所。
《東洋學報》，東京：東洋文庫。
《河北師大學報》，石家莊：河北師範大學學報編輯部。
《社會科學研究》，成都：社會科學研究編輯部。

《思想戰線》，昆明：雲南大學思想戰線編輯部。
《哲學研究》，北京：哲學研究雜誌社。
《國文天地》，台北：國文天地雜誌社。
《國學季刊》，北平：國立北京大學文科研究所編輯委員會。
《清華學報》，新竹：清華大學。
《新建設》，北京：新建設雜誌社，光明日報社。
《道教學探索》，台南：國立成功大學歷史系道教研究室。
《福建師範大學學報》，福州：福建師範大學學報編輯部。
《齊魯學刊》，曲阜：齊魯學刊編輯部。
《學術月刊》，上海：上海人民出版社。
《歷史研究》，北京：中國社會科學出版社。

小柳司氣太

1930 〈後漢書襄楷傳の太平清領書について〉，收入《桑原博士還曆記念支那學論叢》，京都：弘文堂。

湯用彤

1935 〈讀《太平經》書所見〉，原載《國學季刊》5:1。收入氏著，《湯用彤學術論文集》，北京：中華書局，1983。

福井康順

1936 〈《太平經》の一考察〉，《東洋史會紀要》1。

1937 〈《太平經》の一考察——特に干吉の師承と其の佛教的緣故について——(再論)〉，《東洋史會紀要》2。

1952 〈太平經〉，《道教の基礎的研究》，初版，東京：理想社，1952；二版，東京：書籍文物流通會，1958。

大淵忍爾

1940 〈支那道教最古の經典《太平經》に就いて〉，《史學雜誌》51.1。

1940 〈《太平經》の來歷について〉，《東洋學報》27.2。

1941 〈《太平經》の思想について〉，《東洋學報》28.4。

王 明

1948 〈論《太平經鈔》甲部之僞〉，《中央研究院歷史語言研究所集刊》18。收入氏著，《道家和道教思想研究》，重慶：中國社會科學出版社，1984。

1960 《太平經合校》，1960；北京：中華書局，1979改訂。

1961 〈從《墨子》到《太平經》的思想演變〉，《光明日報》1961年12月1日。收入氏著，《道家和道教思想研究》。

王　明（則誠）

1964　〈敦煌古寫本《太平經》文字殘頁〉，《文物》1964.6。收入氏著，《道家和道教思想研究》。

1965　〈《太平經》目錄考〉，《文史》4。收入氏著，《道家和道教思想研究》。

1982　〈《太平經》的成書時代和作者〉，《世界宗教研究》1982.1。收入氏著，《道家和道教思想研究》。

1984　〈論《太平經》的思想〉，收載氏著，《道家和道教思想研究》。

1987　〈《太平經》和《抱朴子》在文化史上的價值〉，《文史知識》1987.5。

侯外廬

1959　〈中國封建社會前後期的農民戰爭及其綱領口號的發展〉，《歷史研究》1959.4。

楊　寬

1959　〈論《太平經》——我國第一部農民革命的理論著作〉，《學術月刊》1959.9。

戎　笙

1959　〈試論《太平經》〉，《歷史研究》1959.11。

吉岡義豐

1961　〈敦煌本《太平經》について〉，《東洋文化研究所紀要》22，收入氏著，《道教と佛教・第二》，東京：豐島書房，1970。

1964　〈《太平經》と佛教〉，漢魏文化研究會編，《內野博士還曆記念・東洋學論文集》，東京：漢魏文化研究會，1964，收入氏著，《道教と佛教・第二》。

1964　〈《太平經》成立の問題について〉，《結城教授頌壽記念佛教思想史論集》，收入氏著，《道教と佛教・第二》。

1967　〈《太平經》の守一思想〉，《山崎先生退官記念東洋史學論集》，東京：山崎先生退官記念會。

1976　〈《太平經》の守一思想と佛教〉，《道教と佛教・第三》，東京：國書刊行會。

陳攖寧

1962　〈《太平經》的前因與後果〉，《道協會刊》1962.1。

巨　贊

1962　〈湯用彤著《佛教史》關於《太平經》與佛教的商兌〉，《現代佛教》1962.6。

熊德基

1962　〈關於《太平經》及其同黃巾等關係的研究〉，《人民日報》1962年9月4日。

熊德基

1962 〈《太平經》的作者和思想及其與黃巾和天師道的關係〉，《歷史研究》1962.4。

喻松青

1961 〈老子道家與《太平經》〉，《人民日報》1961年12月1日。

1963 〈《太平經》和黃巾的關係——和熊德基同志商榷〉，《新建設》1963.2。

饒宗頤

1964 〈想爾九戒與三合義——兼評新刊《太平經合校》〉，原載《清華學報》4.2，收入氏著，《老子想爾注校證》，上海：上海古籍出版社，1991。

1972 〈《太平經》與《說文解字》〉，《大陸雜誌》45.6。

1991 〈《想爾注》與《太平經》〉，收載氏著，《老子想爾注校證》。

卿希泰

1979 〈《太平經》的知人善任思想淺析〉，《思想戰線》1979.2。

1980 〈《太平經》的哲學思想〉，《四川師院學報》1980.1。

1980 〈試論《太平經》的烏托邦思想〉，《社會科學研究》1980.2。

1980 〈《太平清領書》的出現及其意義〉，收載氏著，《中國道教思想史綱・第一卷・漢魏兩晉南北朝時期》，四川：人民出版社。

1981 〈《太平經》中反映農民願望的思想不能抹殺〉，《社會科學研究》1981.5。

馮達文

1980 〈《太平經》剖析——兼談《太平經》與東漢末年農民起義的若干思想聯繫〉，《中山大學學報》1980.3。

楊曾文

1980 〈道教的創立和《太平經》〉，《世界宗教研究》1980.2。

朱伯昆

1980 〈張角與《太平經》〉，《中國哲學》9，北京：三聯書店。

孫達人

1980 〈《太平清領書》和太平道〉，收入《中國農民戰爭史論叢・第二輯》，河南：人民出版社。

魏啓鵬

1981 〈《太平經》與東漢醫學〉，《世界宗教研究》1981.1。

鍾肇鵬

1981 〈論《太平經》與太平道〉，《文史哲》1981.2。

吳樹明

1981 〈試論《太平經》〉，《河北師大學報》1981.3。

劉　琳

1981　〈試論《太平經》的政治傾向——兼與卿希泰同志商榷——〉，《社會科學研究》1981.12。

1982　〈再談《太平經》的政治傾向——答卿希泰同志——〉，《社會科學研究》1982.2。

淺野裕一

1982　〈《太平經》における究極者〉，《東方宗教》60。

金春峰

1982　〈讀《太平經》〉，《齊魯學刊》1982.3。

1987　〈《太平經》的思想特點及其與道教的關係〉，收入氏著，《漢代思想史》，重慶：中國社會科學出版社。

李養正

1982　〈《太平經》與早期道教〉，《道協會刊》1982.9。

1983　〈試論《太平經》的產生與演變〉，《道協會刊》1983.12。

1984　〈從《太平經》看太平道的社會政治思想〉，《道協會刊》1984.13。

1984　〈《太平經》與陰陽五行說、道家及讖緯關係〉，《道協會刊》1984.15。

1985　〈論《太平經》的人民性〉，《中國哲學史研究》1985.2。

1985　〈《太平經》中的音樂理論〉，《道協會刊》1985.7。

1985　〈《太平經》中的醫學理論〉，《道協會刊》1985.16。

李家彥

1983　〈《太平經》的元氣論〉，《宗教學研究》（內部版）1983.4。

1984　〈《太平經》的元氣論〉，《中國哲學史研究》1984.2。

1985　〈《太平經》的「三合相通」說〉，《宗教學研究》1985.1。

1987　〈《太平經》中以十概全的思想〉，《宗教學研究》1987.9。

1989　〈《太平經》與《聖經》倫理思想比較〉，《宗教學研究》1989.3/4。

楠山春樹

1983　〈太平經類〉，收載塚本善隆編，《敦煌と中國道教》，東京：大東出版社。

蜂屋邦夫

1983　〈《太平經》における言辭文書——共、集、通の思想——〉，《東洋文化研究所紀要》92。

劉序琦

1983　〈略論《太平經》思想的幾個問題〉，《江西師院學報》1983.3。

1989　〈再論《太平經》思想的幾個問題〉，《江西師範大學學報》1989.1。

1991　〈關於《太平經》與黃巾的關係問題〉，《江西師大學報》1991.2。

湯一介

1984 〈關於《太平經》成書問題〉,《中國文化研究集刊》1。

1988 〈《太平經》——道教產生的思想準備〉,收入氏著,《魏晉南北朝時期的道教》,台北:東大圖書公司。

田中文雄

1984 〈《太平經》の還神法について〉,收載《牧尾良海博士頌壽記念論集:中國の宗教・思想と科學》,東京:國書刊行會。

原田二郎

1984 〈《太平經》の生命觀・長生說について〉,《日本中國學會報》36。

1986 〈養生家の肉體表象について〉,《東方學》72。

高橋忠彥

1984 〈《太平經》の思想構造〉,《東洋文化研究所紀要》95。

1985 〈《太平經合校》の標點について〉,《東京學藝大學紀要》(人文科學)36。

1986 〈《太平經》の思想の社會的側面〉,《東洋文化研究所紀要》100。

1988 〈《太平經》の會話體の性格について〉,《東洋文化研究所紀要》105。

趙克堯

1985 〈論《太平經》的性質〉,《溫州師專學報》1985.2。

陳　靜

1986 〈《太平經》中的承負報應思想〉,《世界宗教研究》2。

丁貽庄、劉冬梅

1986 〈《太平經》中「守一」淺釋〉,《宗教學研究》2。

丁貽庄

1987 〈試論《太平經》中的道教醫學思想〉,《世界宗教研究》9。

朱永齡

1987 〈略論《太平經》哲學政治思想〉,《上饒師專學報》。

1990 〈《太平經》倫理思想管窺〉,《江西社會科學》1990.4。

神塚淑子

1988 〈《太平經》の承負と太平の理論について〉,《名古屋大學教養部紀要A》(人文科學・社會科學)32。

伍偉民

1988 〈《太平經》與《周易》〉,《華東師大學報》1988.6。

1989 〈《太平經》與七言詩的雛形〉,《上海道教》1989.3/4。

金　棹

1988　〈試論道教的起源〉，《哲學研究》1988.11。

1989　〈東漢道教的救世學說與醫學〉，《世界宗教研究》1989.1。

杜洪文

1989　〈《太平經》社會政治思想淺論〉，《遼寧師大學報》1989.1。

辛玉璞

1989　〈關於《太平經》的民族思想〉，《西北大學學報》1989.2。

冷鵬飛

1990　〈論《太平經》的經濟思想〉，《湖南師大學報》1990.2。

石　磊

1990　〈試論《太平經》中的經濟思想〉，《宗教學研究》1990.3,4。

柴文華

1991　〈《太平經》具有神學特色的倫理觀〉，《南京社會科學》1991.5。

龔鵬程

1991　〈《太平經》釋義〉，《中國學術年刊》12。

1991　〈受天神書以興太平——《太平經》釋義〉，收載氏著，《道教新論》，台北：臺灣學生書局。

1991　〈《太平經》政治理論述評〉，收載《第二屆中國政教關係國計際學術研討會論文集》，台北：淡江大學歷史系。

李豐楙

1991　〈當前《太平經》研究的成果及展望〉，收入龔鵬程著，《道教新論》，台北：臺灣學生書局。

劉仲宇

1991　〈《太平經》與《周易參同契》〉，收入牟鍾鑒等編，《道教通論》，濟南：濟南出版社。

陳吉山

1991　〈太平經中的承負報應思想〉，《道教學探索》5。

1992　〈《太平經》初研〉，《道教學探索》6。

邢義田

1992　〈《太平經》對善惡報應的再肯定——承負說〉，《國文天地》8.3。

蘇抱陽

1992　〈《太平經》成書的幾個問題〉，《世界宗教研究》1992.4。

劉昭瑞

1992　〈《太平經》與考古發現的東漢鎮墓文〉，《世界宗教研究》1992.4。

1995　〈「承負說」緣起論〉，《世界宗教研究》1995.4。

林富士

1993 〈試論《太平經》的疾病觀念〉，《中央研究院歷史語言研究所集刊》62.2。

王宗昱

1993 〈《太平經》中的人身中之神〉，《中國文化月刊》159。

前田繁樹

1993 〈再出本《太平經》について〉，收入道教文化研究會編，《道教文化への展望》，東京：平河出版社。

李　剛

1993 〈論《太平經》爲漢代道書之集合〉，《社會科學研究》1993.3。

1994 〈也論《太平經鈔》甲部及其與道教上清派之關係〉，收入陳鼓應編，《道家文化研究》4，上海：上海古籍出版社。

連鎮標

1994 〈《太平經》易學思想考〉，《福建師範大學學報》1994.2。

俞理明

1994 〈從《太平經》看道教稱謂對佛教稱謂的影響〉，《四川大學學報》1994.2。

龍　晦

1995 〈《太平經注》序〉，收入陳鼓應編，《道家文化研究》5，上海：上海古籍出版社。

王　平

1995 《《太平經》研究》，台北：文津出版社。

黎志添

1996 〈試評中國學者關於《太平經》的研究〉，《中國文化研究所學報》N.S. 5。

蕭公彥

1997 〈從《太平經》思想體系的分析看東漢末宗教活動的一些特點〉，《史原》20。

Eichhorn, Werner.

1957 "T'ai-p'ing and T'ai-p'ing Religion," *Mitteilungen des Instituts für Orientforschung* 5.

Kaltenmark, Max (M. カルタンマルク)著，福井文雅譯

1976 〈《太平經》の理論〉，收入酒井忠夫編，《道教の總合的研究》，東京：國書刊行會。

1979 "The Ideology of the T'ai-P'ing ching," in H. Welch & A. Seidel, eds., *Facets of Taoism*. New Haven and London: Yale University Press.

Kandel, Barbara.

1979 "Taiping Jing. The Origin and Transmission of the 'Scripture on General Welfare': The History of an Unofficial Text," *Mitteilungen der Deutschen Gesellschaft für Natur-und Volkerkunde Ostasiens* 75.

Beck, B.J. Mansvelt.

1980 "The Date of the Taiping Jing," *T'oung Pao* 66: 4-5.

Petersen, Jens Østergård.

1989 "The Early Traditions Relating to the Han Dynasty Transmission of the *Taiping jing*, Part 1," *Acta Orientalia* 50.

1990 "The Early Traditions Relating to the Han Dynasty Transmission of the *Taiping jing*, Part 2," *Acta Orientalia* 51.

1990 "The Anti-Messianism of the *Taiping jing*," *Studies in Central and East Religion* 3.

The Nature and Themes of the *T'ai-p'ing ching*

Fu-shih Lin

Institute of History and Philology, Academia Sinica

Modern scholarship on the nature of the *T'ai-p'ing ching* has, as a rule, been fairly cursory. Most scholars have interpreted this book as a religious canon, the earliest text created by religious Taoism, while some scholars have specifically targeted the political nature of the *T'ai-p'ing ching*, arguing for political motives in its writing. Regardless of their approach, most scholars have relied on dynastic histories rather than the contents of the *T'ai-p'ing ching* itself. This essay is an attempt to discern the *T'ai-p'ing ching*'s author(s), as well as his/their motivations and the most essential points of this work. Finally, an attempt will be made to discuss the basic nature of the *T'ai-p'ing ching*.

Regardless of whether we base our analysis on remaining fragments of the *T'ai-p'ing ching*, or on historical pieces that discuss it, the important themes of this work clearly lie in the ways to "govern the country" and to "govern the body". This conception of "jointly governing the nation and the body" was popularly conceived during the Han dynasty.

Within the pages of the book itself frequent reference is made to the "Celestial Master" (*t'ien-shih* 天師) and the six "True Men" (*chen-jen* 眞人), who played an essential role in the formation and spread of this text. Judging from the Celestial Master's intention revealed in this book, then, the *T'ai-p'ing ching* is, in essence, a book about political reformation. In this regard, it carries with it an air of both individual and national governance. However, this book and its contents are at the same time intimately related to the contemporary Taoist practices of the period. The *T'ai-p'ing ching*'s message is, furthermore, closely related to the teachings of Taoist sects during the Six Dynasties period. As such, it has been placed among the corpus of Taoist texts.

In summary, the combination of religion and government, the blending of the ways of "ruling the body" and of "governing the country", is not only a trait of the *T'ai-p'ing ching*, but also of religious Taoism as a whole.

Keywords: *T'ai-p'ing ching*, Taoism, politics, body, country

日譜與明末清初思想家
——以顏李學派為主的討論[*]

王汎森[**]

本文是一篇思想史與生活史相結合的研究，旨在說明四事：第一，晚明通俗宗教及善書的流行與明末清初修身日記的大量出現；第二，修身日記反映十七世紀思想界的幾種變化，包括由玄轉實，由悟轉修的傾向；第三，在晚明那種知識份子群體性活動風起雲湧，動輒千百人的講會逐步消歇，老師與學生當面印證的場合漸少之後，日記所扮演的角色，以及規過會的興起，還有它們反映的嚴格主義的風氣；第四，修身日記的流通仍侷限在士大夫，不像功過格等善書那樣普及群眾，反映一種平民精神的衰退，而由日記的內容中又可以看出社會救濟色彩的衰落，以及天與祓罪等宗教色彩的平淡等現象。

關鍵詞：日譜 顏李學派

* 本文承兩位審查者提供寶貴意見，謹此誌謝。

** 中央研究院歷史語言研究所

宋明理學中修身日記的傳統很長，但是，不管是研究宋明思想或是研究日記史的作品中，都未見到過專門討論它們的作品。[1] 研究宋明思想時多注意思想層面的探討，而少從生活史的層面著手，然而宋明儒學以修身實踐爲主體，不純粹是思想的論辯。所以本文試著討論一些簿冊、公案、肘後方，在這個以修身爲主體的思想傳統中所扮演的實際作用。不過我的討論集中在材料比較豐富的修身日記上。[2]

本文有幾個重點：第一是討論明末清初受到功過格等影響，帶有簿計性質的日記大量出現；第二是討論日記或日譜在修身踐履中的功能，以及它們如何在十七世紀思想日常生活化，由玄轉實，由悟轉修，由崇尚顏子的超悟到看重曾子的「吾日三省吾身」時扮演的角色；第三是日記或日譜中究竟反映了那些時代及思潮的變化；第四，何以士大夫的日譜或日記不能像功過格那樣平民化，它不但始終局限在士大夫，而且隨著清學之興起，在士人中的影響力也消褪，一直到清季道光年間才又復興。

一

探討這個問題時先要說明，在宋明理學中，修身日記不時可見，譬如王陽明惜陰會中，要求每人立日記、每家立日記、每個地方也有紀綠，但是本文強調的是明末清初思想變化最爲劇烈這一段時間，一方面是因爲當時日記數目驟增，另方面是其中不少帶有系統的、簿計的性質。

討論日譜必須將它放在幾個脈絡下來看：第一是宋明理學之中修身日記的傳統；第二是晚明的善書運動，尤其是袁黃所提倡的功過格的廣大影響，以及儒家對這個影響深遠的運動的反應。

此處先談直接激盪明末清初修身日記之風的功過格。晚明佛道二氏皆有一種簿記式的日記運動。以佛家爲例，馮夢禎《快雪堂集》中記馮氏：

> 辛巳夏，嘗與淨侶結制拙園，扁其堂曰淨業，一事一念之失，必至佛前而

---

1 如陳左高，《中國日記史略》（上海：上海翻譯出版公司，1990）。

2 日記或日譜之間還看不出明顯的區別，「譜」是籍、錄，所以日譜是每天的記錄，日記也是每天的記錄，故而我們也常見到兩者互換借用的情形，譬如顏元李塨時而稱日譜，有時又稱日記。我之所以選定此名純粹是因爲在我討論的這個時期「日譜」一詞較常使用之故。

記之，以驗功夫之進退，用心之疏密，目之曰淨土資糧，佩之胸前，出入臥起必俱。[3]

這裏所謂「淨土資糧冊」當是一種系統地記載每日念慮云爲的記錄，與功過格及下面要談到的日譜有某種彷彿之處。馮夢禎顯然認爲保持這樣一份記錄太辛苦了，故他說「才數月耳，其後漸怠漸棄，並冊子亦不知何在。」[4] 不過照他的記載，當時頗有遵行之人。[5]

在通俗道教方面，袁黃功過格的影響力是異常深遠的，他在當時是位里巷皆知的人物。自從功過格流行之後，模仿它的作品也相當多。[6] 甚至於只要能與功過格等善書的想法相共鳴，或是袁黃在立命篇中所提到的一些早已湮沒不彰的，也重新得到重視，譬如北宋儒者趙抃（清獻），原來不是一個引人注目的人，但是因袁黃的提到他每夜告天的辦法，他的〈守己四箴〉[7] 乃在明末清初引起了重視。[8]

善書運動的廣大影響，對正統儒者的啓示與威脅非常大。它不是一些零零碎碎的辦法，而是一整套新的行善觀念及作法。經功過格之類的善書淘洗過後，人們的心靈其實已經重重烙印下一層功過格式的因果報應觀。但是正統儒者又想在理論的層次上，反駁或表示對因果報應觀念的不同意，這種情形尤其表現

---

3 《快雪堂集》（萬曆四十四年金陵黃汝亨等刊本），卷三十，頁5。

4 同前註。

5 同前註。

6 目前所存的至少還有十幾種，見Cynthia Brokaw, *The Ledgers of Merit and Demerit* (Princeton: Princeton University Press, 1991). pp.241-242.

7 《初月樓聞見錄》（台北：商務印書館，1976），卷七，頁2，〈黃人閣（修）條〉。

8 《宋元學案》中曾幾次提到趙抃（清獻），但都是在贊揚他的清正不苟，亢直敢言。如卷一〈安定學案〉提到周穎從學安定，與趙清獻交，「清獻爲諫官，先生移書曰：當公心以事君，平心以待物，無以難行事強人主，無以私喜怒壞賢士大夫」（《黃宗羲全集》（杭州：浙江人民出版社，1992），冊三，頁86）。在卷十二〈濂溪學案〉中提到「濂溪同調」時有較詳之說明：「趙抃字閱道，西安人，進士及第，累薦爲殿中侍御史，彈劾不避權倖，京師目爲鐵面御史。知成都，匹馬入蜀，以一琴一鶴自隨。擢参知政事，王介甫用事，屢斥其不便，乞去位。知杭州，改青州，復知成都，以太子少保致仕，卒年七十七，贈太子少師，謚曰清獻」（頁641）。《宋元學案》卷九十二〈草廬學案〉引吳草廬的話：「昔清獻公日中所爲，夜必告天，司馬文正公平生所爲，皆可語人，如欲日新乎？每日省之，事之可以告天，可以語人者爲是，其不可告天，不可語人者爲非。非則速改，昨日之非，今日不復爲也。日日而省之，日日而改之，是謂『日日新，又日新』」（冊六，頁581）。

在那些早年曾接觸過功過格、感應篇的士人們。他們常表現出一種矛盾的心態，在遇到無子嗣或科舉失利時，馬上覺得必須行善來累積功德，可是不久卻又表示這是不正確的觀念，道德與善報不應該如此緊密相聯；以善行求好報，也是過度功利的錯誤觀念。[9]

另外有一批是「新功過格」派，大部分成書於明末清初，作者們多在道德與幸福，善行與福報這方面用盡力氣想要加以緩和，而且盡力要將此世馬上可以得到福報的成分儘可能的沖淡，但是又想保留其勸人為善的種種樂觀性，故常見一種既模稜兩可，又試圖調和的口氣。[10]

正統派儒者對此是不能滿意的。著文批駁〈立命篇〉，或是以各種方式非難袁黃的文字多至不可勝數，而且從明末到清初不曾斷過。譬如明末的劉宗周，清初的張爾岐，都有文章批駁袁氏。[11] 魏象樞說他偶與在太原的友人講孟子「盡心知性」章，他的朋友「於立命有異解，余不敢聞」，[12] 而晚明流行的《袁了凡斬蛟記》這一短篇小說更是諷刺袁氏的代表作。[13]

這些儒者認為實行功過格實在不能帶來真正的道德轉化，而且使人沾染功利之習，[14] 他們的批評不是全無道理的。在晚明小說《金瓶梅》中不無諷刺意味地借西門慶之口說了一段話：只要我多施一些銀子救濟窮人，則即使強姦了嫦娥，也沒有什麼關係。[15] 這一簡短的告白直接道出了晚明善書運動的弱點：功過格式的道德行為，不一定是使人成為一個道德人，因為功過不斷相互折抵的思維，確實會使人產生只要施銀救助許多人的性命，便能與強姦嫦娥所犯的過

[9] 陳龍正等人身上都顯露過這一個矛盾。

[10] Cynthia Brokaw，前引書，第四章。

[11] 張爾岐《蒿菴集》（濟南：齊魯書社，1991）卷三有〈立命記〉，專駁袁黄功過格及〈立命篇〉之非。

[12]《寒松堂全集》（太原：山西人民出版社，1992），頁923。那是因為袁了凡所用「立命」的觀念，最早是從孟子來的，但是他對之加以自己的解釋，看來魏氏的太原友人是順著袁氏的觀點解「立命」，而不為魏氏所同意的。

[13] 孟森，〈袁了凡斬蛟記〉，《明清史論著集刊續編》（北京：中華書局，1986），頁73-80。

[14] 參見我的〈明末清初的人譜與省過會〉一文，載《中央研究院歷史語言研究所集刊》63.3，頁679-712。

[15]「咱只消儘這家私，廣為善事，就使強姦了常娥和姦了織女，拐了許飛瓊，盜了西王母的女兒，也不減我潑天富貴。」笑笑生，《金瓶梅詞話》（萬曆刊本），五十七回，頁9-10。

錯相抵，甚至還有剩餘的心態！另一個諷刺性的例子發生在祁彪佳身上。祁氏熱心參與放生會，有一次他買好田螺與會友準備放生，不料被偷了，祁氏爲此大怒，準備訴官，因而引起許多人的不滿。人們批評放生會的人，寧可放生，不肯救餓人之飢，把人命看得比青蛙的命還賤。[16]

即使有許多正統士大夫對功過格之類的善書感到不滿，但他們卻不能否認一點，善書是通俗而有力量的，即使不滿意，仍然要對它另眼相待。許多有志的儒者，便想以功過格爲底本對它進行脫胎換骨的工作。劉宗周的《人譜》是一個最好的例子。[17] 除了《人譜》外，還有一大批不滿意功過格，但又受其影響的修身冊產生。陳瑚、陸世儀早年皆實行功過格，篋中不時放著一本功過格，但他們兩人皆或作或輟，因爲覺得「德不加進」，[18] 而且也因爲考試失利而感到徹底失望，陸世儀乃「仿了凡意作格致編」。[19] 因爲大部分的書不易見到，所以我們還沒有足夠的了解，故此處只能從書名及其他零碎史料去判斷，當時是出現了一個風潮，可以名之爲「儒門功過格運動」。

値得注意的是科考的焦慮是當時許多士人共同的焦慮，它使得許多人面臨了強烈的意識危機，有的轉向宗教，譬如科考失利便是楊廷筠轉向基督教的一個重要原因，[20] 至於袁黃，對於科舉的焦慮也是他信仰功過格的重要原因，[21] 足見晚明因爲參與科舉人數與錄取名額之間愈來愈懸殊的比例，對士人所造成的焦慮與挫折感，其影響是非常深廣的。[22] 李塨是反對〈感應篇〉的，認爲「其言頗荒唐，且以徼福之心爲善窒惡，已屬私欲也。」可是他四十歲之前尚無子嗣，日夜懸想的是，販夫傭保居然都有小孩，會不會他們的德行勝過自己呢？[23]

---

[16] 夫馬進，〈善會善堂的開始〉，《日本青年學者論中國史：宋元明清卷》（上海：上海古籍出版社，1995），頁426。

[17] 劉子《人譜》出現後，功過格才有了競爭者，但是無論如何，《人譜》中的記過格仍是模倣功過格的。

[18]《陸子全書》（光緒己亥刊本），《行狀》，頁3。

[19]《行狀》，同前書，頁16。

[20] 關於楊廷筠，見裴德生、朱鴻林，〈徐光啓、李之藻、楊廷筠成爲天主教徒試釋〉，《明史研究論叢》第五輯（上海：江蘇古籍出版社，1991），頁477-497。

[21] 袁黃，《了凡四訓白話解釋》（台南：無出版社，1979），頁7-11。袁氏信仰功過格的另一個焦慮是爲了求子。

[22] 參見余英時，〈士商互動與儒學轉向〉，在《劉廣京先生七十祝壽論文集》（台北：中央研究院近代史研究所，出版中）。

[23]《恕谷後集》（國學基本叢書本），卷一〈警心篇序〉，頁5。

足見他心理的最深層仍然相信善惡都會得到現世報應。在不自覺的層面，他的想法實在與袁黃沒有太大差別。

二

前面已經提到過，我們在討論宋明理學的歷史時，常常忽略了他們的生活史，尤其是他們在從事道德修養時，除了語錄與高深的談論外，究竟還有什麼憑藉，使得這種基本上是內心世界的轉化能夠有所保證？

自古以來，人們以各式各樣的方式，來警醒自己。理學大興之後，盛行於各地的以一、兩句修身提醒的書匾、書聯、書壁等極爲流行。以朱子爲例，他的行蹤所經之地所留下的遺蹟中，便有大量的這類遺物。[24] 但這並不是主要的，理學家生活踐履中有以下幾種重要的模範或是憑藉：

自傳：如胡直、高攀龍的《困學記》都成了人們從事道德修養的範本。[25]

功案（或「公案」）：《陳獻章集》中〈與賀克恭黃門〉一文有一段話：

> 林緝熙此紙，是他向來經歷過一個功案如此，是最不可不知……若未有入處，但只依此下工不致相誤，未可便靠書策也。[26]

白沙指出，從事身心性命之學者如果不知如何下手，可照著林緝熙的「功案」去下工夫，「不致相誤」。足見「功案」是一個人道德修養歷程中所經過的種種重要關節及轉折，記下這些歷程，就像一件案子的前因後果，所以稱爲「功案」，而對於尋找入手工夫的初學者而言，它有點類似基督教的聖徒傳記，只要模仿聖徒，照著去做，便不致走錯路。陳白沙並特別強調，「不可便靠書策」，可能因爲書策畢竟不像「功案」那樣，是一個修養有成之人道德轉化過程中搏鬥的痕跡，易於循守，而且更得要領。

年譜：我們現在通常只將年譜當作某人的生平史料，但在宋明理學的傳統中，「年譜」常有實際修身借鑒的功用，參詳某人的年譜，便是參詳他道德奮鬥的歷程。以《王陽明年譜》爲例，這份成於陽明親近學生之手的記錄，便是

---

[24] 高令印，《朱熹事跡考》（上海：上海人民出版社，1987），頁161-301。

[25] 關於自傳有吳百益的研究，Wu Pei-i, *The Confucian Progress* (Princeton: Princeton University Press, 1990)。

[26]《陳獻章集》（北京：中華書局，1987），頁133。

許許多多王學信徒求道過程的參考冊子，其功用有點像基督教的《模倣基督》。有一些被認爲在道德實踐上有所成就的人物常在生前編年譜，多少也是將年譜視爲一種教學手冊。

肘後牌：李二曲有「肘後牌」，他曾這樣說明它的功用：

> 肘後牌者，佩日用常行之宜於肘後，藉以自警自勵，且識之持不忘也，上帝臨汝，無貳爾心，其可忽乎！[27]

中醫有所謂「肘後方」，表示緊急時不可或缺之方藥。此處的「肘後」二字，也有道德修養過程中之肝膈要旨的意思，不過它不只是這樣。照李二曲的描述，它是一塊木牌上面寫著自警自勵的話，佩於手肘之處，則每當手肘彎曲之時，便因碰觸而自警。李二曲的「肘後牌」上寫的是：[28]

恭	修九容		虛	經		無
			明	綸		聲
	提起	放下	寂	贊	化	無
默	擴善端		定	參		臭

李二曲用一段話來說明這塊木牌上口訣的意義：「終日欽凜，對越上帝，篤恭淵默以思道，思之而得，則靜以存其所得，動須察其所得，精神才覺放逸，即提起正念，念中恆惺惺，思慮微覺紛雜，即一切放下，令萬緣屏息。修九容，以肅其外，擴善端，以純其內。內外交善、湛然無適，久則虛明寂定，渾然太極，天下之大本立矣。大本立而達道行，以之經世宰物，猶水之有源，千流萬派，自時出而無窮。然須化而又化，令胸中空空洞洞，無聲無臭，夫是之謂盡性至命之實學。未至於斯，便是自棄。千萬努力，念茲在茲。」[29]

書壁，書門：書於門或書於壁想必是在門上或壁上直書警句或是張掛條幅來警醒自己。此處擬舉顏元與李塨的例子。《顏元年譜》一六九〇年條引顏氏日譜，對「書壁」之功用有所闡發：

> 行中矩，望見壁上書「毋不敬」，快然。思敬時見箴而安，急時見箴而惕，不啻嚴師爭友矣。湯、武逐物有銘，有以哉。[30]

---

[27]《二曲集》（北京：中華書局，1996），頁134。

[28] 同上註。

[29] 同前書，頁135。

[30]《顏元年譜》（北京：中華書局，1992），頁71。

李塨書壁的內容相當豐富，想來是隨著年齡與進境而不斷更換。一六八二年，他書於壁上的是當時的日課——「一山立、一莊坐、一慎笑、一朗言、一勿作輕佻語姍人、一言事勿急燥、一勿閒言廢時、一與人言須待人語訖、一論古人以和平、一戒深言、一戒輕作勉人語、一戒浮態、一勿以盛氣加人。」[31] 隔年，因為有一次與顏元討論改過的問題，而恥昔日改過不力，乃大書於壁曰：「塨，汝改過不力者，天其刑汝！」[32] 一七〇二年，書壁的內容是：「坐如尸，坐時習也。立如齊，立時習也。周旋中規，折旋中矩，趨以采薺，行以肆夏，寢時習也。皆習禮也。」[33] 一七一五年，李塨五十七歲，自書於壁的是「斷欲，勿詈人，勿躁，勿言人短長，力循聖道，表裏並盡。」[34] 隔年，書壁云：「高冷暴燥，予之大病，不改之，非夫也。」[35]

書衣：明末清初的盛敬為了實踐「慎獨」之訓，便將這兩個字書於所穿的葛衣之上，以便隨時提醒自己。[36]

但是最值得注意的、使用最廣泛的，還是日記、日錄。

書院弟子立日記，是從宋代一直到清代都還使用的一個辦法。雖然目前尚未見到這種日記留下來，不過吾人可以從各種規約中看出，書院要求學生立日記，將所讀何書，所見何人記下來，以供山長閱看。[37] 至於私人立日記的更是眾多，陳白沙有日錄，[38] 吳與弼有日錄、[39] 董澐《日省錄》、[40] 林光《晦翁學驗》、[41] 高攀龍《日鑑篇》、[42] 劉宗周《日記》、[43] 祁彪佳《日記》、[44] 魏象

[31]《李塨年譜》（北京：中華書局，1988），頁19。

[32] 同前書，頁20。

[33] 同前書，頁89。

[34] 同前書，頁153。

[35] 同前書，頁159。

[36]《明遺民錄》（杭州：浙江古籍出版社，1985），頁288。

[37] 李國鈞主編，《中國書院史》（長沙：湖南教育出版社，1984），頁987。

[38]《陳獻章集》，頁78

[39] 吳與弼，《康齋先生日錄》（中文出版社據日本明治三年和刻本影印）。

[40]《明儒學案》（台北：世界書局，1973），卷十四，頁116-117。

[41] 容肇祖，《容肇祖集》（濟南：齊魯書社，1989），頁228。

[42] 該書以德業之敬、怠義，分註於天時人事之下。麥仲貴，《明清儒學家著述生卒年表》（台北：學生書局，1980），頁214。

[43] 麥仲貴，前引書，頁222。

[44] 祁氏有日記多種，見《祁彪佳文稿》（北京：書目文獻出版社，1991）。

樞《日記》、[45] 張爾岐《日記》、[46] 張履祥《日記》、[47] 魏禧《日錄》、朱用純《編年毋欺錄》、方苞有《省身錄》，[48] 不過這些日記大都沒有留下來。他們也不認爲有全本保留的必要，最多只是將日記中比較精彩的心得摘抄刊印，譬如朱用純的《毋欺錄》是。

修身日記大抵可以分爲兩種。第一種是比較不具系統的記錄，明代吳與弼的《日錄》是一個例子。我們今天翻開吳氏《日錄》，三百多條的記錄，既不是系統的、帶有簿記性質的記錄，也看不出明末清初日譜或日錄中那種你死我活式的內在鬥爭痕跡，而大體是一些生活體驗，一些反省，一些悔恨，對於聖賢語言的一些體味。[49] 這類日記或日譜數目不少，規模最大的一部是孫奇逢的《日譜》。

另一種是帶有簿記性質的修身冊子。它的流行，除了是受功過格影響外，也與當時社會脫序，需要更嚴格的修身日記有關。當時儒者在個人方面有《人譜》及各種省身錄，在社群方面，則流行鄉約中的彰善糾過，士人也倡組省過改過之會。[50] 當時文人悔過、懺過之風甚盛，所以刊刻功過格、感應篇，[51] 或人譜[52] 的風氣非常盛行。[53]

當時儒學內部的幾種發展也與嚴密的修身日譜的興起有關。明代後期思想有逐步擺脫現成感悟，而走向日常生活中實踐的意味，故道德實踐上有一種「日常生活化」的傾向。當心學盛行時，人們所求的是「悟」，是「一旦豁然貫通，則眾物之表裏精粗無不到」，所以讀書靜坐之外，還到處追逐得道大師，聽講、印證、提撕，尋求開示，以求證悟。一旦開悟，還要時時保住勿失。但是後來思想有所變化，主張要從動中實踐，從實踐中去取得中節。第二，不再

---

[45] 《顏元集》（北京：中華書局，1987）記刁包「研程、朱學，蔚州魏敏果公象樞甚重之，月送《日記》求正。」（頁714）不過在《寒松堂集》中未見到魏氏的《日記》。

[46] 張爾岐，〈日記序〉，在《蒿庵集》，頁74。

[47] 見《張楊園年譜》（台北：商務印書館，1981），頁19。

[48] 參仲貴，《明清儒學家著述生卒年表》一七〇二年條。

[49] 當然，我們現在所看到吳與弼《日錄》是選刊，而非全貌。關於《日錄》可以參考鍾彩鈞〈吳康齋的生活與學術〉，《中國文哲研究集刊》10（1997），頁269-316。

[50] 參見王汎森，〈明末清初的人譜與省過會〉。

[51] 鄧之誠，《清詩紀事初編》（北京：中華書局，1965），頁551。

[52] 同前書，頁837。

[53] 如樂純之，《雪庵清史》（明萬曆刊本）其中〈清課〉一卷，有講每日懺悔。

是開悟的，而是日常實踐的，那麼日譜中所記的不應再是一些電光石火般的感悟，而是生活的，全面的，所以日譜就傾向以簿計式涓滴不露地記載每一舉動、每一念慮云爲。

我們由清初顏元與李塨兩次意見上的差異便可以看出新舊兩種典範不同。一六八九年，李塨三十一歲時，他問顏先生：「近日此心提起，萬慮不擾，只是一團生理，是存養否？」顏元的回答是「觀足下九容之功不肅，此禪也，數百年理學之所以自欺也……蓋必身心一齊竦起，乃爲存養。」[54] 照顏元說，看不見的心與看得見的九容都要合符規矩，故不再是「此心提起萬慮不擾」就夠了，應該是生活中表現出來的每一細節。另外一個例子也可以看出由操存到習行的變化。李乾行向顏元說：「何須學習，但操存至，即可將百萬兵無不如意。」顏元悚然：「懼後儒虛學誣罔至此！」[55]

他們稱呼自己所做的是「日日工程」。顏元六十歲 (1703) 時有一天突然憶起「少年最卑污事」，遂想起友人的一段話。「鳶飛戾天，一斂翅即落地」，故了解到「自今，不可任此身頹衰，須日日有工程」，[56] 成德不靠一時的了悟，而是日日要努力的事，只要有一日沒有「工程」，便會像高飛的鳶突然收翅般，即刻掉落地上。

在對感悟式的修養觀感到失望之後，人們尋找一種可以用務實的方法來達到超越目的的東西。每有一善，便算一件功，每作一件壞事，便算一過，整個靈魂的狀態可以像公司的營運狀態，用簿計來管理，而且自己可以像一個老練的會計，搬出帳本，則公司的本質與營運狀況便一清二楚了。自已成德的可能性，以及在成德的路上走了多遠，都可以從這些簿計中查得。不再像過去那種求悟的方式，究竟何時可以超悟是不知道的，悟後可以保持多久也是沒有保證的。我覺得從孫奇逢《日譜》中的一篇〈序〉中，可以看出這種由務實的方法達到超越的目的之道路。這篇序強調由日用常行以窺先天未盡、以窺良知。而且是日日慎之、日日記之，終身無不慎、須臾無不慎。所記又是自證自勘，非他人所能識測者。而且這樣一件工作是無一人不可爲，無一事不可盡，無一時不可學。[57]

---

[54]《李塨年譜》，頁41-42。

[55]《顏元年譜》，頁78-79。

[56] 同前書，頁98。

[57] 孫奇逢，《日譜》(光緒刊本)。

因爲是在日常生活的所有細節上見分曉的，日記遂有兩種功用，第一，立日記者規定自己凡是日間所思所行，夜間必須不能遺漏地忠實記錄下來，因爲時時刻刻想到自已的念慮云爲到了晚間必須記錄下來，所以許多念頭便不敢有，許多事便不敢做。第二必須對內在心靈的全部活動都要保持記錄，而且要將生活中所有的細節記錄下來以供自勘或請求成德君子代爲診治。這裏有點像是西方基督教的傳統中對「記憶」的重視。記憶是告解與悔罪傳統中相當關鍵的一部份，如果不能清楚記著自己的云爲，也就沒辦法進行一場完整的告解。所以教會中人發展記憶術，在中國傳教的利馬竇即以擅記憶術而名噪一時。[58] 又如南懷仁的《滌罪正規》中便清清楚楚地寫著，想要真正的告解與完整的懺悔，首先必須將所犯的過錯儘可能完整地記下來。[59]

明季儒者並未發展記憶術，不過日譜或日記的功用，也相當於西方懺罪過程中的記憶術，而求人評日記，或是在省過會、規過會中互質日記，也頗似向神父告解。所以教人立日記的話中都一再強調兩點：一是從最隱微的念頭之發動開始記下所有細節；二是功過並錄，一字不爲嫚飾。這兩個要點都是爲了記下善惡鬥爭的過程，以求悔過的完整，或爲自己及指導者在反省或教導時提供完整的記錄。

日譜還提供自己「回勘」的記錄，尤其是當自己神智變得較爲清醒客觀，或是道德修養上更有進境時，再回頭翻看，可以更清楚地診斷自己。我們在明末清初的日記或日譜中便常常看到回勘日譜之語。李塨年譜有一條：

> 思昔年煤毒、部問二事，心夷然不動，以爲學問所就。今回勘日譜，當時大本未立，蓋冒認也。[60]

因爲生命是一個縱深的歷程，所以自己藉著「回勘」去發現過去的修養實跡，對於未來工夫的進步也非常要緊。故要儘可能保留完整的奮鬥進退之痕跡。

除了修養「日常生活化」之外，明代思想的一些變化，也是日譜興起的重要原因。宋代理學至朱子而確立了理氣二元論，其論人心之疵病，每舉「氣拘物

[58] Jonathan Spence, *The Memory Palace of Matteo Ricci*. (New York: Penguin Books,1984).

[59]《滌罪正規》（香港：納匝肋靜院，1929）〈禪忘〉篇：凡欲解罪，當先追想所犯各罪，及其曾犯幾次，存記在心，以便吐告。然或日久遺忘，則求所以禪助記心者，略有三焉：其一，遵依十戒之序，逐條省察，庶解時陳說不紊；其二，細想從前領洗，與從前解罪以來，先後所居之地，所行之事，所接之人，則能追憶，曾在某地，行某事，接某人，曾有某失……（頁33-34）。

[60]《李塨年譜》，頁141-142。

蔽」。但至陸王一系則不談氣稟，只談物欲。氣稟之拘是天生的，工夫是窮理，以求心之發動及身之行爲能越過稟之拘，[61] 陸王只論物欲之蔽，既無天生的氣稟之拘，則雖蔽固深重，皆由習染積成，而其工夫亦在以自心之明來光照及化除。此外，明代後期，心學家對人性的看法有所轉變，認爲氣質亦不可不謂性，習與性成，傾向一種自然的，發展的人性論。所以必須非常小心地在日常生活的細節中分辨出對與錯的來。不過他們基本上認爲人內在的光照可以辨別善習與劣習，然後儘可能地把劣習去除。這也是爲什麼儒門所發展出來記過而不記功的譜冊。

值得進一步說明的是，過錯不是孤立的東西，它是一個症狀，所以了解過錯及改過之前必須先知道自己的過錯只是整個人格的一個痛症，在它之下，有一個廣而深的結構。所以將每個念慮行爲，最忠實地記錄下來，是提供「症候閱讀」(symptom reading) 的根據。劉宗周說：

> 吾輩偶呈一過，人以爲無傷，不知從此過而勘之，先尚有幾十層，從此過而究之，後尚有幾十層……謂其出有源，其流無窮也。[62]

這不是劉宗周獨有的想法，只是他說得更明白而已。而想對這個前幾十層、後幾十層的症候加以澈底的了解，必須有最完整、最無隱諱，完全忠於自己的記錄。

三

在明末清初的思想圈中，我們觀察到一個現象，即日譜除了是自省的憑藉外，它還常常是一種教材。日譜之所以成爲教學的媒介，與明清兩代之間士人的社會生活之變化有關。

晚明士人與清代士人的生活型態相當不同。晚明士人的特色之一是知識份子的群體性活動。他們到處遊學，到處拜訪同氣相求的朋友，到處談論，到處切磋，所以許多思想辯論的重要文獻便是遊記。[63] 而且當時士習囂張，結黨營社的事情極爲平常。如果想窮舉當時各種性質的群體活動，幾乎是不可能做到的事。[64]

---

[61] 參考鍾彩鈞，《王陽明思想之進展》（台北：文史哲出版社，1983），頁112-115。

[62] 轉引自梁啓超，《德育鑑》（台北：中華書局，1972），頁93。

[63] 譬如羅洪先，〈冬遊記〉，在《念菴集》（文淵閣四庫全書本）卷五。

[64] 如方以智即是一個好例子，參任道斌，《方以智年譜》（合肥：安徽教育出版社，1983）。

而講會乃知識人群體性活動的一大項目。士人每每跟隨一個大師東奔西跑。有些大型講會，在各省設有道宗，先期通知，傳單四發，屆時動輒數千或數萬人聚集在一起。這類記載非常之多，譬如《關學篇》中提到的幾次講會，與會者多到幾千人。[65] 當時有幾位名重一時的講家，所到之處，經常吸引幾個省份的聽眾。首先是王陽明。他在會稽建稽山書院，湖廣、廣東、直隸、南贛、安福、泰和等地來的聽講者多達數千人。在江西講學時，也是四方學者輻輳，他當時所住的射圃，容不下這些來學的人。如徐階爲講會于靈濟宮，使歐陽南野、聶雙江等分主之，學徒之集者千人。又如顏鈞，他一開始講學，便趁庚子秋闈，出講豫章同仁祠，榜曰「急救心火」、「得千五百友」。[66] 一五四一年三月，他聞其師訃音，遂赴泰州，祭拜王艮墓，廬墓三年，并聚友千餘，講論《大學》、《中庸》之學。[67] 一五五一年他在泰州、如皋、江都、揚州、儀真等地講學，廣泛傳播王艮大成之旨，未記錄姓名者據說有幾千幾萬之眾。[68] 一五五三年顏氏五十歲時，還作〈告天下同志書〉，約聚各方學友于南都講明聖學。[69] 又如羅汝芳，他一生東奔西走，到處講學，吸引無數聽眾，《明儒學案》稱他「舌勝筆」，[70] 決非虛語。譬如萬曆四年 (1576) 他六十二歲時在騰越的一場講會——「遍塞場中不下四、五萬眾……雖講生八、九人據高台同誦亦咫尺莫聞也。」[71] 他一生所歷講會中，聽眾的數目總是非常龐大。[72] 他的演講工作帶有到處佈道的意味，[73] 直到他七十歲時遠近學生還移家就學。[74]

---

[65] 如《關學編》（北京：中華書局，1987），頁74。

[66] 黃宣民點校，《顏鈞集》（北京：中國社會科學出版社，1996），頁128。

[67] 同前書，頁130。

[68] 同前書，頁131。

[69] 同前書，頁137。

[70] 《明儒學案》，卷三十四，頁336。

[71] 程玉瑛，《晚明被遺忘的思想家：羅汝芳詩文事蹟繫年》（台北：廣文書局，1995），頁107。

[72] 同前書，頁108。

[73] 同前書，頁161。

[74] 楊起元，《證學篇》：「先師平生將有所適，則同志預戒以待。及其至也，輒數十人在，同食寢矣，次日多至百人，少亦不下五、六十人，再過一、二日則二、三百人，此甚常也。」（轉引自同前書，頁211）楊起元，《楊復所先生家藏集》：「近師平生跡足所至便集百十人，多至數百人，絕未嘗有意於約戒號召之，而莫知其所由然也。」（轉引自同前書，頁215）楊起元在同書〈告同門〉中說：「明德先師仕無祿入，悉以待四方來學。」（轉引自同前書，頁217）

但是隨著國家的滅亡，學風沉靜下來了。士人對先前的學風有所反省批判。陸世儀說：「天下無講學之人，此世道之衰也，天下皆講學之人，亦世道之衰也」，他反對「嘉、隆之間，書院遍天下，講學者以多爲貴，呼朋引類，動輒千人，附影逐聲，廢時失事。」[75] 官方的態度也與他們合拍。順治九年 (1652) 清廷下令：「各提學官督率教官生儒，務將平日所習經書義理，著實講求，躬行實踐，不許別創書院，群聚徒黨，及號召他方游食無行之徒，空談廢業」。[76] 當時雖然還有一些講會，如紫陽講會仍具相當規模，[77] 而且還有一些名儒在各處主持書院，但講會的聲氣已近尾聲。雍正十一年又有「屏去浮囂奔競之習」[78] 之詔，講會便不常再見了。

相應於士人群體活動的消寂，文化活動的型態也有了微妙的改變。以評選文字爲例，過去由詩社評文，社盟衰歇之後，出現了新的方式，鄧之誠《清詩紀事初編》「徐文駒」條：

> 自社盟禁後，人人可操選政，以言資生，時藝所得過於詩文者多矣。故呂留良、戴名世、何焯皆甘爲選家。[79]

文學活動如此，思想性活動亦相應而變。講會減少了，像心學大盛時那種動輒幾千人，甚至上萬人的講會不再出現，一個老師身邊聚有大量學生的盛況也不再見，像過去那種四處出遊，先期張貼布告招來聽眾的情形也幾乎消失了。[80] 但是有些卓有聲名的大師，仍舊是各地士人們所嚮往的。既然少了當面受教的機會，以日譜作爲教學媒體的風氣乃漸出現。

同時，因爲這些大師對成德的看法與前人已有不同。一覺已無餘蘊式的思考已經過時，代之而起的是要在日常生活的所有細節中去實踐聖人之道，所以千里來見一面，聽一席演講，得一番開示的教誨方式，已經不夠了，有些人想到

75 《思辨錄輯要》（台北：廣文書局，1977）前集卷一，頁8。

76 《大清會典・儒學・學規》（台北：新文豐出版公司，1976），轉引自陳學恂主編，《中國教育史研究：明清分卷》（上海：華東師範大學出版社，1995），頁74。

77 陳學恂主編，《中國教育史研究：明清分卷》，頁103-105。

78 《清朝文獻通考》（台北：商務印書館，1987），卷七十〈學校考〉，頁5504。

79 鄧之誠，《清詩紀事》，頁861。

80 以講學爲例，在《關學編》中有一則記一位關中學者日與諸生講論不輟，「或以時方忌講學之風，有勸非其時者」（頁74-75），我們沒有更進一步資料討論這一句「時方忌講學之風」究竟是指政治的壓力，或是當時學界風氣如此，因爲事實上，當時政府與士人皆有反講學，反對士人群體性活動之傾向。

使用日譜。鈔送日記求人評論，教人立日記，或要求讀他人日記的風氣漸盛。譬如魏象樞將日記送請刁包評，[81] 孫奇逢《日譜》中有一條說張蓬元，寄信索求他的日譜。[82] 孫氏的《日譜》這時根本不曾印刷，而竟有人來信要求觀覽。顏元在與他素未謀面的關中李復元通信時也表示，希望對方將平時所用功及所得力處告訴他，並客氣地說「相望千餘里，貧儒難以負笈親炙」，即使連信也不能常寄，故摘「功課記」中一紙，寄請對方指正。[83] 又如他在給南方大儒陸桴亭的信上也說：「山河隔越，不敢多寄，謹以心性、學編各一紙、日記第十七卷中摘一張呈正。」[84] 此外，如安徽環山的方啓大，在他將死之前，是把自己的日錄一篇授予其子，說「此中聊見爾父所學，他無足念也。」[85] 今人認爲最私密的日記，在當時竟是類似學報、論文抽印本、講義，甚至是函授教材的東西。

在顏李的教學過程中，日譜扮演特別舉足輕重的角色。而這個現象與整個社會環境的變化有關。顏李不是以讀書爲滿足的人，他們亟思以其學斡旋世運，斡濟天下；想轉世，而不是爲世所轉；想以其學培養百萬鄉官，以落實其全國之政治改革。

但懷抱這樣一個理想的人必須要能廣泛接觸各地士流，才能落實他的弘願，然而顏元卻僻居在河北鄉間的一個荒村中，極少有機會離開，與明代心學家那種到處講學到處勸化的生活方式正好形成激烈的對比。顏元又反對著述，認爲詩文字畫是「乾坤四蠹」，反對人多念書，嘲笑有人開了一份書目勸天下士人誦讀三萬遍的構想是莫明其妙，甚至認爲明代動輒以官爵賞賜領銜修書之大臣爲荒謬。[86] 那麼他要靠什麼來傳達學說？

顏元認爲他學問的特色是實踐，所以想承其學的人必須在日常生活中活出聖賢的規模來。如果千里之外的人立志要走他的路子，不必一定要聚會見面，也

[81]《顏元集》，頁714。

[82]《日譜》册四，頁36。

[83]〈寄關中李復元處士〉，《顏元集》，頁435。

[84]〈上陸桴亭書〉，同前書，頁428。

[85] 黃容，《明遺民錄》卷五，在謝正光、范金民，《明遺民錄彙輯》（南京：南京大學出版社，1995），頁35。

[86]〈顏習齋先生言行錄卷上〉，同前書，頁655。案據《顏元集》點校者指出，此處之「三萬遍」或爲「三百遍」之誤。顏元反智識之態度可參見余英時先生〈清初思想史的一個新解釋〉，《歷史與思想》（台北：聯經出版公司，1976），頁121-156。

不必讀他的著作，要緊的是趕快模仿他的辦法立日記。而當時也確有不少千里之外從未謀面或從未通過任何消息的人，只要發心仿照他的方式立日記，便自稱是他的學生。譬如常州孫應榴，是因爲在一七二三年三十歲時聞惲皐聞述顏李之學而嘆服，便「遙拜先生（李塨）爲師，立日記，省過甚嚴，且分日習六藝」。五年後，他將四個多月間的日記一本託惲氏寄給李塨，李塨讀後，覺得其師顏元的學問已經開始南傳了。這本日記原先藏在李塨的舊篋中，後來被李塨年譜的編修者發現。他們發現孫氏原想北上拜李塨爲師，但「因斧資不給，乃北向遙拜先生爲師」。[87] 由此可知立日記是決心皈依師門的表現，所以在顏李學派中常見有「於是立日記，學先生之學焉」一語。[88] 惲氏決心立日記後讀到李塨題〈王崑繩省身錄〉一則，慨然曰：「數載景仰，未得遂願見先生之志，今以斯言自省，庶幾如見也與。」乃逐句分註之日記，訂爲自省之要。自省心存密否，密則日記書一直畫∥，否則書二斜畫×，且以畫之大小，別存否之久暫。自省視聽言動中禮否，中禮則書方□，否則書馬眼⬭，亦以大小，別中否之輕重。自省時覺有進否，進則書一圈○，否則書一黑子●，亦以其大小，別進否之分數。禮樂諸藝，每朔望兩考，有加則書環○，間斷則書缺✿，亦以大小，別加損之多寡。天理所悟，人情所照，經濟所閱歷，或日新，或仍舊，夜寐而寤，能一一自省，則晨起書一大紅圈○，昏忘不省，則書一大黑子●。每月朔，設案南窗下，省一月之記，某畫幾，某畫幾，記過之多少，跪而自訟。」[89]

不過立日記嚴格省查善過，每月結算，過多善少則跪而自訟的工作，與顏元所痛詆的「半日靜坐半日讀書」一樣，不是平民做得到的。所以，心學盛行時那種平民化的，大量村民、大量農工商賈都被發動起來參與講會的情形再也看不到了，一般百姓也不可能「立日記」，所以由講會到日譜，多少也可以看出理學中平民精神的萎縮。

---

87 《李塨年譜》，頁193-194。

88 同前書，頁194。

89 同前註。

四

我們現在所能讀到的修身日記並不多。許多立日譜的人，在某一個時期便要焚棄，所以留存的很少，加以刊刻的又更少了。刊刻工作通常是經他人之手。

本文就幾種較有代表性的日譜或日記加以討論；依年代先後，分別是陸世儀《志學錄》，陳瑚《聖學入門書》，這兩種是明末滅亡前幾年的日譜，接著是明亡前十六個月，黃淳耀的《甲申日記》，然後是由顏元年譜所輯得的顏氏日譜，最後是由李塨年譜所輯得的李塨日譜。顏李的日譜已下及雍正年間。這些日譜的內容正好見證明末到清初這一段歷史。

陸世儀是江蘇太倉人，他與同里陳瑚、盛敬、江士韶等人以道義相勸勉，於一六三三年秋間始行袁了凡功過格，後來因爲覺得不滿意，故作〈格致篇〉，又創立考德課業格。〈格致篇〉始於丁丑，也即是一六三七年，日書「敬」「不敬」於冊，以驗進退。在一六三九～一六四〇年間，他認爲自己所考猶疏，故更爲一法，「大約一日之間，以十分爲率，敬一則怠九，敬九則怠一，時刻檢點」。[90] 他把一六四一年起所作的日譜稱爲《志學錄》，所記更爲詳盡。足見他的日記有一個發展的過程，愈發展愈嚴謹，檢點的間隔愈來愈緊湊，計算更爲準確，所記的事也更詳密。

〈格致篇〉未存，考德課業格應是他們「考德課業會」會友所立日記的通稱，其得名是因他與陳、盛、江等人所創的考德問業會而來。至於《志學錄》則是該會中每個人所立日記之通稱，但是只有陸世儀的這一份留下來。陸氏的《志學錄》甚爲簡短，從崇禎十四年三月到十二月共十個月之久，特別值得注意的是，此時陸世儀正在服喪。

陳瑚的《聖學入門書》只留下一批表格，沒有實際的內容，它依年齡、性別去分，故有小學日程、大學日程、內訓日程三種，而且爲了照顧不識字的婦女，他在內訓日程規定「奉行法」中作了一些特殊的安排，[91] 他的條規中也反映了一些意識型態，譬如內訓日程規定婦女「歲終總計其數，入夫告天文中一并焚化」，[92] 即是將婦女視爲先生附屬之想法。袁了凡功過格中也有相同的規定。

---

[90]《陸子全書》，道光十年錢敬堂序，頁1。

[91] 陳瑚，《聖學入門書》，在《陳確菴先生文稿》（無出版時間，日本淺草文庫本，無頁碼）。

[92] 同前書，無頁碼。

殉明名臣黃淳耀的日記甚多，有《自鑒錄》，有《日省記》，有《媿林熳錄》等。此處所討論的是《甲申日記》。

《甲申日記》，一冊，起於一六四四年一月，止於該年三月，是黃氏殉國之前十六個月的日記。[93] 第一個月先是以《二程書》、《近思錄》作爲反省的依據。第二個月則是分身、口、意三方面自己檢省。到了第三個月時，他覺得分類檢查還不足，故在時間上又分早起、粥後、午後、燈下、夜夢五個時段以自省，「刻刻提撕，不令稍懈」。由以上種種，也可以看出他與陸世儀等人一樣，所立日記有愈來愈嚴，愈來愈緊的趨勢。這樣的發展基本上符合明清之間思想轉變的大致趨勢。[94]

顏元從一六六四年開始立日譜。他的日譜未見存留，不過我們非常幸運地從顏元年譜勾稽了不少材料。李塨等在顏元年譜的〈凡例〉中表示：在一六六四年三月以前的顏譜是本之顏氏自己的追錄稿及李塨的傳聞，此後一直到一七〇四年顏元死去爲止，皆採諸日譜。李塨他們所見的日譜共七十餘帙，每歲日記不下七、八十葉。也就是因爲有這麼完整的日譜，所以編輯年譜的工作不到五十天就完成了。這部年譜對顏氏一生功過並錄，不刻意曲隱，[95] 所以所抄錄的日譜材料極爲逼真生動。

李塨的日記現在也不能見到，所以本文全憑《李塨年譜》中所節引自日記者爲討論的根據。我們知道李氏從二十二歲 (1680) 開始立日譜，[96] 一直到他在雍

[93]《甲申日記》，在《明清史料彙編》(台北：文海出版社，1967-1969) 八集，第四冊，劉承幹跋，頁82。

[94] 本文偶而提到孫奇逢的《日譜》可能是此時期中卷帙最爲浩繁的一份日譜。孫氏立日譜甚早，不過目前所能見到的是順治六年十一月辭墓移家起至康熙十四年止的日譜。在孫氏逝世之後，日譜即已出現過抄本，魏一鼇案頭曾有一部。(常大忠，〈孫徵君日譜課存序〉，《日譜》冊一，頁21「於蓮陸魏師之案頭見日譜一書」。此書最終得以印出，乃孫氏後人得之於孫氏門生馬平泉之後人，它的正式刊印，受到史學家陳寅恪之祖陳寶箴之贊助。(見《日譜》中光緒十一年孫世玟序，頁24。) 可能印本無多，故到光緒年間仍極罕見。由於這一份日譜的存佚狀況始終在若隱若現之間，一直到一九八〇年代，侯外廬等編寫《宋明理學史》時仍不知它的存在，該書在討論孫奇逢時說他：「寫了大量著作，尤其是所作的日譜，據說卷帙浩繁，可惜已經遺佚。」近年來北京大學將其所存善本整理出版時，也把所藏的《日譜》發表了，然而只有不到兩卷的殘稿。不過在史語所傅斯年圖書館中卻藏有足本的《日譜》，共三十冊。不過因爲它不是一種系統性的，帶有簿記性質的反省日記，所以不在此討論。

[95]《顏元年譜》〈凡例〉，無頁碼。

[96]《李塨年譜》，頁6。

正十年 (1733) 故世爲止的五十幾年間，日記不斷。當李氏弟子馮辰編他的年譜時，李塨只有五十二歲，距死亡還有二十一年，後來劉調贊在李塨故世後才又續完該書。[97] 他們所根據的「自庚申七月以後，皆採之日譜，以前則本之（馮）辰所素聞於先生者」。[98] 庚申是李氏始立日譜之年。足見馮、劉二人編年譜時全是根據第一手的日譜資料，其中只有康熙五十、五十一、五十二、五十三年的日譜遺失了。[99] 馮、劉編譜，也是功過並錄，一字不加熳飾，[100] 所摘錄的日譜亦至爲直接而生動。

修身日記的記法也各有不同。黃淳耀在殉國前十四年 (1631) 立有《自監錄》，他表示自己的記法是「每日所爲，夜必書之，兼考念慮之純雜，語言之得失，自辛未 (1631) 三月十一日始」，他還寫著「勿忘勿遺，勿示他人」，足見其日記一開始就不準備公諸世人。[101]《自監錄》中偶而也說「日日查己過，刻刻查己過」，[102]「每夕查一日過失」。[103] 黃氏這個作法在十四年後的《甲申日記》中基本上是延續著的。

陸世儀記日記的辦法在當時相當有名氣。這套記法是他長期摸索的結果。陸世儀一開始並不認爲記日記時應該善過並錄，後來則發展出好幾種簿錄：《志學錄》是記自己之過的，另有一種《記事錄》是記自己之善的，至於《相觀錄》，則記同會會友之嘉言善行的。[104] 陸世儀在《志學錄》中常常後悔自己對過失所記不嚴，常有有意無意放過之處，如在開始立《志學錄》四十四天之後，他感喟地說「已前所記不嚴，過失多有大放過處，此後務期密之又密。」[105]

陳瑚《聖學入門書》分大人、小孩、女性三種記錄本子。大人、小孩的記法是一樣的：

---

97 同前書，頁143。

98 同前書，〈凡例〉。

99 同前書，頁143。

100 同前書，〈凡例〉。

101《自監錄》，在《黃陶菴先生全集》（乾隆年間刊本）冊六，〈小引〉，頁1。

102 同前書，卷一，頁24。

103 同前書，卷一，頁16。

104 在《志學錄》頁3-4中有一段話說：「途行與（陳）曰夏言記事例宜記善而不記過，曰夏不以爲然。乃同至蕃侯齋，出凡例觀之。議論少頃，乃是予議。予欲於記事錄之外，另訂一相觀錄，記諸兄嘉言善行。予與曰夏言志學錄只須記過。凡家庭隱微之善皆不可記，亦不必記。」《志學錄》頁14有「記相觀錄五條」。

105《志學錄》，頁42。

> 奉行法：先期齋戒三日，焚香告天，隨置一簿，編次年月，每日臨臥詳記所爲，明註善過，不得欺隱，不可間斷，半月一小比，歲終一大比，乃齋戒告天，考其善過多寡，自知罪禍，不必更問休咎。[106]

由於女性多不識字，所以丈夫必須居於輔導的地位，爲之講解奉行條目，而且女姓也不被要求記下內容，只要能用代碼即可：

> 奉行法：婦人奉行內訓：爲夫者將此數條與之講明白，隨造一册，明月日，每日臨臥詳記一日善過兩行，有善則于善下加一，十善加一○……如有不明，請命于丈夫，爲定其善過之數，歲終總計其數，入夫告天文中，一并焚化。[107]

顏元的日記強調毫不隱瞞地記下每日身心行爲的每一細節。顏元三十七歲時(1671)，他的夫人曾經表示希望先生「隱過不可記」，這裏的隱過可能包括閨房之事。顏元卻表示：

> 惡！是僞也，何如不爲記？且卿欲諱吾過，不如輔吾無過也。夫凡過皆記，雖盈册無妨，終有改日也，若不錄，即百過盡銷，更愧，以終無改機也。[108]

因爲是時時反省，時時記錄，事事反省，事事記錄，所以記錄是全面的，儘可能避免自己任意的選擇或有意無意的迴避。顏元在一六六六年三十二歲時說：

> 思日記纖過不遺，始爲不自欺，雖閨室有疾不可記者，亦必書隱過二字。至喜怒哀樂驗吾心者，尤不可遺。[109]

「閨室有疾」，不便明白說出的，顏元也要用「隱過」二字作爲代號，使自己在反省時見字便可以回想起當時所犯的過錯了。顏元還發展了一套符碼來記錄自己的善過：

> 時心在則○，不在則●，以黑白多少別在否分數。多一言則○（上加斜畫），過五則⊗。忿一分則○（上加十），過五則⊕（內加十），中有×，邪妄也。[110]

李塨也是每時勘心，不是隨興或想到什麼便記什麼。李塨說他開始立日記時，便決心每時下一圈，方法是簡單的○×，×當然是代表過失，可是爲了要簡要地識別所犯何過，他有一個辦法：多言則×圈上（×在○上），過忿則×圈下（○在×上），有

[106] 在《陳確菴先生文稿》，無頁碼。

[107] 同前書，無頁碼。

[108]《顏元年譜》，頁32。

[109] 同前書，頁19-20。

[110] 同前書，頁28。

貪利心則×圈右○×，有求名心則×圈左×○，有怠心則×圈中⊗，有作僞心則圈上下左右皆××○×。[111] 要緊的也是「功過並錄，一字不爲嫚飾」。[112]

在長年的實踐中，當時人也有互相觀摹日譜的記法。如有一年李塨發現自己因爲太受其師顏元的影響，以致「內功」不密時，「乃以陸道威（世儀）每日敬怠分數自考」。[113] 顏元偏重的不是心性隱微的審檢，而是禮容的表現，所以李塨想在「內功」方面有所長進時，便想到向南方的陸世儀學習。

記日譜的辦法在當時似乎相當新穎，故山東張爾岐說他到二十三歲時「始得日記之說」：

> 至二十三歲，始得日記之說，蓋有合焉，乃效而爲之。其法年自爲卷，篇題之月，月綴之日，凡有所舉，罔不注之，其日篇末計其大凡，而勤與怠可自考矣。儻有所謂日新者耶，且以號於同志，曰：亙古如斯日矣，豈至我而易之？不佞固始於二十三歲之七月，而後以終其身之日也。[114]

此文寫於一六三五年（歲次乙亥）。值得注意的是，張氏原來並不曉得日記的記法。他所提到的記法顯然帶有簿計性質，故特別提到每日之末要「計其大凡」。

記日記者通常要立定一些省察科目。除了正常的省察科目外，立日譜者亦每每在日記的冊面或明顯的地方寫下一些警句以提醒自己。如李塨一六九九年決定除了「儀功如常」外，日譜每月下書「小心翼翼」以自課，[115] 後來又在小心翼翼之下加「昭事上帝」，每日三復之。[116] 這種特別加書數字於日記的作法頗爲平常。有時自書，有時由評日記的人寫。

我們似乎已經很難想像一個人每半日或每天晚上，都要將這一天的所有念慮云爲，甚至夜晚夢境一一據實記錄下來，甚至在行旅之時，囊篋中也要隨時放置日譜。但當時人就是這樣做的。李塨《訟過則例》中就記載說他在王弘撰的囊中翻到記過格。[117]

---

[111]《李塨年譜》，頁8。

[112] 同前書，〈凡例〉。

[113] 同前書，頁72。

[114]《蒿菴集》，頁74。

[115]《李塨年譜》，頁70。

[116] 同前書，頁73。

[117]「塨少受家學，及長，益以先生長者之訓，不敢自暴棄，然每愧日省不勤，愆過滋多，一日翻王五公先生秘囊中，見劉念台記過格，條分縷析，刺面驚心，似專爲愚瞶而發者……。」在《顏李叢書》（台北：廣文書局，1965），頁1324。

後來李塨的兒子李習仁的行篋中也放著日譜。李習仁英年早逝，其父在〈長子習人行狀〉的附錄〈習仁日譜儀功〉中這樣說：「卒後檢其南行篋得之。」[118] 此外我們在其他地方也都可以發現類似的記載。

五

立日譜不是偶發性的行爲，而是道德修養的重要課程。此處我想舉陳瑚與顏元、李塨爲例，他們一南一北，不約而同地到處勸人立日譜。而且一家有一家奉行的規條。

以陳瑚爲例。陳氏只要一有機會，便要推銷他的日譜之學，《確菴文稿》中有幾篇講義是他在各處講會中所作演講的白話記錄，其中便充份反映這一個事實。譬如〈時習講義〉：

> 但既說讀書，則凡天文地理兵農禮樂十三經二十一史，那一件不當讀？既說做人，則凡爲孝子，爲悌弟，爲忠臣，爲信友，那一項不當做？然也不是空空去讀、空空去做的，須有一個規矩準繩，須有一個法則，當初袁了凡先生有功過格，劉念臺先生有證人社約，文介石先生有儒學日程，這都是讀書做人的規矩準繩，時習的法則，今不佞又參酌三先生的，定爲大學日程，半月一考較，以此治己，亦以此治人。[119]

他在印溪書舍的演講中這樣介紹日譜在修養中的功用——

> 務期勇猛精進，勿使一念懈怠，一刻虛發，方爲自愛，即如日紀，乃策厲進修良法，遵奉記錄，切須誠實，勿事粉飾，以欺父兄師友，欺人實所以自欺，己受其損，於人何與？[120]

陳氏應邀參加陸桴亭的歲會時，回憶他們一群有志聞道者所做的修養工夫時說「當初吾輩講學，歲有歲會，月有月會，旬有旬會，季有季會，大家考德課業，嚴憚切磋，讀一句書就要身體力行，遇一件事就要格物窮理，步步以操存省察，時時講習討論。」[121]

118《恕谷後集》，頁101。

119《陳確菴先生文稿》，無頁碼。

120〈印溪書舍講義〉，《陳確菴先生文稿》，無頁碼。

121〈白鹿洞規講義〉，同前書，無頁碼。

一六六〇年夏五月，陳瑚過如臯訪冒辟疆等人，集於水繪園中論學，陳氏講了一章《中庸》作爲贈別之禮，陳氏表示要實踐《中庸》的道理，須從「致曲」上做去——「前不佞有所著《聖學入門書》，要人遷善改過，原是掇拾諸儒緒餘，要人做致曲工夫，是千聖相傳心法……愚意只從致曲做去，便是即心即事，無有不會。」[122] 前面已經說過了，《聖學入門書》即是日譜的一種。

至於顏李，前面已經說過他們是日譜作爲修身及溝通思想之用。當時士人刊印文字常只刊印一篇，或抄一篇，遇到需要切磋學問之人，則奉上一篇。[123] 日譜也好比是一篇論文，如顏元在書信中常提到「以日記一紙呈正」，[124] 或說「拙功課記中亦摘一紙」，[125] 此處所謂功課記即是日譜。李塨也是一樣，他到陝西富平講學，離開時有〈富平贈言〉，最後便有「附呈日譜數則」，然後開列了一些爲學要則。[126]

贈送日記範本，也是常見的事。如李塨於一七〇五年送《訟過則例》給在他處教館的馮辰，馮辰收到後「遂上書問學」，接著並齋宿來拜，問學，李塨教以約心、力行、學經濟之後，接著是「命立日記」，馮辰馬上立日記，請李塨評，而李塨也馬上出示自己的日譜，請馮辰評。[127]

千里之外不得相見之人或平素不常見面的人，更以互評日記來發揮切磋的作用。如李塨的學生惲臯聞，人在南方，便評李塨的日記曰：

> 近有毀先生於予者，予曰，久不相見，聞流言而不信，古人之交也，況常相見乎？毀者遂止。……或者先生惡惡太嚴，不見和於流俗也。先生拜受。[128]

李塨與外界的交往活動遠多於顏元，他能吸引了大量的信徒，令其師顏元刮目相看。李塨把日譜作爲教學材料的記載也多些。譬如一六八一年，「深州國公玉來拜，抄先生日譜，常儀功，及祭五祀儀去」，[129] 又如雍正六年二月，當李塨準備與門人往博野祭顏元時，將登車，有人自縣城郵寄了一卷日記來，李

---

122 〈水繪園講義〉，同前書，無頁碼。

123 如《顏元集》，頁533。

124 同前書，頁428。

125 同前書，頁435。

126 《恕谷後集》，頁121。

127 同前書，頁108。

128 同前書，頁154。

129 《李塨年譜》，頁13。

塨披閱之下，發現是常州孫應榴決心拜顏元為師後所立的日譜。李塨祭罷回家，便開始評乙——「歸拭目眵，評乙數日乃訖」。[130] 由這段話看來，日譜差不多等於是作業，而評日譜也等於是評作業，而且評日譜不只是在卷末寫幾句總結性的話而已，不然何以會「評乙數日乃訖」？

日記有時似等於自我介紹，或至少是讓別人了解自己思想學問之大概的文字。它成為極私人極隱密的記錄恐怕是相當後來的事。譬如顏元有一次從博野去蠡吾訪李明性，「見日記及所輯性理、通鑑諸書，大為嘆服」回家便將李明性的名字寫成一張紙條貼在座上，出入必拱揖。[131]

前面已說過，吾人常在顏李學派的記載中見到把立日記作為「始學先生之學」的字樣。譬如李培（李塨弟）「始編日記求教」，便是開始拜顏氏為師的意思。[132] 甚至到咸豐年間，當顏李之學略有復萌之跡時，程貞從戴望得見顏元的著作，說「曰周孔之學蓋在是矣」，接著便是「仿之為日譜，糾察身心得失」。[133] 此處便隨目所見，將顏李學生立日譜，或自省錄、檢身冊的作一舉例，並將相關材料錄於其旁：

李塨	「先生服習齋（顏元）改過之勇，……效習齋立日記自考，自此日（一六九四）始。」[134]
王源	「（一七〇三年）六月，大興王源价（李）塨執贄從學，先生（顏元）辭不受，固請乃受之，曰：……近又聞因剛主言為省身錄，從事身心，尤使僕喜而不寐。」[135]
王承烈	立自省錄。[136]
李元春	作檢身冊。[137]
葉新	「字惟一，浙江金華人，康熙五十一年順天舉人，從蠡縣李塨受業，立日譜自檢。」[138]

130 〈孫生日記序〉，《恕谷後集》，頁134。
131 《李塨年譜》，頁24。
132 《顏元年譜》，頁99。
133 戴望，《謫麟堂集遺文》（宣統刊本），〈程養正墓銘〉，頁16。
134 《李塨年譜》，頁6。
135 《顏元年譜》，頁100。
136 《顏氏學記》（台北：商務印書館，1970），頁97-114。
137 同前書，頁114。
138 《清史稿》（北京：中華書局，1977）列傳卷四百七十七，頁13011。

張淑璋	「立日記，記得失過惡以自考。」[139]
孫應榴	立日記。[140]
劉調贊、林啓心	「劉調贊、林啓心來……贊同啓心從先生學士相見禮、祭禮，彈琴挽弓演數，分日習之，各立日記，省功過……維周亦立日記。」[141]
馮辰	「辰齋宿來拜，問學，先生教以約心、力行、學經濟，命立日記。」[142]
劉煥章	「聞顏習齋先生爲聖學，忘年等來拜。入會，力滌宦習，立日記，以聖賢相規勉考幾三十年，至卒不懈。」[143]
惲皋聞	李塨說：「昨讀（惲皋聞）來論，擬自十月朔訂日記考身心，且清夜平旦，存心之功，已覺有驗，爲之狂喜起拜。」[144]
黃宗夏	「黃子宗夏，歙人，居於吳，游京師，聞予友王崑繩稱予（李塨）學，因與予交，予之學蓋得諸顏習齋先生，乃舉先生之學相示。宗夏慨然曰：人不作聖，非人矣。於是悉剷後學浮文，求禮樂倫物之實，日有所習，時有所勘，倣予立日譜以自考，而其學大進。[145]
古季榮	「華州古子季榮乙未二月來問道，接予（李塨）……將予四書傳註，小學與禮樂射御書數諸書，皆鈔錄，其貌虔，其意勤，取與廉謹，衣冠整飭，立日記考課言行，可謂善士矣。」[146]
李長人	「肥鄉白宗伊任若，習齋之門人也……遂出遊四方，能舉顏李之學告人，人聞多有興者。今二月又來，先生（李塨）與言聖學，長人（案：李長人是李塨之子）在旁聞之，喜而

[139]《顏元年譜》，〈跋〉，頁109。

[140]〈孫生日記序〉，《恕谷後集》卷十一，頁134-135。

[141]《李塨年譜》，頁180。

[142] 同前書，頁108。

[143] 同前書，頁38。

[144] 同前書，卷十一〈復惲皋聞書〉，頁131。

[145] 同前書，卷一〈送黃宗夏南歸爲其尊翁六十壽序〉，頁1。

[146] 同前書，卷二〈送古季子西歸秦中序〉，頁16-17。

> 起，效先生立日譜以自修者，先生喜之，爲立日譜條例。……批長人日譜曰：此即誠意之功也，立日譜省，欲遷善改過以爲聖賢也，果見善如好色，好之必力，改過如惡臭，除之必決，則誠矣。又曰：自顏先生、王法乾、王崑繩相繼舍我，臯聞南旋，而予倀倀無師友之助矣。今汝有志自修，則吾道近在家庭，聖經有事父幾諫之道，況以學相後先，則交修益急，凡見吾過，汝即進言，勿以嚴而見憚也。」[147]

立日譜或檢身冊，對學生確會造成氣質上的變化，以王源爲例，他原先是一個粗豪之人，好談兵略，但在師承顏元並立日譜之後，給朋友信中的口氣有非常重大的轉變，而且都是傳教的口吻，所傳的內容不外是勸人立日譜。[148]

此外，顏李學派中亦廣泛使用年譜。對他們而言，年譜有聖徒傳般的功用。譬如鄭知芳是在讀了《顏元年譜》，發現顏氏是不可多得的模範，乃盡心於顏李之學。[149] 李塨也不時以其師之年譜作爲教材，譬如惲臯聞於一七一四年前來請教時，李塨便以《顏元年譜》及《四存編》示之。惲氏撫掌稱是，「遂盡棄其學，而學先生六藝之學，立日記以省身心」。[150]

李塨也編自己的年譜，作爲教學材料。他在五十二歲那年遊陝西前便命馮辰編年譜，當時有人表示不應在生前修年譜，他的學生馮辰卻認爲日譜可以策勵習行，年譜亦然，置之几案，可以策勵譜主長期保持戰兢惕厲之精神。更要緊的是，後學可以因此「觀先生（李塨）年譜，少壯精進如此，有不勃然奮起，求步其後塵者耶？」[151]

年譜與日譜一樣有函授的功用。李塨在〈給鄭子書〉中強調「年譜則論道全跡」，[152] 並表示如能將其師顏元和他的年譜合觀，則能「粗見聖道」，「且功過並載，使有志於二仲外千里萬里，得其人觀之，去僕過而取僕功，由僕以尋

---

[147]《李塨年譜》，頁160。

[148] 如王源，《居業堂文集》（叢書集成初編本），頁120。

[149]《顏元年譜》，頁110。

[150]《李塨年譜》，頁150。

[151] 馮辰，〈李恕谷先生年譜序〉，同前書，頁1。

[152]《恕谷後集》，頁130。

習齋，由習齋以尋周孔。即萬一當世不得其人，後世有興者如之。」[153] 故對他們而言年譜不只是傳記。而年譜也確能發揮教學作用，如李塨〈賀趙偉業中舉人序〉一文中說，程石開曾從金陵寄李塨信，那些信經過三年才到達李氏手中，李塨發現程氏便是讀了顏元年譜，才「深幸後儒之痼轍不迷也」。[154]

顏李學派所訂的常儀功與宋明理學傳統所重視的相當不同，不只是心性之涵養，還有一大堆繁瑣的禮儀與容貌舉止的軌則，所以在居喪或身體病痛之時都不易實行。以居喪爲例，一六七三年五月九日顏元的日譜上記著「練，惟朔望往哭殯宮，不與燕樂，不歌。復常功，如習書數類。仍廢常儀，如朔望拜類，晨謁告面生祠不廢。」[155] 以病痛爲例，如一六八八年七月朔日，行禮畢，顏元告其夫人曰：「吾與子雖病，但能起，勿怠於禮。」李塨規顏元：「病中鬱鬱，是中無主也，先生即書於冊面自警。」[156] 李塨在一六八四年（二十六歲）十月時，表示先前因爲父喪而停止日省的功夫，這時決定恢復「以圈爲辨，失言黑圈左，失行黑圈右，妄念黑圈中，俱失純黑，無失則白。黑白者，人禽之介也。」[157] 過了一年多，也就是一六八五年十一月出服，乃決定全面恢復日譜，[158] 一六九二年，他又再度居憂，記日譜的工作中斷了六個月才又恢復。[159]

顏元也規定自己不可輕易缺常儀及常功，即使非常匆忙而有所缺，也應補記。[160] 追錄或回勘日譜是時常要做的事。[161] 由於日譜是提供省察以增進自我道德修養狀態的記錄，所以除了每天、每月、每年要總結要自勘之外，平時沒事也要回勘。許多自勘的記載至爲沉痛，顏元死前最後一次自勘時這樣說：「乃年及七十而反身自證，無一端可對堯、舜、周、孔而無慚者，且有敗壞不可收拾。」[162] 在定期盤點自己的過錯之後，必須進行自責自罰的儀式。自罰跪或自

---

153 同前書，頁130。

154 同前註，頁20。

155《顏元年譜》，頁38。

156 同前書，頁65。

157《李塨年譜》，頁26。

158 同前書，頁27。

159 同前書，頁49。

160 同前書，頁18。「立課即甚匆冗，勿缺常儀功，有缺即書之。」

161 如《顏元年譜》，頁13。

162 同前書，頁102。

責板，[163] 是顏李日譜中時常見到的記錄。自罰的方式隨所犯過錯之性質而有所不同。個人侵犯到他人的過錯，譬如言人之短，重則罰跪。但是，如果過在於與家人宗族有關之事，包括家祭禮儀錯誤，則罰跪於父祠或宗祠前。如果「過在於教人、交友」，則罰跪於孔子神位前。[164]

與日譜密切相關的是省過會、規過會。

陸世儀等人組織考德課業會中，設有三種記錄。第一是記事錄，記善不記過；第二是志學錄，記過不記善；第三是相觀錄，專記會友的嘉言懿行。《志學錄》是要在考德課業會中交給大家閱讀的。[165]

舉會之日，分「考德」與「課業」兩方面的活動，「考德」是互考《志學錄》中的修養的記錄，「課業」則以研讀經書爲主，所以當有人向陸世儀提議應該注重五經時，陸氏的回答是他們已經講求經書多年了。[166] 他們通常同時參加幾個這種省過團體，譬如陸世儀似乎參加了另一個「直言社」，該會也期待在聚會之日，會友能盡情報告自己的過失，如陸世儀曾將他十幾天的心理狀態作了結算，並記在日譜中以便聚會時能無遺漏地向直言社社友報告——

> 自前二十六日至今月十三日，學力不進。初一、二、三爲放心所累，是後平平，至初旬則又爲昏沉所累，兀兀過日，總記雖無大過惡，而亦可謂之荒殆矣。書此以告直言社諸兄，並以刻責將來，爲墮落之戒。[167]

直言社比考德課業會晚，而且基本是不同的兩批人所組成的，考德會創於一六三七年，直言社創於一六四二，前後有五年之差。據黃淳耀《黃陶菴先生文集》中的〈陸翼王思誠錄序〉：

> 壬午春有同志斯道者十餘人爲直言社，前輩則有高叔英，友人則唐聖舉、蘇眉聲、夏啓霖，門生則陸翼王、張德符、高德邁、侯記原、幾道、研德、雲俱、智含兄弟，暨吾弟偉恭也。平居自考咸有日記，赴會之日各出所記相質，顯而威儀之際，微而心術之間，大而君父之倫，小而日用之節，講論切偲，必求至當之歸……苟一言不合乎道，一行不得乎中，小經

[163] 如《李塨年譜》，頁31。

[164]《顏元集》，頁652-653。

[165] 陳瑚在《聖學入門書》的序上說他們從一六三七年定爲日記考德法而揭敬勝怠勝於每日之首，格致誠正修齊治平於每月之終。

[166] 我們在陸氏的《志學錄》中也不時可以看到討論經書的記載，如頁7。

[167] 同前書，頁41。

指摘，立自刻責，欽思俱忘。[168]

從黃淳耀的話看來，陸世儀一開始並不屬於此社，但他後來也不時參加直言社互糾過失的活動。

每個人的日記——《志學錄》，是要供人家閱讀的，[169] 社友俱集，互閱志學錄的記載不少，[170] 這一類修身團體到處都有。就在考德課業會的同時，山陰祁彪佳也與一群友人在浙東組織了規過會，他們在一六三七年三月初八日「泊舟白馬山房，與管霞標習靜，晚互糾過失。」[171] 一六五六年春，陳瑚參加了一個在庸夫草堂舉行的會講，他便觀察到與會諸子「對聖像自書其過」，彷彿嚴師在前，並說他們「謁聖畢，諸子爲書己過，交相勸勉」。[172]

社友們每天要結算，每十日要結算，除此之外，不定何時，大部份是半個月左右，還要反省自己的心理狀況，陸世儀在參加直言社的會集，經過會友的提撕之後一段時間，覺得有觀察自己進退情形的必要。他所結算的東西及單位都值得注意，譬如有一條日記說：

> 自初十日赴眉聲直言社至是日，凡半月。總計口過或少，然細檢著亦未必能免也。身過則連晨晏起，多怠惰之氣，又遇飲食時多不撙節，心過則慾念共起四次，雖起而旋忍，然心已不淨矣。其他細數流注不勝其數，惟惡念不生耳，善狀無一可舉，但自省矜心將盡，誤障稍輕，則或者近日寸進在此也。[173]

如果陸世儀對自己心理狀態的描寫可信，那麼，在群體的幫助之下，道德轉化的工夫確實有相當的效果，在十五天內，慾念只起四次，而雖起而旋忍。以精確的算術來計算慾念，這是向內探索的心性之學達到了最高峰，但這樣精微的內省，也使得他們不可能發展出像功過格那樣通俗化的運動。

以上所述的考德課業會、直言社等，俱是明亡前的結社。他們在當時感到最關心的是社會風習的敗壞。在明亡之後，陳瑚及他的朋友們也陸續組織規過

168《黃陶菴先生全集》卷二，頁8。

169 譬如《志學錄》有一條記「同蕃侯、聖傳至草堂講會，上午考德業，讀志學錄」，《志學錄》，頁10。

170 同前書，頁19。《志學錄》另一條記「同偉恭赴義扶社集，同社諸君各有精進意，互傳日記」，同前書，頁29。

171 祁彪佳，《山居拙錄》，在《祁彪佳文稿》，頁1077。

172〈庸夫草堂講義〉，在《陳確菴先生文稿》，無頁碼。

173《志學錄》，頁28。

會，這時他們舉會的迫切理由是對國家滅亡的反省以及對天災人禍的警惕。

陳瑚在一六四八–九年時，在江蘇崑山附近的一個小鄉村中與諸仕儼和一群朋友們實行改過之學。他說這是因爲目睹改朝換代，天災人禍，痛自修省，故決定約集友人爲改過之會：

> 雖然，一家行善，一家必受其福，一人種德，一人必食其報，不言事應而事應具存，況匹夫匹婦之誠有可以感天地動鬼神者乎！吾友諸鼎甫……自戊子、己丑（一六四八–九），予在蔚村，相約瀾、漕諸友，爲遷善改過之學，月朝十五，則考其進退而勸戒之，鼎甫與焉，亡何，予徙隱湖，諸友各散去，遂以中輟。今春鼎甫感於凶歲，重理前業，名其所記曰：不欺錄。其自序曰：善事隨遇隨行，惡念隨起隨滅，一息尚存，此志不懈。[174]

由上面這段文字看來，諸仕儼等人在的改過之會中斷後，又一度因爲凶歲而重理前業，並名其日記曰《不欺錄》。可惜我們目前看不到這份日記，或許諸氏的《勤齋考道日錄》正是從這份日記中摘出的心得。[175]

對規過會提倡最力的是顏李學派，顏元參與的第一個規過會創於康熙元年(1662)，最開始是一個文社，他與郭靖共、汪魁楚等十五人結會，立社儀，社長焚香，同拜孔子，然後「各聚所聞，勸善規過，或商質經史。訖乃拈題爲文。」[176] 後來「拈題爲文」的部份消失了，成爲專門規過的團體。由文社慢慢蛻變爲專門的社團是當時常見的一個現象。[177]

顏元回憶一六六四年正月四日，王法乾來，與顏元二人約定十日一會，會日，焚香禮拜孔子後，主客各就坐，「質學行，勸善規過」，到了三月的時候，這個會又有了發展，他們加進一件新東西——日記，他們覺得光是口頭上勸善規過還不夠，有立日記以備會質的必要。王法乾說：

> 適者易言，意日記所言是非多少，相見質之，則不得易且多矣。

顏元回答王氏：

> 豈惟言哉，心之所思，身之所行，俱逐日逐時記之，心自不得一時放，身

---

[174] 陳瑚，〈不欺錄序〉，在《陳確菴先生文稿》，無頁碼。

[175]《勤齋考道日錄、續錄》（太崑先哲遺書本）。

[176]《顏元年譜》，頁9。

[177] 如萬斯同等人組織的講經會最初也是文社，參見王汎森，〈清初的講經會〉，《中央研究院歷史語言研究所集刊》68.3(1997)，頁503-588。

自不得一時閒，會日，彼此交質，功可以勉，過可以懲。[178]

爲了心不得一時放，身不得一時閒，系統而全面地省過，他們決定立日記，然後見面時可以有書面的根據可以互相規過。

在顏元參與的一些規過會中，也有過波折，有人不習慣公開揭人之過，故「秘授一小封以規之」。[179] 一六七二年，王法乾因爲接連喪妻、喪子，而耽溺於《莊子》，這與顏元所倡的六藝之學嚴重相違，顏元「乃告以止會」，[180] 兩個月後，因爲王法乾親自前來悔過，聲請復會，乃定仍每月之三、六日行規過會。[181]

除此之外，顏元還與王法乾五日一會，五日一送規過紙。[182] 不是會友也可以送規過紙。從顏氏日譜摘錄下來的《顏習齋言行錄》中記載著顏元曾經告訴趙好古，要趙氏每五日投「規過錄」一紙給顏元：

吾自得張澍而坐莊，得李仁美而冠正，得石孚遠而作字不苟簡。每當過將發，未嘗不思三子也。今後許汝五日投規過錄一紙。[183]

這有點像是寫論文時到處搜集批評意見了。顏元每作回憶文字，都將他與王法乾共約爲五日一見之規過會看成是自己生命史中的轉捩點。他說甲辰 (1664) 以前，也就是遇到王法乾之前，「亦自分枉此生矣」，直到與王法乾舉規過會才又燃起成德的希望。[184] 他在題其徒鍾錂的日記中也說：「吾自幼多過，迨康熙甲辰，得交法乾王子，相期以聖人之道，訂五日會，各爲日記，逐時自檢言行課程之得失，相規過而勸善焉。」他說自己將近七十歲而能無大過，而且對周孔之學似能有所了解，全是因爲過去四十年改過上的努力。[185]

依照《顏元年譜》中所引日譜看來，王法乾常規顏元流於「雜霸」，[186] 而顏元總不滿法乾好《莊子》，不肯學習真正六藝之學，[187] 或「不繫念民物」，[188]

---

178 以上見《顏元年譜》，頁11-12。
179《顏元年譜》，頁9。
180 同前書，頁36。
181 同前書，頁37。
182〈答清苑馮拱北〉，《顏元集》，頁462。
183《顏元集》，頁631。
184 同前書，頁597。
185〈題記前示鍾錂〉，同前書，頁588。
186《顏元年譜》，頁81。
187 同前書，頁36。
188 同前書，頁92。

此外，交責「爲學不實」之記錄亦時有所見。[189] 足見這是兩個相當不同的人，但總是想透過規過的方式將對方招以從己。

一六八一年十月李塨亦加入每月三、五日舉行之規過會。[190] 顏元與李塨除了在會日交責外，因爲平時見面機會還多，所以訂定規約，「以對眾不便面規者，可互相秘覺也」——「警惰須拍坐，箴驕示以睹，重視禁暴戾，多言作嗽聲，吐痰規言失，肅容戒笑輕」。[191] 王法乾卒後，顏元對無人能夠時時規其過失爽然若失，後來因馮繪升來學，遂與馮氏約一年兩會，互相規過。[192]

顏元到處勸人行規過會，認爲這是「忘一世之紛囂，而醲一堂之虞、夏」的要著，譬如乙卯〈與高陽孫衷淵書〉就希望他訪求一、二朋友，相與結社，演禮歌詩，互相規過。[193] 又如河北滄州戴道默尙書致仕，與貧士及鄉老結社，五日一會，顏元聽到了，寫信勸他們應增加互相規過的活動。[194] 而顏氏學生子侄也有受其影響而舉規過會者。如李塨之弟李培亦效法其兄立日記，逐時自省，「於是（顏）元門下姪修己、爾儼及門人李植秀、鍾錂因俱鼓舞，各集冊互相糾繩」。[195]

李塨與學生們都把握見面的機會互質日譜。譬如他與常州惲皋聞師徒一生沒見過幾次面，但是每次見面，討論修身功課時並不以隨興問答的方式進行，因爲那帶有太大的偶然性、選擇性，甚至會互相隱瞞，他們所要做的是把隨身攜帶的日譜拿出來「互質」。如一七一八年，李塨六十歲時，聞惲皋聞到北京，因爲蠡縣與北京較近，所以李塨前往探視，「相見甚喜，互質日記」。[196] 隔年，又在河北故城見面，李塨在日譜中也這樣記錄著：「甚喜，互質日記」。[197]

---

[189] 同前書，頁47。

[190] 同前書，頁56。

[191] 同前書，頁57。

[192] 同前書，頁95。

[193]《顏元集》，頁456。

[194] 同前書，頁653。

[195] 同前書，頁526。

[196]《李塨年譜》，頁162。

[197] 關於這次見面互質日記，留有較詳細的記錄。李塨書皋聞日記後云：「詳閱大記，省察嚴，克治勇，所謂欲寡其過而未能也，聖學在是矣。然功力所在，存心應事而已。存心也，或染二氏之說。屏事息念，檢攝靈明，一遇事牽念引，復覺昏勞，且夢魂亦爲顛倒。不如專從聖學，無論有念無念，有事無事，皆乾乾惕若。敬以直內，所謂修己以敬者，心自有主，身自不擾，夢魂自爾清醒之爲得也。應事也，或有周旋世故人情之見，則情故既去，自有懈怠。不如聖言所謂質直好義，察言觀色，慮以下人，非以爲人，即

老學生久久不見面，一見面時，也是先看日記。如李塨在一七〇二年曾想與方苞換田，移家江南，在經過衡水劉邦司家時，也是先觀其日記。[198] 一七〇八年，當李塨五十歲時，他與學生馮辰（樞天）訂半月一會學。[199] 在一七一七年九月，馮辰來共質日記，互相規過時，李塨規馮辰「貧而怨，則志不卓」，馮氏規李塨「言人議先生力農致富」，李塨解釋說自己並非刻意求富，而是因爲平生志欲行道，今已遲暮，無所表現，故欲以農事顯其「雄傑之餘勇也」。[200] 由兩個人針鋒相對之處，可見規過要能全無意氣成分，也是不可能的。

與李塨相互規過的人，不限於其師顏元，或是他自己的學生，像其師之友郭靖共、[201] 王崑繩也受李氏規過。[202] 規過時對象不拘生熟。李塨在一七〇八年一度應邀遊幕，認識三位後進，他也「求三子規己過」，而其中兩位也不客氣地指出他在與他們見面時「有交股一過」，李塨表示拜受。[203]

規過會的教誨意味很強。即使是師徒互相規過，看似平等，但實際上也有佔主導性的一方。顏元與其生徒互相規過時，生徒多規其性格上的缺失，如雜霸、燥而易怒之類，但顏元規其生徒時，則顯然更著重在將自己學說——尤其是六藝、九容，及毋溺於詩文三點，儘可能地灌輸給對方。[204] 有時當然會出現思路針鋒相對的情況。譬如顏元一度規李塨「策多救時，宜進隆古」，而李塨則規其師「盡執古法，宜酌時宜」。[205] 從這針鋒相對的規過內容，也可以看出師弟二人思想宗旨有相當大的不同：顏元認爲欲救當世，必須「隆古」，而李塨則認爲欲救當世，「宜酌時宜」。

在規過會中，互相摘發對方所不察覺或已察覺而不肯改正的錯失時，其氣氛是肅殺的，但情緒是純真的。馮辰觀察說，每當顏元、劉煥章、王法乾、李塨

以成己，虛恭肆應，人自歸懷之爲得也。」惲皋聞亦書李塨日記後云：「伏讀大記，刻刻念念，以天下萬世爲懷。鶴之不肖，不以其頑魯而棄之，諄諄誘接如此。鶴雖不敏，請事斯語矣。」《李塨年譜》，頁167。

198 同前書，頁174。

199 同前書，頁128。

200 同前書，頁161。

201 同前書，頁51。

202 李氏所規與顏元規勸王氏的話甚爲相似——「規以養心謹微，偶明正道，斥去虛文。崑繩規先生虛受納言」，同前書，頁121。

203 同前書，頁131。

204 同前書，頁14「習齋教先生加功九容」，頁18習齋「又規先生繫心詩文之失」。

205 同前書，頁22。

四人會學，勸善規過時，是「互無回護，且日記詳錄，不肯隱諱飾嫚」。[206] 李塨在一次與惲皋聞爭論的信上也說他們「每會勸善攻過，摘露肺腑，面赤髮植不為甚，以此雷霆斧鉞受之熟矣，旁人見之，以為不近人情，而與習齋，直如頭目手足互相救援。」[207] 充分顯示出規過者率直認真的情形。

此外，互評日記之風在明末清初也頗為盛行。評者通常是受人敬重的老師，這取代了心學大盛時親自見面點撥的那些場合。譬如蔚州魏象樞因為崇敬刁包，所以每月固定送日記求刁氏評論。[208] 在顏李學派中評日記之風更是盛行。而且是雙向的，師徒互評、父子互評。[209] 譬如一六八〇年，李塨規其師顏元「言躁而長，猶未改」，顏元甚為感謝，表示他正賴有良友來扶持，故從此起便持日記求李塨評。[210] 隔年顏元在評李塨日譜時，發現其譜中代表善的白圈甚多，便評說「此亦慊也、怠也。怠則不自覺其過，不怠則過多矣」，顏元並表示自己的日譜中，一歲之中純白的圈只有數個，他自己總是要到自勘私欲不生，七情中節，待人處事無不妥當時，才覺得滿意而下一個白圈。[211] 顏元評李塨日譜的記載還很多，此處不能齊論。[212] 當王源決定拜顏氏為師時，顏元率源祭拜孔子，希望孔聖能使王氏「成德興行，有功乾坤」，接著便是評王源的《省身錄》。[213]

李塨評他人日譜的記錄也不少。譬如一七〇三年，「陳叡菴為日記，求先生

---

206 同前書，頁45。

207 同前書，頁170。

208 《顏元年譜》，頁9。

209 師徒互評見《李塨年譜》，頁104；父子互評見同書頁183。

210 《顏元年譜》，頁53。

211 同前書，頁54。

212 譬如一七〇〇年，因為李塨自南方回來，受毛奇齡等南方學者影響，喜歡文字著述之業，顏氏在其日譜中記他評李氏日譜說「評塨日譜，戒以用實功，惜精力，勿為文字耗損。」同前書，頁96。

213 同前書，頁100。又如他評李培的日記時說「既脫俗局而高視遠望，再斂空虛而自卑自邇，則可與適道矣」（同前）。評日記時所根據的標準其實即代表一種理想的人格狀態，譬如顏元評李塨日譜，各個階段評語的重點都有不同，如評李氏「學習多於讀作，快甚。」（《李塨年譜》，頁14）。又如評曰：「氣象多得之五公，亦善取人矣。」（同前書，頁21）。李塨三十五歲時，顏元評其日記說「氣象振起，更宜檢校身心，無怨無倦。」（同前書，頁50）。這一種評語是針對李塨的實際狀況而說的，因為這時李塨在日譜中描述自己「自愧放棄，務期心一刻勿放，身一刻勿頹」。（同前）。

評」，[214]「鍾錂、金若至，求評其日記」。[215] 過去是大師所到之處便有識或不識之人前來聆聽演講或受其點撥，現在則常代之以評日記。譬如一七二八年，李塨前往博野，與博野縣令會於縣署。其署中素不相識的葉姓孝廉（葉惟一）便持日記求評，細問之下，知道他是「聞習齋之學而興起者也」。[216]

六

從日譜中自省的科目可以看出人格理想上的變化，同時，由日譜所記錄的實際生活情形亦可以看到一些士大夫生活史上的變化。

隨著商業的發展與習俗之日趨侈靡，明代後期生活有很大的變化，這時士大夫中至少有兩種分化，有一類人，如屠隆、馮夢禎等文人，是盡情地享受這個時代。但是，另外有一群人拼命想抵抗這個時代。從日譜中可以看出這些人是以近乎戰鬥般你死我活的態度在反省自己，如黃淳耀說：

> 燈下氣象與午前後不同，如孤軍復振，旌旗變色，遂欲鼓行而前矣，但氣力尚弱，保住為急。[217]

他們的罪惡感非常深重，覺得處在那樣的社會中，自己的生命是非常危險的存在，黃淳耀說：

> 此心一刻在即人也，此心一刻不在即禽也，日用靜動間，一提撕，則去者可還也，一不提撕則存者立亡也，矛頭淅米，劍頭炊□不足喻其險。[218]

他們反省的內容是異常嚴格的。此處摘引李塨的記錄為例：

> 之北街，寒甚，袖手偏，悔曰：此非所以自強於手容也，乃端拱。[219]
>
> 聞賣桃，動嗜心，既而曰：一桃之微，可以喪身。止之。[220]
>
> 人勸飲，加一斝，旋悔曰：負顏先生教矣。[221]

---

[214]《李塨年譜》，頁96。
[215] 同前書，頁100。
[216] 同前書，頁193。
[217]《甲申日記》，頁58。
[218] 同前書，頁24。
[219]《李塨年譜》，頁9。
[220] 同前書，頁7。
[221] 同前書，頁10。

思晝有得，夜有思，近頗不愧。而入廁搔癢不忘敬，未若戊寅年也，愧之。[222]

定行前覩五步，不得流及左右，失則記過。[223]

他們省察的單位是極細微的。譬如陸世儀常說某日有不好念頭幾個。省察範圍更深及夢境，也就是整個心靈世界全部在省察範圍中，完全不容許有陰暗的角落。

他們當時當然沒有現代心理學中「潛意識」的觀念。不過我們發現，他們對夢與今人所謂「潛意識」之間的關係認識得相當深入。所以幾乎每一位日譜的主人都將「夜夢」作爲反省的要項。[224] 譬如李塨有一天的日錄記著如果「夜夢不靜止，則黑其圈。」[225] 足見自我轉化的範圍要包括夢的領域。而且這個領域是只要心一發動便不自覺地留下痕跡，所以最不會欺騙自己。照他們的想法，潛意識是應該保持全然乾淨毫無渣滓，一旦夢境有問題，表示心靈的整體狀態也有問題，所以李塨有一次說「自勘近夢不清」，接著便說「必心不敬也」（一七〇二年四十四歲）。[226] 他們認爲睡眠的時間佔每天的將近三分之一，如果真想從事道德轉化的工夫，這三分之一的時間自然不能放過。所以他們常說除了白天保持完全純淨，無一毫渣滓沉於心底外，睡時姿勢也應當注意，使得夢能保持清正的狀態。[227] 他們似已相當清楚「潛意識」的渣滓會在夜間趁著意識篩選機制鬆懈時，乘機竊發。所以記下夢境的作用之一便是提供人們反省潛意識底層的依據，有如去清除喜馬拉雅山的積雪般。

「日有所思，夜有所夢」，此時日記中常見的夢，相當程度地代表了人們關心的主題。當陸氏開始摸索《志學錄》的記法時，便夜「夢與諸兄爲記事法，朗朗如晝」，[228] 也就是夢見自己與考德問業會的會友談記過的方法。這是因爲那一天白晝，他「思得記事法分二部，一記講學始末，一記言行」，[229] 大概是

---

222 同前書，頁109。

223 同前書，頁117。

224 這當然不是他們所獨有的現象。舉個例説，明代日本入明僧策彥周明的日記，也是儘可能每天記夢境，所夢何人，夢是否清。見牧田諦亮，《策彥周明入明記の研究》（上）（東京：法藏館，1951），其中有關夢境之記載隨處可見。

225《李塨年譜》，頁41。

226 同前書，頁88。

227「臥用敬功，夢遂清」，同前書，頁88。

228《志學錄》，頁3。

229 同前註。

因爲白天想得太過投入，故夜間乃有此夢。這是很特別的夢境，一般而言他們所記夢境中有幾個較常見的主題。第一，夢見受女色誘惑而不動，如黃淳耀「夜夢見一冶女挑撓，不爲之動，而亦有強制之意，此偷心未絕之徵也」。[230] 偷心未絕，是指藏在潛意識中好色的念頭，趁著作夢意志鬆懈時發露出來。第二，夢見自己是忠節之臣或正在力抗異族侵略。有一夜黃淳耀作夢「憶其一乃見靖難時忠臣卓敬，心有敬之之意」，他評論說「此亦是平時矜高自許之根所伏藏而偶現者」。[231] 黃氏這些夢似乎反映他自己意志中忠誠意識之強烈。第三，夢見與古代聖人周旋，如黃淳耀「夢謁孔林，四顧庭廡雲木蒼然，思欲廁弟子之末而不可得，泫然垂涕」。[232] 這個夢境在宋明儒者相當普遍，吳與弼的《日錄》中便反覆出現這個主題。[233] 至於黃淳耀的第二種夢境，與他在寫那一段日記十幾個月後殉國成仁的經過，竟相彷彿。

從日譜的記載中也可以看出從「倫理的」到「禮儀的」，由「內推外」到「外打進」的轉變。明末日記中到處是驗看念頭之語，[234] 不但不及禮容，也未見到反省或督促自己從事社會性工作。甚至於國家動亂，邊事緊急等大事，也都不大出現在日記上。以陳瑚、陸世儀等人的日譜爲例，可以看出他們反省的範圍是內傾的，心的狀態仍是最重要的反省目標。基本上他們仍然相信念頭上正了，外面的行爲便沒有問題。故常可見到「日間有兩個不好念頭」，[235] 或某日「口雜，身無過，心發一欲慾，可恨之極」，[236] 或「又發一慾念，慾根久而不斷，縱有絕慾之事，與不絕等也」[237] 的記錄。他們在相當程度上仍然相信「要之心正則百物皆正，所謂動容周旋中禮也」。[238]

不過從日譜中吾人也可以看出清初禮容之學已開始有興起的傾向。陳瑚日記中只偶而說「坐談時言容手容不肅」。[239] 至於顏元李塨，從他們日譜中的〈常

230《甲申日記》，頁77。

231 同前書，頁63。或如頁77-78「夢有賊兒劫，脅之以兵，余怒罵曰賊，賊吾豈畏汝者」。

232 同前書，頁20。

233《康齋先生日錄》，頁3。

234 如《甲申日記》，頁5。

235 同前書，頁78。

236 同前書，頁50。

237《甲申日記》，頁51。

238 同前書，頁29。

239《志學錄》，頁1。

儀功〉及所記的內容看來，他們處處皆講「容」。他們也都追溯到明季心學家鄧潛谷提倡九容之學是一項重要的突破。[240] 足見這在當時以內本論爲主的思潮中佔有很特別的地位。

九容之學復興，而且成爲日記中反省的主要題目，足見道德修養工夫由抽象的道德準則到日常生活道德之轉變。尤其重要的是由內本論向禮的轉變，從內在看不見的心靈的狀態到外在看得見的行爲儀節的謹守。這反映了後心學時代的人間秩序，偏重以外在的禮容作爲內在心性的基礬。顏李極爲講究古禮，他們的文字中討論古禮細節的極多，而且他們也盡一切力量，希望將之付諸日常實踐。在他們每日省察自己言行的過程中，作爲對照之依據的也泰半是儒家的古禮，而且其中許多是二千年所不行的禮文，即使經過仔細考核仍無法重建。[241]

此處要舉顏李日譜中的一些記錄作爲例子來討論這一變化。顏元早年有一次靜坐，觀喜怒哀樂之未發，覺得心情無比和適，「修齊治平都在這裏」，[242] 王源後來不客氣地加以批駁，他說心裏面的境界，與外在的治平沒有關係。[243] 在本文前面已經提到過，有一次（一六八九年）李塨對顏元說自己「近日此心提起，萬慮不擾，祇是一團生理，是存養否？」顏元回答：「觀足下九容之功不肅，此禪也，數百年理學之所自欺也。」[244] 朱主一有一次也對顏元說，「用習禮等功，人必以爲拏腔作勢，如何？」顏元正色回答他，「正是拏腔作事，何必避？」「拏得一段禮義腔，而敬在乎是矣！」[245] 從師弟的應答之間可以反映由心性到禮容的轉變。

由於顏元始終偏向外面而忽略內面，所以李塨偶而也感到不滿足，李塨南遊時將陸世儀的著作返告其師，欲以陸氏的心性存養補師門專講事功經濟之缺憾。[246] 但顏元始終不曾加以重視。而李塨〈詩經傳註題辭〉中說：「予自弱

---

[240]「觀鄧汝極傳，以當時心學盛行，崇證覺，以九容、九思、四教、六藝爲多。汝極駁之，曰：「九容之不修，是無身也，九思之不謹，是無心也。」先生續曰：「四教之不立，是無道也，六藝之不習，是無學也。」《顏元年譜》，頁77。

[241]《李塨年譜》，頁102。

[242]《顏元年譜》，頁12。

[243] 同前註。

[244]《李塨年譜》，頁41-42。

[245]〈顏習齋先生言行錄〉，《顏元集》，頁665。

[246] 錢穆，〈陸桴亭學述〉，《中國學術思想史論叢》（台北：東大圖書公司，1980）冊八，頁373。

冠，庭訓外，從顏習齋先生遊，爲明德親民之學。其明德功課，則日記年譜所載是也。」[247] 觀其日記年譜中所載其實也不過是對自己是否恪遵禮學的反省，足見其功夫重點之所在。

另外一個值得重視之處是：即使在這個時代已經有人開始質疑《大學》作爲理學核心文獻的地位，[248] 可是，《大學》的八目仍然是指導人們由個人到天下的生命藍圖的重要依據。換句話說，當時儒家士大夫似乎也很難跳出這個格局的限制。陳瑚、陸世儀這個修身團體每十日分八步作一結算。[249] 但是從日譜的記錄可以看出，八步之中超出個人修省的部分，主要是「治平」類，有一個特色，即包括的範圍異常空泛。此處我舉陸世儀《志學錄》中「治平」類的幾條資料作一說明。譬如：

> 作講學記事凡例六條，記事式二葉，思以女配亡友遺孤，肅清亡友門庭。思得相覿錄法，記諸兄言行八條。[250]
>
> 應援親戚，公事謁長官，爲友人思得悅親之道，思輯會講集說。代同善會作致州尊書，與通侯論理學，與景賢說書義。[251]
>
> 與周扆工談理學。[252]
>
> 不謀錢靖侯私事。[253]
>
> 與過在蓀論學，與虞九晤談一夕。[254]
>
> 篤友誼，與孚光講性善義。[255]
>
> 平息登善家橫逆之事。[256]
>
> 消弭虞九兄家大訟。[257]
>
> 與王原達論儒釋。[258]

---

[247] 《恕谷後集》卷十一，〈詩經傳註題辭〉，頁136。

[248] 陳確，《大學辨》。參見王汎森，〈清初形上玄遠之學的衰落〉，《大陸雜誌》，待刊稿。

[249] 《志學錄》，頁5。

[250] 同前註。

[251] 同前書，頁9。

[252] 同前書，頁61。

[253] 同前書，頁64。

[254] 同前書，頁66。

[255] 同前書，頁69。

[256] 同前書，頁76。

[257] 同前書，頁79。

[258] 同前書，頁82。

足見他們認爲平息他人家裏的訟事或爭端，爲友人思得悅親之道，與人論理學、論儒釋、談性善、說書義都可以算是「治平」之學，但是晚明通俗宗教蓬勃一時的社會福利事業，社會救濟工作，或是屬於公共生活的部分，除了陸世儀在《志學錄》中時常提及的「同善會」外，在其他人的日譜中都不常出現。社會福利的性格不強，從事社區或國家經世之務的色彩也不濃厚。此較例外的是陸世儀參與「同善會」的活動，陸世儀曾把有關同善會的活動列爲其「治平」方面的成績。[259]

在明末清初的文獻中陸氏《志學錄》中保留了最多同善會活動的資料。這些資料顯示出他們的活動與功過格的實行者有所不同。因爲功過格是以個人爲單位計算功德，所以善舉的特色偏重於個人所從事的社會救濟等工作，陸世儀他們認爲善行是不爲個人福報的，故從《志學錄》看來，似乎更重視的是團體性的救助工作，譬如有一個親戚前來求助時，陸氏說，他要對方改向他所屬的同善會求助。[260]

七

簿計式的日譜主要是受功過格影響而產生的，但又與功過格立異，並且要在道德實踐的領域上與功過格爭領導權。但是它們之間許多明顯的差異，使得日譜無法被廣大的下層士大夫或平民所接受，無法形成一個平民運動。

第一是道德與幸福是否能密切關聯的問題？在儒家的思想傳統中，這兩者是不可能密切相聯的。孔子基本上是一個俟命論者，孟子則主張修人爵以俟天爵。[261] 東漢的思想家王充說「偶遇」，東晉的神滅論思想家范縝也有類似的思想。[262] 他們都不曾在道德與幸福之間創造一個等號。不過，佛教所傳進來的報

[259] 同前書，頁20。

[260] Joanna Handlin, "Benevolent Societies: The Reshaping of Charity During the Late Ming and Early Ch'ing", *The Journal of Asian Studies*, 46.2(1987), pp. 309-337.

[261] 傅斯年，《性命古訓辨證》，《傅斯年全集》（台北：聯經出版公司，1980）册二，頁639-640。

[262] 森三樹三郎著，蕭英彥中譯，《中國思想史》（台北：九思出版公司，1981），頁18-25、44-45。

應觀則相當程度地克服了這個問題。[263] 宋明理學本身也未提出辦法來解決道德與幸福問題。正統的理學家認爲，道德行爲本身即是它自己的目的，所以不必再去問是否有福報跟隨而來，而且認爲企求福報的想法是錯誤的。理學家固然也在相當程度上相信書經中的「作善降之百祥，作不善降之百殃」，但是通常是在災禍之後自我警醒，而很少去揣想自己的善行可以立即打開命運的大門。譬如王畿在遭到大火之後自訟，反省自己是否因爲道德修養上的過咎而導致這一場大火，即是一例。

在晚明，功過格等善書提倡「現世報」，人們可以藉著日常的功德打開自己的命運的大門，也可以很快地在道德與幸福之間得到預算的平衡，不必等到來世。袁了凡本人的故事告訴人們，累積了多少善行便可以生子，再積多少可以中進士。有了道德行爲，馬上可以得到福報。而且，這一次的許諾與保證，比佛家更直截了當，不需地獄，不需輪迴，而是人活著的時候馬上可以得到的「現世報」。在各種功過格的版本中所見到的種種激勵人行善的故事，都一無例外地在闡述按照功過格行善之後所能帶來的現世幸福，尤其是科舉上的成功以及子嗣上的繁衍。甚至連最反對功過格的劉宗周，也被拉進去，作爲是行之有驗的一個例子。[264] 人與命，道德與幸福似乎有最緊密的對應關係。這一路思想很能打動廣大的人民，影響力非常強大。

「現世報」的思想與袁黃的「立命」思想有密切的關係。袁黃的〈立命篇〉鼓勵人可以透過自己道德行爲，決定自己的命運，它對道德帶來幸福的許諾是斬釘截鐵的。討論袁了凡的立命說，不能不談一談明代心學中最具影響力的一支——泰州學派的「造命」、「立命」思想。儒家「命」的思想有過無數變化，但孔子的生死有命，尊天命，畏天命始終是主流。正統理學中基本上也是以俟命論爲主流，但是王艮提出了造命說。王艮的造命觀可能與其思想中的平民性有關。爲了要鼓舞平民百姓，而且爲了給信眾建立一種樂觀的、向上的情緒，相當自然而然地提出「造命」之觀點，說服百姓只要能努力，命運便握在自己手中。王艮〈再與徐子直〉中便說，「我命雖在天，造命卻由我」。[265] 而羅近溪的老師顏鈞在〈自況吟〉中也吟道：「我欲斯人造化巧，鄉天造命自精

---

[263] 同前註。

[264]《功過格》（有福讀書堂叢刻續編本），頁4。

[265]《王心齋全集》（中文出版社據日本嘉永元年和刻本影印），卷五〈與徐子直〉，頁15。

神。」[266] 而袁黃正是泰州王艮的信徒。事實上，明代後期兩種通俗信仰的提倡者皆與王氏有關，一個是三教合一的林兆恩，一是功過格的袁黃。林兆恩可以說是王艮的再傳弟子，而且吸收了不少王艮的思想。袁黃原來也是王艮學說的信從者。[267]

但晚明的正統儒家最排斥的也正是道德能與幸福這樣清楚而直接地聯起來的想法，那些對功過格進行修改的儒家正統派都刻意強調這一點。但是，一旦沒有現世報的成份，它的吸引力便大大降低了，許多人對之感到不滿足。最能說明這種不滿足的人，是原來遵行劉宗周《人譜》，但後來因爲不滿於其有「證」無「驗」，而改行功過格的人。這裏想舉兩個例子，第一，《嘉慶山陰縣志》記張際辰：

> 際辰習聞證人之學……既嘗受《人譜》於師，後悟《譜》學主修，不主驗，乃盟諸神祇，力行所倡太微仙君功過格，意主於修省，無邀福想……[268]

第二，是陳錫嘏。他原本是劉宗周《人譜》最忠實的提倡者，可是後來卻編了一部《功過格彙纂》，由他的轉變也可以看出只關注道德修養的《人譜》無法滿足一部份人的情形。

試想，如果不是這個問題很嚴重的話，何以陶望齡、陶奭齡的弟子們會如此熱切地實行功過格，而秦宏祐會模仿立《遷改格》。陶奭齡〈功過格論〉中說明功過格可以接受，而且應該接受——

> 或曰爲善去惡，在心而已，奚必是？予曰：子讀書耳，奚必課程賞罰耳？奚必律令出納耳？奚必會計哉？不知會計當則盈縮可稽，律令明則趨避不惑，課程立則作止有度，否則勤惰任心，高下任手，有餘不足，無從參覈也。徒曰我爲善，我去惡，曾爲幾善，去幾惡耶？[269]

但是當時儒家思想圈中佔上風的始終是不講「驗」的部份，認爲能行善已是心中最大的滿足。所以，我們可以說功過格「立命」、「造命」的性格，在儒者的日譜中完全見不到了，因此也限制它轉移世俗的力量。

在袁了凡的功過格中，不識字的人也得到了安排，《了凡四訓》這樣說：

> 余行一事，隨心筆記。汝母不能書，每行一事，輒用鵝毛管，印硃圈於曆

---

[266]《顏鈞集》，頁112。

[267] 柳存仁，《和風堂文集》（上海：上海古籍出版社，1991）冊二，頁996-997。

[268]《嘉慶山陰縣志》（台北：成文出版公司影印本，1983），卷十六，頁3。

[269]《功過格》，頁3。

> 日之上。或施食貧民，或買放生命，一日有多至十餘圈者。至癸未八月，三千之數已滿。[270]

袁氏規定：讀過書的人應該將日常行事記下來，並記功過，不識字的人可以用鵝毛管打印作爲功過的標識。但是在我們所見到的幾種日譜中，除了陳瑚的《聖學入門書》之外，並未見到爲不識字的人做任何安排，同時也未見到士大夫以外的人立日譜的記載。故王學及晚善書運動中極爲濃厚的平民性消失了。日譜成爲純粹士人修身的記錄。

此外，在功過格等善書的科目中，可以看出濃厚的社會慈善，社會福利的色彩，譬如，施棺掩骸放生救濟等。但是在儒家的的種種修身簿籍之中，這個面相越來越萎縮，到了顏李的日譜中，幾乎看不見，除了內省之外，基本上關心的是治國平天下之事以及是否遵照古禮來規範自己的日常生活。所以這些日譜反映了當時士人生活中社會面的消失。

在明末清初那一批摹仿功過格的修身簿冊以及日譜都有一個共同的特點：錢不能再折換成道德資本了，而道德資本也不能折換成當世的或將來的福報，[271]這是對晚明以來與商業密切聯繫的道德心態的逆轉。值得注意的是，許多研究都指出，明清之間，除了因改朝換代有過一段動盪外，經濟情況基本上沒有大變化，但是這一輩士人們卻不再像晚明士人那樣，認爲錢能通神了。從日譜中的各種反省的條目看來，由金錢的付出便可以稱爲善行的條目幾乎看不見了，連物質上的奉獻足以稱善的想法也減到最少，所有的條目都回到儒家最正統的德目。

提倡功過格的人相信有鬼神會在人所不知處監督一切反省的過程，所以人不可能不忠實地寫下自己內心世界的所有善過。陶奭齡的〈功過格論〉將人下筆記錄時，覺得鬼神森然滿目的心情寫得相當生動。他說：

> 或曰：是固然，其如明功隱過何？予曰：子勿慮也，人有明功隱過於人者，未有明功隱過於於鬼神者也。我日而爲之，夜書而誌之，焚香染翰，幽獨無侶，四顧森然，鬼神滿目，以心涖手，以手涖筆，一點一畫，罔敢不誠，而明功隱過乎哉？[272]

[270]《了凡四訓白話解釋》，頁49。

[271] 關於錢財可以折換成道德資本，見Cynthia Brokaw前引書。

[272]《功過格》，頁3。

但是純正的理學家基本上認為鬼神只是二氣之良能，所以在日譜中並未安排鬼神職司監察之事。不過，他們有兩層保證，一個是規過會中會友互評日記，互相規過，他們假設由於會友見面的機會，在相當程度上可以從表現的行為來對照該人日記中的記錄。他們有時是規定會友在聖像前切實省過，此處所謂「聖像」是指學堂裏的孔子像，足見孔子像有時具有類似佛道神像之功能，代表一個冥冥中的監督者。不過，這一類的記載並不常見。真正扮演把關角色的是「天」。「告天」二字在各種與日譜有關的文字中不斷出現，而且都是在最後想求一個客觀，全知全能的判斷者及監察者時出現，而且告完天之後，通常要將日譜焚去，而得到一種「結案」的感覺。[273] 但是，宋明理學以「理」註「天」，以鬼神為二氣之屈伸，故不認為有鬼神或人格神的天，那麼「天」與鬼神也不易扮演主宰者、監察者的角色了。

最後，罪的祓除是許多宗教中相當關鍵的一環，有的是告解完即祓除，有的是靠嘔吐來祓除，有的是靠書寫之後焚燒來祓除，有的是在書寫之後放在水中漂流，不一而足。在中國的宗教中，佛教道教也都有祓除罪過的方式。[274] 但是在宋明理學中，過錯是無法祓除的。即使在談到如何消除罪過時也都含糊其辭。對他們而言，功罪無法互相折抵，如果在計算之後，發現罪過太多，除了不斷自責，或是焚香告天之外，實在沒有辦法可以澈底清除罪感。在本文所討論的幾種日譜中，對罪的祓除都沒有儀式性的安排。這是一個關鍵性的的缺環，使得遵行它的人無法獲得內心的舒解，罪過永遠緊緊地跟著自己。

以上幾點，都是儒家修身日記的局限，是使它們不能普遍化、平民化的重大局限。此後隨著考證學的興起，內省面的逐漸褪失，修身日記基本上便不流行了。

結論

修身日記是一個思想史與日記史研究中都被忽略的課題。在這篇文字中，我主要是以明末清初的幾種日記、日譜為例，討論它們大量出現的思想條件。文

[273] 程玉瑛，《晚明被遺忘的思想家：羅汝芳詩文事蹟繫年》，頁9記羅汝芳焚《克己日錄》。

[274] 如楊聯陞的〈道教之自搏與佛教之自撲補論〉，《中央研究院歷史語言研究所集刊》34.1(1962)，頁275-289。

中指出：宋明理學修身日記的傳統，明季功過格運動對儒家士大夫的刺激，理學思想由重悟到重修，及主張在日常生活的實踐中達到超越的思想，還有士人對晚明風俗習染的不滿，都是激起這一波修身日記運動的重要原因。

談到日譜在學術思想活動中所扮演的角色時，我主要是以顏李學派的材料爲例，說明在知識份子群體性活動逐漸衰歇之後，心學家原來那種面對面的啓悟點撥，變得越來越不可能時，日記或日譜所扮演的種種角色。

文中也談到幾種日記中所反映的思想心態：譬如當時士人對純粹享樂的人生態度感到不滿意，有一種愈來愈趨向嚴格化，紀律化的傾向。同時思想界也出現了一種逐漸「外轉」的傾向——重視外在儀節對人生的規範作用，放棄過去那種只要內心了悟便一了百當的想法。這股潮流與清代禮治社會的興起自然有關。

但是，比起功過格之類的善書，這一波修身日記顯然有幾點不同。首先，調子越唱越高，有一種內捲化 (involution) 的傾向，使得它們不可能是淺俗易行的東西，所以它們不是功過格那樣平民性十足的運動。而且修身日記中只講「修」不談「驗」，對罪惡感的祓除等問題也都最嚴守儒家正統的精神，所以它不像通俗宗教運動那樣吸引人，基本上只在士大夫圈中流行，使得它們在與通俗宗教競爭對平民百姓教化的領導權時，顯得有局限性，也使得明代王學泰州學派一支那種士農工商一起共學的風潮逐漸消息。隨著考證學興起，左經右史，喘息著書的生活更是平民百姓所不可能企及的，儒者的學問事業與庶民百姓便形成兩條不大可能交會的直線了。

（本文於一九九八年四月十八日通過刊登）

引用書目

文獻史料

《大清會典》，台北：新文豐出版公司，1976。
《清史稿》，北京：中華書局，1977。
《清朝文獻通考》，台北：商務印書館，1987。
《嘉慶山陰縣志》，台北：成文出版公司，1983。
王艮，《王心齋全集》（中文出版社據日本嘉永元年和刻本影印）。
王源，《居業堂文集》（叢書集成初編本）。
吳與弼，《康齋先生日錄》（中文出版社據日本明治三年和刻本影印）。
吳德旋，《初月樓聞見錄》，台北：商務印書館，1976。
李塨，《恕谷後集》（國學基本叢書本）。
李塨，《顏元年譜》，北京：中華書局，1992。
李顒，《二曲集》，北京：中華書局，1996。
祁彪佳，《祁彪佳文稿》，北京：書目文獻出版社，1991。
南懷仁，《滌罪正規》，香港：納匝肋靜院，1929。
孫奇逢，《日譜》（光緒刊本）。
孫靜菴，《明遺民錄》，杭州：浙江古籍出版社，1985。
笑笑生，《金瓶梅詞話》（萬曆刊本）。
袁黃，《了凡四訓白話解釋》，台南：無出版資料。
袁黃，《功過格》（有福讀書堂叢刻續編本）。
張爾岐，《蒿菴集》，濟南：齊魯書社，1991。
陳瑚，《陳確菴先生文稿》（日本淺草文庫本，無出版時間）。
陳獻章，《陳獻章集》，北京：中華書局，1987。
陸世儀，《思辨錄輯要》，台北：廣文書局，1977。
陸世儀，《陸子全書》（光緒己亥刊本）。
馮辰、劉調贊，《李塨年譜》，北京：中華書局，1988。
馮從吾，《關學編》，北京：中華書局，1987。
馮夢禎，《快雪堂集》（萬曆四十四年金陵黃汝亨等刊本）。
黃宗羲，《宋元學案》（《黃宗羲全集本》），杭州：浙江人民出版社，1992。
黃宗羲，《明儒學案》，台北：世界書局，1973。
黃淳耀，《甲申日記》（《明清史料彙編》八集），台北：文海出版社，1967-1969。

黃淳耀，《黃陶菴先生全集》（乾隆年間刊本）。
樂純之，《雪庵清史》（明萬曆刊本）。
諸仕儼，《勤齋考道日錄、續錄》（太崑先哲遺書本）。
戴望，《謫麟堂集遺文》（宣統刊本）。
戴望，《顏氏學記》，台北：商務印書館，1970。
謝正光、范金民編，《明遺民錄彙輯》，南京：南京大學出版社，1995。
顏元，《顏元集》，北京：中華書局，1987。
顏元、李塨，《顏李叢書》，台北：廣文書局，1965。
顏鈞，《顏鈞集》（黃宣民點校），北京：中國社會科學出版社，1996。
魏象樞，《寒松堂全集》，太原：山西人民出版社，1992。
羅洪先，《念菴集》（文淵閣四庫全書本）。
蘇惇元，《張楊園年譜》，台北：商務印書館，1981。

近人著作（中、日文）

夫馬進
　1995　〈善堂善會的開始〉，《日本青年學者論中國史：宋元明清卷》，上海：上海古籍出版社。
王汎森
　1993　〈明末清初的人譜與省過會〉，《中央研究院歷史語言研究所集刊》63.3。
　1997　〈清初的講經會〉，《中央研究院歷史語言研究所集刊》68.3。
　　　　〈清初形上玄遠之學的衰落〉，待刊稿。
任道斌
　1983　《方以智年譜》，合肥：安徽教育出版社。
余英時
　1976　〈清初思想的一個新解釋〉，《歷史與思想》，台北：聯經出版事業公司。
　　　　〈士商互動與儒學轉向〉，中央研究院近代史研究所，《中國近世之傳統與蛻變》，出版中。
李國鈞主編
　1984　《中國書院史》，長沙：湖南教育出版社。
孟森
　1968　〈袁了凡斬蛟記〉，《明清史論著集刊續編》，北京：中華書局。
牧田諦亮
　1951　《策彥周明入明の研究》（上），東京：法藏館。

柳存仁
1991 《和風堂文集》，上海：上海古籍出版社。
候外盧等
1984 《宋明理學史》，北京：人民出版社。
容肇祖
1989 《容肇祖集》，濟南：齊魯書社。
高令印
1987 《朱熹事跡考》，上海：上海人民出版社。
梁啓超
1972 《德育鑑》，台北：中華書局。
陳左高
1990 《中國日記史略》，上海：上海翻譯出版公司。
陳學恂主編
1995 《中國教育史研究：明清分卷》，上海：華東師範大學出版社。
麥仲貴
1980 《明清儒學家著述生卒年表》，台北：學生書局。
傅斯年
1980 《性命古訓辨證》，《傅斯年全集》，台北：聯經出版事業公司。
森三樹三郎著，蕭英彥中譯
1981 《中國思想史》，台北：九思出版公司。
程玉英
1995 《晚明被遺忘的思想家：羅汝芳詩文事蹟繫年》，台北：廣文書局。
楊聯陞
1962 〈道教之自摶與佛教之自撲補論〉，《中央研究院歷史語言研究所集刊》34.1。
裴德生、朱鴻林
1991 〈徐光啓、李之藻、楊廷筠成爲天主教徒試釋〉，《明史研究論叢》第五輯，上海：江蘇古籍出版社。
鄧之誠
1965 《清詩紀事初編》，北京：中華書局。
錢穆
1980 〈陸桴亭學述〉，《中國學術思想史論叢》（八），台北：東大國書公司。
鍾彩鈞
1997 〈吳康齋的生活與學術〉，《中國文哲研究集刊》10。

近人著作（英文）

Brokaw, Cynthia

1991 *The Ledgers of Merit and Demerit*. Princeton: Princeton University Press.

Handlin, Joanna

1987 "Benevolent Societies: The Reshaping of Charity During the Late Ming and Early Ch'ing". *The Journal of Asian Studies*, 46.2.

Spence, Jonathan

1984 *The Memory Palace of Matteo Ricci*. New York: Penguin Books.

Wu, Pei-i

1990 *The Confucian Progress*. Princeton: Princeton University Press.

Moral Diaries and Late Ming and Early Ch'ing Intellectuals

Fan-sen Wang

Institute of History and Philology, Academia Sinica

Moral Diaries flourished in the late Ming and Early Ch'ing period, and a considerable number of examples are readily available in collections of literati writings. The emergence of this genre has important implications for our understanding of the intellectual history of the period. First, Confucian scholars produced a plethora of moral diaries inspired by the example of Yuan Huang's "Ledgers of Merit and Demerit". Second, moral diaries from this period reflect deep feelings of moral guilt. Third, apart from their use in individual programs of moral self-transformation, moral diaries also had a didactic function: to teach students how to act ethically. Many other dimensions of moral diaries are also explored.

Besides, I dépict the intellectual background lies behind the rise of this genre and to trace how it influenced the course of intellectual history during the early Ch'ing.

Keywords: moral diary, Yen-Li School

出自第六十九本第二分(一九九八年六月)

〈復性書〉思想淵源再探——漢唐心性觀念史之一章[*]

陳弱水[**]

本文的主旨在探討李翱〈復性書〉的思想淵源。這個問題學界討論已多，但和過去的研究不同，本文并不特別關心〈復性書〉的思想與特定文獻或個人的聯繫。本文的基本目的，是在找出這部作品與過往思想史的內在關係。更具體地說，本文試圖展現，〈復性書〉探索的主題以及提出的答案，和漢魏以下的重要思潮或觀念有怎樣的關聯。希望藉由這個取徑，能夠發掘出若干曾對中晚唐儒家心性思想的重建發生重要作用的歷史力量。

本文首先分析〈復性書〉的內容，發現這部作品的主幹是由三組觀念所構成的。首先，是透過精神修養以成聖人的問題意識。其次，〈復性書〉以爲人的本性是善的，現實上之所以少有聖人，是因爲邪妄的「情」障蔽了「性」。人要成聖，就必須滅情復性。再者，〈復性書〉主張，人的本然善性是寂靜的。就修養方法而言，滅情復性是把動蕩的「情」安定下來，達到絶對寂靜的狀態，這就是本性的呈現。本文的主要工作在追溯以下三組觀念的歷史源流：（一）修養成聖，（二）性善情惡、滅情復性，（三）性本寂靜、由靜復性。希望經由這些討論，〈復性書〉與漢唐之間思想潮流的關係得以顯豁。

本文在完成自身的分析後，將對以往學者的重要論點有所檢討。這兩方面比照、配合，應能爲李翱心性思想的淵源提供比較完整的認識。

關鍵詞：李翱　〈復性書〉　唐代思想史　中晚唐儒家復興　中國心性思想　儒釋道關係

* 本論文爲國家科學委員會研究補助計畫NSC86-2411-H-001-021的成果，謹此誌謝。

** 中央研究院歷史語言研究所

李翺（習之，774?-836）的〈復性書〉爲中古儒家心性論之最大著作，近代學者無異詞。在有關這篇文字的種種問題中，特別引起學者注意的，就是它的思想淵源。從歷史研究的觀點看來，這無疑也是最重要的課題。在九世紀前後，除了李翺，還有其他文士對儒家的心性思想——或儒家對心性問題可能有的看法——展現了興趣。但無論就論述的完整，探討的深度，或觀念的創新而言，〈復性書〉都明顯是出乎其類，拔乎其萃。傅斯年稱習之爲「儒學史上一奇傑」，確是恰當的評價。[1] 然而，李翺思想奇特的創造性是從哪裡來的？在儒家的心性議論沈寂了幾個世紀之後，他的憑藉是什麼？研究這些問題，除了能深入發掘〈復性書〉本身的內涵，更重要地，有助於說明中晚唐儒家復興的動力與資源，從而對唐宋之際思想變化的整體了解有所啓示。

追索〈復性書〉的思想淵源是一件困難的工作。最主要的原因是，李翺此文只引儒經，似乎表示他的思想根據純在先秦儒家的性命之學。從歷史的觀點看來，這是不可能的，但要具體點出〈復性書〉思想的其他來源，則有不少方法論和舉證上的障礙。依個人之見，此事雖然挑戰性很高，卻是必須做的。現在先說明這點看法。

在〈復性書〉中，李翺從未明白宣示其思想的來源，文中與此問題最有關係的一段話是：

> 子思，仲尼之孫，得其祖之道，述中庸四十七篇，以傳于孟軻。軻曰：我四十不動心。……遭秦滅書，中庸之不焚者，一篇存焉。於是此道廢缺，……性命之源，則吾弗能知其所傳矣。道之極于剝也，必復。吾豈復之時邪？（上篇）[2]

習之宣稱，儒家性命之學滅於秦火，他則以復此聖道絕學自任。李翺復振此學的依據是什麼？照他自己的說法，是對相關儒家古典文獻的了解：

> 性命之書雖存，學者莫能明，……我以吾之所知而傳焉。（上篇）

値得注意，李翺表明，他的「知」不是立足於章句訓詁或傳統注疏，而是以個人領悟爲基準。〈復性書〉頗有《中庸》文句的解釋，中篇有設問之語：「昔

---

[1] 傅斯年，《性命古訓辨證》（1940年初版；台北：中央研究院歷史語言研究所，1992年景印二版），下卷，頁15a。

[2] 本文引用〈復性書〉，係依據四部叢刊本《李文公集》，卷二。解讀時亦檢對《全唐文》卷六三七。標點則參考功刀正，《李翱の研究—資料篇》（東京：白帝社，1987）據《李文公集》的錄文。

之註解中庸者，與生之言皆不同，何也？」習之的回答是：「彼以事解者也，我以心通者也。」上篇也記錄了李翺的朋友陸傪對其心性思想的評語：「子之言，尼父之心也。」很淸楚地，李翺詮解古代儒書的方法是以心測心，以己心測孔孟子思之心。但李翺的心不可能是純白虛靈的，一定受到了歷史和時代環境的熏染。要掌握〈復性書〉思想的來源與深層涵義，就不能不求了解這顆心。

關於〈復性書〉的思想淵源，學者已經作了很多研究，也得出若干重要的結論。本文之所以要再作考察，基本的原因是，個人所關心的一個問題還沒有在以往的研究中獲得充分解決。這個問題是：如果李翺的思想不可能是穿越時空由先秦文獻直接引發，〈復性書〉和先秦以下——特別是中古——思想史的內在關係是什麼？這是在問，〈復性書〉探索的主題以及提出的解答，和中古時代的重要思潮或觀念有怎樣的聯繫？聯繫在哪裡？程度有多深？本文的目的並不在找尋李翺心性思想的內容可能出自哪些具體的人或文獻。這類工作雖然有舉證上的困難，在某種程度上，還是會有成果的。然而，私意以爲，就歷史研究而言，檢測〈復性書〉與思想潮流的關係也許更具意義。如果能找到兩者之間的連結點，我們雖然不一定能說，李翺在有意識地運用或模仿某些觀念，但可以合理地推測，是何種問題和觀念在推動〈復性書〉這部作品的成立。在更廣泛的層面上，這種探討甚至可以發掘出若干曾對中晚唐儒家思想的重建發生重要作用的隱性力量，因爲在唐宋之際的儒家陣營，就關心和想法而言，〈復性書〉並不是孤例。簡單地說，本文從事的可算是一個觀念史的研究，希望藉由考察〈復性書〉與漢唐間思潮的內在關聯，了解李翺心性思想的歷史性形成因素。透過這樣的理解，我們應該也能更準確地掌握他的創造力。

本文和過去的研究大約有兩點差別。首先，本文特別關心〈復性書〉的思想與歷史思潮的關聯。這方面的問題以往學者多少已有觸及，但大體來說，他們傾向探討〈復性書〉可能受到哪些具體文獻、人物的影響，對於〈復性書〉與思想史重要脈動的關係，注意似乎並不充分。這是本文希望能夠多著力之處。

其次，本文的研究取徑也有別於過去的論著。以往追溯〈復性書〉的思想淵源，在方法上大體可分三類。第一類是摘取全文主旨，或文中若干詞句，與古代或中古思潮的某些方面作比對。這是大多數學者使用的方法。其次則是考察特定的課題，如李翺與禪宗的關係。此外，一九九二年，英國學者 T.H. Barrett 出版了一本析論〈復性書〉的專書，對此文作了徹底的解說，好像要爲文中的每一表述、每一觀念尋出來歷。這是〈復性書〉研究最爲詳盡的著作,可說自成一類。[3]

本文以〈復性書〉與歷史思潮的關聯爲研究焦點,在方法上將乘前人之隙而入,另闢蹊徑。我首先要對〈復性書〉的內容、理路作詳細的分析,確認此文的基本問題意識與核心觀念,然後再考察這些觀念的歷史背景。個人採取這個方式的主要考慮有二。第一,這是在內容分析的基礎上,研究〈復性書〉的重點觀念,可以照顧到文獻的整體意旨。再者,〈復性書〉是一部精緻的作品,涵藏了極多歷史上與當時代的價值、觀念與假設,其中有些因子和〈復性書〉的整體思想並沒有深刻的聯結。我們如果能夠區分主從,專力探索此文核心觀念的歷史源流,也許能夠比較切要地掌握李翺重鑄儒家心性論的依據。

由於關注焦點與研究取徑的不同,本文得出的結論頗有可以補充當前知識之處。本文在完成自身的分析後,將會對以往學者的重要論點有所檢討,希望這兩方面比照、配合,能夠爲李翺心性思想的淵源提供比較完整的認識。

一、〈復性書〉之分析

〈復性書〉的篇幅不長,一共才三千四百一十二字。[4] 文章分上、中、下三篇。上篇是綱要,闡述全文大旨。中篇爲對上篇的補充說明,特點在多引儒家經傳來支持自己的看法。下篇很短,內容是個人對修道問題的感想,算是全文的跋語。〈復性書〉雖非長編巨製,但包含的觀念不少,有些並沒有作清楚的說明。這裡主要介紹文中較明確、較重要的觀念。

〈復性書〉上篇清楚地展示,本文的主題在討論人如何可以成聖。李翺認爲,聖人就是實現了自己的本性的人。人的本性都是一樣的,「性者天之命也」,「百姓之性與聖人之性,弗差也」。故而,人人都可成聖,成聖的途徑就在歸復自己的本性。這個基本想法是本文命名爲〈復性書〉的原由。既然人人都有可成聖的本性,爲何現實上的聖人極少呢?李翺的看法是,這是受到「情」的障蔽。所以〈復性書〉上篇開宗明義即說:「人之所以爲聖人者,性也。人之所以惑其性者,情也。」關於「性」與「情」的性質、兩者的關係、

---

[3] T.H. Barrett, *Li Ao: Buddhist, Taoist, or Neo-Confucian?* (Oxford University Press, 1992).

[4] 據四部叢刊本《李文公集》計算。

修道成聖的方法等問題，中篇議論較多，但上篇也略有提示。「性」和「情」不是明確可分的兩物，情由性所生，性賴情而明。情障蔽性、情性對立的根源是，情「動」了起來，致使性受到昏昧。這是本文的一個基本想法，習之申述甚多。上篇中相關的文句有兩段：

情者，性之動也。百姓溺之，而不能知其本者也。

情之動弗息，則不能復其性，而燭天地，爲不極之明。

凡人本性不彰的根由既然在情欲的動蕩，這個問題如何對治呢？李翺的看法相當明確：寂靜就是復歸本性的方法。這也是本文的重要觀點。對此見解，上篇雖只略示端倪，大意還是表現得相當清楚。譬如：

聖人者，寂然不動，……雖有情也，未嘗有情也。

又說：

誠者，聖人性之也。寂然不動，廣大清明，照乎天地，感而遂通天下之故。

李翺又解釋子路爲何堅守禮度，刀戈之下，結纓而死。他說，「由也，非好勇而無懼也。其心寂然不動故也。」以上引文，都明確顯示，習之以爲寂靜、寂然不動是復性歸道的不二門徑。

至於「性」的本質是什麼，李翺則采《中庸》的說法，認爲是「誠」。前面引文有言，「誠者，聖人性之也」，上篇又曾說，「道者至誠也」，都是這個觀點的表露。習之並且依循《中庸》，以爲由「誠」可導至「明」。聖人復性，不僅舉止皆中節，而且能夠參天地之化育，造福萬物。

〈復性書〉的中篇，對上篇所標舉的義旨有進一步的闡發，並屢引《中庸》、《大學》、《易傳》、《孟子》來證成己說。中篇一再強調，人的昏昧，是由「情」所造成，以至汩沒清明本性。情、性幾近絕對的對立，是〈復性書〉思想的一大特色。譬如，中篇云：「情者，性之邪也」，又說：「情有善有不善，而性無不善焉」，又兩次聲言：「情者妄也，邪也」。這幾句話大都直說「情」是虛妄、邪惡的。但「情有善有不善」之句與他句似有矛盾，這涉及〈復性書〉中一個比較複雜的問題，下文再論。

雖然〈復性書〉認爲人性本善、情爲邪妄，但上篇已說過，「性」與「情」並非分離的兩物。這個論點在中篇得到再次的肯定。此篇明說：

情者妄也，邪也。邪與妄，則無所因矣。妄情滅息，本性清明，周流六虛。

邪與妄是沒有獨立來源的（這個說法，中篇共提了兩次），情、性實爲一體，「情」是「性」在動蕩中的自我迷失。所以前面引文有言：「情者，性之邪也」。對這個問題，中篇還出現過一個具體的比喻，具引如下：

> 水之性清澈，其渾之者沙泥也。方其渾也，性豈遂無有耶？久而不動，沙泥自沈。清明之性，鑒於天地，非自外來也。故其渾也，性本弗失。及其復也，性亦不生。

這段引文意在說明本性並不因人在現實生活中的昏昧而消失，但也間接表露了李翺對情、性關係的看法。如果按照我們現代人的知識和習用邏輯來解釋這段話，情、性好像是不同的物件。「性」是水；「情」是沙泥，造成水的污染。這樣，就不能說「邪妄無因」，而要講「情來有自」了。不過，這顯然不是李翺的本意。他的想法是，本性呈現的狀態好似水之淸，情迷本性則有類水之渾，其爲水則一也。

在性與情的關係上，除了說「情」是性之濁或性之邪，相對於修養成聖的方法，「情」更可說是性之動。寂靜不動則是歸反本性的根本途徑。前文已經提過，這是〈復性書〉的一個核心觀念。這個看法在中篇也得到了強調。此篇開端就是一個設問：人們昏昧已久，要歸復本性，必然有個過程，請問方法是什麼？李翺立刻給了一個初步的答案：

> 弗思弗慮，情則不生。情既不生，乃爲正思。正思者，無慮無思也。

李翺在後文說得很明白，無慮無思並不是修道成聖過程的全部。但這個回答表達了〈復性書〉的一個關鍵想法：性的本體，性的本然之善，就存在於它的寂靜狀態。這個看法在篇中很多地方都有呼應。以下是幾個例證：

> 邪本無有。心寂不動，邪思自息。惟性明照，邪何所生？
>
> 人生而靜，天之性也。性者，天之命也。
>
> 循其源而反其性者，道也。……至誠者，天之道也。誠者，定也，不動也。
>
> 道也者，不可須臾離也。可離非道也。……其心不可須臾動焉故也。動則遠矣。非道也。

上引幾段文字中，第二、三段最有涵括性。「靜」是人的天性。本性爲善，循性而行就是「道」。「道」的性格是「至誠」，「誠」也是定定不動的。由這些文字可以見出，在〈復性書〉的思路裡，「性」、「靜」（或「寂然不動」）、「誠」是三位一體的。

以上介紹的都是〈復性書〉中明確的基本觀念。但這些觀念涵藏著一個困難，就是：寂靜不動而又是善的人生如何可能？如槁木般死寂的心怎樣接應現實的生活？「復性」的人真的沒有情嗎？李翺意識到了這個可能的困難，〈復性書〉中篇一開始就提出此問題，予以處理。下引是一段比較完整的說明：

> 方靜之時，知心無思者，是齋戒也。知本無有思，動靜皆離，寂然不動者，是至誠也。

這段話有些費解，但也很重要，現在參照〈復性書〉的其他文句，試作解釋。李翺的意思似乎是，將動蕩迷失的心情歸引於寂靜，叫做「齋戒其心」，不能真正算是歸復本性。引文中「方靜之時」、「動靜皆離」的「靜」都是指孤絕的、隔離的「齋戒其心」。歸復本性的「靜」需要超越這種齋戒的狀態，了解到「靜」不只是「動」的對反，不只是從「動」脫離的境地，而是「性」之本然（所謂「本無有思」）。這個本然狀態的展現就是要超離相對的動靜，以絕對的靜——「寂然不動」，在生活中應對行事，這也是「至誠」的狀態。[5]

上段所引是李翺對寂靜本性與現實人生之關係的一個比較全面的說明，但因其中的個別觀念缺乏鋪陳，以致文意隱晦。現在再介紹中篇的有關討論，以支持我對此問題的詮釋。中篇有一段對答，對上段的引文頗有澄清作用：

> 問曰：本無有思，動靜皆離。然則聲之來也，其不聞乎？物之形也，其不見乎？曰：不睹不聞，是非人也。視聽昭昭，而不起於見聞者，斯可矣。無不知也，無弗爲也。其心寂然，光照天地，是誠之明也。

這段文字清楚地說明，「復性」的聖人仍然生活在現實世界，「無不知也，無弗爲也」。但他不以情應物，而是「視聽昭昭」，「不起於見聞」。我們也許可以了解成，李翺心目中的聖人是直接以「性」處世，聖人這種的「其心寂然」與「齋戒其心」是不同的。在中篇的另一處，李翺則把聖人以「性」處世的境界稱作：「變化無方，未始離於不動」。

前文曾經提及，李翺在〈復性書〉中不斷指稱「情」爲邪妄，只有負面的意義。但他又曾說「情有善有不善」，與其他陳述有明顯的衝突。因爲〈復性書〉文字簡略，這個矛盾不容易了解。不過，如果我們依據此文所表現的整體思想作判斷，他所說的「善情」，指的可能是聖人以「性」處世時的心靈狀態。此外，〈復性書〉上篇開端曾說，「性不自性，因情而明」，指的應該也是這種狀態。總之，如何憑藉寂靜的本性在現實世界中作個至誠的聖人，是〈復性書〉理論中比較困難的所在。李翺沒有迴避這個問題，他設法作了解答。

---

5 相同的看法，見山口桐子，〈李翺「復性書」の思想的位相〉，《學林》14/15(1990.7)：158-160。

〈復性書〉下篇極短，只有三百六十三字，完全不涉及「復性」的問題。此篇的中心意念是：修道爲人生之要務。人不過是萬物中之一物，因爲有「道德之性」，幸而能異於禽獸蟲魚。人身難得，人生苦短，若不「力於道」、「專專於大道」，只能說是「昏不思」了。對有宋明儒學六百年歷史背景的現代中國知識分子而言，這番話聽起來是老生常談，平凡無奇。但在八、九世紀之交的唐代，「力於道」——致力於儒道、孔子之道——卻是士人群中出現的一個新的人生目標，標誌著中國思想走向一個巨大變化的開端。李翺在〈復性書〉中所說的修道、行道是指個人回歸道德本性的努力。這在當時是一個特殊的看法，能夠同意——甚至理解——的人恐怕不多。但在對儒道的信仰奉獻上，李翺一點也不顯得突兀。對許多與他同時代的文士而言，實現儒道既是時代的需要，也是個人的本願。這個共同的信念把自安史之亂前後開始掀動的儒家復興潮流帶上了高峰。

總結來說，〈復性書〉的主題在於如何修道成聖。李翺認爲，凡人的本性與聖人之性沒有差別。他們之所以徒爲百姓，是因爲情欲障蔽了本性。歸反本性，即爲聖人。在〈復性書〉的人性思想與修養論中，「性」和「情」的對立是一個突出的觀念。至於修道的方法，李翺則認爲，由於本性障蔽的來源是情欲的動蕩，歸於寂靜即爲復性的不二門徑。事實上，「寂然不動」就是「性」的本然狀態，在這種狀態，人至誠的本性才能顯現。但「寂然不動」並不意味著與世隔絕或視聽不彰，而是要以本性處世：「物至之時，其心昭昭然明辨焉，而不應於物…。」（中篇）

接下來，本文將追溯三組觀念的歷史源流：（一）修養成聖，（二）性善情惡、滅情復性，（三）性本寂靜、由靜復性。從上文的分析可知，這些是〈復性書〉最核心的觀念。個人希望，經由對這些問題的討論，〈復性書〉與漢唐之間思想潮流的基本關係得以顯豁。

二、成聖問題

〈復性書〉的主題是人如何可以成聖，要追索此文的思想淵源，有必要先探討這個問題意識的緣起。關於「成聖」的問題，晉宋之際的謝靈運 (385-433) 曾提出一個很有名的說法，可以作爲我們討論的基礎。靈運〈與諸道人辨宗論〉是一篇宣揚竺道生 (?-434)「頓悟成佛」觀念的文章，爲了彰顯道生此說的特殊意義，文中對過往成聖成佛的理論作了簡單的摘要：

> 釋氏之論，聖道雖遠，積學能至，累盡鑒生，方應漸悟。孔氏之論，聖道既妙，雖顏殆庶，體無鑒周，理歸一極。[6]

這段文字是說，佛教傳統認爲，聖道雖然遙遠，透過漸悟的途徑，次第修行，成佛的目標可以達到。儒家則以爲，聖道太過高妙，不可能完全習得，即使顏淵也還差一些，但儒家聖人的道理是單純而不可分解的。謝靈運這段話的主旨是在論證，道生的頓悟論承繼傳統佛教佛道可成的思想，兼取儒家的聖道單一，得出佛道只能直接領悟、無從分段學習的結論。[7]

靈運對佛教成佛思想的陳述大致可從。修道覺悟，成爲阿羅漢或佛菩薩，是佛家的基本教義。自南朝宋齊以下，受竺道生探討涅槃佛性問題的影響，悟道成佛更成爲中國佛教思想的一個核心問題，直到李翺身處的中唐時代，都是如此。至於儒家是否認爲聖人難學或不可學，則有商榷的餘地。

嚴格說來，謝靈運的說法是錯誤的。以先秦儒家而論，孟子和荀子都相信聖人的境界不但可以企及，而且所有的人都可成聖。孟子以爲，「人皆可以爲堯舜」（《孟子・告子下》）；荀子則說，「塗之人可以爲禹」（《荀子・性惡》）。孟子心目中成聖的方法，是擴充人人本有的仁義之心：「苟能充之，足以保四海，苟不充之，不足以事父母」（〈公孫丑上〉）；「子服堯之服，誦堯之言，行堯之行，是堯而已矣」（〈告子下〉）。至於如何保持、發展人性中的善端，以至聖人，《孟子》及現存思孟學派遺文似乎未提出體系的看法。但很明顯，心理和精神的修養工夫甚爲重要。孟子所說的「持志」、「養氣」、「收其放心」，帛書《五行篇》所談的「思」、「憂」、「慎獨」，都是這類的觀念。[8]

---

[6] 道宣，《廣弘明集》，卷十八，《大正藏》，卷五二，頁224-225。

[7] 〈辨宗論〉文義的解說，可參考任繼愈主編，任繼愈、杜繼文、楊曾文、丁明夷執筆，《中國佛教史》，冊三（北京：中國社會科學出版社，1988），頁364-367；湯用彤，《漢魏兩晉南北朝佛教史》（臺北：鼎文書局景印，1982），頁663-669。「雖顏殆庶」典出《論語・先進》「子曰：回也，其庶乎」，《周易・繫辭下》「子曰：顏氏之子，其殆庶幾乎」。關於〈辨宗論〉在思想史上的地位，參考湯用彤，〈謝靈運辨宗論書後〉，收在湯用彤，《魏晉玄學論稿》（臺北：廬山出版社，1972），頁123-130。

[8] 關於孟子後學遺文《五行篇》提及的成德方法，參看龐樸，《帛書五行篇研究》（濟南：齊魯書社，1980），頁98-108。《孟子・離婁下》：「西子蒙不潔，則人皆掩鼻而過之；雖有惡人，齊戒沐浴，則可以祀上帝」，似乎也在強調修養的重要性。

荀子對於成聖方法的論列，重點和孟子不同。他強調學習外在規律，特別是對「經」與「禮」的掌握與實踐，學之不已，終將成聖人。《荀子・勸學》：

> 學惡乎始？惡乎終？曰：其數則始乎誦經，終乎讀禮；其義則始乎為士，終乎為聖人。

〈禮論〉云：「學者，固學為聖人，非特學無方之民也」；〈儒效〉說：「學至於行之而止矣。行之，明也；明之為聖人」。表達的都是同樣的意思。[9] 漢代儒家著述中，頗有繼承荀子「學為聖人」思想的。如揚雄《法言・學行》、王符《潛夫論・讚學》，都是顯例。王充《論衡・實知篇》也說：「所謂『神』者，不學而知；所謂『聖』者，須學以聖」。[10]

不過，謝靈運有關儒家成聖問題的論點，雖然與歷史事實有扞格之處，也不無所見。首先，孟子及其後學透過心性修養以發展內在善端的思想在戰國以後衰微不彰，在儒家陣營內，幾乎無人聞問，靈運討論成聖成佛的問題，不將此說納入考慮，實有歷史環境的限制，恐非有意忽視。其次，荀子「學為聖人」的觀念，固然在漢代後繼有人，但孫卿所謂的「學」與靈運所說釋氏主「積學能至」的「學」，似乎內涵不大相同。從佛教的成佛理論看來，靈運的「積學能至」指的是對佛理的體悟和與此相應的心識變化。荀子及其思想追隨者所說的「學」，則偏重於具體規範的理解和實踐，這種學習也會導致心性的轉變，但大體來說，重點在強調學習者行為受到節制，合於禮度。[11]

謝靈運說儒家以為聖人不可學不可至的第三個可能根據是，漢代以後，儒家門庭中的確有強烈的、視聖人如天生神明的想法。《白虎通》卷七〈聖人〉起首即曰：「聖者，通也，道也，聲也。道無所不通，明無所不照，聞聲知情，與天地合德，日月合明，四時合序，鬼神合吉凶」。[12] 這是從「聖」的字義（與「聲」、「聽」同源）出發，對聖人所作的超越性格描述。超越性的人格雖然不容易普遍，從邏輯上講，還是可能學得的。[13] 但該篇後文又說，「聖人皆

---

[9] 另外參考〈解蔽〉：「學……止諸至足。曷謂至足？曰：聖也。」

[10] 王充，《論衡》（新編諸子集成本；臺北：世界書局，1978），頁256。

[11] 關於漢儒主張因「學」導致心性變化的例子，可見揚雄《法言・學行》：「學者，所以修性也。視、聽、言、貌、思，性所有也。學則正，否則邪。」徐幹《中論・治學》：「學也者，所以疏神、達思、怡情、理性，聖人之上務也」，特別強調「學」的內在效果。

[12] 〔清〕陳立，《白虎通疏證》（北京：中華書局，1994），頁334。

[13] 漢唐舊注多以「通」解釋古書中的「聖」字，見阮元等撰集，《經籍纂詁》（阮氏琅嬛仙館刻本；北京：中華書局景印，1982），卷八三，頁12左。關於「聖」字的原始意

有異表」，「聖人所以能獨見前睹，與神通精者，蓋皆天所生也」，表明聖凡有不可逾越的界線。據許慎《五經異義》的記載，《詩經》齊、魯、韓三家，《春秋》公羊說，都以為「聖人皆無父，感天而生」，這是清楚的聖人命定論。[14]王充《論衡・實知篇》也有這樣的報導：「儒者論聖人，以為前知千歲，後知萬世，有獨見之明，獨聽之聰，事來則明，不學自知，不問自曉，故稱聖，則神矣」。他認為這種看法是以聖人為巫者，純屬無稽。[15]

需要指出，在漢代認為聖人不可學的，並不限於好言災異變怪的陰陽儒，即使力斥圖讖、對王充思想有重大影響的桓譚（公元前40—公元31），也持此見。[16] 桓譚《新論・求輔》曰：「夫聖人乃千載一出，賢人君子，所想思而不可得見者也」，同書〈啓寤〉又云：「聖人有天然之姿，絕人遠甚」。[17] 他甚至說，顏回短命，是因企慕孔子太甚，以至傷了身子。意思是顏淵不知天人的分際，妄希聖境。[18] 由桓譚這些決絕的辭語，可見聖人不可學論流行的程度。

謝靈運的說法的另一個重要背景是，在魏晉南北朝，聖人不可學還是中國本土思想界的普遍看法。魏晉之際，玄學興起，聖人觀念又有新的發展。王弼以「無」為本，以「有」為末，認為「聖人體無」，「應物而無累於物」。[19] 郭象則反對「無」的實體性，強調萬物「自生」、「自化」，在他心目中，聖人的主要特徵是任自然，不避世俗，能夠「無心以順有」，「俯仰萬機而淡然自若」。[20] 就現存資料看來，「體無」或「任自然」的聖人可不可學，並不是玄

義，見李孝定，《甲骨文字集釋》（臺北：中央研究院歷史語言研究所，1965），卷九，頁2651-2652；顧頡剛，〈聖、賢觀念和字義的演變〉，《中國哲學》，第一輯（生活・讀書・新知三聯書店，1979），頁80-86；蕭璠，〈皇帝的聖人化及其意義試論〉，《中央研究院歷史語言研究所集刊》，62.1(1993)：14-17。

14 《毛詩正義》（十三經注疏本），卷十七之一，頁8左，〈大雅・生民〉疏引。

15 王充，《論衡》，頁256。關於秦漢以下聖人觀念的超人意涵，可參考蕭璠，〈皇帝的聖人化及其意義試論〉，頁17-24；石川徹，〈魏晉時代の聖人觀〉，《人文論究》29.2(1979.10)：32-33。

16 關於桓譚的生卒年，說法很多，此處據董俊彥的考論，見氏著，《桓譚新論研究》（臺北：文津出版社，1989），頁5-31。關於桓譚對王充的影響，參考同書，頁350-362。

17 《新論》早佚，輯本有數種，此處據董俊彥〈桓子新論校補〉，在氏著，《桓譚研究》（臺北：文史哲出版社，1986），頁163, 184。

18 《新論・袪蔽》，見董俊彥，《桓譚研究》，頁185。

19 《三國志》（北京：中華書局，1959），卷二八，頁795，裴松之注引何劭〈王弼傳〉。

20 關於郭象的聖人觀，參見湯一介，《郭象與魏晉玄學》（臺北：谷風出版社，1987），頁156-166。此處的引文出自郭慶藩輯，《莊子集釋》（臺北：河洛出版社景印，1974），卷三上，〈大宗師〉，頁268郭象注。

學家特別關心的問題，一般的假定似是聖人不可學。[21]《晉書》卷五十二記庾亮問孫放何以字齊莊，孫放說是「欲齊莊周」，庾亮又問爲什麼不想學作孔子，孫放回答：「仲尼生而知之，非希企所及」。[22] 孫放當時才七、八歲，他的父親孫盛是東晉初的名學者、玄學家，孫放的答話或許不僅爲一時機智之語，而也反映了流行的看法。魏晉時人以爲聖人不可學一個更明顯的證據是《世說新語》的一段記載。該書〈文學〉篇第四十四條云：

> 佛經以爲袪練神明，則聖人可致。簡文云：「不知便可登峰造極否？然陶練之功，尚不可誣。」[23]

「簡文」是東晉簡文帝司馬昱，也是玄風中人，曾長期輔政，公元三七一至三七二年在位。[24] 簡文帝的話清楚表現出對佛家「聖人可致」觀點的驚奇與興趣。「不知便可登峰造極否」這句話，更反映了中國本土的一個重要想法：修養有助於人格的改善，但無法使人臻至聖境。[25] 爲《世說新語》作注的南朝梁劉孝標還在「聖人可致」字下特爲說明：

> 釋氏經云：「一切眾生，皆有佛性。但能修智慧，斷煩惱，萬行具足，便成佛也。」

看來，孝標也覺得這是佛家特有的觀念。此外，抨擊玄風的東晉道教思想家葛洪 (283-363) 有如下的報導：「世人謂聖人從天而墜，神靈之物，無所不知，無所不能。」[26]

現在再舉一個南朝梁的例子。皇侃 (488-545) 的《論語義疏》是南北朝玄

---

21 湯用彤認爲王弼、郭象都主張聖人不可學，見〈謝靈運辨宗論書後〉，頁123-126。但考察其傳世著作，他們對這個問題似乎並未表達清楚的意見。

22《晉書》（北京：中華書局，1974），卷八二，頁2149。此事又見余嘉錫，《世說新語箋疏》（臺北：華正書局景印，1989），〈言語〉第二，第五十條。

23 余嘉錫，《世說新語箋疏》，〈文學〉第四，頁229。

24 關於簡文帝的思想和性格，見《晉書》，卷九，頁219，223-224。

25 揚雄《法言・修身》有一段文字，比照聖人與賢人的境界，一方面顯示了聖人的超越性格，另一方面則意謂，修身可成爲賢人君子：

或問「眾人」。曰：「富貴生。」「賢者」。曰：「義。」「聖人」。曰：「神。」觀乎賢人，則見眾人；觀乎聖人，則見賢人；觀乎天地，則見聖人。……天下有三門：由於情欲，入自禽門；由於禮義，入自人門；由於獨智，入自聖門。

另可參考《法言・五百》：「聖人之言遠如天，賢人之言近如地」；王符《潛夫論・考績》：「聖人爲天口，賢人爲聖譯」。

26 王明，《抱朴子內篇校釋》（增訂本）（北京：中華書局，1985），〈辯問〉，頁227。

學化經疏的重要著作，此書在《論語》首篇〈學而第一〉標題下注曰：

論語……以學而爲最先者，言降聖以下，皆須學成。[27]

這裡說聖人以下須學，應該就是意謂聖人生知，不必學。該書注「吾十有五而志於學」章，則云：「此章明孔子隱聖同凡，學有時節，……皆所以勸物也」，認爲孔子自稱有志於學，只是教化眾生的方便說法，更清楚表達了聖人天生的觀念。[28] 皇侃生時較謝靈運約晚一個世紀，此處所言，可以代表靈運所觀察到的景況的延續。

綜上所述，在魏晉南北朝時代，中國本土的儒玄之學並沒有修養成聖的問題意識。當時思孟之學衰絕已久，荀子「學爲聖人」的思想雖然遺跡尙在，心性修養的涵義不深。一般的看法是，聖人迥出凡俗，稟命於天，可望而不可及。如何透過修養鍛煉，成就最高人格，基本上是佛教內部的議題。南北朝以後，個人成就聖道的問題仍不爲儒學所關心，這個情況一直要到八世紀末才略有改觀，李翺的〈復性書〉就是其中一個重要的討論。值得一提的是，儒家不碰此題久矣，當時也只是略作理論探索，並不及實際修養，李翺也非例外。

接下來要觀察道教有關成就聖道的思想。道教的最高理想人格是神仙。神仙思想出現很早，遠在漢末道教教派形成以前。至於成仙的條件，氣稟之說很流行，神仙可學的看法也存在，所以神仙思想和長生術的關係是很密切的。[29] 雖然神仙觀念與修煉術發達已久，到南北朝初期爲止，有關聖人問題的討論，似乎並不把仙道放入考慮。揆其原因，大概是仙術追求長生不死，以形體的鍛鍊爲主，成聖問題則多與悟道、智慧有關。在一般人看來，兩者性質不同。

與謝靈運同時的文學家顏延之 (384-456)，就曾從練形與治心的角度，對仙道、佛道作了區分。他說：

---

[27]《論語義疏》（古經解彙函本；臺北：鼎文書局景印，1974），卷一，頁1a。

[28]《論語義疏》，卷一，頁6a。另外參考同書卷九，頁1b，「性相近也」章疏：「有生之始，便稟天地陰陽氛氳之氣，氣有清濁，若稟得淳清，則爲聖人。」關於皇侃聖人觀的討論，參見湯用彤，〈謝靈運辨宗論書後〉，頁125-126；陳金木，《皇侃之經學》（臺北：國立編譯館，1995），頁254-256。

[29] 嵇康〈養生論〉就是一篇有名的主張神仙氣稟說的作品。葛洪也有此思想，參見林麗雪，《抱朴子內外篇思想析論》（臺北：學生書局，1980），頁68-74；胡孚琛，《魏晉神仙道教——抱朴子內篇研究》（北京：人民出版社，1989），頁140-141。關於道教神仙氣稟說與可學說長期並存的現象，承林富士先生提示。

爲道者，蓋流出於仙法，故以練形爲上。崇佛者，本在於神教，故以治心爲先。練形之家，必就深曠，支飛靈，糇丹石，粒芝精，所以還年卻老，延華駐彩。欲使體合纁霞，軌遍天海，此其所長。……治心之術，必辭親偶，閉身性，師淨覺，信緣命，所以反一無生，剋成聖業，智邈大明，志狹恆劫。此其所貴。[30]

另一位時代稍後，曾任宋司徒的袁粲 (420-477) 也說：「仙化以變形爲上，泥洹以陶神爲先」。[31] 值得注意的是，延之不但認爲佛教重視心神過於形體，而且稱學佛的目的在「剋成聖業」，道教似乎就不屬於「聖業」的範圍。[32]

顏延之和袁粲說道教以練形爲主，確有事實的根據，並非全屬偏見。神仙修煉之方，大別可分外力與內修兩種。外力如金丹、藥餌、房中，內修如存思（即觀想身體中的神）、辟穀、導引，無論就手段或目標而言，都只能算是練形。在早期主要的神仙修煉術中，比較和心性陶養有關的，大概只有對恬淡無欲、息慮全神的重視；《太平經》強調的「守一」也稍有此意味。[33]

然而，南北朝中期以後，由於受到佛教的壓力和影響，南方道教逐漸強調成仙的形上與心性基礎，這個風氣在隋朝創建以前，已流行及北方，成爲道教的整體發展趨向。這個轉變的一個明顯徵候，就是南北朝末期所謂「重玄學」的出現。重玄經典與思想家大量運用玄學、佛學的概念和方法，建構道教的形上理論。[34] 此派重要人物成玄英和唐初另一道教學者王玄覽 (626-697) 也從心性

[30] 顏延之，〈庭誥二章〉，收在僧祐，《弘明集》，《大正藏》，卷五二，頁89中。按，〈庭誥〉文甚長，《弘明集》所收，僅爲鱗爪，輯本見嚴可均編，《全上古三代秦漢三國六朝文》（臺北：世界書局景印，1982），《全宋文》，卷三六。

[31]《南齊書》（北京：中華書局，1972），卷五四，頁933；嚴可均，《全上古三代秦漢三國六朝文》，《全宋文》，卷四四。

[32] 顏、袁的說法可能不會被某些道教徒所接受，早在漢末《太平經》，就已有仙道高於聖道的說法。《太平經鈔癸部・賢不肖自知法》曰：「夫人愚學而成賢，賢學不止成聖，聖學不止成道，道學不止成仙，仙學不止成眞，眞學不止成神，皆積學不止所致也。」見王明編，《太平經合校》（北京：中華書局，1960），頁725。葛洪《抱朴子・辯問》則將神仙與周公孔子等「治世之聖」作對比，稱他們爲「得道之聖」。見王明，《抱朴子內篇校釋》（增訂本），頁226。

[33] 蕭登福，《先秦兩漢冥界及神仙思想探原》（臺北：文津出版社，1990），下篇第四章，爲對兩漢神仙修煉術的綜合介紹。魏晉以後的修仙方術，大體不出此範圍。關於道教對息心寡欲的強調，例見蕭登福，同上書，頁418, 420；卿希泰主編，《中國道教史》，卷一（成都：四川人民出版社，1988），頁374-375，有關《黃庭外景經》思想的說明。

[34] 參見盧國龍，《中國重玄學》（北京：中國人民出版社，1993）；砂山稔，《隋唐道教思想史研究》（東京：平河出版社，1990），第二部第一章〈道教重玄派表微——隋・

修爲的觀點論述了成道的問題。[35] 在唐代道教主流茅山宗中，則有兩位重視心性的思想家：司馬承禎 (647-735) 和吳筠 (?-778)。承禎《天隱子・神仙》曰：

> 人生時，稟得虛氣，精明通悟，學無滯塞，則謂之神。宅神於內，遺照於外，自然異於俗人，則謂之神仙。故神仙亦人也，在於修我虛氣，勿爲世俗所論折，遂我自然，勿爲邪見所凝滯，則成功矣。[36]

這段文字所呈現的神仙，要靠修心養慧才能成就。吳筠在他的〈神仙可學論〉中，列舉七項有助於成仙的基本條件，都和精神狀態有關。[37] 必須說明，神仙最重要的特性是長生不死，無論這個特性作何種解釋，身體（或「氣」）的修煉一定是很重要的，對成仙的目標而言，治心只能輔助練形，不可能取而代之。但從南北朝末期到中唐，道教重視心性修爲，要爲不可掩之事實。

另外要提出，唐代道教也習於將成仙之事比擬爲成聖，甚至成佛。譬如，成玄英就稱道教的理想人格爲「體道聖人」、「體道至人」。[38] 司馬承禎的師父潘師正 (584-682) 有證道階梯之說。[39] 根據這個理論，上機之人如果能夠持戒

初唐における道教の一系譜〉。砂山稔提出隋唐之際道教存在重玄派，中國學者多從之。最近葛兆光提出異見，認爲重玄學者是否構成宗派，實屬可疑。見葛氏對砂山前引書的評論，《唐研究》，卷二（北京大學出版社，1996），頁468-469。

35 關於王玄覽的思想，參看卿希泰主編，《中國道教史》，卷二（成都：四川人民出版社，1992），頁205-225。

36 司馬承禎，《天隱子》，胡道靜、陳蓮笙、陳耀庭選輯，《道藏要籍選刊》（上海古籍出版社，1989；據《正統道藏》選印），冊五，頁817。案，司馬承禎在〈天隱子序〉中，說此書有功於長生久視之道，然不知天隱子何許人也。一般都將此書歸之於承禎自著，即或不是，亦爲唐人撰述。

37 吳筠，〈神仙可學論〉，《全唐文》，卷九二六；又見《正統道藏》（臺北：新文豐出版有限公司景印，1977），冊三九，《宗玄先生文集》，卷中。

38 「體道聖人」、「體道眞人」之語，可見郭慶藩，《莊子集釋》，頁205（〈德充符〉疏），421（〈天地〉疏），483（〈天道〉疏），734（〈知北遊〉疏）。成玄英的修道治身思想，則見卿希泰，《中國道教思想史綱》，卷二（成都：四川人民出版社，1985），頁552-565。

39 一般有關道教的著述多言吳筠亦爲潘師正的弟子，這是錯誤的。師正卒於公元六八二年，吳筠死在七七八年，在時間上實無以師正爲師的可能。案，吳筠師事潘師正的說法出自題爲權德輿撰的〈吳尊師傳〉（《全唐文》卷五〇八），但此文顯然是他人僞託。權德輿的〈中嶽宗玄先生吳尊師集序〉（《全唐文》卷四八九）明白說吳筠是師正的再傳弟子，〈吳尊師傳〉的作者可能誤讀此文，遂留謬種。李渤 (773-831) 的〈眞系傳〉（《全唐文》卷七一二）是茅山宗師的傳記，其中潘師正傳所記弟子名字中，也未見吳筠。卿希泰主編，《中國道教史》，卷二，頁238-240考訂〈吳尊師傳〉非權德輿所作，但該書仍以吳筠爲潘師正弟子。

不犯，經過「登十轉位，成五道果」的過程，就能離三界，出九清，成就最圓滿的仙果。這明顯是模仿諸如「四果」、「十地」的佛教修行階位論。[40] 吳筠談修仙的問題，也有如下的陳述：「身者道之器也。知之修煉，謂之聖人。」[41] 上面有關道教的說明可以顯示，南北朝末期以後，道教深受佛教影響，發展了透過心神轉化成就理想人格的意識與思想。

以上不避煩長，多所徵引，希望能夠揭示，作爲〈復性書〉主題的成聖問題，基本上是由佛教所引發的。道教受佛教的影響，自南北朝後期，也逐漸從這個角度探索修仙之道。儒家雖然有思孟學派心性之學的舊傳統，以及荀子所啓發的「學爲聖人」理想，但就唐代思想史的背景看來，在三教之中，反而是最晚注意成聖問題的。

三、性與情

〈復性書〉的核心是此文中的性情觀念。這對觀念包含了好幾個層次，與過往的思想潮流有著複雜的聯結。爲了清晰展現〈復性書〉這方面思想的特質和淵源，本節也必須處理相當多的課題。〈復性書〉一個最基本的看法是，道德淨化的路途在於歸復本性，人由此而成聖。現實上之所以極少聖人，是因「情」障蔽了「性」，「情者，性之邪也」（中篇），復性，就必須滅情。在〈復性書〉中，「性」、「情」可說有著絕對對立的關係。這樣的想法是從何而起的呢？

以「性」、「情」爲人性兩個基本因素的想法，不見於漢代以前。「情」字出現在有關人性的討論，大約始於戰國末年，「情」和「性」此時的意涵重疊很大，並非對等的觀念。明顯的例證是，《莊子》、《荀子》書中都頗有「情」、「性」連用的情況，或稱「情性」，或稱「性情」。[42] 傳世先秦文獻

---

40 道教很早就有神仙位階的說法，《太平經》已見雛形，但這似乎並不是指修行得道的次第。參考吉川忠夫，〈真人と聖人〉，《岩波講座東洋思想》卷十四《中國宗教思想二》（東京：岩波書店，1990），頁183-184。

41 吳筠，〈守神〉，《全唐文》，卷九二六，又見《正統道藏》，册三九，《宗玄先生文集》，卷中。

42 森三樹三郎，《上古より漢代に至る性命觀の展開——人性論と運命觀の歷史》（東京：創文社，1971），頁60, 93。本文關於先秦兩漢性情思想的討論，受益於此書甚多。

中，對「情」曾作特別解釋的，似乎只有《荀子・正名》。該篇曰：「性者，天之就也。情者，性之質也。欲者，情之應也。」又說：「性之好惡喜怒哀樂，謂之情。」綜合這兩段文句來看，「情」是附屬於「性」的概念，既指人性流動反應的成分，也代表「性」的實質內容。事實上，在荀子人性論中，「情」就是人性之所以爲「惡」的根源。[43]

大約到西漢中葉以後，「性」、「情」成爲儒家人性論述中最基本的、對等的概念。這也是中國思想史上以「性」、「情」二分的架構來分析成德問題的發端，〈復性書〉的性情對立觀也可溯源至此。王充的《論衡・本性》是一篇檢討中國自古以來人性思想的重要文字，其中有言：

> 董仲舒覽孫孟之書，作情性之說。曰：天之大經，一陰一陽。人之大經，一情一性。性生於陽，情生於陰。陰氣鄙，陽氣仁。曰性善者，是見其陽也；謂惡者，是見其陰者也。若仲舒之言，謂孟子見其陽，孫卿見其陰。

王充所謂的董仲舒情性之說，應該就是指《春秋繁露・深察名號》有關的討論。該文曰：「人之誠，有貪有仁，仁貪之氣，兩在於身。身之名，取諸天。天兩有陰陽之氣，身亦兩有貪仁之性。」又云：「天地之所生，謂之情性。……情亦性也。謂性已善，奈其情何？……身之有性情，若天之有陰陽也。言人之質而無其情，猶言天之陽而無其陰也。」董生的意思，的確是人性中有「性」有「情」，猶如天有陰有陽，性仁而情貪。王充把這個觀念說得更明確，甚至直言「性」出於人之陽氣，「情」出於人之陰氣。王充不同意董仲舒的見解，但董說實爲漢儒人性論主流的原型。

漢代以爲性情兩分、性善情惡的文字很多，下面是另外幾個例子。《漢書》〈東思平王宇傳〉引漢元帝詔書：「夫人之性，皆有五常。及其少長，耳目牽於嗜欲。故五常銷而邪心作，情亂其性，利勝其義。」[44] 許慎《說文解字》：「情，人之陰氣，有欲者。性，人之陽氣，性善者。」[45]《白虎通・情性》則曰：「情性者何謂也？性者陽之施，情者陰之化也。人稟陰陽氣而生，故內懷五性六情。」[46]

---

43 荀子認爲，情欲的盲目竄動決定了人性爲惡，性惡之人可以節欲守禮義，是因爲有明智的「心」。參見張亨，〈荀子對人的認知及其問題〉，《文史哲學報》20(1971.6)：175-217。

44 《漢書》（北京：中華書局，1962），卷八〇，頁3323。

45 段玉裁，《說文解字注》（經韻樓刻本；臺北：藝文印書館景印，1966），篇十下，頁24。

46 以上所引，都可算是人性爲善惡混的論點。但主張善惡混不必然相信性善情惡，揚雄、王充似乎都持這種看法。見《法言・修身》、《論衡・本性》。

從表面看來，漢儒人性思想與〈復性書〉的性情觀念相當接近，但兩者間實在也有深刻的差異。首先，漢代許多儒者雖然以爲性善情惡，卻也將性、情比作天地或人身中的陰陽之氣。這個比擬顯示，對他們而言，「性」和「情」都是人性中必有的本質性成分，無法相互化約。這和李翺認爲性情本無分別，「情者性之動」的想法，差距很遠。現在試爲說明。

《春秋繁露》明白表示，「性」和「情」都屬於人性，人性是天生的，可發展、可控制，但無從改易或消滅。前引〈深察名號〉句曰：「天地之所生，謂之情性。……身之有性情也，若天之有陰陽也。言人之質而無其情，猶言天之陽而無其陰。」《白虎通・情性》主張五性六情之說，「五性」是仁義禮智信，「六情」爲喜怒哀樂愛惡，《白虎通》這樣解釋性情和生命的關係：「性所以五，情所以六何？人本含六律五行之氣而生，故內有五藏六府，此情性之所由出入也。」「性」、「情」的活動是和人體器官五臟六腑一一對應的，有極強的自然性。[47] 緯書《孝經援神契》說：「情者魂之使，性者魄之主。情生於陰，以計念；性生於陽，以理契」，則把情性與魂魄相連。[48] 魂魄都是人生命的基本元素，缺一不可，性情亦然。

其次，對修養問題，性善情惡論者的一般看法似乎是，人的善性須予啓發陶養，「情」則要受節制，不許氾濫無歸，猶如天的陰氣不得干犯陽氣的運行。這個觀點也和〈復性書〉滅情反性的要求迥然不同。《春秋繁露・深察名號》曰：「栣眾惡於內，弗使得發於外者，心也」，又言：「天有陰陽禁，身有情欲栣，與天道一也」。[49]「栣」是「禁禦」、「禁制」的意思，此處主要是說，當禁止「陰」干犯「陽」，「情」掩蓋「性」。同書〈保位權〉則說：

> 聖人之制民，使之有欲，不得過節。使之敦樸，不得無欲。無欲有欲，各得以足，而君道得矣。

更清楚顯示，董仲舒完全沒有要熄滅「情」（或陰氣）的想法。班固《漢書・禮樂志》云：「人函天地陰陽之氣，有喜怒哀樂之情。天稟其性，而不能節也；聖人能節，而不能絕也」，也是同樣的看法。《白虎通・情性》言：「喜怒哀樂愛惡謂六情，所以扶成五性」，對「情」的態度就更積極了。事實上，

---

47 見〔清〕陳立，《白虎通疏證》，頁382。

48 黃奭輯，《孝經緯》（上海古籍出版社，1993），頁19。這段文字原載《太平御覽》〈妖異部二〉。

49 蘇輿，《春秋繁露義證》（北京：中華書局，1992），卷十，頁294, 296。

節制、導引情欲是漢儒關於人生修養的共同見解，反對性善情惡論的王充也持此說：「原情性之極，禮為之防，樂為之節。」[50] 滅情反性的說法在漢儒思想中是見不到的。

既然李翺的性情觀和漢儒主流的人性論有相當大的差距，他的性情思想有沒有其他歷史上的源頭呢？答案是：有的，而且不少。其中一個關鍵的就是古代道家思想。道家對人性問題的討論雖然不如儒家多，但一直有明確的立場。道家相信人性本善純樸，人間的禍亂來自文明的污染，歸反本性是消除社會與個人生存難題的根本途徑。從《莊子・外雜篇》以下，「復性」、「反性」就是道家的一個重要理想。

先舉出《莊子》的有關論述。〈駢拇〉篇有言：「夫待鉤繩規矩而正者，是削其性也。……吾所謂臧者，非所謂仁義之謂也，任其性命之情而已矣」；〈繕性〉曰：「文滅質，博溺心。然後民始惑亂，無以反其性情而復其初」。〈庚桑楚〉中，老子對南榮趎說：「汝欲反汝情性而無由入，可憐哉！」這幾段文字明白宣示，無論對個人或社會，最美好的狀態都是歸反本性，擺脫文明所帶來的虛偽與雜亂。

從戰國末年到西漢，「反性」之說繼續存在於道家陣營，而且所言較《莊子》更為明確。《呂氏春秋・勿躬》云：「今日南面，而天下反其情，黔首畢樂其志，安育其性，而莫為不成。」《文子・道原》：「真人用心復性，依神相扶，而得終始，是以其寢不夢，覺而不憂。」[51]《淮南子》更是三復斯言。〈俶真訓〉：「世之所以喪性命，有衰漸以然，所由來者久矣。是故聖人之學也，欲以返性於初，而游心於虛也」；〈本經訓〉：「神明定於天下，而心反其初；心反其初，而民性善」；〈齊俗訓〉：「聖人體道反性，不化而待化。」[52]

以上引文應可顯示，中國歷史上的「反性」觀念起自戰國中晚期以後的古代道家。寬鬆地講，這就是李翺復性思想的遠源了。尤有進者，〈復性書〉主張反性，是和「滅情」連在一起的。戰國秦漢之際，性情問題尚未浮現，滅情反性之說當然無從見於古代道家，但道家諸子已經認為，除了文明，欲望也是汩

---

50 王充，《論衡》，〈本性〉，頁28。

51 李定生、徐慧君校注，《文子校詮》（上海：復旦大學出版社，1988），頁37。

52 以上《淮南子》引文分見劉文典，《淮南鴻烈集解》（臺北：文史哲出版社景印，1992），頁67, 250, 368。《莊子》、《呂氏春秋》、《淮南子》的「反性」思想，詳見森三樹三郎，《上古より漢代に至る性命観の展開》，頁99-100, 119-120, 129。

沒本性的一個主要力量。《老子》、《莊子》已顯現對「欲」的問題的關注。《老子》第三章:「不見可欲,使民心不亂」,「聖人之治,……常使人無知無欲」。第三十七章:「不欲以靜,天下將自定」。《莊子・大宗師》則有言:「其嗜欲深者,其天機淺」。

《文子》觸及欲望問題的文字更多,而且直接強調「欲」對本性造成的干擾。〈道原〉篇兩度指出,真人或聖人「不以欲亂情」,又說:「夫人從欲失性,動未嘗正也。……人之性欲平,嗜欲害之,唯聖人能遺物反己。」[53]「人性欲平,嗜欲害之」的說法,又出現在〈上德〉、〈下德〉。[54]〈符言〉更有這樣的話:

> 邪與正相傷,欲與性相害,不可兩立,一起一廢,故聖人損欲而從性。[55]

「欲」與「性」在此有著清楚的對立關係,幾乎已是滅情反性說的雛形了。不過,整體而言,《文子》要求的只是欲不害性,「損欲」似乎並不等於滅絕情欲。〈符言〉另一處談「治心術」,就兩度提出「欲不過節」的命題。[56]《淮南子》對「欲」和「性」的看法和《文子》差不多,《文子》許多這方面的話都重見於《淮南子》。[57]

從上面的討論可以看出,〈復性書〉雖然以兩漢儒家發展出的性情對立觀爲基本概念架構,復性的主旨實在淵源於古代的道家思想。不過,古代道家並沒有決絕的滅情反性理論。那麼,在〈復性書〉寫作以前,這樣的想法是否曾在其他地方出現過?據個人的考察,清楚的滅情反性觀念產生很晚,大概要到隋唐之際,但後來成爲唐代道教心性思想的一個主要義旨。如此看來,唐代道教就是李翺思想形成的另一個重要背景了。

唐代道教滅情反性之說是由許多流傳已久的觀念融合而成,有非常深厚的歷史背景,前文討論的漢儒性善情惡論、古代道家反性節欲思想,都是它的部分

---

[53] 李定生、徐慧君校注,《文子校詮》,頁36, 39, 40。

[54] 同上,頁123, 165。

[55] 同上,頁92。

[56] 同上,頁88。值得注意,《文子》所說的「欲不過節」是指順性的自然調適,不可與儒家者言混爲一談。該書〈上禮〉就明白說,以禮樂節欲,將使人「外束其形,内愁其意」,「終身爲哀人」。(頁211)

[57] 參考以下的陳述。〈原道訓〉:「聖人不以人滑天,不以欲亂情」(劉文典,《淮南鴻烈集解》,頁21)。〈詮言訓〉:「省事之本,在於節欲。節欲之本,在於反性」;「邪與正相傷,欲與性相害,不可兩立。一置一廢,故聖人損欲而從事於性」。(《淮南鴻烈集解》,頁467, 475-476)。

源頭。現在要對中古道家的性情思想以及早期道教的修練觀稍作討論，以期更清楚地展現此說的淵源與性質。

道家思想在西漢中葉以後有式微的趨勢，但在漢末復振，魏晉玄學出現後，影響更廣。中古道家對性情問題的看法，大約有以下幾個形態。第一，在人生問題上，具道家傾向的人普遍有「任自然」的想法。這種觀念的特色是，不對「性」、「情」作嚴格區分，相信任性而爲是人生所應遵循的路徑。「任自然」的價值最尖銳地表現於曹魏時代開始出現的名教、自然之爭。在這場論爭中，鄙棄禮法的名士宣稱，「情」就是人的真性，不當被壓抑。嵇康〈難自然好學論〉說：「六經以抑引爲主，人性以從欲爲歡；抑引則違其願，從欲則得自然。然則自然之得，不由抑引之六經；全性之本，不須犯情之禮律。」明確表達了情、性同一的立場。橫亙魏晉南朝，「情」一直是士大夫文化中的重要價值。（北朝較不重視）值得注意的是，贊成「任自然」觀念的，並不限於非毀禮法的放蕩名士，衛護禮教者，也頗有人持此見，只是他們認爲仁義綱常也是人性的一部分，無須迴避。郭象說：「夫仁義自是人之情性，但當任之耳。恐仁義非人情而憂之者，真可謂多憂也」（《莊子・駢拇》注），可爲代表。[58]

其次，魏晉玄學有所謂的「聖人無情」說，以爲聖人有性無情。據《三國志・王弼傳》裴松之注所引何劭《王弼傳》，此論爲曹魏時何晏所發，鍾會附和，王弼反對。[59] 何、鍾之說，今已無文獻可徵，依湯用彤的推測，他們的理路大概是聖人法天，天道自然流行，無喜怒於其間，聖人與自然爲一，因此純任理而無情。[60] 湯先生的推論是以漢晉思想演變的大勢爲根據，堅強可從。值得注意的是，王弼雖然不同意聖人無情說，他的性情思想與何晏並沒有根本的不同，他只是從常識的立場，認爲聖人不可能對外物沒有感應，並舉孔子爲例，說他遇顏回不能無樂，喪顏回不能無哀。王弼主張，聖人雖然有情，他的

[58] 以上所論，可參考陳寅恪，〈陶淵明之思想與清談之關係〉，《金明館叢稿初編》，《陳寅恪先生文集》（臺北：里仁書局景印，1982），冊一，頁180-205；余英時，〈名教危機與魏晉士風的演變〉，收在氏著《中國知識階層史論・古代篇》（臺北：聯經出版事業公司，1980），頁330-372；許抗生、李中華、陳戰國、那薇著，《魏晉玄學史》（西安：陝西師範大學出版社，1989）。

[59]《三國志》，卷二八，頁795。

[60] 湯用彤，〈王弼聖人有情義釋〉，收在湯用彤，《魏晉玄學論稿》（臺北：盧山出版社，1972），頁77-89，特別是頁78-79。

內心活動的確是以「性」爲主，他的「情」是由「性」所導引的。王弼稱此爲「性其情」，曰：

> 不性其情，焉能久行其正，此是情之正也。若心好流蕩失眞，此是情之邪也。若以情近性，故云性其情。情近性者，何妨有是欲。[61]

簡而言之，參加「聖人無情」說辯論的兩造有相近的性情思想，都是從「天地萬物以無爲本」、「聖人體無」的信念出發，主張聖人循「性」而動，迥異凡情。這個觀點與前面介紹的「任自然」說差別很大，在形式上反而與滅情反性論有類似之處。上引王弼的「性其情」說與〈復性書〉關於聖人如何應世的陳述尤其接近。

何晏、王弼式的性情思想在魏晉六朝相當有影響，齊梁之際皇侃的《論語義疏》就留有這種聖人觀的痕跡。《論語·子罕》「子絕四」章皇疏云：「聖人無心，泛若不係舟，豁寂同道，故無意也。」〈先進〉「顏淵死子哭之慟」章皇疏引繆協語：「聖人體無哀樂，而能以哀樂爲體，不失過也。」[62] 都是這方面的例子。需要再指出，何晏、王弼、皇侃諸人討論聖人的性格，只是把他當作渺若天仙的理想影像，並沒有成聖的問題意識，這和李翺〈復性書〉的撰作背景非常不同。

再來要介紹中古道家的寡欲思想。中古道家雖然多有任自然的看法，普遍還是主張節制欲望的。「欲」何所指，則各人有不同的理解。現在舉兩個例子，權作這個問題的簡略說明。第一個例子是嵇康。嵇康性格峻烈，鄙薄虛矯之禮教，不假辭色，但也強調寡欲。他這方面的思想大體見於〈養生論〉和〈答難養生論〉，此處無法縷述。簡單地說，嵇康作此主張的理由主要有二。首先，嵇康志在養生，認爲形、神關係密切，多欲易傷神，傷神則害生。其次，嵇康認爲食、色等基本欲念確是生命之自然，但多欲或如名利之事的追求，則爲文明的產物。人的智心發動，創造文明，激發了對外物的想望，這種想望就不是

---

[61] 王弼，《論語釋疑》，見樓宇烈，《王弼集校釋》（臺北：華正書局景印，1992），頁631-632，轉引自許抗生，《魏晉玄學史》，頁127。「性其情」的觀念又見王弼《周易·乾卦》注，參看樓宇烈，《王弼集校釋》，頁217。

[62]《論語義疏》，卷五，頁1b；卷六，頁2a。繆協之生平著述，不見載籍，馬國翰在其所輯《論語繆氏說》（玉函山房輯佚書），逕稱其爲晉繆協，推測之詞而已。但繆氏爲玄風中之學者，可以無疑。關於皇侃玄學思想的通論，參見戴君仁，〈皇侃論語義疏的內涵思想〉，收在氏著《梅園論學續集》（臺北：藝文印書館，1974），頁129-149。

本然的人情了。因此他說：「夫不慮而欲，性之勤（應作動）也；識而後感，智之用也。性動也，遇物則當，足則無餘。智用者，從感而求，勌而不已。」（〈答難養生論〉）

第二個例子是《劉子》。據一般推斷，這是北齊劉晝的著作。全書共五十五章，前四章論個人修養，爲道家之言，故書入《道藏》。此書論修養，防制情欲是重點，第二章題爲〈防慾〉，第三章則名稱〈去情〉。書中所說的「欲」與「情」並無性質的不同，「欲」大概就是指熾盛狀態的「情」。所以〈防慾〉說：「慾由於情，而慾害情」，又說：「明者刳情以遣累，約慾以守貞」。〈去情〉則昌言：「無情以接物，在遇而恆通；有情以接人，觸應而成礙」。《劉子》的性情思想和嵇康的任自然說雖然同樣倡導寡欲，義涵有很大的差異。可以說，此書也有滅情反性論的雛形。[63]

以上的敘述顯示，從先秦到南北朝，中國思想——特別是道家傳統——持續保有不少類似「抑情」、「反性」的想法。然而，滅情反性的完整觀念似乎要到唐代道教中才形成。在闡述這個觀念之前，還要談一下早期道教的修練思想。上節已經指出，早期道教追求長生成仙，以身體的鍛鍊爲主，不甚重視心性陶養，這個情形要到南北朝中期，因受佛教的衝擊，才開始改觀。不過，儘管初期道教特重練身，對修道者的心理狀態也不是全無關注，譬如，道教自始就強調澹泊寡欲在養生上的重要，這也可說是唐代滅情反性說的一個泉源。

談養生強調寡欲，根源遠在道教形成之前，道教只是繼承這個傳統。就目前文獻所見，最早表達這種看法的，是戰國末期的道家。有些道家門徒以爲人的形、氣、神通貫一體，密不可分，如果嗜欲過盛，必然傷神，從而有損肉身，爲養生者之大忌。《莊子・在宥》就說：「必靜必清，無勞女形，無搖女精，乃可以長生。目無所見，耳無所聞，心無所知，女神將守形，形乃長生。」這個思想爲漢代的養生家、神仙家所襲取。王充《論衡・道虛》就報導：「世或以爲老子之道，爲可以度世。恬淡無欲，養精愛氣。夫人以精神爲壽命，精神不傷，則壽命長而不死。」[64]

道教出現後，澹泊無欲有益修仙之說一直被奉爲圭臬，茲引幾段文字，以爲證明。漢末天師道經典《老子想爾注》有言：「情慾思慮怒喜惡事，道所不

[63] 本文所用的《劉子》版本爲王叔岷，《劉子集證》（臺北：中央研究院歷史語言研究所景印，1992）。《劉子》倡導遣情接物，目的多在求人事之亨通，全身保命。

[64] 王充，《論衡》，頁73。

欲，心欲規之，便即制止解散，令如冰見日散汋。」[65] 約成於西、東晉之際的《黃庭外景經》〈下部經〉曰：「伏於志門候大道，近在子身還自守，清靜無爲神留止」；「恬淡無欲養華莖，服食玄氣可遂生。」[66] 南朝梁陶弘景《養性延命錄・序》云：「生者神之本，形者神之具，神大用則竭，形大勞則斃，若能遊心虛靜，息慮無爲，服元氣於子後，時導引於閑室，……則百年耆壽是常分也。」[67]

南北朝末期以後，道教內部逐漸盛行心性問題的探討，我們所關心的滅情反性說，便是從其中發展出的一套極有特色的思想。至遲在唐朝初年，這種觀念已明顯出現。就個人考覽所及，中唐以前對此觀念作最有統系的發揮的，是前文已提及的茅山宗道士吳筠。現在要透過他的著述，開展對此課題的討論。

吳筠作品中觸及滅情反性觀念的，所在多有。例如：「人得一氣，何不與天地齊壽，而致喪亡者，何也？爲嗜欲之機所速也」（〈形神可固論〉）；「成我者神也，則我者人也。神符性以契道，人應情以喪真」（〈洗心賦〉）；[68]「神者，無形之至靈者也。神稟於道靜，而合乎性；人稟於神動，而合乎情。故率性則神凝，爲情則神擾。凝久則神止，擾極則神遷。止則生，遷則死。皆情之所移，非神之所使。」（《玄綱論・率性凝神章》）[69]

吳筠的滅情反性思想最清楚地表現在《玄綱論》的這段話：

> 氣本無質，凝委以成形。形本無情，動用以虧性。……故生我者道也，滅我者情也。情亡則性全，性全則形全，形全則氣全，氣全則神全，神全則道全。道全則神王，神王則氣靈，氣靈則形超，形超則性徹，性徹則反覆流通，與道爲一。[70]

---

[65] 饒宗頤，《老子想爾注校證》（上海古籍出版社，1991），頁18。

[66]《雲笈七籤》（北京：書目文獻出版社景印，1992），卷十二，頁47, 54-55。據此經務成子註，「志門」即「玄門」，指道教。

[67] 陶弘景，《養性延命錄》，收在胡道靜、陳蓮笙、陳耀庭選輯，《道藏要籍選刊》，冊九，頁397。

[68] 以上引文見《正統道藏》冊三九，《宗玄先生文集》卷中。「則」字似不通，不知是否爲「賊」之誤？

[69]《正統道藏》，冊三九，《宗玄先生玄綱論》，頁18。

[70]《玄綱論・同有無章》，同上，頁5-6。這段文字實係抄自成玄英老子疏的「道可道非常道」章（見後註），但成疏似乎只是一般性原理的宣示，在吳筠的神仙思想體系中則有較具體的義涵。

這段文字涉及吳筠修仙思想的整體架構，無法細論。現在只能解釋與本文論旨最有關係的部分。此段論述背後的基本觀念是，宇宙與生命的本原是「氣」——元氣，氣之最虛者則成爲「神」（神明、神靈）。就個人的命運而言，人是由氣所凝成，最本初的狀態就是他的「性」。人因「動」產生「情」，虧損了「性」，所以導致生命的最終毀滅。人要追求長生，必須熄滅他的「情」，「情」滅，「性」就可復原。「性」得到保全，人不但能保形長生，甚至可以通神成仙。吳筠的宇宙觀既是氣化論，也是泛神論，認爲「神」不過是「氣」的精純有靈的表現。人如果復性重歸元氣，即可化神永生，與萬有長在。

綜而言之，吳筠非常重視性情的問題，這是他修仙理論的一個關鍵部分。但吳筠的性情思想並不純是內心修養的觀念。他相信，滅情存性能導致人身體與心神的變化，最終達到神仙的境地。

唐代道教人士倡導滅情反性說的頗有其人。除了吳筠，唐初著名道士與經典注釋家成玄英在《道德經開題序決義疏》中有言：「所謂無極大道，是眾生之正性也。」又說：「生我者道，滅我者情，苟忘其情，則全乎性。」[71] 時代比吳筠稍前的另一茅山宗名道士司馬承禎的《天隱子・神仙》云：「喜怒哀樂愛惡欲，情之邪也。……去此邪，成仙功也」。同篇〈漸門〉曰：「人之修真達性，不能頓悟，必須漸而進之。故設漸門……三曰存想。……何謂存想？曰：收心復性。」[72] 從上引文句看來，司馬承禎也有類似滅情反性的思想，雖然所說不若吳筠明確。此外，唐玄宗注《老子》，也表達了除情反性的觀念。[73]

唐代道教的滅情反性說還反映在一篇著名的傳奇〈杜子春〉。這篇小說敘述杜子春落魄，得一老人資助，子春就主動要求報恩。老人把他帶到華山雲臺峰的一間房子，正堂中有座藥爐。老人換上道士的裝束，要子春坐於室中，告訴他將會有許多痛苦的考驗臨身，皆非真實，叫他無論遇到什麼情境，都不許出聲。老人離去後，杜子春果然受到種種痛苦，都忍住不言。但他在一次轉世中

---

71 分見嚴靈峰，《輯成玄英道德經開題序決義疏》（臺北：藝文印書館，無求備齋老子集成初編本），卷一，頁1a, 2a。關於成玄英的復性思想，參考熊鐵基、馬良懷、劉韶軍，《中國老學史》（福州：福建人民出版社，1995），頁269-272。

72 司馬承禎，《天隱子》，胡道靜、陳蓮笙、陳耀庭選輯，《道藏要籍選刊》，冊五，頁817。

73 見熊鐵基、馬良懷、劉韶軍，《中國老學史》，頁275-277。玄宗注《老子》，撰有兩書：《道德眞經注》和《道德眞經疏》。

變成女性，丈夫爲了逼他（她）講話，把他們的小孩摔死，子春愛生於心，忘了與道士的約，不覺失聲。這時子春突然回到華山原坐之處，屋室正陷於大火，道士也現身，告訴他：

> 吾子之心，喜怒哀懼惡慾，皆忘矣。所未臻者，愛而已。向使子無噫聲，吾之藥成，子亦上仙矣。嗟乎，仙才之難得也！……

原來子春因親子之情而出「噫」聲，毀了老人正在煉的仙丹——情，是成仙的大敵。據《太平廣記》卷十六，〈杜子春〉出於李復言的《續玄怪錄》，但也有資料顯示，此文原載牛僧孺的《玄怪錄》。無論何者爲是，都可判斷，這是九世紀上半葉或稍後的作品。[74] 九世紀末，晚唐道教大師杜光庭 (850-933) 的著作仍可見到滅情反性的想法。他曾這樣說：「自道所稟謂之性，性之所遷謂之情。人能攝情斷念，反性歸元，即爲至德之士矣。」[75]

以上的敘述明白顯示，滅情反性是唐代道教心性修養理論中的一個主要元素，受到許多門派、思想不同的人士的共同接受，從唐初到晚唐的道教文獻，都有其蹤跡。李翺在九世紀初撰寫〈復性書〉，遠在道教這個觀念盛行之後。如果我們說，他的滅情反性的修爲論受了道教和道家思想強大的影響或暗示，不能算是太不合理的判斷吧！以上爬梳滅情反性說的源流，頭緒紛繁，現在作一簡單圖示，以爲歸結：

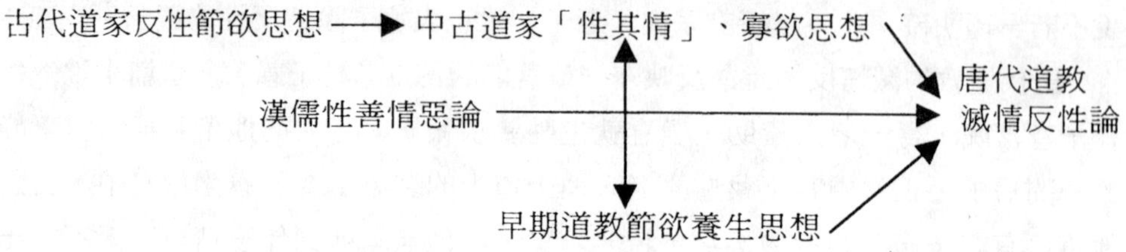

討論進行到這裡，許多讀者心中恐怕會生起一個問題：〈復性書〉的息情反性思想和佛教有沒有關係？馮友蘭在《中國哲學史》下冊主張李翺此說的實際來源爲佛學。他說：

---

[74] 引文見汪辟疆校錄，《唐人小說》（中華書局香港分局，1985），頁281。關於含有〈杜子春〉的《玄怪錄》版本，見《玄怪錄·續玄怪錄》（臺北：文史哲出版社景印，1989）。

[75] 杜光庭，〈道德眞經廣聖義序〉，《道藏》（文物出版社，上海書店，天津古籍出版社，1988），冊十四，卷十九。

> 李翱……雖仍用韓愈〈原性〉中所用之性情二名詞，然其意義中所含之佛學的分子，灼然可見。性當佛學中所說的本心；情當佛學中所說之無明煩惱。眾生與佛，皆有淨明圓覺之本心，不過眾生之本心爲無明煩惱所覆，故不能發露耳。[76]

案，李翺〈復性書〉之撰寫，很可能在韓愈〈五原〉之前，翺之此文用性情二詞，未必是受〈原性〉影響。[77] 此點不論，本節的考論應該已經展現，反性、滅情主要是存在於道家和道教傳統中的觀念，〈復性書〉這方面的思想尤其與唐代道教的心性修養理論有密合之處。另一方面，釋教的佛性、修心、煩惱思想，別有淵源，並不是從性情概念出發的。馮友蘭把李翺的性情觀與佛家思想直接掛鉤，現在看來，並不很妥當。

先談煩惱（kleśa）的問題。瑜珈行派將根本煩惱分爲六種：貪、瞋、慢、無明、見、疑，其中「貪」或可等同於中國本土的「欲」，貪、瞋、慢三者或可合當「情」。至於其他三種煩惱，則很難放在性情的架構裡。[78] 在中國佛教思想史上，釋子也不常把「煩惱」比擬爲「情」。舉例來說，成書於唐高宗總章元年 (668) 的著名佛教類書《法苑珠林》裡，〈欲蓋篇〉是關於修道之心理障礙的概論，其中毫無「情」的蹤跡。[79] 華嚴思想家李通玄 (?-730) 的《法門名義集》第二節爲〈過患品〉，解說各種有關煩惱偏執的概念，也未以「情」爲喻。[80] 中土佛家著作論身心問題而多涉及「情」的，有《陰持入經註》。此書云：「魂靈以六情爲根本」，「身有六情，情有五陰」，「心默積聚五陰，盛

[76] 馮友蘭，《中國哲學史》（上海：商務印書館，1930），下冊，頁805。

[77]〈五原〉的寫作，羅聯添訂在貞元二十至二十一年 (804-5)。見他的〈韓愈原道篇寫作的年代與地點〉，收在羅聯添，《唐代文學論集》（臺北：學生書局，1989），頁443-449。羅氏另一論文則定〈復性書〉之撰著年代爲貞元十八年 (802)。見羅聯添，〈李翱研究〉，《國立編譯館館刊》2.3(1973.12)：59。末岡實考證同樣的問題，對〈復性書〉的撰寫時間取羅說，但認爲〈原性〉的寫作可能早至貞元十九年 (803)。見末岡實，〈中唐期における性説の展開と役割——歐陽詹「自明誠論」・皇甫湜「孟荀言性論」を中心として〉，《日本中國學會報》34(1982)：112-114。這兩種說法都以爲〈復性書〉的寫作在〈原性〉之前。

[78] 煩惱概念的簡單介紹，可參考水野弘元，《佛教要語の基礎知識》（東京：春秋社，1972年初版），第八章。

[79] 道世，《法苑珠林》，卷七一，《大正藏》，卷五三，頁825-829。

[80] 李通玄，《法門名義集》，在《大正藏》，卷五四，頁195下-196中。

滿足六情眾苦也」。[81] 這裡的「六情」，就是一般所說的眼、耳、舌、鼻、身、意等六根。《陰持入經註》是三國時的著作，當時中國佛學才剛進入「格義」的時代，以「情」解「根」（indriya）並不足爲奇，但這個格義方式後來沒有成爲主流。

以「情」和「煩惱」互作比附，雖然在中國中古似乎並不普遍，這種情況還是存在的。大概成立於唐代的《太上老君清靜心經》有言：

> 道不能得者，為見有心。既見有心，則見有身。既見其身，則見萬物。既見萬物，則生貪著。既生貪著，則生煩惱。既生煩惱，則生妄想。妄想既生，觸情迷惑，便歸濁流，流浪生死。受地獄苦，永與道隔。[82]

在這段摻有佛教概念的道經文字中，佛家的妄想、煩惱之說和道教的「情」是串聯在一起的。佛教進入中國後，不斷與本土思想發生互動，「煩惱」與「情」偶爾被等同看待，是很自然的事。本文並不是在主張，〈復性書〉的出現和佛教盛行的氣氛全無關係。個人只是想指出，過去關於李翺性情觀直接源出佛學的看法，是缺乏根據的。至於佛教佛性、本心的觀念，則應對〈復性書〉的思想方向有重大影響，這個問題要留待後文再作申論。

最後補充一點，在唐代佛教的諸多門派中，似乎有一個是以「息情」爲主旨的。這就是禪宗中的牛頭宗。牛頭宗是一個淵源於唐初，活躍於七世紀中至八世紀中的江東禪學派別，後來與宗主曹溪的南宗禪合流了。現存的牛頭禪原始資料已經不多。根據圭峰宗密 (780-841)《圓覺經大疏鈔》的報導，牛頭宗認爲人的心體本來是空無的，因迷妄而生出憎愛等情，「情」就是人生之苦的具體呈現。牛頭禪因此主張「以忘情爲修行」，「情忘即度苦厄」。[83] 牛頭宗以空無爲宇宙之終極實體，追求喪情體無的境界，受到道家——特別是玄學——思想的重大影響，這在南北朝以後的佛學歷史中，相當罕見，似乎沒有重要的代表性。[84]

---

[81] 陳慧注，《陰持入經註》，在《大正藏》，卷三三，頁9下-10中。

[82] 此經甚短，見《正統道藏》，册四六。此經文字、內容與《太上老君說常清靜經》幾乎雷同，後者有杜光庭註（《正統道藏》，册二八），故皆應出自唐代。

[83] 宗密，《圓覺經大疏鈔》，卷三之下，《卍續藏經》（臺北：新文豐出版有限公司景印，1977），册十四，頁557-558。

[84] 關於牛頭禪以道家思想爲基盤之事的分析，見印順，《中國禪宗史》（嘉義：妙雲蘭若，1971），第三章。

四、性靜與守靜

「靜」是〈復性書〉中的另一個關鍵字眼，它的意涵包括兩方面。第一，李翺認爲人的本性是靜的，因「動」而生「情」，性情的分別只在動靜，這是對性情本質爲一的具體說明。其次，「靜」也指修養的方法，使人能夠息滅動盪的「情」，歸反本性。比起性善情惡、滅情反性的觀念，〈復性書〉主靜思想的來源就單純多了。大體來說，這主要是道家和道教傳統的產物，佛教與之也有關聯。不過，在思想史上，性靜情動與守靜修靜這兩組觀念的淵源頗有出入，應當分別討論。

先談性靜情動的問題。〈復性書〉中篇曰：「人生而靜，天之性也」，一般都知道此語出於《禮記・樂記》，〈樂記〉原文接著說：「感於物而動，性之欲也。物至知知，然後好惡形焉。好惡無節於內，知誘於外，不能反躬，天理滅矣。」《禮記》爲儒家經典，〈復性書〉又多引儒書，李翺顯然是要以儒家者言爲性靜情動說的典據。不過，就先秦兩漢的思想大勢看來，強調「靜」是道家的特色，這個觀念在儒家陣營並沒有顯著的地位。以「人生而靜，天之性也」而論，這句話也出現在《文子》和《淮南子》，並不是〈樂記〉獨有的說法。《文子・道原》曰：「人生而靜，天之性也；感物而動，性之欲也；物至而應，智之動也」；[85]《淮南子・原道訓》：「人生而靜，天之性也。感而後動，性之害也。」[86] 這兩段文字與〈樂記〉極其相似，《文子》、《淮南子》、《禮記》的成書時間又差不多，可以推測，「人生而靜」的命題必有特定的來源。這個來源爲何，現在已不得而知，但我們至少可以說，三部文獻中的「人生而靜」觀念來自同一思想氣候，而且很明顯地，這就是道家思想的潮流。

現存古代儒書宣稱人性本靜的，就個人所知，〈樂記〉是孤例。至於道家典籍，類似的表達就普遍多了。《老子》不曾直接討論人性問題，但以「靜」爲宇宙人生的一個重要本然狀態。該書第十六章曰：「致虛極，守靜篤，萬物並作，吾以觀其復。萬物芸芸，各復歸其根。歸根曰靜，是謂復命。復命曰常。」《文子》也申述同樣的看法，〈道原〉篇曰：「道者，虛無、平易、清靜、柔弱、純粹素朴，此五者，道之形象也」。[87]《管子・心術下》云：「凡民

---

[85] 李定生、徐慧君校注，《文子校詮》，頁39。
[86] 劉文典，《淮南鴻烈集解》，頁10-11。
[87] 李定生、徐慧君校注，《文子校詮》，頁34。

之生也，必以正平；所以失之者，必以喜樂哀怒。……外敬而內靜者，必反其性。」幾乎相同的文字，又見於〈內業〉。[88]《管子》〈心術〉、〈內業〉等篇屬於哪個學派的作品，學界一直有爭議，但照一般的看法，和道家是脫不了干係的。古代道家對人性本靜的宣揚，在《淮南子》表現得特別明顯。除了上引〈原道訓〉「人生而靜」之語，〈俶真訓〉說：「人性安靜而嗜欲亂之」，又言：「古之聖人，其和愉寧靜，性也」。[89]〈人間訓〉起首則曰：「清淨恬愉，人之性也」，似乎也有類似的意思。就以上的引文判斷，〈樂記〉之人性思想，可說是秦漢之際道家性靜思潮的一個分流。[90]

要再作補充的是，古代儒家不但少有人性本靜的想法，連一般性的「靜」也不強調。《論語》除了一句「仁者靜」（〈雍也〉），別無此字，《孟子》則全無「靜」字。就目前所知，荀子是第一個使用「靜」的概念的儒家思想家，他認爲，性惡的人之所以可能知「道」、習禮義，是因爲人的心有「虛壹而靜」的能力。（〈解蔽〉）但這也是《荀子》書中唯一涉及「靜」的思想性觀念。其他早期儒書也大都不注重「靜」，像《大學》中「定、靜、安、慮、得」的說法，要算是例外。和儒家相反，道家從《老子》開始，就以「靜」爲天道的重要性質，人生的理想情態。《莊子・天道》對這個意念有非常明確的表達：

> 聖人之靜也，非曰靜也善，故靜也；萬物無足以鐃心者，故靜也。水靜則明燭鬚眉，平中準，大匠取法焉。水靜猶明，而況精神，聖人之心靜乎？天地之鑑也，萬物之鏡也。夫虛靜恬淡寂寞無爲者，天地之平而道德之至，……夫虛靜恬淡寂寞無爲者，萬物之本也。

其他道家典籍如《文子》、《淮南子》，亦無不主靜。從儒、道對「靜」的關注程度的強烈對比，《禮記・樂記》「人生而靜」之說非舊儒思想重點，應該可以無疑。

西漢中葉以前，性情對立的思想尚未形成，古代道家雖然以嗜欲或「性之動」爲本性惡化的表徵，基本上並不用「情」來代表人性動盪的部分。性情論

---

[88] 分見顏昌嶢，《管子校釋》（長沙：嶽麓書社，1996），頁334-335, 406。

[89] 劉文典，《淮南鴻烈集解》，頁67, 77。

[90]〈樂記〉「人生而靜」以下一段話，亦頗有取於道家——特別是《莊子外雜篇》——「物物而不物於物」的觀念：「夫物之感人無窮，而人之好惡無節，則是物至而人化物也。人化物也，滅天理而窮人欲者也。」參考森三樹三郎，《上古より漢代に至る性命觀の展開》，頁101-102。

述大起後，道家思潮已趨於岑寂，參與討論者幾乎全部居於儒家的立場，終漢之世，並未見到鮮明樹立的「性靜情動」旗幟。不過，這種看法還是存在的。王充《論衡・本性》有如下的報導：

> 劉子政曰：性，生而然者也。在於身而不發。情，接於物而然者也。出形於外。形外則謂之陽，不發則謂之陰。[91]

劉子政就是劉向，他以為「性」是人性本然沒有發動的部分，「情」則為發動、表現在外的成分，因此主張性陰情陽。「性陰情陽」其實就是「性靜情動」的另一講法，《莊子・天道》：「知天樂者，……靜而與陰同德，動而與陽同波」，[92] 可以當作劉說的註腳。這是和漢儒普遍的性陽情陰說完全相反的立場，也是道家人性本靜思想的新版本。此外，劉向從「已發未發」來判別性情，性情並無性質上的區別，「性陰情陽」可說只是比喻的說法，缺乏實體論的意味。這也是劉說的一大特點。劉向雖為經學大家，但劉家有崇尚黃老、養生修仙的傳統，他在人性論上採取道家的立場，並不足為異。[93]

古代道家為什麼會形成人性本靜的觀念呢？日本德川時代的儒學思想家伊藤仁齋 (1627-1705)、伊藤東涯 (1670-1736) 父子注意到這個問題，提出兩點解釋。首先，根據《老子》，天地萬物皆生於「無」，以此，人的原始存在也就是「靜」的了。再者，道家主張絕滅仁義禮樂，專意遵從自己的本性，不受外物所誘惑。這樣的本性當然只能是虛靜的。[94] 仁齋父子的說法是立基於對道家哲學理路的深刻了解，很值得參考。

---

[91] 王充，《論衡》，頁30。

[92] 郭慶藩輯，《莊子集釋》，卷五中，頁462。

[93] 關於劉氏家人熱中養生修仙等黃老術的事蹟，見《漢書》，卷三六，頁1927-1929；董俊彥〈桓子新論校補〉，在氏著《桓譚研究》，頁190, 211。

[94] 參見伊藤仁齋，《語孟字義》，卷之上，〈性〉第五條，在吉川幸次郎、清水茂校注，《伊藤仁齋・伊藤東涯》（日本思想大系33；東京：岩波書店，1971），頁136；伊藤東涯，《古今學變》，卷之中，〈論易禮春秋傳教學之旨〉第三十條，〈論隋唐諸儒之學〉第五條，在吉川幸次郎、清水茂校注，同上書，頁480, 486。仁齋以為〈樂記〉「人生而靜」的說法是襲取《文子》，現代學者森三樹三郎則基於《文子》為後出的懷疑，無法同意此說。然而，一九七三年河北定縣四十號漢墓有《文子》殘簡出土，據推斷，這是逝世於西漢宣帝五鳳三年（西元前55年）懷王劉修的墓。依此，《文子》有可能是戰國時期的作品。參考森三樹三郎，《上古より漢代に至る性命観の展開》，頁166-167；河北省文物研究所，〈河北定縣40號漢墓發掘簡報〉，《文物》，1981.8：10。

魏晉之際，玄學崛起，道家思想又興，從傳世中古文獻，我們可以見到，「情出於性」、「性靜情動」是當時對人性的一個重要看法。（在廣義的中古道家思想範圍內，對此問題還有不同的觀點。）[95] 譬如，王弼解《老子》第十六章云：「凡有起於虛，動起於靜，故萬物雖並動作，卒復歸於虛靜，是物之極篤也。……靜則復命，……復命則得性命之常」。他在《周易略例・明爻通變》則說：「變者何也？情僞之所爲也。夫情僞之動，非數之所求也」，王弼把「情」稱作「情僞」，可以淸楚看出，他認爲情性本無分別，「情」是「性」由動盪所引起的異化表現。[96] 此外，陸機〈演連珠〉有言：「煙出於火，非火之和；情生於性，非性之適。故火壯則煙微，性充則情約」，[97] 相信情性爲一。東晉張湛在《列子・天瑞注》對「性靜情動」的觀念有更淸楚的闡釋：

> 夫虛靜之理，非心慮之表，形骸之外；求而得之，即我之性，內安諸己，則自然真全矣。故物所以全者，皆由虛靜，故得其所安；所以敗者，皆由動求，故失其所處。[98]

「性靜情動」主要是道家思想傳統的觀念，道教中則不多見，但也非絕無蹤跡。現在要對此略作說明。早期道教不重視心性問題，南北朝中晚期以後，才開始作較有系統的考慮。關於「性」的觀念，隋唐道教存在著兩個方向的探索。第一個是「道性」。這個概念是模仿「佛性」而來，主要的意思是修養合道的可能性。「道性」和中國傳統人生哲學的「性」的觀念很不同。在中國人生問題的論說中，「性」原本意指人生命內在的本然狀態或成分，「道性」問題則關注修仙體道之所以可能的根據。這個根據固然與人生命的內在結構有關，但也涉及其他許多問題，譬如「道」的性質，「道」的性質與人乃至天地間其他事物的關係。所以，約編成於武周時的《道教義樞》說，「道性」是「不色不心，而色而心」。[99] 綜而言之，「道性」的觀念不但比較抽象，而且頗

---

[95] 《全唐文》卷四八三權德輿〈道舉策問五道〉第一道指出，莊子主張養性須節欲，列禦寇則認爲應縱情放逸，「何二論背馳之甚耶」？這其實就是存在中古道家人生哲學中的兩個基本方向。

[96] 以上引文見樓宇烈，《王弼集校釋》，頁36, 597。另參考許抗生等，《魏晉玄學史》，頁124。

[97] 蕭統，《文選》（臺北：文津出版社景印，1987），卷五五，頁2397。

[98] 楊伯峻，《列子集釋》（北京：中華書局，1979），頁29。

[99] 《道教義樞》卷八，〈道性義第二十九〉，在《正統道藏》，冊四一，頁810。

有形上的意味。這個特色在很大程度上是源自「佛性」概念的性質。[100] 唐代討論道性問題的文獻中，雖然不乏涉及虛靜思想之處，但似乎少有對性靜情動觀念的宣揚或詮釋。可能的原因是，注意道性問題的道教學者，多深受佛學影響，習慣從認識、感受的觀點考慮人之「道性」的異化，反而忽略了道家傳統的性情觀。[101]

唐代道教心性論述的另一個方向是從性情陶養的途徑建立修仙理論，上一節考察的滅情反性思想就屬於這個潮流。唐代道教思想家雖然很重視守靜的修爲，一般並沒有碰觸「性」是否爲靜的問題。不過，其中似乎有個例外，這就是吳筠。吳筠的最大理論著作《玄綱論》〈性情章〉曰：

> 夫生我者道，稟我者神，而壽夭去留，匪由於己，何也？以性動爲情，情反於道，故爲化機所運，不能自持也。

〈會天理章〉則云：

> 性本至凝，物感而動，習動滋久，胡能遽寧？

此書既說「性本至凝」，又言「性動爲情，情反於道」，其持性靜情動之論，相當明顯。《玄綱論》還有其他文句也反映了這一思想，有些是前文已引用過的。譬如，〈同有無章〉：「氣本無質，凝委而成形。形本無情，動用而虧性」；〈率性凝神章〉：「神稟於道靜，而合乎性。人稟於神動，而合乎情。故率性則神凝，爲情則神擾」；〈長生可貴章〉：「誰能無情？情動性虧，祇以速死」。[102] 道教爲什麼重守靜而不以「性靜情動」爲理論根據，本文將在探討守靜修養觀念的源流時，再試作解釋。

在中古時代，與「靜」的思想發生關聯的，還有佛教。佛教探索人生問題所根據的觀點和分析架構，與本土的儒、道二家，有相當大的出入。就本文的主題而言，性、情二分和性靜情動的觀念都不曾出現於佛家教義。不過，在佛家對終極價值的思考中，「靜」還是有它的地位。關於佛教的根本義理，有著名的「三法印」或「四法印」之說。「四法印」指諸行無常、諸法無我、一切行苦、涅槃寂靜。除卻「一切行苦」，則爲「三法印」。無論採用哪一說法，佛

---

[100] 本人在〈隋唐道性思想的特色與歷史意義〉（未刊）一稿中，對這個問題有比較詳細的討論。

[101] 關於道性觀念多方面的討論，見鎌田茂雄，《中國佛教思想史研究》（東京：春秋社，1978），第一章，〈道性思想の形成過程〉；盧國龍，《中國重玄學》，第五章。

[102] 以上引文皆見《正統道藏》，册三九，《宗玄先生玄綱論》。

教追求的最終目標都是「涅槃寂靜」（śāntam nirvāṇam）。在原始佛教，「涅槃」（nirvāṇa）的意思是，煩惱之火、貪瞋癡三毒完全熄滅的人生狀態。這種「寂靜」雖然與道家所嚮往的「靜」義涵不甚相同，也不無可比附之處。

尤有進者，大乘佛教許多經論對世界採取實體論的看法，涅槃脫離了原來的純為生命狀態的指謂，變得經常和真如、法身、佛性、如來藏等詞同義，指宇宙終極的、使成佛之事為可能的本體。這種思想在中國非常興盛。此一本體有很多性質，其中一個常被提到的就是「寂靜」。譬如，《央掘魔羅經》：「一切諸佛極方便求如來之藏不寂靜不可得，寂靜性是佛性」（《大正藏》，卷二，頁526中）；《佛性論》：「約如來性，有四義。一者……；四者，本性寂靜」（《大正藏》，卷三一，頁811下）。「佛性」之所以有靜的特點，當然是因為佛性所成就的結果——涅槃——是寂靜的。這一點《大乘法界無差別論》說得很清楚：

> 何者名為菩提心果？謂最寂靜涅槃界。此唯諸佛所證，非餘能得。（《大正藏》，卷三一，頁892中）
>
> 眾生界清淨，應知即法身。法身即涅槃，涅槃即如來。（《大正藏》，卷三一，頁894上）[103]

從整體看來，以佛性、法身為寂靜似乎不能算是佛學中特別有影響的說法，但這個觀點的存在，無疑增強了性靜觀念在中國思想界裡的勢力。尤有進者，早期禪宗有強調佛性或本心寂靜的言論，荷澤神會 (684-758) 就是顯著的例子。禪宗以本心為佛性，神會語錄一再有類似「本體空寂」或「本心空寂」的詞語。如《南陽和上頓教解脫禪門直了性壇語》云：「本體寂靜，空無所有，亦無住著，等同虛空，無處不遍，即是諸佛真如身」。《南陽和尚問答雜徵義》第一條：「我心本空寂，不覺妄念起」；第二十八條：「〔眾生〕為不覺自體本來空寂，即隨妄念而結業，受生造惡之徒，蓋不可說」；第四十四條：「但了本自性空寂，更不復起觀，即是宗通」。[104] 另一早期禪宗著作《達摩大師血脈論》則有言：「我心本來空寂，一切相貌，皆是妄相」，「自性本來空

[103] 本段引文係分別轉引自小川弘貫，《中國如來藏思想研究》（東京：中山書房，1976），頁27, 131, 46, 57。另參考同書，頁12-15, 43。

[104] 以上引文分見楊曾文編校，《神會和尚禪語錄》（北京：中華書局，1996），頁10, 72, 84, 99。亦參見同書，頁9, 13, 80, 92。

寂，妄執相及一切法，即墮外道。」[105] 禪宗是唐代佛教一大力量，神會尤其是南宗興盛的關鍵人物。禪宗文獻中的心性本寂論，也可能對一般思想產生影響。然而，佛家與中國主靜思想的最主要關聯，似乎是在修養方法上，這就是下文所要處理的課題。

中國中古的靜修思想，以道教爲大宗。上一節討論性情問題時已經指出，古代道家、養生家和早期道教強調恬淡寡欲，是滅情反性說的一個源頭。這其實就是守靜的修養方法，道教自始即採爲道術，到了唐代尤其受重視。現在考察作爲修養方法的「靜」，要先對唐以前道教的守靜觀念略作補充說明，再介紹唐代的情況。

道教在東漢末年開始成形時，就承接了道家和養生家原來的信念，視清靜爲修道的基本要件。《老子想爾注》說：「道常無欲，樂清靜」，又言：「道人當自重精神，清靜爲本」。[106]《太平經》宣稱：「求道之法靜爲根」。[107] 神仙道教早期的理論家葛洪則曰：「學仙之法，欲得恬愉澹泊，滌除嗜欲，內視反聽，尸居無心。……仙法欲靜寂無爲，忘其形骸。」[108] 東晉時已流傳的上清齋也特重「絕群離偶」、「靜氣眠神」。[109] 道教講靜修，除了立足於傳統的養生思想，認爲人的精神形體相通，清靜寡欲有助保身，還相信守靜能使人與神明交感，得到庇護。《太平經》說：「久久自靜，萬道俱出；長存不死，與天相畢。……俗念除去，與神交結，乘雲駕龍，雷公同室，軀化而爲神，狀若太一。」[110] 又說：「靜身存神，即病不加也，年壽長矣，神明祐之。……故人能清靜，抱精神，思慮不失，即凶邪不得入矣。」[111] 前者說的是與天神的感應，後句

[105]《達摩大師血脈論》，《卍續藏經》（臺北：新文豐出版公司景印，1976），冊一一〇，頁812。又，在東晉般若學所謂的「六家七宗」之中，有「本無宗」與「本無異宗」，大旨以爲，一切諸法，本性空寂。這是鳩摩羅什入華前，佛學尚有濃厚玄學色彩時的說法，在後來的佛家思想中雖然還有痕跡，顯然並不屬主流。參考湯用彤，《漢魏兩晉南北朝佛教史》（臺北：鼎文書局景印，1982），頁238-254。

[106] 饒宗頤，《老子想爾注校證》，頁47, 33。

[107] 王明，《太平經合校》（北京：中華書局，1960年初版），卷七三至八五，頁305。

[108] 王明，《抱朴子內篇校釋》，〈論仙〉，頁17。

[109] 陸修靜，《洞玄靈寶五感文》，《道藏》，冊二二，頁620，對此齋法有具體說明。范翛然稱此齋法爲「絕群獨晏，靜氣遺形」。見《至言總》，《道藏》，冊二二，頁850。

[110] 王明，《太平經合校》，卷七三至八五，頁306。

[111] 王明，《太平經合校》，卷一五四至一七〇。關於《太平經》守靜存神的思想，參考李養正，〈從《太平經》看早期道教的信仰與特點〉，在氏著，張繼禹編訂，《道教經史論稿》（北京：華夏出版社，1995），頁60-61。

則是指保存身體中的神。此外，大約撰成於南北朝的《太上老君戒經》有言：「凡存一守神，要在正化〔似應作正心〕。心正由靜，靜身定心。心定則識靜，識靜則會道也。」[112] 這裡顯露的，似乎有守靜能夠體悟真道的心性修養論意味。

相對於本文的主題，道教守靜觀念最值得注意的一點是，這種思想在唐朝較前代更爲興盛，這應當也是〈復性書〉撰作的一個重要背景。在初唐和中唐，守靜受到重視的程度，清楚地反映在理論著述。以卿希泰所著的《中國道教思想史綱》爲例，這本書所討論的六位唐代前半期道教思想家中，就有四位——孫思邈、成玄英、司馬承禎、吳筠——強調靜修。[113] 這個現象，顯然與道教逐漸重視心性問題的趨向，有密切關係。

現在簡略說明上述四位道士的靜修觀念，以見唐代道教主靜思想之一斑。孫思邈 (?-682) 是著名的醫學家，主要關心養生問題，他秉持傳統的形神一體觀，認爲養生須抑情：「夫養性者，當少思、少念、少欲、少事、少語、少笑、少愁、少樂、少喜、少怒、少好、少惡。行此十二好者，養生之都契也。」[114] 成玄英談靜修，一方面提倡道教舊有的守一之法（即守住身體某一處——如臍下丹田），一方面援用佛家思想，以「三業清靜，六根解脫」來解釋修道入靜的狀態。他還強調動靜不是絕對分離的狀態，「重靜之人，動不乖寂」，要在靜中應物，在動中持靜。[115] 司馬承禎的靜修思想見於他的名篇《坐忘論》，其特色在於把「靜心」當作修仙的具體方法，這和以往一般多談寡欲、守一，或泛論寂靜無爲，頗不相同。《坐忘論》以爲人心原是「以道爲本，但爲心神被染，蒙蔽漸深，流浪日久，遂與道隔」（〈收心〉）。因此，安心是復道的關鍵工夫。靜心應從「安坐」入手，到後來可以無所不定，「處靜處喧，其志唯一」（〈樞翼〉），最終得道，形神合一，成爲「神人」。[116] 承禎提倡的靜修法，似乎有受佛教禪定影響之處。

---

[112] 這段文字爲《道教義樞》所引，見《道教義樞》，卷五，〈三一義第十六〉，在《正統道藏》，册四一，頁800。但不見於有闕文的今本《太上老君戒經》（《正統道藏》，册三〇）。

[113] 卿希泰，《中國道教思想史綱》，卷二。

[114]《雲笈七籤》，卷三三，〈攝養枕中方〉，轉引自卿希泰，《中國道教思想史綱》，卷二，頁540。此「十二少」出自陶弘景《養性延命錄》卷上〈教誡篇第一〉所引之《小有經》。（《正統道藏》册三一）

[115] 卿希泰，《中國道教思想史綱》，卷二，頁554-555；卿希泰主編，《中國道教史》，卷二，頁181-183。

[116]《正統道藏》，册三八，司馬承禎，《坐忘論》。

至於吳筠，前文已對他的滅情反性、性靜情動觀念多所著墨，他重視靜修，是很自然的。《玄綱論・學有序章》曰：「道雖無方，學則有序。故始於正一，次於洞神，棲於靈寶，息於洞真，皆以至靜爲宗，精思爲用，齋戒爲務，慈惠爲先」，標示了守靜在原則上的重要性。在實際修煉術上，他提示了一個具體的「洗心術」：「可入靜室夷心，抑制所起，靜默專一」；「可入室靜慮，存一握固，激其滓濁，候神清氣平，然後省己悔過，務令自新，則轉合於虛靜之途。」（〈神清意平章〉）看來，吳筠宣揚的還是傳統的守一之法。[117]

除了個別發揮靜修思想的學者，唐代道教也產生過專門崇尚「清靜」的經典。《道藏》中有《太上老君說常說清靜經》註本多種，最早的是杜光庭所撰，可以推測經文應出於唐代。此經主要的論點是：「人神好清而心擾之，人心好靜而欲遷之。常能遣其欲而心自靜，澄其心而神自清。自然六欲不生，三毒消滅。……欲既不生，即是真靜。……如此清靜，漸入正道。既入真道，名爲得道。」[118] 另外有一部《太上老君清靜心經》，文字與《常說清靜經》雷同，而更質樸，或許是其祖本。[119] 這兩部經都有明顯受道教重玄學、佛教三論宗、天台宗思想影響的痕跡，撰寫應不會早於初唐。

現在要試著解答一個問題：道教注重澹泊守靜，也常援用道家哲學的觀念，但唐代道教的性情論述何以很少揭示性靜情動之說呢？個人的推測是，可能和修仙問題的特質有關。唐代道教徒一般相信神仙實有，無論成仙的方式是什麼——白日飛昇、山林隱化、尸解神游、或死後爲鬼仙，成仙總是指個人的某些「氣」與宇宙的元氣合一，得以長在不朽。唐代道教講究性情修養，主要是把它當作修仙的方術，而非以精神解脫爲最終目的。返性之所以有助修仙，是因爲可以導致生命元精的保全。成玄英和吳筠都說過：「性全則形全，形全則氣全，氣全則神全，神全則道全」。[120] 這種具有生命最終活力性質的「性」，是

---

[117] 值得注意，吳筠鼓勵人入靜室修心。靜室一般是指道教徒家中修道的獨立場所，主要的功能在祈禱、懺悔，本來似乎和守靜的關係不大。關於靜室問題的精細研究，見吉川忠夫，〈靜室考〉（許洋主譯），收在劉俊文主編，《日本學者研究中國史論著選譯》，冊七（北京：中華書局，1993），頁446-477。

[118]《正統道藏》，冊二八，杜光庭，《太上老君説常清靜經註》。

[119]《正統道藏》，冊三九，《太上老君説清靜心經》。

[120]《正統道藏》，冊三九，《宗玄先生玄綱論》，〈同有無章〉，頁5-6；嚴靈峰，《輯成玄英道德經開題序決義疏》，「道可道非常道」章，卷一，頁2a。

不容易斷定爲「靜」的。事實上，唐朝以前，道教人士通常並不認爲有獨立的養性問題，養生、養性經常不分。[121] 到了唐代，這種心態還是存在，前引孫思邈論「十二少」的話就是清楚的例子。

總結以上的討論，可以看出，性靜情動的觀念主要存在於道家思想傳統，守靜修養身心，則爲道教一貫重視的道術，尤以唐代爲然。李翺〈復性書〉抱持性靜情動的理論，明顯是受古代道家與六朝玄學的影響。此文在修養問題上主張心性寂靜，則與唐代道教盛行的守靜思想很接近。〈復性書〉與道家、道教的淵源，看來又增一層。

佛教與主靜思想最深的聯繫在於它的修道理論。佛家修道論的基本內容就是戒、定、慧三學。「戒」是戒律，「慧」是智慧，「定」（samādhi，三昧、三摩地）則爲禪定，指透過修禪的工夫達成精神的轉化。「禪定」在佛教的重要性是人所習知的，大乘佛教的「六波羅蜜」修行法中，也有禪定波羅蜜。「禪定」和身心的靜定有極密切的關係，可以說，這就是禪定的核心內涵，所以「禪」（dhyāna）的主要漢文意譯就是「靜慮」。出家修行的沙門（śramaṇa）也被譯爲「靜志」。中國最早譯出的禪經《安般守意經》（東漢安世高譯）有言：「安爲清，般爲靜，守爲無，意名爲，是清靜無爲也」。北齊武帝在迎接著名禪師僧稠 (480-560) 入宮，並聽其說法後，宣稱：「佛法大宗，靜心爲本」。[122] 都是對禪法的「靜定」性質的表達。早期禪宗大師、東山法門的開創者道信在說明如何回復本心時，甚至用了道教靜修的語言：「守一不移，動靜常住，能令學者，明見佛性，早入定門。」[123]

關於禪定和「靜」的關係，還要再作一個解說。對理想禪定工夫的描述，「止觀」是常見的說法。這個觀念在中國的天台宗尤其有發揮，該宗創始人智顗 (538-597) 的《摩訶止觀》和《童蒙止觀》（或稱《天台小止觀》、《修習止觀坐禪法要》）是坐禪理論與方法的經典著作。「止」（śamatha）的意思是內心

[121] 參考陳弱水，〈隋唐道性思想的特色與歷史意義〉（未刊稿）。

[122] 參考葛兆光，《中國禪學思想史》（北京大學出版社，1995），頁50-52。「安般守意」是Ānāpānasmṛti的譯名，企圖音義兼顧。「安般守意」其實就是數息觀，是佛教最普遍的禪法之一，流行至今。又，此處《安般守意經》之引文，顯然是註文摻入經文中。

[123] 淨覺，《楞伽師資記》引道信〈入道安心要方便法門〉，在石峻、樓宇烈、方立天、許抗生、樂壽明編，《中國佛教思想資料選編》，卷二，冊四（北京：中華書局，1983），頁164。

止寂，「觀」(vipásyanā) 則爲由觀察而來的智慧。《摩訶止觀》開宗明義說：「止觀明靜，前代未聞」，就是以「靜」釋「止」，以「明」解「觀」。[124]

「止觀」的思想認爲，禪定包含了「止」、「觀」兩個要素，止觀均等則爲禪定的理想狀態。《童蒙止觀》第六章有言：「行者，於坐禪中，因修止故，或因修觀，而入禪定。雖得入定，而無觀慧。若無觀慧，是爲癡定，不能斷結。」[125] 從止觀的觀念，我們可以清楚看到，「靜」或「定」是禪修的關鍵成分。智顗的理論還特別強調禪修要具備安靜的外在環境，《童蒙止觀》列舉了五個修禪的必要條件，其中兩個是：「閒居靜處」、「息諸緣務」。[126]「靜」，確實是佛教修行思想中的重要價值。但另一方面，透過止觀的角度對禪定所作的詮釋，也顯現出佛家禪定與道教靜修的差異。禪修不但重「定」，也講究「觀」。「觀」可指禪定的方法。佛教坐禪注重觀想，企圖透過禪定狀態中的觀察，體悟人生實態，有名的「不淨觀」——觀想骨肉腐爛的景況——就是一個例子。此外，「觀」還代表從修禪達到的智慧，智慧不得，禪坐即未完滿。對「知」的高度重視，是佛教有異於道教的一個所在。

無論如何，在唐人的心目中，佛教和「靜」的聯結是很深的。一個明顯的指標是，唐人詩篇常出現「靜者」一詞，多數指僧侶或俗人向佛者。這方面的例子如沈佺期 (?-713?)〈紹隆寺并序〉：「吾從釋迦久，無上師涅槃。……了然究諸品，彌覺靜者安」；[127] 張九齡 (678-740)〈與生公尋幽居處〉：「我本玉階侍，偶訪金仙道。茲焉求卜築，所過皆神造。……期爲靜者說，曾是終焉保」；[128] 孟浩然 (689-740)〈題終南山翠微寺空上人房〉：「閉關久沈冥，杖策一登眺。遂造幽人室，始知靜者妙」；[129] 蔡希寂（開元中進士）〈登福先寺上方然公禪室〉：「名都標佛刹，梵構臨河下。……禪房最高頂，靜者殊閒

---

124 智顗，《摩訶止觀》（《大正藏》卷四六），卷一，頁1上。

125 智顗，《修習止觀坐禪法要》，在石峻、樓宇烈、方立天、許抗生、樂壽明編，《中國佛教思想資料選編》，卷二，冊一（北京：中華書局，1983），頁98；關口眞大譯注，《天台小止觀》（東京：岩波書店，1974），頁106。

126 智顗，《修習止觀坐禪法要》，在石峻、樓宇烈、方立天、許抗生、樂壽明編，《中國佛教思想資料選編》，卷二，冊一，頁87；關口眞大譯注，《天台小止觀》，頁30, 38。

127 《全唐詩》（北京：中華書局，1960），冊三，卷九五，頁1024。

128 同上，冊二，卷四七，頁568。

129 李懷福、李延夫主編，《孟浩然詩集評注》（武漢：長江文藝出版社，1992），頁10。

安」；[130] 劉長卿 (726?-790)〈過隱空和尚故居〉：「自從飛錫去，人到沃洲稀。……寥落東峰上，猶堪靜者依」。[131] 當然，「靜者」也可指隱士、習道者，或泛稱方外之士。[132]

總結來說，從歷史淵源看來，〈復性書〉中的性靜情動觀念是道家的產物，靜修思想則主要爲道教所遵奉，佛家的禪定也強調內心與外緣之寂靜。在李翶的時代以前，主靜思想可說完全存在於道、佛的傳統，儒家無與焉。李翶在重建儒家人性和修養理論時，受到盛行的道、佛思想的重大影響，是清楚而確切的。

五、幾種成說的檢討

筆者已經依循個人設定的分析路徑，完成了對〈復性書〉思想之歷史淵源的追溯。結論有以下幾點。第一，在中國中古思想史上，〈復性書〉的核心課題——人如何透過心性轉化成爲聖人，是佛教首先提出，并形成思潮。自南北朝後期開始，釋教的修行成佛論說，也對道教的神仙思想造成重大影響。李翶及其他若干中唐儒士對此問題寄予關注，在三教中則是最晚的。值得注意的是，李翶等文士在八、九世紀之交開始探索儒家的心性思想，不是純從觀念史的角度可以解釋的。這個探索是中唐儒學整體復興的一部分，一個小部分。而儒家復興趨勢的成形，則與安史之亂及其後時局的刺激有重大關係。

至於作爲〈復性書〉主要內容的性情理論，和道家思想的某些因子以及唐代道教的滅情反性論最爲相似。李翶性情思想與佛教心性論述的關係爲何，還有待進一步考察。此外，〈復性書〉強調寂靜的特色，顯然有來自道家、道教與佛家的重大影響。

接下來，要略爲檢討有關〈復性書〉思想淵源的成說，有時并與本文的推論作對照。對於這個問題，大概存在著四種主要解釋。第一種說法是，〈復性

---

130 《全唐詩》，册四，卷一一四，頁1159。

131 儲仲君，《劉長卿詩編年箋注》（北京：中華書局，1996），頁312。

132 例見杜甫，〈貽阮隱居〉（仇兆鰲，《杜詩詳註》，北京：中華書局，1979，卷七，頁544）；錢起，〈過王舍人宅〉（王定璋，《錢起詩集校注》，浙江古籍出版社，1992，卷七，頁225）；韋應物，〈晚出府舍與獨孤兵曹令狐士曹南尋朱雀街歸里第〉（《全唐詩》，册六，卷一九三，頁1986）。「靜者」一詞，不見於六朝詩和沈佺期、張九齡以前的唐詩，看來是唐代的產物。

書〉的基本思想來自佛教，此說起源最早，勢力最大，可說是主流意見。第二種說法認爲，〈復性書〉的思想產生於李翺對儒家舊有性命之學的理解，此說不太重視〈復性書〉的佛、道淵源。第三項看法則強調李翺「復性」的基本觀念出自古代道家。另外一種是比較新的意見，以爲〈復性書〉思想的許多來源是玄學——特別是中古時代玄學化的儒經注疏。必須說明，以上列舉的只是有關〈復性書〉思想淵源的解釋類型，在實際的研究論著中，一個學者經常兼採一種以上的看法。此外，也有人主張〈復性書〉頗受同時代其他文人的影響。這個問題因非本文之關心，故不作討論。[133]

在本文所要考察的四種見解中，以佛教淵源說內容最複雜，將最後討論。現在先談儒家舊傳統淵源說。此說可以傅斯年《性命古訓辨證》爲代表。傅先生認爲，〈復性書〉「上承樂記，下開北宋諸儒」，此文的撰作原由是，習之「遍覽古籍，儒家書中，談此虛高者〔即性論〕，僅有孟子易繫及戴記之樂記中庸大學三篇，於是將此數書提出，合同其說，以與二氏相角」。〈復性書〉的貢獻，「在於認出此一古代心學之所在，不在發明也」。[134]

傅先生的主要用意可能在摧破流行的陽儒陰釋說，提醒學界不要忘記，〈復性書〉的內容是儒經心性論說的詮解。此言固然，但我們追究〈復性書〉的思想淵源，最想要了解，漢末以後，儒家心性思想沈寂了幾百年，何以李翺能夠獨具慧眼，重新發現自家的舊寶藏？舉例來說，《性命古訓辨證》提及，〈復性書〉中的「寂然不動感而遂通」，出自《易經繫辭》。[135] 然而，十三經近八十萬言，只有一個「寂」字，爲什麼李翺會這麼巧合地重視這句話？這個問題，恐怕不是傅先生的取徑能夠回答的。至於〈復性書〉是否無所發明，依照本文的論述，答案應該是否定的。該文上篇說，子路刀斧之下，結纓而死，是因爲他的心寂然不動。這似乎就不是儒家舊義。

---

133 這方面的代表作，可見末岡實，〈中唐期における性説の展開と役割——欧陽詹「自明誠論」・皇甫湜「孟荀言性論」を中心として〉，《日本中國學報》34(1982)：109-121；T.H. Barrett, *Li Ao: Buddhist, Taoist, or Neo-Confucian?*, chap. 3。

134 傅斯年，《性命古訓辨證》，下卷，頁15a-16a。類似的見解，可見勞思光，《中國哲學史》，卷三，上册（香港：友聯出版社，1980），頁29-34。但勞思光較傅斯年強調佛教的影響。

135 傅斯年，《性命古訓辨證》，下卷，頁16a。

再論古代道家說。這個看法流行於德川時代的日本，迴響到二十世紀初還有。[136] 此說由大儒伊藤仁齋首先提出，他的兒子東涯（長胤）詳加發揚。[137] 在中國，清儒阮元 (1764-1849) 也曾宣稱「復性」的觀念出自《莊子》。[138]

古代道家說有兩項貢獻。首先，此說明確揭示，在中國思想史上，「復性」或「反性」的觀念最早見於古代道家。在這個說法出現前，一般常稱〈復性書〉是「雜乎佛老而言之」（語出朱熹〈中庸集解序〉），[139] 但對「老」的部分，並無具體所指。仁齋父子和阮元填補了這個空缺。其次，此說對古代道家思想的特徵也有所發明。不過，就了解〈復性書〉產生的歷史背景而言，古代道家說終嫌狹窄。本文的論證容納了這個看法，但并不以之爲核心。

至於李翺思想源出玄學的看法，是 T.H. Barrett 論〈復性書〉的專著特別強調的。[140] 本文的討論應該已經顯示，〈復性書〉的某些基本觀念如反性、性靜情動與道家傳統有深厚的淵源，〈復性書〉的修養論見解還酷似王弼的「性其情」之說。本文的分析可以支持 Barrett 的論點，Barrett 的研究則具體點出了李翺汲取道家思想一個可能的管道：中古玄學化的儒經注疏，特別是《五經正義》中的《周易正義》和《禮記正義》。現在舉一個 Barrett 沒有討論的例子爲證。

《禮記正義》釋〈中庸〉篇首「天命之謂性」至「萬物育焉」的一段文字，

---

136 參見安井小太郎，〈讀復性辨〉，《斯文》6.6(1924.12)：27-28。

137 仁齋的說法，見伊藤仁齋，《語孟字義》，卷之上，〈性〉第五條，在吉川幸次郎、清水茂校注，《伊藤仁齋・伊藤東涯》，頁136。仁齋論復性問題，並未標舉李翺之名，其子東涯則屢屢針對習之。見伊藤東涯，《古今學變》，卷之中，〈論隋唐諸儒之學〉第五條，在吉川幸次郎、清水茂校注，同上書，頁486；同作者，〈復性辨〉，在井上哲次郎、蟹江義丸編，《日本倫理彙編》，册九（1901年初版；京都：臨川書店，1970年重印），頁210-214。

138 參見阮元，〈塔性說〉、〈復性辨〉，在阮元，《揅經室續集》（上海：商務印書館，1936；叢書集成初編本），卷三，頁122-124。阮元生時約較伊藤東涯晚一世紀，〈復性辨〉之題則與東涯駁李翺文相同，不知是否出於巧合。又，阮元〈性命古訓〉也特別抨擊〈復性書〉，但該文強調習之的性情論出自釋教。見《揅經室一集》（四部叢刊本），卷十。

139 見郭齊、尹波點校，《朱熹集》（成都：四川教育出版社，1996），册七，卷七五，頁3956。

140 特見T.H. Barrett, *Li Ao: Buddhist, Taoist, or Neo-Confucian?*, pp. 94-97, 102, 117, 124-125。大西晴隆也曾觸及〈復性書〉某些觀念與玄學的關係。見氏著，〈復性書について〉，《懷德》38(1967.10)：65-66, 73。

提到〈中庸〉鄭玄注未說明「性情」的概念，特別引了南朝梁的經學家兼玄學家賀瑒 (450-510) 的話：

性之與情，猶波之與水。靜時是水，動時是波。靜時是性，動時是情。

後文《正義》撰者又再次肯定性靜情動，并引〈樂記〉「人生而靜，天之性也」之語。[141] 這是道家式性情思想的明確流露。《五經正義》是唐代朝廷編纂的標準經疏，李翺若因研讀這些注疏而受道家思想啓發，是很自然的事。

個人雖然基本上同意 Barrett 的玄學（或儒經義疏）淵源論，但覺得這個觀點仍有局限。《五經正義》成於眾人之手，討論問題又多是隨文——經文或注文 ——發揮，通常沒有一貫的看法。以「性」爲例，除了性靜情動觀，《正義》還曾引述「生之謂性」的才性說、漢儒的「五常之性」說、性九品說、乃至嵇康阮籍式的天性任真思想。[142] 李翺爲什麼採取性靜情動的立場，並不是《五經正義》的影響所能充分解釋的。很明顯地，習之的復性思想是深思力探、融化諸家的結果，而非單純繼承當時儒教文獻中的任何固有想法。

接下來要檢討佛教淵源說。大別而言，這個最佔勢力的看法包含了三種論點。第一是依據李翺曾經問道於禪宗名僧藥山惟儼 (751-834) 及其他禪僧的記載，主張習之的思想導源於南宗禪。第二種論點認爲，〈復性書〉有模仿梁肅 (753-793)〈止觀統例〉之處。另一種說法則強調，〈復性書〉的內容有許多與佛教思想相近之處，純就此點判斷，李翺應曾受佛教影響。

完成於宋太宗端拱元年 (988) 的《宋高僧傳》中，有李翺和數位禪門僧侶交往的記載，其中習之爲藥山惟儼所點悟、頓了本心的故事尤其著名。[143] 作者贊寧 (919-1001) 宣稱，習之與惟儼等禪僧的接觸，促使他撰寫〈復性書〉，「大抵謂本性明白，爲六情玷污，迷而不返，今牽復之，……即內教之返本還源

---

141 孔穎達等，《禮記正義》（十三經注疏本），卷五二。

142 參考田中利明，〈孔穎達の五經正義に於ける「性」の研究——特にその多樣性と自然〉，《大阪教育大學紀要》（人文科學），29.2/3(1980.12)：82-85。

143 見贊寧著，范祥雍點校，《宋高僧傳》（北京：中華書局，1987），卷十，頁227, 234；卷十七，頁423-425。李翱向惟儼問道之事已見於五代南唐時的禪宗語錄《祖堂集》，編成於宋真宗景德年間 (1004-1007) 的《景德傳燈錄》也有記載。見《祖堂集》（臺北：新文豐出版公司景印，1987），卷四，頁84-85；吳福祥、顧之川點校，《祖堂集》（長沙：岳麓書社，1996），卷四，頁103-104；《景德傳燈錄》（《大正藏》卷五一），卷十四，頁312中。

也。」[144] 這是目前見諸文獻的、以〈復性書〉爲陽儒陰釋的最早陳述，或可視爲李翺思想淵源於佛教之說的開端。

李翺與惟儼接觸的故事廣爲學者引用，當作〈復性書〉受佛教思想影響的重要證據。[145] 另一方面，這個記載的真實性很早就受到懷疑，[146] 當代學者大西晴隆和 T.H. Barrett 也主張，佛典中李翺和禪僧交往的記載多屬可疑，他向惟儼問道之事尤不可深信。[147] 由於主題與篇幅的限制，本文無法深入處理這個問題。簡單地說，個人同意大西和 Barrett 的見解，以爲佛教文獻中關於李翺的敘述虛構的成分很大，不宜以史實視之。

就作者所知，現代中文學界有關李翺的研究中，尙未有對習之和禪僧的關係進行檢證的。因此現在簡單介紹李翺與惟儼關係的兩個重要疑點。首先，《宋高僧傳》提及李翺受惟儼的啓示，撰成〈復性書〉，這是錯誤的猜測。在〈復性書〉下篇，李翺明說，他當時二十九歲。下篇是全文跋語，二十九歲應該就是〈復性書〉完稿之時。據《宋高僧傳》，習之是任朗州（今湖南常德）刺史時邂逅惟儼。就李翺與惟儼的生平經歷判斷，這也是兩人僅有的相識機緣。（藥山在澧州，與朗州接壤。）[148] 李翺任朗州刺史在元和十五年 (820) ，四十九歲，距〈復性書〉的寫作已整整二十年。〈復性書〉的撰作與惟儼無關，不言可喻。

其次，朗州雖然離藥山不遠，李翺和惟儼也不太可能有密切的來往。據學者的考證，習之任朗州刺史時日很短，應該不到一年，再以藥山不在本州，兩人縱然會面，恐怕不會超過數次。[149] 此事或純爲附會，也未可知。

---

144 贊寧，《宋高僧傳》，卷十，頁424。同樣的意見，又見頁425。

145 參見羅香林，〈大顛惟儼與韓愈李翺關係考〉，在氏著，《唐代文化史》（臺北：商務印書館，1955），頁185-189；任繼愈主編，《中國哲學發展史（隋唐）》（北京人民出版社，1994），頁557；福島俊翁，〈李翺の學禪と復性書〉，《禪學研究》52(1961.2)：32-44；金井德幸，〈李翺と南宗禪——于頔と比較して〉，《立正史學》34(1970.3)：29-32。

146 見《四庫全書總目提要》（臺北：漢京文化事業有限公司景印，1981），卷一五〇，集部三，頁808。

147 大西晴隆，〈復性書について〉，頁54-56；T.H. Barrett, *Li Ao: Buddhist, Taoist, or Neo-Confucian?*, pp. 46-57。

148《祖堂集》明言惟儼居於澧陽芍藥山，又說他駐在朗州，是個矛盾。見《祖堂集》（岳麓書社本），卷四，頁102-103。

149 大西晴隆，〈復性書について〉，頁55。郁賢皓《唐刺史考》定李翺任朗州刺史的時間

需要說明，李翺和禪僧交往的記載雖然殆屬捕風捉影，不足以證成其人與佛教的淵源，這并不表示，〈復性書〉的思想沒有受到佛學的影響。但我們對這層關係的抉發，必須建立在穩當的學術基礎上。接下來要檢討〈止觀統例〉的問題。

〈止觀統例〉是古文運動先驅梁肅所作。梁肅是天台宗信徒，六祖荆溪湛然的弟子，他曾費三年工夫，爲天台宗創建者智顗的鉅著《摩訶止觀》撰寫綱要，此即《刪定止觀》六卷。〈止觀統例〉可說是《刪定止觀》的總論或導言。[150] 許多研究李翺的學者認爲，〈復性書〉的基本思想與〈止觀統例〉頗有相通的地方，應曾受其啓發。[151] 案，李翺的遺文中，并無涉及〈止觀統例〉或天台教學的痕跡，這個說法是從何而起的呢？來源很清楚，就是許多人相信李翺熟悉梁肅的著作。但這項認識似乎有些問題，必須稍作澄清。

關於自己和梁肅的關係，李翺在〈感知己賦〉有所記述。習之貞元九年(793) 九月曾經持文章拜謁梁肅，梁肅兩個月後就病逝。後來李翺才聽說，梁肅在與習之會面後，常向他人稱讚李翺。[152] 很明顯地，梁肅雖然是李翺景仰的文壇先進，兩人會面僅此一次。從這個事實，似乎不能推出習之熟習梁肅佛學著作的結論。

現在要比較一下〈止觀統例〉與〈復性書〉的思想，進一步考察它們之間的可能關係。〈止觀統例〉起首云：

> 夫止觀者何爲也？導萬法之理而復於實際者也。實際者何也？性之本也。

爲元和十五年六月（任命發表）至長慶元年十一月 (820-821)。然而，李翺於長慶元年十二月赴舒州刺史任時，人在湖州，不在朗州，他在擔任朗州刺史和舒州刺史的職務之間，似乎在湖州別有官職。（《李文公集》卷十六〈於湖州別女足墓文〉）參考郁賢皓，《唐刺史考》（南京：江蘇古籍出版社，1987），册三，頁1529；册四，頁2201-2202。

150 〈止觀統例〉載於志磐，《佛祖統紀》（《大正藏》卷四九），卷四九，頁438-440。亦見《全唐文》卷五一七。《刪定止觀》見《卍續藏經》，册九九，今本編爲三卷，已有闕文。

151 這個看法南宋時已經出現。見祖琇，《隆興編年通論》，《卍續藏經》，册一三〇，卷十九，頁305下。（總頁碼609）另參見常盤大定，《支那に於ける佛教と儒教道教》（東京：東洋文庫，1930），頁135-160；大西晴隆，〈復性書について〉，頁59；末岡實，〈復性書の成立について〉，《中國哲學》7(1978.10)：57-58, 60-62；福島俊翁，〈李翺の學禪と復性書〉，頁36-37；勞思光，《中國哲學史》，卷三，上册，頁38；T.H. Barrett, *Li Ao: Buddhist, Taoist, or Neo-Confucian?*, pp. 61-65, 101-102, 111。

152 《李文公集》，卷一。

物之所以不能復者，昏與動使然也。照昏者謂之明，駐動者謂之靜。……明與靜，止觀之體也。[153]

這段話是全文要旨，既談復歸「性之本」，又強調「靜」，加以李翺與梁肅相識，使得〈復性書〉受梁肅影響之說不逕而走。然而，細繹〈止觀統例〉，除了論旨是在佛教修行，有異於〈復性書〉，在個別的基本觀念上，兩者也有重要的差異。

首先，〈止觀統例〉并沒有直接主張復性或反性，它是說歸返「實際」，而「實際」則爲「性之本」。此文又言，《摩訶止觀》寫作的目的，在「使群生正性而順理也」。「正性順理，所以行覺路而至妙境也。」[154] 上引文句顯示，梁肅并不認爲「性」本身是至善的。他相信「性」之中有至善的成分（「性之本」），人所當歸復的，是那個至善的部分，而不能說是「性」本身。如果梁肅真是主張「復性」，「正性順理」就不可理解了。〈止觀統例〉此處表露的，恐怕并不是梁肅個人的思想，而是天台宗的共同主張：性（佛性）具善惡。人即使成佛，仍不斷性惡，只是佛不修惡，不再起惡罷了。[155]

其次，關於修行的方法，〈止觀統例〉是「明」與「靜」、「觀」與「止」、智慧與禪定并重。這是佛教的傳統立場，天台宗尤其強調。阮元〈性命古訓〉討論〈復性書〉援用佛家觀念的問題時，斷言習之的基本思想爲「寂照復性」。[156] 果真如此，則〈復性書〉的修行論幾乎可說是爲佛家者言的翻版。案，〈復性書〉有「情之動弗息，則不能復其性而燭天地，爲不極之明」（上篇）、「心寂不動，邪思自息，惟性明照」（中篇）等語。但李翺的意思似乎是，透過靜修、歸靜的手段，「性」即得以明照。「明」、「覺悟」是復性的結果。這和天台宗以「止」、「觀」爲修行之雙翼的想法，還是頗有距離。

無論從李翺和梁肅的個人關係，或從〈復性書〉與〈止觀統例〉的思想異同，筆者都很難察覺出〈復性書〉有受〈止觀統例〉影響的明顯痕跡。本文并不是要否定習之有讀過〈止觀統例〉的可能。這裡只是想指出，目前沒有證據支持這個猜想，而且，由於李、梁的作品在觀念上有著重要的差異，〈止觀統例〉所能給予的影響大概也不會是決定性或特別強烈的。

---

[153] 志磐，《佛祖統紀》，卷四九，頁438-439。

[154] 同上，頁439。

[155] 參考賴永海，《中國佛性論》（上海人民出版社，1988），第五章第一節。

[156] 見〈性命古訓〉，《揅經室一集》，卷十，頁28a-32b。引文見28a。

學者在處理〈復性書〉和佛教思想的關係時，有時并不就李翺與禪宗或梁肅的關係立論，只是純粹從思想線索上作考察。個人覺得，這是比較妥適的作法，同時，這種方式還是可以顯示，佛學在〈復性書〉思想的形成上扮演了重要的角色。

學者已經指出，〈復性書〉中的許多觀念和問題，都能在佛教思想中找到對應。譬如，上篇有句：「聖人者，人之先覺者也，覺則明，否則惑」，很像釋家「迷則眾生，覺則諸佛」的表達方式。中篇首句：「人之昏也久矣！將復其性者，必有漸也」，顯然觸及了漸修和頓悟的爭議。中篇又說：「弗慮弗思，情則不生。情既不生，乃爲正思。」「正思惟」是佛家的八正道之一，習之用此語，或許曾受暗示。[157] 此外，前文也討論過中古思想中「靜」和「禪定」相比擬的現象。在南北朝、隋唐心性思想的領域裡，佛教不但最具勢力，遠非道教、儒家所能望其向背，而且創造力豐富，各種理論、修行門徑層出迭見。在這種情勢下，〈復性書〉中有與佛學若合符節的成分，恐怕不是巧合，而是受其沾溉所致。

在有關〈復性書〉思想來源的考察中，學者幾乎一致認爲，「復性」觀念本身，也是佛教影響下的產物。前文的論證應已顯示，李翺的滅情反性理論，基本上是由漢儒思想、道家傳統與唐代道教中的因子組構起來的。這個理論的重要內容，似乎并非取自佛學。然而，本文的分析并不意謂，習之的思想方向與釋教沒有重要關聯。中唐佛教思想的主流，是強調人人具有清淨光明的本心，這個本心也就是佛性、如來藏，人如能去除覆蓋本心的煩惱，即成佛。佛與眾生的差別，在於此心是否呈現而已。這個思想潮流，掩蓋一時，如果說李翺發展出復性成聖的構想，多少是受這個思潮的牽動，應當是合理的推測。

這裡想要表達的一個看法是，「復性」觀念所承受的來自佛教的影響，或許並不是寬泛的、一般性的教義，而是七世紀中葉以後特別流行的新佛性思想。這個思想，約而言之，就是佛性的內在化和絕對化。佛性問題的原本義蘊，是成佛如何可能，考慮的因素很多，眾生的心性只是其中之一。中國佛教雖然自南北朝以後，普遍相信人皆可以成佛，但很少決絕地把成佛的根據化約爲人內

---

157 參考T.H. Barrett, *Li Ao: Buddhist, Taoist, or Neo-Confucian?*, pp. 111-112；末岡實，〈復性書の成立について〉，頁61；戶田豐三郎，〈復性書の立場〉，《支那學研究》，29(1963.5)：70。中國學者討論〈復性書〉與佛家的關係，一般比較抽象。

在生命中的某一因素。但自唐高宗、武周時代以後，這樣的想法盛行起來了，具體地表現於華嚴宗與禪宗思想。

華嚴思想家李通玄在《法門名義集》中說明心識問題，採取了「九識」的立場，認爲在阿賴耶識的更根本處，還有第九識阿摩羅識：「此語翻之名曰淨識，又名佛性，亦名法身。體修眾德，本來清淨。在聖體而不增，處凡身而不減。……煩惱覆之即隱，智惠了之方現。」[158] 最後四句話亦見於華嚴宗實際創建者法藏 (643-712) 的《修華嚴奧旨妄盡還源觀》。法藏稱此心體爲「自性清淨圓明體」：「從本以來，性自滿足，處染不垢，修治不淨」。又說：「是心即攝一切世間出世間法，即是一法界大總相法門體。唯依妄念而有差別。若離妄念，唯一真如。」[159] 在華嚴宗思想裡，人心的本體清淨靈明，不但是成佛的依據，也是含攝世界實相的唯一所在。

禪宗「明心見性」的教旨是眾所周知的。禪宗雖然自稱教外別傳、不立文字，從佛教思想發展史的觀點看來，其理論根據也是在絕對化的「如來藏自性清淨心」。禪宗早期文獻，題爲達摩撰的《二入四行論》，就顯現了這個根源：「含生同一真性，但爲客塵妄覆，不能顯了。若也捨妄歸真，凝注壁觀，自他凡聖等一，堅住不移。」[160] 在四祖道信的《入道安心要方便法門》，此一凡聖皆具的真性則被明確指認爲「心」：

> 離心無別有佛，離佛無別有心。念佛即是念心，求心即是求佛。……即看此等心，即是如來眞實法性之身，亦名正法，亦名佛性，亦名諸法實性、實際，亦名淨土，亦名菩提、金剛三昧、本覺等，亦名涅槃界、般若等。[161]

道信以自心爲佛性的信念，成爲往後禪宗思想的基本綱領。初期禪宗，還重視坐禪，南宗興起後，認爲識得本心，眾生即佛，無須修行，禪宗稱此爲「見性」。敦煌本《六祖壇經》第三十節，也許是這個觀念最初的明確表達：「不悟即是佛是眾生，一念若悟，即眾生是佛。故知一切萬法，盡在自身中，何不

[158] 李通玄，《法門名義集》，在《大正藏》，卷五四，頁195中。

[159] 法藏，《修華嚴奧旨妄盡還源觀》，在《大正藏》，卷四五，頁637中。

[160] 柳田聖山，《達摩の語錄——二入四行論》（《禪の語錄I》，東京：筑摩書房，1969），頁31-32。

[161] 淨覺，《楞伽師資記》引道信〈入道安心要方便法門〉，在石峻、樓宇烈、方立天、許抗生、樂壽明編，《中國佛教思想資料選編》，卷二，冊四，頁161。關於道信的思想，可參看孫昌武，《禪思與詩情》（北京：中華書局，1997），頁3-6。

從於自心頓現真如本性？《菩薩戒經》云：我本元自性清淨。識心見性，自成佛道。」[162] 八世紀中晚期以後，「識心見性」的思想，風行震旦，撼動教內教外，就是治史者的常識了。

總之，李翺《復性書》對人的本性展現了堅決的信念，這個信念和禪宗、華嚴宗的基本教義是一致的。這個一致，應當也不是巧合。

六、結論

本文小題大作，費了許多筆墨探討一篇短論的思想淵源，結論主要有兩點。第一，〈復性書〉的問題意識和基本思想方向受到佛教很大的影響。第二，此文的重要實質觀念多取自道家和道教傳統，佛教只佔小部分。如果拿蓋房子來作簡化的比喻，可以說，〈復性書〉是在漢儒性善情惡說的大背景下，借了佛教思想的架構，利用道教、道家的材料，依循儒家的基本價值，建構一套嶄新的儒家心性修養理論。相信這是一個在精細程度上超過以往研究的發現。從本文的分析可以看出，〈復性書〉雖然篇幅不大，背後卻牽動著非常多的思想潮流。〈復性書〉與歷史思潮之間的深刻聯結，應該能有力地解釋這部作品何以具有豐富的內涵以及重要的影響。也可以說，李翺的創造力的一個主要來源，就在於他能善用中古思想界的各種資源，爲儒家的人生修養論別開生面。

必須說明，本文雖然論證，〈復性書〉的思想建構多有賴於佛家和道家傳統，這決不表示，李翺的思想是所謂的「陽儒陰釋」或「陽儒陰道」。就主觀目標而言，習之是要爲儒家的成德之道找尋穩固的基礎——一個足以與佛、道抗衡的理論。〈復性書〉上篇說：「性命之書雖存，學者莫能明。是故皆入於莊、列、老、釋。不知者謂，夫子之徒，不足以窮性命之道。……我以吾之所知而傳焉」，就明白表達了這個看法。〈復性書〉多引經書，也不見得全爲緣飾，李翺恐怕真的相信，他對失傳已久的儒家性命之學深有心得。就實際歷史進程而言，李翺的性情思想並沒有發展成理學的主流路線，但有跡象顯示，

[162]《南宗頓教最上大乘摩訶般若波羅蜜經六祖慧能大師於韶州大梵寺施法壇經》，在石峻、樓宇烈、方立天、許抗生、樂壽明編，《中國佛教思想資料選編》，卷二，冊四，頁15。標點參考Philip Yampolsky, tr. with notes, *The Platform Sutra of the Sixth Patriarch: The Text of the Tun-huang Manuscript* (New York: Columbia University Press, 1967), pp. 141, 151,《壇經》原文，頁13。

〈復性書〉是激發唐宋之際儒家心性思想成長的重要力量。從晚唐開始,〈復性書〉就深受佛家注意,顯然釋子感受到了李翱思想的威脅。佛教文獻中種種關於習之與禪僧的傳說,表面上是引他爲同道,究其實際,恐怕是要消解〈復性書〉帶來的挑戰。在北宋禪僧契嵩 (1007-1072) 的《鐔津文集》裡,有幾句虛擬的儒者之言:「吾於吾儒之書,見其心亦久矣。及見李氏復性之說,益自發明,無取於佛也。」[163] 這段話或許也有現實的影子:〈復性書〉是宋初某些儒者對抗佛學的重要資產。

前文說過,本文是小題大作。那麼,它的結論能不能放大呢?這可以分兩個層次來談。在八、九世紀之交儒家思想的層次,本文的結論也許只能稍微放大。當時在文士之間,儒家心性之學的興趣已起,除了〈復性書〉,傳世的同類著作還有歐陽詹 (?-801?) 的〈自明誠論〉、韓愈 (768-824) 的〈原性〉、皇甫湜 (777?-835?) 的〈孟子荀子言性論〉、杜牧 (803-852) 的〈三子言性辯〉。除了〈復性書〉,其他作品都是就先秦、漢代儒家人性思想稍作發揮,基本上沒有援引佛、道。[164] 從思想內容和論辨取徑看來,即使在中晚唐儒家心性論述的範圍內,〈復性書〉仍是非常特殊的。但很明顯,儒家心性之學的發展,走的是李翱開創的道路——也就是汲取佛、道的重要觀念。必須補充說明,歐陽詹等人著作的內容雖然少蒙佛、道影響,當時儒士對心性問題的關注是受其他二教——特別是佛教——的激發,可以無疑。

至於本文能在什麼程度上幫助我們了解唐宋之際的整體情勢,現在還無法判斷,因爲學界對於晚唐到宋初的思想史實,所知實在太少。不過,本文的發現或許可以給予一個啓示,這就是,在研究唐宋間儒家復興及理學形成等問題時,除了佛教的影響,還須多注意道家傳統(包括道教)。唐代以下,道家的勢力雖然遠不如佛教,但儒、道同屬本土思想,在思想方式、世界觀和基本價值上,有許多共同或相近之處。道家在宋代新儒學興起上所可能扮演的角色,不容忽視。

最後,本文要引述一首詩作結,這是白居易的〈玩止水〉:

---

163 契嵩,《鐔津文集》,卷一,在《大正藏》,卷五二,頁652下。

164 參考《全唐文》卷五九八(歐陽詹〈自明誠論〉);馬其昶,《韓昌黎文集校注》(臺北:世界書局景印,1988),卷一(韓愈〈原性〉);《全唐文》卷六八六(皇甫湜〈孟子荀子言性論〉);杜牧,《樊川文集》(臺北:漢京文化事業有限公司景印,1983),頁106-107(杜牧〈三子言性辯〉)。

動者樂流水，靜者樂止水。利物不如流，鑒形不如止。淒清早霜降，淅瀝微風起。中面紅葉開，四隅綠萍委。廣狹八九丈，灣環有涯涘。淺深三四尺，洞澈無表裡。淨分鶴翹足，澄見魚掉尾。迎眸洗眼塵，隔胸蕩心滓。定將禪不別，明與誠相似。清能律貪夫，淡可交君子。豈唯空狎玩，亦取相倫擬。欲識靜者心，心源只如此。[165]

這首詩藉描寫一潭明靜之水，宣示「靜者」的理想。「靜者」是和「動者」相對的，「動者樂流水，……利物不如流」，理想的動者能夠濟世澤民，這當然是儒家價值。〈玩止水〉特別的地方在於，樂天以爲，不一定要歸心佛、道才能成爲靜者。「定將禪不別，明與誠相似」，《中庸》的誠明之道也能使人定靜清澈、通達心源。這是八世紀後期開始萌生的想法，權德輿 (761-818) 至少曾表達過兩次。他在〈中書門下賀降誕日麟德殿三教論議狀〉，稱讚德宗皇帝「以釋氏之定惠，納諸誠明」。[166] 在禪宗名僧馬祖道一的塔銘中，則描述道一的門人河南尹裴寬爲：「久於稟承，多所信嚮。由此定惠，發其明誠」。[167] 德輿清楚地以「定」比「誠」，以「惠」（慧）擬「明」。這是相當邏輯的說法，〈玩止水〉的「明與誠相似」就有些意思不清了。是不是說，潭水之明相當於人性之「誠」？我們不知道。但很明顯，權德輿和白居易都有人的「誠」的本性也是靜定的想法。這樣看來，〈復性書〉的思想在李翺的時代也不完全是孤立的。

（本文於一九九八年七月二日通過刊登）

---

165 朱金城箋校，《白居易集箋校》（上海：上海古籍出版社，1988），卷二二，頁1502。

166《全唐文》，卷四八四。參考《舊唐書》（北京：中華書局，1975），卷十三，頁383；卷一三五，頁3728-3729。

167《全唐文》，卷五〇一。參考《舊唐書》，卷一九一，頁510-511。關於權德輿對《中庸》的熱中，可以參考T.H. Barrett, *Li Ao: Buddhist, Taoist, or Neo-Confucian?*, pp. 83-85。

引用書目

一、傳統文獻

《三國志》，北京：中華書局，1959。

《大正新脩大藏經》（簡稱《大正藏》）。

《太上老君說淸靜心經》，在《正統道藏》，冊三九。

《四庫全書總目提要》，臺北：漢京文化事業有限公司景印，1981。

《正統道藏》，臺北：新文豐出版有限公司景印，1977。

《卍續藏經》，臺北：新文豐出版公司景印，1976。

《玄怪錄‧續玄怪錄》，臺北：文史哲出版社景印，1989。

《全唐文》，臺北：大通書局景印，1979。

《全唐詩》，北京：中華書局，1960。

《南宗頓教最上大乘摩訶般若波羅蜜經六祖慧能大師於韶州大梵寺施法壇經》，在石峻、樓宇烈、方立天、許抗生、樂壽明編，《中國佛教思想資料選編》，卷二冊四，北京：中華書局，1983。

《南齊書》，北京：中華書局，1972。

《晉書》，北京：中華書局，1974。

《祖堂集》，臺北：新文豐出版公司景印。

《景德傳燈錄》，在《大正藏》卷五一。

《雲笈七籤》，北京：書目文獻出版社景印，1992。

《道教義樞》，在《正統道藏》，冊四一。

《道藏》，文物出版社，上海書店，天津古籍出版社，1988。

《達摩大師血脈論》，在《卍續藏經》，冊一一〇。

《漢書》，北京：中華書局，1962。

《舊唐書》，北京：中華書局，1975。

孔穎達等，《毛詩正義》（十三經注疏本）。

孔穎達等，《禮記正義》（十三經注疏本）。

王充，《論衡》（新編諸子集成本），臺北：世界書局，1978。

王明，《太平經合校》，北京：中華書局，1960年初版。

王明《抱朴子內篇校釋》（增訂本），北京：中華書局，1985。

王定璋，《錢起詩集校注》，浙江古籍出版社，1992。

王叔岷，《劉子集證》，臺北：中央研究院歷史語言研究所景印，1992。

仇兆鰲，《杜詩詳註》，北京：中華書局，1979。

司馬承禎，《天隱子》，在胡道靜、陳蓮笙、陳耀庭選輯，《道藏要籍選刊》，上海古籍出版社，1989；據《正統道藏》選印，冊五。

司馬承禎，《坐忘論》，在《正統道藏》，冊三八。

朱金城，《白居易集箋校》，上海古籍出版社，1988。

李通玄，《法門名義集》，在《大正藏》，卷五四。

李翺，《李文公集》，四部叢刊本。

李渤，〈真系傳〉，《全唐文》卷七一二。

李定生、徐慧君校注，《文子校詮》，上海：復旦大學出版社，1988。

李懷福、李延夫主編，《孟浩然詩集評注》，武漢：長江文藝出版社，1992。

余嘉錫，《世說新語箋疏》，臺北：華正書局景印，1989。

志磐，《佛祖統紀》，在《大正藏》卷四九。

伊藤仁齋，《語孟字義》，在吉川幸次郎、清水茂校注，《伊藤仁齋・伊藤東涯》，日本思想大系33；東京：岩波書店，1971。

伊藤東涯，〈復性辨〉，在井上哲次郎、蟹江義丸編，《日本倫理彙編》，冊九，1901年初版；京都：臨川書店，1970年重印。

伊藤東涯，《古今學變》，在吉川幸次郎、清水茂校注，《伊藤仁齋・伊藤東涯》，日本思想大系33；東京：岩波書店，1971。

吳福祥、顧之川點校，《祖堂集》，長沙：岳麓書社，1996。

杜牧，《樊川文集》，臺北：漢京文化事業有限公司景印，1983。

杜光庭，《道德真經廣聖義》，在《道藏》，冊十四。

杜光庭，《太上老君說常清靜經註》，在《正統道藏》，冊二八。

阮元，〈性命古訓〉，在阮元，《揅經室一集》（四部叢刊本）。

阮元，〈塔性說〉、〈復性辨〉，在阮元，《揅經室續集》，上海：商務印書館，1936；叢書集成初編本。

阮元等撰集，《經籍纂詁》（阮氏琅嬛仙館刻本），北京：中華書局景印，1982。

汪辟疆校錄，《唐人小說》，中華書局香港分局，1985。

柳田聖山，《達摩の語錄——二入四行論》，《禪の語錄 I 》，東京：筑摩書房，1969。

吳筠，《宗玄先生玄綱論》，在《正統道藏》，冊三九。

吳筠，《宗玄先生文集》，在《正統道藏》，冊三九。

宗密，《圓覺經大疏鈔》，在《卍續藏經》，冊十四。

法藏，《修華嚴奧旨妄盡還源觀》，在《大正藏》，卷四五。

皇侃，《論語義疏》（古經解彙函本），臺北：鼎文書局景印，1974。

契嵩，《鐔津文集》，在《大正藏》，卷五二。

段玉裁，《說文解字注》（經韻樓刻本），臺北：藝文印書館景印，1966。

范脩然，《至言總》，在《道藏》，冊二二。
祖琇，《隆興編年通論》，在《卍續藏經》，冊一三〇。
馬其昶，《韓昌黎文集校注》，臺北：世界書局景印，1988。
淨覺，《楞伽師資記》，在石峻、樓宇烈、方立天、許抗生、樂壽明編，《中國佛教思想資料選編》，卷二冊四，北京：中華書局，1983。
郭慶藩，《莊子集釋》，臺北：河洛出版社景印，1974。
郭齊、尹波點校，《朱熹集》，成都：四川教育出版社，1996。
梁肅，《刪定止觀》，在《卍續藏經》，冊九九。
陶弘景，《養性延命錄》，收在胡道靜、陳蓮笙、陳耀庭選輯，《道藏要籍選刊》，冊九。
陳氏注，《陰持入經註》，在《大正藏》，卷三三。
陳立，《白虎通疏證》，北京：中華書局，1994。
陸修靜，《洞玄靈寶五感文》，在《道藏》，冊二二。
智顗，《修習止觀坐禪法要》，在石峻、樓宇烈、方立天、許抗生、樂壽明編，《中國佛教思想資料選編》，卷二冊一，北京：中華書局，1983。
智顗，《摩訶止觀》，在《大正藏》卷四六。
黃奭輯，《孝經緯》，上海古籍出版社，1993。
楊伯峻，《列子集釋》，北京：中華書局，1979。
楊曾文編校，《神會和尚禪語錄》，北京：中華書局，1996。
道世，《法苑珠林》，在《大正藏》，卷五三。
道宣，《廣弘明集》，在《大正藏》，卷五二。
董俊彥，〈桓子新論校補〉，收在董俊彥，《桓譚研究》，臺北：文史哲出版社，1986。
劉文典，《淮南鴻烈集解》，臺北：文史哲出版社景印，1992。
樓宇烈，《王弼集校釋》，臺北：華正書局景印，1992。
關口真大譯注，《天台小止観》，東京：岩波書店，1974。
蕭統，《文選》，臺北：文津出版社景印，1987。
顏延之，〈庭誥二章〉，在僧祐，《弘明集》，《大正藏》，卷五二。
顏昌嶢，《管子校釋》，長沙：嶽麓書社，1996。
儲仲君，《劉長卿詩編年箋注》，北京：中華書局，1996。
贊寧著，范祥雍點校，《宋高僧傳》，北京：中華書局，1987。
蘇輿，《春秋繁露義證》，北京：中華書局，1992。
嚴可均，《全上古三代秦漢三國六朝文》，臺北：世界書局景印，1982。
嚴靈峰，《輯成玄英道德經開題序決義疏》，臺北：藝文印書館，無求備齋老子集成初編本。
饒宗頤，《老子想爾注校證》，上海古籍出版社，1991。

二、近人論著

大西晴隆

1967 〈復性書について〉，《懷德》38(1967.10)。

小川弘貫

1976 《中國如來藏思想研究》，東京：中山書房，1976。

山口桐子

1990 〈李翺「復性書」の思想的位相〉，《學林》14/15(1990.7)。

戶田豐三郎

1963 〈復性書の立場〉，《支那學研究》29(1963.5)。

水野弘元

1972 《佛教要語の基礎知識》，東京：春秋社，1972年初版。

功刀正

1987 《李翺の研究—資料篇》，東京：白帝社。

末岡實

1978 〈復性書の成立について〉，《中國哲學》7(1978.10)。

1982 〈中唐期における性說の展開と役割——歐陽詹「自明誠論」・皇甫湜「孟荀言性論」を中心として〉，《日本中國學會報》34。

田中利明

1980 〈孔穎達の五經正義に於ける「性」の研究——特にその多様性と自然〉，《大阪教育大學紀要》（人文科學）29.2/3(1980.12)。

石川徹

1979 〈魏晉時代の聖人觀〉，《人文論究》29.2(1979.10)。

任繼愈主編，任繼愈、杜繼文、楊曾文、丁明夷執筆，

1988 《中國佛教史》，冊三，北京：中國社會科學出版社。

任繼愈主編

1994 《中國哲學發展史（隋唐）》，北京人民出版社。

印順

1971 《中國禪宗史》，嘉義：妙雲蘭若。

吉川忠夫

1990 〈真人と聖人〉，《岩波講座東洋思想》卷十四《中國宗教思想二》，東京：岩波書店。

1993 〈靜室考〉（許洋主譯），收在劉俊文主編，《日本學者研究中國史論著選譯》，冊七，北京：中華書局。

安井小太郎

1924 〈讀復性辨〉，《斯文》6.6(1924.12)。

余英時

1980 〈名教危機與魏晉士風的演變〉，收在余英時，《中國知識階層史論・古代篇》，臺北：聯經出版事業公司。

李孝定

1965 《甲骨文字集釋》，臺北：中央研究院歷史語言研究所。

李養正

1995 〈從《太平經》看早期道教的信仰與特點〉，在李養正著，張繼禹編訂，《道教經史論稿》，北京：華夏出版社。

林麗雪

1980 《抱朴子內外篇思想析論》，臺北：學生書局。

金井德幸

1970 〈李翺と南宗禪——于頔と比較して〉，《立正史學》34(1970.3)。

河北省文物研究所

1981 〈河北定縣40號漢墓發掘簡報〉，《文物》1981.8。

砂山稔

1990 《隋唐道教思想史研究》，東京：平河出版社。

胡孚琛

1989 《魏晉神仙道教——抱朴子內篇研究》，北京：人民出版社，1989。

郁賢皓

1987 《唐刺史考》，南京：江蘇古籍出版社。

卿希泰

1985 《中國道教思想史綱》，卷二，成都：四川人民出版社。

卿希泰主編

1988 《中國道教史》，卷一，成都：四川人民出版社。

孫昌武

1997 《禪思與詩情》，北京：中華書局。

常盤大定

1930 《支那に於ける佛教と儒教道教》，東京：東洋文庫。

張亨

1971 〈荀子對人的認知及其問題〉，《文史哲學報》20(1971.6)。

許抗生、李中華、陳戰國、那薇

1989 《魏晉玄學史》，西安：陝西師範大學出版社。

陳金木

1995 《皇侃之經學》，臺北：國立編譯館。

陳寅恪

1982 〈陶淵明之思想與清談之關係〉，《金明館叢稿初編》，《陳寅恪先生文集》，臺北：里仁書局景印。

陳弱水

〈隋唐道性思想的特色與歷史意義〉（未刊稿）。

傅斯年

1940 《性命古訓辨證》（1940年初版），臺北：中央研究院歷史語言研究所，1992年景印二版。

森三樹三郎

1971 《上古より漢代に至る性命觀の展開——人性論と運命觀の歷史》，東京：創文社。

湯一介

1987 《郭象與魏晉玄學》，臺北：谷風出版社。

湯用彤

1972 〈王弼聖人有情義釋〉，收在湯用彤，《魏晉玄學論稿》，臺北：廬山出版社。

1972 〈謝靈運辨宗論書後〉，收在湯用彤，《魏晉玄學論稿》，臺北：廬山出版社。

1982 《漢魏兩晉南北朝佛教史》，臺北：鼎文書局景印。

馮友蘭

1930 《中國哲學史》，上海：商務印書館。

勞思光

1980 《中國哲學史》，卷三上冊，香港：友聯出版社。

葛兆光

1995 《中國禪學思想史》，北京大學出版社。

1996 〔《隋唐道教思想史研究》書評〕，《唐研究》，卷二，北京大學出版社。

董俊彥

1989 《桓譚新論研究》，臺北：文津出版社。

熊鐵基、馬良懷、劉韶軍

1995 《中國老學史》，福州：福建人民出版社。

福島俊翁

1961 〈李翺の學禪と復性書〉，《禪學研究》，52(1961.2)。

盧國龍

1993 《中國重玄學》，北京：中國人民出版社。

蕭璠

1993 〈皇帝的聖人化及其意義試論〉，《中央研究院歷史語言研究所集刊》62.1。

蕭登福

1990 《先秦兩漢冥界及神仙思想探原》，臺北：文津出版社。

賴永海

1988 《中國佛性論》，上海人民出版社。

戴君仁

1974 〈皇侃論語義疏的內涵思想〉，收在戴君仁著《梅園論學續集》，臺北：藝文印書館。

鎌田茂雄

1978 《中國佛教思想史研究》，東京：春秋社。

盧國龍

1993 《中國重玄學》，北京：中國人民出版社。

龐樸

1980 《帛書五行篇研究》，濟南：齊魯書社。

羅香林

1955 〈大顛惟儼與韓愈李翺關係考〉，在羅香林，《唐代文化史》，臺北：商務印書館。

羅聯添

1973 〈李翺研究〉，《國立編譯館館刊》，2.3(1973.12)。

1989 〈韓愈原道篇寫作的年代與地點〉，在羅聯添，《唐代文學論集》，臺北：學生書局。

顧頡剛

1979 〈聖、賢觀念和字義的演變〉，《中國哲學》，第一輯（生活・讀書・新知三聯書店，1979.8）。

T.H. Barrett

1992 *Li Ao: Buddhist, Taoist, or Neo-Confucian?*. Oxford: Oxford University Press.

Philip Yampolsky, tr. with notes

1967 *The Platform Sutra of the Sixth Patriarch: The Text of the Tun-huang Manuscript*. New York: Columbia University Press.

Li Ao's *Fu-hsing shu* and the Intellectual Milieu of Medieval China

Jo-shui Chen

Institute of History and Philology, Academia Sinica

This paper examines the intellectual origins of Li Ao's (774?-836) *Fu-hsing shu*, universally recognized as the most creative late-T'ang Confucian writing on spiritual cultivation. The sources of Li's outlooks expressed in the *Fu-hsing shu* have long interested scholars. Unlike most previous research on this topic, the present work does not concern itself with the connections between the *Fu-hsing shu* and specific texts or individuals. Rather, it tries to identify the intellectual currents in preceding times that are attributable to the formation of the thought of the *Fu-hsing shu*. It is hoped that this approach can help us not only to gain further insights into an old issue, but also to detect the crucial historical forces behind the late-T'ang endeavors in constructing a Confucian philosophy of interior life.

The article begins with a close analysis of the text of the *Fu-hsing shu*, and argues that three sets of ideas are at the core of this work. The first is the problematik of reaching sagehood through spiritual cultivation, which is the central theme of the *Fu-hsing shu*. Second, the *Fu-hsing shu* holds that one's "nature" (*hsing*) is good and "emotions" (*hsing*) evil. In order to become a sage, one has to extinguish his emotions and return to his true nature. Third, the *Fu-hsing shu* also takes the view that one's "nature" is absolutely tranquil. Therefore, extinguishing emotions and returning to the true nature actually means the "quieting down" of one's emotions.

The paper traces the origins and development of these three sets of ideas separately. It finds that the ideal of questing for sagehood mainly comes from the Buddhist tradition. The idea of extinguishing emotions and returning to the true nature has its distant roots in Han Confucianism and classical Taoist thought. In the T'ang context, it resembles most closely a religious Taoist approach to immortality. Furthermore, the notion of one's nature being tranquil was current in classical and medieval Taoist thought, whereas quietude as a method of individual cultivation prevailed in religious Taoism and, to a lesser extent, Buddhism. A general point this paper makes is that the theme of the *Fu-hsing shu* was formed very much under Buddhist influence, but the substantial ideas Li used to construct his philosophy of spirituality drew mostly from the Taoist tradition. The paper also gives a review of existing theories on the intellectual origins of the *Fu-hsing shu*.

Keywords: Li Ao, *Fu-hsing shu*, T'ang Confucianism, Confucian-Buddhist-Taoist interactions, Chinese ideas of spiritual cultivation

出自第六十九本第三分(一九九八年九月)

清初思想中形上玄遠之學的沒落

王汎森*

本文以「去形上化」作爲主軸來討論清初學術思想的一個特色，因爲有這一個特色，所以清初思想家看社會與自然的眼光皆產生變化。文章分成五部份：第一部份藉「寶珠」或「種子」兩種觀念來說明先天預成式人性論之式微。第二部份是以四書（特别是《學》、《庸》）地位之下降說明形上玄遠之學的衰褪。第三是以江浙心學社群之去形上化來說明此一現象。第四是由樸素的原始儒家哲學的興起來說明形上玄遠思想之沒落。第五部份則由清初程朱陸王兩派皆顯現的「去形上化」來證明這一趨勢的普遍性。

關鍵詞：清初思想 去形上化

* 中央研究院歷史語言研究所

明末清初思想界出現兩種趨勢，第一，心性之學的衰微；第二，形上玄遠之學的沒落。這兩者幾乎同時發生，它們動搖了宋明以來思想傳統的兩大支柱。關於第一點，我在〈「心即理」說之動搖與明末清初學風之轉變〉[1] 中已經大致討論過，基本上認爲當時因爲心性不再作爲道德之最高依據，故中國思想有一種「外轉」(turning outward) 的傾向。[2] 本文則想對第二點，即先天預成論式思惟，及形上、玄遠之學的衰落作一粗略的探討。這個現象的產生至少有兩方面的原因，最先是思想內部的發展，但是愈到後來愈與明末清初社會政治上面臨的挑戰有關，人們逐步發現要能不脫離現實、正視社會的失序與危機，必須擺脫形上學的色彩，用樸素平實的思想態度去逼近社會與自然。形上思想之沒落使得過去那種把日常生活世界所見到的一切當成另一個更高境界的附屬品、並以爲世俗的認識事物的方式是靠不住的想法產生變化，也使得過去那種認爲只有形上的才是關乎本質的想法產生動搖。[3] 不過這裏必須聲明兩點：首先，本文重在描述去形上化之現象，而少及其成因。第二，當時思想界的變化異常紛紜，故此處所舉的只是其中較爲重要的面相，並不足以盡賅其餘。而且也決不意味著當時大部分思想家皆有此趨向。不過，這一股新興的力量，後來發展成爲歷史的主流。

近儒熊十力說：「形上化」是北宋諸儒建立理學時最重要的事業。[4] 這一方面是爲了在人世昏濁綱紀頹壞的時代，提出一個具有超越性的道德、政治、社會標準，引導人向上追求，另方面也是爲了對抗佛家的威脅——佛家有一個形上的世界，而儒家沒有。所以北宋諸儒試著提出一個不變的境界作爲保證。原來儒家思想中平舖直敘的境界，現在都被分成兩個境界，而且認爲形上的追求才是究竟之義。而我們在明末清初思想界所見到的一個特色是前此奠定下來的

---

[1] 王汎森，〈「心即理」說的動搖與明末清初學風之轉變〉，《中央研究院歷史語言研究集刊》65.2(1994)：333-373。

[2] 這是相對於劉子健先生的兩宋之際中國文化「內轉」(turning inward) 而說的。參見James T. C. Liu, *China Turning Inward* (Cambridge: Harvard University Press, 1993)。

[3] 清初形上玄遠之學的衰落也大量反映在自然科學上，這方面的材料相當豐富，但因作者對科學史並無把握，故有關這個問題，此處無法討論。

[4] 熊十力，《十力語要》（臺北：洪氏出版社，1975），頁285。關於理學中形上學之問題還可參考景海峰，〈簡議新理學的形上學系統〉，在陳岱孫等，《馮友蘭先生紀念文集》（北京：北京大學出版社，1993），頁209-219。陳來，〈新理學形上學之檢討〉，同前書，頁220-232。

形上基礎逐漸動搖，這不但發生在當時具主流地位的王學，也發生在逐步復興的新朱子學。

我想藉幾個例子間接點出它們所蘊含的「去形上化」的現象。文章分成五個部份：第一、「明清嬗遞之際，蕺山一派獨盛」，所以，在對王學的轉變之分析中，我主要是以浙東地區的轉變爲主要例子。在這方面，首先我想以黃宗羲與陳乾初的思想交涉看宋明理學的最重要基設，即先天預成論式人性論之衰歇。[5] 第二、以四書中，特別是《大學》、《中庸》地位之下降爲例，說明形上玄遠之學的衰褪。第三、我要以潘平格等人的出現，及他們何以迅速席捲一批年輕的劉、黃之學的崇拜者（如萬斯同），並且迅速與一批在「去形上化」的工作上有所建樹的學者結合在一起，如萬斯同和李塨 (1659-1733)、王源 (1648-1710)、胡渭 (1633-1714)、閻若璩 (1636-1704) 之交往及相互欣賞爲例，說明這一種深刻的變化。第四、我要討論當時一股回到樸素的儒家哲學的趨勢。第五、對清初程朱陸王陣營「去形上化」的變化之觀察。

一、人性是「寶珠」還是「種子」：先天預成式人性論之式微

明末心學，發展出種種疑團與矛盾，其中有三點與本文有關。第一，人們對理學原來的一些預設信心動搖，譬如天理人欲的問題，是不是人欲淨盡後才是天理流行？還是天理可以從人欲中見？過去那種二元對立的工夫，是不是應該攝歸於一？第二，如果將所有工夫都歸於一心，則「心、身、意、知、物皆是一件」，[6] 那麼《大學》中格物、致知、誠意、正心、修身等次第便成了問題，則《大學》一書是否仍可作爲指導性經典？第三，「性」是否是像宋明儒所主張那樣是先天預成的，「學」與「知」對它是否能有發展擴充之力？善是否是先天所固有，復性是否即是善，或人性是在實踐鍛鍊中才可能日益完善化？[7]

---

[5] 王汎森，〈《中國近三百年學術史中的一件公案——再論黃宗羲與陳確的思想交涉〉（香港：錢賓四先生百齡紀念會）。

[6] 王守仁，《傳習錄》下，在《王陽明全集》（上海：上海古籍出版社，1992），頁90-91。

[7] 蕭箑父，〈含英咀華，別具慧解——蒙文通先生《理學劄記》讀後〉，在《蒙文通學記》（北京：三聯書店，1993），頁94。

劉宗周對第一個問題有決定性推展，但是，一直到劉宗周死前，他對自己的心得仍不敢自安。內心中充滿著緊張，故著作多以「疑」爲名，如《大學古文參疑》，如《存疑雜著》。故黃宗羲說：

> 先師蕺山曰：「予一生讀書，不無種種疑團，至此終不釋然，不覺信手拈出，大抵於儒先注釋，無不一一牴牾者。」[8]

因爲心學將一切收歸於心，過去循序的修養工夫到此皆被認爲是支離瑣碎，那麼劉宗周將工夫歸攝於一元，便是很自然的發展。他說：

> 從來學問只有一個工夫，凡分內分外，分動分靜，說有說無，劈成兩下，總屬支離。[9]

又說：

> 夫道，一而已矣。「知」「行」分言，自子思子始。「誠」「明」分言，亦自子思子始。「已發」「未發」分言，亦自子思子始。「仁」「義」分言，自孟子始。「心」「性」分言，亦自孟子始。「動」「靜」「有」「無」分言，自周子始。「氣質」「義理」分言，自程子始。「存心」「致知」分言，自朱子始。「聞見」「德性」分言，自陽明子始。「頓」「漸」分言，亦自陽明子始。凡此皆吾夫子所不道也。嗚呼！吾舍仲尼奚適乎？[10]

《存疑雜著》中對宋明儒分析支離之說，皆統而一之。[11] 把二分的境界慢慢溝合爲一，把各種「循序工夫」合爲一事，全部吸攝到一心中。雖然劉宗周的本意是想將形上世界內化於形下世界，但是在實質上，宋明理學二分的傳統已一步一步消褪了。

宋明理學儘管有種種紛歧，但基本上是以先天預成論式人性論爲主。[12] 主

---

[8] 這是黃宗羲爲陳確寫的墓誌銘開頭語，陳確，《陳確集》（北京：中華書局，1979），頁4。

[9] 董瑒，《年譜》，在《劉子全書》（臺北：華文出版社，無出版年代），頁3666。

[10] 同前書，頁3667。

[11] 姚名達，《劉宗周年譜》（上海：商務印書館，1934），頁316-317。

[12] 關於宋明理學在先天論(或預成論)方面的思想，蒙文通有精要的分析。蒙文通說他年四十時「乃知朱子陽明之所蔽，端在論理氣之有所不澈，曰格物窮理，曰滿街堯舜，實即同于一義之未澈而走一端」（蒙文通，〈理學札記與書簡〉，《中國哲學》第五輯（1981），頁370），又說「宋明儒者雖持論各別然其于先天論則一耳。」（同前文，頁370-371）「孟子言火之始然，泉之始達，苟不充之，以知擴而充之言性；謂苟爲不熟，不如荑稗，以熟言仁，曰養吾浩然之氣，曰苟得其養，無物不長，以養言氣，皆以發展言之。宋明儒非

張性原爲善，只要能復性即爲善，但復原返本的途徑卻有所不同。大抵程朱以即物窮理爲入手方法。[13]《朱子語類》卷十二說：

> 人性本明，如寶珠沉溷水中，明不可見，去了溷水，則寶珠依舊自明，自家若得知是人欲蔽了，便是明處。只是這上便緊緊著力主定，一面格物，今日格一物，明日格一物，正如游兵攻圍拔守，人欲自消鑠去。[14]

至於陽明則認爲只要人人現成具足的良知呈現作主即是善，因而有「滿街皆是聖人」之弊。前面說過，陽明與朱子都是以人之初生性原爲善，故認爲能復還原本，即是聖人。但這兩種思想都有困境：依朱子「格物窮理」之說，則一草一木之理如何格得盡，何時格得盡，格到何種地步才可以「一旦豁然貫通」「眾物之表理精粗無不到」？而且，自然世界與人的內在道德世界有何關聯，物理與吾心如何能一，如何能因格草木之理「而吾心之全體大用無不明」？若依陽明的良知說，則知識、道德規範與習俗究竟應擺在什麼樣的位置？難道人可以完全不要知識的陶養、不理會外在客觀世界所形成的種種規範而成爲一個道德人嗎？

此外在現實生活上也有種種的疑難。人是不是可能完全回到本然之性？回到本然之性後，是不是就是成德君子？如果心是純善無惡的，則惡從何處來？道德與知識之關係如何？修養工夫是有止境的嗎？是不是只要恢復到兒童般純潔之心便是究竟之義，還是「有賴于修養，由晦而明，由弱而強，猶薑桂之性老而愈辣」。[15]

先天預成式人性論之流弊以明季陽明學爲最厲害，陽明本有只求本體而遺知識之病，承陽明之學者，多認爲「何思何慮」是最高狀態，才學，便多了。把「學」與「知」排除在外。北方王門的尤時熙甚至說「今只要作得起個沒用的

不知此，但其整個思想體系中未予以應有之地位，于是一曰即物窮理，一則曰滿街堯舜，皆因一弊以走兩端耳。」（同前文，頁371）。他並追究此種先天論的來源說：「宋明儒皆辟禪，但其弊處（如強調先天論），亦正自禪來。」（同前文，頁371）。

[13] 朱子在《大學》的〈格物補傳〉中說：

> 所謂致知在格物者，言欲致吾之知，在即物而窮其理也。蓋人之靈莫不有知，而天下之物，莫不有理，惟于理有未窮，故其知有不盡也。是以大學始教，必使學者即凡天下之物，莫不因其已知之理而益窮之，以求至乎其極。至于用力之久，而一旦豁然貫通焉，則眾物之表理精粗無不到，而吾心之全體大用無不明矣。

[14]《朱子語類》（北京：中華書局，1986），頁207。

[15] 蒙文通，〈理學札記與書簡〉，《中國哲學》第五輯（1981），頁369。

人，便是學問」。[16] 陽明固可以用成色分兩說解決不學的愚夫愚婦也可以成聖的問題，但是一個學說不可能只重成色之純，而不重視分兩之量，不可能以全天下皆能作愚夫愚婦爲滿足。「學陽明的人，心裡卻早有一傾向，他們並不甘爲愚夫愚婦，他們都想成大聖大賢，固須從鍛鍊成色，不失爲一愚夫愚婦做起，但亦不該只問成色，只在愚夫愚婦境界，他還須注意孟子所謂的大人之事。不應儘說只是灑掃應對，便可直達天德。」[17]

如何在保留性善論的基礎上，又能擺脫先驗論的困擾，強調「學」與「知」等累積發展的成份對擴充人性中善端的必要性。[18] 也就是說，性善論是否可能與先天預成的人性論分開，這個問題考驗著後來的思想家，而同時它也逼向對「本體」的反省，對「習」的功能之發現與闡釋，以及種種後天人性論的說法。人們逐漸得到一種看法：「性」是歷史形成的，是可變的，是發展的，必須在實踐鍛鍊中才可能自覺完善。明季思想家如黃宗羲「心無本體，工夫所至即其本體」的說法，即是不只追求「成色」之純而注意加重「分兩」的新趨勢。但是「心無本體」的「無」字並不是真正的「無」，而是爲了強調工夫的重要性。他們是想對治王陽明講即用見體，卻又專重體的弊端，認爲人性有生成發展的過程，最後仍舊要有「本體」。

在打破先天預成論上最有貢獻的人是陳確。他說「本體」二字是佛教的東西，是要不得的，正如黃宗羲在爲陳氏寫的墓誌銘中所提到的「又曰，本體二字，不見經傳，此宋儒從佛氏脫胎而來者，故以爲商書維皇降衷，中庸天命之性，皆指本體言，此誣之甚也」，[19] 而把「本體」抹煞掉，正是陳確思想之獨特處，也是他的同門黃宗羲感到不能認同之處。

陳確認爲心不是礦物，所以心是可以發展的。他這方面的言論甚多，譬如〈性解〉中他以「穀種」來比喻「性」，認爲要經過後天的培養才能成其種子之美，故主張擴充盡才而後見性，他說：「蓋人性無不善，于擴充盡才後見之也，如五穀之性，不藝植，不耘耔，何以知其種之美耶？」[20] 又說「是故資始

[16] 黃宗羲，《明儒學案》（北京：中華書局，1985），頁645。尤時熙還說「擴充是去障礙以復本體，不是外面增益來。」（頁642）。

[17] 錢穆，《湖上閒思錄》（臺北：自印本，1969），頁34。

[18] 蕭箑父，〈含英咀華，別具慧解——蒙文通《理學劄記》讀後〉，在《蒙文通學記》，頁94。

[19]〈陳乾初先生墓誌銘〉，《陳確集》，頁6。

[20]〈性解〉，《陳確集》，頁447。

流行之時，性非不具也，而必于各正、葆合見生物之性之全。孩提少長之時，性非不良也，而必于仁至義盡見生人之性之全。繼善成性，又何疑乎？」[21] 陳確的同門師兄弟們對他這方面的見解非常不能同意，力爭不已，因爲他們瞭解這些論點動搖了幾百年來根深蒂固的先天預成論。然而，這不只是陳確一人獨有的思想，晚明東林後勁錢一本的思想中也有此消息，只是他未像陳確般深入發揮，而黃宗羲對錢一本也一樣持批判態度。錢一本說：

> 但知生之謂性，而不知成之爲性，即同人道於犬牛而有所弗顧。[22]

黃宗羲在《明儒學案》中綜述他的思想說：

> 先生之學得之王塘南者居多，懲一時學者喜談本體，故以「工夫爲主，一粒穀種，人人所有，不能凝聚到發育地位，終是死粒。人無有不才，才無有不善，但盡其才，始能見得本體，不可以石火電光，便做家當也。」[23]

錢一本「成之爲性」的想法，與陳確擴充盡才而後見性的觀點甚似，而且連以「穀種」比喻「性」的說法都相同，不過，雖然思想上是一路的，卻沒有陳氏那樣激進。而黃宗羲對錢一本的評論也與對陳確的批評相近，他說錢氏：

> 此言深中學者之病。至謂「性固天生，亦由人成，故曰成之者性。」夫性爲自然之生理，人力絲毫不得而與，故但有知性而無爲性，聖不能成，愚不能虧，以成虧論性，失之矣。[24]

黃氏曾說陳確之說「深中諸儒之病者有之」，[25] 而此處亦說錢一本「此言深中學者之病」。此處說「聖不能成，愚不能虧，以成虧論性，失之矣」，而在批評陳確時則堅持孩提少長之時其性「已自彌綸天地」。[26] 由錢一本與陳確之論可以看出這一種反對先天預成式人性論的思想在當時已漸出現，後來王夫之對這個問題還有進一步的發揮。而黃氏對錢、陳二人的態度都是一樣，既能同情，又持批判態度——既認爲深中當時只重本體不講工夫者之病，但又認爲講工夫過重竟致持發展的人性論是張皇過度。在同情與批判之間，都可以看見一代學風微妙變化。

---

[21] 同前文，頁449。

[22]《明儒學案》，頁1444。

[23] 同前書，頁1436。

[24] 同前註。

[25]〈陳乾初先生墓誌銘〉，《陳確集》，頁6。

[26] 同前註。

二、形上玄遠之學的衰落與四書中心主義之動搖

明末清初出現幾種質疑《大學》、《中庸》是否爲聖人之書的觀點。這些激烈論點的形成是兩種思潮匯集形成的，一是心學理論對古典文獻的挑戰，一是對形上玄遠之學的不滿。

首先，在「心即理」的前提下，因爲心是一個，所以以前理學範疇中那些二元對立的，具有本體論意味的修養境界，如人心、道心、理與氣等分別逐漸泯滅。不斷向心滑落的結果，心只是此一個心，在心中的活動中並無何等階段順序可以劃分，所以心學家強調格致誠正皆是一件工夫，心身家國天下皆是一件事，故不能同意《大學》八步之類的架構，同時也對朱學分別順序、階段的道德修養論感到不滿。第二、對靜坐觀心，以及「一旦豁然貫通，則眾物之表裏精粗無不至」的「格物」方式不滿。同時認爲心性或知識的探索是永遠無窮無盡的工作，不相信有一個「知止」的境界。因爲要求實踐實行，故對過去只侷限於道德、哲學性知識的傳統不能滿意。希望不再只專論一個人內心的鍛鍊修養，而走向整體，走向社會群體的實踐。第三、當時有一種離開形上追求而返回到日用實事實行的要求，認爲《大學》、《中庸》所揭示的一些道德修養方法與境界，實際上是無法做到的玄遠之論。

陳確的《大學辨》是清初理學發展史中最石破天驚的著作之一。因爲它居然大膽宣稱這一部理學傳統中最重要典籍與聖道無關。陳氏辨此書分「理」、「跡」也就是內容及文獻證據兩部分。但因與《大學》有關的文獻證據非常之少，所以他主要是從思想上來討論何以《大學》「層分縷析」的性格，不符合聖人平舖直敘的世界。

在說明《大學辨》之地位前，必須先解釋《大學》一書的重要性。《大學》一書可以說是宋明理學傳統中最重要的典籍。它除了提供一套系統的修養工夫外，還提供了「國身通一」的政治思想體系，使一個人從一己的修身到治國平天下連成一個系統。[27]

對於憂慮修身與治國平天下呈分裂狀態的人而言，「國身通一」的理想極具吸引力。耶律楚材在〈寄周之侍御〉中說「窮理盡性莫尙佛乘，濟世安民無如

---

27 陳寅恪在〈書世説新語文學類鍾會四本論始畢條後〉一文便略道及此。《陳寅恪先生論文集》(臺北：九思出版社，1977)，頁1300。

孔教」，[28] 宋孝宗則說「以佛修心，以道養生，以儒治世」，[29] 這兩個例子大略暗示了修身與治國平天下是無法結合的，個人安身立命的部分是莊佛之事，至於維繫倫理與政治秩序則是儒家的工作，這兩個領域不大相關聯。而宋學卻一舉消除這一不連繫狀態，將個人安身立命的要求與仁義忠孝的社會道德打通，天理雖然是個人生命的根源，但也可以直接成爲治理天下國家之原理，其中沒有絲毫隔絕或不連繫之處。

在朱子之後，模仿《大學》的架構來講從個人到治國平天下的治平之書甚多，像《大學衍義》、《大學衍義補》都是。一直到晚明，廣東陳邦彥尚以諸生上一本《中興政要》，爲綱有八，目卅有二，這一基本架構即是《大學》的，謝國楨形容它是「包《大學衍義》一書而簡鍊其精要。其於恢復大計，兵餉戰守之機宜方略，皆鑿鑿可見，粹然儒者有用之言。」[30]

由於《大學》具有如此獨特的價值與地位，它吸引無數思想家的注意，這些思想家常以自己的思想狀態去與《大學》相對照。又因朱子曾爲《大學》加上〈格物補傳〉，並移易經文，所以有些人一旦發現自己的思想狀態與《大學》的文本有重大出入時，輒想對它的文本作某種程度的移易，種種大學改本便因此而起。

當心學思想崛起後，心一元論的系統逐漸變得與《大學》積不相容起來。譬如朱子表彰《大學》特別注意它的循序功夫。朱子說「知至而後意誠，須是真知了，方能誠意，知苟未至，雖欲誠意，固不得其門而入矣」。[31] 後人也覺得這是他的特色之一，如李顒在《二曲集》卷四〈靖江語要〉中說「朱之教人，循循有序」。[32] 這些特色都在心學將所有工夫收歸一元時消解掉了。

在陽明以前，圍繞著《大學》一書的爭論，主要仍是針對格物的解釋，以及《大學》文本順序的問題。但在陽明的道學革新運動之後，八步問題出現了。因爲八步中的身心意知物在王陽明看來皆是「一件」，格致誠正修也不是分開的五個步驟，而是「一事」。在陽明與羅整菴的信及〈大學問〉等許多地方都反覆說明這一點。《傳習錄》中答陳惟濬「只要知身心意知是一件」。陳氏問

---

[28] 耶律楚材，《湛然居士集》（四部叢刊初編本），卷六，頁15。

[29] 志磐，《佛祖統紀》（《大正新修大藏經》），卷四八，頁430。此條承黄進興兄賜告。

[30] 謝國楨，《晚明史籍考》（上海：上海古籍出版社，1988），頁877。

[31]《朱子語類》，頁302。

[32] 李顒，《二曲集》（北京：中華書局，1996），頁36。

「物在外，如何與身心意知是一件？」陽明答說：「耳目口鼻四肢，身也，非心安能視聽言動？心欲視聽言動，無耳目口鼻四肢亦不能。故無心則無身，無身則無心，但指其充塞處言之謂之身，指其主宰處言之謂之心，指心之發動處謂之意，指意之靈明處謂之知，指意之涉著處謂之物，只是一件。」[33] 既然是「一件」、是「一事」，那麼便與大學的分成「八步」有所扞格了。

此外，朱子在〈補傳〉上說「欲誠其意者先致其知，致知在格物」，但陽明懷疑：何以誠意須以格物窮理爲前提，爲何格物窮理之後，意便會誠？在陽明後學身上，這也始終是一個無法調和的矛盾。這層矛盾一直到明季劉宗周還未解決，在劉氏殉國前三月，他爲自己的《大學古文參疑》寫了一段自白：

> 嗚呼！斯道何繇而明乎？宗周讀書至晚年，終不能釋然於大學也，積眾疑而參之，快手疾書，得正文一通……。[34]

劉宗周是晚明思想界的關鍵人物，他的《大學古文參疑》一書充份顯露了思想與文獻之間互相拉扯的緊張性。劉氏繼承陽明《大學》是一貫血脈的思想，並認爲「誠意」是《大學》的專義，所以他主張在知本、知止之後，緊接著便是誠意章，而反對在其間加一〈格物補傳〉，因爲加此〈補傳〉之後知本與知止便不再與誠意相聯。劉氏也反對朱子將《大學》中的「此謂知本，此謂知之至也」在〈補傳〉中更改爲「此謂物格，此謂知之至也」。一個是向內返求自家原有的道德資源，另一個是向外格物致知，在知識與道德問題上，處於相對的態度。因此，他強調「格物補傳」不必補，[35] 爲了證成這一點，他甚至不惜相信當時已有許多人懷疑的豐坊《石經大學》，只因這一文獻提供了類似「考古證據」證明了《大學》原無〈格物補傳〉。劉氏雖然東挪西補地作了許多工夫，但是他並未解決自己的疑惑，不過他也從未想過懷疑《大學》這一部書的可靠性。

劉宗周的學生陳確就不一樣了，他將《大學》與宋明理學傳統分開，故說程子之言主敬，陽明子之言致良知，劉宗周之言慎獨，雖「皆聖人之道」，但是一旦求合於《大學》，則方枘圓鑿——「以之說大學，則斷斷不可合」。[36] 陳確認爲問題不是出在這個理學傳統，而是出在想將這個傳統與儒家古典文獻牽

[33] 同註6。

[34]《劉子全書》，頁3298。

[35] 同前書，頁3303。

[36]〈大學辨一〉，《陳確集》，頁556。

合而產生的矛盾。所以這是先秦傳統與宋明理學傳統的決裂；而且認爲這不只是王、劉諸人的難題，也是理學家共同的難題。陳確認爲劉宗周抱怨「前後言格致者七十有二家，說非不備也，求其言之可以確然俟聖人而不惑者，吾未之見。」其實問題並不出在前後疏格致的七十二家，而是出在《大學》：「惟《大學》之誣而不可以理求焉故也。」[37] 所以他大膽寫了《大學辨》，認爲《大學》非聖人之書，並堅決主張將大學與聖學澈底分開。

比陳確晚一代的姚際恆，是另一個值得注意的人物。過去人們留心他辨僞方面的成績，較少注意到他的許多疑僞工作在思想史上是有所承襲的，尤其是黃宗羲、閻若璩、萬斯同，毛奇齡等人，而且他們工作的共同特點是去形上化。《四庫全書總目》子部雜家類存目六《庸言錄》條便這樣說：

> 際恆生於國朝初，多從諸耆宿游，故往往剽其緒論，其說經也，如闢圖書之僞，則本之黃宗羲，闢《古文尚書》之僞，則本之閻若璩；闢《周禮》之僞，則本之萬斯同；論小學之爲書數，則本之毛奇齡。而持論彌加恣肆，至祖歐陽修、趙汝楳之說，以《周易》十翼爲僞書，則尤橫矣。其論學也，謂周張程朱皆出於禪，亦本同時顏元之論。至謂程朱之學不息，孔孟之道不著，則益悍矣。[38]

姚氏疑僞作品中特別值得注意的是疑《大學》與《中庸》，而其理由皆與反對形上玄虛之理有關。對於《大學》，他說：

> 聖賢之學，知行並重，未有惟言知而遺行者。今云自知止而后定、靜、安、慮而得之，則一知字直貫到底，便已了畢，全無所用其行，則其所得者果何物耶？非忽然有省，摸著鼻孔乎？[39]

又說：

> 聖門之學，未有單重知而遺行者，……皆實地用力，未有空言致知者。空言致知，非佛氏離語言文字，一惟明心見性之學而何。[40]

這一段話強調「實地用力」是針對「明心見性」之學而發，也符合清初重視「習行」的學風。姚氏對《大學》「格物」二字的苛評，則是攻擊宋明理學傳統中最核心的思想：

---

[37] 同前文，頁557。

[38]《四庫全書總目》（臺北：漢京文化事業有限公司，1982），頁695。

[39] 林慶彰主編，《姚際恆著作集》（臺北：中央研究院中國文哲研究所，1994）冊三，頁437。

[40] 同前書，頁440。

以格物言之，此二字晦澀之甚，物字不知指何物？格字不知是何義？聖賢教人，從無鶻突語，況爲大學之首功，爲平天下之要務，而顧用格物二字，豈可通哉？[41]

清初學風由明代的追求本體轉向著重平實，所以要追問所「格」何「物」。「格物」這一流行幾百年的關鍵字，在這裏被輕輕地以「晦澀」二字帶過。從姚氏的批評中，我們可以看出，在由形上轉向平實、平庸的過程中，《大學》成了一個靶子，人們將新思潮發展投射到它身上。姚際恒所做的工作與所持的理由與陳確的《大學辨》都有其相似性。他們的工作都反映了，清初心性之學轉變很大，使得原來尚可與《大學》勉強相容的，變得不能相容了。

姚際恆除了攻擊《大學》之外，在《禮記通論》中還批評《中庸》近於二氏之學，是「僞《中庸》」：

予分出此帙以爲僞《中庸》者，蓋以其爲二氏之學也。然非予之私言也，實有左驗。[42]

姚氏列許多證據證明歷史上提倡《中庸》之學的多近於禪學，然後說：

然則好禪學者必尚《中庸》，尚《中庸》者必好禪學。《中庸》之爲異學，其非予之私言也，不亦明乎？[43]

姚氏說在牽合禪學與《中庸》的人物中，朱子是最關鍵人物，但是他又發現，提倡《中庸》最力且爲《中庸》作章句的朱子，私下裡並不特別推崇《中庸》：

如《中庸》一書，自宋以來，若尊信之尤者，非朱仲晦乎？而世所共尊信者，非因朱仲晦之尊信而尊信之乎？乃閱其文集，與蔡季通曰：「費隱之說，今日終日安排，終不能定，蓋察乎天地，終是說做隱字不得，(百種計較，再說不來)，且是所說不知、不能、有憾等句，處無恍惚，如捕風係影，聖人平日之言恐無是也。」……吁，其平居所私疑如此，乃作爲章句之書，不露所疑之意，陽爲尊信以示天下，豈非所謂失其本心哉？[44]

大抵姚氏處處用「僞《中庸》」三字，是因爲他認爲《中庸》的意旨過於高遠，非實用實事，且不切日用，若依《中庸》行去，則學爲聖人是一件非常困難之事：

---

[41] 同前書，頁440-441。
[42] 同前書，頁315。
[43] 同前書，頁316。
[44] 同前書，頁327-328。

《中庸》子思之言曰：「君子之道，辟如行遠必自邇，辟如登高必自卑。」今僞《中庸》所言，無非高遠之事，何曾有一毫卑邇來？與子思之言不啻若冰炭。[45]

又說《中庸》專講不睹不聞，無聲無臭，不是平實可依的道理，且大悖聖人從日用事物上啓迪人的方法：

聖人教人，舉而近之；僞《中庸》教人，推而遠之。舉而近之者，只在日用應事接物上，如孝弟忠信以及視聽言動之類是也。推而遠之者，只在幽獨自處靜觀參悟上，如以不睹不聞起，以無聲無臭終是也。[46]

又說：

學者依孔孟所教，則學聖人甚易，人人樂趨喜赴，而皆可爲聖人。依僞《中庸》所教，則學聖人千難萬難，茫無畔岸，人人畏懼退縮而不敢前。[47]

姚氏認爲在四書中，《論》、《孟》與《學》、《庸》的宗旨其實是相對抗的。自宋以後《學》、《庸》日盛，而《論》、《孟》日微，「宜乎僞道學日益多，而真聖賢之徒日益少也。」並認爲《學》《庸》與《論》《孟》之升降是「古今世道升降一大關鍵」。[48] 姚氏認爲《學》《庸》張而《論》《孟》絀，也就代表實事實行日用平常之道的衰退，而玄遠高虛之說的躍升，故說：

《語》、《孟》之言極平常，而意味深長，一字一句，體驗之可以終身行之而無盡。僞《中庸》之言，彌六合，遍宇宙，細按之，則枵然無有也。[49]

宋儒講《中庸》時發揮最多的是「喜怒哀樂未發之中」，而姚際恆竟易「中」爲「空」字：

喜怒哀樂之未發謂之中，予謂不謂之中，謂之空可也。……堯舜允執其中之中，指理言，此以未發爲中，指心言。指理言，則共之于人，故孔子言舜用其中于民。指心言，則獨用之于己，合眼低眉，參悟而已，於他人有何交涉耶？[50]

---

[45] 同前書，頁316。
[46] 同前書，頁317。
[47] 同前註。
[48] 同前註。
[49] 同前書，頁318。
[50] 同前書，頁322。

足見他所不滿於《中庸》喜怒哀樂未發之中，至少有兩個原因。第一因爲「中」是一己之「心」，所以致力於此則只是致力於一己之事，非客觀共循的規範，而且爲了追求這個「中」，必須「合眼低眉參悟」，不是在日用事務中去求得。至於「致中和，天地位，萬物育」也是幾百年來理學家最常標舉的境界，姚氏卻駁爲「說大話」：

致中和，天地位，萬物育，此所謂說大話，裝大冒頭者也。其實皆禪也。何則？禪則其理虛無，故可以任意極言而無礙。若吾儒則事事切實，豈可言此？言之，則中和未致，天地萬物將不位不育耶？中和既致，天地萬物如何位如何育耶？此非虛無而何？[51]

「大話」是與「事事切實」相對比的。他說因爲禪學講的都是空的道理，所以可以「極言而無礙」，在儒家的道德實踐中，則沒有「致中和」或「位育天地」這種話。《中庸》的「贊化育，參天地」，被姚際恆說爲是「同爲一種大話，聖賢從無此語。」姚氏所用以批評《大學》或《中庸》爲禪學的論據，基本上都與陳確等人相近，也就是不再把聖人之道，定義爲本體的追求，或「幽獨自處」，「靜觀參悟」，而是重新定義爲「日用應接事物」、「卑」、「邇」、「近」、「平實」、「習行」等最普通平常的道理，而他們對《大學》、《中庸》的批判，也反映了後一種新意識的興起及它與過去數百年理學傳統的決裂。與整個宋明理學傳統相對照，陳確、姚際恆等人的工作是相當令人震驚的。《大學》與《中庸》這兩本理學最高經典竟相繼被斥爲「禪學」，不能不說是一件學術史上重大的事。

在四書中，《論》《孟》二書倒是未受到批判。前面已經說過，姚際恆認爲《論》《孟》與《學》《庸》是對抗的，《論》《孟》所代表的平實道理是應該受到表彰的。不過，如果不單看《論》《孟》，而是以四書作爲一個整體來看，則它的地位也在逐漸下降，而五經的地位正逐步崛起。但這並不是說先前無人研究五經，而此後無人讀四書了；其實整個清代，科舉考試仍是以四書爲主，有關四書的私人著述更是成千累百。所以這裡是相對於宋明理學占據主流之時四書的地位而說的。

四書地位的下降，除了是前面所已討論過的一股將《大學》與《中庸》斥爲僞學的潮流之外，還有兩點：第一是朱子《四書集註》地位的下降，第二是四

[51] 同前書，頁323-324。

書作爲一個獨立的總名，開始遭到質疑。

《四書集註》地位之下降，不是明末清初突起的現象，王學興起後，勸人莫讀朱子的《四書集註》的話便常見到，如張岱在《瑯嬛文集》的〈四書遇序〉中說「幼遵大父教，不讀朱註」即是。張岱不只不讀《集註》，而且在《四書遇》中對《集註》「或校定句讀，或詮釋字句，或調整章次，或訂正學脈，計有三十來條」。[52] 但是《四書遇》所駁者只有三十幾條，而稍後毛奇齡的《四書改錯》，便激烈無比，認爲朱子「無一字不錯」，「聚九州四海之鐵鑄不成此錯」。[53] 清初這一類著作不在少數，如《四書證誤》、《四書考異》等等，不一而足。本來，在清初反宋儒的空氣之下，駁宋儒經說的風氣就相當普遍，但因爲《四書集註》過去地位極高，所以攻駁《四書集註》之現象也特別值得注意。此外，清初學者攻駁《集註》的方式也值得分析。淸儒不但在義理上批評《集註》所代表的宋學，而且從考證角度論證《集註》「無一字不錯」，是轉而以考證歷史的態度去衡量《四書集註》之價值。將《集註》作考證書看、而不是作爲說解義理的書看待，除了會把《集註》看得一無是處外，也意味著閱讀態度上的重大轉變。

「四書」作爲一個總名是否應該成立，也逐漸遭到質疑。《大學》、《中庸》原是《禮記》中之二篇，而《孟子》在南朝時猶在諸子之列，自朱子始將它們與《論語》放在一起，編爲四書。宋理宗淳祐十一年，真德秀乞進讀朱熹大學中庸章句論語孟子集註，此後四書乃自成一個範疇，譬如《明史・藝文志》便專門爲有關的書列「四書」一門。但是，明季陳確主張將《大學》、《中庸》「黜還戴記」，朱元弼的《禮記通註》中，亦反對將《大學》、《中庸》離《禮記》而單行。不過，他因爲誤信了豐坊的《大學石經》爲真，所以主張將《石經大學》還回《禮記》，而不是《大學》本文。[54] 這些議論開清人之先河。清初朱彝尊的《經義考》在「四書」一門之前，立了「論語」、「孟子」二目以示分辨。而黃虞稷之《千頃堂書目》中則說凡《大學》、《中庸》之書皆附於禮。這個態度與陳確、朱元弼之主張將《大學》回歸《禮記》相近。

---

52 朱宏達，〈張岱《四書遇》的發現及其價值〉，《杭州大學學報》15.1(1985)：45。

53 嘗於普林斯頓大學葛斯德東方圖書館讀《四書改錯》，雍正刊本，惜未留筆記。此處引自錢穆，《中國近三百年學術史》（臺北：商務印書館，1968），頁230。

54 李紀祥，《兩宋以來大學改本之研究》（臺北：學生書局，1988），頁141。

五經與四書的優先順序也改變了。在理學傳統中，四書自然優於五經。朱子對五經的態度很可注意，他說不敢對它們下太多文獻批判工夫，免得倒了五經。[55] 至於四書，則說讀四書乃要立一尺度權衡，以便由此出發，去讀諸經，訂諸史，以及百代之書。[56] 此後儒者，有的認爲只要能熟讀四書，其他書雖不讀亦無憾；有的認爲能讀四書，諸經才可得而治；有的說四書是發明六經之精義、明千聖心法的著作。[57] 然而明末清初居然出現將《四書》一名取消的言論，即使仍舊研讀它們，相對於宋明理學中《四書》的地位，不能不說是一個極激烈的變動。

總而言之，《大學》、《中庸》這兩部六百年中最有力量的經典不約而同地被判爲非聖人之書，代表著心學在清理了宋學之後，最後連整個宋明理學的根據地，四書中最重要的兩部書也動搖了。理學在退潮，所以過去唯我獨尊的四書，現在轉而成了怨府。四書作爲一個整體而言，其地位明顯地衰落了，它標幟著六百年學術傳統的崩潰。此外，由《四書》中心主義到《五經》中心主義的過渡，標幟著人們由以《四書》來決定《五經》的詮釋傳統解放出來，也標幟著人們由專重修身的傳統中解放出來。

三、江浙心學社群的變化

這裡要以黃宗羲弟子萬斯同一生的幾次變化爲例說明江浙心學社群如何逐漸遠離道德心性與形上玄遠之學。

康熙十二年（1673），萬斯同三十六歲時，他突然被浙江慈谿潘平格的思想所吸引。潘氏曾於康熙八年到鄞，與陳夔獻辯論於證人書院，當時萬氏在會稽授經，未能與聞其事。後來，他到慈谿訪潘氏，錄其所著《求仁錄》歸。他的

[55] 錢穆，《朱子新學案》（臺北：三民書局，1982）冊一，頁181-182。

[56]《朱子語類》頁188,195。

[57] 熊十力，《讀經示要》（臺北：樂天書局，1973），頁103。以下諸人的論調可以爲證：許衡在〈與子師可〉中則說：「小學四書，吾敬信如神，自汝孩提，便令講習，望於此有得，他書雖不治，無憾也。」在《許魯齋集》（叢書集成新編本），頁50。虞集說「若夫四子書者，實道統之傳，入德之要，學者由是而學焉，則諸經可得而治矣。」〈濟寧李氏校梓九經四書後〉，《文集》卷二十五，頁197，在《虞文靖公道園全集》（叢書集成續編本）。曹端亦說「夫四書者，孔曾思孟之書，所以發六經之精義，明千聖之心法也。」〈四書詳說序〉，《曹月川集》（文淵閣四庫全書本），卷一，頁13。

同門毛文強從萬氏處讀到此書時，也深被吸引。證人學友轟言萬氏叛其師黃宗羲，黃氏亦怒。萬氏遂決定從此以後「不談學而專窮經史」。[58]

潘平格這個人物的出現，以及他之所以吸引大批劉宗周門生，主要原因之一，便是他拒斥了宋明理學中形上的思維，[59] 而主張將「道」歸於平實卑近之日用事爲。潘平格說：「朱子道，陸子禪」，是將整個宋明理學的兩派一齊撕破。他主滅氣、滅心、滅體，實是將宋明儒所斤斤置辯的論題加以瓦解，指出這些問題全是無聊之談，學問的本質應該是平實的社會政治實踐。潘平格吸引了黃宗羲幾個最忠實的門生，像萬斯同、鄭性。當萬氏的同門師兄弟向黃宗羲舉發萬斯同被潘平格吸引並代爲傳播之時，黃氏移書切責，但萬氏似無真正悔意。他只是說，關於理學的爭論太紛繁，所以今後希望改治經史之學，追求脫離形上爭論的學問。萬氏晚年又被李塨所吸引。而且李氏吸引他的是《大學辨業》一書，也就是批判《大學》重知遺行，並提倡實踐習行的哲學。足見萬氏脫形上化，轉講日用習行之學的痕跡。

當時人認爲經史之學是講日用實行所不可缺。他們講事，而不是講理，所以由性理轉向經史。萬斯同雖從事於經史之業，但並未停止對理論的興趣，尤其是對主張脫離形上的追求，並轉而追求日用實學的理論。萬斯同一生最大的一個負擔即是當他信服潘平格時，其師黃宗羲的批駁。萬氏的思想學問啓自黃氏，可是限制也來自黃氏，在黃氏痛駁之後，遂不敢再往前走。當他遇到李塨時，黃宗羲早已故去，過去的限制已不復存在，可以自由自在地發展自己的想法，而這時最大的發展即是對「格物」之重新理解。「物」到底是什麼？此時萬氏決定接受顏李之解釋，認爲「格物」即「學六藝」——「格」即「學」，「物」即「六藝」。而且認爲六藝是「禮樂射御書數」，不是「六經」。

李塨在認識萬斯同時，萬氏已名動京師公卿，與他地位懸絕。李氏之所以拿他講格物最重要的作品《大學辨業》向萬氏請教，是爲了怕將來出版時遭其譏彈。與其出版後被罵，不如先行請教。顯見當時他並不了解萬氏真正的態度。沒想到萬氏一讀，竟「下拜曰：吾自誤六十餘年矣」，[60] 同時也突然說及三十年前與潘平格的一段往事。此時此地而聯想及潘氏，足見問題有其一貫性：

---

[58] 陳訓慈、方祖猷，《萬斯同年譜》（香港：香港中文大學出版社，1991），頁110-113。

[59] 潘平格，《求仁錄輯要》，四庫全書存目叢書，子部（臺南：莊嚴文化公司，1995）。

[60]《萬斯同年譜》，頁210。

某少學於黃梨洲先生，講宋明儒者緒言，後聞一潘先生論學，謂陸釋朱羽，憬然於心，既而黃先生大怒，同學競起攻之，某遂置學不講，曰予惟窮經而已。以故忽忽誦讀者五、六十年。今得見先生，乃知聖道自有正途也。[61]

他此處所說的聖道之正途，雖與潘平格有關，但仍有不同。其差異處見之於他爲李塨《大學辨業》所寫的序：

後之儒者，不知物爲《大學》之三物，或以爲窮理，或以爲正事，或以爲扞格外誘，或以爲格通人我，紛紛之論，雖析之極精，終無當乎《大學》之正訓。非失之於浮濫，則失之於淩躐。將古庠序教人之常法，當時初學盡知者，索之於渺茫之域，而終不得其指歸，使有志於明親者，究苦於無所從入，則以不知物之即三物也。[62]

這段引文中所批判的「窮理」、「正事」、「格通人我」，正是朱子、王守仁、潘平格對格物之解釋，而他本人也正是從朱而王，而潘，最後才到顏、李；由形而上的玄理追求，到人與人之間的社群關係（格通人我），到最樸素的以「物」爲「鄉三物」，以「格物」爲學六藝，則所識之「物」便是禮樂兵農名物制度，是家庭、社會、國家之事。「物」從內在的、玄遠的，轉變爲實際的、平實的、社會生活的事物。也就是他在浙江講經會及在北京所舉辦講會中所討論的內容；是「使人實事於明親之道」，[63] 而不是玄虛的形上之理。所以此時他處處用「實」、「實事」等字眼來形容學問。而顏、李的格物新解，正把他講經究史幾十年的工作，作了一個哲學的概括。[64]

萬斯同之所以對潘平格思想還不能滿意，主要原因應該就是李塨所說的潘氏「置禮、樂、兵、農不講，則力行日用亦自了，而所謂悲天憫人者，何具以救之」。[65] 在李塨看來，潘氏置禮樂兵農不講，仍只是自了漢。而潘平格所沒有

---

[61] 同前註。

[62] 同前書，頁211。

[63] 同前註。

[64] 李塨《大學辨業》所講的是鄉三物——六德六行六藝，以「三物」之「物」爲「格物」之「物」，意在切實可行，而不講原理的部分，所以刊落所有形上的觀點。李塨的學生江蘇陽湖惲鶴生撰《大學正業》，也是順此一路去解釋《大學》，以「物」爲「鄉三物」。《續修四庫全書總目提要》（北京：中華書局，1993），頁886。

[65] 馮辰等，《李塨年譜》（北京：中華書局，1988），頁165。

觸及的，正是顏、李所提倡的。萬斯同在讀了李塨以鄉三物爲「物」，以學習爲「格」後嘆息起立，李氏告訴他：

> 昨有人詰予云：子謂農工商亦非士分業，然則大學尚有遺理乎？予曰：明德親民，德行六藝，何理不具？然理雖無所不通，而事則各有其分，如冉有足民，豈不籌劃農圃之務，而必不與老農老圃並耒而耕，而安得兼習胼胝之業與？且言此者，以學乃實事，非托空言，空言易爲，實事難備。故治賦爲宰，聖門各不相兼，況學外紛瑣者乎？不然，心隱口度，萬理畢具，然試問所歷，亦復有幾？則亦徒舊無用而已矣。[66]

足見李塨的理論中把禮、樂、兵、農等實事提到關鍵的地位，是吸引萬斯同的地方，而這些其實是先秦儒家原有的一些素樸的想法。

萬斯同思想最後的階段，是一步步發掘理學以外的儒家傳統。這一個傳統是樸素的，不涉及玄遠究竟之理的，所以他能欣賞閻若璩的《古文尚書疏證》、胡渭的《易圖明辨》。

閻若璩、胡渭的工作在清初學術史上的意義早經余英時先生精彩地論證了。他們爲了解決程朱、陸王的爭論，而打破對方的思想依據，如閻若璩《古文尚書疏證》其實是打破心學的根據地——虞廷傳心的十六字訣「人心惟危，道心惟微，惟精惟一，允執厥中」。而胡渭《易圖明辨》則是打破程朱陣營先天後天之分的思想架構。[67] 不過，我們也同時發現，這兩個敵對陣營石破天驚的工作，與那一代人懷疑《大學》、《中庸》，有一個共同的思想動機，即脫離形上化的要求。不管十六字心傳之分「人心」、「道心」或易圖之分「先天」、「後天」，皆是一種形上的理論，非清初由玄轉實的學風之所喜。萬斯同爲胡渭《易圖明辨》所寫的〈序〉上說：

> 予初讀易，唯知朱子本義而已，年垂三十，始集漢魏以後諸家傳注，與里中同志者講習，乃頗涉其津涯，因嘆朱子篤信邵子之過，而本義卷首之九圖爲可已也。[68]

---

[66]《萬斯同年譜》，頁210。

[67] 余英時，〈清代思想史的一個新解釋〉，《歷史與思想》（臺北：聯經出版事業有限公司，1976），頁121-156。

[68] 萬斯同，〈易圖明辨序〉，在《易圖明辨》（叢書集成初編本），頁1。按，萬氏《石園文集》（民國四明叢書四編）中未收此文。

萬氏早年讀易只知朱子之《易本義》，這是宋明理學的舊徑。他三十歲時改變態度，搜集漢魏以來舊注。萬氏三十歲那一年，正是他與一群黃宗羲的學生開始創立講經會之年，而廣搜宋以前傳注正是講經會之宗旨。他掙脫理學傳統對易經所得到的新理解是：過去幾百年被看作天經地義的一些使《易》帶有高度形上色彩的說法，如「河圖、洛書、先天後天、羲文八卦、六十四卦，方圓諸圖」，乃邵子一家之學，以之爲邵子之易則可，以之爲伏羲、文王之易則不可。[69] 既然原來的易沒有這些東西，那麼分別「先天」、「後天」便不是聖賢之本意。他比他的老師輩們更爲激進，前一輩學者們如黃宗羲等還爲「後天」是否比「先天」重要再三爭論著，萬氏則根本認爲不應有「先後天」這兩個思想範疇存在：

> 此不特先天二字可去，即後天二字亦必不可存。[70]

所以，他與顧、黃、王那一代人不同的地方是他將過去仍斤斤置辯的問題取消，認爲一旦跳出宋明理學傳統來看中國思想傳統，則原無此等問題存在。而取消問題這個舉動其實即代表過去數百年的思想傳統到了這一步已進入尾聲。

四、回到素樸的儒家道德哲學

在「去形上化」的趨勢下，對道德哲學有相當不同的看法，基本上可以一言以蔽之，即將先秦儒家最樸素最普通的內容，作爲一種「哲學突破」。我們發現新一代思想家中最受人矚目的思想，都是先秦儒家傳統中最普通的內容；一批新的詞彙支配了當時思想界，而這些詞彙都是平實素樸，卑之無甚高論。以下我將以幾個趨勢來描述這一個轉變。

新一代思想家由虛玄過渡到實質的言論非常之多，可以在各家文集中隨處發現。像陸世儀的排斥「精微」之學；像王夫之欲盡廢古今虛妙之說而反之實；像費密「斥空理而尙事實」等等。[71] 他們服膺《論語》中「夫子之言性與天道不可得而聞」一語，致力將儒家由虛玄轉向平實。

---

[69] 同前註。

[70] 同前註。

[71] 小島祐馬，〈費密遺書〉，《日本漢學研究論文集》（臺北：中華叢書編審委員會，1957），頁140-142。

首先是古代儒家六藝之學的抬頭。儒家的六藝，原本是最爲尋常的東西，但此時當作全新的思想在看待。它代表一種日用實行，治國平天下之學，不再是宋明以下的形上之學。李塨在一篇〈醒弇文集序〉中追溯這一股將「六藝」重新放在思想重心的現象，並認那是使顏元提出以「鄉三物」爲格物之「物」的思想背景。他說顏氏提出鄉三物之後「而海內之有識者，亦遂刮目怵心，謂聖學自墮地高舉，群聚異之。」[72] 我們試看「鄉三物」的內容，那一條不是古代儒家思想中最平常東西，可是在人們習於把「物」當作人的內在世界的時代，對顏氏之論卻覺得極爲震驚，譬如後來成爲顏元信徒的王源，回想起他第一次聽到「鄉三物」時，說是「此昔年聞聲而詈爲異端者」。[73]

前面已經提到過他們所講的「六藝」，不是指「六經」，而是指「禮樂射御書數」。把「六藝」與「六經」分開，也等於是要人們從拘限於文獻知識的傳統中解脫出來。在他們看來「道」是禮樂、是兵農，是政事體制，現實的「事」壓倒了抽象的哲學，他們所留意的是兵法，是經濟，是水利，是治平天下，所希望成就的是將相，甚至退而求其次作佐幕也可以，但決不是從事心性玄遠或一意著述的學者。他們日日講求的是修己治人，明德敦民。[74]

顧炎武則批評以明心見性之空言代修己治人之實學的風氣，他認爲，爲人君止於仁，爲人臣止於敬，爲人子止於孝，爲人父止於慈，與國人交止於信，即是「格物」。這些思想無甚特別之處，但因它與陽明不同，與程朱亦異，所以在清初思想界便變得非常獨特，同時對許多人而言也非常有說服力。顧氏在〈答友人論學書〉中說「竊以爲聖人之道，下學上達之方，其行在孝弟忠信，其職在灑掃應對進退，其文在詩、書、三禮、周易、春秋，其用之身，在出處、辭受、取與；其施之天下，在政令、教化、刑法；其所著之書，皆以爲撥亂反正，移風易俗，以馴致乎治平之用，而無益者不談……其於世儒盡性至命之

72 李塨，《恕谷後集》（叢書集成初編本），頁162。

73《李塨年譜》，頁91。

74 這一方面的材料在顏元李塨的文字中出現太頻繁了，茲引幾條李塨的話爲例：

> 古聖明德親民之學，名遵實亡，遂二千年於茲，顏習齋先生出，大聲疾呼，揭三物以教人，謂六德即四德，行爲六行，六行即五倫，事爲六藝，六藝即孔門兵農禮樂也，率弟子分日習禮習樂習射御習書數。（《恕谷後集》卷十三〈醒弇文集序〉，頁162）
>
> 道者，人倫庶物而已矣。（同上書，卷十二〈原道〉，頁156）

說，必歸之有物有則，五行、五事之常，而不入于空虛之論。僕之所以爲學者如此……」[75] 顧氏一再說的都是一些最爲普通的德目，如博學於文，行己有恥，如辭受取予、灑掃應對，但是，相對於晚明具支配性地位的思想而言卻是新的東西。禪學化的王學學者認爲心的最高狀態是「空」，儒家最根本的仁義禮智以及名節等，被認爲不是究竟的境界，而顧氏正想將這些最普通的東西找回來。

潘平格提倡的則是孝弟仁義。他說：

> 今人無志於學，往往視聖賢爲高遠。[76]

他認爲聖賢之學只是人倫日用，只是「愛親敬長」，[77] 是「至近」、「至易」之事。[78] 他又說：

> 性定之旨，虛無之教，非吾儒之脈絡也。[79]

又說：

> 道在邇而求諸遠，事在易而求諸難，在孟子時已然，又何怪乎後世。今日諸友毋忽視某之言淺近而不足爲也，吾性見在日用，有何深遠，愛親敬長，事事至道，有何不淺近……若厭淺近，慕高遠，則背聖道入異端矣。[80]
>
> 盡性只是盡孝弟之性。[81]
>
> 三代之學，皆明人倫，以此爲學，即以此爲教。[82]

以上種種可以用他的一句話加以涵括，即「學道如是而已耳，豈奇特事乎。」[83] 而他對「道」最平常的闡釋竟被同時人認爲是「中風狂走」者之論。

前述的「明德親民」、「修己治人」、「禮樂兵農」、「古庠序之教」等，都是很陳舊、很平常的詞彙，但在當時卻很新、很吸引人，而著力闡發它們的顧炎武、顏元、李塨、陸世儀、潘平格等人，也都成爲天下人仰望的新思想領袖。尤其是陸世儀，更爲許多人所敬慕，他的《思辨錄》一書也成爲當時最引

---

75 顧炎武，《顧亭林詩文集》（北京：中華書局，1959），頁135。

76《潘子求仁錄輯要》，四庫全書存目叢書，子部，頁621。

77 同前書，頁623。

78 同前書，頁623。

79 同前書，頁628。

80 同前書，頁623。

81 同前書，頁624。

82 同前書，頁623。

83 同前書，頁629。

人注目的書，該書包括了修己到治人最爲有用的知識。在今人看來《思辨錄》並不是一部非常新穎刺激的書，但是在當時卻因爲它符合一種新的風氣，所以馬上成爲一部里程碑式的著作。

五、清初程朱、陸王去形上化的例子

「去形上化」這一個趨勢也同時表現在康熙中期的陸王與程朱學派。在程朱方面，一種新的行爲理想興起了，「庸言庸行」成爲許多思想家所提倡的標準，清初的程朱學者，如張履祥，如熊賜履、李光地、湯斌、徐乾學、魏象樞，[84] 如帶有王朱混合傾向的孫奇逢[85] 都持相似的觀點。李塨歌頌孔子是「庸德之行，庸德之知，不言性天，下學達之。」[86] 這股潮流使清初空氣由晚明的瑰奇歸于平實，但也使得講奇節的骨鯁之臣，不再成爲一種理想的人格。值得注意的是有僞學之稱的熊、魏等代表官方正統意識型態的學者，與民間思想家張履祥、孫奇逢、李塨等在這一點上合流了；這股思想在相當程度上也方便了清代異族的統治。在陸王陣營方面的變化可以拿當時江浙心學代表人物邵念魯爲代表。一般認爲邵念魯是在康熙年間，將浙江理學中曾經對立的「證人會」與「姚江書院」再度統合起來的人。由邵念魯〈學校論〉兩篇中可以看出他所代表的思想風格是想要回到原始儒家素樸的思想。在〈學校論〉第一篇中，他要求「息講學而務返其本于孝弟忠信，則人心漸醇」。[87]「孝弟忠信」是儒家最平常最普通的道理了，而這一代人卻一再費唇舌宣揚，足見避玄理而究實質，對他們而言不是順順當當的事。想不游心於性理之鄉，必須經過一番奮鬥。邵氏在〈學校論〉第二篇中，他又說：

> 黃道周亦教學者先讀孔門言論，求之躬行，毋早讀宋儒書，啓助長揠苗之病，是即引而不發，無輕語上之意也。今之講學者，患在喜于語上而所以由之者疏，故吾欲以夫子之四教糾而正之，自宋以後，語錄諸書，一切且束勿觀，而惟從事于六經孔顏曾孟之教，行之二十年而故習漸忘……期于

---

84 張舜徽，《清人文集別錄》（北京：中華書局，1980），頁15。

85 同前書，頁3。

86《恕谷後集》卷九，〈孔子贊〉，頁105。

87 邵廷采，《思復堂文集》（臺北：華世出版社，1977），卷八，頁8-9。

實行實用……尤我者必以道之不明自不講學始也……然與夫齗齗于朱陸之間，紛挐于石渠天祿之論者，孰爲去名而實存也哉。[88]

反對「語上」，也就是不要講性與天道。他要人循黃道周之論，不要早讀宋儒書，「惟從事于六經孔顏曾孟之教」；他要人們將理學的「故習」漸漸忘去，只從事于「實行實用」。邵念魯還有一段頗有代表性的話：

程朱深探其本，欲窮其彌近理而大亂眞之窟，故說之不得不精，語之不得不詳，既精且詳，則人多馳入于幽深惝怳之途。[89]

深探其「本」，窮其理窟，都是宋明理學所最自負的部分，邵氏則勸人不要在這一路上努力，這等於是想取消宋明儒學中最關鍵的部分。邵氏又說：

學術至孔孟程朱無以復尚，而不意人心之僞，即流伏于孔孟程朱之中。[90]

「人心之僞，即流伏于孔孟程朱之中」是極不尋常的控訴，而竟出自江浙學術殿軍的邵念魯，其意味長矣。

在程朱方面，近人曾將十七世紀官方編成的《性理精義》與明代的《性理大全》相比較，發現十七世紀的《性理精義》有幾種特色：由抽象轉具體，下學先于上達，將實務置于玄談之上，對太極亦已失其探玄之興趣，捨太極而傾向于庸常，凡程朱涉及形而上學的討論，不是被割置就是佔不重要位置。[91] 足見當時官方的程朱之學亦表現一種擺落形上玄遠之談的傾向。

此外，王白田的《朱子年譜》及幾篇考異的文章，及他與朱止泉的往復辨論中，也突顯非官方的程朱陣營中有一種潛在而不自覺的改變，它說明清初「新朱子學」——也就是「去形上化」後的朱子學，如何從文獻考據上，將他們所覺得不安的部分刪去，證明它們實際上並非出自朱子之手。

王白田是清代朱學驍將，與李光地、熊賜履等官方色彩濃厚的儒者有所不同，他的《朱子年譜》用力甚鉅，搜羅極富。除《年譜》外，白田對朱學最大的貢獻厥有如下數端：一、考證《易本義》的九圖，認爲它們絕非朱子所作。二、辨家禮非朱子之書。三、反對朱子曾有太極以上更有無極的思想。四、認

---

88 同前書，卷八，頁10-11。

89 同前書，卷八，頁10。

90 同前書，卷八，頁8。

91 陳榮捷，〈性理精義與十七世紀之程朱學派〉，《朱學論集》（臺北：學生書局，1982），頁385-420。

爲朱子不主靜，對「世之名朱學者，其居敬也，徒矜持於言貌，而所爲不睹不聞者」進行批判。[92]

明初大儒薛敬軒極端墨守朱學，已有對朱子文獻作細密考訂之意。王白田宗朱，亦欲一展考證長才爲朱子效勞。不過，白田始意雖善，而其所得卻每適得其反。他考證的路線，實在將拖累朱子名譽的部份，用文獻考證工夫加以切除。而這些被切除的部份有一大部份便是朱子塑造形上系統的工作，白田的初意固是尊朱，但其所作爲正好是重新塑立朱學面目以附和時流。[93]

首先，朱子《易本義》九圖，一向最爲清初大儒所詬病，胡渭《易圖明辨題辭》上說：

> 安得有先天後天之別？河圖之象，自古無傳，從何擬議？洛書之文，見於洪範，奚關卦爻五行，九宮初不爲易而設。參同契、先天太極，特借易以名丹道，而後人或指爲河圖，或指爲洛書，妄矣！妄之中又有妄焉！則劉牧所宗之龍圖，蔡元定所宗之關子明易是也。此皆僞書，九十之是非又何足校乎？故凡爲易圖以附益經之所無者，皆可廢也。[94]

胡渭排易九圖之志如此之堅，必欲去之而後心安，而朱子亦因九圖而備受非難，故王白田起而有開脫之作。他說：

> （九圖）斷斷非朱子之作，而數百年以來未有覺其誤者。蓋自朱子既沒，諸儒多以其意，改易本傳，流傳既久，有所纂入，亦不復辨焉。[95]

---

92 以上見錢穆，〈王白田學述〉，《中國學術思想史論叢》（臺北，東大圖書公司，1990）冊八，頁186-205。

93 王白田辨家禮非朱子所作意義甚爲重大，但因與主題無關，故附此討論。朱子歿後，《家禮》一書頗爲盛行，一直到明末清初遵行者還相當多。不過，《家禮》後來卻成爲朱子的病累，尤其是以顏習齋的炮火最烈。習齋《年譜》說他居喪時因服行《家禮》而驟得重病（案：《朱子家禮》將古禮初喪，朝一溢米，夕一溢米，食之無算」中的「無算」二字刪掉。「習齋遵之過，朝夕不敢食，當朝夕遇哀至，又不能食，病幾殆」，以上見《顏氏學記》，頁1），從此認爲朱子學說不能遵行。家禮本非朱子所作，但託朱子而行已久，至清初成爲攻朱者之口實，白田對此考證甚多，《白田草堂存稿》卷二，便有〈家禮考〉、〈家禮後考〉、〈家禮考誤〉三篇。白田提出的證據是：朱子的文集、語錄皆言祭說、祭儀成於壬辰以前，而其後亡之。若家禮則未有一語及之，其爲附託無疑。（《清儒學案》冊三，卷五二，頁10-12。）這條證據其實很勉強（錢穆說「此辨大膽」），但白田反覆再三，一意坐實，實可反映他護朱的心情。

94 〈易圖明辨題辭〉，《易圖明辨》，頁1。

95 王懋竑，《朱子年譜》（臺北：商務印書館，1971）附《年譜考異》卷二，「周易本義成」條，頁283。

> 易本義九圖非朱子之作也，後之人以啓蒙依放爲之，又雜以己意，而盡失其本指者也。朱子於易有本義，有啓蒙，其見於文集語錄講論者甚詳，而此九圖未嘗有一語及之。九圖之不合於本義啓蒙者多矣，門人豈不見此九圖者，何以絕不致疑也？[96]

照王白田的說法，胡渭之辨九圖是錯怪了朱子，但從另一面看，亦即是承認胡氏對易九圖的抨擊。值得注意的是清代朱學中人或推衍先天之理，或傳述朱子九圖之義，但都不把九圖列出，雖明白表示不背朱子，但實際上已等於暗中刪去此圖。[97] 此外，王白田完全反對「無極」「太極」二分，可是朱熹是主張二分的，白田的所作所爲，竟是隨眾流以赴壑，幫著大家攻擊朱子了。連清代最爲正統的朱子學者都不認爲形上的部份是朱子系統的一個部份，則程朱陣營中「去形上」的工作基本上便已完成了。

白田爲朱子文獻所作的考訂工作，其動機毫無疑問的是「尊朱」，但值得玩味的是：他所考辨的結果，是把過去數百年間一般公認是朱子思想特色的成份切除掉，經他這番大手術之後，朱子學的本來面目全非，反過來是認同了晚明以來去形上化的潮流。

六、結論

清初思想中去形上化的傾向表現了幾種特色。首先，他們不再靜坐冥想、不再求本體，同時他們也發現在靜中培養出的本體常常會在行動時出差錯。接著，他們關照現實的社會人生，不再以形上玄遠的追求爲最高目標。他們並非不再談理，但卻不好談形上的天理。正因爲眼光是從超越形上的世界重新放在現實的社會人生，而現實的社會人生是包羅萬象的，所以他們不再一味追求宰制一切的理，而將注意力放在「萬殊」的世界，直面正視現實人生的實踐，著重日用常行。因爲他們不再帶著形上的眼鏡去看這個世界，所以在對自然，對事物的觀察與理解上，都有新的發展。

既然講究現實社會人生，他們也就特別注重禮樂兵農制度等實實在在、與現實政治社會人生有關的東西，從而在研究先秦古典時，也是以這方面的事實爲

[96] 同前書，頁282。

[97] 張麗珠，〈清代的「學」「思」之辨〉，《漢學研究》14.1(1986)：71，註45。

主要的範圍。我們固然不可以說，宋明理學心性論與政治無關，但前者畢竟處於優先地位，而在「去形上化」的思潮下，政治卻優先於道德修養。即使是講道德修養，也是將人群之間的倫常道德置於個人的心性之先，將客觀的人倫規範置於主觀的道德之前。

「去形上化」的傾向表現爲重視事實，重視實踐，以四書講論爲中心的「義」，被講事實的五經所取代。對於五經中的歷史事實的考證成爲一個主流。

然而，形上玄遠之學的消逝，卻也使得宋明儒家思想中的超越性逐漸渺於無形，超越的、理想的、批判的道德形上力量不再具有支配性，對清代士大夫的思想與行爲也產生了莫大的影響。

（本文於一九九八年七月二日通過刊登）

引用書目

一、傳統文獻

王守仁，《王陽明全集》，上海：上海古籍出版社，1992。
王懋竑，《朱子年譜》，臺北：商務印書館，1971。
《四庫全書總目》，臺北：漢京文化事業有限公司，1982。
朱熹，《朱子語類》，北京：中華書局，1986。
志磐，《佛祖統紀》（《大正新修大藏經》）。
李塨，《恕谷後集》（叢書集成初編本）。
李顒，《二曲集》，北京：中華書局，1996。
林慶彰主編，《姚際恒著作集》，臺北：中央研究院中國文哲研究所，1994。
邵廷采，《思復堂文集》，臺北：華世出版社，1977。
耶律楚材，《湛然居士集》（四部叢刊初編本）。
徐世昌，《清儒學案》，臺北：世界書局，1979。
陳確，《陳確集》，北京：中華書局，1979。
馮辰等，《李塨年譜》，北京：中華書局，1988。
黃宗羲，《明儒學案》，北京：中華書局，1985。
萬斯同，《易圖明辨》（叢書集成初編本）。
劉宗周，《劉子全書》，臺北：華文出版社，無出版年代。
潘平格，《求仁錄輯要》，《四庫全書存目叢書．子部》，臺南：莊嚴文化公司，1991。
戴望，《顏氏學記》，臺北：商務印書館，1970。
《續修四庫全書總目提要》，北京：中華書局，1993。
顧炎武，《顧亭林詩文集》，北京：中華書局，1959。

二、近人論著

小島祐馬

1957 〈費密遺書〉，《日本漢學研究論文集》，臺北：中華叢書編審委員會。

王汎森

1994 〈「心即理」說的動搖與明末清初學風之轉變〉，《中央研究院歷史語言研究所集刊》65.2。

1995 〈《中國近三百年學術史》中的一件公案——再論黃宗羲與陳確的思想交涉〉，香港：錢賓四先生百齡紀念會。

朱宏達

1985 〈張岱《四書遇》的發現及其價值〉，《杭州大學學報》15.1。

余英時

1976 〈清代思想史的一個新解釋〉，《歷史與思想》，臺北：聯經出版事業有限公司。

李紀祥

1988 《兩宋以來大學改本之研究》，臺北：學生書局。

姚名達

1934 《劉宗周年譜》，上海：商務印書館。

張舜徽

1980 《清人文集別錄》，北京：中華書局。

張麗珠

1986 〈清代的「學」「思」之辨〉，《漢學研究》14.1。

陳來

1993 〈新理學形上學之檢討〉，在陳岱孫等，《馮友蘭先生紀念文集》，北京：北京大學出版社。

陳訓慈、方祖猷

1991 《萬斯同年譜》，香港：中文大學出版社。

陳寅恪

1977 〈書世說新語文學類鍾會四本論始畢條後〉，《陳寅恪先生論文集》，臺北：九思出版社。

陳榮捷

1982 〈性理精義與十七世紀之程朱學派〉，《朱學論集》，臺北：學生書局。

景海峰

1993 〈簡議新理學的形上學系統〉，在陳岱孫等，《馮友蘭先生紀念文集》，北京：北京大學出版社。

熊十力

1973 《讀經示要》，臺北：樂天書局。

1975 《十力語要》，臺北：洪氏出版社。

蒙文通

1981 〈理學札記與書簡〉，《中國哲學》第五輯。

蕭箑父

1979 〈含英咀華，別具慧解——蒙文通先生《理學劄記》讀後〉，《蒙文通學記》，北京：中華書局。

錢穆

1968 《中國近三百年學術史》，臺北：商務印書館。

1969 《湖上閒思錄》，臺北：自印本。

1980 〈王白田學術〉，《中國學術思想史論叢》（八），臺北：東大圖書公司。

1982 《朱子新學案》，臺北：三民書局。

謝國楨

1988 《晚明史籍考》，上海：上海古籍出版社。

Liu, James T.C.

1993 *China Tuning Inward*. Cambridge:Harvard University Press.

The Metaphysical Crisis of Seventeenth-Century China

Fan-sen Wang

Institute of History and Philology, Academia Sinica

I argue that there was a "metaphysical crisis" in seventeenth-century China. After this event, the ways in which Chinese thinkers perceived of nature and society were diametrically different from their predecessors. Specifically, Chinese thinkers gave up on the transcendental thinking of Neo-Confucianism and propagated mundane worldly values. This change in thinking was understood as a kind of philosophical breakthrough. I also discuss how this intellectual tendency led to a transevaluation of the Neo-Confucian interpretation of Confucian classics. Several of the quasi-canon glossaries of these Confucian classics were strongly criticized. The criticisms of scholars such a Yen Jo-ch'ü, Hu Wei, and others, were instrumental in reshaping the intellectual world of the seventeenth-century and significantly contributed to the Ch'ing evidential research movement.

Keywords: Ch'ing intellectual history, metaphysical crisis

跨文化知識傳播的個案研究——明末清初關於地圓說的爭議，1600-1800

祝平一*

本文追溯了從明末到清中葉地圓說傳入中國的歷程，並呈顯不同時期，地圓爭議如何因不同的結構性因素和各種不同勢力間的角量而現示不同的風貌。

本文的主要論點有：一、在跨文化的知識傳播過程中，信任的機制扮演了重要角色。對於異域陌生人的信任與否，直接表現在有關地圓說的爭議過程中。反對地圓說者，常以夷狄之不可信，而抹煞了傳教士所傳播的訊息。反之，利瑪竇則引經據典、請士人爲其説背書，並試圖將地圓的觀念，轉化爲可以操作的儀器和算法，以提高他的可信度。二、雖然不同文化的人活在不可共量的世界觀中，但這並不意味著在文化接觸時雙方無法局部溝通。在地圓說傳入的個案中，儀器和計算方法扮演著橋樑的角色，使得中國的曆算家在實際測算的過程中，理解西方地圓說在現象界的呈現和運用。三、在某一文化傳統中陌生的概念，無法用以解釋傳播者所欲傳播的訊息。對於不熟悉四行說和缺乏航海經驗的中國士人而言，這兩種概念都無法用以支持地圓說。四、在跨文化知識傳播的過程中，陌生的概念須在新的環境中取得合法性才能存活。地圓的概念之所以能爲當時部分士人所接受，主要是因爲梅文鼎等人的「西學中源」說，將地圓說轉化爲古已有之的概念。五、知識上的爭議常有文化和社會意涵。地圓說的爭議所牽涉的不僅是現象如何解釋，也牽涉到了中國如何在新的世界觀中定位。六、地圓說贏得了最後的勝利，是因爲近代中國皇朝及儒士文化消亡的結構性文化變遷，使傳統的知識傳遞者與文化的傳承者，在性質上有了很大的變化。地球是圓的，因而在新式教育的普及下，逐漸成了新一代中國人的常識。

關鍵詞：地圓 耶穌會 西學中源 楊光先 梅文鼎

* 中央研究院歷史語言研究所

「強強，這個圓圓的球，就是我們住的地球。」爸爸指著書上說。強強立即起身跑到窗邊，向外望了一望，一臉困惑地問道：「爸爸，地球真的是圓的嗎？」[**]

——這是隨時會發生在你我身旁的真實事件

一、引言

對我們而言，「地球是圓的」是普通常識，也是不證自明的科學事實。[1] 從小開始，大人這麼說，書本這麼寫，現在還有各式各樣的衛星圖片爲證。地球怎麼還可能會是別的樣子？

然而地球是圓形的事實不是很違反我們直觀的感覺經驗？爲什麼我們相信大人說的和書本寫的，而不相信自己的直觀感覺？爲什麼我們相信衛星圖片所呈顯的地球真的就是地球而不是別的？在日常生活中，我們幾曾何時去檢證大地是不是圓的？如果不曾親自檢證，爲什麼我們會相信地圓是事實？如果一個人不斷地質疑日常生活中像地爲球形這樣不證自明的事實，我們的社會生活如何繼續進行？我們如何看待這樣的懷疑主義者？

即使今天我們已理所當然地視地爲圓球，但仍有人因爲宗教的理由，不理會一切科學證據，拒絕接受地圓的說法。這些相信地是平面的人，甚至成立了「國際地平學會」(The International Flat Earth Society) 招募會員，宣示他們的信仰。[2] 有趣的是，爲這個學會建立網頁的人亦宣稱他只是介紹這個學會，並無意

[**] 本文首先要感謝強強小朋友。在一次朋友的聚會中，他父親告訴我這段有趣的對話，引發我寫作此文的動機。在講論會後，所裡亦有同仁告訴我相同的故事。其次我要感謝在寫作此文時提供資料的師長和朋友，我將在本文的註釋中分別向他們致謝。此外要感謝在講論會時，王道還先生的講評和所裡同仁的批評指教。本文曾在中央研究院科學史委員會與清華大學合辦的論壇中發表，感謝當時與會朋友的批評指教。本文的兩位匿名評審和本所盧建榮先生、陳雯怡小姐指出了筆者不少疏失之處，特此致謝。最後要感謝我的助理洪妙娟小姐在本文寫作期間所提供的協助。

[1] 本文所指的地「圓」乃謂地大致爲球形。至於地球眞正是否正圓，或圓到什麼程度，則不在本文考慮之內。在西洋科學史的脈絡中，有關地球眞正形狀的爭議是牛頓力學興起後的事。有興趣的讀者可參考：John L. Greenberg, *The Problem of the Earth's Shape from Newton to Clairaut : the Rise of Mathematical Science in Eighteenth Century Paris and the Fall of "Normal" Science,* (Cambridge and New York: Cambridge University Press, 1995).

[2] 對這個學會有興趣的人，可以到網址 http://www.talkorigins.org/faqs/flatearth.html 找尋有關這個學會的訊息。因宗教理由而相信地平說的人，甚至在這個世紀初還和演化論的學

支持他們的信仰。這個現象說明了，當某一社會中的一群人質疑該社會視爲不證自明的事實時，這些人已在該社會處於特殊的地位；一般人無法認同他們，而他們也自認有異於其他人。因此，不斷質疑社會生活中視爲不證自明的事實，無異于否定自己是該社會的成員。

常識構成了人們認識外在世界的秩序、和與之互動的主要基礎。在日常生活中，常識被視爲理所當然，毋須證明，而成爲「自然」的一部份。人們從父母或老師等權威人物，在家庭或學校，習得這些「常識」。這些「常識」被視爲理所當然，不必檢證，便是建立在對於權威人物的信任。信任別人所傳遞的知識是人們習得知識最簡捷的方式，透過信任的機制，人們不需一一求證所有的陳述，也因而使得社會生活成爲可能。[3]

然而某一社會視爲理所當然的事實，換到另一個社會或另一段歷史時期，恐怕就不會被認爲是不證自明。這並非因爲外在世界全然改變，而是因爲不同社會或歷史時期的人，有不同的文化或世界觀，而對外在世界有不同看法。因此，考察跨文化的知識傳播，不但可以看到不同社會之間的文化衝突，而且也可以看到不同文化對於外在世界的不同假設。明末清初地圓說輸入中國的過程，便可從這樣的角度加以探討。

明末清初地圓說輸入中國所激起的文化衝突，顯示了中、西雙方對於大地形狀的常識性認知相去甚遠。然而文化衝突從來就不僅是觀念上的爭議，從十七世紀到十九世紀，儘管贊成和反對地圓的理由沒有太大的改變，但隨著爭議場景的差異，爭議雙方所承擔的風險和爭議的策略也有所改變。地圓的觀念便隨著爭議慢慢成爲中國曆算家討論問題時的共同預設。分析這段歷史過程，可以看到引介異文化觀念的複雜過程。經由分析引介者及接收者如何使用不同的資源與策略，爲自己所信仰的知識辯護，不但能加深我們對於這一爭議的理解，也使我們理解異文化間如何進行交流。

者華萊士 (Alfred R. Wallers) 打過官司。筆者感謝王道還先生提供有關「國際地平學會」的資料。

[3] 有關知識的可信度與信任的問題，見： Steven Shapin, "The Great Civility: Trust, Truth, and Moral Order," in *A Social History of Truth: Civility and Science in Seventeenth-Century England*, (Chicago and London: The University of Chicago Press, 1994), pp.3-41.

二、研究回顧、研究取徑及史料

由於地圓說在西方知識界早已是常識，而且在科學史上遠不如地心說具有關鍵性的影響，因此明清之際關於地圓的爭議並未引起學者太多的重視。據筆者所知目前僅有郭永芳和林金水先生的兩篇文章較有系統地討論這個議題。[4] 西方學者間或提及康熙初年楊光先對地圓說的反駁，但對這個問題並沒有太多的討論。[5]

郭永芳先生認爲西方地圓說在中國所引起的是一場美學與形上學的爭議，清代某些「保守份子」之所以不斷地擁護「地方」的說法，乃是因爲當時人認爲「方形」優於「圓形」。姑不論當時的中國美學並未尙方而貶圓；[6] 也不論西方地圓說在當時屬於亞里斯多德 (Aristotle, 384-322 B.C.) 的「物理學」而非「形上學」，郭文的論點完全站在現代科學的立場看問題，而未「均衡對待」論辯雙方。對郭氏而言，地圓已是不爭的事實，因此反對者不是「偏見」、「謬論」，就是「愚昧與昏聵」。有了這樣的看法，郭氏自然不會審視辯論雙方論據的「科學性」。筆者認爲不論贊成或反對地圓說的陳述，都不能只從今天的科學理論去理解，而必須從當時雙方的知識背景加以評估，才能看出當時雙方交手的狀況。

---

[4] 郭永芳，〈西方地圓說在中國〉，《中國天文學史文集》第四集，中國天文學史文集編輯組編，（北京：科學出版社，1986），頁155-163。林金水，〈利瑪竇輸入地圓學說的影響與意義〉，《文史哲》170(1985)：28-34。至於其他敘述地圓說輸入中國的過程，尚有：江曉原，〈明清之際中國人對西方宇宙模型之研究及態度〉，《近代中國科技史論集》，楊翠華、黃一農主編，（臺北：中研院近史所；新竹：清華大學，1991），頁33-53。樊洪業，《耶穌會士與中國科學》（北京：中國人民大學出版社，1992），頁11-15。陳衛平，《第一頁與胚胎：明清之際的中西文化比較》（上海：人民出版社，1992），頁81-91。陳祖武，《清初學術思辨錄》（北京：中國社會科學出版社，1992），頁24-25。洪健榮，〈明末清初熊明遇對西方地圓說的反應——《格致草》相關地圓論題的傳承與發展〉，《第四屆科學史研討會彙刊》，龍村倪、葉鴻灑編，（臺北：中央研究院科學史委員會，1996），頁107-129。

[5] 有關西方學者提及楊光先對地球形狀的看法，見：Jacques Gernet, "Christian and Chinese Vision of the World in the Seventeenth Century," *Chinese Science* 4(1980)：11-13; Eugenio Menogon, "Yang Guangxian's Opposition to Adam Schall: Christianity and Western Science in His Work *Bu de yi*."《宗教與文化論叢》，陳村富編，（北京：東方出版社，1995），頁246-249.

[6] 錢鍾書便曾旁徵博引，以證「圓」象徵著中國藝術創作的最高境界，並一直爲文人懸爲作詩、爲文、書法和繪畫之鵠的。錢鍾書，《新編談藝錄》（北京：中華書局，1983），頁111-117, 307, 432-433。

另外，林金水先生也將地圓說早期的傳播作了詳細的介紹。然而和郭永芳一樣，林氏也是持著「一面倒」的態度，預設了地圓的正確性，並未仔細分析當時士人對地圓說的反應。林氏認爲，中國古代的渾天說或第二蓋天說與地圓說相近，只是二者「存在著淺與深、低級與高級、靜態與動態等差別。」中國的「類地圓說」還「屬於幼稚的、朦朧的、低級階段的認識。」明末清初中、西之間宇宙觀的系統性差異，便在這種歷史發展觀中被抹煞了。林氏自然也不會仔細考察當時論辯中雙方所持的意見。

林氏的論證還牽涉到方法論上的問題。我們不禁要問：難道當時的中國人之所以無法接受地圓，只是因爲他們對世界的認知還停留在較原始的發展階段，抑或中、西雙方對於世界的認知，根本存在著結構性的差異？以線性發展的進步觀念來考察人類知識的發展，只是以現在的觀點貶抑不同時代或不同文化中的人而已。這樣的論點，不論在經驗上或史料上都站不住腳。以地圓的論爭而言，反對地圓說者並非只是盲目排外或非理性，他們反對的部分原因在於傳教士關於地圓的說法，無法從當時中國人的知識系統加以檢證。另一方面，被學者認爲是站在知性發展前端的西洋人，亦不見得能體會或理解所謂「知性發展尙在較原始階段」的中國士人所提出的論證。除了知識上的理由外，中、西雙方有關地圓的爭議還涉及複雜的文化面向，如夷夏之別、中國在新世界中的地位等。雙方都活在各自的生活世界中，各執一辭。

郭永芳和林金水兩位學者視「地圓」爲科學事實，並認爲明、清時代中國人之所以不能接受此一「事實」，是因社會或是思想因素阻撓所致。但視「地圓」爲「事實」是在一定的參考架構下形成的，當時西洋人在「四行」的參考架構下視地爲圓，[7] 而當時中國人則抱持「天圓地方」的宇宙觀，認爲地是平的。更何況以地爲平，頗合於日常生活中的直觀經驗，明、清時代的中國人有何理由要放棄自己習以爲常的觀念，去接受完全陌生的想法？科學事實不會說話，因此與其質問是什麼因素阻礙了中國人接受「地圓」的事實，我們要先問：是在什麼歷史情境下，使得西方傳教士將地圓說傳入中國？他們如何爲地圓說找到說詞，以說服別人。然後我們方能針對這些說詞，進一步理解反對者

[7] 有關西方四行說進入中國的過程見：Willard Peterson, "Western Natural Philosophy Published in Late Ming China," *Proceedings of the American Philosophical Society* 117.4 (1973)：295-322.

所持的理由，探討論辯的雙方如何運用各種可能的資源和策略，在特定的歷史情境中進行說服他人的工作；並討論對於「大地」這樣基本的概念，如何在爭議的過程中重建。

在地圓說的爭議過程中，我們的確看到了孔恩 (Thomas Kuhn) 所謂的科學典範間的不可共量性 (incommensurability)。[8] 但這並不意味中、西雙方便因此而無法進行知識交流：地圓說終究還是在明、清時代找到了支持者。因此，除了討論異文化交流時世界觀的衝撞外，更有趣的是探索中、西雙方在不可共量的知識典範下，究竟是什麼結構性因素、策略及媒介，使得中國曆算家可以活在與西方不可共量的世界觀下，卻又可以接受地圓的談法。[9]

針對前人研究不足之處，筆者提出不同的研究構想。首先研究者，要擺脫現代科學優越與正確的觀念。即使地圓現在證明是事實，但是歷史研究者並不是要站在現代科學的立場，反駁古人不信地圓的愚騃。我們關心的是在不同時空環境下的人，如何理解他們認爲是真實存在的世界。我們要問：當有悖於原先「事實」的知識傳入時，當時人有什麼理由去接受陌生的想法？如不願接受，他們如何護衛自己所認識的真實世界；如欲接受，他們如何說服自己和別人？

在接受與不接受之間，所牽涉到的問題是在某一特定環境下如何認定「事實」。「事實」的形成是一社會過程。所謂「事實」是人們對外在世界的共同認知，並透過語言來表達彼此的認知。事實知識因而構成了某個群體所認知的外在世界秩序，因爲群體中的個人能經由對「事實」的認知，取得和他人對於外在世界的一致看法。陌生觀念的入侵，因而可能顛覆某個群體所認知的外在世界秩序。正是因爲「事實」的改變牽動著社會秩序，許多我們看來微不足道

[8] Thomas Kuhn, *The Structure of Scientific Revolutions*, 2nd ed. (Chicago: The University of Chicago Press, 1970), pp.144-159.

[9] 在此，有必要檢討 Jacques Gernet 的看法。在他的名著 *China and the Christian Impact* 中，他認爲明末清初的中西交流，基本上是一場誤會：傳教士無法理解中國人；而中國人也無法理解傳教士所欲傳播的訊息。他認爲，這場誤會早已植根於雙方的語言系統中。這樣的看法建立在交流雙方都必須充分理解對方傳達訊息時的眞正意圖，以及訊息的眞正意涵，才算達成交流。對於活在兩個知識背景完全不同的交流者，這樣的情境不可能存在的，因而「充分理解對方」的交流狀態也不可能達成。但文化交流並不須要預設所傳遞的訊息充分被理解，重要的是雙方如何在特定的歷史情境下傳譯對方的訊息，以完成各自參與交流時的目的。因此，雙方藉著何種策略、媒介，以達成局部性的理解，可能才是更有趣的議題。

的變化，卻在明清之際中西文化交流中導致許多爭議；[10] 而爭議「客觀事實」的雙方，也會論辯社會秩序的問題。

除了事實知識本身的社會意涵外，我們還可以從知識的傳播者和接受者來考慮這個問題。從傳播者而言，他們在進入一個陌生的環境後，會漸漸察覺到另一個社會中的人以不同的眼光看待世界。處在陌生環境的知識傳播者，何以要將可能引發爭議的想法從一個環境傳播到另一個環境? 在此，我們要討論知識傳播的歷史脈絡和結構性因素爲何。此外，我們還要討論傳播者如何說服別人接受新觀念。這又牽涉到知識的傳播者如何使人相信自己所傳播的知識是可靠的；亦即傳播者如何使接收者相信他的可信度 (credibility)。另外，這還牽涉到知識的傳播者使用何種媒介傳播新觀念。

從接收者的角度而言，我們要問另一個環境中的人如何被說服? 那些人，在什麼脈絡下，接受新觀念? 接受新觀念的人如何調整舊觀念和新觀念間的關係? 不願接受新觀念的人理由爲何? 他們如何反駁新觀念，同時也爲自己的理念辯護? 新觀念的傳播者或接受者如何應對他人的駁斥? 又如何在爭議的過程中，調整新、舊知識間的關係? 在何種情況下，知識的爭議可以達成共識? 由於事實知識本身，有其社會意涵，因此除了考慮接收者的個人因素外，我們還須考慮知識傳播的歷史脈絡和結構性因素，才能理解新知識如何在新環境中重新被定位。

最後筆者想談一下本文處理資料的方式。地圓的資料很多，而且重覆性高；沒有必要在討論中羅列所有的資料。因此筆者選取資料的態度大致是以地圓說輸入過程中的主要文本爲分析對象。至於討論的方式，則採取深入分析立場不同的人如何解讀地圓及其相關知識。另外，筆者在敘述的過程中，常以性質不同的文本製造「噪音」，以提醒讀者，在複雜的歷史過程中，對地圓的看法仍存在著許多歧見。

關於本文的時代斷限，則是依據贊成或反對地圓的說法何時達成一個「穩定結構」而定；亦即，不論是贊成或反對的理由都已無太大變化。因此本文始於一六〇〇年，這時大致是利瑪竇繪製世界地圖，並入京準備開始以改曆進駐朝

[10] 一個有趣的例子是關於觜、參對調的問題，見：黃一農，〈清前期對觜、參兩宿先後次序的爭執——社會天文學史之一個案研究〉，《近代中國科技史論集》，楊翠華、黃一農主編，頁71-94。

廷。阮元 (1764-1849) 在十九世紀初完成《疇人傳》時，有關地圓的論述 (discourse) 已相當穩定。因此，本文的下限斷於一八〇〇年。

三、古代世界中的大地形狀

在耶穌會士以改革曆法進駐明朝宮廷之前，地球的形狀在歐洲或是中國都不曾引起大的爭議。歐洲知識階層自希臘時期便認爲地爲圓形；而在中國的宇宙論中，則認爲大地的形狀是方的。

在希臘哲學中，地圓並非一獨立的命題。希臘哲人將「地是否爲圓」和「地球在宇宙中的位置」與「地球是否能動」等問題，置於四行的脈絡下討論。在這一脈絡中，經驗證據並不是討論的起點，構成地球的「土」行本身的性質，才是地圓最主要的論據。以亞里斯多德爲例，他認爲火、氣、水、土乃構成月下世界最基本的元素，而且各元素都依其不同性質，以地心爲圓心，佔據月下世界的不同位置。[11] 四行中輕者上浮，重者下沈。其中以土最重，居於世界之中心，靜止不動；這世界的中心，也恰巧是地球的中心。據亞氏之說，凡是由水行與土行所形成的東西，皆自然地作向心運動。因此，地的各部分皆向地心運動，推擠壓聚的結果，形成了由週邊到中心皆是等距離的形狀：圓形。其次，亞氏才以兩項經驗證據來支持他的論證：一、月蝕時，吾人所見的地球陰影爲弧形，二、吾人往南或往北移動時，所見的星空不同。[12] 亞氏的論證形式和現代科學所使用的歸納法正好相反。亞氏對地圓的論證始於一連串理論命題，這些命題在現代科學看來都是錯的。但在亞氏的理論中，土行的基本性質，卻保證了地必爲圓。在亞氏看來，經驗性的例證並非知識正確性的保證，不過是再次重申前提普遍性的陳述罷了。

希臘化時代的天文大家托勒密 (Claudius Ptolemy, c.100-c.178) 也在以往希

---

[11] 本文之所以著重亞里斯多德對地圓的看法，乃是因爲他的觀點是十八世紀以前西方討論地圓最重要的依據。至於亞里斯多德以前，對大地形狀的討論，有認爲地爲平，亦有認爲地爲圓者。相關的簡介，見：Colin A. Ronan, *Changing Views of the Universe*, (London: The Scientific Book Club, 1961), pp.41-57.

[12] Aristotle, *The Complete Works of Aristotle*, (Princeton: Princeton University Press, 1984), pp.487-489. 有關亞氏的宇宙論及運動的介紹，見： David C. Lindberg, *The Beginnings of Western Science*, (Chicago and London: University of Chicago Press, 1992), pp.54-62.

臘天文學的基礎上進一步論證地圓。他列舉了三項證據：第一、距離足夠遠的兩個地方，記載同一月蝕的時間不同，而且其時差與兩地之距離成比例。如果地是平的，則各地所見之月蝕不應有時差。第二、他引用了亞里斯多德有關南北移動時，所見星空不同的證據。第三、托勒密指出，當我們從海上航向崖壁或山峰，我們看到崖壁或山峰突起的部分不斷增加，宛如從海上升起。這樣的現象，只有當地表有曲率時才可能發生。[13] 托勒密和亞里斯多德不一樣，他並沒有談到地圓的形上基礎。對托勒密而言，地圓之所以重要只是因爲它是天文計算的起點。

亞里斯多德和托勒密有關地圓的論證，在中古時代仍爲受過教育的人所遵信，從一到十五世紀只有少數作者曾表示過地平的意見。[14] 雖然現代的歷史教科書曾一度大談西方中世紀地平的謬說要到哥倫布 (Christopher Columbus, 1451-1506) 發現新大陸後才被推翻。但據 Jeffrey Burton Russell 的研究，這一說法純屬無稽。[15] 這只是現代科學爲突顯出科學巨人的偉大，重構過去歷史，以彰顯現代科學的啓蒙功能。雖然哥白尼體系在十六世紀後逐漸取代了托勒密體系，但二者最主要的差異在於地球在宇宙中的位置，至於地球的形狀並未引起爭議。

相較於西方以幾何模式爲主的天文學，中國的曆算學主要是代數模式，從日、月、五星週期等曆數，計算各種曆法上的問題。因而自漢以來，曆算便與宇宙論分離；曆算可以獨立運作，不必關涉地球或其他天體的幾何形狀。[16] 或許是因爲這個因素，長久以來「天圓地方」的宇宙觀不但沒有被挑戰，反而因爲古人「法天地」的觀念，將「大宇宙」(macro-cosmos) 與「小宇宙」(micro-cosmos) 相對應，成爲人們認知世界的基本架構。[17]

---

[13] Claudius Ptolemy, *The Almagest*, R. Catesby Taliaferro trans., (Chicago: Encyclopaedia Britannica, 1952, 29th printing, 1, 1987), pp.8-9.

[14] Jeffrey Burton Russell, *Inventing the Flat Earth: Columbus and Modern Historians*, (New York: Praeger Publisher, 1991), p.26. 據 Russell 的說法只有五位。不過 Russell 主要討論的是知識人的看法，對於一般人的想法著墨不多。Edward Grant, *Planets, Stars, and Orbs: Medieval Cosmos, 1200-1687*, (Cambridge: Cambridge University Press, 1994), pp.626-630.

[15] Jeffrey Burton Russell 的 *Inventing the Flat Earth* 主要便在辯駁此事。

[16] Nathan Sivin, “Cosmos and Computation in Early Chinese Mathematical Astronomy,” *T'oung Pao* 15.1-3 (1969)：1-73.

[17] 李零，《中國方術考》（北京：人民中國出版社，1993），頁18-19。在漢學界則將這種「法天地」的觀念稱爲“correlative thought”（感應思想）。見：John B. Henderson, *The Development and Decline of Chinese Cosmology*, (New York: Columbia University Press, 1984), pp.1-2.

儘管中國的宇宙觀有不同傳統，但主要的「蓋天」與「渾天」兩家都認爲地是「方」的。所謂「地方」有兩個意義，一指大地爲「方形」。雖然漢朝人對「地方」不無質疑，[18] 但從當時人的宇宙觀看來，認爲地是方形確爲當時的主流。「地方」的觀點表現在栻盤、明堂建築、地圖的畫法等。[19]（圖一）另外，「地方」則指地爲平面。雖然從漢代開始，蓋天與渾天的宇宙論爭議不斷，但二者都沒有地是球形的概念，頂多是認爲地面有曲度。蓋天說認爲「方屬地，圓屬天，天圓地方。」[20] 而依蓋天說所發展出來的勾股術，便是建立在地爲平面的概念上。其後，又有所謂的「蓋天新說」謂「天象蓋笠，地法覆槃」，[21] 視地天爲二平行曲面。至於渾天家亦謂：「天體於陽，故圓以動；地體於陰，故平以靜。」[22] 和蓋天家一樣，渾天家也一樣活在「天圓地方」感應的宇宙觀中。渾天家雖又有「地如雞中黃」之喻，只是指地爲天所包圍，孤居於內的現象。雖然在曆算上，渾天家不必借助於勾股術，但歷史上的渾天家在計算天徑地廣所用的方法，仍是以《周髀》爲主所發展出來的勾股術。渾天與蓋天最大的不同在於前者認爲天、地有交會處，而後者則認爲天、地相平行，但二者都沒有地圓的觀念。[23]

---

[18] 因爲當時人相信地是「方形」，才會引起《大戴禮》中，曾子質疑：「如誠天圓而地方，則是四角不揜也。」但曾子並未因此而討論地是何種形狀，反倒是討論天道圓，地道方的意義。由此論及天地萬物，以及聖人在宇宙中的地位和治亂的問題。這篇文章是傳統中國感應宇宙觀的範例，在這樣的觀點下，作爲物理性存在的大地究竟是何形狀，並不是考慮的重點。王聘珍，《大戴禮記解詁》〈曾子天圓〉（臺北：文史哲出版社，1986），頁98。

[19] 李零，〈中國古代地理的大視野〉，《九州》，唐曉峰、李零編，（北京：中國環境科學出版社，1997），頁5-18。筆者感謝李建民先生提供此文。另外，天圓地方的觀念也呈現在讖緯思想中，如：《尚書・考靈曜》謂：「從上臨下，八萬里，天以圓覆，地以方載。」見：安居香山、中村璋八編，《重修緯書集成》（東京：明德出版社，1971-1981），2:32, 44。類似的描述又見：《春秋元命苞》，收於《重修緯書集成》，4a:34。《孝經援神契》，收於《重修緯書集成》，5:30, 31。《河圖括地象》，收於《重修緯書集成》，6:31。

[20]《周髀算經》，《算經十書》，錢寶琮主編，（北京：中華書局，1963），頁22。

[21]《周髀算經》，頁54。

[22] 張衡，《張河間集》，《漢魏六朝百三名家集》，張溥編，（臺北：文津出版社，1979年重刊本），頁555。

[23] 有關中國古代宇宙觀之簡介，見：崔朝慶，《中國人之宇宙觀》（臺北：臺灣商務印書館，1965），頁6-12。高平子，〈中國人的宇宙圖象〉，《高平子天文曆學論著選》，（臺北：中央研究院數學研究所，1987（原文發表於1952）），頁3-29。陳遵媯，《中國天文學史》冊六（臺北：明文書局，1980年影印大陸版），頁1827-1847。有關中國古代

渾、蓋宇宙觀的爭議到了唐代一行和尚 (683-727) 的地理測繪大致告一段落。開元十二年 (724)，由僧一行所主導的大地測繪，獲得了許多前所未有的資料，從而徹底推翻了《周髀》「寸影差千里」的假設。這次的測繪，也使得一行質疑渾天與蓋天的宇宙論。有趣的是，一行並沒有因此將傳統的宇宙論全盤推翻，或從他所得到的數據推出地爲圓形的看法。他只是守著曆算家的本分，不欲討論宇宙論的問題。[24] 雖然渾、蓋之爭在一行以後日漸衰落，但也正因爲一行並沒有推翻渾、蓋的地平觀，而使得「地方」的看法，仍保留在常識性的認知上。由於古人對於大地的認識，從來就不像現代科學，將地只當成一物體來研究，古人認爲地屬陰、卑、臣服於陽，因而屬「方」的形上特徵，才是構成古人認知地的主幹。宋代的理學家如邵雍、張載、朱熹等，也都是在這個基礎上，認爲地是平的。[25]

根據文獻可靠的記載，地圓概念明確地傳入中國當在元代。[26] 據《元史》

地的形狀，討論相當多。目前學界一般認爲中國人並沒有地圓的觀念，見：李志超、華同旭，〈論中國古代的大地形狀概念〉，《自然辯證法通訊》1986.2：51-55。宋正海，〈中國古代傳統地球觀是地平大地觀〉，《自然科學史研究》1986.1：54-60。金祖孟，〈中國古宇宙論研究成果綜述〉，《中國天文學史文集》第四集，頁176-181。金祖孟，〈渾天說的興起和衰落〉，《中國天文學史文集》第四集，頁164-175。此文亦收入作者的《中國古宇宙論》。金祖孟，《中國古宇宙論》（上海：華東師範大學出版社，1991）。王立興，〈渾天說的地形觀〉，《中國天文學史文集》第四集，頁126-148。王立興，〈從星圖畫法上看渾天說的兩次建成的先後〉，《中國天文學史文集》第五集（1989），頁182-195。唐如川，〈對「張衡等渾天家天圓地平說」的再認識〉，《中國天文學史文集》第五集，頁217-238。薄樹人，〈再談《周髀算經》中的蓋天說——紀念錢寶琮先生逝世十五週年〉，《自然科學史研究》8.4(1989)：197-305。山田慶兒，〈梁武帝的蓋天說與世界庭園〉，《古代東亞哲學與科技文化——山田慶兒論文集》，廖育群譯，（瀋陽：遼寧教育出版社，1996），頁149-179。王道還，〈一行論寸影差千里〉（未刊稿）。雖然仍有學者認爲渾天家已知「地圓」的說法，但他們的論證並沒有說服力。如：鄭文光，〈試論渾天說〉，《中國天文學史文集》第一集（1978），頁118-142。

[24] 傅大爲，〈論《周髀》研究傳統的歷史發展與轉折〉，《異時空裡的知識追逐——科學史與科學哲學論文集》（臺北：東大圖書公司，1992），頁1-68。山田慶兒，〈梁武帝的蓋天說與世界庭園〉，頁150-157。王道還，〈一行論寸影差千里〉（未刊稿）。

[25] 王立興，〈渾天說的地形觀〉（1986），頁126-148。

[26] 嚴耕望先生認爲地圓之說見載於佛典，見：嚴耕望，〈佛藏中世俗史料三劄〉《嚴耕望史學論文選》（臺北：聯經出版事業公司，1991），頁556-559。然而嚴先生對於佛典的材料恐有過度詮釋之嫌。根據目前學者的研究，在十四、五世紀之前，印度的天文學認爲地是一個圓盤，中央則是突起的須彌山，並沒有地圓的概念。見：David Pingree,

〈天文志〉所載：

> 世祖至元四年 (1267)，扎馬魯丁造西域儀象……苦來亦阿兒子，漢言地理志也。其制以木爲圓毬，七分爲水，其色綠，三分爲土地，其色白。畫江河湖海，脈絡貫串於其中。畫作小方井，以計幅圓之廣袤、道里之遠近。[27]

雖然扎馬魯丁的儀象具體地呈現了大地爲球形，但是對於沈浸在「地平」典範中的當時人並未起什麼影響，趙友欽便是一個例子。趙爲道士，元末明初人，生平不詳。[28] 他發現月蝕時，地球在月亮上的投影是個曲面，但有趣的是他說：

> 或曰：天體之內大，地在太虛之中亦爲大，月望而緯度不對者，可以偏受日光之全，大地不可傍障，若望而經緯俱對，則大地正當其間，所以相障而月食，食不盡者，稍有參差也。愚卻以爲不然，推步闇虛者，以比圓體而求月食。今大地卻非圓體，大地邊傍四圍，與夫地平之下，不可見其圓與不圓。夜半前後，月食難以辨論矣。倘食於晨昏出入之際，則須大地之上，如覆半瓜。今陽城在地中，非高於四遠，又且地平之北高南下，但見其平斜，地形非似半瓜，則闇虛不可言地景矣。[29]

趙友欽也見到了西洋人證明地爲圓形的證據——月蝕時地球在月亮上的投影，但趙自始即預設地是平的，因而他推論月蝕時月球上的陰影，亦即他所謂的「闇

"History of Mathematical Astronomy in India," *Dictionary of Scientific Biography*, vol. 15 & 16, Charles Coulston Gillispie ed. (New York：Charles Scribner's Sons, 1981), pp.554-555。佛教的宇宙觀基本上承襲了古印度的宇宙觀，見：Randy Kloetzli, *Buddhist Cosmology：Science and Theology in the Images of Motion and Light*, (Delhi: Motilal Banarsidass, 1989, c1983), pp.23-50。敦煌壁畫中有這一宇宙觀的呈現，見：胡同慶，〈P.2824「三界九地之圖」內容考證〉，《敦煌研究》1996.4：48-58。（圖二）有關中國人融匯印度天文學的一個有趣例子見：山田慶兒，〈梁武帝的蓋天説與世界庭園〉，頁149-179。又嚴先生認爲佛書中已知地圓的觀點，清代的學者俞樾也已提及，不過俞樾是在「西學中源」的歷史脈絡下，討論佛經中的資料與地圓的關係。俞樾的觀點，見：俞樾，〈蓋地論〉，《癸巳類稿》（臺北：世界書局，1980，3版），頁346-349。

[27] 《元史》〈天文志〉，頁998-999。

[28] 有關趙友欽的簡介見：宋濂，《宋學士全集》（北京：中華書局，1985年叢書集成初編影印金華叢書本），頁159-160。永瑢，《四庫全書總目提要》（臺北：臺灣商務印書館， 1965年萬有文庫薈要本），頁2175-2177。

[29] 趙友欽，《原本革象新書》，《四庫全書》冊七八六（臺北：臺灣商務印書館影印文淵閣《四庫全書》，1983），頁249。筆者感謝傅大爲教授提供這一資料。

虛」，並非地的影子；也因此他認爲月蝕的成因並非因地的障蔽所致。同樣肉眼所見的證據，卻因爲東、西雙方對於大地形狀的理論預設不同，而有了完全不同的解釋。原來西洋人證明地爲圓球的證據，在中國不但無法證明地爲圓形，反而「證明」了月蝕的成因並非因爲地之欄阻所致。[30]

綜上所論，西方和中國自古即對於大地的形狀有很不同的看法。西方的知識界大體自古即認爲地爲圓形，此一認知並不只是因爲經驗證據顯示地爲球形，而是在「四行說」的基礎上推導出地必爲圓的結論。至於一般西方的曆算家則視地圓爲其幾何曆算模式的基礎，因而地圓之說早已根深蒂固。中國的情況正好相反。由於中國人所用的曆算模式以代數爲主，大地的形狀並非曆算上的重要問題，因而一般「天圓地方」的說法深植人心。即使西方的地圓說在元代已經由回回曆傳入中國，而且明代也一直沿用回回曆法，但因回回曆只用於朝廷，並不曾取代主流的授時曆和大統曆，地圓之說也因而未曾擴散到一般士大夫的圈子裡。正因如此，當耶穌會士將地圓說介紹進中國時，[31] 有關大地形狀的爭議漸起。

---

[30] 雖然最晚從漢代開始，中國人便能相當準確地預測月蝕，但是中國人對月蝕的成因，始終沒有清楚的認識。這是因爲根據中國的宇宙論，地和天的大小比例相差不是太大，因而無法從地和日、月間的相對位置，導出月蝕的成因。明初的史伯璿曾推測月蝕可能是地影遮月所致，但他又覺得果眞如此，地影實在太大而放棄了他的推論。月蝕的例子，也說明了傳統的中國曆算和西方曆算的確是相當不同的兩種模式。有關中國人對於月蝕的認識，見：張江華，〈明代對月食成因過程的探討及認識〉，《中國天文學史文集》第六集（1994），頁176-187。明末的顧炎武雖然指出月蝕乃因「地揜月」，但他也指出「今西洋天文說如此」。顧氏雖謂張衡「闇虛」之說即爲「地揜月」，並指出因《續漢書》〈天文志〉有誤字，而使後人無法理解「闇虛」的眞義，但他的解釋更說明了明末指出月蝕成因的的確是西洋人。顧炎武，《日知錄集釋》冊十（臺北：臺灣商務印書館，1965年萬有文庫薈要本）30:4-5。不論是趙友欽從地平推論月蝕非因地影所致，或是史伯璿根據傳統宇宙論討論月蝕的成因，都顯示了科學史中常見的科學「典範」(paradigm) 的指導性質。有關科學典範的指導性質，見：Thomas Kuhn, *The Structure of Scientific Revolutions*, 2nd ed., pp.43-51.

[31] 雖然多明我會士曾在出版於萬曆廿年 (1593) 的《無極天主正教眞傳實錄》中提到地圓說，但此書主要流傳在菲律賓的華僑界，對中國士人沒有什麼影響。有趣的是這本書提到有關地圓的理由和後來在中土流傳的文本有些差異。此書以四個現象支持地圓，頭兩個現象都和航海有關。第一是行舟時先見山之顚，而後見全山。第二個現象是第一個現象的延伸，即行舟時，先見舡桅，後見舡身。第三，因爲地圓，故人不論居於何處，所見之天度皆爲九十度；若地方，則四隅所見之天度不同。第四，月蝕時所見之地影爲弧形，故知地爲圓。値得注意的是，此書的作者顯然認爲中國人所認識的地爲方形，而不是平面。另外，就筆者所知以航海的現象說明地圓的概念，在後來耶穌會士的文本中幾

四、讀世界地圖 (I)：西方地圓說的引進

耶穌會士在十六世紀末到達中國，他們的主要目的自然是傳教。利瑪竇 (Matteo Ricci, 1552-1610) 原以佛教僧侶的面貌出現在中國，但在得知僧人的社會地位不高後，便換上儒服，以儒士的身分，傳天主之教，而利氏的傳教策略亦因而轉以吸收士人爲主。爲了吸引士人，利瑪竇開始傳入西方的自然哲學，並以世界地圖或三稜鏡等科學物品爲贄，交接士人。利瑪竇以科學物品贈與士人，原是當時歐洲知識界常見的習俗。據目前學界的研究，科學禮物的贈與是十六、十七世紀自然哲學家溝通的重要機制。[32] 利瑪竇則以這些具有知識性的禮物，引發士人對傳教士的興趣，並展現傳教士的文化素養，使中國士人對他們刮目相看，而不將之卑視爲夷狄。

在利瑪竇贈與士人的禮物中，世界地圖最受歡迎。利氏自入中國即以繪製地圖來了解中國。萬曆十二年 (1584)，利氏應嶺西按察副使王泮 (1539-?) 之請，繪成《坤輿萬國全圖》，王泮並爲之刻於韶州。此後，利氏不斷重繪世界地圖，而這些不同版的世界地圖也一再重印，甚至被盜印，目前以一六〇二年李之藻 (1565-1630) 的北京刻本較爲常見。這份《坤輿萬國全圖》以橢圓投影技術繪成，並標明經緯度，和中國常見的方格地圖很不同。[33] 圖上除了標明世界各國外，也畫出了托勒密九層天殼的宇宙觀，清楚地標示天地俱爲圓體，一旁的總說則介紹了當時中國人所不知的世界地理知識。[34]（圖三）《坤輿萬國全圖》一方面介紹西方的宇宙觀，一方面也說明傳教士的來歷。這些新的地理知識，震撼了久處中土的士人，同時呈現了傳教士在知識上可與中國士人匹敵。[35]

乎不曾出現。這也說明了耶穌會士的確很小心地選擇中土士人較易理解的理由來傳播地圓的概念。有關《無極天主正教眞傳實錄》的介紹見：方豪，〈從中國典籍見明清間中國與西班牙的文化關係〉，《方豪六十自定稿》（臺北：臺灣學生書局，1969），頁1493-1499。

[32] Mario Biagioli, "Galileo the Emblem-Maker," *Isis* 81 (1990): 230-258; "Galileo's System of Patronage," *History of Science* 28 (1990): 1-62; Paula Findlen, "The Economy of Scientific Exchange in Early Italy," *Patronage and Institutions: Science, Technology, and Medicine at the European Court: 1500-1750*, Bruce T. Moran ed., (New York: Boydell Press, 1991), pp.5-24.

[33] 洪煨蓮，〈考利瑪竇的世界地圖〉，《禹貢半月刊》5.3&4(1936)：1-50。

[34] 利瑪竇，《坤輿萬國全圖》（北平：禹貢學會，1936年覆刻1602年版）。利瑪竇，《坤輿萬國全圖》（東京：臨川書店，1996年覆刻1602年版）。

[35] 李之藻即因深受此圖吸引，才開始與傳教士交往。見：利瑪竇、金尼閣著；何高濟、王

利瑪竇相當明白當時的中國人認爲地爲平面，驟難接受地圓之說，[36] 因此努力舉證說明地爲圓體。他爲《坤輿萬國全圖》所寫的總說一開始便謂：

> 地與海本是圓形，而合爲一球，居天球之中，誠如雞子，黄在清内。有謂地爲方者，乃語其定而不移之性，非語其形體也。[37]

利瑪竇回到中國傳統的渾天與蓋天說，試圖彌縫中國人的認知，以取信於重視經典的中國士人。利氏謂地如雞子，是傳統渾天說的講法。爲了說明傳統「天圓地方」的看法，利氏謂「方」指的是地不動之「德」，此語出自《周髀》趙爽注：

> 方屬地，圓屬天，天圓地方。
>
> 趙爽注云：「物有圓方，數有奇耦。天動爲圓，其數奇。地静爲方，其數耦。此配陰陽之義，非實天地之體也。」[38]

如此，利瑪竇不但巧妙地透過重新塑造中國傳統的宇宙論來引介西方地圓的新說，而且將西方認爲地不動的概念和中國傳統「地德爲靜」的概念相結合。以中國的典籍作爲迴旋的空間，使得利瑪竇地圓的說法憑添可信度。利氏的做法雖便於使不熟悉地圓觀念的中國人接受，卻也易使人認爲古代的中國人早已知道地圓之說，爲往後的「西學中源」說埋下了伏筆。

利瑪竇接著便列舉地圓的證據，他首先以人往南或北移動時出極高的變化（即緯度，亦即文獻中所謂的里差），來證明地圓：

> 查得直行北方者，每路二百五十里，覺北極出高一度，南極入低一度。直行南方者，每路二百五十里，覺北極入低一度，南極出高一度。則不特審此地形果圖（案：當爲圓之誤），而並徵地之每一度廣二百五十里。則地

遵仲、李申等譯；何兆武校，《利瑪竇中國札記》（北京：中華書局，1983），頁431-434。徐光啓也是因爲世界地圖才知有利瑪竇的存在。見：徐光啓，〈二十五言跋〉，《天學集解》，劉凝編，6:15a。筆者感謝黄一農教授提供此一資料。

36 利瑪竇曾説中國人不信地圓，見：利瑪竇、金尼閣著，《利瑪竇中國札記》，頁347-349。艾儒略在介紹時差現象時，李九標的反應是「余愕然」。李九標對其他相關的地理現象也有類似的反應，見：艾儒略、盧安德口鐸，李九標筆記，《口鐸日抄》（傅斯年圖書館藏明崇禎間八卷刊本），1:3a, 1:5a-6a。

37 利瑪竇，〈地輿萬國全圖總説〉，《天學集解》，3:14a。此總説後來收入〈乾坤體義〉，並改名爲〈天地渾儀説〉。見：利瑪竇，《乾坤體義》，《四庫全書》册七八七。案：《乾坤體義》本「清」作「青」。

38 《周髀算經》，頁22-23。趙爽生平無考。錢寶琮推測他爲三國時吳人，因爲他曾引乾象曆注《周髀》，而乾象曆乃吳之曆法。

> 之東西南北各一周，有九萬里寔數也。是南北與東西數相等，而不容異也。夫地厚二萬八千六百三十六里零一百分里之三十六丈。[39]

利氏接著以時差的現象來說明地圓：

> 用經線以定兩處相離幾何辰也。蓋日輪一日作一周，則每辰行三十度，而兩處相違三十度，並謂差一辰。……從此可曉同經線處並同辰，而同時見日月蝕焉。[40]

此外，利氏又以他自西徂東的旅行經驗爲證：

> 且予自大西浮海入中國，至晝夜平線，已見南北二極皆在平地，略無高低。道轉而南過大浪山，已見南極出地三十六度，則大浪山與中國上下相爲對待矣。而吾彼時只仰天在上，未視之在下也。故謂地形圓，而周圍皆生齒者，信然矣。[41]

隨著地圓的論證，利瑪竇還推論道：

> 上下四旁皆生齒所居。渾淪一球，原無上下。蓋在天之内，何瞻非天？總六合内，凡足所佇即爲下，凡首所向即爲上。其專以身之所居分上下者，未然也。……如所離中線度數又同，而差南北，則兩地人對，足底反行……南京與瑪八作，人相對，反足底行矣。[42]

利氏以首戴爲上、足履爲下回答人如何站立在球形大地上，[43] 但這樣的推論對於相信地是平面的人來說，簡直是匪夷所思。

《坤輿萬國全圖》除了詳列各國國名和利瑪竇本人的說明外，[44] 利氏也不忘以他的新宇宙觀，嘲笑佛教的宇宙觀，以增強他自己地理新說的可信度。[45]

---

39 利瑪竇，〈地輿萬國全圖總說〉，3:14b。

40 利瑪竇，〈地輿萬國全圖總說〉，3:17b-18a。

41 利瑪竇，〈地輿萬國全圖總說〉，3:15a。

42 利瑪竇，〈地輿萬國全圖總說〉，3:14b-18a。

43 當時的傳教士認爲人之站立，顯示了人高於禽獸，而且站立乃上帝所賦予的能力，見：鄧玉函譯述、畢拱辰潤定，《泰西人身說概》（法國國家圖書館藏抄本 BNP5130），2:7b-8a。

44 有關《坤輿萬國全圖》上的地理知識見：陳觀勝，〈利瑪竇對中國地理學之貢獻及其影響〉，《禹貢半月刊》5.3&4(1936)：51-71。林東陽，〈利瑪竇的世界地圖及其對明末士人社會的影響〉，《紀念利瑪竇來華四百周年中西文化交流國際學術會議論文集》，輔仁大學編，（臺北：輔仁大學，1983），頁359-375。

45 利瑪竇，〈地輿萬國全圖總說〉，3:16b。

此外，他還引用了自己在萬曆廿三年 (1595) 寫成的〈四行論略〉，以說明宇宙的成因。[46] 他並在圖的空處，畫了以地圓為模型的天地儀製作法與使用法，另外也作了緯度一度的換算表、太陽出入赤道緯度、測日影法、測北極法與測節氣法，並說明了月蝕的成因及日、地、月之大小。（圖四）「小小」的一張《坤輿萬國全圖》成為法、術俱全的曆算入門。利瑪竇在圖中將西方曆算、宇宙論和地理知識，藉著這張世界地圖傳入中國，建立了一套曆算的新典範。

然而，即使是利瑪竇解說詳明，但中國人何以要相信這一套完全陌生的知識和宇宙觀？利瑪竇除了引經據典、徵引經驗證據和自身經驗外，還需要別的東西，以進一步說服別人。知識的形成是知識社群中的成員公開去異求同，整合信念的過程，不能閉門造車，而期望出門合轍：利瑪竇除了盡力呈現自己的可信度外，還需要別人的認可。

在《坤輿萬國全圖》中，除了利氏本人的說明外，還有密密麻麻的題辭。這些題辭有些是以前幾版世界地圖的出版者所題，有些則是針對一六〇二年的版本而作。題辭的作者多是有科名的士人。這些題辭，可以視為「社會動員」。這些有社會地位的人所寫的序或題辭，無異於肯定利氏世界地圖中所傳達的知識訊息。例如李之藻便謂地圖中以地度應天度，及計算日月衝蝕等「皆千古未發之祕」；[47] 而利瑪竇為該版地圖所作的題辭，則謂李之藻稱讚他「以為地度之上應天躔，乃萬世不可易之法」。[48] 利瑪竇利用李之藻——一位進士官員——肯定自己論點的話，以強化這些西方天文地理知識的可信度。

另外，以圖像呈現地圓，當然是這些題辭和序文討論的焦點。吳中明 (?-1617) 的題辭謂地圓之說「雖未易了然，其說或自有據，並載之以俟知者。」他承認利瑪竇的旅遊經驗，認為利氏「漸積年久，稍得其形之大全，……理當如是。」[49] 吳氏對地圓之說或許不甚了了，但仍刻之以俟知者。他似乎是承襲了晚明士人好奇的習氣，而刊刻此圖。在一六〇二年版的地圖，利氏自謂「成大

[46] 本文中有關耶穌會士作品的年代考定俱依 Henri Bernard, "Les Adaptions Chinoises D'ouvrages Europeens: Bibliographie chronlogique Depuis la venue des Portugais a Canton jusqu'a la Mission Française de Pékin, 1514-1688," *Monumenta Serica* 10 (1945): 1-57, 309-388.

[47] 李之藻，〈題萬國坤輿圖〉，《天學集解》，3:19a。

[48] 利瑪竇，〈題萬國坤輿圖〉，《天學集解》，3:28a。

[49] 吳中明，〈題萬國坤輿圖〉，《天學集解》，3:23b。吳中明的題辭乃吳氏在南京刊刻利氏的地圖時所作，後來也收入李之藻一六〇二年所刻的版本。

屏六幅，以爲書齋臥游之具。」[50] 從吳中明和利氏的題辭可以看出，利氏的世界地圖在晚明時「薦紳多傳之」，其玩賞的意義遠大於刻意的知識傳播。但利瑪竇卻可以透過這樣的管道，將西方的曆算知識轉化爲文人清玩，藉著士人把玩地圖之際，使這些新知識滲透到士人的日常生活之中。當士人對這些新知習以爲常時，利氏其實已達成知識傳播的目的。

不過地圓之說在當時的中國畢竟是新奇可怪之論，連李之藻都承認「惟謂海水附地，共作圓形，而周圓俱有生齒，頗爲創聞可駭。」[51] 但即便如此，他仍說：「要于六合之內，論而不議。理苟可據，何妨求野。圜象之昭昭也，晝視日景，宵窺北極，所得離地高低度數，原非隱僻難窮，而人有不及察者，又何可輕議于方域之外？」不但如此，李氏還認爲利瑪竇親身環繞地球一周，「古人測景，曾有如是之遠者乎？其人恬澹無營，類有道者，所言定應不妄。又其國多好遠遊，而實習于象緯之學。梯山航海，到處求測。蹤逾章亥，筭絕撓隸。所攜彼國圖籍，玩之最爲精備。夫亦奚得無聖作明述焉者？」[52] 在此，李氏幾乎是以一個知識上的信仰者，爲利瑪竇的地圓說辯護。然而，這樣的說辭，又回到何以當時的中國士人要相信一個外國人這個問題上。李氏的題辭，無異以本身的社會地位及聲譽爲利氏作保。此外，李氏在文中還特別強調利瑪竇的道德品質，彷彿利氏「類有道者」爲他所傳播的知識提供了一層人格上的保證。李氏的說辭指出知識的可信度，最後還是回到對知識提供者本人的信任 (trust) 與否。信任是知識形成過程中無法或缺的因素；而如何找尋可靠的人來爲知識內容擔保，則是在知識生產過程中必須考量的問題。因爲知識的成立與否不在其內容爲何，而在形成知識的過程中，各參與者如何形成對外在世界一

---

50 利瑪竇，〈題萬國坤輿圖〉，3:28b。中研院傅斯年圖書館尚藏有一174×69公分的彩繪本。這個彩繪本可能源於利瑪竇地圖的某一摹本，因爲該圖摹有耶穌會的印章。這個彩繪本原圖六幅，在空處尚畫有各種怪魚怪獸，這和大陸南京博物院和中國歷史博物館的藏本相類。中國歷史博物館的藏本乃是南京博物院藏本的仿繪本，而南京博物院的藏本原爲中央研究院歷史博物館籌備處在民國十一年向北京悅古齋收購而來。本所的摹本極可能是當時作成的一個仿繪本。本所藏本第五幅「大浪山角」（即好望角）作「火浪山角」，這個錯誤亦見於南京博物院的藏本。本所藏本亦漏畫了其旁的「大浪山」，而第一幅的「四行論略」作「四時論略」。有關利瑪竇世界地圖在中國的收藏狀況，見：曹婉如等，〈中國現存利瑪竇世界地圖的研究〉，《文物》1983.12：57-70, 30。筆者感謝洪健榮學弟提供此一論文。

51 李之藻，〈題萬國坤輿圖〉，3:19a。

52 李之藻，〈題萬國坤輿圖〉，3:19a-20a。

致的看法。這自然不是說在知識形成的過程中，參與者無法彼此質疑，而是參與者要能相信彼此的質疑乃是基於善意與合理的基礎。如果參與者無法彼此信任，那麼知識的信念之網終將歸於破滅。[53]

如果李之藻為利瑪竇的世界地圖辯護強調的是人的因素，以免別的閱圖者只因利氏為外國人，而抹煞了利氏的成就。那麼徐光啓 (1562-1633) 和張京元，則從論理的角度為地圓辯護。這兩篇題辭皆不見於一六〇二年版的世界地圖，且它們都是針對利瑪竇以圓形投影法所繪的小圖而作，其年代亦當在一六〇二年前後。[54] 徐氏的文章，後來還收進利瑪竇的《乾坤體義》。徐氏舉出三個理由為地圓說辯護。第一，如果地為平面，則南北不當有北極出地高的變化。其次，假設地是平面，且出極高每往北三百五十一里八十步差一度。那麼，從出極高三十六度的嵩高之地往北一萬八千九百六十六里至北極之下，而極下至地一萬三千八百二十九里，故北極下北行四千四百七十六餘里地與天相接，而地球之半徑即為二萬三千四百四十餘里。（圖五）徐氏以此反證地圓有理。最後，他又引證《周髀》，謂北極之下高於中國六萬里，又謂北極高於四周亦六萬里，正表明天與地不相及，此即說明《周髀》已有地圓的觀念。[55]

有趣的是，徐光啓還質疑：「以郭若思（即守敬）之精辨，南北測驗二萬里，北極之差至五十度，而不悟地為平體，移量北極之不能差毫末，何也？又因而抑札馬魯丁，使其術不顯，何也？」[56] 徐光啓這一質疑值得細究。郭守敬 (1231-1316) 的授時曆是當時公認在中國歷史上最縝密的曆法，明朝所用的大統曆即沿襲授時曆。但徐氏卻直截了當地問道，何以像郭守敬這麼優異的曆算家，經過精密的測量，卻仍無法明白地圓的道理。透過質疑中國曆算史上最偉大的曆算家，徐光啓無異對整個中國的曆算傳統打上了問號。其次，徐光啓質疑郭守敬壓抑首先將地圓觀念傳入中國的札馬魯丁，使其曆法不顯。雖然我們

---

[53] Steven Shapin, "The Great Civility: Trust, Truth, and Moral Order," pp.3-41. 又見：同書，"A Social History of Truth-Telling: Knowledge, Social Practice, and the Credibility of Gentlemen," pp.65-125. 和 "Knowing about People and Knowing about Things: A Moral History of Scientific Credibility," pp.243-309.

[54] 洪業認為這圓形投影的二圜圖可能是利瑪竇於一六〇一年為馮應京所作，而利瑪竇的《乾坤體義》成於一六〇三年，如果洪氏的推斷可信，那麼徐光啓這篇文章當作於一六〇一至一六〇三年之間。洪煨蓮，〈考利瑪竇的世界地圖〉，頁28-30。

[55] 徐光啓，〈題萬國二圜圖序〉，3:21b-23a。

[56] 徐光啓，〈題萬國二圜圖序〉，3:21b-22a。

已無從考察徐光啓質疑的依據，但徐光啓這樣的質疑，放在當時改曆聲浪不斷，而利瑪竇又準備以曆法進軍朝廷的背景下，似乎別有用意。一來，他質疑中國的曆算傳統是否已走到盡頭，改曆的工作是否仍能在中國的曆算傳統中進行。二來，他聲援利瑪竇這些外國傳教士，希望中國的曆算家不要壓抑外國來的曆算專家。徐光啓和李之藻支持利瑪竇的策略恰成對比。徐光啓質疑中國曆算偉人的道德品質，從而顛覆其知識的可信度；李之藻則肯定外國專家的道德品質，以加強其知識的可信度。二者一爲負面質疑，一爲正面肯定。在一六〇二年前後，利瑪竇已打算藉改曆作爲在華傳教策略時，徐、李二人的題辭，無異在幫利瑪竇的傳教策略開路。

至於張京元的〈題萬國小圖序〉則先引先儒謂「地如卵黃」，來合理化地圓之說古已有之，且是儒家傳統的說法。他接著批評：「世徒泥天圓地方之說，凡輿圖悉爲平面方隅之式，不知天圓地方云者，特以性情動靜言之，非以形體言也」，如地果真爲平面，「則地之平面盡處，與天相接連，即相礙著，天于何隙旋轉。且凡平面之物，雖億萬無算，必有盡處，自古曾未有算到地盡處者，正以地體本圓，人物周環附著，隨其所附，見若平坦然，曰周環，故無盡處，故面面視天相去皆等，……蓋地如一丸，爲氣所乘，在圓天之正中，正如卵黃在白中。」他並進一步論道：「吾中國人，足不履戶外，執泥局曲。耳目所未經，與之言，輒大駭。」中國人大驚小怪，其實只是少見多怪。對於這些見聞鄙陋之人，他也懶得與之多費唇舌，反正「解不解，在乎其人，不能強也。」[57] 張京元認爲地如果是平的，那麼地與天相連，地必會卡住天，使之無法旋轉。但這既不曾發生，而也未聞地有盡處，那麼地必然不是平面，而是圓形。有趣的是徐光啓引蓋天說，張京元引渾天說，二者在中國曆算史上曾是兩種相互對抗的觀點，如今卻都被拿來支持西方的地圓說。

以上這些題辭序言，無非爲利瑪竇傳入中國的地理新知背書。利瑪竇懂得利用士人的證辭來加強他自己的可信度，並將自己所獲得的可信度，轉而支持他所欲傳播的宗教。他在爲一六〇二年版世界地圖所寫的題辭，便特別談到了宗教問題：

> 嘗聞天地一大書，惟君子能讀之，故道成焉。蓋知天地而可證主宰天地者之至善、至大、至一也。不學者，棄天者也。學不歸原天帝，終非學也。

[57] 張京元，〈題萬國小圖序〉，《天學集解》，3:26a-27a。

淨絕惡萌，以期至善即善也；姑緩小以急于大，減其繁多以歸于至一，于學也庶乎。[58]

利瑪竇將他的世界地圖轉化成一本解讀天地的大書，而且訴求的對象很明顯：「惟君子能讀之」。這本大書證明了上帝的存在及祂的屬性，而好學的儒士大夫求學歸向即在於認主。利瑪竇巧妙地將天主教融入儒學的論述中，不論是「天」、「天帝」、「學」、「至善」或「歸于至一」，都是當時熟悉儒家經典的士大夫日常生活中的語彙，利氏便藉著這些概念來傳達天主教的訊息。經由地理知識與儒學概念的巧妙結合，利瑪竇向中國士人證明了上帝的存在。

利瑪竇以自然知識印證天主教的教義的策略，逼得耶穌會士必須爲地圓説辯護。耶穌會士所生活的世界是一個由上帝所創造，而且所有事物都有一定功能與目的的世界。事物的存在本身，即印證了上帝的巧思和祂的存在，大地的形狀也不例外。所謂：「造物主之初造物也，必定物之本像焉。地之本像，圜體也。」又如，湯若望 (Adam Schall von Bell, 1592-1665) 亦以地之形狀、性質爲上帝存在的一證。[59] 地體爲圓，既屬上帝之傑作。因此，耶穌會士無法不將地圓的説法傳入；宗教與自然哲學掛勾的結果，使得耶穌會士不得不爲地圓説辯護。在這樣的情形下，現代人將宗教與科學分開的方式，無法用來了解當時耶穌會士的宗教／科學論述。

以上的討論當然不是説利瑪竇可以完全操縱這些作者，因爲寫這些題辭或序的士人，也可以從不同的角度來解讀這張地圖。在創作地圖上，利瑪竇其實只是給了一個文本，以及如何閱讀地圖的引子。閱讀是一種和文化歷史脈絡緊密相關的經驗，經由作者所提供的文本，讀者創造了另一個世界。

利瑪竇的世界地圖爲他的讀者提供了一個想像空間，他的讀者則在中國傳統的文化意象下想像這個新的世界。如楊景淳在題辭中引了莊子「六合之內，論

58 利瑪竇，〈題萬國坤輿圖〉，3:28b-29a。

59 熊三拔口授、周子愚、卓爾康筆記，《表度説》，《天學初函》，李之藻編，（臺北：臺灣學生書局，1964年影印羅馬梵岡圖書館藏本），頁2543-2544。當《表度説》被收入《四庫全書》時，四庫館臣將引文改爲「凡物有本像焉。地之本像，圜體也。」以地圜爲上帝存在之一證，見：湯若望，《主制群徵》，《天主教東傳文獻續編》册二，吳相湘編，（臺北：臺灣學生書局，1966年，2版），頁513-515。有趣的是後來揭暄也仿《主制群徵》的體例，爲地圜列了十五徵，而且天地萬物皆可徵地爲圜體，地圜彷彿成爲傳統中國感應觀的一個原則。見：揭暄，〈地圜〉，《璇璣遺述》（1898年刻鵠齋叢書本），32a-39a。

而不議」及子思的「及其至，聖人有所不知」，以明天地之大，深不可測。楊氏也提到了《禹貢》和班固的《漢書・地理志》在了解地理知識方面的努力，但卻認爲這些嘗試「挂一而漏萬，孰有囊括苞舉六合，如西泰子者？」他並稱讚利氏之圖「羽翼禹經，開擴班志」，一方面顯示利瑪竇的貢獻，一方面將之收攝於中國的文化傳統中。楊氏認爲「此圖一出，而範圍者，藉以宏其規模；博雅者，緣以廣其玄矚；超然遠覽者，亦信大倉梯米，馬體毫末之非窾語。」能廣人見聞，使人心胸爲之一開。[60] 又如，吳中明看到這張世界地圖時，想到的是鄒衍的瀛海九州與天地之大。利氏的世界地圖勾引起士人幽遠的遐想，在原來中國的疆界之外，開拓了一片未知的新天地。中國與這片新天地的關係，即將成爲士人討論的議題。

除了幽遠的遐想外，利瑪竇世界地圖上遼闊的新天地，也引發士人求道之心。馮應京 (1555-1606) 的序便提到了地圖上各地不同的風習和道之間的關係。他說：

> 心者，上帝所降衷，宇宙同之。遂分所及，以盡此心。遞相爲唱和，遞相爲感應。擬議一室之中，流行八荒之外，果且以時地限哉？……聖人立教綏猷，代天以仁萬國，夫亦順人心以利導。而吾徒顧瞻區宇，倣法前修，各以心之精神，明道淑世，薪火相傳，曷知其盡。[61]

正是因爲心無限量，故中國聖人之教雖西國所未與聞；而西方的先聖之書，中國人亦前所未知，但卻能「六合一家，心心相印，故東漸西被不爽耳。」雖然東西雙方風習不同，但中國人當有視這張世界地圖「如家園譜牒」兼容並包之雅量。馮氏之序從心學的觀點認爲利氏的地圖也是人心的流衍，不必因利氏爲外國人，而驚爲可怪之論，或甚至排斥他所傳播的地理知識。馮應京不但從儒學的觀點印證了利氏世界地圖的可信度，而且由此提振心之量能，以明道淑世。

心儀天主教的李之藻雖然當時尚未入教，但利瑪竇的世界地圖也引起他重視此生，努力求道的遐想。他說：

> 今觀此圖，意與暗契。東海西海，心同理同。于滋不信然乎？……而其要歸于使人安梯米之浮生，惜駒隙之光景，想玄工于亭毒，勤昭事于顧諟，而相與偕之乎大道天壤之間。此人此圖，詎可謂無補乎哉？[62]

---

[60] 楊景淳，〈題萬國坤輿圖〉，《天學集解》，3:24b-26b。

[61] 馮應京，〈山海輿地全圖總序〉，《天學集解》，3:11b-13a。

[62] 李之藻，〈題萬國坤輿圖〉，3:21a。

利瑪竇在他的序中雖曾提到古代的西方人以遊歷求多聞，但人壽幾何，以此爲學，雖能廣覽，人卻已老大，而無暇施所學於世。這樣的慨嘆，在馮應京與李之藻的題辭中得到了回響，而勉人在有限的生命中努力求道。即便當時馮、李二人所認爲的道與利氏之道不見得相同，但利瑪竇用世界地圖爲宗教作廣告的效果已然達成。

從曆算的角度去看此圖的讀者，也一樣從傳統的文化資源中解讀利瑪竇的世界地圖。例如，張京元引述了先儒的渾天說；李之藻的題辭則引述了蔡邕、《周髀》、〈渾天儀注〉和《黃帝素問》，並認爲這些作品都已提及地圓的說法。[63] 徐光啓也提到了《周髀》其實已論及地圓。不論古人、古書的原意如何，這些文本在李之藻等人的解讀下都有了新意義，可以和地圓之新說配合。這些讀者以古典印證新說，從而加強了利氏地圖的可信度。他們的讀法，在現在學者看來雖是斷章取義，但卻適當地切入當時崇信古典的士人文化中。這種「想像過去，解釋現在」的方式，成爲往後三百年中國人了解西學的主要形式。

利瑪竇的世界地圖在中國傳播甚速，不但一再重印，也被人引用，甚至盜印。[64] 萬曆三十六年 (1607) 出版的《三才圖會》、萬曆三十八年 (1610) 出版的《方輿勝略》和章潢 (1527-1608) 的《圖書編》都介紹了地圓的知識，甚至也都引用了利瑪竇的地圖。但這些圖和說明，不是語焉不詳便是有錯誤，顯然是直接或間接引用他書而來。[65]《圖書編》中不但引用了地圓之說，也同時畫了一張天圓地方圖。[66]（圖六）雖然這可能和《圖書編》類書的體例有關，但章潢對這一明顯的矛盾並不在乎的知識態度，更說明了明末士人對地圓說的看法，恐怕有不少是出於獵奇。[67] 這個有趣的現象說明了，當時人對於地圓說雖存有

---

[63] 張京元，〈題萬國小圖序〉，3:26a-27a。李之藻，〈題萬國坤輿圖〉，3:18b-21b。徐光啓，〈題萬國二圜圖序〉，3:21b-23a。

[64] 有關利瑪竇世界地圖的流傳見：海野一隆，〈明・清におけるマテオ・リッチ系世界圖主新史料の檢討〉，《新發現中國科學史資料の研究》，山田慶兒編，（京都：明文舍，1985），頁507-580。

[65] 洪煨蓮，〈考利瑪竇的世界地圖〉，頁29-42。章潢，《圖書編》（傅斯年圖書館藏明天啓三年岳元聲印本），16:47a-47b,19:33b-34a, 36a-37b。

[66] 章潢，《圖書編》，28:2b。

[67] 章潢便謂：「天圓地亦圓，與舊所記載相反。……先儒謂天如雞子青，地如雞子黃，理則同也。故併錄之，亦可以廣見聞之一端。矧戴天履地，敢不究心乎哉？」章潢，《圖書編》，19:36a。

不少好奇，但卻無法掌握其義蘊和投影的技術。解讀地圖和地圓知識的相關運用，也只有和傳教士有直接接觸的人才能獲得，二手傳播反而常常扭曲訊息。這也顯示出西學在中國傳播時，和傳教士立場越近的人（如教徒），越能跟隨著傳教士所提供的線索去閱讀；越能接觸一手材料，便越能接近傳教士所欲傳達的旨意；而和傳教士的立場相去越遠（如反教者），無法取得一手訊息者，便越會依自己的意圖去解讀傳教士的訊息。

利瑪竇之後，西方傳教士如畢方濟 (François Sambiasi, 1582-1649)、艾儒略 (Julius Aleni, 1582-1649)、湯若望和南懷仁 (Ferdinand Verbiest, 1623-1688) 都曾繪製世界地圖。[68] 畢方濟與艾儒略在爲他們的地圖作序時，和利瑪竇所談的要點沒有太大的不同；而艾儒略則從天主造化四行萬物談起，以明天地之大，主之萬能，啓人敬畏之心，進而勉人以上主賦予之靈才修身事主。[69] 這些說法其實重覆了利氏以地圖傳播宗教訊息的策略。

艾儒略別有《職方外紀》之作，爲《職方外紀》作序跋者有不少是信徒，他們對於地圓的討論不多，而敘述的方向也大體跟隨艾儒略，強調天地之大，與人對上主的尊崇。[70] 這樣的討論模式和《職方外紀》濃厚的傳教意味有關。比如，艾氏便在印弟亞（即印度）中論及其沿海已改奉天主教；在耶穌的誕生地如德亞，則介紹了天主教的主要教條；在歐邏巴總論中，不但介紹了歐洲的學術，更強調全歐洲都信奉天主教，無異端、無異學，而且還仔細地談到了歐洲人如何實踐天主教。[71] 在《職方外紀》中，宗教深深地嵌入地理知識之中，顯現出對天主教的尊崇，以及傳教士的文化素養。雖然他們也是外國人，卻不是中國人眼中一般的蠻夷，而是可與中儒匹敵的「西儒」。

雖然教徒們很容易跟隨傳教士的指引去讀這些地理作品，但其他人卻有不同的方式——一種傳教士或許想像不到，但卻可以和讀者本身的文化歷史脈絡相

---

[68] 有關南懷仁的地圖研究見：Hartmut Walravens, "Father Verbiest's Chinese World Map (1674)," *Imago Mundi* 43 (1991): 31-47。林東陽，〈南懷仁的世界地圖—坤輿全圖(1674)〉《東海大學歷史學報》5(1982)：69-84。

[69] 畢方濟，〈坤輿全圖引〉，3:30b-33a。畢方濟之序亦見於《表度說》論地圓的文字。艾儒略，〈萬國圖小引〉，3:29b-30b。和利瑪竇較早的〈地輿萬國全圖總說〉不同的是，這兩篇序言自始即將宇宙的生成歸於造物主，傳教意味很濃。

[70] 這些序文的作者有：李之藻、楊廷筠、葉向高、瞿式穀、許胥臣、熊士旂。其文見《天學集解》，3:35-47。

[71] 艾儒略，〈職方外紀〉，《天學初函》，頁1326, 1388-1346, 1355-1372。

關的方式——來讀傳教士的作品，熊人霖 (1604-1666) 的《地緯》便是一例。《地緯》一書的主要材料來自《職方外紀》，二者一開始皆討論地圓。最有趣的是《職方外紀》引用了亞里斯多德的一個談法，以說明地不但圓且不動：

古賢有言：試使掘地可通，以一物縋下至地中心，必止。其足底相對之方，亦以一物縋下至地中心，亦必止。可見天圓地方乃語其動靜之德，非以形論也。地既圓形，則無處非中。[72]

這個亞里斯多德的論點，不見於《地緯》。《地緯》卻以「形方總論」爲標題討論地圓謂：「地勢圓，正象天。」熊氏並引曾子曰：「天道曰圓，地道曰方」，以爲形方不過謂地之「道」。「道」和「上帝」間的形上差異，標示著一位直接接觸西學又非教徒的士人和傳教士間的不同。熊人霖並不把事物的終極原因歸諸於上帝，而仍在傳統文化中解讀西學。

《地緯》總共八十四篇，它不但蒐集了所有《職方外紀》中所記載的國家，而且還加了一些中國四裔和來朝的國家，以湊成九九八十一篇。這個數字象徵了「陽數」。另有「論一篇，應天；圖一卷，應地；繫一卷，應人，以象三才」。[73] 如此象數性的安排，將《地緯》安置於傳統的宇宙論中。雖然《地緯》的材料來自西方，但卻以傳統的志書體例編纂。熊人霖對天主教的興趣不大，因此在介紹如德亞時，天主教的教條通通被刪去；在介紹歐邏巴時，說它「其它政令，大抵如中國，而皆原本于耶蘇之學。」[74] 這大概是因爲在《職方外紀》中，歐洲諸國是除了中國以外最文明的國家。熊人霖也是站在這個基礎上，而相信地圓。他說：「西土之人信乎? 信。何信乎西土之人? 曰：以其人信之，其人達心篤行，其言源源而本本。」[75] 對熊氏而言，西方之人並非夷狄，在品德上可以信任，因而是可靠的知識傳播者。

雖然熊人霖在〈輿地全圖〉中引用了明末流行的橢圓投影地圖，以說明大地的形狀，但對這個物理大地的詮釋，卻都回歸到傳統宇宙觀中天、地與帝王間的關係：

立天之道，曰陰與陽；形地之緯，曰柔與剛。……天圜地方，天玄地

---

[72] 艾儒略，《職方外紀》，頁1311-1312。

[73] 熊人霖，《地緯》（美國國會圖書館藏一六二四年刊本），目錄6a。筆者感謝黃一農教授提供此一資料。

[74] 熊人霖，《地緯》，4:118a。

[75] 熊人霖，〈地緯繫〉，《地緯》，4a-4b。

黃。……陽用以文，陰搞以武。……文也者，其天地帝王之心乎。甲兵脩而不試，刑措而不用。王者法天之德，常直陰於空處，於虖仁哉。[76]

熊氏更進一步分辨中、西政教之不同，而終歸於獨尊儒術：

中國之政教，合者也，然以政行教；西國之政教，分者也，然以教爲政。天爲之乎？人爲之乎？抑地勢然也。天因地，人因天。

儒之道其盛矣乎！士者、農者、工者、商者，皆儒之人也。……夷夏之無此壃界爾，皆儒之境也。耶蘇之學，儒之分藩也；老氏之術，儒之權教也。[77]

即便天主教亦不過是儒術之分支，無怪乎熊氏認爲歐邏巴政教與中國同。而地圓之說在這樣的觀念下也有了新的意義：

千古幅員之大，其惟我明乎？……元雖統一，而倭奴諸國終元世不貢，且冠帶之民淪矣。……而歐邏巴人絶九萬里來闕下，大地圜體始入版圖。於都盛哉。夫幅員者，盡地之圜以爲幅也。非今日而孰能當此大名者哉。[78]

雖然傳教士常謂自己是「慕義來朝」，但被中國士人——而且是曾直接接觸傳教士的士人——如此理解，恐怕是始未料及。對於傳教士而言，地圓可以證明上帝的存在；但在熊人霖筆下，西方的地圓說不過證明了中國儒術之高崇及大明幅員之廣闊。以一位對傳教士相當友善的士大夫，在閱讀西方的地圖時尚且如此，那麼對西方傳教士沒有好感的士人，恐怕會另有相當不同的解讀。

五、明末曆法改革脈絡下的地圓説

利瑪竇在瞭解到明朝政府改革曆法的需求後，[79] 以曆法求得在華一席之地，便成爲耶穌會士的重要策略。爲此，利瑪竇還請求羅馬總會協尋書籍和精

[76] 熊人霖，〈地緯繫〉，《地緯》，1a-2a。

[77] 熊人霖，〈地緯繫〉，《地緯》，7b-8a。

[78] 熊人霖，〈地緯繫〉，《地緯》，8b-9b。

[79] 關於明代的曆法改革，見：《明史》〈曆志〉一，頁515-545。Willard Peterson, "Calendar Reform Prior to the Arrival of Missionaries at the Ming Court," *Ming Studies* 21 (1986)：43-61. 王萍，《西方曆算學之輸入》（臺北：中央研究院近代史研究所，1972），頁6-41。黎正甫，〈明季修改曆法始末〉，《明清史研究論集》，大陸雜誌社編，（臺北：大陸雜誌社，1967年，原刊於1963年），頁252-266。Joseph Needham, *Chinese Astronomy and the Jesuit Mission: An Encounter of Cultures*, (London: The China Society, 1958). 拙著，"Introduction of Knowledge from the West and First Reactions: Astronomy," *Storia della Scienza*, (Rome: Institvto della Enciclopedia Italiana, forthcoming).

通曆算的會士。[80] 可惜利氏並沒有活著看到自己苦心經營的策略如何被實現。但就在他死後不久，改曆的氣氛慢慢形成，傳教士們進駐宮廷，翻譯天算書籍。隨著西方曆算學大量輸入，作爲曆算基礎預設的地圓說也隨之引進。地圓說在中國的傳布，進入了一個新的階段。

耶穌會士既然要以曆算爲敲門磚，便不得不爲地圓說辯護。這一點在《表度說》中表現的相當清楚。萬曆三十八年 (1610) 周子愚建議晉用西洋人翻譯西書，以爲改曆之張本，《表度說》便是在這一建議下於一六一五年完成的作品。圭表是曆法測量的基本儀器，中國自古便已使用。但誠如周子愚所言：「圭表我中國本監雖有之，然無其書，理未窮，用未著也。」[81]《表度說》以幾何模式的天文學爲基礎，探討圭表之使用。該書一開始便說明了使用圭表的五個幾何前提，熊三拔花了最長的篇幅來討論「地爲圜體」一條。對此，四庫館臣有如下的評論：「是時地圓地小之說，初入中土，驟聞而駭之者至眾。故先舉其至易甚明者，以示其可信焉。」[82]

熊三拔首先談到地圓乃造物主之傑作，並跟從利瑪竇的說法，謂地方只論地之不動。[83] 其次，他詳細繪圖討論了西方天文學傳統中地圓的證據，第一條證據是時差（圖七、七・一）。但問題是人不能同時出現在兩個不同的地點，如何得知時差的存在? 熊三拔說：

> 敝國諸儒，多習曆象之學，推驗大地經緯度數，皆與天應，以爲推算七政，測量地海之用。其推驗經度稍易，大抵用午正日晷，或星高，及南北二極取之；其推驗緯度稍難，必於月蝕取之，夫月食與日食異，日或食，或不食，或食而分數多寡，時刻先後，隨地各異，月之食限，分數時刻，天下皆同，但入限有晝夜，人有見不見耳。……又每去九百三十七里半，而差一刻，可見時刻天下各異，各以日到本天頂爲午正初刻也。又月平行自西而東，一日大約十三度強。每一時約一度五分度之一。其所離列宿、

---

80 Pasquale M. D'Elia, *Galileo in China: Relations Through the Roman College Between Galileo and the Jesuit Scientist-Missionaries, 1610-1640,* Trans. Rufus Suter and Matthew Sciascia, (Cambridge: Harvard University Press, 1960).

81 周子愚，〈表度説序〉，熊三拔口授、周子愚、卓爾康筆記，《表度説》，《天學初函》，頁2534-2535。

82 永瑢，《四庫全書總目提要》，頁2181。

83 熊三拔口授、周子愚、卓爾康筆記，《表度説》，頁2543-2544。

> 次舍，每時各異。故西土曆家欲知兩地東西相去道理之數，即兩地相約于同夜測月輪與某星同經度分，為何時刻分。[84]

人雖不能同時出現在兩地，以驗地圓，但熊氏謂西國諸儒多習曆算，故可經由測驗經、緯度，以知地圓。其次，他以北極高度的變化，作為地圓的證據（圖八）。熊氏並謂，人若在一平地上，「目力所及，極大略能見三百里，即於最高山上，未有能見四五百里者。則地之圜體突起于中，能遮兩界故也。」[85] 以此證明地並非平面。其次，他再度圖解從不同方向繞行地球一周時，所產生的時差現象。（圖九、九・一）最後他討論到中國人時常問的問題：如果地真的是圓的，那麼人如何立於地球之上？他回答道：

> 地球之說，其理甚廣。西庠有專書備論，今獨舉一二端，明徵此理。其一曰，天下萬物，各有本所。最上本所，為天之上；最下本所，則為地之中心也。其二曰，物之體質，有輕有重。最輕眇者，就最上所，如火是也；最重滯者，就最下所，如土是也。其三曰，物重者，各有體之重心。此重心者，在重體之中。試觀于衡，均重，則不欹，物重之重心得在其中，故也。其四曰，既地心之中，為諸重物各重心之本所，物之重心悉欲就之，欲就之勢，其下，必為垂線也。……故凡重物居地面之上，各以地心為下，以天為上。因其重心願就地心，遂得安于地面，能佇其足矣。因是，可知上下之分。凡謂下者，遠于天，而就地心也；謂上者，就天而遠于地心也。……是故，地之圜球，懸於空際，居中無著，常得安然。蓋四方土物，皆願降就于地心之本所。東降欲就其心，而遇西就者；南降欲就其心，而遇北就者，悉悉如此。相遇之際，皆能相衡、相逆，故凝結于地之中心即不相及者以欲就，故附離不脫，得令大地懸居空際也。[86]（圖十）

以上的解釋建立在西方四行說的基礎上，但是對於生活在陰陽五行宇宙觀的中國人而言，這樣的解釋到底有何說服力，頗值得懷疑。日後為地圓辯護的中國士人，也很少採用這樣的觀點。

刊刻於一六二八年的《寰有詮》則以設問的方式，反駁對地圓的質疑。[87]

---

84 熊三拔口授、周子愚、卓爾康筆記，《表度說》，頁2546-2548。

85 熊三拔口授、周子愚、卓爾康筆記，《表度說》，頁2550。

86 熊三拔口授、周子愚、卓爾康筆記，《表度說》，頁2556-2558。

87《寰有詮》譯自葡萄牙 Coimbra 耶穌會士學院之自亞里斯多德〈論天〉(De Coelo) 的註本*Commentarii Collegii Conimbricensis, Societatis Iesv: In Qvatvor Libros De Coelo Aristotelis*

疑地圓者以爲如地形果圓，則日出之時，吾人所見當爲兩圓之相切；其次，依定義，則圓弧各處皆當均平，但吾人所見並非如此，從水的不同流向與地面凸起之山，可見大地非圓。[88]《寰有詮》並未針對這些問題作答，只舉東西有時差、南北有里差、月蝕所見之地影及土性就下等古典亞里斯多德時代的證據來說明地圓。[89] 有關這些問題的回答，卻可見於《空際格致》。

成書於一六三三年的《空際格致》首先否定了一些對大地形狀可能的假說：

> 古或云：地方如案，或如鼓，或如石柱，或如盆。或又曰：下有深根，以至無窮。中國先儒于夜短之地，曰：想是地之角尖處。又曰地形如饅頭，崑崙其尖也。諸說皆非。[90]

其次，《空際格致》提出了六個論據來證明地圓，除了平常傳教士已常提及的月蝕所見之地影和時差現象及土行內聚而成圓形的解釋外，第一個論據是如果地非圓形，則地度無法和天度相應，將使天文測量產生偏誤：

> 假如天上以度數作垂線至地中心，皆爲三角形，中心爲等角。倘地不圓，則角不均平，測量日星，便隨方遠近，亦不等矣。[91]

第二個論據討論的是現代科學觀念下的表面張力現象，高一志 (Alphonsus Vagnoni, 1566-1640) 認爲表面張力和地表高度有關，[92] 但這卻是從亞里斯多德四行的特質推導而來：

> 試取相等兩盂，注水令滿，一置山頂，一置地面，必下盂盛水，多于上盂。蓋水愈近地心，愈益愛圓，故下盂之水，凸于上盂之水也，使地非圓，不能如是。[93]

第三個論點則爲：

Stagiritae，有關其成書及介紹見：石雲里，〈寰有詮及其影響〉，《中國天文學史文集》第六集（1994），頁232-260。

[88] 傅汎際譯義，李之藻達辭，《寰有詮》（中央圖書館藏崇禎元年刊本），6:32b-33a。

[89] 這個質疑在亞里斯多德的時代便已出現。雖然《寰有詮》並未就此問題再作進一步的討論，但亞里斯多德已反駁此說。亞氏認爲這樣的說法忽略了地球和太陽之間距離很大，也忽略了地球的圓周非常大。Aristotle, *The Complete Works of Aristotle*, p.483.

[90] 高一志，《空際格致》，《天主教東傳文獻三篇》，吳相湘編，（臺北：臺灣學生書局，1966），頁876-877。

[91] 高一志，《空際格致》，頁877。

[92] 表面張力與高度並無關係。這個例子正顯示出，傳教士一直是以四行的架構看世界。

[93] 高一志，《空際格致》，頁877-878。

> 試隔數百里，各豎百丈高表，各與地面作直角，其表址必相近，表端必相遠。何也？形如輪輻也。[94]

除了討論地圓的正面論據外，《空際格致》尚駁斥了一些對地圓可能的質疑：

> 若曰不方不圓，形如盆盎，則居西者見日月之出，必先于居東者，正如居山者，先于居谷者也。今不其然，則是地必圓，而非盆形矣。若云山谷不夷，何能爲圓？不知山谷之于地，其度數必無足置算，況諸空缺爲水所填，而更致其圓乎。……或曰，地既圓，則日輪始出時，與地平相切之線宜曲，奈何見直乎？曰線本曲也，其見直者，惟遠視之故。蓋人目距日甚遠，但見日小于地，而實大于地，一倍六十餘倍也。夫大者既見小，則相切處，曲者自見直矣。試從高山望海，無不見平，而實非平。蓋周線愈廣，其中各分之曲，愈匿而不易見也。[95]

《空際格致》一書從正反兩面對地圓提供了從利瑪竇以來最詳盡的解釋。

以上這些作品大體從論理的角度，申說地圓之必然。然而地圓說如果只是留在理論或只是對大地形狀的一種觀點，那麼它大概只能吸引好奇之士，而無法在明末的曆法改革中著力。由於改曆的需求，使得地圓說不只是一種對大地的詮解，而必須和儀器和算法結全，成爲能在曆算中實際操作和運用的基礎假設。這個新的發展，將利瑪竇地圖中的地圓觀點，更向前推進了一步。

成書於一六一一年的《簡平儀說》和成書於一六一五年的《天問略》便是闡明地圓如何運用在儀器上。《簡平儀說》依據南北行有出極高的變化，操作儀器，反證地爲圓形。[96]《天問略》主要介紹托勒密的宇宙論，具體討論了日、月蝕等天象的成因，並以時差作爲地圓的主要證據。[97]《天問略》和《表度說》皆是將地圓當成理論假設，以說明現象和設計儀器。由於改曆的需要，耶穌會士必須將幾何曆算模式具體化，使得地圓理論能實際操作以制定曆法。不論是圭表或是簡平儀的使用，都是將抽象的地圓理論，變得具體而可操作。這些討論儀器的作品，使得地圓的理論更形穩固，而地圓說也因儀器而變得更爲具體，且能實際應用。儀器因而成爲理論知識的肉身，只要使用這樣的儀器，便只能接受制作儀器時所依據的理論，理論與儀器相互爲用，互相加強。

---

[94] 高一志，《空際格致》，頁878。

[95] 高一志，《空際格致》，頁879-880。

[96] 熊三拔，《簡平儀説》，《天學初函》，頁2763-2765。

[97] 陽瑪諾，《天問略》，《天學初函》，頁2668-2669。

以地圓爲基本假設的幾何曆算模式，不但有儀器，而且可經由割圓八線（即三角函數）和對數等新的計算技巧和算表，發展爲一套完整的曆法系統。接替徐光啓進行曆法改革的李天經就此特別說明新法的優點：

> 第天實圓體，與平異類，舊所用三差法俱從句股平形定者，似於天未合，即各盈縮損益之數，未得其眞，今新法加減諸表，乃以圜齊圜，差可合天。……古曆家以直線測圜形，名曰弧矢法，而算用徑一圍三，謬也。今立割圜八線表，其用簡而大，弧矢等線，但乘除一次，便能得之。……古法測天，以句股爲本。然句股弦乃三腰之形，句與股交必爲直角，句斜角則句股窮矣。且天爲圜球，其面上與諸道相割，生多三弧形……句股不足以盡之。[98]

經由儀器和算法的配合，地圓不再只是一孤零零的陳述，而是可以測量、計算的系統。在明末的曆法改革中，地圓說成爲可以具體實踐的理論。

有關明末地圓說的討論，尚散見於其他書刊，但是對於地圓的解釋，從利瑪竇的世界地圖到《空際格致》，不論是從地理、曆算或四行的角度來論地圓，幾乎都已窮盡。翻來覆去地討論，就是這幾點。傳教士所傳入中國的地圓理論，已形成穩定的論述。對傳教士而言，他們可能覺得已將地圓之理說得清楚明白了。但是知識的形成是一社會過程，只聲稱自己所傳播的知識是事實，不足以服人，重要的是傳教士如何經營出使中國人接受他們的想法的社會環境。不幸的是當時的空氣和利瑪竇時已有了顯著的不同。萬曆四十四年 (1616) 的南京教案，開啓了明、清反教的先聲。[99] 雖然傳教士幸運地因爲崇禎皇帝決心修改曆法，和爲明朝修建火器，[100] 而得以走出教案的陰影，進入朝廷，但這也使他們隨即捲入曆法的鬥爭中。除了反教士人外，他們還得應付堅守中法和回回曆法的曆算家。

明末士人反教的觀點集中在崇禎十三年 (1640) 所出版的《聖朝破邪集》中。在反教士人的言論中，傳教士的身分從「西儒」變爲「狡夷」。稱謂上的改變，深刻地表達了反教士人對傳教士的不信任，不信任知識的傳遞者，也立

98 徐光啓，〈緣起〉，《新法算書》，《四庫全書》，册七八八，頁62。

99 Jacques Gernet, *China and the Christian Impact*, (Cambridge: University of Cambridge, 1985), pp.40-47.

100 有關傳教士修建火器的過程可以參考：黃一農，〈天主教徒孫元化與明末傳華的西洋火砲〉，《中央研究院歷史語言研究所集刊》67.4 (1996)：911-966。

即使得知識賴以形成的信念網絡隨之崩解。對傳教士首先發難的沈㴶，便認爲引入西洋人來改革曆法並不恰當，因爲：

> 七政運行于天，有遲有速，有順有逆，猶人君之有政事也，則未聞有七政而可各自爲一天者。……傳曰，日者眾陽之宗，人君之表。是故天無二日，亦象天下之奉一君也。……今特爲之説，曰：日月五星各居一天。是舉堯舜以來，中國相傳綱維統紀之最大者，而欲變亂之。[101]

耶穌會士傳入中國多重天殼的宇宙觀，在沈㴶看來，竟是顛覆社會秩序的亂源。沈氏的說辭，在現代人看來似乎是危言聳聽。但在傳統中國社會，天文曆算本來就和皇權緊密結合，定曆授時的工作蘊涵著合理王朝秩序的建立，因而曆算知識的改變，也象徵著王朝秩序的變更。傳教士或許認爲自己只不過是在從事修改曆法的工作，但對西洋人抱持懷疑態度的士人，則認爲曆算知識的改變，不但變更了祖宗成法，而且破壞了原有的社會秩序。雖然《聖朝破邪集》有攻擊西方曆法的文字，但地圓的爭議並未達到理論的層次。其中只有一篇譏笑若地爲圓，則人足踵相對爲悖理。另一篇則批評利瑪竇世界地圖的文章，並未談及地圓，而是抱怨利氏未將中國放在世界地圖中間。另一篇則質疑傳教士的旅行經驗，爲何不見於中國的地理書。[102] 這些批評也顯示了，中國如何在新的世界觀中定位已成爲當時士人關心的問題。

耶穌會士爲明朝廷改曆進行得並不順利，當時中算家的阻撓固然是因素，但崇禎皇帝遲遲無法下定決心採用西法才是主因。到了滿人征服了明朝後，西法才順利地成爲正統。[103] 但是傳教士爲一向被明人視爲外夷的滿人編曆，反而更暴露了傳教士外人的身分，引起反滿士人的抨擊。一向強調夷夏之防的王夫之，反對西方傳來的地圓說不遺餘力。他視傳教士爲西夷，[104] 認爲利瑪竇只是剽竊中國渾天家「天地如雞卵」之說而作地圓。他以「人不能立乎地外，以全見地」爲由，來反駁傳教士航海的經驗可以驗證地爲圓形。王氏並提出，如果

---

[101] 沈㴶，〈參遠夷疏〉，《聖朝破邪集》，徐昌治編，（京都：中文出版社，1972年重刊，1856年刊本），頁11087-11088。

[102] 魏濬，〈利説荒唐惑世〉，《聖朝破邪集》，頁11289-11290。有關這時期的批評，亦見，郭永芳，〈西方地圓說在中國〉，頁157。

[103] 有關這一過程見：黃一農，〈湯若望與清初西曆之正統化〉，《新編中國科技史》下冊，吳嘉麗、葉鴻灑主編，（臺北：銀禾文化事業公司，1990），頁465-490。

[104] 王夫之，〈思問錄外篇〉，《船山遺書全集》冊十七（臺北：中國船山學會、自由出版社，1972），頁9707-9708。

大地渾圓，則人不論立於何處，所見當爲弧形。但是經驗告訴我們，即使是在中國域中，「或平或陂，或窪或凸，其圓也安在？」，他因而論定地無一定之形。王夫之的論證，建立在「圓」字的曖昧性上。自傳教士觀之，地球甚大，故其上之小窪小凸，不足與其圓弧比觀。但自王夫之觀之，日常生活的地之不平，即可以證明地絕非圓。[105]

此外，利瑪竇雖提出人往南北移動時出極高度有變化以證地圓。但王夫之卻提出感官不可靠的知識論立場，來反駁利瑪竇所提的證據。他說：

> 利瑪竇地形周圍九萬里之說，以人北行二百五十里，則見極高一度爲準。其所據者，人之目力耳。目力不可以爲一定之徵，遠近異，則高下異等。當其不見，則毫釐迥絕；及其既見，則倏爾尋丈，未可以分數量也。[106]

王夫之認爲，北極出地高的變化和人視界的變化有關，沒有二百五十里改變一度的常數。他並譏笑「瑪竇身處大地之中，目力亦與人同，乃倚一遠鏡之技，死算大地爲九萬里……而百年以來無有能窺其狂騃者，可歎也。」[107] 望遠鏡是當時西方傳來的「高科技」，伽利略以望遠鏡所作有關月球及木星衛星的觀測，至今仍爲科學史家所津津樂道。但王氏卻批評利瑪竇欲依賴望遠鏡來增加眼睛的可信度。王夫之藉著否定傳教士所仰賴的儀器，一併否認與儀器相關的知識。

王夫之雖爲明末大儒，但他的作品在當時流傳不廣，他對地圓的批評，影響可能相當有限。儘管明末地圓說已進入中國，而且也開始有了爭議，但一般士人仍活在「天圓地方」的世界觀中。「天圓地方」和外物、人之間的感應關係，仍是當時士人自我理解和理解世界的架構。明末大儒劉宗周的話便相當有代表性：

> 天圓地方，規矩之至也。人心一天地也，其體動而圓，故資始不窮，有天道焉。其用靜而方，故賦形有定，有地道焉。君子之學，圓效天，方法地也。其獨知之地，不可得而睹聞矣，效天者也。由不睹而之于無所不睹，由不聞而之于無所不聞，地道之善承天也。《易》曰：「君子敬以直內，義以方外」，規矩之至也。[108]

從這段話看來，地圓說似乎在明末並未引起太大的震撼。對地圓說最激烈的攻擊，大概要以清初的楊光先爲代表。

---

[105] 王夫之，〈思問錄外篇〉，頁9720。

[106] 王夫之，〈思問錄外篇〉，頁9721-9722。

[107] 王夫之，〈思問錄外篇〉，頁9722。

[108] 黄宗羲，〈蕺山學案〉，《明儒學案》冊六（臺北：華世出版社，1987），頁1589。

六、讀世界地圖 (II)：地是平的！

耶穌會士在清初湯若望任職欽天監時，終於實現了利瑪竇精心設計的策略。但是康熙三年 (1664) 由楊光先所掀起的曆獄，中斷了西法的正統地位。[109] 楊光先一案，影響深遠。楊光先攻擊新法和天主教的理由，也因而流傳較廣。[110]

楊氏對西方地圓說的批評集中在一六六一年所寫成的〈孽鏡〉一文。〈孽鏡〉緣起於湯若望所刻的輿圖。該圖分為十二幅，頭尾相接。楊光先正確地看出，這幅世界地圖的確表明地是圓形。楊光先是在順治十五年 (1658) 時，看到釘死在十字架上的耶穌畫像，而起攻擊天主教之念。[111] 楊氏在順治末年連年上疏未果，但這不但未停止他的反教行動，反而使他流傳他所寫的反教文章。一個對於天主教如此敵視之人，可以想見他對這張地圖的解讀，一定會和上文所提到的讀者相當不同。

在〈孽鏡〉引中，楊氏直截了當地指出：

> 新法之妄，其病根起於彼教之輿圖。謂覆載之內，萬國之大地，總如一圓毬，上下四旁布列國土，虛懸於太空之內，故有上國人之足心與下國人足心相對之論，所以將大寰內之萬國不盡居於地平之上，以映地上之天之一百八十度，而將萬國分一半於地平之上，以映地平上之天之一百八十度，分一半於地平之下，以映地平下之天之一百八十度，故云地廣二百五十里，在天差

---

[109] 有關曆獄的研究見：黃一農，〈康熙朝涉及「曆獄」的天主教中文著述考〉，《書目季刊》25.1(1991)：12-27。黃一農，〈新發現的楊光先不得已一書康熙間刻本〉，《書目季刊》27.2(1993)：3-13。黃一農，〈清前期對「四餘」定義及存廢的爭執——社會天文學史個案研究〉，《自然科學史研究》12.3(1993)：201-210；12.4：344-354。黃一農，〈耶穌會士對中國傳統星占術數的態度〉，《九州學刊》4.3(1991)：5-23。黃一農，〈擇日之爭與康熙曆獄〉，《清華學報》新21.2(1991)：247-280。黃一農，〈清初欽天監中各民族天文家的權力起伏〉，《新史學》2.2(1991)：75-108。黃一農，〈清初天主教與回教天文家間的爭鬥〉，《九州學刊》5.3(1993)：47-69。黃一農，〈楊光先家世與生平考〉，《國立編譯館館刊》19.2(1990)：15-28。安雙成，〈湯若望案始末〉，《歷史檔案》3(1992)：79-87。林健，〈西方近代科學傳來中國後的一場鬥爭——清初湯若望和楊光先關于天文曆法的論爭〉，《歷史研究》2(1980)：25-32。拙著，"Scientific Dispute in the Imperial Court: The 1664 Calendar Case," *Chinese Science* 14(1997): 7-34.

[110] 清代熟悉曆算的大家如梅文鼎、戴震、錢大昕等都讀過楊光先的《不得已》。而楊光先的作品，在十九世紀反教的時代背景下，又重新流行。

[111] 安雙成譯，〈刑部題為審理傳天主教、置閏、立春、依西洋新法等案事本〉康熙三年十二月（未刊稿）。筆者感謝黃一農教授提供此一資料。

一度，自詡其測驗之精，不必較之葭管之灰，而得天上之眞節氣。[112]

新法既以地圓爲布算的基礎，楊光先便由此加以反駁。楊光先提出了三點理由。第一，若地爲圓形，那麼在圓弧下端的人必將倒立。他說：「有識者以理推之，不覺噴飯滿案矣。」[113] 他並建議：

請以樓爲率，予順立於樓板之上，若望能倒立於樓板之下，則信有足心相對之國；如不能倒立，則東極未宮第三百六十度之伯西兒必非西極午宮第一度之伯西兒也。……此可以見大地之非圓也。[114]

第二，如果地爲圓形，那麼地上的水必將傾瀉。他說：

果大地如圓毬，則四旁與在下國土窪處之海水，不知何故得以不傾？試問若望彼教好奇，曾見有圓水、壁立之水、浮於上而不下滴之水否？

他並提議做一簡單的實驗，便知分曉：

今試將滿盂之水付之，若望能側其盂而水不瀉，覆其盂而水不傾，予則信大地有在四旁在下之國土；如不能側而不瀉，覆而不傾，則大地以水爲平。[115]

他並嘲笑，「在旁在下之國，居於平水之中，則西洋皆爲魚鱉，而若望不得爲人矣。」楊光先視西洋人爲「非我族類」的心態，淸楚地表達在他特殊的閱圖方式。

此外，他也不承認傳教士航行世界一週的經驗，認爲傳教士只不過是「故設高奇不根之論，以聳中夏人之聽。如南極出地三十六度之說，中夏人心知其妄，而不與之爭者，以弗得躬履其地，驗其謊。」[116] 他問道：如果地真爲圓，那麼地如何在空虛中安著：

請問若望此小寰者，是浮於虛空乎？是有所安著乎？如以爲浮於虛空，則此虛空之大地，必爲氣之所鼓，運動不息，如天之行一日一週方成安立，既如天之環轉不息，則上下四旁之國土人物，隨地週流，晝在上而順，夜在下而倒，人之與物，亦不成其爲安立矣。如以爲有所安著，則在下之國土人物，盡爲地所覆壓，爲鬼爲泥，亦不得成其爲倒生倒長之安立矣。[117]

---

[112] 楊光先，《不得已》，收入：吳相湘主編，《天主教東傳文獻續編》冊三（臺北：臺灣學生書局，1986），頁1193-1194。

[113] 楊光先，《不得已》，頁1201。

[114] 楊光先，《不得已》，頁1201-1203。

[115] 楊光先，《不得已》，頁1203。

[116] 楊光先，《不得已》，頁1204。

[117] 楊光先，《不得已》，頁1205-1206。

不但地無法安著，人還必須倒立，但如此一來，在下之人便被壓成肉泥。楊光先總結道：「可以見地水之相著，而大地之不浮於虛空也，明矣。」[118] 不但如此，根據楊氏的看法，如果地為圓形，那麼應當不會有月相的變化：

> 大地如毬，以映天三百六十之全度，則月亦如毬，亦當全映日之光，而無晦朔弦望之異矣。[119]

楊光先認為月無光，映日之光為光。望之時，日降月升，故月之一面得以全映日之光；而合朔之時，日月同出於東方，故月背受光，而地上不見月。他並認為地如為圓形，便會遮著太陽，以此反駁地圓之說。這樣的批評，乃因為傳統宇宙觀中，地、月、日的距離比西方天文學中的數值小了很多。除了批評地圓外，楊光先並提出自己的宇宙觀：

> 天之一氣渾成如二碗之合，上虛空而下盛水，水之中置塊土焉，平者為大地，高者為山嶽，低者為百川，載土之水即東西南北四大海，天包水外，地著水中，天體專而動直，故日月星辰繫焉，地靜翕而動闢，故百川之水輸焉，水輸東注，洩於尾閭，閭中有氣機，為水所沖射，故輪轉而不息，而天運以西行，此動闢之理也。尾閭，即今之弱水，俗所謂漏土是也。[120]

楊光先所提出的宇宙圖像承襲自傳統的宇宙觀，但楊光先顯然認為這樣的宇宙觀才是「事實」。

楊光先如此系統性地批判湯若望的地圖，大概連傳教士都很難想像。對傳教士而言，人之倒立、水之附土以及地之安著，他們都已解釋過了。在地球另一端的人，並不會倒立。傳教士認為以自己的旅行經驗，或以人為中心，定義上下，都可以解釋倒立的問題。至於水之附土以及地之安著，皆可用四行的理論加以說明。但這些解釋都不能滿足楊光先所提議的「實驗」。至於傳教士視為地圓的證據，如時差、里差等，楊光先也都加以否認。楊氏辯稱二百五十里而差一度，根本是湯若望為了說地之圓周九萬里 (250×360=90,000)，而定出的常數。[121] 依據羅經，天周卻是三百六十五度四分之一，而不是三百六十度。從現

118 楊光先，《不得已》，頁1207。

119 楊光先，《不得已》，頁1209。

120 楊光先，《不得已》，頁1206-1207。

121 傳教士依測繪而得出緯度一度二百五十里的常數，據此而算出地的圓周九萬里。但楊光先卻作出了相反的推論，認為傳教士是先誇口地之圓周九萬里，才湊出緯度一度二百五十里的數值。

代人的眼光來看，天周分爲三百六十五度四分之一，或三百六十乃是人爲的區劃。但對楊光先而言，他看到的是違反「古先聖人之法」，除了傳統中國劃分天周的方法，傳教士無論如何劃分天周，都不可能是正確的。[122] 傳教士常謂自己九萬里梯航來華，但楊光先卻從湯若望的地圖上看到從歐洲入華頂多也不過是繞地球半圈（即四萬五千里）。他認爲傳教士太誇張了，果如傳教士所言，西洋人「定當撐破天外矣。」

從現代人的角度來看，楊光先有趣的論證不值一哂，因爲他對人類文明史上的地理大發現，一無所知。雖然傳教士也曾利用世界地圖說明他們的航程，但楊光先只管依著地圖，直觀地計算歐洲到中國的距離。他對地圓說的其他批評也都是依據直觀經驗而來，對楊氏而言，時差的問題根本無法驗證，因爲一個人無法同時在兩個不同的地方出現。里差的現象雖然較易觀察到，但他根本否認了傳教士繞行地球一週，東行來華的可能性。至於楊光先所提出的棘手問題，地球上的人何以不會傾側，及海水何以不會溢出，對於不是活在四行世界觀的人來說，殊不可解。因此，對楊光先而言，傳教士對於地圓的解釋完全沒有效力，二者存在著無法跨越的鴻溝。

楊光先倒是可以承認利瑪竇早先提出來「天圓地方」指的是天地之德，但楊氏對此也有相當不同的解讀，他說：

> 天德圓而地德方，聖人言之詳矣。輕清者上浮而爲天，浮則環運而不止；重濁者下凝而爲地，凝則方止而不動。此二氣清濁，圓方動靜之定體。豈有方而亦變爲圓者哉。[123]

和傳教士相同，楊光先亦同意地是不動的，但楊氏的論斷卻是在傳統陰陽與氣的宇宙觀下所得的結論，據此，地只可能是方，而不能爲圓。利瑪竇以地德爲方說明地不動，和形無關；楊光先卻將之指實，只有方的地才能有靜之德。從傳統的宇宙觀看來，楊光先並沒有錯。

除了曆算上的理由外，楊光先還從中國文化優位的角度批判地圓說：

> 中夏在天地之中，其占天度也，宜居正午之位，……明以君位自居，而以中夏爲臣妾，可謂無禮之極矣。……因午丑上下之位推之，則大地如毯，

[122] 楊光先，《不得已》，頁1213-1214。黃一農，〈從湯若望所編民曆試析清初中歐文化的衝突與妥協〉，《清華學報》新26.2(1996)：189-220。

[123] 楊光先，《不得已》，頁1204 -1205。

足心相踏之說，益令人傷心焉。午陽在上，丑陰在下，明謂我中夏是彼西洋腳底所踹之國，其輕賤我中夏甚已。[124]

根據楊光先的世界觀，中國在天地之中，但其在地圖上的呈現，不但不在其位，而反在西洋人的反位。西洋人顛覆中夏的意圖，即表現在地圖上：西洋人將中國人踹於腳下。這樣的論證形式，和他指控湯若望在榮親王葬禮上，反用山向五行如出一轍。[125] 楊光先相當精通風水，在他任職欽天監期間，還曾爲在京的歙縣會館改過門的方向。[126] 因此，他便以自己熟知的知識系統解讀湯若望的世界地圖。曾爲《表度說》作序的熊明遇 (1579-1649) 也曾以傳教士的世界地圖，討論中國在新世界觀中的地位：

中國處于赤道北二十度起至四十四度止。日俱在南，既不受其亢燥，距日亦不甚遠，又復資其溫煖，稟氣中和，所以車書禮樂，聖賢豪傑爲四裔朝宗。……若西方人所處北極出地與中國同緯度者，其人亦無不喜讀書，知曆理。不同緯度，便爲回回諸國，忿鷙好殺。[127]

熊氏從世界地圖中，重新發展出一套看自己和看他人的方式，他以一種類似地理決定論的方式，來論斷世界上不同的種族的優劣。對熊明遇而言，西方的世界地圖只是再度證明了中國的優越位置：中國之所以成爲禮樂之邦，已決定於它的地理位置。然而楊光先讀出來的卻是完全不一樣的訊息，中國和西方正在對反方位，西洋人意圖危害中國。

楊光先對耶穌會士的指控，隨著楊光先的勝利而暫時落幕。楊氏隨即接替了湯若望在欽天監的位置。雖然楊光先精於數術風水，但卻無法掌握曆法。對他而言，欽天監的位置無異是一項負擔。康熙在親政不久後，便插手曆法的問題，耶穌會士南懷仁便藉此機會重新拾回政治舞台。康熙八年 (1669)，楊光先在一連串的測驗失利後，黯然下台，死於返鄉途中。南懷仁重掌欽天監後，隨即寫了《不得已辨》，對曆獄時楊光先所提出的指控逐一辯駁。由於楊光先以叛逆的罪名控告傳教士，此舉大大地傷害了傳教士的可信度。在罪名洗清之後，南懷仁也當然要先澄清自己的清白，恢復他人對傳教士的觀感。因此，《不得已辨》一書便是這樣開頭：

---

[124] 楊光先，《不得已》，頁1210-1211。

[125] 黃一農，〈擇日之爭與康熙曆獄〉，《清華學報》新21.2(1991)：247-280。

[126] 徐上鏞，〈續錄義莊合集〉，《重續歙縣會館錄》（北京，歙縣會館，1834），頁1a。

[127] 熊明遇，〈原理恆論〉，《格致草》（美國國會圖書館藏1624年刊本），頁5a-5b。

> 懷仁，遠西鄙儒，靜修學道，口不言人短長。若事關國家億萬年之大典，則不禁娓娓焉，諍而白之。[128]

這段話其實改寫自康熙令南懷仁審查楊光先所編之民曆時，南懷仁覆命的奏疏。[129] 南懷仁很清楚，在面對皇帝時，他和楊光先所爭的不只是曆法的枝節問題而已，而是那個人能較可靠地建立一套曆法。皇帝的信任與否，絕對是成敗的關鍵。既然當時康熙已對楊光先的能力起疑，那麼楊光先所能提出的知識，必然也被皇帝打了折扣。南懷仁的策略是先聲稱自己是個不重現世利益的求道者，只有在爲國服務時才不得不告白。南懷仁以這樣的面貌出現，無非是要取信於讀者，以加強他反駁楊光先時的說服力。

南懷仁在《不得已辨》中的答覆並無新意，不過是重申前人已列舉的理由，甚至書中的圖像說明也和《表度說》相同。南懷仁支持地圓的主要理由有：一、月蝕時，大地的投影爲弧形。二、東、西方月蝕時刻不同。三、人愈居北，所見北極在地平上愈高，反之則愈低。對於地形不平，何能爲圓，南懷仁則答以山谷之度數，與大地的弧度相比甚小。對於人在平地上眼睛所見爲平面，南懷仁仍以地球廣大之故回答。至於海水附地球，何以不溢出。南懷仁仍是以四行說中，重物就下來回答。[130] 事實上，我們也很難期望南懷仁對於地圓的問題，提出新的答案。南懷仁的答案，已是當時西洋人認爲是事實的全部。事實只能信服，沒有什麼可再討論。然而對於活在傳統文化中的士人，地圓即使正確，但如何來理解它，仍是一個問題。

李光地和南懷仁在曆獄結束後不久的一段對談，便明顯地指出傳統士人仍很難掌握地圓的知識。康熙十一年 (1672)，南懷仁告訴李光地，天圓地方是錯的，中國也不在世界之中。南懷仁引用渾天說，謂地如卵黃，既如卵黃，當然不是方形。地既爲圓，那麼地中當在「赤道之下，二分午中，日表無影」之處，他並說自己曾親到此處，以證明自己所言不虛。李光地卻回答：

> 天地無分於方圓，無分於動靜乎。蓋動者其機必圓，靜者其本必方，如是則天雖不圓，不害於圓；地雖不方，不害於方也。且所謂中國者，謂其禮

128 南懷仁，〈不得已辨〉，《天主教東傳文獻》，吳相湘編，（臺北：臺灣學生書局，1964），頁333。

129 黃斐默，《正教奉褒》（上海，慈母堂刊本，1894），頁46b-47b。

130 南懷仁，〈不得已辨〉，頁438-450。

> 樂政教得天地之正理，豈必以形而中乎？譬心之在人中也，不如臍之中也，而卒必以心爲人之中，豈以形哉？[131]

我們不知道南懷仁到底如何看待李光地的回答，但顯然李是站在傳統的宇宙觀中來思考這個問題。地是否爲圓形，對他而言根本不重要。重要的是天地和方圓的象徵意涵；就像中國的優越性，亦不在於是否位居天下之中，而在其禮樂政教之盛。李光地的回答，顯示出當時士人幾乎無法理解地圓的意蘊，更不必說傳教士對地圓的解釋了。

七、新典範的形成與歷史記憶的重構

對傳教士而言，地圓的事實建立在許多其他的事實和理論，如時差、月蝕成因、地理大發現和四行等。這些事實和理論早已是西洋知識圈中人所熟知的常識，和認識世界的基本架構。然而對於不熟悉這些背景知識的中國人，楊光先的質疑仍然需要解答。以往中國文明的優越性不容置疑，但現在卻必須在西方的世界地圖上重新定位。尤其在楊光先失敗後，滿洲皇帝已承認新法的正統地位，這無異是宣稱西洋曆法的確較爲優異。新法既成爲正統，逼得中國的曆算家再也無法迴避新法和中國曆算傳統之間的關係。更何況許多中國的曆算家，在學習新法之後，也發現新法的數表、計算工具乃至儀器，都有過人之處。然而，在中國傳統的曆算文化中，曆法源於古聖，用在敬授民時。承認了西洋曆法的優越性，如何安置制曆古聖的地位，便成了一個必須回答的問題。如此一來，曆法不再只是純粹知識上的問題，而是如何在新的世界觀中，看待中國的文化傳統。楊光先所提出的問題，從質疑地圓的可靠性，到如何看待華夏的地位，乃至誰應當掌握曆法知識（是西洋專家或是儒士？），這無異在問，什麼是合理的天朝秩序。他的問題，在現代人看起來也許可笑，但卻是後來曆算家必須思考的問題。十七、十八世紀的曆算家，畢竟和彷彿與世隔絕的現代科學家不同。現代科學家可以專業的理由，拒絕在其專業領域中談論乃至思考現實世界秩序的問題，以更凸顯其專業性格。但十七、十八世紀許多考證學家兼研曆算，他們都是有科名，有社會地位的儒士。身爲文化的傳承者，與社會秩序的中堅，但服務於一個以西洋曆法爲正統的滿人朝廷，曆法的社會與政治意涵到底是什麼，成爲他們不斷思索的問題。

---

[131] 李光地，〈記南懷仁問答〉，《榕村集》，《四庫全書》冊一三二四，頁809。

回到中國的曆算歷史中找解答是關心曆算士人們的答案：[132] 重新解讀以往的曆算典籍，以挽合西洋曆算中的知識和古聖先王流傳下來的曆法文化。在這個歷史記憶的重建工程中，梅文鼎是關鍵人物，文鼎的孫子梅瑴成則將梅文鼎的觀點在京城的考證學圈中大加宣揚，到了阮元編輯《疇人傳》的十九世紀初葉，這一歷史記憶的再造工程已大致完成。直到清朝和儒家文化逐漸崩潰以前，有關外國和中國的關係，大致都在相同的思考模式中求解，地圓說不過是這個大文化論述下的一個小問題。

梅文鼎同意地圓的確是西洋測算的基礎，在他爲李光地所寫的曆算入門書《歷學疑問》中，便以南北有里差來證明地圓。對於楊光先所提出海水會溢出地面及人在球面上如何站立的問題，梅文鼎有如下的回答：

> 水之爲物，其性就下，四面皆天，則地居中央爲最下。水以海爲壑，而海以地爲根。水之附地，又何疑焉？[133]

至於人在球體上站立的問題，他認爲各地緯度不一，遙看皆成斜立。「若自京師而觀瓊海，其人立處皆當傾跌。而今不然，豈非首戴皆天，足履皆地，初無欹側，不憂環立歟？」[134] 梅文鼎的回答比傳教士以四行說來解說地圓還更模糊。有關海水溢出地面，他只能以水性就下，而地在最下，故水附於地。至於人如何在球面上站立，他更是無法回答，只能以經驗上並未看到人傾側，來否定弧度上的人皆應傾倒。他隨即又以人之所戴即天頂，來說明人不倚側的經驗現象。這和利瑪竇以人首所頂，人足所立來定義上下是一樣的。爲了取信於人，梅文鼎隨之又徵引了《大戴禮》、《內經》、邵雍、程頤以及《元史》

---

[132] 這即是所謂的「西學中源」說。有關「西學中源」說的研究相當多，見：李兆華，〈簡評「西學原于中法」說〉《自然辯證法通訊》1985.6：45-49。江曉原，〈試論清代「西學中源」說〉《自然科學史研究》1988.2：101-108。陳衛平，〈從「會通以求超勝」到「西學東源」說——論明末至清中葉的科學家對中西科學的關係的認識〉《自然辯證法通訊》1989.2：47-54。劉鈍，〈清初民族思潮的嬗變及其對清代天文數學的影響〉《自然辯證法通訊》1991.3：42-52。劉鈍，〈清初曆算大師梅文鼎〉《自然辯證法通訊》1986.1：52-64。王揚宗，〈康熙、梅文鼎和「西學中源」說〉《傳統文化與現代化》1995.3：77-84。王揚宗，〈西學中源說在明清之際的由來及其演變〉《大陸雜誌》90.6 (1995)：39-45。

[133] 梅文鼎，〈歷學疑問補〉，《梅氏叢書輯要》（臺北：藝文印書館，1971年影印同治13年版），46:20b。案：「歷」當爲「曆」，因避乾隆諱而改。

[134] 梅文鼎，〈歷學疑問〉，《梅氏叢書輯要》，46:20b-21a。

〈天文志〉的說法，以明地圓之說古已有之。[135] 梅文鼎的談法清楚地使我們看到，傳教士的四行說對於中國士人而言並不是一種文化資源。由於中國不曾有類似的理論，一般的中國士人無法理解這些概念，因而無法使用四行來解釋地圓。梅文鼎只得從傳統的文化資源中，引用古籍，以為地圓說提供當時人能理解的解釋。

梅文鼎這種比附古典的作法並不稀奇。耶穌會士從中國古籍證明「天主」乃中國古人所謂的「上帝」，早已為人所熟知。[136] 利瑪竇在介紹他的世界地圖，和為其地圖題辭者，也早用過這個技法。熊明遇的《格致草》也徵引古代文獻，考信傳教士傳入中國的自然知識。然而作為曆算家的梅文鼎當然也認識到西洋曆算之所以優異，不在於它有地圓之說，而是環繞著地圓說，西洋人發展出一套測算方法和儀器。根據梅文鼎的說法，這套測算方法和儀器即存於《周髀算經》。[137]

雖然在《歷學疑問》中，梅文鼎已注意到《周髀》和儀器的關係，但較詳細的討論則見於《歷學疑問補》。梅文鼎首先重申在趙君卿注《周髀》時便已提及三個和地圓有關的現象。一、北極之下有半年白天，半年黑夜；二、北方日中，南方夜半；東方日中，西方夜半；三、地球不但有寒暑的變化，而且北極之冰終年不釋，中衡左右有不死之草。至於為何《周髀》只提到北極? 這是因為中國的聖人只統治北邊。[138] 他因而總結道：《周髀》雖未言地圓，地圓之理早已有之。至於《周髀》的儀器則存於西洋的「渾蓋通憲」（即星盤）。梅文鼎考定所謂「渾蓋通憲」即元代札馬魯丁所製的「兀速都兒剌不定」，而利瑪

135 梅文鼎，〈歷學疑問〉，《梅氏叢書輯要》，46:21a-22b。

136 陳受頤，〈明末清初耶穌會士的儒教觀及其反應〉《國學季刊》5.2(1935)：147-210；方豪，〈明末清初天主教適應儒家學說之研究〉《方豪六十自定稿》，頁219-227。黃一農，〈明末清初天主教的「帝天說」及其所引發的論爭〉，《故宮學術季刊》14.2(1996)：43-75。

137 地圓之說出自《周髀》幾乎已成為標準答案。一七〇九年，康熙與陳厚耀會面時，康熙試其曆算，問陳地圓出自何書，陳即答以《周髀》。陳厚耀曾受學於梅文鼎。阮元，《疇人傳》（臺北：世界書局，1982），頁509-510。

138 梅文鼎，〈歷學疑問補〉，《梅氏叢書輯要》，49:6a-7b。案：其實《周髀》這些推論，完全是在〈七衡圖〉的參考架構下，從七衡的半徑，和太陽在各衡所能照見的距離推算出來。和地圓並沒有直接的關係。相關的計算，見：唐如川，〈對「張衡等渾天家天圓地平說」的再認識〉，頁217-238。

竇之所以不直言，乃是因爲蓋天之學久絕，驟然舉之，人必不信。「渾蓋通憲」的特點在於「以平寫渾」，是一種以投影的方式來表達渾天的裝置。此外，梅文鼎尚考出西人的簡平儀，也是蓋天遺法，與簡平儀相關的割圓八線，也因而古已有之。經由梅文鼎的詮釋，傳統相互矛盾的渾、蓋宇宙觀合而爲一。只是一爲全形，一爲半形投影。梅文鼎對文獻的新詮，融入西洋儀器和算法中，從而加強了他的說服力。

但梅文鼎對渾、蓋的談法，亦非新說。徐光啓早已指出《周髀》中有地圓之理，李之藻說得更仔細。在《渾蓋通憲圖說》中，李之藻開宗明義地說：

> 天體渾圜，運而不息。古今制作，渾儀最肖。就中割圜截弧，即是蓋天。兹爲徑尺之儀，法取平懸。不得不割截算之，然不能離渾天度法。……此渾儀如塑像，而通憲平儀則如繪像。……塑則渾圜，繪則平圜；全圜則渾天，割圜則蓋天。[139]

李之藻因爲利瑪竇所示的平儀，而會通渾、蓋。他說：「假令可渾可蓋，詎有兩天？」[140] 天只有一個，對天的正詮當然也只有一種。但李氏不在渾、蓋二者選擇其一，反倒因爲二者皆無法和西方儀器完全吻合，而使他將兩種理論合爲一體，完全無視於渾、蓋之爭的歷史軌跡。

中國傳統的宇宙論，因地圓與儀器的輸入，而被混同爲一；李之藻、徐光啓和梅文鼎也因而爲《周髀》重新建構了新的歷史。李之藻認爲「蓋天肇自軒轅，《周髀》宗焉……而世鮮習者。」[141] 梅文鼎也認爲《周髀》所述及周公受學商高，雖其說非無所本，可惜殘缺不詳，而「今有甌邏巴實測之算，與之相應……足爲今日之徵信，豈非古聖人制作之精神，有嘿爲呵護者哉？」不但如此，梅文鼎甚至還構設出一套完整中學西傳的歷史過程。[142] 在這樣的詮釋下，西學的輸入，只是印證了古學。傳教士自認爲新的西方曆算，至此全部被翻轉爲舊學。如此對曆算史的重構，使他們將西學納入一個可爲士人所接納的文化歷史框架。

梅文鼎自然也沒忘記楊光先的另一個質疑：如果接受了地圓，如何在新的世界觀中爲中國文化傳統定位。地雖圓形，但中國在渾圜的地球上佔有重要的地位：

---

139 李之藻，〈渾蓋通憲圖說〉，《天學初函》，頁1729-1734。

140 李之藻，〈渾蓋通憲圖說〉序，《天學初函》，頁1713。

141 李之藻，〈渾蓋通憲圖說〉序，《天學初函》，頁1712。

142 梅文鼎，〈歷學疑問補〉，49:11a-15b。

地體渾圜，而中土爲其面，故篤生神聖帝王，以繼天建極，垂世立教。亦如人身之有面，爲一身之精神所聚，五藏之精，並開竅於五官，此亦自然之理也。[143]

中國位於地球的「面部」，因而文化高於其他地區。他並具體舉了三個例證，以明中土之優越。一、中國首重五倫之教。二、語言惟中土爲順，佛語、歐邏巴和日本，語言皆倒。三、他自己也聽過西方人承認，中國文明是他們所經歷的國家中，衣冠文物最盛者。梅文鼎的論證和前引熊明遇的說法有異曲同功之妙。不同的是，熊明遇以緯度來談明朝的優越性，並承認和中國同一緯度的歐洲地區，也可以有一樣的文化成就。熊明遇的看法可能來自傳教士，《寰有詮》謂「天主初所造，以居初人之地，必在中帶。」[144] 但梅文鼎卻回到傳統的感應思想，將大地與人身比附，而賦與居於地球臉部的中國較優越的地位。

梅文鼎對於中國曆算史的重構和中國文明的定位固然是他自得之見，然而他在晚年對這些觀點重新整理寫成《歷學疑問補》，則是相當特殊的政治脈絡下完成。由於李光地的引介，梅文鼎和康熙皇帝在康熙四十四年 (1705) 會面，一連三天在舟中討論曆算問題。雖然討論的內容不得而知，但從梅文鼎的賦詩及《歷學疑問補》的第一問，大體可以推知他們討論的是中、西曆算的關係。[145] 雖然這個問題或許比不上康熙每日所面臨的皇朝大政，卻是從康熙親政之始便使他憂心。自楊光先一案後，中西曆算之爭的陰影始終留在他心中。爲了要能判斷曆法的優劣，康熙在曆獄之後便從西教士學習曆算。[146]

由於康熙接受的是傳教士所教授的曆算學，他對曆算的態度自然也偏向西洋人。[147] 即如地圓一說，他便相信這是西洋人的創舉：

---

143 梅文鼎，〈歷學疑問補〉，49:13b。梅文鼎的看法和前引李光地與南懷仁的對話有類同之處。梅、李二人皆以人身爲喻，討論中國之地位。

144 傅汎際譯義，李之藻達辭，《寰有詮》，6:50a。

145 王揚宗，〈康熙、梅文鼎和「西學中源」說〉，頁77-84。王揚宗，〈西學中源說在明清之際的由來及其演變〉，頁39-45。

146 清聖祖，〈三角形推算法論〉，《康熙帝御製文集》冊三（臺北：臺灣學生書局，1966），19:7b。清世宗，《聖祖庭訓格言》，《四庫全書珍本集成》第八集（臺北：臺灣商務印書館，1972），頁69a-69b。

147 拙著，"Astronomy and Politics," *Storia della Scienza* (Rome: Institvto della Enciclopedia Italiana, forthcoming).

自古論曆法，未嘗不善，總未言及地球。……自西洋人至中國，方有此說，而合曆根。[148]

他並以黑龍江之地舉證：

黑龍江以北地方，日落後亦不甚暗。個半時，日即出。蓋地之圓可知也。近北極，太陽與地平週掩無多也。[149]

有趣的是他雖承認地圓是西洋人傳進來的，卻又曖昧地說：「可見朱子論地則比之卵黃，皆因格物理中得之，後人想不到至理也。」[150] 康熙承認西方曆算的優越性，但又將其起源引回到中國。這在他的〈三角形推算法論〉也有所陳述：

論者以古法今法之不同，深不知曆。曆原出自中國，傳及於極西，西人守之不失，測量不已，歲歲增修，所以得其差分之疏密，非有他術也。[151]

康熙以西洋曆算較優，為他採行西法之理據；以西方曆算源於中國來防堵像楊光先一般的人對西方曆法的疑慮。身為一位滿洲皇帝，康熙便以這樣巧妙的政治手腕來處理曆法的問題。

然而康熙與西方傳教士的蜜月期在康熙晚年後逐漸變質，尤其是「禮儀之爭」，使得康熙明白即使這些外國傳教士入華多年，許多人仍心向羅馬教皇。[152] 在這個新的情境下，康熙開始培養自己的曆算班底、[153] 開放曆算知識給中國士人，也使得一生不得意的梅文鼎在晚年得到皇帝的青睞，[154]「西學中源」說因而也成為康熙這位滿洲皇帝和梅文鼎這位漢人曆算家對於西洋曆算的一致態度。

---

148 清聖祖著，李迪譯注，〈地球〉，《康熙幾暇格物編譯注》（上海：上海古籍出版社，1993），頁87。

149 清聖祖著，李迪譯注，〈地絶處〉，《康熙幾暇格物編譯注》，頁83。

150 清聖祖著，李迪譯注，〈地球〉，《康熙幾暇格物編譯注》，頁87。

151 清聖祖，〈三角形推算法論〉，《康熙帝御製文集》第3集，19:8b。

152 有關「禮儀之爭」，見：George Minamiki, *The Chinese Rites Controversy : From Its Beginning to Modern Times*, (Chicago: Loyola University Press, 1985), pp.25-76. 羅光，《教廷與中國使節史》（臺北：傳記文學出版社，1983），頁75-169。至於對於這個事件更進一步的細節探討，可參考下列論文集：D. E. Mungello, ed., *The Chinese Rites Controversy: Its History and Meaning*, (Nettetal: Steyler, 1994).

153 Catherine Jami, "Learning Mathematical Science During the Early and Mid-Ch'ing." *Society and Education in Late Imperial China, 1600-1900*, Benjamin A. Elman and Alexander Woodside, eds., (Berkeley: University of California, 1994), pp.223-56. 韓琦，〈李光地在康熙時代的活動及其對科學的影響〉《清華學報》新26.4(1996)：421-445。

154 拙著，"Technical Knowledge, Cultural Practices and Social Boundaries: Wan-nan Scholars and the Recasting of Jesuit Astronomy, 1600-1800," (UCLA, Ph.D. Diss., 1994, UMI), pp.224-239.

梅文鼎和康熙皇帝在康熙四十四年的會面大大提升了梅文鼎的地位。錢大昕 (1728-1804) 稱梅氏的算學爲「國朝第一」；[155] 清末的幼學教科書亦以問答方式，呈現梅氏在清代曆算史中的位置：

問：本朝算學以誰爲最？答：以梅文鼎爲最。[156]

簡潔的問答，勾勒出梅文鼎在清人心目中無以撼搖的地位。在清人的歷史記憶中，因爲梅文鼎和康熙皇帝的直接繫連，而成爲最重要的曆算家。康熙皇帝對梅文鼎的讚賞，轉化爲對梅文鼎的孫子梅瑴成的庇蔭。康熙請梅瑴成到宮中主編《曆象考成》等書，嗣後梅瑴成未經科舉而成進士，都在在顯示了康熙對梅氏子孫曆算成就的肯定。有了皇帝的保證，梅文鼎成了評斷中西曆算問題上高度可信的人，再加上他的孫子在康、雍、乾三朝中的地位，將梅文鼎對曆算的信念，以及他對曆算史的重構，傳遞給新一代的考證學者。

八、考證氛圍下的地圓爭議

明末以來的西方曆算知識，經由《曆象考成》和梅文鼎的著作，成爲乾嘉考證學者的共同遺產，西方曆算的滲透效果可從筆記小說中略窺端倪。紀昀 (1724-1805) 在一條談鬼的筆記中寫到：

人死者，魂隸屬冥籍矣。然地球圓九萬里，徑三萬里，國土不可以數計，其人當百倍中土，鬼亦當百倍中土。何游冥司者，所見皆中土之鬼，無一徼外之鬼耶？其在在各有閻羅王耶？[157]

雖然紀昀並非討論地理或曆算知識，但在他的敘述中，已然視「地球圓九萬里」爲理所當然的「事實」。紀昀又藉著法南墅和一位不知名道士間的對話，進一步澄清地圓的事實，道士謂：

蓋天橢圓如雞卵，地渾圓如彈丸，水則附地而流，如核桃之皺皺。橢圓者東西遠而上下近，凡有九重，……則日月五星各占一重，隨大氣旋轉，……渾圓者地無正頂，身所立處皆爲頂；地無正平，目所見處皆爲平。……湖海之中，四望天水相合處，亦圓中規，是又水隨地形，中高四

[155] 羅士琳，〈疇人傳續編〉，《疇人傳彙編》（臺北：世界書局，1982），頁646。
[156]《幼學中西門徑》（粵東廣智學堂，1898），5:9b。
[157] 紀昀，《閱微草堂筆記》（天津：天津古籍出版社，1994），7: 124。

> 隮之証也。……今所見者是日之影，非日之形。是天上之日影隔水而映，非海中之日影浴水而出也。至日出地平，則影斜落海底，轉不能見矣。儒家蓋嘗見此景，故以爲天包水，水浮地，日出入于水中。而不知日自附天，水自附地。佛家未見此景，故以須彌山四面爲四州，日環繞此山，南晝則北夜，東暮則西朝，是日常旋轉，平行竟不入地。証以今日所見，其謬更無庸辯矣。

在這名道士指出傳統儒者和佛家對於日影現象的一偏之見後，法南墅欲再辯駁。道士卻已預期到法南墅可能的說辭：「子不知九萬里之圍圓，……必以爲人能正立，不能倒立，拾楊光先之說，苦相詰難。老夫慵惰，……不如其已也。」[158] 在這段對話中，楊光先已儼然成爲反對地圓的代表，而楊所持的理由，則成爲當時人反對地圓的共同說辭。

紀昀雖然贊成地圓說，但他絕非西方傳教士的支持者。他說：

> 西洋人艾儒略作《西學凡》，……其致力亦以格物窮理爲要，以明體達用爲功，與儒學次序略似；特所格之物皆器數之末，所窮之理，又支離怪誕而不可詰，是所以爲異學耳。[159]

對紀昀而言，西洋人的學術仍是異端異學。也許這正是爲什麼前引與法南墅對話的人，不是一位西洋人而是一位道士。在佛徒與像楊光先一般的儒者，都無法理解地圓，而紀昀又不願承認西洋知識優越性的情況下，在敘述中搬出土產的道士，似乎成爲合理的選擇，也象徵著地圓的知識可以是土生土長。這樣的故事情節，也彷彿配合著正在擴散中的「西學中源」說。

紀昀這幾條筆記顯示出，居於正統的西洋曆算已慢慢滲透到日常生活中；[160] 但也顯示出雖然西方曆算入華已過百年，其與天主教的關聯，仍爲當時士人所疑忌。這點清楚地表達在《四庫全書總目提要》：

> 西學所長，在於測算；其短則在於崇奉天主，以炫惑人心。所謂自天地之大，以至蠕動之細，無一非天主所手造，悠謬姑不深辨。即欲人舍其父母

158 紀昀，《閱微草堂筆記》，17:430-431

159 紀昀，《閱微草堂筆記》，12:278。

160 西洋宇宙觀的滲透效果亦見於小說。《西遊記》中的天仍以佛教的三十三天與道教的三十三宮爲主，但到了成書於道光年間的《兒女英雄傳》中，天有了縱橫兩軸，縱的是西方的九重天，而橫的仍是三十三天。見：吳承恩，《西遊記》（臺北，華正書局，1978），頁38, 52。文康，《兒女英雄傳》（臺北：三民書局，1976），頁1-2。

而以天主爲至親，後其君長而以傳天主之教者執國命。悖亂綱常，莫斯爲甚，豈可行於中國者哉？[161]

身爲《四庫全書》總纂官的紀昀，「一手刪定，爲《全書總目》」，[162] 也難怪《四庫全書總目》中的立場與他的筆記如出一轍。雖然紀昀在《四庫全書總目》的編纂過程中扮演了重要的角色，但這樣大部頭的書，乃集眾人之力而成，且書中的「節取其技能，禁傳其學術」的觀點又如此一致，[163] 因而《四庫全書總目》的論調，反映了當時能接觸到西學部分士人的集體觀點。

事實上在《四庫全書》未開館前，紀昀身旁便環集了一群著名的考證學者，其中最著名的要算是戴震 (1723-1777) 和錢大昕。乾隆十九年 (1754)，戴震因爭山訴訟逃離他的家鄉休寧，狼狽地抵達北京。錢大昕和戴震見面之後，對他的學識相當欣賞，並將戴震介紹給正在編《五禮通考》的秦蕙田 (1702-1764)，戴震因而與當時在京的著名考證學者相識。[164] 次年，紀昀爲戴震出版《考工記圖注》，這段因緣爲日後戴震參與《四庫全書》的編纂埋下伏筆。[165]

錢大昕早年曾研究過曆算，同時也是楊光先的同情者，後來在京時更和何國宗一起討論梅文鼎的作品。也因此機緣，其後蔣友仁 (Michel Benoist, 1715-1774) 譯《地球圖說》，將克卜勒 (Johannes Kepler, 1571-1630) 的橢圓軌道理論傳入時，錢大昕還爲此書潤色。[166] 何國宗和梅瑴成是雍正、乾隆兩朝中在曆

---

161 永瑢，《四庫全書總目提要》，頁2770-2771。

162 朱珪，〈協辦大學士禮部尚書文達紀公昀墓誌銘〉，收入：錢儀吉編，《碑傳集》冊三(北京：中華書局，1993)，頁1089。

163 有關《四庫全書》對於西學的態度，見：計文德，《從四庫全書探究明清間輸入之西學》(臺北：漢美圖書有限公司，1991)，頁360-378。

164 戴震抵達北京的日期向有二說：戴震年譜的作者段玉裁認爲，戴震在乾隆二十年時方至北京，然據錢穆與余英時二先生之考定，則戴震在乾隆十九年便已至京。據錢大昕的日記，當以錢、余之說爲當。案：錢大昕於戴震初入京時便與之認識，且記載此事於日記中，當較可信。段說見：段玉裁，《戴東原先生年譜》，收入：戴震，《戴震集》(臺北：里仁書局，1980)，頁459-460。錢、余說，見：余英時，《論戴震與章學誠：清代中期學術思想史研究》(臺北：華世出版社，1980)，頁153。

165 段玉裁，《戴東原先生年譜》，頁459-460。錢大昕，〈戴先生震傳〉，《潛研堂集》(上海：古籍出版社，1989)，頁710-716。

166 錢大昕、錢慶曾校著，〈竹汀居士年譜〉，《錢大昕讀書筆記廿九種》冊三(臺北：鼎文書局，1979)，頁21, 24。錢大昕認爲楊光先不精推步之學，但其駁斥異教，和反對曆面上「依西洋新法」，則值得大加稱美。錢大昕對楊光先的看法，也成爲後來《疇人傳》中對楊光先的評價。錢大昕著、何元錫編次，〈竹汀先生日記鈔〉，《錢大昕讀書筆記廿九種》冊三，楊家駱編，(臺北：鼎文書局，1979)，頁22。

算方面最重要的漢人官僚，兩人過從甚密，而且曾合作過編纂曆算方面的書籍，[167] 梅瑴成更是梅文鼎「西學中源」說的忠實信徒與提倡者。在這樣的學術氣氛下，錢大昕對曆算的看法和他們相去不遠。錢大昕的觀點在一封給戴震的信中表現得很清楚。在這封給戴震的信中，錢氏批評江永過信西法，爲西人所愚，並盛讚梅氏祖孫的成就。[168] 雖然我們不知戴震如何回信，但錢大昕的觀點對戴震似乎頗有影響，才會促成日後戴震將考證學與西學融爲一爐，重鑄傳統曆算辭彙，使西方的概念，看起來像中國古已有之，這也使戴震的曆算學有「西學中源」的味道。[169] 另外，戴震也是《四庫全書》天文算法類的重要纂修官。他對西方曆算的觀點，自然也形塑了《四庫全書總目提要》的天文算法類提要。[170] 透過梅瑴成和錢大昕、戴震兩代學者的努力，梅文鼎的觀點，形塑了考證學圈對中國和西方曆算傳統的態度。

錢大昕的影響力尚不止於此，他的弟子談泰是阮元編輯《疇人傳》時的得力助手。《疇人傳》可以算是中國第一部科學史，也是清代中期在考證學圈的曆算學者對明末清初以來西方曆算的總結評價，和對中國曆算傳統的重新檢討。[171] 該書對西學的觀點，和《四庫全書總目提要》中對西學的觀點如出一轍，是在同一學術社群中，相同歷史意識下的作品。後來清代的學者尚不斷重編《疇人傳》，而許多考證學者也成爲疇人傳統中人。

不僅梅文鼎所構設出來的曆算史，成爲清代曆算家的主要歷史記憶；他對中西曆算的態度，也在後來清代的曆算家心中留下烙印。除了像「西學中源」一類的大觀點外，他對地圓的談法，也是往後曆算學者的共同遺產。著名的考證學者如江永、戴震都承認地圓之說，而梅文鼎的說法都是他們立論的重要依

---

167 何國宗之傳，見：阮元，《疇人傳》，頁518-522。

168 錢大昕，〈與戴東原書〉，《潛研堂集》，頁595-597。

169 關於戴震如何融合考證學、曆算並在其中討論義理的問題，見：拙著，"Western Astronomy and Evidential Study: Tai Chen on Astronomy," *Proceedings of the 8th International Conference of Science, Technology and Medicine in East Asia*, (forthcoming). 關於戴震與「西學中源」的討論，亦見：川原秀城，〈戴震の西洋曆算學〉，《中國思想史研究》12 (1989)：1-35。

170 錢寶琮，〈戴震算學天文著作考〉，《錢寶琮科學史論文選集》（北京：科學出版社，1983），頁151-174。錢先生並推測天文算法部之提要實出戴震之手。

171 傅祚華，〈疇人傳研究〉，《明清數學史論文集》，梅榮照編，（南京：江蘇教育出版社，1990），頁219-260。

據。江永論地圓除了引用常爲人知的里差、時差和月蝕爲證外，他還引了梅文鼎對地圓的論證，包括《周髀》已知地圓，及梅氏所曾徵引的古籍。重要的是，江永雖然心傾西學，但他還是引用了梅文鼎論中土優越的說法。對江永而言，梅文鼎的論證已解決了中國在新世界觀中的地位。即使中國的曆算傳統不如西方，並不因此折損中國文化的優越。此外，他還引了《職方外紀》在地兩端打一通道，從兩頭擲石，則石停於地心的說法，以說明地球乃「大氣舉之」（語見《內經》）。[172] 江永以大氣舉地球，解決了楊光先「地如爲球如何在虛空中安著」的質疑。這個論點，算是江永的創舉，但和西方四行說的原意相去甚遠。戴震對地圓的看法，也多襲自江永和梅文鼎。[173] 梅文鼎的看法，便在大家不斷援引下，在曆算家之間擴散，[174] 形成了清代曆算家對於傳統曆算史的獨特解釋。在這一歷史詮釋下，西方的曆算觀念，融入原來中國的曆算傳統，成爲可被接受，並可再發展的新典範。也由於這個特殊的歷史解釋，引領著新一代的曆算家，重新探求中國原來的曆算傳統。這一研究取向，從校刊古代的曆算典籍開始，到重探古曆算的問題（如天元術等），並將西算用在這種「考古」工作上，使得乾、嘉時期的曆算學沾滿了考證學的氣息。[175]

考證學不但是一種學術形態，考證本身便是一種知識的表達方式。[176] 引經據典，歸納整理，從資料中建立自己的結論，是考證論述中的基本形式。在考證學者的心目中，典籍中的證據，遠較其他證據更有份量。例如雷學淇在他的《古經天象考》中討論天圜時，他所引用的雖然是西方的九重天模式，但卻重在古書中的記載如何與之相應。[177] 即使連同情楊光先，反對西人的夏炘 (1789-1871)，

[172] 江永，《數學》（上海：商務印書館，1936年影印守山閣叢書本），頁9-13。「大氣舉之」之理由，梅文鼎也用過。

[173] 戴震，〈續天問略〉，《戴震全集》冊一（北京，清華大學，1991），頁298-301。

[174] 根據 Jonathan Porter 對《疇人傳》的分析，清代被援引最多的曆算家在十七世紀是梅文鼎，在十八世紀則分別是江永和戴震，而十九世紀初，則以錢大昕和阮元的影響最大。Jonathan Porter, "The Scientific Community in Early Modern China," *ISIS* 73 (1982): 529-544.

[175] 有關考證學與曆算間的關係，見：Benjamin A. Elman, *From Philosophy to Philology: Intellectual and Social Aspects of Change in Late Imperial China*, (Cambridge, Mass.: Council on East Asian Studies, Harvard University, 1984), pp.180-184. 王萍，《西方曆算學之輸入》（臺北：中央研究院近代史研究所，1972），頁80-88。

[176] Benjamin A. Elman, *From Philosophy to Philology*, pp.171-229.

[177] 雷學淇，《古經天象考》（1893年貴池劉氏刊本），2:1a-3a。

也相信天有九重，因爲九重天說於古有徵。[178] 在考證學的論述中，知識的表達，必須合於考證的形式，地圓的爭議也不例外。

在考證學中有關大地形狀的爭議，要以孫星衍 (1753-1818) 和焦廷琥 (1782-1821) 的辯論最爲有名。《疇人傳續編》對這個事件有如下的記載：

> 陽湖孫觀察星衍，撰〈釋方〉，不信地圓。謂西人誤會《大戴禮》四角不揜之言，而刱地圓之說。……廷琥讀其書，謂古之言天者三家，曰宣夜、曰周髀、曰渾天。宣夜無師承，渾、蓋之說，皆謂地圓。……其說非西人所自刱，并非西人誤會古人之言也。因博搜古籍，合諸家言而臚列之，爲〈地圓說〉二卷。[179]

孫星衍的〈釋方〉雖然辨的是地圓，有趣的是這篇短文也顯示出當時有人將傳統中國宇宙觀中天地萬物間的繫聯建立在地圓之上：

> 有信地圓之法云：凡物形皆圓，人身體皆圓，無所謂方者，即云足方象地，及草木中間有方質者，如益母方竹之類，形亦未嘗不圓，是地圓之說，可以驗人物而信之也。[180]

孫氏對這樣的說法頗不以爲然。他從傳統的宇宙觀出發，引證了《易》、《山海經》、《淮南子》、《周髀》、《大戴禮》、《文子》等，以說明地德必須爲方，才能應萬物。最後並總結道：

> 夫方而模棱，君子惡之，故聖人有不觚之歎。自地圓之說行，則重圓而毀方；自歲差之說行，指分杪以求天地之差忒，則小過足以累賢才，吾懼世道人心之去古日遠也。[181]

孫氏甚至將「地圓」與「地方」之爭增添了道德意涵，孫氏曾「以楊光先之斥地圓，比孟子之距楊朱」。[182] 在孫星衍的心目中，西方曆算即使輸入已過百年，其對傳統社會秩序之顛覆仍不可輕忽。

焦廷琥在嘉慶乙亥年 (1815) 從朋友處得知孫星衍的〈釋方〉，對於孫氏的說法頗不以爲然，他引證了《黃帝內經》、《周髀》、《大戴禮》、《淮南

---

178 夏炘，〈九重天說〉·〈景紫堂文集〉，《景紫堂全書》（1867年刊本），3:15a-15b。

179 羅士琳，〈疇人傳續編〉，頁684。

180 孫星衍，〈釋方〉，《平津館文稿》（臺北：新文豐出版公司，1989年叢書集成續編本據槐廬叢書排印），下：73b-74a。

181 孫星衍，〈釋方〉，《平津館文稿》，下:75a。

182 羅士琳，〈疇人傳續編〉，頁684。孫星衍的觀點可能引自錢大昕。雖然孫、錢二人在曆算上對於太陰的問題也有所爭議，但對楊光先的態度卻如出一轍。

子》及《晉書・天文志》中的諸家說法；經注中則取《尚書正義》、《書經集注》；理學家則取邵、張、程、朱之說，以明「蓋聖賢授受之要旨，師儒講論之微言，莫不以爲地圓，若謂西人所創，亦不考之甚矣。」至於西人之說，焦氏則引了《乾坤體義》、《簡平儀說》、《表度說》、《天問略》、《職方外記》、《地球圖說》，以明「西人之說，皆前人所已言者，西人第闡而詳之耳。謂地圓之說爲西人所創固非，又謂西人誤會古人之說亦非也。」[183]

儘管焦廷琥對地圓的意見，在清代算是主流，但孫星衍和焦廷琥在後來續編《疇人傳》時，都成爲疇人系譜中的一員。在今天科學史教科課書的纂寫標準裡，孫星衍對於地圓的「錯誤」觀點便足以使他在科學史中除名。但在考證學的論述中，判別孰有能力討論地圓問題，不在於其觀點如何，而另有其他的標準。

在孫星衍與焦廷琥的論辯中，最值得注意的是二者關注的焦點並非地圓的現象在自然界如何表現，而在於文獻中如何討論大地形狀。二人甚至還同引《大戴禮》中〈曾子天圓〉的證據，但卻賦予不同的解釋。儘管二人的論點南轅北轍，在考證學的論述裡，存在於書中的證據才是裁定論證有效性的標準，只要能引經據典說明自己觀點的人，便是考證學圈中的合格成員。焦、孫二人的論辯顯示出，在考證學興起之後，地圓的論辯便深深地嵌入考證學的論述中。參與論辯的人，必須以考證的形式來表達地圓的論辯。

此外，不論孫星衍與焦廷琥對於中國古人所論究竟地是圓還是方，重要的是兩人皆認爲古人所論爲是。孫氏認爲大地爲方乃古聖先賢代代相傳之「事實」，見載於簿書，不過因西洋人誤讀古典，致生出地圓說之種種誤會；對於焦氏而言，地圓之說亦爲古人所傳之「事實」，西人不過承襲而闡明之。不論西洋人是誤解或承襲，「事實」皆站在中國古聖先賢這一邊，並見載於文獻。這樣的談法，顯然是在「西學中源」說下形成的。「西學中源」說成爲考證學者討論地圓或曆算問題時所預設的「歷史事實」，並依據建構這一「歷史事實」的文獻，來考據大地之形狀究竟爲何。「西學中源」同時也是在考證論述中討論地圓或曆算問題時的價值判斷：西洋人所知的關於大地的「事實」源自中國，這說明了中國在世界文明中較爲優越的位置。[184]

---

[183] 焦廷琥，《地圓說》(北京故宮博物院抄本)(原書無頁碼)。筆者感謝自然科學史研究所韓琦先生提供這份難得的資料。

[184] 阮元爲《地球圖說》所寫的序也清楚地顯示了這一點。

孫星衍與焦廷琥二人的論辯說明了在考證學興起後，有關地圓爭議的變化。在考證學的論述中，地圓的爭議必須藉由引經據典來表達；而「西學中源」則是地圓爭議的歷史標準和價值判斷。對於清代的士大夫而言，將地圓的爭議置於考證學的論述中，一直到清末沒有什麼太大的改變。稍晚於孫、焦二人的俞樾 (1775-1840) 雖自認在地理知識上高於前輩，並從緯書中重新建構「蓋地論」（即地圓如蓋），且將他所徵引的資料擴大到類書與佛經，以明地圓之理，但他的論證方式仍未脫離考證學的藩籬。[185]

另外，在《清史稿》〈天文志〉中，引證了《黃帝內經》、《大戴禮》、邵子、程子、朱子之說以明地圓之理，[186] 其論證方式也和焦廷琥沒有什麼不同。和《明史》〈曆志〉相較，《清史稿》〈天文志〉有關「西學中源」的說法也很類似。《明史》〈曆志〉謂：「地圓之理，正方之法，皆不能出《周髀》範圍，亦可知其源流之所自矣。」[187] 雖然從明末到清末相去二百餘年，兩朝正史對於「西學中源」的談法竟然如出一轍。這是因爲在明史複雜的編纂過程中，〈曆志〉的寫作最後落到梅瑴成身上。他將其承襲自祖父梅文鼎的歷史觀點，加諸明朝的改曆過程，並以此解釋西洋人在改曆過程中的地位。[188]《清史稿》〈天文志〉中的陳述則代表了梅氏的歷史觀點透過考證學對後世所產生的影響。雖然同爲「西學中源」，《清史稿》〈天文志〉在民初民族主義興起的歷史脈絡中，重新肯定了「西學中源」和中國文化的優越位置。只是這個時候，西方近代科學挾著帝國主義的威勢，即將橫掃中國。《清史稿》中關於地圓的陳述，正爲士大夫討論科學問題的方式和時代劃下句點。

九、尾聲

本文追溯了從明末到清中葉地圓說傳入中國的歷程，並試圖呈現在不同時期，地圓爭議如何因不同的結構性因素和其中各種不同勢力間的角量而顯示出

[185] 俞樾，〈蓋地論〉，《癸巳類稿》，頁346-349。

[186]《清史稿》〈天文志〉，頁1010-1011。唯文中引《內經》「大氣舉之也」誤作「大義舉之也」。

[187]《明史》〈曆志〉，頁544。

[188] 韓琦，〈從《明史》曆志的纂修看西學在中國的傳播〉，《科史薪傳——慶祝杜石然先生從事科學史研究40周年學術論文集》，劉鈍、韓琦等編，（瀋陽：遼寧教育出版社，1997），頁61-70。黃雲眉，〈明史編纂考實〉，《明史編纂考》，包遵彭編，（臺北：臺灣學生書局，1968），頁9-52。

不同的風貌。在利瑪竇初入中國時，地圓的問題以地圖的方式呈現。利氏以世界地圖介紹自身所處的世界，也將當時士人引入一個新的世界觀中，但當時的士人則多數將世界地圖視爲像鄒衍的瀛海九州和《山海經》一類的奇聞。對於傳教士而言，天地萬物的終極原因都必須歸諸上帝，而大地之圓乃上帝傑作之一。就信仰而言，傳教士即因地圓和上帝之關連，自須將地圓的談法引入中國。但在引介陌生的地圓說時，利瑪竇也不忘引經據典，以減少士人的疑慮，並將自己形塑爲一個可靠的知識傳遞者。在士人玩賞的心態下，與利氏精巧的裝扮下，地圓並未引起太多的爭議。但當傳教士逐漸以改曆進入朝廷後，地圓爭議的風險便逐漸升高。傳教士將地圓當成曆算中的一個基本假設，並且試圖在這個假設上引入西洋的計算工具和儀器。但這場爭議最後卻以楊光先和傳教士間的惡鬥收場，雙方爭議的重點不在計算與儀器使用的層次上，而是更根本地爭論地圓到底能不能成立。在這一場爭議中，楊光先採行的手段是直觀地否認地圓成立的可能。對於不熟悉亞里斯多德四行說的中國士人，像人如何在地球上直立，不但直觀上不可能，理論上也難以解釋。其次，在雙方交手的過程中，地圓已不僅是一個地理或曆法知識上的問題，也同時涉及了知識傳播者究竟可信度如何，以及中國在新的世界觀中如何定位的問題。爭議地圓戰線的延伸，顯示出知識的社會存在即是人們生活世界中秩序的一部分。對於知識的爭議，即蘊涵了如何建立合理的社會秩序。

地圓的爭議在楊光先時達到最高峰，因爲在宮廷中，曆法要如何設定必須立刻有解答。宮廷成爲戰場，而交手的雙方必須分出勝負。交手的結果，傳教士獲得了勝利。隨著傳教士的勝利，西洋曆算在滿洲朝廷中成爲正統。這個新的結構性因素使得關心曆算的人，不得不正視西洋曆算，並處理西洋曆算的社會意涵。在這個過程中，梅文鼎扮演了最重要的角色。他將西洋曆算定位爲純技術上的問題，並重新建構中國曆算史，使得西洋曆算成爲中法的衍流。這種「西學中源」的談法，使得西洋曆算成爲中國曆算傳統的一部分，而較能爲當時人所接受。在這個大的提法中，梅文鼎引證了中國古籍，以明地圓說古已有之，並以傳統中國感應的宇宙觀收攝地圓說，認爲中國在地球的面部，爲精華之所聚，文化最高。梅文鼎的談法爲由滿人統治的中國在新的世界觀中尋得定位，而去除了西洋曆算和西教之間的勾連。

梅文鼎的談法最後爲康熙皇帝收編。雖然康熙始終承認西方曆算的優越性，但身爲統治中國的滿人皇帝，他不得不顧及如何合理化他採用西方曆算的事實。再加上傳教士因「禮儀問題」，而爭議不斷，更使得康熙懷疑傳教士的忠誠度。因此，他徵召梅文鼎的孫子梅瑴成入宮，和傳教士一起編纂大部頭的《曆象考成》，修訂西洋曆算知識，融會中國曆算傳統，並將之公開給中國士人。而書中作爲聯繫中、西曆算的理論架構則是「西學中源」說。梅瑴成也因爲這個機緣，成爲梅文鼎的繼承人，並將梅文鼎的曆算觀點傳給在考證學氛圍成長下新一代的曆算家。

梅文鼎在皇帝的認可下，被視爲可信度高的知識傳播者，而大部分清代的曆算家也都同意地是圓的。當西方曆算學已成爲他們研究曆算的主要工具時，他們別無選擇，只能接受地圓的說法。儘管他們以西算研究古算，但中西曆算再也無法清楚區分，西方的曆算傳統已成爲中國的一部分。即便如此，不信地圓者，仍大有人在。一位曾向梅文鼎請益的張雍，和梅氏在許多觀點上都可以一致，獨獨在地圓一項無法達成共識。[189] 顯然，地圓說所帶來的文化震撼，仍無法爲一般人所接受。

清中葉以後有關地圓的爭議，以孫星衍和焦廷琥之間的論辯最著名。和楊光先與傳教士之間的爭議不同的是，這場爭議考證意味十足，但並沒有進一步地分出勝負。信地圓者仍自相信，不信地圓者，仍舊活在自己的世界中。這主要是因爲這些兼研曆算的儒士，其曆算工作不在朝廷的體制內進行。任職於欽天監的官吏，必須從自己所主張的觀點，從事實際制曆的工作，其工作成果立刻受到評判。以儒士身分爲主的曆算家則否，不論其主張爲何，都不過是一種意見。不論這種意見能否實踐，對於這些士人的生涯或朝廷都沒有太大的影響。這一結構性的因素，使得地圓說在一種信者自信，不信者自不信的情況下流傳。大體而言，對於真正實地操作運算的人，大致都能接受地圓的想法。但不從事計算、或不使用西方計算工具或儀器的人，天圓地方的傳統世界觀，仍是一般士大夫從古典中最容易接觸到的觀念。至於一般的民眾，可能根本不知道這些爭議，也不關心。畢竟在日常生活中，地是圓是方，根本無關緊要。[190]

---

189 江曉原，〈明清之際中國人對西方宇宙模型之研究及態度〉，《近代中國科技史論集》，頁49。

190 在周作人的回憶錄中記載著一位教漢文的老夫子謂：「地球有兩個，一個自動，一個被動；一個叫東半球，一個叫西半球。」似乎到了清末，對於地球爲何，恐怕多數人仍不甚了解。周作人，《知堂回想錄》（臺北：龍文出版社，1989），頁130。筆者感謝劉季倫先生提供此一資料。

地圓說雖然爲一部份士人所接受，但他們所接受的地圓觀念與傳教士所理解的地圓說，已有一段差距。傳教士的地圓說一直是奠基在亞里斯多德四行說的基礎上；但中國士人所理解的地圓說卻是一直在「西學中源」說的經典傳統中。不論是西方或是中國，地圓說從來就不是關於物理大地的單獨陳述。它總是和其他的陳述互相撐持，形成一組意義的網絡，使得地圓的現象可以被解釋，並在某一文化傳統中獲得合法性。雖然西方的儀器和算法，提供了雙方就地圓觀念局部溝通的可能性，但許多無法在中國文化脈絡中成立的陳述則必須在中國的文化脈絡中重構，以使地圓說取得合法性。在這個意義下，中國人所理解的地圓說，已不復是西方的地圓說。光從觀念的移轉去考察跨文化的科技傳播，通常只是讓人看到不同文化之間的誤會；只有考察當時人如何在其歷史文化結構和物質環境（如儀器和算法）中，具體實踐和操作來自異文化的觀念，使局部溝通成爲可能，並爲該觀念取得合法性，才能使我們理解跨文化知識傳播的複雜過程。

不論是贊成或反對地圓說，當時的士人們都意識到了一個新的問題：以中國爲中心的天朝秩序已受到了挑戰。這次的挑戰者不是在漢人眼中直樸無文的北方蠻夷，而是來自海上，擁有漢人前所未知的知識和文明的西洋人。面對西方傳教士，當時的士人不但需要爲中國在新的世界觀中定位，而且也需要護衛天朝秩序賴以奠基的文化傳統。贊成地圓說的士人，以傳統感應的宇宙觀說明中國在地球上的特殊位置，並以「西學中源」說爲制訂曆法的聖人傳統辯護。反對地圓說者，認爲伴隨著地圓說而來的西方宇宙觀，終將顛覆天朝秩序。因此他們不但堅持夷夏之防，而且強調中國在天下之中的中心位置不能改變。這樣的談法，從楊光先到清末的宋育仁、葉德輝一脈相承。[191] 即使到了清末，新的西方科學知識再度傳入，也未能改變這些士人的想法。從這個角度看來，明末以降，關於地圓說的科學論述，也是關於中國傳統及其地位的文化論述。地圓的爭議，已爲中國進入現代世界揭開了序幕。

然而在我們這個時代，地圓說畢竟贏得了最後的勝利。但這不是因爲真理必然戰勝愚昧，更不是因爲相信地圓說者成功地說服了不相信的人，而是因爲相

[191] 宋育仁，《采風記》（傅斯年圖書館藏光緒間刊本），2:9b。筆者感謝劉季倫先生提供此一資料。葉德輝，〈葉吏部與南學會皮鹿門孝廉書〉，《翼教叢編》，蘇輿編，（臺北：台聯國風出版社，1970），頁417-423。

信天圓地方的那個世代，都已逐漸死去。隨著這一代過去的是一個以依賴儒士爲社會中堅，以儒學爲主流價值的舊中國。這一代的士人仍可以在「天圓地方」的宇宙觀內思考自然、文化和社會秩序的問題。但隨著王朝的崩潰，和對傳統文化的質疑，新一代知識人的主流價值是科學，而新建立的國家也不再仰賴儒家士大夫的服務。傳統的知識傳遞者與文化的傳承者，在性質上有了很大的變化。[192] 連知識傳遞的方式和內容也有了很大的不同。是新式教育的普及，把被視爲是科學事實的地圓，經由教育、書籍、衛星圖片與電視傳給了新的一代。在這一結構性的文化變遷中，地球是圓的，逐漸成了新一代中國人的常識。只有像強強這般尚未接受成人世界固定觀念的孩子，還會天真地問：「地球真的是圓的嗎？」

（本文於一九九八年七月二日通過刊登）

192 關於知識傳遞者的變化與知識風格變化間的討論尚不多見，但在繪畫史中，畫家與畫風的轉變，見：石守謙，〈文化史範疇中的畫史之變〉，《風格與世變：中國繪畫史論集》（臺北：允晨文化實業股份有限公司，1996），頁3-15。同書，〈「幹惟畫肉不畫骨」別解〉，頁55-85。

引用書目

一、傳統文獻

《元史》，中央研究院電子文獻資料庫版。

《幼學中西門徑》，粵東廣智學堂，1898。

《周髀算經》，《算經十書》，錢寶琮主編，北京：中華書局，1963。

《明史》，中央研究院電子文獻資料庫版。

《清史稿》，中央研究院電子文獻資料庫版。

文康，《兒女英雄傳》，臺北：三民書局，1976。

王夫之，〈思問錄外篇〉《船山遺書全集》冊十七，臺北：中國船山學會、自由出版社。

王聘珍，《大戴禮記解詁》，臺北：文史哲出版社，1986。

永瑢，《四庫全書總目提要》，臺北：臺灣商務印書館，1965年萬有文庫薈要本。

安居香山、中村璋八編，《重修緯書集成》，東京：明德出版社，1971-1981。

安雙成譯，〈刑部題爲審理傳天主教、置閏、立春、依西洋新法等案事本〉（未刊稿）。

江永，《數學》，上海：商務印書館，1936年影印守山閣叢書本。

艾儒略，〈職方外紀〉，《天學初函》。

艾儒略、盧盤石口鐸，李九標筆記，《口鐸日抄》，傅斯年圖書館藏明崇禎間八卷刊本。

利瑪竇，《坤輿萬國全圖》，北平：禹貢學會，1936年覆刻1602年版。

利瑪竇，《坤輿萬國全圖》，東京：臨川書店，1996年覆刻1602年版。

利瑪竇，《乾坤體義》，《四庫全書》冊七八七。

利瑪竇、金尼閣著；何高濟，王遵仲，李申等譯；何兆武校，《利瑪竇中國札記》，北京：中華書局，1983。

吳承恩，《西遊記》，臺北：華正書局，1978。

宋育仁，《采風記》，傅斯年圖書館藏光緒間刊本。

宋濂，《宋學士全集》，北京：中華書局，1985年叢書集成初編影印金華叢書本。

李光地，《榕村集》，《四庫全書》冊一三二四。

阮元，《疇人傳》，臺北：世界書局，1982。

周作人，《知堂回想錄》，臺北：龍文出版社，1989。

俞樾，〈蓋地論〉，《癸巳類稿》，臺北：世界書局，1980，3版。

南懷仁,〈不得已辨〉,《天主教東傳文獻》,吳相湘編,臺北:臺灣學生書局,1964。

段玉裁,《戴東原先生年譜》,收入:戴震,《戴震集》,臺北:里仁書局,1980。

紀昀,《閱微草堂筆記》,天津:天津古籍出版社,1994。

夏炘,《景紫堂全書》,1867年刊本。

孫星衍,〈釋方〉,《平津館文稿》,臺北:新文豐出版公司,1989年叢書集成續編本據槐廬叢書排印。

徐上鏞,《重續歙縣會館錄》,北京:歙縣會館,1834。

徐光啓,《新法算書》,《四庫全書》,冊七八八。

徐昌治編,《聖朝破邪集》,京都:中文出版社,1972年重刊1856年刊本。

高一志,《空際格致》,《天主教東傳文獻三篇》,吳相湘編,臺北:臺灣學生書局,1966。

張衡,《張河間集》,《漢魏六朝百三名家集》,張溥編,臺北:文津出版社,1979年重刊本。

梅文鼎,《梅氏叢書輯要》,臺北:藝文印書館,1971年影印同治13年版。

清世宗,《聖祖庭訓格言》,《四庫全書珍本集成》第八集,臺北:臺灣商務印書館,1972。

清聖祖,〈三角形推算法論〉,《康熙帝御製文集》冊三,臺北:臺灣學生書局,1966。

清聖祖著,李迪譯注,《康熙幾暇格物編譯注》,上海:上海古籍出版社,1993。

章潢,《圖書編》(傅斯年圖書館藏明天啓三年岳元聲印本)。

傅汎際譯義,李之藻達辭,《寰有詮》,中央圖書館藏崇禎元年刊本。

傅祚華,〈疇人傳研究〉,《明清數學史論文集》,梅榮照編,南京:江蘇教育出版社,1990,頁219-260。

揭暄,《璇璣遺述》,1898年刻鵠齋叢書本。

湯若望,《主制群徵》,《天主教東傳文獻續編》冊二,吳相湘編,臺北:臺灣學生書局,1966,2版。

焦廷琥,《地圓說》(北京故宮博物院抄本)。

陽瑪諾,《天問略》,《天學初函》。

黃宗羲,《明儒學案》冊六,臺北:華世出版社,1987。

黃斐默,《正教奉褒》,上海:慈母堂刊本,1894。

楊光先,《不得已》,收入:吳相湘主編,《天主教東傳文獻續編》冊三,臺北:臺灣學生書局,1986。

葉德輝,〈葉吏部與南學會皮鹿門孝廉書〉,《翼教叢編》,蘇輿編,臺北:台聯國風出版社,1970,頁417-423。

雷學淇，《古經天象考》，1893年貴池劉氏刊本。

熊人霖，《地緯》，美國國會圖書館藏1624年刊本。

熊三拔，《簡平儀說》，《天學初函》。

熊三拔口授、周子愚、卓爾康筆記，《表度說》，《天學初函》，李之藻編，臺北：臺灣學生書局，1964年影印羅馬梵岡圖書館藏本。

熊明遇，〈原理恆論〉，《格致草》，美國國會圖書館藏1624年刊本。

趙友欽，《原本革象新書》，《四庫全書》冊七八六，臺北：臺灣商務印書館影印文淵閣《四庫全書》，1983。

錢大昕，《潛研堂集》，上海：古籍出版社，1989。

錢大昕、錢慶曾校著，〈竹汀居士年譜〉，《錢大昕讀書筆記廿九種》冊三，臺北：鼎文書局，1979。

錢大昕著、何元錫編次，〈竹汀先生日記鈔〉，《錢大昕讀書筆記廿九種》冊三，楊家駱編，臺北：鼎文書局，1979。

錢儀吉編，《碑傳集》，北京：中華書局，1993。

戴震，《戴震全集》冊一，北京：清華大學，1991。

羅士琳，〈疇人傳續編〉，《疇人傳彙編》。臺北：世界書局，1982。

顧炎武，《日知錄集釋》，臺北：臺灣商務印書館，1965年萬有文庫薈要本。

二、近人論著

山田慶兒

1996 〈梁武帝的蓋天說與世界庭園〉，《古代東亞哲學與科技文化——山田慶兒論文集》，廖育群譯，瀋陽：遼寧教育出版社，頁149-179。

川原秀城

1989 〈戴震の西洋曆算學〉，《中國思想史研究》12：1-35。

方豪

1969 《方豪六十自定稿》，臺北：臺灣學生書局。

王立興

1986 〈渾天說的地形觀〉，《中國天文學史文集》第四集，頁126-148。

1989 〈從星圖畫法上看渾天說的兩次建成的先後〉，《中國天文學史文集》第五集，頁182-195。

王揚宗

1995 〈西學中源說在明清之際的由來及其演變〉《大陸雜誌》90.6：39-45。

1995 〈康熙、梅文鼎和「西學中源」說〉《傳統文化與現代化》1995.3：77-84。

王萍

1972 《西方曆算學之輸入》，臺北：中央研究院近代史研究所。

王道還

〈一行論寸影差千里〉（未刊稿）。

石守謙

1996 《風格與世變：中國繪畫史論集》。臺北：允晨文化實業股份有限公司。

石雲里

1994 〈寰有詮及其影響〉，《中國天文學史文集》第六集，頁232-260。

安雙成

1992 〈湯若望案始末〉，《歷史檔案》3：79-87。

江曉原

1991 〈明清之際中國人對西方宇宙模型之研究及態度〉，《近代中國科技史論集》，楊翠華、黃一農主編，臺北、新竹：中研院近史所、清華大學，頁33-53。

1988 〈試論清代「西學中源」說〉《自然科學史研究》1988.2：101-108。

余英時

1980 《論戴震與章學誠：清代中期學術思想史研究》，臺北：華世出版社。

宋正海

1986 〈中國古代傳統地球觀是地平大地觀〉，《自然科學史研究》1986.1：54-60。

李兆華

1985 〈簡評「西學原于中法」說〉《自然辯證法通訊》1985.6：45-49。

李志超、華同旭

1986 〈論中國古代的大地形狀概念〉，《自然辯證法通訊》1986.2：51-55。

李零

1997 〈中國古代地理的大視野〉，《九州》，唐曉峰、李零編，北京：中國環境科學出版社，頁5-18。

1993 《中國方術考》，北京：人民中國出版社。

林東陽

1982 〈南懷仁的世界地圖——坤輿全圖 (1674)〉《東海大學歷史學報》5：69-84。

1983 〈利瑪竇的世界地圖及其對明末士人社會的影響〉，《紀念利瑪竇來華四百周年中西文化交流國際學術會議論文集》，輔仁大學編，臺北：輔仁大學，頁359-375。

林金水

1985 〈利瑪竇輸入地圓學說的影響與意義〉，《文史哲》170：28-34。

林健

1980 〈西方近代科學傳來中國後的一場鬥爭——清初湯若望和楊光先關于天文曆法的論爭〉，《歷史研究》2：25-32。

金祖孟

1986 〈中國古宇宙論研究成果綜述〉，《中國天文學史文集》第四集，中國天文學史文集編輯組編，北京：科學出版社，頁176-181。

1986 〈渾天說的興起和衰落〉，《中國天文學史文集》第四集，頁164-175。

1991 《中國古宇宙論》，上海：華東師範大學出版社。

洪健榮

1996 〈明末清初熊明遇對西方地圓說的反應——《格致草》相關地圓論題的傳承與發展〉，《第四屆科學史研討會彙刊》，龍村倪、葉鴻灑編，臺北：中央研究院科學史委員會，頁107-129。

洪煨蓮

1996 〈考利瑪竇的世界地圖〉，《禹貢半月刊》5.3&4：1-50。

胡同慶

1936 〈「三界九地之圖」內容考證〉，《敦煌研究》1996.4：48-58。

計文德

1991 《從四庫全書探究明清間輸入之西學》，臺北：漢美圖書有限公司。

唐如川

1989 〈對「張衡等渾天家天圓地平說」的再認識〉，《中國天文學史文集》第五集。

海野一隆

1985 〈明・清におけるマテオ・リッチ系世界圖主新史料の檢討〉，《新發現中國科學史資料の研究》，山田慶兒編，京都：明文舍，頁507-580。

祝平一

1997 "Scientific Dispute in the Imperial Court: The 1664 Calendar Case," *Chinese Science*, 14: 7-34.

1994 "Technical Knowledge, Cultural Practices and Social Boundaries: Wan-nan Scholars and the Recasting of Jesuit Astronomy, 1600-1800," UCLA, Ph.D. Diss., UMI.

"Introduction of Knowledge from the West and First Reactions: Astronomy," *Storia della Scienza*. Rome: Institvto della Enciclopedia Italiana, (forthcoming).

祝平一

"Astronomy and Politics," *Storia della Scienza.* Rome: Institvto della Enciclopedia Italiana, (forthcoming).

"Western Astronomy and Evidential Study: Tai Chen on Astronomy," *Proceedings of the 8th International Conference of Science, Technology and Medicine in East Asia*, (forthcoming).

高平子

1987 〈中國人的宇宙圖象〉，《高平子天文曆學論著選》，臺北：中央研究院數學研究所（原文發表於1952年）。

崔朝慶

1965 《中國人之宇宙觀》，臺北：臺灣商務印書館。

張江華

1994 〈明代對月食成因過程的探討及認識〉，《中國天文學史文集》第六集。

曹婉如等

1983 〈中國現存利瑪竇世界地圖的研究〉，《文物》1983.12：57-70, 30。

郭永芳

1986 〈西方地圓說在中國〉，《中國天文學史文集》第四集，北京：科學出版社，頁155-163。

陳受頤

1935 〈明末清初耶穌會士的儒教觀及其反應〉《國學季刊》5.2：147-210。

陳祖武

1992 《清初學術思辨錄》，北京：中國社會科學出版社。

陳衛平

1989 〈從「會通以求超勝」到「西學東源」說——論明末至清中葉的科學家對中西科學的關係的認識〉《自然辯證法通訊》1989.2：47-54。

1992 《第一頁與胚胎：明清之際的中西文化比較》，上海：人民出版社。

陳遵嬀

1980 《中國天文學史》第六冊，臺北：明文書局，影印大陸版。

陳觀勝

1936 〈利瑪竇對中國地理學之貢獻及其影響〉，《禹貢半月刊》5.3& 4：51-71。

傅大爲

1992 〈論《周髀》研究傳統的歷史發展與轉折〉，《異時空裡的知識追逐——科學史與科學哲學論文集》，臺北：東大圖書公司，頁1-68。

黃一農

1996 〈天主教徒孫元化與明末傳華的西洋火砲〉，《中央研究院歷史語言研究所集刊》67.4：911-966。

1991 〈耶穌會士對中國傳統星占術數的態度〉，《九州學刊》，4.3：5-23。

1991 〈康熙朝涉及「曆獄」的天主教中文著述考〉，《書目季刊》25.1：12-27。

1993 〈清初天主教與回教天文家間的爭鬥〉，《九州學刊》，5.3：47-69。

1991 〈清初欽天監中各民族天文家的權力起伏〉，《新史學》，2.2：75-108。

1993 〈清前期對「四餘」定義及存廢的爭執——社會天文學史個案研究〉，《自然科學史研究》12.3：201-210；12.4：344-354。

1991 〈清前期對觜、參兩宿先後次序的爭執——社會天文學史之一個案研究〉，《近代中國科技史論集》，楊翠華、黃一農主編，臺北：中央研究院近代史研究所；新竹：清華大學歷史研究所，71-94。

1990 〈湯若望與清初西曆之正統化〉，《新編中國科技史》下冊，吳嘉麗、葉鴻灑主編，臺北：銀禾文化事業公司，頁465-490。

1993 〈新發現的楊光先不得已一書康熙間刻本〉，《書目季刊》27.2：3-13。

1990 〈楊光先家世與生平考〉，《國立編譯館館刊》，19.2：15-28。

1991 〈擇日之爭與康熙曆獄〉，《清華學報》新21.2：247-280。

黃雲眉

1968 〈明史編纂考實〉，《明史編纂考》，包遵彭編，臺北：臺灣學生書局。

劉鈍

1991 〈清初民族思潮的嬗變及其對清代天文數學的影響〉《自然辯證法通訊》1991.3：42-52。

1986 〈清初曆算大師梅文鼎〉《自然辯證法通訊》1986.1：52-64。

劉凝

《天學集解》。

樊洪業

1992 《耶穌會士與中國科學》，北京：中國人民大學出版社。

鄭文光

1978 〈試論渾天說〉，《中國天文學史文集》第一集，頁118-142。

鄧玉函譯述、畢拱辰潤定

《泰西人身說概》，法國國家圖書館藏抄本 BNP5130。

黎正甫

1967　〈明季修改曆法始末〉，《明清史研究論集》，大陸雜誌社編，臺北：大陸雜誌社，原刊於1963年，252-266。

錢鍾書

1983　《新編談藝錄》，北京：中華書局。

錢寶琮

1983　〈戴震算學天文著作考〉，《錢寶琮科學史論文選集》，北京：科學出版社。

薄樹人

1989　〈再談《周髀算經》中的蓋天說——紀念錢寶琮先生逝世十五週年〉，《自然科學史研究》8.4：197-305。

韓琦

1997　〈從《明史》曆志的纂修看西學在中國的傳播〉，《科史新傳——慶祝杜石然先生從事科學史研究40周年學術論文集》，劉鈍、韓琦等編，瀋陽：遼寧教育出版社，頁61-70。

1996　〈李光地在康熙時代的活動及其對科學的影響〉《清華學報》新26.4：421-445。

羅光

1983　《教廷與中國使節史》，臺北：傳記文出版社。

嚴耕望

1991　〈佛藏中世俗史料三劄〉《嚴耕望史學論文選》，臺北：聯經出版事業公司，556-559。

Aristotle

1984　*The Complete Works of Aristotle*. Princeton: Princeton University Press.

Bernard, Henri

1945　“Les Adaptions Chinoises D’ouvrages Europeens: Bibliographie chronlogique Depuis la venue des Portugais a Canton jusqu’a la Mission Française de Pékin, 1514-1688.” *Monumenta Serica* 10 : 1-57, 309-388.

Biagioli, Mario

1990　“Galileo the Emblem-Maker.” *Isis* 81 : 230-258.

1990　“Galileo's System of Patronage.” *History of Science* 28 : 1-62.

D'Elia, Pasquale M.

1960　*Galileo in China: Relations Through the Roman College Between Galileo and the Jesuit Scientist-Missionaries, 1610-1640*. trans., Rufus Suter and Matthew Sciascia. Cambridge: Harvard University Press.

Elman, Benjamin A.

1984 *From Philosophy to Philology: Intellectual and Social Aspects of Change in Late Imperial China.* Cambridge, Mass.: Council on East Asian Studies, Harvard University.

Findlen, Paula

1991 "The Economy of Scientific Exchange in Early Italy." *Patronage and Institutions: Science, Technology, and Medicine at the European Court: 1500-1750.* ed., Bruce T. Moran. New York: Boydell Press, pp.5-24.

Gernet, Jacques

1980 "Christian and Chinese Vision of the World in the Seventeenth Century." *Chinese Science* 4 : 11-13.

1985 *China and the Christian Impact.* Cambridge: University of Cambridge.

Grant, Edward

1994 *Planets, Stars, and Orbs: Medieval Cosmos, 1200-1687.* Cambridge: Cambridge University Press.

Greenberg, John L.

1995 *The Problem of the Earth's Shape from Newton to Clairaut : the Rise of Mathematical Science in Eighteenth Century Paris and the Fall of "Normal" Science.* Cambridge and New York: Cambridge University Press.

Henderson, John B.

http://www.talkorigins.org/faqs/flatearth.html

1984 *The Development and Decline of Chinese Cosmology.* New York: Columbia University Press.

Jami, Catherine

1994 "Learning Mathematical Science During the Early and Mid-Ch'ing." *Society and Education in Late Imperial China, 1600-1900.* eds., Benjamin A. Elman and Alexander Woodside, Berkeley: University of California, pp.223-256.

Kloetzli, Randy

1989 *Buddhist Cosmology : Science and Theology in the Images of Motion and Light.* Delhi: Motilal Banarsidass, c1983.

Kuhn, Thomas

1970 *The Structure of Scientific Revolutions.* 2nd ed.. Chicago: The University of Chicago Press.

Lindberg, David C.

1992 *The Beginnings of Western Science.* Chicago and London: University of Chicago Press.

Menogon, Eugenio

1995 "Yang Guangxian's Opposition to Adam Schall: Christianity and Western Science in his Work *Bu de yi*."《宗教與文化論叢》，陳村富編，北京：東方出版社，頁246-249。

Minamiki, George

1985 *The Chinese Rites Controversy : From Its Beginning to Modern Times.* Chicago: Loyola University Press.

Mungello, D. E., ed.,

1994 *The Chinese Rites Controversy: Its History and Meaning.* Nettetal: Steyler.

Needham, Joseph

1958 *Chinese Astronomy and the Jesuit Mission: An Encounter of Cultures.* London: The China Society.

Peterson, Willard

1986 "Calendar Reform Prior to the Arrival of Missionaries at the Ming Court." *Ming Studies* 21: 43-61.

1973 "Western Natural Philosophy Published in Late Ming China." *Proceedings of the American Philosophical Society* 117.4 : 295-322.

Pingree, David

1981 "History of Mathematical Astronomy in India." *Dictionary of Scientific Biography*, vol. 15 & 16, ed., Charles Coulston Gillispie. New York：Charles Scribner's Sons, pp.554-555。

Porter, Jonathan

1982 "The Scientific Community in Early Modern China." *ISIS* 73 : 529-544.

Ptolemy, Claudius

1987 *The Almagest*, trans., R. Catesby Taliaferro. Chicago: Encyclopaedia Britannica, 1952, 29th printing.

Ronan, Colin A.

1961 *Changing Views of the Universe.* London：The Scientific Book Club.

Russell, Jeffrey Burton

1991 *Inventing the Flat Earth: Columbus and Modern Historians.* New York: Praeger Publisher.

Shapin, Steven

1994 "The Great Civility: Trust, Truth, and Moral Order." in *A Social History of Truth: Civility and Science in Seventeenth-Century England.* Chicago and London: The University of Chicago Press, pp.3-41.

Shapin, Steven

1994 "A Social History of Truth-Telling: Knowledge, Social Practice, and the Credibility of Gentlemen." in *A Social History of Truth*. pp.65-125.

1994 "Knowing about People and Knowing about Things: A Moral History of Scientific Credibility." in *A Social History of Truth*. pp.243-309.

Sivin, Nathan

1969 "Cosmos and Computation in Early Chinese Mathematical Astronomy." *T'oung Pao* 15.1-3 : 1-73.

Walravens, Hartmut

1991 "Father Verbiest's Chinese World Map (1674)." *Imago Mundi* 43 : 31-47.

The Formation of Factual Knowledge in Trans-cultural Scientific Transactions: The Debate over the Sphericity of the Earth in China, 1600-1800

Pingyi Chu

Institute of History and Philology, Academia Sinica

Focusing on the debate over the sphericity of the earth in China during the seventeenth and eighteenth centuries, this paper examines the process of the formation of factual knowledge, which often constitutes the order of the external world as natural, in a cross-cultural context.

My main arguments are as follows. First, trust plays an important role in knowledge transmission. Those who disagreed with the theory of the sphericity of the earth often dismissed the arguments of missionaries by simply saying that the foreigners were untrustworthy. On the contrary, Matteo Ricci had to cultivate literati's trust by citing classics, mobilizing the endorsement of prominent figures and incorporating the theory of the round earth into astronomical instruments and calculating tools. Second, though people in different cultures may have incommensurable worldviews, this does not preclude the possibility of partial communication between different cultures. In the case of the debate over the sphericity of the earth, astronomical instruments and calculating tools partially bridged the cultural incommensurability. Those who adopted Western astronomical instruments and calculating tools employed these instruments and tools as a common measurement to understand the alien concept of the round earth. Third, alien concepts such as the four elements and the experience of navigation did not serve as effective cultural resources to convince Chinese literati of the spericity of the earth. Fourth, as a result, the legitimacy of factual knowledge such as the Western concept of the sphericity of the earth has to be reconstructed in an alien environment. The theory of the Chinese origin of Western learning was fabricated within such a context. Fifth, debate over factual knowledge has social and cultural implications. Thus, the debate over the sphericity of the earth involved not only how the phenomenon could be understood but also how the position of Chinese empire was to be located in the new cultural atlas. Sixth, the sphericity of the earth finally became common sense for the Chinese largely due to the political and cultural transformation of modern China. It is the modern educational system and a state which no longer relied on Confucian literati for its main cultural and bureaucratic force that imposed the spherical earth as a fact on the minds of the modern Chinese.

Keywords: trust, Jesuits, Chinese origin of Western learning, Yang Guangxian, Mei Wending

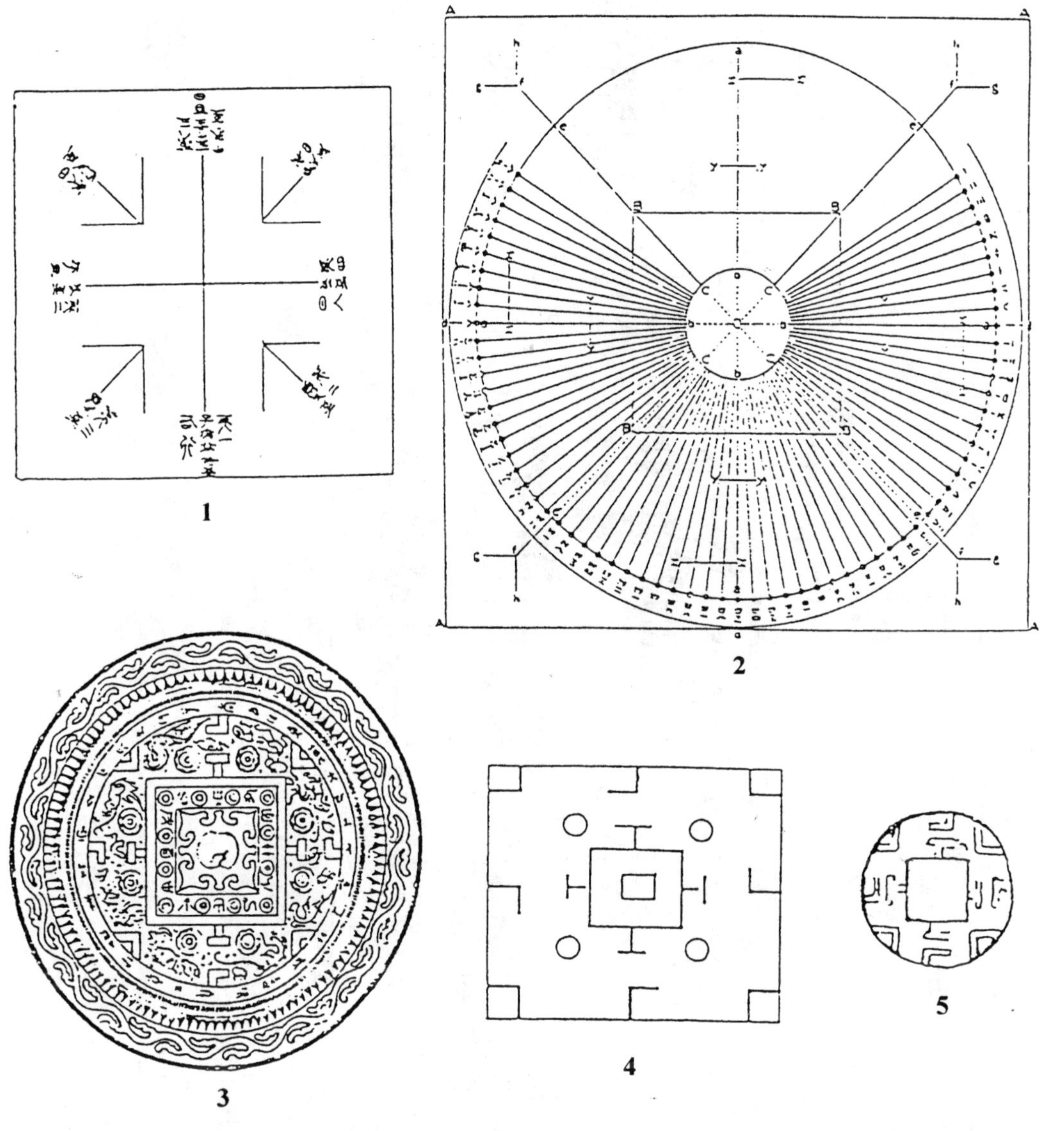

1. 栻盤（《九州學刊》4.1：8）
2. 日晷盤面（劉復，〈西漢時代的日晷〉，頁16）
3. 規矩鏡（孫機，《漢代物質文化資料圖説》，北京：文物出版社，1991，頁271）
4. 六博盤面（《考古學報》1986.1：24）
5. 漢代厭勝錢上的TLV紋（《中原文物》1988.3：79）。

圖一：古人宇宙觀中地方的表現

轉引自：李建民，〈馬王堆漢墓帛書「禹藏埋胞圖」箋證〉，
《中央研究院歷史語言研究所集刊》65.4 (1994)：828。

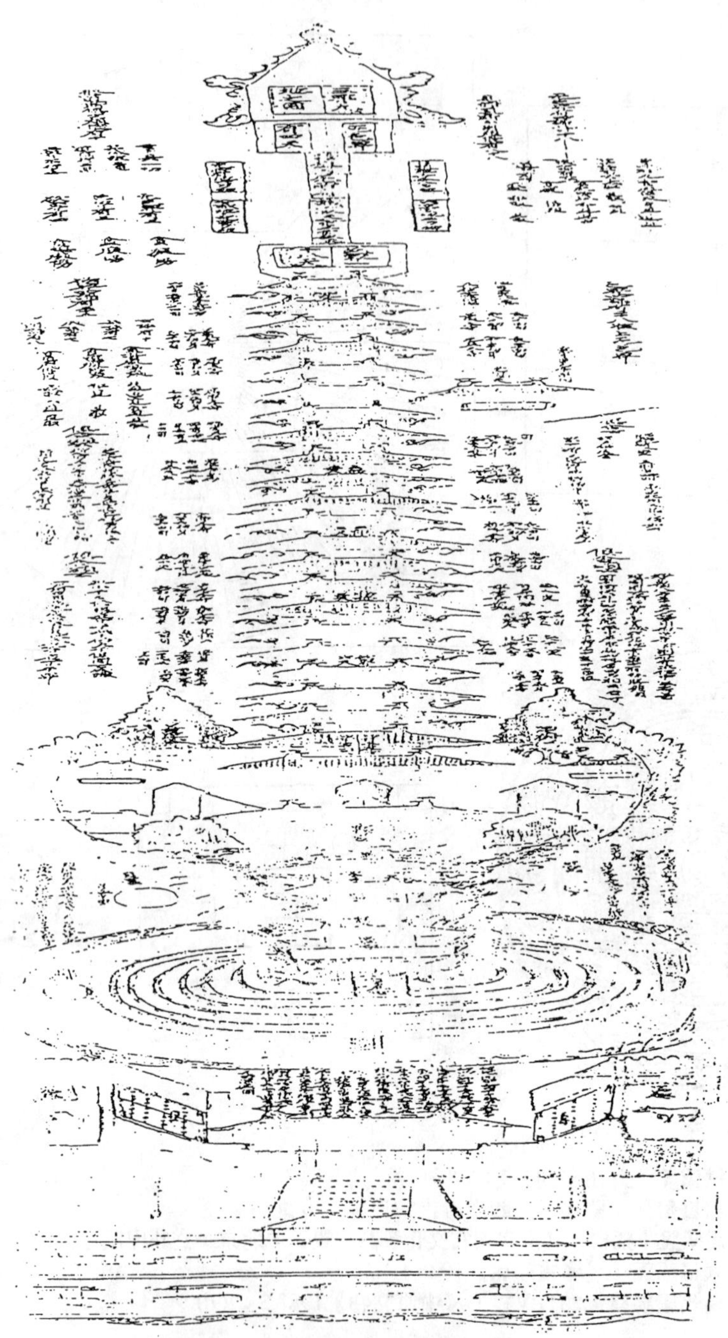

圖二：佛經中地爲圓盤，中爲須彌山的宇宙觀

胡同慶，〈P.2824「三界九地之圖」內容考證〉，《敦煌研究》1996.4：69-62。

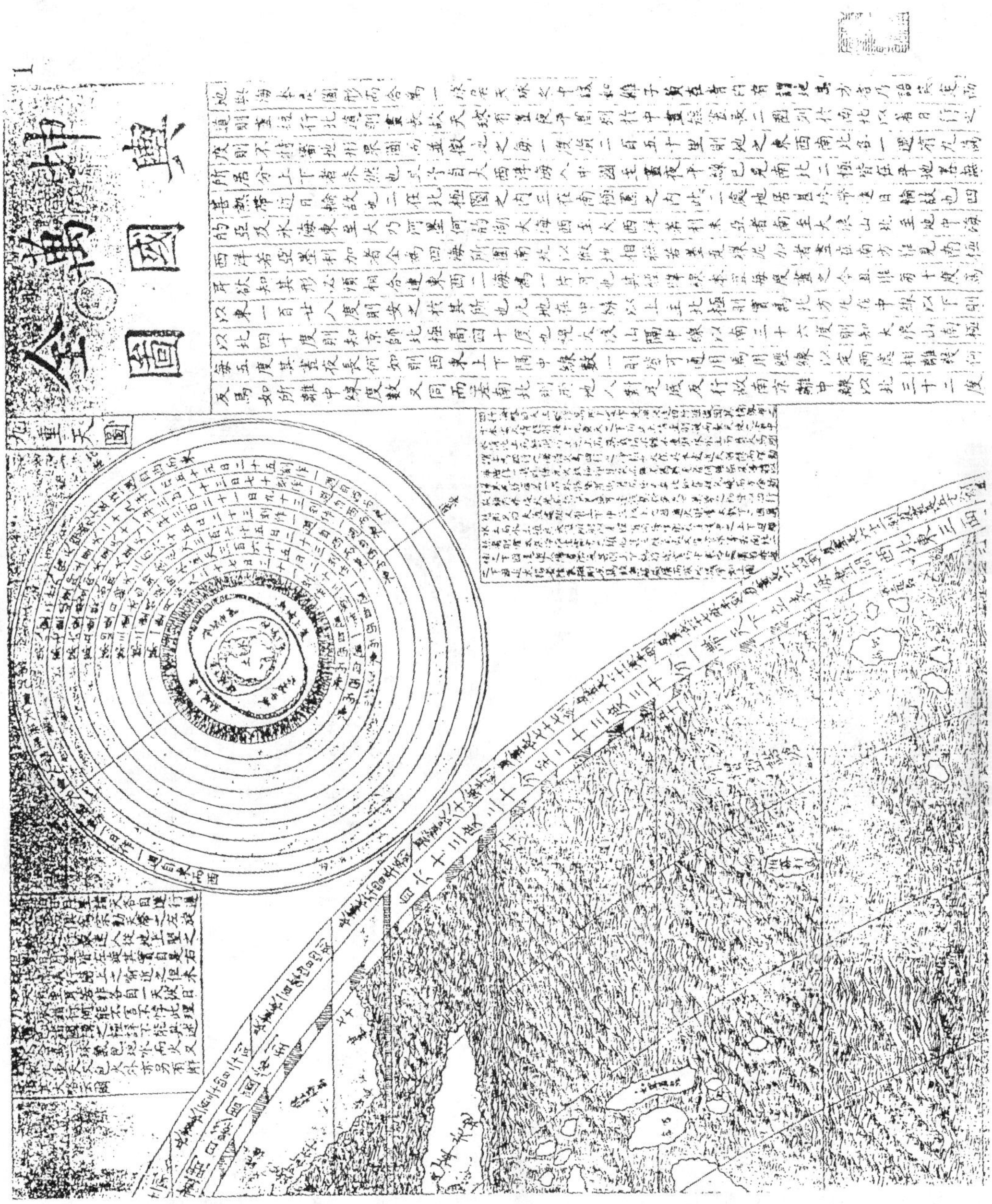

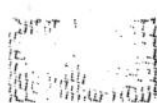

圖三：一六〇二年版利瑪竇的《坤輿萬國全圖》

利瑪竇，《坤輿萬國全圖》，北平：禹貢學會，1936年覆刻1602年版。

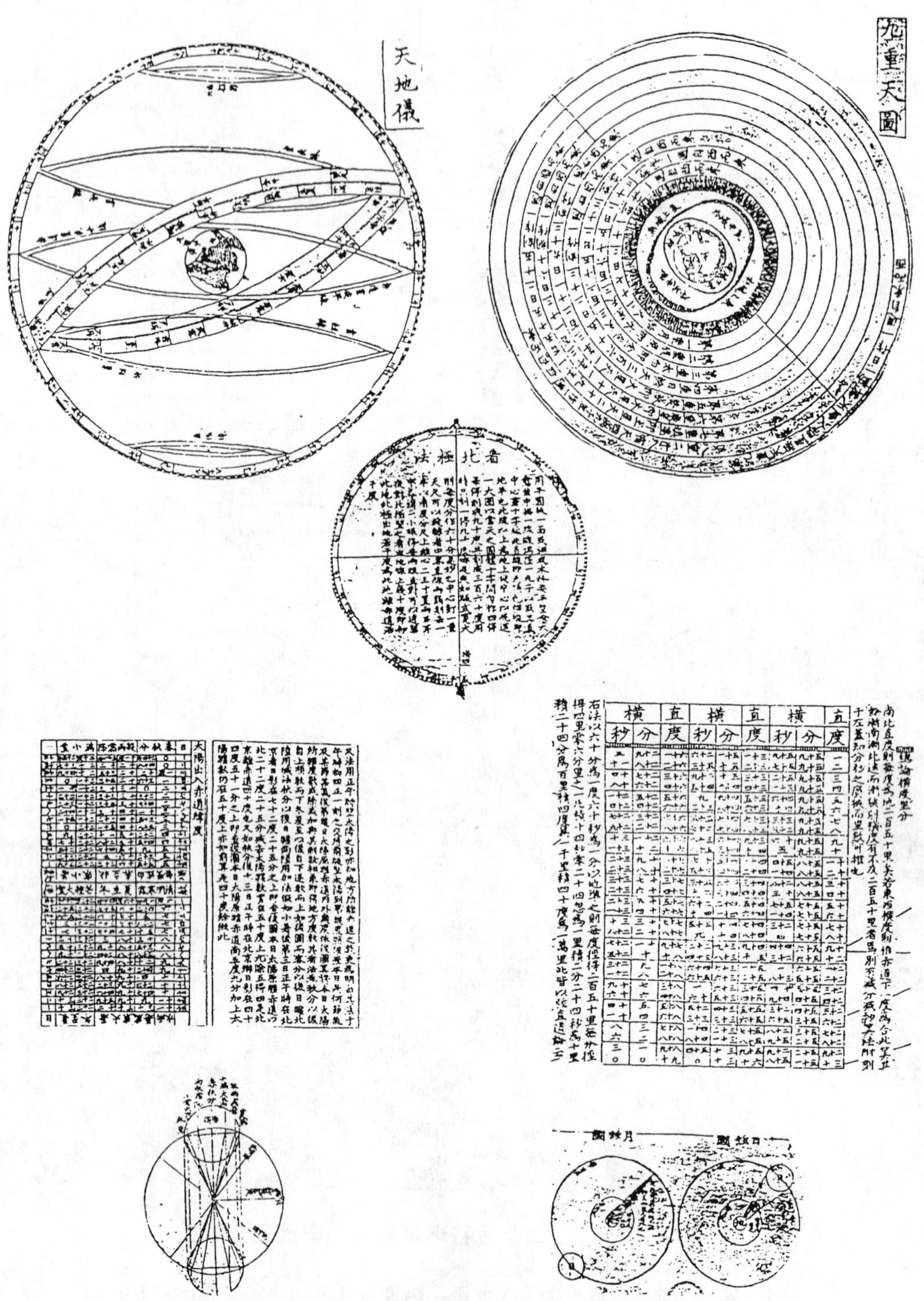

圖四：利瑪竇世界地圖中的天文知識

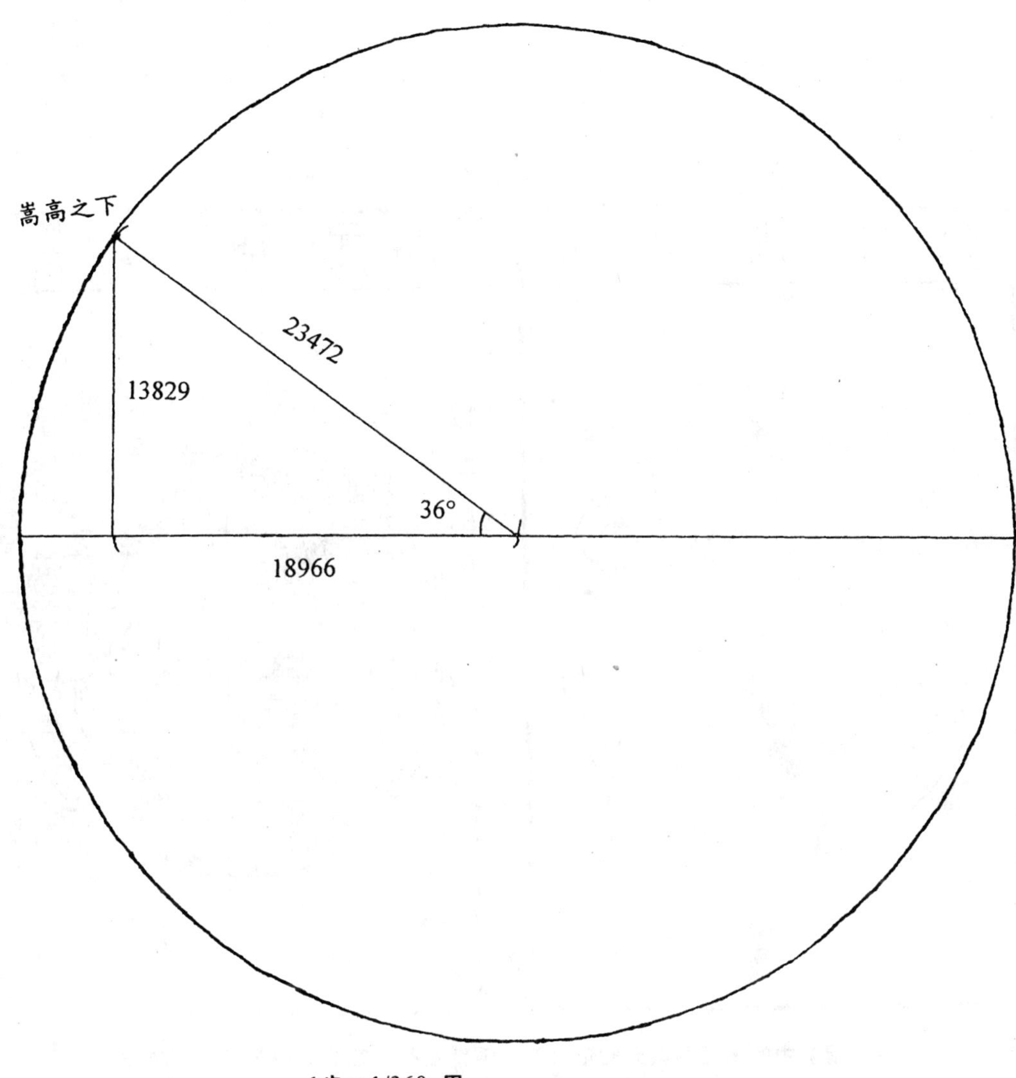

1步 = 1/360 里

嵩高之北至極下 = $351\frac{80}{360} \times (90-36) = 18966$ 里

∴地球半徑= $\sqrt{13829^2+18966^2} = 23472$ 里

23472–18966= 4506里（極下至地盡處）

圖五：徐太史地圜三論之戲論圖解

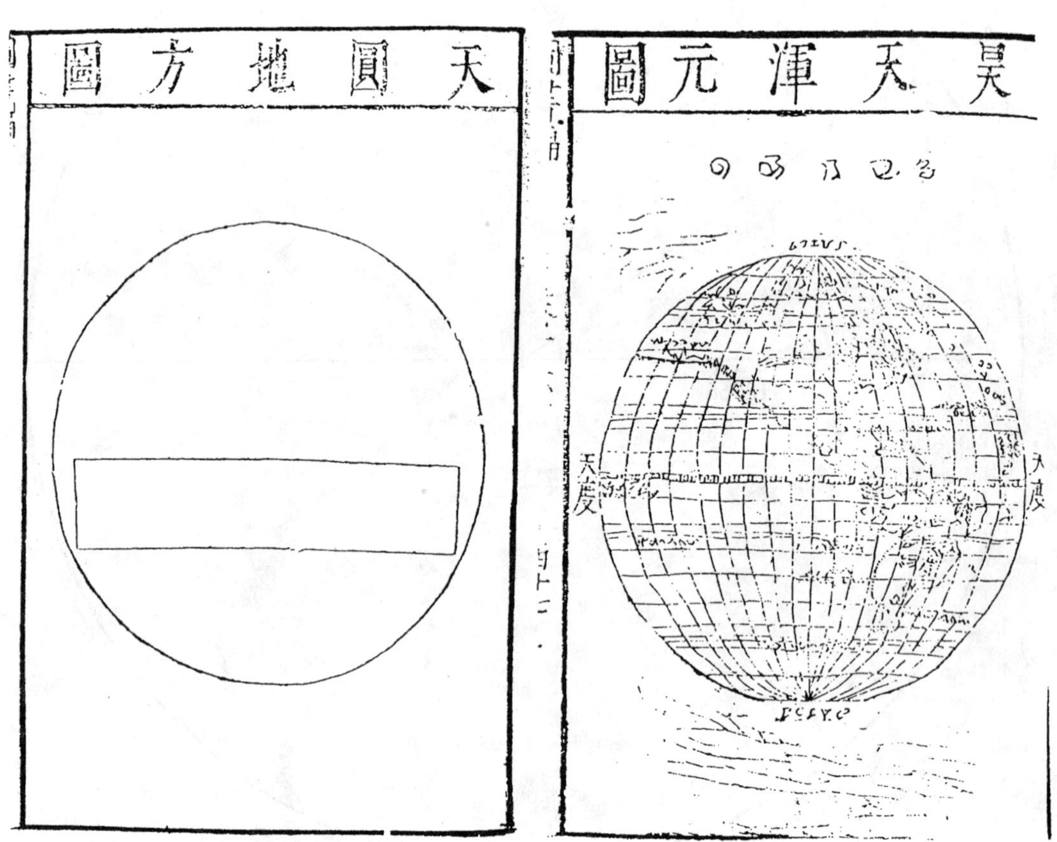

《圖書編》中的地圓圖與天圓地方圖，兩種互不相容的大地形狀同見於一書。

圖六：章潢，《圖書編》，頁16：47a, 28：2a。

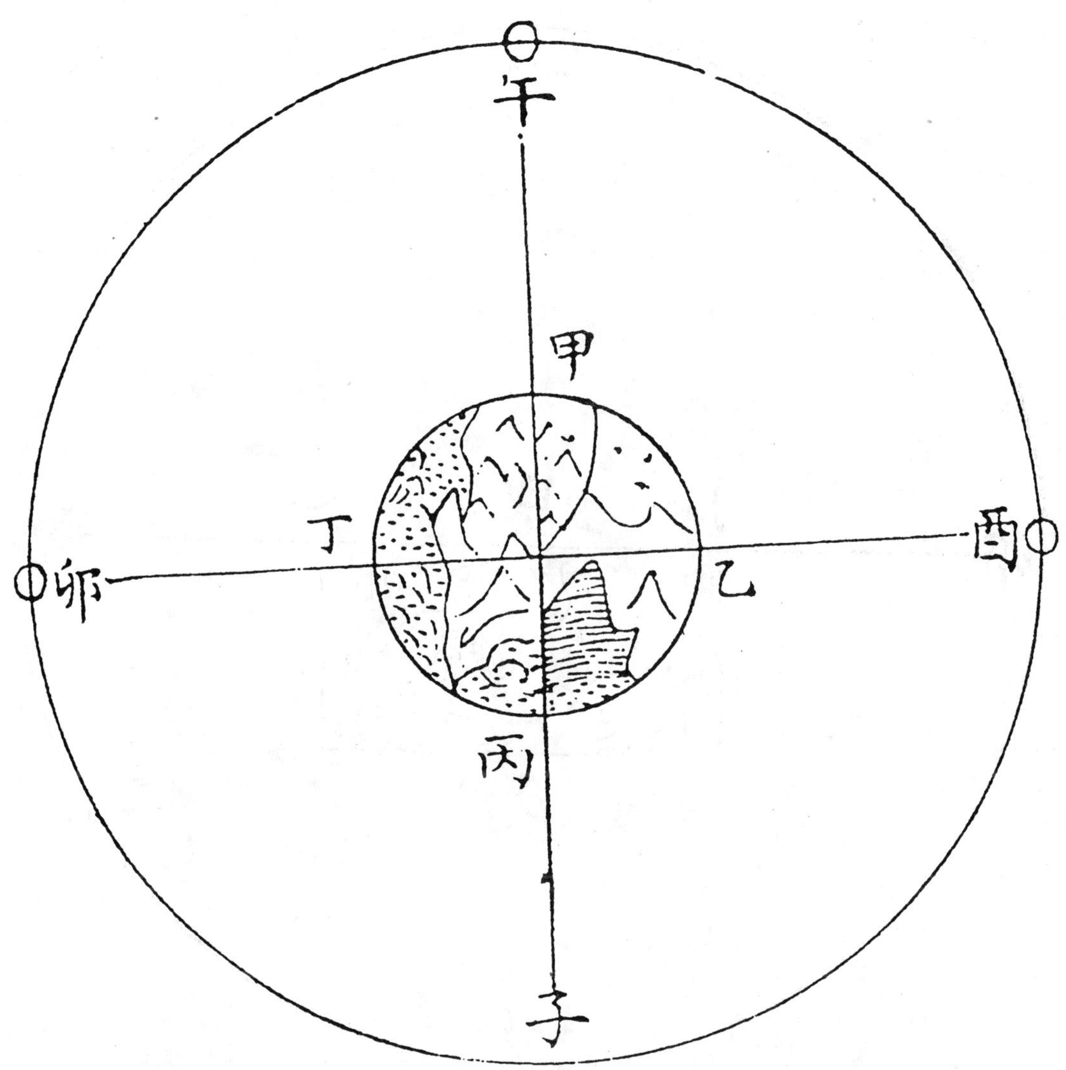

日月諸星雖每日出入地平一遍，……，蓋東方先見，西方後見。……若地爲方體者，如上甲乙丙丁，則日出卯。凡甲乙丁地面人，宜俱得卯。……故明有時差者，不能不信地圜也。

圖七：熊三拔，《表度説》

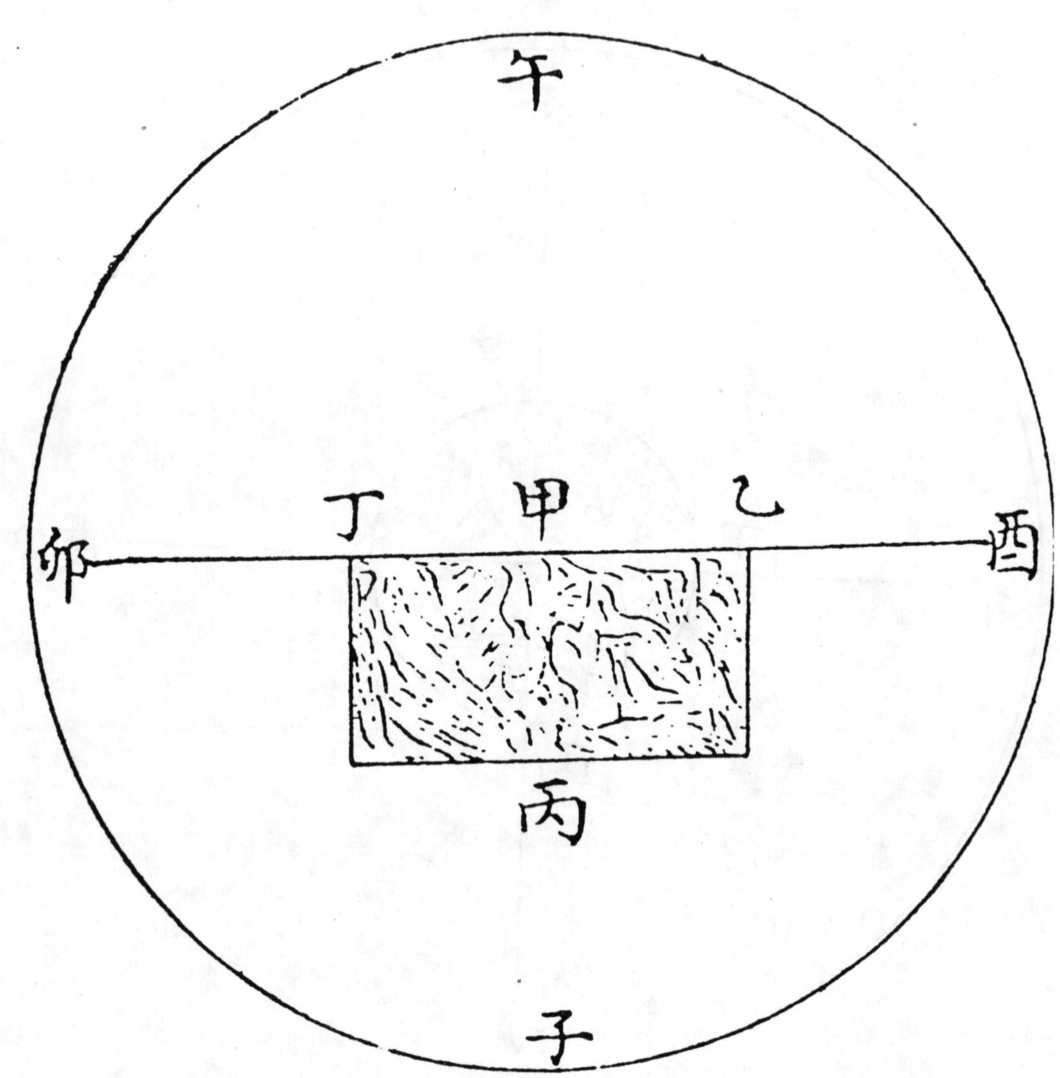

日月諸星雖每日出入地平一遍，……，蓋東方先見，西方後見。……若地爲方體者，如上甲乙丙丁，則日出卯。凡甲乙丁地面人，宜俱得卯。……故明有時差者，不能不信地圜也。

圖七·一：熊三拔，《表度說》

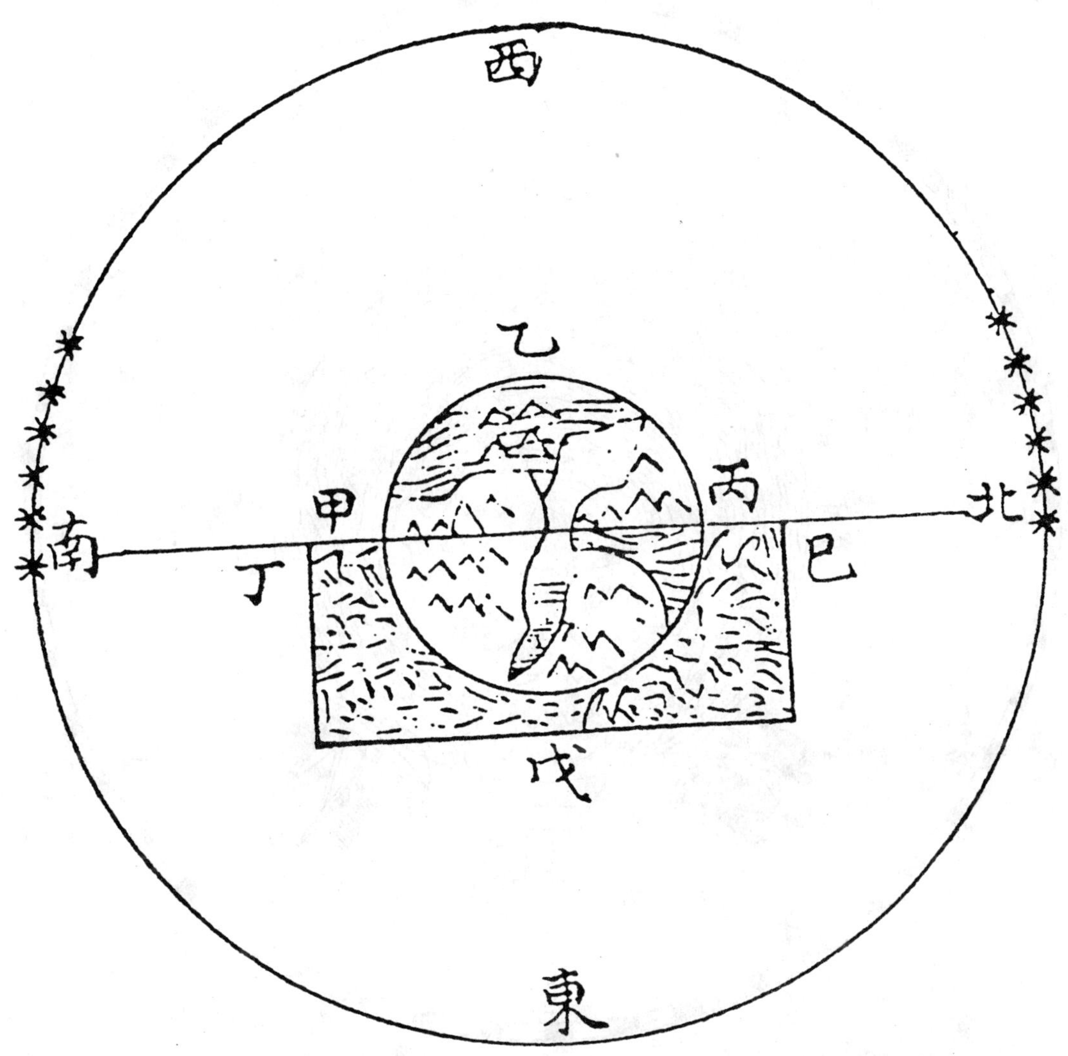

自南而北，地為圜體，亦可推也。……。人乃循球而行，故南北二極，及附近諸星隨而漸次隱見也。若地為平體，隨人所至，恒見天星高于地平若干度矣。

圖八：熊三拔，《表度說》

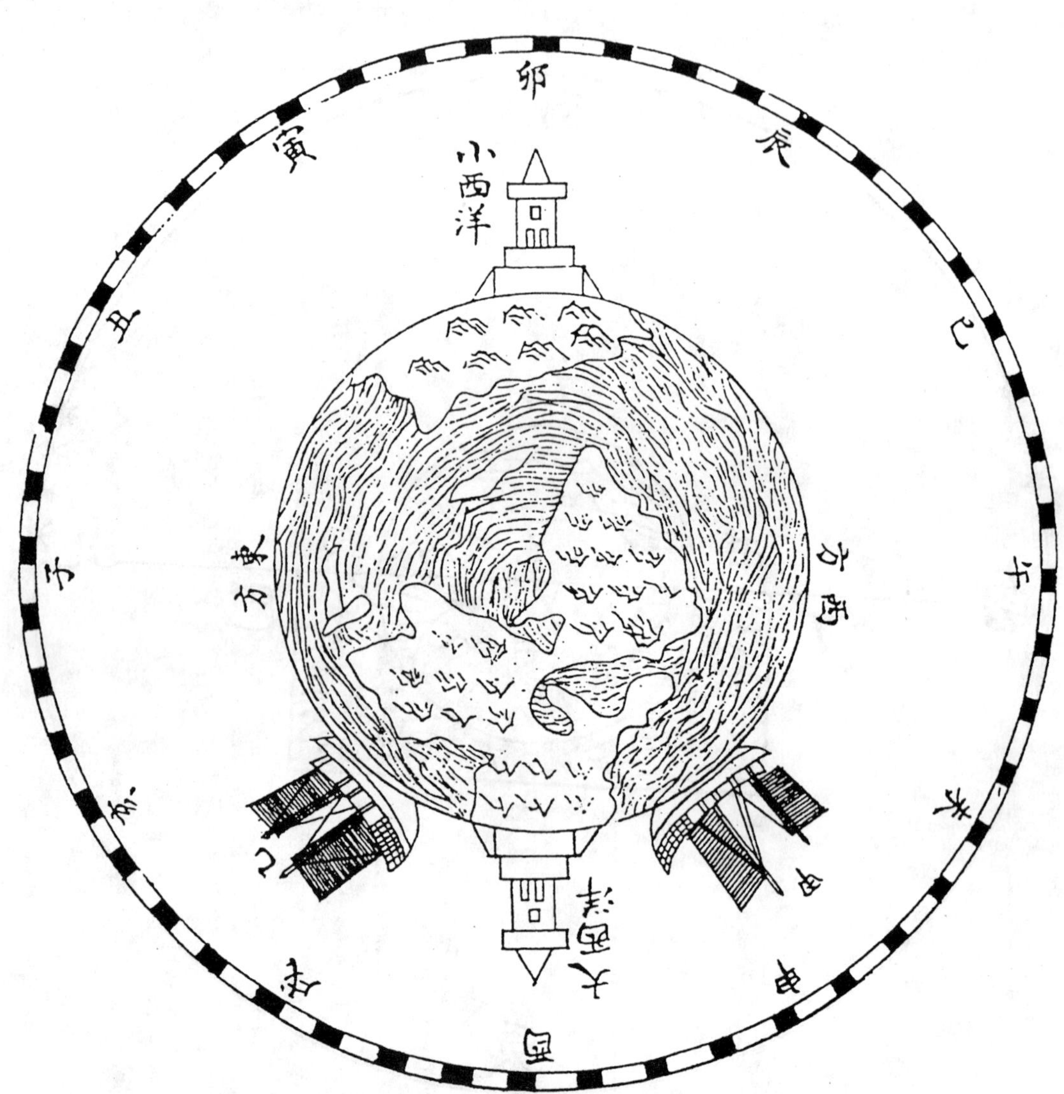

蓋東行者，遡日而行，漸就於日，故此人恆先得見日出地，而日先得至其天頂；西行者，與日俱馳，漸遠於日，故此人恆後見日出地，而日後至其天頂也。……是故，雖同發俱至，而先後差一日也。此何以故，地為圜體，人居東，先得見日輪出地平，居西後見，故也。

圖九：熊三拔，《表度說》

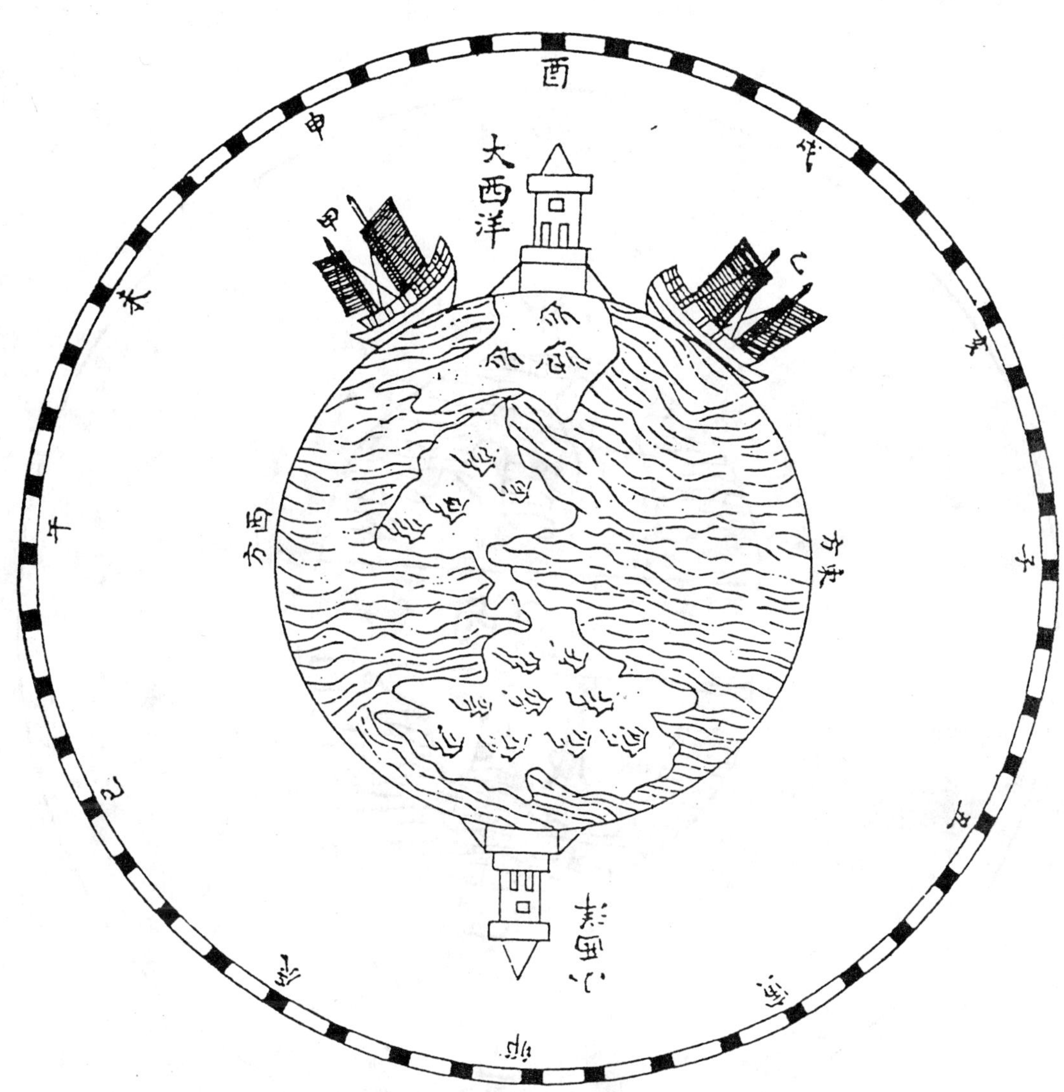

蓋東行者，遡日而行，漸就於日，故此人恆先得見日出地，而日先得至其天頂；西行者，與日俱馳，漸遠於日，故此人恆後見日出地，而日後至其天頂也。……是故，雖同發俱至，而先後差一日也。此何以故，地爲圜體，人居東，先得見日輪出地平，居西後見，故也。

圖九・一：熊三拔，《表度說》

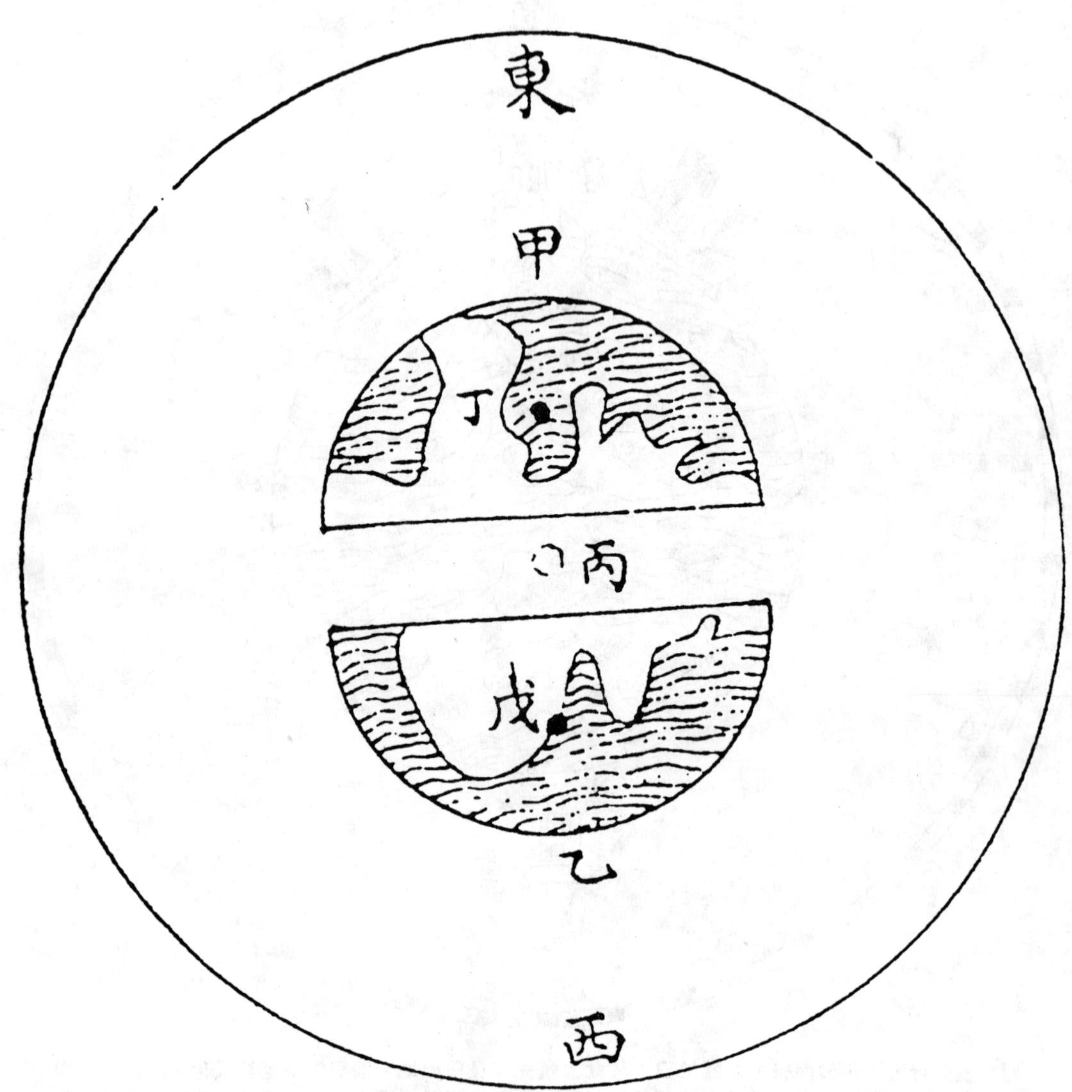

亞里斯多德四行說下，重物俱向地心（即宇宙中心）擠壓圖。
傳教士以此解釋人何以能立在地球表面。

圖十：熊三拔《表度說》

長生思想和與頭髮相關的養生方術

蕭　璠*

頭髮在傳統中國文化裡極富於象徵意味。在神仙或長生不死的思想中，仙人所以異於凡人的根本特質不只是永生不死，而更是永遠青春不老。漆黑光潤的頭髮就是表現這種特質的最顯眼的標誌。與此相對照，白髮則是日益老化、邁向死亡的徵候。

以頭髮的變化來象徵生長和衰老，正是出於古代中國人的生理知識。頭髮是生命中各階段裡的生理變化的主要指標，由於腎氣興旺才得以長得既長又多，烏黑光亮。當身體逐漸衰老時，頭髮漸短少、脱落、光禿，而顏色也變白、枯澀。在疾病或遇有強烈的情感波動，如恐懼、憂愁、哀傷時，或過度用心思慮時，頭髮也能立即出現上述的變化。

一當發現有了白髮，人們常有驚恐、警惕、悲哀、憂愁等反應，或拔掉白髮以求慰藉，或相信在特定的日辰鑷白未必是消極的行動，可使白髮永不再生。

針對象徵衰老的白髮、落髮、禿頭等問題，人們不但發展出了大量的方劑，包括各種外用的膏劑、洗髮劑和内服的藥方、藥酒；同時還企圖從這些現象背後的根本原因，即生理機能老化的消除來著手，以尋求標本兼顧地治療。帶有濃厚的長生思想的身心調攝、導引行氣、各種藥物或配方複雜的膏、丹、丸、酒劑服食補益方，都展現了古代中國人對長生不老的強烈渴慕和熱切的追求。

關鍵詞：長生思想　頭髮　養生

* 中央研究院歷史語言研究所

一、引言

頭髮從古到今，在中國人的生活裡一直具有十分重要的意義。譬如在民族文化的認同或區別上，古代的華夏或漢族人就經常使用「被髮」、「椎髻」來指稱北方和西南方或南方的外族。[1] 在政治統治臣屬關係的認定或接受上，女真族建立的金朝政權以及後來的清代都曾經採取過十分嚴厲的手段來強迫漢人薙髮。[2] 社會身分或等級高下的判別也經常表現在不同的各式髮型上。[3] 在倫理思想方

[1] 例如《論語・憲問》篇說：「子曰：『……微管仲，吾其被髮左衽矣。…』。」《史記・貨殖列傳》：「程鄭，山東遷虜也。亦冶鑄，賈椎髻之民，富埒卓氏，俱居臨邛。」《後漢書・度尚傳》附〈抗徐傳〉云：「試守宣城長，悉移深林遠藪椎髻鳥語之人，置於縣下。」又王充《論衡・恢國》篇云：「巴、蜀、越嶲、鬱林、日南、遼東、樂浪，周時被髮、椎髻，今戴皮弁。」（見劉盼遂，《論衡集解》卷十九，頁396。）又如南宋陸游〈偶與客話峽中舊遊〉詩說三峽一帶「山深水嶮近蠻獠，往往居民雜椎髻。」（據錢仲聯，《劍南詩稿校注》卷六三，頁3608-3609。）關於歷史上的各民族髮型可參考李思純，《江村十論》，頁45-62，〈（五）說民族髮式〉。

[2] 例如徐夢莘，《三朝北盟會編・炎興下帙三十二》卷一三二，葉5，記女眞統治者「禁民漢服及削髮不如式者死。劉陶知代州，執一軍人於市，驗之，頂髮稍長，大小不如式，斬之。」關於這點可參考陶晉生先生，《女眞史論》，頁66-67。清代事例見《清史稿》卷二一八，〈諸王列傳（四）・太祖諸子（三）・睿忠親王多爾袞傳〉記清軍入關後即「下令關內軍民皆薙髮……自關以西，百姓有逃竄山谷者，皆還鄉里，薙髮迎降。」卷四，〈世祖本紀（一）〉謂順治二年（1645年）清軍下江南，六月「丙辰諭南中文武軍民薙髮，不從者治以軍法。是月始諭直省限旬日薙髮如令……丙寅申薙髮之令。」卷二三七，〈張存仁傳〉：順治「二年六月……定浙江……七月疏言：『近有薙髮之令，民或假此號召為逆，若反形既著，重勞大兵；莫若速遣提學，開科取士。…』。」卷二四八，〈張天祿傳〉附弟〈張天福傳〉云：「天福初降，從征崑山、嘉定，民不薙髮，據城抗我師。」卷二二四，〈鄭成功傳〉附孫〈鄭克塽傳〉：「克塽上降表，〔施〕琅遣侍衛吳啓爵持榜入臺灣，諭軍民薙髮。」又見清葉夢珠，《閱世編》（來新夏點校本），卷八，頁175，〈冠服〉條。關於女眞及清朝強制漢民薙髮一事，尚可參考桑原隲藏著，于濬濤譯，〈辮髮〉一文。（見《中和月刊》4.5（1943.5））又胡蘊玉，《髮史》（《滿清野史》第十種，輯入繆鉞等主編，《中國野史集成》冊四〇）在另一方面，太平天國起來排滿反清，也以蓄髮為象徵而被稱為「長毛」、「髮匪」或「髮逆」（如江左明心道人撰有《髮逆初記》一書，輯入《中國近代史資料叢刊・太平天國Ⅲ》）。而清末革命者每亦剪去辮髮以明其志。

[3] 例如《禮記・內則》記嬰兒的髮型說：子生之後，「三月之末，擇日翦髮為鬌。男角女羈，否則男左女右。」鄭玄注：「鬌，所遺髮也。夾囟曰角，午達曰羈也。」孔穎達疏：「三月翦髮，所留不翦者謂之鬌。云夾囟曰角者，囟是首腦之上縫……夾囟兩旁，

面，對頭髮的謹慎保護是古代孝道十分強調的一件事。[4] 披頭散髮或是呈現一己的個性，舒展個體的自由，或是表示對世俗禮法名教的不屑和抗議。[5] 在宗教信仰、儀式或巫術上，人們或認爲頭髮之中寓有其主人的生命或精神；學者或相信在極早的時代裡，人們有時甚至認爲頭髮具有相當於生命的重大力量或作用。[6]

當角之處，留髮不翦。云午達曰羈也者，按《儀禮》云：「度尺而午」，注云：「一縱一橫曰午。」今女翦髮，留其項上縱橫各一，相交通達，故云午達。不如兩角相對，但縱橫各一在項上，故曰羈。羈者，隻也。」《後漢書·伏湛傳》說伏湛「髫髮厲志，白首不衰。」注：「《埤蒼》曰：『髫，髦也。』髫髮謂童子垂髮。」〈内則〉又記未成年男女童的髮型說：「男女未冠笄者，雞初鳴，咸盥漱、櫛、縰、拂髦、總角……」《詩·衛風·氓》：「總角之宴，言笑晏晏。」孔穎達疏：「以無笄，直結其髮，聚之爲兩角。」男女成年則結髮。清薛傳均，《牒鯖小記》，頁85，〈結髮〉條說：「今少年諧昏者曰結髮，謂于髮初結，勝冠笄之時即訂盟約也。〈李廣傳〉云：『臣自結髮與匈奴戰』義同。」陝西臨潼秦始皇陵東側兵馬俑坑中發現的陶俑塑有許多種樣式不同的髮型，學者多認爲這些不同的編結頭髮和綰髻方式配合其所戴冠幘分別代表了部隊裡的各種職務、身分和階級。見陝西省考古研究所始皇陵秦俑坑考古發掘隊，《秦始皇陵兵馬俑坑一號坑發掘報告》，頁122-128；王玉龍、程學華，〈秦始皇帝陵發現的俑髮冠初論〉（《文博》1990.5：277-282）；又，王學理，《秦俑專題研究》，頁195-205。

4 《孝經·開宗明義章》云：「子曰：『……身體髮膚，受之父母，不敢毀傷，孝之始也。…』……」在法律上，損傷他人，包括自己的嗣子的頭髮，是要受刑事處分的。如湖北雲夢睡虎地出土秦律竹簡《法律答問》云：「擅殺、刑、髡其後子，潚之。」又：「拔人髮，大可（何）如爲『提』？智（知）以上爲『提』。」又：「士五（伍）甲鬥，拔劍伐，斬人髮結，可（何）論？當完爲城旦。」（頁182, 186, 187）唐代的〈鬥訟律〉對「挽鬢、撮髮」的處置是「例同毆法」的，規定「傷及拔髮方寸以上，杖八十。」見曹漫之主編，《唐律疏議譯注》卷二一，頁715-716，〈鬥訟（一）·鬥毆手足他物傷〉。

5 如梁劉孝標注，《世說新語·任誕》篇「阮籍遭母喪」章引干寶《晉紀》云：「魏晉之間有被髮夷傲之事。」（引文據徐震堮《世說新語校箋》，頁391。）又如李白，〈宣城謝朓樓餞別校書叔雲〉詩所說的：「人生在世不稱意，明朝散髮弄扁舟。」（據瞿蛻園、朱金城《李白集校注》本，頁1077。）關於這點，請參考余英時先生，〈漢晉之際士之新自覺與新思潮〉及〈名教危機與魏晉士風的演變〉二文（均輯入所著《中國知識階層史論（古代篇）》一書中）。

6 見江紹原所撰，《髮鬚爪：關於它們的迷信》一書中相關各章節，特别是有關商湯、周公、莫耶等以髮、爪代身的論述。（《國立北京大學中國民俗學會民俗叢書》。臺北：東方文化書局，1971。〔據一九二七年排印本影印〕）但《三國志·魏書·武帝紀》裴松之注引《曹瞞傳》說曹操「持法峻刻……常出軍，行經麥中，令士卒無敗麥，犯者死……於是太祖馬騰入麥中……太祖曰：『制法而自犯之，何以帥下？然孤爲軍帥，不可自殺，請自刑。』因援劍割髮以置地。」在這一事例中，以髮代身當只是一種殘餘型態，只是沿用古老的傳統，並不必然具備學者所相信的存在於初民社會中的最初的那種意義。

關於頭髮在歷史上的政治、社會、民族文化和宗教等方面的象徵作用，歷來學者已相當熟知能詳，在某些問題的研究上也取得了值得注意的成果；然而對頭髮在作爲生物的人的生命歷程中的意蘊，則學者向來著墨不多。本文企圖就與頭髮相關的養生方術以及這些方術與作爲其背景的長生思想和有關的生理知識、心理因素的關係來展開討論，期望可以藉此使我們對這一課題獲得比較透徹的認識。

二、長生思想與頭髮

長生不老的神仙思想，它的源頭至少可以上溯到春秋時代的早期，當時青銅器上的銘文以及作於紀元前七世紀的《詩經・魯頌・泮水》中已經出現了「難老」、「毋死」等代表思想新方向的言語。[7] 戰國秦漢間，「不死之藥」、「不死之道」、「僊人」、「真人」、「海中三神山」[8] 等事的記載顯示了對長生不死的仙人的企慕和追求已經有了比較具體的探索目標的所在地點或方位和實踐的方術，而這樣發展的本身當也意味著長生或神仙思想的日益發展和流行。長生或神仙思想所牽涉的問題相當廣泛，這裡打算只就與本文討論的課題有關的方面提出來進行比較詳細具體的瞭解。

(一)長生不死與青春不老

學者已指出對長生不死的追求是有極廣泛而深厚的現實世界中的世俗欲望和享受，特別是長壽的慾望，爲背景的。長壽的無限延伸就是長生不死，因而能無限地滿足這些欲望或享樂，「地仙」的出現最足以闡明這一點。[9] 然則若永生不死只是身體永遠停留在纏綿病榻或眼昏耳聾、筋骨解惰、不能行步的狀態的話，

---

[7] 見徐中舒，〈金文嘏辭釋例〉，《中央研究院歷史語言研究所集刊》6.1(1936)；聞一多，〈神仙考〉，《聞一多全集・神話與詩》，頁153-180。Yu,Ying-shih, "Life and Immortality in Han China", *Harvard Journal of Asiatic Studies* 25 (1964-1965)；杜正勝，〈從眉壽到長生——中國古代生命觀念的轉變〉，《中央研究院歷史語言研究所集刊》66.2(1995)。

[8] 「不死之藥」及「不死之道」分別見《韓子・說林上》及〈外儲說左上〉(據梁啓雄《韓子淺解》，頁189, 277。)「不死之藥」及「僊人」等見《史記・秦始皇本紀》、〈封禪書〉。「不死之藥」又見《戰國策・楚(四)》卷一七，頁564-565。

[9] Yu,Ying-shih, Op.cit.

這種長生不死或神仙就是「或有生而不如無生」了。[10] 因此長生不死還不夠，至少還要「難老」或「不老」；或者說神仙之所以爲神仙，就是由於「不死」和「不老」。[11] 也就是神仙至少得像《素問》裡所說的「道者」那樣保有青春的體魄、能夠享受世俗的飲食男女的歡樂，[12] 才足以贏得世人的企慕之心。今本《神仙傳》裡所記彭祖的話正是這一點的最佳寫照：

> 仙人者，或竦身入雲，無翅而飛；或駕龍乘雲，上造天階；或化爲鳥獸，遊浮青雲；或潛行江海，翱翔名山；或食元氣，或茹芝草；或出入人間而人不識，或隱其身而莫之見；面生異骨，體有奇毛；率好深僻，不交俗流。然此等雖有不死之壽，去人情，遠榮樂；有若雀化爲蛤，雉化爲蜃；失其本眞，更守異氣。余之愚心未願此。已入道，當食甘旨，服輕麗，通陰陽，處官秩耳；骨節堅彊，顏色和澤，老而不衰，延年久視，長在世間；寒溫風溼不能傷，鬼神眾精莫敢犯，五兵百蟲不可近，嗔喜毀譽不爲累。乃可爲貴耳。[13]

無論如何，從現實世界生活經驗的觀點來看，能夠享受這一切的最優條件是必須要有青春年少的強健體魄才可能的。

然則仙人所顯現的是不是青春年少的形像呢？確實經常如此，目前最早的有關神仙形容的記述見於《莊子・逍遙遊》篇所述接輿的話：「藐姑射之山有神人居焉，肌膚若冰雪，淖約若處子。」[14] 這個仙人的皮膚白如冰雪，風姿綽約，擁

---

[10] 見張君房，《雲笈七籤》（《四部叢刊》初編影印白雲觀藏《正統道藏》本），卷九〇，葉 7，〈七部語要・連珠〉第二十五首。

[11] 如《太平經・上善臣子弟子爲君父師得仙方訣》中記有眞人問天師說：「今天地實當有仙，不死之法、不老之方亦豈可得耶？」（據王明，《太平經合校》卷四七，頁138。）又葛洪說：「夫神仙之法，所以與俗人不同者，正以不老、不死爲貴耳。」（見王明，《抱朴子内篇校釋》增訂本，卷九，頁174，〈道意〉篇）

[12] 見郭靄春，《黄帝内經素問校注語譯》，頁5-6，〈上古天眞論〉：「帝曰：『夫道者年皆百數，能有子乎？』岐伯曰：『夫道者能卻老而全形，身年雖壽，能生子也』。」

[13] 葛洪，《神仙傳》（臺北：新興書局，《筆記小説大觀》第四編影印本），卷一，葉3，〈彭祖傳〉。

[14] 引文據《新編諸子集成》（北京：中華書局），第一輯所收清郭慶藩，《莊子集釋》（王孝魚點校本），卷一上，頁28。《莊子》這段文字雖然沒有提到「藐姑射之山」所居神人的頭髮，但從文意來看，能與這樣的風貌相配的，我們有充分的理由相信，當無疑是一頭漆黑、光可以鑑的潤澤鬒髮。張君房集，《雲笈七籤》卷八二，葉13，〈庚申部・遊稚川記〉所描述的一個仙人的頭髮就是這樣的：「髮長數十尺，凝膩黯黑，洞瑩

有宛如待字閨中的少女般的青春容態。[15]《莊子・大宗師》：「南伯子葵問乎女偊曰：『子之年長矣，而色若孺子。何也』？」唐成玄英疏：「孺子，猶稚子也……女偊……能攝衛養生，年雖老，猶有童顏之色，駐彩之狀。」這個故事表明老有少容是奪目動心、讓人歆羨的。

在現實世界裡，最能夠吸引目光，影響群眾，讓人接受的方士或修道者經常就是那些年壽雖高而卻擁有年輕面容或能提供達成這種效果的方術的人。例如《史記・封禪書》記漢武帝所尊信的方士李少君最初就是以「卻老方」等方術為武帝所接見的，他使許多人相信他是個「數百歲人」，而卻「常自謂七十，能……卻老」。曹丕《典論》記東漢末的方士「甘陵甘始名善行氣，老有少容」，當他一到都城，「眾人無不鴟視狼顧，呼吸吐納。」曹植《辯道論》也說：「甘始者，老而有少容，自諸術士咸共歸之。」（《後漢書・方術列傳》注引）張魯的母親所以能經常往來益州牧劉焉家中的一項重要原因也是他「有少容」。（《三國志・蜀書・劉二牧傳》）即「老有少容」最有說服力，最易使人信服。

一些小說家言對瞭解這點也很有幫助。例如《神仙傳・劉安傳》說：「有八公詣門，皆鬚眉皓白。門吏先密以白王，王使閽人自以意難問之，曰：『我王上欲求延年，長生不老之道；中欲得……大儒；下欲得……壯士。今先生年已耆矣，似無駐衰之術，……不敢通。』八公笑曰：『……何以年老而逆見嫌耶？王必若見少年則謂之有道，皓首則謂之庸叟。恐非發石採玉、探淵索珠之謂也。薄

人心目。」劉斧，《青瑣高議後集》卷十〈養素先生〉條記此一年逾二百的修道者的頭髮亦復如此：「父老言：自兒童時見先生，初見迄今如一。先生髮委地，黑光可鑑。」藐姑射之山這一神人未必是一女性，不過古代中國人對女性美的欣賞，通常皮膚和頭髮都是少不了的注目焦點。例如南宋周南，《山房集》（臺北：臺灣商務印書館影印文淵閣《四庫全書》本），卷一，葉3-4，〈卓文君〉詩云：「曠代佳人十六七，膚如凝脂髮抹漆。」

[15] 這個神人並不是女神。在男性中心社會的古代，修仙者和得道成仙者大多數也都是男性。但古代道家對青春少女面容肌膚的細膩潤澤留有十分深刻的印象，因此頗不乏使用女性或少女的容色來表明修道者或神仙容態的青春的例子。例如葛洪，《抱朴子・仙藥》篇說：「移門子服五味子十六年，色如玉女。」（據王明，《抱朴子內篇校釋》增訂本，卷十一，頁208）又如陶弘景，《眞誥》（據上海古籍出版社《道藏要籍選刊》影印本），卷九，頁641，〈協昌期第一〉篇說依照《太素丹景經》所示方術「行之五年」，就可以「色如少女」；又卷十，頁623，〈協昌期第二〉稱依法合藥，服食「三年，顏如女子，神仙不死。」

吾老，今則少矣』。言未竟，八公皆變爲童子，年可十四、五，角髻青絲，色如桃花。門吏大驚，走以白王，王聞之，足不履，跣而迎登思仙之臺……」[16] 作者藉這個故事清楚地披露了他的看法，即在包括學仙好道的淮南王劉安在內的一般人的心目中，既然神仙不死不老，仙人或確實「有道」的修仙者必然是容貌青春或老有少容的；而檢驗是否是真神仙或真有道，最簡單直接的方法就是看他的顏貌是否年輕。[17]

（二）仙方道術與反老爲少、髮白復黑

《洞冥記》說：「武帝末年彌好仙術，與東方朔狎暱，帝曰：『朕所好甚者，不老，其可得乎？』朔曰：『臣能使少者不老。』帝曰：『服何藥耶？』……」[18] 這一作品的撰寫人也直截了當地表示仙術基本上就是「不老」二字。又唐代蘇鶚《杜陽雜編》記述海外有一崇尚仙術之國：「〔貞元〕八年，吳明國貢常燃鼎、鸞蜂蜜。云：其國去東海數萬里……人壽二百歲，俗尚神仙術，而一歲之內乘雲控鶴者往往有之……常燃鼎……每修飲饌，不熾火而俄頃自熟，香潔異於常等。久食之，令人反老爲少，百疾不生。鸞蜂蜜……久食之，令人長壽，顏如童子，髮白者應時而黑，及沈疴眇跛諸僻惡之病，無不瘵焉。」[19] 這一志異小品也揭示了仙人的形貌是顏如童子的少年，仙術即令人反老爲少，髮白變黑之術。

王充講得很清楚，在他看來，對人而言，最值得追求的就是返老還童、髮白變黑：「天地之性，人最爲貴。變人之形，更爲禽獸，非所冀也；凡可冀者，以老翁變爲嬰兒，其次白髮復黑，齒落復生，身氣丁彊，超乘不衰，乃可貴也。」[20]

---

16 見卷四，葉9。唐蘇鶚，《杜陽雜編（中）》（引文據上海：上海藝文出版社影印《古今說部叢書》本），葉2，記有一則故事也可參考：「上好神仙不死之術……時有處士伊祁玄解縝髮童顏……若與人款曲，必話千百年事，皆如目擊……上知其異人，遂令密召入宮……問曰：『先生春秋既高，而顏色不老，何也？』…」

17 例如李白，〈送李青歸華陽川〉詩說這個修道者：「伯陽仙家子，容色如青春。」（《李白集校注》卷一八，頁1054。又如北宋楊億，〈送覲道人歸故詩序〉記一個「雖寓跡禪林，而棲心道要」的禪師，就說他「年殆知命，宛然童顏」。（臺北：臺灣商務印書館影印文淵閣《四庫全書》本《武夷新集》，卷七，葉6。）

18 見《筆記小說大觀》（臺北：新興書局，第十三編影印本），卷四，葉1。

19 見卷上，葉7。

20 見劉盼遂，《論衡集解》卷二，頁30，〈無形〉篇。

從有關神仙的文獻，特別是《列仙傳》、《神仙傳》等的記載來考察，我們也不難看出對修道學仙者或成道的仙人的容貌的描述最主要的、也最常見的就是不老、老有少容，宛如十餘歲的少年，或面容由老態轉回青春，甚至童顏，而頭髮則由白變黑。例如今本《列仙傳》中簡短的七十則傳記，[21] 通常不敘述傳中主人翁的顏容像貌或其變化與修道服食之間的關係，有這方面記錄的只有十四則，只占全部總數的五分之一。其記錄如下列表一：

傳記主人翁	面容描述
容成公	髮白更黑，齒落更生
嘯父	不老
仇生	殷湯時爲木正三十餘年而更壯。老而更壯，灼灼容顏
幼伯子	形貌歲異，後數十年更壯
任光	善餌丹，賣於都市里間，積八十九年，乃知是故時任光也，皆說如數十歲面顏。年涉期頤，曄爾朱顏
稷丘君	髮白再黑，齒落更生。變白還年
赤須子	齒落更生，髮墮再出。朽貌再鮮
犢子	時壯時老，時好時醜。變白異形
昌容	見之者二百餘年，而顏色如二十許人
文賓	數取嫗，數十年輒棄之。後時故嫗壽老，年九十餘，續見賓更壯他時，嫗拜賓涕泣…教令服菊花…嫗亦更壯
商丘子胥	年七十不娶婦而不老……如此傳世見之三百餘年
赤斧	能作水澒錬丹，與消石服之三十年，反如童子，毛髮生皆赤。髮雖朱蕤，顏曄丹葩
朱璜	入浮陽山玉女祠且八十年，復見故處，白髮盡黑，鬢更長三尺餘
女几	行仙人素書之法，如此三十年，顏色更好，如二十時

《神仙傳》中共有傳記九十二則，其篇幅大多數比《列仙傳》要長許多，傳中交代顏面駐衰還少等變化的事例也比較多，如表二：

傳記主人翁	面容描述
廣成子	千二百歲而形未嘗衰
彭祖	殷末已七百六十七歲而不衰老，常有少容。大宛山有青精先生者，傳言千歲，色如童子。
白石先生	至彭祖時已二千餘歲矣，視之，色如四十許人
黃初平	五百歲而有童子之色
王遠	蔡經去十餘年，忽還家，容色少壯，鬢髮鬒黑
伯山甫	二百年不老。其外甥女年老多病，乃以藥與之，女時年已七十，轉還少，色如桃花

[21] 據《筆記小說大觀》(臺北：新興書局，第三十編所收影印本)。

馬鳴生	經歷九州五百餘年，人多識之，悉怪其不老
李八百	八百使唐公昉夫妻並舐瘡，三婢以其浴酒自浴，即皆更少，顏色美悅
李阿	有古強者，年十八見阿五十許，強年八十餘，而阿猶然不異
劉根	舉孝廉，除郎中，後棄世學道，其顏色如十四、五歲
李仲甫	年百餘歲，轉少
趙瞿	服松子二年顏色轉少，在人間三百餘年，常如童子顏色
李常在	年已四、五百歲而不老，常如五十許人
陰長生	丹成，服半劑不盡，即昇天，周行天下，與妻子相隨，一門皆壽而不老。
泰山老父	漢武帝見老翁狀如五十許人，面有童子之色，曰：臣年八十五時，衰老垂死，頭白齒落，遇有道者教臣絕穀服朮，臣行之，轉老爲少，黑髮更生，齒落復出，今一百八十歲矣
劉憑	年三百餘歲而有少容，後入太白山中，數十年復歸鄉里，顏色更少
薊子訓	三百餘年，顏色不老。諸老人鬚髮畢白者，子訓但與之對坐共語，宿昔之中，明旦皆黑矣
李少君	人以少君是數百歲人，視之如五十許人，面色肌膚甚有光澤，口齒如童子[22]
孔元方	老而益少，容如四十許人
王烈	年三百三十八歲，猶有少容。有張子道者，年九十餘，拜烈，曰：我年八、九時見顏與今無異，吾今老矣，烈猶有少容
焦先	或忽老忽少，如此二百餘歲
呂恭	以藥授呂習，習已年八十，服之即還少壯，至二百歲乃入山中，子孫世世不復老、死
董奉	吳先主時有少年爲奉本縣長，見奉年四十餘，罷官去後五十餘年而奉顏貌一如往日，問言：君得道邪？吾今已皓首，而君轉少，何也？奉在人間三百餘年乃去，顏狀如三十時人也
太元女	求道，得王子之術，行之累年，顏色益少，鬢髮如鴉
西河少女	年少多病，其舅神仙伯山甫與之藥。女服藥時年已七十，稍稍還少，色如嬰兒
麻姑	神仙王方平令人訪麻姑，曰：能暫來語乎？使還，云麻姑再拜言，不見忽已五百餘年。麻姑至，見之，是好女子，年十八、九許
鳳綱	至數百歲不老
衛叔卿	服雲母得仙，年可三十許，色如童子
墨子	得地仙，至漢武帝時遣使者束帛加璧以聘，不出，顏色常如五十許人
天門子	明補養之要，行此道，年二百八十歲猶有童子之色
劉政	年百八十餘歲，色如童子
孔安國	年二百歲，色如童子。每斷穀入室，一年半復出，益少。以其一方授崔仲卿，卿年八十四，肌體氣力甚健，鬚髮不白。陳伯往事之，亦度世不老。又有張合妻年五十，服之，反如二十許人
介象	于山中見一美女，年十五、六許，顏色非常，蓋神仙也。後弟子見象在藍竹山中，顏色轉少

[22]《漢武帝外傳》（臺北：新文豐出版公司影印《正統道藏》，洞眞部，海五）云：「李少君神方……服之或得三百歲，或得五百歲，皆至死不病、不傴，面不皺理，齒不落，髮不白，房室不廢。」

皇化	在人間五百餘年，顏色益少
李修	年四百餘歲，顏色不衰
董仲君	年百餘歲不老
離明	服丹得仙，在世間五百歲中，面如少童，多酒，故其鬚髮皓白也
劉京	餌雲母朱英方百三十餘歲，視之如三十許歲
淸平吉	漢高皇帝時衛卒也，至光武時容色不老
黃山君	修彭祖之術，年數百歲猶有少容
靈壽光	年七十餘而服朱英丸方，轉更少壯，如二十時
李根	有趙買者聞其父祖言，傳世見根。買爲兒時便隨事根，至買年八十四，而根年少不老
黃敬	至二百歲，轉還少壯
平仲節	受道，行之四十五年，身形更少
宮嵩	服雲母數百歲，有童子之色
王真	年七十九乃學道，行之三十餘年，容少而色美。魏武帝召相見，似三十許人，年已四百歲矣。郗元節事真十餘年，真授以蒸丹小餌法，容常不衰
陳長	在紵嶼山上已六百餘歲，顏色如六十歲人
班孟	餌丹，年四百歲，更少容
魯女生	絕穀八十餘年，日少壯。色如桃花[23]
陳子皇	仙去，顏色氣如二十許人
封衡	初服黃蓮，五十年後入鳥獸山採藥，又服朮百餘年，還鄉里，如二十許人

南唐沈汾《續仙傳》中也有一些例子，[24] 如表三：

傳記主人翁	面容描述
藍采和	人有爲兒童時至及斑白見之，顏狀如故
宜君王老	有老道士言：「以大瓮盛酒，吾自加藥寢之。」遂入瓮，三日方出，鬚髮俱黑，顏復少年，肌若凝脂。
鄔通微	人見之多年，忽十數年不見，則顏狀益少
許宣平	其孫許明奴家嫗見宣平於南山，與一桃食之，其後嫗憎食，日漸童顏
劉瞎	劉瞻兄也，好道，四十年後見之，瞎顏貌可二十來，瞻已皤然衰朽
李昇	五十年前宛陵有耆老爲童稚時識之，言狀貌不改於當時。光澤輕健，若四十餘許人，鬚髮甚黑……唐昭宗爲朱全忠所篡，年已一百四十七歲矣
徐釣者	好事者言識之數十年，而顏貌不改。好道者服其藥一粒，顏益紅白，齒髮不衰
錢朗	已一百五十餘歲，童顏輕健
杜昇	莫測其年壽，顏甚悅澤，若三十許人。杜孺休曰：先君與此道翁相善，孺休時纔十餘歲。今五十餘，別道翁四十年，而顏貌一如常時

[23]《漢武帝外傳》作：「日更少壯，色如桃華……道成……入華山中。去後五十年，先相識者逢女生於華山廟前，顏色更少。」

[24] 見《正統道藏》（臺北：新文豐出版公司影印），洞眞部，海八。

在上列這三個表格中的神仙及與之有關或授其仙方的人，可以分爲兩類。一是不老，顏貌不改的仙人，如表二裡的李少君相貌「如五十許人」，孔元方「容如四十許人」，表三中的杜昇「若三十許人」，他們一如既往的不變的顏狀當即是得道成仙時的容貌；另一類則髮白再黑，齒落更生，還年益少，老而更壯，如二十許人，或顏如童子。表一有傳記十四則，共十五人，屬於前者的只有三人，而屬於後者的則多達十二人；在表二內共有五十一傳，六十人，其中前一類二十三人，後一類三十七人。第三表中則有九傳九人，屬前一類的四人，後一類則有五人。後一類的人數明顯多於前一類的人數。據此，我們可以確定，這些傳記的作者在努力地傳達一項神仙信仰最基本、最重要的訊息——長生仙術就是使人永不衰老，特別是使人轉老還少，髮白再黑的方術。

（三）神仙形像最顯眼的表徵：青絲綠髮

總之，從上述這些神仙本身或與之有關的人的年壽、顏狀來看，所謂神仙或長生，一是不死不老或難老；二是不僅如此，其顏容反而日益年輕，宛如少年。前者即所謂的「卻老」、「駐衰」、「住年」、「駐年」或「住年不老」、「駐年卻老」；[25] 後者則係所謂的「還少」、「轉少」、「轉老爲少」、「反老爲少」、「還年」。[26] 前者展現在外形上最顯眼的表徵常是顏貌不變，沒有老態，髮不白，齒不墮等，即所謂的「駐顏」、「駐白」、「止白」；[27] 後者則是由老

[25]「卻老」最早見於上引《史記・封禪書》。「駐衰」見上引〈劉安傳〉。「住年」最先見於曹植《釋疑論》：「甘始……又以住年藥食雞雛及新生犬子，皆止不復長。」（《抱朴子・論仙》篇引，據王明，《抱朴子內篇校釋》增訂本，頁16。）「駐年」見嵇康〈答難養生論〉：「邛疏以石髓駐年。」（據戴明揚，《嵇康集校注》，頁186。）「住年不老」見於《抱朴子》中〈金丹〉、〈道意〉二篇，「駐年卻老」則見〈仙藥〉篇。見王明，上引書，頁78, 82, 174, 205。

[26]「還年」見上引《列仙傳》之稷丘君。「還少」、「轉少」之例分別見上引《神仙傳》中伯山甫、西河少女；李仲甫、趙瞿、董奉。又《抱朴子內篇校釋》卷十一，頁205，〈仙藥〉篇云：「柠木實之赤者，餌之一年，老者還少。」「轉老爲少」見《神仙傳》中秦山老父。「反老爲少」見上引《杜陽雜編》。

[27]「駐白」見陶弘景，《眞誥》（上海古籍出版社影印《道藏要籍選刊》本），卷九，頁616。「止白」見《漢武帝外傳》（臺北：新文豐出版公司影印《正統道藏》，洞眞部，海五）所述「薊遼」事，說李少君「告之以道家事，因教令胎息胎食、住年止白之法。行之二百餘年，顏色不老。」「駐顏」見《唐詩紀事》卷四八，頁726，李泌〈禁中送任

轉少，髮白變黑，髮墮再長，齒落更生等；[28] 髮白變黑即所謂的「變白」或「還白」、「反白」。[29] 長生或神仙形像的高度濃縮的表現就是黑髮、童顏，如李白〈贈王漢陽〉詩所說：「猶乘飛鳧舄，尙識仙人面。鬒髮何青青！童顏皎如練。」[30] 或如陸放翁所說的「童顏綠髮」；[31] 若更加簡略，就只提及其黑髮了，例如唐道士司馬退之〈洗心〉詩云：「不踐名利道，始覺塵土腥……逍遙此中客，翠髮皆長生……」[32] 翠髮即黑髮；又如北宋陳堯叟〈洞霄宮〉詩描寫仙人的形像也只述及其黑髮：「綠毛仙骨有千齡」，[33] 綠毛即綠髮，黑髮；而最簡略地說就是「綠髮翁」。[34] 雖然我們不能說長生或神仙思想化約到最後就是永保滿頭青絲或綠髮玄鬢，但無可置疑的這是長生形像最顯眼的一項標誌。元代楊恆撰有《六書統》一書，其說「老」字云：「[illegible]，以[illegible]爲老人之狀，而下以匕指之。匕者，老人髮變白，背壯之意，則老字之意始明。」又元周伯琦所撰《六書正譌》則謂「老」字：「從毛匕，匕即化字，老人髮化白也。會意。」[35] 兩說雖在文字學上未必能夠成立，其時代也比較晚，但無疑都反映了白髮就是老化

山人〉詩云：「莫抛殘藥物，切欲駐童顏。」北宋王懷隱等，《太平聖惠方》（臺北：新文豐出版公司據中央圖書館藏烏絲欄抄本影印），卷四一，葉4，〈治髮白令黑諸方〉內收有一「變白髮令黑補益駐顏苣勝圓方」；葉8又有「駐顏變髭髮令黑方」。

[28]《周易參同契》（據影印文淵閣《四庫全書》本宋俞琰《周易參同契發揮》）也提到這類的仙人，卷上云：「金砂入五內，霧散若風雨，熏烝達四肢，顏色悅澤好，髮白皆變黑，齒落生舊所，老翁復丁壯，耆嫗成姹女，改形免世厄，號之曰『眞人』。」

[29]「變白」見晉代范汪所撰醫方中有「王子喬服菊增年變白方」（唐王燾，《外臺秘要方》卷三二，葉49引），又見上引《神仙傳》中之稷丘君、犢子二傳。《抱朴子・論仙》篇云：「以還白藥食白犬，百日毛盡黑。」見王明，上引書，卷二，頁16。又，陶弘景《眞誥》卷二，頁575，〈運象篇〉記有「九華眞妃授書」，云：「妾有童面之經，還白之法。」「反白」見《眞誥・協昌期第一》卷九，頁614，注「太上眞人撰所施行秘要」云：「此猶是眾眞授說經中所可修用還童反白諸要事。」又張君房集，《雲笈七籤》卷八二，葉6-7，〈庚申部・神仙去三尸法〉即「眞人去三尸延年反白之方」，用練松脂、茯苓、白蜜等，服之「八百日，黑髮生」。

[30] 見《李白集校注》卷十一，頁741。

[31] 見錢仲聯，《劍南詩稿校注》卷十三，頁1038，〈夜登山亭〉詩。

[32] 見姚鉉，《唐文粹》（《四部叢刊》初編本），卷十七（下），頁146。

[33] 見《宋詩紀事》（臺北：臺灣商務印書館影印文淵閣《四庫全書》本），卷四，葉23-24。

[34] 見《李白集校注》卷二，頁102，〈古風五十九首〉之五：「太白何蒼蒼，星辰上森列。去天三百里，邈爾與世絕。中有綠髮翁，披雲臥松雪……」又范成大，〈浙東參政寄示會稽蓬萊閣詩軸次韻寄題二首〉之一云：「仙翁來佩玉符麟，綠髮無霜照碧筠……」（見《范石湖集》卷五，頁56）。

[35] 均見《永樂大典》卷一一六一五，葉1引。

的最明顯的象徵。這正和綠髮是長生不老或神仙最顯眼的標誌兩相對照，最能表現出頭髮在一般人的衰老和長生的概念中的核心位置。

三、關於頭髮的生理知識

（一）生理階段與頭髮的變化

然而頭髮怎麼會變白的呢？要找出古代中國人對這一問題的解答，我們就有必要先瞭解一下古代人的有關頭髮的生理知識。從現存的時代最早的傳世的醫學文獻中，我們很容易看出來，頭髮已經被用來作爲判斷人類的生命過程中各個不同時期的生理變化或發展的重要指標。如《素問・上古天真論》所說：

> 岐伯曰：女子七歲，腎氣盛，齒更髮長。二七而天癸至，任脈通，太衝脈盛，月事以時下，故有子。三七，腎氣平均，故眞牙生而長極。四七，筋骨堅，髮長極，身體盛壯。五七，陰陽脈衰，面始焦，髮始墮。六七，三陽脈衰于上，面皆焦，髮始白。七七，任脈虛，太衝脈衰少，天癸竭，地道不通，故形壞而無子也。
>
> 丈夫八歲，腎氣實，髮長齒更。二八，腎氣盛，天癸至，精氣溢瀉，陰陽和，故能有子。三八，腎氣平均，筋骨勁強，故眞牙生而長極。四八，筋骨隆盛，肌肉滿壯。五八，腎氣衰，髮墮齒槁。六八，陽氣衰竭于上，面焦，髮鬢頒白。七八，肝氣衰，筋不能動，天癸竭，精少，腎藏衰，形體皆極。八八，則齒髮去。腎者主水，受五藏六府之精而藏之，故五藏盛，乃能瀉。今五藏皆衰，筋骨解墮，天癸盡矣。故髮鬢白，身體重，行步不正而無子耳。[36]

《靈樞・天年》篇則概略地指出四十歲是人體生理機能由盛而衰的轉捩點，這時髮鬢變得斑白了：

> 黃帝曰：其氣之盛衰，以至其死，可得聞乎？岐伯曰：人生十歲，五藏始定，血氣已通，其氣在下，故好走；二十歲，血氣始盛……三十歲，五藏大定……血氣盛滿……四十歲，五藏六腑十二經脈皆大盛以平定，湊理始疏，榮華頹落，髮頗斑白……[37]

---

[36] 見郭靄春，《黃帝內經素問校注語譯》，頁3-4。

[37] 引文據郭靄春，《黃帝內經靈樞校注語譯》，頁376-377。

此外，王充曾說：「人生至老身變者，髮與膚也。人少則髮黑，老則髮白，白久則黃。髮之變，形非變也。人少則膚白，老則膚黑，黑久則黯，若有垢矣。髮黃而膚爲垢，故禮曰：『黃耇無疆』。」[38] 劉熙《釋名·釋長幼》也說：「七十曰耄，頭髮白耄耄然也。…九十……或曰黃耇，鬢髮變黃也……」[39] 然則至少有些人的頭髮到年紀更老的時候還有由白轉黃的一個階段。

上引《素問》雖然明白地揭示了頭髮的變化和「三陽脈」以及「腎氣」和「腎」的盛衰之間的關係，但並沒有給讀者做詳細或具體的交代；《素問》中還另有〈六節藏象論〉篇簡單地提到：「腎者，……其華在髮，其充在骨。」又〈五藏生成〉篇說：「腎之合，骨也；其榮，髮也；其主，脾也……多食甘，則骨痛而髮落。」[40] 這兩段文字都表示了髮與腎之間的本末關係，而髮只是腎所表現的榮華。今本《靈樞·陰陽二十五人》篇使用了相當多的篇幅來論述手足三陽經脈所循上下，血氣的多少與鬚、髯、眉、髭、脛毛、腋毛等的有無、多少、長短的關係，但卻沒有提到頭髮。[41]

其後，隋唐之際的楊上善以及巢元方、王冰等爲我們提供了比較清楚的解說。楊上善說：「腎主骨髮，故腎氣盛，更齒髮長。」又說：「陽明脈起於面，行於頭，故陽明衰，面與髮始焦落。」又：「三陽，太陽、少陽、陽明也。三陽脈俱在頭，故三陽衰，面焦髮白。」[42] 王冰對〈上古天真論〉的注解，大體上與楊上善的十分相近，注〈六節藏象論〉則說：「腦者，髓之海；腎主骨髓。髮者，腦之所養，故華在髮，充在骨也。」又注〈五藏生成〉說：「腦爲髓海，腎氣主之，故外榮髮也。」[43] 這種腦和髮之間的關係的說法可能並不是他所首創，南朝梁陶弘景《真誥》中已說：「面者，神之庭；髮者，腦之華。心悲則面燋，腦減則髮素。」[44]

---

38 見《論衡集解·無形》卷二，頁32。

39 引文據《四部叢刊》初編本，卷三，葉20。

40 分別見《黃帝內經素問校注語譯》，頁62, 65。

41 見《黃帝內經靈樞校注語譯》，頁424-427。

42 見《黃帝內經太素》（蕭延平校本），頁23。

43 見《黃帝內經素問》（臺北：先知出版社影印光緒三年浙江書局刻《二十二子》本），卷一，葉4-5；卷三，葉10, 13。

44 據上海古籍出版社影印《道藏要籍選刊》本，卷二，頁575 所記「六月二十九日九華眞妃授書」。兩宋之際李石《續博物志》中「髮者，腦之華……腦減則髮素」這則文字即摘自此。（見清光緒湖北崇文書局刊《百子全書》本，卷七，葉1。）

巢元方在《諸病源候總論》中推衍了《素問》、《靈樞》之說，特別是頭髮和腎、血氣的關係，而展開了比較細緻的說明。如卷二十七，〈髮毛病諸候・鬢髮脫落候〉說：「足少陽，膽之經也，其榮在鬚。足少陰，腎之經也，其華在髮。衝任之脈爲十二經之海，謂之血海，其別絡上唇口，若血盛則榮於頭髮，故鬚髮美；若血氣衰弱，經脈虛竭，不能榮潤，故鬚髮禿落。」又，〈白髮候〉表示：「足少陰，腎之經也，主骨髓，其華在髮。若血氣盛，則腎氣強；腎氣強，則骨髓充滿；故髮潤而黑。若血氣虛，則腎氣弱；腎氣弱，則骨髓枯竭；故髮變白也。」又〈令長髮候〉謂：「髮是足少陰之經血所榮也。血氣盛，則髮長美；若血虛少，則髮不長。」又〈令髮潤澤候〉云：「足少陰之經血外養於髮。血氣盛，髮則光潤；若虛，則血不能養髮，故髮無潤澤也。」又〈髮黃候〉認爲：「足少陰之經血外養於髮。血氣盛，髮則潤黑；虛竭者不能榮髮，故令髮變黃。」又〈令毛髮不生候〉則稱：「足少陰之血氣，其華在髮……足陽明之血氣盛則髮美……諸經血氣盛，則眉、髭、鬚、髮美澤；若虛少枯竭，則變黃白悴禿。若風邪乘其經絡，血氣改變，則異毛惡髮妄生也。」又在〈虛勞病諸候（上）・虛勞候〉中說：「夫虛勞者，五勞、六極、七傷是也。…六極者……二曰血極，令人無顏色，眉髮墮落。」[45] 巢氏特別突出了足少陰腎經的血氣盛衰和頭髮黑白美惡等變化之間的關係，但對三陽脈，除了足陽明之外，並未述及。

上述三家的意見無論如何都固守《素問》腎主髮之論；而沈括卻提出了至少從文字上看起來與此大相逕庭的看法：「醫者所論人鬚、髮、眉雖皆毛類，而所主五臟各異，故有老而鬚白、眉髮不白者，或髮白而鬚眉不白者，臟氣有所偏故也。大率髮屬於心，稟火氣，故上生；鬚屬腎，稟水氣，故下生；眉屬肝，故側生。男子腎氣外行，上爲鬚，下爲勢；故女子、宦人無勢，則亦無鬚，而眉髮無異於男子，則知不屬腎也。」[46] 宋代鄭厚撰《藝圃折中》，進一步舉出一些事例來支持沈括髮屬心的主張，他說：「鬚眉髮皆毛類。分所屬：髮屬心，火也，故上生；鬚屬腎，水也，故下生；眉屬肝，木也，木旁敷，故側生。貴人勞心，故少髮。婦人、宦者無勢，故無鬚。癩者風，風盛落木，故先禿眉。」[47]

「髮屬心」的說法在醫經裡並不是完全沒有憑據的。如上述巢元方的見解，「髮是足少陰之經血所榮」，而血又能「養髮」，而《素問・陰陽應象大論》

[45] 引文據臺灣商務印書館影印文淵閣《四庫全書》本，卷二七，葉4, 5, 7, 8。又卷三，葉1。

[46] 見胡道靜，《夢溪筆談校證》卷十八，頁613。

[47] 見《説郛》（臺北：新興書局影印張宗祥集校明抄本），卷三一，葉10，〈鬚眉髮〉條。

說：「心生血。」唐孫思邈《備急千金要方・心臟方・心臟脈論》對心、血、髮之間的關係也有所論述：「手少陰氣絕則脈不通。少陰者，心脈也；心者，脈之合也。脈不通則血不流，血不流則髮不澤……」同時他正是把各種脫髮、禿頭、白髮等問題的治療方都放到〈心臟方〉卷中的。[48] 然則提出髮屬心之說是相當有道理、有根據的。[49]

元代滑壽《讀素問鈔・藏象》又依據《素問》所述「腎者主水」引申出了一些新的提法：「腎者，水也。出高原，宜其華在髮也。抑髮者，血之餘；血者，水之類，又其黑色故云。」[50]「髮者，血之餘」這個說法很可能是採用了相傳爲南齊褚澄所著《褚氏遺書》中有關「餘」的提法和意見：「耳、目、鼻、口、陰、尻，竅也；臂、股、指、趾，肢也；雙乳、外腎，關也；齒、髮、爪、甲，餘也；枝指、旁趾，附也。…餘，有消長，無疾痛……」[51] 既然髮是「餘」的一種，而它又爲血所榮潤，爲血所養，因而說它是「血之餘」。元末明初葉子奇在所著《草木子・觀物篇》中說：「夫人形之所以生也，必資於精、氣、血三者。精之榮以鬚，氣之榮以眉，血之榮以髮。」[52] 這當是本於前人，特別是巢元方的說法。明初王逵《蠡海集》發揮滑壽之說來論毛髮的有無、生長：「人之毛乃血之餘。三陽之毛皆顯於首。太陽之毛，髮也……太陽居上，少氣多血，故髮自幼即有，而日能長。…」[53]

至於頭髮的顏色何以是由黑變白，明代的莊元臣和李夢陽曾作過一些解釋，大體上他們在採取前人腎氣及血氣的作用等議論之外，所根據的是傳統的五行說。莊氏《叔苴子內編》的意見是：「髮離於首，未嘗白也，及附於首時而白焉，何哉？蓋腎水黑而肺金白。少壯時腎氣強，而毛髮皆由精生，精從腎出，故象腎而黑。衰老時腎氣弱，而毛髮皆從氣生，氣從肺出，故象肺而白。人身以血爲榮，以氣爲衛。血盛則毛髮之長根乎榮，血衰則毛髮之長根乎衛。此是黑白之故歟？」[54] 而李夢陽《空同子・物理篇》則說：「髮，血之餘；血，陰也。髮黑

[48] 引據臺灣商務印書館影印文淵閣《四庫全書》本，卷四〇，葉3。治療有關頭髮的各類問題在卷四二，〈心臟方・頭面風第八〉。

[49] 李時珍雖然未明確地贊同沈括之說，但也不得不承認它「說雖不同，亦各有理」。見《本草綱目》（劉衡如點校本），卷五二，頁2929，〈人部・人之一・亂髮・釋名〉。

[50] 見明嘉靖辛丑（1541年）陳桷刊汪機續註本，卷上之一，葉2。

[51] 見臺灣商務印書館影印文淵閣《四庫全書》本，葉5，〈分體〉。

[52] 見廣文書局影印光緒戊寅重刻本，卷一，葉11。

[53] 據商濬所輯，《稗海》本，葉17，〈人身類〉。

[54] 見清光緒湖北崇文書局刊《百子全書》本，卷六，葉1。

者，水之色也；白者，反之母氣也。凡物極則反。」[55] 按五行相生的原則是金生水，金色白，因此「反之母氣」就變成了白色。

上引醫經各篇本來即可能並非成於一時一人之手，其後各家的闡釋或主張也難免是「多得一察焉以自好」，而且多半也並不是全面的有系統的論著，對於各說彼此之間的異同紛紜或相互關連，我們在這裡也不必去整百家之不齊或予以系統化。如依上述巢元方的看法，我們可以概略地說，古人認爲頭髮所以生長是由於腎氣的作用，和血氣有密切的關係。大體上人的七、八歲時是生命行程上的一個重要的里程碑，這時頭髮開始明顯地生長；到將近三十歲左右，是頭髮生長的巔峰時期，而人的生命歷程也再度走到一個重大的關鍵時刻，即盛極轉衰的轉折點；[56] 當女性三十五歲、男性四十歲上下時，人的生理機能已經轉而變衰，一項重要的表徵就是頭髮開始脫落；到女性四十二歲、男性四十八歲時，頭髮開始變白了；當男子到六十四歲時，有些人的頭髮就幾乎脫落殆盡了。

人的血氣盛，則腎氣強，而足少陰腎經之血能養髮，因此頭髮才能長得長，長得多且密，而頭髮的顏色才會烏黑，同時潤澤有光。古代傳說中的有仍氏之女的頭髮當是身體極健康，血氣極盛的情況下所生長的頭髮。昭公二十八年《左傳》說：「昔有仍氏生女，黰黑，而甚美，光可以鑑。名曰玄妻。」孔穎達疏：「黰即鬒也。《詩》云：『鬒髮如絲』。毛傳云：『鬒，黑髮也』……《說文》云：『鬒，稠髮也』。然則鬒者，髮多，長而黑美之貌也。…髮與肌膚二者光色皆可以照人。」即頭髮很長，既多且密，髮色極黑，而又潤澤有光，甚至可以在髮上照出人影。南朝陳後主貴妃張麗華據說就是「髮長七尺，鬒黑如漆，其光可鑒」的。[57]

（二）頭髮與年壽

然而當身體機能隨著歲月的流逝而逐漸走下坡時，血氣轉虛，漸趨衰竭，腎氣變弱，足少陰之經血無法養髮，於是頭髮逐漸不再長長，日益變短；並開始脫

---

[55] 見清光緒湖北崇文書局刊《百子全書》本，葉7。

[56] 如白居易〈白髮〉詩所說：「凡人年三十，外壯中已衰。」見《白居易集》（顧學頡點校本），卷九，頁177。

[57] 見《陳書・皇后列傳》（北京：中華書局點校本）後史臣記。據說唐代楊貴妃也是「髮委地，光若傅漆……鬢非煙而自黑。」見《青瑣高議前集》卷六，頁61，〈驪山記〉。

落，漸漸稀少，甚或禿頭；而頭髮顏色也由黑轉白，甚或更從白變黃；同時變枯，失去了潤澤。既然頭髮脫落，短少光禿，由黑變白，從潤澤到枯澀，在一般的情況下，是軀體老化，血氣轉衰的結果；那麼反過來拿這些衰變的現象作爲指標，來推斷生命衰敗的程度或年壽的長短，雖不合乎邏輯，但卻是很自然的。如清代陸以湉《冷廬雜識》卷一，〈鬚髮早白〉條就說：「氣血衰則鬚髮易白，每於此徵年祚焉。余觀《晉書·王彪之傳》云：『年二十，鬚鬢皓白，時人謂之王白鬚。』而官至光祿大夫，儀同三司，卒年七十三。此殆異稟，不可以常情測矣。又宋杜祁公衍，年過四十，鬚髮盡白，卒年八十。」[58]

《史記·仲尼弟子列傳》說：「〔顏〕回年二十九，髮盡白，蚤死。」又《孔子家語》云：顏淵「年二十九而髮白，三十一早死。」[59] 這些記載多少就有由其頭髮早白而論證其短命的意味。南朝齊梁之間范縝「年二十九，髮白皤然，乃作〈傷暮〉詩、〈白髮詠〉以自嗟。」[60] 他也因此估計自己的身體已近暮年。韓愈〈祭十二郎文〉也曾據頭髮花白等因而自以爲年命不久：「吾年未四十而視茫茫，而髮蒼蒼，而齒牙動搖……如吾之衰者，其能久存乎？」[61]

但確實每個人的情況不同，很難有一定的標準。例如《世說新語·言語》謂：「顧悅與簡文同年，而髮蚤白。簡文曰：『卿何以先白？』對曰：『蒲柳之姿，望秋而落；松柏之質，經霜彌茂』。」劉孝標注：「顧凱（案：當作『愷』）之爲父傳曰：『…入見王，王無二毛，而君已斑白。問君年，乃曰：「卿何偏蚤白？」君曰：「松柏之姿，經霜猶茂；臣蒲柳之質，望秋先零。受命之異也。」…』[62] 白居易也說自己與崔群等人同年，而其鬢髮卻獨自先白：「落花如雪鬢如霜……何事同生壬子歲，老於崔相及劉郎。（自注：「余與崔、劉同年，獨早衰白。」）」[63] 如果依照顧悅的解釋來看的話，可以說至少人所受的稟賦或體質遺傳就有差別，未必同齡即同時開始有白髮，體魄同時轉趨衰老。白居易則歸之於身體患有嚴重的疾病以及精神或心理因素的作用，如他在〈寄同病者〉詩中說：「三十生二毛，早衰爲沉痾。」在〈自覺二首〉詩之一則說：「四

[58] 引文據《清代史料筆記叢刊》（北京：中華書局）所收崔凡芝點校本，頁15。
[59] 見《四部叢刊》初編本，卷九，葉1，〈七十二弟子解〉。
[60] 見《南史》卷五七，頁1421，〈范雲傳〉附從父兄〈范縝傳〉。
[61] 據馬通伯校注，《韓昌黎文集校注》卷五，頁196。
[62] 見《世說新語校箋》卷上，頁65。
[63] 見《白居易集》卷二五，頁571-572，〈花前有感，兼呈崔相公、劉郎中〉詩。

十未爲老，憂傷早衰惡。前歲生二毛，今年一齒落……同歲崔舍人，容光方灼灼。始知年與貌，衰盛隨憂樂。」又〈歎髮落〉詩謂：「多病多愁心自知，行年未老髮先衰。」在〈因沐感髮，寄朗上人二首〉之一中他稍有闡釋：「短鬢經霜蓬，老面辭春木。強年過猶近，衰相來何速！應是煩惱多，心焦血不足。」[64] 他的依據當是出於上述孫思邈的說法。明代吳玉撰有〈白髮辨〉，提出了相當有說服力的論證：「髮之白，雖有遲早老少，皆不繫壽之修短；由祖傳及隨事感應而已。」[65]

（三）劇烈的心緒變動與白髮、脫髮

一般而言，頭髮變白是由於身體逐漸衰老所致。然而在此之外，古人已發現在極短的期間內，強烈的心緒情感變化也可以產生斑白短禿等衰老的頭髮徵候，甚至使頭髮快速且徹底地變白。杜甫曾有詩句披露自己的經驗，安祿山叛變後的第二年，他從陝西鳳翔往鄜州回家途中，滿眼都是令人憂恐傷痛的殘敗景象，「及歸盡華髮。」[66]

極度的恐懼可使人頃刻間皤然白首，《世說新語・巧藝》篇記有韋誕的遭遇：「韋仲將能書。魏明帝起殿，欲安榜，使仲將登梯題之，既下，頭髮皓然，因敕兒孫勿復學書。」劉孝標注引衛恆《四體書勢》曰：「明帝立凌霄觀，誤先釘榜，乃籠盛誕，轆轤長絚引上，使就題之。去地二十五丈，誕甚危懼，乃戒子孫絕此楷法。」[67] 這一故事的真實性究竟如何，已不可知；但其作者相信在這一

---

[64] 見《白居易集》卷六，頁115；卷一〇，頁195；卷一三，頁259；卷一〇，頁205。又卷二二，頁479，在〈和祝蒼華（蒼華，髮神名）〉中也表明了相同的意見：「最爲悲傷多，心燋衰落苦。」元稹曾經因患瘧疾而致頭髮大量脫落，其〈三兄以白角巾寄遺，髮不勝冠，因有感歎〉說自己：「病瘴年深渾禿盡。」（見冀勤校本，《元稹集》卷二〇，頁230。）蘇轍也有記自己因病而添白髮的〈病後白髮〉詩：「枯木自少葉，不堪經曉霜。病添衰髮白，梳落細絲長……」（見《欒城集》卷一四，頁328）金桑之維也表示過相同的說法，其〈白髮〉詩云：「白髮近年見，十中三兩莖，半因愁儹出，多爲病添成。」見元好問輯，《中州集》（《四部叢刊》初編本），壬集第九，葉3。

[65] 見《本草綱目》卷五二，頁2929，〈人部・亂髮・釋名〉內，李時珍對吳玉《崑山小稿》所作的概括。

[66] 見仇兆鰲，《杜詩詳註》卷五，頁395-399，〈北征〉。

[67] 見《世說新語校箋》卷下，頁385。又劉孝標注〈方正〉篇引宋明帝《文章志》云：「魏時起凌雲閣，忘題榜，乃使韋仲將縣橙上題之，比下，須髮盡白，裁餘氣息。還語子弟云：『宜絕楷法』。」見《世說新語校箋》卷中，頁191。

上一下之間的震恐是可以使人秋霜滿頭的。東魏司馬子如和南齊謝超宗都曾因事下獄，惶恐畏懼，一夜之間，皓首白頭。[68]

憂愁也可以使人髮白。如曹丕〈短歌行〉說：「人亦有言，憂令人老。嗟我白髮，生一何早？」[69] 李白〈秋浦歌〉第十五首也持這樣的看法：「白髮三千丈，緣愁似箇長。不知明鏡裡，何處得秋霜？」[70] 白居易的意見也相同，其〈白鷺〉詩云：「人生四十未全衰，我為愁多白髮垂。」又有句云：「鬢為愁先白。」[71] 韋莊〈愁〉詩亦云：「避愁愁又至，愁至事難忘。夜作心中火，朝為鬢上霜……」[72] 又羅隱〈夜泊毗陵無錫縣有寄〉詩有聯云：「愁催鬢髮彫何易！貧戀家鄉別漸難。」[73] 蘇東坡也說：「多憂髮早白」。[74] 蘇轍也有〈次韻子瞻送千乘千能〉詩說自己因「多憂變華髮」。[75] 據王充說，早在西周時已有這種事例，名臣尹吉甫之子伯奇即因此頭髮早白：「伯奇放流，首髮早白。詩云：『惟憂用老』。伯奇用憂。」[76] 又唐肅宗為太子時，「宰相李林甫陰構不測」，因而「內憂」，以致「鬢髮班禿」。[77] 又如李日知「事母至孝。時母老，嘗疾病，日知取急調侍，數日而鬢髮變白。」[78] 元代郭道卿「嘗病痁，危甚」，其子「廷煒憂悴扶護，一夕髮盡白。」[79] 明張天復被逮「赴雲南對簿」，其子元忭「萬里護行，髮盡白。」[80]

極度的哀傷也能催人白頭。李白說春秋時代的申包胥就是因為過度哀慟而致鬢髮斑白的：「申包惟慟哭，七日鬢毛斑。」[81] 北宋梅堯臣曾有詩句說自己：

---

[68]《北史》卷五四，頁1947，〈司馬子如傳〉：「以賄為御史中尉崔暹劾，在獄一宿而髮皆白。」《南齊書》卷三六，頁639，〈謝超宗傳〉：「詔曰：『超宗釁同大逆，罪不容誅……免官如案，禁錮十年。』超宗下廷尉，一宿髮白皓首。」

[69] 見宋郭茂倩，《樂府詩集》卷三〇，頁448，〈相和歌辭(五)・短歌行〉。

[70]《李白集校注》卷八，頁541。

[71] 見《白居易集》卷一五，頁313；卷二七，頁617，〈何處難忘酒七首〉之四。

[72] 見《浣花集》(《四部叢刊》初編本)，卷一，葉13。

[73] 見《甲乙集》(《四部叢刊》初編本)，卷三，葉4。

[74] 見《蘇軾詩集》(孔凡禮點校本)，卷六，頁280-281，〈潁州初別子由二首〉之二。

[75] 見《欒城集》卷一六，頁379。

[76] 見《論衡集解》卷四，頁81，〈書虛〉篇。

[77] 見《唐書》卷七七，頁3499，〈后妃傳(下)・章敬吳太后傳〉。

[78] 見《舊唐書》卷一八八，頁4926，〈孝友・李日知傳〉。

[79] 見《元史》卷一九七，頁4442，〈孝友・郭道卿傳〉。

[80]《明史》卷二八三，頁7288，〈儒林(二)・張元忭傳〉。

[81] 見《李白集校注》卷二二，頁1272-1273，〈奔亡道中五首〉之四。

「悲哀易衰老，鬢忽見二毛。」[82] 歷代史書中也記載有一些具體的事例，如唐韋虛心「有孝行，及丁父憂，哀毀過禮，鬚鬢盡白。」[83] 宋張景憲「母卒，一夕鬚髮盡白。世以此稱之。」[84] 元末鄭鉉「父喪，慟哭三日，髮鬚盡白。」[85] 又如清儒刁包「居父喪，哀毀，鬚髮盡白。」[86]

過度的勞心費神也可導致髮白及頭髮脫落。李石《續博物志》說：「魚勞則尾赤，人勞則髮白。」[87] 從上下文來考察，看起來像是指身體筋骨肌肉等的疲勞，但不知是否也指精神或心理上的疲勞。不過上文提到宋代鄭厚《藝圃折中》已經表明：「貴人勞心，故少髮」。以爲掉頭髮以致頭髮減少是由於過度地使用精神思慮所造成的。這類的意見出現得相當早，王充說：「傳書或言顏淵與孔子俱上魯太山。孔子東南望吳閶門外有繫白馬，引顏淵，指以示之，曰：『若見吳昌門乎？』顏淵曰：『見之。』孔子曰：『門外何有？』曰：『有如繫練之狀。』孔子撫其目而正之，因與俱下。下而顏淵髮白齒落，遂以病死。蓋以精神不能若孔子，彊力自極，精華竭盡，故早夭死。世俗聞之，皆以爲然。」[88] 即當時許多人是相信顏淵因耗神過度，而致髮白早夭的；雖然他是費神來覘視遠方而不是用在思考問題上。白居易有〈閑居〉詩一首，說宰相裴垍年紀不算大，但卻滿頭白髮，即因勞心過甚之故：「君看裴相國，金紫光照地。心苦頭盡白，纔年四十四。」[89]

唐代以來也頗有一些詩人說自己頭髮變白是因爲作詩耗費心思過多所致，如晚唐杜荀鶴〈秋晨有感〉詩有句云：「吟髮不長黑」。又〈寄臨海姚中丞〉詩云：「風月易斑搜句鬢」。[90] 陸游也說：「一寸丹心空許國，滿頭白髮卻緣詩。」[91] 元明之際陶宗儀《南村輟耕錄》說：「人之年壯而髮斑白者，俗曰『算

---

[82] 見朱東潤，《梅堯臣集編年校注》卷一九，頁519，〈種胡麻〉詩。
[83]《舊唐書》卷一〇一，頁3147，〈韋湊傳〉附從子〈韋虛心傳〉。
[84] 見《宋史》卷三三〇，頁10623，〈張景憲傳〉。
[85] 見《明史》卷二九六，頁7584，〈孝義（一）・鄭濂傳〉。
[86]《清史稿》卷四八〇，頁13135，〈儒林（一）・刁包傳〉。
[87] 卷二，葉4。
[88] 見《論衡集解》卷四，頁80，〈書虛〉篇。
[89] 見《白居易集》卷六，頁111。
[90] 見《聶夷中詩・杜荀鶴詩》（中華書局上海編輯所編輯）所收《唐風集》卷上，頁44；卷中，頁60。
[91] 見《劍南詩稿校注》卷七六，頁4176，〈獨座閒詠〉。

髮』，以爲心多思慮所致。蓋髮乃血之餘，心主血，血爲心役，不能上廕乎髮也。然《本草》云：『蕪菁子壓油塗頭，能變蒜髮。』則亦可作蒜。《易・說卦》：『巽爲寡髮』。陸德明曰：『寡，本作宣，黑白雜爲宣髮。』據此，則當用『宣』字爲是。」[92] 因訛音而把「宣」字誤爲「算」字，這正反映了人們是拿謀慮計算太過來理解玄鬢所以轉化爲素絲的緣由的。元代蘇天爵「須髮盡白」，人們即認爲是由於元順帝「圖治之意甚切」，而「天爵知無不言，言無顧忌，夙夜謀畫」之故。[93]

四、對頭髮變化的一些心理反應

(一)對白髮、脫髮的驚恐與哀傷

唐賈島〈送杜秀才東遊〉詩：「匣有青銅鏡，時將照鬢看。」[94] 他藉這聯詩句希望朋友常常觀察注意其身體健康，來表達自己對朋友的關切和友誼。在古代生活中，人們常用鏡或水來察看自己的容貌、鬚髮和衣冠。由於每天早晨起床後，一般都要盥洗、對鏡梳理頭髮，因此幾乎每天都會使用這一段時間來觀察自己的容色、頭髮，關心自己的年齡和健康。而依上述古人的生理知識來說，頭髮的脫落，頭髮的長短、疏密、多少以及顏色的變化等與衰老相關的徵候經常就成了關注的焦點。

白居易就留給我們不少有關這方面的詩篇，如〈早梳頭〉詩：「夜沐早梳頭，窗明秋鏡曉。颯然握中髮，一沐知一少。年事漸蹉跎……」又〈白髮〉詩：「……今朝日陽裡，梳落數莖絲。家人不慣見，憫默爲我悲……凡人年三十，外壯中已衰……況我今四十，本來形貌羸。書魔昏兩眼，酒病沉四肢……身心久如此，白髮生已遲……」又〈歎老三首〉之一云：「晨興照清鏡……少年辭我去，白髮隨梳落。萬化成於漸，漸衰看不覺。但恐鏡中顏，今朝老於昨……」又〈沐浴〉詩：「……老色頭鬢白，病形支體虛。衣寬有賸帶，髮少不勝梳。自問今年

[92] 見《元明史料筆記叢刊》本(北京：中華書局)，卷一八，頁224，〈宣髮〉條。

[93] 見《元史》卷一八三，頁4226，〈蘇天爵傳〉。

[94] 見李嘉言，《長江集新校》卷四，頁35。

幾？春秋四十初！四十已如此，七十復何如？」又〈漸老〉詩云：「今朝復明日，不覺年齒暮。白髮逐梳落，朱顏辭鏡去……」又有〈歎髮落〉詩謂：「多病多愁心自知，行年未老髮先衰。隨梳落去何須惜？不落終須變作絲。」又其〈新磨鏡〉詩：「衰容常晚櫛，秋鏡偶新磨。一與清光對，方知白髮多！」而其〈新秋早起，有懷元少尹〉詩亦云：「秋來轉覺此身衰，晨起臨階盥漱時，漆匣鏡明頭盡白……」又，〈白髮〉詩：「雲髮隨梳落，霜毛繞鬢垂。加添老氣味，改變舊儀容。不肯長如漆，無過總作絲。最憎明鏡裡，黑白半頭時。」又有〈對鏡〉一首：「三分鬢髮二分絲，曉鏡秋容相對時……」又所撰〈覽鏡喜老〉詩云：「今朝覽明鏡，鬚鬢盡成絲。行年六十四　，安得不衰羸？…」[95] 陸游也寫過不少這方面的詩。[96]

由於幾乎天天留心照鏡察看，有些人對自己頭髮所發生的變化便留有相當深刻的記憶，如潘岳〈秋興賦序〉：「晉十有四年（公元 278 年），余春秋三十有二，始見二毛。」[97] 一當發現自己開始有了白髮，有些人的反應就會有點緊張，立刻就會想到老、想到死而心生警惕。如晉嵇含在〈白首賦序〉中說：「余年二十七，始有白髮生於左鬢。斯乃衰悴之標證，捐棄之大漸也。蒲衣幼齒，作弼夏后；漢之賈、鄧，弱冠從政。獨以垂立之年，白首無聞。壯志衂於蕪塗，忠貞抗於棘路。睹將衰而有川上之感，觀趣舍而抱慷慨之歌。」[98] 又如白居易〈初見白髮〉詩所顯現的那樣：「白髮生一莖，朝來明鏡裡。勿言一莖少，滿頭從此

---

[95] 見《白居易集》卷九，頁172, 177；卷一〇，頁186, 194, 201；卷一三，頁259；卷一四，頁277；卷一九，頁410-411；卷二〇，頁437；卷二七，頁615；卷三〇，頁676。

[96] 這裡只摘錄幾首，例如〈紹興中予初仕爲寧德主簿與同官飲酒食蠣房甚樂後五十年有餉此味者感歎有賦酒海者大勸盃容一升當時所尚也〉：「所嗟晨鏡裡，非復舊朱顏。」〈秋興〉詩之二有句：「晨梳脱髮雖無數。」又〈作雪遇大風遂晴〉：「晨興盥頮罷，白髮滿清鏡。」又〈齒髮歎〉詩：「晨興對清鏡，何以慰寂寞？」（見《劍南詩稿校注》卷六四，頁3654；卷六七，頁3796；卷六九，頁3874；卷八二，頁4400）又金元之間麻革〈秋夜感懷〉詩云：「老境歡娛少，愁懷感嘆長……平明攬青鏡，衰鬢又添霜。」見薛瑞兆等編纂，《全金詩》卷一三一，頁284。

[97] 見李善注，《文選》卷一三，葉4。元稹也記得很清楚，他是三十一歲開始生白髮的。在〈酬翰林白學士代書一百韻〉中有「潘鬢去年衰」一句，自注云：「余今年始三十二，去歲已生白髮。」他算得很仔細，在三十二歲這年，他有八、九根白頭髮，其〈寄隱客〉詩云：「我年三十二，鬢有八、九絲。」見《元稹集》卷一〇，頁118；卷五，頁58。

[98] 見汪紹楹校本，《藝文類聚》卷一七，頁320，〈人部（一）·髮·賦〉引。

始。青山方遠別，黃綬初從仕。未料容鬢間，蹉跎忽如此！」[99] 元稹也有過十分驚恐緊張的經驗：「憶初頭始白，盡夜驚一縷。」[100] 又金姚孝錫〈感白髮〉詩也表現出些許驚恐：「梳頭白雪驚新有。」[101]

繼二毛出現之後，隨著時光的逐漸流逝，人們就不得不面對鬢髮的日益轉白、脫落以致稀疏短少光禿，而憂愁、畏懼、感歎、悲傷就是最常見的情懷。[102] 這樣的心情發展到比較嚴重的地步時，可能就會出現逃避的心理。白居易說：「皎皎青銅鏡，斑斑白絲鬢。豈復更藏年，實年君不信。」陸游也說：「清鏡不藏新白髮。」[103] 青銅鏡毫無保留，無所掩飾，不會欺騙，對照之下，立即「衰鬢蕭然滿鏡霜」，能最忠實地反映出那種令人難以忍受的「凋盡朱顏白盡頭」的老態。[104] 於是看鏡則徒生傷感，如顏之推〈古意〉詩云：「白髮闚明鏡，憂傷沒余齒。」[105] 又如孟浩然〈同張明府清鏡嘆〉中的一聯說：「愁來試取照，坐嘆生白髮。」[106] 又如崔塗〈蜀城春〉詩云：「清鏡不堪照，鬢毛愁更新。」[107]

白居易曾經比較詳細地透露過自己的心情，其〈歎老三首〉之二云：「我有一把髮，梳理何稠直。昔似玄雲光，如今素絲色。匣中有舊鏡，欲照先歎息。自從頭白來，不欲明磨拭……」[108] 他害怕或不願面對鏡子，梳頭成了折磨心靈的苦事；鏡子最好不要磨，讓它暗一點，以免照清楚白頭翁的形像讓自己受不了；而鏡子太亮也成了忌諱：「衰顏忌鏡明」。[109] 他想要酒杯而不要鏡子，其〈鏡

---

[99] 見《白居易集》卷九，頁170。

[100] 見《元稹集》卷七，頁79，〈遣病十首〉之五。

[101] 見元好問輯，《中州集》，癸集第十，葉14。又元好問〈感興四首〉之一首句云：「夢中驚見白頭新。」也披露了同樣的驚恐。見薛瑞兆等編纂，《全金詩》，卷一二五，頁203。

[102] 如梁簡文帝詩：「昔類紅蓮草，自玩淥池邊。今如白華樹，還悲明鏡前。」（《藝文類聚》卷一八，頁341-342，〈人部（二）·老·詩〉）。又李白〈將進酒〉詩：「君不見高堂明鏡悲白髮，朝如青絲暮成雪。」（《李白集校注》卷三，頁225）又白居易〈感髮落〉有句：「昔日愁頭白」。又有〈櫻桃花下歎白髮〉一首；又〈嗟髮落〉詩云：「朝亦嗟髮落，暮亦嗟髮落。」又〈六十六〉詩：「瘦覺腰金重，衰憐鬢雪繁。」（見《白居易集》卷一四，頁277；卷一六，頁328；卷二二，頁496；卷三三，頁754-755。）

[103] 見《白居易集》卷九，頁182，〈照鏡〉詩。《劍南詩稿校注》卷七四，頁4063，〈幽情〉。

[104] 兩句分別見《劍南詩稿校注》卷二九，頁2001，〈飢坐戲詠〉；卷三〇，頁2027，〈看鏡〉。

[105] 見《藝文類聚》卷二六，頁468，〈人部（十）·言志·詩〉。

[106] 據《孟浩然集》（《四部叢刊》初編本），卷一，葉11-12。

[107] 見《唐詩紀事》卷六一，頁927。

[108] 見《白居易集》卷一〇，頁187。

[109] 見《白居易集》卷一七，頁351，〈潯陽歲晚寄元八郎中、庾三十二員外〉。

換盃〉詩云：「欲將珠匣青銅鏡，換取金樽白玉卮。鏡裡老來無避處，樽前愁至有時消」。[110] 梅堯臣〈九月五日夢歐陽永叔〉詩也說：「朝鏡惡白髮，夕夢對故人……相笑勿問年，青銅早傷神。…」[111] 又司馬光〈和明叔九日〉詩亦云：「不奈衰鬢白，羞看朝鑑明。」[112] 陸游的反應甚至強烈到說他憎恨鏡子太光亮了，他在〈寄五郎兼示十五郎〉詩中說：「八十九十老可驚，白髮森然憎鏡明。」[113]

（二）拔白及其心理

金元之間杜仁傑有〈髮黃有感〉詩說：「飄蕭中年髮，既少何用白。蒼黃未甚絲，明知不更黑。妻孥恐生悲，勸我課鉏摘。眷然撫鏡鑷，青山墮虛席。」[114] 透露出為了避免在鏡中看見自己有白髮而悲傷，古代人們所常採用的辦法是把白頭髮拔掉。這也就是所謂的「拔白」。如三國魏應璩有詩云：「少壯面目澤，長大色醜麤。醜麤人所惡，拔白自洗蘇。平生髮完全，變化似浮屠。醉酒巾幘落，禿頂如赤壺。」[115] 晉左思寫過一篇有關拔白的滑稽有趣的諷刺文章，〈白髮賦〉：

> 星星白髮，生於鬢垂。雖非青蠅，穢我光儀。策名觀國，以此見疵。將拔將鑷，好爵是縻。白髮將拔，惄然自訴：『稟命不幸，值君年暮，逼迫秋霜，生而皓素。始覽明鏡，惕然見惡。朝生晝拔，何罪之故？予觀橘柚，一皜一曄，貴其素華，匪尚綠葉。願戢子之手，攝子之鑷。』『咨！爾白髮！觀世之途，靡不追榮，貴華賤枯……拔白就黑，此自在吾。』白髮臨欲拔，瞋目呼號：『何我之冤！何子之誤！甘羅自以辯惠見稱，不以髮黑而名著；賈生自以良才見異，不以烏鬢而後舉……何必去我，然後要榮？』……」[116]

---

110 見《白居易集》卷二六，頁584-585。

111 見《梅堯臣集編年校注》卷一七，頁404。

112 見《溫國文正公文集》（《四部叢刊》初編本），卷一四，葉6。

113 見《劍南詩稿校注》卷七四，頁4058。

114 見薛瑞兆等編纂，《全金詩》卷一四九，頁504。又元好問〈東園晚眺〉詩也披露了因華鬢無歡而拔白的心理：「霜鬢蕭蕭試鑷看，怪來歌酒百無歡。」見《全金詩》卷一二二，頁142。

115 見逯欽立輯校，《先秦漢魏晉南北朝詩》卷八，頁470。

116《藝文類聚》卷一七，頁320，〈人部（一）・髮・賦〉。

由於拔白通常使用鑷子作爲輔助工具，如上文所說「將拔將鑷」、「願戢子之手，攝子之鑷」，又如梁何遜有詩句說：「欲鑷星星鬢」，[117] 因此也常稱爲「鑷白」，例如李白有〈秋日鍊藥院鑷白髮贈元六兄林宗〉詩謂：「……長吁望青雲，鑷白坐相看。秋顏入曉鏡，壯髮凋危冠…。」[118] 又薛逢有〈鑷白曲〉詩云：「去年鑷白鬢，鏡裡猶堪認年少。今年鑷白髮，兩眼昏昏手戰跳。」[119] 我們可以想像得到，如果沒有鑷子的話，把一根根白頭髮單獨地挑出來是很不容易的。

漢代考古所發現的鑷子，與出土的鏡子一樣，多放在墓主棺內；有些與鏡子放在一起，[120] 即人們通常是配合鏡子一起來進行拔白的。劉熙《釋名・釋首飾》說：「鑷，攝也，攝取髮也。」[121] 漢代婦女用鑷子鑷去眉毛，再用眉筆畫出黛眉；而男性使用鑷子，除鑷去白髮外，也可以用來鑷去白髫鬚。因此《釋名》這樣排除其他意義而獨取頭髮的音訓多少意味著最遲在漢代人們已經相當普遍地使用鑷子來拔掉白頭髮了。

從白居易的一些有關白髮或衰老的詩看起來，他是任其自然的，實際上，他曾經拔過白頭髮，如〈江亭夕望〉詩說：「滿鑷霜毛送老來。」[122] 北宋司馬光也一樣，他剛發現自己有白頭髮時，認爲不必鑷除，其〈初見白髮慨然感懷〉詩云：「萬物壯必老，性理之自然。我年垂四十，安得無華顛？所悲道業寡，汩沒無它賢。深懼歲月頹，宿心空桑捐。視此足自儆，拔之乃違天。留爲鑑中銘，晨夕思乾乾。」[123] 但後來他還是拔了，在〈次韻和復古春日五絕句〉中他說：「雪霜衰鬢拔還生。」[124]

---

[117] 見何遜，〈與崔錄事別兼敘攜手詩〉，《先秦漢魏晉南北朝詩》，中册，頁1688。

[118] 見《李白集校注》卷一〇，頁665。

[119] 見《全唐詩》卷五四八，頁6319。「鑷白 」是鑷白頭髮與鑷白髫鬚的通稱，如唐韋應物《韋江州集》(《四部叢刊》初編本)，卷四，葉14，〈送秦系赴閬州〉詩：「近作新婚鑷白鬚，長懷舊卷映藍衫…」又如宋楊萬里，《江湖集》有〈次主簿昌英叔鑷白韻〉詩，《荆溪集》有〈鑷白〉詩。分別見《誠齋集》卷三，葉6；卷一二，葉15。

[120] 例如一九五三年洛陽燒溝發掘的二百多座兩漢墓葬中出土了十三件鐵鑷，其中未經後世擾亂者均出於棺內。青銅鏡或鐵鏡大多數也放在棺內頭部旁邊。見洛陽區考古發掘隊，《洛陽燒溝漢墓》，頁160, 197。廣州漢墓所出鐵鑷多放在銅鏡上，或置於漆器內。見廣州市文物管理委員會等，《廣州漢墓》，上册，頁150, 157, 164, 237, 341, 350, 450。廣州象崗山第二代南越王墓主棺室出土三件鐵鑷，四個夫人從殉的東側室內也出土了四件鐵鑷。見廣州市文物管理委員會等，《西漢南越王墓》，上册，頁177, 233。

[121] 見卷四，葉35。

[122] 見《白居易集》卷一六，頁345。

[123] 見《溫國文正公文集》(《四部叢刊》初編本)，卷三，葉14。

[124] 見《溫國文正公文集》卷一四，葉7。

從華髮初生開始拔白；上文提到白居易年過三十已見二毛，到寫作述及鑷白的〈江亭夕望〉時已是四十六歲，已拔白十幾年了。有些人一直要拔到五十多歲，如南齊高帝蕭道成就是一例，《南史・齊本紀（下）》：「廢帝鬱林王諱昭業……高帝爲相王，鎭東府，時年五歲，床前戲。高帝方令左右拔白髮，問之曰：『兒言我誰耶？』答曰：『太翁。』高帝笑謂左右曰：『豈有爲人作曾祖而拔白髮者乎？』即擲鏡、鑷。」當時蕭道成已年過五十了。韋莊也拔到五十以後，其〈鑷白〉詩謂：「白髮太無情，朝朝鑷又生。始因絲一縷，漸至雪千莖。不避佳人笑，唯慚稚子驚。新年過半百，猶歎未休兵。」[125]

然而白髮拔了又生，拔不勝拔，如孟郊〈達士〉詩所說的那樣：「青春去不還，白髮鑷更多。」[126] 金桑之維〈白髮〉詩亦云：「白髮近年見，十中三兩莖，半因愁價出，多爲病添成。梳裡有時落，鑷餘還又生。老知無可避，何處是功名？」[127] 又金元德明〈枕上〉詩云：「往時見白髮，談笑輕歲月。誰謂明鏡裡，蕭蕭不勝鑷……」[128] 而如同羅隱〈傷華髮〉詩所說，拔多了還可能會傷害髮根：「舊國迢迢遠，清秋種種新。已衰曾軫慮，初見忽沾巾。日薄梳兼懶，根危鑷恐頻。青銅不自見，只擬老他人。」[129] 因而到後來有些人就不想繼續了，如賈島〈答王建祕書〉所說：「白髮無心鑷。」[130] 又如宋代余綱說：「予幼年勤瘁，衰不待時。方三十而白髮生，自是時時摘去，四十九則不勝芟矣，乃聽其自然。」[131] 即鑷白近二十年後還是不得不放棄。北宋呂陶〈感白髮〉詩對類似這樣的心理轉變的過程有比較詳細的描述：

> 少年事辛勤，老大涉憂患。撫時感零落，髮白亦已慣。每思初白時，黑者尚千萬。晨梳滿一握，中有素絲間。及其白已甚，色勢頗滋蔓。種種漸無幾，星星忽大半。常情惡衰颯，不欲姿容變。持鑷屢剪摘，煮藥勤點換。久之反自笑，遂事固不諫。…方當齊椿菌，未暇語鵬鷃。霜雪華滿頭，長吟又何怨。[132]

---

[125] 見《浣花集》（《四部叢刊》初編本），卷四，葉6。
[126] 見《孟東野詩集》（《四部叢刊》初編本），卷二，葉10-11。
[127] 見元好問輯，《中州集》（《四部叢刊》初編本），壬集第九，葉3。
[128] 見元好問輯，《中州集》，癸集第十，葉25。
[129] 見《甲乙集》卷五，葉9。
[130] 見《長江集》卷五，頁49。
[131] 見明高濂，《遵生八牋》（臺北：臺灣商務印書館影印文淵閣《四庫全書》本），卷一七，葉47，〈靈秘丹藥牋（上）・神仙不老丸〉引所著《選奇方》。
[132] 見所撰《淨德集》（臺北：臺灣商務印書館影印文淵閣《四庫全書》本），卷三〇，葉8。

然則一般人拔白多懷有「不欲姿容變」或駐顏不老，鬢髮長青的厚望。從這我們才可以瞭解爲什麼王僧虔會把拔白的工具鑷子稱作「卻老先生」了。鄧德明《南康記》說南朝齊王僧虔「晚年惡白髮，一日對客，左右進銅鑷。僧虔曰：『卻老先生至矣，庶幾乎』！」[133]

（三）鑷白與卻老延年的期望

不過在某些人或一些修道者看來，拔白是積極的行動，拔白得法確實是一種有效的卻老還白方術。據說陸機提供了一年十二月中每個月的一天，當其日鑷白可使頭髮永不再白：「正月四日，二月八日，三月十三日，四月十六日，五月二十日，六月二十四日，七月二十八日，八月十九日，九月二十五日，十月十日，十一月十一日，十二月七日。」[134]

類似的日子在陶弘景《真誥》中稱之爲「老子拔白日」，依次是「正月四日，二月八日，三月十一日，四月十六日，五月二十日，六月二十四日，七月二十八日，八月十九日，九月十六日，十月十三日，十一月十日，十二月七日」。[135]但在這十二個特別的日子裡進行拔白，究竟有什麼特殊的意義或效用，則隱居未曾交代。唐王燾《外臺秘要方》卷三十二，〈拔白髮良日并方三首〉所錄「《延年》拔白髮良日」爲我們提出了解答：「正月四日，二月八日，三月十二、十三日兩日並得，四月十六日，五月二十日，六月二十四日，七月二十八日，八月十九日，九月十五日，十月十日，十一月十日，十二月十日。右並以日正午時拔，當不得飲酒，食肉、五辛。經一拔已後，黑者更不變。（《千金》同）」[136] 以

133 見舊題馮贄所撰，《雲仙雜記》（《四部叢刊》續編本），卷四，葉4。關於《雲仙雜記》一書及其作者眞僞、年代等問題，見余嘉錫，《四庫提要辨證》卷一七，頁1031-1034，〈子部（八）·小説家類（一）〉本條。

134 見北宋王懷隱等所撰，《太平聖惠方》（臺北：新文豐出版公司影印本），卷四一，葉39-40，〈拔白令黑良日法·拔白令髭鬢生黑良日〉，又說：「已上日並陸機法，須早晨拔之，永不白也。」「三月十三日」或係十二日之誤，説見下一條注腳。

135 見卷一八，頁673。按從二月到七月，除三月外，每月之日數均爲前一月之日數加四，因此三月之十一日當係十二日之誤。唐段成式，《酉陽雜俎（前集）》（方南生點校本），卷一一，頁105，〈廣知〉所錄「老子拔白日」正作「三月十二日」，當據改。

136 引文據臺灣商務印書館影印文淵閣《四庫全書》本，卷三二，葉48。文淵閣《四庫全書》本《備急千金要方》卷四二將全文誤抄錄成兩段，自「九月」以後爲一段，之前爲另一段，分別見於二十一及十八兩葉；又其三月只有十二日。

上三者自九月以後的各日亦有可能因傳抄而致脫誤，但無疑均揭示世人在這些日子鑷白可以保住黑髮不再變素。按《延年》當即《舊唐書・經籍志（下）》「雜經方五十八家」中所收「《延年秘錄》十二卷」，《千金》即孫思邈《備急千金要方》。從書名的「延年」二字也可以看出來學道者對拔白的止白不老的效用是深信不疑的。

《如意方》也提供過一個特別的除白髮的日子和相關的不生白髮的方術，其「反白髮術」云：「癸亥日除白髮，甲子日燒之。自斷。」[137] 段成式《酉陽雜俎（前集）・怪術》也記錄了一則在特定日期、時辰鑷白而產生令人驚異後果的故事：「海州司馬韋敷曾往嘉興，道遇釋子希遁，深於繕生之術；又能用日辰，可代藥石。見敷鑷白，曰：『貧道爲公擇日拔之。』經五、六日，僧請鑷其半。及生，色若黳矣。凡三鑷之，鬢不復變。」[138]

明代高濂在《遵生八牋・四時調攝牋》裡抄錄了不少這類的日期，如正月：「《四時纂要》曰：『是月四日、寅日宜拔白，子日宜拔白。三十日服井花水，令鬚髮不白』。」三月：「《真誥》曰：『是月十一日拔白、十三日拔白，永不生出。初一、初十日拔白，生黑』。」四月：「是月初二、十六、十八、十九日拔白，生黑。」五月：「是月十六日、二十日宜拔白。」六月：「《真誥》曰：『十九日、廿四日拔白，永不生』。又云：『初三、初四、初八、廿八日拔白亦可』。」七月：「是月二十三日、二十八日拔白，永不再生。」九月：「《真誥》曰：『十六日拔白，永不生』。」十月：「初十日、十三日宜拔白。」十一月：「《纂要》曰：『是月初十日宜拔白髮』。」十二月：「《法天生意》云：『初七、初十、十八、二十日拔白髮』。」[139] 即有些人相信在上述的某些日子裡拔白，或可以使白髮永不再生，或可以使人生出黑髮；具有卻老還白的功效。[140]

---

137 見日本丹波康賴，《醫心方》（北京：人民衛生出版社據淺倉屋藏板影印本），卷四，頁105引。按《隋書・經籍志（三）・醫方》中收有「《如意方》十卷」，但未著撰人。

138 見方南生點校本，前集，卷五，頁56-57。關於拔白的適當時辰，《經驗秘方》中所載「太白摘白法：遇日未出時，以孤女摘之爲佳。」與上述的「日正午時」不同。見金禮蒙等編，《醫方類聚》卷八三，頁589，〈毛髮門（二）〉引。

139 據臺灣商務印書館影印文淵閣《四庫全書》本，卷三，葉18，〈正月事宜〉、葉35，〈三月事宜〉；卷四，葉15，〈四時調攝牋（下）・夏四月事宜〉、葉29，〈五月事宜〉、葉40，〈六月事宜〉；卷五，葉16，〈七月事宜〉、葉27，〈九月事宜〉；卷六，葉11，〈十月事宜〉、葉19，〈十一月事（按：「事」字之後當有一「宜」字，抄漏）〉、葉25，〈十二月事宜〉。

140 按拔白的日期和時辰，各家所說頗不一致，除上文所引各家外，較易尋獲的還有幾種。

這樣在特定的日期和時刻鑷白可使白髮不再生，或生出黑髮，是上引《酉陽雜俎》所說的「用日辰，可代藥石」，然而有些拔白的方術還是要配合藥物的塗抹或導引鍊氣才可生效的。蘇轍曾有詩披露自己的經驗：「水上有車車自翻，懸霤如線垂前軒。霜蓬已枯不再綠，有客勸我抽其根。枯根一去紫茸茁，珍重已試幽人言。紛紛華髮何足道，當返六十過去魂。（自注：『近有道士相教：拔白後，以水火之，當不復生……』）」[141]

然而一般人鑷白是否遵照這些特殊的日期、時辰來進行我們並不清楚，不過依上文所述，他們最後幾乎都沒有能阻止白髮的蔓延，或改變白髮，再回復滿頭青絲。北宋詩人謝薖對老去髮白，拔白染髮均無法挽回的無奈深有感慨。[142] 當然，拔白並不是人們所採用的駐顏或挽回青春的唯一手段。陸游〈看鏡〉詩頭兩句說：「凋盡朱顏白盡頭，神仙富貴兩悠悠。」[143] 當人們在清晨或夜晚對鏡時，這一時刻不只是如上文所說的關心自己的容顏、頭髮、年齡和健康的時間，同時也經常是人們檢討自我生平志業，發抒情感，放縱聯想，馳騁思緒，祈禱祝願的時候。現存漢代青銅鏡上的各類銘文最足以說明這點。[144] 在漢代常見的四神規矩鏡中，有一類是所謂的「尚方鏡」，其銘文常作：「尚方作鏡真大巧，上有仙人不知老，渴飲玉泉飢食棗，壽而金石天之保兮。」[145] 就是和長生不老的神仙有密切關聯的一個例

例如朝鮮金禮蒙等輯錄明以前中國醫籍爲《醫方類聚》一書，其卷八三，〈毛髮門（二）〉即引有元人所撰《居家必用事類全集．衛生．諸雜方》：「摘白髮：華山處士巨琮傳。凡男女早年髮白者，依法每辰時面東摘之。…」（略去具體月日，以下均同）又引《經驗秘方》內所輯錄的兩種日期，一是周王朱橚所撰《普濟方》中之摘白髮吉日，一是「太白摘白法，遇日未出時，以孤女摘之爲佳。…」《醫方類聚》所引的第四種拔白吉日則出自《運化玄樞》一書。

141 見《欒城集．欒城後集》卷二，頁1124，〈次韻子瞻梳頭〉詩。

142 見《謝幼槃文集》卷三，葉4，〈感白髮〉詩云：「吾年昔始冠，已有一髮白。作賦數百言，嘲罵等戲劇。只今尋舊作，一字不復憶。恍然如夢寐，了不見往跡。但有鬢間絲，冉冉如堪織。南方地卑濕，狀歲多老色。行年四十二，髮鬢那容惜。洗蘇將拔白，諱老嗟何益？一染復星星，此語記阿客。人生光景促，倏申如敲石。詩成亦寐語，感嘆初無得。後應不識今，今已不識昔。」

143 見《劍南詩稿校注》卷三〇，頁2027。

144 關於漢代三國的鏡銘，可參考羅振玉，〈漢兩京以來鏡銘集錄〉，見《遼居雜箸》，1929。Bernhard Karlgren, "Early Chinese Mirror Inscriptions", *The Museum of Far Eastern Antiquities Bulletin* 6(1934): 9-79。梅原末治《欧米に於ける支那古鏡》（東京：刀江書院，1931），頁1-35；《漢三國六朝紀年鏡圖說》《京都帝國大學文學部考古學資料叢刊》（京都：桑名文星堂，1943），冊一。又可參考本所同仁林素清女士所輯，《兩漢鏡銘彙編》。

145 關於這一銘文的可靠的考古發掘出來的例子，見《洛陽燒溝漢墓》，頁168。

子。陸游所講的富貴、神仙就是古代人們所常有的嚮往祈慕。當自己的形容顯現在菱花鏡裡竟是憔悴枯槁、鬢斑二毛時，人們的反應可能就會是想到服食仙藥、仙方了，如賈島的〈早起〉詩有聯云：「旅途少顏盡，明鏡勸仙食。」[146]

五、與頭髮相關的養生方術

（一）主治頭髮問題的兩類醫方

一九七三年底湖南長沙馬王堆三號漢墓出土的一張縑帛上抄錄有一種古醫書，由負責整理的學者命名爲《養生方》。從結合帛書的內容和傳世的古代醫藥著作來考察，這樣命名是相當妥切而可以接受的。在這件古帛書《養生方》裡就收錄了目前最早的關於頭髮的養生方，即〈黑髮〉方：

> 黑髮益氣：取……行，復盛，以一復行……食，火毋絶，三十□□冶，以□□裹，……八月爲藥。[147]

顧名思義，這藥方有維持、強化頭髮的黑色或使頭髮變白爲黑的效用。從殘存的文字讀來，只是記述藥方的材料和製備的方法；至於這方子怎麼服用，由於帛書此處殘損過甚，看不出來。但從「黑髮」之後還有「益氣」兩字來看，估計或許不是一種外用的藥，比較可能是食用的藥；同時它不是一種完全針對頭髮的保養或變黑而發展出來的一劑藥，增補身體的「氣」或延緩衰老也是配劑的重要目標。

既然在人類老化的過程中，頭髮所表現的各種衰老徵候是脫落、變少、稀疏乃至禿頭，生長衰退、變短，失去光澤、焦澀枯槁，出現白髮、由二毛斑白到全白、或乃至由白轉黃；那麼有關頭髮的養生方術或針對這些問題來加以處理，或從強化體魄、推遲老化或抗衰老出發而附帶地達成治理這些頭髮問題的目的就是很自然的了。前者比較接近單純的治標，而後者則近乎標本兼顧。在傳統的醫藥文獻裡，前者多出現在各種疾病的治療醫方中，如果從《漢書·藝文志》的分類方式來看，當劃歸到「經方」裡；而後者則常被歸類到服食、補益、養性的範疇

[146] 見《長江集新校》卷一，頁8。

[147] 引文據馬繼興著，《馬王堆古醫書考釋》，頁719。

內，比較接近〈藝文志〉中的神仙家；但有時兩者也混然無別。[148] 馬王堆三號漢墓所出帛書裡的黑髮方無疑當屬於後者。

(二)治療各種頭髮問題的藥方及其劑型

顏之推在《顏氏家訓・歸心》篇中論證因果報應時偶然提到一種使頭髮黑而光潤的方法：「梁世有人常以雞卵白和沐，云使髮光，每沐輒二、三十枚。」[149] 這多少反映了人們對於探索和發展頭髮保養方術的關切和努力。這一方法未見收錄於醫藥著作之中。在現存的醫藥典籍裡我們還可以找到相當多的近乎治標的這類關於頭髮的醫方，例如今本葛洪《肘後備急方》中就有「療人鬚鬢禿落不生長方」、「療鬚鬢黃方」、「拔白毛令黑毛生方」三類共七個配方。[150] 唐孫思邈《備急千金要方》收有「令白髮還黑方」、「石灰酒治頭髮落不止方」、「沐頭湯，治脈極虛寒，鬚髮墮落，令髮潤澤方」、「治鬢髮墮落，令生長方」、「摩膏治頭中二十種病、頭眩、髮禿落、面中風者方」、「生髮膏治頭中風癢白屑方」、「治髮鬢禿落方」、「治眉落、髮落生髮方」、「治髮黃方」、「治鬢髮黃赤方」、「治風頭毛髮落不生方」、「治髮落不生，令長方」、「治禿頭方」、「治禿無髮者方」及「拔白髮良日（并方）」等十餘種二十九個方子。[151] 王燾《外臺秘要方》則輯錄有「頭風白屑兼生髮方八首」、「生髮膏方一十一首」、「令髮黑方八首」、「拔白髮良日并方三首」、「髮黃方三首」、「頭髮禿落方一十八首」。[152]

日本丹波康賴《醫心方》輯有「治髮，令生長方」、「治髮，令光軟方」、「治白髮，令黑方」、「治鬢髮黃方」、「治鬢髮禿落方」約共四十一藥方。[153]

---

148 譬如王懷隱，《太平聖惠方》卷四一，〈治髮白令黑諸方〉中既有一般變白髮爲黑髮的藥方，也有諸如「治鬚髮早白，卻變令黑；齒已搖動，卻得堅牢；補血活氣，益顏色，服之延年神驗方」、「補益明目，壯氣，延年，令人好顏色，變髭髮令黑，其功不可盡述三倍圓方」或「令髮黑延年，久服可貌如童子，齒落重生，行如奔馬，夜視有光，久服爲地仙方」之類的服食方（葉2, 5, 6）。

149 見王利器，《顏氏家訓集解》（增補本），卷一六，頁400。

150 據人民衛生出版社所刊楊用道附廣本《葛洪肘後備急方》卷六，頁200-201。

151 見卷四二，葉13-21。

152 據臺灣商務印書館影印文淵閣《四庫全書》本，卷三二，葉36-56。

153 見卷四，頁103-106。

北宋王懷隱等所撰《太平聖惠方》所收有「治髮白令黑諸方二十五道」、「治眉髮鬚不生諸方一十三道」、「生髮令長諸方一十一道」、「令髮潤澤諸方五道」、「治髮黃令黑諸方七道」、「治髭髮禿落諸方八道」、「揩齒令髭髮黑諸方九道」、「拔白令黑良日法二道」。[154] 宋徽宗令臣下纂輯的《聖濟總錄》卷一百一〈髭髮門〉中也輯錄有九種「烏髭髮」方、十一種治「鬚髮黃白」方、九種「榮養髭髮」方。[155]

金張從正《儒門事親》卷十五，〈頭面風疾第四〉提供了「烏頭藥」和「黑藥方」共三則外塗的黑髮方劑。[156]

明初周王朱橚所編撰的《普濟方》卷五十〈頭門〉收錄了歷代的有關方劑，包括治「鬚髮黃白」方五十七種、「榮養髭髮」方三十種、治「鬚髮墮落」方二十六種、治「眉髮鬚不生」方十一種、「生髮令長」方三十八種。[157] 熊宗立《名方類證醫書大全》開列了治療「髭髮脫落」、「髮鬢黃白不黑」和「髭髮乾燥，能令潤澤」的三個藥方。[158] 清代趙學敏《本草綱目拾遺》指出「石蛤虵」可以治「禿瘡……髮焦脫落……能令癢止，髮生，久擦自效。」[159] 鮑相璈編輯、梅啓照增輯的《驗方新編》的〈頭部〉和〈鬚髮部〉分別輯有主治「髮落重生」、「髮易脫落」、「髮短而少」、「髮黃而赤」、「髮枯不潤」、「少年白髮」、「烏鬚黑髮」、「頭腦內癢漸至髮落」和「烏鬚髮」、「拔白轉黑」、「令髮長黑」、「令髮不落」、「婦女頭髮黃白」、「婦女禿髮再生」、「小兒頭髮枯黃」、「鬚眉脫落頭禿髮落一切風疾」等各一方。[160] 這些配方除若干是兼治因皮膚病所引起的頭髮脫落等徵候及專治白髭外，多是治療上述由於生理機能衰退而出現的老化徵候。

其中有許多是各種外用的方劑，如膏劑。具體的例子如一種使頭髮生長，並使黃、白髮變黑的擦髮、擦頭的膏劑：「生髮膏生長髮、白黃者令黑魏文帝秘

154 見卷四一，葉1-24。

155 見《聖濟總錄》下册，頁1772-1778。

156 見張海岑等校注本，頁770-771。

157 見影印文淵閣《四庫全書》本，卷五〇，葉1-57。這四類方劑的數字是剔除掉染髮方或與頭髮無關的各種藥方，同時將〈洗法〉一節內所收各方分別幷入後而得到的。同書卷一九還另收錄有三種「治脈極虛寒鬢髮墮落」的沐髮方。

158 見卷一八，葉14-15，〈髮鬢〉。

159 見影印光緒十一年合肥張氏味古齋重校刊本（收入《中國醫學大成續編》第二册），頁779。

160 見周光優、嚴肅雲、禹新初點校本，上册，頁8-9；下册，頁36-37。

方」用黃耆、白芷等「凡十六物，切，微火煎，三上三下，白芷黃，膏成。去滓，傅頭。」[161]

有些方劑須配合拔白來使用，如葛洪所提供的一則〈治白髮方〉：「拔白毛，仍以好蜜傅孔處，即生黑。」又如南朝宋齊之間的《僧深方》所收「生髮澤蘭膏方」即需「拔白，塗之」。又如唐孟詵《食經・治白髮方》：「胡桃燒令煙盡，研爲泥，和胡粉。拔白毛，付之即生毛。」[162]

有些則是沐髮劑，例如《淮南萬畢術》收有促使頭髮生長的一個方子：「用麻子中仁、桐葉，米汁煮之。沐二十日，髮長。」[163] 顧微《廣州記》說用續斷草汁洗髮頗有益：「藤類有十許種。續斷草，藤也，一曰『諾藤』，一曰『水藤』。山行渴，則斷取汁飲之。治人體有損絕。沐則長髮。」[164] 又如《備急千金要方》所收「治鬢髮墮落，令生長方」：

> 生柏葉（切一升）、豬膏（三升）、附子（四枚）。右三味爲末，以膏和爲三十丸，用布裹一丸納泔汁中煎。沐髮長不落。其藥密收貯，勿令洩氣。

還有些則是內服藥方。如孫思邈提供的丸劑「令白髮還黑方：烏麻，九蒸九曝，爲末，以棗膏丸之。久服之。」明嘉靖年間張時徹收集到一個用酒調服的散劑藥方，即「牛膽散」，據說「能明目清心，烏鬚髮，補養下元……壯精神……若肯尋常服之，鬚髮永不白矣。」[165] 酒劑是中國傳統醫學中常見的一種內服藥的劑型，北宋王堯臣等所撰《崇文總目》中就收有題爲葛洪撰著的「《黑髮酒方》一卷」。[166] 孫思邈所開示的內服方劑中就包括有酒劑，如「石灰酒治頭髮落不止方」：

---

161 見日本丹波康賴，《醫心方》（北京：人民衛生出版社據淺倉屋藏板影印本），卷四，頁103，〈治髮令生長方第一〉引。

162 以上三方分別見《醫心方》卷四，頁105引《葛氏方》；頁103引《僧深方》；頁105引孟詵《食經》。又《重修政和經史證類備用本草》卷一三，頁315，〈木部中品・桑根白皮〉附「椹」引陳藏器《本草拾遺》云：「又取〔椹〕二七枚，和胡桃脂研如泥，拔去白髮，點孔中，即生黑者。」

163《藝文類聚》卷一七，頁319，〈人部（一）・髮〉引。

164 北魏賈思勰，《齊民要術》（據繆啓愉等《齊民要術校釋》本），卷一〇，頁672，〈五穀果蓏菜茹非中國物產者・藤〉引。

165 見所集《攝生眾妙方》卷七，葉33-34，〈鬚髮門〉：「何首烏、白茯苓、槐角子（各二兩）、生地黃、當歸（各一兩）。右共爲末，裝入黑牛膽內，連汁掛在背陰處，至九日取出，研爲末，溫酒調服二錢或三錢，百日見效。」

166《崇文總目》（見許逸民、常振國編，《中國歷代書目叢刊》），卷四，葉65。

石灰三升，細篩，水拌令溼，極熟，蒸之，炒令至焦，以木札投中火即著爲候。停冷，取三升，絹袋貯之，以酒三斗漬三宿。初服半合，日三、四，夜二，稍加至一合。神驗。

唐代韓鄂《四時纂要》也介紹給人們一個「地黃酒變白速效方」：

肥地黃，切一大斗，搗碎；糯米五升，爛炊；麴一大升。右件三味，於盆中熟揉相入，内不津器中，封泥。春夏三七日，秋冬五七日。日滿開，有一盏渌液，是其精華，宜先飲之。餘用生布絞，貯之。如稀餳，極甘美。不過三劑，髮當如漆。若以牛膝汁拌炊飯，更妙。切忌三白。[167]

歷代文獻上所收錄的主治各種頭髮問題的藥方爲數極多，難以一一開列，其所使用藥材種類的數量也十分繁夥，據李時珍《本草綱目》所收生髮、治落髮、髮白等的各種動物、植物、礦物藥物，除重複及外用染髮等用途外，共計有約一百四十七種。[168] 其中還包括有人的頭髮，即所謂的「亂髮」。在《重修政和經史證類備用本草》中就介紹過兩個用人髮的內服方：

老唐云：收自己亂頭髮，洗淨，乾。每一兩入椒五十粒，泥封固，入爐，大火一煅，如黑糟，細研。酒服一錢匕，髭髮長黑。

《服氣精義》云：劉君安燒己髮合頭垢，等分合。服如大豆許三丸，名曰「還精」，令頭不白。[169]

此外，值得注意的是還有一些類似「內病外治」或「上病下治」的治療方術。如張君房《雲笈七籤》中輯有〈神枕法并敘〉云：「昔太山下老翁者，失其名字。漢武東巡，見老翁鋤於道，背上有光，高數尺。帝怪而問之：『有道術否？』老翁對曰：『臣昔年八十五時，衰老垂死，頭白齒落。有道士者教臣服棗飲水，絕穀，并作神枕法，中有三十二物……臣行之轉少，白髮返黑，墮齒復生，日行三百里…』…」[170] 即通過睡藥枕而轉老爲少，返白爲黑。

北宋初王懷隱等收集到一個用藥點鼻孔來促使頭髮生長的方子，即「治血虛，眉髮髭不生，宜用此青蓮膏方……每用候夜臥時，低枕仰臥，每鼻孔內點三、五點，如小豆大，至六、七遍止，良久乃起……如此點半季，白者亦黑，落者重生。」[171]

---

167 引文據繆啓愉，《四時纂要校釋·秋令·八月》卷四，頁201。

168 見《本草綱目》卷四，頁304-306，〈百病主治藥·鬚髮〉。這一數字不包括各種治頭髮粘結分不開及染髮所用的藥物。

169 見唐慎微撰，張存惠增訂本，卷一五，頁364，〈人部〉「亂髮」及「頭垢」兩條引。

170 據《四部叢刊》初編本，卷四八，葉9，〈秘要訣法〉引。

171 見《太平聖惠方》卷四一，葉11，〈治眉髮鬚不生諸方〉。

藥浴據說也是道家用來長保頭髮不白的方術之一。《大全本草》說：「《修養書》云：『正月一日取五木煮湯以浴，令人至老鬚髮黑。』徐鍇注云：『道家謂青木香爲「五香」，亦云「五木」。道家多以此浴。當是其義也』。」[172]

在這類藥方中最常見的是一些所謂的「揩牙藥」，例如上述《太平聖惠方》中就收有「揩齒令髭髮黑諸方九道」，用藥來揩牙齒而取得黑髮的效果。南宋王璆撰《是齋百一選方》也揭示過兩個可以烏髭鬢的擦牙藥。[173] 又如《壽親養老新書》中元鄒鉉續增的部分所收「牢牙烏髭方」，「早晚用如揩牙藥，以溫湯灌嗽」。據說特納合買揩用得效，「年逾七十，鬢髮髭鬚皆不白」；還有人原來「髭鬚皓然」，經過幾年的施用之後，就「鬚髮皆黑」了。[174] 元代許國禎《御藥院方》所推介的「仙方地黃散」、「仙方刷牙藥」、「延齡散」、「陳希夷刷牙藥」等擦牙方，據說在「牢牙齒，烏髭鬢」方面效驗十分顯著，甚至還可以使人「延年遲老」。[175] 元人所撰《居家必用事類全集》中收錄有「齒藥還丹散……早晚擦牙……久服髭髮白者黑，至老不衰……凡男子未滿八二，皆能返少。」[176] 明張時徹《攝生眾妙方》中也收有兩個既內服又外擦的「烏鬚方」，聲稱可使鬚髮「黑潤」或「變黑光潤」。[177]

另外，還有治療身體其他部位疾病的方劑也可以對頭髮的問題大有裨益。如《外臺秘要方》卷二十一所收〈眼闇令明方一十四首〉當中的第三首係錄自姚僧垣的《集驗方》：「明目，令髮不落方。」王燾注引《備急千金要方》說：「……此療主明目，令髮不白，好顏色，長生…。」[178]

（三）與頭髮有關的服食補益方

服食也是長久以來修道學仙者所常行的延年變白還少之術。例如葛洪《抱朴子・仙藥》篇指出服食槐子可以長生：「槐子，以新甕合泥封之，二十餘日，其

172 見朝鮮金禮蒙等輯，《醫方類聚》（浙江省中醫研究所、湖州中醫院校點本），第四分冊，卷八二，頁580，〈毛髮門（一）〉引。

173 見卷二〇，葉1-4，〈第二十八門・烏髭〉。

174 見《永樂大典》卷一一六二〇，葉10-11。

175 見中醫古籍出版社據日本寬政戊午活字本影印本，卷九，葉4-5, 10-11, 15-16, 43-44,〈治咽喉口齒門〉。

176 見《北京圖書館古籍珍本叢刊》中所收影印本，壬集，葉79，〈衛生・諸雜方〉。

177 見卷七，葉33，〈鬚髮門〉。

178 見影印文淵閣《四庫全書》本，卷二一，葉23。

表皮皆爛，乃洗之如大豆。日服之。此物主補腦，久服之，令人髮不白而長生。」[179] 又如晉代范汪所撰《范汪方》中收有一則「王子喬服菊增年變白方」：

> 菊以三月上寅日採，名曰「五英」，六月上寅日採，名曰「容成」，九月上寅日採，名曰「金精」，十二月上寅日採，名曰「長生」者，根莖也。陰乾百日，取等分以成日合，擣千杵，下篩，和以蜜，丸如梧桐子。日三服七丸。百日身體潤，一年白髮變黑，二年齒落復生，三年八十者變童兒。[180]

王子喬是戰國秦漢道教形成時期人們所最常稱道的仙人，從這個服食方的名稱及其宣稱的功效和方中所使用的語詞也可以明瞭它和道教長生思想的密切關係。

歷代本草著作中所記載的一些，特別是那些屬於草木上品的藥，就曾經爲人們所服用以圖獲得長壽、抗衰老，兼及頭髮止白或變白的功效。例如不見於《神農本草經》的黃精，據《道藏神仙芝草經》說它能夠「寬中益氣，五臟調良……骨體堅強……年不老，顏色鮮明，髮白更黑，齒落更生。」[181] 杜甫即有詩句說：「掃除白髮黃精在」。[182]

《名醫別錄》說服食「覆盆子」能「益氣輕身，令髮不白。」[183] 孫思邈《備急千金要方·養性·服食法第六》錄有〈服天門冬法〉：「久服，白髮黑，齒落生，延年益命」。[184] 在〈食治·穀米第四〉中他又推薦了胡麻可以「填髓

---

179 見《抱朴子內篇校釋》（增訂本），卷一一，頁205。按顏之推《顏氏家訓·養生》篇云：「庾肩吾常服槐實，年七十餘，目看細字，鬚髮猶黑。」（見王利器，《顏氏家訓集解》增補本，卷五，頁356。）又北宋詩人謝邁發現朋友頭髮已花白，連忙送些還白藥物過去，他所送的就是槐子，見《謝幼槃文集》卷六，葉5，〈以牛膽漬槐子送董之南二首〉之一：「雪霜無賴點君鬢，五十龍鍾成老翁。急分槐實要腦滿，佇見頭青雙頰紅。」之二：「解牛得膽大如斗，投以元槐功更加。來歲青袍映綠髮，不妨看盡九衢花。」

180 王燾，《外臺秘要方》卷三二，葉49，〈變白髮染髮方五首〉引。謝邁又有〈植菊〉詩一首，寄望服食菊花可以使自己變白爲黑：「憔悴靈均老，蕭條子美醒。飡英謀自潔，摘藥恨猶青。事往成今古，人亡尚典刑。鄙夫今白髮，賴汝制頹齡。」見《謝幼槃文集》卷六，葉7。

181 見《重修政和經史證類備用本草》卷六，頁143，〈草部上品之上〉。

182 見《杜詩詳註》卷一〇，頁826，〈丈人山〉詩。

183 見尚志鈞輯校本，卷一，頁88。

184 見卷八二，葉11-12。

腦，堅筋骨……久服輕身不老」，而白麻子「能長髮……久服神仙。」[185] 陳藏器《本草拾遺》介紹桑椹可以「通血氣……多收暴乾，擣末，蜜和爲丸，每日服六十丸，變白不老。」[186]《神仙秘旨》則指出「蒺藜子……斷穀長生……服之二年，老者復少，髮白復黑，齒落重生……」[187] 上文提到在古代的生理知識中，頭髮和腦、髓、骨以及血氣之間存在著十分密切的關係，胡麻既可「塡髓腦，堅筋骨」，桑椹能「通血氣」，則其能有益於頭髮就可想而知了。

另一味是相傳久服可以延年不老的菖蒲，[188] 唐張籍〈寄菖蒲〉詩云：「石上生菖蒲，一寸十二節。仙人勸我食，令我頭青面如雪。逢人寄君一絳囊，書中不得傳此方。君能來作棲霞侶，與君同入丹玄鄉。」[189] 陸游也有〈菖蒲〉詩說：「古磵生菖蒲，根瘦節蹙密。仙人教我服，刀匕蠲百疾。陽狂華陰市，顏朱髮如漆。歲久功當成，壽與天地畢。」[190]

北宋張詠服豨薟有大效，曾進表說：「誰知至賤之中，乃有殊常之效。臣喫至百服，眼目輕明；至千服，髭鬢烏黑……」[191] 梅堯臣有〈采白朮〉詩稱白朮能「千歲扶玉顏，終年固玄髮」。他又曾寄望服食芝麻能有助於改變髮鬢蒼蒼的老態，其〈種胡麻〉詩云：「悲哀易衰老，鬢忽見二毛 ……勉力向藥物，曲畦聊自薅。胡麻養氣血，種以督兒曹……誠非騰雲術，顧此實以勞。」[192] 他所強

[185] 見《備急千金要方》卷八〇，葉1, 2。

[186] 見《重修政和經史證類備用本草》卷一三，頁315，「桑根白皮」條引。

[187] 見《重修政和經史證類備用本草》卷七，頁178，〈草部上品之下・蒺藜子〉條引。

[188] 見《抱朴子內篇校釋》（增訂本）卷一一，〈仙藥〉篇。又孫思邈，《千金翼方》（據光緒戊寅景印元大德本影印），卷一二，頁692，〈養性・養性服餌第二〉中有「服昌蒲法」，能使「老者光澤，髮白更黑，面不皺。」。又高濂，《遵生八牋》卷一三，葉32-33，〈飲饌服食牋（下）・服食方類〉引〈太清經說神仙靈草菖蒲服食法〉云：「……其功：鎮心益氣，強志壯神，塡髓補精，黑髮生齒……。」楊萬里，《南海集》有〈過長峰逕遇雨遣悶十絕句〉之四云：「石上菖蒲鐵作鬚，寸根九節許清臞。安期自是爹渠底，卻重安期不重渠。」自注云：「世傳安期生食蒲澗九節菖蒲而仙去。」（《誠齋集》卷一七，葉11）。今道藏中收有《神仙服食靈草菖蒲丸方》一書（見《正統道藏》臨七），云：「夫菖蒲者，水之精，神仙之靈草，大聖之珍方。」

[189] 見《張司業詩集》卷七，葉4。

[190] 見《劍南詩稿校注》卷六七，頁3774。

[191] 見《永樂大典》卷一一六二〇所收北宋陳直撰，元鄒鉉續增，《壽親養老新書》，葉22「服豨薟法」引。又明顧起元所撰，《客座贅語》卷四，頁129，〈豨薟草〉條云：「豨薟草治風濕如神，里中人所習知也。至其能補元氣，彊筋骨，長眉髮，烏髭鬚，聰明耳目，則醫亦有未知者。得酒良，九月九日採者佳。」

[192] 見《梅堯臣集編年校注》卷七，頁109；卷一九，頁519。

調的芝麻，即胡麻的效用和上述孫思邈的補益腦骨的意見稍有出入，即經由食用芝麻來調養血氣，進而榮養頭髮，使之返黑。

蘇東坡貶居海南島時，發現那裡野生野長著大量的枸杞：「神藥不自閟，羅生滿山澤」，他希望這些大自然的珍貴禮物可以「大將玄吾鬢，小則餉我客」。[193] 蘇轍則撰有〈服茯苓賦〉說茯苓可以使人「顏如處子，綠髮方目」。[194] 何首烏是極富傳奇性的一味藥，據說它的發現人，即何首烏「服之經年，舊疾皆痊，髮烏容少。…年百餘歲，髮黑……。」[195]

服食這些藥物通常是先要經過一些特別的製備程序才服用的。例如《備急千金要方・養性・服食法第六》說黃精要製成「黃精膏」來服用，在製作過程中還使用了乾薑末和桂心末。[196] 又如秦椒，《神農本草經》說秦椒具有「堅齒長髮」的功用。[197] 宋代陳曄撰《經驗方》，收有「服椒法」，陳氏括之爲歌，歌詞中交代了製備的方法：「青城山老人，服椒得妙訣。年過九十餘，貌不類期耋。再拜而請之，忻然爲我說：蜀椒二斤淨，解鹽六兩潔。糝鹽慢火煮，煮透滾菊末。初服十五圓，早晚不可輟……一年效即見，容顏頓悅澤。目明而耳聰，鬚烏而髮黑……。」[198] 又如《左慈秘訣》指出杏仁要製成「杏金丹」來食用才能「萬病皆除愈，頭白卻黑，齒落更生。」[199]

上述各方大致上是所謂的單方。在此之外，人們還採用了包含藥材種類較多、製備方法較複雜的方劑來進行對頭髮的補益，例如《太平聖惠方・治鬚髮禿落諸方》中就有一「治鬚髮禿落不生補益牛漆圓方」：

---

[193] 見《蘇軾詩集》卷三九，頁2158-2159。

[194] 見《欒城集》卷一七，頁414-416。

[195] 見《重修政和經史證類備用本草》卷一一，頁262-263，〈草部下品之下・何首烏〉引〈何首烏傳〉。

[196] 見《備急千金要方》卷八二，葉14。孫思邈認爲黃精膏可以使「鬢髮更改……絕穀食之，不饑渴，長生不老。」

[197] 見曹元宇輯注本，《本草經》，頁243。

[198] 見《永樂大典》卷一一六二〇所收北宋陳直撰，元鄒鉉續增，《壽親養老新書》，葉22。按日本丹波元胤，《中國醫籍考》，頁622有《陳氏闕名經驗方》一條，云：「宋志五卷註曰：不知名。」又引趙希弁曰：「《陳氏經驗方》五卷。右書林陳先生集。」而《壽親養老新書》有兩次談到「書林陳曄」，並提及陳書林《經驗方》，則可以確知其名爲曄。

[199] 見《重修政和經史證類備用本草》卷二三，頁475，〈果部下品・杏核人〉條引。

牛漆(一斤,去苗),生乾地黄(半斤),枳殼(半斤,去瓤),兔絲子(半斤),地骨皮(半斤)。右件藥並生搗,羅爲末,錬蜜和圓,如桐子大。每日空心,以生薑湯下三十圓,漸加至五十圓。久服,鬚髮皆生,永黑不白。[200]

《聖濟總錄·補益門》中就有〈補虛益髭髮〉一節專門收錄這類的方子共八首。又如金朝名醫劉完素在所著《宣明方論·補養門》中也揭舉了一個藥方:「何首烏丸」。[201] 元許國禎《御藥院方·補虛損門》則收錄有烏鬢髮功效的補益方劑二十首。又如明高濂《遵生八牋·靈秘丹藥牋(上)·烏鬚髮方》中也有一個「烏鬚髮內補人仁丸」方。[202]

不過這類的藥方見於歷代典籍記載的,數量也相當可觀,難以枚舉;其中特別值得我們注意的是那些在藥方的名稱上和主治功效上著意明顯地展現長生不老等神仙思想的配方,例如孫思邈在《千金翼方》中所開列的「茅山仙人服質多羅方」之五:「日一服……髮白更黑」;「彭祖延年柏子仁圓,服「八十日……白髮更黑」。[203] 又如《太平聖惠方》卷四十一所收二十五道〈治髮白令黑諸方〉內也有一個「令髮黑延年,久服可貌如童子,齒落重生,行如奔馬,夜視有光,服爲地仙方」。《聖濟總錄·補益門》卷一百八十五,〈平補〉、〈補虛益精髓〉、〈補虛固精〉和卷一百八十七,〈補虛明耳〉、〈補虛益髭髮〉、〈補虛駐顏色〉中也頗有一些充滿著長生或神仙思想的方劑,例如「平補,壯氣活血,駐顏輕身健骨,神仙八味丸方……久服……烏髭髮」、「補不足,塡精髓,除風,變白,九仙丸方」、「補中安神定魄,去風濕勞氣,治腰膝,固元氣,黑髭鬢,悅顏色玉真丸方」、「治勞傷,頭目昏眩,安神延年,烏髭黑髮,令身體輕健,耳目聰明,寬膈進食,除寒熱,調榮血,地仙丸方」、「治氣血不榮,髭髮衰白,真人換白丸方」、「治元藏虛損,堅實藏府,變白返黑,滿骨髓,令風邪不能侵,久服除百病,益精血,延年卻老,太一護命丸方」、「治氣血虛瘁,髭髮變白,草還丹方」、「治諸虛及虛風,烏髭髮,延壽丸方」、「變白,延年駐顏,秦椒散方」等。[204] 這些方名使用了道教名山「茅山」、著名的仙人「彭

---

[200] 見卷四一,葉28。
[201] 見影印文淵閣《四庫全書》本,卷一二,葉9:「治男子元藏虛損,髮白再黑,塡精。」
[202] 見卷一八,葉44。
[203] 見卷一二,頁695, 701,〈養性·養性服餌第二〉。
[204] 見下册,頁3010-3011, 3025, 3031, 3068, 3070-3071, 3073。

祖」、「仙人」、「神仙」、「仙」、「地仙」、「玉真」、「真人」、「太一」、「還丹」、「延壽」等常見的道教神仙信仰的語詞；其所標榜的療效，也不外是「變白返黑」、「烏髭黑髮」、「延年駐顏」、「延年卻老」等展現神仙不死不老在外觀上的最主要的表徵。

《永樂大典》卷一萬一千六百二十所收北宋陳直撰，元鄒鉉續增《壽親養老新書》內也輯錄了不少這類的藥方。如所抄宋代王碩《易簡方》中有〈神仙不老丸〉一方，據高濂《遵生八牋・靈秘丹藥牋（上）》，這一藥方實出自宋代余綱所撰《選奇方》：

> 予幼年勤瘁，衰不待時。方三十而白髮生，自是時時摘去，四十九則不勝芟矣，乃聽其自然。未幾遭喪天之慘，羅哭子之憂。心志凋耗，白者益多，餘者益黃。久之，忽遇金華山張先生，謂予曰：予今半百，容貌衰甚，可以爲門户計，進補治氣血以強色身之藥乎？慨然傅（按：或係傳之誤字）一方。會初得之異人，拜而受之。遂合服。逾百日，覺前時之白者、黃者皆返黑矣。見以爲異。予遂名之曰『神仙不老丸』，以其藥品概括爲詩曰：
>
> 不老神仙功效殊，駐顏全不費功夫。人參牛膝川巴戟，蜀地當歸杜仲扶。一味地黃生熟用，菟絲柏子石菖蒲。更添枸杞皮兼子，細末蜜丸桐子如。早午臨眠三次服，鹽湯溫酒任君餔。忌飡三白并諸血，能使髭烏髮亦烏。[205]

從這可以清楚地看出來，和上文所說的神仙思想一樣，「不老」、「駐顏」的明確標誌就是頭髮和鬍鬚都烏黑而不變白。同書中還抄有一些神仙家色彩濃厚，能卻老還少烏髮的配方，如「三仙丹，又名長壽圓」，「駐顏活血鬢難蒼」是其明顯的功效；「草還丹……乃翊聖真君降授與張真人方……服三百日，步驟輕健，鬢鬚如漆，反老還童」；「神仙訓老丸……常服延年益壽，氣力倍常，齒落再生，髮白再黑，顏貌如嬰兒」；「經進地仙丸」，據說有久年病人服用此方半年後就病愈，「髮白返黑，齒落再生，至八十歲顏色如少年人，血氣筋力倍壯，耳目聰明」。[206]

---

[205] 見卷一七，葉47-48。按《遵生八牋》與《壽親養老新書》所引詩文字略有出入。如「神仙」、「扶」、「桐」、「餔」、「髭」等，後者分別作：「仙方」、「俱」、「梧」、「須」、「鬚」。

[206] 見《永樂大典》卷一一六二〇，葉4-6。

元代沙圖穆蘇所編撰的《瑞竹堂經驗方》中也提供了「神仙長春散」和「五神還童丹」兩個方子；並說後者「乃仙家傳授」，服用之後，「管教華髮黑加光，兼能明目并延壽，老翁變作少年郎」。[207] 許國禎所撰《御藥院方》中也頗不乏這類的例子，如「萬壽地芝丸：和顏色，利血氣，調百節，黑髮堅齒，逐風散氣，愈百疾」；金櫻丹：「常服……堅填骨髓，悅澤面目……烏髭髮，牢牙齒，通神明，不老……乃神仙傳世之方」；「神仙六子丸：治男子氣血衰敗，未及年五十之上，髭鬢斑白，或年少人髭鬢蒼黃，若服此藥，百日內變黃白色如黑漆」；「鐵甕先生瓊玉膏……填精補髓……五藏盈溢，髓實血滿，髮白變黑，返老還童，行如奔馬」；「草靈丹：補腎益真……填實骨髓，堅固牙齒……延年不老，悅顏色，黑髭鬢」；「養壽丹……黑髭鬢，壯筋骨，久服不老」；「益壽地仙丸：補五臟，填骨髓……黑鬢髮，和血駐顏，輕身健體，延年益壽」；「巨勝丸……久服不闕，滋血氣，壯元陽，髭鬢返黑，令人不老，添精補髓，益壽延年」，「二靈丹……強筋骨，黑髭髮，駐容顏……久服輕身，延年不老」。[208]《居家必用事類全集》是當時的一種家庭日用百科參考書，其中也收錄了一種「仙方更白髮」。[209]

十七世紀初朝鮮醫家許浚輯錄中國醫書中的「黑髮」、「髮白變黑」諸方，其中許多藥方的名稱看起來也是神仙家意味十足的，如「張天師草還丹」、「神仙烏雲丹」、「卻老烏鬚健陽丹」、「七仙丹」、「一醉不老丹」、「中山還童酒」等都是。[210] 明龔廷賢《雲林神彀》也開示過兩個這類的配方：「彭老真人延壽丹」和「五老還童丹」，據說都能黑鬚髮。[211] 張時徹《攝生眾妙方》卷二，〈補養門〉中也有些這類的方劑，如「神仙延壽丹……能養血，黑鬚鬢，延年益壽……服至百日後……髮白反黑」；「延壽方……服一年，頭白再黑」；「延齡益壽丹……服之一月，白髮返黑，面如童顏」；「八仙添壽丹……能烏鬚髮，壯神，強筋骨……久服延年」；「還少丹……烏鬚黑髮」；「蒼朮膏…服之

[207] 見影印文淵閣《四庫全書》本，卷三，葉8, 10-11。

[208] 見影印日本寬政戊午活字本，卷六，〈補虛損門〉，葉6, 7-8, 19, 20-22, 27-28, 42, 46, 50。

[209] 見壬集，葉78，〈衛生・諸雜方〉。但據金禮蒙等所輯，《醫方類聚》第四分册，卷七二，頁266，〈齒門（二）〉所引《居家必用》，此書中尚有內服藥「還童丸，治腎不足，髭鬢蒼白。」

[210] 見所撰《東醫寶鑒》，頁333-334，〈外形篇〉卷之四，「毛髮」。

[211] 見影印萬曆辛卯刊本，卷三，葉3，〈鬚髮〉。

一月，髮白返黑，齒落更生，顏面如童」。[212] 晚明高濂《遵生八牋》也提供過幾個方子：「益元七寶丹」可令人「髮白返黑，齒落更生……乃神仙秘方」；「羅真人延壽丹……塡精補髓……強壯筋骨，悅顏色，固真氣……烏鬚髮，堅牙齒……乃仙方也」；「草還丹……益精髓，固元陽……安五臟……有一老人年七十之上，服此藥，悅顏色，烏鬚髮……延年益壽，乃仙家之良劑，平補大有神效」；「草靈丹，此藥延年益壽，添精補髓，烏鬚髮，固齒牙，強筋骨，壯氣血，返老還童」。[213]

清人所輯《壽世編》裡也有一個「補腎養血……培補五臟，烏鬚髮」的「長生不老丹」。[214] 趙學敏所輯《串雅內編》也開列了兩個內服的「黑髮仙丹」。[215]

除丹、丸、散等劑型外，還有一些酒劑。如孫思邈《備急千金要方》的「天門冬酒……久服延年輕身，齒落更生髮」；《千金翼方》的「五精酒，主萬病，髮白反黑，齒落更生方」；「白朮酒方……飲之十日，萬病除，百日白髮反黑，齒落再生……」；「地黃酒酥令人髮白更黑，齒落更生，髓腦滿實，還年卻老……方」等幾種。[216] 又如韓鄂《四時纂要・秋令・九月》：「收枸杞子：九日收子，浸酒飲，不老，不白，去一切風。」[217]《壽親養老新書》中所錄也有「菖蒲酒……服一劑，經百日，顏色豐足，氣力倍常，耳目聰明，行及奔馬，髮白再黑，齒落再生……。」[218] 高濂也推薦過一個效用十分相近的「延齡聚寶酒」。[219]

---

212 見卷二，葉5-8, 15-17, 25, 45。

213 見卷一七，葉52-53, 59, 60-61,〈靈秘丹藥牋（上）〉。這裡的「草還丹」和「草靈丹」不同於上述《聖濟總錄》、《壽親養老新書》與《御藥院方》中名稱完全相同的兩個方子。

214 見張慧芳點校本，下卷，頁153，〈保養門〉。

215 見卷三，頁33，〈截藥・雜治門〉。

216 見《外臺秘要方》卷三一，葉48, 51，〈古今諸家酒一十二首〉之一、之四、之五引。又《千金翼方》（據光緒戊寅景印元大德本影印），卷一二，頁692，〈養性・養性服餌第二〉。

217 據繆啓愉，《四時纂要校釋》卷四，頁212。《聖濟總錄》卷一八七，頁3071，〈補虛益髭髮〉所收「治精血虛損，變白身輕枸杞酒方」與此不同：「枸杞子二斤，生地黃汁三升。右二味，每以十月壬癸日，面東采枸杞子。先以好酒二升于瓷瓶內浸二十一日了，開封再入地黃汁不犯生水者同浸，勿攪之。卻以紙三重封頭。候至立春前三十日開瓶，空心暖飲一杯。至立春後髭鬢卻黑……」

218 見《永樂大典》卷一一六二〇，葉15-16。

219 見《遵生八牋・靈秘丹藥牋（上）》卷一七，葉54。

(四)氣功導引

上文說有關頭髮的服食、補益、養性等方術近乎神仙家，目前我們還可以看到一些現在稱作氣功的方術和神仙或修道者之間有關連的記載。例如在調神或心、意的修鍊方面，陶弘景曾經披露過一則由真仙「雲林右英王夫人口授」的長生之道，可永遠保持嬰兒般的面容及黑髮：

守眞一，篤者一年使頭不白，禿髮更生……眞才例多隱逸，栖身林嶺之中，遠人間而抱淡，則必孾顏而玄鬢也。[220]

他也傳達了真仙「紫微王夫人」的啓示：「凝心虛形，內觀洞房，抱玄念神，專守真一者，則頭髮不白，禿者更琴……。」[221] 又陳述了「清靈真人」所說《太上寶神經》云：「夫注心道真，玄想靈人……苟耽玄篤也，志之懃也，縱令牙彫面皺，頂生素華者，我道能變之為嬰，在須臾之間耳。…」明代袁黃在《攝生三要・(三)存神》中表示當時頗有些人也持與此大致相同的看法：「有存心中正穴者，謂百骸萬竅總通于心，存之可以養神攝念，鬚髮常玄。」[222]

此外，紫微王夫人並開示了使頭髮不脫落功夫：「老形之兆，亦發始於目際之左右也。以手乘額上，內存赤子，日月雙明，上元歡喜，三九眉始，數畢乃止。此謂手朝三元，固腦堅髮之道也。」[223]

陶隱居還介紹了真仙「紫清上官九華安妃」所誥示的使頭髮不白不落的「駐白止落之事」：「《太極綠經》曰：『理髮欲向王地，既櫛髮之始而微祝曰：「泥丸玄華，保精長存……」祝畢，咽液三過。能常行之，髮不落而日生。常數易櫛，櫛之取多而不使痛。亦可令侍者櫛，取多也。於是血液不滯，髮根常堅』。」[224]

梳頭大體上是今日氣功中所謂動功的一種，是古代修道者養性長生的重要手段，[225] 而每回梳髮的次數則多多益善，如《清異錄》所說：「修養家謂梳為

[220] 見《眞誥》卷二，頁579。

[221] 見《眞誥》卷二，頁579-580。

[222] 見藝文印書館影印《學海類編》本，葉9。

[223] 見《眞誥》卷九，頁615。

[224] 見《眞誥》卷九，頁616。

[225] 如《清異錄》(臺北：新興書局，《筆記小說大觀》四編所收影印本)，卷三，葉5，〈肢體・小太平〉條所說：「郭尚賢嘗云：『服餌導引之餘，有二事乃養生火要，梳頭、浴腳是也。』尚賢每夜先髮後腳方寢。自曰：『梳頭浴腳長生事，臨臥之時小太平』。」

『木齒丹』，法用奴婢細意者執梳理髮，梳無數，日愈多愈神。」[226] 又《黃庭內經》說：「髮宜多梳，齒宜多叩，液宜常嚥，氣宜精鍊，手宜在面。此五者所謂：『子欲不死修崑崙』耳。」[227] 又《服氣精義》謂：「劉君安曰：『欲髮不脫，梳頭滿千遍』。」[228] 賈島〈山中道士〉詩云：「頭髮梳千下，休糧帶瘦容。」[229] 即指此而言。紫微夫人對梳頭次數為什麼要多也有所解釋：「櫛頭理髮，欲得多過，通流血氣，散風濕也。」[230] 常梳頭髮，使血氣流通，髮根堅固而不易脫落，這和上文所述血氣盛，榮於頭髮，則鬚髮美等生理觀點是有密切關係的。

在使用梳櫛之外，道家也教人用手或手巾來摩頭髮，《太素丹景經》說：「先當摩切兩掌令熱，然後以拭兩目，畢，又順手摩髮如理櫛之狀……使髮不白……。」又《大洞精景經》說：「臥起，先以手巾若厚帛拭項中四面……順髮摩項，若理櫛之無數也……。」[231]

導引也是道家的基本養生方術。巢元方《諸病源候總論》卷二十七，〈白髮候〉引《養生方導引法》交代了相當具體的修鍊功法及其在防治白髮、潤澤頭髮等方面的效應：

> 解髮東向坐，握固，不息。一通。舉左右手，導引，手掩兩耳，治頭風，令髮不白。
>
> 清旦初起，左右手交互從頭上挽兩耳舉，又引鬚髮，即流通。
>
> 坐地直兩腳，以兩手指腳脛，以頭至地，調脊諸椎，利髮根，令長美。坐舒兩腳，相去一尺，以扼腳兩脛，以頂至地。十二通。調身脊，無患害，致精氣潤澤，髮根長美者，令青黑柔濡滑澤，髮恆不白。

---

226 見《說郛》卷六一，葉52引。

227 見南宋周守中纂集，《新刻養生類纂》（北京：書目文獻出版社據明胡文煥刻《壽養叢書》本影印），卷上引。見《北京圖書館古籍珍本叢刊》冊八二，頁277。

228 見《重修政和經史證類備用本草》卷一五，頁364，〈人部・亂髮〉引。按《宋史・藝文志（四）・子類・道家類附神仙類》及《雲笈七籤》卷五七，〈諸家氣法〉均收有「天臺白雲《服氣精義論》」一書，當即此書。按唐劉肅，《大唐新語》卷一〇，〈隱逸〉：「司馬承禎，字子微，隱於天臺山，自號白雲子。」又沈汾，《續仙傳》卷下，〈隱化（八）・司馬承禎〉傳說司馬承禎「隱於天臺山玉霄峰，自號白雲子。」則這書是司馬承禎所著（沈汾《續仙傳》未提著此書），至少是托名司馬承禎撰寫的。

229 見《長江集》卷三，頁22。

230 見《眞誥・協昌期第一》卷九，頁616。

231 均見《眞誥・協昌期第一》卷九，頁614引。

伏，解髮，東向，握固，不息。一通。舉手左右，導引，掩兩耳，令髮黑不白。伏者，雙膝著地，額直至地。解髮，破髻舒頭，長敷在地。向東者，向長生之術。握固，兩手如嬰兒握，不令氣出。不息，不使息出，極悶，已，三噓而長細引。一通者，一爲之，令此身囊之中滿其氣。引之者，引此舊身內惡邪伏氣，隨引而出，故名導引。舉左右手各一通，掩兩耳、塞鼻孔三通，除白髮患也。

蹲踞，以兩手舉足五趾，低頭自極，則五藏氣遍至，治耳不聞、目不明。久爲之，則令髮白復黑。[232]

孫思邈在《備急千金要方》的〈養性〉篇中也說如果「導引行氣」，每天作「三通、五通，則身體悅澤，面色光輝，鬢毛潤澤……。」[233] 蘇轍曾有〈次韻子瞻謫居三適·旦起理髮〉詩敘述導引榮養頭髮的功效：「道人雞鳴起，趺坐存九宮。靈液流下田，茯苓抱長松。顛毛得餘潤，冉冉欺霜風……。」[234]《逍遙子導引訣·升觀髮不班》則援引血氣與頭髮的關係來對心意的修鍊和行氣導引的變白作用提出說明：「思慮太過，則神耗，氣血虛散而鬢班。以子午時握固端坐，凝神絕念，兩眼含光，上視泥丸，存想追攝二氣自尾閭上升下降，返還元海。每行九遍，久則神全，氣血充足，髮可返黑也。」[235]

綜上所述，我們可以清楚地認識到，古代中國人在頭髮脫落、變白以及這些變化所象徵的身體衰老等問題上，投注了相當可觀的心血，發展出了多種治療方法，以及數量繁多的各類方劑，其中許多都和神仙或長生思想有相當密切的關係。

六、結語

頭髮在中國文化裡是極富有象徵意味的。在神仙或長生不死的思想中，仙人所以異於凡人的最重要的特質不只是永生不死，而更是永遠青春不老。照理最能夠表現這種特質的當是強健的生理機能或體魄，而在古代的長生思想中，卻常用其所呈現出來的外表體徵，即擁有白皙、細膩而潤澤的皮膚的容顏和漆黑光潤而

---

[232] 見影印文淵閣《四庫全書》本，卷二七，葉5-6。
[233] 見卷八二，葉5-6，〈調氣法第五〉。
[234] 見《欒城集·欒城後集》卷二，頁1134。
[235] 見明吳正倫輯，《養生類要》（上海：上海古籍出版社據明萬曆十六年吳氏木石山房家刻重刊本影印），前集，葉2-3。

稠密的頭髮來作爲標誌；特別是以滿頭的青絲綠髮來作爲表徵。這和軀體日趨老化、邁向死亡的最顯眼的徵候，即皓首白髮恰恰彼此互相對照，形成了強烈反差的兩端。

這種以頭髮作爲長生和衰老的象徵正是出於古代中國人的生理知識。頭髮在古人的心目中，正是人類一生裡各個生命階段內所發生的重要生理變化的主要指標。頭髮是腎氣或生命力所展現在外表的榮華，因足少陰腎經之血的榮養而得以出生，才能長得既長又多且密，而顏色烏黑、光潤。當身體隨著歲月的日增而逐漸衰老時，頭髮也漸漸變短、脫落、稀少、光禿，而顏色也由黑轉白，乃至由白而黃。在身體有病或遇有強烈的情感波動，如恐懼、憂愁、哀傷時，或過度的用心耗神思慮時，頭髮也能在較短的期間內出現上述的變化。

一般人在發現自己的頭髮呈露出老化的徵候時，常有驚恐、警惕、悲哀、憂愁等反應。不少人就採取拔除白髮的方式來自我慰藉。拔白在一些人看來並不是消極的行動，而是助長黑髮生長的積極努力；在特定的日辰鑷白可使白髮永不再生。許多人直到拔不勝拔，無法挽回才罷手放棄。

在拔白之外，古代中國人發展出了許多方術來處理象徵衰老的白髮、落髮、禿頭等問題。最遲自三世紀以來，已經出現了一些大體上只針對這些現象來進行治療的方劑，包括數量相當可觀的各種外用的敷塗膏劑、洗髮劑和內服的藥方、藥酒等。而另一類企圖從這些現象的根本原因，即生理機能衰老化的消除來著手，希望可以標本兼顧地解決問題。也就是既能延壽或抗衰老，又能達成呈現不老的標誌，即黑髮的要求。帶有濃厚的長生或神仙思想的各式生活的調攝、神形的修養、導引行氣、各種藥物或膏、丹、丸、酒劑等複雜配方的服食或補益方，都展現了古代中國人在這方面的心血和努力。

總之，這些爲數繁多的與頭髮相關的養生方術，它們本身就反映了古代中國人對衰老的不願意接受，對長生不老或至少是長壽的強烈慾望，是對長生思想極力實踐的明證。

（本文於一九九八年七月二日通過刊登）

引用書目

一、傳統文獻

《孔子家語》(《四部叢刊》初編本),上海:商務印書館,1922。

《左傳》(據清阮元等校刊《十三經注疏》本影印),臺北:藝文印書館,1955。

《孝經》(據清阮元等校刊《十三經注疏》本影印),臺北:藝文印書館,1955。

《洞冥記》(印影本,輯入《筆記小說大觀》第十三編),臺北:新興書局,1976。

《神仙服食靈草菖蒲丸方》(影印《正統道藏》本,臨七),臺北:新文豐出版公司,1977。

《黃帝內經素問》(據光緒三年浙江書局刻《二十二子》本影印),臺北:先知出版社,1976。

《詩經》(據清阮元等校刊《十三經注疏》本影印),臺北:藝文印書館,1955。

《漢武帝外傳》(據《正統道藏》本影印),臺北:新文豐出版公司,1985。

《論語》(據清阮元等校刊《十三經注疏》本影印),臺北:藝文印書館,1955。

《禮記》(據清阮元等校刊《十三經注疏》本影印),臺北:藝文印書館,1955。

元・不著撰人,《居家必用事類全集》(據明刊本縮印,收入《北京圖書館古籍珍本叢刊》),北京:書目文獻出版社,1988。

元・沙圖穆蘇編,《瑞竹堂經驗方》(影印文淵閣《四庫全書》本),臺北:臺灣商務印書館,1986。

元・脫脫等,《宋史》(點校本),北京:中華書局,1977。

元・許國禎編纂,《御藥院方》(據日本寬政戊午活字本影印),北京:中醫古籍出版社,1983。

元・滑壽撰,《讀素問鈔》(陳桷刊汪機續註本),1541(明嘉靖辛丑)。

北齊・顏之推撰,王利器集解,《顏氏家訓集解》(增補本,輯入《新編諸子集成》第一輯),北京:中華書局,1993。

北魏・賈思勰撰,繆啓愉等校釋,《齊民要術校釋》,北京:農業出版社,1982。

宋・王堯臣等,《崇文總目》(據《粵雅堂叢書》本影印,輯入許逸民、常振國所編《中國歷代書目叢刊》),北京:現代出版社,1987。

宋・王璆,《是齋百一選方》(影印本,收入裘沛然主編,《中國醫學大成三編》第四冊),長沙:岳麓書社,1994。

宋・王懷隱等,《太平聖惠方》(據中央圖書館藏烏絲欄抄本影印),臺北:新文豐出版公司,1980。

宋・司馬光，《溫國文正公文集》（《四部叢刊》初編本），上海：商務印書館，1922。

宋・李石，《續博物志》（清光緒湖北崇文書局刊《百子全書》本）。

宋・呂陶，《淨德集》（影印文淵閣《四庫全書》本），臺北：臺灣商務印書館，1986。

宋・沈括撰，胡道靜校證，《夢溪筆談校證》，上海：上海古籍出版社，1987。

宋・姚鉉纂，《唐文粹》（《四部叢刊》初編本），上海：商務印書館，1922。

宋・周南，《山房集》（影印文淵閣《四庫全書》本），臺北：臺灣商務印書館，1986。

宋・周守中纂集，《新刻養生類纂》（據明胡文煥刻《壽養叢書》本影印，輯入《北京圖書館古籍珍本叢刊》冊八二），北京：書目文獻出版社，1988。

宋・計有功撰，《唐詩紀事》（新一版），上海：上海古籍出版社，1987。

宋・俞琰，《周易參同契發揮》（影印文淵閣《四庫全書》本）。臺北，臺灣商務印書館，1986。

宋・徐夢莘，《三朝北盟會編》（影印本），臺北：文海出版社，1962。

宋・唐慎微撰，金・張存惠增訂，《重修政和經史證類備用本草》（據張存惠原刻晦明軒本縮印），北京：人民衛生出版社，1957。

宋・張君房集，《雲笈七籤》（《四部叢刊》初編本），上海：商務印書館，1922。

宋・郭茂倩，《樂府詩集》（輯入《中國古典文學基本叢書》），北京：中華書局，1979。

宋・陳直撰，元・鄒鉉續增，《壽親養老新書》（影印《永樂大典》本），臺北：世界書局，1962。

宋・范成大，《范石湖集》，上海：上海古籍出版社，1981。

宋・陸游撰，錢仲聯校注，《劍南詩稿校注》，上海：上海古籍出版社，1984。

宋・梅堯臣撰，朱東潤編年校注，《梅堯臣集編年校注》，上海：上海古籍出版社，1980。

宋・楊億，《武夷新集》（影印文淵閣《四庫全書》本），臺北：臺灣商務印書館，1986。

宋・楊萬里，《誠齋集》（《四部叢刊》初編本），上海：商務印書館，1922。

宋・歐陽修、宋祁，《唐書》（點校本），北京：中華書局，1975。

宋・劉斧，《青瑣高議》（點校本，編入《宋元筆記叢刊》），上海：上海古籍出版社，1983。

宋・謝邁，《謝幼槃文集》（據張元濟等輯，《續古逸叢書》本影印），揚州：江蘇廣陵古籍刻印社，1994。

宋・徽宗敕編，《聖濟總錄》，北京：人民衛生出版社，1962。

宋・蘇軾撰，清・王文誥輯註，《蘇軾詩集》（孔凡禮點校本），北京：中華書局，1982。

宋・蘇轍，《欒城集》（曾棗莊、馬德富校點本），上海：上海古籍出版社，1987。

明・王逵，《蠡海集》（明・商濬輯《稗海》本）。

明・朱橚，《普濟方》（影印文淵閣《四庫全書》本），臺北：臺灣商務印書館，1986。

明・宋濂等，《元史》（點校本），北京：中華書局，1976。

明・李時珍，《本草綱目》（劉衡如校點本），北京：人民衛生出版社，1977。

明・李夢陽，《空同子》（清光緒湖北崇文書局刊《百子全書》本）。

明・吳正倫輯，《養生類要》（據明萬曆十六年吳氏木石山房家刻重刊本影印），上海：上海古籍出版社，1990。

明・高濂，《遵生八牋》（影印文淵閣《四庫全書》本），臺北：臺灣商務印書館，1986。

明・袁黃，《攝生三要》（據《學海類編》本影印，收入《百部叢書集成》），臺北：藝文印書館，1967。

明・張時徹集，《攝生眾妙方》（據《四明叢書》本影印，輯入《叢書集成續編》冊八一），上海：上海書店，1994。

明・陶宗儀，《南村輟耕錄》（輯入《元明史料筆記叢刊》），北京：中華書局，1959。

明・陶宗儀，《說郛》（據張宗祥集校明抄本影印），臺北：新興書局，1963。

明・解縉等，《永樂大典》（影印本），臺北：世界書局，1962。

明・莊元臣，《叔苴子內編》（清光緒湖北崇文書局刊《百子全書》本）。

明・葉子奇，《草木子》（據光緒戊寅重刻本影印），臺北：廣文書局，1975。

明・熊宗立，《名方類證醫書大全》（據明成化三年，公元1467年熊氏種德堂刊本影印，收入《明清中醫珍善孤本精選十種》），上海：上海科學技術出版社，1988。

明・顧起元，《客座贅語》（譚棣華、陳稼禾點校本，收入《元明史料筆記叢刊》），北京：中華書局，1987。

明・龔廷賢，《雲林神彀》（據萬曆辛卯，19年，公元1591年刊本影印，收入《中國醫學大成續編》第七冊），長沙：岳麓書社，1992。

金・元好問輯，《中州集》（《四部叢刊》初編本），上海：商務印書館，1922。

金・張從正，《儒門事親》（張海岑等校注本），鄭州：河南科學技術出版社，1984。

金・劉完素，《宣明方論》（影印文淵閣《四庫全書》本），臺北：臺灣商務印書館，1986。

後晉・劉昫等，《舊唐書》（點校本），北京：中華書局，1975。

南唐・沈汾，《續仙傳》（據《正統道藏》本影印），臺北：新文豐出版公司，1985。

晉・陳壽撰，裴松之注，《三國志》（點校本），北京：中華書局，1959。

晉・葛洪撰，《葛洪肘後備急方》（金・楊用道附廣本），北京：人民衛生出版社，1963。

晉・葛洪撰，王明校釋，《抱朴子內篇校釋》（增訂本，輯入《新編諸子集成》第一輯），北京：中華書局，1985。

唐・元稹，《元稹集》（冀勤校本），北京：中華書局，1982。

唐・王燾，《外臺秘要方》（影印文淵閣《四庫全書》本），臺北：臺灣商務印書館，1986。

唐・白居易，《白居易集》（顧學頡校點本），北京：中華書局，1979。

唐・杜甫撰，清・仇兆鰲註，《杜詩詳註》，北京：中華書局，1979。

唐・杜荀鶴，《唐風集》（編入《聶夷中詩・杜荀鶴詩》），北京：中華書局，1959。

唐・李白撰，瞿蛻園、朱金城校注，《李白集校注》，上海：上海古籍出版社，1980。

唐・李延壽，《北史》（點校本），北京：中華書局，1974。

唐・李延壽，《南史》（點校本），北京：中華書局，1975。

唐・孟浩然撰，《孟浩然集》（《四部叢刊》初編本），上海：商務印書館，1922。

唐・孟郊，《孟東野詩集》（《四部叢刊》初編本），上海：商務印書館，1922。

唐・段成式，《酉陽雜俎》（方南生點校本），北京：中華書局，1981。

唐・長孫無忌等撰，華東政法學院《譯注》編寫組譯注，《唐律疏議譯注》，長春：吉林人民出版社，1989。

唐・姚思廉，《陳書》（點校本），北京：中華書局，1972。

唐・韋莊，《浣花集》（《四部叢刊》初編本），上海：商務印書館，1922。

唐・韋應物，《韋江州集》（《四部叢刊》初編本），上海：商務印書館，1922。

唐・張籍撰，《張司業詩集》（《四部叢刊》初編本），上海：商務印書館，1922。

唐・孫思邈，《千金翼方》（據光緒戊寅，公元1878年景印元大德本重印，編入《中國醫學大成續編》第四冊），長沙：岳麓書社，1992。

唐・孫思邈，《備急千金要方》（影印文淵閣《四庫全書》本），臺北：臺灣商務印書館，1986。

唐・韓愈撰，馬通伯校注，《韓昌黎文集校注》，上海：古典文學出版社，1957。

唐・賈島撰，李嘉言新校，《長江集新校》，上海：上海古籍出版社，1983。

唐・歐陽詢等，《藝文類聚》（汪紹楹校本），北京：中華書局，1965。

唐・劉肅，《大唐新語》（校點本，輯入《唐宋史料筆記叢刊》），北京：中華書局，1984。

唐・韓鄂撰，繆啓愉校釋，《四時纂要校釋》，北京：農業出版社，1981。

唐・魏徵等，《隋書》（點校本），北京：中華書局，1973。

唐・羅隱，《甲乙集》（《四部叢刊》初編本），上海：商務印書館，1922。

唐・蘇鶚，《杜陽雜編》（據《古今說部叢書》本影印），上海：上海藝文出版社，1991。

梁・陶弘景撰，《名醫別錄》（尙志鈞輯校本），北京：人民衛生出版社，1986。

梁・陶弘景，《真誥》（影印本，輯入《道藏要籍選刊》），上海：上海古籍出版社，1989。

梁・蕭子顯，《南齊書》（點校本），北京：中華書局，1972。

梁・蕭統撰，唐・李善注，《文選》（據清嘉慶十四年胡克家景宋刊本影印），臺北：藝文印書館，1967。

清・江左明心道人，《髮逆初記》（輯入《中國近代史資料叢刊・太平天國Ⅲ》），上海：神州國光社，1952。

清・青浦諸君子輯，《壽世編》（張慧芳點校本），北京：中醫古籍出版社，1986。

清・張廷玉等，《明史》（點校本），北京：中華書局，1974。

清・陸以湉，《冷廬雜識》（崔凡芝點校本，輯入《清代史料筆記叢刊》），北京：中華書局，1984。

清・彭定求等，《全唐詩》，北京：中華書局，1960。

清・郭慶藩集釋，《莊子集釋》（王孝魚點校本，輯入《新編諸子集成》第一輯），北京：中華書局，1961。

清・趙學敏纂輯，吳庚生補注，《串雅內編》（影印本，收入《中國醫學大成三編》第七冊），長沙：岳麓書社，1994。

清・趙學敏，《本草綱目拾遺》（據光緒十一年，公元1885年合肥張氏味古齋重校刊本影印，編入《中國醫學大成續編》第二冊），長沙：岳麓書社，1992。

清・葉夢珠，《閱世編》（來新夏點校本），上海：上海古籍出版社，1981。

清・鮑相璈編輯，梅啓照增輯，《驗方新編》（周光優、嚴肅雲、禹新初點校本。收入《中醫古籍整理叢書》），北京：人民衛生出版社，1990。

清・厲鶚撰，《宋詩紀事》（影印文淵閣《四庫全書》本），臺北：臺灣商務印書館，1986。

清・薛傳均，《牒鯖小記》（輯入《北京大學圖書館館藏稾本叢書》），天津：天津古籍出版社，1987。

隋・巢元方，《諸病源候總論》（影印文淵閣《四庫全書》本），臺北：臺灣商務印書館，1986。

隋・楊上善撰注，《黃帝內經太素》（清・蕭延平校本），北京：人民衛生出版社，1965。

傳南齊・褚澄，《褚氏遺書》（影印文淵閣《四庫全書》本），臺北：臺灣商務印書館，1986。

漢・王充撰，劉盼遂集解，《論衡集解》，北京：古籍出版社，1957年。

漢・司馬遷，《史記》（點校本），北京：中華書局，1959年。

漢・劉向集錄，《戰國策》（點校本，第二版），上海：上海古籍出版社，1985。

漢・劉熙，《釋名》（《四部叢刊》初編本），上海：商務印書館，1922。

趙爾巽等，《清史稿》（點校本），北京：中華書局，1977。

戰國・韓非撰，梁啓雄注，《韓子淺解》，北京：中華書局，1960。

劉宋・范曄：《後漢書》（點校本），北京：中華書局，1965年。

劉宋・劉義慶撰，徐震堮校箋，《世說新語校箋》，北京：中華書局，1984。

魏・嵇康撰，戴明揚校注，《嵇康集校注》，北京：人民文學出版社，1962。

舊題宋・陶穀撰，《清異錄》（影印本，輯入《筆記小說大觀》四編），臺北：新興書局，1974。

舊題馮贄撰，《雲仙雜記》（《四部叢刊》續編本），上海：商務印書館，1934。

舊題葛洪撰，《神仙傳》（影印本，輯入《筆記小說大觀》第四編），臺北：新興書局，1974。

舊題漢・劉向撰，《列仙傳》（印影本，輯入《筆記小說大觀》第三十編），臺北：新興書局，1979。

日本・丹波康賴，《醫心方》（據淺倉屋藏板影印），北京：人民衛生出版社，1955。

朝鮮・金禮蒙等輯，《醫方類聚》（浙江省中醫研究所、湖州中醫院校點本）第四分冊，北京：人民衛生出版社，1981。

朝鮮・許浚編，《東醫寶鑒》（郭靄春等校點本），北京：中國中醫藥出版社，1995。

二、近人論著

王玉龍、程學華

1990 〈秦始皇帝陵發現的俑髮冠初論〉，《文博》1990.5。

王明合校

1960 《太平經合校》，北京：中華書局。

王學理

1994　《秦俑專題研究》，西安：三秦出版社。

江紹原

1971　《髮鬚爪：關於它們的迷信》（據1927年排印本影印，編入《國立北京大學中國民俗學會民俗叢書》），臺北：東方文化書局。

余英時

1980　《中國知識階層史論（古代篇）》，臺北：聯經出版事業公司。

余嘉錫

1974　《四庫提要辨證》，香港：中華書局香港分局。

杜正勝

1995　〈從眉壽到長生——中國古代生命觀念的轉變〉，《中央研究院歷史語言研究所集刊》66.2。

李思純

1957　《江村十論》，上海：上海人民出版社。

林素清輯

《兩漢鏡銘彙編》，臺北：中央研究院歷史語言研究所《簡帛金石資料庫》。網址：http://saturn.ihp.sinica.edu.tw/~wenwu/ww.htm

洛陽區考古發掘隊

1959　《洛陽燒溝漢墓》，北京：科學出版社。

胡蘊玉

1993　《髮史》（《滿清野史》第十種，輯入繆鉞等主編，《中國野史集成》冊四〇），成都：巴蜀書社。

徐中舒

1936　〈金文嘏辭釋例〉，《中央研究院歷史語言研究所集刊》6.1。

馬繼興

1992　《馬王堆古醫書考釋》，長沙：湖南科學技術出版社。

陶晉生

1981　《女真史論》，臺北：食貨出版社。

陝西省考古研究所始皇陵秦俑坑考古發掘隊

1988　《秦始皇陵兵馬俑坑一號坑發掘報告》，北京：文物出版社。

曹元宇輯注

1987　《本草經》，上海：上海科學技術出版社。

逯欽立輯校

1983　《先秦漢魏晉南北朝詩》，北京：中華書局。

郭靄春校注語譯

1981 《黃帝內經素問校注語譯》，天津：天津科學技術出版社。

1989 《黃帝內經靈樞校注語譯》，天津：天津科學技術出版社。

睡虎地秦墓竹簡整理小組

1978 《睡虎地秦墓竹簡》，北京：文物出版社。

聞一多

1948 〈神仙考〉（輯入朱自清、郭沫若等編輯，《聞一多全集・神話與詩》），上海：開明書店。

廣州市文物管理委員會、廣州市博物館

1981 《廣州漢墓》，北京：文物出版社。

廣州市文物管理委員會、中國社會科學院考古研究所等

1991 《西漢南越王墓》，北京：文物出版社。

羅振玉

1929 〈漢兩京以來鏡銘集錄〉（輯入《遼居雜箸》）。

薛瑞兆等編纂

1995 《全金詩》，天津：南開大學出版社。

日本・丹波元胤

1956 《中國醫籍考》，北京：人民衛生出版社。

日本・桑原隲藏著，于濬濤譯

1943 〈辮髮〉，《中和月刊》4.5。

日本・梅原末治

1931 《歐米に於ける支那古鏡》，東京：刀江書院。

1943 《漢三國六朝紀年鏡圖說》（《京都帝國大學文學部考古學資料叢刊》第一冊），京都：桑名文星堂。

Karlgren, Bernhard

1934 "Early Chinese Mirror Inscriptions", *The Museum of Far Eastern Antiquities Bulletin* 6(1934).

Yu, Ying-shih

1964-1965 "Life and Immortality in Han China", *Harvard Journal of Asiatic Studies* 25 (1964-1965).

The Thought of Eternal Life and Hair-Related Methods for Preserving Health in Traditional China

Fan Hsiao

Institute of History and Philology, Academia Sinica

Hair has long been regarded as a powerful symbol in Chinese cultural traditions. In traditional thinking, celestial beings and immortals not only live a long time and do not die, but they also do not age and remain forever young. Pitch-black smooth hair is the most obvious mark in this respect. In contrast, white hair is clearly a sign of increasing age and a mark of impending death. Symbolizing changes in hair to mark either growing or old age first appears in Chinese physiological knowledge systems. Hair during the various stages of one's life exemplifies the physiological changes which are connected to the developments of kidney *qi* or the vital energy of the body. When the kidney *qi* practices vigorously, pitch-black and shiny hair is resulted. As the body gradually ages, one's hair gradually decreases, falls out, and becomes white in color, dull and heavy. Illness, or extreme emotions such as fear, depression, times of grief, or intense mental activity also result in significant changes in the hair.

On discovering white hairs on their bodies, people were often horrified, shocked, depressed, and would pluck out these hairs as a means of consolation, and often, at a specified time, they would pull out white hairs to counteract the effects of aging and ensure that the white hair never grew again. White hair was a sign of old age, and in response to this, people developed a number of prescriptions, including different types of external pastes, hair washing shampoos, internal medicine, and herbal wines. And also efforts were made to treat both the fundamental and the secondary aspects of the aging process. In ideas of immortality, serious consideration was given to regulating and vitalizing one's body and mind, practicing *qigong* or promoting circulation of the *qi* while exercising, and taking different types of tonic prescriptions including pastes, pellets, pills, and so forth, all in active pursuit of seeking longevity.

Keywords: the thought of eternal life, hair, preserving health

椅子與佛教流傳的關係

柯嘉豪*

唐代之前，中國人主要席地而坐，沒有坐椅子的習慣。圖像與文獻資料顯示，到了唐代有一些人開始使用椅子。盛唐後，椅子日益流行，而最遲在宋初已經相當普遍。坐姿由低向高發展的趨勢，引起了很多其他變化。改用椅子以後，窗户的位置及屏風與屋頂的高低也因此改變；飲食習慣與衣著也跟隨著家具改變，甚至人的心理狀態可能也受到影響。在此轉變過程中，椅子的出現是重要因素之一。因此，從宋代以來有不少學者探討椅子的來源。

本文先陳述歷來學者對椅子淵源的各種推測，接著利用佛教的文獻及圖像資料來説明佛教在中國人接受椅子的過程中所扮演的角色。最後，本文討論此現象對中國佛教史研究的意義。

關鍵詞：佛教 家具 椅子 物質文化 日常生活

* 中央研究院歷史語言研究所

一、前言：坐禮的轉變

南宋大儒朱熹曾爲了禮殿中的塑像與錢聞詩發生一場爭議。朱子「欲據《開元禮》，不爲塑像，而臨祭設位。」然而，錢聞詩「不以爲然，而必以塑像。」爲此，朱子特地考證禮殿塑像應爲何種模樣。他從前人得知，在鄭州的列子祠內，塑像都跪坐於席上；他也聽說「成都府學有漢時禮殿，諸像皆席地而跪坐。」此外，研讀上古的典籍時，朱熹也注意到古人對坐禮的重視，而古時的坐禮（即跪、坐、拜）都是在席子上舉行的。最後朱子寫成〈跪坐拜說〉一文討論從上古到南宋，坐禮的變遷。對南宋人來說，這些變遷的原因已經模糊不清了。朱子雖指出了古人與宋人在坐禮上的差異，但他並「不知其自何時而變」，更沒有追究轉變的緣由。

在朱熹寫〈跪坐拜說〉之前，蘇東坡曾論及同一個現象：「古者坐於席，故籩豆之長短、簠簋之高下，適與人均。今土木之像，既已巍然於上，而列器皿於地。使鬼神不享，則不可知；若其享之，則是俯伏匍匐而就也。」[2] 然而，朱熹與蘇軾的呼籲並沒有起什麼作用。宋代以來，禮殿裡的塑像並未席地而坐，而是「巍然」於座位之上。這種現象並不限於禮殿，陸游在其《老學庵筆記》云：「徐敦立言『往時士大夫家，婦女坐椅子、兀子，則人皆譏笑其無法度』」。[3] 從「往時」兩個字可知，在陸游記載這文時，婦女使用椅子已經沒有人覺得失禮了。此外，在宋代的婚喪儀式中，椅子爲行禮時的器具。[4] 毫無疑問地，宋代的坐禮本質上發生了轉變：宋人已經從席子移到椅子上了。而朱子等好古的禮儀專家，只能期待尙有機會「革千載之繆」。[5]

---

1 朱熹，〈跪坐拜說〉，《晦奄先生朱文公文集》卷六八，頁1-2，收入《四部叢刊初編》（上海：上海印書館，1919）集部，册一三七。

2 蘇軾，〈四十策〉，《東坡文集》卷二二，頁5-6，收入《東坡七集》（臺北：臺灣中華書局，1970）。

3 陸游，《老學庵筆記》收入《陸放翁全集》（臺北：世界書局，1961），卷四，頁24。此條也爲俞樾所引用，見〈宋時椅子兀子猶未通行〉，《茶香室三鈔》卷二七，頁7，收入《筆記小說大觀續編》（臺北：新興書局，1960），册七。

4 參見歐陽修，〈歸田錄〉卷二，頁11，收入《歐陽文忠全集》卷一二七，收入《四部備要》（上海：中華書局，1936）。朱熹，《家禮》卷一，頁2，收入《景印文淵閣四庫全書》（臺北：臺灣商務印書館，1983），册一四二。

5 朱熹，〈跪坐拜說〉，頁2。

後代的學者下了不少功夫探討坐禮轉變的時期與原因，並指出在坐禮的轉變過程中，最主要的因素很可能是椅子的出現。清代的學者黃廷鑑在〈考床〉一文中指出，古代的「床」在作用及形制上都與近代的床有所不同。他說：

> 古之床與今之床異。古之床主于坐而兼臥，今之床主于臥而兼坐。床之名同，而床之用少殊。何以言之？古者坐寢皆于地；用席，貴賤有等。凡經言「席」，皆指坐席。言「衽」，皆指臥席……考床之制，于古未詳。大約如今之榻而小，或與今凳之闊者相類，故可執亦可移。其爲物取于安身適體，宜于衰老疾病之人。故可坐、可倚、亦可臥。其設之也于寢室，而不于堂，以供老疾者坐寢之具，及人死襲斂時用之。此皆禮之變，非禮之正也。惟古之寢，以席地爲正。故人死屬纊時，必寢地。[6]

清人王鳴盛也注意到古今坐具的不同，他說：「古人所坐，席皆布於地；故不疑據地致敬，知漢無椅式也。」[7]

文獻、圖像以及考古資料，都證明這些學者的看法是正確的：上古時期的人主要坐於席子上，並不使用椅子。古人坐於席子上的習慣，在現代漢語中仍能看到痕跡。例如，當近代的日本人翻譯英文的 chairman 時，他們借用了古漢語的「主席」一詞。後來，中國人翻譯英文時又把此詞從日本借回來。[8]「出席」、「入席」等現代漢語的常用詞亦如此。這些詞彙都間接顯示，上古時期正式的交際禮儀通常在席子上舉行。[9]

古人非常重視席上的姿態、舉止、以及座席的位置。[10] 一般來說，在上古時期，跪坐是士大夫的標準坐法。從當時的圖像來看，在非正式的場合中，男性也可盤膝而坐，但「踞」、「箕踞」以及「蹲」卻被認爲是不禮貌的坐姿。如《呂氏春秋》云：「魏文侯見段干木，立倦而不敢息。反見翟黃，踞於堂而

---

[6] 黃廷鑑，《第六絃溪文鈔》卷一，頁1，收入《叢書集成初編》（北京：中華書局，1985），册二四六一。

[7] 王鳴盛，《十七史商榷》，〈箕踞〉條，（臺北：廣文書局，1960），卷二四，頁2。

[8] Lydia H. Liu, *Translingual Practices: Literature, National Culture, and Translated Modernity—China, 1900-1937* (Stanford: Stanford University Press, 1995), p.307.

[9] 有關古代席子及席地而坐的習慣，參看尚秉和，《歷代社會風俗事物考》（臺北：臺灣商務印書館，1985），頁281-291。崔詠雪，《中國家具史——坐具篇》（臺北：明文書局，1994），頁15-48。

[10] 有關坐次的方向，參看余英時，〈説鴻門宴的坐次〉，收入《史學與傳統》（臺北：時報文化出版公司，1982），頁184-195。

與之言；翟黃不說。文侯曰：『段干木，官之則不肯，祿之則不受；今女欲官則相位，欲祿則上卿。既受吾實，又責吾禮，無乃難乎！』」[11] 這段文字也讓我們聯想到《論語》〈憲問篇〉中，原壤在孔子面前「夷俟」（也就是蹲），[12] 孔子指責他不知禮，並「以杖叩其脛」。此類資料都可說明，先秦之時，蹲是一種不禮貌的姿勢。然而，最不禮貌的坐法是「箕踞」。比如，《史記》載：「高祖時，中國初定，尉他平南越，因王之。高祖使陸賈賜尉他印爲南越王。陸生至，尉他魋結箕倨見陸生。陸生因進說他曰：『足下中國人，親戚昆弟墳墓在真定。今足下反天性，棄冠帶，欲以區區之越與天子抗衡爲敵國，禍且及身矣……』於是尉他迺蹶然起坐，謝陸生曰：『居蠻夷中久，殊失禮義』」。[13] 可見，當時只有不知禮或故意想得罪對方的人才會箕踞。更有趣的是，據睡虎地秦簡，「箕踞」是驅鬼最靈的方法之一。[14] 也就是說，連鬼也無法接受如此非禮的姿態。[15]

綜上所述，對上古人而言，坐法是衡量身分、修養以及心態的重要指標之一，而坐時把膝蓋提高，或把腳伸向前去都被視爲不禮貌的姿態。顯然，在這套禮節的規範之下，當時的人不可能垂腳而坐於椅子上。 這種現象在漢代畫像石中亦可看見。畫像石上的人物坐時通常都兩膝跪於席或床上；幾乎沒有伸腳而坐的人，更沒有人坐在椅子上。

---

[11] 《呂氏春秋》卷十五〈下賢〉，頁9-10，《四部叢刊初編》子部，册六五。

[12] 參見李濟，〈跪坐蹲居與箕踞〉，《國立中央研究院歷史語言研究所集刊》24(1954)：254-255。

[13] 〈陸賈傳〉，《史記》（北京：中華書局，1985）卷九七，頁2697-2698；也載於《漢書》（北京：中華書局，1962），卷四三，頁2111-2112。

[14] 雲夢睡虎地秦墓編寫組編，《雲夢睡虎地秦墓》（北京：文物出版社，1981），圖版一三一，竹簡871-872。Donald Harper, "A Chinese Demonography of the Third Century B.C.", *Harvard Journal of Asiatic Studies* 45.2 (1985)：483。據李濟的研究，「箕踞」到了周朝才被視爲不禮貌的坐法。

[15] Jean-Claude Schmitt 描寫中古時期歐洲人的姿態觀念時說，當時：「修士具有修士的姿態，騎士有騎士的姿態。在社群之內以及不同社群之間，姿態使得社會的組織具體化。」其實，這段文字也可用來描寫古代的中國。*La raison des gestes dans l'Occident médiéval* (Paris: Gallimard, 1960), p.16。關於商周時的姿態，請參考李濟，〈跪坐蹲居與箕踞〉，及劉桓，〈卜辭拜禮試析〉，載於《殷契新釋》（河北：河北教育出版社，1989），頁1-51。有關中古時期的坐姿參見朱大渭，〈中古漢人由跪坐到垂腳高坐〉，《中國史研究》4(1994)：102-114，及崔詠雪，《中國家具史》。余雲華，《拱手、鞠躬、跪拜——中國傳統交際禮儀》（成都：四川人民出版社，1993）一書，也值得參考。

到了唐代，室內的陳設開始改變。凳椅問世，而坐禮亦隨之改變。唐天寶五年（公元756年）高元珪墓壁畫中，有人坐在椅子上（圖一）。唐代文獻也有一些相關的記載，但唐代有關椅子的資料究竟不多。[16] 當時的史料顯示，唐代的居室文化仍然以席子爲主。[17] 然而，要想找出漢人到底於何時何地開始廣泛地使用椅子，頗爲困難。從圖像與文獻的資料來看，我們只能說，從盛唐以來，椅子大概日益流行，而最遲在宋初已經相當普遍。因此，近代學者大都認爲椅子是在晚唐與五代之際逐漸進入中國人的房室之中。[18]

圖一：天寶十五年（公元756年）高元珪墓

賀梓城，〈唐墓壁畫〉，《文物》1959.8：31-33。

[16] 詳見賀梓城，〈唐墓壁畫〉，《文物》1959.8：31-33。唐代戴孚著《廣異記》中有幾條提到椅子的資料。詳見〈仇嘉福〉及〈李參軍〉的故事，方詩銘輯校，《冥報記·廣異記》（北京：中華書局，1992），頁58, 201。此外，相傳爲唐人周昉所畫的〈揮扇仕女圖〉中則有宮女坐於椅子，但此畫是否唐代的作品很可疑。同樣，相傳爲唐人盧楞伽所畫的〈六尊者像〉、唐人周文矩的〈宮中圖〉和〈琉璃堂人物圖〉、以及五代人王齊翰的〈勘書圖〉和顧閎中的〈韓熙載夜宴圖〉，雖然都有椅子，但都很可能是宋代的作品。詳見 James Cahill, *An Index of Early Chinese Painters and Paintings: T'ang, Sung, and Yüan* (Berkeley: University of California Press, 1980), pp.16, 28-30, 50。

[17] 崔詠雪，《中國家具史》，頁59。

[18] 例如，王鳴盛，〈箕踞〉，頁3；黃正建，〈唐代的椅子與繩床〉，《文物》1990.7：86-88；及 Craig Clunas, *Chinese Furniture* (London: Bamboo Publishing Ltd., 1988), p.16，都持此說。

除了坐禮之外，椅子還引起了日常生活中的其他變化。由於室內的陳設互相關聯，因此席地而坐時，必須用低矮型的家具。相反的，人坐上椅子以後，其他的家具也得跟著增高。淸人王鳴盛曾闡明此點。他說：「古人坐於地，下籍席，前據几，坐席固不用椅。而几則如《書》所謂憑玉几、《詩》所謂授几。有緝御之類，其制甚小。今桌甚大，俗名『八仙桌』，謂可坐八人同食，與几雖相似，實大不同。」[19] 此外，椅子的出現也影響了器皿的形狀。正如蘇軾所說，「古者坐於席，故籩豆之長短、簠簋之高下適與人均」。唐宋出土的實物表明，唐代的器皿與宋代的器皿的確有明顯的差異。唐人因席地而坐，使用高型的飲食器具較爲方便。到了宋代，飲食器置於高桌上，身體的位置及人的視線都不一樣了。因此，碗、盤、杯等食器都變得玲瓏精巧。[20] 人們改用椅子以後，窗戶的位置及屏風與屋頂的高低也因此改變；飲食習慣與衣著也跟隨著家具改變，甚至人的心理狀態可能也受到影響。[21] 這種由低向高發展的趨勢，涉及的層面極廣。因此，有位學者甚至認爲中國的這次「室內革命」，可與二十世紀家庭的機械化相比。[22] 至於中國的椅子究竟來自何處、源於何時、在何地出現，歷來有幾種不同的說法。

二、椅子淵源說四種

進入主題之前，我們先要處理一個表面上很簡單但實際上很複雜的問題：甚麼是椅子？關於這個問題，現在的詞典並不是很有用。例如《漢語大詞典》及《現代漢語詞典》只說椅子是「有靠背的坐具」，而這個定義可以包括很多種家具。[23] 對一般人而言，椅子最基本的定義應該是具有靠背的單人坐具。此外，

---

19 王鳴盛，〈箕踞〉，頁3-4。

20 詳見陳偉明，《唐宋飲食文化初探》（北京：中國商業出版社，1993），頁63-64。

21 Sarah Handler, "The Revolution in Chinese Furniture: Moving from Mat to Chair," *Asian Art* 4.3 (Summer 1991)：9-33。Wu Tung 認爲，強調集體的上古中國社會不肯容忍代表「自由」與「個人主義」的椅子。Wu Tung, "From Imported 'Nomadic Seat' to Chinese Folding Armchair," *Journal of the Classical Chinese Furniture Society* 3.2 (Spring 1993)：38-47，（原載於 *Boston Museum Bulletin* 71（1973））。

22 Donald Holzman, "À propos de l'origine de la chaise en chine," *T'oung Pao* 53 (1967)：279。

23 《漢語大詞典》（上海：上海辭書出版社，1991）及《現代漢語詞典》（北京：商務印書館，1985）。

我們心目中標準的椅子常有四條腳，有時也有扶手。[24] 這是現代人對椅子的了解，是經過幾百年慢慢形成的概念。

「椅子」一詞在唐代始見，最早稱之爲「倚子」。最早提及「倚子」的記載約在八世紀末。[25] 唐人之所以稱有靠背的坐具爲「倚子」是很容易了解的，因爲坐這種坐具時可倚靠靠背。如宋人黃朝英說，「今人用倚、卓字多從木旁，殊無義理。字書從木從奇乃椅字。於宜切。《詩》曰：『其桐其椅』是也………倚、卓之字雖不經見，以鄙意測之蓋人所倚者爲倚，卓之在前者爲卓。」[26] 因此可知，當時的倚子是有靠背的坐具。從其他資料，我們也知道，唐代的倚子容易搬移，通常是單人坐的。[27] 總之，唐代的倚子應與現在的椅子相去無幾。

「倚子」一詞出現之後，椅子的歷史便較好處理，但在此之前雖然沒有一個專有名詞來稱呼具有靠背的單人坐具，但文獻及圖象的資料顯示，唐代之前的確有此物。這個現象不限於家具史。研究古代物質文化的學者，常常遇到這種詞彙問題，因爲語言的變化往往比物質的變化慢一步。例如，研究茶及蔗糖的學者都得下很多功夫探究「茶」及「糖」等字出現之前，漢人是否用其他的詞彙來涵蓋喝茶及製糖的習慣。[28] 由於家具的詞彙問題，再加上資料的零散，從宋代以來，椅子的淵源自然成爲議論紛紛的課題。以下是椅子淵源最常見的四種說法。

---

24 參見崔詠雪，《中國家具史》，頁9。

25 參見貞元十三年（公元797年）的《濟瀆廟北海壇祭器碑》，收入王昶輯，《金石萃編》（北京：中國書店，1985），卷一〇三，頁11，及王讜，《唐語林》在周勛初校證《唐語林校證》（北京：中華書局，1987），卷六，頁523。王讜是宋人，但提到倚子一段來自唐代筆記《戎幕閒談》。

26 黃朝英，《靖康緗素雜記》卷四，頁8，《景印文淵閣四庫全書》冊八五〇。

27 圓仁，《入唐巡禮行記》卷四，白化文等編，《入唐巡禮行記校註》（石家莊：花山文藝出版社，1992），頁454。

28 有關茶的問題研究很多，參見陳椽，《茶葉通史》（北京：農業出版社，1984）。有關糖，參見 Christian Daniels, *Science and Civilisation in China, v. 6 Biology and Biological Technology: pt.3 Agro-industries and Forestry*. (Cambridge: Cambridge University Press, 1995) 及季羨林，《文化交流的軌跡：中華蔗糖史》（北京：經濟日報出版社，1997）。

甲、本土說

漢代人使用不少低型的家具。至東漢末年，屏風、案（即置物的小桌）、憑几（一種小型的靠具）、床等家具至少在上層社會已廣為流行。[29] 由此可見，從科技的角度來說，漢代的木匠已具有製作椅子的能力。因此，有的學者認為唐宋時代的椅子，很可能是中國的木匠從原來已有的家具中發展出來的。

除了席子以外，漢代最主要的坐具是榻。[30] 漢代的榻比床小；與床不同的是，榻是坐具而不是寢具。其中，最值得我們注意的是流行於漢、魏、晉時代的獨坐式小榻。[31] 這種小榻有兩人坐的，也有一人坐的，有的小榻不用時甚至可以懸掛於牆上。如《後漢書・徐穉傳》云：「陳蕃為太守……在郡不接賓客，唯（徐）穉來，特設一榻，去則懸之。」[32] 這種小榻只要加上靠背就可說是椅子了。事實上，清代學者趙翼便認為宋代的椅子來自於中古時期的榻。他說：「其時（即漢唐之間）坐床榻大概皆盤膝，無垂腳者。至唐又改木榻，而穿以繩，名曰繩床……而尚無椅子之名。其名之曰椅子，則自宋初始。」[33] 我們雖然無法否定趙翼的說法，但亦沒有資料支持他的猜測。更重要的是，椅子在中國出現時，與當時外國的椅子在造形上很相似。因此，研究中國家具的學者一般不認為中國的椅子是從木榻發展出來的，倒有不少人認為椅子是從來自外國的「胡床」逐漸演變而來。[34]

---

[29] 參見孫機，《漢代物質文化資料圖說》（北京：文物出版社，1991），頁216-228。

[30] 在漢代，凳子並不流行。到南北朝，所謂「筌蹄」從國外引進來以後，坐凳子的習慣才興起。在此過程當中，佛教或許扮演了某種角色。詳見孫機，〈唐李壽石槨線刻《侍女圖》、《樂舞圖》散記〉，《文物》1996.5：33-49。

[31] 陳增弼，〈漢、魏、晉獨坐式小榻初論〉，《文物》1979.9：66-71。

[32] 《後漢書》，（北京：中華書局，1965），卷五三，頁1746。崔詠雪卻認為此文中的榻指的是折疊凳。《中國家具史》，頁81。

[33] 趙翼，〈高坐緣起〉《陔餘叢考》（上海：商務印書館，1957），卷三一，頁661-662。C. P. FitzGerald 在其 *Barbarian Beds: The Origin of the Chair in China* (London: The Cresset Press, 1965) 也提到這個可能，請見頁45-49。實際上，「椅子」一詞在唐代已有。更重要的是，下面談及繩床的時候，我們會發現，趙翼對繩床的理解也是錯的。

[34] 除了榻以外，中國早期的椅子或許與中國的其他物品有密切的關係。例如，吳美鳳曾指出，北魏馬車之形制跟當時坐具的形制有相似之處。參見〈宋明時期家具形制之研究〉（臺北：中國文化大學藝術研究所美術組碩士論文，1996），頁197，及吳美鳳，〈坐椅繩床閑自念——從明式家具看坐具之演變〉，《歷史文物》8.2 (1998)：59-69。

乙、胡床說

中古時期的文獻中，有時出現所謂的「胡床」的坐具。至今，考古學家還沒有發現中古時期胡床的實物，但多種文獻資料、一通東魏武定元年（公元543年）的造像碑（圖二）、西魏大統十一年（公元547年）的女侍俑，以及唐代李壽墓的石槨線刻，都表明，當時的胡床是一種小型、可以合攏的凳子，相當於現在的摺疊凳，也稱「馬扎兒」。[35] 這種坐具的歷史悠久，可溯源至公元前一

圖二：東魏武定元年（公元543年）的造像碑
中央研究院歷史語言研究所傅斯年圖書館所藏拓片

[35] 有關胡床，最詳細的著作仍然是藤田豐八，〈胡床について〉，收入《東西交涉史の研究》（東京：岡書院，1934），頁143-185。此外，亦見崔詠雪，《中國家具史》，頁80-88；Wu Tung, "From Imported 'Nomadic Seat' to Chinese Folding Armchair." 易水〈漫談胡床〉，《文物》1982.10：82-85，討論近年有關胡床的考古發現。FitzGerald 的 *Barbarian Beds* 值得參考，但 Holzman 在上面所引的書評裡指出此書的不少問題，並提供很多頗有價值的資料和分析。關於 543 年的碑，詳見 E. Chavannes, *Mission archéologique dans la Chine septentrionale* (Paris: E. Leroux, 1913-15)，第二冊第一部，圖版第二七四，第四三二號及第一冊第二部，頁589-590，及長廣敏雄，《六朝時代美術の研究》（東京：美術出版社，1969），頁69-92。有關女侍俑，見磁縣文化館，〈河北磁縣東陳村東魏墓〉，《考古》1977.6：圖版第九。關於李壽墓的石槨，見陝西省博物館，文館會，〈唐李壽墓發掘簡報〉、〈唐李壽墓壁畫試探〉，《文物》1974.9：71-94 及孫機，〈唐代李壽石槨〉。

千五百年的埃及。在古埃及的上層社會中，這種坐具是尊貴的象徵；近代研究埃及的考古學家發掘過幾件精美的實物。[36] 胡床傳至中國的途徑，今已難查考，但大約是從北非經過中亞而來的。據《後漢書》〈五行志〉載：「靈帝好胡服、胡帳、胡床、胡坐、胡飯、胡空侯、胡笛、胡舞，京都貴戚皆競爲之。」[37] 倘若這則資料可靠，靈帝在位時（即公元二世紀末）胡床已經進入中國，並出現在宮廷了。[38] 此後在中國的文獻中，有關胡床的記載很多。除了帝王以外，有將令、官吏、講學者乃至村婦等各種身分的人使用胡床的記載。並有胡床出現於室內、室外、宮廷以及戰場等各種場合的文獻。[39]

在坐禮的轉變中，胡床扮演了開路先鋒的角色。與小型榻不同，坐於胡床時，人們通常是垂腳而坐。其次，由於胡床的腳容易撕破席子，胡床與席子不能並用。簡言之，胡床的興起對室內的陳設與坐禮的習俗可能引起了一些變化。由此看來，胡床似乎可視爲椅子的前身——只要加上靠背和扶手，稍微改一下它的型制就可說是典型的椅子了。[40] 雖然如此，歷來大部分的學者對「胡床說」卻持保留的態度。

宋代的張端義和程大昌及明代的王圻都認爲宋代的交椅（一種腿交叉，能摺疊的椅子）是從胡床發展出來的。不過，胡床雖然與宋代的交椅應有關聯，但它不一定跟唐代的椅子有直接的關係。[41]《資治通鑑》載唐穆宗曾「見群臣於紫宸殿，御大繩床」。元代胡三省的注則主張椅子的前身是所謂的「繩床」而不是胡床。他說：

程大昌《演繁露》曰：「今之交床，制本自虜來，始名胡床。隋以讖有

---

[36] Ole Wanscher, *Sella Curulis: The Folding Stool, an Ancient Symbol of Dignity* (Copenhagen, 1980).

[37]《後漢書》卷十三〈五行志〉，頁3272。

[38]《太平御覽》在〈胡床〉條下引《風俗通》說：「靈帝好胡床……」可作《後漢書》的旁證。請見《太平御覽》卷七〇六，頁8，《四部叢刊三編》（上海：商務印書館，1935）子部，册三四。

[39] 朱大渭，〈中古漢人由跪坐到垂腳高坐〉，頁106。

[40] 胡德生在其〈古代的椅和凳〉持此說。參見《故宮博物院院刊》1996.3：23-33。

[41] 張端義，《貴耳集》卷三，頁64，收入《叢書集成初編》（北京：中華書局，1985），册二七八三、程大昌，《演繁露》卷十〈胡床〉，頁3-4，收入《景印文淵閣四庫全書》册八五二，及王圻《三才圖會》（臺北：成文出版社，1970）（據萬曆三十四年本），卷十二〈器用〉，頁14。

胡，改名交床。唐穆宗於紫宸殿御大繩床見群臣，則又名繩床矣。」余案交床、繩床，今人家有之，然二物也。交床以木交午爲足，足前後皆施橫木，平其底，使錯之地而安；足之上端，其前後亦施橫木而平其上，橫木列竅以穿繩條，使之可坐。足交午處復爲圓穿，貫之以鐵，斂之可挾，放之可坐；以其足交，故曰交床。繩床，以板爲之，人坐其上，其廣前可容膝，後有靠背，左右有托手，可以閣臂，其下四足著地。[42]

可見，胡三省認爲繩床是具有靠背、扶手以及坐板的單人坐具，也就是標準的椅子。我認爲這種說法是正確的，[43] 下面談及佛藏的資料時我會列出這方面的證據，並試圖重建繩床的原貌。不過，即使我們能證明繩床是一種有靠背的單人坐具，並可推測椅子的前身應該是繩床而不是胡床，最基本的問題仍待解決，也就是：這種坐具又是從哪裡來的？是不是如胡床一樣從外國來？如果繩床來自於中國之外，又是從哪國來的，以甚麼樣的方式傳到中國來？爲了解決這個問題，C.P. FitzGerald 曾把中國椅子的淵源問題放到世界家具史中去看。

丙、景教説

從現存史料看來，世界上最早使用椅子的地方是古代的埃及。埃及古墓壁畫上常常有椅子的描繪，研究埃及的考古學家也發掘了好幾把相當精緻的椅子。椅子從埃及傳到了希臘，又從希臘傳到羅馬。在流佈的過程中，椅子的造型及使用方法發生了一些變化。例如，在古代羅馬的文化中，貴族用餐時不坐椅子，而躺在沙發上吃——用餐時，只有婦女和奴隸才坐椅子。[44] 隨著羅馬帝國的擴展，椅子傳到了君士坦丁堡，即東羅馬帝國拜占庭的首都。拜占庭帝國時代的藝術作品中常出現椅子。

第五世紀的君士坦丁堡是景教的發源地，而在唐太宗貞觀九年（公元635年）時，一批景教的傳教士到達長安，並開始譯經傳教，三年後建寺。當時有二十一位國外來的景教教士。一百多年以後，立於德宗建中二年（公元781年）的「大秦景教流行中國碑」有「法流十道……寺滿百城」之句，說明當時景教

---

42 《資治通鑑》卷二四二〈穆宗長慶二年(822)〉，頁7822，（北京：中華書局，1956；1987重印）。

43 崔詠雪也支持胡三省的說法。《中國家具史》，頁88。

44 Schmitt, *La raison des gestes*, p.68.

的興盛。但到了會昌五年（公元845年）唐武宗下詔拆毀全國的佛寺，同時打擊景教，驅逐二千多名景教教士，中國的景教從此基本上滅絕了。[45] 由此可見，椅子開始在中國流傳的時期，大約也是景教流傳到中國的時期。FitzGerald 認爲這並不是巧合。簡言之，他認爲椅子傳到中國的軌跡是：從埃及到希臘、羅馬及君士坦丁堡，又從君士坦丁堡傳到中國，而在此過程中，景教的傳教士是最重要的媒介。[46]

可惜，這種又神奇又耐人尋味的說法並不是很有說服力。我們仔細探討此說法的可能性時便會發現，沒有任何直接證據可支持椅子源於景教之說。這是說，中國景教的文獻未曾提到椅子，景教的圖像中也沒有椅子。景教說顯然太過牽強。[47] 除了缺乏證據以外，關鍵在於 FitzGerald 把中國椅子的問題當作一個技術或科技的問題來看，以爲一旦有來自國外的人把椅子帶到中國、向當地人展示，漢人就很自然的開始使用椅子了。然而，如上所述，椅子的問題不只是一個技術問題，而是牽涉到禮節的文化問題。正如張載曾說：「古人無椅桌，智非不能及也。聖人之才豈不如今人？但席地則體恭，可以拜伏」。[48]

景教雖曾傳入中國，但畢竟影響力有限。因此，景教能不能改變如坐禮這種基本的風俗習慣是很令人懷疑的。爲了尋找足以改變這種基本習慣的文化勢力，有些學者把注意力轉向佛教。

丁、彌勒說

從第五世紀起，中國的佛教徒開始製造數量龐大的彌勒佛像。龍門、敦煌與雲崗石窟中的佛像，以及獨立的造像中有不少彌勒像。值得我們注意的是，彌勒的特徵之一是他的坐姿。彌勒通常高坐於座位上，垂一足或雙足：有時雙足交叉下垂、有時雙足下垂直堅、有時右足下垂、有時左足下垂等等。[49]

---

45 詳見朱謙之，《中國景教》（北京：東方出版社，1993）。

46 FitzGerald, *Barbarian Beds*, p.33-50.

47 另見 Holzman, "À propos de l'origine de la chaise en chine."

48 張載，〈經學理窟・禮樂〉，收入《張載集》（北京：中華書局，1978），頁265。

49 在這種像中有一些屬於所謂「半跏思惟像」。思惟像的性質較複雜。學者一般認爲這種像通常是彌勒，但有時是釋迦牟尼或其他的菩薩。Junghee Lee 甚至認爲半跏思惟像中沒有一個是彌勒，"The Origins and Development of the Pensive Bodhisattva Images of Asia,"

彌勒的坐姿是否與其來源有關，如今很難查考。關於彌勒的淵源，在二十世紀初葉，學術界曾有過一些爭論。有的學者認爲彌勒起源於祆教中的薩奧希亞那特 (Saoŝyant) 神；有些學者卻認爲他是波斯密特拉神的變形；也有人說彌勒的淵源就在印度的佛教，與其他宗教的神毫無關係。至今彌勒的來源仍然眾說紛紜莫衷一是。[50] 至於彌勒的姿勢，周紹良論及彌勒初入中國時的形象時，曾指出不同的坐姿具有不同的涵意，如雙足下垂是「吉祥坐法」，「意在息災」；雙足下垂直竪是「竪坐」，「是要調伏鬼神，使怨敵皆能回心歡喜」等。[51]

無論如何，遍於中國各地的彌勒像把一種新的坐姿介紹給各個階層的中國人。因此，說椅子與彌勒一起傳到中國，並依賴彌勒信仰的興旺，而動搖傳統家具及坐禮似乎很有說服力。但是，値得注意的是，我們仔細看的時候便發現大部分彌勒像所坐的並不是椅子。從正面看時，很多彌勒像看來是坐於具有靠背的椅子上。這些像位於石窟的時候，我們無法看到靠背的型制，但看獨立造像的時候，我們卻能看到像的背面。此時，我們發現許多從正面看來是具有靠背的椅子，實際上並不是椅子，而是凳子及與凳子不連接的頭光（圖三）。

雲岡第六窟有幾位菩薩似乎坐於椅子上，但我們很難確定坐像後是靠背還是屏風。與此相同，龍門也有幾尊佛像似乎坐椅子，但從它的外型看其後面的紋飾是否靠背很難說。[52] 與此不同，刻於天寶四年（公元745年）的一尊石佛像有

Artibus Asiae 53.3/4 (1993)：311-353。印度美術有類似的問題。垂腳而坐的佛像中有哪些是彌勒，哪些是釋迦牟尼有時很難查考。詳見 M.G. Bourda, "Quelque reflexions sur la pose assise a l'européene dans l'art bouddhique," *Artibus Asiae* 12.4 (1959)：302-313。

50 詳見 Jan Nattier, "The Meanings of the Maitreya Myth: A Typological Analysis," 載於 Alan Sponberg 和 Helen Hardacre 編 *Maitreya, the Future Buddha* (Cambridge: Cambridge University Press, 1988), p.54，及同書所載 Padmanabh S. Jaini, "Stages in the Bodhisattva Career of the Tathāgata Maitreya," p.54。

51 詳見周紹良，〈彌勒信仰在佛教初入中國的階段和其造像意義〉，《世界宗教研究》1990.2：35-39。針對於坐禪的姿勢，中國的僧人也有類似的說法——參見 Carl Bielefeldt, *Dōgen's Manuals of Zen Meditation* (Berkeley: University of California Press, 1988), p.112，注5。

52 參見擂鼓臺中洞正壁、龍華寺洞東壁及惠簡洞正壁。後面的紋飾可能並不代表椅背，因爲印度的佛像中有類似的紋飾，而此紋飾很明顯的不是椅子的靠背。參見 Madeleine Hallade, *Gandharan Art of North India* (New York: Harry N. Abrams Inc., 1969), 圖73。此外，〈竺法蘭傳〉《高僧傳》（卷一，頁323上）載「（蔡）愔又於西域得畫釋迦倚像。是優田王栴檀像師第四作也。既至雒陽明帝即令畫工圖寫。置清涼臺中及顯節陵上。舊像今不復存焉」。如果「倚像」指坐椅子，中國佛教藝術中的椅子可推到很早，但我們不能確定「倚」字是否指這座像是坐椅子。宋代以前垂腳而坐的像幾乎都是彌勒或思惟菩薩。因此，「釋迦倚像」可能指「釋迦涅槃像」，也就是側躺的釋迦像。

很清楚的具有靠背的椅子。[53] 此外，完成於長安五年（公元704年）的七寶臺包括幾尊很明顯坐椅子的彌勒像（圖四）。[54] 七寶臺寺是武則天於長安城建造的，是當時舉世矚目的建築。因此，其中的造像對中國家具史或許有所影響。此外，即使其他垂腳而坐的佛像不是坐椅子，或許中國木匠看到位於高座的彌勒像時，誤認頭光爲靠背，因此開始製造椅子。然而，如此認爲漢人這麼重要的坐具來自佛教的美術似乎很牽強。

彌勒說法牽涉到兩個問題：古代印度有沒有椅子，以及佛教的文獻中有沒有跟椅子有關的記載。在回答這兩個問題時，我們將會找到一個比以上所述的四種推測——即本土說、胡床說、景教說以及彌勒說——更具說服力的說法。

圖三：北魏半跏思惟菩薩像前後

松原三郎，《中國佛教雕刻史研究》（東京：吉川弘文館，1961），頁68。

---

53 參見松原三郎，《中國佛教彫刻史論》，頁723。

54 參見松原三郎，《中國佛教彫刻史論》，頁660-661及 Yen Chuan-Ying, *The Sculpture from the Tower of Seven Jewels: The Style, Patronage and Iconography of the Monument*（哈佛大學博士論文，1986）。此外，崔詠雪認爲敦煌北魏 254 窟的一尊菩薩坐椅子上。參見《中國家具史：坐具篇》，圖四—二九。

圖四：七寶臺的佛像

參見松原三郎，《中國佛教彫刻史論：圖版編三》（東京：吉川弘文館，1995），頁660。

三、古代印度的椅子

以上兩個問題可以很快得到肯定的答案：古印度人的確曾使用椅子，而印度佛教文獻有很多關於椅子的資料。有學者認爲龍門惠簡洞的坐具應該是椅子，並認爲椅背的造型可追溯到印度笈多的佛教美術。[55] 與此相同，雲岡第六窟的坐具及七寶臺中的椅子可溯源到古印度犍陀羅的佛教藝術（圖五）。其實，印度的椅子可追溯到更早。刻於約公元前第二世紀的桑淇和巴呼特的浮雕顯示，當時的印度人已經有坐椅子的習慣。[56] 在桑淇第一號塔的北門我們可以很清楚

---

[55] 参見曾布川寛，〈龍門石窟における唐代造像の研究〉，《東方學報》60 (1988)：287。

[56] 詳見 Asha Vishnu, *Material Life of Northern India (3rd century B.C. to 1st Century B.C.)* (New Delhi: Mittal Publications, 1993), pp.30-32。

的看到一把具有靠背及椅腳的椅子（圖六及圖六・一）。從服裝及姿勢看，椅子上的人應具有較高的社會地位，有人甚至認爲他是著名的帝王阿育。[57] 此外，巴呼特南翼的浮雕也有一位坐在椅子上的人。浮雕的題記指明，此處所描繪的是釋迦牟尼的本生故事，而坐於椅子的人是一名叫摩訶天 (Maghādeva) 的國王，是釋迦牟尼佛的前身。

圖五：犍陀羅的佛像

參見 Harald Ingholt, *Gandhāran Art in Pakistan* (New York: Pantheon Books, 1957)，圖12。

此外，七世紀初葉玄奘去印度時，曾指出當地的高貴人士都使用椅子。他說：

> 至於坐止，咸用繩床。王族大人，士庶豪右，莊飾有殊，規矩無異。君王朝座，彌復高廣。珠璣間錯，謂師子床。敷以細疊，蹈以寶几。凡百庶僚，隨其所好，刻雕異類，瑩飾奇珍。[58]

[57] 參見伊東照司編，《原始佛教美術圖典》（東京：雄山閣出版株式會社，1992），頁227。

[58]《大唐西域記》卷二，收入《大正大藏經》第2087號，冊五一，頁876中。

圖六：桑淇

伊東照司編，《原始佛教美術圖典》，圖32。

圖六・一：巴呼特

伊東照司編，《原始佛教美術圖典》，圖36。

桑淇與巴呼特的浮雕及玄奘的記載都顯示，椅子在印度是權威的象徵。椅子的確在不同的文化中常有此含意。[59] 但除了帝王與富貴人士用椅子之外，佛教文獻顯示，在古代印度的寺廟中，椅子也很普遍。但討論相關資料之前，我們得先釐清「繩床」一詞的實義。

佛教文獻中的「繩床」似乎包含幾種不同的坐具。其中包括有靠背的單人坐具。有的學者認爲「繩床」是胡床的別名，也就是一種可疊起來的小凳，並認爲元代的胡三省說胡床與繩床是兩物是錯的。[60] 但佛教的文獻可證明，胡三省的說法沒有錯：有的繩床完全符合椅子的定義。首先，繩床比胡床大，比胡床穩。據佛教的文獻，當時的僧人使用繩床時，常常是跏趺而坐，如譯於第三世紀末的《尊上經》云：「彼時尊者盧耶強耆晨起而起，出窟已。在露地敷繩床。著尼師檀已，依結加趺坐。」[61] 同樣，譯於東晉隆安二年（公元398年）的《中阿含經》也說：「於繩床上敷尼師檀，結跏趺坐。」[62] 這類例子很多。隋代僧人智顗在論述如何使用繩床坐禪時，曾說坐禪的人應「結跏正坐項脊端直。不動不搖，不萎不倚。以坐自誓，助不拄床」。[63] 所謂「不拄床」應指不要靠椅子的靠背。這些記載正與敦煌第 285 窟中的一個圖像吻合（圖七）。第 285 窟完成於東魏興和元年（公元539年），其壁畫中的僧人正在一把較寬而具有靠背幹的椅子上打坐。同樣，刻於東魏興和四年（公元542年）的一通造像（圖八），也繪有在類似這種椅子上打坐的僧人。

至於當時人爲甚麼把這種坐具叫作「繩床」，大約與其椅板的性質有關。七世紀到過印度的漢僧義淨曾描寫繩床的結構云：「西方僧眾將食之時，必須人人淨洗手足，各各別踞小床。高可七寸，方纔一尺。藤繩織內，腳圓且輕。」[64] 也就是說，有時繩床的椅板是用藤繩制成的。

---

59 Bourda 並指出印度造像中的釋迦牟尼之所以有時坐椅子與其象徵意義有關。“Quelque reflexions sur la pose assise,” pp.307-313。

60 藤田豐八，〈胡床について〉，頁183-185；朱大渭，〈中古漢人由跪坐到垂腳高坐〉，頁106。

61《佛說尊上經》，《大正》第77號，冊一，頁886中。所謂「尼師壇」（梵niṣīdana）是一種用爲坐具的方形布。

62《中阿含經》卷四十三，《大正》第26號，冊一，頁698下。

63《摩訶止觀》卷二，《大正》第1911號，冊四六，頁11中。

64 義淨，《南海寄歸內傳》卷一〈食坐小床〉，《大正》第2125號，冊五四，頁206下。

◀
圖七：敦煌第 285 窟

圖八：東魏興和四年（公元542年）的一通造像

北京圖書館金石組編，《北京圖書館藏中國歷代石刻搨本匯編》（鄭州：中州古籍出版社，1989)，册六，頁89。

除了用於坐禪的繩床以外，中古時期漢譯佛經中有時也提到「木床」，而所謂木床有時也是椅子的一種。僧人對外客介紹寺院時，繩床與木床是寺院中不可不介紹的基本設備，如《四分律》載：「舊比丘聞有客比丘來，應出外迎……應語言：『此是房。此是繩床、木床、褥、枕、氈、被、地敷。此是唾器。此是小便器。此是大便器……』」。[65] 又，《大藏經》中有一百多條有關繩床的記載，其中論到「旋腳繩床」、「直腳繩床」、「曲腳繩床」、「無腳繩床」等各式各樣的坐具。[66] 有的學者認爲「繩床」就是一種椅子，大約類似現在的「禪椅」。[67] 然而，以上最後一個例子應該讓我們有所保留，因爲「無腳繩床」似乎不符合椅子的定義。其實，在這些資料中，「繩床」及「木床」包涵幾種不同的家具，包括臥具及坐具在內。在中國，貞元十三年（公元797年）的《濟瀆廟北海壇祭器碑》在列出祭祀的器皿時有「繩床十，內四倚子」一行，說明「倚子」一詞出現的時候，當時的人認爲它是繩床的一種。[68]

總之，配合文獻與圖像的資料時，我們可以確定，有時「繩床」及「木床」的確指有靠背的單人坐具。在印度，除了帝王與貴族使用椅子以外，椅子也是當時僧人日常生活中的一部分。另外，從律藏中的記載可知，當時的僧眾對於繩床訂定了很多規矩。如《四分律》說，曾有一位叫作迦留陀夷的人在某一條道路的附近「預知世尊必從此道來，即於道中敷高好床座。迦留陀夷遙見世尊來，白佛言：『釋尊，看我床座！』」。接著，佛批評迦陀夷的傲慢，並規定從此以後，僧人「自作繩床、木床，足應高八指截竟。過者波逸提（即輕罪）」。[69] 律藏中有關坐具適當高度的記載很多。[70] 此外，也有一系列的其他禁忌，如律藏宣說僧人不許在繩床上鋪設動物的皮或絲織品。而曾有比丘痛斥願意坐上這種坐具的僧人爲「不知慚愧，無有慈心，斷眾生命」。[71] 當時的僧

---

[65]《四分律》卷四九，《大正》第1428號，册二二，頁931下。

[66]《四分律》卷十二，頁644上。.

[67] 參見黃正建，〈唐代的椅子與繩床〉、Holzman, “À propos de l’origine de la chaise en chine” 及崔詠雪，《中國家具史——坐具篇》，頁88-92。

[68] 收入王昶輯，《金石萃編》（北京：中國書店，1985），卷一〇三，頁11。

[69]《四分律》卷十九，頁693上、中。

[70] 例如《彌沙塞五分戒本》，《大正》第1422號，册二二，頁198中；《四分律》卷二五，頁736中；《十誦律》卷十八，《大正》第1435號，册二三，頁127下等。

[71]《四分律》卷十九，頁693中、卷三九，頁846中；《彌沙塞部和醯五分律》《大正》第1421號，册二二，卷五，頁34下。

人之所以對椅子持這種保留的態度，或許是由於椅子與政權的關係，也就是說，提倡少慾知足的佛僧，連在家具的使用上也要與世俗的象徵系統劃清界線，指明比丘的椅子與高官貴族所享用的高貴豪華的椅子截然不同。

繩床和僧人修行關係最密切的用途，是做爲打坐的工具。繩床很寬，可以「結跏趺」而坐，坐上去涼快、乾淨、並可避免地上的蟲子。《十誦律》有一則故事闡明這點：

> 佛在舍衛國。諸比丘露地敷繩床，結跏趺坐禪。天熱，睡時頭動。有一毒蛇繩床前行，見比丘頭動，蛇作是念：「或欲惱我」，即跳螫比丘額。是比丘故睡不覺，第二螫額亦復不覺，第三螫額，比丘即死。諸比丘食後，彼處經行，見是比丘死，不知云何，是事白佛。佛以是事集比丘僧，集比丘僧已，語諸比丘：「從今繩床腳下，施支令八指」。[72]

後來，在中國也有僧人說坐椅子可以「不收風塵虫鳥壞污」。[73]

總之，文獻及圖像資料顯示，古代印度人有坐椅子的習慣，而這個習慣在佛寺中尤其盛行。此外，據敦煌 285 窟的壁畫及東魏興和四年的造像，可知用於坐禪的繩床從印度傳到中亞，又從中亞傳到中國。[74]

四、中國寺院中的椅子

椅子從印度的寺院傳到中國的寺院，在佛教典籍中有跡可尋。譯於西晉的《尊上經》中已經有繩床一詞，說明當時的僧人即使沒有親眼看到繩床，但至少

72《十誦律》卷三九，頁280中。有關床腳的高度，在上引書中，義淨指出佛陀的指頭比一般人的指頭大三倍。因此，此文中的「八指」相當於現代的24英寸左右。

73〔宋〕元照，《四分律行事鈔資持記》卷中三上，《大正》第1805號，册四十，頁311中。

74 除了敦煌的壁畫以外，探討中國家具史的著作有時提及斯坦因所發掘的一到四世紀的「木椅」。有學者認爲其上所刻的紋飾是蓮花，所以此物應與佛教有關係。（Roger Whitfield 編，《西域美術：スタイン・コレクション》〔東京：講堂社，1984〕，册三，圖60，頁310）。然而，斯坦因所發現的物品是否椅子還值得商榷。此物沒有靠背也沒有扶手，而斯坦因發掘此物時它已經不完整。大英博物館最近的目錄甚至說它不是椅子而是桌子（參見Whitfield，《西域美術：スタイン・コレクション》册三，圖60）。因此我們很難斷定它究竟是椅子還是其他的家具。斯坦因同時發現了一些三到四世紀的「椅腳」，但因爲沒有同時發現靠背或椅板，所以我們很難確定它們到底是否椅腳。有關敦煌的家具參見楊泓，〈敦煌莫高窟與中國古代家具史研究之一〉，載於段文杰編，《1987 敦煌石窟研究國際討論會文集（石窟考古編）》（瀋陽：遼寧美術出版社，1990），頁520-533。

知道印度有此物。此後，譯成漢文的佛書當中亦常見此名。至於中國的僧人甚麼時候開始使用繩床，唐初的高僧道宣的著作中有一則頗有價值的記載。他說：

> 中國（即印度）布薩有說戒堂，至時便赴此；無別所，多在講、食兩堂。理須準承，通皆席地。中國有用繩床。類多以草布地，所以有尼師壇者，皆爲舒於草上。此間古者有床，大夫已上時復施安，降斯已下，亦皆席地。東晉之後，床事始盛。今寺所設，率多床座，亦得雙用。然於本事行時，多有不便。[75]

他的意思是說，當僧團舉行布薩（即說戒懺悔的儀式）時，爲了讓眾僧保持共同的法度（理須準承），一般都使用尼師壇（即方形布），坐於地上。但因爲從晉代以來也有僧人使用椅子（繩床），所以有時僧人同時用尼師壇與繩床，而在「本事行」（即僧人出家之前較複雜的種種儀式），兩種坐法的並用對執行儀式帶來了一些不方便。

道宣認爲在中國的僧人自從東晉以來使用繩床，或許是依據《梁高僧傳》的記載。據《高僧傳》〈佛圖澄傳〉，東晉時代某一個水源枯竭時，佛圖澄「坐繩床，燒安息香，咒願數百言，如此三日，水泫然微流。」[76] 同書〈求那跋摩傳〉記載宋文帝元嘉八年（公元431年）求那跋摩傳死亡的情形時云，「既終之後，即扶坐繩床，顏貌不異，似若入定。」[77]《高僧傳》是在第六世紀初葉編成的，與此同時的一通造像碑上有僧人坐於椅子的圖像（圖九），[78] 這可能是中國圖像中最早的椅子。此後，北周武帝天和元年（公元566年）的造像碑陰面與側面，都有僧人坐椅子的描繪（圖十）。

綜上所述，我們可以確定：在第六世紀初中國已經有僧人使用椅子。此外，我們可以推測：在東晉，甚至更早，椅子大概已出現於中國的寺院中。即使我們以最保守的年代爲標準（即第六世紀初），漢僧使用椅子的證據還是比非佛教的相關資料，要早幾百年。[79]

---

[75] 《四分律刪繁補闕行事鈔》卷上四，《大正》第1804號，冊四十，頁35中。

[76] 慧皎著，《高僧傳》卷九，《大正》第2059號，冊五十，頁384上。

[77] 《高僧傳》卷三，頁341中。

[78] 〈張興碩等造像〉原於民國五年發現於山西芮城縣延慶寺，現藏在 Kansas City 的 Nelson-Atkins Museum。詳見張亙等纂修《芮城縣志》（臺北：成文出版社，1968），卷十三，頁3，及 Laurence Sickman, "A Sixth-Century Buddhist Stele," *Apollo* (March 1973), pp.12-17.

[79] 除了佛教的資料以外，最早提到椅子的記載可能是以上所引貞元十三年（公元797年）的《濟瀆廟北海壇祭器碑》。

圖九：西魏535-540年間造像碑

Kansas City, Nelson-Atkins Museum 所藏。

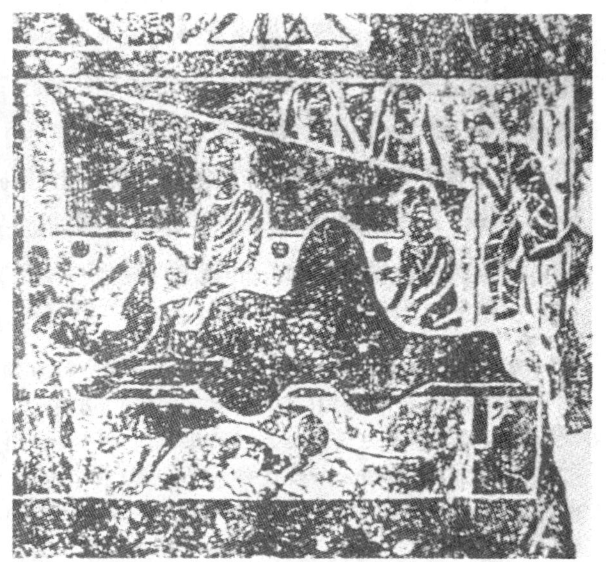

圖十：北周天合元年 (566) 造像

中央研究院歷史語言研究所傅斯年圖書館所藏

就如印度的僧人一樣，中國的僧人使用椅子的最主要目的之一，是爲了禪坐。隋代大師智顗在描述打坐的方法時，曾建議禪者要「居一靜室或空閑地，離諸喧鬧，安一繩床，傍無餘座。九十日爲一期；結跏正坐，項脊端直；不動不搖，不萎不倚。以坐自誓，助不拄床。」[80] 又如智顗的弟子灌頂論及「常坐三昧」時說：「居一靜室，安一繩床，結跏趺坐。端直不動，誓助不著床。」[81] 與此不同，繩床出現於僧人的傳記資料時，坐在其上的僧人通常不是入定，而是「入寂」。如《續高僧傳》〈僧達傳〉云，僧達「一時少覺微疾，端坐繩床，口誦《波若》，形氣調靜，遂終於洪谷山寺。」又如《宋高僧傳》〈辯才傳〉說此僧「十三年冬，現身有疾，至暮冬八日，垂誡門徒已，安坐繩床，默然歸滅。」[82] 禪坐也好，靜然過世也好，以下我們會看到，繩床的形象在僧團以外人士的心目中也含有恬淡無憂的意味。

在唐代的寺院，椅子也有較普通的世俗用途，比如說，僧人吃飯時也用椅子。義淨在其《南海寄歸內法傳》〈食坐小床〉，曾批評當時中國僧人吃飯坐椅子（「小床」）時的姿勢說：

> 即如連坐跏趺，排膝而食。斯非本法，幸可知之。聞夫佛法初來，僧食悉皆踞坐（即垂腳而坐）。至於晉代此事方訛。自茲已後，跏坐而食。然聖教東流，年垂七百，時經十代，代有其人。梵僧既繼踵來儀，漢德乃排肩受業。亦有親行西國，目擊是非。雖還告言，誰能見用？[83]

也就是說，到了唐初，椅子在中國的寺院中已經有幾百年的歷史。而且，在那段歲月中，不斷地有印度比丘來到中國，也有中國的僧人去印度，但（依義淨看來）中國的僧人仍然沒有掌握使用椅子的正確坐姿。不論唐代僧人的姿勢是否「正確」，對我們來說，最主要是義淨前面的那段話，他指出從很早以來，國外的僧人就把印度坐椅子的習慣介紹到中國的寺院。

---

[80]《摩訶止觀》卷二，《大正》第1911號，冊四六，頁11中。另見智顗，《修習止觀坐禪法要》，《大正》第1915號，冊四六，頁456下。

[81]《觀心論書》卷三，《大正》第1921號，冊四六，頁600中。

[82]《續高僧傳》卷十六，第七傳，《大正》第2060號，冊五十，頁553中。《宋高僧傳》卷十六，第一傳，《大正》第2061號，冊五十，頁806上中。

[83]《南海寄歸內法傳》卷一〈食坐小床〉，頁207上。義淨之所以會注意到這個問題是因爲在此之前，在第五世紀初，范泰與祇洹寺的僧侶曾辯論過僧人吃飯時應不應該「踞食」（即垂腳而坐）的問題。詳見僧祐，《弘明集》卷十二，《大正》第2102號，冊五二，頁77中-79中。

五、從寺院到民間

如上所述，椅子是跟隨著佛教從印度傳到中國的寺院。至於椅子從中國的寺院流傳到一般人房屋內的漫長過程中，唐代的朝廷或許扮演了媒介的角色。[84] 據《貞元錄》，出生於南印度摩賴耶國的金剛智準備離開印度去中國時，其國王曰：「『必若去時，差使相送，兼進方物。』遂遣將軍米准那奉《大般若波羅蜜多》梵夾、七寶繩床……諸物香藥等，奉進唐國。」[85] 至開元八年（公元719年）金剛智果然到達了洛陽拜見玄宗，此後受到玄宗的優渥禮遇。若此文可靠，則此是最早記載非僧人擁有椅子的例子。又，以上所提及繪有木椅的天寶年間壁畫的墓主是高元珪，而高元珪是高力士之兄。因此可推論當時的朝廷應該也有人使用椅子。到了第九世紀中葉，又有皇帝使用椅子的例子。日本僧圓仁著《入唐求法巡禮行記》載，武宗「自登位已後（即公元841年以後），好出駕幸。四時八節之外，隔一二日便出。每行送，仰諸寺營辦床席氈毯，花幕結樓，鋪設碗壘臺槃椅子等。一度行送，每寺破除四五百貫錢不了。」[86] 又如上所引《資治通鑑》記唐穆宗（公元821年至824年在位）曾「見群臣於紫宸殿，御大繩床。」由這些蛛絲馬跡看來，椅子可能是從寺院直接傳到唐帝國的最高層，又從宮廷流傳到民間。

不過，唐代的文獻中，有關帝王的資料的比重本來很大，而明載皇帝使用椅子的記載卻又很少。因此，很難證明椅子的流傳與宮廷的日常生活有直接關係。還有一些資料顯示，除了皇帝以外，也有一些唐代士大夫，由於行政上的需要，或個人的興趣到寺院去作客，因而與僧人所用的椅子有接觸。例如，圓仁曾記載，開成三年（公元838年）十一月「十八日相公入來寺裏，禮閣上瑞像，及檢校新作之像。少時，隨軍大夫沈弁走來云：『相公屈和尚。』乍聞供使往登閣上，相公及監軍並州郎中、郎官、判官等皆椅子上吃茶，見僧等來，

[84] Norbert Elias 在其經典之作《文明的進程》中，研究歐洲有關飲食、擤鼻涕及吐痰的規矩的形成，並指出很多所謂文明習慣起源於中古時期各地的朝廷，又從朝廷傳到社會的其他階層，而在此過程中，修士扮演了媒介的角色。詳見 Norbert Elias, *The Civilizing Process* (Oxford: Blackwell, 1994〔即1939年 *Über den Prozess der Zivilisation* 的英譯〕), p.83.

[85]《貞元新定釋教目錄》卷十四，《大正》第2157號，冊五五，頁876上。

[86]《入唐巡禮行記》卷四，頁454。

皆起立，作手立禮，唱：『且坐』。即俱坐椅子，啜茶」。[87] 又如孟郊詩〈教坊歌兒〉「去年西京寺，眾伶集講筵。能嘶『竹枝詞』，供養繩床禪。」[88] 都反映世人如何接觸到僧人的生活習慣。

如上所述，在三朝的《高僧傳》中，繩床往往與高僧恬淡自在的生活連在一起。這種意象對唐代的文人很有吸引力。如孟浩然〈陪李侍御訪聰上人禪居〉詩，「欣逢柏臺友，共謁聰公禪。石室無人到，繩床見虎眠。」[89] 又如白居易〈愛詠詩〉：「辭章諷詠成千首，心行歸依向一乘。坐倚繩床閒自念，前生應是一詩僧。」[90] 大概就是爲了追求這種悠然的理想，有些文人也在家中設置了原爲寺院所有的椅子。如《舊唐書》〈王維傳〉說王維「齋中無所有，唯茶鐺、藥臼、經案、繩床而已。退朝之後，焚香獨坐，以禪誦爲事。妻亡不再娶，三十年孤居一室，屏絕塵累。」[91]

到了五代，椅子與佛教的關係似乎已被遺忘了。在相傳五代作品的〈韓熙載夜宴圖〉一畫中，有椅子，也有僧人，但坐於椅子上的人不是和尚，而是貴族韓熙載（圖十一）。據《五代史補》，韓熙載爲了過舒適的日子，拒絕爲相，南唐後主李煜命令顧閎中畫韓家夜宴，以揭露他放蕩奢侈的生活。[92] 顯然，畫中的椅子顯示當時韓家的富貴，與佛教中恬淡寡欲的形象毫無關係。

南宋人莊季裕甚至認爲只有僧人保留了古人的坐法。他說「古人坐席，故以伸足爲箕倨。今世坐榻，乃以垂足爲禮。蓋相反矣。蓋在唐朝猶未若此……唐世尙有坐席之遺風。今僧徒猶爲古耳。」[93] 總之，到了宋代，椅子已經是一種日常家具。雖然寺院中的僧人在他們的日常生活中仍使用椅子，但寺院以外的人已不再把椅子與佛教連在一起。

---

[87]《入唐巡禮行記》卷一，頁68。

[88]《全唐詩》（北京：中華書局，1960），卷三七四，頁4200。與此相同，有學者認爲某些在寺院用爲待客的食品也是如此從寺院傳到民間。

[89]《全唐詩》卷一六〇，頁1647。

[90]《全唐詩》卷四四八，頁5010。唐詩中，提到繩床的例子有數十首，在此不贅述。

[91]《舊唐書》（北京：中華書局，1987），卷一九〇下，頁5052。

[92]〔宋〕陶岳，《五代史補》卷五，頁15，《景印文淵閣四庫全書》冊四〇七。

[93]《雞肋編》卷下，頁54，《景印文淵閣四庫全書》冊一〇三九。

圖十一：韓熙載夜晏圖
北京故宮博物院所藏

六、結論

總結以上的討論，可知約在第三到第四世紀，跟隨著印度寺院中的習慣，中國的僧人開始使用椅子；在盛唐到晚唐時期，有一部分居士以及與佛教有接觸的人也開始使用椅子；到了五代、宋初，椅子開始普遍流行於中國的家庭內。椅子的歷程可視爲佛教影響中國社會的範例，說明了傳到中國的佛教不僅僅是一種單純的信仰系統，而且同時包含了許多我們平時想不到的因素。換言之，在佛教傳入中國的漫長過程中，除了教理及儀式以外，佛教也帶來了各式各類的器物及生活習俗。

本文的討論雖可以告訴我們椅子如何在中國出現、流傳，但並不能解釋爲甚麼椅子成爲中國文化日常生活的組成部分。我們只要看一下日本的室內就會體會到這點。正如漢僧一樣，日本的僧人也讀過提及繩床的律典，也看過玄奘與義淨對於印度寺院的描寫。圓仁的日記顯示，日本的中國留學僧也注意到中國寺院中的椅子。而從日本中古時期的繪畫及正倉院的藏品中，可知當時日本僧人的確曾把一些椅子從中國帶回日本去。然而，椅子在日本始終未及在中國興盛。在近代西方的影響下，日本開始大量地引進及生產椅子，但即使現在，典型的日本家庭仍然以席子爲主，而不是以椅子爲主。[94]

由此看來，從席子搬上椅子並不是人類文明的必然趨勢。說椅子的出現推廣了衛生習慣，並「對中華民族身體素質提高或許有益」、是「古代文明的一種進步」、是「向純理性方向的發展」[95] 恐怕都不能成立。鋪席子的家庭往往講究乾淨，而屬於席地而坐的文明（日本、韓國、波斯等）通常覺得席地坐比坐椅子舒適。這種問題與兵器及一些其他科技的流傳不同：國家爲了自保會學習敵人的優勢兵器；[96] 近代，眼鏡從西方傳到中國而很快被廣泛使用，也不出人意外。[97] 但用不用椅子，與一個文化的生存沒有直接的關係；用椅子是否比席地而坐方便也很難說。由此可知，由席子搬到椅子的轉變，是基於一些相當主觀的文化因素，而與較客觀的科技及衛生等因素似乎無關。

至於中國人之所以改用椅子的原因，我在前面提到了幾個可能，如彌勒像的普及、椅子在寺院中的使用、非僧人與寺院生活的接觸、以及椅子與悠然平靜的人生態度的關聯。不過，雖然這些因素也同樣曾存在於日本和韓國，但他們

---

94 布勞代爾在其《日常生活的結構：第十五到第十八世紀的文明與資本主義》一書中曾說中國的文明是唯一使用「雙層家具」的文明，這是指中國人有時垂著腳坐於椅子上，有時盤著腿坐於炕上。其實，印度及當代的日本更符合「雙層家具」之稱。更有趣的是，在論述中國人從席地而坐到坐椅子的轉變以後，布勞代爾提到「傳統的文明不肯脫離其原有家飾」的「原則」。他接著說十五世紀的中國家庭與十八世紀的中國家庭毫無差別。這似乎是說，清代的中國文化是「傳統的」（即不變的），而唐宋的文化不是。明清的家具是否如布勞代爾所講的那麼靜態值得商榷，但不可否認的是唐宋文明經過坐禮及家具如此大的變化，的確顯示出當時社會的活力。詳見 Fernand Braudel, *The Structures of Everyday Life: Civilization & Capitalism 15th-18th Century*, (New York: Harper & Row, 1981), vol.I, pp.285-290.

95 前兩個引文來自於朱大渭，〈中古漢人由跪坐到垂腳高坐〉，頁111。後者來自於崔詠雪，《中國家具史》，頁68。

96 有關兵器流傳的研究很多。Albert E. Dien 對於馬鐙的研究是一個很好的例範。見 "The Stirrup and Its Effect on Chinese Military History," *Ars Orientalis* 16 (1986)：33-56。布勞代爾對於科技史的看法也很值得參考。Braudel, *Structures of Everyday Life*, p.290.

97 參見孫機，〈我國早期的眼鏡〉，收入孫機、楊泓著，《文物叢談》（北京：文物出版社，1991），頁203-207。

並沒有廣泛地接受椅子。[98] 顯然，椅子的歷史相當複雜，仍有許多待闡明之處。然而，我希望這篇論文說明了一個較小而仍然重要的現象：在中國人從低型家具發展到高型家具的過程中椅子扮演了一個重要的角色，而在中國人接受使用椅子的過程中，佛教是關鍵因素之一。

（本文於一九九八年七月二日通過刊登）

[98] 詳見 Sarah Handler, "The Korean and Chinese Furniture Tradition," *Journal of the Classical Chinese Furniture Society*, 4.4 (Autumn 1994)：45-57。

引用書目

說明：《大正》指高楠順次郎等編，《大正新修大藏經》（東京：大正一切經刊行會，1924-1932）。

一、傳統文獻

《十誦律》，《大正》第1435號，冊二三。

《中阿含經》，《大正》第26號，冊一。

《四分律》，《大正》第1428號，冊二二。

《佛說尊上經》，《大正》第77號，冊一。

《彌沙塞五分戒本》，《大正》第1422號，冊二二。

《彌沙塞部和醯五分律》，《大正》第1421號，冊二二。

《濟瀆廟北海壇祭器碑》，收入王昶輯，《金石萃編》卷一〇三，北京：中國書店，1985。

王圻，《三才圖會》（據萬曆三十四年本），臺北：成文出版社，1970。

王鳴盛，《十七史商榷》，臺北：廣文書局，1960。

王昶輯，《金石萃編》，北京：中國書店，1985。

王讜，《唐語林》，周勛初校證《唐語林校證》，北京：中華書局，1987。

元照，《四分律行事鈔資持記》，《大藏經》第1805號，冊四〇。

玄奘，《大唐西域記》，《大正》第2087號，冊五一。

司馬光，《資治通鑑》，北京：中華書局，1956；1987重印。

司馬遷，《史記》，北京：中華書局，1985。

朱熹，《家禮》，《景印文淵閣四庫全書》冊一四二，臺北：臺灣商務印書館，1983。

朱熹，〈跪坐拜說〉，《晦庵先生朱文公文集》卷六八，收入《四部叢刊初編》集部，冊一三七，上海：上海印書館，1919。

呂不韋，《呂氏春秋》，《四部叢刊初編》子部，冊六五，上海：上海印書館，1919。

李昉等編，《太平御覽》，《四部叢刊三編》子部，冊三四，上海：商務印書館，1935。

俞樾，《茶香室三鈔》，收入《筆記小說大觀續編》冊七，臺北：新興書局，1960。

班固，《漢書》，北京：中華書局，1962。

陶岳，《五代史補》，收入《景印文淵閣四庫全書》冊四〇七。

陸游，《老學庵筆記》，收入《陸放翁全集》，臺北：世界書局，1961。
張亙等纂修，《芮城縣志》，臺北：成文出版社，1968。
張載，〈經學理窟・禮樂〉，收入《張載集》，北京：中華書局，1978。
張端義，《貴耳集》，《叢書集成初編》冊二七八三，北京：中華書局，1985。
曹寅等編，《全唐詩》，北京：中華書局，1960。
范曄，《後漢書》，北京：中華書局，1965。
程大昌，〈胡床〉，《演繁露》，收入《景印文淵閣四庫全書》冊八五二。
黃廷鑑，《第六絃溪文鈔》，收入《叢書集成初編》冊二四六一，北京：中華書局，1985。
黃朝英，《靖康緗素雜記》，《景印文淵閣四庫全書》冊八五〇，臺北：臺灣商務印書館，1983。
智顗，《修習止觀坐禪法要》，《大藏經》第1915號，冊四六。
智顗，《摩訶止觀》，《大正》第1911號，冊四六。
圓仁，《入唐巡禮行記》，白化文等編，《入唐巡禮行記校註》，石家莊：花山文藝出版社，1992。
圓照，《貞元新定釋教目錄》，《大藏經》第2157號，冊五五。
道宣，《四分律刪繁補闕行事鈔》，《大藏經》第1804號，冊四〇。
道宣，《續高僧傳》，《大藏經》第2060號，冊五〇。
義淨，《南海寄歸內傳》，《大正》第2125號，冊五四。
莊綽，《雞肋編》，《景印文淵閣四庫全書》冊一〇三九。
僧祐，《弘明集》，《大藏經》第2102號，冊五二。
趙翼，〈高坐緣起〉，收入《陔餘叢考》，上海：商務印書館，1957，頁661-662。
慧皎，《高僧傳》，《大藏經》第2059號，冊五〇。
劉昫等，《舊唐書》，北京：中華書局，1987。
歐陽修，〈歸田錄〉，收入《歐陽文忠全集》卷一二七，收入《四部備要》，上海：中華書局，1936。
戴孚、方詩銘輯校，《廣異記》，《冥報記・廣異記》，北京：中華書局，1992。
贊寧，《宋高僧傳》，《大藏經》第2061號，冊五〇。
灌頂，《觀心論書》，《大藏經》第1921號，冊四六。
蘇軾，〈四十策〉，《東坡文集》卷二二，收入《東坡七集》，臺北：臺灣中華書局，1970。

二、近人論著

中國社會科學院語言研究所詞典編輯室編
1985 《現代漢語詞典》，北京：商務印書館。

北京圖書館金石組編

1989 《北京圖書館藏中國歷代石刻搨本匯編》冊六，鄭州：中州古籍出版社。

朱大渭

1994 〈中古漢人由跪坐到垂腳高坐〉，《中國史研究》1994.4：102-114。

朱謙之

1993 《中國景教》，北京：東方出版社。

伊東照司編

1992 《原始佛教美術圖典》，東京：雄山閣出版株式會社。

李濟

1954 〈跪坐蹲居與箕踞〉，《國立中央研究院歷史語言研究所集刊》24。

吳美鳳

1996 〈宋明時期家具形制之研究〉，中國文化大學藝術研究所美術組碩士論文，臺北：中國文化大學。

1998 〈坐椅繩床閑自念——從明式家具看坐具之演變〉，《歷史文物》8.2。

余英時

1982 〈說鴻門宴的坐次〉，收入《史學與傳統》，臺北：時報文化出版公司。

余雲華

1993 《拱手、鞠躬、跪拜——中國傳統交際禮儀》，成都：四川人民出版社。

周紹良

1990 〈彌勒信仰在佛教初入中國的階段和其造像意義〉，《世界宗教研究》1990.2。

長廣敏雄

1969 《六朝時代美術の研究》，東京：美術出版社。

尙秉和

1985 《歷代社會風俗事物考》，臺北：臺灣商務印書館。

季羨林

1997 《文化交流的軌跡：中華蔗糖史》，北京：經濟日報出版社。

易水

1982 〈漫談胡床〉，《文物》1982.10。

松原三郎

1961 《中國佛教雕刻史研究》，東京：吉川弘文館。

1995 《中國佛教彫刻史論：圖版編三》，東京：吉川弘文館。

胡德生

1996 〈古代的椅和凳〉，《故宮博物院院刊》1996.3。

陝西省博物館，文館會

1974 〈唐李壽墓發掘簡報〉、〈唐李壽墓壁畫試探〉，《文物》1974.9。

崔詠雪

1994 《中國家具史——坐具篇》，臺北：明文書局。

陳椽

1984 《茶葉通史》，北京：農業出版社。

陳偉明

1993 《唐宋飲食文化初探》，北京：中國商業出版社。

陳增弼

1979 〈漢、魏、晉獨坐式小榻初論〉，《文物》1979.9。

黃正建

1990 〈唐代的椅子與繩床〉，《文物》1990.7。

雲夢睡虎地秦墓編寫組編

1981 《雲夢睡虎地秦墓》，北京：文物出版社。

賀梓城

1959 〈唐墓壁畫〉，《文物》1959.8。

曾布川寬

1988 〈龍門石窟における唐代造像の研究〉，《東方學報》60。

孫機

1991 《漢代物質文化資料圖說》，北京：文物出版社。

1991 〈我國早期的眼鏡〉收入孫機、楊泓著，《文物叢談》，北京：文物出版社。

1996 〈唐李壽石槨線刻《侍女圖》、《樂舞圖》散記〉，《文物》1996.5。

楊泓

1990 〈敦煌莫高窟與中國古代家具史研究之一〉，載於段文杰編，《1987敦煌石窟研究國際討論會文集（石窟考古編）》，瀋陽：遼寧美術出版社，頁520-533。

漢語大詞典編纂處

1991 《漢語大詞典》，上海：上海辭書出版社。

磁縣文化館

1977 〈河北磁縣東陳村東魏墓〉，《考古》1977.6。

劉桓

1989 〈卜辭拜禮試析〉，載於《殷契新釋》，河北：河北教育出版社。

藤田豐八

1934 〈胡床について〉，載於其《東西交涉史の研究》，東京：岡書院，頁 143-185。

Bourda, M.G.

1959 "Quelque reflexions sur la pose assise a l'européene dans l'art bouddhique," *Artibus Asiae* 12.4：302-313。

Braudel, Fernand

1981 *The Structures of Everyday Life: Civilization & Capitalism 15th-18th Century*, New York: Harper & Row.

Cahill, James

1980 *An Index of Early Chinese Painters and Paintings: T'ang, Sung, and Yüan*, Berkeley: University of California Press.

Chavannes, Edouard

1913-15 *Mission archéologique dans la Chine septentrionale*, Paris: E. Leroux.

Clunas, Craig

1988 *Chinese Furniture*, London: Bamboo Publishing Ltd.

Daniels, Christian

1995 *Science and Civilisation in China, v. 6 Biology and Biological Technology pt. 3 Agro-industries and Forestry*, Cambridge : Cambridge University Press.

Dien, Albert E.

1986 "The Stirrup and Its Effect on Chinese Military History," *Ars Orientalis* 16: 33-56.

Elias, Norbert

1994 *The Civilizing Process,* Oxford: Blackwell.

FitzGerald, C.P.

1965 *Barbarian Beds: The Origin of the Chair in China*, London: The Cresset Press.

Hallade, Madeleine

1969 *Gandharan Art of North India*, New York: Harry N. Abrams Inc.

Handler, Sarah

1991 "The Revolution in Chinese Furniture: Moving from Mat to Chair," *Asian Art* 4.3 (Summer 1991)：9-33。

1994 "The Korean and Chinese Furniture Tradition," *Journal of the Classical Chinese Furniture Society*, 4.4 (Autumn 1994)：45-57。

Harper, Donald

1985 "A Chinese Demonography of the Third Century B.C.," *Harvard Journal of Asiatic Studies* 45.2: 459-498.

Holzman, Donald

1967 "À propos de l'origine de la chaise en chine," *T'oung Pao* 53：279-292.

Ingholt, Harald

1957 *Gandhāran Art in Pakistan,* New York: Pantheon Books.

Jaini, Padmanabh S.

1988 "Stages in the Bodhisattva Career of the Tathāgata Maitreya," in Alan Sponberg, Helen Hardacre ed. *Maitreya, the Future Buddha*, Cambridge: Cambridge University Press, pp. 54-90.

Lee, Junghee

1993 "The Origins and Development of the Pensive Bodhisattva Images of Asia," *Artibus Asiae* 53.3/4：311-353。

Liu, Lydia H.

1995 *Translingual Practices: Literature, National Culture, and Translated Modernity—China, 1900-1937*, Stanford: Stanford University Press.

Nattier, Jan

1988 "The Meanings of the Maitreya Myth: A Typological Analysis," in Alan Sponberg, Helen Hardacre ed., *Maitreya, the Future Buddha,* Cambridge: Cambridge University Press, pp. 23-50.

Schmitt, Jean-Claude

1960 *La raison des gestes dans l'Occident médiéval*, Paris: Gallimard.

Sickman, Laurence

1973 "A Sixth-Century Buddhist Stele," *Apollo* (March 1973): 12-17.

Vishnu, Asha

1993 *Material Life of Northern India (3rd century B.C. to 1st Century B.C.)*, New Delhi: Mittal Publications.

Wanscher, Ole

1980 *Sella Curulis: The Folding Stool, an Ancient Symbol of Dignity*, Copenhagen, 1980.

Whitfield, Roger

1984 《西域美術：スタイン・コレクション》，東京：講堂社。

Wu, Tung

1993 "From Imported 'Nomadic Seat' to Chinese Folding Armchair," *Journal of the Classical Chinese Furniture Society* 3.2 (Spring 1993)：38-47，（原載於 *Boston Museum Bulletin* 71〔1973〕）。

Yen, Chuan-Ying

1986 The Sculpture from the Tower of Seven Jewels: The Style, Patronage and Iconography of the Monument, Ph.D. Dissertation, Harvard University.

Buddhism and the History of the Chair

John Kieschnick

Institute of History and Philology, Academia Sinica

Up to the Tang, Chinese for the most part sat on the ground, on mats. Through the Han, while various sorts of low couches and platforms came into use, chairs were unheard of. In the Tang all of this began to change. We have a few scattered references to chairs in the Tang, as well as a representation of a figure seated in a chair in an early Tang tomb mural. More evidence appears in the late Tang and Five Dynasties period. By the Southern Song, use of the chair had spread throughout Chinese society, and has continued to maintain its position as a basic element in Chinese interiors ever since. Already in the Song, thoughtful writers contemplated the origins of the Chinese chair, and modern scholars have proposed a number of theories for the chair's origins as well.

In this article, I begin by tracing the rise of the chair in China, and recounting the various proposals for its origin. Next, based on evidence in the Buddhist canon, murals, stelae, poetry and travelogues, I argue that the chair was first brought to China by monks as a form of monastic furniture, and eventually spread from monasteries to the rest of Chinese society. In my conclusion, I reflect on the significance of these findings for our understanding of the impact of Buddhism on Chinese culture.

Keywords: Buddhism, furniture, chair, material culture, daily life

論司馬遷所了解之老子

王叔岷*

此論之主旨，在據《史記・老子韓非列傳贊》所稱「老子深遠」一語，論證司馬遷所了解之老子如何。先據《莊子・天下篇》論述老、莊之道術作一比較，證明老子道術雖秉要持權，而偏重人事。莊子則由明人事而超人事，實較老子深遠。進而推論司馬遷所以獨贊「老子深遠」之故，或由於漢初風尚尊崇黄、老；或由於當時莊子道術尚未特受尊重；或由於司馬遷所見《莊子》與今傳《莊子》純雜不一。更進而論司馬遷雖贊「老子深遠」，然於《史記・貨殖列傳》引老子「至治之極，民至老死不相往來」之言，而不以爲然。蓋由於司馬遷贊老子而不執著於老子之言，此正了解老子之深遠者也。

* 中央研究院歷史語言研究所

一、引言

《史記・太史公自序》云:「李耳無爲自化,清靜自正。韓非揣事情,循埶理,作〈老子韓非列傳〉。」〈傳〉中以莊子附老子,申不害附韓非。蓋明老子重於莊子,韓非重於申不害也。明凌稚隆《史記評林》將〈傳〉名改作〈老莊申韓列傳〉,清《殿本》從之。則莊與老平列,申與韓平列,恐非司馬遷之意也。此四子中,司馬遷特尊崇老子,太史公曰:「老子所貴道,虛無因應,變化於無爲,故著書辭,稱微妙難識。莊子散道德放論,要亦歸之自然。申子卑卑,施之於名實。韓子引繩墨,切事情,明是非,其極慘礉少恩,皆原於道德之意。而老子深遠矣。」謂「老子深遠,」蓋概括莊子、申不害、韓非言之。惟法家爲法,明白易知,謂老子深遠於申、韓,固無可疑。謂老子深遠於空靈超脫,無跡可尋之莊子,殊難據信。司馬遷何以贊「老子深遠」?其所了解之老子何如?玆試論之。

二、莊子深遠於老子

《莊子・天下篇》論古今道術淵源流別,以莊子繼老子後。論述老子道術云:

> 人皆取先,己獨取後,曰受天下之垢。人皆取實,己獨取虛,無藏也而有餘,巋然而有餘。其行身也,徐而不費,無爲也而笑巧。人皆求福,己獨曲全,曰苟免於咎。以深爲根,以約爲紀,曰堅則毀矣,銳則挫矣。常寬容於物,不削於人,可謂至極。

所論述乃如何秉要持權,以應人事之變。言雖微妙,未超越人事。稱老子之道術,「可謂至極。」與史公稱「老子深遠」之意頗符。然「可謂至極」句,非此文之舊也。日本高山寺舊鈔卷子本《莊子・天下篇》「可謂至極」,作「雖未至於極」。宋陳碧虛《南華真經闕誤》引江南李氏本、文如海本「可謂」亦並作「雖未」,極是!蓋老子之道術與莊子之道術比而觀之,老子尚未達於至極,莊子由人事而歸於天道,實更空靈超脫,較老子深遠也。〈天下篇〉論述莊子之道術云:

獨與天地精神往來，而不敖倪於萬物，不譴是非，以與世俗處。其書雖瓌瑋，而連犿無傷也。其辭雖參差，而諔詭可觀。彼其充實不可以已，上與造物者遊，而下與外死生無終始者爲友。其於本也，弘大而闢，深閎而肆。其於宗也，可謂調適而上遂矣。雖然，其應於化而解於物也，其理不竭，其來不蛻，芒乎昧乎，未之盡者。

所述莊子，論人事而超人事，大不可極，深不可測，芒芒昧昧，未可窮極，實較老子深遠，老子道術，未可稱爲至極也。史公之所以特稱「老子深遠，」蓋亦有故，次節探論之。

三、史公贊老子深遠

史公所以贊「老子深遠」，（一）或由於漢初風尙尊崇黃、老；（二）或由於當時莊子道術尙未特受尊重；（三）或由於史公所見《莊子》與今傳《莊子》純雜不一。玆分別論之。

（一）由於漢初風尙尊崇黃、老

戰國七雄，統於秦之暴政，繼以楚、漢相爭，大亂之後，人民須得休息，故漢初政治，重在黃、老淸靜無爲。《史記・曹相國世家》稱曹參「其治要用黃、老術。」〈汲黯列傳〉稱「黯學黃帝、老子言，治官理民好淸靜。」史公思想言論亦受黃、老影響。《漢書・司馬遷傳》謂遷「論大道則先黃、老而後六經。」《後漢書・班彪傳》載彪〈後傳略論〉，亦謂遷「論術學則崇黃、老而薄五經。」遷是否薄五經或六經，當別具論。惟其〈老子傳〉特稱「老子深遠」，蓋可信也。《老子》六十五章：「玄德深矣遠矣。」（漢初帛書甲、乙本《老子》並同。）史公「深遠」一詞，蓋亦本於《老子》也。

（二）由於當時莊子道術尙未特受尊重

莊子道術，戰國時見惡於荀卿。《史記・荀卿列傳》謂「荀卿嫉……莊周等滑稽亂俗。」韓非雖引莊子之文，僅稱莊子爲宋人，而不稱其名。《韓非子・難三篇》：「宋人語曰：一雀過羿，羿必得之，則羿誣矣。以天下爲之羅，則雀不失矣。」此《莊子·庚桑楚篇》之文也。《呂氏春秋》用《莊子》之文已多，但亦不稱莊子之名。至西漢《淮南子》中引用《老子》至多，皆直稱「老子曰」。用《莊子》之文亦甚多，僅稱「莊子曰」一次。〈道應篇〉引「莊子曰：小年不及大年，小知不及大知。朝秀不知晦朔，蟪蛄不知春秋。」此《莊子·逍遙遊篇》之文也。可證西漢初《莊子》雖已通行，而尚未特受尊重與《老子》相比，此亦史公所以贊「老子深遠」之故與？

（三）由於史公所見《莊子》與今傳《莊子》純雜不一

《史記·莊子傳》稱莊子「著書十餘萬言。」《莊子》原爲若干篇已不可知。《漢書·藝文志》及《呂氏春秋·必己篇》高誘〈注〉，並稱《莊子》五十二篇。史公所見《莊子》或亦五十二篇本。唐陸德明《釋文敘錄》稱晉司馬彪、孟氏所注《莊子》亦五十二篇，惜已失傳。今傳《莊子》三十三篇，內篇七，外篇十五，雜篇十一，不足七萬字，乃晉郭象所刪定之本。日本高山寺舊鈔卷子本《莊子》存〈庚桑〉、〈外物〉、〈寓言〉、〈讓王〉、〈說釰〉、〈漁父〉、〈天下〉，凡七卷，乃郭象〈注〉本。〈天下篇〉末載郭象〈後語〉云：

> 莊子閎才命世，誠多英文偉詞，正言若反。故一曲之士不能暢其弘旨，而妄竄奇說。若〈閼奕〉、〈意脩〉之首，〈危言〉、〈遊鳧〉、〈子胥〉之篇，凡諸巧雜，若此之類，十分有三。……而参之高韻，龍蛇並御。且辝氣鄙背，竟無深澳，而徒難知，以困後蒙，令沈滯失乎流。豈求莊子之意哉！故皆略而不存。（原文有脫誤，略加補訂。）

竊疑史公所見《莊子》，即此巧雜十分有三之類，亦即漢人五十二篇本之類，龍蛇並御，辝氣鄙背，不能與《老子》相比，而獨稱「老子深遠」矣。

四、史公不執著於老子之言

老子之言涵義深遠，則讀《老子》書不可執著。史公雖贊「老子深遠」，而能不執著於老子之言者也。如《史記·貨殖列傳》：

老子曰：「至治之極，鄰國相望，雞狗之聲相聞。民各甘其食，美其服，安其居，樂其業，至老死不相往來。」必用此爲務輓近世，塗民耳目，則幾無行矣。

所引老子首句「至治之極」，漢初帛書甲本《老子》作「小邦寡民」。乙本作「小國寡民」，避劉邦諱，以國代邦，今傳各本從之。《莊子・胠篋篇》：

子獨不知至德之世乎？……民結繩而用之，甘其食，美其服，樂其俗，安其居，鄰國相望，雞狗之音相聞，民至老死而不相往來。若此之時，則至治已。

雖未明引《老子》，實淵源於《老子》。史公引《老子》首句作「至治之極」。蓋兼本《莊子》此文末句「若此之時，則至治矣。」言之。史公之意，蓋謂老子所言，乃至治之極之時，民無欲無求，而各自足。如用此爲務於輓近世，民不相往來，則是塗塞民之耳目，幾乎不可行矣。此史公善讀《老子》而不執著於老子之言，非與其所稱「老子深遠」之意牴牾也。

五、結語

《老子》五十一章：「道之尊，德之貴，夫莫之命，而常自然。」（帛書乙本《老子》貴作爵，義同。甲本作肘，乃爵之省。）《史記・莊子傳》謂「莊子散道德放論，要亦歸之自然。」「散道德放論，」則易失自然，散道德放論而歸於自然，則不失老子自然之旨，此史公最了解莊子處。惟漢時所傳《莊子》五十二篇。其中蓋不乏竄入如郭象所謂巧雜之說，不能與《老子》之文精純而義深遠可比，故史公獨贊「老子深遠。」如《淮南子》中用《莊子》巧雜之逸文即不少。《御覽》三引《莊子》逸文：「陽燧見日則燃爲火。」《淮南子・天文篇》亦云：「陽燧見日則燃而爲火。」宋吳淑《事類賦・注》引《莊子》逸文：「老槐生火，久血爲燐，人弗怪也。」《淮南子・氾論篇》亦云：「老槐生火，久血爲燐，人弗怪也。」《藝文類聚》八八引《莊子》逸文：「槐之生也，入季春五日而兔目，十日而鼠耳，更旬而始規，二旬而葉成。」（末二句據宋王應麟《困學紀聞》十所引補。）《御覽》九五四引《淮南子》亦云：「槐之生也，入季春五日而兔目，十日而鼠耳，更旬而始規，二旬而葉成。」此又今本《淮南子》已逸之文。此類最明顯本於《莊子》巧雜之文，史公當亦見及，爲郭象所刪略者。

近人論《莊子》，僅知據郭象刪定之三十三篇本爲說，以爲即《莊子》之本來面目，不知郭氏已刪去十之三巧雜部分，則對史公所稱「老子深遠」，恐難得正確之解答矣。

一九九七年十二月廿三日於傅斯年先生圖書館二樓研究室

出自第七十本第一分(一九九九年三月)

明堂與陰陽——以《五十二病方》「灸其泰陰泰陽」為例

李建民*

這篇文章旨在討論中國方技學的腧穴與陰陽兩個觀念。腧穴在醫書曾有「明堂」之稱。筆者藉「明堂」一詞來說明產生中國醫學的數術性風土。「數術」之學是傳統中國關於天道或宇宙的知識體系。或者說，它是中國人的傳統宇宙觀以及以此宇宙觀爲基礎的預測學。「明堂」與「陰陽」是數術之學所派生的兩個概念。全文分爲兩大部分：第一、自馬王堆脈書出土以來，這批新資料清楚的描述十一條脈的循行路線，卻沒有記載一個腧穴名。因而有「先經後穴」的新說出現。筆者以解讀《五十二病方》「灸其泰陰、泰陽」爲例，指出太陰、太陽是人體的腧穴名，不是脈名。它們位於人的手足腕踝附近，與經脈一樣，亦以三陰三陽命名。根據現存的醫學文獻，一共有十二個以陰陽命名的腧穴。其次，以陰陽命名的腧穴意義爲何？按方術家所言「陰陽」，其意殆側重二方面：(1) 陰陽爲天文星曆之學的專稱；(2) 陰陽是古代方術家切割「時位」（時間與方位）的一套思維方式，藉以表達不同時間氣的變化與盛衰。要言之，十二陰陽穴是按「時令—三陰三陽—腧穴」的數術圖式構思而成的。筆者將這樣的身體觀稱之爲「數術的身體觀」。換言之，人的身體具有宇宙性格。古代經脈腧穴之學稱爲「明堂」。「明堂」是王者佈政之所、是人的軀體、也是腧穴。凡此，皆是大宇宙的複製與縮影。方技學往往著墨於局部與整體、周期與循環等理論，無疑是在「明堂」這種特殊風土所產生的。

關鍵詞：《五十二病方》 明堂 三陰三陽 十二陰陽穴 方技史

* 中央研究院歷史語言研究所

一、問題意識——中國醫學的數術風土

這篇文章旨在討論中國方技學[1]的腧穴與陰陽兩個觀念。腧穴的「腧」，義與「輸」通。有轉輸、灌注之意。其在醫書又稱作「節」、「會」、「氣穴」、「氣府」、「骨空」、「孔穴」、「穴道」、「穴位」等。[2] 其爲經氣輸注之處，同時也是邪氣入侵之門戶。腧穴之學又曾有「明堂」之稱。例如，與月令有關的針灸書有《明堂蝦蟆圖》。[3] 中國首部腧穴專著稱爲《黃帝明堂經》。謝利

---

[1] 方技，按照《漢書・藝文志》的分類，有醫經、經方、房中與神仙四支。貝塚茂樹以爲上述方技四支即是「醫學」。山田慶兒也說「對於古代人來說，這四個領域的全體就是醫學」。以上參見貝塚茂樹，〈中國における古典の運命〉，收入氏著，《古代中國の精神》（東京：筑摩書房，1985年版），頁185；山田慶兒，〈中醫學的歷史與理論〉，收入氏著，《古代東亞哲學與科技文化》（瀋陽：遼寧教育出版社，1996），頁258-259。而《漢志》對方技的分類，《七錄》將醫經、醫方收入「術技錄」，與天文、曆算、五行、卜筮、雜占、形法並列；而神仙、房中則收入「仙道錄」，與經戒、符圖同科也。筆者以爲：方技的內容不僅是「醫學」，還包括技巧繁複的養生技術；而神仙、房中二支更與當時宗教有不解之緣。在學術分科則近於數術，兩者合稱「方術」。相關研究可參見酒井忠夫，〈方術と道術〉，收入東京教育大學東洋史學研究室編，《東洋史學論集》（東京：清水書院，1953），頁49-59；鎌田重雄，〈方士と尚方〉，收入氏著，《史論史話・第二》（東京：新生社，1967），頁46-69。中村璋八，〈中國思想史上における術數〉，《東洋の思想と宗教》14(1997)：1-20。夏曾佑，〈儒家與方士之糅和〉、〈黃老之疑義〉、〈儒家與方士分離即道教之原始〉等，要言不煩，可以參考。見氏著，《中國古代史》（臺北：臺灣商務印書館，1963），頁334-343。最新的研究如李零，《中國方術考》（北京：人民中國出版社，1993），頁281-434。英文著作方面初步可以參見 Kenneth J. DeWoskin, *Doctors, Diviners, and Magicians of Ancient China: Biographies of Fang-shih* (New York: Columbia University Press, 1983).

[2] 腧穴一般性的通論可參見楊甲三主編，《腧穴學》（上海：上海科學技術出版社，1984）；康鎖彬主編，《經脈腧穴學》（石家莊：河北科學技術出版社，1995）。

[3] 靳士英指出，「明堂」在針灸學上有兩種含義，一是指所有的針灸著作，另一是指經脈孔穴。《明堂蝦蟇圖》、《孔穴蝦蟇圖》、《黃帝針灸蝦蟇忌》據考是同書不同傳本，似出於漢人之手。見靳士英，〈明堂圖考〉，《中華醫史雜誌》21.3(1991)：135；相關討論參見曲祖貽，〈黃帝針灸蝦蟇經的簡介〉，收入王雪苔主編，《中國針灸薈萃：現存針灸醫籍之部》（長沙：湖南科學技術出版社，1993），頁37-40；坂出祥伸，〈《黃帝蝦蟇經》について——成書時期を中心に〉，收入《東洋醫學善本叢書・第二九冊》（大阪：オリエント出版社，1996），頁1-16。

恒云：「明堂二字，爲古人稱人體生理之名。」[4] 又，根據黃龍祥的考證：「《黃帝明堂經》中四肢穴分屬十二經，每經各有五輸，皆自下而上依次流注，與『明堂』之有十二宮，王者月居一室，依次輪居相合，而且取五腧穴，亦因時而異，與月令相關，因此，有關腧穴之書遂以『明堂』爲名」。[5] 從黃氏的解說，暗示著「時令—脈序（腧穴）」的線索。腧穴的組成與「明堂」相類，具備宇宙圖式。《漢志・方技略》云方技之術「論病以及國，原診以知政」，論病與知政之間，對方技家而言，疑有相通之處。[6]

全文分爲兩個部分：第一、自馬王堆脈書《足臂十一脈灸經》（以下簡稱《足臂經》）、《陰陽十一脈灸經》（以下簡稱《陰陽經》）出土以來，這批新資料淸楚的描述十一條脈的循行路線，卻沒有記載一個腧穴名。對於馬王堆脈書的發現，誠如山田慶兒所說：「脈從一開始就是脈。換句話說，是作爲血和氣這樣的流體流動的管道（線），而不是像以往常常想像的那樣，最初是許多穴位被發現，在穴位與穴位之聯線的基礎上產生了脈的概念。」[7] 這就動搖了大陸學者

---

[4] 謝利恒，《中國醫學源流論》（臺北：新文豐出版公司，1997），頁91。又，關於《黃帝明堂經》的書誌學考察，參見篠原孝市，〈《黃帝内經明堂》總說〉，收入小曾户洋等編，《東洋醫學善本叢書・第八册》（大阪：東洋醫學研究會，1981），頁153-173；丸山敏秋，《鍼灸古典入門：中國傳統醫學への招待》（京都：思文閣，1987），頁147-158；小曾户洋，《中國醫學古典と日本：書誌と傳承》（東京：塙書房，1996），頁142-174。

[5] 黃龍祥，《黃帝明堂經輯校》（北京：中國醫藥科技出版社，1988），頁240。相關研究可參看黃龍祥，〈《黃帝明堂經》與《黃帝内經》〉，《中國針灸》1987.6：43-46；黃龍祥，〈《黃帝内經明堂》佚文考略〉，《中國醫藥學報》2.5(1987)：35-36。

[6] 陳國慶，《漢書藝文志注釋彙編》（臺北：木鐸出版社，1983），頁233。有的學者將「論病以及國，原診以知政」理解爲「通過診斷國君的病來推知國情政事」。見梁忠主編，《醫古文譯解》（北京：中國中醫藥出版社，1992），頁212。按《國語・晉語》，趙文子曰：「醫及國家乎？」秦和對曰：「上醫醫國，其次疾人，固醫官也。」晉平公疾在「遠男而近女，惑以生蠱」。韋昭《注》云：「止其淫惑，是爲醫國。」又，醫和有期決死生之術，説平公「若諸侯服不過三年，不服不過十年，過是，晉之殃也。」果然，十年平公死。顧實則云：「上世從巫史社會而來，故醫通於治國之道耳。」以上，見《國語》（臺北：漢京文化事業公司，1983），頁473-476；王應麟，《漢藝文志考》（臺北：大化書局影印，1977），頁4078；顧實，《漢書藝文志講疏》（臺北：臺灣商務印書館，1980年版），頁254。

[7] 山田慶兒，〈中醫學的歷史與理論〉，收入氏著，《古代東亞哲學與科技文化》，頁261。相關論文參見山田慶兒，〈鍼灸の起源〉，收入氏編，《新發現中國科學史資料の研究：論考篇》（京都：京都大學人文科學研究所，1985），頁3-78。

陸瘦燕先生自五十年代以來提出經脈「由點（穴）到線（脈）」發展過程的觀點，甚而產生「先經後穴」的新說。[8]

爲什麼脈一被發現即是脈而不是穴與穴的歸納，確是饒富興味的課題。[9] 或許我們可以換一種方式發問：脈是逐一漸進被發現，還是在很短時間內（周秦之際），十一條（或者十二條不等）脈一起被發現的？若是後者，《足臂經》或《陰陽經》缺少臂厥陰脈或任督脈似乎不能簡單視爲尚未發現。[10]

再者，檢閱《靈樞・經脈》這篇已被正典化的文本，其敘述脈的循行方式與馬王堆脈書是一致的，即基本上不涉及任何腧穴。這種行文體例或可揭示脈被發現的特殊規律，[11] 卻無法得出脈與穴之間產生的孰先孰後問題。所以，「全部馬王堆醫書，都沒有提到一個明確的穴名名稱」的成說，[12] 是否成立呢？筆者以解

[8] 周一謀、彭堅、彭增福，《馬王堆醫學文化》（上海：文匯出版社，1994），頁18。關於馬王堆脈書的研究成果，參見韓健平編，〈古脈書研究論著目錄〉，收入氏著，《馬王堆古脈書研究》（北京：北京大學博士學位論文，1996），頁85-89。另外，穴經起源可見王啓才，〈略論腧穴和經絡起源之先後〉，《上海針灸雜誌》1987.3：34-35；李生紹，〈穴位起源關係探〉，收入《針灸論文摘要選編》（北京：中國針灸學會，1987），頁18；黃龍祥，〈腧穴歸經源流初探〉，《針灸臨床雜誌》10.5(1994)：1-2。

[9] Shigehisa Kuriyama, "Interpreting the History of Bloodletting," *Journal of the History of Medicine* 50(1995), p.23 以下。

[10] 李鼎以爲，馬王堆脈書十一脈系統不是簡單少一條手厥陰脈，而是手厥陰與手太陰脈混合爲一。見李鼎，〈從馬王堆墓醫書看早期的經絡學說〉，《浙江中醫學院學報》1978.2。另外，新近在四川綿陽出土時代與馬王堆脈書相近的經脈木人模型，即有手厥陰脈與督脈。詳見謝克慶等，〈「西漢人體經脈漆雕」的價值和意義〉，《成都中醫藥大學學報》19.1(1996)：36-38；何志國，〈西漢人體經脈漆雕考〉，《大自然探索》1995.3：116-121；馬繼興，〈雙包山漢墓出土的針灸經脈漆木人形〉，《文物》1996.4：55-65。又，四川省文物考古研究所、綿陽博物館，〈綿陽永興雙包山二號西漢木朼墓發掘簡報〉，《文物》1996.10：13-29。另針灸銅人的歷史，見哈鴻潛，〈針灸銅人考〉，《中國醫藥學院研究年報》14(1988)：15-28。

[11] 李伯聰以爲傳統醫學表現「早熟性」的特性。所謂「早熟性」意指二：(1) 理論體系的早熟；(2) 戰國時期醫學學派在其中的決定性。廖育群也有類似的意見。例如，「經脈體系的發展歷史頗不符合醫學其他分枝乃至自然科學其他領域中，沿著經驗積累、逐步上升成爲理論、並在不斷修改否定中臻於完備的一般發展規律」，所以，廖育群不同意沿用經驗積累的說法解釋經脈學說的起源與形成。以上，參見李伯聰，〈中醫學歷史和發展的幾個問題〉，收入《科學傳統與文化》（西安：陝西科學技術出版社，1983），頁289-312；廖育群，《岐黃醫道》（瀋陽：遼寧教育出版社，1992），頁15。

[12] 周一謀等，《馬王堆醫學文化》，頁17。

讀《五十二病方》「灸其泰（太）陰泰（太）陽」[13] 爲例，重新探討這個問題。

第二、「灸其泰陰、泰陽」的「太陰」、「太陽」，是二陰二陽還是三陰三陽？既然有太陰太陽，至少是二陰二陽。

馬王堆二部脈書的脈序已按陰陽理論加以編排。《足臂經》與《陰陽經》兩者脈的排列雖然次序不一，但基本上都以先三陽後三陰爲序。[14] 而馬王堆《陰陽脈死候》中則明確有「三陰」、「三陽」之說。[15] 這三陰、三陽通常被人理解爲三陰脈與三陽脈。[16] 三陰、三陽脈與天地陰陽之氣有所繫連。《陰陽脈死候》云

---

[13] 馬王堆漢墓帛書整理小組編，《馬王堆漢墓帛書〔肆〕》（北京：文物出版社，1985），頁52。關於《五十二病方》，其釋文最早發表於《文物》1975.9，並有鍾益研、凌襄的〈我國現已發現的最古醫方——帛書《五十二病方》〉一文。至一九七九年馬王堆漢墓帛書整理小組編，《馬王堆漢墓帛書五十二病方》（北京：文物出版社）出版，有釋文與簡注。在研究方面，以馬繼興與尚志鈞的作品特別值得一提。馬先生的作品有〈馬王堆古醫書中有關藥物製劑的文獻考察〉，《藥學通報》1979.9；〈我國最古的藥酒釀製方〉，《藥學通報》1980.7；〈馬王堆古醫書中有關采藥、製藥和藏藥的記述〉，《中醫雜誌》1981.7；〈馬王堆漢墓醫書的藥物學成就〉，《中醫雜誌》1986.5-1986.8連載。其次，尚志鈞著有〈《五十二病方》與《山海經》〉、〈《五十二病方》中藥物製備工藝考察〉、〈《五十二病方》與《神農本草經》〉、〈《五十二病方》殘缺字試補〉等，以上見於《長沙馬王堆醫書研究專刊》1、2輯（1980-1981年）。另外，若干極優秀的研究，例如廖育群分析《五十二病方》的「湯液」的劑型（〈漢代內服藥的劑型演變與「湯液」研究〉，《自然科學史研究》9.2(1990)：178-183）；傅芳質疑《五十二病方》的書題，並指出其是「外科專著」（〈關於《五十二病方》的書名及其外科成就的討論〉，《中華醫史雜誌》11.1(1981)：19-24）；萬芳則著重《五十二病方》的藥理學（〈《五十二病方》藥物成就初探〉，北京：中國中醫研究院中國醫史文獻研究所碩士論文，1986）等。《中華全國首屆馬王堆醫書學術討論會論文專集》上冊，共31篇，皆集中在《五十二病方》的考論。日本方面，赤堀昭、山田慶兒將《五十二病方》翻譯爲日文（收入山田慶兒編，《新發現中國科學史資料の研究：譯注篇》〔京都：京都大學人文科學研究所，1985〕，頁137-289）。山田慶兒特別著墨《五十二病方》的咒術療法，作品有〈《五十二病方》の咒術療法〉（收入山田慶兒編，《新發現中國科學史資料の研究：論考篇》〔京都：京都大學人文科學研究所，1985〕，頁253-262）、〈夜鳴く鳥〉（《思想》736(1985)：1-26）。在西文方面，有 Paul U. Unschuld, "Ma-wang-tui Materia Medica: A Comparative Analysis of Early Chinese Pharmaceutical Knowledge," *Zinbun: Memoirs of the Research Institute for Humanistic Studies* 12(1982): 11-63; Donald Harper, *The "Wu Shih Erh Ping Fang": Translation and Prolegomena* (Ann Arbor: University Microfilms International, 1982).《五十二病方》初步的研究成果，見陳湘萍，〈《五十二病方》研究概況〉，《中醫雜誌》1987.5：61-63。

[14] 王玉川，《運氣探秘》（北京：華夏出版社，1993），頁51。

[15]《馬王堆漢墓帛書〔肆〕》，頁21。

[16] 周一謀、蕭佐桃，《馬王堆醫書考注》（臺北：樂群文化事業公司，1989），頁47。

「三陽，天氣」、「三陰，地氣」。[17] 換言之，我們可以用「時令—三陰三陽—脈序」的圖式對上述脈學加以把握。而早期醫學的陰陽說與腧穴（或經脈）的關係爲何？這是筆者想處理的第二個問題。

以下，就從《五十二病方》治療癲疝的灸方說起。

二、古穴新探

癲疝，學者或釋爲「腹股溝疝」。該病主要由小腸墜入陰囊所引起。[18]《釋名・釋疾病》作「陰隤」，隤即疝也。其可能包括今天所謂「脫腸」，但非一病之專名。[19]《五十二病方》用灸療癲疝共三法。[20] 其一曰：

> 積（癪），先上卵，引下其皮，以砭（砭）穿其〔脽（脽）〕旁，□□汁及膏，撓以醇□。有（又）久（灸）其痏，勿令風及，易瘳；而久（灸）其泰（太）陰、泰（太）陽□□。【●】令。[21]

上法，用砭石將患者的陰囊後部（即臀側）外皮刺破後用醇酒浸潤。再者，可以在患者的傷口（「痏」）及「太陰、太陽」等處施以灸療。[22] 太陰、太陽，帛書整理小組釋作「人體脈名，似指足太陰脈、足太陽脈」。[23] 不過，馬王堆方技書灸脈體例如《足臂經》皆作「諸病此物者，皆久（灸）××溫（脈）」。[24]

---

[17]《馬王堆漢墓帛書〔肆〕》，頁21。韓健平指出，《陰陽脈死候》將三陽三陰與天地相配，是受到《易》三陽卦爲乾、三陰卦爲坤的影響。見韓健平，〈出土古脈書與三部九候說〉，《中華醫史雜誌》27.1(1997)：39。

[18] 周一謀、蕭佐桃，《馬王堆醫書考注》，頁151。關於疾病意義的討論，參見 Susan Sontag，《隱喩としての病い》（東京：みすず書房，1995），頁5-131。

[19] 余巖，《古代疾病名候疏義》（臺北：自由出版社，1972），頁225-229。

[20] 吳中朝，〈《五十二病方》灸方淺析〉，《山西中醫》5.2(1989)：37-38。

[21]《馬王堆漢墓帛書〔肆〕》，頁52。山田慶兒認爲釋文中的兩個殘缺文字，可能是「動者」，意指人體搏動之處。見山田慶兒，《中國醫學はいかにつくられたか》（東京：岩波書店，1999），頁55。

[22] 馬繼興，《馬王堆古醫書考釋》（長沙：湖南科學技術出版社，1992），頁492-493。

[23]《馬王堆漢墓帛書〔肆〕》，頁52。

[24] 徐大椿以爲「凡只言某經，而不言某穴者，大都皆指井榮五者爲言」。見氏著，《醫學源流論》，收入《徐大椿醫書全集》（北京：人民衛生出版社，1996），上冊，頁197。按「井」、「滎」等即位人手足肘膝以下的穴位，見楊維傑，《針灸五輸穴應用》（臺北：樂群文化事業公司，1990年版）。

而《五十二病方》的「太陰」、「太陽」既未注明所灸部位，也未言灸療壯數，更無如《足臂經》明言其即爲脈名。

但長期以來，學者似乎無異議的接受《五十二病方》太陰、太陽爲脈名的推測。[25] 筆者僅摘鈔馬繼興、周一謀兩位先生的意見以便進一步討論。馬繼興先生說：

> 值得注意的是本方所記雖有這兩個脈名，但並無穴名。同時太陰、太陽二脈又均無手（臂）脈和足脈之分。今據帛書《足臂十一脈灸經》、《陰陽十一灸經》及《靈樞・經脈篇》所載的各脈主治病候來看，手太陰、足太陰、手太陽及足太陽四脈均無主治癩疝的記載，但在《陰陽十一脈灸經》及《靈樞・經脈篇》的足厥陰主治病候中都有主癩疝（狐疝）的文字，與本方不盡相同。[26]

可見在沒有直接或間接證據之下，太陰、太陽仍被推度爲人體脈名。馬繼興先生又指出《五十二病方》「在使用灸法或砭石等法治療時，只指出某一體表部位。如治癃病，灸左足中指，或以線纏束左手大指（局部壓迫法）。」[27] 然而這類看似籠統的定位法，可能更符合古人「穴」的原誼。換言之，在「穴」是一個針刺「點」(point/pit) 的理解下，太陰、太陽唯一只能往脈名的方向尋求答案。

接著，我們再看周一謀先生的解釋：

> 今考得《千金要方》卷三十有「合陽、中郄，主癩疝崩中」以及「商丘主陰股內痛氣癰，狐疝走上下引小腹痛，不可俛仰」等記載。其中合陽穴，屬足太陽經脈穴，位於小腿後膕橫紋中點直下二寸處；商丘穴，屬足太陰經脈穴，位於足內踝前下方凹陷處。又《千金要方》卷二十四載：「男陰卵大癩病，灸足太陽五十壯，三報之。又灸足太陰五十壯，在內踝上一夫（疑爲尺）。」由此可見，足太陽、足太陰兩經脈確有主治疝病的功效。[28]

在太陰、太陽爲經脈的假設下，再迂迴的從這二脈中找出治療癩疝的合陽、商丘兩個穴以茲證明。不過，上引《千金方》「男陰卵大癩病」方的確值得注意。按

---

[25] 例如，Donald Harper, *The "Wu Shih Erh Ping Fang": Translation and Prolegomena*, p.394；魏啓鵬、胡翔驊，《馬王堆漢墓醫書校釋〔壹〕》（成都：成都出版社，1992），頁102。

[26] 馬繼興，《馬王堆古醫書考釋》，頁493。

[27] 鍾益研、凌襄，〈我國現已發現的最古醫方——帛書《五十二病方》〉，頁53。

[28] 周一謀、蕭佐桃，《馬王堆醫書考注》，頁147-148。

此方始見於南北朝陳延之的《小品方》。[29] 其與《五十二病方》治癲疝方體例相符。現將兩者內容列成下表，加以說明：

《五十二病方》	《小品方》
久（灸）其泰（太）陰、泰（太）陽。令。	灸足太陽五十壯，並灸足太陰五十壯，有驗。

上引《小品方・灸癩疝法》的「太陽」、「太陰」、「有驗」無疑繼承《五十二病方》中「泰陰」、「泰陽」、「令」的格式。孫思邈則在《千金方》足太陰註明「在內踝上一夫」，可能是其根據本身對該部位的理解所加的。換言之，足太陰未必意指經脈而言。再者，「五十壯」的「壯」，一灼爲一壯。[30] 五十灼之數反複艾灸在所謂經脈，應如何理解？（詳下）湯萬春《小品方輯錄箋注》在上引文足太陰條下推度「此處似爲『三陰交』穴」。[31] 這個意見提供我們解開「太陰」、「太陽」之謎的一把鑰匙。

按三陰交穴在內踝上三寸處（圖一），屬足太陰脾經。其部位即接近前引的商丘穴附近。三陰交初位於內踝上八寸，[32] 六朝之後改至今處。其變化的原因本文不贅。[33]《素問・太陰陽明論篇》云：「足太陰者三陰也，其脈貫胃屬脾絡嗌，故太陰爲之行氣於三陰。」[34] 係足太陰有「三陰」之別名。那麼，《五十二病方》與《小品方》的足太陰有沒有可能即位於三陰交穴附近？

---

[29]《小品方》又稱《經方小品》。該書曾被《唐令》、《大寶律令》等定爲中日醫者必讀之方書。據廖育群推測，《小品方》作者陳延之大約是出入宮廷、權貴的醫者，活動於公元五世紀上半期。詳廖育群，〈陳延之與《小品方》研究的新進展〉，《中華醫史雜誌》17.2(1987)：74-75。近年有湯萬春，《小品方輯錄箋注》（合肥：安徽科學技術出版社，1990）；祝新年，《小品方新輯》（上海：上海中醫學院出版社，1993）；高文鑄輯注，《小品方》（北京：中國中醫藥出版社，1995）等輯本。讀者可一併參看。

[30] 宋人沈括云：「醫用艾一灼謂之『一壯』者，以壯人爲法。其言若干壯，壯人當依此數，老幼羸弱，量力減之。」見胡道靜，《夢溪筆談校證》（上海：上海古籍出版社，1987），頁612。

[31] 湯萬春，《小品方輯錄箋注》，頁260。

[32] 黃龍祥，《黃帝明堂經輯校》，頁182。

[33] 黃龍祥，〈「足太陰」穴與三陰交〉，《中醫雜誌》35.11(1994)：695。

[34] 牛兵占等，《中醫經典通釋：黃帝內經》（石家莊：河北科學技術出版社，1994），頁324。本文所引《素問》、《靈樞》皆用這個本子。關於今本《內經》的研究，參見Yamada Keiji, "The Formation of the Huang-ti Nei-ching," *Acta Asiatica* 36(1979): 67-89；廖育群，〈今本《黃帝內經》研究〉，《自然科學史研究》7.4(1988)：367-374。

據考訂爲三國曹翕所撰的《曹氏灸經》，[35] 有以下的佚文，「曹氏說不可灸者如左」，其中

> 足太陰者，人陽精之房沖也，無病不可灸，灸男則陽氣衰，女則令絶產；有疾可灸五十壯。……右廿穴，曹氏説云：無病不可灸，灸則爲害也。[36]

根據以上引文，所謂「足太陰」係穴名也，非經脈名也。其有疾灸壯數爲五十之數，與《小品方》合。

這一類與經脈同樣以陰陽命名的腧穴，《黃帝蝦蟇經》有三圖，分別爲足厥陰、手陽明、足太陰三穴（圖二、圖三、圖四）：

(1) 月生七日，蝦蟇生後右股，人氣在足内踝上，與足厥陰交，不可灸判傷之。使人厥逆上氣，霍亂轉筋，甚則致死。同神。

(2) 月生十四日，兔生左股，人氣在陽陵泉，又胃管、又手陽明，不可灸判傷之，使人生厥逆，膝脛腫痛，不得屈伸。同神。

(3) 月毀二十五日，兔省左肩，人氣在大陰，至絶骨、又太陵，不可灸判傷之，使人内亂五臟煩滿熱厥，男子氣竭，女子陰私病。不同神。彼在手足陽明。[37]

《蝦蟇經》旨在以月之生毀推斷人氣所在，並規定人氣所在之位不可灸刺。現將其足太陰穴相關文字與上引《曹氏灸經》比較如下。

	《曹氏灸經》	《黃帝蝦蟇經》
足太陰穴	無病不可灸，灸男則陽氣衰，女則令絶產。	不可灸判傷之，使人内亂五臟煩滿熱厥，男子氣竭，女子陰私病。

上述人氣所在的部位不可灸刺，似應當指一定的範圍之内，而非專指一個針刺的「點」。例如，《蝦蟇經・六甲日神遊舍圖》（圖五・a-b）。圖中所謂的

35 《隋書・經籍志》載《曹氏灸經》一卷。《太素》卷十一楊上善注、《千金方》卷七、二九有引用。《醫心方》亦引用此書14條佚文。以上，參見篠原孝市，〈《醫心方》の鍼灸〉，收入《醫心方の研究》（大阪：オリエント出版社，1994），頁103；馬繼興，〈《醫心方》中的古醫學文獻初探〉，《日本醫史學雜誌》31.3(1985)：41。

36 轉引自丹波康賴，《醫心方》（北京：華夏出版社，1993），頁49, 136。關於《醫心方》的研究，初步可參看杉立義一，《醫心方の傳來》（京都：思文閣，1991）。

37 《黃帝蝦蟇經》，收入《東洋醫學善本叢書・第二八冊》（大阪：オリエント出版社，1992），頁21, 28, 39。

「靈符所舍」即指人氣(「靈符」)遊舍六十甲日的不同部位，與現存腧穴並不一致。[38] 根據該書的文字說明有些是指一定的範圍，如「左肩」、「右頰」、「右乳」、「右足心」等，宜避鍼灸。[39]

再者，如《產經・足太陰脾脈圖》(圖六)中亦有「太陰」穴。並云：「五月足太陰脈養，不可針灸其經也」。自隱白上至箕門諸穴，「並不可犯之」。[40]

其他，又如敦煌文書《灸經圖》編號 S.6262、S.6168(圖七至圖九)的內容清楚標明手陽明穴、足陽明穴、足太陽穴等。[41] 在圖九的注文有說明古穴所在：

足太陽，在踝外後宛宛中是。[42]

如果我們將此段注文配合前述的各圖，可以發現足太陽穴等諸腧穴皆位於人體手足的腕踝附近。黃龍祥指出，上述手足腕踝的諸穴位置，大致與「十二原穴」所在相當，也就是近於腕踝部的脈診處。[43] 由於它們在人體佔有一定範圍，又與經

---

[38]《黃帝蝦蟇經》，頁51。

[39]《黃帝蝦蟇經》，頁52-53。另參見張淑女、黃一農，〈試論中國傳統醫學中的「人神」禁忌〉，收入劉廣定編，《第三屆科學史研討會彙刊》(臺北：國際科學史與科學哲學聯合會科學史組中華民國委員會，1993)，頁193。

[40] 轉引自丹波康賴，《醫心方》，頁355。《產經》疑即《德貞常產經》。馬繼興以爲此書時代當在晉代以後南北朝時期。見馬繼興，《中醫文獻學》(上海：上海科學技術出版社，1990)，頁219。又，《產經》的經脈說，參見荒木正胤，〈《醫心方》の妊婦脈圖に現われた經穴に就いて〉，收入氏著，《日本漢方の特質と源流》(東京：御茶の水書房，1986)，頁331-342。

[41] 張儂，《敦煌石窟秘方與灸經圖》(蘭州：甘肅文化出版社，1995)，頁226-233。敦煌醫學文獻的初步介紹，見王進玉，〈敦煌醫學文獻論著目錄〉，《中華醫學雜誌》17.1(1987)：51-53；門田明，〈流沙墜簡版本考〉，收入《漢簡研究の現狀と展望》(京都：關西大學出版社，1993)，頁227-277；周丕顯，〈敦煌科技書卷叢談〉，收入氏著，《敦煌文獻研究》(蘭州：甘肅文化出版社，1995)，頁200-218；小曾戶洋，〈敦煌文書および西域出土文書中の醫藥文獻〉，收入氏著，《中國醫學古典と日本》，頁589-655。近年有幾種敦煌醫籍考注本：(1) 趙健雄，《敦煌醫粹——敦煌遺書醫藥文選校釋》(貴陽：貴州人民出版社，1988)；(2) 馬繼興，《敦煌古醫籍考釋》(南昌：江西科學技術出版社，1988)；(3) 叢春雨主編，《敦煌中醫藥全書》(北京：中醫古籍出版社，1994)。

[42] 馬繼興，《敦煌古醫籍考釋》，頁439。張儂，〈敦煌《灸經圖》殘圖及古穴的研究〉，《敦煌研究》1995.2：155。

[43] 黃龍祥，〈經絡學說的由來〉，《中國針灸》1993.5：49。有關脈診法的討論，參見廖育群，〈《素問》與《靈樞》中的脈法〉，收入山田慶兒、田中淡編，《中國古代科學史論・續篇》(京都：京都大學人文科學研究所，1991)，頁493-511。

脈同名，韓健平遂定其爲「狹義」的脈。[44] 但這些太陰、太陽諸穴，或許按《曹氏灸經》之例，稱做「穴」較爲適當。就此，《史記・扁鵲傳》中「扁鵲乃使弟子子陽厲鍼砥石，以取外三陽五會。」[45] 「三陽五會」，楊士孝以爲是督脈之一穴，即「百會」的別名。[46] 彭靜山推測「三陽」當是太陽、少陽、陽明，「五會」當是百會、胸會、聽會、氣會、臑會，[47] 大概都是腧穴名。

以下，按《足臂經》脈序，將文獻之中以陰陽命名的腧穴位置標出。其中，《足臂經》闕臂厥脈故排在表的最後：[48]

穴　名	部　位	備　考
足太陽穴	《千金方》：在足小指外側本節後。敦煌卷子以爲在足外踝後。	
足少陽穴	《脈經》：在足上第二指本節後一寸。《諸病源候論》以爲在足小指本節後附骨上一寸。	
足陽明穴	《脈經》：在足上動脈。敦煌卷子以爲在足趺上三寸動脈。	
足少陰穴	《蝦蟇經》：在足內踝後。《諸病源候論》以爲在足內踝後微近下前動脈。	
足太陰穴	《諸病源候論》：在足大指本節後一寸。《千金方》以爲在內踝上一寸或三寸。	
足厥陰穴	《千金方》：在足大指間。《諸病源候論》以爲在足大指歧間白肉際。	
手太陰穴	《脈經》：在魚際間。《諸病源候論》以爲在大指本節後。	魚際非指今魚際穴，而係指掌骨後際。
手少陰穴	《脈經》：在腕當小指後動脈。《聖惠方》以爲在掌後去腕半寸陷中。	
手太陽穴	《脈經》：在手小指外本節後。《千金方》以爲小指外後一寸。	

[44] 韓健平，《馬王堆古脈書研究》，頁12。

[45] 《史記》（臺北：鼎文書局影印，1984），頁2792。

[46] 楊士孝，《二十六史醫家傳記新注》（瀋陽：遼寧大學出版社，1986），頁10。

[47] 彭靜山，〈「外三陽五會」考〉，《中國針灸》1987.1：49。

[48] 參考鄧良月、黃龍祥，《中國針灸證治通鑑》（青島：青島出版社，1995），頁7-8的表一至表六製作。

穴　名	部　位	備　考
手少陽穴	《諸病源候論》：在手小指間本節後二寸。《千金方》以爲在第二指間本節後一寸動脈。	
手陽明穴	《脈經》：在手腕中。《千金方》以爲在腕後陷中動脈大指奇後。	
手心主穴	《脈經》：在掌後橫紋中。《外臺秘要》以爲在手腕第一約理中當中指。	「心主」後世醫書多作「手厥陰」。

根據上表，諸穴的部位如「足外踝後」、「足上動脈」、「足大指間」、「手腕中」等，這些籠統的腧穴定位與後世《明堂》諸經精確明言幾寸幾分的定穴，形成了對比。《五十二病方》載治疣「以久（灸）尤（疣）末」；[49] 治癃病「久（灸）左足中指」，[50] 這種灸刺部位與十二陰陽穴類似。又，馬王堆《脈法》云：「□上而不下，□□□□□□□過之□會環而久（灸）之。病甚，陽上於環二寸而益爲一久（灸）。氣出胳（郄）與肘，□一久（灸）而□。」[51] 參照馬繼興先生的解釋，上文可理解爲：「人體內的逆氣上行而不下，可集中在肚臍部位施以灸法，病重，在臍上二寸再增加一灸。如果上衝頭部的逆氣下轉，至足膝和手肘時，可增加一灸而獲痊癒」。[52] 這裡灸取穴的「環」、「胳」、「肘」的定位體例，與十二陰陽穴大概是相近的。

《素問・骨空論》云：

> 灸寒熱之法，先灸項大椎，以年爲壯數，次灸橛骨，以年爲壯數。視背俞陷者灸之，舉臂肩上陷者灸之，兩季脇之間灸之，外踝上絕骨之端灸之，足小指次指間灸之，腨下陷脈灸之，外踝後灸之，缺盆骨上切之堅痛如筋者灸之，膺中陷骨間灸之，掌束骨下灸之，臍下關元三寸灸之，毛際動脈灸之，膝下三寸分間灸之，足陽陰附上動脈灸之，巔上一灸之。犬所嚙之處灸之三壯，即以犬傷病法灸之。凡當灸二十九處。[53]

上法，從頭至足共二十九處。其中，「項大椎」、「橛骨」、「背俞陷者」、「肩上陷者」、「兩季脇之間」、「絕骨之端」、「足小指次指間」、「腨下陷

---

[49] 《馬王堆漢墓帛書〔肆〕》，頁39。

[50] 《馬王堆漢墓帛書〔肆〕》，頁44。

[51] 《馬王堆漢墓帛書〔肆〕》，頁17。

[52] 馬繼興，〈《脈法》考釋〉，收入《長沙馬王堆醫書研究專刊》1(1980)：23。

[53] 牛兵占等，《中醫經典通釋：黃帝內經》，頁404-405。

脈」、「外踝後」、「缺盆骨上切之堅痛如筋者」、「膺中陷骨間」、「掌束骨下」、「臍下關元三寸」、「毛際動脈」、「巔上」、「犬所嚙之處」等，張志聰《集注》雖說此「二十九穴之灸法」，[54] 不過，相對後世人身一寸之地即有二、三穴，上述古穴的定位疑近於十二陰陽穴的體例。

特別值得一提的是，關於針具的使用與腧穴定位的關係。廣泛使用「尖如蚊虻喙」、長三寸六分的毫針的時代可能並不太早。古九針（圖十）之中，有些針具以直接接觸病灶，作爲按摩或外科的器械，非用於針刺人體之用。[55] 馬王堆

---

[54] 張志聰，《黄帝内經素問集註》（臺北：文光圖書公司，1982），頁219。《内經》中灸刺部位有許多皆未明確指出爲何穴，楊上善、王冰等加以注解。亦有楊、王等無注或注亦未明所指者。見李洪濤、張自雲，〈關於《内經》針灸穴位的整理〉，《安徽中醫學院學報》1983.2：43-48。

[55] 王雪苔主編，《中國針灸大全》（河南科學技術出版社，1995年版），上編，頁495。醫事器械、工具在醫學知識所扮演的角色，一向較少受學者注意。按古代中國醫事工具源流有二：一近於兵器，一與膳宰飲食養生之具同流。《靈樞·玉版》云：「夫大于針者，惟五兵者焉。五兵者，死之備也，非生之具。且夫人者，天地之鎮也，其不可不參乎？夫治民者，亦唯針焉。夫針之與五兵，其孰小乎？」針具與五兵（矛、戟、鉞、楯、弓矢）雖大小不一，但形製相似，唯一用以救生，一用以殺人。馬繼興則推測若干醫事工具如砭鐮可能直接由生產工具的石鐮借用而來。另，葉又新說：「古人生活簡樸，往往一物數用，例如石鐮在收穫時可做刈禾工具，戰爭或狩獵時可作勾兵，破大癰時可作鐮石。石鏃亦然，既是射遠之兵器，也可兼作刺病之砭石。金屬醫針中之有箭頭針，很可能源于鏃形砭石。」再者，馬先生也指出，早期砭石也廣泛運用於熨法、按摩、切割癰膿和刺瀉瘀血。按「針石」一詞，非只泛指「針」與「石」，而是指針形砭石。金元起云：「砭石者，是古外治之法，有三名：一針石，二砭石，三鑱石，其實一也。古來未能鑄鐵，故用石爲針，故名之針石，言工必砥礪鋒利，制其小大之形，與病相當。」（《素問·寶命全形論》注）由上所知，砭石大小之形不一，隨病深淺而變。此説與馬王堆方技書《脈法》所載合。而且，《脈法》中的「啓脈」法亦爲「外治之法」。其次，西漢劉勝墓出土的「醫工」銅盆、銅藥匙、銅濾藥器、銀灌藥器等大致與飲食養生器同源。以上，參見李鼎，〈靈樞官針篇淺釋〉，《上海中醫藥雜誌》1958.5：5-8；馬繼興，〈臺西村商墓中出土的醫療器具砭鐮〉，《文物》1979.6：54-56；史樹青，〈古代科技事物四考〉，《文物》1962.3：47-48；鍾依研，〈西漢劉勝墓出土的醫療器具〉，《考古》1972.3：49-53；馬繼興、周世榮，〈考古發掘中所見砭石的初步探討〉，《文物》1978.11：80-82；葉又新，〈錐形砭石〉，《中華醫史雜誌》10.2(1980)：105-111；鄭金生，〈古代的中藥粉碎工具及其演變〉，《中華醫史雜誌》11.1(1981)：35-39；葉又新，〈試釋東漢畫像石上刻劃的醫針——兼探九針形成過程〉，《山東中醫學報》1981.3：60-68；馬繼興、丁鑒塘、鄭金生，〈復原古九針的初步研究〉，收入《針灸論文摘要選編》（北京：中國針灸學會，1987），頁1；白純，〈古針演化概貌〉，《中華醫史雜誌》23.2(1993)：80-83；周仕明，〈《内經》中的手術器械——九針〉，《山東中醫學學報》17.6(1993)：7-9；賀普仁，《針具針法》（北

《脈法》的砭用以處理體表的膿腫。[56] 這跟《靈樞・癰疽》所述以針砭處理癰腫相合。[57] 正如廖育群觀察到的「在《素問》和《靈樞》中，不僅針刺深度極少被言及，而且往往要在一處反復刺多次」。[58] 針刺深度在醫術中的強調，主要是在接近內臟的腧穴大量被發現之後，故有凡刺胸腹必避五臟的要求。而且，當針具製作到達相當程度，才有可能進一步嘗試加深針刺深度。相反的，在此之前，醫者則往往採一穴反覆多刺（灸）之法。所以，前述太陰、太陽之穴灸數多達五十壯的原因疑與此有關。

《素問・通評虛實論》云：

> 霍亂，刺俞傍五，足陽明及上傍三。刺癇驚脈五，針手太陰各五，刺經太陽五，刺手少陰經絡傍者一，足陽明一，上踝五寸刺三針。[59]

上篇所論針灸之位只言經或人體某處部位，未言及腧穴，所以歷代注家或注出具體穴名，但各家體會不同，也多有異論。又，《素問・繆刺論》云：

> 凡痹往來行無常處者，在分肉間痛而刺之，以月死生爲數，用針者，隨氣盛衰，以爲痏數，針過其日數則脫氣，不及日數則氣不瀉，左刺右，右刺左，病已止，不已，復刺之如法，月生一日一痏，二日二痏，漸多之；十五日十五痏，十六日十四痏，漸少之。[60]

上述各法，皆是在人體一定範圍（例如「分肉間」）反覆多刺，最高刺數可以一穴達十五痏之多，而與針刺深度無涉。這種刺脈療法目前仍見於獸醫的技術之中。[61]

京：科學技術文獻出版社，1993）；劉敦愿，〈漢畫像石中的針灸圖〉，收入氏著，《美術考古與古代文明》（臺北：允晨文化有限公司，1994），頁356-362。

56 《馬王堆漢墓帛書〔肆〕》，頁17。

57 牛兵占等，《中醫經典通釋：黃帝內經》，頁202-203。

58 廖育群，〈秦漢之際針灸療法理論的建立〉，《自然科學史研究》10.3(1991)：277。

59 牛兵占等，《中醫經典通釋：黃帝內經》，頁321。

60 牛兵占等，《中醫經典通釋：黃帝內經》，頁413。

61 獸體經絡的發現與人體經絡的關係，參見丸山昌朗，〈經絡發現の端緒について〉，收入氏著，《鍼灸醫學と古典の研究》（東京：創元社，1988），頁187-189。長濱善夫、丸山昌朗，《經絡之研究》（臺北：五洲出版社，1986）。按獸體經絡發現的年代並不比人體經絡晚。《莊子・養生主》已經提及獸體的支脈。至於其與人體經脈之間的關係，史料有闕，暫不討論。參見鄒介正，〈唐代的針烙術〉，《農史研究集刊》2(1960)：159-174；鄒介正，〈獸醫針灸源流〉，《農業考古》1985.1：310-316；郭世寧等，〈《伯樂針經》考〉，《農業考古》1996.3：279-284；楊宏道，《獸醫針灸史漫話——從石針到光針》（北京：農業出版社，1986）。

十二陰陽穴宋代以降在醫書中逐漸消失、廢用。其主治病也由手足腕踝相近明確的穴位代替。這種變化的趨勢《黃帝明堂經》已揭端緒。[62] 例如：

	《內經》	《明堂》、《甲乙》
1.	《素問・刺瘧》：足厥陰之瘧，令人腰痛少腹滿，小便不利如癃狀，非癃也，數便，意恐懼氣不足，腹中悒悒，刺足厥陰。	腰痛，少腹滿，小便不利如癃狀，羸瘦，意恐懼，氣不足，腹中怏怏，太沖主之。（《黃帝明堂經》）
2.	《靈樞・雜病》：厥氣走喉而不能言，手足清，大便不利，取足少陰。厥而腹向向然，多寒氣，腹中穀穀，便溲難，取足太陰。嗌乾，口中熱如膠，取足少陰。	氣是喉咽而不能言，手足清，溺黃，大便難，嗌中腫痛，唾血，口中熱，唾如膠，太谿主之。（《甲乙經》）

綜上所論，《五十二病方》的「太陰」、「太陽」可能是人體腧穴，而不是脈。所以，馬王堆方技書只有脈沒有腧穴的假說，無法成立。而且，太陰、太陽不是各自獨立的術語。根據醫籍及相關出土文獻，人體手足腕踝部位曾經存在著與經脈同名的十二陰陽穴。這或許也可以提示我們：經脈體系最早的起始點即是手足部位。

三、腧穴與數術[63]

62 參見黃龍祥，《黃帝明堂經輯校》，頁272-286，〈《黃帝明堂經》與《內經》對照表〉。

63 數術，按照《漢書・藝文志》的分類，有天文、曆譜、五行、蓍龜、雜占、形法等六支。其主體是占卜，數術的「數」即有推算 (calculation) 之意。呂思勉以爲，數術與陰陽相關，「數術家陳其數，而陰陽家明其義」，其學體系化或可推至鄒衍也。見呂思勉，《先秦學術概論》（上海：東方出版中心，1996年版），頁142-146；余雲岫，〈醫家五行說始於鄒衍〉，《醫史雜誌》3.3/4(1951)：7-17, 1-11。相關論文可看王夢鷗，《鄒衍遺說考》（臺北：臺灣商務印書館，1996）；林克，〈騶子五行說考〉，《日本中國學會報》38(1986)：32-46。再者，數術的研究，例如樊繽，〈解釋「三七」〉，《太白》1.4(1934)、彭仲鐸，〈釋三五九〉，《國文月刊》16(1942)、聞一多，〈七十二〉，《國文月刊》22(1944)、朱祖延，〈釋十二、三十六、七十二〉，《中國語文》1978.4、孫思邈云：

> 凡諸孔穴，名不徒設，皆有深意，故穴名近於木者屬肝，穴名近於神者屬心，穴名近於金玉者屬肺，穴名近於水者屬腎，是以神之所藏，亦各有所屬。穴名府者，神之所集；穴名門戶者，神之所出入；穴名宅舍者，神之所安；穴名台者，神所遊觀。穴名所主，皆有所況，以推百方，庶事皆然。[64]

穴名五臟，缺脾。上文所謂「神」則殆指人氣。「穴名所主，皆有所況」，[65] 那麼，以陰陽命名的腧穴「深意」爲何？

方術家所言「陰陽」[66] 其意殆側重二方面：第一、陰陽爲天文星曆之學的專

葉九如，〈再說「十二」〉，《中國語文》1979.5。通論性的論文，見楊希枚，〈中國古代的神秘數字論稿〉，《中央研究院民族學研究所集刊》33(1972)：89-118；川原秀城，〈術數學——中國の「計量的」科學〉，《中國：社會と文化》8(1993)：51-63。近年出版的數術學專著，都討論到數術與醫學之間的關係，見陳維輝，《中國數術學綱要》（上海：同濟大學出版社，1994）；陳繼文，《中國數術結構》（西安：西北大學出版社，1994）；俞曉群，《數術探祕——數在中國古代的神秘意義》（北京：三聯書店，1994）。

64 孫思邈，《千金翼方》（北京：華夏出版社，1993），頁260。

65 穴名的意義，見高石國，《針灸穴名解》（臺北：啓業書局，1988年版）；吉元昭治，《道教と不老長壽の醫學》（東京：平河出版社，1989），頁261-268。

66 陰陽，一般的說法是將其視爲「兩種宇宙勢力或原理」（馮友蘭，《中國哲學簡史》〔北京：北京大學出版社，1994年版〕，頁159；李約瑟，《中國古代科學思想史》〔南昌：江西人民出版社，1990〕，頁372）。范行準說，陰陽僅能說明事物的兩面（范行準，《中國醫學史略》〔北京：中醫古籍出版社，1986〕，頁25）。山田慶兒則推度陰陽說源於中國人對「時位」的切割（山田慶兒，《混沌の海へ：中國的思考の構造》〔東京：朝日新聞社，1982〕，頁289-347；不同的意見，參看石田秀實，《氣・流れる身體》〔東京：平河出版社，1992年版〕，頁252-304）。王玉川則以爲陰陽是「一種計量標準」（王玉川，《運氣探秘》〔北京：華夏出版社，1993〕，頁5），可從。關係論文，例如常正光，〈殷代的方術與陰陽五行思想的基礎〉，《殷墟博物苑苑刊》創刊號(1989)：175-182；胡維佳，〈陰陽、五行、氣觀念的形成及其意義〉，《自然科學史研究》12.1(1993)：16-28；龐樸，〈陰陽：道器之間〉，《道家文化研究》5(1994)：1-19；陳美東，〈月令、陰陽家與天文曆法〉，《中國文化》12(1995)：185-195；劉長林，〈陰陽原理與養生〉，《國際易學研究》2(1996)：99-129；李漢三，《先秦兩漢之陰陽五行學說》（臺北：維新學局，1981）；謝松齡，《天人象：陰陽五行學說史導論》（濟南：山東文藝出版社，1991年版）；楊學鵬，《陰陽——氣與變量》（北京：科學出版社，1993）；顧文炳，《陰陽新論》（瀋陽：遼寧教育出版社，1993）；小柳司氣太，《老莊思想と道教》（東京：森北書店，1942），頁260-265；金谷治，〈陰陽

稱。《後漢書・方術列傳》的「陰陽推步之學」、「陰陽之書」、「陰陽之宗」等，[67] 山田慶兒以爲皆指天學而言。又如，元代天學即稱「陰陽」、「陰陽學」、天文學者名曰「陰陽人」、「陰陽官」。天文書籍亦稱作「陰陽文書」。[68] 溯其根源應該不晚。

《漢志・五行》一類，開頭有《泰一陰陽》、《黃帝陰陽》、《黃帝諸子論陰陽》、《諸王子論陰陽》、《太元陰陽》、《三典陰陽談論》、《神農大幽五行》、《四時五行經》、《猛子閭昭》、《陰陽五行時令》等共十種。[69] 清儒沈欽韓《漢書疏證》在《三典陰陽談論》條下云：「按《齊民要術》、《御覽》引雜陰陽書，猶多月令」；又，《陰陽五行時令》條下云：「亦《易》、《陰陽明堂》、《月令》之類」。[70] 李零也推度《漢志》以「陰陽」爲書題的書多講時令宜忌。[71]《白帖》、《初學記》、《太平御覽》皆引《陰陽書》一種，曆忌書也。[72] 唐呂才撰《陰陽書》一卷，講的也是時日占驗之事。[73]

五行説的創立〉，《中國哲學史研究》1988.3：22-27；井上聰，《古代中國陰陽五行の研究》（東京：翰林書房，1996）。西文方面，參見 A.C. Graham, *Disputers of the Tao: Philosophical Argument in Ancient China* (La Salle, IL: Open Court, 1989), pp.330-340; Nathan Sivin, “ The Myth of the Naturalists , ” in idem, *Medicine, Philosophy and Religion in Ancient China: Researches and Reflections* (Aldershot: Variorum, 1995), IV, pp. 1-33。特就醫學的陰陽觀討論者，見任應秋，《陰陽五行》（上海：上海科學技術出版社，1960）；孟乃昌，〈道家思想與中醫學〉，《中國文化》6(1992)：167-176；廖育群，〈陰陽家、陰陽學説與中國傳統醫學〉，《傳統文化與現代化》1995.5：74-81；林克，〈《黃帝內經》における陰陽説から陰陽五行説への變容〉，《大東文化大學漢學會誌》30(1991)：59-82；白杉悦雄，〈一陰一陽と三陰三陽——象數易と《黃帝內經》の陰陽説〉，《中國思想史研究》15(1992)：29-57。

67 《後漢書》（臺北：洪氏出版社，1978），頁2703, 2705-2706。

68 山田慶兒，〈古代人は自己—宇宙をどう讀んだか——「式盤」の解讀〉，收入氏著，《制作する行爲としての技術》（東京：朝日新聞社，1991），頁177-213。

69 陳國慶，《漢書藝文志注釋彙編》，頁208。

70 沈欽韓，《漢書疏證》（光緒二十六年孟冬浙江官書局刊本），卷二六，頁29-30。

71 李零，《中國方術考》（北京：人民中國出版社，1993），頁167。

72 陳夢家，〈漢簡年曆表敘〉，收入氏著，《漢簡綴述》（北京：中華書局，1980），頁236。

73 參見馬國翰，《玉函山房輯佚書》（京都：中文出版社，1979），頁2965-2968。《陰陽書》的內容有〈卜宅篇〉、〈祿命篇〉、〈葬篇〉、〈歷法〉、〈五行嫁娶之法〉、〈雜篇〉等。

醫學文本方面，《史記・倉公傳》載陽慶傳倉公禁方書[74] 十種，其中有《陰陽外變》、《接陰陽禁書》，內容不詳。[75] 另，《內經》所引古代方技書《陰陽》、《陰陽十二官相使》二種。[76] 另，敦煌文書編號 S.6196《陰陽書殘卷》，內容以醫事爲主。[77] 這些醫學文本疑與天學密切有關（詳下）。

第二、陰陽是古代方術家切割空間與時間的一套思維方式。司馬談所謂的「陰陽之術」，其中，「四時」、「八位」、「十二度」、「二十四節」等講的即是對時間（同時也是對空間）的切割。[78] 換言之，陰陽主要用以表達時氣的變化、盛衰或消長。其思維方式即是「循環」（＝時間）。中國醫學的陰陽觀念分二支：即太少陰陽與三陰三陽。兩者都與「時位」（所謂「時」、「位」、「度」、「節」）的切割有關。

按丹波元簡《醫賸》云：「太少陰陽，原是四時之稱」，「三陰三陽者，醫家之言也」。[79] 亦即，《周易》將陰陽分老少，而三陰三陽之說則是醫家所獨創。[80] 而且太少陰陽，按丹波之說，源自對時間的切割。《楚辭・離騷》云：「朝搴阰木蘭兮，夕攬洲之宿莽」，漢人王逸解釋說：「言己旦起陞山采木蘭，上事太陽，承天度也；夕入洲澤采取宿莽，下奉太陰，順地數也。」[81] 這裡的太陰與太陽是「天度」、「地數」，不僅表時間，亦表方位。司馬相如〈大人賦〉云：「邪絕少陽而登太陰兮，與真人乎相求。」少陽指東極，太陰則指北極，此謂大人之行斜渡東極而升北極也。[82]《春秋繁露》論陰陽諸篇，太少陰陽主要也是四時方位的切割與配屬。例如，〈陰陽終始〉云：「至春少陽東出就木，與之俱生；至夏太陽南出就火，與之俱煖」，「至於秋時，少陰興而不得以秋從

[74] 拙稿，〈中國古代「禁方」考論〉，《中央研究院歷史語言研究所集刊》68.1(1997)：117-166。

[75] 石田秀實，《中國醫學思想史：もう一つの醫學》（東京：東京大學出版社，1992），頁75。關於《史記・倉公傳》的解讀，初步研究參見蔡景峰，〈論司馬遷的醫學思想〉，收入劉乃和主編，《司馬遷與史記》（北京：北京出版社，1987），頁201-221。

[76] 龍伯堅，《黃帝內經概論》（上海：上海科學技術出版社，1984年版），頁83-84。

[77] 高國藩，《敦煌民俗學》（上海：上海文藝出版社，1989），頁330。

[78]《史記》，頁3290。

[79] 丹波元簡，《醫賸》，收入《皇漢醫學叢書》冊十三（平凡出版社景印），頁2。又，錢超塵，《中醫古籍訓詁研究》（貴陽：貴州人民出版社，1988），頁227-235。

[80] 王玉川，《運氣探秘》，頁5。

[81] 洪興祖，《楚辭補注》（臺北：漢京文化公司，1983），頁6。

[82] 金國永，《司馬相如集校註》（上海：上海古籍出版社，1993），頁97。

金」，「至於冬而止空虛，太陰（原作「陽」，從蘇輿《義證》改）乃得北就其類」。[83] 茲將上文的太少陰陽說的「時位」關係製爲圖十一。

《素問・金匱真言論》云：

> 陰中有陰，陽中有陽。平旦至日中，天之陽，陽中之陽也；日中至黃昏，天之陽，陽中之陰也；合夜至雞鳴，天之陰，陰中之陰也；雞鳴至平旦，天之陰，陰中之陽也。故人亦應之。[84]

上文將一日切割爲四時。張志聰《集注》云：「一日之中，亦有四時，人之陰陽出入，一日之中，而亦有四時也，故平人之脈法亦應之」。[85] 太少陰陽固四時之稱，也是用以說明人身氣之變量。簡言之，「陽中之陽」，太陽；「陽中之陰」，少陽；「陰中之陰」，太陰；「陰中之陽」，少陰。一日晝夜變化與人身氣的變量構成「四時——陰陽——脈法」的圖式：

時間	平旦至日中	日中至黃昏	合夜至雞鳴	雞鳴至平旦
陰陽	太　陽	少　陽	太　陰	少　陰

又，《素問・診要經終論》云：

> 正月二月，天氣始方，地氣始發，人氣在肝。三月四月，天氣正方，地氣定發，人氣在脾。五月六月，天氣盛，地氣高，人氣在頭。七月八月，陰氣始殺，人氣在肺。九月十月，陰氣始冰，地氣始閉，人氣在心。十一月十二月，冰復，地氣合，人氣在腎。[86]

我們知道馬王堆《陰陽脈死候》將陰陽類比於天氣、地氣。上篇亦同。[87] 基本上，前六月屬陽，後六月屬陰，故曰：「七月八月，陰氣始殺」。時間與人氣所在的配屬，如下表所示：

---

83 蘇輿，《春秋繁露義證》（北京：中華書局，1992），頁340。徐復觀推究西漢中期思想的傾向之一：「作爲天道內容的陰陽，更作方技性的推演，其含融更廣，其立說更趨龐雜」。見氏著，《兩漢思想史》卷二（臺北：臺灣學生書局，1993年版），頁479。

84 牛兵占等，《中醫經典通釋：黃帝內經》，頁225。

85 張志聰，《黃帝內經素問集註》，頁15。

86 牛兵占等，《中醫經典通釋：黃帝內經》，頁271。

87 關於天地之氣的討論，參見竹田健二，〈國語周語における氣〉，《中國研究集刊》8(1989)：1-9。

陽	時 間	一月二月	三月四月	五月六月
	人氣所在	肝	脾	頭
陰	時 間	七月八月	九月十月	十一月十二月
	人氣所在	肺	心	腎

上表的時間切割似爲六分，其實仍然是將一年分割四時。肝、脾、肺、心、腎五臟基本上是按四時方位排列。[88] 所以，〈診要經終論〉接著說：「春夏秋冬，各有所刺，法其所在」，[89] 亦即，根據四時天地之氣升降之規律和人身與之相應氣所在不同，採取相應的針刺。又云：「春刺夏分」、「夏刺秋分」、「秋刺冬分」、「冬刺春分」等，則造成各種病變。[90] 相對於王者布政的明堂月令，上述的天氣地氣與人氣的時間禁忌的配屬也是一種人體明堂月令的系統（圖十二）。也就是說，人體具有宇宙性格。値得注意的是，人氣的流注，如四時位於肝、脾、頭、肺、心、腎等部位，並不是由針砭、按摩、導引等經驗累積而得，而是靠「推算」。借用山田慶兒的話，這是一種「計量的」（＝數術的）針刺法。[91]

除了陰陽二分之外，醫家創獨三陰三陽說，即太陰、少陰、厥陰與太陽、少陽、陽明。[92]

三陰三陽的由來，見《素問・陰陽離合論》：

> 聖人南面而立，前曰廣明，後曰太衝，太衝之地曰少陰，少陰之上，名曰太陽，太陽根起于至陰，結于命門，名曰陰中之陽。中身而上，名曰廣

[88] 「三月四月，人氣在脾」與「七月八月，人氣在心」二句，時令與臟的方位不合，令人匪解。歷代有註，但相當牽強。牛兵占等，《中醫經典通釋：黃帝內經》，頁272。

[89] 牛兵占等，《中醫經典通釋：黃帝內經》，頁271。

[90] 牛兵占等，《中醫經典通釋：黃帝內經》，頁271。

[91] 山田慶兒，〈中國古典的計量解剖學〉，收入氏著，《古代東亞哲學與科技文化》，頁308-321；Yamada Keiji, “Anatometrics in Ancient China , ” *Chinese Science* 10(1991): 39-52.

[92] 三陰三陽，除太少陰陽之外，關於「陽明」、「厥陰」的名義考証，參見韓健平，《馬王堆古脈書研究》，頁15-16；韓健平，〈「陽明」考〉，《中華醫史雜誌》26.2(1996)：111；丸山昌朗，〈三陰三陽論〉，收入氏著，《鍼灸醫學と古典の研究》，頁26-35；藤木俊郎，〈素問と傷寒論の三陰三陽の名稱について〉，收入氏著，《素問醫學の世界》（東京：績文堂，1990年版），頁108-114；丸山敏秋，《黃帝內經と中國古代醫學——その形成と思想的背景および特質——》（東京：東京美術，1988），頁291-314。

明，廣明之下，名曰太陰，太陰之前，名曰陽明，陽明根起于厲兑，名曰陰中之陽。厥陰之表，名曰少陽，少陽根起于竅陰，名曰陰中之少陽。是故三陽之離合也，太陽爲開，陽明爲闔，少陽爲樞。[93]

上文值得措意者有三：第一、以聖人爲中心，面南而立。其前爲廣明，即其「中身而上」爲陽；聖人之後爲太衝之地，其中身以下爲陰。再者，「少陰之上，名曰太陽」、「廣明之下，名曰太陰」。以上的圖式，符合李學勤所說晚周到漢代各種數術圖的二點特色：(1) 上南下北；(2) 方位都是右旋。[94] 按此原則，三陰三陽在空間的關係如圖十三所示。而這種空間配置陰陽的圖式也正是十二經脈在手足四肢分布的位置（圖十四）。清代醫家周學海云：「人身三陰三陽之名，因部位之分列而定名，非由氣血之殊性以取義也」，也就是說，三陰三陽本義起於分野。他又指出：「以天地四方之象，起三陰三陽之名，因即以其名加之六氣，因即以其名加之人身，此不過借以分析氣與處各有所屬，俾得依類以言其病耳！」[95] 所以，三陰三陽由分野之名轉用於表述人身氣血之多寡也。

第二、根結。〈陰陽離合論〉以爲「太陽根起于至陰，結於命門」，此處的根指經脈下端，結指其上端。換言之，根結是指脈氣的起始與終結。至陰爲足太陽最下端的腧穴，命門則指目也。本篇論三陰三陽根結，僅太陽脈全，其餘五經疑有脫簡。茲根據《靈樞・根結》補如下表所示：[96]

陰 陽	太 陽	陽 明	少 陽	太 陰	少 陰	厥 陰
根	至 陰	厲 兌	竅 陰	隱 白	湧 泉	大 敦
結	命 門	顙 大	窗 籠	太 倉	廉 泉	玉 英

〈陰陽離合論〉、〈根結〉兩篇講六經根結皆指足經而言，與手經無涉（〈陰陽繫日月〉亦同，詳下）。而其所載經脈循行路線都是向心性，與《足臂經》一致。[97] 而《足臂經》把足脈排在前面，山田慶兒推測「這或許暗示著足脈發現得早，研究得深」。[98]

---

[93] 牛兵占等，《中醫經典通釋：黄帝内經》，頁238。關於「廣明」、「太衝」等術語的解釋，可參見元・滑壽，《讀素問鈔》（北京：人民衛生出版社，1998），頁10-13。

[94] 李學勤，《李學勤集》（哈爾濱：黑龍江教育出版社，1989），頁357。

[95] 周學海，《讀醫隨筆》（北京：中國中醫藥出版社，1997），頁57, 61。

[96] 牛兵占等，《中醫經典通釋：黄帝内經》，頁19。

[97] 劉宗漢，〈長沙馬王堆出土帛書《經脈書》研究之一——從帛書《經脈書》論《内經》經脈走向體系的二元性〉，《文史》36(1992)：93-94。

[98] 山田慶兒，〈《黄帝内經》的成立〉，收入氏著，《古代東亞哲學與科技文化》，頁248。

第三、開闔樞論。[99]〈陰陽離合論〉所示三陰三陽開闔樞如下：

太 陽	陽 明	少 陽	太 陰	厥 陰	少 陰
開	闔	樞	開	闔	樞

開闔樞是指人身氣的升降出入，[100] 而以三陰三陽示其量變。王冰云：「開闔樞者，言三陽（筆者按：三陰亦同）之氣，多少不等，動用殊也。夫開者，所以司動靜之基。闔者，所以執禁固之權。樞者，所以主動轉之微，由斯殊氣之用，故此三變之也」。[101] 王氏的註解顯示，陰陽係用以表示氣的「多少不等」及其在不同時間的變化。[102]

由於三陰三陽普遍用於空間與方位的切割，《內經》遂有「三時」之說。例如，《素問‧生氣通天論》：「陽氣者，一日而主外，平旦人氣生，日中而陽氣隆，日西而陽氣已虛，氣門乃閉。是故暮而收拒，無擾筋骨，無見霧露，反此三時，形乃困薄。」[103] 可見人身「氣門」（汗孔）的開闔隨平旦、日中、日西三時而變。事實上三陰三陽分割晝夜應爲「六時」。《脈經》中據考存有屬於扁鵲的脈法，[104] 有云：「脈平旦曰太陽，日中曰陽明，晡時曰少陽；黃昏曰少陰，夜半曰太陰，雞鳴曰厥陰，是三陰三陽時也」。[105] 三陰三陽時除給予外界之氣定量外，也用於診脈中不同時間人氣的陰陽盛衰。[106]

---

99 李鋤，〈「開、闔、樞」與「關、闔、樞」辨〉，收入李鋤等編，《針灸經論選》（北京：人民衛生出版社，1993），頁296-303。

100 王玉川，《運氣探秘》，頁9-10。

101 郭靄春主編，《黃帝内經素問校註》（北京：人民衛生出版社，1992），頁110。

102 王玉川，《運氣探秘》，頁62。

103 牛兵占等，《中醫經典通釋：黃帝内經》，頁220。

104《脈經》爲西晉太醫王叔和編撰。該書與漢代《素》、《靈》、《難經》的關係，參見廖育群，〈扁鵲脈學研究〉，《中華醫史雜誌》18.2(1988)：65-69。

105 王叔和，《脈經》（臺北：五洲出版社，1987），頁70。筆者以爲：漢代記時六法有三：十二時、十六時與十八時。其中，十八時是在一日六分的基礎再於三分，主要見於《内經》。漢簡亦有明據。見李均明，〈漢簡所見一日十八時、一時十分記時制〉，《文史》22(1984)：21-27。

106 廖育群，〈漢以前脈法發展演變之源流〉，《中華醫史雜誌》20.4(1990)：196-197；廖育群，〈陰陽の對立と循環〉（京都：龍谷大學史學部講演手稿，1995），頁17-20。

順道一提的是，三陰三陽的順序，《素問・陰陽類論》云：「所謂三陽者，太陽爲經」，「所謂二陽者，陽明也」，「一陽者，少陽也」。[107] 但《內經》亦另有太陽爲二陽，陽明爲三陽之說。[108] 此處不贅。

三陰三陽將時序三分、六分，又以三陰三氣之氣各主六十日，以終一歲之周。陰陽六氣消長盛衰，而能爲經脈作病。以《素問・脈解》爲例：

> 太陽所謂腫腰脽痛者，正月太陽寅，寅太陽也，正月陽氣出在上而陰氣盛，陽未得自次也，故腫腰脽痛也。病偏虛爲跛者，正月陽氣凍解地氣而出也，所謂偏虛者，冬寒頗有不足者，故偏虛爲跛也。所謂強上引背者，陽氣大上而爭，故強上也。所謂耳鳴者，陽氣萬物盛上而躍，故耳鳴也。所謂甚則狂巔疾者，陽盡在上而陰氣從下，下虛上實，故狂巔疾也。所謂浮爲聾者，皆在氣也。所謂入中爲瘖者，陽盛已衰，故爲瘖也。[109]

正月以下，〈脈解〉接著敘述九月、五月、十一月、七月、三月等共六個月份。[110] 內容俱不復錄。其體例不按月份順序敘述，頗爲費解。實則〈脈解〉是以十二消息卦的卦象通解時令病候，其中病候體例皆以「所謂」起頭。各經脈病症皆與時氣消息有關。我們可以用「時令——三陰三陽——病候」的圖式解讀〈脈解〉全篇：[111]

---

107 牛兵占等，《中醫經典通釋：黃帝內經》，頁516。

108 鄧良月、黃龍祥，《中國針灸證治通鑑》，頁33。

109 牛兵占等，《中醫經典通釋：黃帝內經》，頁384。由〈脈解〉內容，筆者懷疑儒者或有兼治方技或方術者，就其學問可能屬於「內學」、「內術」之學。見藤原高男，〈內明、內解、內學等について〉，收入《吉岡博士還曆記念道教研究論集——道教の思想と文化》（東京：國書刊行會，1978），頁365-380。

110 牛兵占等，《中醫經典通釋：黃帝內經》，頁384-385。

111 李鼎，〈《素問・脈解篇》新證〉，《上海中醫藥雜誌》1979.1：37-39。按十二消息卦又稱十二辟卦，辟即君，以十二卦分主十二月（見毛其齡，《推易始末》卷一），係孟喜首倡，《易緯・通卦驗》、虞翻與魏伯陽等皆從之。現將十二消息卦的卦名、月份列爲下表：

泰卦	大壯卦	夬卦	乾卦	姤卦	遁卦	否卦	觀卦	剝卦	坤卦	復卦	臨卦
正月	二月	三月	四月	五月	六月	七月	八月	九月	十月	十一月	十二月

另參見王葆玹，〈西漢易學卦氣説源流考〉，《中國哲學史研究》1989.4：73-95；連劭名，〈考古發現與《易緯》〉，《周易研究》1991.3：4-10；邢文，〈帛書《周易》與卦氣説〉，《道家文化研究》3(1993)：317-329。冷德熙，〈卦氣説及其神話特徵〉，收入氏著，《超越神話——緯書政治神話研究》（北京：東方出版社，1996），頁322-341；徐興無，〈《易緯》的文本和源流研究〉，《中國古籍研究》1(1996)：259-302。

月　份	陰　陽	卦　象	時　令	病候數
正　月（寅）	太陽	泰	陽氣出在上而陰氣盛，陽未得自次也。	共7病
九　月（戌）	少陽	剝	萬物盡衰，草木畢落而墜，則氣去陽而之陰，氣盛而陽之下長。	共3病
五　月（午）	陽明	姤	盛陽之陰也，陽者衰于五月，而一陰氣上，與陽始爭。	共8病
十一月（復）	太陰	復	陰氣下衰，而陽氣且出，故曰得後與氣則快然如衰也。	共4病
七　月（申）	少陰	否	秋氣始至，微霜始下，而方殺萬物，陰陽內奪。	共8病
三　月（辰）	厥陰	夬	一振榮華，萬物一俯而不仰也。	共4病

再對照圖十五筆者所繪製的十二消息卦氣圖，大概可推知上表月份的排列是按太陽—少陰、少陽—厥陰、陽明—太陰的表裏關係爲序。亦即，先三陽後三陰，此與《足臂經》、《陰陽經》脈序一致。值得注意的是，〈脈解〉所提及的六脈皆爲足脈。

以十二消息卦講時令災變亦見於《易緯・通卦驗》。[112]《通卦驗》以四正卦與二十四節氣配屬，並以卦氣失序與人體經脈病變相互對應，可說是醫學的明堂月令流亞：

> 坎震離兑爲之，每卦六爻，既通于四時，二十四氣人之四支、二十四脈亦存于期。[113]

---

[112]《通卦驗》即通過卦氣占驗吉凶災祥。清《四庫全書》自《永樂大典》輯出上書佚文，有上下卷。今本《通卦驗》尚有未輯入之佚文者，例如，清儒張宗泰鈔錄的本子，在節序下載有藥方。劉毓崧以爲「其詞雖與鄭《注》相聯，而其方實非鄭君所採」。見氏著〈書易緯通卦驗鄭注後〉上、下篇的討論，收入《通義堂文集》（光緒十四年刊于青谿舊屋），卷二，頁6-9。相關討論，參見中村璋八，〈緯書中の醫學關連記事の考察〉，收入中村璋八編，《緯學研究論叢》（東京：平河出版社，1993）；池田秀三，〈讀易緯通卦驗鄭注札記——周禮との關連を中心に——〉，收入中村璋八編，《緯學研究論叢》，頁113-134, 377-408。

[113]《易緯通卦驗》，收入安居香山、中村璋八編，《重修緯書集成》（東京：明德出版社，1985），卷一下（易下），頁49。

換言之，上面引文係以「時令一脈序」的關聯存在。亦即，將一年切割爲二十四節氣，與人體二十四脈相應。而三陰三陽在《通卦驗》則表示時氣與變量：[114]

節　氣	月　份	卦氣當至不至	卦氣未當至而至	鄭玄《注》
冬至	十一月	萬物大旱，大豆不爲，人足太陰脈虛，多病振寒。	人足太陰脈盛，多病暴逆，臚張心痛。	
小寒	十二月	先小旱，後小水，人手太陰脈虛，人多病喉脾。	人手太陰脈盛，人多熱，來年麻不爲。	手太陰脈起手大指內側，上貫咒唾，散鼻中。
大寒	十二月	旱後水，麥不成，人足少陰脈虛，多病蹶逆，惕善驚。	人足少陰脈盛，人多病，上氣嗌腫。	足少陰脈起于足上繫。
立春	正月	兵起，來年麥不成，人足少陽脈虛，多病疫瘧。	人足少陽脈盛，人多病粟疾疫。	足少陰脈，言陽非。
雨水	正月	旱，麥不爲，人手少陽脈虛，人多病心痛。	人手少陽脈盛，人多病目。	脈宜爲手太陽，云少陽似誤。手太陽脈，起于手小指端，上頤下目內。
驚蟄	二月	霧，稚禾不爲，人足太陽脈虛，人多病瘧。	人足太陰（張惠言曰，陰當爲陽）脈盛，多病癰疽脛腫。	太陽脈起足小指端，至前兩板齒。
春分	二月	先旱後水，歲惡，重來不爲，人手太陽脈盛，人多病痺痛。	人手太陽脈盛，人多病癘疥，身癢。	
清明	三月	菽豆不爲，人足陽明脈虛，人多病疥虛，振寒洞泄。	人足陽明脈盛，人多病溫暴死。	
穀雨	三月	水物稻等不爲，人足陽明脈虛，人多病癰疽瘧，振寒霍亂。	人足陽明脈盛，人多病溫，黑腫。	
立夏	四月	旱，五穀大傷，牛畜病，人手陽明脈虛，多病寒熱，齒齲。	人手陽明脈盛，多病頭腫嗌，喉痺。	
小滿	四月	多凶言，有大喪，先水後旱，人足太陽脈虛，人多病滿筋，急痺痛。	人足太陽脈盛，人多病衝氣腫。	

[114] 詳見白杉悦雄，〈一陰一陽と三陰三陽〉。又，二十四節氣的時位切割，見王爾敏，〈中國二十四方位觀念之傳承及應用〉，《中國文化研究所學報》1(1992)：1-23。

節　氣	月　份	卦氣當至不至	卦氣未當至而至	鄭玄《注》
芒種	五月	多凶言，國有狂令，人足太陽脈虛，多病血痺。	人足太陽脈盛，多蹶眩頭痛痺。	
夏至	五月	邦有大殃，陰陽並傷，口乾嗌痛。	人手陽脈盛，多病肩痛。	
小暑	六月	前小水，後小旱，有兵，人足陽明脈虛，多病泄注腹痛。	人足陽明脈盛，多病臚腫。	
大暑	六月	外兵作，來年饑，人手少陽脈虛，多病筋痺胸痛。	人手少陽脈盛，多病脛痛惡氣。	
立秋	七月	暴風爲災，年歲不入，人足少陽脈虛，多病癘。	人足少陽脈盛，多病咳嗽上氣咽喉腫。	人足者，例宜言手。
處暑	七月	國有淫令，四方兵起，人手太陰脈虛，多病脹，身熱，來年麥不爲。	人手太陰脈盛，多病脹，身熱不汗出。	
白露	八月	六畜多傷，人足太陰脈虛，人多病痤疽泄。	人足太陰脈盛，多病心脹閉症瘕。	人足於例亦爲手也。
秋分	八月	草木復榮，人手少陽脈虛，多病溫悲心痛。	人手少陽脈盛，多病痃脇鬲痛。	
寒露	九月	來年穀不成，六畜鳥獸被殃，人足蹶陰脈虛，多病疘疼腰病。	人足蹶陰脈盛，多病痛痃中熱。	人足於例，宜爲手也。
霜降	九月	萬物大耗，來年多大風，人足蹶陰脈虛，多病腰痛。	人足蹶陰脈盛，多病喉風腫。	
立冬	十月	地氣不藏，立夏反寒，早旱晚水，萬物不成，人手少陽脈虛，多病溫，心煩。	人手少陽脈盛，多病臂掌痛。	
小雪	十月	來年五穀傷，蠶麥不爲，人心主脈虛，多病肘腋痛。	人心主脈盛，人多病腹耳痛。	
大雪	十一月	溫氣泄，夏蝗生，大水。人手心主脈虛，多病少氣五疽水腫。	人手心主脈盛，多病癰疽腫痛。	

根據上表，值得注意者有四方面：(1)《通卦驗》中時令、政令與人的疾病有關（例如小滿、芒種、夏至、小暑等節氣條下所示），類似的觀念亦見於漢代典

籍；[115] (2) 鄭玄《注》的經脈說佚文與《靈樞・經脈》所載不一，其中鄭氏《注》文的經脈循行皆爲向心性之流注。但值得注意的是，《通卦驗》有心主脈（即所謂手厥陰脈）；(3) 三陰三陽在四時的順序大致是太陽──→陽明──→少陽與太陰──→厥陰──→少陰；(4) 時氣與人體經脈病候的對應關係不是機械性的配屬，而是感應或同時性的關聯。[116]

以陰陽定量的思維，在漢代的數術、方技之學可能曾被普遍的應用。例如，最新出土的東海尹灣《行道吉凶》簡（簡九〇至一一三）有「●丁卯二陽一陰北門　牛三陽東門　亥二陽一陰東門　酉三陽東門　未三陽西門　巳二陽一陰西門」的記載，即於出行時所得不同量的陰陽，並由得其門或不得其門占定吉凶。該墓又有《陰陽六甲書》一卷，估計是同一類型的數術書。[117]

如前所述，三陰三陽將空間與時間切割，有三分、六分、十二分、二十四分等。這種時空切割是與杜正勝先生定名的「天體八方二繩四鉤圖」[118] 或古克禮教授 (Christopher Cullen) 所謂「栻圖」(cosmographic model) 思維相匯通。[119]

晚周秦漢的宇宙圖式，觀察者將天體視爲覆碗，維繫天體於不墜的是「二繩四維」，即《淮南子・天文》所謂的「子午、卯酉」二繩。二繩交叉穿過天極，時間上即切割爲「二至」、「二分」；天體四個角落也用繩索維繫（所謂四維），構成「四鉤」或「四正」。這種時位配置的宇宙圖式或稱爲「八極」。《鶡冠子・天則》：「舉以八極」，陸佃注云：「八極，八方之極，四中四角是也」。[120] 四中、四角即二繩四維切割所形成的八個方位。圖十六所見，即是

---

115 林富士，〈試論《太平經》的疾病觀念〉，《中央研究院歷史語言研究所集刊》62.1(1993)：233-234, 239-241。

116 關於感應論，參見楊儒賓，〈從氣之感通到貞一之道——《易傳》對占卜現象的解釋與轉化〉，收入楊儒賓等編，《中國古代思維方式探索》（臺北：正中書局，1996），頁135-182；湯淺泰雄，《共時性の宇宙觀——時間、生命、自然》（京都：人文書院，1995），頁122-162。按古方術家所謂的「驗」，有三層意義：(1) 預測、推算，(2) 以後事覆檢前占，(3) 感應。

117 連雲港市博物館、東海縣博物館等，〈尹灣漢墓簡牘初探〉，《文物》1996.10：70；門田明，〈江蘇省連雲港市尹灣漢墓出土の簡牘について〉，《中國出土資料研究會會報》4(1996)：7。

118 杜正勝，〈內外與八方：中國傳統居室空間的倫理觀與宇宙觀〉，收入黃應貴編，《空間、力與社會》（臺北：中央研究院民族學研究所，1995），頁253-259。

119 Christopher Cullen, "Some Further Points on the Shih," *Early China* 6(1980-81): 31-46.

120 陸佃，《鶡冠子集解》（臺北：臺灣商務印書館，1978），頁12。

「天體八方二繩四鉤圖」。誠如李學勤所說，它是用於「圖解陰陽五行四時的宇宙論」。[121] 漢代出土的數術文物，例如：(1) 栻盤；[122] (2)《禹藏》圖；[123] (3)《陰陽五行》圖；[124] (4)《刑德》圖；[125] (5)《博局占》；[126] (6)《三十時》[127] 等都應用「二繩四鉤圖」以作時日占驗。另，漢代的明堂、[128] 靈台（圖十七）等建築也可說是這種宇宙圖式的縮影或複製。[129] 其中，銀雀山《三十時》云：「日冬至恒以子午，夏至恒以卯酉，二繩四句（鉤）分此有道」，這段話的大致意思是：冬至爲陽起之日，夏至爲陰起之時，卯、酉各半之，四時陰陽與方位切割是

121 李學勤，〈《博局占》與規矩紋〉，《文物》1997.1：50；李學勤，〈規矩鏡、日晷、博局〉，收入氏著，《比較考古學隨筆》（香港：中華書局，1991），頁30-41。

122 李零，《中國方術考》，頁82-166。關係論文，請參見李零，〈楚帛書與「式圖」〉，《江漢考古》1991.1：59-62；李零，〈「式」與中國古代的宇宙模式〉，《中國文化》4(1991)：1-30。

123 拙稿，〈馬王堆漢墓帛書「禹藏埋胞圖」箋証〉，《中央研究院歷史語言研究所集刊》65.4(1994)：725-832。

124 傅舉有、陳松長編，《馬王堆漢墓文物》（長沙：湖南出版社，1992），頁144-145。

125 陳松長，〈帛書《刑德》略說〉，《簡帛研究》1(1993)：96-107；Marc Kalinowski，〈馬王堆帛書《刑德》試探〉，《華學》1(1995)：82-110；陳松長，〈帛書《刑德》乙本釋文校讀〉，收入《湖南省博物館四十周年紀念論文集》（長沙：湖南教育出版社，1996），頁83-87。

126 拙稿，〈東海尹灣「博局占」研究〉（未刊稿）。

127 李零，〈讀銀雀山漢簡《三十時》〉，《簡帛研究》2(1996)：194-210；陳乃華，〈先秦陰陽學說初探——《曹氏陰陽》、《三十時》的文獻學價值〉，《山東師大學報》1996.6：19-23。關於銀雀山數術書的相關研究，參見羅福頤，〈臨沂漢簡所見古籍概略〉，《古文字研究》11(1985)：10-51；饒宗頤，〈談銀雀山簡《天地八風五行客主五音之居》〉，《簡帛研究》1(1993)：113-119；Robin D.S. Yates, "The Yin-Yang Texts from Yinqueshan: An Introduction and Partial Reconstruction, with Notes on their Significance in Relation to Huang-Lao Daoism," *Early China* 19(1994): 75-144.

128 孫星衍，〈擬置辟雍議〉，收入氏著，《問字堂集》（北京：中華書局，1996），頁44-46。另參見張靜嫻，〈《考工記·匠人篇》淺析〉，《建築史論文集》7(1985)：36-47；黃金山，〈漢代「明堂」考析〉，《中國史研究》1991.1：64-65；沈聿之，〈西周明堂建築起源考〉，《自然科學史研究》14.4(1995)：381-389；李學勤，〈黃帝與河圖洛書〉，氏著，《古文獻叢論》（上海：上海遠東出版社，1996），頁225-234；楊儒賓，〈道家的原始樂園思想〉，收入李亦園、王秋桂編，《中國神話與傳說學術研討會論文集》（臺北：漢學研究中心，1996），上册，頁125-169。

129 中國社會科學院考古研究所洛陽工作隊，〈漢魏洛陽城南郊的靈台遺址〉，《考古》1978.1：54-57；黃展岳，〈中國出土文物記原〉，《故宮文物月刊》12.6(1994)：15。

相配的。[130]《內經・生氣通天論》的「四維相代」，所謂「四維」講的正是時氣與量變進退。[131]

《靈樞・陰陽繫日月》論「足之十二經脈，以應十二月」之說，如果借用上述「天體八方二繩四鉤圖」來詮解，便較清楚。〈陰陽繫日月〉云：

> 寅者，正月之生陽也，主左足之少陽；未者六月，主右足之少陽。卯者二月，主左足之太陽；午者五月，主右足之太陽。辰者三月，主左足之陽明；巳者四月，主右足之陽明。此兩陽合于前，故曰陽明。申者，七月之生陰也，主右足之少陰；丑者十二月，主左足之少陰。酉者八月，主右足之太陰；子者十一月，主右足之太陰。戌者九月，主右足之厥陰；亥者十月，主左足之厥陰。此兩陰交盡，故曰厥陰。[132]

又云：

> 正月、二月、三月，人氣在左，無刺左足之陽；四月、五月、六月，人氣在右，無刺右足之陽。七月、八月、九月，人氣在右，無刺右足之陰；十月、十一月、十二月，人氣在左，無刺左足之陰。[133]

上引文以十二地支與十二月相配，足十二經脈又與十二月相應。正月「生陽」、七月「生陰」。[134] 陰陽消長，人氣在足，按少陽──→太陽──→陽明、少陰──→太陰──→厥陰的時序往復曲折，見圖十八。所以，正月至六月，無刺足之陽；七月至十二月，無刺足之陰，如圖十九所示。天地是一明堂，人身亦一明堂，[135] 陰陽（時氣與變量）佈列，互爲其根。

討論至此，或許我們可以引用本節一開始孫思邈的話說「穴名陰陽者，神氣之所變化」。十二陰陽穴是按「時令—三陰三陽—腧穴」的圖式所構成。腧穴者，天地陰陽之再現。

---

130 李零，〈讀銀雀山漢簡《三十時》〉，頁207-208。

131 牛兵占等，《中醫經典通釋：黃帝內經》，頁219。

132 牛兵占等，《中醫經典通釋：黃帝內經》，頁104。

133 牛兵占等，《中醫經典通釋：黃帝內經》，頁104。

134 正月生陽，因正月陽氣萌發，大地復甦。七月生陰，陰生陽降，故生陰也。見牛兵占等，《中醫經典通釋：黃帝內經》，頁105。

135 敦煌文書編號 P.3655《明堂五臟論》：「立形軀于世間，看明堂而醫療。只如明堂二字，其義不輕。明者命也，堂者軀也。此是軒轅之所造岐伯之論」。馬繼興以爲上引文的「明堂」殆指人體結構（小宇宙）。見氏著，《敦煌古醫籍考釋》（南昌：江西科學技術出版社，1988），頁11。

《漢志·方技略》說方技家「王官之一守也」。[136] 按西周金文職官系統二分，約言之，天官與地官。[137] 天官者，祝宗卜史之屬也。醫者出身疑近於此系。《周禮》醫在天官。[138] 從今本《內經》存有「九宮九風」諸篇[139] 以及大量「天文醫學」[140] 的內容來看，東漢太史待詔中列有醫者身份二人[141] 的現象，與

---

136 陳國慶，《漢書藝文志注釋彙編》，頁233。李零推測「古代的養生知識和烹調技術主要是由宰／膳夫系統的宮廷內官（略與《周禮·天官》相當）來掌守。劉向、劉歆所謂的『方技家』主要與這一系統有關」。見氏著，《中國方術考》，頁8。關於膳夫職官，由金文所見，有師職兼任，可出入王命、巡視地方。東周以降，則成爲掌王、后、世子用膳的內侍，參見曹瑋，〈周代膳夫職官考辨〉，收入《第二次西周史學術研討會論文集》上册（陝西：陝西博物館，1993），頁282-294。另，宰的職事，見松井嘉德，〈宰の研究〉，《東洋史研究》54.2(1995)：1-28。

137 李零，〈西周金文中的職官系統〉，收入《盡心集》（北京：中國社會科學出版社，1996），頁202-214。按西周金文職官分二系：太史寮與卿事寮（張亞初、劉雨，《西周金文官制研究》〔北京：中華書局，1986〕，頁108-111；王貴民，《商周制度考信》〔臺北：明文書局，1989〕，頁172-202）。兩者分屬天官與地官。各統管神、民之業也。這種職官的思想見於《管子·五行》、《大戴禮記·千乘》、《淮南子·天文》、《韓詩外傳》卷八等。醫者或漢代的方技家殆源自天官之屬。《世本》云：「巫咸，堯臣也，以鴻術爲帝堯之醫。」醫者身份變化軌跡，詳見范行準，〈釋醫〉，《醫史雜誌》1.3(1948)：5-19；江曉原，〈天文、巫咸、靈台〉，《自然辯證法通訊》1991.3：54-55；小南一郎，〈説工〉，收入《華夏文明與傳世藏書》（北京：中國社會科學出版社，1996），頁655-661；Lothar van Falkenhausen, "Reflections on the Political Role of Spirit Mediums in Early China: The Wu Officials in the *Zhou Li*," *Early China* 20(1995): 279-300。漢代的醫者在宮廷中亦分二支，一屬掌宗教禮儀的太常，一屬少府。宋人王應麟云：「蓋禮官之大醫，司存之所；少府之大醫，通乎王內。」（《玉海·官制》〔臺北：大化書局，1977〕，頁2355）。參見，彭衛，〈秦漢時期醫制述論〉，《中華醫史雜誌》18.2(1988)：70-74。相關論文，可看宋向元，〈東漢以來方士與醫藥〉，《醫史雜誌》2.3/4(1948)：29-36；陳邦賢，〈四史中醫師職業考〉，《醫史雜誌》2.3/4(1948)：59-66；馬堪溫，〈歷史上的醫生〉，《中華醫史雜誌》16.1(1986)：1-11；張宗棟，〈醫生稱謂考〉，《中華醫史雜誌》20.3(1990)：138-147；李零，〈戰國秦漢方士流派考〉，《傳統文化與現代化》1995.2：34-48；鍾少異，〈道士、道人考〉，《中國史研究》1995.1：109-115。

138 孫詒讓，《周禮正義》（北京：中華書局，1987），頁315-341。

139 李學勤，〈《九宮八風》及九宮式盤〉，收入《王玉哲先生八十壽辰紀念文集》（天津：南開大學出版社，1994），頁1-9。另參見徐振林，《內經五運六氣學——中醫時間氣象醫學》（上海：上海科學技術文獻出版社，1996年版），頁60-64。

140 徐子評，《中國天文醫學概論》（武漢：湖北科學技術出版社，1990）。

141 孫星衍輯，《漢官》，收入《漢官六種》（北京：中華書局，1990），頁1。廖育群以爲漢代的運氣醫學可能與太史待詔中的醫生有關。參見廖育群，〈東漢時期醫學發展之研

其說這是醫屬天官的殘骸，倒不如說是醫者係明堂、羲和和史卜之職的本來面目。[142] 杜正勝先生曾經推測「傳統經脈理論現在尚難以溯源，早期階段可能與古代史官對自然界的了解有些關連」，[143] 無疑是正確的。後世明堂針灸之術講時日宜忌不僅是一個醫學的小宗支別，[144] 起初可能是個方技大國。

《素問・五運行大論》云：

> 黃帝坐明堂，始正天綱，臨觀八極，考建五常，請天師而問之：論言天地之動靜，神明爲之紀，陰陽之升降，寒暑彰其兆。[145]

又，〈陰陽類論〉云：

> 孟春始至，黃帝燕坐，臨觀八極，正八風之氣，而問雷公曰：陰陽之類，經脈之道。[146]

按明堂（或靈台）在漢代係太史令下的機構。如果我們不單純的把上述引文視爲醫書的「依托」[147] 問對，黃帝與天師（或雷公）探討醫理的空間與時間值得予以注目。

黃帝所處的是一個具有神聖宇宙圖式的空間，而與天體相應的人體經脈循行圖式也等待被發現（圖二十）。亦即，經脈之道是天地陰陽之類的精巧複製。如果天體因有二繩四維而運行不息，那麼，到底維繫人體活動於不墜的子午之繩

究〉，《傳統文化與現代化》1994.3：70。另，李學勤推測今本《內經》運氣七篇是漢代的作品，係方技與緯書相互滲透的產物。見李學勤，〈《素問》七篇大論的文獻學研究〉，《燕京學報》新2(1996)：295-303。

142 陳國慶，《漢書藝文志注釋彙編》，頁223。

143 杜正勝，〈從眉壽到長生——中國古代生命觀念的轉變〉，《中央研究院歷史語言研究所集刊》66.2(1995)：441。關係論文，請參見杜正勝，〈形體、精氣與魂魄：中國傳統對「人」認識的形成〉，收入黃應貴編，《人觀、意義與社會》（臺北：中央研究院民族學研究所，1993），頁47-57。

144 鄢良，《人身小天地——中國象數醫學源流・時間醫學卷》（北京：華藝出版社，1993）；林昭庚、鄢良，《針灸醫學史》（北京：中國中醫藥出版社，1995），頁139-173。

145 牛兵占等，《中醫經典通釋：黃帝內經》，頁424。

146 牛兵占等，《中醫經典通釋：黃帝內經》，頁516。

147 李零，《中國方術考》，頁26。「依托」或稱「依記」，是古代數術方技之學傳授技術的一種表達形式。其源是來自《世本・作篇》。參見李零，〈出土發現與古書年代的再認識〉，《九州學刊》3.1(1988)：112-113；李零，〈說「黃老」〉，《道家研究》5(1994)：145-147。關於《世本》，見陳夢家，〈世本考略〉，收入氏著，《六國紀年》（上海：學習生活出版社，1955），頁135-141；錢劍夫，〈試論《世本》之製作年代及其價值〉，《中國歷史文獻研究》2(1988)：20-35。

(任督脈)與四維(手足四肢脈)在哪裏呢?人體中的二繩與四維,正是方技家所謂的經脈。我們若是將王莽使巧屠刳剝人體以竹筵導脈[148] 或《靈樞・經水》「若夫八尺之士,皮肉在此,外可度量切循而得之,其死可解剖而視之」,[149] 視爲方技家發現經脈的始初之途,或許正好把經脈發現程序講反了。換言之,十二經脈的發現不晚於數術化宇宙論[150] 流行的時代,即周秦之際。

四、結語

本文以《五十二病方》「灸其泰陰泰陽」爲例,探索古代方技學的腧穴與陰陽兩個觀念。結論有三:

第一、《五十二病方》的太陰、太陽係人體穴名,不是脈名。它們位於手足腕踝附近,與經脈一樣,亦以三陰三陽命名。換言之,馬王堆方技書只有脈沒有腧穴的成說不能成立。而經脈體系由點到線、同類歸經、經上佈點[151] 的發展觀點似乎值得進一步考慮。

第二、古代方技家以二陰二陽或三陰三陽切割空間與時間,藉以表達時氣與變量。以三陰三陽命名的十二陰陽穴,應該與方技家思考上述課題有關。

基於三陰三陽觀的成立,手足三陰三陽十二經脈的發現並不晚。筆者懷疑,經脈體系的形成也許不存在由十一脈(《足臂經》、《陰陽經》)演化到十二脈(《靈樞・經脈》)的線性發展過程。新近發現的四川綿陽經脈木人模型所呈現的十脈系統,即包括手厥陰脈[152] 與督脈。以十、十一、十二、十六[153] 等不同數術思想(《通卦驗》則是二十四脈)所成立的各式各樣脈序學說,[154] 最後被

---

148 《漢書》(臺北:洪氏出版社,1975),頁4145-4146。另參見拙著,《周秦漢脈學之源流》第六章的討論。

149 牛兵占等,《中醫經典通釋:黃帝內經》,頁47。

150 參見 Ning Chen," The Problem of Theodicy in Ancient China, " *Journal of Chinese Religions* 22(1994): 51-74.

151 黃龍祥,〈腧穴歸經源流〉,《針灸臨床雜誌》1994.5:1-2。

152 王玉川,〈《五十二病方》「臂少陰脈」名實考——兼論手厥陰脈名之演變〉,《北京中醫學院學報》13.5(1990):7-9。

153 《素問・調經論篇》云:「五藏十六部」,十六部者,張志聰以爲:「十六部之經脈也」。即手足經脈十二,蹻脈二,督脈一,任脈一,共十六部也。

154 脈序的安排,可能受卦序說的影響,見沈有鼎,〈周易序卦骨構大意〉,氏著,《沈有鼎文集》(北京:人民出版社,1992),頁97-98。

《靈樞・經脈》一篇所取代了。或者說，〈經脈〉是經脈理論「數術程序」的定本。

第三、古代經脈腧穴之學稱爲「明堂」。治國與治身，一理之術，[155] 固「明堂」官也。「明堂」是王者四時佈政之所、是人之軀體、是腧穴代稱。凡此，由大至小皆是大宇宙的複製與縮影。而人身之盈虛消息，皆通於天地陰陽。晚至淸代醫家周孔四的《周代經絡大全注釋》仍沿用天極地隅的概念與人體經脈類比：

> 今夫人之軀幹須夫脈絡，必前有任，後有督，為一縱圈而束縛之，故識者比于天之南、北二極，地之北有上黨，南有五嶺也。腰之中必有帶脈爲一橫圈而圍繞之，故識者比于天之黄赤道，地之江河水也。手足之持行必有十二經脈爲之分合牽連，以便于屈伸運用，故識者比于天星之有青龍、朱雀、白虎、玄武。地隅有東、西、南、朔也。[156]

方技學往往著墨於局部與整體、周期與循環等理論，[157] 無疑是在「明堂」這種特殊風土產生的。筆者甚至以爲，離開數術（陰陽五行之學）思考這塊風土，中國傳統醫學是無從誕生的。

（本文於一九九八年七月二日通過刊登）

附記

本文曾在「醫療與中國社會」學術研討會（一九九七年六月廿六—廿八日）宣讀，承蒙講評人林富士先生以及與會的女士先生惠示意見，謹誌謝忱。對於兩位不具名的審查人詳盡的意見，一併申謝。

---

[155] 《抱朴子・地眞》：「一人之身，一國之象也。胸腹之位，猶宮室也。四肢之列，猶郊境也。骨節之分，猶百官也。神猶君也，血猶臣也，氣猶民也。故知治身，則能治國也。夫愛其民所以安其國，養其氣所以全其身。民散則國亡，氣竭即身死，死者不可生也，亡者不可存也。」見王明，《抱朴子內篇校釋》（北京：中華書局，1988年版），頁326。

[156] 周孔四，《周氏經絡大全注釋》（上海：上海科學技術出版社，1998），頁37。

[157] Kuang-ming Wu, "Chinese Aesthetics," in Robert E. Allinson (ed.), *Understanding the Chinese Mind: The Philosophical Roots* (Hong Kong: Oxford University Press, 1989), pp. 250-252 "Medicine as Art" 一節討論中醫的思維方式，可參。

引用書目

一、傳統文獻

《史記》，臺北：鼎文書局影印，1984。
《玉海・官制》，臺北：大化書局，1977。
《易緯通卦驗》，收入安居香山、中村璋八編，《重修緯書集成》，東京：明德出版社，卷一下（易下），1985。
《後漢書》，臺北：洪氏出版社，1978。
《國語》，臺北：漢京文化事業公司，1983。
《黃帝蝦蟇經》，收入《東洋醫學善本叢書・第二八冊》，大阪：オリエント出版社，1992。
《漢書》，臺北：洪氏出版社，1975。
丹波元簡，《醫賸》，收入《皇漢醫學叢書》冊十三，平凡出版社景印。
丹波康賴，《醫心方》，北京：華夏出版社，1993。
王叔和，《脈經》，臺北：五洲出版社，1987。
王明，《抱朴子內篇校釋》，北京：中華書局，1988年版。
王應麟，《漢藝文志考》，臺北：大化書局影印，1977。
沈欽韓，《漢書疏證》，光緒二十六年孟冬浙江官書局刊本。
周孔四，《周氏經絡大全注釋》，上海：上海科學技術出版社，1998。
周學海，《讀醫隨筆》，北京：中國中醫藥出版社，1997。
孫思邈，《千金翼方》，北京：華夏出版社，1993。
孫星衍，〈擬置辟雍議〉，收入氏著，《問字堂集》，北京：中華書局，1996。
孫星衍輯，《漢官》，收入《漢官六種》，北京：中華書局，1990。
孫詒讓，《周禮正義》，北京：中華書局，1987。
徐大椿，《醫學源流論》，收入《徐大椿醫書全集》上冊，北京：人民衛生出版社，1996。
馬國翰，《玉函山房輯佚書》，京都：中文出版社，1979。
張志聰，《黃帝內經素問集註》，臺北：文光圖書公司，1982。
陸佃，《鶡冠子集解》，臺北：臺灣商務印書館，1978。
滑壽，《讀素問鈔》，北京：人民衛生出版社，1998。
劉毓崧，《通義堂文義》，光緒十四年青谿舊屋本。
蘇輿，《春秋繁露義證》，北京：中華書局，1992。

二、近人論著

丸山昌朗

1988 〈三陰三陽論〉，收入氏著，《鍼灸醫學と古典の研究》，東京：創元社。

1988 〈經絡發現の端緒について〉，收入氏著，《鍼灸醫學と古典の研究》，東京：創元社。

丸山敏秋

1987 《鍼灸古典入門：中國傳統醫學への招待》，京都：思文閣。

1988 《黃帝內經と中國古代醫學——その形成と思想的背景および特質——》，東京：東京美術。

小南一郎

1996 〈說工〉，收入《華夏文明與傳世藏書》，北京：中國社會科學出版社。

小柳司氣太

1942 《老莊思想と道教》，東京：森北書店。

小曾戶洋

1996 〈敦煌文書および西域出土文書中の醫藥文獻〉，收入氏著，《中國醫學古典と日本：書誌と傳承》，東京：塙書房。

山田慶兒

1982 《混沌の海へ：中國的思考の構造》，東京：朝日新聞社。

1985 〈《五十二病方》の咒術療法〉，收入山田慶兒編，《新發現中國科學史資料の研究：論考篇》，京都：京都大學人文科學研究所。

1985 〈鍼灸の起源〉，收入氏編，《新發現中國科學史資料の研究：論考篇》，京都：京都大學人文科學研究所。

1991 〈古代人は自己—宇宙をどう讀んだか——「式盤」の解讀〉，收入氏著，《制作する行爲としての技術》，東京：朝日新聞社。

1996 〈《黃帝內經》的成立〉，收入氏著，《古代東亞哲學與科技文化》，瀋陽：遼寧教育出版社。

1996 〈中國古典的計量解剖學〉，收入氏著，《古代東亞哲學與科技文化》。

1996 〈中醫學的歷史與理論〉，收入氏著，《古代東亞哲學與科技文化》。

1999 《中國醫學はいかにつくられたか》，東京：岩波書店。

川原秀城

1993 〈術數學——中國の「計量的」科學〉，《中國：社會と文化》8。

中村璋八

1993 〈緯書中の醫學關連記事の考察〉，收入中村璋八編，《緯學研究論叢》，東京：平河出版社。

1997 〈中國思想史上における術數〉，《東洋の思想と宗教》14。

中國社會科學院考古研究所洛陽工作隊

1978 〈漢魏洛陽城南郊的靈台遺址〉，《考古》1978.1。

井上聰

1996 《古代中國陰陽五行の研究》，東京：翰林書房。

牛兵占等

1994 《中醫經典通釋：黃帝內經》，石家莊：河北科學技術出版社。

王玉川

1990 〈《五十二病方》「臂少陰脈」名實考——兼論手厥陰脈名之演變〉，《北京中醫學院學報》13.5。

1993 《運氣探秘》，北京：華夏出版社。

王啓才

1987 〈略論腧穴和經絡起源之先後〉，《上海針灸雜誌》1987.3。

王雪苔主編

1995 《中國針灸大全》上編，河南科學技術出版社。

王貴民

1989 《商周制度考信》，臺北：明文書局。

王進玉

1987 〈敦煌醫學文獻論著目錄〉，《中華醫學雜誌》17.1。

王葆玹

1989 〈西漢易學卦氣說源流考〉，《中國哲學史研究》1989.4。

王夢鷗

1996 《鄒衍遺說考》，臺北：臺灣商務印書館。

王爾敏

1992 〈中國二十四方位觀念之傳承及應用〉，《中國文化研究所學報》1。

史樹青

1962 〈古代科技事物四考〉，《文物》1962.3。

四川省文物考古研究所、綿陽博物館

1996 〈綿陽永興雙包山二號西漢木椁墓發掘簡報〉，《文物》1996.10。

白杉悅雄

1992 〈一陰一陽と三陰三陽——象數易と《黃帝內經》の陰陽說〉，《中國思想史研究》15。

白純
1993 〈古針演化概貌〉，《中華醫史雜誌》23.2。
石田秀實
1992 《中國醫學思想史：もう一つの醫學》，東京：東京大學出版社。
1992 《氣・流れゐ身體》，東京：平河出版社。
任應秋
1960 《陰陽五行》，上海：上海科學技術出版社。
吉元昭治
1989 《道教と不老長壽の醫學》，東京：平河出版社。
曲祖貽
1993 〈黃帝針灸蝦蟇經的簡介〉，收入王雪苔主編，《中國針灸薈萃：現存針灸醫籍之部》，長沙：湖南科學技術出版社。
朱祖延
1978 〈釋十二、三十六、七十二〉，《中國語文》1978.4。
江曉原
1991 〈天文、巫咸、靈台〉，《自然辯證法通訊》1991.3。
池田秀三
1993 〈讀易緯通卦驗鄭注札記——周禮との關連を中心に——〉，收入中村璋八編，《緯學研究論叢》，東京：平河出版社。
竹田健二
1989 〈國語周語におけゐ氣〉，《中國研究集刊》8。
何志國
1995 〈西漢人體經脈漆雕考〉，《大自然探索》1995.3。
余雲岫
1951 〈醫家五行說始於鄒衍〉，《醫史雜誌》3.3/4。
余巖
1972 《古代疾病名候疏義》，臺北：自由出版社。
冷德熙
1996 〈卦氣說及其神話特徵〉，收入氏著，《超越神話——緯書政治神話研究》，北京：東方出版社。
吳中朝
1989 〈《五十二病方》灸方淺析〉，《山西中醫》5.2。
呂思勉
1996 《先秦學術概論》，上海：東方出版中心。
宋向元
1948 〈東漢以來方士與醫藥〉，《醫史雜誌》2.3/4。

李生紹

1987 〈穴位起源關係探〉，收入《針灸論文摘要選編》，北京：中國針灸學會。

李伯聰

1983 〈中醫學歷史和發展的幾個問題〉，收入《科學傳統與文化》，西安：陝西科學技術出版社。

李均明

1984 〈漢簡所見一日十八時、一時十分記時制〉，《文史》22。

李建民

1994 〈馬王堆漢墓帛書「禹藏埋胞圖」箋証〉，《中央研究院歷史語言研究所集刊》65.4。

1997 〈中國古代「禁方」考論〉，《中央研究院歷史語言研究所集刊》68.1。

李洪濤、張自雲

1983 〈關於《內經》針灸穴位的整理〉，《安徽中醫學院學報》1983.2。

李約瑟

1990 《中國古代科學思想史》，南昌：江西人民出版社。

李零

1988 〈出土發現與古書年代的再認識〉，《九州學刊》3.1。

1991 〈「式」與中國古代的宇宙模式〉，《中國文化》4。

1991 〈楚帛書與「式圖」〉，《江漢考古》1991.1。

1994 〈說「黃老」〉，《道家研究》5。

1995 〈戰國秦漢方士流派考〉，《傳統文化與現代化》1995.2。

1996 〈西周金文中的職官系統〉，收入《盡心集》，北京：中國社會科學出版社。

1996 〈讀銀雀山漢簡《三十時》〉，《簡帛研究》2。

李鼎

1958 〈靈樞官針篇淺釋〉，《上海中醫藥雜誌》1958.5。

1978 〈從馬王堆墓醫書看早期的經絡學說〉，《浙江中醫學院學報》1978.2。

1979 〈《素問・脈解篇》新證〉，《上海中醫藥雜誌》1979.1。

1998 《針灸學釋難》（增訂本），上海：上海中醫藥大學出版社。

李漢三

1981 《先秦兩漢之陰陽五行學說》，臺北：維新學局。

李鋤

1993 〈「開、闔、樞」與「關、闔、樞」辨〉，收入李鋤等編，《針灸經論選》，北京：人民衛生出版社。

李學勤

1989 《李學勤集》，哈爾濱：黑龍江教育出版社。

1991 〈規矩鏡、日晷、博局〉，收入氏著，《比較考古學隨筆》，香港：中華書局。

1994 〈《九宮八風》及九宮式盤〉，收入《王玉哲先生八十壽辰紀念文集》，天津：南開大學出版社。

1996 〈《素問》七篇大論的文獻學研究〉，《燕京學報》新2期。

1996 〈黃帝與河圖洛書〉，氏著，《古文獻叢論》，上海：上海遠東出版社。

1997 〈《博局占》與規矩紋〉，《文物》1997.1。

杜正勝

1993 〈形體、精氣與魂魄：中國傳統對「人」認識的形成〉，收入黃應貴編，《人觀、意義與社會》，臺北：中央研究院民族學研究所。

1995 〈內外與八方：中國傳統居室空間的倫理觀與宇宙觀〉，收入黃應貴編，《空間、力與社會》。

1995 〈從眉壽到長生——中國古代生命觀念的轉變〉，《中央研究院歷史語言研究所集刊》66.2。

杉立義一

1991 《醫心方の傳來》，京都：思文閣。

沈有鼎

1992 〈周易序卦骨構大意〉，氏著，《沈有鼎文集》，北京：人民出版社。

沈聿之

1995 〈西周明堂建築起源考〉，《自然科學史研究》14.4。

貝塚茂樹

1985 〈中國における古典の運命〉，收入氏著，《古代中國の精神》，東京：筑摩書房。

邢文

1993 〈帛書《周易》與卦氣說〉，《道家文化研究》3。

坂出祥伸

1996 〈《黃帝蝦蟇經》について——成書時期を中心に〉，收入《東洋醫學善本叢書・第二九冊》，大阪：オリエント出版社。

周一謀、彭堅、彭增福

1994 《馬王堆醫學文化》，上海：文匯出版社。

周一謀、蕭佐桃

1989 《馬王堆醫書考注》，臺北：樂群文化事業公司。

周丕顯

1995 〈敦煌科技書卷叢談〉，收入氏著，《敦煌文獻研究》，蘭州：甘肅文化出版社。

周仕明

1993 〈《內經》中的手術器械——九針〉，《山東中醫學學報》17.6。

孟乃昌

1992 〈道家思想與中醫學〉，《中國文化》6。

林克

1986 〈騶子五行說考〉，《日本中國學會報》38。

1991 〈《黃帝內經》における陰陽說から陰陽五行說への變容〉，《大東文化大學漢學會誌》30。

林昭庚、鄢良

1995 《針灸醫學史》，北京：中國中醫藥出版社。

林富士

1993 〈試論《太平經》的疾病觀念〉，《中央研究院歷史語言研究所集刊》62.1。

松井嘉德

1995 〈宰の研究〉，《東洋史研究》54.2。

金谷治

1988 〈陰陽五行說的創立〉，《中國哲學史研究》1988.3。

金國永

1993 《司馬相如集校註》，上海：上海古籍出版社。

長濱善夫、丸山昌朗

1986 《經絡之研究》，臺北：五洲出版社。

門田明

1993 〈流沙墜簡版本考〉，收入《漢簡研究の現狀と展望》，京都：關西大學出版社。

1996 〈江蘇省連雲港市尹灣漢墓出土の簡牘について〉，《中國出土資料研究會會報》4。

俞曉群

1994 《數術探祕——數在中國古代的神秘意義》，北京：三聯書店。

哈鴻潛

1988 〈針灸銅人考〉，《中國醫藥學院研究年報》14。

洪興祖

1983 《楚辭補注》，臺北：漢京文化公司。

胡道靜

1987 《夢溪筆談校證》，上海：上海古籍出版社。

胡維佳

1993 〈陰陽、五行、氣觀念的形成及其意義〉，《自然科學史研究》12.1。

范行準

1948 〈釋醫〉，《醫史雜誌》1.3。

1986 《中國醫學史略》，北京：中醫古籍出版社。

夏曾佑

1963 〈儒家與方士之糅和〉、〈黃老之疑義〉、〈儒家與方士分離即道教之原始〉等，見氏著，《中國古代史》，臺北：臺灣商務印書館。

徐子評

1990 《中國天文醫學概論》，武漢：湖北科學技術出版社。

徐振林

1996 《內經五運六氣學——中醫時間氣象醫學》，上海：上海科學技術文獻出版社。

徐復觀

1993 《兩漢思想史・卷二》，臺北：臺灣學生書局。

徐興無

1996 〈《易緯》的文本和源流研究〉，《中國古籍研究》1。

祝新年

1993 《小品方新輯》，上海：上海中醫學院出版社。

荒木正胤

1986 〈《醫心方》の妊婦脈圖に現われた經穴に就いて〉，收入氏著，《日本漢方の特質と源流》，東京：御茶の水書房。

酒井忠夫

1953 〈方術と道術〉，收入東京教育大學東洋史學研究室編，《東洋史學論集》，東京：清水書院。

馬王堆漢墓帛書整理小組編

1985 《馬王堆漢墓帛書〔肆〕》，北京：文物出版社。

馬堪溫

1986 〈歷史上的醫生〉，《中華醫史雜誌》16.1。

馬繼興

1979 〈台西村商墓中出土的醫療器具砭鐮〉，《文物》1979.6。

1980 〈《脈法》考釋〉，收入《長沙馬王堆醫書研究專刊》1。

1985 〈《醫心方》中的古醫學文獻初探〉，《日本醫史學雜誌》31.3。

1988 《敦煌古醫籍考釋》，南昌：江西科學技術出版社。

1990 《中醫文獻學》，上海：上海科學技術出版社。

1992 《馬王堆古醫書考釋》，長沙：湖南科學技術出版社。

1996 〈雙包山漢墓出土的針灸經脈漆木人形〉，《文物》1996.4。

馬繼興、丁鑒塘、鄭金生

1987 〈復原古九針的初步研究〉，收入《針灸論文摘要選編》，北京：中國針灸學會。

馬繼興、周世榮

1978 〈考古發掘中所見砭石的初步探討〉，《文物》1978.11。

高文鑄輯注

1995 《小品方》，北京：中國中醫藥出版社。

高石國

1988 《針灸穴名解》，臺北：啓業書局。

高國藩

1989 《敦煌民俗學》，上海：上海文藝出版社。

常正光

1989 〈殷代的方術與陰陽五行思想的基礎〉，《殷墟博物苑苑刊》創刊號。

康鎖彬主編

1995 《經脈腧穴學》，石家莊：河北科學技術出版社。

張亞初、劉雨

1986 《西周金文官制研究》，北京：中華書局。

張宗棟

1990 〈醫生稱謂考〉，《中華醫史雜誌》20.3。

張淑女、黃一農

1993 〈試論中國傳統醫學中的「人神」禁忌〉，收入劉廣定編，《第三屆科學史研討會彙刊》，臺北：國際科學史與科學哲學聯合會科學史組中華民國委員會。

張儂

1995 〈敦煌《灸經圖》殘圖及古穴的研究〉，《敦煌研究》1995.2。

1995 《敦煌石窟秘方與灸經圖》，蘭州：甘肅文化出版社。

張靜嫻

1985 〈《考工記・匠人篇》淺析〉，《建築史論文集》7。

曹瑋

1993 〈周代膳夫職官考辨〉，收入《第二次西周史學術研討會論文集》上冊，陝西：陝西博物館。

梁忠主編

1992 《醫古文譯解》，北京：中國中醫藥出版社。

連劭名

1991 〈考古發現與《易緯》〉，《周易研究》1991.3。

連雲港市博物館、東海縣博物館等

1996 〈尹灣漢墓簡牘初探〉，《文物》1996.10。

郭世寧等

1996　〈《伯樂針經》考〉，《農業考古》1996.3。

郭靄春主編

1992　《黃帝內經素問校註》，北京：人民衛生出版社。

陳乃華

1996　〈先秦陰陽學說初探——《曹氏陰陽》、《三十時》的文獻學價值〉，《山東師大學報》1996.6。

陳邦賢

1948　〈四史中醫師職業考〉，《醫史雜誌》2.3/4。

陳松長

1993　〈帛書《刑德》略說〉，《簡帛研究》1。

1996　〈帛書《刑德》乙本釋文校讀〉，收入《湖南省博物館四十周年紀念論文集》，長沙：湖南教育出版社。

陳美東

1995　〈月令、陰陽家與天文曆法〉，《中國文化》12。

陳國慶

1983　《漢書藝文志注釋彙編》，臺北：木鐸出版社。

陳湘萍

1987　〈《五十二病方》研究概況〉，《中醫雜誌》1987.5。

陳夢家

1955　〈世本考略〉，收入氏著，《六國紀年》，上海：學習生活出版社。

1980　〈漢簡年曆表敘〉，收入氏著，《漢簡綴述》，北京：中華書局。

陳維輝

1994　《中國數術學綱要》，上海：同濟大學出版社。

陳繼文

1994　《中國數術結構》，西安：西北大學出版社。

傅舉有、陳松長編

1992　《馬王堆漢墓文物》，長沙：湖南出版社。

彭仲鐸

1942　〈釋三五九〉，《國文月刊》16。

彭衛

1988　〈秦漢時期醫制述論〉，《中華醫史雜誌》18.2。

彭靜山

1987　〈「外三陽五會」考〉，《中國針灸》1987.1。

湯淺泰雄

1995　《共時性の宇宙觀——時間、生命、自然》，京都：人文書院。

湯萬春

1990 《小品方輯錄箋注》，合肥：安徽科學技術出版社。

賀普仁

1993 《針具針法》，北京：科學技術文獻出版社。

馮友蘭

1994 《中國哲學簡史》，北京：北京大學出版社。

黃金山

1991 〈漢代「明堂」考析〉，《中國史研究》1991.1。

黃展岳

1994 〈中國出土文物記原〉，《故宮文物月刊》12.6。

黃龍祥

1987 〈《黃帝內經明堂》佚文考略〉，《中國醫藥學報》2.5。

1987 〈《黃帝明堂經》與《黃帝內經》〉，《中國針灸》1987.6。

1988 《黃帝明堂經輯校》，北京：中國醫藥科技出版社。

1993 〈經絡學說的由來〉，《中國針灸》1993.5。

1994 〈「足太陰」穴與三陰交〉，《中醫雜誌》35.11。

1994 〈腧穴歸經源流〉，《針灸臨床雜誌》1994.5。

1994 〈腧穴歸經源流初探〉，《針灸臨床雜誌》10.5。

楊士孝

1986 《二十六史醫家傳記新注》，瀋陽：遼寧大學出版社。

楊甲三主編

1984 《腧穴學》，上海：上海科學技術出版社。

楊宏道

1986 《獸醫針灸史漫話——從石針到光針》，北京：農業出版社。

楊希枚

1972 〈中國古代的神秘數字論稿〉，《中央研究院民族學研究所集刊》33。

楊維傑

1990 《針灸五輸穴應用》，臺北：樂群文化事業公司。

楊儒賓

1996 〈從氣之感通到貞一之道——《易傳》對占卜現象的解釋與轉化〉，收入楊儒賓等編，《中國古代思維方式探索》，臺北：正中書局。

1996 〈道家的原始樂園思想〉，收入李亦園、王秋桂編，《中國神話與傳說學術研討會論文集》上冊，臺北：漢學研究中心。

楊學鵬

1993 《陰陽——氣與變量》，北京：科學出版社。

葉九如

1979 〈再說「十二」〉，《中國語文》1979.5。

葉又新

1980 〈錐形砭石〉，《中華醫史雜誌》10.2。

1981 〈試釋東漢畫像石上刻劃的醫針——兼探九針形成過程〉，《山東中醫學報》1981.3。

鄒介正

1960 〈唐代的針烙術〉，《農史研究集刊》2。

1985 〈獸醫針灸源流〉，《農業考古》1985.1。

靳士英

1991 〈明堂圖考〉，《中華醫史雜誌》21.3。

廖育群

1987 〈陳延之與《小品方》研究的新進展〉，《中華醫史雜誌》17.2。

1988 〈扁鵲脈學研究〉，《中華醫史雜誌》18.2。

1988 〈今本《黃帝內經》研究〉，《自然科學史研究》7.4。

1990 〈漢以前脈法發展演變之源流〉，《中華醫史雜誌》20.4。

1991 〈秦漢之際針灸療法理論的建立〉，《自然科學史研究》10.3。

1991 〈《素問》與《靈樞》中的脈法〉，收入山田慶兒、田中淡編，《中國古代科學史論·續篇》，京都：京都大學人文科學研究所。

1992 《岐黃醫道》，瀋陽：遼寧教育出版社。

1994 〈東漢時期醫學發展之研究〉，《傳統文化與現代化》1994.3。

1995 〈陰陽家、陰陽學說與中國傳統醫學〉，《傳統文化與現代化》1995.5。

1995 〈陰陽の對立と循環〉，京都：龍谷大學史學部講演手稿。

聞一多

1944 〈七十二〉，《國文月刊》22。

趙健雄

1988 《敦煌醫粹——敦煌遺書醫藥文選校釋》，貴陽：貴州人民出版社。

鄢良

1993 《人身小天地——中國象數醫學源流·時間醫學卷》，北京：華藝出版社。

劉宗漢

1992 〈長沙馬王堆出土帛書《經脈書》研究之一——從帛書《經脈書》論《內經》經脈走向體系的二元性〉，《文史》36。

劉長林

1996 〈陰陽原理與養生〉，《國際易學研究》2。

劉敦愿

1994 〈漢畫像石中的針灸圖〉，收入氏著，《美術考古與古代文明》，臺北：允晨文化有限公司。

樊縯

1934 〈解釋「三七」〉，《太白》1.4。

蔡景峰

1987 〈論司馬遷的醫學思想〉，收入劉乃和主編，《司馬遷與史記》，北京：北京出版社。

鄭金生

1981 〈古代的中藥粉碎工具及其演變〉，《中華醫史雜誌》11.1。

鄧良月、黃龍祥

1995 《中國針灸證治通鑑》，青島：青島出版社。

錢超塵

1988 《中醫古籍訓詁研究》，貴陽：貴州人民出版社。

錢劍夫

1988 〈試論《世本》之製作年代及其價值〉，《中國歷史文獻研究》2。

龍伯堅

1984 《黃帝內經概論》，上海：上海科學技術出版社。

篠原孝市

1981 〈《黃帝內經明堂》總說〉，收入小曾戶洋等編，《東洋醫學善本叢書・第八冊》，大阪：東洋醫學研究會。

1994 〈《醫心方》の鍼灸〉，收入《醫心方の研究》，大阪：オリエント出版社。

謝克慶等

1996 〈「西漢人體經脈漆雕」的價值和意義〉，《成都中醫藥大學學報》19.1。

謝利恒

1997 《中國醫學源流論》，臺北：新文豐出版公司。

謝松齡

1991 《天人象：陰陽五行學說史導論》，濟南：山東文藝出版社。

鍾少異

1995 〈道士、道人考〉，《中國史研究》1995.1。

鍾依研

1972 〈西漢劉勝墓出土的醫療器具〉，《考古》1972.3。

鍾益研、凌襄

〈我國現已發現的最古醫方——帛書《五十二病方》〉。

韓健平

1996 〈「陽明」考〉，《中華醫史雜誌》26.2。

1997 〈出土古脈書與三部九候說〉，《中華醫史雜誌》27.1。

韓健平編

1996 〈古脈書研究論著目錄〉，收入氏著，《馬王堆古脈書研究》，北京：北京大學博士學位論文。

叢春雨主編

1994 《敦煌中醫藥全書》，北京：中醫古籍出版社。

魏啓鵬、胡翔驊

1992 《馬王堆漢墓醫書校釋》〔壹〕，成都：成都出版社。

鎌田重雄

1967 〈方士と尙方〉，收入氏著，《史論史話・第二》，東京：新生社。

龐樸

1994 〈陰陽：道器之間〉，《道家文化研究》5。

羅福頤

1985 〈臨沂漢簡所見古籍概略〉，《古文字研究》11。

藤木俊郎

1990 〈素問と傷寒論の三陰三陽の名稱について〉，收入氏著，《素問醫學の世界》，東京：續文堂。

藤原高男

1978 〈內明、內解、內學等について〉，收入《吉岡博士還曆記念道教研究論集——道教の思想と文化》，東京：國書刊行會。

饒宗頤

1993 〈談銀雀山簡《天地八風五行客主五音之居》〉，《簡帛研究》1。

顧文炳

1993 《陰陽新論》，瀋陽：遼寧教育出版社。

顧實

1980 《漢書藝文志講疏》，臺北：臺灣商務印書館。

Chen, Ning

1994 "The Problem of Theodicy in Ancient China," *Journal of Chinese Religions* 22.

Cullen, Christopher

1980-81 "Some Further Points on the Shih," *Early China* 6.

DeWoskin, Kenneth J.

1983 *Doctors, Diviners, and Magicians of Ancient China: Biographies of Fang-shih*. New York: Columbia University Press.

Falkenhausen, Lothar van

1995 "Reflections on the Political Role of Spirit Mediums in Early China: The Wu Officials in the *Zhou Li*," *Early China* 20.

Graham, A. C.

1989 *Disputers of the Tao: Philosophical Argument in Ancient China*. La Salle, IL: Open Court.

Harper, Donald

1982 *The "Wu Shih Erh Ping Fang": Translation and Prolegomena*. Ann Arbor: University Microfilms International.

Kalinowski, Marc

1995 〈馬王堆帛書《刑德》試探〉，《華學》1。

Kuriyama, Shigehisa

1995 "Interpreting the History of Bloodletting," *Journal of the History of Medicine* 50.

Sivin, Nathan

1995 "The Myth of the Naturalists," in idem, *Medicine, Philosophy and Religion in Ancient China: Researches and Reflections*. Aldershot: Variorum.

Sontag, Susan

1995 《隱喻としての病い》，東京：みすず書房。

Unschuld, Paul U.

1982 "Ma-wang-tui Materia Medica: A Comparative Analysis of Early Chinese Pharmaceutical Knowledge," *Zinbun: Memoirs of the Research Institute for Humanistic Studies* 12.

Wu, Kuang-ming

1989 "Chinese Aesthetics," in Robert E. Allinson (ed.), *Understanding the Chinese Mind: The Philosophical Roots*. Hong Kong: Oxford University Press.

Yamada, Keiji

1979 "The Formation of the Huang-ti Nei-ching," *Acta Asiatica* 36.

1991 "Anatometrics in Ancient China," *Chinese Science* 10.

Yates, Robin D.S.

1994 "The Yin-Yang Texts from Yinqueshan: An Introduction and Partial Reconstruction, with Notes on their Significance in Relation to Huang-Lao Daoism," *Early China* 19.

Mingtang and *Yinyang*: The Case of *Wushier bingfang* from Mawangdui

Jianmin Li

Institute of History and Philology, Academia Sinica

This paper discusses the concepts of *shuxue* 腧穴（also termed "*mingtang*" 明堂）and *yinyang* 陰陽 in Chinese medical recipes and techniques. The paper is divided into two parts. First, although the medical manuscripts（*maishu* 脈書）discovered at Mawangdui offer clear descriptions of eleven circulatory tracts (*mai*), they make no mention of the term *shuxue*. This has given rise to the theory that the *shuxue* were preceded by the *jingmai* 經脈. Through a case study of the phrase "Jiu qi taiyin, taiyang" 灸其泰陰、泰陽 in the *Wushier bingfang*, the author points out that *taiyin* and *taiyang* are names of *xue*, or "locus" on the human body, and not names of *jingmai* (circulatory tracts). These *xue* are located in the vicinity of the wrist and ankle, and are named the three *yin* and three *yang*, as are the *jingmai*. There are in total twelve *shuxue* named with the terms *yin* and *yang*.

Second, the author conducts an inquiry into the meaning of the *shuxue* that are named with the terms *yin* and *yang*. The term "*yinyang*" as used by "adepts of esoteric arts" (*fangshi* 方士）, was mainly used in the following two ways: (1) as a term for astrological and astronomical learning, and (2) as a mode of thinking by which adepts of the esoteric arts in ancient China divided space and time, and expressed seasonal, aspectual, and dynamic changes. The twelve *yinyang xue* are constructed according to the schema of "seasons — with three *yin* and three *yang shuxue*."

The field of learning relating to *jingmai* and *shuxue* in ancient China was called "*mingtang*." The term *mingtang* refers variously to the place of political activity of the king, the human body, and the *shuxue*. Ranging in scope from large to small, it is at once a replica and an essentialization of the macro-cosmos. Medical theories pertaining to topics such as "part and whole," and "period and cycle," which played a major role in the discourse over recipes and techniques, originated within the specific Chinese cultural milieu of this *mingtang* learning.

Keywords: *Wushier bingfang*, *mingtang*, three *yin* and three *yang*, twelve *yinyang xue*, the history of *fangji*

圖一：三陰交穴在內踝上三寸處

出自《人體經脈圖》（清康熙年間彩繪本）

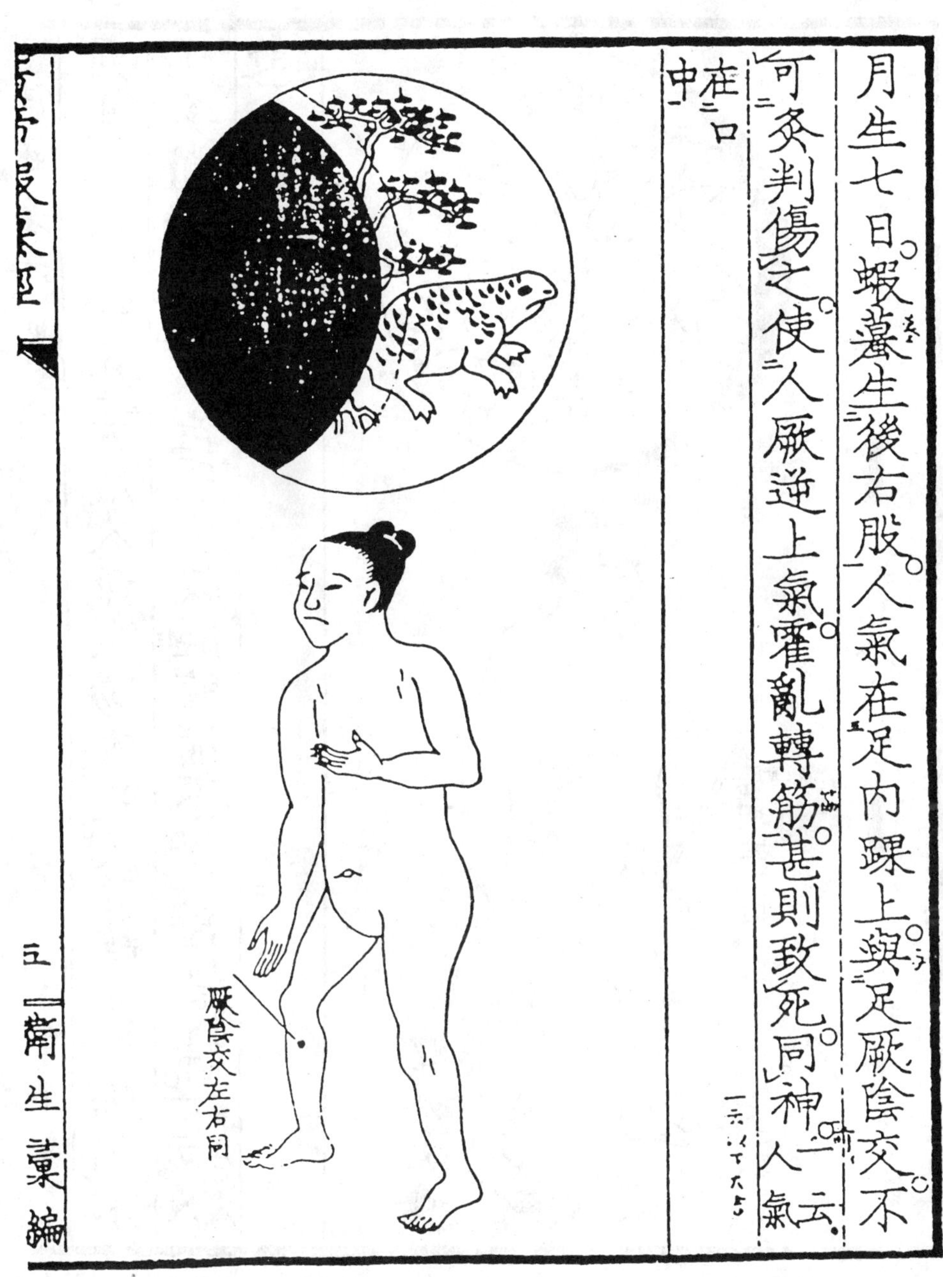

圖二：足厥陰穴

《黃帝蝦蟇經》

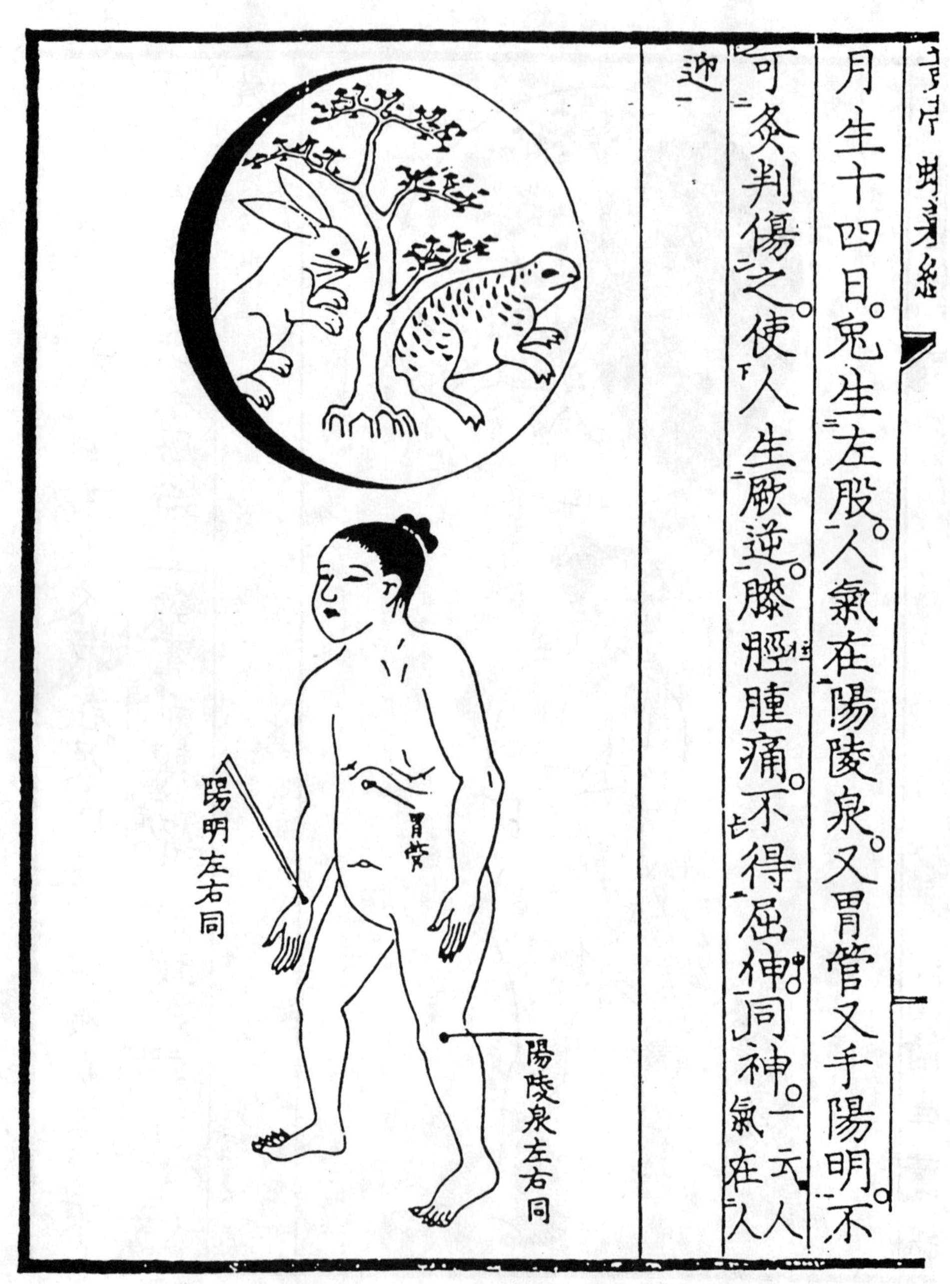

圖三：手陽明穴

《黃帝蝦蟇經》

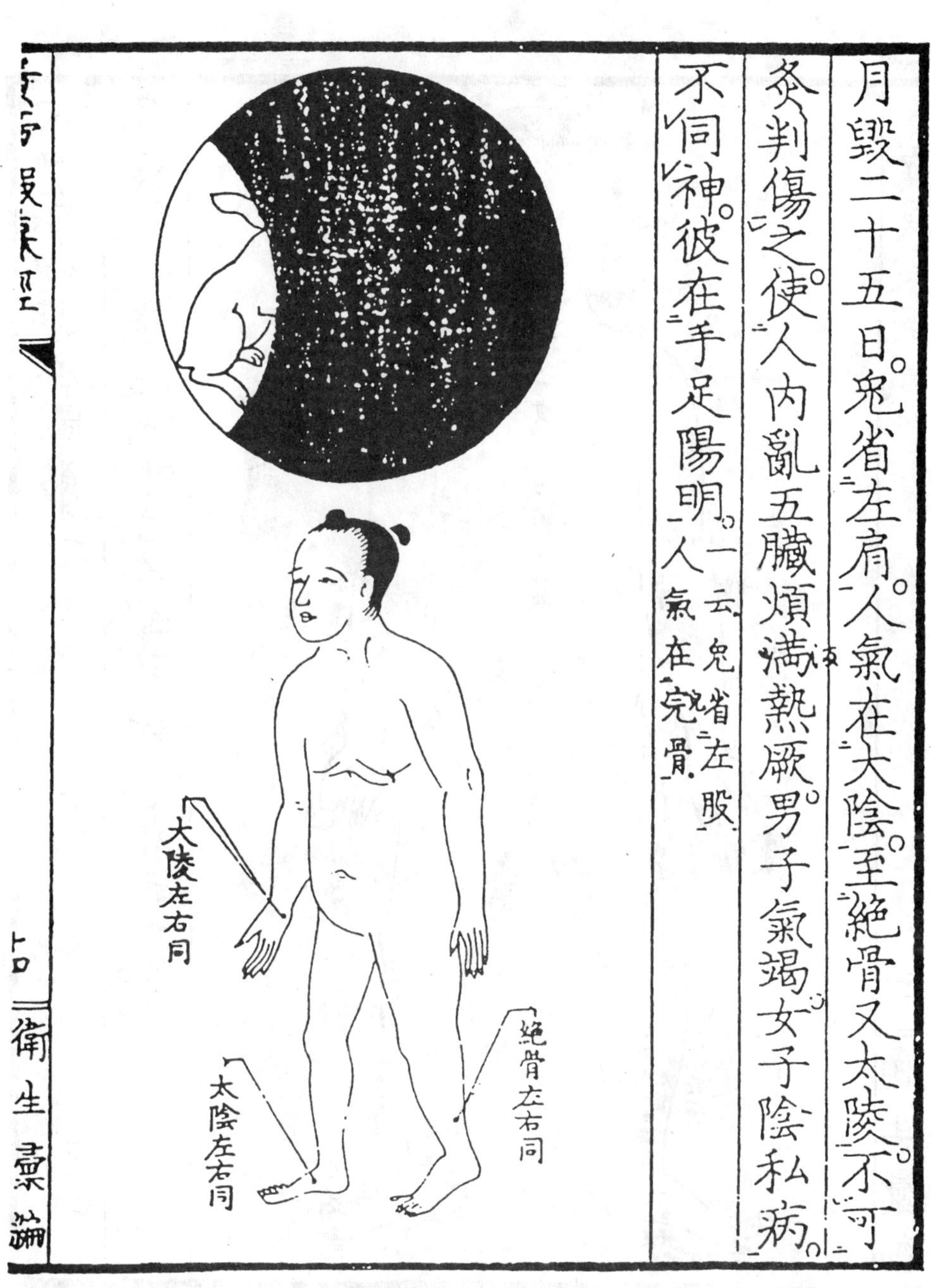

圖四：足太陰穴

《黃帝蝦蟇經》

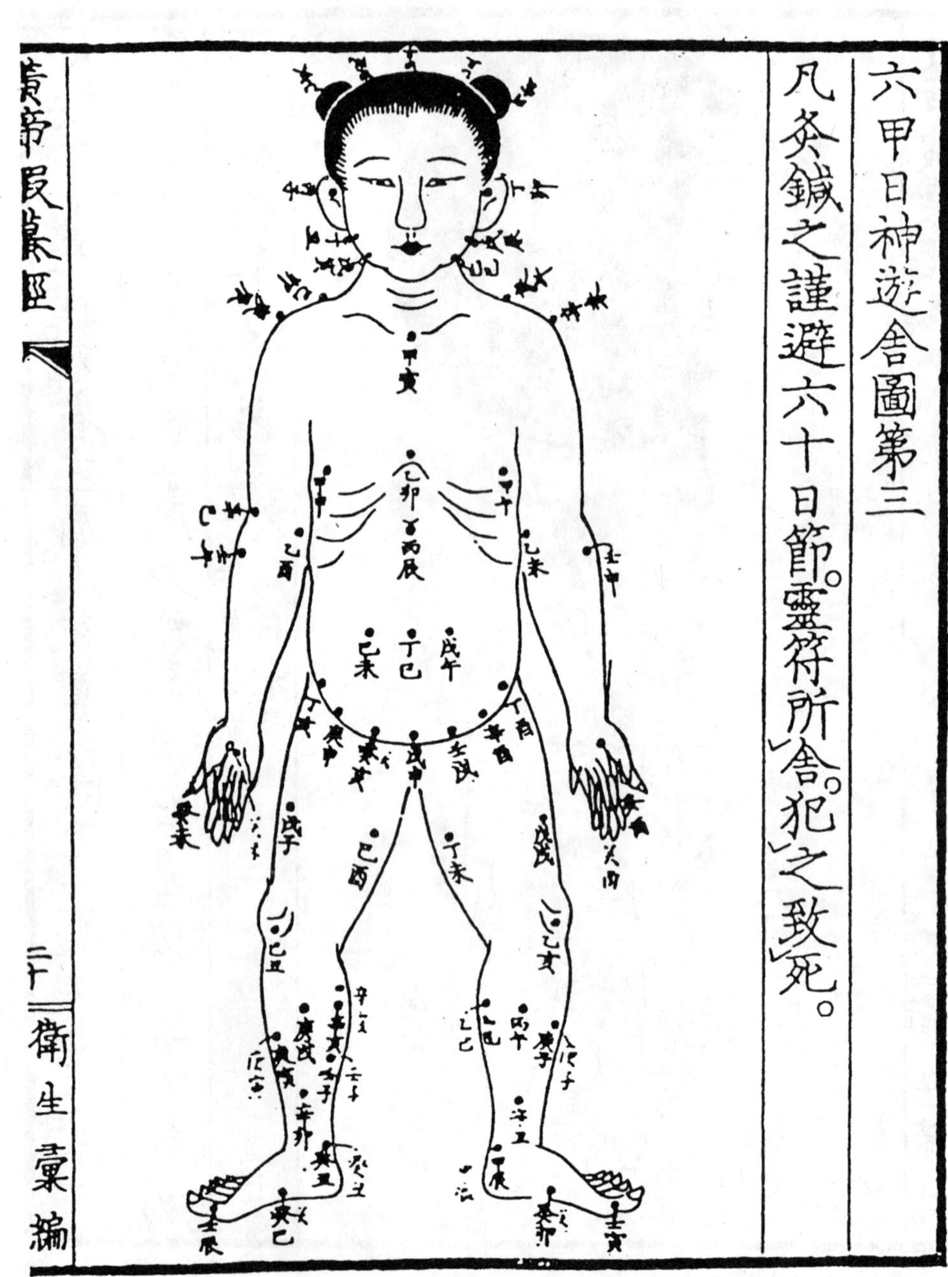

圖五・a:六甲日神遊舍圖

《黃帝蝦蟇經》

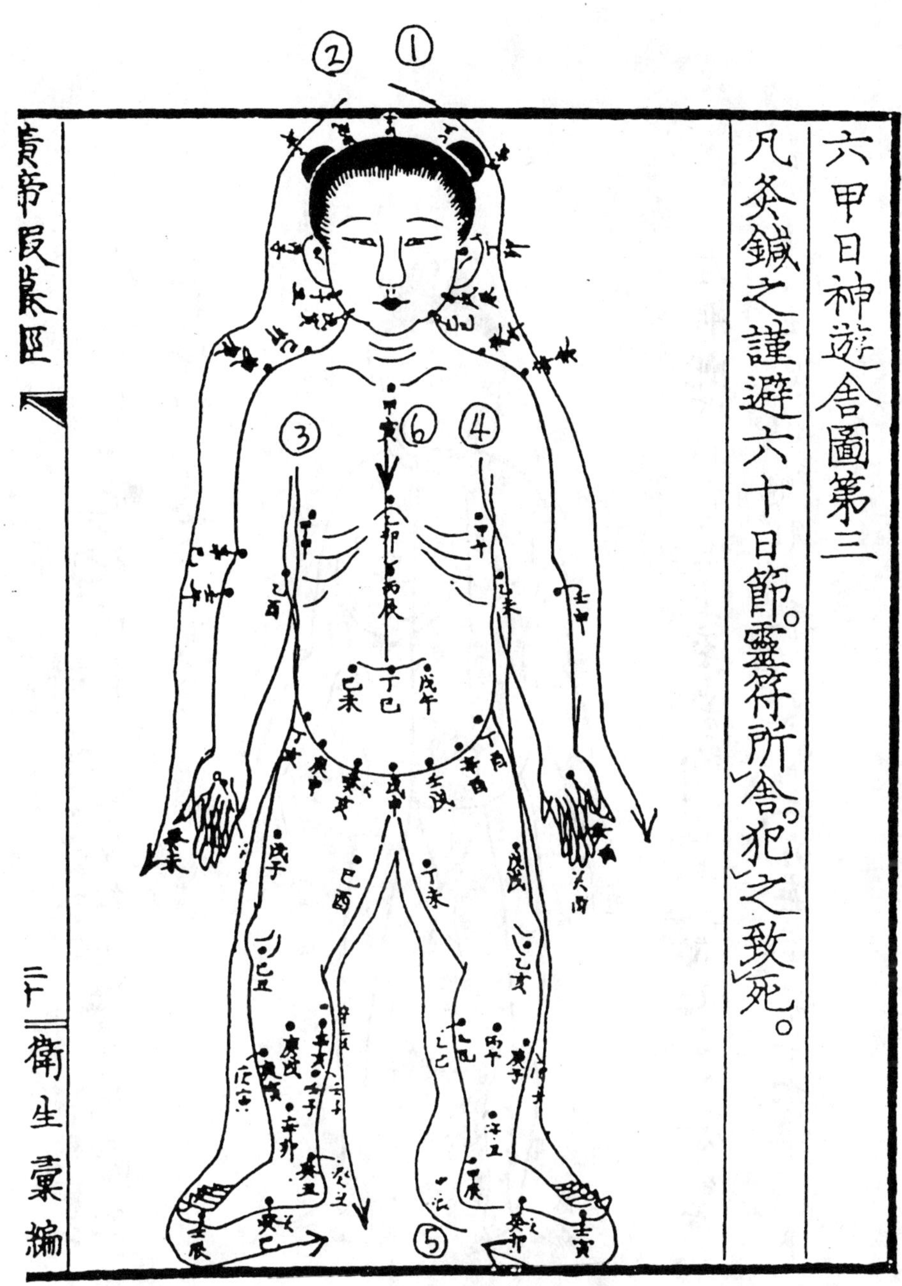

圖五·b：六甲日神遊舍圖

以十爲數，共六旬。缺丙戌、丙申。

《黃帝蝦蟇經》

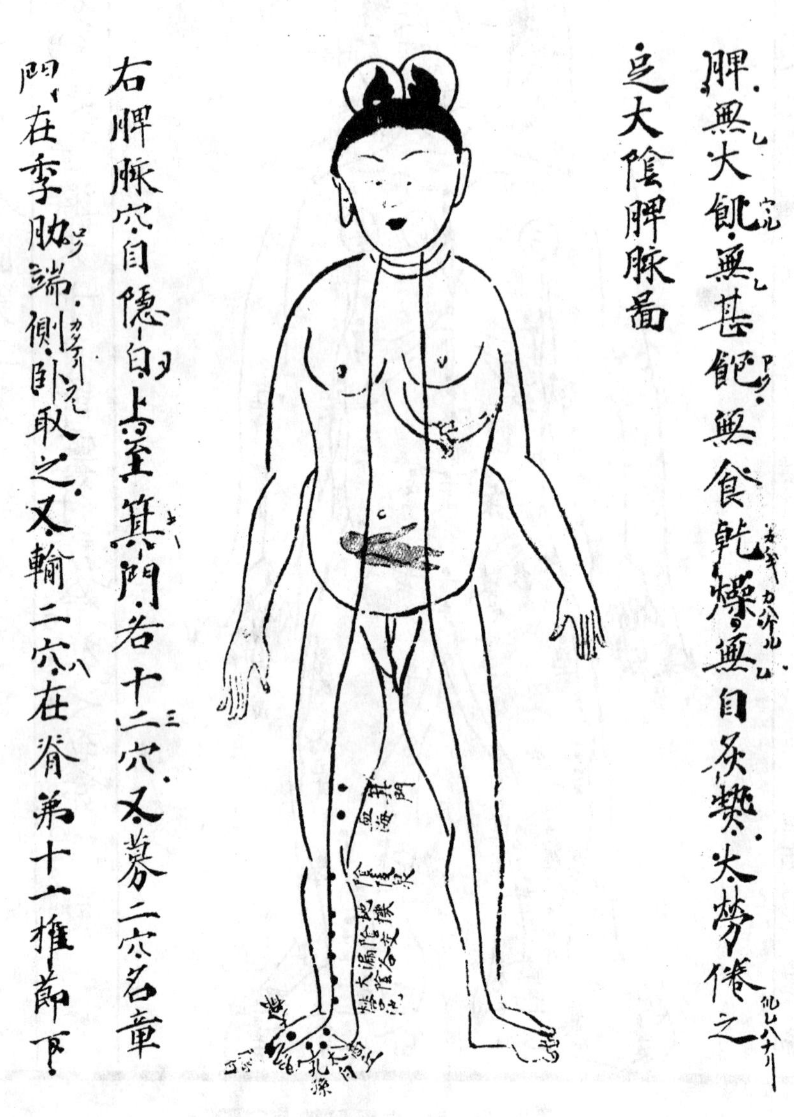

圖六：足太陰穴

《醫心方》卷二二

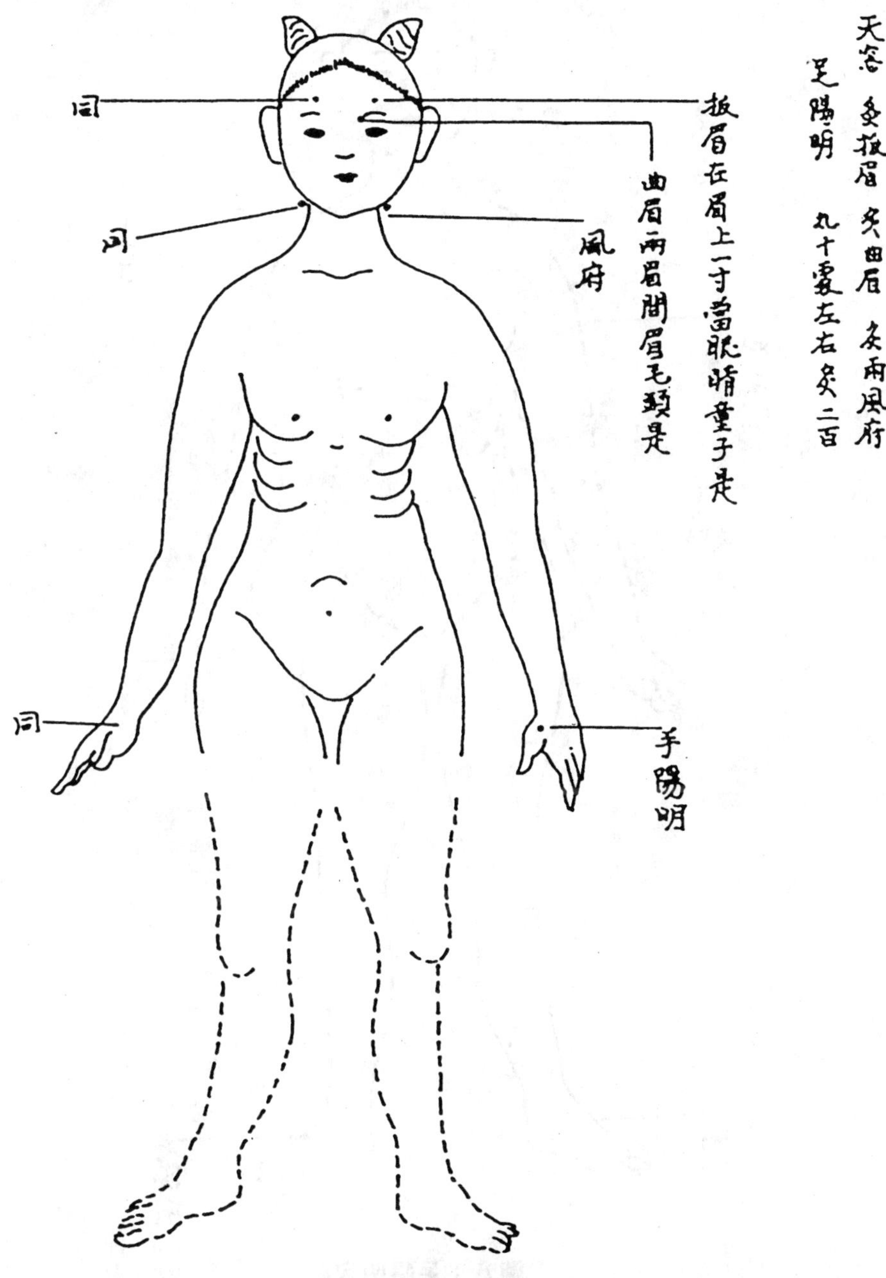

圖七：手陽明穴

張儂，《敦煌石窟祕方與灸經圖》（蘭州：甘肅文化出版社，1995），圖2。

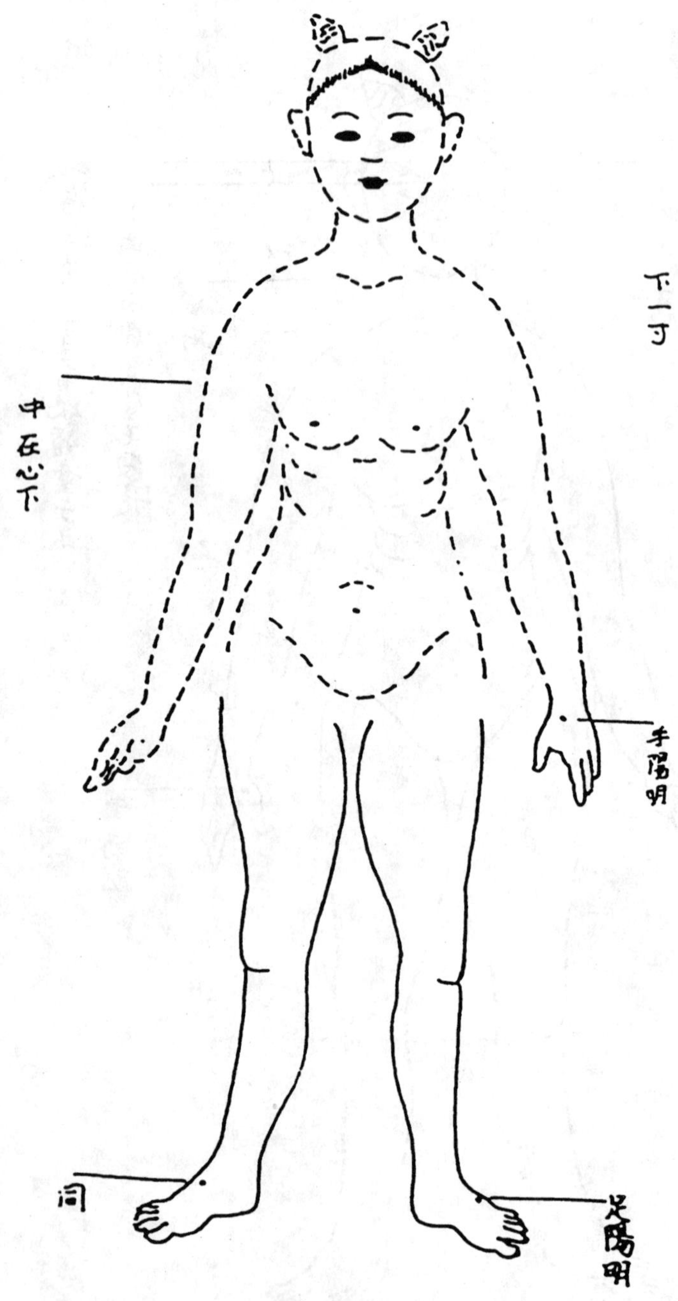

圖八：足陽明穴

張儂，《敦煌石窟祕方與灸經圖》，圖9。

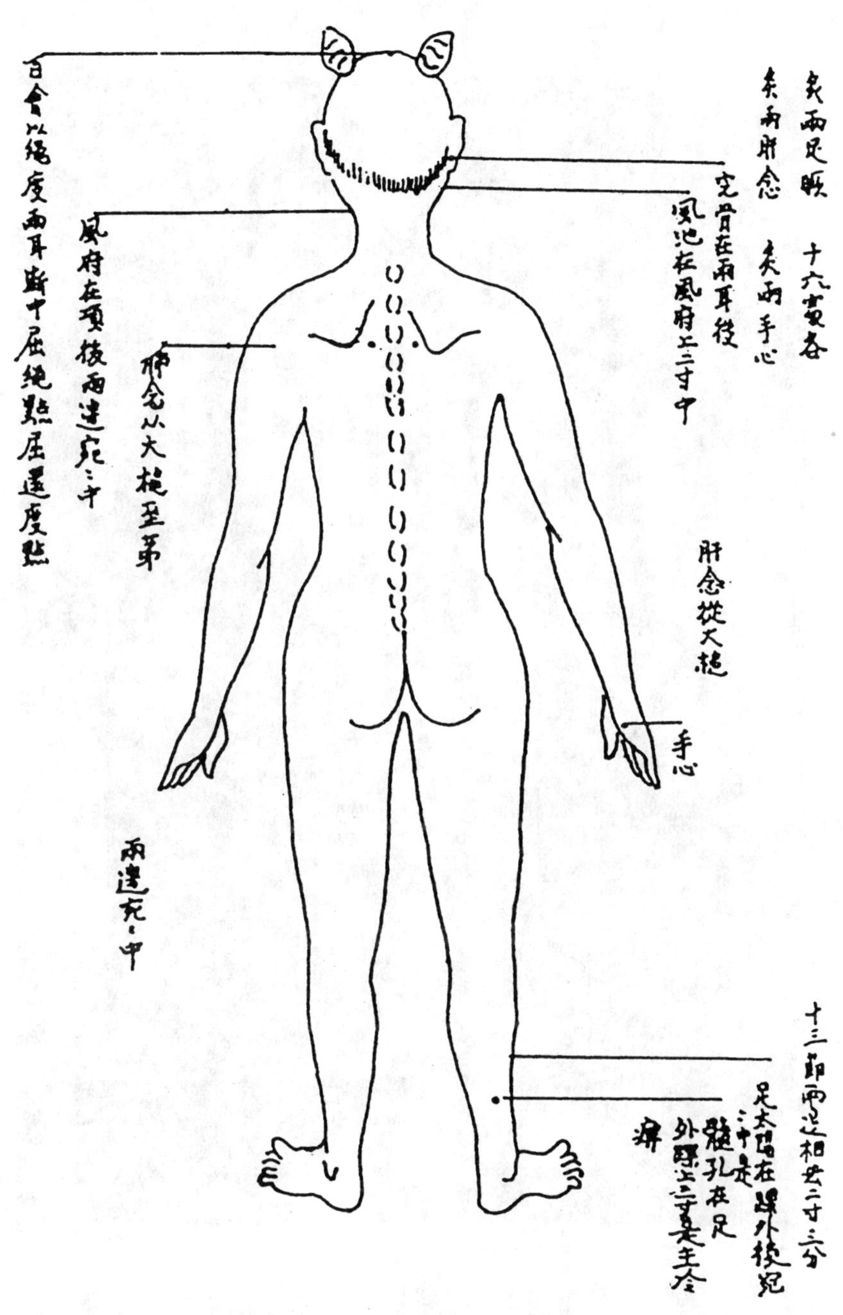

圖九：足太陽穴

張儂，《敦煌石窟祕方與灸經圖》，圖10。

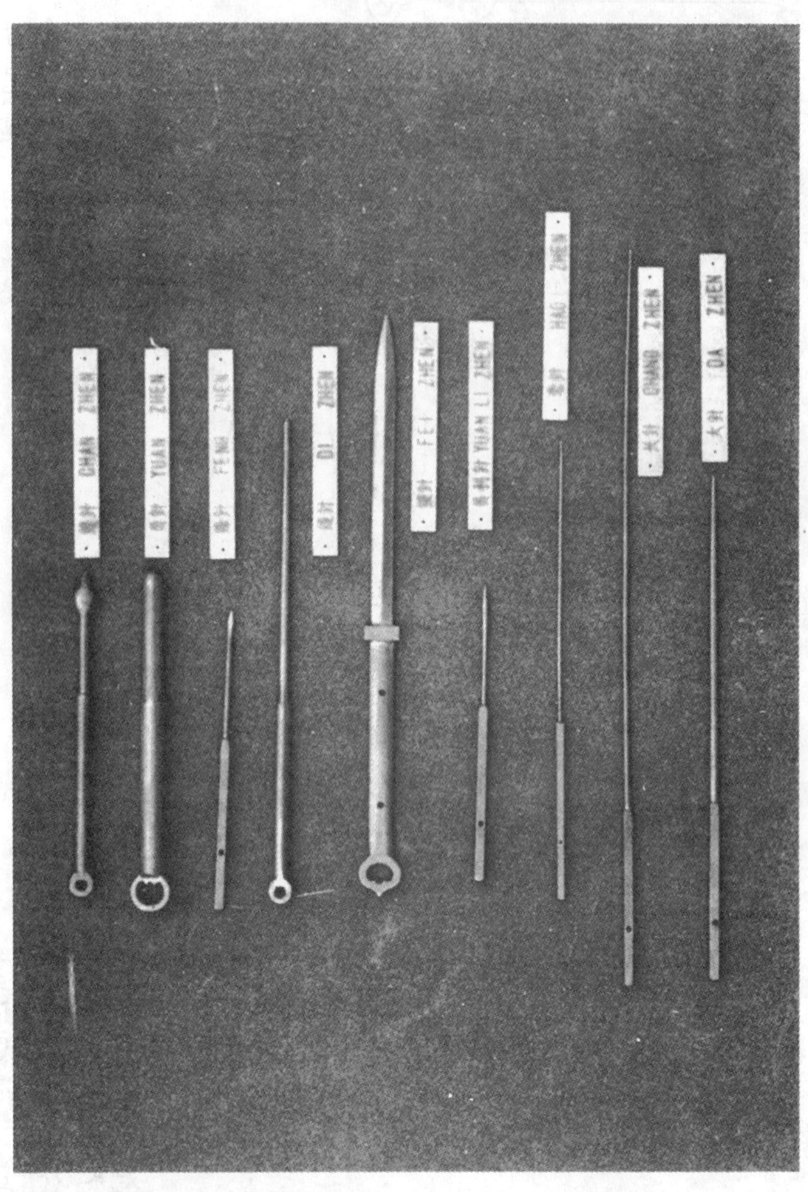
CHAN ZHEN
YUAN ZHEN
FENG ZHEN
DI ZHEN
FEI ZHEN
YUAN LI ZHEN
HAO ZHEN
CHANG ZHEN
DA ZHEN

圖十：九針復原圖

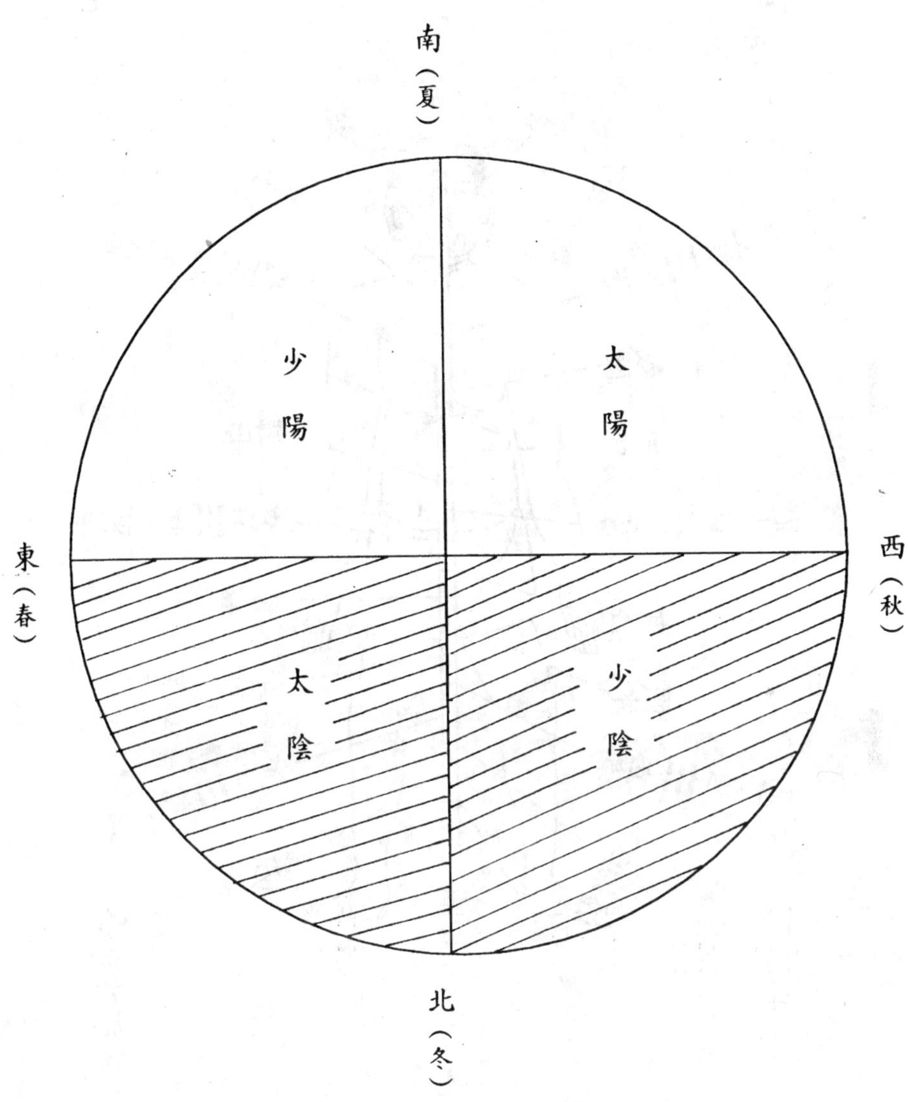

圖十一：太少陰陽「時位」切割圖（自繪）

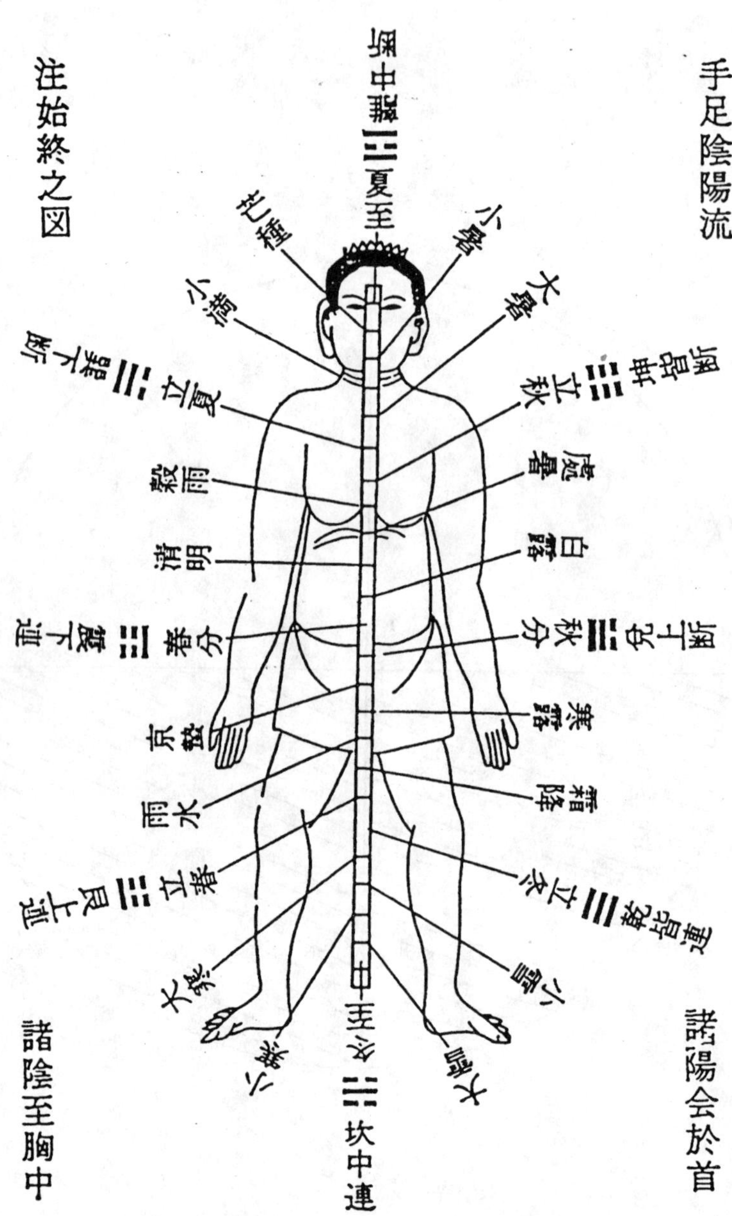

圖十二：人體與四時陰陽圖

竹內實，《中國の思想》(東京：日本放送出版協會，1994年版)，頁123。

原題爲「人體的陰陽循環圖」。

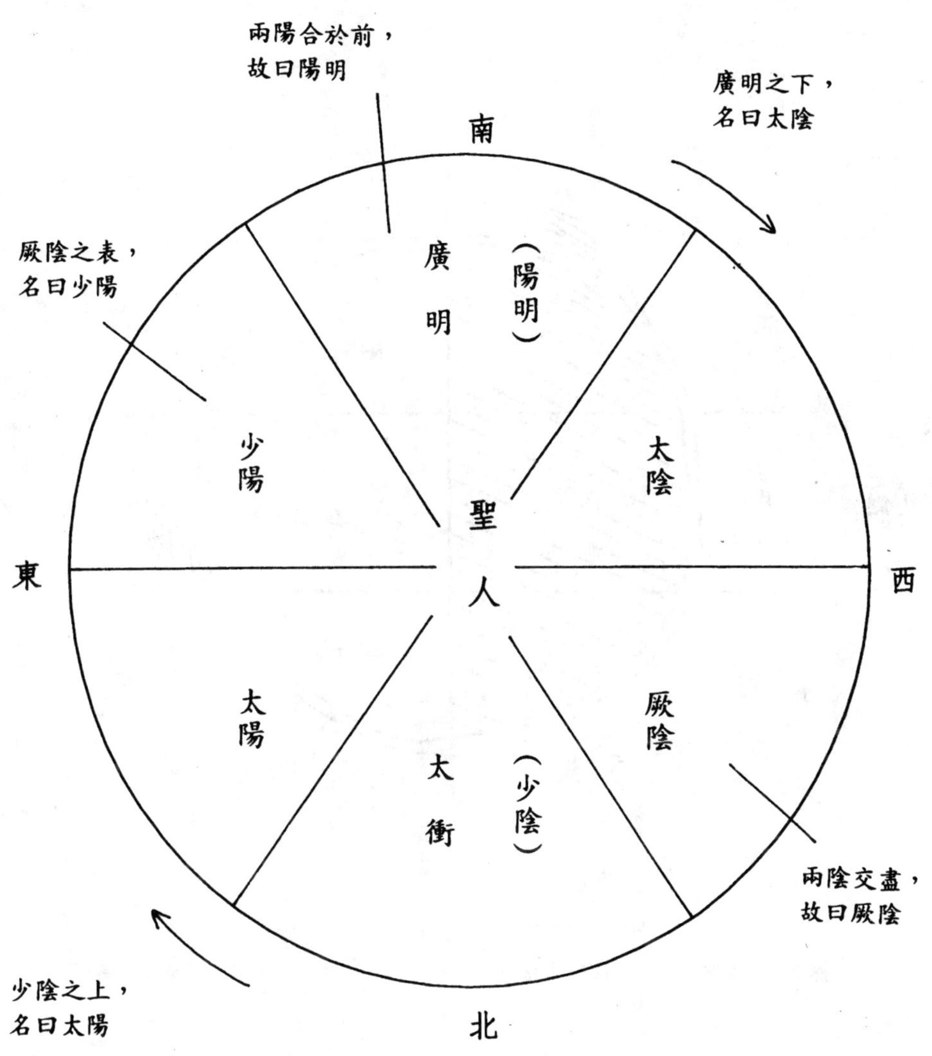

圖十三：三陰三陽空間切割圖（自繪）

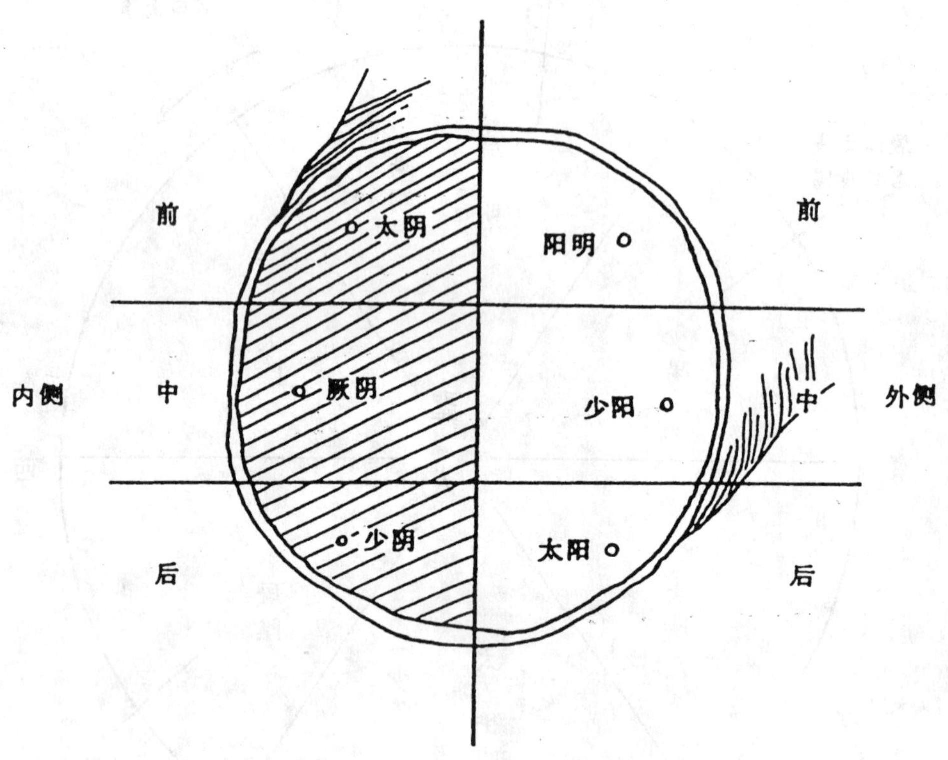

圖十四：十二經脈在四肢空間的分佈圖

祝總驤、郝金凱，《針灸經絡生物物理學》（北京：北京出版社，1989），頁68。

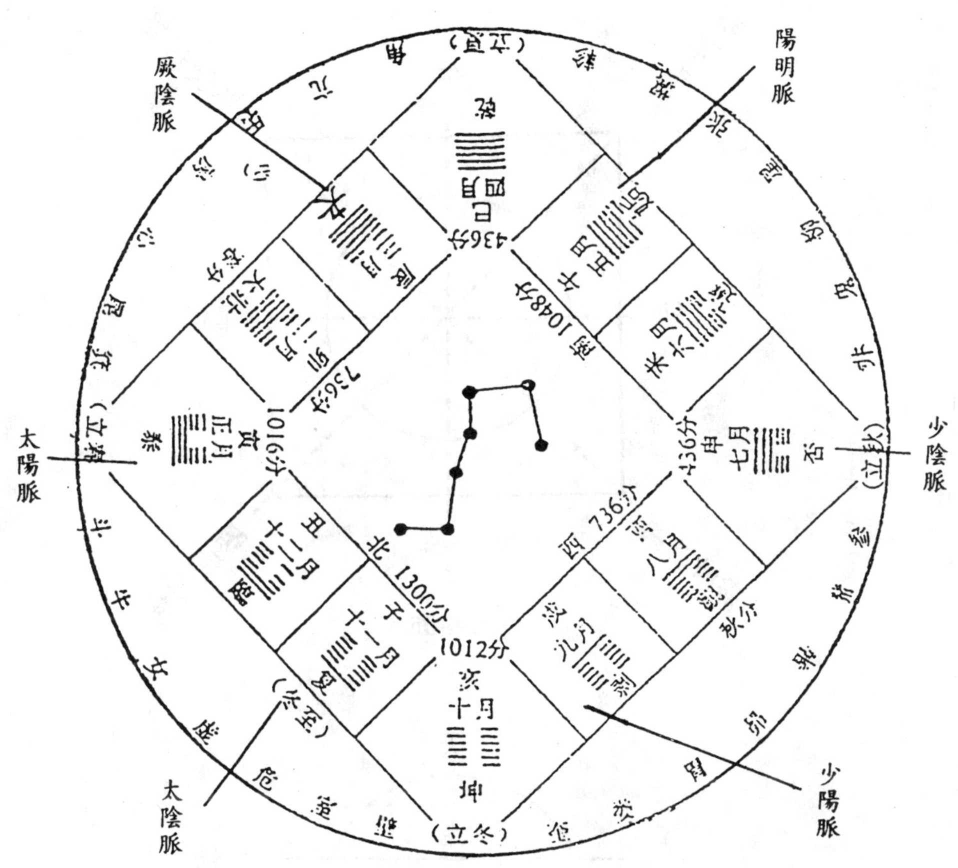

圖十五：《素問·脈解》圖解

太陽—少陰、少陽—厥陰、陽明—太陰的表裡關係。

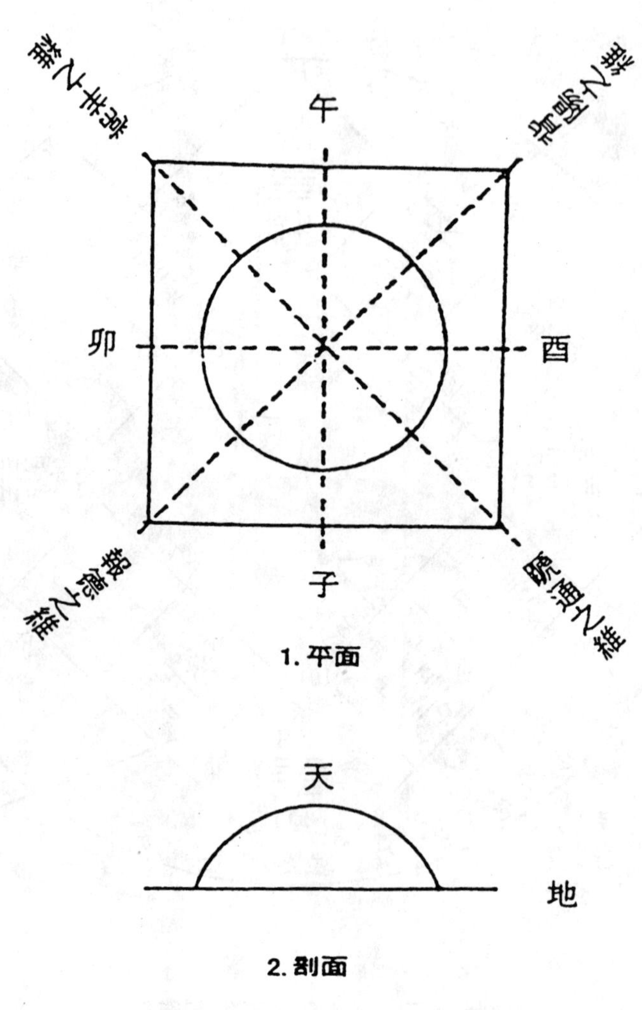

圖十六：天體八方二繩四鉤圖

《九州學刊》4.1(1991)：38。

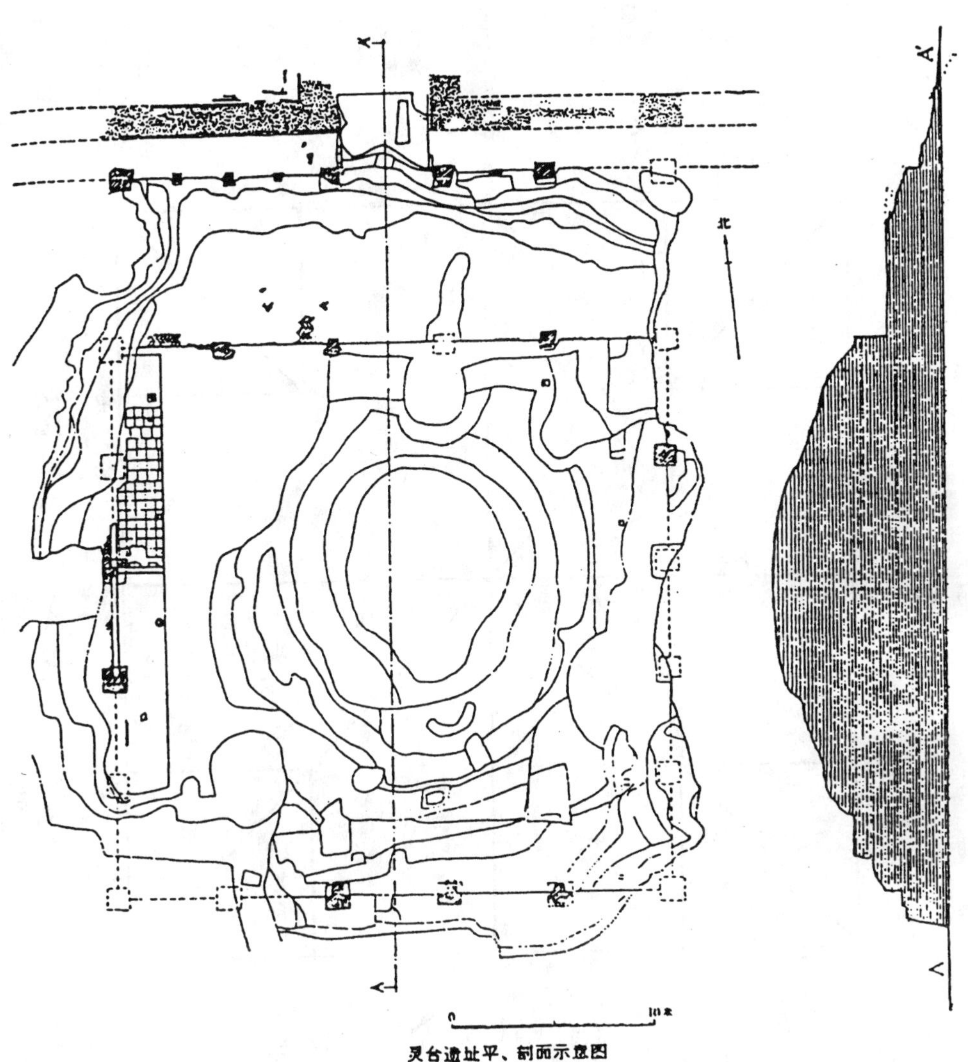

圖十七：洛陽南郊靈台遺址

《考古》1978.1：55。

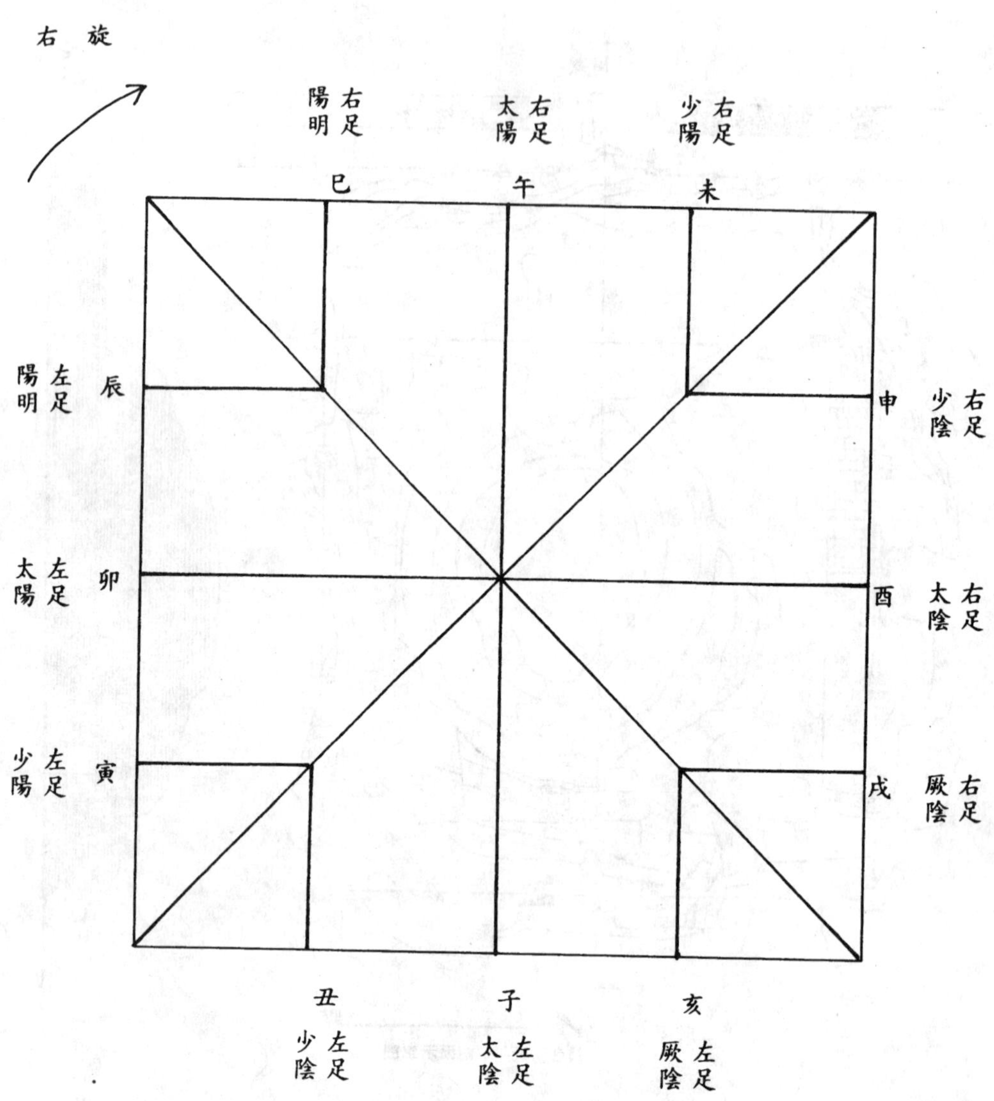

圖十八：《靈樞．陰陽繫日月》圖解（自繪）

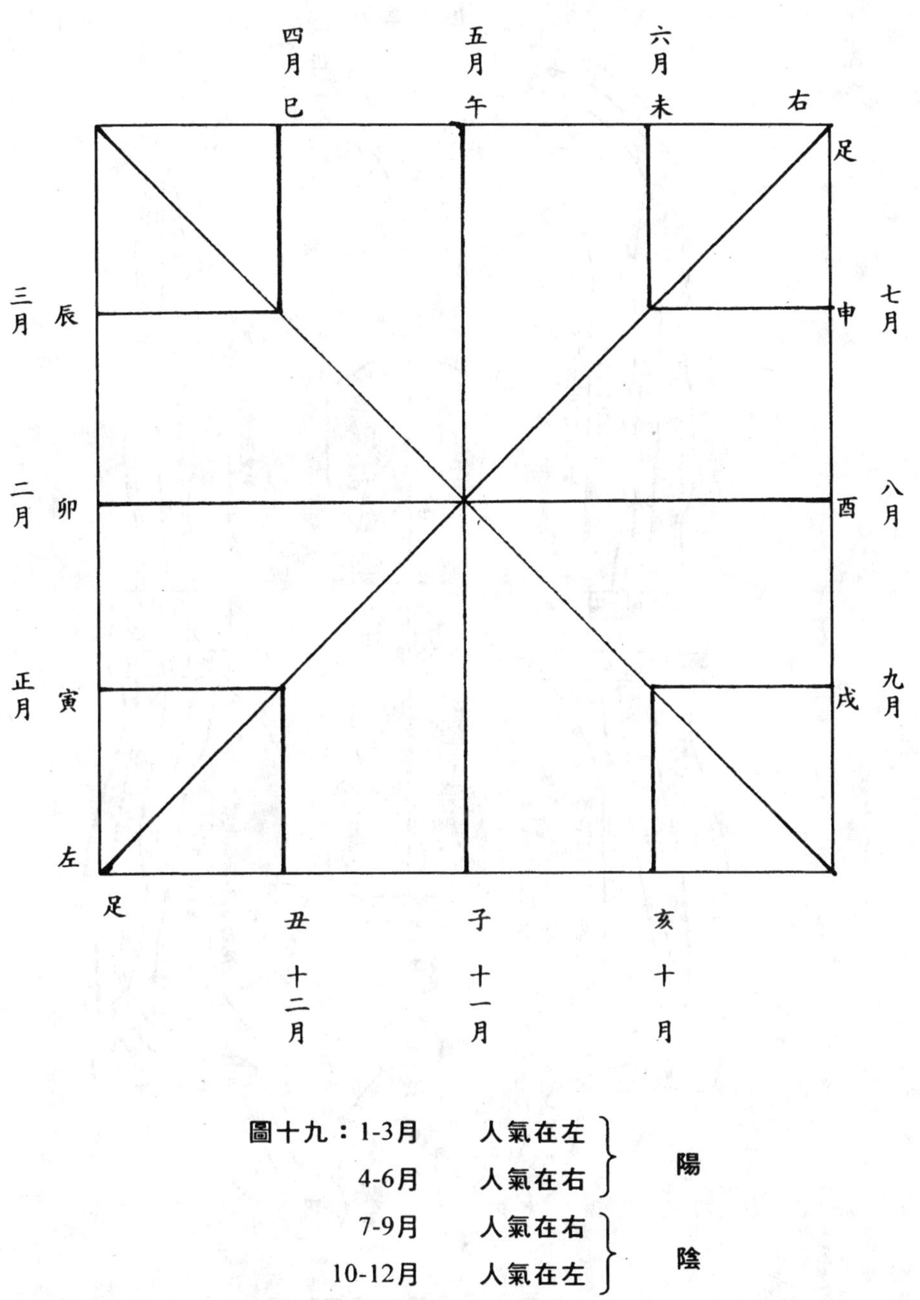

圖十九：1-3月 人氣在左 } 陽
4-6月 人氣在右
7-9月 人氣在右 } 陰
10-12月 人氣在左

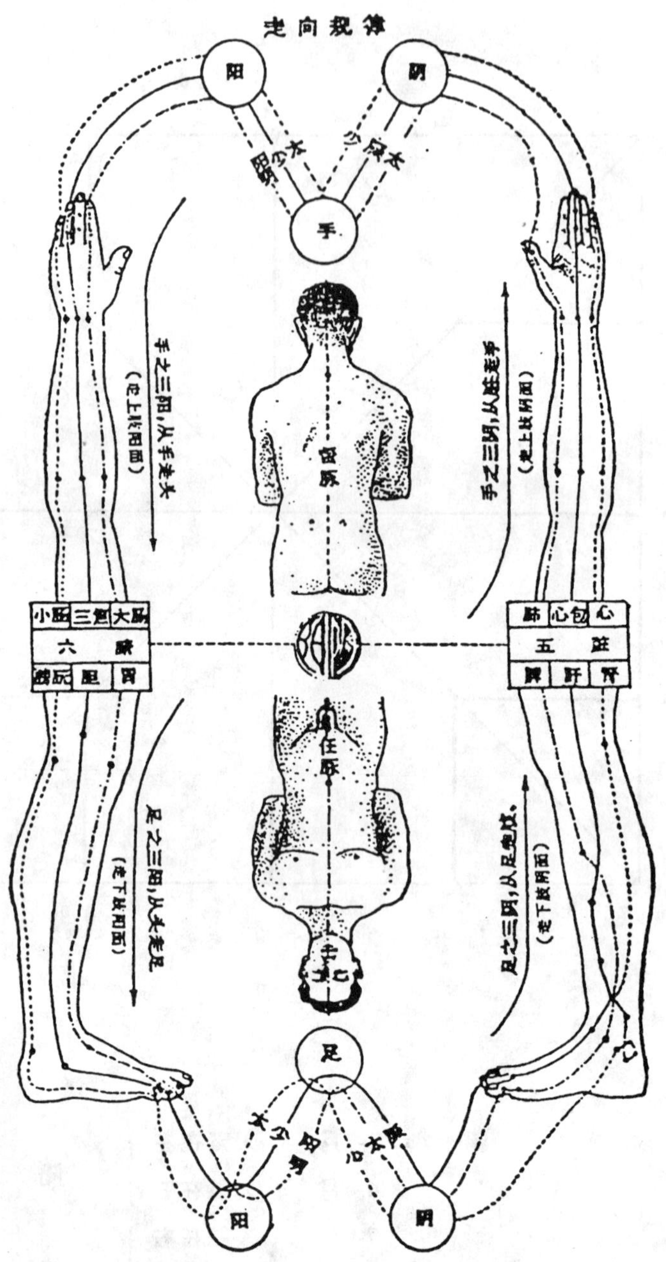

圖二十：人體二繩四維圖

程紹恩，《經絡針灸心法》(北京：北京科學技術出版社，1986)，頁4。

通貫天學、醫學與儒學：王宏翰與明清之際中西醫學的交會*

祝平一**

本文之目的有二：一、以王宏翰爲例，分析一般親教士人如何理解天主教。入清以後，奉教士人甚少有像徐光啓一類的大官。因此，一般士人成爲在特定區域支持天主教的主力，但目前我們對這些士人理解甚少，希望本文有補闕之效。二、探討王宏翰如何以醫者的身分，融匯天主教士所傳入的西方醫學知識，以理解知識在不同的文化系統中傳播時所可能發生的問題。

本文認爲王宏翰所理解的西方醫學知識，主要來自傳教士討論性學之書籍，其主旨多在討論人如何透過身體各部份的功能認識外在世界，進而認主。王氏便將這些知識嫁接到儒學中「格物」的概念，進而將自己刻畫成儒醫的身分，以這些域外的醫學知識，爲他在競爭激烈的江南地區，提高自己的地位。由於在王氏所知的西方醫學知識中，只談身體之功能，未談如何療治。因此，在治療方面王氏仍須回到傳統的中國醫學。總之，王宏翰從他的生活世界中，獲取了儒、醫與天學的各種概念，形成他別具特色的醫學觀點；而王氏所擁有的知識又成爲他在醫療市場上區隔與批評其他競爭者的手段，也同時合法化了他爲儒、業醫與天學信仰者的三重身分。

關鍵詞：王宏翰　醫學原始　耶穌會士　醫學史　解剖學

---

* 筆者感謝童長義先生爲我從日本找到《醫學原始》的抄本。也感謝張家榮學弟借我他所寫的〈《醫學原始》的意義〉（未刊）一文，文中他整理出王氏所徵引的書籍、四行和五行間的關係，並辨正了方豪〈王宏翰傳〉一文中的錯誤。另外也感謝李建民、王汎森、黄一農、王道還、劉季倫、邱澎生、陳雯怡與梅歐金 (Eugenio Menegon) 及兩位匿名評審之指正。本文曾在一九九七年六月中研院史語所所舉辦的「醫療與中國社會」學術研討會中宣讀，承蒙與會者的批評和指教，在此一併致謝。最後要感謝我的助理羅志誠、郭文華兩位先生與洪妙娟小姐，以及國科會的支持，使本計畫（計畫編號：NSC 86-2411-H-001-022）得以順利完成。

明末清初中西醫學交流史這個小領域的前輩范行準先生已於一九九八年仙逝，僅以此文悼念范先生開創之功。

** 中央研究院歷史語言研究所

一、引言

隨著明末西方傳教士進入中國，當時歐洲的醫學知識，也零星地輸入。[1] 就像任何文化交流一樣，傳教士所輸入的醫學訊息配合著他們的傳教目的，而具有高度的選擇性；[2] 當時的中國人也隨著自身所能接觸到的訊息和所處的環境，對這些訊息有不同的詮釋和運用。以往討論當時人如何理解天主教的研究多集中於士人階層，對於其他身分的人並沒有太多的研究。在這種情形下，王宏翰的《醫學原始》使我們得以一窺親教的醫士，如何在其自身的生活世界中，理解傳教士所傳來的訊息。

王宏翰字惠源，號浩然子，江蘇雲間（松江）人，後徙居吳縣。少時業儒，「因母病癖，潛心歧黃」。[3] 王氏曾與西教士遊，而得以接觸當時西方的醫學知識。王氏著作甚多，基本上都與醫學或醫史有關。[4] 王氏的《醫學原始》和《古

---

[1] 有關當時西方醫學的輸入，見：Henri Bernard, "Notes on the Introduction of the Natural Sciences into the Chinese Empire Culture Contacts between China and the West," *The Yenching Journal of Social Studies* 3.2(1941): 944-965. 在明末清初的文化交流中，除了曆算以外，影響不大，醫學亦不例外，見：Francesca Bray, "Some Problems Concerning the Transfer of Scientific and Technical Knowledge," in *China & Europe: Images and Influences in Sixteenth to Eighteenth Centuries*, ed., Thomas H. Lee (Hong Kong: The Chinese University Press, 1991), pp.204-219.

[2] 有關這方面的討論，請參閱拙著，〈身體、靈魂與天主：明末清初西學中的人體知識〉，《新史學》7.2(1996)：47-98。

[3] 韓菼，〈序〉，王宏翰，《醫學原始》（上海：上海科學技術出版社，1989），頁3。正文凡引自此書，皆只註頁數。

[4] 有關王氏之傳，見：佚名，《古今醫史續增》，收入：王宏翰，《古今醫史》（國家圖書館藏抄本微卷），卷下，頁6b-7a。湯斌修、孫珮纂，《吳縣志》（江蘇：廣陵古籍刻印社據康熙三十年刻本重刊，1989），卷五六，頁7a。陳夢雷，《新校本圖書集本醫部全錄》（臺北：新文豐出版公司，1979），册二十，卷五一七，頁28。范行準，《明季西洋傳入之醫學》（上海：中華醫史學會，1943），卷一，頁28a-29b。范氏謂陳夢雷誤以宏翰爲明人，但查該書，陳夢雷並未以宏翰爲明人。何時希，《中國歷代醫家傳錄》（北京：人民衛生出版社，1991），頁85-86。何時希之書主要以范氏的研究爲主，並收集了方志、今人所編的中醫辭典與書目中的王宏翰傳記資料。方豪，《中國天主教史人物傳——清代篇》，收入：周駿富輯，《清代傳記叢刊》（臺北：明文書局，1985年重刊），册六五，頁381-384。方氏之傳全據范氏，但誤以王宏翰父名文中。案：宏翰乃文中子後裔，並非其父之名爲「文中」。又王氏在《古今醫史》中自謂時年四旬餘（卷一，頁3b），而王氏序《古今醫史》於康熙三十六年 (1697)，則王氏當生於順治初年。范行準據陳薰所著的《性學醒迷》，謂王氏卒於康熙四十年前後，則王氏享壽約五旬。

今醫史》是目前較易見到的作品，其中《醫學原始》對於當時西方醫學有較完整的引介。

目前對王宏翰的研究，仍集中在他的《醫學原始》，以三十年代范行準《明季西洋傳入之醫學》最爲重要。其後雖有繼者，卻鮮能超出范氏的範圍。[5] 這些研究大體在分析王氏所援引的西方自然哲學，並從現代醫學的觀點考察王氏所援引的西方醫學知識。雖然范氏間或提及王宏翰儒者的身分是王氏結合中、西醫學的接合點，但除此之外，王宏翰究竟如何融匯中、西醫學，幾無著墨。

《醫學原始》一書，除了抄錄當時西方的醫學材料外，也抄錄了很多中國的傳統醫學典籍。王氏所抄錄的傳統醫學材料與西方醫學材料究竟是何關係？他如何將這些來自不同醫學傳統的材料組成一個體系？傳統醫學是否會對他融匯中、西醫學的努力產生限制？他又如何爲他的體系自圓其說？

王宏翰除了自認是儒者和醫者之外，同時也是「天學」的信仰者。[6] 當時西方傳教士所輸入的醫學和他們對醫學的態度，與他們的宗教身分無法分離。對傳教士而言，他們所引介的醫學知識，乃是宗教的一部份。[7] 對活在儒學氛圍，又從事醫療活動的天學信仰者王宏翰而言，這些不同身分所構成的生活世界，與他

[5] 有關《醫學原始》的研究見：范行準，《明季西洋傳入之醫學》卷九，頁12b-23a。廖育群，《岐黄醫道》（瀋陽：遼寧教育出版社，1991），頁260-262。廖氏主要討論王宏翰有關命門的説法，廖氏之論在内容與觀點並未超出范氏，是以下文不俱引。李矢禾等編的《歷代名醫傳略》（哈爾濱：黑龍江科學技術出版社，1985）中，王氏之傳，全引自范氏第九章。宋樹立，〈中西匯通第一家——王宏翰〉，《北京中醫學院學報》14.4(1991)：52-53。宋氏以現代醫學的觀點討論王宏翰「命門與胎生」、「元神元質」與「四元行」三個問題，他並未注意到這些問題都和天主教義有關。至於王氏如何處理傳統醫學的問題，上引諸文全無著墨。

[6] 本文依李之藻《天學初函》的「天學」意涵，使用「天學」一詞，意在同時強調天主教理和西方自然哲學、器用知識。謝和耐亦贊成這種用法。見：Jacques Gernet, *China and the Christian Impact* (Cambridge: University of Cambridge, 1985), p.65. 雖然大多數的中文研究多用「西學」一詞，但用「西學」這個語詞時，多半預設著將當時的天主教教理和西方自然哲學、器用知識一分爲二。這其實反映的是我們現代人的知識分類。對於當時的傳教士和教徒而言，西方自然哲學和器用知識乃用以彰顯天主教的眞理，二者不可劃分。對於反教者而言，傳教士只是以西方自然哲學和器用知識遮掩傳教的企圖，二者亦不可劃分。只有對某些想要吸納西方器用知識的士人，才會將宗教與西方器用知識加以分離，這時使用「西學」一詞才較有意義。但由於王宏翰是天主教的信仰者，因此在行文中，筆者多用「天學」一詞。

[7] 拙著，〈身體、靈魂與天主：明末清初西學中的人體知識〉，頁47-98。

如何融匯不同來源的知識，究竟有何關係？這些問題在前人的研究中並未申論，卻是本文討論的重點。

二、人：醫學與宗教的產物

王宏翰融匯醫學、天學與儒學的努力始於討論人的生成。王氏認爲人身乃天地的表徵，這樣的想法同見於中國醫學、儒學與天學，也成爲結合三者的樞紐。傳統醫學視人體爲宇宙具體而微的象徵，誠如王氏所言：「經有十二，絡有十五，骨節三百六十五，毛竅八萬零四千，此皆合天地之數也。」（頁197）正是這樣的觀念，使得傳統醫學中的辨證、療法與用藥，常建立在操弄宇宙圖式或是象徵符號上。[8] 陰陽五行與天地萬物相配及其生剋變化之理，則提供了醫者具體操作的入手處。

對王宏翰而言，人身這一小天地乃受命於天的自然存在。「人受天命之性，稟陰陽媾合以成形，肢體百骸，知覺運動，無不與天地相合。故曰：人乃一小天地也。」（頁1）研究人身的奧祕雖是醫者的本務，但王氏認爲「通天、地、人」的儒者，其道與醫同，人身與天地的關係也因而成爲儒者爲學修道的預設。（頁1）王氏認爲儒、醫同爲格致之學，二者皆爲「明心見性」。[9]「明心見性」雖是宋代以降儒學常用的概念，但王氏此處所指的「性」，卻必須置於當時天主教的脈絡來理解。

當時的傳教士也提到了「人身一小天地」的說法。艾儒略 (Julius Aleni, 1582-1649) 在《性學觕述》中謂：「人爲萬物之靈，人身即一小天地，而萬物咸備於我也。」[10] 艾儒略用的雖是儒家的語言，但卻以此指人有上帝所賦予的靈魂。王宏翰常引此書加以發揮，將天主教的上帝引入他的醫學論述：「夫人得天地之最秀，上帝付畀以靈性，而覺性、生性極全。」[11] 他在討論「人乃一小天地」時，也巧妙地結合儒學與天學，並以醫學語言加以疏通：

---

[8] 操弄宇宙圖式之例，見：李建民，〈馬王堆漢墓帛書「禹藏埋胞圖」箋証〉，《中央研究院歷史語言研究所集刊》65.4(1994)：725-832。操弄象徵符號之例，見：李貞德，〈漢唐之間求子醫方試探——兼論婦科濫觴與性別論述〉，《中央研究院歷史語言研究所集刊》68.2(1997)：283-368。求子醫方中之用藥多具象徵意義。

[9] 王宏翰，《古今醫史》，自序。

[10] 艾儒略，《性學觕述》（閩中天主堂刻本），卷一，頁4b。

[11] 王宏翰，《古今醫史》卷一，頁17a。

> 元神即靈性。一曰靈魂，一曰神性，一曰靈神。即天之所命之靈性也。元質即體質，內含覺性。一曰知覺，一曰體魄。覺性之原，一曰元火，一曰元氣，一曰精血。（頁25）

「元神」與「元質」兩概念，是艾儒略在《性學觕述》中討論人的構成時所用的名詞。[12] 但艾儒略所謂的「元質」(prime matter) 指的是「可以成形體而存在的潛能 (potentiality)」。元質要加上「次質」及「模」(form)（又分「外模」與「內模」。內模又分「不生活者」（即四行）與「活模」（即亞尼瑪 *anima*））方能成形。王宏翰並未細究這些名詞在西方哲學中的區分，而逕以「元神」、「元質」分指人的靈魂與肉體，並借用「元火」、「元氣」與「精血」三個傳統醫學概念來解釋天學中有關知覺的作用。[13] 王氏順著艾儒略《性學觕述》的脈絡，繼續分辨「覺性」與「靈性」之差異，但卻將之從艾氏的西方哲學脈絡中抽出，將此分辨植於儒學中：

> 夫靈、覺二性，前儒雖有諄諄之論，但未考耳。晦菴註《大學》云：「明德者，人之所得乎天，而虛靈不昧。」此指靈性者也。（小注：靈本神妙不虛，人以形質之軀視之，故曰虛靈也。）為氣稟所拘，人欲所蔽，則有時而昏，此指覺性者也。孟子所謂口期易牙、耳期師曠、目期子都，獨至於心指出同然在於理義，分明各一脈絡。後又分別其官。耳目不能思而蔽於物，心則能思而屬大體。可見甘食悅色，是皆覺性所動，而不關乎靈性。理義悅心，是乃眞靈性也。虞廷人心道心之訓可味。（小注：人心生於形質之私，道心生於靈明義理之正。）……故覺不可混於靈也。（頁26-27）

孟子和朱子當然不知道耶穌會士的靈、覺之辨，但王氏卻認為孟子、《書經》及朱子一脈相承，他們所討論的理義悅心與芻豢悅口之差距，即是天主教靈、覺之辨。這種歷史錯置與重構，與王氏論儒、醫同源，實有異曲同工之妙（詳下）。

12 艾儒略，《性學觕述》卷一，頁2a-6b。有關「元質」的解釋見：Etienne Gilson, *The Christian Philosophy of St. Thomas Aquinas* (New York: Random House, 1956), pp.176-177.

13 值得注意的是王氏在此並未使用「元濕」、「元熱」這兩個名詞。由於當時的西方醫學仍建立在四元行的基礎上，在解釋人的生命現象時，使用四元行的「濕」、「熱」兩種屬性。王宏翰卻用「元火」、「元氣」、「精血」三個傳統醫學中的概念，來取代傳教士所用的「元濕」、「元熱」。

王氏繼而以傳統醫學的觀點，討論何以在儒學中多用覺字而少用靈字：

> 此不過借用字義，分別二種。如人心痛則覺痛，痒則覺痒，熱則覺熱，寒則覺寒。此何以故？血脈流通使之然也。……可見人之能覺，偏繇氣血，不必俱繇靈性。（頁27-28）

王氏以爲儒者不過是借「覺」以喻人之「靈」，但二者實不可混。蓋「覺」可以「氣」解釋之，而靈性並非「氣」。入華傳教士常辯解靈魂非氣，但他們所說的「氣」是中國思想傳統中的「氣」。[14] 但王宏翰此處所指的「氣」，既不是傳統思想中的「氣」，也非傳統醫學中的「氣」，而是亞里斯多德 (Aristotle, 384-322 B.C.)「四行說」的「氣行」。王宏翰依著四行在月下世界的「火－氣－水－土」的順序論道：

> 月天以上無氣亦無火也。推此，倘靈性是氣，則身後一靈何能上陟乎？而靈性非氣，又顯然自明矣。（頁30）

王氏認爲人死後要上天堂，天堂在月天之上，如果靈魂是氣，則人根本無法上天堂，因爲四行只存於月天之下。一般非教徒，可能會以此質疑天主教信仰，但王氏卻以之反證「人乃由氣構成」的說法並不正確。王氏繼續申論：「惟人之性，上帝賦畀，純爲神靈，絕不屬氣。魂合則身生，魂離則身死也。」（頁31）在王宏翰的討論中，人身這一小天地由超塵的元神（靈魂）與屬塵的肉體（元質）所構成。但所有疾病皆是肉體現象：

> 夫人之疾病，皆繇元質稟氣，與後天培養精血失調。或飲食勞逸過度，或時令與地土不和而生者。善調攝者，斟酌藥性氣味之厚薄，寒熱溫平甘苦之升降，用之以扶柔而復強，使藏府氣血調和，以樂天年耳。（頁31）

在此，王氏回到他醫家的本行，在傳統醫學的架構下，探討身體的調攝。雖然疾病是肉體的問題，但肉體脫離了靈魂不足以自存。更何況人要照顧的不僅是生於塵俗的肉體，還要顧及永存不朽的靈魂。因此，王氏強調，他關於元神、元質的討論才是醫學的根本：

---

[14] 傳教士之所以力辯靈魂非氣，乃因傳教士以爲當時中國思想視魂爲氣，認爲「天地萬物共一氣」，以此立論萬物一體。但傳教士認爲萬物各有品類，而靈魂與肉體二分，質性不同，不可相混。這樣的論辯自然是因爲當時傳教士將 *anima* 翻譯爲中國傳統思想中之「魂」或「靈魂」所致。利瑪竇，〈天主實義〉，收入：吳相湘編，《天學初函》（臺北：臺灣學生書局，1965），頁450-490。

> 蓋世人不明性命之本來，而貿貿一生，老死而不悟者概眾矣。醫者，操乎司命之權，若不格學明理，何能起沉疴於頃刻哉？此篇（案：即〈元神元質說〉）冠於〈受形〉之前者，使學者知性命之本，有自來爾。（頁31-32）

王氏認爲醫者須像儒者一樣，格學明理，以明性命之本原。但王氏所謂的性命本原，卻是根據天主教而來的靈、肉之辨。雖然王氏使用了許多儒學與傳統醫學的概念，但形式上卻將這些概念消解於天主教的架構中。

在討論過人的本原後，王宏翰接著討論人如何形成。王氏著有《性原廣嗣》專門討論這個問題，顯然對此相當關注。對於人之成形，王宏翰注意的是男、女之別，這似乎是傳統中國社會重男嗣的反應。他首先引用《易經》，將「男女生生之機，造化之本源」建立在「天地絪緼，萬物化醇。男女媾精，萬物化生。乾道成男，坤道成女」的儒學論述中。（頁33）其次他引用了褚澄、《道藏》、李東垣、《聖濟經》與李時珍關於胎兒性別的討論。王宏翰最後總評道：

> 諸家皆以父精母血而成胎。若此之言，則女子豈無精乎？……夫人之生，男女俱有精；男女俱有眞元之神炁。精者，神炁之安宅也。無精則無炁。女人經後受胎者，以月水始淨，新血方生，此時子宮乃開。男女交會之時，皆有精有炁。但男子陽中有陰；女子陰中有陽。兩者媾動，皆精氣相感而成胎。……一切之人，莫不有命，命中氣精，非吾之氣也，乃父母之元陽；……非吾之精也，乃父母之元質。眞氣爲陽，眞水爲陰。陽藏水中，陰藏氣中。氣主乎升，氣中有眞水；水主乎降，水中有眞氣。……眞陰根陽，眞陽根陰。（頁36-37）

王宏翰認爲女子受胎必在月水初淨之後，這和傳統醫家並無不同。但是上面這一段文字，卻仍游走在傳統醫學、儒學和天學之間。王氏反對傳統醫家認爲人之受形乃父精母血之結合。他認爲男、女俱有精、氣，感而成胎。這亦合於《易經》中「男女媾精，萬物化生」的觀念。王氏認爲「媾精者，配合交感之謂也」，（頁33）據此，他認爲女子亦有精。形軀來自父母之元陽與元質。元陽、元質等概念，則構成下列關係：

陽（藏水中）	元陽	氣	氣（四行）
陰（藏氣中）	元質	精	水（四行）

王宏翰使用了傳統醫學中精與氣的概念，以配陰陽。卻又將傳統醫學中精、氣的觀念與四行中的水、氣二行相配，根據四行中氣升水降的本質，以證成《易經》中「天地絪縕，萬物化醇」的說法。他進一步解釋道：「絪縕者，升降凝聚之謂也。……此蓋言男女生生之機，造化之本源，性命之根本也。」（頁33）由於受形純屬形軀問題，故王氏只使用了天學中「元質」的概念，而未涉入靈魂（即元神）的問題。在王氏討論受形的過程中，他隨時在拆解和重組傳統醫學、儒學與天學中的概念，以形成他自己對於生命的看法。

在受形之後，王宏翰接著討論妊娠問題。他的討論仍多引用傳統醫書，但特重胎兒性別與母體脈象及生理反應之差異、婦女妊娠時的諸種生理現象，以及胎兒的發育。但值得注意的是，他還談到了靈魂的問題。他引用了艾儒略的說法謂：「男胎須四十日以後乃結成整足，靈性遂得賦。女胎必八十日後，始能結成整足，乃得賦之靈性也。」[15] 在此，王宏翰仍不忘將天主教教義帶入妊娠與胎兒發育的醫學問題中。

王宏翰繼而發揮傳教士的記憶理論，解釋何以小孩會與父母或祖伯母舅形似：

> 子形所似者，蓋因作受之時（小注：交媾也。男作女受也。），其精質既和合，一或多而德大，一或少而德小，故胎子似父或似母也。大抵似父者居多。因男女之作受，妻心必全屬於夫，易受其夫之像，亦易印於精質之德。所以胎子即肖其父容也。又男人之意，獨在生子，不專在於婦，乃不能受其像於心而印於胎。故母之容，子所以不似也。若男心切定於女，必受其女之貌，印其德於精質，則胎子必似其母也。或有似其祖，或似其伯叔母舅者，因男或先見父之像，或恒憶其父之如在，或其父之德，既在於子之性類，而受其相孚之像，乃印其德於精質，是以胎子似其祖容也。似其至親者，亦由此。（頁47-48）

根據傳教士所傳入中國的記憶理論，人的記憶在腦。而記憶的運作有如印模，將外界形象，印入腦中。記得牢與否，與所印之深淺有關，而這又和腦的乾溼程度相涉。[16] 王宏翰認爲小孩的相貌和其父母交媾時所思所想之人有關。王氏認爲父

---

[15] 艾儒略，《口鐸日抄》（中央研究院傅斯年圖書館藏版），卷二，頁23a。原文爲：「男身賦于結胎四十日內，女身賦于八十日之內。」

[16] 王宏翰，《醫學原始》，頁163-166。王氏論記憶的文字引自艾儒略的《性學觕述》。

母心思所在，是決定小孩容貌的主要因素。他認爲當女人在交媾時切想白之像，黑人亦能得白子。（頁48）由此，王氏甚至發展出一套「新房中」：

> 夫婦作受之時，不可生憂怒之情，及發焦悶之氣，勿思醜像，及懷惡念。戒絶不和邪理乖戾之意，務以相和相愛，止以傳生爲願。如此，必得其佳美之形模。（頁48-49）

除了男、女交媾必須心境平和外，由於心之所思，影響胎兒，王氏尚強調胎教之重要。胎教良好，甚至可以免去小兒痘疹之患。如因乏乳須擇乳母，亦務必詳慎，以免乳母性情不良，損及嬰孩。（頁50）這段以西洋記法爲基礎而建立起來的求子之道，最後仍歸結到「男人修身積德，寡慾靜養；而婦人性沉淑德，謹和胎教」。（頁49-50）王宏翰因而將求子之道融入當時社會期待於男人和女人應有的德行和修養，從而強化了傳統的社會倫理。

王宏翰關於命門的討論，最爲近代研究者所稱道。「命門」出於《難經》，本爲解釋何以人身各臟只有一個，但腎卻有二。爲了解釋這個異例，乃以右爲命門，左爲腎，視命門爲元氣所繫，爲執行男、女生殖功能之臟腑。但一直到明代趙獻可的《醫貫》，「命門」才受到重視。透過理學中的《太極圖》與人體類比，趙獻可試圖找出人體的太極位置，以討論生命的本源，並推演出人的發育過程。雖然「命門」究竟在何處，引起不少爭議，但只要是承認「命門」存在的醫家，大都會討論人身器官的發生過程。這樣的談法，甚易被類比爲「胚胎學」。[17]

近代學者對王宏翰論「命門」感到興趣，乃是因爲王氏不但認爲「命門」爲性命之本根，更重要的是王氏用了「胚胎」一語，並詳細探討「胚胎」的發育。由於現代中文將 embryology 翻譯成「胚胎學」，而王氏所論又的確是父母「兩精凝結」後的「胚胎」發育，頗易使人以爲是現代「胚胎學」的中醫版。

根據王宏翰的看法，在父、母之精結合後，便形成「胚胎之胞衣」，由此生出「一血絡與一脈絡，以結成臍與命門」，其後長成心、肝、腦，而後骨、九竅

---

[17] 雖然《靈樞》中亦有命門一語，但所指爲目。後來醫家論命門多與「腎命說」相關，此則從《難經》而來。有關命門問題的簡介可見：陳夢雷，《新校本圖書集本醫部全錄》冊五，卷一五〇，頁355-363。張嘉鳳，〈生化之源與立命之門——金元明醫學中的命門試探〉，《新史學》9.3(1998)：1-47。馬伯英，《中國醫學文化史》（上海：上海人民出版社，1994），頁460-464。馬氏便認爲趙獻可「簡直搞起了另一套胚胎學理論」。反對趙氏命門說者，可見於：徐大椿，〈醫貫砭〉，《徐靈胎醫書全集》（臺北：新文豐出版公司，1985），頁620-623。

陸續長成。（頁52-54）然而細究王氏的談法，王氏所指的「胚胎」，並非現代科學所謂的胚胎。王氏的「命門」理論，又是將儒學與傳統醫學置於天學架構中的例子。根據《醫學原始》的小注：「未受靈性曰胚，已賦靈性曰胎也。」（頁43）據此，王氏對「胚」與「胎」的認識，乃是根據天學中上帝賦靈與否而定。[18] 在這樣的論述中，宗教與醫學交融為一。在上帝賦靈後，「胚胎」的發育過程也與傳統所論不同。王氏認為在「命門」與臍長成之後，接著長心、肝、腦，這三個在當時西方醫學中的主要器官 (principal members)。王氏對三者功能的認識，也是源自天學。（頁53-54）總而言之，王氏對於「命門」的興趣，和一般欲結合醫、儒的醫者相類，皆欲立定人身之太極，以求生命之本根。然而王氏對於生命本根的看法，卻根植於天學對人的認識，只是他以傳統醫學中的「命門」一語來表達。

根據以上的討論，王宏翰題其書為《醫學原始》，實有深意。王氏此書，意在綜合天學、儒學與傳統醫學，以追溯生命之本源。他以「人乃一小天地」聯結天學、儒學與傳統醫學，其次以傳統醫學中臟腑、血、氣等概念，描繪人的種種生理現象。雖然在〈總論〉一節中，王宏翰所使用的全是傳統醫學的語言，但是王氏所選的生理現象，如寤夢、睡眠、壽夭、涕淚等，都可以在王氏曾經徵引過的天學材料中找到對應。王氏以他所知的天學知識，選取相應的傳統醫學材料。繼而依據天學的討論，探求「人性本原」的靈魂，並順著西教士的看法，將靈魂等同於儒學中的「性」，以在傳統醫學和儒學的論述中引入天主教的靈、肉之說。王氏認為只有像他這樣的提法，才能勘透性命之始原。在立定生命之本根後，王氏仔細地探討了人的受形、成胎以及其在母胎中的發育，將人的起源一步步揭出。王氏的《醫學原始》有如一首交響曲，雖然形式上是醫書，但天主教教義中有關人的靈魂與肉體的知識卻是其基調，儒學與傳統醫學則穿梭其間，形成一別具特色的作品。

三、會而不匯：王宏翰綜合體系的理論與實際

在討論過人的創生之後，王宏翰並未直接討論人的臟腑、經絡和診疾等醫家關心的問題。他卻先闢專章，討論傳教士所輸入的自然哲學。王宏翰認為眾人皆

---

18 這一胚與胎的區別實來自西方傳教士，見賴蒙篤，《形神實義》（長溪天主堂刊本），卷一，頁2b-3a, 8a。筆者感謝韓琦先生提供此一資料。

知「人身乃一小天地」，但若不知「天地之內，氣域之間，變化之機，四元行之性本，則人身之性體，何由知之與天地同也？」（頁61）所謂「氣域」、「四行」皆是當時西方自然哲學中的概念。王宏翰自道爲了窮知天地之理，涉獵了三教、諸子等典籍，也和老儒、博學之士辯論詳考，然而卻一無所得。「後得艾儒略、高一志性學等書，極論格物窮理之本，理實明顯……真發千古未明之旨。講論性命醫道之理，皆特見異聞，出前聖未經論及者。」（頁61-62）經過上下求索後，王宏翰認識到只有天學才是理解天地運作的基礎。因此，他特將西儒「凡究確而得於心，義理明實，前人未經發論者，今特表而出之……使人人觀之了然人與天地同也。不致誤入旁門，得悟性命之本來，豈止醫道云爾哉？」（頁62）他所謂的旁門正是當時入華教士所常攻擊的佛、道。王宏翰在引用艾儒略討論作夢的機制與艾氏攻擊中國「魂出爲夢」的文字後，他自己也加入了艾儒略的行列，說道：

> 道家出神往返，釋氏入定神遊，俱屬虛幻妄誕之談。此不但俚俗迷而不覺，即文人亦沉溺不知。但我儒學宜格物明理，豈可不辯而明之哉？余痛通世之沉溺旁門，有《闢妄》一書，嗣刻問世，以救狂瀾之萬一也。（頁191）

王宏翰不但從西儒習得有關人身的知識，而且以天學爲正統，攻擊異端。王宏翰如此熱誠地擁抱天學，也難怪他會將醫學與儒學置於天學的概念架構中。

王宏翰對西方醫學的認識，主要來自和教義關聯較密切的「性學書」，而其內容爲「四元行、四行變化、生長、四液、知覺、五官、四司」等（頁62）當時傳教士以四行理論，解釋月下世界的變化。四行理論雖源於亞里斯多德，但到了中古時期，四行也和中國的五行一樣，形成一大套與天地宇宙萬物相配的龐大體系。[19] 王氏企圖使用四行理論來取代傳統醫學常用的五行理論，他將五臟配四行，形成一套特殊的說法。[20] 他將肝與腎皆置於水德之下：

> 夫水行之德在肝、在腎者，蓋肝生四液。試將血貯於一器，久之，白液之在於血內者，則必變爲水也。腎藏精，故水德亦在腎也。（頁116）

---

[19] Lawrence I. Conrad et al., *The Western Medical Tradition: 800 BC to AD 1800* (Cambridge: Cambridge University Press, 1995), pp.24-25.

[20] 在傳教士的論述中，四行與身體的關係如下：

火	氣	水	土
心	肺	腦	骨

見：賴蒙篤，《形神實義》卷二，頁21a。

其他三行則爲：

氣行之德在肺。肺主噓吸。……火行之德在心，心性甚熱，生動覺至細之德，以使五官各得其本界之向也。土行之德在脾。脾主黑液而化飲食。而骨肉亦土之德，故身死歸於土也。（頁116-117）

四行除了配五臟外，王宏翰也將之與四液、四季相配。他的配法和當時西方醫學的配法相同。[21] 因此，這不是他獨特的發明。（頁119-128）今將這些關係，整理如下：

火	氣	水	土
黃液	紅液	白液	黑液
夏	春	冬	秋
熱燥	濕熱	冷濕	燥冷
心	肺	肝、腎	脾

王宏翰接受西方自然哲學的看法，認爲四元行是構成人身這個小天地的主要元素，在上帝賦予元神後而成人。在這個大框架下，人身的細部如經絡、骨節、毛竅、和脈息的數量等，都是天地的表徵。由於王氏所知的西方人體知識相當有限，王氏徵引了歷代醫書和內景圖，以補充人身的細部結構。但如此一來，他只得接受傳統醫學的說法，將五臟六腑與十二經脈相配，同時也必須接受傳統醫學與天學相衝突之處。十二經脈之流注與時辰之相配便是一例。王氏認爲：

由心煉生活甚熱，至純之血，貼於血脈之下，運行周身，而寸口爲之總會。故足以知臟腑而決死生。人一呼，脈行三寸；一吸，脈行三寸。呼出心與肺，吸入腎與肝。（小注：肺主呼吸，天道也。腎司闔闢，地道也。）呼吸定息，合行六寸。一日一夜，凡一萬三千五百息，脈行五十度周於身，合行八百一十丈。漏水下百刻，營衛行陽二十五度，行陰亦二十五度，每二刻，則周身一度也。（頁198）

王氏論脈息行度的文字引自《難經》。一日百刻與周天三百六十五度又四分之一（合於骨節之數），都是傳統曆算中的數字。但清代以西方天文學爲正統，一日百刻已改爲九十六刻，而周天則改爲三百六十度。接受了傳統脈息行度，王宏翰

[21] Lawrence I. Conrad et al., *The Western Medical Tradition: 800 BC to AD 1800*, p.25.

也不得不接受和脈息相關的傳統曆算刻度與周天度數，否則，王氏便無法爲「人身乃一小天地」自圓其說。

王宏翰也無法將四行說融會到以五行爲主的傳統醫學。雖然王氏力主以四行配五臟，但醫書中多將五行配五臟，並以五行之生剋診病療疾。王氏對四行和辨證間的關係，似乎建立在他對五行的理解上。他說：「人之情欲疾病，皆係四元行之勝負也。」[22] 當時西方醫學以四液之調和爲人健康之表徵；以四液之多寡不均論人之疾病。但王氏勝負之說，頗有生剋之意味。只是王氏並未就此多加申論，而使得四行配五臟的說法，孤立在其所引用的傳統醫學概念之外。這在王氏的《四診脉鑑》一書中表現得更爲明顯。該書討論望、聞、問、切四診，而特重切脈。全書引用西說只有一處，其內容討論的是飲食補養，由胃化而肝化的過程，而且這一段文字實引自《醫學原始》。[23] 其他王宏翰所引用的資料，全出自傳統醫書，這些資料中五臟配五行與運氣等看法，王氏亦照單全收。

王宏翰雖接觸了西方的人體知識，但他對人體的認知，仍深埋於傳統醫學中。王氏描寫人體的基本語詞，如血、氣、經、脈、五臟、六腑都是傳統醫學中的主要概念。（頁5-7）對疾病發生的原因，王氏的看法與傳統醫者也沒什麼不同。他認爲：「夫世人皆有形體肉軀，因七情攻於內，六淫蕩於外，以致血氣不和而染疾焉。」[24] 立基於這種傳統的病因解釋，他認爲一個醫者，必須要胸有《靈樞》、《素問》，必須要熟知經絡。（自敘，頁4）從醫療的觀點來看，王氏所借重的仍是傳統醫學。

在王宏翰的醫案中，其判斷病情及所用方劑，亦多借助於傳統醫學，並未使用四行、四液等西方醫學概念。王氏的治療方式通常是先把脈，其次論斷病情，然後下藥。如他在診治其婿鄰家十五歲少年，「每夜發熱，天明即止，飲食如常」的問題時，先察其脈象，看出「六脈皆平，惟右關獨數有力」。據此，王氏苦思良久，而後據王叔和《脈經》「小腸有宿食者，常暮發熱，明日復止」，斷定「此兒飲食不節，腸胃有積」。王氏對症下藥，病患二月痊癒。[25] 再如他醫治鄭門寡婦之傷寒，引用華陀「可下不下，使人心腹脹滿，煩亂而死」，而論斷必

[22] 王宏翰，《醫學原始》（內閣文庫本），卷六（原書無頁碼）。

[23] 王宏翰，《四診脉鑑》（體仁堂寶翰樓藏版，1693年刊本），卷一，頁5a-b。此書藏於北京中醫研究所善本室。筆者感謝鄭金生先生促成筆者一睹此書。

[24] 王宏翰，《古今醫史》卷三，頁1b。

[25] 王宏翰，《古今醫史》附案，頁2b。

須用黃龍湯攻之。果然，該婦人下糞二日後，已然脫離險境。[26] 從王氏的醫案可看出，其天學中的人體知識，只停留在探討生命本原的理論層次。王氏從「性學書」中所截取的西方醫學知識，無法落實到實際診療中。

王宏翰對醫學、儒學與天學的綜合，同時也暴露出不同知識傳統結合時的結構性限制。限制的產生不僅來自於王氏所接收的訊息不完整，更重要的是王氏將其混合體系應用到診療時，傳統醫學典範對王氏的綜合體系產生明顯的約束。王氏無法一貫地將四元行的理論與傳統的經脈體系結合，透過四行間的相互關係，產生如五行般的效果，故王氏只能宣說他的體系於儒於醫都有貢獻。在理念的層次，王氏的說法並非不能被接受，但當王氏將他的綜合體系運用到實際醫療時，傳統醫學所建構的身體（不論傳統醫學對人體的看法是否和現代醫學相類）和診治的關係，乃王氏唯一可以掌握的資源，這使得傳統醫學體系，在《醫學原始》中仍保有相當的獨立性。正因如此，王宏翰只能在理論層次上，而非實際操作的層面處理西方醫學知識。

這些有趣的現象乃因當時傳入的西方解剖學並未將身體結構與診療結合。傳教士只要以身體結構闡揚上主的偉大，但身爲醫者的王宏翰，卻必須碰觸疾病的真實世界。在診療過程中，他需要一套能連結身體和疾病關係的觀念架構。但王宏翰所接觸的天學，卻無法提供這一方面的資源。是以，他只能借助傳統醫學的理論，將身體結構與診治連結在一起，但這也同時使他深陷在傳統醫學的典範中。

儘管王宏翰無法將天學中的身體觀運用在診療上，但王氏的醫學理論，確實穿梭在傳統醫學、儒學與天學的概念網絡中，形成了他對人的基本認識。王氏對人的認識，無法再以原先儒、醫或天學的分類架構來加以歸類，而是三者混合下的產物。雖然我們仍能辨識《醫學原始》中從儒學、天學與傳統醫學中所汲取的諸種成分，但由這些不同素材所形成的結構性意義，卻已超過其個別的元素。王氏之所以能如此處理天學、儒學與傳統醫學，源自於王氏本人即兼具天學信仰者、儒者與醫者三種身分。

四、王宏翰的綜合體系與其生活世界

王宏翰對人體的認識，和他本身同時是醫者、天學的信徒與儒士的身分無法分離。雖然他以醫爲業，但儒卻一直是他的自我認同；他不只是一位天學的仰慕

[26] 王宏翰，《古今醫史》附案，頁5b-6a。

者，同時也業儒、行醫。對儒學的關切，對天學的興趣，和實地以醫爲業，構成了王氏的生活世界。王氏熟知這些不同生活形式的意涵與語言，使他得以融會天學、醫學和儒學。

王氏雖無科名，卻能接觸到當時蘇、松地區的高官，請他們爲其書寫序。據《吳縣志》的記載，除了爲《醫學原始》作序的高官外，張玉書 (1642-1711) 也曾序過王氏的著作。徐光啓 (1581-1604) 的外曾孫許纘曾 (1627-?)，是一位自幼受洗的教徒，也曾爲王氏的《四診脉鑑》作序。[27] 在王氏醫案中，也不乏他爲官員或其家人治病的案例。[28] 王宏翰和這些官員的交往，呈現了他儒者兼醫者的身分。爲《醫學原始》作序的徐乾學 (1631-1694) 便指出王氏爲「儒也精乎醫」。（徐序，頁4）王氏不但是儒者，而且是大儒之後：「聞王子爲文中子之裔，河汾家學，獨得其傳」。（韓序，頁6）雖然只是傳聞，但來自大儒文中子王通 (584-618) 的家系，卻大大地提高了王氏以業醫的身分，探討性命之學的合法性。韓菼 (1637-1704) 便謂：

> 今觀王子所著，皆闡達性學之理。如元神元質一説，指人心道心之精一。又受形男女之論，明受賦立命之本。……而王子立論，獨宗儒理。其藏府經脈，無不備詳明確。（韓序，頁4-6）

沈宗敬 (1669-1735) 也持相同的看法。透過這些序文的作者，王氏以儒醫的形象出現在他的讀者面前。請官員、士人爲醫書作序，原是明、清醫者提高自身知名度與可信度的策略。王宏翰在請徐乾學作序時，便自覺地說：「非公言，不可以信今傳後。」[29] 藉著徐乾學當時在政壇上的地位與聲望，王宏翰合法化了他結合儒學、天學與傳統醫學的獨特理論，也同時爲他儒醫的身分戴上光環。

有趣的是，這些序文的作者，並未指出王氏的特殊論點實源自天學，他們只是將王氏的看法視爲儒學。這可能是因爲「性學」、「上帝」都是傳統儒學論述中的語辭。王氏以儒者的身分，結合西方醫學與傳統醫學。透過「性學」、「上帝」等語辭在天學與儒學中的雙重意義，王氏結合天學與醫學爲儒學服務，並以儒學的面貌來合法化他獨特的醫學體系。

---

[27] 許纘曾的傳見：陳垣，〈華亭許纘曾傳〉，《民元以來天主教史論集》（臺北：輔仁大學出版社，1985，二版），頁91-95。

[28] 王宏翰，《古今醫史》附案。

[29] 徐乾學，〈序〉，王宏翰，《醫學原始》，頁4-5。

「性學」等語辭除了使王宏翰得以溝通儒學與醫學外，也是王氏溝通中、西醫學的橋樑。原本傳教士所謂的「性學」係指透過對人體的探究，討論人如何認識外在世界，形成知識。[30] 因而「性學」一語一方面承接西方「經院醫學」(scholastic medicine)「辯外體百肢之殊，內臟諸情之驗，及萬病之所以然，而因設其所用療治之藥」，和「詮釋古醫之遺經，發明人性之本原」的主要內容；[31] 一方面又涉入宋、明儒學心性之辨。但所謂「人性之本原」指的並非儒學中有關人性的討論，而是指人之靈魂乃上帝所賦予。「性學」的最終目的不僅止於探討人如何認識現象界，更要進而認主。「性學」一語的多重內容，使得傳教士有別於釋、道之流，而以「西儒」的面貌行於中國。

王宏翰雖爲儒業醫，卻高度關注「性學」。他認爲「人之受命本來，最爲關切。」「務須明確，不致貿貿虛度。」（自敘，頁1-2）但如此重要的學問，「先儒雖有諄諄之論，今儒務末，置而不講。雖有論者，俱多遠儒近釋。」（自敘，頁2）這是因爲儒學的歷史是一段衰落史，古聖之傳因而喪失所致：

> 上古聖神，良有眞傳。歷洪水，[32] 遭秦火，書籍散亡。莊、列、淮南輩突出，立言荒唐。幸賴程、朱諸儒，援溺挽頹，性學一明。惜乎宋儒以後，講道學，辨性命，往往不入於禪，則流於老。全失《大學》明德眞旨。（頁2-3）

爲了彰明儒學，他「從師討究，博訪異人。」（自敘，頁2）但直到「今余得遇西儒，參天講性，溯源而至堯、舜、孔、孟，其理惟一。既明性命之本，則知吾儒之途，明亮正大，原無徑竇可以駁雜也。」（頁3）根據王氏的自述，西儒教給王宏翰的正是原始儒家的本來面目。[33] 爲王氏作序的沈宗敬也提到了這一點：「其探程朱之奧，明太極西銘之理，以儒宗而演羲、黃之學，宜其闡發之精也。」（沈序，頁5）在「以儒宗而演羲、黃之學」的脈絡下，王宏翰之《醫學原始》不只是一部醫書，同時也是一部「儒學原始」。

---

[30] 拙著，〈身體、靈魂與天主：明末清初西學中的人體知識〉，頁47-98。

[31] 艾儒略，〈西學凡〉，收入：李之藻編，《天學初函》（臺北：學生書局，1965），頁45。

[32] 王宏翰以洪水解釋古聖之傳的喪失，其靈感或亦得之於傳教士。

[33] 在傳教士的論述中，也常將自己描述爲眞正的原始儒家。見：Jacques Gernet, *China and the Christian Impact*, pp.24-30. 方豪，〈明末清初天主教適應儒家學說之研究〉，《方豪六十自定稿》（臺北：學生書局，1969），頁205-211。

將天主教與原始儒學比附原是入華教士的宣傳手段。[34] 一方面，與儒學結合，合乎耶穌會士由上而下的傳教策略。畢竟在當時社會中讀儒書的士人，地位較高。得到士人的支持，對傳教事業相當有幫助。另一方面，傳教士不但可以藉原始儒學合法化天主教的存在，同時也說明了何以近儒多不識天主教義。爲了要說明天主教自始即與儒學相關，傳教士不但大量引用《詩》、《書》並借用「上帝」、「性」等儒學名詞，爲天主教穿上儒學的外衣。他們也發展出了一套特殊的歷史，將儒學包含在天主教的發展脈絡中。當時的傳教士告訴中國人，天主教歷經了所謂的「性教」、「書教」與「新教」三個階段。「新教」指的是當時傳教士，特別是耶穌會士所傳的教義，「書教」即十誡中的訓誨，而「性教」指的是人天生對於上主之敬畏。原始儒學即是「性教」。[35] 在傳教士的歷史論述中，原始儒學只是天主教義最原始的部份。根據《聖經》，所有人類皆起源於亞當和厄襪（即夏娃）。因此，早期中國人信仰天主教，乃天經地義。儒學未能達到「新教」的階段，自然是因爲儒學衰落所致。這樣的歷史觀，既能配合傳教士合儒的策略，也能解釋何以當時天主教並不流行，並提高「新教」的地位，可謂一舉數得。這種歷史退化論，也合乎當時中國人所習慣的歷史演化模式，較易讓人接受。

王宏翰對傳教士所宣傳的歷史觀，應當不陌生。他對儒學歷史的看法，和傳教士頗爲相符。王宏翰的朋友陳薰，不但接受了西教士的歷史觀，還提出了「天學即儒學」的看法，以修正自徐光啓以來「補儒易佛」的論調。[36] 陳氏是王家的塾師，同時也是一位積極傳教的教友。他接觸天學的過程和王宏翰相類。陳薰乃殫於性命之學的一介青衿。和王宏翰一樣，他也曾上下求索，旁及二氏之書，而一無所獲。直到讀到《闢妄》、《七克》才知「吾華上古聖賢，未蒙新教之恩，但據當然之理，兢惕之嚴，猶尙如此」，乃「推上主愛人之心，深憫世之汨于三教，習于成性者，不特愚民被惑，即士夫亦不深究其理」，因著《性學醒迷》，「俾舉世曉然，知性學真源」。爲《性學醒迷》作序的教徒孫致彌 (1642-1709)

[34] 有關當時天主教的合儒策略見：陳受頤，〈明末清初耶穌會士的儒教觀及其反應〉，《國學季刊》5.2(1935)：147-210；方豪，〈明末清初天主教適應儒家學說之研究〉，頁219-227。

[35] 孟儒望，〈天學略義〉，收入：吳相湘編，《天主教東傳文獻續編》（臺北：臺灣學生書局，1966），冊二，頁898-904。

[36] 陳薰，〈天儒合一論〉，《開天寶鑰》(Courant 7043)（原書無頁碼）。

亦謂：「釋老之教橫行，致孔、孟傳心之法，反棄置不講，人人有性，人人自失其性。」[37] 他對儒學發展的看法，和王宏翰所述不謀而合。

除了《性學醒迷》外，陳薰尚著有《開天寶鑰》。該書以墨卷的形式，介紹天主教的基本教義。文中除了以各種符號將重點圈出外，文末尚有他人的批語。批語的內容多半是稱讚書中諸文的文筆與形式，偶亦讚美文章闡揚天學的貢獻。墨卷是當時士子最熟悉的一種文體形式。陳薰採用此種形式，當是爲使讀者易於接受。王宏翰的兩個兒子王兆武、王兆成，以「教中門人」的身分參與了《開天寶鑰》的編纂。此外，陳薰的弟弟陳法禮、兒子陳光甄與姪子陳光瞻，也都參與了該書的編纂。以當時天主教徒在小孩一出生，便爲之受洗入教的習慣，陳薰的兒子當是教徒。另外列名該書的尙有李名世、倪會宣、盛守謙、萬世祺與劉淑章，他們的身分是陳薰的「同學」。「同學」是「同盟」或「同志」的代稱。明末黨社士子互稱「同盟」或「同志」。清初盟社懸爲厲禁，社事中人乃改稱「同學」，據說其事始於黃宗羲。[38] 天主教徒之間，彼此亦稱「同學」。[39] 以「同學」身分在《開天寶鑰》上署名的人，或許也是教友。至於評文者，身分亦多無考，但有些顯然也是教徒，如署名爲「天學旅人」的殷藩、金綏吉與王宏翰的兒子王兆武等。[40] 另外，《開天寶鑰》末引用了陸希言 (1631-1704) 的〈墺門記〉，並有殷藩之跋。陸希言與吳歷 (1632-1718) 同爲當時的中國司鐸，二人雖常駐於上海，但皆曾至吳地巡堂。[41] 雖然殷藩作跋時，陸氏已逝，但殷自署後學，或亦與陸氏有所接觸。另外，曾評《開天寶鑰》的殷吉生，則稱讚《醫學原始》：「今讀先生元神、元質說，洞見天地之本體，人物之本性，凜若監觀者在。不特療人形疾，直療人神疾也。」（頁32）「監觀者」即是「監臨下土」的上帝。看來殷吉生對天學也有相當的了解。雖然目前我們尙無這群人活動的進一步資料，但由《開天寶鑰》一書可見當時教徒間密切的往來及其對傳教活動的努力與策略。

---

[37] 孫致彌，〈性學醒迷序〉，收入：徐宗澤編著，《明清間耶穌會士譯著提要》（北京：中華書局，1989），頁114-115。

[38] 王應奎，《柳南隨筆、續筆》（北京：中華書局，1983），頁171-172。

[39] 王若翰，〈合刻闢妄條駁序〉，收入：徐宗澤編著，《明清間耶穌會士譯著提要》，頁110。

[40] 金綏吉是吳歷的門徒，見：方豪，《中國天主教史人物傳——清代篇》，頁238-239。

[41] 陸希言之傳，見：方豪，《中國天主教史人物傳——清代篇》，頁242-252。

目前雖無直接證據說明王氏是教徒，但他入教的可能性甚高。這不只是因爲天學是構成《醫學原始》的主要成份，更重要的是王氏一直生活在天主教的氛圍中。根據教會的記錄，與王宏翰同時，主要在吳地活動的西教士爲李西滿(Simon Rodrigues, 1645-1704)。一六七八年時，吳地有3個小教堂 (oratory)，一六八七年左右，當地每年約600人受洗。[42] 王氏至少有兩個兒子入教，且和陳薰這位教徒交往甚深。[43] 此外，王氏稱聖多瑪斯 (St. Thomas Aquinas, 1225-1274) 爲「聖師」（頁165），「聖師」乃傳教士對聖多瑪斯之稱號，中國教徒亦用之。[44] 王宏翰又稱聖奧斯定 (St. Augustine, 354-430) 爲「西聖」。（頁161）王氏對天主教之聖徒尊重如此，也顯示了他與天主教信仰關係密切。王氏尚著有《闢妄》一書，專闢佛、道。（頁191）明末天主教的支柱徐光啓亦曾著《闢妄》一書，內容是攻擊當時在天主教看來只是迷信的佛教儀式。[45] 此書在教內流傳甚廣，吳歷更將此書列爲天主教徒必讀之書，以爲教友與人辯難之用。[46] 徐氏的《闢妄》一出，立即有僧人反擊，而當時天主教徒則作《闢妄條駁》，加以還擊。此後中國天主教徒不斷有《闢妄》一類的作品問世。[47] 雖然我們已無法得知王氏《闢妄》的內容，但王氏自謂此書專闢佛、道「旁門」。（頁191）如此宗派意識堅強的作品，說明了王氏即使未入教，也當是天學堅定的信仰者。

當時的教徒或是天學的信仰者都相當關心「起源」的問題。西教士來華後不斷宣說天主是人類的起源，天主教和古儒合一，致使中國信徒不斷想從古典中找出可相印證的事實，以合法化其宗教信仰，「尋根」的問題乃不斷浮現在當時信

---

[42] 李西滿之傳見：費賴之 (Louis Pfister) 著，馮承鈞譯，《在華耶穌會士列傳及書目》（北京：中華書局，1995），頁385-386。Joseph Dehergne, "La Chine centrales vers 1700. II. L'évêhé de Nankin," *Archivum Historicum Societatis Iesu* 28 (1959): 310-311.

[43] 王宏翰至少有四個兒子，按文、武、成、康排行。據康熙《吳縣志》，宏翰三子：兆文、兆武、兆成，「咸繼父學」，則三子當皆知醫。見：湯斌修、孫珮纂，《吳縣志》卷五六，頁7a。另據《古今醫史》附案，知王宏翰至少還有一個女兒。由於以往有關王氏的傳記資料大都抄自范行準之書，在這些細節上都不夠詳細。

[44] 賴蒙篤，《形神實義》，自序，頁3a。中國教徒之用例，見李九功，〈《形神實義》序〉，頁2b。

[45] 徐光啓，〈闢妄〉，收入：吳相湘編，《天主教東傳文獻續編》（臺北：臺灣學生書局，1966），册二，頁617-652。

[46] 吳歷，《續口鐸日抄》（徐家匯轉抄本），頁15。本人感謝黃一農教授提供此一資料。

[47] 方壎，〈息妄類言〉，收入：鍾鳴旦、杜鼎克、黃一農、祝平一編，《徐家匯藏書樓明清天主教文獻》（臺北：輔仁大學神學院，1996），頁71-140。

徒的宗教論述中。[48] 例如，王若翰謂：「人生要務，莫重於認本源……試觀建中立極之帝，首推堯、舜者何？無他，欽若昊天而已。……非敬天以勤民，能識本源者乎？孔子刪《書》，所以斷自唐虞也。楊、墨亂仁義，孟子斥其無父無君……今佛氏不知尊天，異於堯、舜，逃棄君親甚於楊、墨。」[49] 王若翰強調識本源的重要性，但他卻乞靈於儒家的語言和史觀，為中國教徒在儒學傳統中定位。

王宏翰的作品也呈現了關心起源的特色。《醫學原始》雖然討論醫療問題，但王氏更關心的是「人之受命本來」，由此追溯醫學的始原。王氏的《性源廣嗣》討論的雖是求嗣的問題，但似乎也將求子建立在人性本源的探討上。王氏的另一部作品《古今醫史》，雖是古今醫家傳記的纂集，其目的則在追溯醫學的起源，以「挽世風而矯習俗」，[50] 在追探醫學本源之餘，同時從事闢妄的工作。王氏對於起源的種種討論，將天學與儒學比附，也頗合於當時教徒之風尚。

王宏翰以為：「醫也者，出上古立極之神聖」。[51]「立極」出自《尚書》，「立極之神聖」指的即是儒家古代的聖王。醫學不但出自儒學，而且還和儒學有相似的發展軌跡。醫學自「戰國時即衰矣」，[52]「後世……誤信釋老，欺世虛談……昔為楊朱、墨翟之害，今為二氏之惑。宋儒以後不但不為之闢正，反崇其說，而入其彀。何陷溺之深，若是之甚耶？」[53] 和儒學的發展史一樣，佛、道邪說蠱惑人心，而宋儒則張揚其禍。醫學不但和儒學有著相同的歷史，其功能也相同：

> 夫天下之事，宗儒理之真實則為正道，稍涉虛偽即為邪說。況醫也者，出上古立極之神聖，法天地生成之德，極群黎疾病之危，立經立典，垂為萬

[48] 西教士論「起源」的問題，如艾儒略的《萬物真原》、高一志的《寰宇始末》、佚名，《人類源流》。至於中國教徒以古典證天、儒合一之作品，可見於：張星曜的《天儒同異考》、《天教明辨》，陳薰的〈天儒合一論〉；劉凝的《六書實義》則欲以六書之旨與天主教教義互證。這些中國教徒作品中所呈現的儒學發展史和王宏翰所述相同。以上諸書之簡介及序跋中所呈現的歷史觀見：徐宗澤編著，《明清間耶穌會士譯著提要》，頁121-124, 126-129, 173-174, 209-210, 228。

[49] 王若翰，〈合刻闢妄條駁序〉，收入：徐宗澤編著，《明清間耶穌會士譯著提要》，頁110。

[50] 王宏翰，〈自序〉，《古今醫史》，頁2b。

[51] 王宏翰，〈自序〉，《古今醫史》，頁1a。

[52] 王宏翰，《古今醫史》卷一，頁14a。

[53] 王宏翰，〈自序〉，《古今醫史》，頁1a。

世之則，實我儒佐理治病之學，壽世保身之道也。故儒與醫皆明心見性之學，修身事君事親之本。[54]

王氏認爲醫學源出「立極之神聖」，其功能則是「儒者佐理治病之學，壽世保身之道」，上可事君，下可修身。醫與儒不但功能相通，且其理同出一源：

大醫大儒，道無二理。學宜窮理格物，務得致知之功，庶可與講儒而論醫。然儒能窮危微精一之奧，明修身治平之道，致斯民於衽席之間者，始可稱之爲大儒。醫能格致物性，參究天人性命之旨，宗儒理而斥旁門，使人均沾回春之澤者，始可稱之爲大醫。（頁1-2）

良醫必須「上知天文氣運之變化，下達地理萬物之質性，中明人事情欲之乘克」（自敘，頁1），像儒者一般，窮格物理。此外，醫者尚須奉儒理，排異端。王宏翰謂其《醫學原始》乃爲申明「上帝賦畀之本原，一燭了然，不使誘入修煉旁門之誤。」（自敘，頁3）對王氏而言，知人之本原，進而知上帝，才是儒學與醫學的終極目標。

綜上所述，王宏翰經由當時教徒的史觀，將儒學和醫學置於天學中。王氏提出儒、醫同源、同理的看法，但從儒學與醫學的中衰史中，王氏強調回返古聖創醫立儒的原始精神。有趣的是，新入華的西儒、西學與西教被王氏視爲原真儒學與醫學的重現，成爲挽救儒學與醫學的契機。王宏翰如此詮釋儒學和醫學的發展，除了出於一位業儒醫者對這一問題的關切外，亦因王氏與吳地的教徒社群有相當的接觸，方能運用教徒的歷史觀，促成他結合儒學、醫學和天學。

王宏翰綜合天學、醫學與儒學的努力，不只是信仰的理由，或純知識上的興趣而已。從信仰的立場而言，王氏的對手是釋、道旁門，但從執業醫的立場而言，王氏還須面對庸醫、巫、卜。王氏的綜合體系，因而成爲他批評對手的基點。

當王宏翰寫作《醫學原始》與《古今醫史》之時，正是湯斌 (1627-1687) 掃除吳地五通神信仰之際 (1685)。[55] 五通神是江南地區相當普遍的民間信仰，其大本營正在吳地的上方山。五通神貪財好色，靈力甚強，其廟爲師巫聚所。這些師巫的工作有一部份便和醫療有關。據曾爲王宏翰《醫學原始》作序的繆彤在康熙廿四年 (1685) 所作的〈毀上方山神祠記〉提到：「病者之而禱焉。」而五通

---

[54] 王宏翰，〈自序〉，《古今醫史》，頁1a。

[55] 蔣竹山，〈湯斌禁毀五通神——清初政治菁英打擊通俗文化的個案〉，《新史學》6.2(1995)：67-110。Richard von Glahn, "The Enchantment of Wealth: The God Wutong in the Social History of Jiangnan," *Harvard Journal of Asiatic Studies* 51.2(1991): 651-741.

祠的女巫亦常藉爲婦女治病，詐人錢財。[56] 這些女巫有所謂「看香頭」的卜法與「叫喜」的療法。師巫和女僕串通，打探其家是否有人生病，然後要求病家上廟招魂。女巫並與廟祝串通，勒索病家。對於富家大戶，更要求他們作「太母懺」，索價高於僧、道法會甚多。此外，亦有寺僧串通師巫，引民眾上山祭拜。[57] 這些情形看在天主教徒眼中，都是妄行，難怪對湯斌掃除五通神，教中人士吳歷的反應是：「忻見官除妄」。[58]

王宏翰自然也注意到這件地方上的大事，據他的記載：「自湯撫公諱斌疏革五聖邪神，而師巫頓減。」[59] 但是吳地的人並不因此而在醫療上減少對卜者、庸醫的依賴。王氏行醫的蘇州地區，不但醫生多，而且巫俗盛。[60] 對這種情形，王氏有如下的描述：

> 今世之醫學日下，止講業，不講道，惟江南之尤甚也。而江南中最下者，無如姑蘇一郡也。而蘇地人居雜混，市井居多，延醫不講學問之深淺，酷信師巫問卜，諂神媚鬼，要求禍福。……惟信鬼之心堅，故延醫服藥，盡出卜者之口。則卜者肆行妄斷，欺弄愚民，致使妖僧怪道，裝塑土木，囑賄卜斷，祭賽盈滿。而卜者又受醫賄囑，無論醫人學問有無，惟憑卜斷荐之。病家信心延請，往往夭枉無數。屢見奸卜庸醫，平日並不深究《易》理、《內經》，止賴世法，諂媚交通，而醫者誤人，仍不自咎討習，故好（疑爲奸之訛）卜庸醫，子嗣不昌。[61]

王宏翰在此描述的是個多元的醫療市場，其中不但醫、卜、巫、僧、道雜然並陳，病家對於他們所提供的醫療服務也難以別擇。龔煒 (1704-?) 給了我們一個有趣的例子：

> 吳中時醫某，始以痘科得名，漸及大方，名益噪；負技而驕，不多與金錢，雖當道或不赴，時亦以此受辱。服其藥者輒見殺，而名不少損，蓋小

---

[56] 繆彤，〈毀上方山神祠記〉，收入：湯斌修、孫珮纂，《吳縣志》卷二九，頁9b-10a。

[57] 蔣竹山，〈湯斌禁毀五通神——清初政治菁英打擊通俗文化的個案〉，頁81-82。

[58] 陳垣，《吳漁山先生年譜》（北平：輔仁大學，1937），頁32a。

[59] 王宏翰，《古今醫史》卷一，頁14a。

[60] 龔煒，《巢林筆談》（北京：中華書局，1981），頁34。湯斌修、孫珮纂，《吳縣志》卷六十，頁6a。顧震濤，《吳門表隱》（江蘇：江蘇人民出版社，1986），頁351。

[61] 王宏翰，《古今醫史》卷一，頁14a-b。筆者感謝陳君愷先生建議「好卜」可能爲「奸卜」之訛。

> 效歸其功，大害委于命，一任其輕心躁氣，不惜以身命嘗者，踵相接也。既死，閧傳其墮落狗胎，有文在腹。其子以五十金買養之，豈以其奚落窮民，妄投藥劑，致有斯報耶？然而郡人之言不足信，群聚而詆之，一如其群聚而奉之也。[62]

這個例子指出，病家尋求醫療服務時，對醫生的技術難以評判，只能依賴口碑，因此會有群起而奉之的現象。雖然病家無從判別醫生的技術，但對於醫療的效果卻「小效歸其功，大害委于命」。在這樣的情況下，醫生即使有醫療過失，其聲名並不因此而受影響。病家對於醫生的良窳，只能託給因果報應，因而乃有「墮落狗胎」之說。這或與吳地風尚有關，但也正印證了病家無從論斷不同醫療服務提供者的服務品質。王宏翰乃謂吳人「延醫不講學問之深淺，酷信師巫問卜，諂神媚鬼，要求禍福。」而吳中的確有許多醫療行爲與祭祀、賽會有關。例如在二郎神生日（六月二十四日）時，「患瘍者，拜禱於葑門內之廟。」[63] 此外，醫者還常參與許多當地的節日。如呂（洞賓）仙生日時（四月十四），「醫士或招樂部伶人集廳事，擊牲以酬，或水獻花，以慶仙誕」；又如「藥王生日（四月二十八），醫士備分燒香。」[64] 這些行爲看在親近天主教的醫者王宏翰眼中，都是一些迷信行爲。也使人誤以爲「醫道通仙道」，以致弄出種種幻誕怪異之說。[65] 王宏翰更進一步指出，這些不同的醫療服務提供者，甚至已結成一體。劣等的庸醫和裝神弄鬼的巫、卜、僧、道勾結，共同詐騙病人。

面對吳地的醫療現實，王宏翰對當時醫者及其社會地位提出了自己的看法：

> 後世之醫盡庸庸碌碌，不深究性命格致之學，止傳方書，諂媚貴顯，爲利殖技業，毋怪後人輕視，以致朱晦庵有貶爲技流之說。然貴顯亦無眞儒，不宜於莊老，則入于室（釋？），庸俗無知。我儒明德正心，昭事之學，貿然未考，醫儒眞學，道同一體也。[66]

王氏認爲當時的醫者只傳習方書，而不窮究醫理，只以其技藝謀利，以致朱子視之爲工匠之流，社會地位低落。前引龔煒所載「吳中時醫」的例子，頗能呼應王

---

62 龔煒，《巢林筆談》，頁100。

63 顧祿，《清嘉錄》（臺北：商務印書館，1976），卷六，頁8a。

64 顧祿，《清嘉錄》卷四，頁5a，6b。

65 王宏翰，〈自序〉，《古今醫史》，頁1b。另外王宏翰對於醫家使用風水論斷疾病也頗不以爲然。見，頁1a。

66 王宏翰，《古今醫史》卷四，頁1b-2a。

氏的看法。王氏認爲，醫理與儒術本質相通，且以醫爲儒，窮究格致；二者不但學理相通，身分上亦當結合。但要成爲上醫真儒，必須從事明德正心的「昭事之學」。「昭事之學」乃明、清教徒用來指奉教事主一事。[67] 王宏翰批評當時的儒者與醫者對此一無所知。只有儒者之格致與奉主之昭事，方能窮人性命之本真，究論醫、儒之學。王氏對醫、儒之論斷，最終仍以天學爲依歸，只是在王氏的評論中，所用的「昭事」、「上帝」卻是帶有天主教意涵的儒家語言。[68]

王宏翰對醫者地位的討論，也反映在他所編的醫者譜系。在《古今醫史》所列的醫家中，朱熹的地位最特殊。一般醫史作品，大概不會將朱子列入名醫的譜系，但王氏卻認爲「晦庵深於醫也」。[69] 不過，王宏翰將朱子列入醫家，其實別有居心：

> 晦庵註論云：「巫所以交鬼神，醫所以寄生死，故雖賤役，而又不可無。」常據此言，則晦庵不知巫之與學醫。蓋巫乃陰陽之術，虛僞之理，實賤役也。而醫要分業與〔業〕（業字疑衍）道。業者，不過明達方藥，參究病機，其療治，上則帝王宰輔，下及庶民，有生死之寄，難以賤役稱之。若夫大醫之道，徹通天地造化之本，三才格致之理，性命之原。貿貿以溅（當爲賤之訛）役稱之。……然醫道亦格致之學，因世人祇圖財利，不深究其原，志在養生之榮，以致賤視而不尊。但晦庵爲宋之大儒，註釋六經，若再虛心窮究其大本大原，得澈造化之大理，陰陽變化之本，則不

---

[67]「昭事」出自《詩經》〈大雅・文王之什・大明〉：「維此文王，小心翼翼，昭事上帝。」自利瑪竇在《天主實義》中引此文以證明「天主」乃古經中之「上帝」後，教徒即以「昭事」稱事奉上帝。楊廷筠也說：「欽崇天主即吾儒昭事上帝也」。楊廷筠，〈七克序〉，收入：劉凝編，《天學集解》（抄本），道集，頁24a。張賡在《天學解惑》也有這樣的用例，而張亦自稱「昭事生」。見：張賡，《天學解惑》(Courant 6879)，頁2a。其他的例子又見：李九標，《口鐸日抄》卷五，頁9a。王徵，《畏天愛人極論》(Courant 6868)，頁5a。

[68] 在筆者所見的王宏翰著作中，王氏從未用「天主」或「造物主」一詞，而多用「上帝」一語。例如在論「正夢」一段，王宏翰將《性學觕述》中「蓋造物主生人，既生之矣，又保存安養之，欲令同眞樂而後止。」（卷七，頁21a）改爲「克當帝心」。（頁188）實則「上帝」一語，在王宏翰寫作《醫學原始》時，已在傳教士內部引起不少爭議，而改用「天主」或「造物主」。但王宏翰卻一直使用「上帝」，以使西教與儒學發生關係。有關「上帝」一語的問題，見：黃一農，〈明末清初天主教的「帝天說」及其所引發的論爭〉，《故宮學術季刊》14.2(1996)：43-75。

[69] 王宏翰，《古今醫史》卷五，頁9a。

> 致出此言也。故余言大儒大醫，道無二理。今儒者盡心於詩文，以圖金紫，而明德之理，置之不講。[70]

朱子將醫與巫並列爲人生不可或缺之賤役，對此王宏翰期期以爲不可。王氏認爲這不但有損醫、儒同道的說法，也損及醫者的社會地位。因此，王氏在《古今醫史》中特闢專章，以辯駁朱子。[71] 將朱子列入醫家譜系，配合王氏醫、儒同源的談法，以儒學合法化了醫者的傳統；藉著反駁朱子的說法，王氏則澄清了醫與巫本質上的差異，以知識和對利益的態度，將二者區隔開。俗儒、庸醫與巫卜間的共同處是孳孳爲利，但一位真正的儒者與醫者則必須藉由窮究性命之理，以超越求利的世俗層次。當王氏要求醫者和儒者都要「窮究其大本大原，得澈造化之大理，陰陽變化之本」，他指的還是理解上帝乃天地萬物之大本原。由於朱子不明大本大原，王氏因而認爲朱子猶有一間未達，才會作出醫、巫同爲賤役的不當論斷。從以上的分析看來，王宏翰仍是從天學的脈絡攻擊庸醫、巫卜；而他對儒學、天學與傳統醫學的知識和信念，則成爲他立論的依據。

王宏翰更進一步分析儒醫與庸醫的分別：

> 今世之人，心無仁德之恆，才乏天人之學，妄指醫爲技業，輕視而淺習之。殊不知醫之論有二，曰道，曰業。曰道者，儒醫也（小注：即明醫也），良醫也，德與良相竝。曰業者，時醫也，（小注：即名醫也）庸醫也，難與儒醫竝。故志道者，學從儒理，溯源知本，參天地化育之旨，明氣域運行之機，然後知我身之小天地，與覆載之大天地，兩相吻合。身乃性原之基，知覺運動之本，究有生之初，受胎受性之原，明乾坤絪蘊之理，男女化育之奧，了然於胸中者，此謂之儒醫也，良醫也。若止以頌歌訣、集驗方，不究原本之學，則失乎仁德之本，有肅殺之權，而無回春之力，貿貿然作糊口術者，此謂之時醫也，庸醫也。[72]

王氏認爲儒醫所必須知道的，根本就是《醫學原始》中的基本內容。藉著《醫學原始》，王宏翰將自己裝扮成儒醫的形象；而要求醫者須「學從儒理」，亦可視爲是王宏翰藉知識區隔其他醫療市場競爭者的手段。王宏翰獨特的綜合體系，因而合法化了他行醫、業儒和他對天學的信仰。

---

[70] 王宏翰，《古今醫史》卷五，頁9a-b。

[71] 王宏翰因朱子貶醫者爲技流，而謂朱子「不深醫理」。顯然王氏將朱子列入醫家譜系，只是策略性的作法，其目的乃在辯駁朱子將醫、巫並列。王宏翰，《古今醫史》卷四，頁2a。

[72] 王宏翰，《四診脉鑑》，頁2a-2b。

五、結語

王宏翰的《醫學原始》將醫學與儒學的始源根植於天學的架構內。他接受了天主教中上帝是萬事萬物與人類根源的說法。上帝賦予人靈魂，創造了人的生命。王氏認爲認知這點是醫學的起始。他乃將傳統醫學以氣，血、經脈爲主的人體建構，植入天學論人靈魂、感官與身體結構的框架，以賦予醫學更高的價值。將傳統醫學從療病的技術層次，提升到論人成形、感受外界與人性本原的哲學層次。以「人乃一小天地」爲橋樑，王宏翰將儒學與傳統醫學收編於天學的框架內。

有趣的是，王氏雖然使用了四行、四液等當時西方醫學的概念，也試圖打破傳統醫學所用的五行系統，但王宏翰所形成的新概念卻不曾用在實際診療上。從王氏的醫案中可以看出，他看病時所使用的各種資源，從概念到醫方，莫不來自傳統醫學。從《醫學原始》一書的進程亦可看出，王氏在書的起頭，借自天學之處頗多。但當該書越往實際的醫療層次上發展時，王氏借自傳統醫學之處也就越多，甚至必須全盤回到傳統醫學上。他以四行配五臟的談法，也只成了他個人的堅持，點綴在他所引用的傳統醫書中。《醫學原始》引自天學的概念仍停留在理論的層次，其功能在於將傳統醫學納入天學的論述中。這固然是因爲王氏所接觸的西方醫學有限，在這有限的資訊中，雖然提供了一種王氏所能接受的身體建構，卻無法建立身體和診治間的關係。是以，王宏翰越深入談論診治的部份，便越得回到他熟知的傳統醫學。

王宏翰貫通天學、醫學與儒學的獨特方式，與他的生活世界密切相關。王氏行醫、業儒且是天學的信徒。這三種身分提供了他獨特的視野與概念，使他融會天學、醫學與儒學成爲可能。王宏翰雖然以醫爲業，但卻以儒爲自我認同，並藉著知名官員爲其書所寫的序言，來呈現他儒者的身分，並合法化他的綜合體系。王氏向儒者認同，不只是爲了提高他自己的社會地位而已。王氏認爲儒與醫同源、同道，原是上古聖人所創，且二者同因洪水、秦火以及釋、道的侵入，而一同衰落。至西儒入華，才重復古儒面貌。以天學合古儒本是傳教士入華後吸引士大夫的傳教策略；而以儒學經歷一段衰落史，而致天學不明，也是西教士說明何以長久以來中國人不知有耶教的說法。王宏翰透過追尋「人性本原」，申論昭事上帝的重要。「人性本原」，原指人乃上帝所創，靈魂乃上帝所賦。王宏翰認爲這是醫學和儒學的共同起點，因此其《醫學原始》不但原醫學之始，同時也是一部儒學原始。王宏翰和當時熱衷於證明天學合於古儒的中國士大夫教徒一樣，接受了傳教士所建立的天、儒關係，並透過對始原的探求，將醫學、儒學置於天學的架構內，融於一爐。

身爲一位醫者，王氏也從天學信仰者的角度批判巫、卜、庸醫。吳俗尚巫信鬼，巫、卜常介入醫療活動。而吳地常有醫者與巫、卜勾結，詐騙病人。王宏翰對巫、卜批判不遺餘力，更極力撇清自朱子以來視醫、巫爲賤役的印象，試圖將醫與巫區分出來。他也從知識的立場，分別儒醫與庸醫。儒醫必須視得大本原，明氣域之運行；亦即得明白王氏在《醫學原始》中所談論的內容。王宏翰從他的生活世界中，獲取了儒、醫與天學的各種概念，形成他別具特色的醫學觀點；而王氏所擁有的知識又成爲他在醫療市場上區隔與批評其他競爭者的手段，也同時合法化了他爲儒、業醫與天學信仰者的三重身分。

王宏翰雖然自命爲儒醫，但從他將儒學與醫學置於天學的架構中融合，可以看出他的宗教關懷。對於天主教的信仰者而言，肉體的存在永遠是短暫，天堂的真福才是永恆。即使王宏翰在論醫道時，無法走出傳統醫學的框架，但對他而言，醫者所能做的實在有限。誠如他自己所言：「禍福壽夭，皆上帝鑒降。」[73] 醫者雖能療人肉體於一時，卻不見得有助於人瞥見永恆幸福的真光。這也就是爲什麼，王氏在《醫學原始》中汲汲於探究人生的大本大原，而殷吉生也認爲王氏最大的貢獻不在療人形疾，而在療人神疾。顯然療人神疾需要的不是一般醫方，而是從宗教生活中獲得靈魂的滋養。對此，當時的教徒另有方藥，且看王徵爲專治七情六慾、三仇五濁、貪淫妒傲所開的「活人丹方」：

> 敬天眞心一副　愛人熱腸一斤　孝順十分
> 忠肝一段　大肚皮一具　勁骨一大節
> 信實根稍俱用　本來面目要全　隱陰不拘多
> 神異奇料臨時酌取
>
> 以上同入寬平鍋內鍛鍊，不要焦躁，放清涼地上冷定，除去火性，又要耐煩寧靜，研爲細末，神水調勻，一團和氣爲丸。每服一兩，日進三服，一味澹薄湯送下。最忌相犯七物：
>
> 一逆天害理　一利己損人　一言清行濁
> 一始勤終怠　一暗中箭　一笑裡刀　一兩頭蛇

[73] 王宏翰，《古今醫史》卷一，頁9b。

> 果能日服前藥，永戒七物……不但增福延壽，還可慶貽子孫。……藥料隨地隨人，時時具足，惟願大家急取服之。

在服過「活人丹方」後，韓雲另外建議：「若欲長生不死，惟用一味拔地斯摩水（案：即洗禮的水）。[74] 換言之，永生只有來自受洗入教。即使到了二十世紀的今天，基督教臺安醫院，仍在藥包上寫著：

> 喜樂的心乃是良藥，憂傷的靈使骨枯乾。　　箴言第十七章二十二節

對於想望天國的人，肉體的康寧只是暫時；靈魂的得救才是永生。這也正是明清之際中西醫學交會中，從西方傳來最重要的訊息。

（本文於一九九八年四月十八日通過刊登）

[74] 王徵，〈活人丹方〉，收入：劉凝編，《天學集解》，法集，頁37a-38a。

附錄：《醫學原始》的版本及其「著輯」的體例

《醫學原始》一書流傳不廣，在范行準從事研究時，已是難得一見的善本。據《古今醫史續增》，此書為十一卷。[75] 另在日本內閣文庫漢籍部中，尚存一部江戶時代的九卷《醫學原始》抄本。據王宏翰所著的《四診脉鑑》目錄末所附的王氏著作目錄，《醫學原始》只有九卷。內閣文庫抄本的內容，和王氏在自敘中所說的內容吻合，則此九卷本，應當即是完本。《古今醫史續增》誤作十一卷。

本文所採用的本子為上海中醫文獻館所重印的《明清中醫珍善孤本精選十種》中的四卷本，該書原刊於康熙三十一年 (1692)，每頁九行，行二十一字，每一條目皆抬頭，單魚尾，板心上書「醫學原始」，中書卷數及小目。這個本子每卷首頁皆有「伍連德藏書記」之方章，故該書應為伍連德所藏。伍連德與王吉民，皆為醫史研究之前輩，曾合著 *History of Chinese Medicine*。王吉民並曾為范行準的《明季西洋傳入之醫學》作序。原先九卷本有徐乾學、韓菼、繆彤、沈宗敬的序與王宏翰的自敘。但四卷本缺繆彤之序。四卷本的結構大致如下：卷一言人之生成，所據以天學為主，間輔以中醫之說。卷二則全引西說，涉及四元行與人對外界的感觀認知等問題。這是本書與天學交涉最多的部份。卷三處理人體之構成，全引自傳統醫學文獻。卷四特重五臟及與五臟相繫的六陰脈，所引亦全為傳統醫學之說。

王宏翰以「著輯」的方式處理材料，他常註明原文的出處，並加以述評。有些評語特用「浩然按」或「浩然曰」，以強調自己的意見。但全書體例並不一致。有時引文並未註明出處，有時述評亦未特別標出。除正文外，本書間有小注。這些小注似乎為王宏翰所加，但也有些小注是引自原書，如論人身骨數一段之全文及小注即是（頁225-237）。本書間有殘缺，如卷二「靈香之類」下之小注「即（中缺）也」（頁168）即是； 卷二末〈噓吸論〉（頁196）亦有缺頁。該書亦偶有誤字，如卷二「周天三百六十二度」，據《空際格致》當為「三百六十度」（頁88）；卷四「備一宏大之字」，據《性學觕述》，「字」為「宇」之誤。（頁169）

---

[75] 《古今醫史》九卷，亦為王宏翰所作。但其實末二卷續增，當非王氏所筆，因其中所記最後一位醫家繆松心乃乾隆乙巳科 (1785) 進士，其時王氏已逝。且《古今醫史續增》中有王氏本人之傳，為己作生傳，亦非常例。在這篇〈王宏翰傳〉中謂《醫學原始》為十一卷。

這一四卷本並非完本。根據內閣文庫本，這一四卷本缺了後五卷，而這五卷的內容在王宏翰的自敘中業已提及。（自敘，頁4-5）所缺五卷的內容爲：第五卷論六腑與六陽脈；第六卷論奇經八脈；第七卷論六陰脈經穴主病；第八卷論六陽脈經穴主病；第九卷論奇經八脈主病。這幾卷亦全出自傳統醫學。內閣文庫本的版式與四卷本相同，除第二卷無缺頁外，四卷本的錯誤，亦見於內閣文庫本。內閣文庫本的後五卷，除了第六卷有王氏的三條按語外，基本上都抄自傳統醫書。或許是因爲這個緣故，才會有四卷的節刊本出現。內閣文庫本雖然較完整，但因原書無頁碼，引用不便，故本文仍採用四卷本。

《醫學原始》前兩卷融會天學最多，王宏翰亦認爲這一部份最重要。他說：「余慨性命之學不明……首立元神元質一說，明人道之生機。次論受形男女之分別。……而元質生機原係四元行締結，資飲食而成四液以發知覺，而五官四司，得以涉記明悟。至寤寐睡夢，前人論而不確。」（自敘，頁2-3）這些天學知識，爲王氏所欲闡發的性命之學打下了基礎。爲王氏作序的韓菼與沈宗敬亦認爲這些內容是王氏最大的貢獻，也是《醫學原始》的特色。

從《醫學原始》所引用的天學資料看來，王宏翰似未接觸過當時傳教士討論人體生理結構的主要作品《人身說概》和《人身圖說》。王氏的西方醫學知識全來自傳教士談論性學之書，且其卷二所援引之天學，主要出自高一志 (Alphonsus Vagnoni, 1568-1640) 的《空際格致》與艾儒略的《性學觕述》。這一方面固然是因《人身說概》和《人身圖說》流傳不廣；一方面也是因爲王宏翰對於天學的興趣，原不僅止於醫學上的考量，實際上他最關心的是他所謂的「性命之學」。在不熟悉西方討論人體結構的情況下，王氏便截取「性學書」中，討論人對外在世界的感知、四元行與四液等部份，接上傳統醫學論臟腑、經脈的部份，構成其特有的醫學體系。

王宏翰「著輯」《醫學原始》並非只是任意地雜湊資料，他從西方「性學書」所獲取的知識，指引了他所選取的材料。例如《性學觕述》中論及寤寐、夢、噓吸、壽夭、髮、語言等，《醫學原始》也徵引傳統醫書中相關的討論。其次，「性學書」特重視人體的構成與身體部位的功能，而這也是《醫學原始》的特色。王宏翰自謂《醫學原始》的內容包括：「一藏一府之下，詳論經脈、絡穴起止病原，分列每經正側細圖，致內照灼然。及奇經八脈之奧，亦並陳綴。至周身俞穴主病，針灸補瀉之法，俱經詳悉，而引經用藥之理，靡不由斯。」（自敘，頁4-5）從這段自敘中，不難看出王宏翰相當關心人體結構，並將療治建立在對內景、經脈和臟腑的理解上。

王宏翰有關骨骼的討論，亦是以西方醫學爲指引，融會傳統醫學的例子。當時西方醫學仍籠罩在蓋倫 (Claudius Galen, c. 129-210 A.D.) 的古典醫學典範之下，重視身體各部位的功能。但傳教士則利用蓋倫醫學專重生理功能的特點，以證成其教義。[76] 例如湯若望 (Adam Schall von Bell, 1592-1665) 便謂：「惟大主能知人身筋、肉、骨、脈、痰，各類本用本位，而又補其損者，連其斷者。造化神工，豈人力所能及哉？」[77] 在討論骨骼時，湯若望大略描述了人身骨骼的數目、骨之形狀、功能與連接之複雜，以說明：「人身各肢各分之向，可得數萬。嗚呼！非全知全能，孰克謀此哉？」[78] 在節錄湯氏論骨之文後，王宏翰隨即引用了《靈樞》〈骨度〉篇和王肯堂《六科準繩》中的〈瘍醫準繩〉。〈骨度〉是中國論骨的經典作品，它顯示了中國醫學對骨的關注，既非其形態，亦非其功能，而重在以人骨比例測定「脈度」。[79] 王肯堂論骨的作品，則將人身骨名及骨數一一考出。[80]（頁227-235）雖然王肯堂依循著傳統「人身總有三百六十五骨節」的說法，努力將各骨湊齊。但他所列出的骨數，實際上只有三百五十五塊。王宏翰並未核實王肯堂所算出的骨數，只是照章援引。儘管湯若望對於骨數的討論並不詳細，無法做詳細的比較，但王肯堂和湯若望所列出的骨數相差甚遠。[81] 至於王宏翰關心骨數的問題，重在說明「人乃一小天地」，而骨數則是這一觀念的表徵。在人這一小天地中，男陽女陰，男人三百六十五塊，女人三百六十塊。雖然傳統醫學以骨數象徵人乃一小天地，與西方重人骨骼之功能不同，但二者都顯示

[76] 拙著，〈身體、靈魂與天主：明末清初西學中的人體知識〉，頁51-59。

[77] 湯若望，《主制群徵》，收入：吳相湘編，《天主教東傳文獻續編》（臺北：學生書局，1986，二版），冊二，頁593。

[78] 湯若望，《主制群徵》，頁522。

[79] 王道還，〈論《醫林改錯》的解剖學——兼論解剖學在中西醫學傳統中的地位〉，《新史學》6.1(1995)：100。

[80] 二者相比，《醫學原始》論蕩骨處，漏了一「左」字。其他連小注都原文照抄。

[81] 當時西方醫學對人體的骨數大致認爲是246或248塊，但無定論。有關西方醫學對骨數的討論見：C. Rabin, "Ibn Jamī' on the Skeleton," in *Science, Medicine and History: Essays on the Evolution of Scientific Thought and Medical Practice*, ed., E. Asworth Underwood (London, New York & Toronto: Oxford University Press, 1953), pp.182, 192-193. 筆者感謝栗山茂久教授提供此一訊息。

了人的身體並非偶然生成。對西教士而言，人是上帝有意的構設；對王宏翰而言，人乃天地之縮影。

人骨的例子顯示王宏翰處理中、西醫學的過程相當複雜。王氏以西方人體知識作爲選取傳統醫學材料的指針，將傳統醫學含藏於以天學爲中心的架構中。王氏的「著輯」方式，其實已隱含了他如何看待中、西醫學間的關係，以及這一關係的形上基礎。傳教士在他們的「性學書」中透過人體傳達了人與外在世界和天主間的關連，而王宏翰則從「天人合一」的中國傳統，開展傳教士在「性學」中的表述。他的論點最終還是回歸到天主教「性學」的論旨，只是他所用的語言卻穿梭於天學、醫學與儒學之中。

引用書目

一、傳統文獻

方壎，〈息妄類言〉，收入：鍾鳴旦、杜鼎克、黃一農、祝平一編，《徐家匯藏書樓明清天主教文獻》，臺北：輔仁大學神學院，1996。

王宏翰，《古今醫史》，國家圖書館藏抄本微卷。

王宏翰，《四診脉鑑》，體仁堂寶翰樓藏版，1693年刊本。

王宏翰，《醫學原始》，上海：上海科學技術出版社，1989。

王宏翰，《醫學原始》，內閣文庫本。

王徵，〈活人丹方〉，收入：劉凝編，《天學集解》，法集，頁37a-38a。

王徵，《畏天愛人極論》Courant 6868。

王應奎，《柳南隨筆、續筆》，北京：中華書局，1983。

艾儒略，〈西學凡〉，收入：李之藻編，《天學初函》，臺北：學生書局，1965。

艾儒略，《口鐸日抄》，中央研究院傅斯年圖書館藏版。

艾儒略，《性學觕述》，閩中天主堂刻本。

佚名，《古今醫史續增》，收入：王宏翰，《古今醫史》，國家圖書館藏抄本微卷。

利瑪竇，〈天主實義〉，收入：吳相湘編，《天學初函》，臺北：臺灣學生書局，1965。

吳歷，《續口鐸日抄》，徐家匯轉抄本。

孟儒望，〈天學略義〉，收入：吳相湘編，《天主教東傳文獻續編》，臺北：臺灣學生書局， 1966。

徐大椿，〈醫貫砭〉，《徐靈胎醫書全集》，臺北：新文豐出版公司，1985。

徐光啓，〈闢妄〉，收入：吳相湘編，《天主教東傳文獻續編》，臺北：臺灣學生書局， 1966。

張賡，《天學解惑》Courant 6879。

陳夢雷，《新校本圖書集本醫部全錄》，臺北：新文豐出版公司，1979。

陳薰，《開天寶鑰》Courant 7043。

湯若望，《主制群徵》，收入：吳相湘編，《天主教東傳文獻續編》，臺北：學生書局，1986，二版。

湯斌修、孫珮纂，《吳縣志》，江蘇：廣陵古籍刻印社據康熙三十年刻本重刊，1989。

楊廷筠，〈七克序〉，收入：劉凝編，《天學集解》，抄本，道集。

賴蒙篤，《形神實義》，長溪天主堂刊本。

顧祿，《清嘉錄》，臺北：商務印書館，1976。
顧震濤，《吳門表隱》，江蘇：江蘇人民出版社，1986。
龔煒，《巢林筆談》，北京：中華書局，1981。

二、近人論著

方豪
1969 〈明末清初天主教適應儒家學說之研究〉，《方豪六十自定稿》，臺北：學生書局，頁205-211。
1985 《中國天主教史人物傳——清代篇》，收入：周駿富輯，《清代傳記叢刊》，臺北：明文書局，重刊，冊六五。
王道還
1995 〈論《醫林改錯》的解剖學——兼論解剖學在中西醫學傳統中的地位〉，《新史學》6.1：100。
何時希
1991 《中國歷代醫家傳錄》，北京：人民衛生出版社。
宋樹立
1991 〈中西匯通第一家——王宏翰〉，《北京中醫學院學報》14.4：52-53。
李矢禾等編
1985 《歷代名醫傳略》，哈爾濱：黑龍江科學技術出版社。
李建民
1994 〈馬王堆漢墓帛書「禹藏埋胞圖」箋証〉，《中央研究院歷史語言研究所集刊》65.4：725-832。
李貞德
1997 〈漢唐之間求子醫方試探——兼論婦科濫觴與性別論述〉，《中央研究院歷史語言研究所集刊》68.2：283-368。
范行準
1943 《明季西洋傳入之醫學》，上海：中華醫史學會。
徐宗澤編著
1989 《明清間耶穌會士譯著提要》，北京：中華書局。
祝平一
1996 〈身體、靈魂與天主：明末清初西學中的人體知識〉，《新史學》7.2：47-98。
馬伯英
1994 《中國醫學文化史》，上海：上海人民出版社。

張嘉鳳

1998　〈生化之源與立命之門——金元明醫學中的命門試探〉，《新史學》9.3：1-47。

陳受頤

1935　〈明末清初耶穌會士的儒教觀及其反應〉，《國學季刊》5.2：147-210。

陳垣

1937　《吳漁山先生年譜》，北平：輔仁大學。

1985　〈華亭許纘曾傳〉，《民元以來天主教史論集》，臺北：輔仁大學出版社，二版，頁91-95。

費賴之 (Louis Pfister) 著，馮承鈞譯

1995　《在華耶穌會士列傳及書目》，北京：中華書局，頁385-386。

黃一農

1996　〈明末清初天主教的「帝天說」及其所引發的論爭〉，《故宮學術季刊》14.2：43-75。

廖育群

1991　《歧黃醫道》，瀋陽：遼寧教育出版社。

蔣竹山

1995　〈湯斌禁毀五通神——清初政治菁英打擊通俗文化的個案〉，《新史學》6.2：67-110。

Bernard, Henri

1941　"Notes on the Introduction of the Natural Sciences into the Chinese Empire Culture Contacts between China and the West." *The Yenching Journal of Social Studies* 3.2: 944-965.

Bray, Francesca

1991　"Some Problems Concerning the Transfer of Scientific and Technical Knowledge." in *China & Europe: Images and Influences in Sixteenth to Eighteenth Centuries*. Ed. Thomas H. Lee. Hong Kong: The Chinese University Press, pp.204-219.

Conrad, Lawrence I. et al.

1995　*The Western Medical Tradition: 800 BC to AD 1800.* Cambridge: Cambridge University Press.

Dehergne, Joseph

1959　"La Chine centrales vers 1700. II. L'évêhé de Nankin." *Archivum Historicum Societatis Iesu* 28: 310-311.

Gilson, Etienne

1956 *The Christian Philosophy of St. Thomas Aquinas*. New York: Random House.

Gernet, Jacques

1985 *China and the Christian Impact*. Cambridge: University of Cambridge.

Rabin, C.

1953 "Ibn Jamī' on the Skeleton." in *Science, Medicine and History: Essays on the Evolution of Scientific Thought and Medical Practice*. Ed. E. Asworth Underwood. London, New York & Toronto: Oxford University Press, pp. 182, 192-193.

Von Glahn, Richard

1991 "The Enchantment of Wealth: The God Wutong in the Social History of Jiangnan." *Harvard Journal of Asiatic Studies* 51.2: 651-741.

Medicine East and West: Wang Honghan's Synthesis of Medicine, Christianity and Confucianism

Pingyi Chu

Institute of History and Philology, Academia Sinica

The purpose of this paper is twofold. On the one hand, I use Wang Honghan as an example to examine how local Christianized literati, who were the main supporting force to the Western missionaries in local society after the Ming, appropriated Western learning and Christianity. On the other hand, I discuss what happened when Western medical knowledge trespassed its cultural boundaries in seventeenth-century China.

I argue that Wang Honghan gained access to Western anatomical knowledge mainly through proselytizing materials which describe how the human body can function as an interface between this-worldly factual knowledge and the other-worldly truth of God. Although this kind of writing presents the body according to Galen's theory, it does not discuss how to cure disease. For healing, Wang had to turn to the Chinese medical tradition. Nevertheless, Wang transplanted Western anatomical knowledge to the Confucian concept of *gewu* and thus shaped his identity as a christianized Confucian literatus as well as a Chinese medical practitioner. This identity enhanced his reputation as a Confucian physician (*ruyi*) in the highly competitive medical market of the Jiannan area.

Keywords: Wang Honghan, Christianity, Jesuits, the history of medicine, anatomy

出自第七十本第一分（一九九九年三月）

明太祖的孔子崇拜*

朱鴻林**

本文從制度面和思想面探討明太祖尊崇孔子的各種表現，爲明代禮制研究以及明太祖傳記研究提出新的專題論述。論文先釐清了歷來流傳誤會明太祖文字猜忌和嚴刑殘酷之事，以及考論了元朝尊孔的實際情況，作爲太祖尊孔情事的比較基礎。然後述析太祖一生在制定祭祀先師禮儀上和在禮待衍聖公及優待其他孔裔上的表現。最後述析太祖一朝朝臣有關孔廟祭祀的各種意見。結論指出，明太祖自渡江以後，眞誠尊孔，與時俱增。太祖尊孔實出於其個人對孔子貢獻的認識和對孔子之教有益治國的深信，而他在祀孔禮儀上所表現的尊崇和誠敬程度，以及在對待衍聖公上所表現的優禮和眞誠，都是度越前代的。這種表現，反映了他能行所信的特點，也反映了他的崇德報功思想和儒家價值觀。

關鍵詞：明太祖 孔子崇拜 釋奠禮 衍聖公 元世祖

* 作者感謝兩位匿名審查人的指正，以及定稿之前所獲黃進興、洪金富、何漢威、于志嘉、范毅軍、盧建榮、朱榮貴諸先生的討論之益。

** 中央研究院歷史語言研究所

一、引言

貧苦出身、自少失怙失學的明太祖，其成就正如清朝官修的《明史》論贊所說：「崛起布衣，奄奠海宇，西漢以後所未有也。…武定禍亂，文致太平，太祖實身兼之。」[1] 太祖致治的概括內容，也正如同一論贊所說：「懲元政廢弛，治尚嚴峻。而能禮致耆儒，考禮定樂，昭揭經義，尊崇正學，加恩勝國，澄清吏治，修人紀，崇風教」等等。太祖作爲和建樹的總成績，和他地位相當的清初帝王對之體會最深。清世祖曾命將《洪武寶訓》譯成滿文，並以滿漢文字刊本頒行中外。[2] 又命翻譯《洪武大誥》進覽。[3] 又稱自漢高祖以下，「歷代賢君，莫如洪武。」[4] 清聖祖五謁南京明孝陵，[5]「入殿，行三跪九叩禮，既興，從殿後入神路門，…上親酹酒三，仍拜如前。…越日，復降諭旨，追美太祖混一區宇之功，肇造基業之盛。」[6] 此禮誠如大臣張玉書所說，「乃千古盛德之舉，在昔帝王未有行者。」[7] 清聖祖二十餘年的歷次尊禮，固然可以是君臨天下信心和撫懷明代遺民的政治示意，但也不能不是深致崇敬的內心表現。

明太祖致治的要領，是農桑和學校並重的長期國策，加上洪武年間所制定的各種禮制。但因爲政尚嚴，令行責實，初則引起很多元朝成長的文人不滿，[8] 後又因數興大獄，誅連甚眾，野史家因而演爲太祖尙行殘刻酷刑之說。太祖又深崇老子《道德經》，[9] 而曾一度罷停祭祀孟子，因而在表現出一種文化專制意象之

---

[1]《明史》卷三〈太祖三〉，頁56。

[2]《大清世祖章皇帝實錄》卷二五，頁1下 (291)，順治三年三月辛亥日條。

[3] 同上書，卷八六，頁16下 (1028)，順治十一年十月辛未日條。

[4] 同上書，卷七一，頁24上-25上 (848-849)，順治十年一月丙申日條。

[5] 清聖祖五謁明孝陵的時間爲康熙二十三年十月，二十八年二月，三十八年四月，四十四年四月，四十六年三月。

[6] 此爲清聖祖康熙二十三年十月癸亥日初謁明孝陵時禮節，引文出張玉書，《張文貞集》卷一〈聖駕詣明太祖陵頌有序〉，頁13上-14下 (1322／397)。

[7] 同前注。按，《大清聖祖仁皇帝實錄》卷一一七，頁13上-17上，亦頗詳記此事，但諱言向明太祖行三跪九叩之禮。

[8] 參看錢穆，《中國學術思想史論叢（六）》，〈讀明初開國諸臣詩文集〉，頁77-171；〈讀明初開國諸臣詩文集續篇〉，頁172-200。

[9]《全明文》（第一冊），卷一三〈朱元璋一三・道德經序〉，頁188-189。討論明太祖對《道德經》的理解和利用的論著，可參看柳存仁，〈道藏本三聖注道德經之得失〉，《和

餘，也令人懷疑他能否或曾否確行尊孔崇儒之事。以上這些事情的認識和記載的延續，造成近代論者對太祖崇儒重禮、大興文教的事情多所忽視或曲解。

近年以來，中外學者對於明太祖所定的禮制，已有深入的注意，[10] 但對明太祖尊崇孔子的各種表現，卻還未及討論。本文擬從制度面和思想面論證，綜太祖一生而言，其尊孔崇儒之誠心篤敬，實已度越前代，且對後世有所影響。太祖尊孔的情狀，前此未見專論，[11] 爲了明白其事，本文將先釐清一些流傳已久的誤會太祖之說，和考述相關的元代史實，以作比較之用。

二、野史對明太祖的誤會事例

在尊崇儒教方面，明太祖確有足以令人誤會之處。洪武年間太祖對孟子的態度就是一個很好的例子。《明史・禮志四》載，洪武五年 (1372) 罷孟子配享。[12] 此事《明太祖實錄》未載。清人全祖望認爲應該發生於洪武二年，近人容肇祖引明人李之藻《泮宮禮樂疏》（卷二），認爲應該發生在洪武三年。[13] 明遺民談遷所撰《國榷》卷五，此事係於洪武五年末，據南京太常寺、翰林院故牘寫作：「命仍祀孟子。是年，國子監請釋奠，命罷孟子。至是，上曰：『孟子辨異端，闢邪說，發明先聖之道，其復之。』」此說最有根據，可見此事都在洪武五年之內發生。[14] 釋奠禮春秋仲月各行一次，所以此事不起於二月，便起於八月。罷祀孟子，最多延續了十個月。

風堂文集》，頁472-494；柳氏，〈道藏本三聖注道德經會箋〉，同書，頁223-471，所說尤詳。余英時，〈唐、宋、明三帝老子注中的治術發微〉，《歷史與思想》，頁77-86，亦可參考。

[10] 詳論明代官方禮制之作，可看 *The Cambridge History of China,* Volume 8, *The Ming Dynasty, 1368-1644, Part 2,* pp.840-892, Chapter 13, "Official Religion in the Ming," by Romeyn Taylor. 專論明太祖朝的，可看羅仲輝，〈論明初議禮〉，王春瑜編，《明史論叢》，頁74-92。

[11] 黃進興在〈道統與治統之間：從明嘉靖九年 (1530) 孔廟改制論皇權與祭祀禮儀〉一文中（《優入聖域：權力、信仰與正當性》，頁147-155），曾就與嘉靖改制的相關事項，作了背景性的論述，但該文並非對明太祖祀孔事情的專論或通論。

[12]《明史》卷五十〈禮四〉，頁1296。

[13] 容肇祖，《容肇祖集》〈明太祖的《孟子節文》〉，頁170-183。

[14]《國榷》卷五，頁478。按，《明史》卷五十〈禮四〉，頁1296，言「踰年，…配享如故。」據之，孟子罷祀時間超過一年。但《國榷》引據似較可信。

談遷同時也做了考證，說明明人論此事起源的附會不足信。談遷引示《寧波新志》（按，當指嘉靖三十九年〔1560〕修四十二卷志[15]）說：「洪武二十三年(1390)，命儒臣修《孟子節文》。上覽孟子『土芥寇仇』之說，謂非臣子所宜言，議欲去其配享；詔敢諫者罪以不敬，且命金吾射之。刑部尚書象山錢唐抗疏入諫，輿櫬自隨，袒胸受箭，」卒使孟子配享得以不廢。[16] 但此說並不可靠，主要是錢唐洪武四年已卒，罷配享事情發生於五年，而《孟子節文》則修於二十七年，時間矛盾顯然。談遷指出，「《寧波舊志》（按，指天順年間修十卷志或天順、成化間修五卷簡本）止載【錢唐】諫釋奠一事，不及孟子；袒胸受箭之說，出自野史，豈好事者爲之耶？」又引「仁和姜南《大賓辱語》：洪武二年，詔止釋奠曲阜、京師，不必天下；」後經刑部尚書錢唐和吏部侍郎程徐以報本之道力言，才得「上從之。」看來，《寧波新志》這則關於錢唐的晚出故事，是後人因爲他曾有力諫釋奠之舉而牽連成事的。

明太祖罷祀孟子的原委，已經不能細考。所謂的理由，主要都是出於晚明的短書小說。容肇祖論劉三吾之輯《孟子節文》，是明太祖繼胡惟庸、藍玉大獄後，將疑忌轉向孟子的表現。他引全祖望《鮚埼亭集》卷三十五〈辨錢尙書爭孟子事〉文中所引的《典故輯遺》之說爲證。該文說：「上讀《孟子》，怪其對君不遜，怒曰：『使此老在今日，寧得免耶？』時將丁祭，遂命罷配享。明日，司天奏文星暗。上曰：『殆孟子故耶？』命復之。」容氏認爲「這是活畫出一個統治者暴怒無常，疑鬼疑神的心理。」[17] 但這些來源不明的後出小說，宗旨迷信，或者旨在突出太祖迷信之處，和檔案或舊說所載的相去甚遠。[18]《孟子節文》由八十二歲的老儒、翰林學士劉三吾奉命編纂，洪武二十七年的原刻成書尚存。[19] 毫無疑問，它對孟子的言論作了一種法令式的取舍。容肇祖認爲被删除的八十五條，揭示了明太祖的「愚民主義和過於操心計的無聊。」但劉三吾所作此書〈題

---

[15]《寧波府志》刊本各種，見中國科學院北京天文臺主編，《中國地方志聯合目錄》，頁407-408。

[16]《國榷》卷五，頁478。

[17] 容肇祖，前引文。

[18] 如全祖望所引的《典故輯遺》所說，孟子只罷配享一日，顯然不值得採信。

[19] 此書洪武二十七年原刻本，現已收入《北京圖書館古籍珍本叢刊》；書前有劉三吾撰〈孟子節文題辭〉一首；劉三吾現代傳記，見 Goodrich and Fang, eds., *Dictionary of Ming Biography, 1368-1644*, pp.956-958, Hok-lam Chan 撰傳。

辭〉所強調的，則明顯是一種防範於未然的尊君規畫；[20] 孟子所言，確有被認爲不利於統一王朝的君主之處。說孟子曾因而罷祀，雖然文獻不足徵，卻也在人情道理上不無可能。但從時間的距離看，纂《孟子節文》之事，卻和孟子罷祀復祀之事沒有直接的關係。[21] 總之，孟子罷祀緣故之說，出於明代後期，和當時酷化太祖的野史記載，是臭味相同的。說它能反映太祖的高度專制和猜忌，無寧說它反映了晚明作者對開國祖先的想像和評價。[22]

後世對明太祖的苛評，很大程度上正是這些明人私說的長期影響所致。像歷來指責最多的太祖猜忌和酷刑二項，便是顯例。猜忌說以儒臣觸犯文字忌諱被誅的多個文字獄爲證，酷刑說則以太祖用梟首示眾、剝皮實草的刑罰來嚴懲貪官酷吏的做法爲證。猜忌說始於明朝中期，酷刑說則始於明初而盛於明末，但二者都因清代趙翼《廿二史劄記》的記述而更得盛傳取信。《廿二史劄記》卷三十二有〈明初文字之禍〉一條，卷三十三有〈重懲貪吏〉一條，[23] 這兩條所說，影響後人對明太祖的認識和議論甚大。

但這兩條所記，實多出於明代野史之言，晚近以史源學爲主的研究，已經證明它們確不可信。陳學霖〈徐一夔刑死辨誣兼論明初文字獄史料〉一文，引用徐一夔自己的文字示證徐氏建文年間尚存，確證了光緒年間丁丙對徐氏以文字犯忌、被明太祖處斬之說的懷疑爲合理可信；又考證出《廿二史劄記》所採的明太祖藉文字忌諱刑戮儒臣的史料來源以及其失實之處。[24] 陳氏〈明太祖文字獄案考

---

[20] 如說，孟子太甚之言，「在當時【戰國】列國諸侯可也，若夫天下一君，四海一國，人人同一尊君親上之心，學者或不得其扶持名教之本意，于所不當言、不當施者，概以言焉，概以施焉，則學非所學，而用非所用矣，」便是最明顯的表示。

[21]《明史》卷一三九〈錢唐傳〉，頁3981-3982，說「帝鑒其誠懇，不之罪。孟子配享亦旋復。然卒命儒臣修《孟子節文》云。」這是連類推測之詞，不足採信。

[22] 容肇祖之後，深入討論《孟子節文》一書內容和意涵的，有朱榮貴，〈從劉三吾《孟子節文》論君權的限制與知識份子之自主性〉，《中央研究院中國文哲研究集刊》6(1995.3)：173-197，可以參考。該文未提及容氏之作，所引《孟子節文》纂作背景之說，亦多從舊說；文章看法與容氏接近，但以此書之出現而論及經典及禮制傳統與君權抗衡的關係，則為容氏所未及。對於孟子罷祀以及太祖罷通祀孔子等事，朱氏近作 "Rites and Rights in Ming China," W.T. de Bary and Tu Weiming, eds., *Confucianism and Human Rights*, pp.169-178, 也有詮釋性的議論，大旨則仍與上文相同。

[23] 趙翼，《廿二史劄記》卷三二〈明初文字之禍〉，頁735-737；卷三三〈重懲貪吏〉，頁760。

[24] 陳學霖，〈徐一夔刑死辨誣兼論明初文字獄史料〉，《東方文化》15.1(1977.1)：77-84。

疑〉一文，則詳證了歷來盛傳明初文人所遭的表箋之禍爲歪曲史實，厚誣古人之事。[25] 與陳氏二文異曲同工的，是王世華的〈朱元璋懲貪「剝皮實草」質疑〉。此文考出，明太祖朝其實並沒有這種酷刑。《廿二史劄記》所引的明初《草木子》說，太祖在「府州縣衛之左，特立一廟，以祀土地，爲剝皮之場，名曰皮場廟。」此文證其爲附會臆說，而皮場廟實指杭州吳山的惠應廟。此廟俗稱皮場廟，始建於北宋汴京，所祀主神爲漢代湯陰人張森。張氏爲該地皮場鎮皮革場庫吏，以能殺皮革場蝎子爲鎮民所德而獲祠祀。[26] 按，《廿二史劄記》同條又說：「按，元世祖籍阿合馬家，有人皮一張，後誅阿合馬子阿散，亦剝其皮，是元代已有此非法之刑。」[27] 阿合馬是元代著名的聚斂贓吏，這或許便是元末明初的《草木子》作者葉子奇附會明太祖剝贓吏皮的張本，但說明太祖立皮場廟作贓吏剝皮之用，卻是無根之談。立廟剝皮之說，晚明何喬遠所撰史書《名山藏》已有載論，[28] 可見其說之流行遠在趙翼作書之前。野史迭相因襲，所以明太祖的酷烈形象，也就不得不與世長存了。

三、元朝的孔子崇拜情況

釐清上述這些流傳已久的野史附會，對探討本文的主題是必要的，至少我們因此可以肯定，明太祖能夠尊孔崇儒，並非匪夷所思之事。如果和元朝的帝王比較起來，尤其與同是開國之君的元世祖比較起來，明太祖對孔子的崇拜程度，便更明顯的高出了很多。

儘管元武宗在大德十一年 (1307) 七月將孔子加封了空前絕後的「大成至聖文宣王」稱號，元朝帝王其實並不真誠的尊孔。[29] 尊孔相關的行動似乎也開始得很早，但卻多是旨在利用的敷衍之事。元太宗窩闊台汗五年（1233、金亡之前一

---

[25] 陳學霖，〈明太祖文字獄案考疑〉，《明代人物與傳說》，頁1-33。按：近代史學有關明太祖文字獄的文獻目錄，本文已經羅列殆盡。

[26] 王世華，〈朱元璋懲貪「剝皮實草」質疑〉，《歷史研究》1997.2：156-159。

[27]《廿二史劄記》卷三三，頁760。

[28] 見《國榷》卷八，頁657-658，洪武十八年十月己丑朔日條。

[29] 元朝帝王和孔子崇拜的問題，並未引起 *The Cambridge History of China,* Volume 6, *Alien Regimes and Border States, 907-1368* 的作者們注視。該書中只在頁457提到世祖建（按：當作「修」）孔廟於大都而只遣官代祀；頁553提到文宗遣官釋奠於曲阜孔廟。其他如本文以下所論的相關方面，都沒有記述。

年）六月，詔仍以金朝所封衍聖公、孔子五十一代孫孔元措襲封衍聖公；是年冬又敕修孔子廟。太宗九年，又命以官費給孔元措整修曲阜闕里的宣聖廟。[30] 但據陳高華所考，這指歷日銀的官費，其實並未兌現。[31] 此外，又詔給孔廟灑掃戶一百戶，如舊制。但最後這個行之已久的恩惠制度，卻在元世祖至元二年 (1265) 給取消了。[32] 據《元史・王磐傳》，這是當時尚書省括戶的結果。這些原來免服差役的人戶，都給「盡收爲民」了。王磐認爲此舉「於府庫所益無多，其損國體甚大。」他所言雖獲得「時論韙之，」但卻也於事無補。[33] 直到成宗大德五年 (1301)，才復給灑掃戶二十八戶。[34]

元世祖對儒教的輕視，首先正表現在他對孔廟有關的人事和典禮上。世祖至元四年 (1267) 曾經詔修曲阜宣聖廟，但據陳高華所考，其規模其實有限。而實質和象徵意義都更大的，則是終中統、至元二朝都長期不給空闕的衍聖公爵位補缺的事情。正如陳高華所說，這固然是孔氏「聖裔」爭奪爵位的「自侮」結果，但也是「和世祖對儒生的輕視態度分不開的。」孔子崇拜和龍虎山的道教崇拜比較起來，顯然黯淡無光。江南平定後，天師張宗演立被世祖召見，封爲真人；以後又多次召見，死後其子又立即獲得襲領江南道教。作爲儒教象徵領袖的衍聖公，卻成了元世祖對「三教九流，莫不尊奉」的例外；曲阜的孔府也遭到空前的冷落。[35]

元世祖之輕儒，或至少不特意的尊儒，本來便是蒙古君主的家法。元太宗窩闊台汗五年 (1233) 所立的國子學，全由全真教道士主持掌控，教學所重視的，是漢語語文而非儒家經典。[36] 元世祖爲了成功統治中原的需要，在潛邸時代時，

---

[30]《欽定續文獻通考》卷四八〈學校二〉，頁3223。對元太宗窩闊台汗以孔元措襲封衍聖公的背景的深入研究，見蕭啓慶，〈大蒙古國時代衍聖公復爵考〉，《蒙元史新研》，頁49-62。

[31] 陳高華，〈金元二代衍聖公〉，《元史研究論稿》，頁328-345，尤其頁338。

[32]《欽定續文獻通考》卷四八〈學校二〉，頁3223。

[33]《元史》卷一六〇，頁3753。

[34]《欽定續文獻通考》卷四八〈學校二〉，頁3223。

[35] 陳高華，前引文，頁336-338。關於元朝政府與儒道佛三教的關係，可參考 Liu Ts'un-yan and Judith Berling, "The 'Three Teachings' in the Mongol-Yuan Period," 收於 Hok-lam Chan and Wm. Theodore de Bary, eds., *Yuan Thought: Chinese Thought and Religion Under the Mongols*, pp. 479-512.

[36] 蕭啓慶，〈大蒙古國時的國子學——兼論蒙漢菁英涵化的濫觴與儒道勢力的消長〉，《蒙元史新研》，頁63-94。

便已放棄傳統的蒙古治術，延攬漢地儒士，成立治國的顧問集團。[37] 以後對近侍子弟的漢文教育，也能加強注意。但在中統改元後，對於國子學的注意反而不見積極。京師國子學仍用大蒙古國時代的國子學，其學舍即宣撫王檝就金朝樞密院遺址改建而成的燕京宣聖廟。[38] 到「至元四年作都城，畫地宮城之東，爲廟學基。」[39]「至元六年七月立國子學，」命侍臣子弟十一人從許衡、王恂，「又命生員八十人入學，爲定式。」[40] 當時許衡受命重建的國子學，仍在金朝中都的舊址；[41] 後來許衡去任，校舍也沒有建成。以後迭經王惲、不忽木、阿魯渾、程鉅夫等的要求，[42] 到了「至元二十四年閏二月，設國子監，」置監官自祭酒以下十一人，「生員百二十人，蒙古漢人各半，官給紙劄飲食；」但「仍隸集賢院，」[43] 還是有官署而沒有獨立的學舍。到了至元二十五年十一月，「時遷都北城，更立國子學於國城東，」[44] 大都新建國子學的事情才算開始。但其實卻還是命而未行。據程鉅夫說，「元貞元年 (1295) 詔立先聖廟，【但】久未集。大德三年 (1299) 春，丞相臣哈剌哈孫答剌罕」才能以身任之。實際奏建的時間是大德六年六月，建成的時間是十年 (1306) 八月。[45] 孔廟建成，才「謀樹國子學。」武宗至大元年 (1308) 五月，御史台爲此事上請，到「至大元年冬學成。」[46] 由此可見，終元世祖一朝，京師既沒有具備獨立校舍的國子學，也沒有與學並存的新建文宣王廟。[47]

---

37 詳見蕭啓慶，〈忽必烈「潛邸舊侶」考〉，《元代史新探》，頁263-301。

38 蕭啓慶，〈大蒙古國時的國子學——兼論蒙漢菁英涵化的濫觴與儒道勢力的消長〉，《蒙元史新研》，頁63-94，尤其頁72-74。

39《欽定續文獻通考》卷四七〈學校一〉，頁3213。

40 同前書，卷四七〈學校一〉，頁3212。

41 蕭啓慶，前引文，頁72，注21。

42 袁冀，〈元代之國子學〉，《元史研究論集》，頁203-235，尤其頁208-210。參看《欽定續文獻通考》卷四七〈學校一〉，頁3212。按，不忽木二處所見，皆譯作博果密。

43《欽定續文獻通考》卷四七〈學校一〉，頁3212-3213。

44 同前書，卷四七〈學校一〉，頁3213。按：此處所說的時間，從「成宗大德十年正月營國子學於文宣王廟西偏」條；地點從（頁3212-3213）「【至元】二十四年閏二月設國子監立國學」條。

45 程鉅夫，《楚國文憲公雪樓程先生文集》卷六〈大元國學先聖廟碑〉，頁1上-2下；又見前引書，卷四八〈學校二〉，頁3224，惟丞相名字譯作「哈喇哈斯達爾罕」。

46《欽定續文獻通考》卷四七〈學校一〉，頁3213。

47 元代國子學的建置和制度情形，可參看袁冀，前引文。

元世祖對儒教和孔子的輕視，更深刻但卻隱微地反映在至元三十一年 (1294) 七月下詔全國通祀孔子這件大事上。是時成宗已繼世祖在位超過半年。此事只有《元史・成宗本紀》所見「壬戌詔中外崇奉孔子」的簡單一句，[48]《元史》其他地方都沒有旁及的相關記載。明人丘濬 (1421-1495) 對這樣的載筆有所懷疑。他在所著的史書《世史正綱》中質疑道:「夫孔子自唐宋以來，天下學校通祀之，已非一日，又何待今日始詔中外奉祀之哉？」他根據明太祖兒子寧王朱權奉敕撰寫、洪武二十九年成書的《通鑑博論》的記載，認爲這可能是元世祖貶儒的結果。[49] 按，《元史・世祖本紀》有記載，至元十八年 (1281) 十月詔諭天下焚毀《道德經》以外的道書。[50]《通鑑博論》同一年的記載則說，「帝〔世祖〕信桑門之惑，盡焚中國道藏經書，闢儒道二教爲外學，貶孔老爲中賢，尊桑門爲正道，自是道藏始絕。」[51] 又在論斷世祖之處，說他「聽妖僧祥邁之誘，作妖書以毀昊天上帝，貶孔子爲邪道，擬爲中賢，不足稱聖。」[52] 丘濬據此考慮到尊孔大事要到成宗在位半年後才能發生，而《元史》卻記載簡略無比的原因所在，推測「當時必有所施行如《博論》所云者，元史臣（按，當指撰《元史》者）爲世祖諱，故略去之。」並且認爲，如果「誠有此事，則世祖之罪浮於始皇矣。」丘濬此說是發前人之所未發的，儘管他還要謹慎的說，「疑以傳疑，史家通例也，特因所疑而書之，以俟知者。」[53] 丘氏的推測是否有當，姑且勿論，元世祖統一天下之後沒有明詔通祀孔子，本身就不能說是尊崇的表現了。

事實上，元世祖時期的尊孔禮儀同時也就是尊君的禮儀。孔子雖見祀於學校，但學校卻並非只尊孔子。《元典章》禮部卷之四所見〈宣聖廟告朔禮〉如下條文，反映此點甚明：

> 先放聖壽輦於宣聖右邊曾孟位上香案具下，祝案置祝版於上。每朔旦，日未出，設立獻位。階下諸生列位於後。贊者在前，先兩拜，自東階升殿。

---

[48]《元史》卷十八〈成宗一〉，頁386。

[49] 丘濬，《世史正綱》卷三一，頁18上-19上 (463-464)。

[50]《元史》卷十一〈世祖八〉，頁234。

[51] 朱權，《通鑑博論》卷下，頁66下 (281／179)。

[52]《通鑑博論》論斷元世祖所在之處，今傳本適屬闕頁（卷中，頁92），此處引文係據《世史正綱》所錄原書。

[53]《世史正綱》卷三一，頁18下-19上。關於《世史正綱》一書的體例特色以及丘濬所關心的史學問題等討論，見李焯然，〈丘濬之史學——讀丘濬《世史正綱》札記〉，《明史散論》，頁1-58。但本文所引此事，則不在該文討論之內。

唱「擺班」，又唱「班齊」；次唱「初獻官以下皆拜，再拜」；兩拜畢，平立。執事者引三獻官升殿，自東階；分獻官（諸）【詣】從祀位，如殿上儀。初獻立宣聖位前，亞終獻分立顏孟十哲位前。贊者唱「再拜，興，再拜」；畢，就跪，三祭酒，再拜，興。亞終獻（以）【亦】如之。禮畢，三獻官詣聖壽位前，先再拜，跪上香，就跪祝香讀祝，訖，三祭酒，畢，就拜，興，再拜。禮畢，降自西階，復位。贊者唱「初獻官以下皆再拜」，兩拜，禮畢。諸生與獻官員揖，詣講堂講書。[54]

這條儀制編次在中統二年六月一道禁止騷擾大名等路孔廟聖旨之後，該旨已說，「宣聖廟國家歲時致祭，諸儒月朔釋奠，」[55] 可見儀制條文中所指的宣聖廟是當時北方各路的孔廟。儀節中所見的「聖壽位」和載抬它的「聖壽輦」，和明清二朝所見的「聖諭牌」和「龍亭」是同樣的東西，都是皇帝的代身。孔廟的主人本來是孔子和位在配享、從祀的先賢和先儒，告朔禮是向他們報時請安的禮儀。但在元代此時的告朔禮，皇帝卻變成了特殊的主人，和孔子至少享有同樣的地位。這裏所見到的象徵意義，不是君師合一，而是君師並臨接受學校師生的敬禮。由此可見，至少在一二七六年統一之前，元世祖的尊孔態度是現實的而不是誠敬的。

元朝這種在學校裏並尊皇帝和孔子的制度，平宋之後在南方的地方學校和書院裏也都是生效的。《廟學典禮》裏的〈還復濂溪書院神像〉條載，至元三十一年八月行御史台有下行文件說：「會驗江南諸處書院供依宣聖廟，例塑孔子神像，其濂溪書院既是學舍，又有萬壽牌，合塑宣聖神像，諸儒朔望謁奠，於禮爲當。」[56] 這裏的「萬壽牌」和見於上引《元典章》所載文件中的「聖壽位」，是同樣的東西；二者名稱不同，只是時間先後或學校等級不同之故。此時已是全國通祀孔子的命令到達地方的時候，官員擬議要濂溪書院塑立孔子神像，事情並不稀奇。但其時連書院也已有了「萬壽牌」，可見元朝（至少世祖一朝）的尊君要求，是超過尊師要求的。[57] 以上二則事例所顯示的情況，都是宋明兩代所沒有的。

---

[54]《元典章》三一〈禮部卷之四・儒學〉，頁4上-下。

[55] 同前書，三一〈禮部卷之四・儒學〉，頁4上，〈禁治擾攪文廟〉條。

[56]《廟學典禮》卷四，頁86。

[57] 有關元代地方教育機構的制度上和建置上的研究，陳高華〈元代的地方官學〉一文（《元史論叢》5：160-189），有極爲詳盡的論述。Yan-shuan Lao, "Southern Chinese Scholars and Educational Institutions in Early Yuan: Some Preliminary Remarks" (John D. Langlois, Jr., ed., *China Under Mongol Rule*, pp.107-133) 一文，對宋遺民興辦書院的情況也有所探討。但二文對於學校這樣的尊君表現，都未觸及。

元朝通祀孔子之後，廟學成了名符其實的制度，有孔廟必有學校。[58] 但很多地方的學校長時間是苟簡聊備的，孔廟因而也得不到莊嚴的待遇。至正二十四年(1364)，徐一夔爲南方的嘉興路儒學作記時，就有這樣的記載：世祖中統、至元之際，雖然曾有許衡力言學校之要，「然當是時，國學肇建而州縣尚多苟且。」延祐舉行科舉後，效果更虛，「由是學校之設，始若冠之有旒，屨之有約，姑具人文而已。」而提調學校的守令，勉勵學政的風憲官，「既不皆出於儒術，而錢穀詞訟又從而奪之。」[59] 學校的情況如此，孔廟的也不可能認真的了。北方的情況也不見得優勝。例如，上都路的宜興州在至元二年 (1265) 建立孔子廟，「僅有正殿，而兩廡未備。」直到八十三年後的至正八年 (1348)，才有官員因爲「睹從祀之無所，」而倡建完成，「繪孔門七十二子與夫漢唐以來諸儒於壁間，如今式。」這是元末有名的翰林文臣危素所記載的情形。[60]

元世祖時代的地方孔廟，其實經常是軍官借用和役匠混雜的地方。初年的情況，《元典章》禮部卷之四〈禁治搔擾文廟〉條如下的記載可以清晰反映：

> 中統二年六月，欽奉聖旨：道與大名等路宣撫司幷達魯花赤管民官，人匠、打捕諸頭目及軍馬使司等，宣聖廟國家歲時致祭，諸儒月朔釋奠，宜常令灑掃修潔。今後禁約諸官員、使臣、軍馬，無得廟宇內安下，或聚集理問詞訟，及褻瀆飲宴；管工匠不得於其中營造，違者嚴行治罪。[61]

這道聖旨其實也不能禁絕其中所揭示的情況。這點從以後對這道聖旨迭有重申的事情看得清楚。《廟學典禮》記載：「至元二十三年，【奏事官員】欽奉聖旨差往江南等處尋訪行藝高上人員，所至時有教官士人告稱：諸官吏及諸管軍官吏等，多於路、府、州、縣學舍命妓張樂，喧囂褻慢，習以爲常，無敢誰何，甚失國家崇學重道之體。」二年之後，樞密院有報告說，當時新除的譚州、慶元、嘉興各路教授，「亦皆稱所在學舍多有似前不知禮法之人，乞加禁戢。」尙書省於是重申上引中統聖旨，「遍行所屬，出榜禁治施行。」[62] 這裏提及的，雖然只是學校，但和學校同在一地的孔廟，自然也難免於例外。上引資料的標題，便是最

---

[58] 參看胡務，〈元代廟學的興建和繁榮〉，《元史論叢》6(1997.5)：118-131。

[59] 徐一夔，《始豐稿》卷二〈嘉興路新建儒學記〉，頁17上-21上 (1229／163)。

[60] 危素，《說學齋稿》卷二〈上都宜興州孔子廟建兩廡記〉，頁5下-6下 (1226／673)。

[61]《元典章》三一〈禮部卷之四・學校〉，頁4上。

[62]《廟學典禮》卷二〈文廟禁約搔擾〉，頁41-42。

好的反映。《廟學典禮》又記載，至元二十九年，監察御史王龍澤給行御史台呈文說：

> 即目各道州縣，有見設學校去處，或微有隳廢，失時修營；或舊曾欹傾，遂至覆壓；或初制淺陋，或舊無規矩，或為過客之館舍，或為軍伍之聚廬，借為設局，往來遊宴。且如兩淮來安、清流諸縣，舊無學校，為日已久，其間頹廢局促，十而八九。卑職鄉郡之武義縣學不修，廢壞為甚；先聖廟宇，糞土堆積，明倫堂後，稅務指占，至于齋舍，稅官、鋪軍居止，上安下恬，官莫之禁。[63]

王龍澤隨著請求「宜令各處舊有廟學，遇有損壞，即時修營，舊無廟宇，隨力建創；」並要求應當謁廟的官員人士等不得怠慢。但他卻沒有明白要求停止文廟給佔用的事情。倒是御史台引據了「聖旨事意」，要武義縣「將所指務官、軍人起移。」但御史台也就是止此而已，沒有同時咨行江南諸道州縣同樣執行。這種佔用學校、污瀆文廟的情況，北方也不會沒有，所以中統的聖旨在至元三十一年七月、成宗下詔中外崇奉儒教時，也給引載重申了。[64]

世祖時代，學校文廟的祀典也很隨便；表現在祭孔時的官員服色、祭器和音樂、樂曲上的情形，都有文獻記載可見。至元十年，大司農和御史丞向中書吏部上交的會議呈文便說：「竊見外路官員、提學、教授，每遇春秋二丁，不變常服，以供執事，於禮未宜；」異於「漢唐以來，祭文廟，饗社稷，無非具公服，執手板，行諸祭享之禮。」並且建議釋奠禮「自此以往，擬合令執事官員，各依品序穿著公服，外據配位諸儒，亦合衣襴帶唐巾。」翰林院對此也表示同意，[65]於是在三月行禮時，這個擬議才變為正式的釋奠儀制。[66]

元朝孔廟典禮所用的樂曲，也要到大德六年決定興建京師孔子廟時，才獲得重視。正如大德十年春泉州路總管所說：「每歲春秋二丁，禮雖舉矣，而大晟之樂未之聞也，非闕典歟？」是年泉州路學在江浙行中書省所委官員同意之下，才能制備樂器，練習樂生，在仲春的丁祭中，用上大晟樂。據《閩中金石略》編者的考證，大晟樂是宋徽宗崇寧三年 (1104) 制成的；大觀元年 (1107) 頒布天下，政和三年 (1113) 再詔天下，大晟樂薦之郊廟外，並施於宴饗，而舊樂悉禁。編

63 同前書，卷四〈王御史言六事〉，頁71-72。

64《元典章》三一〈禮部卷之四・學校〉，頁4下-5上，〈崇奉儒教事理〉條。

65《廟學典禮》卷一〈釋奠服色〉，頁14-15。

66《元史》卷七六〈祭祀五・宣聖〉，頁1892。

者按語說：「《文獻通考》云，元大德十年，命江浙行省製造宣聖廟樂器，以宋舊工施德仲審較應律，運至京師。八月，用於廟祀先聖。…又曰，郊天地，祭宗廟，祀先聖，大朝會，用雅樂，即宋徽宗大晟樂也。知元樂自大德以後，悉用宋舊，雖有世祖所定大成樂，亦無復肄業及之矣。」[67] 這裏所說的大晟樂，其樂章成套載於《元史》，稱爲「舊曲」。[68] 元世祖時所定的大成樂，則大概是「至元十年三月定孔廟釋奠儀制」時所立的。[69] 正如《元史》所記，「元朝嘗擬譔易，而未及用。」其樂章也附見於《元史》，但已非完整。[70]

總的來說，元朝地方廟學之漸受重視，已經是成宗詔天下崇奉孔子之後的事情。正如清人錢泰吉指出海寧州學例子時所說的，海寧州官員「於大德初相繼修學，蓋亦承奉詔書也。」[71] 至於南北祭禮的統一，也要到延祐三年 (1316) 元仁宗接受御史中丞趙世延建議之後，才能得以實現。[72]

四、明初的興學與祭祀先師禮儀

在元代相對忽略孔祀的背景下，明太祖的尊孔情狀便更見特出。太祖尊孔崇儒政策的實質內容，是洪武朝中所建立的學校和科舉制度。科舉的內容是儒學，學校則是科舉的基礎。學校普遍，崇儒尊孔也得以普遍。明太祖興學立教是歷史著名的，他對學校和農桑並重的政策徹底執行，對學校應負教化和善俗的社會功能堅持不易，這是閱讀明初公私文獻所得的必然結論。

明太祖興學的決心和規模，到了洪武二年 (1369) 冬詔天下州縣均立學校時，達到制度性的高峰。從此生員官給廩贍和貢舉制度，實行到了縣級學校和以後創建的衛所學校，[73] 成了歷史創舉。但太祖之重視學校，早在明朝建立之前便

[67]《閩中金石略》卷十一〈泉州路學大晟樂記〉，頁14下-17上 (12883-12885)，尤其頁16下-17上。

[68]《元史》卷六九〈禮樂三・宣聖樂章〉，頁1738-1743。

[69]《欽定續文獻通考》卷四八〈學校二〉，頁3223。

[70]《元史》卷六九〈禮樂三・宣聖樂章〉，頁1743。

[71] 錢泰吉，《甘泉鄉人稿》卷十〈跋元加封孔子碑〉，頁12下-13上 (559)。

[72] 危素，《說學齋稿》卷二〈尼山大成殿四公配享記〉，頁36上-38上 (1226／689)。

[73] 明代衛學之始設，《明史》卷七五〈職官四〉作洪武十七年。蔡嘉麟，〈明代的衛學教育〉，頁26-31，據方誌記載，舉出洪武十二年已有河州衛學之設事例，然衛學之盛則自宣德七年 (1432) 始；頁122-124，又指出衛學至成化二年 (1466) 始得歲貢，衛學生員得參加科舉則自宣德七年已然。

已開始。楊訥的研究指出了，從龍鳳五年 (1359) 起，太祖本人在轄境內掀起了一股開辦學校的熱潮；這股熱潮到龍鳳十一年九月，太祖在應天府（南京）改前集慶路學爲國子學時達到頂峰。這個前人少注意到的史實，楊訥用作太祖建國過程中的重要文治政策和措施來舉證，說它「既是吸收儒士的手段，又是吸收儒士的結果；」它的重要作用是，重建戰爭破壞後的社會秩序和爲新的政權培養官吏。[74]

可以補充的是，明太祖的公開尊孔活動，事實上比他的興學活動來得更早。明初的唐桂芳說：「龍鳳元年，大丞相【朱元璋】統軍下太平，克應天，首謁夫子廟，行舍菜禮。二年，立三老堂以尊遺佚、博士院以蓄英才，凡講明治道，悉資匡弼；郡縣署知府知縣領廟學事，凜弗敢墜。」[75] 這條可靠的重要資料，除了以龍鳳二年三月克應天事誤屬上一年之外，[76] 清楚的說明了太祖在自得根據地之初，便已有留心人才、重視學校和尊崇孔子的遠見之舉。

明太祖的尊孔活動，以後與時俱進。洪武十五年 (1382) 四月，「詔天下通祀孔子；」並令禮部尙書與儒臣「定釋奠禮儀，頒之天下學校，令以每歲春秋仲月通祀孔子。」[77] 次月，京師「新建太學成，其制廟、學皆南向，廟在太學東。」[78] 太祖擇日「幸國子監，謁先師孔子釋菜。」[79] 又「頒釋奠先師孔子儀注于天下府州縣學。」[80] 從此確立了政府在全國各級學校同一日內用同一套禮儀祭祀孔子的制度。《明太祖實錄》在詔天下通祀孔子事上，只說前此釋奠之禮只行於京師，今後應該全國如此，沒有說及何以只在京師行禮之故，容易引起人們懷疑，認爲其他學校沒有祀孔之禮存在。其實在此之前，春秋釋奠是還行於曲阜闕里的孔廟的，[81] 而天下學校也行釋菜禮以祀孔子。至於罷州縣釋奠禮的時間，從《國榷》所引的《大賓辱語》和《寧波府志》所說推測，大概應在洪武二年。[82]

---

[74] 楊訥，〈龍鳳年間的朱元璋〉，《元史論叢》4(1992)：169-229，尤其頁219-221。近期進一步討論明太祖興學目的的文獻，可參看戰繼發，〈朱元璋興學立教的社會功能探析〉，《北方論叢》1997.3：7-16。

[75] 唐桂芳，《白雲集》卷六〈重修興安府孔子廟記〉，頁1上-2下 (1226／858)。

[76]《明太祖實錄》卷四，頁1上-下 (41-42)，丙申年三月庚寅日條。

[77]《明太祖實錄》卷一四四，頁2上-下 (2263-2264)，洪武十五年四月丙戌日條。

[78] 同前書，卷一四五，頁1下-2上 (2274-2275)，洪武十五年五月己未日條。

[79] 同前書，卷一四五，頁3下 (2278)，洪武十五年五月乙丑日條。

[80] 同前書，卷一四五，頁5下-6上 (2282-2283)，洪武十五年五月末。

[81] 徐一夔，《始豐稿》卷十〈餘杭縣重建廟學記〉，頁8下-11上 (1229／296)。

[82]《國榷》卷三，頁385，洪武二年二月丁卯日條；卷五，頁478，洪武五年十二月末「命仍祀孟子」條。

這事看來總和太祖對孔子尊崇有加無減的事實不協，其故因此值得推敲。太祖早在洪武三年五月詔正諸神祀典時，便已對孔子表達了無上的尊崇。當時下詔，歷代相沿的嶽鎮海瀆以及忠臣烈士的封號一律革去；嶽鎮海瀆皆改以其神稱之，如「某府州縣城隍之神」之例，前代人臣則只以當時初封名爵稱之。只有孔子是例外，仍沿元代加封的「大成至聖文宣王」稱號。理由是，「惟孔子善明先王之要道，爲天下師，以濟後世，非有功於一方一時者可比。」[83] 以後洪武四年還有更定祭孔禮儀之事，[84] 洪武六年又有定制釋奠樂章和禮儀節度之事。[85] 所以明初地方學校不通祀孔子，亦即不行釋奠之禮，明顯不是故意輕視之事。太祖罷州縣釋奠之故，《大明集禮》記載如下：

> 朕代前王統率庶民，目書檢點，忽睹神之訓言：「非其鬼而祭之，諂也；」「敬鬼神而遠之；」「祭之以禮；」此非聖賢明言，他何能道？故不敢通祀，暴殄天物，以累神之聖德。[86]

太祖看來「爲了區區祭物，詔天下停祀孔子，」[87] 但深究一層，卻不見得吝嗇是原因所在。按，參與纂修《大明集禮》的徐一夔曾說：當時「以州縣春秋釋奠爲近於瀆，罷之，有合於昔人學校之議。若夫釋菜之禮，弟子以事其師者，自當修也。」[88] 我們知道，釋菜之禮，儀物輕而行禮頻；釋奠禮重，既要用牲，又要用樂。太祖不令地方通行釋奠，看來徐一夔所說的怕「近於瀆」，亦即怕流於隨便不敬之失，才是個中的重要原因。而祀神不瀆，正是敬神的重要表現。這是太祖的一貫思想所在，下文將會有所示證。

至於洪武十五年才下詔通祀孔子，一方面應是配合同年新建太學落成啓用的大事之故。另一方面，也不能和十三年丞相胡惟庸謀反被誅之事無關。從此事之後太祖多次徵詔儒士看來，[89] 他顯然需要儒士之助，也需要加強地方學校生員的

83 《明太祖實錄》卷五三，頁1上-2下 (1033-1036)，洪武三年六月癸亥日條。

84 此事因議禮者魏觀和宋濂的遭遇而知，見前揭書，卷六七，頁7上 (1264)，洪武四年八月己亥日條。

85 同前書，卷八四，頁1上-2上 (1493-5)，洪武六年八月辛未日條。

86 徐一夔等，《明集禮》卷十六，頁20上 (649／346)；洪武二年遣官曲阜致祭孔子御制中辭。

87 黃進興，〈道統與治統之間：從明嘉靖九年 (1530) 孔廟改制論皇權與祭祀禮儀〉，《優入聖域：權力、信仰與正當性》，頁150。

88 徐一夔，《始豐稿》卷五〈臨安縣新建廟學記〉，頁11下-14上 (1229／203)。

89 據《明太祖實錄》所載，洪武十三年正月誅胡惟庸、罷中書省後，二月及六至十一月，均有辟召儒士之事，六月且有四次，九月二次。又二月及五月均有銓次薦舉儒士之事。九月又置四輔官，亦以儒士爲之。

思想意識，所以才把釋奠之禮行於全國，重申尊師重道和忠君愛國之義。總的看來，太祖本身的尊孔，則是無可懷疑的。

明太祖的尊孔措置，首先明顯地表現在釋奠先師的禮儀上。漢代以來，太學行釋奠之禮以祀孔子，始於曹魏正始七年 (246)。隋朝定制，國子學每歲四仲月上丁日釋奠于先聖先師，州縣學則以春秋仲月上丁釋奠。太學立廟以祀孔子，則始於唐高祖武德三年 (620)，但當時孔子廟與周公廟並立，而且周公稱先聖而孔子稱先師。直至太宗貞觀二年 (628)，然後太學才只立孔廟，孔子才獨稱先聖。釋奠行禮，國學由皇帝遣官執事，州縣以守令主祭，則自貞觀二十年開始。[90] 此禮以後歷代行之，亂世固多苟且廢壞之事，但以文獻所見，則要到明太祖時才臻崇隆誠敬的境地。

明太祖所定行的釋奠孔子之禮，虔恪之質，度越前代。洪武元年八月釋奠於國學時，就孔子本神部份，已採如下定制：

> 降香遣官，祀於國學，以丞相初獻，翰林學士亞獻，國子祭酒終獻。…正位，牲用牛、羊、豕各一；幣一，白色；籩八，…豆八，…簠、簋各二，…登一，…鉶二，…犧尊、象尊、山罍各一。…樂用大成登歌樂。
>
> 先期，皇帝齋戒；獻官及陪祀、執事官俱散齋二日，致齋一日。前祀一日，清晨，有司立仗，百官具公服侍班，皇帝服皮弁服，御奉天門，降香。獻官捧由中道出，至午門外，置龍亭內，儀仗鼓吹導引至廟學。是日，獻官法服，並執事官集齋所，省饌省牲，告充告腯，視鼎鑊，滌溉告潔。
>
> 至日，…迎神樂作，獻官及在位者皆再拜。…詣大成至聖文宣王神位前，樂作，獻官搢笏，上香，奠幣，出笏，再拜。…進俎，樂作，獻官至大成至聖文宣王神位前，搢笏，奠俎，出笏。…贊禮唱：『行初獻禮。』…獻官詣大成至聖文宣王神位前，跪，搢笏，上香，祭酒，奠幣，出笏，樂止。讀祝官取祝跪讀，訖，獻官俯伏，興，再拜。以次詣四配神位前，並如前儀。亞獻終獻儀，並同初獻，但不用祝。…行分獻禮【畢】，…贊禮唱：『飲福受胙。』初獻官詣飲福位，再拜，跪，搢笏，

[90] 唐代及其前釋奠先聖先師之禮，見馬端臨，《文獻通考》卷四三〈學校四〉，頁403-409。近人論著，參看黃進興，〈學術與信仰：論孔廟從祀制與儒家道統意識〉，《優入聖域：權力、信仰與正當性》，頁218-241。

奉爵者以爵進，獻官受爵，飲福酒；奉胙者以胙進，獻官受胙，以授執事者，出笏，俯伏，興，再拜；亞獻官以下皆再拜，復位。…送神樂作，獻官以下皆再拜。…禮畢。[91]

這套儀節和明代以前歷代國學釋奠禮比較起來，器物設用方面較少，但儀節整體比較隆重。唐朝如《開元禮》所定，釋奠由國子學「司館預申享日，本司散下其禮，所司隨職供辦。凡預享之官，散齋三日，致齋二日。」「前享一日，…謁者引祭酒、司業（並博士爲三獻官）詣廚視濯漑，贊引引御史詣廚省饌具。」享日，「諸享官各服其祭服，諸陪祭之官皆公服，學生青衿服」行禮。[92] 宋朝如《政和五禮新儀》所定，則由「太常寺具時日散告，」齋期如唐制。三獻官未注明，但據《文獻通考》，宋初嘗以三公行事，至真宗天禧年間，改由太尉、太常卿、光祿卿充當。[93] 其他省饌及服色，亦如唐制。[94] 金朝如世宗大定十四年 (1174) 所定，三獻官及齋期據唐《郊祀錄》，同於《開元禮》。具期散禮及省饌、服色等事，則略同宋禮。惟「前釋奠三日，應行、執事官散齋二日，…致齋一日，」較唐宋爲少。[95] 元朝由「中書省命春秋釋奠，執事官各公服如其品，陪位者諸儒襴帶唐巾行禮。」未規定預祭官事前齋戒，獻官省牲視饌則如前代。[96]

涉及直接代表皇帝的初獻官對孔子的禮拜儀節方面，唐禮由初就位歷經奠幣、奠爵、飲福、受俎、賜胙，至望瘞畢禮，凡三跪、三俯伏、八再拜。[97] 宋禮儀節中間惟有奠幣、奠爵，飲福、受俎皆省，只有二跪、二俯伏、四再拜。[98] 金禮同於宋禮。[99] 元禮亦如宋禮。[100]

以上不一的儀節可見，明朝釋奠禮較前代隆重虔誠。唐、宋、金、元四朝都由官司自行其事，明朝則皇帝齋戒並親自降香遣官。三獻官歷代或由國學官充

---

91 《明太祖實錄》卷三四，頁4上-6上 (605-608)，洪武元年八月丁丑日條。

92 《大唐開元禮》卷五四〈吉禮·國子釋奠於文宣王〉，頁1上-4上 (298-300)。

93 《文獻通考》卷四三〈學校四〉，頁410。

94 《政和五禮新儀》卷一二一〈吉禮·釋奠文宣王儀〉，頁1下-5下 (647／613-615)。

95 《大金集禮》卷三六〈宣聖廟·祀儀〉，頁298-299。

96 《元史》卷七六〈祭祀五·宣聖〉，頁1892。又，《欽定續文獻通考》卷四八〈學校二〉，頁3224。

97 《大唐開元禮》卷五四〈吉禮·國子釋奠於文宣王〉，頁5上-7上 (300-302)。

98 《政和五禮新儀》卷一二一〈吉禮·釋奠文宣王儀〉，頁5下-7下 (647／615-616)。

99 《大金集禮》卷三六〈宣聖廟·祀儀〉，頁300-301。

100 《元史》卷七六〈祭祀五·宣聖〉，頁1895-1899。又，《欽定續文獻通考》卷四八〈學校二〉，頁3225；但此處原文有誤，不如《元史》。

當，或以禮官爲主，明朝則分別以百官之首、侍從顧問官之首及國學官之首擔任。唐、宋齋期五日，明朝如金朝，減二日，元朝則全沒有。歷朝獻官都不需事前一日便法服從事，明朝則要。儀式分節方面，明朝略如唐朝，宋、金、元三朝均省飲福、受俎，元朝更省賜胙。在象徵性最高的跪叩拜禮數上，明朝初獻官共要二跪、二俯伏（元朝禮作「就拜」，即叩頭、興、平身）、六再拜（即六次鞠躬、拜、興、拜、興、平身），比宋、金、元三朝多再拜二次。明朝的跪叩，行於獻爵及飲福受胙，所重在於貢獻及謝賜；宋、金、元朝的跪叩，行於奠幣及獻爵，所重偏於貢獻。明初此次所定比宋、金、元朝多二再拜的拜數，以後成了定制。洪武六年八月重定禮儀，加入樂章；拜次和拜數有所調整，變成迎神、送神各四拜，但拜數總數保持不變。[101] 此制後來寫入《諸司職掌》，又再收入《大明會典》，[102] 成爲有明一代之制。

整體看來，明朝釋奠禮之嚴敬，實爲歷代之冠。比起元朝，尤其顯得物輕而禮重。元朝從事官員之不守齋戒，尤見輕易其事；元朝以樂工擔當樂舞，也不及明朝以學生中的樂舞生擔當爲端莊。元朝比明朝多的，只有祭奠時總數的幣爵和籩豆各多二事。

但禮器方面，太祖很快便有所增加；設置方面，也能更見用心。《大學衍義補》載：

> 國朝洪武三年十一月，禮部更定釋奠孔子祭器禮物。正位，犢一，羊一，豕一，籩、豆各十，登一，鉶一，簠、簋各二，酒尊三，爵三。[103]

此事《明太祖實錄》未見，但《諸司職掌》則有所記載。[104]《大學衍義補》同條又載：

> 初，孔子之祀，像設高座而器物陳於座下，弗稱其儀，其來已久。至是，定擬各爲高案，其豆籩簠簋，悉代以瓷器。

這點《大明會典》也有記載，繫於洪武四年，並說「牲用熟，樂舞生擇監生及文職大臣子弟在學校者，預教習之。」[105] 丘濬對於太祖設案之事，大加讚賞。他認爲古人席地而坐，故籩豆爲有意義之祭器，後來既設塑像，則列器於地，鬼神難

---

101 《明太祖實錄》卷八四，頁1上-2上 (1493-1495)，洪武六年八月辛未日條。

102 正德《大明會典》卷八四〈祭先師孔子〉，頁10下-12下 (252-253)。

103 丘濬，《大學衍義補》卷六六〈釋奠先師之禮下〉，頁6上-下 (653)。

104 正德《大明會典》卷八四〈祭先師孔子〉，頁9上-下 (252)。

105 同前書，卷八四〈祭先師孔子〉，頁14上 (254)。

饗。他稱太祖此舉能夠準今酌古，以義起禮，而「合乎人情，宜乎時俗。」並進而請求北京國子監的孔子塑像當如南雍舊制一樣的改爲木主，以及改變「子先父食」的祭祀習慣。[106]

太祖本人親祀孔子時的禮數，也是超越前代的。洪武十五年五月新建太學落成，太祖親行釋菜禮。當時議者認爲，「孔子雖聖，人臣也，禮宜一奠而再拜。」太祖「以爲孔子明道德以教後世，豈可以職位論哉！」結果決定具皮弁服，當百官之前，在獻爵禮前後均行再拜禮，[107] 成爲了歷史上的空前之舉，超過了後周太祖再拜孔子的美談紀錄。洪武定制中的皇帝祭祀先師之禮，除了春秋二丁遣官行事的釋奠禮之外，還有每月朔望遣內官降香之禮。[108]

在學宮方面，繼洪武十五年詔通祀孔子於府州縣學和同年所下的天下學校釋奠儀式之後，洪武十七年又敕，每月朔望，祭酒以下行釋菜禮於國子監，府州縣長官以下則詣學校行香。[109] 全國性的整套祭祀禮儀，到了洪武十七年六月命禮部製大成樂器頒天下儒學時，也開始趨於完備；[110] 到了二十六年 (1393) 頒大成樂於天下府學，令州縣如式製造時完成。[111] 換言之，明代各級學校祭孔的成套儀式，都在太祖一朝之內次第完成。

明太祖對於祭祀孔子之事，是要求從事者絕對恭敬虔誠的。他所本的大原則，正是孔子事死如事生和祭神如神在的遺教。這種精神，從他親撰的〈國子祭酒誥〉文中可見一斑：

> 斯官之首者，不獨教生徒而已，其職亦首在祀事也。吾說似非而有理焉。且仲尼昔人，於世務德仁人，無強曝而不殺，凡出弟入孝，謹以事君，流今皆經而書，歷代崇其德而先師焉。然王者親祭必寡，故設官以代祭之，其名曰祭酒。所以祭酒之職，潔牲牢，淨廚灶，精籩豆，祭不失時，則禮焉。或云：爲飲之長而先奠之，曰祭酒。吾甚愧而不通斯說，未然。今必以奠先師而名，吾方諾，不然則非也。[112]

106《大學衍義補》卷六六〈釋奠先師之禮下〉，頁6下-8下 (653-654)。

107《明太祖實錄》卷一四五，頁2下-3上 (2276-2277)，洪武十五年五月壬戌日條。

108 正德《大明會典》卷八四〈祭先師孔子〉，頁8下-9上 (251-252)。

109《大學衍義補》卷六六〈釋奠先師之禮下〉，頁8下-9上 (654-655)。

110《明太祖實錄》卷一六二，頁4下-5上 (2518-2519)，洪武十七年六月辛巳日條。

111 同前書，卷二二四，頁3上 (3277)，洪武二十六年正月戊辰日條。

112《全明文》（第一冊），卷四〈朱元璋四〉，頁47-48。

太祖所給的這個祭酒定義，被丘濬認爲「雖與古人命名之意不同，然聖君發言則爲經，自我作古可也。」[113] 但它本身也便含有皇帝本人獨對尊孔的意義。對於祀事惟誠的要求，太祖向來是人我一致的。以下事例可見其概。《明太祖實錄》載，洪武元年十一月，中書及禮部奏定應載於祀典的神祇時，太祖因諭群臣說：

> 凡祭享之禮，載牲致帛，交於神明，費出己帑，神必歆之。如庶人陌錢瓣香，皆可格神，不以菲薄而不享者，何也？所得之物，皆己力所致也。若國家倉廩府庫所積，乃生民脂膏，以此爲尊醪俎饌，充實神庭，徼求福祿，以私于身，神可欺乎？惟爲國爲民禱祈，如水旱、疾疫、師旅之類，可也。[114]

這個費出於己，量力而爲，真誠爲本的原則，是祭神如神在教義的延伸，也是祭孔禮物器數（尤其府州縣級學校的）減少的原因。至於祭器改用瓷器，則是事死如事生教義的展現。這個教義從改用瓷器前的洪武二年六月命造太廟金器事情，已經淸楚可見。《實錄》載太祖諭禮官之言如下：

> 禮緣人情，因時宜，不必泥於古。近世祭祀，皆用古籩豆之屬。宋太祖曰：「吾先人亦不識此。」孔子曰：「事死如事生，事亡如事存。」其言可法。今製宗廟祭器，只依常時所用者。於是造酒壺盂盞之屬，皆擬平時之所用。又置樿榹枕簟篋笥帷幔之屬，皆象其平生焉。[115]

這就是太祖象徵主義中寓寄現實主義的表現。太祖家世貧窮，此次因爲事關帝王宗廟，祭器用金，但製造得如常用款式，則其簡單可知。太祖重的是「象其平生，」爲的是存亡所敬一理，這就是明年（或後年）孔廟祭器用瓷而同時加設供案的張本。

這種現實感，令太祖對於祀事誠恪的要求有增無減。如前所述，洪武元年八月太學釋奠時，已有先期皇帝和禮官齋戒之制。到了洪武五年五月，更加命置齋戒牌。太祖爲此諭中書省臣說：

> 齋戒，古人所以致潔於鬼神也。朕於祭祀，每齋戒必盡其誠，不敢少有怠忽。尚慮有司不能體此，致齋之日，褻慢弗謹。雖幽有鬼神司察其罪，不若預爲戒飭，使知所警。[116]

113《大學衍義補》卷六六〈釋奠先師之禮下〉，頁2上-下 (651)。

114《明太祖實錄》卷三六上，頁5下-6上 (668-669)，洪武元年十一月丙午日條。

115 同前書，卷四三，頁3下-4上 (848-849)，洪武二年六月丁亥日條。

116 同前書，卷七三，頁7下 (1348)，洪武五年五月庚戌日條。

次年十一月，「復命定祭祀齋戒禮儀。」其中與祭孔子有關的是，「凡傳旨降香，遣官代祀歷代帝王並孔子等廟，先一日沐浴更衣，處外室，次日遣官。」[117]這是皇帝以身作則的表現；禮儀本身可能是取則於《開元禮》中的皇太子釋奠儀，[118] 但正如上文所說，這也是前代帝王所沒有的。太祖有諸己，故也敢求諸人，對於失禮的臣子加以責罰。《實錄》洪武六年八月有如下一條：

> 丁丑，遣御史大夫陳寧釋奠于先師孔子。時丞相胡惟庸、誠意伯劉基、參政馮冕等，不陪祭而受胙。上聞之，曰：「基等學聖人之道而不陪祀，使（勿）【弗】學者何以勸；既不預祭而享其胙，於禮可乎？其武人不知理道者，皆不足責。」命停基、冕俸各一月。寧坐不舉，亦停俸半月。自是不預祭不頒胙。[119]

《大誥・教官妄言第七十一》則有這樣事情的記載：

> 洪武十八年冬十月，寧國府教授方伯循實封【告發】寧國府知府韓居一。其辭曰：「於齋戒未祭，先食牲牢肉臟，又且飲酒。」及其勾問，其府官並無二項非為，餘罪不律者有之。詢其所以，府官嚴督學校，以致教授方伯循、生員張恒等五名憾是督責，遂於祭祀之際，窺伺府官飲茶，教授方伯循自行飲酒，徑率諸徒詣齋所，將府官祭服四面揪捽，若奉上司明文擒拿有罪者。如此非為，人神共怒。且府州縣教官，禮義風俗忠孝出焉，凡遇祭祀，則當訓誨生徒，明以持心守戒之道，至期率赴壇所陪祀群神，非獨本禮誠敬，將後生徒為政，不勞祀神熟矣。其寧國府教授方伯循，不獨不本禮以奉神，於壇所大辱掌祭之官，可謂罪不容誅。…所在學校，想宜知悉。[120]

以上這兩件發生在中央和地方學校文廟的非禮事件，以及犯者所受懲處所反映的意涵，連同前面所引述的各事而論，正是太祖真誠尊孔，以君為臣則，文臣為武臣則，大臣為小臣則，教官為生徒則的一貫思想表現。明朝尊孔禮制隆重，都定於太祖一朝，所以能夠這樣，則實源於太祖個人的反身推行。以上所述的各事都經太祖親定，所以影響甚大而值得述論。

---

117 同前書，卷八六，頁6上 (1533)，洪武六年十一月甲申日條。

118《大唐開元禮》卷五三〈皇太子釋奠於孔宣父〉，頁1上-2上 (292)；《文獻通考》卷四四〈學校五〉，頁415-418。

119《明太祖實錄》卷八四，頁3下 (1498)，洪武六年八月丁丑日條。

120《全明文》（第一冊），卷二九〈朱元璋二九〉，頁619-620。按，同書頁611，《大誥・祭祀不敬第五十七》，亦載縣官犯此不敬獲罪者三人之事。

五、明太祖對衍聖公和孔裔的禮遇

明太祖對孔子的尊崇，具體還見於他對孔子後裔的待遇。[121] 衍聖公以及其他孔子後裔在洪武朝所得到的優待，和他們在元朝所遭到的冷遇比起來，不啻有天淵之別。如前所述，衍聖公遺缺在元世祖在位時，便一直不獲實補。終元一代，宣召衍聖公赴闕朝見之事也只有一次，即至元十九年召見在南宋襲封的孔洙該次。[122] 明太祖則除了曾親筆致書元封的衍聖公之外，洪武一朝至少六七次接見了包括祖父孫三代的衍聖公。這些《明太祖實錄》都有記載。從太祖文集以及孔府檔案所見的相關文字和說話看來，太祖尊孔的思想和情感都是誠摯和親切的。

曲阜孔府和明朝的關係，開始於吳元年 (1367) 十月明軍北伐之後。據《明太祖實錄》所記，是年十二月初五日，主帥大將軍徐達所遣將領都督張興祖兵至東平，元朝的最後一位衍聖公、孔子的五十六代孫孔希學與其從兄曲阜縣尹孔希章，以及鄒縣主簿孟子後裔孟思諒等迎謁於軍門，獲得禮待。[123] 明年洪武元年，二月上丁（丁未、初六日），太祖已詔以太牢祀孔子於京師（南京）國學，同時遣使詣曲阜孔廟致祭。[124] 次月十六日，大將軍徐達至濟寧，孔希學復來謁見，徐達遣人將他送往京師。[125]

這時理應同往的是孔希學的父親孔克堅。孔克堅是元朝的國子祭酒，也是前任的衍聖公，長期備受元朝君相的重視和禮待。他和八個兒子都曾是元代的國子生，本身通《春秋左氏傳》學，繼承父親孔思晦的衍聖公爵位後，位階從正三品升到從二品，印章由銅製易為銀製。由於獲得宰相的賞識，召為同知太常禮儀院事的朝官，故以兒子承襲原來封爵。後來再獲二拜升官，但都辭歸。山東亂起後，率家眾入燕京，途中獲薦為集賢直學士，兒子希學也獲任秘書監丞。後因言事有功，數升官至國子祭酒，元順帝曾賜以上尊，皇太子也賜以手書大成殿額。最後以世亂歸居闕里，一再拜官不起。[126] 徐達到濟寧時，孔克堅或以真病之故，

---

[121] Thomas A. Wilson, "The Ritual Formation of Confucian Orthodoxy and the Descendants of the Sage," *The Journal of Asian Studies* 55.3(1996.8): 559-584, 一文述及南宋以後孔裔南北宗的遞衍情況以及明代二宗爭取朝廷恩典之事，卻對明太祖對以衍聖公為主的孔裔的態度和恩禮，完全沒有論及。

[122] 《欽定續文獻通考》卷四八〈學校二〉，頁3224。陳高華，〈金元二代衍聖公〉，頁335。

[123] 《明太祖實錄》卷二八上，頁2下 (424)，吳元年十二月丁未日條。

[124] 同前書，卷三〇，頁5下-6上 (516-517)，洪武元年二月丁未日條。

[125] 同前書，卷三一，頁3上 (539)，洪武元年三月丙戌日條。

[126] 同前書，卷五〇，頁5下-6下 (984-986)，洪武三年三月丁巳日條，孔克堅傳。

或以病爲藉口，只遣孔希學先行入見，故此送往京師朝見明太祖的也只有孔希學。太祖大概認爲高貴的前任衍聖公看他不起，特別給他寫了（下文將會引析的）親筆信。孔克堅後來入見，太祖在謹身殿予以召見，不久下令孔希學仍然襲封衍聖公。

這一連串的史實，大部份孔府檔案都有記載，但有一些在時間上和《明太祖實錄》所記載的卻有出入。《實錄》所見的太祖文字，經過史臣潤色，已經失卻不少檔案文字所能透露的現場氣息。但這二種資料，仍然具有提供互證的作用。我們先來考察一件有關明太祖對衍聖公態度的大事。

此事孔府檔案的記事次序是這樣的：洪武元年三月初四日，太祖「親筆論」孔克堅。八月十一日欽奉詔赦，其中一款載，「孔子曲阜廟庭，已嘗遣使致祭；其襲封衍聖公並世襲知縣，並如歷代舊制；仍免孔氏差發。」十一月十四日，「上對百官，諭孔子五十五代孫祭酒孔克堅。」同月二十日，孔克堅「於謹身殿西頭廊房下奏上位。」「元年十二月，仍封孔子五十六代孫孔希學爲襲封衍聖公。元年十二月十九日，欽奉聖旨：孔氏子孫皆免差發，稅糧有司依例科徵。」[127]《明太祖實錄》則把賜書至謹身殿召見事都繫於四月戊申（初八）日。《實錄》此條文字，起首作「元國子祭酒孔克堅來朝。」然後追述孔克堅不先來朝和太祖賜敕諭之之事，敕文經過修飾照錄，沒有說是御筆。然後書「會克堅亦自來朝，行至淮安，遇敕使，拜命惶恐，兼程而進，既至，召對謹身殿。」接著是太祖和孔氏的對話。然後又加入「又明日，復召見，諭之曰」和其後「因顧謂群臣曰」等等說話內容。[128] 同一件事情的發生時間，二處記載相差了七個月。此外，《實錄》繫孔希學襲封衍聖公於元年十一月甲辰（初七日），[129] 也比孔府檔案所記的早了幾乎一月。兩種資料時間上沒有歧異的記事，只有八月十一日（己卯）「大赦天下詔」一件。

此事孔府檔案和《明太祖實錄》所載比較起來，還是前者比較可靠，儘管它也有足以令人起疑之處。檔案可疑之處，莫過於記太祖親筆諭爲三月初四日所書一事。該諭明白的說：「吾聞爾有風疾在身，未知實否。」[130] 太祖這一消息的

[127]《曲阜孔府檔案史料選編》，第二編〈成化修刊孔氏宗譜關於歷朝崇奉孔子優禮後裔的記載〉，頁5-6。

[128]《明太祖實錄》卷三一，頁8上-下 (549-550)，洪武元年四月戊申日條。

[129] 同前書，卷三六，頁4上-5下 (665-667)，洪武元年十一月甲辰日條。

[130]《曲阜孔府檔案史料選編》，前引文，頁7；以下引錄此文，不再注出。

來源，最合理的推測是孔希學。《實錄》正也有這樣的載筆：「希學赴京。希學奏言，臣父久病不能行，令臣先入見。上乃以敕往諭之曰。」[131] 徐達送希學往京師之事，《實錄》繫日而書，又見於希學本傳，[132] 可以決定不誤。但這樣一來，太祖御札的日期便在整件事情的時間上顯現了衝突。徐達到濟寧、送孔希學往南京該日爲三月十六日，比太祖的御札晚了十二日，何況由濟寧到南京還要一段時日。可見，太祖在見孔希學後才給孔克堅寫信是不可能的。相反，如果從上一年十二月五日，孔希學和從兄孔希章已到東平謁見明將張興祖一事看起，則太祖御札爲三月初四日所寫，其事便顯得合理而無矛盾可言。孔克堅稱疾不往濟寧，事情總要早於三月十六日徐達遣送孔希學時。事實上，張興祖在去年十二月已克濟寧；而先前克東平後，孔克堅也沒有前往謁見。《實錄》能繫日記錄孔氏兄弟見張興祖事，所據自然是軍中報告。重要人物孔克堅未見來謁的事實以及其原故的說詞，看來也必在報告之中，所以太祖根本不必待見孔希學的奏言才能知道所謂的原因。

與此相反而足以互證的是，《實錄》所記四月初八日太祖召見孔克堅於謹身殿之事，在時間上卻有甚不合理之處。此事如果真的此時發生，則孔希學便不應晚到如《實錄》所說的十一月初十日，[133] 或如檔案所說的十二月才能襲封，而八月十一日大赦天下的詔書中，也不應有衍聖公襲封如歷代舊制的說話。大赦詔書中的有關文字，正是衍聖公給封之前所應有的。這詔書是同月徐達克復元都，天下大統歸一之後的重要文告，[134] 相關的一款表明了當時還沒有在位的衍聖公，但朝廷卻會沿前朝的舊例給予封爵等等。從檔案和《實錄》兩處或白或文的記載看來，太祖和孔克堅的會面，都是情景融洽的。檔案載，「上曰：我看你是有福快活的人，不委付你勾當。」[135]《實錄》則記，賜見「即日，賜宅一區、馬一匹、月給米二十石。又明日，復召至，諭之曰：…因顧群臣曰：朕不授孔克堅以官者，以其先聖之後，特優禮之，故養之以祿而不任之事也。」[136]

---

[131]《明太祖實錄》卷三一，頁8上 (549)，洪武元年四月戊申日條。

[132] 同前書，卷三一，頁3上 (539)，洪武元年三月丙戌日條；卷一三九，頁3下-4上 (2190-2191)，洪武十四年九月辛丑日條。

[133] 同前書，卷三六上，頁4上 (665)，洪武元年十一月甲辰日條。封爵誥文又見《全明文》(第一册)，卷一八〈朱元璋一八·授孔希學襲封衍聖公誥〉，頁326。

[134]《明太祖實錄》卷三四，頁8上-9下 (613-616)，洪武元年八月己卯日條。

[135]《曲阜孔府檔案史料選編》，前引文，頁5。

[136]《明太祖實錄》卷三一，頁8上-下 (549-550)，洪武元年四月戊申日條。

二處載筆雖有詳略之別，但同示太祖意在優禮聖裔則一。這樣的情形下，要不勞事孔克堅而又不封爵孔希學，要等半年或七個月後才給予襲封，是很不合乎常理之事。相反，如檔案所記，召見孔克堅事在十一月十四日，至十二月十九日之前便有仍封孔希學爲衍聖公事和給予孔氏子孫免給差役的恩典，卻正是情理中事。還有一點可以互證《實錄》所記的召見時間是難信的。檔案載太祖對孔克堅稱孔希學「是成家的人，」卻要他給希學「常寫書教訓著，休怠惰了。」六日之後，孔克堅上奏說：「曲阜進表的回去，臣將主上十四日（即十一月十四日）戒諭的聖旨，詳細寫將去了。」「上喜曰：道與他【希學】，少吃酒，多讀書。」[137]可見此時孔希學人並不在南京。而如《實錄》所載時日計算，則孔希學卻應是隨父同在南京的。

《明太祖實錄》今本出於永樂三修之後，記事有誤並不稀奇。[138] 洪武元年四月戊申（初八日）此條，事實上便是合前後數事而一的。當中所說「會克堅亦自來朝，行至淮安，遇敕使，拜命惶恐，兼程而進」一節，有可能指的是八月天下一統、頒大赦詔後的另一敕書，而纂輯者卻隨事混爲一談。整個事情看來是這樣的：孔克堅稱疾不見明將，太祖親筆賜札示以不可輕視新朝之意；孔克堅亦誠有疾，故先遣子希學由徐達送往南京朝謁，本身則到十一月才親自來朝。

如果這樣的論證不誤，則明太祖對於孔裔的寬容和體諒，實可說是表現了真正的王者之度。孔府檔案所載洪武元年三月初四日太祖給孔克堅的親筆函內容如下：

> 吾聞爾有風疾在身，未知實否。然爾孔氏非常人也，彼祖宗垂教于世，經數十代，每每賓職王家，非胡君運去，獨爲今日之異也。吾率中土之士，奉天逐胡以安中夏，雖曰庶民，古人由民而稱帝者，漢之高（宗）【祖】也。爾無疾稱疾，以慢吾國不可也，諭至思之。

用陳高華的話說，「朱元璋一面表示對孔子的尊敬，對聖裔的優待；另一方面表示自己是正統所在，警告孔克堅必須端正態度。」[139] 但同時也不難看出，太祖基本上仍是以理服人的。三月賜書而十一月始克來朝，克堅有病在身必然屬實，而太祖受之，也真表現了他的明理優容一面。

137《曲阜孔府檔案史料選編》，前引文，頁6。

138 參看謝貴安，《明實錄研究》，頁34-41, 101-117, 365-373。

139 陳高華，〈金元二代衍聖公〉，頁341。

太祖對衍聖公的恩禮，事實上是非常隆重優渥的。首先是衍聖公的階秩升為正二品，賜以銀印。對於孔希學本人，更是「每正旦，上受四方朝賀，特命希學班亞丞相；」[140] 其「袍帶、誥命、朝班」都是「一品」的，並且成了以後的典故。太祖又給衍聖公置立官屬：「曰掌書，曰典籍，曰司樂，曰知印，曰奏差，曰書寫，各一人。立孔、顏、孟三氏教授司，教授、學錄、學司各一人。立尼山、洙泗二書院，各設山長一人。…官員並從衍聖公選舉，呈省擢用。」[141] 曲阜的孔氏世職知縣，也是由他推薦的。其他如「復孔氏子孫及顏、孟大宗子孫徭役，」也是蒙此封爵而來的恩典。

明太祖時，不管元朝的前任衍聖公或是本朝襲封的衍聖公，在初次來朝時，均獲御前召見。孔希學和孔訥父子並且均獲敕誥。上文已經指出，孔克堅來朝召諭後，「即日賜宅一區、馬一匹、月給米二十石。」洪武二年十一月克堅被遣回曲阜代祀宣聖，回來後太祖還「御製詩以遺之。」[142] 洪武三年三月克堅卒，卒前以疾告，太祖「遣中使存問；疾篤，給驛還家，賜白金百兩，文綺八端。」[143] 洪武六年八月，衍聖公孔希學服闋來朝時，太祖親命「中書下禮部用心禮待，所有隨行者皆要歡心，勿使有缺。故敕，速行無怠。」[144] 又給敕勞孔希學本人，告知已敕中書下禮部接待事宜。[145] 之後又在端門早朝時，給予召見訓勉。[146] 此後，孔希學在十一年十二月和十二年十二月再度來朝時，太祖也同樣敕中書下禮部「給送廩餼」，「潔館舍以安之」和給敕以勞希學本人。[147] 洪武十四年九月希學

[140]《明太祖實錄》卷一三九，頁3下-4上 (2190-2191)，洪武十四年九月辛丑日條，孔希學傳。

[141]《明史》卷七三〈職官二〉，頁1791。《明太祖實錄》，卷三六上，頁4上-下 (665-6)，洪武元年十一月甲辰日條。

[142]《曲阜孔府檔案史料選編》，前引文，頁6。按：該處原文作：「二年十二月十二日，遣五十四代孫國子祭酒孔克堅代祀宣聖回京，御製詩以遺之。」據文意，末句當作「御製詩以遺之」。

[143]《明太祖實錄》卷五〇，頁6上 (985)，洪武三年三月丁巳日條。

[144]《全明文》(第一冊)，卷七〈朱元璋七・命中書勞襲封衍聖公孔希學〉，頁67。《明太祖實錄》卷八四，頁5上 (1501)，洪武六年八月丙戌日條。

[145]《全明文》(第一冊)，卷七〈朱元璋七・勞襲封衍聖公孔希學〉，頁77。《明太祖實錄》，同前注。

[146]《曲阜孔府檔案史料選編》，前引文，頁6-7。

[147]《明太祖實錄》卷一二一，頁4上 (1965)，洪武十一年十二月乙卯日條；卷一二八，頁2上 (2033)，洪武十二年十二月庚辰日條。

卒，太祖詔禮部遣官致祭，並且親作祭文。[148] 洪武十七年一月，希學子孔訥襲封來朝，太祖也在華蓋殿引見問語，並賜以御製誥文。[149] 如上所述的禮數，都是前代所未見，後來所少有的。

比這些明示崇重的禮數更爲可貴的，則是太祖對於孔子嫡裔的一份愛心和真情。以上所提及的敕誥訓諭，許多還能見於太祖的御製文集和孔府檔案，文字淺白，是未經史臣修飾的資料。它們有時雖因太祖的詞采有限而顯得不順，須要推敲，但卻最能反映太祖對孔子貢獻的認識，他對孔子的一種真誠敬意和他的尊孔意義所在。以下略作引析，以見聖人的形像在平民出身的君主心目中是怎樣的。孔府檔案記載洪武元年太祖和孔克堅的二次對話如下：

> 元年十一月十四日，謹身殿内，上對百官，諭孔子五十五代孫祭酒孔克堅曰：「老秀才近前來，你多少年紀也。」對曰：「臣五十三歲。」上曰：「我看你是有福快活的人，不委付你勾當，你常常寫書與你孩兒。我看【他】資質也溫厚，是成家的人。你祖宗留下三綱五常，垂憲萬世的好法度，你家裏不讀書，是不守你祖宗法度，如何中。你老也常常寫書教訓著，休怠惰了。於我朝代裏，你家裏再出一個好人呵不好。」
>
> 二十日，于謹身殿西頭廊房下，奏上位：「曲阜進表的回去，臣將主上十四日戒諭的聖旨，備細寫將去了。」上喜曰：「道與他，少吃酒，多讀書。」[150]

太祖的這些說話，可謂一片真誠深愛，溢於言外。他期望的，只是要孔家能出人才，爲國家做事，爲祖宗增光。孔希學年二十一襲爵於元朝，現在雖已三十三歲，卻自元末世亂以來，實未能在學業和事業上表現出爵封衍聖公者的應有光輝。大概多吃酒、少讀書的情形還被人所知悉。太祖勉勵孔克堅克盡父責，正是君子愛人以德的表現。

太祖對於聖人嫡裔的期望委實極高。這可說是他的名實相符思想的必然結果。他自己尊孔，命令全國崇儒尊孔，而受爵以祀孔子的衍聖公，正是儒教的精神象徵，故此也要求他要做一個無忝爾祖、聿修厥德的模範聖裔。洪武六年八月

---

[148]《明太祖實錄》卷一三九，頁3下-4上 (2190-2191)，洪武十四年九月辛丑日條。《全明文》（第一冊），卷一六〈朱元璋一六・祭孔希學文〉，頁277。

[149]《明太祖實錄》卷一五九，頁1下 (2454)，洪武十七年一月乙巳日條。《全明文》（第一冊），卷三〈朱元璋三・襲封衍聖公孔訥誥文〉，頁39。

[150]《曲阜孔府檔案史料選編》，前引文，頁5-6。

二十九日太祖給孔希學的訓話，最能反映這種思想和心情。孔府檔案所記內容如下：

上召衍聖公孔希學問曰：「爾年幾何？」對曰：「臣三十有九。」上曰：「今去爾祖孔子歷年幾何？」對曰：「近二千年。」上曰：「年代雖遠而人尊敬如一日，何也？爲爾祖明綱常，興禮樂，正彝倫，所以爲帝者師，爲常人教，傳至萬世，其道不可廢也。

且爾祖無所不學，無所不通，故得爲聖人。如問禮於老聃，學琴於師襄之類，此謂學無常師。非特如此，楚王渡江，得一物，其大如斗，其赤如日，其甜如蜜，眾皆不知。遣使問於爾祖。曰，此萍實也。問何以知之。爾祖曰，昔聞諸童謠云。童子之言，爾祖尚記之不忘，況道德之奧者乎？

今爾爲襲封，爵至上公，不爲不榮矣，此非爾祖之遺蔭歟！朕以爾孔子之裔，不欲于流內銓注，以政事煩爾，正爲保全爾也。爾若不讀書，孤朕意矣。且人年自八歲至弱冠，多昏蒙未開，不肯向學。自冠至壯年有室，血氣正盛，百爲營營，亦無暇好學。爾年近四十，志慮漸凝定，見識漸老成，正好讀聖人之書，親近明師良友，蚤夜講明道義，必期有成。學成之後，四方之人知爾知能，俱來執經問難，且曰，此無愧孔氏子孫者，豈不美歟！

然四體之勤，乃德之符，步履進退，亦必安詳，不可攲斜飛舞，久久習熟，遂爲端正人士。朕今婉曲教爾，爾其自擇。還家亦以此教子孫可也。勉之哉，勉之哉。」[151]

這段訓話，真的不啻如家人父子之言，沒有冠冕堂皇之詞，沒有誇大驕人之意，只有警勉聖人之裔爲聖人之博學通方，爲成德達才之用，凡關於求學做人之道的，無所不及，要的就是孔希學能夠無愧於祖先聖人。這種以聖人之道求諸聖人之裔的思想所透露的，也正是一種對孔子崇德報功的深切真誠之意。孔希學看來沒有辜負明太祖的叮嚀，他年四十七而逝，高深的學問上沒有表現，但對修葺祖廟、收復祭田、備舉禮器禮服和樂舞儀式各方面，也還有成績可紀。[152] 他的兒子孔訥襲封朝見太祖時，「上問其宗族子性多寡賢否，訥奏對詳明，動合禮度。」[153] 可見太祖對希學的訓誨，也未嘗無所奏效。

---

[151] 同前書，頁6-7。

[152]《明太祖實錄》卷一三九，頁3下-4上 (2190-2191)，洪武十四年九月辛丑日條，孔希學傳。

[153] 同前書，卷一五九，頁1下 (2454)，洪武十七年一月乙巳日條。

以上這兩段太祖的親切說話，反映的是他的尊孔思想中的理性思維。從而可見的是，一方面他認定了孔子實以綱常之道爲萬世帝王和常人的師範，另方面他確信凡有大功德於世者必獲無窮的厚報。[154] 這些觀念再加上一層宗教信仰的力量，使得太祖的孔子崇拜更加牢固不搖。這在太祖給孔府人物的其他文字中時有所見，並且更加詳明。例如，《文集》載洪武六年勞衍聖公孔希學的敕文說：

> 卿家昭名，歷代不朽，富貴永彰天地間，乃由陰騭之重。云何？以其明彝倫攸敍之精微，表萬世綱常之不泯也，故若是。[155]

洪武十四年九月御製祭衍聖公文說：

> 三綱五常之道，始上古，列聖相承，率修明以育生民。至於中古，將欲墜焉，非先師孔子，孰能修明之？今生民多福，惟三綱五常之道備耳。蓋世之大德者，天地不淪沒，人民無惡聲，所以爲帝者師，血食千萬年不泯，子孫存焉。朕以爾孔希學繼世焚修，永張斯教，以顯爾祖，何期訃音一至，云及長往。[156]

此文末句所見「焚修」二字，在《明太祖實錄》所載的同一祭文中，大概以其辭不雅馴，已被史臣削去。[157] 但這其實正是太祖世俗宗教觀的表現，與上引敕文所見的「陰騭」觀念，是互爲表裏的。此外，洪武十五年三月命曲阜世職知縣孔克畬的敕文則說：

> 朕聞古人有必報而不忘者，先師也。蓋謂傳德明道，終身不受禍患，固報之。朕與臣民同世於斯時，方知大成至聖文宣王當世之先師。時人去古既遠，有失報禮。稽諸古典，報則有光，其光之顯揚，師徒共之。若果誠能報之，則益而無損。…特命【爾】爲曲阜知縣，以報先師。爾當敬事以在公，而信以來庶民。儉使人效，勤問民艱，用力以時，以揚先師聖德。於戲，陰騭流芳，萬世不泯，英靈常存，子孫承之，爾宜懋哉！[158]

此敕《實錄》節刪太甚，[159] 淹沒了太祖的精神所在。這裏可見到的，則是太祖確

---

[154] 有關報功、報恩、報答等傳統觀念之探討，可參看梁啓超，〈中國道德之大原〉，《飲冰室文集》二八，頁12-20。Lien-Sheng Yang, "The Concept of 'Pao' as a Basis for Social Relations in China," in John K. Fairbank, ed., *Chinese Thought and Institutions*, pp.291-309.

[155]《全明文》（第一冊），卷七〈朱元璋七·勞襲封衍聖公孔希學〉，頁77。

[156] 同前書，卷一六〈朱元璋一六·祭孔希學文〉，頁277。

[157]《明太祖實錄》卷一三九，頁3下-4上 (2190-2191)，洪武十四年九月辛丑日條。

[158]《全明文》（第一冊），卷三〈朱元璋三·曲阜知縣孔克畬敕文〉，頁36。

[159]《明太祖實錄》卷一四三，頁5下-6上 (2252-2253)，洪武十五年三月癸亥日條。

以「先師」視孔子的貢獻，也確信孔子所教的倫理之道對於世道實有效用，所以必極其報稱之崇重。

明太祖對於孔子的貢獻了解至深，不以文辭有時苦澀而不見其意。這在洪武十七年一月給襲封衍聖公孔訥的誥文中清楚可見。《文集》所載誥文部份說：

> 三皇五帝之道，明陳攸敘，大展彝倫，協天地陰騭，定民居者，爲此也。至周，文繁於《三墳》，道迷於《五典》，兼《八索》、《九丘》之泛，而諸家之說並生，是致道縱途橫，雖欲馳之，莫知所向。獨先師孔子明哲心，摳睿智，定眞析僞，以成《詩》、《書》。其修道之謂教，可謂至矣；率性之謂道，可謂堅矣。由是天鑒善德，血食之祀萬世，子孫弘衍於今，耿光而弗磨者，因幽明之誠無間，感通上下，故若是也。[160]

此文暢論孔子在文化史上的貢獻以及後世崇報孔子之故，除了引用《中庸》成文處辭句稍形不暢外，整體意思明白，精神躍如。《實錄》所載的同一誥文，也是刪改殊甚，[161] 失卻准口語文字所能表達的意度，使人完全看不出太祖以孔子爲實有繼承古先聖王教世化民的王者一級成就。有了以上這些文字，我們才能了解何以在百神封號皆去之際，孔子獨可以保存原封的王號。我們可以這樣的理解，在太祖的名實相符理念中，孔子確是正式的「素王」。

明乎太祖對孔子的篤信篤敬，我們便能更加理會太祖諸多崇拜孔子的舉動和措置。首先可以說的，是他所給予其他孔裔（和連屬而至的顏、孟後裔）的殊遇。尤其在宥過赦罪方面，太祖的用心更見細微良苦。早在洪武元年八月明軍克服元都後的大赦天下詔中，太祖便已明定曲阜一地的孔裔，仍然給予保持特殊的世家地位。在以後新任世職曲阜知縣時，太祖都會特別給敕勉勵的；洪武元年十一月任孔希大、八年七月任孔克伸、十五年三月任孔克營、十七年十一月任孔希文、二十八年任孔希範時，都沒有例外。[162] 對於犯過的世職孔裔的處置，更見屢屢屈法從寬。像孔希大被曲阜人民訴訟，法當逮問，太祖卻以「希大先聖之後，

---

[160]《全明文》（第一冊），卷三〈朱元璋三・襲封衍聖公孔訥誥文〉，頁39。

[161]《明太祖實錄》卷一五九，頁1下 (2454)，洪武十七年一月乙巳日條。

[162] 以上各人所獲敕文，除孔希範的之外，均見《明太祖實錄》各該條下，亦均見於明太祖《文集》，基本上都屬御製。孔希範任期《實錄》失載，其敕文見《全明文》（第一冊），卷三四〈朱元璋三四・以孔希範知曲阜縣事敕〉，頁820，係據《古今圖書集成・明倫彙編・官常典》卷一一一所載。

若罪之，恐累其世德，非所以示優崇也。」[163] 最後雖因希大「不依祖訓，屢干國憲，自蹈罪戾，以失世官，」[164] 卻也沒有因而罷除世職之制。至於孔希文，雖然先見刑部以「境內水患不報，請逮問之；」[165] 後見禮部以「曲阜縣歲貢儒學生員考不中式，請以貢舉非人坐【罪】，」太祖也都以「先聖之後，勿問。」[166] 太祖對聖人孔裔的禮待，還延及孟子等聖賢的後裔。洪武十八年十月，「翰林待詔孔希善言，孟氏子孫有以罪輸作京師者二人。上曰，大賢之後，雖有罪，亦當屈法以宥之。即命遣還。」不久且諭工部，詢問同類的聖賢後裔，依例釋放。[167]

六、明太祖朝孔廟祀事的議論

明太祖時，在儒家的禮學脈絡中所累積的孔廟祭祀問題，實在很多。太祖其實也不能全數解決。洪武四年，包括宋濂在內的國子學官，曾奉命考議祭孔禮儀。其中宋濂個人議論所及的，便有神主坐向、棲神用具、迎神用物、庭火設備、從祀資格、從祀位次、應用音樂、飲福次數等等問題。再加上「廟制之非宜，冕服之無章，器用則雜乎雅俗，升降則昧乎左右，如此類甚多，雖更僕不可盡也。」[168] 要一一擬議釐正從古，未免曠日費時。當時議論難一，結果便是《實錄》所載四年八月之事：「降國子祭酒魏觀為江西龍南縣知縣，司業宋濂為安遠縣知縣，坐考祭孔子禮稽緩故也。」[169] 至同年十一月，才各召回為禮部主事。[170] 此事雖屬故意懲戒，但正可見太祖之實重其事，不肯苟且放過。故此以後所採行的，都對後世有大影響。以下數項，是當時尤其顯著的議論。

---

163 《明太祖實錄》卷八七，頁4上 (1549)，洪武七年一月癸未日條。

164 同前書，卷一〇〇，頁4上 (1699)，洪武八年七月庚申日條。

165 同前書，卷二〇七，頁3下 (3086)，洪武二十四年一月辛亥日條。

166 同前書，卷二三二，頁7下 (3398)，洪武二十七年四月己丑日條。

167 同前書，卷一七六，頁1下 (2666)，洪武十八年十月癸巳日條；卷一七六，頁2上-下(2667-2668)，洪武十八年十月甲辰日條。

168 宋濂，《宋學士全集》卷二八〈孔子廟堂議〉，頁1019-1022 (271-272)，尤其頁1019-1020。

169 《明太祖實錄》卷六七，頁7上 (1265)，洪武四年八月己亥日條。

170 同前書，卷六九，頁1下 (1288)，洪武四年十一月己未日條。

(一)以木主易塑像

孔廟之有孔子塑像，不知始於何時，但唐代初年便已存在。唐玄宗開元八年(720)，司業李元瓘便認爲，孔子廟中的顏淵像作立侍狀，不合禮意，應該定制改爲坐像。[171] 其說以後歷代相傳，而天下文廟也多有塑像。到了洪武十四年四月，南京興建新太學；又詔天下學校春秋通祀孔子，賜學糧，增師生廩膳，太祖才令新廟以木主代替塑像。[172] 據當時的祭酒宋訥所記：「自經始以來，大駕臨役者不一。夫子而下，像不土繪，祀以神主，數百年舊制乃革。」[173] 以孔子木主棲神代替塑像，當時雖然不能作全國性的施行，但無疑已是一大改革。

這個改制的創意，文獻可考的，並非始於太祖。洪武四年八月的祭孔禮議中，宋濂便已經論及。他說：

> 古者造木主以棲神，天子諸侯之廟，皆有主；卿大夫士雖無之，大夫束帛以依神，士結茅爲蕞，無有像設之事。《開元禮》亦謂設先聖神座於堂上西楹間，設先師神座於先聖神座東北，席皆以莞，則尚掃地而祭也。今因開元八年之制，摶土而肖像焉，則失神而明之之義矣。[174]

太祖新制的決定，不可能不受像宋濂所提出的這類意見的影響。此制雖然一時不能通行各地，但以後明臣稱道它的卻大不乏人。成化間丘濬所說的，影響更大。丘氏在所著《大學衍義補》中作了兩點相關的考慮。其中如下的一點是宋濂之說的推論：

> 【塑像】郡異縣殊，不一其狀，長短豐瘠，老少美惡，惟其工之巧拙是隨。就使盡善，亦豈其生盛德之容。甚非神而明之、無聲無臭之道也。

以下的一點，則是從封建倫理的現實表現來立論的：

> 夫國學廟貌，非但以爲師生瞻仰之所，而天子視學，實於是乎致禮焉。夫以冕旒之尊，而臨夫俎豆之地，聖人百世之師，坐而不起，猶之可也，若夫從祀諸儒，皆前代之縉紳，或當代之臣子，君拜於下而臣坐於上，可乎？臣知非獨名分之乖舛，而觀瞻之不雅，竊惟聖賢在天之靈，亦有所不安也。

---

171 《文獻通考》卷四三〈學校四〉，頁407。

172 南京新太學以孔子木主易塑像事，《明太祖實錄》缺載，但《大學衍義補》等書均有記載。

173 宋訥，《西隱集》卷七〈大明敕建太學碑〉，頁8上-10下 (1225／907)。

174 宋濂，《宋學士全集》卷二八〈孔子廟堂議〉，頁1020 (272)。

此處重點不在孔子，而在孔門配祀的儒者。丘濬的理性論接著指出，毀塑像而用木主，並非不恭之事，因爲塑像是「工人隨意信手而爲之者，」根本不是像主的真貌，失卻瞻仰生敬的意義，孔廟不用塑像，正是對孔子肅敬的表現。此說可謂深得太祖之心。丘氏又建議，「今天下郡邑恐於勞民，無俟改革，」但北京國學現存元朝所立的塑像，卻應該遵從太祖舊制，以木主代之。太祖之所爲，有如當時祭酒宋訥所說，是革除百年夷教的大事。丘氏強調：「仰惟我聖祖有大功於世教十數，此其一也。發揚祖宗之功烈，亦聖子神孫繼述之大者也。」[175] 這個呼籲，爲當時的程敏政和後來的張璁等人所支持，所以到了嘉靖九年 (1530) 改定孔廟祀典時，終於下令全國孔廟均以木主代替塑像，成了永久的制度。[176]

（二）從祀進退問題

洪武年間關於孔廟從祀問題的最後定案，是二十九年 (1396) 三月命罷去漢儒揚雄，益以董仲舒一事。此事是太祖接納行人司副楊砥上奏的直接結果，也開了明代孔廟進退前代從祀儒者的先例。《明太祖實錄》載：「楊砥言，孔子廟庭從祀諸賢，皆有功世教，若漢揚雄臣事賊莽，忝列從祀，以董仲舒之賢，反不與焉，事干名教，甚爲乖錯。」[177] 楊砥的奏疏全文現已不見，據楊氏傳記，楊氏言及「揚雄仕莽爲大夫，劇秦美新之論，取譏萬世。董仲舒三策及正誼明道之言，足以扶翼世教。」[178] 太祖遲行楊氏所請，故此《實錄》只記「上納其言，」不及其他議論文字。這便除了反映了朱子《通鑑綱目》所揭的「莽大夫」式忠君觀念，在明初隨著理學思想高漲而漲之外，也反映了太祖親自參與，對尊孔事情的重視。按，楊砥澤州人，洪武二十七年才中進士，是典型的太祖新朝成長的知識分子，強調忠君，強調天人感應，乃至反對功利思想，都是太祖自己思想的反映，所以其言能夠出即獲應。

---

175 以上引文，均見《大學衍義補》卷六五〈秩祭祀・釋奠先師之禮上〉，頁10上-11下 (648-649)。這問題的新近討論，見司馬黛蘭 (Deborah A. Sommer)，〈丘濬與明代儒像廢存之議〉，祝瑞開主編，《宋明思想和中華文明》，頁437-444；Thomas A. Wilson 前引文，頁565-567，也有論及。

176 參看黃進興，〈道統與治統之間：從明嘉靖九年 (1530) 孔廟改制論皇權與祭祀禮儀〉，《優入聖域：權力、信仰與正當性》，頁126-163。

177《明太祖實錄》卷二四五，頁2上 (3555)，洪武二十九年三月壬申日條。

178 焦竑，《國朝獻徵錄》卷七二〈太僕寺卿楊砥傳〉，頁3上-下 (3093)。

明臣對於前朝從祀者的不滿，也並不限於上述一項，而且出現頗早。洪武二年，江西崇仁縣訓導羅恢便曾奏請：

> 孔廟從祀當以道學論。有若優於宰我，《論語》記有若言行者四，皆有裨世教；記宰我言行者四，皆見責聖人，宜以有若居十哲，而宰我居兩廡。公伯寮阻壞聖門，不宜從祀。蘧伯玉，孔子故人，行年六十而化，今在兩廡六十位次之下，未當，宜例升孔聖殿。[179]

這個以言行表現和倫輩造詣為標準來調整從祀者資格和地位的請求，未被太祖接納。但同類的議論，卻在以後繼續出現。最重要的是，洪武四年那場太祖下令討論的祭孔議論中，國子司業的宋濂和翰林待制的王禕都有意見。[180] 在關於從祀者的進退方面，宋濂認為，若依學校祭祀先師的古代禮意，則：

> 孔子集群聖之大成，顏回、曾參、孔伋、孟軻實傳孔子之道，尊之以為先聖先師，而通祀於天下，固宜。其餘當各及其邦之先賢，雖七十二子之祀，亦當罷去，而於國學設之，庶幾弗悖禮意。今也雜置而妄列，甚至荀況之言性惡，揚雄之事王莽，王弼之宗莊老，賈逵之忽細行，杜預之建短喪，馬融之黨附勢家，亦廁其中，吾不知其為何說也。[181]

宋濂此處所說，其實已牽涉到整個孔廟從祀制度本身的問題，下文將續有說。他所點名批判的漢晉儒者，也是王禕的批判對象。王禕的議論只及從祀一事，故此所說尤其詳盡。宋濂只從反面說，暗示不配從祀者應當罷去；王禕則從正面說，提及可以增祀的儒者。王禕對於「荀況、揚雄、何休、王弼之徒，有不當與從祀者，又不敢以遽數也。」但既已點名，即屬表態。他的重點，卻在進賢。就當時已在從祀之列的孔子門人及後儒百有五人來說，他認為：

> 以今論之，漢儒之從祀者十四人，而猶闕者一人，董仲舒是也。唐之從祀者一人，而猶闕者一人，孔穎達是也。宋之從祀者九人，而猶闕者四人，

---

179 《欽定續文獻通考》卷四八〈學校二〉，頁3227。按，張萱，《西園聞見錄》卷四三，頁20下 (3620)，記同事，末句作「宜升啓聖王廟」，大誤。

180 王禕明初典籍都寫作王禕，然以黃溍《金華黃先生文集》內王氏祖父〈南稜先生墓誌銘〉，以及方孝孺《遜志齋集》內王氏父親〈常山教諭王府君行狀〉所載王氏兄弟名字偏旁考之，「禕」當作「褘」無疑。這點向蒙業師牟復禮 (F.W. Mote) 先生提醒，謹此誌謝。本文以下凡引王氏處，包括王氏著作原題「王禕」的，都寫作「王褘」。有關王褘名字辨正討論，可看何冠彪，〈王褘二題〉，《明清人物與著述》，頁1-13。

181 宋濂，《宋學士全集》卷二八〈孔子廟堂議〉，頁1020-1021 (272)。

> 范仲淹、歐陽修、眞德秀、魏了翁是也。元之從祀者一人，而猶闕者一人，吳澄是也。[182]

王禕所提應予從祀者七人，除了孔穎達之外，以後在明清二代裏都先後獲得從祀。[183] 被他質疑和被宋濂批判的儒者，明代後來也都給罷祀了。王禕的增祀論議，既屬開先，也有很大的代表性，是孔廟從祀理據的重要文字，以下故予盡量引錄：

> 自夫孟軻既往，聖學不明，邪說盛行，異端並起。歷秦至漢，諸儒繼作，然究經翼傳，局於顓門之學，而於聖人之道，莫或有聞。惟董仲舒於其間號稱醇儒，其學博通諸經，於《春秋》之義尤精，所以告其君者，如天人、性命、仁義、禮樂，以及勉強遵行、正誼明道之論，皆他儒之所不能道。至其告時君罷黜百家，表章《六經》，以隆孔子之教，使道術有統，異端息滅，民到于今賴之，則所以尊崇聖學者，其功殆不在孟子下。以荀況之言性惡，揚雄之事新莽，猶獲從祀，而仲舒顧在所不取，何也？
>
> 秦人之後，聖經闕逸，漢儒收拾散亡，各爲箋傳，而偏學異說，各自名家，晉宋以來，爲說滋蔓，去聖既遠，莫可考證，學者茫昧，不知所歸。唐初孔穎達受詔撰定諸經之疏，號曰《正義》，自是以來，著爲定論，凡不本於《正義》者，謂之異端，誠學者之宗師，百世之取信也。是其所以傳註聖經者，較之馬融、鄭康成輩，功無所與遜。且何休註《公羊》而黜周王魯，王弼註《易》而專尚清虛，害道已甚，然在祀列，胡獨至於穎達而遺之也？
>
> 聖人之道，或著之事功，或載之文章，用雖不同，而實則一致。三代以下，人才莫盛於宋東都，其間慨然以聖人之道爲己任而著之行事者，范仲淹而已。其言以爲，士當先天下之憂而憂，後天下之樂而樂，雖伊尹之任，無以尚之。況當其時，天下學術未知所宗尚，而仲淹首以《中庸》授張載，以爲道學之倡。蓋其爲學本乎《六經》，而其議論無不主於仁義。雖勳業之就，未究其志，而事功所及，光明正大，實與司馬光相上下。自聖道不行，世儒徒知章句以爲事，而孰知聖人經世之志，固不專在是也。

---

182 王禕，《王忠文集》卷十五〈孔子廟庭從祀議〉，頁1上-6上 (1226／306)。按，此文以下再引錄，不復注出。

183 參看黃進興，〈道統與治統之間：從嘉靖九年 (1530) 孔廟改制論皇權與祭祀禮儀〉。

> 歐陽修與仲淹同時，實倡明聖賢之學，而著之文章。其《易》、《春秋》諸說，《詩本義》等書，發揮經學為精。至其欲刪諸經《正義》讖緯之說，一歸於正，尤有功於聖道。其為言，根乎仁義而達之政理，所以羽翼《六經》而載之於萬世。至於〈本論〉等篇，比之韓愈之〈原道〉，夫復何愧。而世之淺者，每目之為文人。夫文以載道，道因文而乃著，雖經天緯地者，亦謂之文，而顧可少之哉！然則如范仲淹之立功，歐陽修之立名，皆可謂有功於聖人之道者。韓愈、司馬光既列從祀，則此二人固決在所當取者也。
>
> 自周敦頤接聖賢千載不傳之緒，而程頤兄弟承之，道統於是有所傳。迨朱熹有作，《五經》、《四子》皆有傳註論述，統宗會元，集聖賢大成，紹程氏之傳。其中更學禁，其道不行，於是眞德秀、魏了翁並作，力以尊崇朱學為己任，而聖賢之學乃復明。眞氏所著，有《大學衍義》、《讀書記》；魏氏所著，有《九經要義》，大抵皆黜異端，崇正理，質諸聖人而不謬，其於聖人之道可謂有功，而足以纘朱氏所傳之緒矣。是則此二人者，固又當繼朱氏而列於從祀者也。
>
> 及元興，許衡起於北方，尊用朱氏之學以教人，既有以任斯道之重。而其時吳澄起於南方，能有見於前儒之所未及，《孝經》、《大學》、《中庸》、《易》、《詩》、《書》、《春秋》、《禮》皆有傳註，檃括古今諸儒之說而折衷之，其於《禮經》尤多所刪正，凡以補朱氏之未備。而其眞修實踐，蓋無非聖賢正大之學，則其人又可謂有功聖人之道，固宜與許衡同列於從祀而不可以或遺也。

王禕的議論，是一種定義性和比較性雙管齊下的說法。他的原則是祭報以功，亦即他所謂的「有功於聖道則祀之。」從祀孔廟者必須有功於孔子之教，無功而有過者自當不配，但功卻可從不同的方面建樹和表現。董仲舒的功，是以學說闡揚聖道，尊崇聖學；孔穎達的功，是疏傳聖經，統一正義；范仲淹的是倡明道學，儒術經世；歐陽修的是以身倡道，以言翼經；真德秀和魏了翁的是黜異崇正，尊崇朱學；吳澄的則是纂說諸經，補備朱說。他們或以言立功，或以行立功，亦即有所謂明道之功或行道之功，表現或殊，但「有功於聖道」則一。既然與他們同類的已在從祀之列，他們理當可以依例並進，何況不及他們的尚且能預從祀，他們自當與進無疑。宋濂和王禕等人的多元類比論調，以後成了一種論述的典範，屢為言者重覆使用。

從以上數家所說，我們還可以肯定二事。其一是，楊砥洪武末年請罷揚雄而進董仲舒，其說只能算是紹承前輩之緒，並非創見。第二是，元代曾從祀董仲舒而未曾予以落實。《元史・文宗本紀》所載，至順元年 (1330) 十二月「己酉，以董仲舒從祀孔子廟，位列七十子之下」事情，[184] 其實並未施行，否則王禕不能如其議中所說。這樣看來，明太祖之從祀董仲舒，也是一種肯定元朝決定的表現。但要到洪武二十九年才有這樣的決定，並且是因請而作，又不同時進退其他如宋濂、王禕等所說的儒者，他尊重和小心處理儒家本身祭報傳統之處，也是顯而易見的。

（三）從祀位次問題

從祀位次之辨，涉及的更是儒教的基本價值問題，亦即倫理的問題。在這個問題上，宋濂、王禕二人的見解也是相同的。宋濂說：

> 古者立學，專以明人倫，子雖齊聖，不先父食，久矣。故禹不先鯀，湯不先契，文、武不先不窋。宋祖帝乙，鄭祖厲王，猶上祖也。今一切置而不講，顏回、曾參、孔伋，子也，配享堂上；顏路、曾點、孔鯉，父也，列祀廡間；張載則二程之表叔也，乃坐其下。顛倒彝倫，莫此爲甚，吾又不知其爲何說也。[185]

這個有關倫序與功勞，或者說親親與賢賢，孰爲重要或孰當優先之辨，南宋以來，關心者便已不乏其人。洪邁便已有子居父上，神靈難安之說；「子雖齊聖，不先父食」的古語，他也引過。[186] 唐代以來，孔廟以顏子配享，曾子升堂，而二人之父已經居於兩廡，至南宋以顏、曾、思、孟爲四配，父屈子下的情況更嚴重突出。元朝的姚燧曾加以批評：

> 弟子於師（顏子曾子於孔子、孟子於子思）、孫於祖（子思於孔子），坐而語道者有之，非可並南面。燧知四子已避讓於冥冥中，不能一日自安其身一堂之上。況又祀【顏】無繇、【曾】點、【孔】鯉於庭，其失在於崇

[184]《元史》卷三四〈文宗三〉，頁770。

[185] 宋濂，《宋學士全集》卷二八〈孔子廟堂議〉，頁1021 (272)。

[186] 見《大學衍義補》卷六六〈秩祭祀・釋奠先師之禮下〉，頁5上 (653)。

子而抑父。夫為是學宮，將以明人倫於天下，而倒施錯置於數筵之地如此，奚以為訓。[187]

此說又多了一重不應只視孔子為一宗派之祖師，而應視他為具有王者地位的天下之師的意涵。

宋濂之說，已是一個傳統的延續。王褘則更加以暢論，提出處置之法。他說：

> 借曰曾子、子思以傳道為重，然子必當為父屈。昔魯祀僖公，躋之閔公之上，傳者謂「子雖齊聖，不先父食，」以為逆祀。今孔氏、曾氏父子之失序，非逆祀乎？是故曾參、孔伋，今當降居於曾皙、孔鯉之下。又，司馬光於程顥、程頤為先進，張載於二程為表叔，而位次皆下，其先後次序，亦不可不明。咸淳之定從祀，徒依朱子六贊，以周、二程、邵【雍】、張、司馬為序，而不知朱子之贊，特以形容六君子道德之盛，初未嘗定其先後之次，胡可遂據以為準乎？是故司馬光、張載，今當陞居程顥、程頤之上。[188]

王褘無疑是個堅決的倫理主義論者，但他對程、張二氏位次不當的原委之說，其實宋末元初的名儒熊禾早已說過。奇怪的是，他卻沒有採用熊禾解決矛盾的方法。熊禾認為，可在孔廟內別建一室，以孔子之父南面為主神，以配享從祀者的父親侑食，春秋釋奠時，以齒德之尊者為分獻官，同時行禮於此室，這樣便可「示有尊而教民孝矣。」[189] 這個一廟兩制的辦法，雖然也有理論上的弱點，卻在嘉靖九年以後成為定制，延至清朝不變。

明太祖對於這個倫理之辨，沒有明確反應的紀錄可稽。他沒有考慮熊禾的一廟兩制意見，可能是出於國初不欲勞民的考慮，正如他也沒有命令全國孔廟改塑像為木主一樣。丘濬如下的一個折衷建議，很可透露太祖的可能心情。他說：

> 然臣以為今天下州縣皆有祭，處處皆設（別室，如熊禾所說），恐至於煩瀆。說者謂泗水侯【孔鯉】孔林自有廟；曲阜侯【顏無繇】宜祀於其子顏子之廟，而以顏子配；萊蕪侯【曾點】無後，今嘉祥有曾子墳，當有祠，宜於此祀萊蕪侯，而以曾子配。否則特立一廟於曲阜，特祀三子，而以顏

---

187 同前書，頁5上-下 (653)。

188 王褘，《王忠文集》卷十五〈孔子廟庭從祀議〉，頁5下-6上 (1226／308)。

189 有關熊禾相關議論的探討，參看朱鴻林，〈元儒熊禾的學術思想及其從祀孔廟議案〉，《史藪》3(1998)：173-209。

子、曾子、子思配。熊禾謂有王者作，禮當損益，祀不可瀆也，姑誌于此。[190]

太祖顯然沒有像丘氏所引的說者的考慮，但卻可能有同樣「祀不可瀆」的思想。他看來像相對的輕視了倫理而重視了成就（功），但同時也像在盡量的堅守著一個禮制傳統。

（四）學校祭祀的別制

宋濂議論中最後而又最大膽的一點，是建議採用熊禾的意見，使太學所祀的先師和地方學校所祀的不同。熊禾認爲，太學是天子之學，除了祭祀孔子外，還應祭祀「後世天子公卿所宜取法者。」他們開始於「道之祖」（亦即宋濂所說的「道統之宗」）的伏羲，以次相列爲神農、黃帝、堯、舜、禹、湯、文、武，配以臯陶、伊尹、太公望、周公，以及稷、契、夷、傅說、箕子。這是因爲，「三代以上，大道未分，」君師合一，所謂先聖，實即先師。孔子情況特別，因爲「孔子實兼祖述憲章之任，集眾聖大成，其爲天下萬世通祀，則自天子下達夫鄉學。」[191] 宋濂認爲，如從熊禾此說，「則道統益尊，三皇不汩於醫師，太公不辱於武夫也。」他又據周朝立四代之學的制度認爲，祀古帝王爲先聖，取其當時輔佐王業的名臣爲先師，正是「天子立學之法也。」[192]

宋濂這個議論，和熊禾的原議似乎同中有異。太學祀先聖以及孔子，熊禾是沒有主從的問題的。宋濂卻有主先王而從孔子之嫌，儘管他認爲太學不須像地方學校一樣，可以祀及從祀的孔門七十二子。照宋氏意見，四配和七十二子之外的儒者，是不當從祀於任何孔廟的。這樣的形象後果不難想像：孔廟和祭孔的陣仗都會大爲減少，孔子的威嚴和光采也將消退失色不少。太祖沒有接納宋濂的議論，可能便是考慮到孔子地位因而下降這一點。洪武六年八月，太祖因監察御史答祿與權等言，建歷代帝王廟於京師；二十一年一月，又詔以歷代名臣從祀帝王廟。[193] 丘濬認爲，此制「與【熊】禾此議合，但不領於學耳。」並擬「請於帝王

190《大學衍義補》卷六六〈秩祭祀・釋奠先師之禮下〉，頁6下 (653)。

191 熊禾，《熊勿軒先生文集》卷四〈祀典議〉，頁54-55。

192 宋濂，前引文。

193《明太祖實錄》卷八四，頁2下-3下 (1496-1498)，洪武六年八月乙亥日條；卷八八，頁5上 (2820)，洪武二十一年一月甲寅日條。

廟設宮懸，備佾舞，一如文廟，每歲春秋傳制遣官致祭，一如祀孔子，而太學則祀宣聖如故。」[194] 從丘氏此說可見，帝王廟雖立，其禮數卻是及不上文廟的。宋濂之意，是要增強道統的內容，加強孔子所代表的道統，但卻不免不經意的降低了孔子的獨尊地位。太祖不採其說，而別建帝王廟，倒反是篤尊孔子的表現。

事實上，宋濂此議「既斥而不用矣，」當時的國子助教貝瓊還曾著論辨駁。貝瓊對於「祀三皇於學，以孔子配之可乎」的設問，直曰「不可。…【以】義各有所當也。」他引經史論證，首先認爲「唐虞與周所主先聖先師，固無定名，未有及於三皇也。…唐宋所主先聖先師，已有定名，未有及於三皇也。」這個傳統認知的問題之外，還有深一層的理據如下：

> 三皇繼作而後人之爲道始備，此眾人疑其不祀三皇爲缺典。夫三皇宜祀，而不得祀於學也。惟孔子當周之不振，憂道之失也，與諸子講於洙泗之間，以述三皇之所傳。…學之有廟，由孔子而建，則宜以孔子爲先聖，顏子爲先師，而三皇不預也。…今欲崇三皇爲先聖，使居孔子之上，不足以褒其功；降孔子爲先師，使混於高堂生之列，適所以貶其德。故吾的然以爲不可也。[195]

貝瓊是認定宋濂要把孔子視作先聖之末、先師之首的。宋濂以至他所本的熊禾有沒此意，姑且勿論，但如其所說，孔子肯定便非太學文廟的主神。所以，明太祖不從其議，正是尊孔的表現。加上去年去百神封號而獨不去孔子王號，他的孔子崇拜，可謂無以上之了。

七、結論

以上各節所考述的，反映了明太祖對於孔子的崇拜，實可謂之不遺餘力。洪武一朝的祀孔禮儀，在態度虔恪的要求上和在祭奠禮數的表現上，都是度越前代的。在對待衍聖公和其他孔裔方面，較之元朝，尤其顯得禮重意誠。元世祖輕視儒教，尊孔之事少有可稱。元代學校裏的皇帝形像和孔子並尊，學宮孔廟則更時爲吏匠軍人所佔用。孔子雖在元武宗時獲得空前的尊崇封號，儒教卻實際蹶而不振。明太祖反其道而行之，尊孔崇儒透過學校和科舉制度，成爲了一代不變之制。

194《大學衍義補》卷六六〈秩祭祀・釋奠先師之禮下〉，頁13上 (657)。

195 貝瓊，《清江文集》卷十三〈釋奠解〉，頁6下-10上 (1228／371)。

明太祖尊孔事實，早在明朝建立之前已見，並且與時俱增。洪武年間的重要措施，先後如天下州縣皆立學校，建置文廟；春秋釋奠孔子，禮數和誠敬要求過於前代；革山川神人封號，而獨不改孔子王號之稱；親奠孔子，拜數比前代帝王倍增；乃至天下學校通行春秋釋奠孔子等等，無一不盡其心力之誠。對於祭孔之禮，既以齋戒外室求之於己，也以恭虔謹事責諸臣下。祭神如神在和事亡如事存的訓義，太祖力行、發揮之無餘。同樣難得的，則是對孔裔的曲全保護和對衍聖公的誠意禮待。這方面所表現的，也是歷代之冠。洪武年間有關孔廟祀事的決定，諸如以木主代替塑像，罷揚雄從祀而進董仲舒等事，對後世都有影響。當時儒臣們的相關議論，如從祀儒者之當進當退，已從祀者的位次調整，以及別室祭祀已在配享從祀之列者的父輩等等，太祖未加採納，也反映了他尊重傳統，不輕易改動疑有未安事情的思想。

太祖這樣的誠篤尊孔，是崇德報功的傳統思想的明白表現，更是他確信孔子之道實對國家世道有益的表現。《明太祖寶訓》載，丙申（龍鳳二年、至正十六年、1356）五月庚寅，「太祖嘗命有司訪求古今書籍，藏之秘府，以資覽閱，因謂侍臣詹同等曰：…吾每於宮中無事，輒取孔子之言觀之，如『節用而愛人，使民以時，』真治國之良規。孔子之言，誠萬世之師也。」[196] 這話說於太祖才得應天府，亦即自起兵以來首次擁有自己的基地之後二個月間，可見他有得於孔子之遺教甚早。他的過人之處，則在於他此後的篤信無疑。洪武十五年新建太學落成，太祖曾諭太學生說：「仲尼之道，上師天子，下教臣民，始漢至今，曾有逾斯道而久於世者乎？…【建太學】期在育君子，必履仲尼之道，以助後嗣，共安天下蒼生。…【學者】固守仲尼所云四非之篤，慎日經旬，以逾歲月，不變其所學，則賢人矣。」[197] 此處引文出於太祖文集，文中「四非之篤」，即《實錄》所改為比較常見的「四勿之訓」，[198] 指的是孔子非禮勿視、聽、言、動四者之教。太祖對孔子之教相信之篤和其堅持所在，由此更加明白可見。太祖有著名的〈三教論〉一文，從宗教信仰立說，認為「於斯三教，除仲尼之道祖堯舜，率三王，刪《詩》制典，萬世永賴，其佛仙之幽靈，暗助王綱，益世無窮，惟常是

[196]《明太祖寶訓》卷二，頁5上-下 (85-86)。

[197]《全明文》（第一冊），卷八〈朱元璋八・諭太學生〉，頁109。

[198]《明太祖實錄》卷一四五，頁5上-下 (2281-2282)，洪武十五年五月丁丑日條。

吉。」[199] 這三教雖然最終作用相同，但一明一暗，一主一輔，儒爲領袖，顯而易見。凡此都是太祖信孔而崇孔的言語例證。

正如本文所指出的，太祖對於孔子的貢獻認識殊深，故其形容孔子盛德之言，也極切當。太祖常引孔子之言作爲自己的議論佐證和行事根據，文集和《實錄》所在多見。凡此都反映了太祖於孔子之教實有心得。本文從制度面的探討，又顯示了太祖不獨能言所信，更能以所信者見諸行事的作風。由本文所揭示的各種事情觀之，明太祖之真能修文重禮，殆無可疑；他的孔子崇拜卻不簡單的是出於政治考慮，而是他的思想和價值觀的忠實反映。

（本文於一九九九年二月二十日通過刊登）

[199]《全明文》（第一册），卷一〇〈朱元璋一〇・三教論〉，頁145-146。有關明太祖三教合一思想的討論，可參考 John D. Langlois, Jr. and Sun K'o-k'uan, "Three Teachings Syncretism and the Thought of Ming T'ai-tsu," *Harvard Journal of Asiatic Studies* 43.1(1983.6): 97-139.

引用書目

一、傳統文獻

《大金集禮》（《叢書集成初編》本），上海：商務印書館，1936。

《大唐開元禮》（光緒十二年洪氏公善堂校刊本），東京：汲古書院，1981。

《大淸世祖章皇帝實錄》，臺北：臺灣華文書局，1964。

《大淸聖祖仁皇帝實錄》，臺北：臺灣華文書局，1969。

《元史》，北京：中華書局，1976。

正德《大明會典》，東京：汲古書院，1989。

《全明文》（第一冊），上海：上海古籍出版社，1992。

《曲阜孔府檔案史料選編》第二編（中國社會科學院歷史研究所編），濟南：齊魯書社，1980。

《明太祖實錄》，臺北：中央研究院歷史語言研究所，1968。

《明太祖寶訓》，臺北：中央研究院歷史語言研究所，1967。

《明史》，北京：中華書局，1974。

《政和五禮新儀》（《景印文淵閣四庫全書》本），臺北：臺灣商務印書館，1983。

《景印元本大元聖政國朝典章》（《元典章》），臺北：國立故宮博物院，1972。

《欽定續文獻通考》（商務印書館《十通》本）。

《廟學典禮》（《元朝史料叢刊》本），杭州：浙江古籍出版社，1992。

王褘，《王忠文集》（《景印文淵閣四庫全書》本），臺北：臺灣商務印書館，1983。

丘濬，《大學衍義補》（《丘文莊公叢書》本），臺北：丘文莊公叢書輯印委員會，1972。

丘濬，《世史正綱》（《丘文莊公叢書》本），臺北：丘文莊公叢書輯印委員會，1972。

危素，《說學齋稿》（《景印文淵閣四庫全書》本），臺北：臺灣商務印書館，1983。

朱權，《通鑑博論》（《四庫全書存目叢書》本），臺南：莊嚴文化事業有限公司，1996。

宋訥，《西隱集》（《景印文淵閣四庫全書》本），臺北：臺灣商務印書館，1983。

宋濂，《宋學士全集》（《叢書集成初編》本），臺北：新文豐出版公司，1985。

貝瓊，《清江集》（《景印文淵閣四庫全書》本），臺北：臺灣商務印書館，1983。
唐桂芳，《白雲集》（《景印文淵閣四庫全書》本），臺北：臺灣商務印書館，1983。
徐一夔，《始豐稿》（《景印文淵閣四庫全書》本），臺北：臺灣商務印書館，1983。
徐一夔等，《明集禮》（《景印文淵閣四庫全書》本），臺北：臺灣商務印書館，1983。
馬端臨，《文獻通考》（商務印書館《十通》本）。
張玉書，《張文貞集》（《景印文淵閣四庫全書》本），臺北：臺灣商務印書館，1983。
張萱（編），《西園聞見錄》（1940年北平哈佛燕京學社排印本），臺北：華文書局，1968。
陳棨仁輯、林爾嘉考證，《閩中金石略》（《石刻史料新編》本），臺北：新文豐出版公司，1977。
焦竑（編），《國朝獻徵錄》，臺北：臺灣學生書局，1965。
程鉅夫，《楚國文憲公雪樓程先生文集》，宣統二年 (1910) 景刊洪武本。
熊禾，《熊勿軒先生文集》（《叢書集成初編》本），上海：商務印書館，1936。
趙翼，《廿二史劄記》（杜維運校證補編本），臺北：華世出版社，1977。
劉三吾，《孟子節文》（《北京圖書館古籍珍本叢刊》1），北京：書目文獻出版社，年代不詳。
談遷，《國榷》，北京：古籍出版社，1958。
錢泰吉，《甘泉鄉人稿》，同治十一年 (1872) 序刊本。

二、近人論著

中國科學院北京天文臺主編
1986 《中國地方志聯合目錄》，北京：中華書局。
王世華
1997 〈朱元璋懲貪「剝皮實草」質疑〉，《歷史研究》1997.2。
司馬黛蘭 (Deborah A. Sommer)
1995 〈丘濬與明代儒像廢存之議〉，祝瑞開編，《宋明思想和中華文明》，上海：學林出版社。
朱榮貴
1995 〈從劉三吾《孟子節文》論君權的限制與知識份子之自主性〉，《中央研究院中國文哲集刊》6。

朱鴻林

1998 〈元儒熊禾的學術思想及其從祀孔廟議案〉，《史藪》3。

余英時

1976 〈唐、宋、明三帝老子注中的治術發微〉，《歷史與思想》，臺北：聯經出版事業公司。

何冠彪

1996 《明清人物與著述》，香港：香港教育圖書公司。

李焯然

1987 〈丘濬之史學——讀丘濬《世史正綱》札記〉，《明史散論》，臺北：允晨文化實業股份有限公司。

柳存仁

1991 〈道藏本三聖注道德經會箋〉，《和風堂文集》，上海：上海古籍出版社。

〈道藏本三聖注道德經之得失〉，《和風堂文集》，上海：上海古籍出版社。

胡務

1997 〈元代廟學的興建和繁榮〉，《元史論叢》6。

容肇祖

1989 〈明太祖的《孟子節文》〉，《容肇祖集》，濟南：齊魯書社。

袁冀

1974 〈元代之國子學〉，《元史研究論集》，臺北：臺灣商務印書館。

梁啓超

1960 〈中國道德之大原〉，《飲冰室文集》二八，臺北：臺灣中華書局。

陳高華

1991 〈金元二代衍聖公〉，《元史研究論稿》，北京：中華書局。

1993 〈元代的地方官學〉，《元史論叢》5。

陳學霖

1977 〈徐一夔刑死辯誣兼論明初文字獄史料〉，《東方文化》15.1。

1997 〈明太祖文字獄案考疑〉，《明代人物與傳記》，香港：中文大學出版社。

黃進興

1994 〈學術與信仰：論孔廟從祀制與儒家道統意識〉，《優入聖域：權力、信仰與正當性》，臺北：允晨文化實業股份有限公司。

〈道統與治統之間：從嘉靖九年（1530）孔廟改制論皇權與祭祀禮儀〉，《優入聖域：權力、信仰與正當性》，臺北：允晨文化實業股份有限公司。

楊訥

1992 〈龍鳳年間的朱元璋〉，《元史論叢》4。

蔡嘉麟

1998 〈明代的衛學教育〉，中國文化大學史學研究所碩士論文。

戰繼發

1997 〈朱元璋興學立教的社會功能探析〉，《北方論叢》1997.3。

蕭啓慶

1983 〈忽必烈「潛邸舊侶」考〉，《元代史新探》，臺北：新文豐出版公司。

1994 〈大蒙古國時代衍聖公復爵考〉，《蒙元史新研》，臺北：允晨文化實業股份有限公司。

〈大蒙古國時的國子學——兼論蒙漢菁英涵化的濫觴與儒道勢力的消長〉，《蒙元史新研》，臺北：允晨文化實業股份有限公司。

錢穆

1978 〈讀明初開國諸臣詩文集〉，《中國學術思想史論叢》（六），臺北：東大圖書公司。

〈讀明初開國諸臣詩文集續編〉，《中國學術思想史論叢》（六），臺北：東大圖書公司。

謝貴安

1995 《明實錄研究》，臺北：文津出版社。

羅仲輝

1997 〈論明初議禮〉，王春瑜編，《明史論叢》，北京：中國社會科學出版社。

Chu, Ron Guey

1998 "Rites and Rights in Ming China." de Bary, W.T. and Tu Weiming eds., *Confucianism and Human Rights*. New York: Columbia University Press.

Franke, Herbert and Denis Twitchett, eds.

1994 *The Cambridge History of China,* Volume 6, *Alien Regimes and Border States, 907-1368*. Cambridge: Cambridge University Press.

Goodrich, L. Carrington and Chaoying Fang, eds.

1976 *Dictionary of Ming Biography, 1368-1644*. New York and London: Columbia University Press.

Langlois, John D. Jr. and Sun K'o-k'uan

1983 "Three Teachings Syncretism and the Thought of Ming T'ai-tsu." *Harvard Journal of Asiatic Studies* 43.1.

Lao, Yan-shuan

1981 "Southern Chinese Scholars and Educational Institutions in Early Yuan: Some Preliminary Remarks." Langlois, John D. Jr. ed., *China under Mongol Rule*. Princeton: Princeton University Press.

Liu, Ts'un-yan and Judith Berling

1982 "The 'Three Teachings' in the Mongol-Yuan Period." Chan, Hok-lam and Wm. Theodore de Bary, eds., *Yuan Thought: Chinese Thought and Religion Under the Mongols*. New York: Columbia University Press.

Taylor, Romeyn

1998 "Official Religion in the Ming." Twitchett, Denis and Frederick W. Mote, eds., *The Cambridge History of China,* Volume 8, *The Ming Dynasty, 1368-1644, Part 2*. Cambridge: Cambridge University Press.

Wilson, Thomas A.

1996 "The Ritual Formation of Confucian Orthodoxy and the Descendants of the Sage." *The Journal of Asian Studies* 55.3.

Yang, Lien-sheng

1957 "The Concept of 'Pao' as a Basis for Social Relations in China." Fairbank, John K. ed., *Chinese Thought and Institutions*. Chicago and London: The University of Chicago Press.

The Confucian Worship of Zhu Yuanzhang

Hung-lam Chu

Institute of History and Philology, Academia Sinica

This paper studies the ritual and social expressions of the founding Ming emperor in the aspect of Confucian worship from the perspectives of institutional and intellectual history, and is intended to throw new lights both on the study of official religion in the Ming and on the life and thought of Zhu Yuanzhang. The study begins with a background re-examination of the prevalent recognition of Zhu Yuanzhang as a suspicious and cruel ruler, and the condition of Confucian worship in the Mongol Yuan dynasty. It then reconstructs the history of Zhu's ritual institutions for Confucian worship and his receptions of the Yanshenggong, the hereditary ennobled heir to the house of Confucius. The opinions raised by court officials of the Hongwu period on ritual expressions in the Confucian temple are also discussed. It concludes that Zhu Yuanzhang was consistently serious and unmatched of the emperors to his time in the worship of Confucius, in terms of personal reverence, ceremonial loftiness, as well as sincerity and favor to the Yanshenggong. Such reflects his genuine belief in Confucianism as an ideology good to both state and society.

Keywords: Zhu Yuanzhang (Ming Taizu), Confucian worship, the *shidian* rites (oblations) to honor Confucius, Yanshenggong, Khubilai Khan (Yuan Shizu)

出自第七十本第二分(一九九九年六月)

「聖賢」與「聖徒」：儒教從祀制與基督教封聖制的比較*

黃進興**

毋論作爲踐履的典範或教義的傳承者，儒教聖賢和基督教聖徒皆擁有「家族的類似性」(family resemblances)。故拙文擬藉儒教從祀制與基督教封聖制的比較，以突顯儒教獨特的宗教性格。爲了達成此一目的，特從推舉過程、成聖標準、信仰的階層分析與信仰形態四方面加以考察。本世紀之初，德國社會學家韋伯 (Max Weber, 1864-1920) 對儒教信仰的階層性業已有所解析；惟就「國家祭典」(state cult) 或「公共宗教」(public religion) 的層面，儒教猶留有詮釋的餘地。拙文企透過異文化禮制運作的對照，以揭露此一面相。大致而言，儒教所呈現官方的公共宗教的色彩與基督教以回應個人福祉、災難的信仰，有相當的差異。這或可說明浸淫於私人宗教（private religion，例如基督教）爲範式的近代中國知識份子，爲何難以捉摸儒教的宗教性質。

關鍵詞：儒教 基督教 孔廟 從祀制 封聖制

---

* 拙文撰寫過程，曾受益於哈佛大學人類學家坦百亞 (Stanley J. Tambiah) 教授與郭瑞嵩、古偉瀛、邢義田、陳永發、朱鴻林、樓一寧、孟文芳、Francoise Wang-Toutain 諸學侶的討論。另外，何幸樺女士、Jeffery Wu 和陳熙遠先生遠從美國幫我搜集必要的研究資料，於此一併致謝。最後謹以此文獻給我的岳父——吳持德教授，他信主的虔誠，令人感動。

** 中央研究院歷史語言研究所

聖人者，道之極也。故學者，固學爲聖人也，非特學爲無方之民也。

——《荀子・禮論》

你們該效法我，像我效法基督一樣。

——《新約聖經・哥林多前書》

一、前言

五年前，當我完成孔子廟的初步研究，對從祀制所呈現的儒家學術動向的輪廓頗感訝異；[1] 爾後禁不住想進一步窺探從祀制背後所隱涵的文化及社會的訊息。幾經思慮，跨文化的比較進路 (cross-cultural approach) 似乎較適於突顯孔廟從祀制的特色。爲了達成此一目的，儒教的「聖賢」(sages) 與基督教的「聖徒」(saints) 便成了關注的焦點。惟在進行比較之前，首先必得釐清儒教可以視作一個宗教的信仰體系；否則此一比較即不倫不類，鮮有意義。

於是我便藉著考察傳統社會裏儒、釋、道三教互比的現象，證成歷史上儒教作爲宗教的事實。在拙文〈作爲宗教的儒教〉，我獲致以下的結論：

> 簡而言之，儒教於「三教鼎立」的狀態，可以成爲獨立的宗教個體，其基本性格爲官方宗教，但在「三教合一」的情狀，因與釋、道二教結成有機體，遂蛻變成民間宗教。毋論其爲國家宗教或民間宗教，至十九世紀末的傳統社會，其宗教性質素受肯定。日治時代，「台灣舊慣調查會」的報告書（刊於1910年）猶清楚地把儒教定位爲宗教，它記道：「儒教是孔子及孟子所祖述的古代聖王教義，内容包括宗教、道德及政治，三者渾然融合成爲一大教系。」蓋可謂定論。[2]

而儒教的孔廟同其它宗教的聖域 (holy ground) 更無軒輊，明弘治二年 (1489) 所撰的《重建清真寺記》明確地表達了此一觀點。它言道：

> （愚）惟三教，各有殿守，尊崇其主。在儒則有「大成殿」，尊崇孔子。在釋則有「聖容殿」，尊崇牟尼。在道則有「玉皇殿」，尊崇三清。在清

[1] 請參閱拙作〈學術與信仰：論孔廟從祀制與儒家道統意識〉，收入黃進興，《優入聖域》（台北：允晨文化公司，1994），頁217-311。孔廟從祀制所呈現歷史上儒家主流思潮與坊間流行的說法頗有出入，適可訂正時下的理解。

[2] 請參閱拙作〈作爲宗教的儒教：一個比較宗教的初步探討〉《亞洲研究》（香港）23(1997)：206-207。

眞，則有「一賜樂業殿」，尊崇皇天。[3]

惟需注意的，此處言及的「清真寺」並非伊斯蘭教 (Islam) 的聚會所，乃意指猶太會堂 (synagogue)。[4] 於此，除卻猶太教信仰唯一真神、摒棄偶像崇拜之外，其餘三教通允許各自宗教的有德者陪祀。明人馮夢龍 (1574-1646) 的《古今小說》便輯有一段極生動的記載：

> 從來混沌初判，便立下了三教：太上老君立了道教、釋迦祖師立了佛教、孔夫子立了儒教。儒教中出聖賢，佛教中出佛菩薩，道教中出神仙。那三教中，儒教忒平常，佛教忒清苦，只有道教學成長生不死，變化無端，最爲灑落。[5]

上段引文一望即知，作者於道教別有偏愛；但無意中道出三教雖有不同，但儒教的成德者——「聖賢」，與釋教的「菩薩」、道教的「神仙」卻均爲信仰的典範 (exemplars)。這些聖者咸得從祀立教者，其中尤以儒教的孔廟法度最爲森然，其位階素爲中華帝國所一體奉行。

同理，西方基督教的宗旨和儒教固互有歧出，惟其信仰楷模——「聖徒」(saints) 的典範角色，與儒教的「聖賢」(sages) 應無二致，[6] 故可資參照之處勢必不少。關於此點，前人在概念上已略有分疏；[7] 拙文則擬就禮制與歷史文化具體條件詳加剖析，以求窺得究竟。

爲免模糊分析的焦點，本文的二教聖者必得擱置個人主觀的認定，而專就制度層面言之。是故，有必要先予交待儒教「從祀制」與基督教「封聖制」的由來，作爲彼此比較的基礎背景。

儒教「從祀制」的運作以孔子廟爲中心。孔廟除了主祭儒者之宗——孔子以外，尚需附祭歷代朝廷所認可的儒家聖賢。孔廟從祀制由來已久，早在東漢永平

---

3 徐珂，《清稗類鈔》（台北：台灣商務印書館，1966），〈宗教類〉，頁40。

4 楊永昌，《漫談清眞寺》（寧夏人民出版社，1981），頁1-3。

5 馮夢龍輯，《古今小說》，收入《古本小說叢刊》（北京：中華書局，1990），卷十三，〈張道陵七試趙昇〉，頁553。

6 基督教中聖徒所發揮的典範角色請參考 Peter Brown, "The Saint as Exemplar in Late Antiquity, " in *Saints and Virtues*, edited by John Stratton Hawley (Berkeley, Los Angeles, and London: University of California Press, 1987), pp. 3-14.

7 cf. Rodney L. Taylor, " The Sage as Saint, " in *Sainthood: Its Manifestations in World Religions*, edited by Richard Kieckhefer and George D. Bond (Berkeley, Los Angeles, and London: University of California Press, 1988), pp. 218-242.

十五年 (72)，明帝過魯，幸孔子宅，祀仲尼並及七十二弟子，已啓其端。[8] 而後，章帝於元和二年 (85)、安帝於延興三年 (124)，臨幸闕里，除祀孔子，亦及七十二弟子。[9] 這奠定了以弟子附祭的模式。從此以降，歷經魏晉南北朝，間有七十二弟子或顏子配享的狀況。整體而言，均朝向從祀建制的完成邁進。唐貞觀二十一年 (647)，以左丘明等二十二位傳經之儒配享孔子，首開異時儒者從祀的先例。[10] 但包括「從祀」與「配享」成套的附祭制度，則直迄唐玄宗開元年間，方見完整的運作。此後，孔廟從祀人物或有出入，但從祀儀典則恆爲定式。

而基督教的「封聖制」(canonization) 乃攸關冊封聖徒的程序與儀式。「聖徒」(saint) 這個字眼源出拉丁文的 "sanctus" （於希伯來文爲 "qâdosh" ，希臘文則爲 "hagios" ），意謂「神聖」而意指「聖者」(holy man)。最早在《舊約聖經》(*The Old Testament*) 用來指稱上帝的選民 (chosen people)，換言之，即是任何以色列的子民。但在《新約聖經》(*The New Testament*) 中，則擴大爲教會中的成員，譬如保羅 (Paul) 致各地教會人士的書信中，屢以「聖徒」稱呼對方。[11]

惟福音傳佈初期，教徒屢遭迫害。「聖徒」則漸變爲稱譽因堅信耶穌 (Jesus) 而奉獻生命者 (martyrs)。原初 "martyr" （殉道者）這個字彙便意謂 "witness" （信仰的見證者）。目前所知，公眾對聖徒崇拜最早且可靠的記錄是：信徒爲普力卡 (Polycarp) 於西元一五五年殉道，定期所舉行的祭典。[12]

降至西元四世紀，「聖徒」一辭亦可涵蓋信仰的苦行者，這種用法始自敘利亞 (Syria)，漸遍及整個基督教地區。可是後來葛列哥律教皇 (Pope Gregory the Great, 590-604) 堅持：「任何生者，概不得尊爲聖者。」[13] 因此西元六世紀之

---

[8] 范曄，《後漢書》（台北：鼎文書局，1983），卷二，頁118。

[9] 仝上，卷三，頁150；卷五，頁238。

[10] 王溥，《唐會要》（京都：中文出版社，1978），卷三五，頁636。該年二月，唐太宗詔以左丘明、卜子夏、公羊高、穀梁赤、伏勝、高堂生、戴聖、毛萇、孔安國、劉向、鄭眾、杜子春、馬融、盧植、鄭玄、服虔、何休、王肅、王弼、杜預、范甯、賈逵等二十二人並爲先師，配享孔子。

[11] 例如：*The New Testament*, 1 *Corinthians* 1: 1-2. "Paul, called by the will of God to be an apostle of Christ Jesus, and our brother Sos'thenes, to the church of God which is at Corinth, to those sanctified in Christ Jesus, called to be saints....".

[12] "The Martyrdom of St. Polycarp: Bishop of Smyrna" in Mary-Ann Stouck ed., *Medieval Saints: A Reader* (Canada: Broadview Press, 1999), pp. 3-9; and David Hugh Farmer, *The Oxford Dictionary of Saints* (Oxford and New York: Oxford University Press, 1992), pp. xviii, 405.

[13] 轉引自 Peter Brown, *Society and the Holy in Late Antiquity* (Berkeley & Los Angeles: University of California Press, 1982), p. 245.

後，「聖徒」則僅指已逝的堅信者，也就是今日習以爲常的語義。由於聖徒崇拜原屬於地方自發性的宗教信仰，「封聖制」於是遲迄中古方才成爲教廷定制。這個演變容後再述。有了以上基本的認識，我們就可以著手下列的比對。

二、中央與地方的對比

儒教從祀制與基督教封聖制最顯著的差異，即一開始中國的統治階層，包括人君和官僚集團，便掌握了孔廟從祀人選的主控權。它不像基督教封聖制是屬於由下而上，地方性的民間宗教活動。

這從孔廟最初設立的情況即可分曉：闕里孔廟當然是由家廟蛻變而來，其它孔廟則具有鮮明的政教目的。譬如，從北方退至南方的東晉政權，爲了維繫文化命脈，於太元十一年 (386) 在京畿建立第二個孔廟，從此便揭開孔廟外地化的序幕。[14] 此例一開，南、北朝政權，毋論胡、漢競相於京師設立孔廟，以宣示統治的合法性。[15]

同時孔廟復藉著和地方官學結合的機會，往下紮根。首先，魏文帝於黃初二年 (221) 在闕里孔廟之外，廣設學屋，立下廟、學互倚的榜樣。[16] 而後，北齊文宣帝於天保元年 (550)，下詔「郡學于坊內立孔顏廟」；[17] 唐貞觀四年 (630)，太宗進而要求州、縣學皆立孔廟，[18] 貫徹「廟學制」，令得孔廟遍佈全國州縣行政單位。中唐時，全國孔廟粗估約有七百至一千之譜，此尚不包括羈縻州在內。[19] 迄明代，天下孔廟則多達一千五百六十餘處。[20]

必須一提的，闕里孔廟或京師孔廟因需借助孔家聖裔主祭或助祭，難免殘餘家廟的特色，然而地方孔廟則純由地方長官主之，完全脫離家廟的性格，徹頭徹尾政治化了。

---

14 許嵩，《建康實錄》（北京：中華書局，1986），卷九，頁283。

15 請參閱拙作，〈權力與信仰：孔廟祭祀制度的形成〉，收入《優入聖域》，頁195-203。

16 陳壽，《三國志》（台北：鼎文書局，1983），卷二，頁78。

17 潘相，《曲阜縣志》（乾隆三十九年刊本）（台北：學生書局，1968），卷二一，頁11下。

18 歐陽修，《新唐書》（台北：鼎文書局，1980），卷十五，頁373。

19 劉禹錫，《劉禹錫集》（上海：上海人民出版社，1975），卷二〇，頁184。

20 呂元善，《聖門志》（台北：台灣商務印書館，叢書集成初編），卷一上，頁18。

同樣的狀況，亦見諸孔廟從祀制的運作上。從祀制誠如明儒王世貞 (1526-1590) 所言，旨在「佐其師（孔子），衍斯世之道統」；[21] 可是歷代諸儒，甚至並世諸儒對「道統」的理解卻屢有出入，以致學者各持己見，從祀標準迭有變遷。然而孔廟從祀制究屬國家要典，儒者本身對從祀人選並無法私相授受。孔廟所奉祀的人物，無論進退與否，均須受朝廷的認可與節制。依例，從祀諸儒必得由廷議產生。明代的沈鯉就曾解釋廷議的功能，他說：

> 從祀一事，持久不定，必煩廷議者，則以在廷之臣可以盡天下之公議，而眾言僉同，人品自定，所以要之於歸一之論也。[22]

可知廷議主旨在於匯集文官階層的共識，亟求從祀至當歸一。

可是究其實，廷議僅是從祀孔廟的程序而已，皇帝仍可力排眾議，乾綱獨斷。試以嘉靖十九年 (1540) 的廷議為證，薛瑄 (1389-1464) 從祀固獲得絕大多數儒臣的支持，但世宗卻置廷議於不顧，執意論久而後定，以慎重祀典。[23] 因此直迄隆慶五年 (1571)，薛瑄不單獲得廷議的支持，且得到穆宗的首肯，方得入祀孔廷。[24] 這顯示孔廟從祀人選的裁量權最終仍操諸統治者。王世貞以傳統的語彙讚美孔廟從祀制，謂「斯禮也，人主行之以厚道，而持之以公道。」[25] 這點適透顯孔廟從祀制的政治文化：凡是從祀人選，必經朝廷底定，方能通行天下，成一代之典。

反之，基督教封聖制則截然有異。按西方的聖徒崇拜起源於上古晚期 (late antiquity)，當時各地的聖徒信仰似雨後春筍般冒出，成為傳播基督教不可或缺的媒介。初期的教會執事對聖徒信仰多持保留的態度，[26] 無奈時勢所趨，最終只得從眾之所好。所以聖徒崇拜最初屬於私人家族性的信仰，而後方為地方教會所接手，因此染有極鮮明的社會色彩。[27]

---

[21] 王世貞，《弇州山人四部稿》（台北：偉文圖書公司，1976），卷一一五，頁2上。

[22] 孫承澤，《天府廣記》（北京出版社，1962），卷九，頁88-89。

[23] 黃彰健校，《明實錄》（台北：中央研究院歷史語言研究所），《明世宗實錄》卷二三五，頁2下。

[24] 仝上，《明實錄》，《明穆宗實錄》卷六一，頁5下-6上。

[25] 王世貞，《弇州山人四部稿》卷一一五，頁2上。

[26] 例如：奧古斯丁 (Augustine) 的母親因受米蘭 (Milan) 主教安布魯斯 (Ambrose, 339-397) 的勸阻，停止昔日在非洲信仰聖徒的習俗。此段生動的描述見奧古斯丁的《懺悔錄》。Augustine, *Confessions*, Translated by F. J. Sheed (Indianapolis / Cambridge: Hackett Publishing Company, 1993), pp. 88-89.

[27] Peter Brown, *The Cult of the Saints* (Chicago: The University of Chicago Press, 1982), chs. 1 & 2.

這種地域的特性，並未隨著後來「封聖制」的齊一而消失，甚至下抵中古時代，拜占庭教會 (Byzantine Church) 與西方教會 (Western Church) 的大對立中，聖徒崇拜依舊各自保存獨有的地方性格。[28] 必須一提的，此處所言的「地方」並非純然只是地理區隔的概念，尙包含教派、修道院、甚或民族的成份。聖・派萃克 (St. Patrick, c. 390-461[?]) 之於愛爾蘭 (Ireland) 就是極佳的例子。

聖徒學者德魯士 (Pierre Delooz) 曾一語道破封聖的辯證性質。他點出：封聖的意義固然涵蓋整體基督社群，但聖徒實質的作用卻是地方性的。[29] 具體而言，封聖具有普世教會 (universal church) 的象徵涵義，但其接榫點卻是地方的個別教會 (particular church)。這種現象在封聖制運作的頭一千年尤其明顯，正由於早期的聖徒均源自地方信仰，所以此一階段只要領有信徒或地方教會的認可，即得受封爲聖徒。雖然教會的神學家奧古斯丁 (Augustine, 354-430) 早在西元四世紀即主張封聖權應歸教皇所有，然而這種鬆散的情況至第十世紀末始有變化。

首先，羅馬教廷 (Holy See) 於西元九九三年，首次舉行聖徒敕封典禮。這不啻表示中央有意介入地方封聖制。但遲迄一二三四年，地方主教仍持續批准民間的封聖舉動。惟有在教皇伊納森三世 (Pope Innocent III, 1198-1216) 任內，「封聖」權才明白規定收歸教廷所有，以後凡是聖徒敕封，一律需經教廷批准；一二三四年此一要求正式編爲教會法規。前此，爲數不少的聖徒雖未經教會審定，仍舊因習俗的緣故而被保留下來。[30] 可是基督教由下而上的封聖模式基本上並未改變，教廷的封聖制只是錦上添花而已，換言之，教廷的封聖制僅是追認由地方推舉的聖徒。這些受推薦的聖徒業已擁有爲數眾多的信徒，構成一股不可忽視的力量。而參與推動封聖者，上抵王公貴卿，下迄販夫走卒，儼然形成上下階層、各行各業的社會運動。惟至於此，教廷才會感受到社會的壓力，並且正視聖徒的資格。但愈至中古後期，各地推舉的聖徒愈形眾多，其中不免摻雜濫竽充數之徒；以教廷的立場，勢難一概接受，可是教廷亦只能慎加「甄辨」(selection)，而無法予以「限制」(control)。[31]

---

[28] Richard Kieckhefer, "Imitators of Christ: Sainthood in the Christian Tradition," in *Sainthood*, pp. 25-29.

[29] Pierre Delooz, "Toward a Sociological Study of Canonized Sainthood," in Stephen Wilson ed., *Saints and their Cults*, p. 194.

[30] Eric Waldram Kemp, *Canonization and Authority in the Western Church* (London: Oxford University Press, 1948), p. 143.

[31] André Vauchez, *Sainthood in the Later Middle Ages*, translated by Jean Birrell (Cambridge:

由於教廷的甄辨日趨嚴謹，地方推舉的聖者難免向隅，原本無有分辨的「聖徒」(sancti) 與「真福」(beati) 的宗教榮譽開始有了分化。前者專指教廷敕封的聖者，後者則是未經教廷認可的聖者。但後者在地方所發揮的信仰功能卻未必遜色。[32] 聖徒授階的分化，適反映教廷封聖制的集中化並無法削弱聖徒草根的社會性。這與儒教從祀制全由統治階層所主宰，大相徑庭。於此，封聖制與從祀制的社會性與政治性愈相對立。

三、成聖的標準

儒教從祀制與基督教封聖制，綿延均達千餘年之久，然其成聖標準屢有變遷；因此若能予以適切地剖析，當有助於人理解二教在歷史上的變動，進而掌握其宗教的特質。

首先，必得剔除的是二教中成聖的特例，以便釐清真正共同的準則。在成聖之列，二教至爲貴顯的莫過於憑血緣而致聖的孔父與聖母 (The Blessed Virgin Mary)，雖然二者的宗教意義判然有異，卻各自在信仰系統裏別具生面。按孔父叔梁紇純係緣子而貴，[33] 而耶穌之母——馬利亞卻是聖徒之中最具法力者，在各地普受致敬 (veneration) 與信仰。[34]

Cambridge University Press, 1997), chs. 2-4.

[32] Ibid., chapter 5. “beati” 後世演變成進階 “sancti” 的一個封品。

[33] 元朝至順元年 (1330)，齊國公叔梁紇已加封「啓聖王」。見宋濂，《元史》（台北：鼎文書局，1980），卷七六，頁1892-1893。明世宗嘉靖九年 (1530)，另議立「啓聖祠」專祀之，隔年落成。見張廷玉，《明史》（台北：鼎文書局，1980），卷五〇，頁1296-1300。清世宗雍正元年 (1732)，改「啓聖祠」爲「崇聖祠」，追封孔子五代先祖王爵。龐鍾璐，《文廟祀典考》（台北：中國禮樂學會，1977），卷一，頁7上-8上。

[34] Michael Walsh ed., *Butler's Lives of the Saints* (San Francisco: Harper, 1991), pp. 249-251. 聖母領有聖徒之中至高的榮耀，然而與聖徒仍無兩樣，並非「神」而僅是神的媒介與信徒的代禱者 (intercessors)；因此依據奧古斯丁 (Augustine) 的區分，只受「致敬」(veneration)，而非「崇拜」(worship)。根據西元七八七年尼西亞第二次會議 (Second Council of Nicea)，獨有上帝可以崇拜 (latria)，聖徒僅得致敬、服事 (dulia)，而只有聖母可以超禮敬 (hyperdulia)。參閱 Richard P. McBrien, *Catholicism* (San Francisco: Harper Collins Publishers, 1994), p. 1111. 歷史上聖母馬利亞的形象，見 Jaroslav Pelikan, *Mary Through the Centuries* (New Haven and London: Yale University Press, 1996).

擱置了此二特例之後，再稍加檢視，立可發現及早進入成聖之列，通是二教立教者的及門弟子。分而述之，西元一世紀東漢統治者明帝、章帝曾致祭孔子七十二弟子；而至遲西元三世紀之初，耶穌的「使徒」(Apostles)，尤其聖・彼得 (St. Peter) 與聖・保羅 (St. Paul) 已在公眾儀式與私人祈禱中備受禮敬。[35] 歷史上，孔門「七十二弟子」與耶穌「十二使徒」的確切指稱容有出入，惟無疑此二者均爲首批晉身聖者殊榮的群體，[36] 且在祭祀禮儀別有認定。[37]

但此二者的相似性僅止於此，再深究則其分歧之點自然浮現。西漢史家司馬遷 (145 B.C.- 86 B.C.?) 爲七十二弟子得以從祀，提供了極佳的線索。他在《史記・孔子世家》裏稱讚：

> 孔子布衣——學者宗之。自天子王侯，中國言六藝者折中於夫子，可謂至聖矣！[38]

他復提及：

> 孔子以詩書禮樂教，弟子蓋三千焉，身通六藝者七十有二人。[39]

顯見「身通六藝」使得七十二弟子脫穎而出，備受看重，這應是而後他們得以陪祀的緣故。

其實孔門弟子循受業身通而從祀的例子，恰奠定了孔廟從祀的基調：凡依官方觀點，能「佐其師（孔子），衍斯世之道統」者，均有入祀的資格。這種對智性學術成就的強調貫穿了整部儒教從祀史。

---

[35] David Hugh Farmer, *The Oxford Dictionary of Saints*, p. 389.

[36] 例如：世儒據以考訂孔子從祀弟子的三部典籍：《史記》、《孔子家語》、《文翁孔廟圖》裏，攸關登堂入室的弟子人數、人名皆去取不一。詳細討論請參閱拙作，〈學術與信仰：論孔廟從祀制與儒家道統意識〉，頁236-241。同樣地，「十二使徒」(twelve apostles) 依《新約聖經》內部的記載亦自有出入。參見 Hans Dieter Betz, "Apostles", in Mircea Eliade ed., *The Encyclopedia of Religion* (New York: Simon & Schuster Macmillan, 1995), vol. 1, pp. 356-359. 由於《死海經卷》(*The Dead Sea Scrolls*) 的發現與公佈，令此一問題更形複雜。請參見 Robert Eisenman, *James the Brother of Jesus* (New York: Viking Penguin, 1996). 此書試圖藉著《死海經卷》重建歷史上的詹姆士，令得誰是正統使徒的問題益加紛擾。

[37] 孔廟從祀的七十二弟子，顏子最早配享，爲弟子之首。在闕里孔廟所在之區，另立有顏廟，以示殊榮。其他依序日後進入「四配」、「十哲」、「先賢」位階，均在「先儒」之上。基督教的聖徒以聖・彼得 (St. Peter) 爲使徒之首。由於他與聖・保羅 (St. Paul) 曾在羅馬佈道與殉教，致使羅馬具有領袖群倫的宗教地位。

[38] 司馬遷，《史記》（台北：泰順書局，1971），卷四七，頁1947。

[39] 仝上，卷四七，頁1938。

貞觀二十一年 (647)，孔廟奉詔舉行首次規模閎大的從祀活動，一舉囊括了與當時官學密切的傳經之儒二十二位。[40] 其所持的理由是：「代用其書，垂於國胄，自今有事於太學，並令配享尼父廟堂。」[41] 此次從祀至少有兩項重大更革，影響深遠。其一，始立異代諸儒從祀的先例；前此，均為孔子同時人。其二，傳經之儒的從祀，令得孔廟與帝國教育的結合愈形緊密。尤其初唐以降，科考漸次成為晉身文官階層的必經之階，[42] 從祀諸儒的著述便和政治利益結下不解之緣。此一趨勢迄後世愈形顯著。這由孔廟從祀制所即時反映的宋、元「新學」與「道學」的起伏，以及明代理學內部的傾軋咸可獲證。[43] 縱使如此，孔廟從祀制與儒家學風仍有著如影隨形的關係。

孔廟從祀制對智性學術成就的側重並非絕無僅有，基督教封聖制之中亦不乏此例；聖徒之中果兼有「聖師」(the doctor of the Church) 封品者，[44] 皆可與之比擬。譬如以護教馳名的聖・奧古斯丁 (St. Augustine, 354-430) 和聖・阿奎那 (St. Thomas Aquinas, c. 1225-1274)，著述之多竟至「無以卒讀」的地步。[45] 所不同的

---

[40] 杜佑，《通典》(北京：中華書局，1988)，卷五三，頁1480。這二十二位包括：左丘明、卜子夏、公羊高、穀梁赤、伏勝、高堂生、戴聖、毛萇、孔安國、劉向、鄭眾、杜子春、馬融、盧植、鄭玄、服虔、何休、王肅、王弼、杜元凱、范甯、賈逵。此次配享援顏回之例，因此尚有顏回。

[41] 王溥，《唐會要》卷三五，頁636。惟「貞觀二十一年」誤植為「三十一年」。

[42] 陳寅恪，《陳寅恪先生文集》(台北：里仁書局，1981)，冊三，《唐代政治史述論稿》，〈上篇〉。

[43] 「新學」以王安石為代表，「道學」以程顥、程頤兄弟為代表；理學的分化指的是程朱、陸王的對壘；所有這些均反映至從祀制，並涉及政治、教育、科考的利益。請參考拙著〈學術與信仰〉，頁241-285。

[44] "the doctor of the Church" 直譯為「基督教神學家」，意謂正統教義的權威闡釋者。只有冊封聖徒之後，方有資格接受聖師名銜。至一九七八年，受封聖師共32位，其中男性30位，女性2位，比起數以千計的聖徒，其比例微乎其微。參考輔仁神學著作編譯會，《神學辭典》(台北：光啓出版社，1996)，頁773-774。

[45] 聖・奧古斯丁與聖・阿奎那的簡傳見 Michael Walsh ed., *Butler's Lives of the Saints*, pp. 266-269, 28-30. 聖・奧古斯丁在「聖師」中地位最為崇高，其殊榮與其他聖師相比宛如「太陽之於群星」，參見 Jacobus de Voragine, *The Golden Legend*, trans. by William Granger Ryan (Princeton: Princeton University Press, 1993), vol. 2, pp. 116-132. 詳細的生平及作品之鉅見 Peter Brown, *Augustine of Hippo* (Berkeley and Los Angeles: University of California Press, 1969), p. 433. 奧古斯丁的門徒——波西迪士 (Possidius) 甚至懷疑有人可以讀畢奧古斯丁全部的作品。及 Anthony Kenny, *Aquinas on Mind* (London and New York: Routledge, 1994), p. 11. 阿奎那的可信著作至少有八百六十多萬字，如果加上存疑的著作則高達一千一百萬字。

是他們的著作即使是教義正統的言說，仍無法等同爲國家的教育，這在後世尤爲顯然。十三世紀以降，教會漸次重視知識，此不啻爲飽學之士開啓了成聖的方便之門。例如，阿奎那得封聖徒恐源於精湛的學思，更勝於個人的德性。惟整體而言，因學問而成聖的比例仍居少數。[46]

末了，必須稍予以界定的，躬承道統固然是儒教從祀制的特色，惟明代中葉以後，德性成就亦逐漸獲得重視。時儒瞿九思便倡議：

> 凡諸儒之學，所以學爲聖賢，必其學已得正傳，可以受承道德，方可列於孔廟，以爲聖人之徒。[47]

換言之，從祀制標準「必先論其行，後論其書」。因此他列舉從祀要件，首「德行」，次「經術」，末方及「世代」。[48] 在瞿氏建言之前，陸九淵 (1139-1193)、薛瑄 (1389-1464) 已承躬行聖學，入祀孔廟了。[49] 瞿氏之言實有見於該時文廟祀典的動向。甚至下及清末，朝廷鑑於國難頻仍，遂先後允准五位殉難完節的儒者奉祀孔廷，俾砥礪士氣，扶持名教。[50] 然而較之基督教封聖制，殉道者佔儒教從祀的總數畢竟微不足道。

細言之，早期基督教的聖徒盡是殉道者。這些堅信者動輒以生命來見證耶穌的信仰，其事蹟爲地方教會成員親所見聞，故成聖資格自無疑義。[51] 但隨著基督教的合法化，尤其在君士坦丁大帝 (Constantine the Great, r306-337) 改信基督教，並視之爲國教之後，因信仰而受迫害者大爲減少。[52]

---

46 Cf. André Vauchez, *Sainthood in the Later Middle Ages*, pp. 397-403.

47 瞿九思，《孔廟禮樂考》(明萬曆年間)，卷五，頁33上-下。

48 仝上，卷五，頁46上。

49 陸九淵於嘉靖九年 (1530)、薛瑄於隆慶五年 (1571) 入祀孔廟。

50 文天祥 (1236-1283)，道光二十三年 (1843) 從祀。
陸秀夫 (1236-1279)，咸豐九年 (1859) 從祀。
方孝孺 (1357-1402)，同治二年 (1863) 從祀。
劉宗周 (1578-1645)，道光二年 (1822) 從祀。
黃道周 (1585-1646)，道光五年 (1825) 從祀。

51 Eric Waldram Kemp, *Canonization and Authority in the Western Church*, pp. 7-8.

52 君士坦丁大帝改信基督教，停止迫害基督徒，令得巴爾幹半島與西歐基督徒驟增。但其改信基督可能政治考慮居多，用以擊敗他的宿敵。此外，羅馬昔日的國教已不敷應付驟變的世局，令得基督教有崛起的機會。但原則上，君士坦丁仍採取多元宗教的寬容政策。參見 J. H. W. G. Liebeschuetz, *Continuity and Change in Roman Religion* (Oxford: Oxford University Press, 1979), pp. 277-304. 古典的見解見 Jacob Buckhardt, *The Age of Constantine the Great*, translated by Moses Hadas (Berkeley and Los Angeles: University of

在此之後，另種嶄新型態的聖徒登上歷史的舞台。簡單地說，便是「懺悔者」（confessors 或譯「篤信者」），居中「苦修者」(ascetics) 佔了絕大部分。「懺悔者」顧名思義即悔過己身所犯的罪行，但積極的一面卻是榮耀神之恩寵。他們效法耶穌，藉著精神與肉體的磨練，來淬勵自己的信仰。[53] 衡諸宗教價值，他們以堅苦卓絕的修行來踐履信仰，其奉獻毫不亞於殉道者，復逢羅馬帝國崩解，導致社會失序，農村權貴流離四散；這不意提供了聖者頗爲寬敞的活動空間，促使他們取代前者，成爲社群的新核心。在地方上，他們不止是福音的傳播者，且是連繫外在世界必經的橋樑。[54] 此一現象最初見諸東方，特別是北非一域，然後方流佈整個歐洲。[55]

降至中古，教會日趨組織化，位居要津的教皇或地方主教 (bishop)，倘領導有方，治績卓著，得近水樓台之便，身後並不難擢升聖徒之階。[56] 尤有意義的，伴隨各地教團 (order) 和修道院 (monastery) 的蓬勃發展，它們的創辦者、靈修者、或神學大家亦紛紛攀其聲勢，側身聖徒之林。聖・本篤 (St. Benedict, c. 480-c. 550)、聖・多明尼克 (St. Dominic, c. 1170-1221)、聖・法蘭西斯 (St. Francis of Assissi, 1181-1226) 便是居中特著名者。[57]

在中古時代，毋論歐洲東部或西部，中央或地方，教會權威源自組織的運作。這個特色在教皇、主教與教團的執事者身上悉表露無遺。他們不僅強調神學指導和文化教養，且是日後聖徒的首要人選。可是這並無法涵蓋一切。另類不容

California Press, 1949), ch. IX. 至狄德西士皇帝 (Theodosius) 於西元三八〇年方確定基督教爲唯一合法的宗教。迨此，基督教反有力量，或藉武力掃除「異端」，並破壞其他宗教與文化建制。見 Ramsay MacMullen, *Christianizing the Roman Empire* (*A. D. 100-400*) (New Haven and London, 1984), ch. X. "Conversion by Coercion."

53 H. Thurston, "Saints and Martyrs" in James Hastings ed., *Encyclopedia of Religion and Ethics* (New York: Charles Scribner's Sons, 1925), vol. XI, pp. 51-59.

54 Peter Brown, "The Rise and Function of the Holy Man in Late Antiquity" in his *Society and the Holy in Late Antiquity*, pp. 103-152.

55 Peter Brown, "Town, Village and Holy Man: the Case of Syria" in his *Society and the Holy in Late Antiquity*, pp. 153-165.

56 譬如：葛列哥律教皇及其二世 (d. 731)、三世 (d. 741)、七世 (c. 1021-1085)，另外不同時代、不同地域的名爲「葛列哥律」(Gregory) 的主教。參見 David Hugh Farmer, *The Oxford Dictionary of Saints*, pp. 211-218. 教皇較詳細的事蹟，見 Nicolas Cheethan, *A History of the Popes* (New York: Dorset Press, 1982)，相關部分。

57 David Hugh Farmer, *The Oxford Dictionary of Saints*, pp. 45-46, 113-134, 185-188. 多明尼克於一二三四年封聖，法蘭西斯於去世後二年即封聖（1228年）。

忽視的類型是，以個人主觀的宗教體驗爲基礎（例如：「靈象」[vision] 與「啓示」[revelation]），進行預言、驅魔、療疾、濟貧的社會慈善工作，而在廣大群眾擁有一定的號召力，以致受信徒推舉爲聖徒。[58] 這上下兩大類別互有交集，並在不同時代、不同地域彼此均有消長。

基督教成聖的標準或樣態，縱然因時因地有所出入，但其中一項特色與儒教聖賢迥不相侔，這便是對「奇蹟」(miracles) 的要求。原來生前或死後顯示奇蹟爲封聖不可或缺的要素。此一傳統源遠流長，迄今未變。[59]

這項要求蓋源自基督徒集體的記憶：在《舊約聖經》裏，上帝賦予摩西 (Moses) 神奇的力量，帶領族人走出埃及。[60] 而《新約聖經》中，耶穌一生創造奇蹟未曾中輟，奇蹟且變成宣教的利器。[61] 繼之，耶穌的門徒「奉耶穌之名」(in the name of Jesus Christ) 同樣具有演示奇蹟的能力，這無疑成爲聖徒資格的由來。[62]

奇蹟對聖徒的重要性可稍援數據加以說明。以英國爲例，從西元一〇六六年至一三〇〇年，攸關聖徒死後奇蹟的文獻記載即達三千多件，遑論無數上古茫昧的傳言了。[63] 惟需審慎界定的，依據中古封聖的論述，奇蹟並非不可能出自撒旦 (Satan) 的作用，因此必得證諸德性，方無疑慮。相反的，只有德性而無奇蹟，則無以證明德性源自神聖 (the Holy) 的啓示。換言之，封聖過程中，德性與奇蹟必須相輔相成，缺一不可。[64] 這個要求在二十世紀科學的理性時代，絲毫未變。[65] 倘若吾人記憶猶新，前年 (1997) 以賑濟窮人聞名全球的德蕾沙修女 (Teresa) 病逝，報紙刊載的標題正是——「冊封聖人，教廷等待奇蹟」。[66]

---

[58] André Vauchez, *Sainthood in the Later Middle Ages*, pp. 397-412.

[59] 基督教對奇蹟的執著，不止絕然與儒教對立，與回教、佛教亦有相當的差距。Cf. Manabu Waida, " Miracles ", in Mircea Eliade ed., *The Encyclopedia of Religion*, vol. 9, pp. 541-548.

[60] *The Old Testament*, *Exodus*.

[61] 例如：*The New Testament, Mark*, 1: 40-45, 8: 22-26, 9: 29-31; *Luke*, 4: 39.

[62] Ibid., *Acts*, 3: 6-8, 14: 8ff, 16: 18.

[63] Ronald C. Finucane, *Miracles and Pilgrims: Popular Beliefs in Medieval England* (Totowa, N. J.: Rowman and Littlefield, 1977), p. 11.

[64] Eric Waldram Kemp, *Canonization and Authority in the Western Church*, pp. 104-105.

[65] Paul Elie, "The Patron Saint of Paradox", *The New York Times Magazine*, November 8, 1998, p. 44. 雖然近日教廷對封聖之前顯示奇蹟的要求由四個簡化爲二個，基本上奇蹟仍不可或缺。

[66] 中國時報，一九九七年九月十一日，第五版。這裏的「聖人」即是「聖徒」，譯名稍異而已。除了標題以外，外電報導這樣寫著：「過去數日來，有成千上萬的群眾蜂擁而

反之，儒家聖賢服膺孔子之教——「不語怪、力、亂、神」，[67] 況且孔聖本人不是堅持「素隱行怪，後世有述焉，吾弗爲之」嗎？[68] 若此，製造「奇蹟」自然便非儒教成聖的要件了。是故封聖制所呈現的多元面相實遠逾於儒教從祀制。

四、成聖和信仰的階層分析

階層分佈基本上是質、量兼顧的分析，因此儒教與基督教成聖人數的懸殊，必然透露了某種訊息。

儒教從祀的鼎盛時期爲民國八年 (1919)，北洋政府將清儒顏元 (1635-1704)、李塨 (1659-1733) 師徒兩人奉祀孔廷。如此一來，從祀孔廟者計有四配、十二哲與東廡的先賢四十人、先儒三十九人，西廡的先賢三十九人、先儒三十八人，凡一百七十二位。[69] 倘若再添上孔廟裏「崇聖祠」的十位從祀先賢、先儒亦不過一百八十二位而已。[70]

相對地，基督教的聖徒則不勝計數。從第七世紀之前即著手編纂的《羅馬聖徒列表》(Roman Martyrology)，至十六世紀所收的名字已達四千五百個之譜。[71] 如果剔除其中荒誕不經或訛傳者，在十八世紀中葉亦不下一千五百位之眾，抵二

至，瞻仰八十七歲去世的德蕾沙修女遺容，隊伍蜿蜒長達五公里，教廷便接獲各地無數人要求教廷放棄五年後才展開列聖程序的舊規。……但是德蕾沙修女若要被册封爲聖人(聖徒)必須有一個先決條件：顯奇蹟，並爲教廷所認可。奇蹟包括回應向她的亡靈祈禱的信徒病患，因她的轉求上主而確實獲得了痊癒。」

[67] 朱熹，《四書章句集注》(北京：中華書局，1983)，《論語集注》卷四，頁98。

[68] 仝上，《中庸章句》，頁21。製造奇蹟固非儒教成聖的要件，但並不排除儒教聖賢可能顯示奇蹟，這是兩回事。例如：孔聖曾托夢後周高祖，遂攻克兗州城。載孔傳，《東家雜記》(上海商務印書館，1936)，卷上，頁11-12。又孔聖曾顯靈以懲惡、去疾，見洪邁，《夷堅志》(台北：明文書局，1982)，《夷堅三志》己卷第十，頁1382-1383。

[69] 儒教從祀有位階之別，依序爲配享大成殿「四配」、「十二哲」，與從祀的「先賢」與「先儒」，次分東、西廡。詳見「附錄」圖表。

[70]「崇聖祠」的前身爲「啓聖祠」，源自明嘉靖九年 (1530) 孔廟改制。其旨在祭祀孔子先祖與區辨從祀諸儒有父子並存一祠的矛盾。請參見拙作〈道統與治統之間：從明嘉靖九年孔廟改制論皇權與祭祀禮儀〉，收入《優入聖域》，頁139-140。按「崇聖祠」祭祀孔子五代先祖，並有東配先賢三人、西配先賢二人，東廡先儒三人、西廡先儒二人，計十位從祀。參見龐鍾璐，《文廟祀典考》卷首，頁54上-下。

[71] Donald Attwater with Catherine Rachel John, *The Penguin Dictionary of Saints* (London: Penguin Books, 1995), pp. 5, 16.

十世紀中葉則驟增爲兩千五百位；[72] 這尚未窮盡所有的聖徒名冊，所以實際數目定有逾於此。可見儒教的成聖人數遠遜於基督教爲不爭的事實。

之所以造成若是的差距，至少有兩項因素難以忽視：首先是性別差異。眾所周知，儒教祭典無論就施與受兩方面均是排斥女性的。一則發生在北宋年間的故事恰可證實此點：有位儒臣逢京城辟雍落成，天真地向朝廷建議開放學殿（祭祀儒教聖賢之處），供都人仕女遊觀，其結果根據史書的記載是「大爲士論所貶」。[73] 這裏的「士論」無非是深受儒教薰陶的讀書人或文官集團的輿論。顯見帝制時代，女性連進入祭孔之區都不可得，更無緣置喙從祀了。而基督教之中，女性成聖雖居少數，卻無妨兩性兼容並蓄的原則。

其次，便是通祀與否。自從唐代貞觀四年 (630)，朝廷下令州縣學通立孔廟，祭孔即遍行天下。韓愈 (768-824) 所撰的〈處州孔子廟碑〉便反映此一措施，他言道：

> 自天子至郡邑守長，通得祀而徧天下者，唯社稷與孔子爲然。[74]

此處「社」與「稷」指的是土神和穀神；據韓愈所說，他們雖得通祀，然以祀禮之隆重卻無法與祭孔比擬。[75] 求諸史實，祭孔的普遍性歷世未變，明代孝宗〈御製重建孔子廟碑〉裏開宗明義即點出此一特性，它記述道：

> 朕（明孝宗）惟：古之聖賢功德及人，天下後世立廟以祀者多矣。然內而京師，外而郡邑，及其故鄉靡不有廟；自天子至於郡邑長吏通得祀之，而致其嚴且敬，則惟孔子爲然。[76]

由上可知儒教孔廟所以遍立天下純拜祭孔之賜，而從祀諸賢亦緣雨露均霑，遂一體通祀。由於通祀之故，篩選去取勢必趨於嚴謹，譬如明儒程敏政 (1445-1499) 便再三提醒朝廷嚴守「通祀」之分際，他說：

> 有功德於一時者，一時祀之，更代則已；有功德於一方者，一方祀之，踰境則已。[77]

---

72 Michael Walsh, *Butler's Lives of the Saints*, p. viii.

73 脫脫，《宋史》（台北：鼎文書局，1978），卷三五一，頁11101。

74 馬通伯，《韓昌黎文集校注》（台北：華正書局，1975），卷七，頁283。

75 仝上，卷七，頁283。

76 孔繼汾，《闕里文獻考》（乾隆二十七年），卷三三，頁30上-30下。

77 程敏政，《篁墩文集》（台北：台灣商務印書館，文淵閣四庫全書），卷一〇，〈奏考正祀典〉，頁3上。

上述所言的具體祀典，偏祀一隅的「鄉賢祠」適可作爲代表。[78] 惟儒教從祀乃萬古常典，不可等閒視之，程氏遂言：

> 先師孔子有功德於天下、於萬世，天下祀之、萬世祀之，則其廟庭之間侑食之人，豈可苟焉而已。[79]

「廟庭之間侑食之人」即是從祀諸賢，套句程氏之語「豈特一時一方之可比」。[80]

要之，依孔廟祀典，從祀者是一體呈現，不可割捨。相形之下，基督教封聖者動輒上千，度以祭祀空間，教堂畢竟無法容納爲數過多的塑像或畫像。而教義上，聖徒雖具有普世性，其信仰圈卻頗受時空的範囿；聖徒遂分通祀與否。譬如享有至高榮譽的聖母、聖・彼得、聖・保羅等普遍受到奉祀，其他則需因時、因地以制宜。舉例而言，巴黎 (Paris) 的聖母院 (Notre-Dame) 與聖丹尼教堂 (Saint-Denis' Basilica) 不止各有相異的「領銜聖徒」(titular saint)，其附祭聖徒亦互有歧出；[81] 以此類推，位於紐約 (New York) 第五街的聖派萃克教堂 (Saint Patrick's Cathedral) 與咫尺之遠的聖湯瑪斯教堂 (Saint Thomas Church) 竟不盡相似，並不足爲異。[82] 總之拜分祀之便，聖徒得迎合多樣的需求，而在數量上取得優勢。

既然儒教與基督教的成聖人數懸殊，次一個該探索的問題自然落在這些數字背後所隱藏的涵意，這就繫乎「質」的社會解析。

---

[78] 以價值取捨而言，鄉賢祠得權充孔廟的次級單位。以嘉靖九年孔廟改制而言，林放等人由通祀天下的孔廟，改祀於鄉。必須留意的，從祀孔廟乃官方常典，鄉賢祠多出私祭，非朝廷祀典。參見丘濬，《大學衍義補》（台北：台灣商務印書館，文淵閣四庫全書），卷六六，頁16上。即使如此，鄉賢祠的去取標準猶官味十足。舉其例，《臨川縣志》中列名鄉賢祠者，近乎清一色爲文官。參見胡一堂修，《臨川縣志》（台北：成文出版社，1989），卷九，頁2下-4下。

[79] 程敏政，《篁墩文集》卷一〇，頁3上。

[80] 仝上，卷一〇，頁3下。

[81] 以上均根據個人一九九七年巴黎的實地考查。「領銜聖徒」即是教堂以之命名，奉獻給上帝。聖母院始建立於西元一一六〇年，領銜聖徒爲聖母；聖丹尼教堂始創於約西元四七五年，領銜聖徒爲聖・丹尼。另可參考文獻 *Notre-Dame* (Paris, 1997); Alain Erlande-Brandenburg, *Saint-Denis' Basilica*, translated by Angela Moyon (1984). 此二教堂的宗教功能迥不相同，歷史上，聖母院爲法蘭西民族的宗教象徵，聖丹尼教堂素與法國皇室關係密切，爲皇室去世之後的棲身之所。

[82] 以上根據一九九八年至紐約實地考查。另參考 *St. Patrick's Cathedral* (Charlotte, NC: C. Harrison Conroy Co., n. d.); *A Walking Tour of Saint Thomas Church*.

一如前述，當下儒教從祀總計一百八十二位，屬於先秦時代有九十六位，顯爲過半 (52.7%)；其中號稱「七十二弟子」，[83] 但實際數目爲八十四的孔門弟子復佔了絕大數 (87.5%)。[84] 孔子生平以「有教無類」自豪，[85] 更曾明言：

自行束脩以上，吾未嘗無誨焉。[86]

按「束脩」爲禮之至薄。證諸世存《史記・仲尼弟子列傳》與《孔子家語》攸關諸生背景語多簡略、隱晦，恐多起寒賤之族。這群門徒受孔子所感召，志於道、游於藝，其樣態僅能就文化價值來認取，猶非謂後世居四民之首（階層上）的「士」。[87]

其餘先秦從祀諸賢境遇大致無差，惟文獻不足徵，只能闕疑；[88] 而兩漢以下諸儒記載較富，權可愼言其餘，稍加剖析。

細繹文獻，兩漢以來（包括兩漢）從祀諸儒計有八十六位，兼具文官身份者七十五位；唐代以來（包括唐）從祀諸儒則有七十一位，任官者六十二位，有功名者四十位，詳見下表：[89]

---

83 參閱司馬遷，《史記》卷六七，〈仲尼弟子列傳〉，頁2185-2226；陳士珂，《孔子家語疏證》（台北：台灣商務印書館，1976），卷九，〈七十二弟子解〉，頁221-233。

84「七十二弟子」牽涉頗廣，詳論請參閱拙作〈學術與信仰〉，《優入聖域》，頁236-240。此處的八十四位爲根據「附錄」〈民國八年孔廟從祀表〉計算所得。

85 朱熹，《四書章句集注》，《論語集注》卷四，頁94。脩，脯也。十脡爲束。古者相見，必執贄以爲禮，束脩其至薄者。

86 仝上，《論語集注》卷八，頁168。

87 余英時教授說的最扼要：「四民社會的成立必須以士從最低層的貴族轉化爲最高級的庶民爲其前提。這一前提是到了春秋晚期以後才存在的。」見氏著，〈古代知識階層的興起與發展〉，收入余英時，《中國知識階層史論》〈古代篇〉（台北：聯經出版事業公司，1980），頁22。以孔門「七十二弟子」而言，大多非貴顯之族，不止出身貧賤，且生卒年月不詳，似連最低層的貴族——「士」都未夠格。曾子所謂：「士不可不弘毅，任重而道遠。」（朱熹，《四書章句集注》，《論語集注》卷四，頁104。）恐專就文化理想人格而論，尚非四民階層上的「士」。

88 先秦從祀諸儒尚包括曾子門人二、孟子門人四等等，文獻記錄咸極簡略，難以測知出身背景。

89 所謂「文官」意謂循蔭補（如張栻）、薦舉（如胡瑗）、或科名（包括「進士」若韓愈、「舉人」若陳獻章）等管道而進入仕途者。必須說明的，此處任官採比較寬鬆的標準，只要受朝廷徵召，或薦舉而仍不就任者，依舊算列；這表示國家有意將其納入文官體制。所以只要具文官資格者即列入「任官」算計。例如，孫奇逢於明萬曆年間中舉人；入清之後，朝廷屢次詔其任官，一律推辭。由於朝代更替，礙於君臣之義，不願就任者有之，如元代趙復、陳澔等，否則任官比例必愈高。所謂「功名」則涵蓋進士與舉

時代	先秦	漢	三國魏晉	隋	唐	宋	元	明	清	總數
從祀人數	96	12	2	1	2	39	7	12	11	182
文官	不詳	10 (2不詳)	2	1	2	36	5	11	8	75
功名					2	21	1	10	6	40

析言之，兩漢以降，中國的「四民」社會業已成形。從祀諸儒除漢皇室河間王劉德之外，[90] 均出自士人階層，尤有過者，漢代以來從祀諸儒且爲文官者竟達百分之八十七點二 (87.2%)，[91] 唐代以來從祀且爲文官者的比例亦居高不下 (87.3%)；[92] 這樣高的重疊性令從祀者與士大夫 (scholar-official) 集團的關係不

人。以「舉人」爲最低標準，蓋因吳澄僅在南宋舉鄉薦（視同「舉人」，是故《宋元學案》稱他「年二十，應鄉試中選，春省下第。」見黃宗羲原著、全祖望補修，《宋元學案》〔北京：中華書局，1986〕，册四，卷九二，頁3037。），試進士不第，即被視爲宋臣仕元而招物議。此例參見《明史》卷一六三，頁4432。唐以來從祀諸儒擁有功名者：進士三十四位，舉人六位。

90 河間王劉德因修學好古，實事求是，首開獻書之路，對搜尋、保存古經有絕大獎掖之功；於光緒二年 (1876) 從祀孔廟。

91 $\frac{\text{漢以來從祀者任官}=75}{\text{漢以來從祀人數}=86}=87.2\%$（漢代從祀者仍有高堂生、毛亨生平不詳，惟未從整體基數去除此二個案。「漢以來」均包括漢代）。

92 （一）

$\frac{\text{唐以來從祀者任官}=62}{\text{唐以來從祀者人數}=71}=87.3\%$（「唐以來」均包括唐代）。

（二）

$\frac{\text{唐以來從祀者有功名者}=40}{\text{唐以來從祀者任官}=62}=64.5\%$

※除吳澄曾在宋末舉鄉薦，元代從祀者無一中舉，導致元代中舉陡降，原因之一爲元代遲至中期方恢復科舉，復間斷間續，取士甚少。參見宋濂，《元史》卷八一，頁2017-2026。攸關元代科舉個案分析請參閱蕭啓慶教授所著〈元代科舉與菁英流動——以元統

言而喻。換言之，從祀者不僅爲官方宗教與學術的表率，且兼爲國家的統治階層。這種近乎完美的同一性俾儒教與中華帝國順利整合，運行無礙。

反觀基督教與西方政權在歷史的不同階段，雖有親疏之別，卻始終不脫若即若離的模式。「若即」：自第四紀末，基督教確立爲羅馬國教之後，便接受政治勢力的保護，並仿羅馬帝國的地方行政組織，發展出教會制度。「若離」：以奥古斯丁爲代表的早期教會論述，初定宗教與政治分離的基調。[93] 盛行於中古的「雙劍教旨」(two swords doctrine) 更是此一意向的具體表述。它主張：教皇執「精神之劍」，統治者執「俗世之劍」，各司其職，互不相涉。惟史實披露的，西方的宗教與政治領袖，恆生齟齬，常處緊張狀態 (tension)。以此度之，西方教會與政治制度從未徹底整合。即使下抵近古，政治力量積極介入宗教紛爭，以英國國教（或稱「聖公會」Anglican Church）爲例，統治者雖爲名目上的領袖，並無法隨意操控宗教事宜。[94]

相對地，始自唐朝，儒教的孔廟即明文納入國家祭典，其禮儀必須配合帝國的政治運作，例如全國孔廟不分中外一律遵循「春秋釋奠」儀式，[95] 而與個別聖賢的生、卒時辰絲毫無涉；這與基督教會別取領銜聖徒的「升遐之日」(heavenly birthday) 作爲慶典，顯然大異其趣。

此外從基督教成聖階層的分佈，我們可以獲悉聖徒的出身背景既複雜且寬廣。上古的聖徒和上古的聖賢同樣受囿於「文獻不足徵」的缺憾，往往僅知其名，而無法詳其實。惟十一世紀以降，教皇收歸封聖之權，於審查過程累積了相當豐富的資料，可供後人鑽研。西方學者著眼於此，曾對西元一千年至一千七百

元年進士爲中心〉，收入氏著，《元朝史新論》（台北：允晨文化公司，1999），第七章。

93 奥古斯丁於其神學鉅著《上帝之城》(*The City of God*) 大加闡述象徵「天國之城」(heavenly city) 的教會與「塵世之城」(earthly city) 的王國，分屬不同的領域與價值，且在歷史上互有消長。見 Saint Augustine, *The City of God*, translated by Marcus Dods (Chicago: The University of Chicago, 1952), Books XI-XVIII.

94 簡要敘述歷史上基督教與西方政權的關係可參閱 Harold J. Berman and John Witte, Jr., "Church and State", in *The Encyclopedia of Religion*, vol. 3, pp. 489-495.

95 蕭嵩，《大唐開元禮》（台北：台灣商務印書館，四庫全書珍本），卷一，頁11b-12a；卷五四，頁1a；卷六九，頁1a；卷七二，頁1a。「仲春仲秋上丁釋奠」，天下諸州縣均同。又見杜佑，《通典》卷五三，頁1475。另參閱李之藻，《頖宫禮樂疏》（台北：台灣商務印書館，文淵閣四庫全書），卷三，頁1a-4a。

年間西方基督教 (Western Christendom) 的聖徒做了極具意義的分析，足資儒教聖賢比對。

爲此，拙文特取旺恩斯坦 (Donald Weinstein) 和貝爾 (Rudolph M. Bell) 二氏的「聖徒階層表」稍加改造，以符合我們的分析脈絡：[96]

時代	XI	XII	XIII	XIV	XV	XVI	XVII	總人數	總百分比
皇室	10.2	3.9	8.8	3.7	2.4	2.6	0	42	4.9
貴族	39.1	41.2	31.4	29	31.4	20.7	21.2	269	31.1
中上階級	8.6	20.3	22	29	20.5	35.4	36.4	209	24.2
市民	0	0.7	3.8	0.9	2.4	4.3	5.1	21	2.4
城市窮人	3.9	1.3	1.3	2.8	4.8	4.3	3.4	25	2.9
農民	2.3	3.9	3.8	4.7	13.3	6.9	6.8	47	5.4
其他	32.9	25.5	27	26.1	20.4	19.8	25.4	222	25.7
不詳	3.1	3.3	1.9	3.7	4.8	6.0	1.7	29	3.4
封聖人數	128	153	159	107	83	116	118	864	100

(“XI”代表第十一世紀，餘類推；其下一格數字“10.2”代表「皇室」成聖佔該世紀聖徒比例，餘均同。)

根據上表，聖徒社會背景的多樣性得一覽無遺。惟需留意地，「皇室」與「貴族」的成聖比例固隨著時代的進展，有所遞減，但若算計「中上階級」在內

---

[96] cf. Donald Weinstein and Rudolph Bell, *Saints & Society: The Two Worlds of Western Christendom, 1000-1700* (Chicago and London: The University of Chicago Press, 1986), p. 197. 拙文將「有頭銜的貴族」(titled nobles) 和「無頭銜的貴族」(untitled nobles) 併爲「貴族」，「世家出身」(good family) 與「都市上層階級」(urban patrician) 併爲「中上階級」，最後將「或許富裕的」(probably well-off)、「或許貧窮的」(probably poor)、「或許城市人」(probably urban) 通歸爲「其他」類目。再另行調整，作出分類百分比。
André Vauchez, 前引書也做過類似的統計，但時限太短，較不符合本文的分析脈絡。但他觀察到聖徒與貴族出身的關聯有地域分佈的差異，阿爾卑斯山 (Alps) 以北，天國與俗世的階層近乎吻合；而地中海的聖徒，尤其義大利則較少此一情況。另參見 André Vauchez, “The Saint,” in Jacques Le Goff ed., *The Medieval World* (London: Collins & Brown, 1990), pp. 326-327.

的話，整體而言變化並不大。設未將時間因素列入，三者佔全體成聖人數則過半有餘 (60.1%)，明顯拉大了與「城市窮人」(2.8%) 和「農民」(5.4%) 的差距；所以致此，緣於推動成聖是項費時耗力（包括財物）的社會工程，需得各方資源的奧援方能成事，而升斗小民於此競爭之下顯居劣勢。尤其反諷的，以宗教奉獻而言，權貴者盡有世俗名利可以割捨，而低層階級早就一清二白，無可依傍了。[97]

然而此一圖表未得顯示的是：在八百六十四位聖徒選樣之中，「女性」竟佔有一百五十一位 (17.5%)；[98]「俗人」(lay people) 亦佔有二百八十二位 (32.6%)，倘再加上「世俗修士」(tertiaries) 四十九位，則非聖職人員比例上升至百分之三十八點三。[99] 是故，就階層、性別與專業而言，聖徒和儒教聖賢高度的同質性在在有所歧出。

同理，成聖階層的分散，間涵蘊著信仰者的差異。以儒教而言，清康熙帝晉謁闕里孔廟所御題的「萬世師表」，[100] 正一語道破儒教主要的信仰階層不出統治者（帝王師）和士人階層（儒者之宗）之外；這只要稍加檢視孔廟祭典的參預者立可獲得印證。原來孔廟毋分中（京師）外（地方），大至春秋釋奠，小至朔望祭祀，通由此二集團壟斷，而呈現強烈的封閉性。[101] 誠如民初反孔教甚力的章太炎指出：

> （孔子）廟堂寄於學官，對越不過儒士，有司纔以歲時致祭，未嘗普施閭閻，貤及謠俗。是則孔子者，學校諸生所尊禮，猶匠師之奉魯班，縫人之奉軒轅，胥吏之奉蕭何，各尊其師，思慕反本。[102]

又元代有道詔令適足以說明孔廟獨特的境況，這道詔令攸關曲阜廟學的復立，並特別指示有司「益加明潔、屏遊觀、嚴汎掃，以稱創立之美，敬而毋褻神明之道。」[103] 而元人的《廟學典禮》亦載有詔令再三申飭官員、使臣、軍馬不得於中外孔廟內安下，且嚴禁騷擾、玩樂。[104] 足見「遊觀」孔廟均在禁止之列，遑

---

[97] Donald Weinstein and Rudolph Bell, *Saints & Society*, p. 199.

[98] Ibid., p. 220.

[99] Ibid., p. 204. 本文根據該頁圖表 (10) 重新核算。

[100] 孔繼汾，《闕里文獻考》卷十四，頁36a。

[101] 龐鍾璐，《文廟祀典考》卷五，頁9b-27b。

[102] 章太炎，《章太炎全集》（上海人民出版社，1985），册四，頁195。

[103] 袁桷，《清容居士集》（四部叢刊初編縮本），卷三五，頁516。

[104] 見佚名，《廟學典禮》（浙江古籍出版社，1992），頁12, 36, 41，〈先聖廟歲時祭祀禁約擾安下〉、〈江淮等處秀才免差役廟學禁擾〉、〈文廟禁約擾〉。

論隨意參拜了。反之，作爲基督教聖域的教堂則不分貴賤、職業、男女、老幼均得進入禮拜。這點耶穌會傳教士艾儒略 (Giulios Aleni, 1582-1649) 適可證實，艾氏於介紹歐洲天主正教（舊教）時說道：

> 其瞻禮殿堂自國都以至鄉井，隨在建立。……其殿堂一切供億，皆國王大臣民庶轉輸不絕，國人群往歸馬（應爲「焉」）。每七日則行公共瞻禮，名曰彌撒。此日百工悉罷，通國上下往焉，聽掌教者講論經典，勸善戒惡。女婦則另居一處聽講，男女有別。[105]

相較於此，儒教聖賢僅能是士人的守護者，明清時代江南地區士人倘遭官方的屈辱，輒往「哭廟」，即是例證。[106] 另方面，自中古以來，聖徒信仰與庶民生活息息相關，聖徒常衍生爲各行各業的保護神，甚或各種病痛與苦難的佑護者 (patron-saints)。[107] 相對的，在傳統中國社會裏，這個角色常由道教或佛教神祇來取代。[108] 於此，聖賢信仰的階層性與聖徒信仰的普世性遙相對壘。

五、遺骸、塑像和毀像

「遺物」(relics) 信仰包括遺骸的全體或部分，以及逝者的身外之物，如服飾、用品、足跡等等。在這方面基督教與佛教素被認爲兩大崇拜遺物的宗教，[109] 而儒教所持的態度則截然不同。

基督教遺物信仰的歷史起源甚早，至少在西元二世紀已有聖徒普力卡遺骸祭典生動的描述。西元四世紀，在東方教區（北非與小亞細亞一帶），聖骸信仰漸次流行，殉教者的遺骸動輒成爲貴族仕女與北方主教爭相掌控之物。[110] 新近皈

---

105 謝方校釋，《職方外紀校釋》（北京：中華書局，1996），卷三，頁70-71。

106 陳國棟，〈哭廟與焚儒服〉，《新史學》3.1(1992)：69-94。

107 參考 Michael Walsh ed., *Lives of the Saints*, pp. 439-440. “A List of Patron Saints”. 基督教聖徒的日常生活性，可由下一通俗讀物略窺一二。Elizabeth Hallam, *Saints: Who they are and how they help you* (New York: Simon & Schuster, 1994).

108 李喬，《中國行業神崇拜》（北京：中國華僑出版公司，1990），頁25。另查該書「神名索引」，中國的行業神與儒教聖賢信仰的關係相當稀少。

109 極少有關於遺物信仰的比較研究，下列二文刊行甚早，迄今仍有參考價值。J. A. MacCulloch and Vincent A. Smith: “Relics (Primitive and Western)” and “Relics (Eastern)” in James Hastings ed., *Encyclopedia of Religion and Ethics*, vol. 10, pp. 650-662. 佛教的聖骸崇拜主要是佛陀 (Buddha) 本身，間及其他聖徒如中國的玄奘。

110 Peter Brown, *The Cult of the Saints*, ch. 2.

依基督教的君士坦丁堡 (Constaninople) 以「新羅馬」("New Rome") 自居，尤汲汲於迎進各地聖徒的遺骸，期成新的宗教中心，不意卻預鑄聖骸遷徙的風氣。[111] 在此一階段所收藏的聖骸爲數相當可觀，可是日後竟因君士坦丁堡的陷落與十字軍的攫掠，分散四處，而變成宣教的最佳利器。

此一宗教現象恰同法國史家魯伽力 (Achille Luchaire, 1846-1908) 所宣稱的：「中古時期裏，真正的宗教，坦白地說，無非是遺物崇拜。」[112] 作爲代禱者，聖徒是信眾與不可捉摸的上帝之間的方便橋樑；他們的言行不只縮短了二者的精神距離，並且因爲祭典所在地成了朝聖之所，而省卻了二者的地理距離。前此，信眾則必須不畏艱辛，長途跋涉抵耶路撒冷 (Jerusalem) 等地，方得一償「朝聖」(pilgrimage) 的宿願。[113]

必須一提的：遺骸信仰，尤其是分解屍體完全打破了昔日希臘與羅馬的禁忌。依循羅馬法，掘墳與分屍通是違法犯紀的。但鑑諸遺骸信仰之風行，顯見此一法條毫無約束基督徒的作用。[114]

初期的教會習以聖骸號召信眾，常把教堂建於聖徒墳墓之上，或將其遺骸置於祭壇之下。迄第八、第九世紀所召開的宗教會議，則明文規定教堂必須擁有聖骸；倘不可得，則退而求其次，代行以象徵耶穌血肉之軀的「聖餐禮」(Eucharist)。[115] 而君士坦丁堡的隕落，促成首次大批聖骸西移，並將佈教觸角延伸至西歐；中古時期，羅馬教廷搜集聖骸極爲積極，另方面復將聖骸分賜東歐和北歐的地方教會，盼得鞏固其核心地位。[116] 簡言之，基督教的傳播與聖骸的分

---

[111] 此一時期較著名的遷徙聖骸如聖・提摩太 (St. Timoth, d. 97)、聖・安德魯 (St. Andrew, d. c. 60)、聖・路加（St. Luke, 第一世紀）。參見 Kenneth L. Woodward, *Making Saints* (New York: Simon & Schuster, 1996), p. 63.

[112] Quoted in *Miracles and Pilgrims*, p. 25.

[113] 僅就今日西歐地區的統計即分佈了六千個朝聖的聖堂 (shrines) 以奉獻給聖母（3984個）與聖徒（1614個）。參考 Mary Lee Nolan & Sidney Nolan, *Christian Pilgrimage in Modern Western Europe* (Chapel Hill & London: The University of North Carolina Press, 1989), pp. 116-117.

[114] J. A. MacCulloch, "Relics", p. 653.

[115] *The New Testament, Matthew* 26: 26-29. Patrick J. Geary, "The Ninth-Century Relic Trade—A Response to Popular Piety?" in his *Living with the Dead in the Middle Ages* (Ithaca and London: Cornell University Press, 1994), pp. 183-186.

[116] 中古時期不同地域對聖骸的接受程度亦預示未來宗教改革的面相；此一專題極負盛名的研究如：Lionel Rothkrug, "Popular Religion and Holy Shrines", in *Religion and the People,*

佈是「亦步亦趨」的。

緣此，聖骸的遷徙與交易蔚然成風，並造成聖徒信仰極大的流動性。聖徒的遺骸或耶穌、聖母的遺物致淪爲「神聖的商品」(sacred commodities)，倚此爲生者，大有人在。[117] 尤有過之，不同地域爲了爭奪聖骸，竟致大動干戈，甚至爲了佔有聖骸，不惜謀殺臨終的聖者。這些聳人聽聞之事，簡直匪夷所思。

究其實，聖骸的功能繫於演示奇蹟，於下層信眾尤爲重要。[118] 及早，基督教的神學家即相當關注聖骸的信仰，且試圖提出神學辯解，其依據不外乎：身骸實爲「聖靈的殿宇」(temple of the Holy Spirit)；[119] 聖骸具有神秘力或恩典(grace)，並不因爲分割有所折損，誠如狄奥多雷主教 (Theodoret, c. 393-c. 466)所稱：「即使遺骸分解了，恩典仍舊完整如昔。」[120] 而教堂必須藏有聖骸則源自〈啓示錄〉的預示：

> 我看見在祭壇底下，有爲上帝的道，並爲作見證，被殺之人的靈魂。[121]

倘若這些思想爲支撐聖骸信仰的基石，那麼儒教禮制毫不見聖骸崇拜的跡象誠可得解。例如：奉作行爲圭臬的《論語》便清楚地記載了曾子臨終之言：

> 啓予足！啓予手！《詩》云「戰戰兢兢。如臨深淵，如履薄冰。」而今而後，吾知免夫！[122]

而儒教另部經典——《孝經》開宗明義亦記述孔子之教：「身體髮膚，受之父母，不敢毀傷」爲孝之始。[123] 類此「保其身以沒，以全歸爲免」，[124] 則與聖徒分屍信仰格格不入。這或許可以解釋孔子之祀最初兼行「墓祭」與「廟祀」之

800-1700, edited by James Obelkevich (Chapel Hill: The University of North Carolina Press, 1979), pp. 20-86.

[117] Patrick J. Geary, "Sacred Commodities: The Circulation of Medieval Relics", in his *Living with the Dead in the Middle Ages*, pp. 194-218. 耶穌與聖母因「昇天」(assumption) 之說，無有遺骸，只有遺物，例如，耶穌的十字架、裹布，聖母的奶汁等。

[118] Aron Gurevich, "Peasants and Saints" in his *Medieval Popular Culture* translated by Janos M. Bak and Paul A. Hollingswarth (Cambridge: Cambridge University Press, 1993), pp. 39-41.

[119] *The New Testament*, 1 *Corinthians* 6: 19.

[120] Quoted in MacCulloch, "Relics", p. 654.

[121] Ibid., *Revelation*, 6: 9. "I saw under the altar the souls of those who had been slain for the word of God and for the witness they had borne." 的中譯。

[122] 朱熹，《四書章句集注》，《論語集注》卷四，頁103。

[123] 邢昺，《孝經正義》（十三經注疏本），卷一，頁3上。

[124] 朱熹，《四書章句集注》，《論語集注》卷四，頁103，程子之言。

禮，但「墓祭」緣分身乏術，最終止行於闕里一隅，而「廟祀」卻無此顧忌，日後大肆拓殖，遍立天下。[125]

另外，人之身後，中、西異解。基督徒相信將接受最後審判，死而「復活」(resurrection) 一事。[126] 儒教宗師孔子則持「未知生，焉知死」的存疑觀點，[127] 其它經典更是輕輕帶過，《禮記》所錄吳季子於魯昭公二十七年 (514 B. C.) 葬子之言：

> 骨肉歸復于土，命也。若魂氣則無不之也！無不之也！[128]

魂氣歸於何方？吳季子未有交待；而《禮記・郊特牲》卻載有：「魂氣歸于天，形魄歸于地」之說。[129]《荀子・禮論》說：「葬埋，敬藏其形（意「形骸」）也；祭祀，敬事其神（意「魂氣」）也。」[130] 禮家言「古不祭墓」，蓋以形魄爲無知。[131] 而唐代經學大師孔穎達 (574-648) 則逕言：

> 人之生也，魄盛魂強；及其死也，形消氣滅。[132]

不論其差異，[133] 儒教經典皆乏「起死回生」之義。

儒教固然缺乏遺物崇拜，但在塑像祭典卻遭逢與基督教同樣毀像的命運。按基督教與儒教造像皆見於西元三世紀左右，[134] 徹底毀像則發生於十六世紀；惟

---

125 《史記・孔子世家》載有「魯世世相傳以歲時奉祠孔子冢」、「故所居堂弟子內，後世因廟藏孔子衣冠琴車書」等。見司馬遷，《史記》卷四七，頁1945-1946。詳論請參閱拙著〈權力與信仰：孔廟祭祀制度的形成〉，收入《優入聖域》，頁168-171。

126 *The New Testament*, 1 *Corinthians* 15; *Revelation* 20.

127 朱熹，《四書章句集注》，《論語集注》卷六，頁125。

128 孫希旦，《禮記集解》（北京：中華書局，1989），卷十一，頁294。

129 仝上，卷二六，頁714。

130 王先謙，《荀子集解》（台北：世界書局，1969），卷十三，頁246。

131 呂思勉，《讀史札記》（台北：木鐸出版社，1983），〈墓祭〉條，頁275-277。

132 孔穎達，《春秋左傳正義》（十三經注疏本），卷四四，頁13下。

133 細論中國古代死後世界及形骸請參閱余英時教授，〈中國古代死後世界觀的演變〉，收入氏著，《中國思想傳統的現代詮釋》（台北：聯經出版事業公司，1987），頁123-143及其英文論文：Ying-shih Yü, " 'O Soul, Come Back！' " "A Study in the Changing Conception of the Soul and Afterlife in Pre-Buddhist China," *Harvard Journal of Asiatic Studies* 47.2(1987): 363-395. 另杜正勝，〈形體、精氣與魂魄——中國傳統對「人」認識的形成〉，《新史學》2.3(1991)：1-65。

134 以殘存的實物而言，西元三世紀已可見石棺上的浮雕取材自聖經的故事。Ernst Kitzinger, *Byzantine Art in the Making: Main Line of Stylistic Development in Mediterranean Art 3rd-7th Century* (Cambridge, Massachusetts: Harvard University Press, 1980), pp. 20-21; and John

時間的巧合，並不足以道盡其中原委。晚近藝術史學者方始關注「形像的力量」(the power of image)，[135] 但史家卻從未忽略過聖像與宗教信仰的關係；荷蘭史家惠靈格 (Johan Huizinga, 1872-1945) 在其名著《中古的垂幕》(*The Autumn of the Middle Ages*, 1919) 早曾寫到：

> 就老百姓的日常認識，目睹可見的形象使得信仰的理性證明完全是多餘的。人們的信仰與藉色彩與形式所描繪的三位一體 (Trinity)、地獄之火、聖徒概覽之間，毫無縫隙可言。所有的這些皆逕由形象傳遞至信仰，而且深植人心；有時並超越了教堂的要求。[136]

觀此，聖像所發揮潛移默化的作用，信徒有最直接的感受。檢視孔廟發展史，受聖賢形像感悟的故事亦比比皆是。[137] 令人費解的是，二教卻不約而同地步上毀像一途，其中緣故，頗值推敲，故分別敘述如下：

像設有平面、立體之分。《漢書・藝文志》著錄有《孔子徒人圖法》二卷，[138] 顯然當時備有定式可資圖繪孔子及其弟子。傳西漢文翁石室已有孔子畫像，[139] 而東漢興和元年 (178)，靈帝置「鴻都門學」，除繪孔子復及七十二弟子；[140] 又興平元年 (194)，高眹復修的「周公禮殿」，楹上亦曾繪仲尼及七十二弟子。[141] 除卻教育演禮場所之外，當時的祠堂、墓室亦取孔子及其弟子爲題材，或繪、或刻不一，若漢司隸校尉魯峻冢前的石室，其壁刻有「自書契以來，忠臣、孝子、

Lowden, *Early Christian & Byzantine Art* (London: Phaidon, 1998), pp. 25-32. 此外，一九九九年五月紐約大都會美術館 (Metropolitan Museum of Art) 所展示的拜占庭文化亦可證實此一觀察。

[135] Thomas F. Mathews, *The Clash of Gods: A Reinterpretation of Early Christian Art* (Princeton: Princeton University Press, 1993), p. 4.

[136] Johan Huizinga, *The Autumn of the Middle Ages* translated by Rodney J. Payton and Ulrich Mammitzsch (Chicago: The University of Chicago Press, 1996), pp. 189-190.

[137] 例如：「石崇嘗與王敦入太學，見顏（回）、原（憲）象而歎」，事見楊勇，《世說新語校箋》（台北：明倫出版社，1970），頁662。另魏徵，《隋書》（台北：鼎文書局，1980），卷七三，頁1674-1676。相州刺史梁彥光令事親闕禮的焦通，觀孔子廟像，遂有悔悟。

[138] 班固，《漢書》（台北：鼎文書局，1987），卷三〇，頁1716-1717。

[139] 朱彝尊，《曝書亭集》（台北：世界書局，1964），卷五六，頁651。另見施蟄存，《水經注碑錄》（天津古籍出版社，1987），卷一〇，頁387-400。

[140] 范曄，《後漢書》卷六〇下，頁1998。

[141] 賀遂亮，《益州學館廟堂記》，殘文收入陸增祥，《八瓊室金石補正》（台北：新文豐出版公司，石刻新編史料），卷三五，頁1上-1下。

貞婦，孔子弟子七十二人形像」。[142] 而立於永壽三年 (157) 的〈韓勑修孔廟後碑〉亦載有修飾舊宅，「改畫聖象」之辭，[143] 足示闕里內外圖繪孔子或其弟子趨於尋常。

而關係後世尤大的孔廟塑像之設，學者尋謂「未知所始」。[144] 惟稽考酈道元的《水經注》，是書曾載魏黃初二年 (221)，文帝詔令修起孔子舊廟，中有「夫子像，列二弟子，執卷立侍，穆穆有詢仰之容。」[145] 涵泳文義，似爲塑像。酈氏文中雖未指明此二弟子，但揆諸日後北魏洛陽城內國子學堂，內有孔丘像，並有「顏淵問仁、子路問政在側」；[146] 以此逆推，黃初二年孔廟中的「二弟子」或應是顏淵和子路。

又晉惠帝元康三年 (294)，太學舉行釋奠禮，朝臣潘尼側身其間。他對顏子配孔有身臨其境的觀察，且曾確切地指出：

> （乃）掃壇爲殿，懸幕爲宮。夫子位于西序，顏回侍于北墉。[147]

按「西序」及「北墉」皆標示正堂圍牆的方位，如是孔子與顏回當爲塑像，似無疑義。縱就闕里孔廟本身，據東魏興和三年 (541)，兗州刺史李珽的〈修孔子廟碑〉，中載「既繕孔像，復立十賢」之語，[148] 足見像設漸普施孔門諸賢。至初唐，則孔廟塑像之設成爲定式。[149] 此一措施，迄明初才有變化。

---

[142] 酈道元，《水經注疏》（江蘇古籍出版社，1989），卷八，頁777-778。另參閱我的同事邢義田先生的未刊稿，〈漢代孔子見老子畫像的構成及其在社會、思想史上的意義〉，頁13。

[143] 洪适，《隸釋》（台北：台灣商務印書館，文淵閣四庫全書），卷一，頁25下。

[144] 陳登原，《國史舊聞》（台北：明文書局，1984），冊上，卷十三，頁365。

[145] 酈道元，《水經注疏》卷二五，頁2110。後得睹一九八四年闕里孔廟塑像修復碑文，益加肯定拙論。請參考宮衍興、王政玉，《孔廟諸神考》（濟南：山東友誼出版社，1994），頁219。

[146] 楊衒之，《洛陽伽藍記校注》（台北：華正書局，1980），卷一，頁1。

[147] 房玄齡，《晉書》（台北：鼎文書局，1987），卷五五，頁1510。

[148] 孔元措，《孔氏祖庭廣記》（上海：商務印書館，叢書集成初編），卷一〇，頁118。文中復載有：「覲孔廟…尚想伊人…乃命工人修建容像，孔子曰……所以雕素十（子）其側。」「十賢」、「十子」咸指孔門四科：包括「德行」：顏淵、閔子騫、冉伯牛、仲弓；「言語」：宰我、子貢；「政事」：冉有、季路；「文學」：子游、子夏。朱熹，《四書章句集注》，《論語集注》卷六，頁123。

[149] 王溥，《唐會要》卷三五，頁37-39。由開元八年 (720) 國子業李元瓘的奏詞即透露前此孔廟即有塑像之設，朝廷回覆：「顏回等十哲，宜爲坐像，悉令從祀。曾參大孝，德冠同列，特爲塑像，坐於十哲之次。因圖畫七十弟子及二十二賢于廟壁上。」開元二十七年 (739) 並詔：「夫子南面坐，十哲等東西行列侍。」

以時序而言，孔廟造像約與佛教流行相彷彿。佛教古稱「像教」，取其敷化借力佛像特多。漢魏以下，像教寖興，儒教人士或有所醒發，乃起而效尤。[150]所以孔廟造像始見於魏晉六朝，繼之成形於唐宋不爲無由。是則反對孔廟像最力的丘濬 (1424-1495) 辯稱：

> 塑像之設，自古無之，至佛教入中國始有也。三代以前祀神皆以主（謂：木主），無有所謂像設也。[151]

其說詞大致不差。[152]

丘氏雖然反孔廟像設極爲激烈，其主張卻是由南宋理學大師朱熹 (1130-1200) 轉手而致。朱氏的「跪坐拜說」原擬克服蘇軾 (1036-1101) 於孔廟塑像匍匐而食之譏，[153] 於撤像之說並無堅持之意。[154] 明初，朱學學者宋濂 (1310-1381) 卻援此說動太祖，[155] 並曾一度施行於南京太學；故宋訥 (1311-1390) 奉命所撰的〈大明勑建太學碑〉內錄有「夫子而下，像不土繪，祀以神主，數百年夷習乃革」的讚辭。[156] 而碑中「夷習」二字，已隱約透露此一更革並非單純的禮制問題，朝代更迭與夷夏之辨恐方是箇中底蘊。

太祖改制固然中輟，未及遍行天下。而後間間續續雖有人重提此說，均未得重視。朝廷維持舊制的決心可由憲宗成化十七年 (1481) 的案件爲例：該年有國子監丞祝瀾，上疏欲以木主改塑像，立遭貶謫。[157] 可是至世宗此一形勢突然逆

---

[150] 朱金城，《白居易集箋校》（上海：上海古籍出版社，1988），卷六五，頁3545。佛教雕塑可略參考金申，《中國歷代紀年佛像圖典》（北京：文物出版社，1994）；與金申，《佛教雕塑名品圖錄》（北京：北京工藝美術出版社，1995）。

[151] 丘濬，《大學衍義補》（台北：台灣商務印書館，文淵閣四庫全書），卷六五，頁12上。

[152] 丘濬之言僅能就孔廟本身理解，其它祭祀則難以概括。清代的趙翼即不作如是觀。比較趙翼，《陔餘叢考》（台北：世界書局，1960），卷三二，頁21上-下，〈塑像〉條。

[153] 孔凡禮，《蘇軾文集》（北京：中華書局，1992），卷七，頁203。

[154]〈跪坐拜說〉又通稱〈白鹿禮殿塑像說〉。見秦蕙田，《五禮通考》（桃園：聖環圖書公司，1994），卷一一八，頁29下。朱子「跪坐拜說」見朱熹，《朱子大全》（台北：台灣中華書局，四部備要），卷六八，頁1上-2下。又黎靖德，《朱子語類》（北京：中華書局，1986），卷三，頁52。

[155] 宋濂，《宋學士全集》（叢書集成初編），卷二八，頁1019-1022。

[156] 宋訥，《西隱文稿》（台北：文海出版社，1970），卷七，頁388。另請參閱拙文〈毀像與聖師祭〉，《大陸雜誌》99.5(1999)：1-8。

[157] 沈德符，《萬曆野獲編》（北京：中華書局，1980），卷十四，頁361。又朱國禎，《湧幢小品》（台北：新興書局，筆記小說大觀），卷十六，頁1下。

轉。嘉靖九年 (1530)，世宗藉改制孔廟，以打壓文官集團，[158] 下詔：孔子不得稱「王」，改稱「先師」，從祀諸賢咸削爵稱，並毀塑像，用木主、去章服，祭器減殺。[159] 結果「群議沸騰」，[160] 朝臣黎貫率十三道御史合疏力爭，至以「取譏當時，貽笑後世」面折世宗；[161] 惟世宗挾人君之威，一意孤行，改制遂成定典。朝廷詔下文廟改用木主，革孔子封爵塑像，有司依違，「諸賢遺像，盡藏夾室中」。[162] 萬曆年間，儒臣王世貞 (1526-1590) 言及嘉靖孔廟改制，具奏云：

> 縉紳色沮而不敢吐者，六十年矣。乞以時改正。[163]

其沈痛之情可代表士人內心實感。後世史家亦不輕率放過世宗，稱他「改王稱師，毀像用主，儒者至今飲恨」。[164] 這恐是儒生不刊之論。

綜上所述，孔廟像設本爲單純的祭祀儀典，不意卻成人君與文官集團的角力場所，其得毀像無非專制君主的勝利。而此番倖存闕里一隅的孔廟塑像，終究難逃共產中國文化大革命的浩劫，淪爲政治鬥爭的最上祭品。[165] 總之，孔廟像設與統治者的關係正應驗了孟子「趙孟之所貴，趙孟能賤之」的警語。[166]

反觀基督教的毀像史則更形複雜。西元三世紀，一位重要的神學家——亞歷山大的奧勒岡 (Origen of Alexandria) 於答辯基督徒敵視聖像崇拜的緣故時，他說道：

> 基督徒與猶太人必須避免任何供奉肖像的廟宇和祭壇，因爲他們必得遵守誡律：「不可爲自己雕刻偶像，也不可作甚麼形像，彷彿上天、下地和地底下水中的百物，不可跪拜那些像，也不可事奉他。」[167]

---

158 詳細分析請參閱拙文〈道統與統治之間：從明嘉靖九年孔廟改制論皇權與祭祀禮儀〉，收入《優入聖域》，頁125-163。

159 黃彰健校，《明實錄》，《世宗實錄》卷一一九，頁4上。

160 仝上，卷一一九，頁6上。

161 黎貫，〈論孔子祀典疏〉，收入《廣東文徵》（香港：珠海學院，1973），卷六，頁209。

162 朱國楨，《湧幢小品》卷十六，頁4下；又顧炎武，《原抄本顧亭林日知錄》（台北：文史哲出版社，1979），卷十八，頁429。

163 轉引自費密，《弘道書》（怡蘭堂刻，1919），卷中，頁3上。

164 沈德符，《萬曆野獲編》，《補遺》卷一，頁812。

165 亞子、良子，《孔府大劫難》（香港：天地圖書公司，1992），頁139-160。

166 朱熹，《四書章句集注》，《孟子集注》卷十一，頁336。

167 Quoted in Jaroslav Pelikan, *Imago Dei: The Byzantine Apologia for Icons* (Princeton: Princeton University Press, 1990), pp. 1-2.

奧氏所謂的誡律便是摩西 (Moses)「十誡」(The Ten Commandments) 中的第二條。[168] 但偶像崇拜與藝術觀賞畢竟有所差別,[169] 所以早期的基督徒並不忌諱運用視覺藝術以呈現耶穌的生平事蹟,從而感化人心,取代舊有的信仰。而聖像崇拜與遺物信仰脫不了關係,前者崛起恐係後者風行所致。[170] 尤其在西元四世紀教禁解除之後,原來只用於地下墓穴或裝飾物的藝術品便名正言順地登上教會的大雅之堂。這些藝術品包括了壁畫、刺繡與雕刻,內容多是聖經故事或者耶穌、聖母與聖徒的肖像。作爲宣教的利器,教會權威早予以肯定。[171] 舉個例,六世紀的葛列哥律教皇便說:

> 崇拜畫像是一回事,從畫像中學習該崇拜的對象復是另回事,二者不得相提並論。圖像於觀者的意義就如同經書於讀者一般,不識字的無知者可從圖畫中窺知效法的對象。[172]

換言之,藝術品於爲數眾多的文盲尤有感召力,而教會忌諱僅是畫像崇拜。[173]

可是在基督教發展史上,依舊免除不了兩次牽聯甚廣的毀像風波。初回發生在西元七一一年與八四三年之間,起因是拜占庭帝國 (Byzantine Empire) 的里奧三世 (Leo Ⅲ) 執意實行「政教合一」政策,圖以最高的統治者兼宗教領袖,遂與東方教會的長老及羅馬教皇衝突起來。他深受異教徒(回教與猶太教)與小亞細亞教派的影響,憎惡偶像崇拜,於是下令毀像、沒收教產;拜占庭境內一時風

---

168 *The Old Testament, Exodus* 20: 4. 此處的「十誡」意指新教所訂,不同於天主教的十誡。按《舊約聖經》原無條目,天主教的十誡爲聖奧古斯丁所詮解。參見張治江、李芳園主編,《基督教文化》(吉林:長春出版社,1992),頁75-86。

169 近年的考古發掘證實初期的基督徒即以豐富的藝術創作,挪爲宗教之用。因此大有必要釐清基督徒「偶像禁忌」與「藝術運用」之別。是故早期教父禁止偶像崇拜的言論,亦必須稍加寬鬆的解讀。參見 Sister Charles Murray, "Art and the Early Church" in Paul Corby Finney ed., *Art, Archaeology, and Architecture of Early Christianity* (New York & London: Garland Publishing, Inc., 1993), pp. 303-345.

170 David Freedberg, *The Power of Images: Studies in the History and Theory of Response* (Chicago and London: The University of Chicago Press, 1989), p. 97.

171 基督徒揚棄羅馬帝國的藝術窠臼,以創意的手法呈現耶穌,俾便贏得廣大的信眾。此一貢獻,學界晚近方加肯定。參見 Thomas F. Mathews, *The Clash of Gods*, ch. 1. 傳統的看法則見 Ernst Kitzinger, *Early Medieval Art* (London: The British Museum, 1963), pp. 1-35.

172 Quoted by David Freedberg, ibid., p. 398.

173 即使下迄十六世紀新教改革者,並不反對以圖畫演示聖經的故事。毀像者所反對的僅是以偶像崇拜,取代對上帝眞正的信仰。在藝術呈現形式,東方教會慣用肖像 (icons) 與鑲嵌圖案 (mosaics),西方教會則偏好雕塑 (statues)。

聲鶴唳，僧侶、信徒人人自危。從鞏固中央政權的觀點出發，象徵地方離心力的聖像與聖徒信仰勢必淪爲打擊的對象，慘烈的宗教迫害遂無法避免。[174] 而後伴著政權的輪替，毀像時禁時弛，縱跨一個多世紀之久。[175]

此一時期，毀像不單是政爭的鮮明旗幟，且是神學論辯的核心課題；在歷次宗教會議中，雙方均引經據典，振振有詞。[176] 彼此傾軋的結局是：拜占庭帝國的勢力退出西方拉丁語區、羅馬教會亦毋得干涉東方希臘教區，落得兩敗俱傷，於二者的普世性格均有所折損。[177] 總之毀像一事絕非單純的政治事件，而十六世紀新教的毀像運動尤爲如此。

眾所皆知，下抵近古，教廷的光環業已褪色殆盡，而曾經是鼓舞人心的聖徒信仰亦已淪爲迷信的淵藪。[178] 教廷的貪瀆腐敗固然是不掩的事實，而地方上的教堂同樣充斥了作假的遺物與遺骸。有人就揭發四方耶穌受難的十字架，若聚集一處，三百人都舉抬不得；[179] 貯存聖母奶汁的瓶瓶罐罐更非稀品。針對上述信仰的悖謬，宗教改革乃應運而生，而第二波毀像運動無非是宗教改革的產物。

批判教會的浪潮並非突如其來，首啓風氣的是人文主義者伊瑞士馬 (Erasmus, 1466?-1536)。他藉著嫻熟的諷刺文體，恣意嘲弄時下信仰的百態，引起世人莫大的關注。其時便盛傳宗教改革由「伊氏下蛋（播種於前），路德孵蛋（收割於後）」，[180] 此語雖然不假；惟究其實，伊氏所行僅止於批判而已，尙未能提出嶄新的信仰形態。此一神學工程猶俟路德 (Martin Luther, 1483-1546) 與加爾文 (John Calvin, 1509-1564) 去完成。

---

174 Peter Brown, "A Dark Age Crisis: Aspects of the Iconoclastic Controversy", in his *Society and the Holy in Late Antiquity*, pp. 251-301.

175 此一段歷史可參閱 George Ostrogorsky, *History of the Byzantine State*, translated by Joan Hussey (New Brunswick, New Jersey: Rutgers University Press, 1957), chapter Ⅲ.

176 Jaroslav Pelikan, *Imago Dei*, p. 182. 西方的查理曼王朝 (Charlemagne) 曾一度呼應拜占庭的毀像風潮。

177 George Ostrogorsky, *History of the Byzantine State*, pp. 146-147.

178 參閱 A. H. M. Jones, *The Later Roman Empire, 284-602* (Norman: University of Oklahoma Press, 1964), vol. Ⅱ, pp. 957-964; Keith Thomas, *Religion and the Decline of Magic* (New York: Charles Scribner's Sons, 1971), pp. 25-50.

179 J. A. MacCulloch, "Relics", pp. 653-656.

180 Carlos M. N. Eire, *War Against the Idols: the Reformation of Worship from Erasmus to Calvin* (Cambridge: Cambridge University Press, 1989), p. 45.

析言之，路德神學最具意義的觀點便是「基督徒自由」的訴求。他當下肯定「信仰」(faith) 貴於「善工」(works)。信仰的依據源於直接閱讀凝聚上帝語言的聖經，而教會權威或其媒介，例如聖徒等等均在摒棄之列。他認爲人性具有精神與肉體的雙元性格，而信仰的目的即在於提昇內在的靈魂，和聖靈結合。[181] 他譴責遺物與聖像崇拜的褻瀆罪行，可是一朝毀像運動愈演愈烈，造成社會的騷擾不安，他原先堅決的態度又轉趨委婉。[182]

在這一方面，加爾文毫不妥協。他把路德的教義推展至極致。[183] 他的「預選說」(doctrine of predestination) 可說是信仰至上的邏輯結論。他復發揮人性二元論，極度重視精神的洗鍊，而唾棄物化。他認爲上帝只允許奇蹟出現在上古佈教的時期，而今已無演示奇蹟的可能。在此種觀點的籠罩之下，專職製造奇蹟與染有物化之嫌的遺物與聖像絕無立足之地。加爾文大加抨擊葛列哥律教皇的託詞：「形像爲文盲的課本」，並質疑有所謂「敬拜」(latria) 上帝和「服事」(dulia) 聖徒之分。[184] 他且撰有《遺物清單》(*Inventory of Relics*, 1543)，百般嘲諷聖徒的遺物崇拜。他直率地宣示：

> 以形像加諸上帝是非法的；（崇）拜偶像就是背叛真神。[185]

加氏的概念成爲「新教十誡」的基石。而由於聖徒信仰的分歧，歐洲的基督教遂分裂爲新、舊兩大陣營。在新教所化之區，宗教景觀全然改觀。新教教堂，返璞歸真，盡去繁華；聖經的說教代替了形形色色的聖像，理性取代了感性。原來潛存於人間世的聖徒信仰頓然消聲匿跡，神與人之間再無媒介可恃；面對渺不可知的上帝、面對不可逾界的「超越」(transcendence) 鴻溝，信徒獨有「恐懼與戰慄」(fear and trembling) 之份。[186]

---

181 Martin Luther, "The Freedom of a Christian", in J. M. Porter, *Luther: Selected Political Writings* (Philadelphia: Fortress Press, 1974), pp. 25-35.

182 Sergiusz Michalski, *The Reformation and the Visual Arts: the Protestant Image Question in Western and Eastern Europe* (London and New York: Routledge, 1993), pp. 18-36.

183 Ernst Troeltsch, *The Social Teaching of the Christian Churches*, translated by Olive Wyon (Louisville, Kentucky: Westminster / John Knox Press, 1992), vol. Ⅲ, pp. 576-581.

184 加爾文 (John Calvin)，《基督教要義》（香港：基督教輔僑出版社，1955），冊上，卷一，頁58-66。

185 仝上，冊上，卷一，頁54。

186 *The New Testament*, 1 *Corinthians* 2: 3. Cf. Carlos M. N. Eire, *War Against the Idols*, pp. 1-11.

統而言之，西方的毀像雖涉及政治與經濟諸層面，惟宗教自是主導的因素。[187] 人類學家透那 (Victor Turner) 曾以語言學的術語，疏解毀像背後的涵義。他認爲毀像恰似割裂「意旨」(the signified) 與「意符」(the signifier) 既存的連結環，然後再塑造新的世界觀（新的示意作用）。[188] 就新教而言，此一譬喻不無見地。既行毀像，聖徒信仰即無可依傍；於是萬宗歸一，以環繞耶穌爲核心的信仰形態再次登場。

換言之，新教改革源於嶄新宗教觀的出現，方導致毀像，其影響所及甚至達於俗世的學問。[189] 相較之下，儒教在毀像的過程之中，並未經歷類似的理論調適。嘉靖孔廟改制充其量只是反映專制人君於孔廟禮制「予取予求」的心態；而毀像之後，改用木主，象徵俗世尊榮的「章服亦無所施」。這種孤零零的窘境，中國素樸的古語「皮之不存，毛將安傅？」恰可領會。[190]

六、結論

毋論作爲踐履的典範或教義的傳承者，儒教聖賢和基督教聖徒皆擁有「家族的類似性」(family resemblances)。[191] 惟拙文乃著重「觀其大」、「求其異」，盼得凸顯二教之差別，並探索其根由。

---

[187] Ronald C. Finucane, *Miracles and Pilgrims*, p. 204.

[188] Victor Turner and Edith Turner, *Image and Pilgrimage in Christian Culture: Anthropological Perspectives* (New York: Columbia University Press, 1978), pp. 143-144.

[189] 例如十八世紀最負盛名的歷史作品——吉朋 (Edward Gibbon, 1737-1794) 的《羅馬興亡史》視基督教的信仰（以聖徒信仰爲迷信、愚昧的徵象）爲導致羅馬衰亡的重要因素。Edward Gibbon, *The Decline and Fall of the Roman Empire* (Chicago, London, and Toronto: Encyclopedia Britannica, Inc., 1952), vol. 1, pp. 464-467. 另外，啓蒙時期最重要的哲學家康德 (Immanuel Kant, 1724-1804) 在其提議的「道德宗教」(moral religion) 全然排除「奇蹟」的信仰。Immanuel Kant, *Religion within the Limits of Reason Alone*, translated by Theodore M. Greene and Hoyt H. Hudson (New York: Harper & Ron, 1960), pp. 79-86. 新教的倫理復改變西方經濟的活動。此一精闢分析參閱 Max Weber, *The Protestant Ethic and the Spirit of Capitalism*, trans. by Talcott Parsons (New York: Charles Scribner's Sons, 1958).

[190] 竹添光鴻，《左傳會箋》（台北：廣文書局，1968），卷五，頁69。

[191]「家族的類似性」取自 Ludwig Wittgenstein, *Philosophical Investigation*, translated by G. E. M. Anscombe (New York: Macmillan Publishing Co., 1968), p. 32.

本世紀之初，德國社會學家韋伯 (Max Weber, 1864-1920) 對儒教信仰的階層性業已有所解析；[192] 惟就「國家祭典」(state cult) 或「公共宗教」(public religion) 的層面，儒教猶留有詮釋的餘地。拙文企透過異文化禮制運作的對照，以揭露此一面相。

首先，南宋儒學宗師——朱熹 (1130-1200) 曾援「氣類」相求，以解說「今祭孔子必於學」。[193] 按廟學制行之久遠，如此所謂的「學」當必包括有「廟」（祭祀孔子之處）在內。若是，朱熹的說詞適披露儒教祭祀的機制在於「廟」。以下遂就孔廟與統治者、儒生和百姓三方面的關係來補充上述的分析。

首先，「祭孔」如同「祭天」，咸是統治階層的專利。在非常時期，是皇朝改朔易色或新王登基必行的禮儀；在承平之時，則爲國家春秋定期舉行的常典。換言之，祭孔已成爲帝國運行不可分割的一環，並非百姓得以覬覦。統治階層與儒教相互爲用的實情，明成祖 (1360-1424) 的〈御製重修孔子廟碑〉表達極爲扼要。成祖祈求孔聖道：

> 作我士類，世有大賢。佐我大明，於斯萬年。[194]

清代的雍正皇帝 (1678-1735) 更直言不諱：「孔子之教，在君上尤受其益。」[195] 毋怪帝制中國，朝廷掌控孔廟祀典至於滴水不露的程度，連身繫儒生從祀榮典亦不放過。[196]

除了皇帝的告示之文，遍佈儒生文集的〈告先聖文〉、〈廟學記〉等文類，[197]

---

[192] 韋伯注意到儒教的社會階層爲受教育或因此仕進的士大夫 (literati)。Max Weber, *The Religion of China*, translated by Hans H. Gerth (New York: The Macmillan Publishing Co., 1964), ch. 5. 德文原著作完成於一九一三年，刊載於一九一五年。

[193] 黎靖德編，《朱子語類》卷三，頁52。

[194] 葉盛，《水東日記》（北京：中華書局，1980），卷十九，頁191。

[195] 雍正諭禮部：「孔子之教在明倫紀、辨名分、正人心、端風俗，亦知倫紀既明，名分既辨，人心既正，風俗既端，而受其益者之尤在君上也。」轉引自龐鍾璐，《文廟祀典考》卷一，頁12下。

[196] 清朝不惜大興文字獄以嚴控孔廟祀典，參見《清代文字獄檔》（台北：華文書局，1969），第六輯，〈尹嘉銓爲父請謚並從祀文廟案〉。又孔氏後裔孔繼汾因整理孔氏家儀，與《大清會典》出入，慘遭整肅。見孔德懋，《孔府內宅軼事》（天津人民出版社，1982），頁30-320。

[197] 舉其例：朱熹，《朱子大全》卷八六；葉適，《葉適集》（北京：中華書局，1983），卷二六，頁535-537；薛瑄，《薛瑄全集》（太原：山西人民出版社，1990），冊上，卷二一，頁892-897。

亦可以示知祭孔旨在布宣教化，祈求國泰民安，而與個人趨吉避凶相去甚遠。儒教的公共性格於此再顯豁不過。

此外，與基督教堂大不相似，作爲儒教聖域的孔廟，其祭典參預者僅止官員與儒生而已；並且地方官甫上任之際，還得行晉謁之禮。其故源於漢初，高祖過魯曾以太牢祭祀孔廟；爾後「諸侯卿相至，常先謁然後從政」，上行下效遂成慣例。[198] 惟此尚拘闕里一隅。迄元朝，政府正式著令地方官「到任先詣先聖廟拜謁，方許以次詣神廟」。[199] 此處的「先聖廟」乃泛指地方上的孔廟而言，顯見孔廟的政治象徵凌越他廟之上。而官員倘怠忽祀典者，立遭激烈地譴責，例如明儒周雙溪爭之上官：

丁祀先師，國之大祭也，而有司失之略，況使民乎？[200]

這種理直氣壯的心態實爲長久政治文化塑模所致。

此外，孔廟復爲儒生改變身份的場所。自唐代舉行科考以來，貢舉人有晉謁先師之禮，後遂成常規。[201] 國子監或太學的孔廟成爲進士釋褐之所之外，明清以降，「舉人」列作功名，地方孔廟亦順勢成爲舉人釋褐之處。按「釋褐」乃由布衣晉身仕宦之禮，孔廟則爲其行禮之處。[202]

最後，儒教自稱是百姓「日用而不知，習焉而不察」的人倫道理，可是民眾與孔廟卻「形同路人」，漠不關心。套句清初禮學名家秦蕙田對「釋奠禮」的評語亦可略窺一二，他說道：

先聖尊而不親，不嫌於疏也。[203]

之所以致此，作爲私人宗教 (private religion)，基督教堂以聖徒升天之日作爲慶典，以符合信徒的需要。[204] 相對的，作爲官方宗教，孔廟祭典卻是方便全國一體奉行的春秋釋奠，與孔聖誕辰或個別聖賢殊無關聯。二教擇期之異適關係官、

---

198 司馬遷，《史記》卷四七，頁1945-1946。

199 呂元善，《聖門志》卷四，頁273。

200 楊起元，《證學編》，收入《四庫全書存目叢書》（台南：莊嚴文化公司，1995），卷三，頁9下。

201 劉昫，《舊唐書》卷二四，頁919；脫脫，《宋史》卷一〇五，頁2553-2554。

202 申時行，《明會典》（北京：中華書局，1988），卷九一，頁520；張廷玉，《明史》卷六七，頁1641；龐鍾璐，《文廟祀典考》卷五，頁25下。

203 秦蕙田，《五禮通考》卷一一七，頁1下。

204 Hippolyte Delehaye, *The Legends of the Saints*, translated by Donald Attwater (Dublin: Four Courts Press, 1998), pp. 138-139.

私的分野。[205] 甚至遲迄雍正五年 (1727)，孔子誕辰方由異族皇帝——清世宗初定爲齋日，遑論其他聖賢了。[206] 即使如此，士子仍閒少措意。梁啓超 (1873-1929) 在晚清所上的〈變法通議〉中即感歎道：

> 入學之始，（文昌、魁星）奉爲神明，而反於垂世立教至聖之孔子，薪火絶續，俎豆蕭條，生卒月日幾無知者。[207]

他復指出當時的學塾：

> 吾粤則文昌、魁星專席奪食，而祀孔子者殆絶矣！[208]

文昌、魁星向來認爲是司命、司祿之神，與百姓有切身的關係，相較之下，孔子神格則顯得模糊而遙遠。是故維新分子雖擬仿耶教「禮拜堂儀注，拜孔子廟」，但誠如守舊者葉德輝所指陳的：

> 若以施之於鄉愚，則孔廟不能投杯筊，而鄉愚不顧也；若以施之於婦人女子，則孔廟不能求子息，而婦女不顧也。[209]

葉氏的反對恰透露孔廟與普通民眾的距離，關於此點，魯迅 (1881-1936) 復有一段頗爲傳神的敘述。他說：

> 種種的權勢者使用種種的白粉給他（孔子）來化妝，一直抬到嚇人的高度。但比起後來輸入釋迦牟尼來，卻實在可憐得很。誠然，每一縣固然都有聖廟即文廟，可是一般的庶民，是決不去參拜的，要去，則是佛寺，或者是神廟。若向老百姓們問孔夫子是什麼人，他們自然回答是聖人，然而這不過是權勢者的留聲機。[210]

魯迅之所以說權勢者一直把孔子抬到嚇人的高度，是著眼歷史上的王朝往往以儒教作爲治國的依據。

---

[205] Cf. C. K. Yang, *Religion in Chinese Society* (Berkeley, Los Angeles, and London: University of California Press, 1961), pp. 145-146. 又初唐或之前，孔廟曾有四時致祭之儀；開元之後，孔廟春秋釋奠永爲常式。但毋論「四時致祭」或「春秋釋奠」均與個別聖賢無關。參見秦蕙田，《五禮通考》卷一一七，頁13上-25上。

[206] 龐鍾璐，《文廟祀典考》卷一，頁11下-12上。

[207] 梁啓超，《飲冰室文集》（台北：中華書局，1978），〈變法通議〉，頁49。

[208] 仝上，頁49。

[209] 蘇輿，《翼教叢編》（光緒二十四年武昌重刻本），卷六，〈葉吏部與劉先端黃郁文兩生書〉，頁17上。

[210] 魯迅，《魯迅全集》（北京：人民文學出版社，1973），《且介亭雜文二集》，〈在現代中國的孔夫子〉，頁316。

孔廟與百姓的隔閡復可舉毀像爲證。第八世紀及十六世紀，西方的毀像均逼使信眾走上街頭，釀成社會的動盪不安。[211] 而嘉靖毀像的反應卻僅止於朝廷士大夫的憤憤難平，並未波及下層民眾，二教信眾基礎的差異於此盡見。尤其毀像之後，換上只書寫聖賢名字的木主（姑不論先秦諸儒的奇形怪字），對於不識字的庶民，孔廟愈形玄遠莫測、庭院深深了；而他們只好裹足不前。總之，作爲儒教聖域的孔廟不止拒傳統百姓於千里之外，而且令浸淫於私人宗教（private religion，例如：基督教）範式的近代中國知識份子無從捉摸其獨特的宗教性格。[212]

末了，儒教和基督教均曾是傳統社會的精神支柱，其意義向無疑問。然自一九一九年以後，從祀制的運作戛然而止，而封聖制始復大行其道。[213] 這是否預示了在未來的世紀，二者將面臨截然不同的命運：儒教終致煙消雲散，長去不返？而基督舊教卻孕育著一陽來復的契機呢？諸如種種，皆發人深省。

（本文於一九九九年八月廿一日通過刊登）

---

211 George Ostrogorsky, *History of the Byzantine State*, pp. 144ff; Ronald C. Finucane, *Miracle and Pilgrims*, ch. 12; Carlos M. N. Eire, *War Against the Idols*, ch. 8.

212 請參閱拙文〈作爲宗教的儒教〉，頁184-190。

213 例如保羅二世 (John Paul II) 教皇任內已封聖二百八十人，遠超過二十世紀裏所有其他教皇的作爲。See 'Saint Makers', *U. S. News and World Report*, January 11, 1999, 54. 又近日天主教信徒積極推動德蕾莎修女 (Mother Teresa) 的封聖活動，見 'The Road to Sainthood', *Time*, May 17, 1999, 21.

附錄：孔廟從祀表（民國八年）

四配

〔東配〕

稱　謂	時　代	從祀時間
復聖顏子（回）	東周	至遲東漢
述聖子思子（孔伋）	東周	宋大觀二年（1108年）

〔西配〕

稱　謂	時　代	從祀時間
宗聖曾子（參）	東周	唐開元八年（720年）
亞聖孟子（軻）	東周	宋元豐七年（1084年）

十二哲

〔東哲〕

稱　謂	時　代	從祀時間
先賢閔子（損）	東周	唐開元八年（720年）
先賢冉子（雍）	東周	唐開元八年（720年）
先賢端木子（賜）	東周	唐開元八年（720年）
先賢仲子（由）	東周	唐開元八年（720年）
先賢卜子（商）	東周	唐貞觀二十一年（647年）
先賢有子（若）	東周	唐開元二十七年（739年）

〔西哲〕

稱　謂	時　代	從祀時間
先賢冉子（耕）	東周	唐開元八年（720年）
先賢宰子（予）	東周	唐開元八年（720年）
先賢冉子（求）	東周	唐開元八年（720年）
先賢言子（偃）	東周	唐開元八年（720年）
先賢顓孫子（師）	東周	唐開元二十七年（739年）
★※先賢朱子（熹）	宋	宋淳祐元年（1241年）

先賢、先儒

〔東廡先賢〕共四十人

姓　名	時　代	從祀時間
公孫僑	東周	清咸豐七年（1857年）
林　放	東周	唐開元二十七年（739年）
原　憲	東周	唐開元二十七年（739年）
南宮適	東周	唐開元二十七年（739年）
商　瞿	東周	唐開元二十七年（739年）
漆雕開	東周	唐開元二十七年（739年）
司馬耕	東周	唐開元二十七年（739年）
梁　鱣	東周	唐開元二十七年（739年）
冉　孺	東周	唐開元二十七年（739年）
伯　虔	東周	唐開元二十七年（739年）
冉　季	東周	唐開元二十七年（739年）
漆雕徒父	東周	唐開元二十七年（739年）
漆雕哆	東周	唐開元二十七年（739年）
公西赤	東周	唐開元二十七年（739年）
任不齊	東周	唐開元二十七年（739年）
公良孺	東周	唐開元二十七年（739年）
公肩定	東周	唐開元二十七年（739年）
鄡　單	東周	唐開元二十七年（739年）
罕父黑	東周	唐開元二十七年（739年）
榮　旂	東周	唐開元二十七年（739年）
左人郢	東周	唐開元二十七年（739年）
鄭　國	東周	唐開元二十七年（739年）
原　亢	東周	唐開元二十七年（739年）
廉　潔	東周	唐開元二十七年（739年）
叔仲會	東周	唐開元二十七年（739年）

公西輿如	東周	唐開元二十七年(739年)
邽　巽	東周	唐開元二十七年(739年)
陳　亢	東周	唐開元二十七年(739年)
琴　張	東周	唐開元二十七年(739年)
步叔乘	東周	唐開元二十七年(739年)
秦　非	東周	唐開元二十七年(739年)
顏　噲	東周	唐開元二十七年(739年)
顏　何	東周	唐開元二十七年(739年)
縣　亶	東周	清雍正二年(1724年)
牧　皮	東周	清雍正二年(1724年)
樂正克	東周	清雍正二年(1724年)
萬　章	東周	清雍正二年(1724年)
※ 周敦頤	宋	宋淳祐元年(1241年)
★※ 程　顥	宋	宋淳祐元年(1241年)
※ 邵　雍	宋	宋咸淳三年(1267年)

〔東廡先儒〕共三十九人

姓　名	時　代	從祀時間
公羊高	東周	唐貞觀二十一年(647年)
※ 伏　勝	漢	唐貞觀二十一年(647年)
毛　亨	漢	清同治二年(1863年)
※ 孔安國	漢	唐貞觀二十一年(647年)
※ 毛　萇	漢	唐貞觀二十一年(647年)
※ 杜子春	漢	唐貞觀二十一年(647年)
※ 鄭　玄	漢	唐貞觀二十一年(647年)
※ 諸葛亮	三國	清雍正二年(1724年)
※ 王　通	隋	明嘉靖九年(1530年)
★※ 韓　愈	唐	宋元豐七年(1084年)
※ 胡　瑗	宋	明嘉靖九年(1530年)

★※ 韓　琦	宋	清咸豐二年（1852年）
★※ 楊　時	宋	元至正十九年（1359年）
★※ 謝良佐	宋	清道光三年（1823年）
※ 尹　焞	宋	清雍正二年（1724年）
★※ 胡安國	宋	元至正十九年（1359年）
李　侗	宋	元至正十九年（1359年）
★※ 呂祖謙	宋	宋景定二年（1261年）
★※ 袁　燮	宋	清同治七年（1868年）
※ 黃　幹	宋	清雍正二年（1724年）
※ 輔　廣	宋	清光緒三年（1877年）
※ 何　基	宋	清雍正二年（1724年）
★※ 文天祥	宋	清道光二十三年（1843年）
王　柏	宋	清雍正二年（1724年）
※ 劉　因	元	清宣統二年（1910年）
陳　澔	元	清雍正二年（1724年）
※ 方孝孺	明	清同治二年（1863年）
★※ 薛　瑄	明	明隆慶五年（1571年）
胡居仁	明	明萬曆十二年（1584年）
★※ 羅欽順	明	清雍正二年（1724年）
★※ 呂　柟	明	清同治二年（1863年）
★※ 劉宗周	明	清道光二年（1822年）
★※ 孫奇逢	清	清道光八年（1828年）
※ 黃宗羲	清	清光緒三十四年（1908年）
張履祥	清	清同治十年（1871年）
★※ 陸隴其	清	清雍正二年（1724年）
★※ 張伯行	清	清光緒四年（1878年）
★※ 湯　斌	清	清道光三年（1823年）
顏　元	清	民國八年（1919年）

〔西廡先賢〕共三十九人

姓　名	時　代	從祀時間
蘧　瑗	東周	唐開元二十七年（739年）
澹台滅明	東周	唐開元二十七年（739年）
宓不齊	東周	唐開元二十七年（739年）
公治長	東周	唐開元二十七年（739年）
公晳哀	東周	唐開元二十七年（739年）
高　柴	東周	唐開元二十七年（739年）
樊　須	東周	唐開元二十七年（739年）
商　澤	東周	唐開元二十七年（739年）
巫馬施	東周	唐開元二十七年（739年）
顏　辛	東周	唐開元二十七年（739年）
曹　卹	東周	唐開元二十七年（739年）
公孫龍	東周	唐開元二十七年（739年）
秦　商	東周	唐開元二十七年（739年）
顏　高	東周	唐開元二十七年（739年）
壤駟赤	東周	唐開元二十七年（739年）
石作蜀	東周	唐開元二十七年（739年）
公夏首	東周	唐開元二十七年（739年）
后　處	東周	唐開元二十七年（739年）
奚容蒧	東周	唐開元二十七年（739年）
顏　祖	東周	唐開元二十七年（739年）
瞿井彊	東周	唐開元二十七年（739年）
秦　祖	東周	唐開元二十七年（739年）
縣　成	東周	唐開元二十七年（739年）
公孫句茲	東周	唐開元二十七年（739年）
燕　伋	東周	唐開元二十七年（739年）
樂　欬	東周	唐開元二十七年（739年）
狄　黑	東周	唐開元二十七年（739年）

孔　忠	東周	唐開元二十七年（739年）
公西蒧	東周	唐開元二十七年（739年）
顏之仆	東周	唐開元二十七年（739年）
施之常	東周	唐開元二十七年（739年）
申　棖	東周	唐開元二十七年（739年）
左丘明	東周	唐貞觀二十一年（647年）
秦　冉	東周	唐開元二十七年（739年）
公明儀	東周	清咸豐三年（1853年）
公都子	東周	清雍正二年（1724年）
公孫丑	東周	清雍正二年（1724年）
★※　張　載	宋	宋淳祐元年（1241年）
※　程　頤	宋	宋淳祐元年（1241年）

〔西廡先儒〕共三十八人

姓　名	時　代	從祀時間
谷梁赤	東周	唐貞觀二十一年（647年）
高堂生	漢	唐貞觀二十一年（647年）
※　董仲舒	漢	唐貞觀二十一年（647年）
※　劉　德	漢	清光緒二年（1876年）
※　后　蒼	漢	明嘉靖九年（1530年）
※　許　慎	漢	清光緒元年（1875年）
※　趙　岐	漢	清宣統二年（1910年）
※　范　寧	晉	唐貞觀二十一年（647年）
★※　陸　贄	唐	清道光六年（1826年）
★※　范仲淹	宋	清康熙五十四年（1715年）
★※　歐陽修	宋	明嘉靖九年（1530年）
★※　司馬光	宋	宋咸淳三年（1267年）
★※　游　酢	宋	清光緒十八年（1892年）
※　呂大臨	宋	清光緒二十一年（1895年）

※　羅從彥	宋	明萬曆四十一年（1613年）
★※　李　綱	宋	清咸豐元年（1851年）
※　張　栻	宋	宋景定二年（1261年）
★※　陸九淵	宋	明嘉靖九年（1530年）
※　陳　淳	宋	清雍正二年（1724年）
★※　真德秀	宋	元至正十九年（1359年）
蔡　沈	宋	元至正十九年（1359年）
★※　魏了翁	宋	清雍正二年（1724年）
趙　復	元	清雍正二年（1724年）
※　金履祥	元	清雍正二年（1724年）
★※　陸秀夫	宋	清咸豐九年（1859年）
※　許　衡	元	元皇慶二年（1313年）
★※　吳　澄	元	明正統八年（1443年）
※　許　謙	元	清雍正二年（1724年）
★※　曹　端	明	清咸豐十年（1860年）
★※　陳獻章	明	明萬曆十二年（1584年）
★※　蔡　清	明	清雍正二年（1724年）
★※　王守仁	明	明萬曆十二年（1584年）
★※　呂　坤	明	清道光六年（1826年）
★※　黃道周	明	清道光五年（1825年）
★※　王夫之	清	清光緒三十四年（1908年）
陸世儀	清	清光緒元年（1876年）
※　顧炎武	清	清光緒三十四年（1908年）
★※　李　塨	清	民國八年（1919年）

崇聖祠

〔東配先賢〕

稱　謂	時　代	從祀時間
孔孟皮	東周	清咸豐七年（1857年）
顏無繇	東周	唐開元二十七年（739年）
孔　鯉	東周	宋咸淳三年（1267年）

〔西配先賢〕

稱　謂	時　代	從祀時間
曾　點	東周	唐開元二十七年（739年）
孟孫激	東周	明嘉靖九年（1530年）

〔東廡先儒〕

稱　謂	時　代	從祀時間
★※ 周輔成	宋	明萬曆二十三年（1595年）
※ 程　珦	宋	明嘉靖九年（1530年）
※ 蔡元定	宋	明嘉靖九年（1530年）

〔西廡先儒〕

稱　謂	時　代	從祀時間
※ 張　迪	宋	清雍正二年（1724年）
★※ 朱　松	宋	明嘉靖九年（1530年）

符號：※代表文官；★代表擁有舉人或進士的功名。

*上表依據龐鍾璐《文廟祀典考》（同治四年）、牛樹海《文廟通考》（同治十一年）、陳錦文《文廟祀位次考》（光緒十二年）、孫樹義《文廟續通考》(1934) 與駱承義與郭克煜的《孔子故里勝跡》（山東：齊魯書社，1990），頁94-101，修訂而成。

引用書目

一、傳統文獻

孔凡禮，《蘇軾文集》，北京：中華書局，1992。
孔元措，《孔氏祖庭廣記》，商務印書館，叢書集成初編，1965。
孔傳，《東家雜記》，上海商務印書館，1936。
孔繼汾，《闕里文獻考》（乾隆二十七年），1762。
牛樹海，《文廟通考》（同治十一年），1872。
王世貞，《弇州山人四部稿》，台北：偉文圖書公司，1976。
王溥，《唐會要》，京都：中文出版社，1978。
丘濬，《大學衍義補》，台灣商務印書館，文淵閣四庫全書。
加爾文 (John Calvin)，《基督教要義》，香港：基督教輔僑出版社，1955。
司馬遷，《史記》，台北：泰順書局，1971。
申時行，《明會典》，北京：中華書局，1988。
朱金城，《白居易集箋校》，上海：上海古籍出版社，1988。
朱國楨，《湧幢小品》，台北：新興書局，筆記小說大觀，1984。
朱熹，《四書章句集注》，北京：中華書局，1983。
朱熹，《朱子大全》，台北：台灣中華書局，四部備要，1965。
竹添光鴻，《左傳會箋》，台北：廣文書局，1968。
佚名，《廟學典禮》，浙江古籍出版社，1992。
呂元善，《聖門志》，台灣商務印書館，叢書集成初編。
宋訥，《西隱文稿》，台北：文海出版社，1970。
宋濂，《元史》，台北：鼎文書局，1980。
宋濂，《宋學士全集》，叢書集成初編。
李之藻，《頖宮禮樂疏》，台灣商務印書館，文淵閣四庫全書，1983。
杜佑，《通典》，北京：中華書局，1988。
沈德符，《萬曆野獲編》，北京：中華書局，1980。
邢昺，《孝經正義》（十三經注書疏本）。
房玄齡，《晉書》，台北：鼎文書局，1987。
施蟄存，《水經注碑錄》，天津古籍出版社，1987。
洪适，《隸釋》，台灣商務印書館，文淵閣四庫全書，1983。
洪邁，《夷堅志》，台北：明文書局，1982。
胡一堂修，《臨川縣志》，台北：成文出版社，1989。

范曄，《後漢書》，台北：鼎文書局，1983。
孫承澤，《天府廣記》，北京出版社，1962。
徐珂，《清稗類鈔》，台灣商務印書館，1966。
班固，《漢書》，台北：鼎文書局，1987。
秦蕙田，《五禮通考》，桃園：聖環圖書公司，1994。
袁桷，《清容居士集》（四部叢刊初編縮本）。
張廷玉，《明史》，台北：鼎文書局，1979。
脫脫，《宋史》，台北：鼎文書局，1978。
許嵩，《建康實錄》，北京：中華書局，1986。
陳士珂，《孔子家語疏證》，台北：商務印書館，1976。
陳壽，《三國志》，台北：鼎文書局，1983。
陳錦文，《文廟祀位次考》，（光緒十二年）。
程敏政，《篁墩文集》，台北：台灣商務印書館，文淵閣四庫全書，1983。
費密，《弘道書》，怡蘭堂刻，1919。
賀遂亮，《益州學館廟堂記》，殘文收入陸增祥，《入瓊室金石補正》，台北：新文豐出版公司，石刻新編史料。
馮夢龍輯，《古今小說》，收入《古本小說叢刊》，北京：中華書局，1990。
黃宗羲著、全祖望補修，《宋元學案》，台北：中華書局，1986。
黃彰健校，《明實錄》，台北：中央研究院歷史語言研究所。
楊勇，《世說新語校箋》，台北：明倫出版社，1970。
楊起元，《證學編》，收入《四庫全書存目叢書》，台南：莊嚴文化公司，1995。
楊衒之，《洛陽伽藍記校注》，台北：華正書局，1980。
葉盛，《水東日記》，北京：中華書局，1980。
葉適，《葉適集》，北京：中華書局，1983。
劉禹錫，《劉禹錫集》，上海人民出版社，1975。
歐陽修，《新唐書》，台北：鼎文書局，1980。
潘相，《曲阜縣志》（乾隆三十九年刊本），台北：學生書局，1968。
黎貫，〈論孔子祀典疏〉，收入《廣東文徵》，香港：珠海學院，1973。
黎靖德，《朱子語類》，北京：中華書局，1986。
蕭嵩，《大唐開元禮》，台灣商務印書館，四庫全書珍本，1978。
薛瑄，《薛瑄全集》，太原：山西人民出版社，1990。
謝方校釋，《職方外紀校釋》，北京：中華書局，1996。
瞿九思，《孔廟禮樂考》（明萬曆年間）。
魏徵，《隋書》，台北：鼎文書局，1980。
龐鍾璐，《文廟祀典考》，台北：中國禮樂學會，1977。

蘇輿，《翼教叢編》（光緒二十四年武昌重刻本）。
顧炎武，《原抄本顧亭林日知錄》，台北：文史哲出版社，1979。
酈道元，《水經注疏》，江蘇古籍出版社，1989。

二、近人論著

孔德懋
1982 《孔府內宅軼事》，天津人民出版社。
余英時
1980 《中國知識階層史論》〈古代篇〉，台北：聯經出版事業公司。
1987 《中國思想傳統的現代詮釋》，台北：聯經出版事業公司。
李喬
1990 《中國行業神崇拜》，北京：中國華僑出版社。
杜正勝
1991 〈形體、精氣與魂魄——中國傳統對「人」認識的形成〉，《新史學》2.3。
邢義田
〈漢代孔子見老子畫像的構成及其在社會、思想史上的意義〉（未刊稿）。
亞子、良子
1992 《孔府大劫難》，香港：天地圖書公司。
金申
1994 《中國歷代紀年佛像圖典》，北京：文物出版社。
1995 《佛教雕塑名品圖錄》，北京：北京工藝美術出版社。
故宮博物院文獻館（北京）編
1969 《清代文字獄檔》，台北：華文書局。
孫樹義
1934 《文廟續通考》。
宮衍興、王政玉
1994 《孔廟諸神考》，濟南：山東友誼出版社。
章太炎
1985 《章太炎全集》，上海人民出版社。
張怡江、李芳園
1992 《基督教文化》，吉林：長春出版社。
梁啓超
1978 《飲冰室文集》，台北：中華書局。

陳國棟

1992 〈哭廟與焚儒服〉，《新史學》3.1。

陳寅恪

1981 《陳寅恪先生文集》，台北：里仁書局。

陳登原

1984 《國史舊聞》，台北：明文書局。

黃進興

1994 《優入聖域》，台北：允晨文化公司。

1997 〈作爲宗教的儒教：一個比較宗教的初步探討〉，《亞洲研究》23（香港）。

1999 〈毀像與聖師祭〉，《大陸雜誌》99.5。

楊永昌

1981 《漫談清真寺》，寧夏人民出版社。

輔仁神學著作編譯會

1996 《神學辭典》，台北：光啓出版社。

魯迅

1973 《魯迅全集》，北京：人民文學出版社。

蕭啓慶

1999 《元朝史新論》，台北：允晨文化公司。

駱承義、郭克煜

1990 《孔子故里勝跡》，山東：齊魯書社。

三、英文書目

The Bible (The Old Testament and The New Testament).

Attwater, Donald with Catherine Rachel John

1995 *The Penguin Dictionary of Saints*. London: Penguin Books.

Brown, Peter

1969 *Augustine of Hippo*. Berkeley and Los Angeles: University of California Press.

1982 *Society and the Holy in Late Antiquity*. Berkeley and Los Angeles: University of California Press.

1982 *The Cult of the Saints*. Chicago: The University of Chicago Press.

Buckhardt, Jacob

1949 *The Age of Constantine the Great*, trans., Moses Hadas. Berkeley and Los Angeles: University of California Press.

Cheethan, Nicolas

1982 *A History of the Popes*. New York: Dorset Press.

de Voragine, Jacobus

1993 *The Golden Legend*, trans., William Granger Ryan. Princeton: Princeton University Press.

Delehaye, Hippolyte

1998 *The Legends of the Saints*, trans., Donald Attwater. Dublin: Four Courts Press.

Eire, Carlos M. N.

1989 *War Against the Idols: the Reformation of Worship from Erasmus to Calvin*. Cambridge: Cambridge University Press.

Eisenman, Robert

1996 *James the Brother of Jesus*. New York: Viking Penguin.

Eliade, Mircea ed.

1995 *The Encyclopedia of Religion*. New York: Simon & Schuster Macmillan.

Elie, Paul

1998 "The Patron Saint of Paradox", *The New York Times Magazine*, November 8.

Erlande-Brandenburg, Alain

1984 *Saint-Denis' Basilica*, trans., Angela Moyon.

St. Patrick's Cathedral, Charlotte, NC: C. Harrison Conroy Co., n. d.

Farmer, David Hugh

1992 *The Oxford Dictionary of Saints*. Oxford and New York: Oxford University Press.

Finney, Paul Corby ed.

1993 *Art, Archaeology, and Architecture of Early Christianity*. New York & London: Garland Publishing, Inc.

Finucane, Ronald C.

1977 *Miracles and Pilgrims: Popular Beliefs in Medieval England*. Totowa, N. J.: Rowman and Littlefield.

Freedberg, David

1989 *The Power of Images: Studies in the History and Theory of Response*. Chicago and London: The University of Chicago Press.

Geary, Patrick J.

1994 *Living with the Dead in the Middle Ages*. Ithaca and London: Cornell University Press.

Gibbon, Edward

1952 *The Decline and Fall of the Roman Empire*. Chicago, London, and Toronto: Encyclopedia Britannica, Inc.

Gurevich, Aron

1993 *Medieval Popular Culture*, trans., Janos M. Bak and Paul A. Hollingsworth. Cambridge: Cambridge University Press.

Hallam, Elizabeth

1994 *Saints: Who they are and how they help you*. New York: Simon & Schuster.

Hawley, John Stratton ed.

1987 *Saints and Virtues*. Berkeley, Los Angeles, and London: University of California Press.

Huizinga, Johan

1996 *The Autumn of the Middle Ages*, trans., Rodney J. Payton and Ulrich Mammitzsch. Chicago: The University of Chicago Press.

Jones, A. H. M.

1964 *The Later Roman Empire, 284-602*. Norman: University of Oklahoma Press.

Kant, Immanuel

1960 *Religion within the Limits of Reason Alone*, trans.,Theodore M. Greene and Hoyt H. Hudron. New York: Harper & Ron.

Kemp, Eric Waldram

1948 *Canonization and Authority in the Western Church*. London: Oxford University Press.

Kenny, Anthony

1994 *Aquinas on Mind*. London and New York: Routledge.

Kieckhefer, Richard and George D. Bond eds.

1988 *Sainthood: Its Manifestations in World Religions*. Berkeley, Los Angeles, and London: University of California Press.

Kitzinger, Ernst

1963 *Early Medieval Art*. London: The British Museum.

1980 *Byzantine Art in the Making: Main Line of Stylistic Development in Mediterranean Art 3rd-7th Century*. Cambridge, Massachusetts: Harvard University Press.

Le Goff, Jacques ed.

1990 *The Medieval World*. London: Collins & Brown.

Liebeschuetz, J. H. W. G.

1979 *Continuity and Change in Roman Religion*. Oxford: Oxford University Press.

Lowden, John

1998 *Early Christian & Byzantine Art*. London: Phaidon.

MacCulloch, J. A. and Vincent A. Smith

1925 "Relics (Primitive and Western)" and "Relics (Eastern)", James Hastings ed., *Encyclopaedia of Religion and Ethics*. New York: C. Scribner's Sons.

MacMullen, Ramsay

1984 *Christianizing the Roman Empire (A. D. 100-400)*. New Haven and London: Yale University Press.

Mathews, Thomas F.

1993 *The Clash of Gods: A Reinterpretation of Early Christian Art*. Princeton: Princeton University Press.

McBrien, Richard P.

1994 *Catholicism*. San Francisco: Harper Collins Publisher.

Michalski, Sergiusz

1993 *The Reformation and the Visual Arts: the Protestant Image Question in Western and Eastern Europe*. London and New York: Routledge.

Nolan, Mary Lee and Sidney Nolan

1989 *Christian Pilgrimage in Modern Western Europe*. Chapel Hill & London: The University of North Carolina Press.

Ostrogorsky, George

1957 *History of the Byzantine State*, trans., Joan Hussey. New Brunswick, New Jersey: Rutgers University Press.

Pelikan, Jaroslav

1990 *Imago Dei: The Byzantine Apologia for Icons*. Princeton: Princeton University Press.

1996 *Mary Through the Centuries*. New Haven and London: Yale University Press.

Porter, J. M.

1974 *Luther: Selected Political Writings*. Philadelphia: Fortress Press.

Rothkrug, Lionel

1979 "Popular Religion and Holy Shrines", *Religion and the People, 800-1700*, ed., James Obelkevich. Chapel Hill: The University of North Carolina Press.

Saint Augustine

1952 *The City of God*, trans., Marcus Dods. Chicago: The University of Chicago Press.

1993 *Confessions*, trans., F. J. Sheed. Indianapolis and Cambridge: Hackett Publishing Company.

Stouck, Mary-Ann ed.

1999 *Medieval Saints: A Reader*. Canada: Broadview Press.

Thomas, Keith

1971 *Religion and the Decline of Magic*. New York: Charles Scribner's Sons.

Troeltsch, Ernst

1992 *The Social Teaching of the Christian Churches*, trans., Olive Wyon. Louisville, Kentucky: Westminster / John Knox Press.

Turner, Victor and Edith Turner

1978 *Image and Pilgrimage in Christian Culture: Anthropological Perspectives*. New York: Columbia University Press.

Vauchez, André

1997 *Sainthood in the Later Middle Ages*, trans., Jean Birrell. Cambridge: Cambridge University Press.

Walsh, Michael ed.

1991 *Butler's Lives of the Saints*. San Francisco: Harper Collins Publisher.

Weber, Max

1958 *The Protestant Ethic and the Spirit of Capitalism*, trans., Talcott Parsons. New York: Charles Scribner's Sons.

1964 *The Religion of China*, trans., Han H. Gerth. New York: The Macmillan Publishing Co.

Weinstein, Donald and Rudolph Bell

1986 *Saints & Society: The Two Worlds of Western Christendom, 1000-1700*. Chicago and London: The University of Chicago Press.

Wittgenstein, Ludwig

1968 *Philosophical Investigation*, trans., G. E. M. Anscombe. New York: Macmillan Publishing Co.

Woodward, Kenneth L.

1996 *Making Saints*. New York: Simon & Schuster.

Yang, C. K.

1961 *Religion in Chinese Society*. Berkeley, Los Angeles, and London: University of California Press.

Yü, Ying-shih

1987 "'O Soul, Come Back! '" "A Study in the Changing Conception of the Soul and Afterlife in Pre-Buddhist China," *Harvard Journal of Asiatic Studies* 47.2: 363-395.

Stone, Mary Ann ed.
1999 [illegible] Canada [illegible]

Thomas, Keith
[illegible] Religion and the Decline of Magic. New York: Charles Scribner's Sons.

Troeltsch, Ernst
1992 The Social Teaching of the Christian Churches. trans. Olive Wyon. Louisville, Kentucky: Westminster/John Knox Press.

Turner, Victor and Edith Turner
1978 Image and Pilgrimage in Christian Culture: Anthropological Perspectives. New York: Columbia University Press.

Vauchez, André
1997 Sainthood in the Later Middle Ages. trans. Jean Birrell. Cambridge: Cambridge University Press.

Walsh, Michael ed.
1991 Butler's Lives of the Saints. San Francisco: Harper Collins Publishers.

Weber, Max
1958 The Protestant Ethic and the Spirit of Capitalism. trans. Talcott Parsons. New York: Charles Scribner's Sons.
1951 The Religion of China. trans. Hans H. Gerth. New York: The [illegible] Publishing Co.

Weinstein, Donald and Rudolph Bell
1982 Saints & Society: The Two Worlds of Western Christendom, 1000-1700. Chicago and London: The University of Chicago Press.

Wittgenstein, Ludwig
1968 Philosophical Investigations. trans. G. E. M. Anscombe. New York: The Macmillan Publishing Co.

Woodward, Kenneth L.
1990 Making Saints. New York: Simon & Schuster.

Yang, C. K.
1961 Religion in Chinese Society. Berkeley, Los Angeles and London: University of California Press.

Yü Ying-shih
1987 "O Soul, Come Back! — A Study in the Changing Conceptions of the Soul and Afterlife in Pre-Buddhist China." Harvard Journal of Asiatic Studies 47.2: 363-395.

從瓦撒利 (Vasari) 論「淺平浮雕」(rilievo schiacciato) 談東拿帖羅 (Donatello) 浮雕創作的特色

花亦芬*

瓦撒利 (Giorgio Vasari) 在一五五〇年出版的《傑出藝術家傳記》中提出深浮雕 (mezzo rilievo)、淺浮雕 (basso rilievo) 及淺平浮雕 (rilievo schiacciato) 三種浮雕類別。但是因他對「淺平浮雕」的定義並不清楚，以致造成西方藝術史界在理解上眾說紛紜的困擾。本文嘗試回到瓦撒利的原文去釐清他對「淺平浮雕」的闡釋難解處究竟何在，並根據史料記載指出，浮雕在十五世紀上半葉並沒有被視爲獨立的創作類別。從「淺平浮雕」形式的開發上來肯定東拿帖羅 (Donatello) 的成就與當時的史實並不相符。此外，東拿帖羅致力於開發淺雕與極淺雕之藝術表現力，其源流應追溯自吉柏提 (Ghiberti) 開發浮雕底板表現深度空間感與西也納 (Siena) 淺雕傳統之影響。本文最後以創造連續敘事的場景、從觀眾觀視的角度營造可感知的深度空間以及帶領觀者進入作品呈現的戲劇化場景三個角度剖析東拿帖羅浮雕作品的主要特色。希望這三個特點的提出能爲東拿帖羅的浮雕研究開啓新的討論方向。

關鍵詞：瓦撒利(Vasari) 東拿帖羅(Donatello) 淺平浮雕(rilievo schiacciato) 立體(rilievo) 浮雕(relief)

* 國立陽明大學

一、序言：「淺平浮雕」(rilievo schiacciato)——一個定義混淆的藝術史術語

義大利藝術史家瓦撒利 (Giorgio Vasari, 1511-1574) 所著的《傑出藝術家傳記》（*Le Vite de' più eccellenti pittori, scultori e architettori*, 第一版1550年，第二版1568年）[1] 是歐洲史上第一本系統地撰述義大利文藝復興藝術成就的專著。自一五五〇年出版以來，一直是探討十四世紀初至十六世紀中葉義大利藝術史不可或缺的經典。在本書開論的「理論與創作技巧導論」(Introduzzione di Messer Giorgio Vasari pittore Aretino alle tre arti del disegno cioè architettura, pittura e scoltura) 專門討論浮雕的章節中，[2] 瓦撒利特別標舉佛羅倫斯十五世紀重量級雕刻家東拿帖羅 (Donatello, 1386/87-1466) 在創作「淺平浮雕」方面傑出的成就。自此「淺平浮雕」成為研究這位深刻啓發米開朗基羅 (Michelangelo Buonarroti, 1475-1564) 早年雕塑風格的前輩大師必不可少的討論重點。但是由於瓦撒利對「淺平浮雕」的定義並非十分明確清楚，西方藝術史學界在援用這個術語時，往往隨詮釋者個人的理解及立說的方向自瓦撒利的說法中衍伸出不同的重新定義，最終造成眾說紛紜的現象。

一九五七年詹森 (Horst W. Janson) 在其專著 *The Sculpture of Donatello* 一書中提到，要詳盡明確地定義淺平浮雕並非易事。他強調，淺平浮雕應表現空間的一致性及連貫性 (spatial unity and continuity)，並且藉浮雕原本具有的雕塑實體性，塑造畫面上的光影效果。[3] 上述兩項特質其實並不見於瓦撒利對淺平浮雕的闡釋中，而是受了十九世紀末德國雕塑理論家希爾德布朗 (Adolf von Hildebrand) 討論對浮雕創作的認知 (Reliefauffassung)，[4] 以及二十世紀上半葉德

---

[1] Giorgio Vasari, *Le Vite de' più eccellenti pittori, scultori e architettori nelle redazioni del 1550 e 1568*, eds. Rosanna Bettarini and Paola Barrochi, 6 vols. (Florence: Sansoni, 1966-1987) （以下簡稱：Vasari-BB）.

[2] Vasari-BB, vol. I, pp. 92-96.

[3] Horst W. Janson, *The Sculpture of Donatello*, 2 vols. (Princeton, New Jersey: Princeton University Press, 1957), vol. II, pp. 30f.

[4] Adolf von Hildebrand, *Kunsttheoretische Schriften*: *Das Problem der Form in der bildenden Kunst* (Baden-Baden: Verlag Heitz GmbH, 1st edition 1893, 10th edition 1961), pp. 31-38.

國著名的東拿帖羅研究學者考夫曼 (Hans Kauffmann)[5] 論淺平浮雕之影響而來的論點。[6] 一九七五年羅森瑙爾 (Artur Rosenauer) 在其專著《東拿帖羅早期藝術成就之研究：近代雕刻裡空間的延展問題》(*Studien zum frühen Donatello: Skulptur im projektiven Raum der Neuzeit*)[7] 一書中，完全避用瓦撒利創鑄的這個術語，而另創一個新辭彙「如畫般的浮雕」(das bildhafte Relief) 取代之。「如畫般的浮雕」指放棄雕塑實體可觸性，而在浮雕上營造十五、六世紀佛羅倫斯繪畫熱衷追求的深度空間感。由於「如畫般的浮雕」不受人物實體性隨距離遠近漸層遞減的規範限制，可將整個浮雕畫面如同繪畫平面般處理，在其上刻劃較爲繁複的敘事內容。此外，當代著名的文藝復興雕塑史學者波頗—漢納希 (John Pope-Hennessy) 在其生前最後一本專著 *Donatello Sculptor* 一書中，將淺平浮雕定義爲運用線性透視技巧構圖的大理石極淺雕，主要的創作方式是將繪製好的素描底稿直接傳移到大理石板上，再加以刻鑿。[8]

從字面的意義而言，“schiacciato” 意謂著「壓扁的、壓平的」，因此本文將 “rilievo schiacciato” 翻譯成「淺平浮雕」。這個術語首先出現在瓦撒利《傑出藝術家傳記》「理論與創作技巧導論」討論浮雕的章節中。瓦撒利以主題人物凸出於底板平面 (relief ground) 的程度區分三種浮雕類別——「深浮雕」(mezzo rilievo)、「淺浮雕」(basso rilievo) 及「淺平浮雕」，並分節闡述各項的創作要點與形式。瓦撒利認爲，「深浮雕」是古代浮雕藝術主要的創作形式，而「淺浮雕」及「淺平浮雕」應以東拿帖羅的作品爲典範。

正是由於瓦撒利高度推崇東拿帖羅在浮雕創作上的獨特成就，並將之與當時極力復興的希臘羅馬上古藝術相提並論，使得後世學者在研究東拿帖羅時，必得正視淺平浮雕的問題；但是又由於瓦撒利對此術語的定義頗爲混淆難解，因此造成現代研究者詮釋東拿帖羅的浮雕作品時，各說各話的困境。本文第二節嘗試回

---

[5] Hans Kauffmann, *Donatello: Eine Einführung in sein Bilden und Denken* (Berlin: Grotesche Verlagsbuchhandlung, 1935), pp. 58f.

[6] 希爾德布朗及考夫曼的論點牽涉到十九世紀末、二十世紀初對浮雕創作理論的爭辯，不在本文討論範圍內，將另作他文詳述。

[7] Artur Rosenauer, *Studien zum frühen Donatello: Skulptur im projektiven Raum der Neuzeit*, Wiener Kunstgeschichtlichte Forschungen III, hrsg. vom kunsthistorischen Institut der Universität Wien (Vienna: Verlag Adolf Holzhausens NFG, 1975), pp. 72-86.

[8] John Pope-Hennessy, *Donatello Sculptor* (New York: Abbeville Press, 1993), p. 115.

到瓦撒利的原文中去理解，他對「淺平浮雕」的闡釋究竟指涉爲何？混淆難解處到底何在？第三節將繼續深入反思，是否瓦撒利刻意從「淺平浮雕」的角度來闡發東拿帖羅浮雕創作的成就，是貼切、值得繼續援用的？如果不是，我們應該改從什麼方向切入，以確實了解東拿帖羅想透過浮雕作品傳遞的訊息？第四節將特別著重探討，如何從作品原具有的功能以及創作者如何逐步引領觀者感同身受地進入作品所呈現的場景與氛圍，來重新審視東拿帖羅在創作浮雕時，極欲塑造的藝術表現效果。

二、瓦撒利論三種浮雕形式

瓦撒利在《傑出藝術家傳記》的「理論與創作技巧導論」裡，標舉出三種浮雕類別並加以闡釋。這是歐洲藝術史學史及理論史上，首次將「浮雕」（現代義大利文：rilievo；英文：relief）——不論表達內容、作品功能及形式——直接視爲獨立造型藝術類別，並加以細分及闡釋特質的嘗試。這些說法深遠地影響了後世對文藝復興浮雕藝術的理解。若要深入討論瓦撒利對淺平浮雕的闡釋是否得當，首先應了解他對三種浮雕類型的定義。

1.「深浮雕」(mezzo rilievo)

瓦撒利首先使用 “mezzo rilievo” 來指稱現代藝術語彙慣稱的「深浮雕」(high relief)。[9] “Mezzo” 在義大利文是一半的意思，瓦撒利是從浮雕上主題人物約有一半以上的實體凸起於底板來論這個字面上應翻譯爲「半浮雕」的類別。在闡釋深浮雕時，他首先開宗明義指出，深浮雕是附著在二度平面上的雕塑作品：

> 雕塑家所稱深浮雕的人物，可在古代人爲了美化牆面而製作的敘事作品 (istorie) 上看到。而且古代人亦將其表現在劇場的牆上或凱旋門上。[10]

---

[9] 瓦撒利所謂的 “mezzo rilievo” 相當於現代所稱的「深浮雕」，參見：Louisa S. Maclehose and G. Baldwin Brown, *Vasari on Technique* (London: J. M. Dent & Company, 1907; New York: Dover Publications, 1960), p. 154, footnote 1; M. J. Liebmann, “Giorgio Vasari on Relief”, *Acta Historiae Artium* 27(1981): 281-286, particularly p. 281.

[10] Vasari-BB, vol. I, Ch. X, p. 92: “Quelle figure che gli scultori chiamano mez[z]i rilievi furono trovate già dagli antichi per fare istoria da adornare le mura piane, e se ne servirono ne' teatri e negli archi per le vittore”.

瓦撒利接著定義深浮雕上的人物實體性是完整造像的一半左右：

> 深浮雕如同繪畫一般，主要是在畫面上表現主題人物。深浮雕上的主題人物實體性爲完整造像的一半或比一半多一些。而位於中景的人物則部分被前景人物遮住，正如同遠景人物也被中景人物遮住。這個情況就像我們看活生生的人聚集擁擠在一起似的。[11]

爲了符合人類視覺經驗看到越遠的物象越小，所以創作深浮雕時，應注意遠近人物深淺大小相對的比例：

> 在深浮雕這個類別裡，爲了表達眼睛所見越遠的物體越小這個道理，他們只讓最遠景的人物凸顯出很低的實體性，其中有一些人頭部凸顯出的實體性甚至低到如同最遠景的屋舍與風景那樣的程度。[12]

深浮雕的創作注重隨距離的遠近依序遞減物象的實體深淺 (regola dello sfuggire e diminuire)。從實體感最強的前景人物一直到最遠景的人物與遠方景色，都應依照由前及後的順序遞減凸起的深度。是否能正確地將這種依序遞減的立體效果塑造出來，正是判斷深浮雕是否成功的關鍵因素。

2.「淺浮雕」(basso rilievo)

瓦撒利稱第二種浮雕類型爲淺浮雕 (basso rilievo)。在淺浮雕裡，人物與物象凸起於底板的程度只有深浮雕的一半。由於畫面上各物象實體的差距不太懸殊，所以創作的難度不像深浮雕那麼困難：

> 第二類稱爲淺浮雕。其凸起的程度少於深浮雕，實體性只有深浮雕的一半。在淺浮雕上可以正確地表現出平地、屋舍、遠眺的景色、樓梯和鄉間景緻，如我們可在東拿帖羅爲佛羅倫斯的聖羅倫斯教堂 (San Lorenzo) 所作的佈道壇上之銅雕、以及他創作的所有淺浮雕見到一般。東拿帖羅用極

---

[11] Vasari-BB, vol. I, Ch. X, p. 93: "il quale [i.e. mezzo rilievo], a similitudine d'una pittura, dimostra prima l'intero delle figure principali, o mez[z]e tonde o più come sono, e le seconde occupate dalle prime e le terze dalle seconde, in quella stessa maniera che appariscono le persone vive quando elle sono ragunate e ristrette insieme."

[12] Vasari-BB, vol. I, Ch. X, p. 93: "In questa specie di mez[z]o rilievo, per le diminuzione dell' occhio, si fanno l' ultime figure di quello basse, come alcune teste bassissime, e così i casamenti et i paesi che sono l'ultima cosa."

細微的觀察把這些作品表現得出神入化。這些作品在觀看時很容易理解，並不會有讓人感到錯愕的失誤或不合矩度的敗筆。正是因爲所有表達物象的凸起程度沒有那麼高，所以可避免上述的錯誤。[13]

基本上，瓦撒利仍沿用解析深浮雕的角度來說明淺浮雕。也就是說，人物、物象應隨距離遠近適度縮減實體的凸起深淺。但是，在淺浮雕上，由於各物象實體凸起性差距不大，所以在創作時比較容易控制適當的深淺比例。瓦撒利在論述中以東拿帖羅的作品作爲淺浮雕創作的範例。雖然他並沒有很明確地說明，是否東拿帖羅爲聖羅倫斯教堂兩個佈道壇（圖一、二）製作的所有銅雕都可歸爲淺浮雕。以鑲在北邊佈道壇上的一幅銅雕《耶穌墓旁的婦人》（圖三："Marys at Sepulchre"）爲例，故事人物的實體性幾近於三度立體全雕。若以放置在南邊佈道壇上著名的銅雕《哀泣基督之死》（圖四："Lamentation over the dead Christ"）爲例，則除了聖母馬利亞的頭部及左肩部的突出性較強，藉以投射陰影在耶穌臉上，加強畫面低鬱哀淒的視覺效果；以及除了框緣左右兩側的人物有部分的肢體較爲突出外，將這幅作品依瓦撒利的定義理解爲淺浮雕，基本上沒有什麼困難。

瓦撒利在《傑出藝術家傳記》裡的東拿帖羅傳中，將不少東拿帖羅的浮雕作品描述爲淺浮雕。例如，東拿帖羅最早期的作品之一《聖喬治屠龍記》（圖五："St. George and the Dragon", 1417/18, Museo Nazionale, Florence）[14] 以及他爲 Padua 城著名的聖安東尼教堂所鑄的祭壇銅雕（圖六："High Altar of the Santo", Basilica del Santo, Padua）[15] 與上述東拿帖羅爲聖羅倫斯教堂兩個佈道壇（圖一、二）製作的銅雕情況相同，在這種依靠許多幅較小的銅雕組合而成的大型作品上，東拿帖羅並不墨守一成不變的創作技法與形式。以上述的聖安東尼祭壇爲例，其上的銅雕《聖安東尼顯現在新生嬰兒身上的奇蹟》（圖七："Miracle of the

---

[13] Vasari-BB, vol. I, Ch. X, p. 94f: "Le seconda specie, che bassi rilievi si chiamano, sono di manco rilievo assai ch'il mez[z]o, e si dimostrano almeno per la metà di quegli che noi chiamiamo mez[z]o rilievo; e in questi si può con ragione fare il piano, i casamenti, le prospetive, le scale, et i paesi, come veggiamo ne' pergami di bronzo in San Lorenzo di Firenze et in tutti i bassi rilievi di Donato, il quale in questa professione lavorò veramente cose divine con grandissima osservazione. E questi si rendono a l'o[c]chio facili e senza errori o barbarismi, perché non sportano tanto in fuori che possino dare causa di errori o di biasimo."

[14] Vita Donatello, Vasari-BB, vol. III, p. 208.

[15] Vita Donatello, Vasari-BB, vol. III, p. 214.

Newborn Child", Basilica del Santo, Padua）便有實體性極強的人物凸起於底板上。相對地，在《聖安東尼顯現在逆子里奧納多 Leonardo 身上的奇蹟》（圖八："Miracle of the Wrathful Child", Basilica del Santo, Padua），則可看到構圖及刻劃都極爲繁複、細緻，而整體凸起程度極爲低平的浮雕。

3.「淺平浮雕」(rilievo schiacciato)

在闡釋淺浮雕時，瓦撒利特別標舉東拿帖羅的作品爲淺浮雕創作的典範。在闡釋「淺平浮雕」時，他又再度推崇東拿帖羅超卓的藝術成就：

> 第三種類別稱爲淺平浮雕 (bassi e stiacciati rilievi)。其主要的特質是在如同被鑿凹、壓平的浮雕 (amaccato e stiacciato rilievo) 上，表現出對人物造型的構思與勾畫 (disegno della figura)。淺平浮雕的創作頗爲困難，因爲它依靠豐富的構思與表現能力 (disegno) 以及創發力 (invenzione)。因爲是藉輪廓線來表現，所以想賦予淺平浮雕優雅感並非易事。東拿帖羅憑其精湛的技藝、構思與表現能力以及創發力，在這個領域的成就超出任何人。淺平浮雕這類作品可見於阿瑞丑 (Arezzo) 地區的古陶瓶、古代人物的造像 (figure)、面具以及其他古代的敘事作品上；同時亦可見於古代刻有浮雕的寶石 (cammei, 即英文 cameos) 以及用青銅鑄造的徽章及錢幣上。選擇淺平浮雕的技法來製作上列物品是考慮到，如果浮雕太高，便無法打造，因爲鎚子無法從模具上敲打出所要的型。用淺平浮雕正因爲它的凸起性極低，不需要花費太多體力便能就模具的凹槽敲打出所要的圖型。[16]

[16] Vasari-BB, vol. I, Ch. X, p. 95: "La terza spezie si chiamano bassi e stiacciati rilievi, i quali non hanno altro in sé che 'l disegno della figura con amaccato e stiacciato rilievo. Sono difficili assai, attesoché e' ci bisogna disegno grande e invenzione, avvengaché questi sono faticosi a dargli grazia per amor de' contorni. Et in questo genere ancora Donato lavorò meglio d'ogni artefice con arte, disegno et invenzione. Di questa sorte se n'è visto ne' vasi antichi aretini assai figure, maschere et altre storie antiche; e similmente ne' cammei antichi e nei conii da stampare le cose di bronzo per le medaglie, e similmente nelle monete. E questo fecero perché, se fossero state troppe di rilievo, non arebbono potuto coniarle, ch'al colpo del martello non sarebbono venute l'impronte, dovendosi imprimere i conii nella materia gittata, la quale, quando è bassa, dura poca fatica a riempire i cavi del conio."

在討論瓦撒利對第三種浮雕類型的詮釋之前，首先要釐清的是，現代西方藝術史研究慣稱的「淺平浮雕」這個術語其實是依據瓦撒利在《傑出藝術家傳記》中，對第三種浮雕類型幾個較爲繁瑣、又不太一致的指稱方式約定俗成而來的簡稱。在上面引述瓦撒利對淺平浮雕的論述文字中的第一句，他是用複數形式“bassi e stiacciati rilievi”稱謂第三種浮雕類型。用文法上單數形式來說，可稱之爲“basso e stiacciato rilievo”，中文字面上可翻成「低淺與被壓平的浮雕」(“stiacciato”與“schiacciato”其實爲同一字，在當時並沒有硬性規定正確的拼寫法；“schiacciato”則爲現代義大利文正確的拼法)。在接下來的句子中，瓦撒利又用“amaccato e stiacciato rilievo”(鑿凹的及壓平的浮雕)說明第三種浮雕的特性。在總結三種浮雕各自的特質時，瓦撒利只用「壓平的浮雕」“stiacciati”(“stiacciato”的複數形式)來指稱第三種浮雕類型。[17] 但是，在東拿帖羅傳中，瓦撒利沒有使用上述任何一個指稱方式來描述第三種浮雕類型；反而一致使用“schiacciato rilievo”來指稱數幅已無法完全確認的大理石浮雕，其中包括被梅迪曲 (Medici) 家族收藏的幾幅敘事作品 (storie)[18] 以及一幅聖母抱子像。[19] 此外，在解釋深浮雕時，瓦撒利曾提及，在深浮雕中，人物的實體凸起性應隨距離遠近漸次遞減，由最深至最淺，最後達到「壓平及低淺的浮雕」(rilievo stiacciato e basso) 之程度。[20]

瓦撒利藉著語意類似相近的辭彙來指稱第三種浮雕的特質。如果我們根據「深浮雕」及「淺浮雕」間的關係，也就是淺浮雕的實體凸起程度只有深浮雕的一半，來類推淺浮雕與淺平浮雕的關係，則基本上可以推論，瓦撒利是想用第三種浮雕類型——「淺平浮雕」——來描述比淺浮雕實體凸起性更低淺的浮雕類型。這個推論可從以下兩個事實得到佐證：第一，如前段末尾所述，瓦撒利在解釋深浮雕時曾提及，在深浮雕中人物應隨距離遠近漸次遞減實體凸起性，而且最低淺的部分應達到「壓平及低淺的浮雕」(rilievo stiacciato e basso) 之程度；第二，瓦撒利在東拿帖羅傳最後的贊辭中，總結東拿帖羅一生的藝術成就時談到，東拿帖羅

---

[17] Vasari-BB, vol. III, p. 96.

[18] Vasari-BB, vol. III, p. 211: “altre storie di marmi di figure bellissime e di schiacciato rilievo maravigliose”.

[19] Vasari-BB, vol. III, p. 218: “e fra l'altre una Nostra Donna col Figliuolo in braccio dentro nel marmo di schiacciato rilievo”.

[20] Vasari-BB, vol. I, Ch. X, p. 94.

創作的範圍包括所有雕塑的創作形式——立體全塑像 (tonde)、深浮雕(mezze)、淺浮雕 (basse) 以及極淺雕 (bassissime)。[21] 此處他並沒有用類似於"schiacciato"或"stiacciato"的用語來指稱，卻直接用"bassissime"（極淺雕）來描述。

當然，我們還可以繼續追問，到底淺到什麼程度才是極淺雕？當瓦撒利想藉著定義淺平浮雕的特質來突顯極淺雕的藝術價值時，我們卻可以發現，不同於他清楚地區別深浮雕及淺浮雕的不同，他並沒有嚴格定義淺平浮雕與淺浮雕的差別。相反地，他只是強調低平、甚或鑿凹進去的性質。淺浮雕與淺平浮雕兩者的區分界線沒有那麼嚴謹，亦可從以下的事實看出端倪：在定義淺平浮雕時，瓦撒利特意標舉阿瑞丑地區古陶瓶上的圖飾（圖九）作爲淺平浮雕的典範之一；但在《傑出藝術家傳記》第一卷的導論 (proemio) 中，他又將其稱之爲淺浮雕。[22]

根據上面的說明，基本上我們還是先接受淺平浮雕應是比淺浮雕更低淺的浮雕形式。接下來繼續針對瓦撒利對淺平浮雕的論析討論之。瓦撒利在對淺平浮雕的論述中，沒有像討論深浮雕與淺浮雕一般，提出可供具體觀察的要點，作爲判斷的依據。例如，強調人物實體性隨距離遠近由深入淺遞減以塑造距離層次感。取而代之的是，他提出了對人物造型的構思與勾畫 (disegno della figura) 是淺平浮雕創作的要點。「構思與表現力」(disegno) 在瓦撒利對整體藝術史的構想中，是藝術創作最首要、也是最基本的要素。創作者如何捕捉腦海中浮移、尚未成形的創作意念，使之具象化；並利用精湛熟練的素描技巧，將其生動地表現爲具有感發力的造型藝術品，瓦撒利統稱這整個過程爲「構思與表現力」。瓦撒利對此問題的討論亦可與他在《傑出藝術家傳記》第三部分的導言闡釋「構思與表現力」之義相互參照：

> 所謂「構思與表現力」是用雕塑或繪畫描摹大自然裡最美的人物造型。「構思與表現力」特質的展現仰賴的是精湛的手藝與藝術的才思，可以將眼睛所見的一切精確地在平面創作媒材——素描、紙張、任何塊面或其它任何材質的平面——上表達出來，就如同在雕塑中的浮雕上表現出來一般。[23]

[21] 見Vita Donatello, Vasari-BB, vol. III, p. 225: "E fu nientedimanco necessariissimo alla scultura il tanto operare di Donato in qualunque spezie di figure, tonde, mez[z]e, basse e bassissime".

[22] 見：Vasari-BB, vol. II, p. 10.

[23] Vasari-BB, vol. IV, p. 4: "Il disegno fu lo imitare il più bello della natura in tutte le figure, così scolpite come dipinte: la qual parte viene dallo aver la mano e l'ingegno che raporti tutto quello che vede l'occhio in sul piano, o disegni o in su fogli o tavola o altro piano giustissimo et apunto; e così di rilievo nella scultura."

如同克里司特勒 (Paul O. Kristeller) 指出，瓦撒利提出「構思與表現力」在造型藝術創作中的意義，主要在於將造型藝術創作提升到知性創作活動的境界，並往近現代所謂的「精緻藝術」(fine arts, Beaux Arts) 方向推進。在此理論基礎上，造型藝術的創作不再如先前般，只被視爲作坊 (workshop) 的手工業 (crafts) 製造活動。[24] 從這個角度來看瓦撒利闡釋「淺平浮雕」的特質，更可見其用心也是在突顯他藝術理論極力提倡的「構思與表現力」之意義與價值。然而，這個抽象特質的認定卻是屬於自由心證的範圍。如何判定一幅極淺雕是否具有瓦撒利所謂的「構思與表現力」，而可將之歸類爲「淺平浮雕」，是藝術史學研究無法客觀舉證及檢驗的。事實上，對瓦撒利而言，「構思與表現力」是所有造型藝術創作必備的前提。在闡釋「深浮雕」時他亦提到，「構思與表現力」是創作「深浮雕」必不可缺的。[25]

值得注意的是，在抽象的特質之外，瓦撒利提出淺平浮雕主要是依靠輪廓線來表現。也就是說，在實體凸起性已降低至最小限度的淺平浮雕上，個別人物與物象的造型以及彼此的前後空間關係，主要依賴輪廓線來表現。但是，這個陳述其實是很籠統的：第一，輪廓線存在於具有實體凸起性的圖像造型中，輪廓線也可見於從浮雕底板鑿凹進去的線條上；第二，輪廓線包含清楚的輪廓線，但也可包含適度淡化處理的輪廓線。

上述第一個疑問牽涉到淺平浮雕實體可觸性的問題。也就是說，是否淺平浮雕基本上已放棄雕塑品原應具有的實體可觸性，只是依靠在浮雕底板上刻鑿線條來表現題材內容？換言之，淺平浮雕創作究竟是「浮」雕或是「凹」雕？「凹」雕的形式常見於古埃及藝術中。但從藝術史文獻及十五、六世紀義大利的雕塑品，尤其是東拿帖羅的浮雕作品上，見不出可靠的蛛絲馬跡來推斷古埃及藝術的影響。在東拿帖羅可以被稱爲極淺雕或淺平浮雕的作品上，其實往往是「浮」雕畫面上，混合了不少直接在浮雕底板上刻鑿的線條，但這種表現方式與古埃及的「凹」雕大不相同。

---

[24] Paul O. Kristeller, "The Modern System of the Arts", reprinted in: Paul O. Kristeller, *Renaissance Thought and the Arts* (Princeton, New Jersey: Princeton University Press, 1990), pp. 163-227, particularly p.182.

[25] Vasari-BB, vol. I, Ch. X, p. 94: "ch'è necessario avere grandissimo disegno a volere in ciò mostrare il valore dello artefice".

以著名的大理石浮雕《希律王的宴會》（圖一〇："The Feast of Herod", c. 1425-35, Musée des Beaux-Arts, Lille）爲例，直接在底板上刻鑿的線條並非如瓦撒利論深浮雕時所述，只存在於最遠處的背景。在里葉 (Lille) 美術館收藏的這幅《希律王的宴會》中，整個格子地板從最前景到後景完全只用刻鑿的線條來表現。而右方樓梯部分的刻劃也不符合瓦撒利的說法，隨距離遠近漸層縮減物象造型的實體凸起深淺。從圖版一〇可以清楚地看出，空間上與畫面前景較接近的樓梯下半部，只用刻鑿的線條淡淡地暗示出來；而位於畫面背景部分的樓梯上半部，卻具有十分明顯的實體可觸性。同樣地，位於左邊中景的迴廊廊柱之輪廓線，實體凸起性遠勝於左邊前景裡任何一個人物的輪廓線造型。

上述第二個疑問牽涉到，浮雕畫面上的人物與浮雕底板間的關係。由於瓦撒利只談到，一切都依靠輪廓線來表達，但沒有確切表明，究竟在浮雕畫面上，不論前、中、遠景人物都應被清楚具體地刻劃出來，並與浮雕底板本身所代表的背景平面有清楚的區隔？還是表示有些人物的輪廓線可以適度地被淡化處理，在若隱若現的氛圍中，與週遭的場景交融在一起？在第一種情況下，浮雕底板只是毫無表現力的背景，人物浮顯於其上，但不與背景融合在一起。也就是說，浮雕底板意味著創作平面的極限。這可用東拿帖羅爲聖羅倫斯教堂所做的銅門爲例。這個銅門上的浮雕（圖一一："Martyrs' Door", c. 1435-40, Old Sacristy, San Lorenzo, Florence）表現出浮雕底板是藝術家構思的底限，所有畫面場景是從浮雕底板以上開始塑造的。在第二種情況下，浮雕底板則具有描述、表現空間深度的功能。藉著適度淡化遠景人物輪廓線，並將之與遠方景致融合爲一，可虛擬創造出漸遠漸淡的深度空間感。在這種情況下，浮雕底板不是創作與觀賞界面的底限。反之，如何虛擬浮雕底板的空間深度，使之脫離二度平面性，而在視覺上表現空間向內無限延伸的可能性，這是創作思考時極爲重要的基準點。這種情況可以用東拿帖羅爲西也納 (Siena) 大教堂受洗池所做的銅雕《希律王的宴會》（圖一二："The Feast of Herod", Baptistery, Siena）爲例。東拿帖羅在浮雕底板上虛擬出羅馬宮殿的場景，迴廊內尙有人物演奏音樂及出入其間，強烈的景深豐富了浮雕底板本身的敘事、描寫功能，並具有與前景互相呼應的力度。

如上面的分析，所謂淺平浮雕依賴輪廓線來表達，可以同時存在多種的解讀可能。由於瓦撒利並沒有詳論他所指稱的究竟爲何；而從東拿帖羅的作品亦可見到，每一種解讀方向都可在他的作品上見到相應的有效性；再加上瓦撒利在接下來對淺平浮雕的闡釋中，並沒有繼續緊扣輪廓線的問題加以詳述，所以對瓦撒利討論淺平浮雕輪廓線的問題，只能在接受不同詮釋可能的情況下，存而不論。[26]

瓦撒利接下來舉了古代阿瑞丑——佛羅倫斯附近的小鎮，也是瓦撒利本人的故鄉——陶瓶上黏附的淺雕（圖九）、人物的造像 (figure)、面具、敘事作品 (historie)、刻有浮雕的寶石、徽章、錢幣等，來說明淺平浮雕的源流。並從當時金匠藝術常用的、在模具上打鑄的創作技法來解釋淺平浮雕的創作要點。「人物的造像」及「敘事作品」是歐洲視覺藝術傳統上對人物造型及表現宗教、神話敘事題材作品的通稱，可同時用於繪畫與雕塑上。由於瓦撒利沒有舉出明確的作品供比對參考，在此很難進一步提供我們作爲釐清淺平浮雕問題的依據。至於瓦撒利舉出其他的上古工藝品——阿瑞丑古陶瓶、刻有浮雕的珠寶、徽章、錢幣——作爲淺平浮雕創作形式的源流，又提出用金屬薄片在模具上敲打以製造器物的創作方式，爲選擇淺平浮雕的原因，亦顯得難解。

瓦撒利在寫作《傑出藝術家傳記》時，不放棄任何可資利用的機會宣揚自己家鄉阿瑞丑藝術文化成就之超絕優異，[27] 以及高抬瓦撒利家族在藝術創作上之傑出貢獻，可在他將阿瑞丑古陶瓶列爲希羅上古文化之重要藝術成就之一，[28] 並將重新發現阿瑞丑古陶瓶之製作秘訣完全歸功於自己的祖父——亦名之爲 Giorgio Vasari[29] ——幾件事上見出端倪。故在推崇淺平浮雕藝術價値之際，將阿瑞丑古陶瓶一併算入淺平浮雕之源流，雖然沒有確切可信的線索可以佐證，但就瓦撒利喜愛光宗耀祖之撰述習慣而言，並不難理解。至於其他如寶石上的浮雕、錢幣、徽章，以及在模具上敲打以製作器物等，均屬於當時金匠藝術的創作範圍與技法。金匠藝術由於處理的材質屬於貴金屬，在中古及文藝復興時代受到相當的重視。但是，以金匠藝術的創作方式與藝術價値來詮釋東拿帖羅的浮雕成就，卻顯得格格不入。因爲這不僅與東拿帖羅用青銅、大理石、甚或灰泥來創作浮雕的方向大不相同；東拿帖羅也不像金匠藝術家披撒內羅 (Pisanello, c. 1395-1455)，開創了十五世紀義大利金匠藝術的新風貌。披撒內羅所創作的錢幣與徽章，有些是

---

26 Michael Godby 亦提及，瓦撒利論淺平浮雕的輪廓線有可質疑處。參見 Michael Godby, "A Note on *Schiacciato*", in *The Art Bulletin* 62(1980): 635-637, particularly p. 636.

27 有關這個問題參見：Paul Barolsky, *Why Mona Lisa Smiles and Other Tales by Vasari* (Pennsylvania: The Pennsylvania State University Press, 1991), pp. 88f.

28 Vasari-BB, vol. II, p. 10.

29 Vasari-BB, vol. III, pp. 293-298. Vasari 一姓即源自於義大利文「作瓶罐的人」"vasaio"。有關這個問題亦參見：Paul Barolsky, *Why Mona Lisa Smiles and Other Tales by Vasari*, pp. 91f.

仿效古羅馬的側面肖像，有些則充滿了文史典故與寓意。這些作品不僅廣受當時義大利上流階層與知識份子的喜愛，披撒內羅更被當時的人文學者視爲最有人文修養的藝術家。[30]

上述有關瓦撒利對淺平浮雕特質、源流以及創作方式的闡釋顯示出，瓦撒利在定義淺平浮雕時，想要同時兼顧的範圍遠比定義深浮雕及淺浮雕來得廣泛。他想藉著突顯一些不同的特質，以標舉東拿帖羅在浮雕創作上獨到的成就。但是，他所列舉的這些項目卻因定義不夠明確、甚且牽涉到一些與東拿帖羅浮雕創作未必有直接關聯的要素，而顯得籠統蕪雜。欲在此基礎上繼續探討東拿帖羅浮雕創作真正匠心獨具之處，反而造成眾說紛紜、莫衷一是的詮釋困境。如果我們接受瓦撒利的看法，肯定東拿帖羅在浮雕——尤其是淺雕、極淺雕——創作上，開創了時代的新風貌，那麼我們便該暫時放下學術術語帶來的詮釋迷障，重新回到當時的創作環境來理解東拿帖羅的浮雕創作在十五世紀上半葉雕塑史實際的意義。下一節將針對這些問題，提出一些反省性的看法。

三、從十五世紀雕塑史反省瓦撒利論「淺平浮雕」

雖然瓦撒利在東拿帖羅傳的結尾肯定他在雕塑創作領域全方位的成就，但是就浮雕而言，瓦撒利特別從創作形式上，肯定東拿帖羅在淺雕及淺平浮雕上不凡的成就。從創作形式的開發上肯定一個藝術家的貢獻，固然有其道理；而且這也符合瓦撒利在「理論與創作技巧導論」中，想要將浮雕視爲獨立藝術創作類型的構想。但是，就東拿帖羅所身處的十五世紀上半葉歷史環境、以及個人在藝術創作上接受到的啓發與影響而言，瓦撒利的詮釋恐怕不免落入遷就預設的理論框架、進而忽略了當時史實的失誤中。以下將從十五世紀雕塑史史實的角度，分成四個項目，討論瓦撒利以「淺平浮雕」這個新創術語的觀點，詮釋東拿帖羅浮雕成就的問題。

---

[30] Michael Baxandall 指出，十五世紀上半葉最廣受義大利人文學者稱賞的藝術家，並非瓦撒利《傑出藝術家傳記》中亟力稱賞、以及備受現代藝術史研究肯定的建築師布魯內斯基 (Brunelleschi)、雕塑家東拿帖羅以及畫家瑪撒丘 (Masaccio)，而是深受十四世紀末法國宮廷風格（俗稱的 International-Gothic）影響的畫家兼金匠藝術家披撒內羅。有關這個問題參見：Michael Baxandall, *Giotto and the Orators: Humanist observers of painting in Italy and the discovery of pictorial composition 1350-1450* (Oxford: Clarendon Press, 1971), pp. 91-96.

1. 東拿帖羅時代浮雕並沒有被視爲獨立的創作類型

雖然上古希臘羅馬藝術裡，不乏現代所謂的「浮雕」作品，但是與義大利文息息相關的拉丁文裡，並沒有完全相當於「浮雕」這個概念的字彙。羅馬作家普里尼 (Pliny the Elder, 23/4-79A.D.) 所著的《博物志》(*Naturalis Historia*)，是用 “toreutice”[31]（用任何材料雕鏤、雕塑、打造、澆鑄而成的物件及各式容器）一字來泛稱歐洲現代語文由 “rilievo” 這個字衍伸而來的「浮雕」概念。[32] 在中世紀及近代義大利文口語中，“rilievo” 的原意基本上是「凸起來」的意思。仔細檢查自十四世紀末至十五世紀義大利的藝術史典籍與各種文獻可以清楚地看出，“rilievo” 在當時主要用來形容藝術品在視覺上呈現的各種立體性，是一個具有語意多義性的字彙。“Rilievo” 語意範圍涵蓋了雕塑品原具有的實體凸起性，以及繪畫作品利用光影對比及色彩烘染在畫面上虛擬出的三度立體感。[33] 但有別於瓦撒利之後的語意變遷，“rilievo” 在十六世紀中期之前，並不特別用來指稱「浮雕」作爲雕塑裡獨立的創作類別。也就是說，“rilievo” 在當時是普遍描述性、而非特別指稱性的用語。十五世紀的「浮雕」主要爲建築物、祭壇、受洗池、講道壇或大型墓碑上附屬的一部份；如果獨立出現，往往是平置於教堂地板上的墓碑。此外，不同於現代藝術史研究的稱謂，當時所謂的「浮雕」作品主要是依據作品表現的內容或具有的功能，分別稱爲「敘事作品」(storia, istoria, historia)、[34]

---

[31] Pliny the Elder, *Naturalis Historia*, XXXIV, 19, 54-55. 參見：K. Jex-Blake and E. Sellers (eds.), *The Elder Pliny's Chapters on the History of Art* (Chicago: Argonaut Inc., Publishers, 1969), p. 42.

[32] 關於上古語彙無相對於現代的「浮雕」概念見：Henning Wrede, “Römische Reliefs griechischer Meister? Zur Antikenrezeption in der Renaissance”, in: Christoph Börker & Michael Donderer (eds.), *Das antike Rom und der Osten. Festschrift für Klaus Parlasca zum 65. Geburtstag* (Erlangen: Erlanger Forschungen. Rheihe A. Geisteswissenschaft, Bd. 56, 1990), pp. 219-234, particularly pp. 233f.

[33] “Rilievo” 這個字用在視覺藝術上應是出自作坊用語，最早的文獻記載見諸於佛羅倫斯畫家崔里尼 (Cennino Cennini) 所著的《畫家手册》(*Il libro dell'arte*，約撰於1390年)。從崔里尼對這個字彙的運用便可清楚看出此字具有的語意多義性。參見：Cennino Cennini, *Il libro dell'arte*, ed. Franco Brunello, 2nd edition (Vicenza: Neri Pozza Editore, 1982), Chs. 9, 67, 102, 126. 從藝術史的角度詳細分析 “rilievo” 一字在崔里尼此書中的各種意涵，參見拙著 (Yih-Fen Wang-Hua), *“Rilievo” in Malerei und Bildhauerkunst der Frühneuzeit*, Ph.D. diss., Universität zu Köln 1999, pp. 10-22.

[34] 例如：吉柏提 (Lorenzo Ghiberti) 在他的自傳——歐洲第一篇藝術家的自傳——上稱呼他

墓碑(sepultura/sepoltura)、[35] 雕著聖母像的圓盤 (uno tondo chon una Nostra Donna)[36] 等。有時間或以創作媒材的型式與材質稱之爲方板 (quadro,[37] tavola[38])、表現敘事題材的方板 (tavola et storia)[39] 等。

一四二七年東拿帖羅委託雕刻家米開羅佐 (Michelozzo) 爲他所寫的報人頭稅 (Catasto) 資料上，他是以「敘事作品」(historia) 稱謂他爲西也納大教堂受洗池所製作的銅雕《希律王的宴會》（圖一二）。[40] 此外，東拿帖羅以一幅銅雕聖母抱子像（現藏於倫敦 Victoria and Albert Museum）送給他的醫生克立尼 (Giovanni Chellini) 先生作爲支付醫藥費之用。在克立尼醫生的收支帳簿中，這幅作品被稱爲「圓盤」(tondo)，[41] 而非浮雕。

在東拿帖羅的時代，創作者並非如瓦撒利所言，藉著開發新的創作形式——例如，「淺平浮雕」——樹立個人獨特的藝術風格。雖然這並不表示，東拿帖羅在從事今日我們所謂的「浮雕」創作時，完全不會去思考與「浮雕」創作相關的形式與技巧問題。但是，東拿帖羅時代的雕塑家在創作所謂「浮雕」時，主要追

一四〇一年參加製作佛羅倫斯受洗教堂第二個銅門的甄選作品爲 "storia"/"istoria"。參見：Lorenzo Ghiberti, *I commentarii*, ed. Ottavio Morisani (Naples: Riccardo Ricciardi Editore, 1947), §19, p. 42: "la quale *storia* elessono fusse l'mmolazione di Isaac e ciascuno de' combattitori facesse una medesima *istoria*."

[35] Ibid., §22, p. 46以及一四二七年吉柏提的報稅資料上的記載，收錄於：Richard Krautheimer and Trude Krautheimer-Hess, *Lorenzo Ghiberti*, 3rd edition (Princeton, New Jersey: Princeton University Press, 1982), Doc. 81, p. 376.

[36] 參見梅迪曲 (Medici) 家族一四九二年所做的收藏紀錄：Marco Spallanzani and Giovanna Gaeta Bertelà (eds.), *Libro d'inventario dei beni di Lorenzo il Magnifico* (Florence: Associazione 'Amici del Bargello', 1992), p. 57.

[37] Lorenzo Ghiberti, *I commentarii*, ed. Ottavio Morisani, §19, p. 42: "ancora in detta porta sono quadri ventotto".

[38] 見：西也納大教堂執事委員會 (operaio del duomo) 一四二七年四月支付 Antonio di Jacomo 到佛羅倫斯的差旅費紀錄，收錄於：John T. Paoletti, *The Sienese Baptistry Font: A Study of an Early Renaissance Collaborative Program, 1416-1434* (New York: Garland Publishing, Inc., 1979; original: Ph.D. diss. Yale University 1967), Doc. 147.

[39] 見於西也納大教堂執事委員會一四一七年五月廿一日與吉柏提簽訂的合約："tabulas et historias facere de bono attone", 收錄於：Richard Krautheimer and Trude Krautheimer-Hess, *Lorenzo Ghiberti*, Doc. 130, p. 395.

[40] 見：Creighton E. Gilbert (ed.), *L'arte del Quattrocento nelle testi-monianze coeve* (Florence and Venice: IRSA, 1988), p. 50.

[41] Ibid., p. 140.

求的應不是著意去開創新的浮雕類型，而是如何在這個自古即有的媒材形式上——不論是以青銅澆鑄打造或在石板上刻鑿，都能就題材內容以及作品應具有的功能，深刻地展現視覺圖像獨具的表現力與感發力。

2. 吉柏提 (Ghiberti) 銅雕創作方式對東拿帖羅的影響

若純粹從東拿帖羅個人雕塑創作的歷程來探討淺平浮雕的問題，本文要特別指出，雖然瓦撒利強調自己故鄉阿瑞丑古陶瓶在淺平浮雕源流史上不可漠視的地位、以及藉金匠藝術高抬淺平浮雕貴重的價值，他其實並沒有明確點出東拿帖羅在淺雕及淺平浮雕創作上，接受過最直接的師承與影響。一四〇四至〇七年以及約一四一五年之前，東拿帖羅曾陸續在吉柏提 (Lorenzo Ghiberti, 1378-1455) 的銅雕作坊——當時佛羅倫斯最大、也是最重要的銅雕作坊——擔任過助理。[42] 吉柏提當時正致力於創作佛羅倫斯受洗教堂第二個銅門。由於製造大型青銅作品的技法在十五世紀初的佛羅倫斯已失傳，[43] 吉柏提幾乎是完全重新探索銅雕的製作方式。

根據貝阿其 (Bruno Bearzi) 修復吉柏提這個銅門後所作的報告可知，受洗教堂第二個銅門每一幅根據蠟模灌鑄出的青銅初模都非常粗糙，以至於吉柏提幾乎必須像雕鑿大理石板般，在堅硬無比的銅版上，一刀一鑿刻劃每一個細部的造型。[44] 用如此耗力費時的方式創作，受洗教堂第二個銅門花費吉柏提二十一年 (1403-24) 的光陰才完成，是不難理解的。但也因吉柏提的銅雕創作程序不在灌

---

[42] 見吉柏提支付助理及幫手薪水的名單，收錄於：Richard Krautheimer and Trude Krautheimer-Hess, *Lorenzo Ghiberti*, Doc. 28 & Doc. 31 (p. 369). 對於上述這兩份文獻的分析見：Ibid., p. 109.

[43] 當佛羅倫斯於一三三〇年聘請安德瑞亞・比薩諾 (Andrea Pisano) 製造佛羅倫斯受洗教堂第一個銅門時，是借重威尼斯的工匠來處理鑄銅方面的工作。威尼斯由於地緣的關係，與比較熟悉古希臘鑄銅技巧的拜占庭文化接觸較多，故仍有技巧較精熟的鑄銅匠師。所以安德瑞亞・比薩諾的銅門一三三六年便完成。這與吉柏提重新摸索鑄造大型銅雕的技法不同。關於這個問題參見：Antonio Paolucci, *Die Bronzetüren des Baptisteriums in Florenz* (Munich: Hirmer Verlag, 1997), p. 27.

[44] 參見：Bruno Bearzi, "La tecnica fusoria di Donatello", in: *Donatello e il suo tempo*, Atti dell'VIII Convegno Internazionale di Studi sul Rinascimentio, Florence and Padua 1966 (Florence: Istituto nazionale di studi sul rinascimento Palazzo Strozzi, 1968), pp. 97-105, particularly p. 100.

鑄初模時，便將畫面主要的造型大致塑造完成；而是極度仰賴後續不斷加工修改的功夫，所以他可在初模完成後，再慢慢鑿刻背景與各物象造型間的細部關係。藉著細緻的雕磨，將背景平面逐漸轉化爲極富深度空間層次感的畫面。

比較吉柏提爲第二個銅門所作的《孩童耶穌在聖殿聽道》（路加福音2, 41-46）（圖一三）與受洗教堂第一個銅門上安德瑞亞・比薩諾 (Andrea Pisano) 的作品《施洗約翰誕生》（圖一四），可以清楚看出，吉柏提努力將銅版底部所代表的背景平面營造成往畫面內部不斷延伸的深度空間。耶穌本人的造型具有相當清楚的實體可觸性。聖殿中的教師也隨各自所在的位置前後，或極爲立體或淺淡地被刻劃出來。但是耶穌所坐的殿室則除了椽簷與邊側的拱柱有些許的凸起外，完全是靠略爲浮凸或輕度鑿凹進去的輪廓線營造出來的。若以人物與物象應隨距離遠近漸次縮減實體凸起性的要求來看這幅作品，耶穌清楚的實體性與其所在之殿室只具有極低淺的凸起性頗不相稱；更何況在殿室的廊柱間，仍有深淺不同實體性的人群穿插其間。但是就作品的整體效果而言，吉柏提仍相當成功地將實體的與虛擬的兩種不同的造型方式結合起來；並在虛擬的建築空間上，有效地展現容納實體深度的潛力。從營造往畫面內部連續延展的空間這個角度來看安德瑞亞・比薩諾所作的《施洗約翰誕生》（圖一四），則可清楚比較出，浮雕底板是安德瑞亞・比薩諾畫面表現的底限，不具有立體深度感。在這幅作品上，所有的景象是以由下往上層層堆疊的方式表現出來，畫幅本身並非連貫一致的空間場景。

吉柏提轉化浮雕底板爲具有空間深度畫面的創作理念與技法，在當時可說是開時代風氣之先。而他在這方面持續的努力與開拓，更可見於他後來爲西也納大教堂受洗池 (1424-27) 以及佛羅倫斯受洗教堂第三個銅門 (1425-52) 所作的銅雕作品上。由於這非本文討論的重點，本文不擬詳述。但是，吉柏提開啓的這個創作新方向，以及處理銅雕如大理石雕之創作方式，都應對東拿帖羅個人的浮雕創作——不論是在吉柏提作坊擔任助理工作期間，或是後來透過其他途徑對吉柏提創作成果的知悉——有相當程度的啓發。這是在追溯東拿帖羅致力於開發淺雕與極淺雕表現力時，必須深切考量的要素之一。

3. 西也納淺雕藝術對東拿帖羅「淺平浮雕」創作的影響

在東拿帖羅的時代之前，淺雕或極淺雕本爲佛羅倫斯鄰近古鎭西也納地區頗爲常見的創作型式。現存西也納十三、四世紀的藝術品中，還存有不少這類作品。例如，約於一二九八年爲西也納聖方濟教堂 (San Francesco) 墓園而作的石雕（圖一五，作者不詳），[45] 以及西也納十四世紀上半葉的雕刻家阿構思提諾・喬凡尼 (Agostino di Giovanni) 作坊的作品（圖一六：《安葬聖徒 Ottaviano》，成於1330年代，Museo d'Arte Sacra, Volterra）。[46] 西也納是義大利十四世紀極爲重要的藝術重鎮，又因與佛羅倫斯地緣相近，兩地藝術交流頻繁。[47] 尤其值得一提的是，西也納十五世紀上半葉著名的雕刻家逵嘉 (Jacopo della Quercia, c. 1374-1438) 與佛羅倫斯藝壇的關聯[48] 以及與東拿帖羅的往來。[49]

貝克 (James Beck) 指出，東拿帖羅應該是在逵嘉的協助下，取得製作西也納大教堂六幅受洗池銅雕其中一幅的合約，[50] 進而展開與佛羅倫斯前輩銅雕家吉柏提在青銅藝術——當時獲利最豐碩、也最受重視的創作媒材——直接的競爭。逵嘉的淺雕（圖一七：《聖徒理查遺骸製造的奇蹟》，"Miracle of the Body of Saint Richard", 1419-22, *Trenta Altar*, Cappella di San Riccardo, San Frediano, Lucca；圖一八：《逐出伊甸園》，"The Expulsion", 1429-c. 1434, Main Portal of San Petronio, Bologna）不以經營空間層次由近及遠的安排以及深遠感的創造取

---

45 對這幅浮雕的討論見：Anita Fiderer Moskowitz, *The Sculpture of Andrea and Nino Pisano* (Cambridge: Cambridge University Press, 1986) pp. 99f.

46 有關阿構思提諾・喬凡尼的創作風格參見：John Pope-Hennessy, *Italian Gothic Sculpture* (London: Phaidon Press Ltd., 1972), pp. 18f & p. 187. 有關 Siena 十四世紀的淺雕傳統亦可參見：Max Seidel, "Das »gemeißelte Bild« im Trecento: Ein neu entdecktes Meisterwerk von Tino di Camaino", *Pantheon* 47(1989): 4-13.

47 有關東拿帖羅的創作與西也納中古藝術的關係，參見：Volker Herzner, "Donatello in Siena", *Mitteilungen des kunsthistorischen Institutes in Florenz* 15(1971): 161-186; Martha L. Dunkelman, "Donatello and Medieval Siena", in: Clyde Lee Miller (ed.), *Old and New in the Fifteenth Century* (Binghamton: State University of New York, 1993), pp. 43-56.

48 根據吉柏提在自傳中的記載，一四〇一年逵嘉也到佛羅倫斯參加爲製作佛羅倫斯受洗教堂第二個銅門的創作甄選競賽，這是有關逵嘉藝術生涯最早的文獻紀錄。參見：Lorenzo Ghiberti, *I commentarii*, ed. Ottavio Morisani, §19, p. 42。至於瓦撒利在《傑出藝術家傳記》中提到，逵嘉在參加上述比賽前，已在佛羅倫斯住了四年，以及有關逵嘉參與佛羅倫斯大教堂 Porta della Mandorla 之製作等說法，依照 James Beck 的研究，難以完全採信。見：James Beck, *Jacopo della Quercia*, 2 vols. (New York: Columbia University Press, 1991), vol. II, p. 337.

49 參見：James Beck, "Jacopo della Quercia and Donatello: Networking in the Quattrocento", *Source: notes in the history of art* VI/4 (1987): 6-15.

50 Ibid., pp. 7-9.

勝，而著重人物肢體動作以及面部表情的刻劃。所以逵嘉浮雕作品上的人物通常佔據絕大部分的畫面，而畫面空間感的營造，主要依靠人物前後的交錯及肢體活動的走向來達成。[51]

逵嘉是十五世紀上半葉西也納最受肯定的雕刻家。他所經營的淺雕風格雖然捨棄繁複的空間場景以及實體深淺的安排；但他的創作成就證實，只借重淺雕的技法以及人物造型本身具有的表現力，亦能在圖像敘事上，充分表現生動感人的畫面。他的創作思維不僅深刻地影響了後來的米開朗基羅，[52] 也是研究東拿帖羅浮雕風格形成過程中，不應忽視的重要因素。

4. 東拿帖羅的深浮雕創作不可忽視

瓦撒利在《傑出藝術家傳記》第二版的米開朗基羅傳裡提到，米開朗基羅在十五歲時，爲了表現自己在浮雕創作方面的才情，曾模仿東拿帖羅的淺雕，創作過一幅聖母抱子像（即：“Madonna of the Stairs”, Casa Buonarroti, Florence）。這是他一生中唯一創作過的一幅淺雕。而且從這幅少作上已可看出，米開朗基羅在表現優雅感 (grazia) 及「構思與表現力」上比東拿帖羅有過之而無不及。[53] 根據瓦撒利這個說法，米開朗基羅在模仿東拿帖羅的同時，也超越了東拿帖羅所樹立的典範。

瓦撒利寫這段文字的用意，很明顯是採取他撰史習於採用的詮釋模式。即在一位不世出的奇才以年少之姿嶄露頭角之前，必有傑出的前輩藝術家爲他藝術風格的開展，預舖了道路，並隨之被其超越。[54] 但是爲了造就米開朗基羅從一幅少

---

[51] 見 James Beck, *Jacopo della Quercia*, vol. I, p. 116: “he resolutely rejected the new perspective, seemingly disengaged himself from anything like the *schiacciato* technique that Donatello fostered, and chose instead to work out a pictorial and narrative formula independently. As with much of his later reliefs, he achieved a spatial conviction from the figures, rather than first creating the spatial context and filling in the figures in a subsequent step.”

[52] Ibid., pp. 87 & 97.

[53] 參見：Vasari-BB, vol. IV, p. 11.

[54] 在瓦撒利《傑出藝術家傳記》中，第一個相關的例子便是 Giotto 超越他的老師 Cimabue 的故事。見：Vasari-BB, vol. II, pp. 96f. 關於上述瓦撒利慣用的這個撰史角度問題的討論參見：Ernst Kris & Otto Kurz, *Die Legende vom Künstler: Ein geschichtlicher Versuch* (Frankfurt/M: Suhrkamp Verlag, 1995; 1st edition 1934), pp. 47-58; Giorgio Vasari, *La Vita di*

作便明顯超越東拿帖羅藝術成就的故事傳奇性，遷就詮釋藝術天才特需的撰史角度，以及強調米開朗基羅的創作理念超越前代藝術家，而從特定角度強調東拿帖羅的淺雕在雕塑史傳承上必須具備的地位；再加上《傑出藝術家傳記》「理論與創作技巧導論」行文中，亦特別推崇東拿帖羅在淺雕與極淺雕上的成就，終而造成東拿帖羅的淺雕與淺平浮雕一直是藝術史學研究的重點；相對地，他所創作的深浮雕並沒有得到應有的重視，形成研究視野的偏差。

其實，純就今日所謂的「浮雕」而言，東拿帖羅所創作的範圍並不只限於淺雕及淺平浮雕。以其著名的《天使報訊像》（圖一九："The Annunciation"，約成於1435年，Santa Croce, Florence）上的天使佳樂利與聖母馬利亞之造像，以及原為佛羅倫斯大教堂製作的唱詩壇（圖二〇："Cantoria"，約1433-1438年，Museo dell'Opera del Duomo, Florence）上的天使造像為例，二者都是以深浮雕雕刻而成的傑作。瓦撒利本人也在東拿帖羅傳中，盛讚這兩個作品重新掌握上古藝術的精髓，[55] 以及讓觀者在觀賞時，感受到作品上的人物呼之欲出的生命真實感。[56] 只有重新正視東拿帖羅在深浮雕創作上亦有可觀的成就，了解他勇於嘗試各種創作媒材與類型所具有的藝術表現力，我們才能深入認識這位十五世紀雕塑大家過人的實驗性與創發性。而淺雕或極淺雕其實早為東拿帖羅之前便有的創作形式，刻意從這個角度肯定他的開創與貢獻，反而無法確實掌握東拿帖羅究竟想透過淺雕、淺平浮雕，來表現哪些尚未被深入探索、開發的視覺藝術新境地。

Michelangelo nelle redazioni del 1550 e del 1568, ed. Paola Barocchi, 5 vols. (Milan and Naples: Riccardo Riccardi, 1962), vol. II, pp. 105f; Paul Barolsky, *Giotto's Father and the Family of Vasari's Lives* (Pennsylvania: The Pennsylvania State University Press, 1992), pp. 3-6 ; Patricia Lee Rubin, *Giorgio Vasari: Art and History* (New Haven and London: Yale University Press, 1995), p. 332.

55、Vasari-BB, vol. III, pp. 203f .

56 Ibid., p. 207: "pare veramente che siano vive e si muovino". 形容藝術品上的人看起來像是活的、而且看起來像是自己可以自由伸展活動，是義大利文藝復興藝術批評裡，常被用來讚美藝術品表達真切、生動傳神的用語。這個用語的起源可追溯自薄伽邱 (Giovanni Boccaccio, 1313-75) 在《十日談》(*Decameron*, VI/5) 中對畫家喬托 (Giotto, c. 1266-1337) 的讚美。有關這個用語傳統在義大利文藝復興藝術批評的流傳與意義參見：Volker Herzner, "Donatello und die »rinascita delle arti«", in: *Donatello Studien*, Italienische Forschungen, Folge 3, Bd. 16, ed. Kunsthistorisches Institut in Florenz (Munich: Bruckmann Verlag, 1989), pp. 28-42, particularly pp. 28-30.

以下將以東拿帖羅爲西也納大教堂受洗池所創作的浮雕《希律王的宴會》（圖一二："The Feast of Herod", Baptistery, Siena）作爲主要討論範例，試著從時間流程與空間場景的延展性，創作者從觀者立足點的角度營造作品與觀者互動、對話的交互關係，以及宗教圖像企圖感發觀者沉思冥想教義三個角度，剖析東拿帖羅淺雕與極淺雕的主要特色。希望這三個特色的提出，能在依循瓦撒利對淺平浮雕詮釋而來的學術爭論之外，以及單純從類別與形式剖析十五世紀浮雕藝術的研究方法之外，爲東拿帖羅浮雕研究開啓新的討論方向。

四、東拿帖羅浮雕作品的三個特色

東拿帖羅約於一四二五年所作的《希律王的宴會》（圖一二）是西也納大教堂受洗池（圖一二b）六幅銅製浮雕中的一幅。這六幅作品描述的是施洗約翰的生平故事。這個受洗池當初由佛羅倫斯著名的銅雕家吉柏提規劃並負責製作其中觀賞位置最好的兩幅。由於逵嘉後來將自己受聘製作兩幅中的一幅轉讓給東拿帖羅，所以六幅作品最後由三位西也納當地的雕刻家——逵嘉、撒諾及杜林諾(Turino di Sano & Giovanni di Turino) 父子，以及兩位佛羅倫斯最著名的雕刻家——吉柏提與東拿帖羅——分別完成。由西也納與佛羅倫斯的雕刻家共同完成這件公共藝術鉅作，並藉著一起展示作品供人比較優劣，激勵參與創作的藝術家竭力展露創思與技巧，這是當時相當引人矚目的藝術界盛事。[57] 以下是對東拿帖羅《希律王的宴會》三個特點的闡析。

1. 創造連續敘事的空間場景

與受洗池其他五幅作品均呈現單一場景[58] 相較，東拿帖羅《希律王的宴會》在敘事手法上顯得相當突出。因爲這幅作品將新約聖經記載希律王生日宴之前後

[57] 關於西也納大教堂受洗池的整個訂製過程及個別的藝術成就請參見： Wolfgang Lotz, *Der Taufbrunnen des Baptisteriums zu Siena* (Berlin: Gebr. Mann Verlag, 1948), pp. 3-16; John T. Paoletti, *The Sienese Baptistry Font: A Study of an Early Renaissance Collaborative Program, 1416-1434*, pp. 1-84.

[58] 逵嘉製作的是《天使向撒加利亞報喜訊》；撒諾及杜林諾父子製作的是《施洗約翰誕生》、《施洗約翰在沙漠傳道》；吉柏提製作的是《耶穌受洗》、《捉拿施洗約翰》。

經過（馬太福音14, 6-11；馬可福音6, 21-28）完整地表現在同一畫幅上：畫面右前方描述的是「莎樂美之舞」。莎樂美是希律王新娶之婦希羅底的女兒。由於施洗約翰嚴詞譴責希律王不該娶自己兄弟之妻爲婦，引起希羅底不悅，亟思報復。莎樂美於是趁舞蹈獲取希律王讚賞之際，要求斬首施洗約翰，以博得母親歡心。左前方呈現的便是臣僕將施洗約翰血淋淋的頭顱獻給希律王，希律王望之怵目驚心的景象。畫面的中景是爲晚宴助興的宮廷樂團。畫面的背景則延續左前方的場景，繼續描述臣僕將施洗約翰的頭顱獻給希羅底審視，以確定施洗約翰確已亡故。

將許多場景結合在同一畫面上的敘事手法，在歐洲藝術史學研究上稱之爲「連續敘事」(continuous narrative)。隨著一四二〇年代成功地發明線性透視，十五、六世紀有越來越多利用線性透視構圖的作品採用連續敘事的手法，儘可能將某個聖經故事前後完整地表現在同一畫面上，[59] 其中最著名的例子便是佛羅倫斯畫家瑪撒丘 (Masaccio, 1401-28) 在一四二六至二七年繪於布朗卡區教堂(Brancacci Chapel) 的《納稅圖》（圖二一："The Tribute Money", Brancacci Chapel, Santa Maria del Carmine, Florence）。這幅畫記載了稅吏向耶穌收稅的故事（馬太福音17, 24-27）：畫面正中描繪的是耶穌告訴彼得（耶穌手勢指向之人），河裡的魚嘴內有交稅的一塊錢，彼得應去取來交稅；畫的左方是彼得從魚嘴中挖出銅錢；最右方是彼得將錢交給稅吏。在這幅畫中彼得共出現三次。依照故事發生的前後順序，他的行進方向恰似從正前方往左後方移動，再由左後方繞過耶穌及圍繞著耶穌的門徒之前方（畫面沒有描繪出的部分），繼續走向右前方將銅錢交給稅吏。

東拿帖羅創作此幅《希律王的宴會》與瑪撒丘繪製《納稅圖》在時間上極爲接近，兩位佛羅倫斯藝術家在彼此創作理念上密切相互激盪可見一般。若將東拿帖羅這幅作品與十四世紀安德瑞亞・比薩諾在佛羅倫斯受洗教堂第一個銅門上的敘事手法相比，東拿帖羅一幅作品所涵蓋的敘事內容在安德瑞亞・比薩諾的銅門上，是用四幅表現單一場景的作品[60] 來涵括。

[59] 關於單一畫面上採用連續敘事的手法參見：Richard Krautheimer and Trude Krautheimer-Hess, *Lorenzo Ghiberti*, pp. 220f; Lew Andrews, *Story and Space in Renaissance Art: The Rebirth of Continuous Narrative* (Cambridge: Cambridge University Press, 1995), pp. 80-82.

[60] 即：《莎樂美之舞》、《斬首施洗約翰》、《將施洗約翰的頭顱呈給希律王》、《莎樂美將施洗約翰的頭顱呈給希羅底審視》。圖片參見：Antonio Paolucci, *Die Bronzetüren des Baptisteriums in Florenz*, 圖32-35.

這個表現時空延展性的新的創作理念，亦充分表現在東拿帖羅與其合夥人米開羅佐約於一四二五年共同創作的《葉瑞凡聖母抱子像》（圖二二："Yerevan-Madonna", Art Gallery, Yerevan, Armenian S.S.R.）[61] 上。在這幅聖母抱子像的背後，東拿帖羅用極淺的浮雕刻出天使向馬利亞報喜的圖案，以敘述耶穌誕生前發生的聖蹟。同樣將時間的流程隱含在單幅作品的描述手法，亦可見於東拿帖羅爲帕多瓦 (Padua) 守護神聖安東尼所製的祭壇。祭壇上《聖安東尼顯現在新生嬰兒身上的奇蹟》（圖七）表現的是一位被丈夫指控有外遇的妻子，將才新生幾天的嬰兒交到聖安東尼的手裡，以便他詳查誰是嬰兒真正的親生父親。畫面上雖然沒有表現出嬰兒被聖安東尼詢問的景象，但是東拿帖羅卻很有技巧地藉畫幅右方人們張口結舌、奔走相告的情景，暗示出只有幾天大的嬰兒竟然在聖安東尼詢問後，開口說話證實母親清白的奇蹟。藉著淺雕及淺平浮雕可以表現較繁複的畫面，進一步刻劃更詳盡的故事細節，東拿帖羅努力在單幅作品上，表現敘事的完整性；避免將一個宗教故事完整的經過，分割爲多幅只表現單一時間、固定場景的圖像。

2. 從觀眾觀視的角度營造可感知的深度空間

東拿帖羅在創作《希律王的宴會》時，不僅希望在單幅畫幅中，儘可能呈現故事的完整性；他更匠心獨具地考慮到，如何配合觀者觀視的角度，在淺雕及淺平浮雕作品中，營造可收放自如的深度空間感。

以《希律王的宴會》（圖一二）爲例，東拿帖羅考慮到了其擺置的位置低於平視的觀看角度（圖一二b），所以精心設計出適合觀者以站姿俯視的畫面空間。考慮到觀者正常觀視角度與作品放置高低可能產生視覺誤差，因而在作品空間設計與造形比例上，作必要調整的創作手法，在藝術史研究上稱爲「視覺校正」(optical correction)。[62] 比較兩張由不同角度拍攝的照片可以清楚地看出，根

---

[61] 有關這幅一九八三年才在俄國公諸於世的《葉瑞凡聖母抱子像》之闡析見：Charles Avery, "Donatello's Madonnas revisited", in: *Donatello-Studien*, ed. Kunsthistorisches Institut in Florenz, Italienische Forschungen, dritte Folge, Bd. 16 (Munich: Bruckmann, 1989), pp. 219-234, particularly p. 222.

[62] 見：Robert Munman, *Optical Corrections in the Sculpture of Donatello*, Transactions of the American Philosophical Society, vol. 75, Part 2 (Philadelphia: The American Philosophical Society, 1985), pp. 1-9.

據傳統蹲下來以平視高度拍攝所得（圖一二），與以站姿往下拍的結果（圖一二a），有明顯的差距。穆門 (Robert Munman) 簡要地描述了主要的差異所在：

從以平視角度拍攝的照片（以及在擺置現場以肉眼平視高度）來看，地板像是往上傾斜；而當我們居高往下看〔這幅作品〕，地板則以相當自然的方式逐漸往邊牆後縮。以這個正確的視角往下看時，我們同樣可發現，桌子在畫面上的水平效果看起來好多了；事實上，整個畫面呈現出更強烈的深度感。〔…〕更值得注意的是，希律王目光凝聚的方向有所不同。〔…〕平視這幅作品時，希律王的目光像是越過施洗約翰被砍斷的頭顱直直往前看。居高往下看這幅作品時，他的目光則清楚無疑地凝視在這個血淋淋的景象上，這個動作更深刻地表現了他為這整個事件感到驚駭的意義所在。[63]

穆門的說法亦可從《希律王的宴會》最初放置的位置光源來自左上方的窗戶得到進一步佐證。[64] 東拿帖羅打破一般將主要場景置於畫幅正中的創作習慣，而把希律王看到施洗約翰血淋淋頭顱那一幕，安排在畫面的左方，以便觀者可藉由較充足的光線，看清楚希律王見到施洗約翰頭顱時，怵目驚心那一幕。如此突顯出來的效果，讓觀者可以清楚地看到希律王驚駭不已的眼神。

東拿帖羅創作時，精心考量觀者觀看的位置與角度，進而依照不同作品的內容，塑造靈活的畫面空間，賦予表達的題材更生動的內涵，這才是他淺雕創新之處。這個成就也可從東拿帖羅更早之前所作的《帕契聖母抱子像》(Pazzi-Madonna, c. 1422, Berlin-Dahlem, Staatliche Museen)（圖二三、二三a）得到印證。

隨著世俗精神的日益開展，十五世紀在佛羅倫斯供大眾購買以應個人居家祈禱所需的「聖母抱子像」，逐漸脫離中古威嚴凜然的神像造型，朝向和藹親切的人性化風格發展。根據當時禱告的習慣，「聖母抱子像」通常掛在臥室或是接待

[63] Ibid., p. 39: "Whereas the floor seems to slope upward in a standard photograph (and, from an eye-level view, in reality as well), when seen from above it recedes in a relatively natural fashion toward the rear wall. The table too appears more horizontal when correctly observed and, in fact, the whole scene takes on a greater feeling of depth. […] But still more remarkable is the change in the direction of Herod's gaze. […] Seen from the front, Herod appears to look straight ahead, *over* the severed head of the Baptist. From above, however […], he clearly stares *down* toward the gory sight, thus giving deeper meaning to his horrified reaction."

[64] 參見：Enzo Carli, *Donatello a Siena* (Rome: Editalia, 1967), p. 15 and footnote 38 (p.138).

客人的起居室的牆上，像前另有燭臺以供祈禱時點蠟燭用。掛置聖母像的位置通常不會太高，以便跪著祈禱時，仍能不費力地仰望到聖母和藹的眼神，感受到宗教安慰的力量。[65] 與前面分析的《希律王的宴會》由俯視角觀看正好相反，東拿帖羅在創作《帕契聖母抱子像》時，也考慮到當時掛置的習慣，即《帕契聖母抱子像》應仰視而觀。仰視可見到的（圖二三a），聖母似乎是抱著小耶穌站在窗前，母子深情地互相凝視與撫觸；而且像是隨時都可從窗框探出頭來與禱告者細聲輕談。這與從平視角看這幅淺雕能感受到的，有顯著的差別。[66]

3. 帶領觀者進入作品呈現的戲劇化場景

東拿帖羅所作的《希律王的宴會》不祇藉著深遠空間的創造及視覺校正的技巧，靈活地呈現生動的空間視野。仔細觀看作品前景兩側：左下角兩個小孩乍看血淋淋的頭顱拔腿便往框幅外奔逃，而右下角亦可見祇出現半個側身不到的人物爭著向外逃竄。從這些往外驚慌奔逸、並沒有完整出現在框幅內的人物身上，我們可更深刻地看到，東拿帖羅極有技巧地賦予看似被框緣限制住的畫幅自由延展的空間。貢布里西 (Ernst H. Gombrich) 在討論邊框人物的運動與空間自由展延度的關係時亦強調，當邊框人物向外衝撞的能量看起來愈強，這個運動所能暗示出突破邊框限制、擴展可想見的框外空間彈性愈大。[67]

雖然邊框依然是視覺範圍內不可泯除的框幅限制，但是，東拿帖羅極有技巧地吸引觀者在觀賞時，注意邊框人物不完整的造型；從而吸引他們進一步細觀、設身處地去想像作品原應全備的面貌。當觀者開始隨藝術家暗示的景象更深刻去揣摩作品的完整情境時，他其實已不知不覺跨入藝術家精心營造的場景中，邁進

---

[65] Ronald Kecks, *Madonna und Kind: das häusliche Andachtsbild im Florenz des 15. Jahrhunderts*, Frankfurter Forschung zur Kunst, Bd. 15 (Berlin: Gebr. Mann, 1988), pp. 29-31.

[66] 參見：Geraldine Johnson, "Art or artefact? Madonna and Child reliefs in the early Renaissance", in: Stuart Currie and Peta Motture (eds.), *The Sculpted Object 1400-1700* (Aldershot: Scolar Press, 1997), pp. 1-24, particularly pp. 3-5.

[67] 參見 Ernst H. Gombrich, *Art and Illusion: A Study in the Psychology of Pictorial Representation* (Princeton, New Jersey: Princeton University Press, 1969), p. 230: "The greater the suggestion of movement, or indeed of mobility [...] the more certain will be this effect which obliterates the ground from our awareness and turns it into a screen."

宗教藝術希冀能感發的深邃觀想裡。[68] 教義精神訴諸傑出藝術品的直接感發力來傳達，在觀者腦海中烙印下永誌難忘的印象，並啓發心靈深刻的感悟冥想，這是文藝復興宗教藝術品極爲重要的特色。

接續《希律王的宴會》之後，東拿帖羅繼續在淺雕創作中，探索邊框與其旁不完整圖像引人注目深思的張力關係。約成於一四二六年的《聖母昇天像》（圖二四），展現的是東拿帖羅對這個問題從另一個角度的思考。畫幅正中雙手合十禱告的聖母被天使張開的手臂所撐起的杏仁形光環（基督教藝術裡稱爲 mandorla）護持著，緩緩向天際昇揚。相較以極淺的浮雕刻劃出的天使群，聖母的頭部雕鑿較深。而杏仁形光環在整個畫面的構圖占著舉足輕重的地位。爲何著意突顯這個光環在畫面上的份量，可從東拿帖羅處理光環與上方邊框交接處看出其用心：聖母的頭部正逐漸接近邊框，而杏仁形光環最上緣的部分已逸出框外，處於需藉想像來填合的空間裡。東拿帖羅藉這個沒有被完整刻劃出的杏仁形光環，將聖母昇天的動作流程清楚地暗示出來，誘發觀者在爲杏仁形光環上方的缺角感到納悶時，轉而去感受聖母緩緩昇天的動態。在看似靜止的大理石板上，東拿帖羅將聖母昇天的過程表現爲彷彿可以活生生感受到的場景。

東拿帖羅運用邊框旁不完整的造像吸引觀者的注意力、激發其想像，進而達到感發觀者深入地與宗教圖像對話，這種手法運用最具震撼力的應屬《哀泣基督之死》（圖四，約作於1461-66年）。這是他爲聖羅倫斯教堂講道壇所作的銅雕之一。題材表現的是將耶穌從十字架取下時，眾人圍視哀泣的景象。根據約翰福音十九章31-33節的記載，與耶穌同時被吊上十字架的其他兩人雙腿都被打斷。東拿帖羅很有技巧地將經文的記載與他處理邊框不完整造像的表現手法結合起來。這兩個人的上半身雖然不在表現的範圍內，而且邊框上方另有一裝飾條幅，但是他們不完整的身軀令人自然而然地想將框幅內的世界延伸到框幅外來理解。而且順著這兩個令人感到突兀的殘軀往下看，視線直落於哀泣基督之死的氛圍裡。希望透過強烈的藝術表現力，帶領觀者深入體會宗教故事的精神內涵。在此考量下，藝術家努力用各種暗示手法，泯除橫亙於圖像世界與現實界之間的有形

68 東拿帖羅這種手法後來被米開朗基羅所繼承，在米開朗基羅爲梵蒂岡的 Cappella Paulina 繪製的聖彼得與聖保羅受難圖中，他亦採用這種不完全的邊框人物造型，激發觀者特別的注意，從而將之引領入受難圖呈現的場景。參見：William E. Wallace, “Narrative and Religious Expression in Michelangelo’s Pauline Chapel”, *Artibus et Historiae* 19(1989): 107-121.

界線，逐步感發觀者將注意力轉化為對故事場景感同身受的想像，體會宗教故事每個細節的微言大義。

五、結論

瓦撒利所著之《傑出藝術家傳記》自一五五〇年出版以來，在文藝復興藝術史研究上一直有著舉足輕重的地位。然而，近百年來，藝術史學者陸續對此書的敘事可信度與史事解析架構提出質疑。[69] 討論此書在藝術史學史的焦點已不再如先前，將其視之為詮釋義大利文藝復興藝術最可參考、信賴的經典，以及將瓦撒利記述的史事當成一手史料來處理。相反地，當代的瓦撒利研究已轉向去討論，如何明辨他在史實、神學教義與義大利傳奇文學傳統之間選擇撰述的重點，以彰顯自己宣揚的價值與理念。如何透過重新理解文藝復興藝術史多元的面相來解讀這本藝術史名著，明辨過往眾所認定的權威意見所長之處與不足、偏頗之處，成為目前研究瓦撒利著作首要的課題。

本文嘗試以瓦撒利論「淺平浮雕」為例，討論他創鑄的這個藝術語彙固然符合他欲將浮雕視為獨立創作類別的企圖，並藉「淺平浮雕」突顯浮雕與「構思與表現力」——瓦撒利藝術理論中最核心的概念——之間緊密的關係。但是，這個詮釋角度並不符合十五世紀上半葉的史實。因為浮雕藝術在當時並未被視為獨立的創作類型，開創新的浮雕形式也非當時藝術家竭力追求的創作標的。此外，瓦撒利欲藉著標舉東拿帖羅開創淺平浮雕的成就，以及在淺浮雕創作上的典範地位，突顯他在浮雕創作上無與倫比的貢獻，亦有值得商榷之處。一則，詮釋東拿帖羅的浮雕創作不應只偏重淺雕與淺平浮雕的討論，而應兼顧他在深浮雕方面亦有同等傑出的表現；二則，在探討東拿帖羅努力開發淺雕及淺平浮雕的藝術表現力時，也應注意到他所受到的直接師承與影響。吉柏提如何利用極淺雕的技法轉

[69] 首先指出瓦撒利《傑出藝術家傳記》所記載的史事脫離不了義大利傳奇故事 (novella) 文學寫法的學者是奧地利藝術史學者 Wolfgang Kallab。參見：Wolfgang Kallab, *Vasaristudien*, ed. Julius von Schlosser (Vienna: Graeser, 1908). 近十年來對瓦撒利的史觀以及藝術史詮釋方法所蘊含的各種問題加以深入探究的英文代表性著作如：Paul Barolsky, *Why Mona Lisa Smiles and Other Tales by Vasari*; Patricia Lee Rubin, *Giorgio Vasari: Art and History*.

化原是創作平面底限的浮雕底板爲具有深度空間感的畫面，以及西也納藝術裡原本便有的淺雕傳統，都是討論東拿帖羅浮雕創作時，不應忽視的源流。

由於瓦撒利想從創作形式的開發上，肯定東拿帖羅在十五世紀浮雕藝術創作上超卓的地位，如此的詮釋觀點並不符合史實，所以本文試著從創造連續敘事的空間場景，從觀眾觀視的角度營造可感知的深度空間，以及帶領觀者進入作品呈現的戲劇化場景三個觀點剖析東拿帖羅淺雕與極淺雕所獨具之特色。希望這三個特點的提出，能在藝術史界爭論瓦撒利所謂「淺平浮雕」確實涵義究竟爲何之餘，提供新的討論方向。因爲只有當我們努力去了解，究竟東拿帖羅在創作這些浮雕時，需要實際考量的創作因素有哪些，以及他個人企圖在作品裡展現的藝術效果、感發的觀視情境爲何，我們才能深入透視他如何在前人用淺雕與極淺雕開創的藝術傳統上，探索、創新其在刻劃深度空間、戲劇化敘事，以及消弭圖像虛擬世界與觀者所存現實界之有形藩籬上，獨具的圖像表現潛力。

（本文於二〇〇〇年二月廿一日通過刊登）

中外譯名對照表

Agostino di Giovanni	阿構思提諾・喬凡尼
Arezzo	阿瑞丑
Basso rilievo	淺浮雕
Bearzi, Bruno	貝阿其
Beck, James	貝克
Brancacci Chapel	布朗卡區教堂
Brunelleschi	布魯內斯基
Cennini, Cennino	雀里尼
Chellini, Giovanni	克立尼
continuous narrative	連續敘事
disegno	構思與表現力
Donatello	東拿帖羅
Ghiberti, Lorenzo	吉柏提
Giotto	喬托
Gombrich, Ernst H.	貢布里西
Hildebrand , Adolf von	希爾德布朗
historia	敘事作品
Janson, Horst W.	詹森
Kauffmann, Hans	考夫曼
Kristeller, Paul O.	克里司特勒
Masaccio	瑪撒丘
Medici	梅迪曲
mezzo rilievo	深浮雕
Michelangelo Buonarroti	米開朗基羅
Michelozzo	米開羅佐
Munman, Robert	穆門
Pazzi-Madonna	帕契聖母抱子像
Pisanello	披撒內羅
Pisano, Andrea	安德瑞亞・比薩諾
Pliny the Elder	普里尼
Pope-Hennessy, John	波頗一漢納希
Quercia, Jacopo della	逵嘉

rilievo schiacciato	淺平浮雕
Rosenauer, Artur	羅森瑙爾
San Lorenzo	聖羅倫斯教堂
Turino di Sano & Giovanni di Turino	撒諾及杜林諾父子
Siena	西也納
Vite (*Le Vite de' più eccellenti pittori, scultori e architettori*)	傑出藝術家傳記
Vasari, Giorgio	瓦撒利

圖一：Donatello，**佈道壇** (San Lorenzo, Florence, **放置於北邊**)，c. 1461-66，**青銅**。

引自：John Pope-Hennessy (1993), *Donatello Sculptor* (New York: Abbeville Press), fig. 292.

圖二：Donatello，佈道壇 (San Lorenzo, Florence, 放置於南邊)，c. 1461-66，青銅。

引自：John Pope-Hennessy (1993), *Donatello Sculptor*, fig. 293.

圖三：Donatello，**《耶穌墓旁的婦人》**(North pulpit, San Lorenzo, Florence)，c. 1461-66，**青銅**，75cm x 145cm。

引自：John Pope-Hennessy (1993), *Donatello Sculptor*, fig. 294.

圖四：Donatello，**《哀泣基督之死》**(South pulpit, San Lorenzo, Florence)，c. 1461-66，**青銅**，88cm x 123cm。

引自：John Pope-Hennessy (1993), *Donatello Sculptor*, fig. 310.

圖五：Donatello，《聖喬治屠龍記》(Museo Nazionale, Florence)，1417/18，大理石，40cm x 120cm。

引自：John Pope-Hennessy (1993), *Donatello Sculptor*, fig. 103.

圖六：Donatello，**聖安東尼教堂祭壇** (Basilica del Santo, Padua)，1446-50。

引自：Bonnie A. Bennett & David G. Wilkins (1984), *Donatello* (Oxford: Phaidon Press), Plate 132.

圖七：Donatello，《聖安東尼顯現在新生嬰兒身上的奇蹟》(Basilica del Santo, Padua)，

1446-50，青銅，57cm x 123cm。

引自：John Pope-Hennessy (1993), *Donatello Sculptor*, fig. 237.

圖八：Donatello，**《聖安東尼顯現在逆子** Leonardo **身上的奇蹟》**(Basilica del Santo, Padua)，

1446-50，**青銅**，57cm x 123cm。

引自：John Pope-Hennessy (1993), *Donatello Sculptor*, fig. 244.

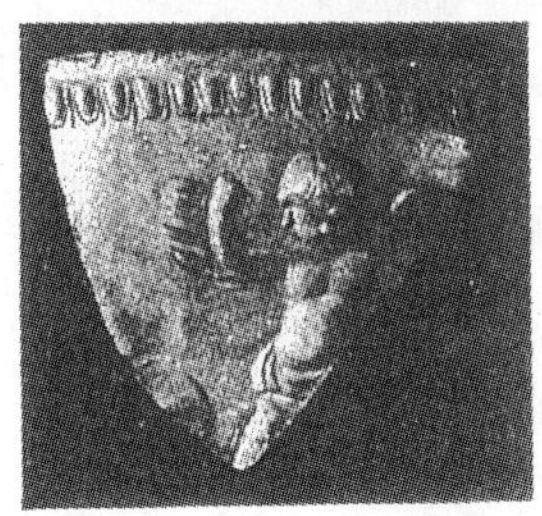

圖九：Arezzo**古陶瓶** (Museo Nazionale Archeologico, Arezzo)。

引自：Giannina Francioci (1909), *Arezzo*, Collezione di Monografie illustrate (Bergamon: Ist. Italiano d'Arti Grafiche).

圖一〇：Donatello，**《希律王的宴會》**(Museé des Beaux-Arts, Lille)，c. 1425-35，**大理石**，50cm x 71.5cm。

引自：John Pope-Hennessy (1993), *Donatello Sculptor*, fig. 118.

圖一一：Donatello，**聖羅倫斯教堂銅門上的銅雕** (Martyrs' Door, Old Sacristy, San Lorenzo, Florence)，c. 1435-40。

引自：Bonnie A. Bennett & David G. Wilkins (1984), *Donatello*, Plate 92.

圖一二：Donatello，《希律王的宴會》(Baptistery, Siena)，以平視的高度拍攝，c. 1425，青銅，60cm x 60cm。

引自：John Pope-Hennessy (1993), *Donatello Sculptor*, fig. 67.

圖一二 a：Donatello，《希律王的宴會》，由上往下拍。

引自：Robert Munman (1985), *Optical Corrections in the Sculpture of Donatello*, fig. 38.

圖一二b：Siena 大教堂受洗池。
引自：John Pope-Hennessy (1972), *Italian Renaissance Sculpture* (London: Phaidon Press), Plate 11.

圖一三：Lorenzo Ghiberti，**《孩童耶穌在聖殿聽道》**

(North Door, Baptistery, Florence)，1403-24，**青銅**，39cm x 39cm。

引自：Kenneth Clark & David Finn (1980), *The Florence Baptistery Doors* (London: Thames and Hudson Ltd.), fig. 115.

圖一四：Andrea Pisano，**《施洗約翰誕生》**

(South Door, Baptistery, Florence)，1330-36，**青銅**，50cm x 43cm。

引自：Kenneth Clark & David Finn (1980), *The Florence Baptistery Doors*, fig, 13.

圖一五：墓園石雕 (San Francesco, Siena)，c. 1298。

引自：Gert Kreytenberg (1984), *Andrea Pisano und die toskanische Skulptur des 14. Jahrhunderts* (Munich: Bruckmann Verlag).

圖一六：Agostino di Giovanni **之作坊，《安葬聖徒** Ottaviano**》**(Museo d'Arte Sacra, Volterra)，c. 1330，**石雕。**

引自：Enzo Carli (1980), *Gli scultori sienesi* (Milan: Electa), fig. 97.

圖一七：Jacopo della Quercia，《聖徒理查遺骸製造的奇蹟》(Predella of Trenta Altar, S. Frediano, Lucca)，1419-22，大理石，24.5cm x 33.5cm。

引自：James Beck (1991), *Jacopo della Quercia*, vol. II, Plate. 37.

圖一八：Jacopo della Quercia，《逐出伊甸園》(Main Portal, San Petronio, Bologna)，1429-c. 34，大理石。

引自：James Beck (1991), *Jacopo della Quercia*, vol. II, Plate. 106.

圖一九：Donatello，《**天使報訊像**》(Santa Croce, Florence)，c. 1435，**高**420cm。

引自：Bonnie A. Bennett & David G. Wilkins (1984), *Donatello*, Plate 35.

圖二〇：Donatello，《唱詩壇》(Museo dell'Opera del Duomo, Florence)，c. 1433-38, 348cm x c. 570cm。

引自：John Pope-Hennessy (1993), *Donatello Sculptor*, fig. 93.

圖二一：Masaccio，《納稅圖》(Brancacci Chapel, Santa Maria del Carmine, Florence)，1426/27。

引自：Umberto Baldini & Ornella Casazza (1992), *The Brancacci Chapel Frescoes* (London: Thames and Hudson Ltd.) p. 38.

圖二二：Donatello and Michelozzo，《Yerevan 聖母抱子像》(Art Gallery, Yerevan, Armenian S.S.R.)，c. 1425，85cm x 57cm。

引自：Charles Avery (1989), “Donatello’s Madonnas revisited”, fig. 8.

圖二三：Donatello，《Pazzi 聖母抱子像》(Berlin-Dahlem, Staatliche Museen)，以平視高度拍，c. 1422，大理石，74.5cm x 69.5cm。

引自：Geraldine Johnson (1997), "Art or artefact? Madonna and Child reliefs in the early Renaissance", fig. 1.3.

圖二三a：Donatello，《Pazzi 聖母抱子像》，由下往上拍。

引自：Geraldine Johnson (1997), "Art or artefact? Madonna and Child reliefs in the early Renaissance", fig. 1.4.

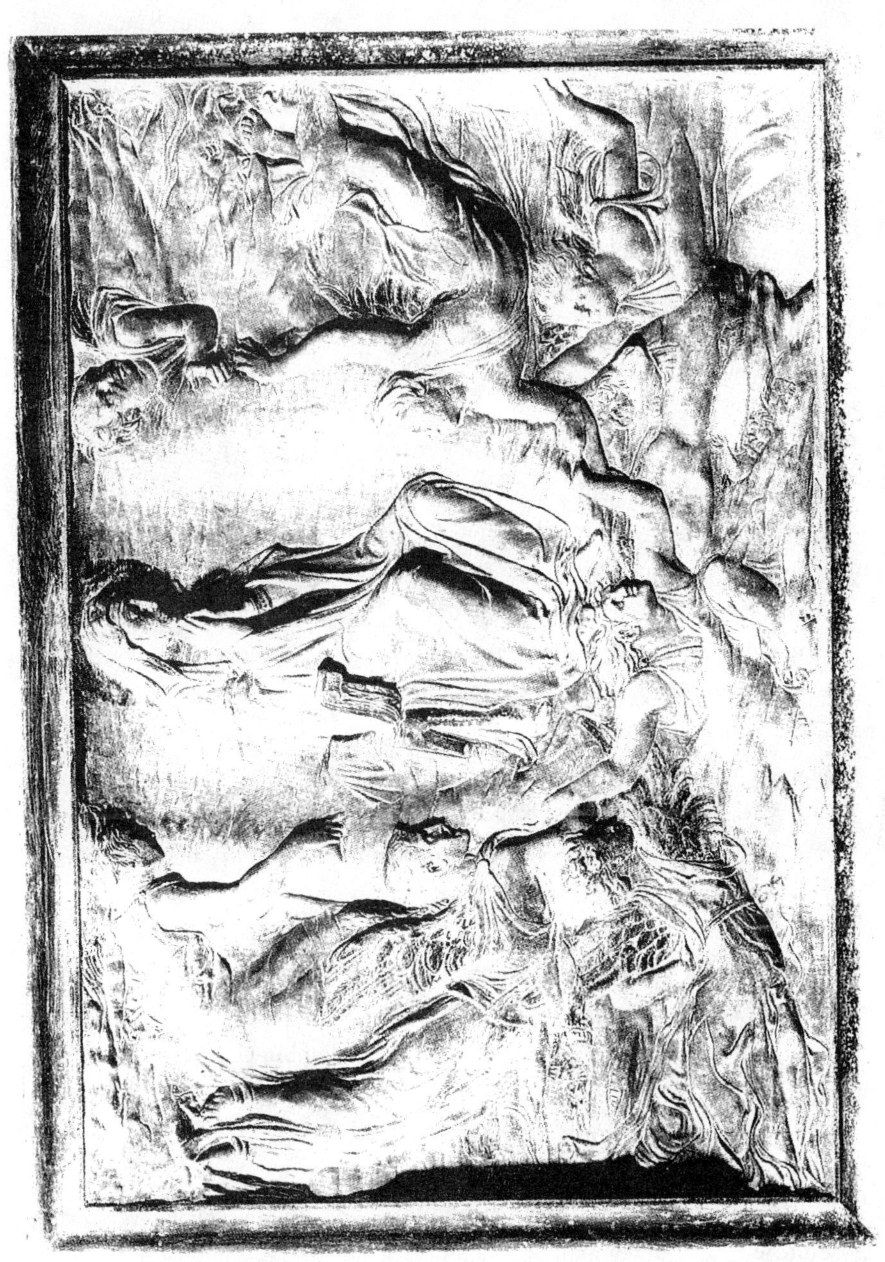

圖二四：Donatello，**《聖母昇天像》**(S. Angelo a Nilo, Nepale)，c. 1426，**大理石**，53.5cm x 78cm。

引自：John Pope-Hennessy (1993), *Donatello Sculptor*, fig. 107.

引用書目

Andrews, Lew

1995 *Story and Space in Renaissance Art: The Rebirth of Continuous Narrative*. Cambridge: Cambridge University Press.

Avery, Charles

1989 "Donatello's Madonnas revisited", in: *Donatello-Studien*. ed., Kunsthistorisches Institut in Florenz, Italienische Forschungen, dritte Folge, Bd. 16. Munich: Bruckmann, pp. 219-234.

1994 *Donatello: An Introduction*. London: John Murray Ltd.

Barolsky, Paul

1991 *Why Mona Lisa Smiles and Other Tales by Vasari*. Pennsylvania: The Pennsylvania State University Press.

1992 *Giotto's Father and the Family of Vasari's Lives*. Pennsylvania: The Pennsylvania State University Press.

Baxandall, Michael

1971 *Giotto and the Orators: Humanist observers of painting in Italy and the discovery of pictorial composition 1350-1450*. Oxford: Clarendon Press.

Bearzi, Bruno

1968 "La tecnica fusoria di Donatello", in: *Donatello e il suo tempo*. Atti dell'VIII Convegno Internazionale di Studi sul Rinascimentio, Florence and Padua 1966. Florence: Istituto nazionale di studi sul rinascimento Palazzo Strozzi, pp. 97-105.

Beck, James

1987 "Jacopo della Quercia and Donatello: Networking in the Quattrocento", *Source: notes in the history of art* VI/4: 6-15.

1991 *Jacopo della Quercia*. 2 vols. New York: Columbia University Press.

Carli, Enzo

1967 *Donatello a Siena*. Rome: Editalia.

Cennini, Cennino

1982 *Il libro dell'arte*. ed., Franco Brunello, 2nd edition. Vicenza: Neri Pozza Editore.

Dunkelman, Martha L.

1993 "Donatello and Medieval Siena", in: Clyde Lee Miller ed., *Old and New in the Fifteenth Century*. Binghamton: State University of New York.

Gilbert, Creighton E. (ed.)

1988 *L'arte del Quattrocento nelle testimonianze coeve*. Florence and Venice: IRSA.

Ghiberti, Lorenzo

1947 *I commentarii*. ed., Ottavio Morisani. Naples: Riccardo Ricciardi Editore.

Godby, Michael

1980 "A Note on Schiacciato", in: *The Art Bulletin* 62: 635-637.

Gombrich, Ernst H.

1969 *Art and Illusion: A Study in the Psychology of Pictorial Representation*. Princeton, New Jersey: Princeton University Press.

Herzner, Volker

1971 "Donatello in Siena", *Mitteilungen des kunsthistorischen Institutes in Florenz* 15: 161-186.

1989 "Donatello und die »rinascita delle arti«", in: *Donatello Studien*. Italienische Forschungen, Folge 3, Bd. 16, ed., Kunsthistorisches Institut in Florenz. Munich: Bruckmann Verlag, pp. 28-42.

Hildebrand, Adolf von

1961 *Kunsttheoretische Schriften: Das Problem der Form in der bildenden Kunst*. Baden-Baden: Verlag Heitz GmbH, 1st edition 1893, 10th edition.

Janson, Horst W.

1957 *The Sculpture of Donatello*. 2 vols. Princeton, New Jersey: Princeton University Press.

Jex-Blake, K. and E. Sellers (eds.)

1969 *The Elder Pliny's Chapters on the History of Art*. Chicago: Argonaut Inc., Publishers.

Johnson, Geraldine

1997 "Art or artefact? Madonna and Child reliefs in the early Renaissance", in: Stuart Currie and Peta Motture eds., *The Sculpted Object 1400-1700*. Aldershot: Scolar Press, pp. 1-24.

Kallab, Wolfgang

1908 *Vasaristudien*. Ed., Julius von Schlosser. Vienna: Graeser.

Kauffmann, Hans

1935 *Donatello. Eine Einführung in sein Bilden und Denken*. Berlin: Grotesche Verlagsbuchhandlung.

Kecks, Ronald

1988 *Madonna und Kind: das häusliche Andachtsbild im Florenz des 15. Jahrhunderts, Frankfurter Forschung zur Kunst*, Bd. 15. Berlin: Gebr. Mann Verlag.

Krautheimer, Richard and Trude Krautheimer-Hess

1982 *Lorenzo Ghiberti*. Princeton, New Jersey: Princeton University Press, 3rd edition.

Kris, Ernst & Otto Kurz

1995 *Die Legende vom Künstler: Ein geschichtlicher Versuch*. Frankfurt/M: Suhrkamp Verlag; 1st edition 1934.

Kristeller, Paul O.

1990 "The Modern System of the Arts", reprinted in: Paul O. Kristeller, *Renaissance Thought and the Arts*. Princeton, New Jersey: Princeton University Press, pp. 163-227.

Liebmann, M. J.

1981 "Giorgio Vasari on Relief", *Acta Historiae Artium* 27: 281-286.

Lotz, Wolfgang

1948 *Der Taufbrunnen des Baptisteriums zu Siena*. Berlin: Gebr. Mann Verlag.

Maclehose, Louisa S. and G. Baldwin Brown

1960 *Vasari on Technique*. London: J. M. Dent & Company, 1907; New York: Dover Publications.

Moskowitz, Anita Fiderer

1986 *The Sculpture of Andrea and Nino Pisano*. Cambridge: Cambridge University Press.

Munman, Robert

1985 *Optical Corrections in the Sculpture of Donatello*. Transactions of the American Philosophical Society, vol. 75, Part 2. Philadelphia: The American Philosophical Society.

Paoletti, John T.

1979 *The Sienese Baptistry Font: A Study of an Early Renaissance Collaborative Program, 1416-1434*. New York: Garland Publishing, Inc.; original: Ph.D. diss. Yale University, 1967.

Paolucci, Antonio

1997 *Die Bronzetüren des Baptisteriums in Florenz*. Munich: Hirmer Verlag.

Poeschke, Joachim

1992 *Die Skulptur der Renaissance in Italien: Michelangelo und seine Zeit*. Munich: Hirmer Verlag.

Pope-Hennessy, John

1972 *Italian Gothic Sculpture*. London: Phaidon Press Ltd.

1993 *Donatello Sculptor*. New York: Abbeville Press.

Rosenauer, Artur

1975 *Studien zum frühen Donatello: Skulptur im projektiven Raum der Neuzeit*. Wiener Kunstgeschichtlichte Forschungen III, hrsg. vom kunsthistorischen Institut der Universität Wien. Vienna: Verlag Adolf Holzhausens NFG.

Rubin, Patricia Lee

1995 *Giorgio Vasari: Art and History*. New Haven and London: Yale University Press.

Seidel, Max

1989 "Das »gemeißelte Bild« im Trecento: Ein neu entdecktes Meisterwerk von Tino di Camaino", *Pantheon* 47: 4-13.

Spallanzani, Marco and Giovanna Gaeta Bertelà (eds.)

1992 *Libro d'inventario dei beni di Lorenzo il Magnifico*. Florence: Associazione 'Amici del Bargello'.

Vasari, Giorgio

1962 *La Vita di Michelangelo nelle redazioni del 1550 e del 1568*. ed., Paola Barocchi, 5 vols. Milan and Naples: Riccardo Riccardi.

1966-1987 *Le Vite de' più eccellenti pittori, scultori e architettori nelle redazioni del 1550 e 1568*. eds., Rosanna Bettarini and Paola Barrochi, 6 vols. Florence: Sansoni.（內文中簡稱：Vasari-BB）

Wallace, William E.

1989 "Narrative and Religious Expression in Michelangelo's Pauline Chapel", *Artibus et Historiae* 19: 107-121.

Wang-Hua, Yih-Fen

1999 "*Rilievo*" *in Malerei und Bildhauerkunst der Frühneuzeit*. Ph.D. diss., Universität zu Köln.

Wrede, Henning

1990 "Römische Reliefs griechischer Meister? Zur Antikenrezeption in der Renaissance", in: Christoph Börker & Michael Donderer eds., *Das antike Rom und der Osten. Festschrift für Klaus Parlasca zum 65. Geburtstag*. Erlangen: Erlanger Forschungen. Rheihe A. Geisteswissenschaft, Bd. 56, pp. 219-234.

出自第七十一本第四分(二〇〇〇年十二月)

所　務　記　載

(一)造像徵集啓

自葡萄牙人東漸以後，法德南歐均有學者來中國；於是中國藝術遂為一時西歐朝廷所好尙。然當時歐洲人士但覺其與彼之異，不見其與彼之同也。百年以降，至日本者，見其造像偶有類於希臘之型，覩其器物或有近於波斯之製，於是古代文化遷流遂為人所注意。久之，若干可識之形，探流溯源，略窺一概。然日本佛教藝術實經由中土高麗而至，中土若於世界多元而合流之藝術大海中峭然孤立者，誠緣繼體創作力量之強，歷代更革變動之多，故體多亡，新體多異，遂於一切內來外出之痕跡多不可見。中國自漢以來，外國物事流入中國者，何代無有，而以六朝唐世為尤繁，藝術歌樂每以胡名，固不僅「木蓿隨天馬，葡萄逐漢臣」而已。夫以亞歷山大為名之城，見於班勇所記(烏戈山離)，敘述印度日耳曼民族容體習俗，出於張騫所述，則知自西漢時中國已與希臘波斯文化區域及吐火羅等之先世有接觸，後來歷傳必有影響，中國人只於此等事之流變，略而不注意耳。自法人福舍(A Fouchér)箸論出後，歐藝東漸之痕迹顯然；燉煌出壁絲畫無量，於是一部中國中世藝術史，已有若干端緒可言；而德人格林韋都 (Gruenwedel) 及勒高克 (Le Coq)依天山之行旅所得壁泥畫等件，又於盛唐以前東來盛唐以後西去之跡，使人顯然可覩。雖此兩君箸作有時過於作結論，有時又類幻想，然此種綫絡有甚多待尋之寶藏，可斷言也。不知有此道路斯為墨守之愚，據局部之所得，擴為廣溥之論，亦致鹵莽之禍，大規模之搜集材料，誠此一綫工作上至要之圖也。蓋中國藝術所包區域，萬數千里(高麗日本安南及中央亞細亞之一部分)，所經歷時代，數千餘年，其為多元，可以想見，如武梁刻石，飛動票姚，固不類後來造像，而巴蜀雕刻，頻作別體，南北葬器，頗有異形，即如最近廣州發現晉永嘉塚中之陶俑，其形疑類多島域之初期藝術。若不先將存在材料羣聚之，視其因時代之變遷，因地方之變遷，則識印竹於大夏，發燕幣於美洲，單件孤證，徒滋誤會者矣。茲擬由研究所分別委託人士，並請古物保管會之合作，先將一切刻石造像塑像壁畫等，爲系統之搨拓及影照，並分別定其年代(其可能者)，然後爲一部分之工作者，可有詳細之憑借，爲比較之研究者，可得不局促之資料，必能發啓新知識，糾正舊空虛也。至於外國人士之合作，固所欣願。茲擬辦法如下：

(一)由本所助理員搜集一切刋印之材料，及在世間之拓本等。

(二)分別派人到各地搨拓及影照，

(三)請各地方人士或團體就近搜集，

(四)所中隨時以卡片編此項目錄

所有一切造形，無論石刻金鑄木彫泥塑，在明初以前者，均在徵集範圍之內。

顧頡剛，傅斯年提議。

前件經議決，照擬進行，卽爲登出，藉作通啓。務請各地方人士或團體代爲搜集，或以消息隨時惠示，俾敝所得以著手，至荷高誼。

中央研究院歷史語言研究所籌備處啓

中華民國十七年五月

出自第一本第一分(一九二八年八月)

《中研院歷史語言研究所集刊》(1928—2000)目録

第1本第1分(1928年)

發刊辭 …… 蔡元培

歷史語言研究所工作之旨趣 …… 傅斯年

跋唐寫本切韻殘卷 …… 董作賓

釋「朱」 …… 商承祚

建文遜國傳説的演變 …… 胡　適

殷栔亡[illegible]説 …… 丁　山

易卦爻辭的時代及其作者 …… 余永梁

占卜的源流 …… 容肇祖

數名古誼 …… 丁　山

周頌説——附論魯南兩地與詩書之來 …… 傅斯年

所務記載:造像徵集啓 …… 顧頡剛、傅斯年提議

本所對於語言學工作之範圍及旨趣 …… 傅斯年提議

第1本第2分(1930年)

大乘義章書後 …… 陳寅恪

靈州寧夏榆林三城譯名考 …… 陳寅恪

聲調之推斷及「聲調推斷尺」之製造與用法 …… 劉　復

慧琳一切經音義反切聲類考 …… 黃淬伯

記猓玀音(Phonetic Notes on a Lolo Dialect and Consonant L.) …… S. M. Shirokogoroff(史禄國)

戰國文籍中之篇式書體——一個短記 …… 傅斯年

敦煌劫餘録序 …… 陳寅恪

説[illegible] …… 丁　山

第 1 本第 3 分(1930 年)

第 1 本第 4 分(1930 年)

第 2 本第 1 分(1930 年)

第2本第2分(1930年)

第2本第3分(1931年)

第2本第4分(1931年)

第 3 本第 1 分(1931 年)

第 3 本第 2 分(1931 年)

第 3 本第 3 分(1932 年)

第3本第4分(1932年)

第4本第1分(1932年)

第4本第2分(1933年)

第4本第3分(1934年)

第4本第4分(1934年)

第5本第1分(1935年)

第5本第2分(1935年)

第5本第3分(1935年)

第5本第4分(1935年)

第6本第1分(1936年)

第6本第2分(1936年)

第6本第3分(1936年)

第6本第4分(1936年)

第7本第1分(1936年)

第7本第2分(1936年)

第7本第3分(1937年)

第7本第4分(1938年)

第8本第1分(1939年)

第8本第2分(1939年)

第8本第3分(1939年)

第8本第4分(1939年)

第9本(1947年)

第 10 本(1942 年至 1943 年出版,1948 年再版)

第 11 本(1943 年出版,1947 年再版)

第 12 本(1948 年)

第13本(1948年,即本所1945年出版之《六同別録》上册及中册之一半)

第14本(1948年,即本所1945年出版之《六同別録》中册之一半及1946年出版之《六同別録》下册)

第15本(1948年,即本所1944年至1945年出版之《史料與史學》第一本)

第16本(1947年)

第 17 本(1948 年)

第 18 本(1948 年)

第19本(1948年)

第20本　上册(1948年,中研院成立第二十周年專號)

第 20 本　下册(1948 年,稿遺存上海商務印書館未及發行,1964 年在臺再版刊行)

第 21 本第 1 分(1948 年,稿遺存上海商務印書館未及發行)

第 22 本(1950 年)

第23本　上册(1951年,傅斯年先生紀念論文集)

第23本　下册(1952年,傅斯年先生紀念論文集)

第 24 本(1953 年)

第 25 本(1954 年)

第26本(1955年)

第27本(1956年)

第28本　上册(1956年,慶祝胡適先生六十五歲論文集)

第28本　下册(1957年,慶祝胡適先生六十五歲論文集)

第29本　上册(1957年,慶祝趙元任先生六十五歲論文集)

第29本　下册(1958年,慶祝趙元任先生六十五歲論文集)

第30本　上册(1959年,歷史語言研究所集刊三十周年紀念專號)

第30本　下册(1959年,歷史語言研究所集刊三十周年紀念專號)

第31本(1950年)

第 32 本(1961 年)

第 33 本(1962 年)

第34本 上册(1962年,故院長胡適先生紀念論文集)

第34本 下册(1963年,故院長胡適先生紀念論文集)

第 35 本(1964 年,故院長朱家驊先生紀念論文集)

第 36 本　上册(1965 年,紀念董作賓、董同龢兩先生論文集)

第36本　下册(1966年,紀念董作賓、董同龢兩先生論文集)

第 37 本　上册(1967 年)

第 37 本　下册(1967 年)

第 38 本(1968 年)

第 39 本 上册(1969 年,慶祝李方桂先生六十五歲論文集)

第39本 下册(1969年,慶祝李方桂先生六十五歲論文集)

第40本　上册(1968年,歷史語言研究所成立四十周年紀念專號)

第40本　下册(1969年,歷史語言研究所成立四十周年紀念專號)

第41本第1分(1969年)

第41本第2分(1969年)

第41本第3分(1969年)

第41本第4分(1969年)

第42本第1分(1970年,慶祝王世杰先生八十歲論文集)

第42本第2分(1970年)

第42本第3分(1971年)

第42本第4分(1971年)

第43本第1分(1971年)

第43本第2分(1971年)

第43本第3分(1971年)

第43本第4分(1971年)

第44本第1分(1972年)

第44本第2分(1972年)

第44本第3分(1972年)

第44本第4分(1973年)

第45本第1分(1973年)

第45本第2分(1974年)

第45本第3分(1974年)

第45本第4分(1974年)

第46本第1分(1974年)

第 46 本第 2 分(1975 年)

第 46 本第 3 分(1975 年)

第 46 本第 4 分(1975 年)

第 47 本第 1 分(1975 年)

第47本第2分(1976年)

第47本第3分(1976年)

第47本第4分(1976年)

第48本第1分(1977年,慶祝錢院長思亮七十壽辰論文集)

第 48 本第 2 分(1977 年)

第 48 本第 3 分(1977 年)

第 48 本第 4 分(1977 年)

第 49 本第 1 分(1978 年,慶祝中研院成立五十周年紀念論文集)

第49本第2分(1978年)

第49本第3分(1978年)

第49本第4分(1978年)

第50本第1分(1979年,慶祝歷史語言研究所成立五十周年紀念論文集)

第50本第2分(1979年)

第50本第3分(1979年)

第50本第4分(1979年)

第51本第1分(1980年,紀念李濟、屈萬里兩先生論文集)

第51本第2分(1980年)

第51本第3分(1980年)

第51本第4分(1980年)

第52本第1分(1981年)

第52本第2分(1981年)

第52本第3分(1981年)

第52本第4分(1981年)

第53本第1分(1982年,紀念趙元任先生論文集)

第53本第2分(1982年)

第53本第3分(1982年)

第53本第4分(1982年)

第54本第1分(1983年)

第54本第2分(1983年)

第54本第3分(1983年)

第54本第4分(1983年)

第55本第1分(1984年,故院長錢思亮先生紀念論文集)

第55本第2分(1984年)

第55本第3分(1984年)

第55本第4分(1984年)

第56本第1分(1985年)

第56本第2分(1985年)

第56本第3分(1985年)

第56本第4分(1985年)

第57本第1分(1986年,慶祝吳院長大猷先生八十壽辰論文集)

第57本第2分(1986年)

第57本第3分(1986年)

第57本第4分(1986年)

第58本第1分(1987年)

第58本第2分(1987年)

第58本第3分(1987年)

第58本第4分(1987年)

第59本第1分(1988年,李方桂先生紀念論文集)

第 59 本第 2 分(1988 年)

第 59 本第 3 分(1988 年)

第59本第4分(1988年)

第60本第1分(1989年,歷史語言研究所成立六十周年紀念專號)

第60本第2分(1989年)

第60本第3分(1989年)

第60本第4分(1989年)

第 61 本第 1 分(1990 年)

第 61 本第 2 分(1990 年)

第 61 本第 3 分(1990 年)

第 61 本第 4 分(1990 年)

第62本第1分(1993年,胡適之先生百歲誕辰紀念論文集)

第62本第2分(1993年)

第62本第3分(1993年)

第62本第4分(1993年)

第63本第1分(1993年)

第 63 本第 2 分(1993 年)

第 63 本第 3 分(1993 年)

第 63 本第 4 分(1993 年)

第64本第1分(1993年,芮逸夫、高去尋兩先生紀念論文集)

第64本第2分(1993年)

第64本第3分(1993年)

第 64 本第 4 分(1993 年)

第 65 本第 1 分(1994 年)

第 65 本第 2 分(1994 年)

第65本第3分(1994年)

第65本第4分(1994年)

第66本第1分(1995年,傅斯年先生百歲誕辰紀念論文集)

第66本第2分(1995年)

第 66 本第 3 分(1995 年)

第 66 本第 4 分(1995 年)

第 67 本第 1 分(1996 年)

第67本第2分(1996年)

第67本第3分(1996年)

第67本第4分(1996年)

第68本第1分(1997年)

第 68 本第 2 分(1997 年)

第 68 本第 3 分(1997 年)

第 68 本第 4 分(1997 年)

第 69 本第 1 分(1998 年)

第69本第2分(1998年)

第69本第3分(1998年)

第69本第4分(1998年)

第70本第1分(1999年3月)

第70本第2分(1999年6月)

第70本第3分(1999年9月)

第70本第4分(1999年12月)

第71本第1分(2000年3月)

第71本第2分(2000年6月)

第71本第3分(2000年9月)

第71本第4分(2000年12月)

《中研院歷史語言研究所集刊論文類編》總目

語言文字編・音韻卷

語言文字編・語法卷

語言文字編·方言卷

語言文字編・文字卷

歷史編·先秦卷

歷史編·秦漢卷

历史編·魏晉隋唐五代卷

歷史編·宋遼金元卷

歷史編・明清卷

考古編

文獻考訂編

思想與文化編

民族與社會編